Ученые
о «Бхагавад-гите
как она есть»

Изданная общим тиражом более пяти миллионов экземпляров, на десятках языков мира, «Бхагавад-гита» в переводе и с комментариями Его Божественной Милости А.Ч. Бхактиведанты Свами Прабхупады стала настоящим бестселлером. «Бхагавад-гита как она есть» по праву считается самым авторитетным переводом этого классического произведения мировой литературы. Ниже приводятся несколько отзывов о «Бхагавад-гите как она есть» ведущих ученых мира.

Это, бесспорно, одно из лучших изданий «Гиты» и одна из лучших книг о науке преданного служения. Перевод Прабхупады идеально сочетает в себе смысловую точность с религиозным прозрением.

Доктор Томас Дж. Хопкинс,
декан факультета религиоведения
колледжа Франклина и Маршалла

«Гита» может быть по праву названа литературным фундаментом великой духовной цивилизации Индии, старейшей среди всех культур мира... Настоящий перевод и комментарии — еще одно свидетельство непреходящего значения «Гиты». Свами Бхактиведанта принес на Запад яркое напоминание о том, что наша в высшей степени деятельная и однобокая культура переживает кризис, который может привести ее к самоуничтожению, ибо она лишена внутренней глубины подлинного метафизического сознания. Без такой глубины все наши высокопарные рассуждения о политике и морали не более чем пустые словеса.

Томас Мертон,
ученый-богослов, монах, писатель

Никакое другое произведение индийской литературы не цитируют на Западе так часто и не любят так сильно, как «Бхагавад-гиту». Тот, кто берется за перевод такого произведения, должен не просто знать санскрит, но очень глубоко понимать и содержание, и изысканную словесную форму этой книги. Ибо эта поэма — симфония, которая учит распознавать присутствие Бога во всем. Его Божественная Милость А.Ч. Бхактиведанта Свами Прабхупада, безусловно, испытывает глубокую любовь к теме данного произведения. Более того, он привносит в него ту особую проницательность, которой должен обладать комментатор, мощно и убедительно обосновывающий традицию *бхакти* [преданного служения]... Свами оказал неоценимую услугу изучающим «Бхагавад-гиту», наполнив этот всеми любимый индийский эпос новым содержанием. Каких бы взглядов ни придерживался каждый из нас, все мы должны быть благодарны тому, кто ценой огромного труда создал это блестящее произведение.

Доктор Геддес Макгрегор,
заслуженный профессор в отставке,
преподаватель философии
Южно-Калифорнийского университета

В этом прекрасном переводе Шриле Прабхупаде удалось передать дух *бхакти*, которым пронизана «Гита». Он снабдил текст обширным комментарием, следуя подлинно авторитетной традиции Шри Кришны Чайтаньи, одного из наиболее видных и влиятельных святых Индии.

Доктор Дж. Стилсон Джуда,
заслуженный профессор в отставке,
преподаватель истории религии
и директор Библиотеки
Теологического союза, Беркли

Если считать, что практика является критерием истины, как утверждает Пирс и другие прагматики, то в «Бхагавад-гите как она есть», бесспорно, содержится некая истина, ибо лица тех, кто следует ее наставлениям, дышат радостью и покоем, которые так редки в унылой и безрадостной жизни наших современников.

Доктор Элвин Х. Пауэлл,
преподаватель социологии
Государственного университета Нью-Йорка

Неважно, является ли человек адептом индийской духовной культуры или нет, чтение «Бхагавад-гиты как она есть» принесет ему огромное благо, ибо он сможет понять «Гиту» так, как ее по-прежнему понимает большинство индусов. Для многих эта книга станет первым знакомством с подлинной Индией, древней Индией, вечной Индией.

Франсуа Шени,
доктор богословия,
Институт политических исследований, Париж

«Бхагавад-гита как она есть» — это глубоко прочувствованное, с мощью и размахом задуманное и прекрасно исполненное произведение... Я не видел другого издания «Гиты», которое бы несло в себе столь важное содержание, облеченное в безупречную форму. Это, несомненно, цельное и законченное произведение, которое долгие годы будет занимать достойное место в интеллектуальной и нравственной жизни современного человека.

Доктор Ш. Шукла,
ассистент кафедры лингвистики,
Джорджтаунский университет

БХАГАВАД-ГИТА
КАК ОНА ЕСТЬ

**Его Божественная Милость
А. Ч. Бхактиведанта Свами Прабхупада**

ачарья-основатель Международного общества сознания Кришны

БХАГАВАД-ГИТА
КАК ОНА ЕСТЬ

*с подлинными санскритскими
текстами, русской транслитерацией,
дословным и литературным
переводом и комментариями*

4-е издание, исправленное

THE BHAKTIVEDANTA BOOK TRUST

Bhagavad-gītā As It Is (Russian)

Поделиться своими впечатлениями, высказать пожелания,
задать вопросы, а также заказать другие книги издательства
«Бхактиведанта бук траст» вы можете по адресу:

www.krishna.ru

www.krishna.com
www.bbtmedia.com

ISBN 978-5-906504-50-0

Напечатано в 2014 г.

«Бхагавад-гита как она есть» посвящается
Шриле Баладеве Видьябхушане,
автору «Говинда-бхашьи»,
замечательного комментария
к «Веданта-сутре»

Предыстория
«Бхагавад-гиты»

Хотя «Бхагавад-гита» издается и читается как самостоятельное произведение, изначально она является частью «Махабхараты», древнего эпоса, написанного на санскрите. «Махабхарата» повествует о событиях, предшествовавших наступлению века Кали, эпохи, в которую мы живем. Эта эпоха началась около пяти тысяч лет назад, в тот самый момент, когда Господь Кришна поведал «Бхагавад-гиту» Своему другу и почитателю Арджуне.

Их беседа, представляющая собой один из величайших философских и религиозных диалогов в истории человечества, состоялась перед началом первого сражения в великой братоубийственной войне между сотней сыновей Дхритараштры с одной стороны и их двоюродными братьями, Пандавами, сыновьями Панду, — с другой. Два брата, Дхритараштра и Панду, принадлежали к династии Куру и были потомками царя Бхараты, который некогда правил всей землей. От его имени возникло название «Махабхарата» («Великая история потомков Бхараты»). Поскольку Дхритараштра, старший из двух братьев, родился слепым, царский трон, уготованный ему, перешел к младшему брату, Панду.

Случилось так, что Панду умер молодым, и его пятеро сыновей — Юдхиштхира, Бхима, Арджуна, Накула и Сахадева — остались на попечении Дхритараштры, который после смерти брата временно занял престол. Поэтому сыновья Дхритараштры и сыновья Панду росли и воспитывались вместе при царском дворе. И тех, и других обучал военному искусству многоопытный Дрона и наставлял почитаемый всеми старейшина клана, «дед» Бхишма.

Однако сыновья Дхритараштры, в особенности старший из них, Дурьйодхана, ненавидели Пандавов и завидовали им. А слепой и слабовольный Дхритараштра хотел, чтобы его собственные дети, а не сыновья Панду, унаследовали царский престол.

Тогда Дурьйодхана с согласия Дхритараштры замыслил убить юных сыновей Панду. И только благодаря покровительству их дяди, Видуры, и защите их двоюродного брата, Господа Шри Кришны, ни одно из покушений на жизнь Пандавов не увенчалось успехом.

Господь Кришна был не обыкновенным человеком, а Самим Верховным Господом, который воплотился на земле в образе царевича одного из царских родов того времени. Играя роль царевича рода Яду, Он приходился племянником жене Панду, Кунти, или Притхе, матери братьев-Пандавов. Поэтому и как их родственник, и как вечный защитник религии, Кришна покровительствовал добродетельным сыновьям Панду и всегда их защищал.

В конце концов коварный Дурьйодхана вынудил Пандавов сыграть партию в кости. Во время рокового поединка Дурьйодхана и его братья выиграли Драупади, добродетельную и верную жену Пандавов, и, издеваясь над ней, попытались раздеть ее на глазах у всех собравшихся царей и царевичей. Благодаря божественному заступничеству Кришны Драупади была спасена, однако Кауравы, ведя нечестную игру, обманом лишили Пандавов царства и вынудили их провести тринадцать лет в изгнании.

Возвратившись из ссылки, Пандавы потребовали у Дурьйодханы вернуть по праву принадлежавшее им царство, но тот наотрез отказался. Будучи *кшатриями*, Пандавы должны были править и таким образом служить обществу, поэтому они сократили свое требование и попросили отдать им хотя бы пять деревень. Но Дурьйодхана дерзко ответил, что не уступит им и клочка земли, куда можно было бы воткнуть иголку.

До этого момента Пандавы терпеливо сносили все оскорбления, однако после такого отказа у них не оставалось другого выхода, кроме войны. И тем не менее, когда правители всех государств разделились, встав на сторону сыновей Дхритараштры или примкнув к Пандавам, Кришна Сам выступил в роли посланника Пандавов и отправился ко двору Дхритараштры с миссией мира. Однако Его призывы не были услышаны, и тогда окончательно стало ясно, что войны не избежать.

Добродетельные и благочестивые Пандавы, в отличие от сыновей Дхритараштры, признавали Кришну Верховной Личностью Бога. И все же Кришна согласился участвовать в битве, считаясь с желанием каждой из враждующих сторон. Он предложил обеим сторонам выбор: будучи Богом, Он не станет сражаться лично, но противники по желанию могут получить либо армию Кришны, либо Его Самого в качестве советника и помощника. Дурьйодхана, которого считали хорошим политиком, с радостью выбрал армию Кришны, а Пандавы столь же уверенно выбрали Самого Кришну.

Так Кришна стал колесничим Арджуны и взял в Свои руки бразды легендарной колесницы великого лучника. Это подводит нас к тому моменту, с которого начинается «Бхагавад-гита»: две армии стоят друг против друга, готовые к сражению, и Дхритараштра с волнением вопрошает своего секретаря Санджаю: «Что они стали делать, собравшись на поле боя?»

Итак, участники событий расставлены по местам. Нам осталось сказать лишь несколько слов о настоящем переводе «Гиты» и комментариях к нему. До сих пор все переводчики «Бхагавад-гиты» на английский действовали по одной схеме. Они отодвигали в сторону Кришну, освобождая место для изложения собственных взглядов и философских представлений. Содержание «Махабхараты» было принято считать набором увлекательных мифов, а Кришна был в глазах толкователей «Бхагавад-гиты» вымышленной фигурой, литературным приемом для изложении идей некого безымянного гения или, в лучшем случае, второстепенным историческим персонажем.

Однако личность Кришны является одновременно целью и смыслом «Бхагавад-гиты», если судить по тому, что говорит сама «Гита». Поэтому данный перевод, равно как и сопровождающие его комментарии, ставят своей целью привести читателя к Кришне, а не увести его в сторону. Такой подход делает «Бхагавад-гиту» до конца последовательным и понятным произведением. Всего за несколько лет с момента выхода в свет первого издания «Бхагавадгиты как она есть» она стала наиболее популярным переводом «Гиты» и получила широкое признание. Поскольку Кришна является и рассказчиком «Гиты», и ее конечной целью, «Бхагавад-гита как она есть», бесспорно, представляет эту великую книгу мудрости в истинном свете.

Издатели

Предисловие
к английскому изданию

Первоначально я написал «Бхагавад-гиту как она есть» в том виде, в котором она публикуется сейчас. Когда книга издавалась первый раз, рукопись, к сожалению, была сокращена до четырехсот страниц и напечатана без иллюстраций и без комментариев к большинству стихов «Шримад Бхагавад-гиты». Во всех остальных своих книгах — «Шримад-Бхагаватам», «Шри Ишопанишад» и других — я следую одной и той же схеме: привожу оригинальный текст на санскрите, даю его английскую транслитерацию, пословный перевод с санскрита на английский, затем следует перевод стиха и комментарии к нему. Это придает изложению авторитетность и научность и делает очевидным смысл каждого стиха. Поэтому меня не слишком обрадовало требование сократить рукопись. Однако позднее, когда спрос на «Бхагавад-гиту как она есть» значительно возрос, многие ученые и последователи нашего Движения попросили меня опубликовать эту книгу в ее первоначальном виде. Настоящее издание — попытка предложить читателю первоначальный вариант этой великой книги знания, снабдив перевод комментарием, опирающимся на авторитет *парампары*, чтобы тем самым упрочить позиции Движения сознания Кришны и укрепить его философскую основу.

Движение сознания Кришны является подлинным, освященным авторитетом истории, естественным для каждого живого существа и полностью духовным, поскольку основано на «Бхагавад-гите как она есть». Постепенно оно завоевывает все большую популярность в мире, особенно среди молодежи. Представители старшего поколения также проявляют к нему все больший интерес: отцы и деды моих учеников поддерживают нас, становясь пожизненными членами нашего великого общества, Международного общества сознания Кришны. В Лос-Анджелесе ко мне часто приходили родители моих учеников, чтобы поблагодарить за то, что я распространяю Движение сознания Кришны по всему миру. Некоторые из них говорили, что на долю американцев выпала огромная удача, так как именно в Америке я положил начало этому Движению. Однако в действительности настоящим отцом Движения сознания Кришны является Сам Господь Кришна, поскольку оно было начато в глубокой древности и пришло к людям по цепи учителей и учеников. Если и есть в этом какая-то моя заслуга, то она принадлежит не лично мне, но моему вечному духовному учителю, Его Божественной Милости Ом Вишнупаде Парамахамсе Паривраджакачарье Аштоттара-шате Шри Шримад Бхактисиддханте Сарасвати Госвами Махарадже Прабхупаде.

Если в этом есть какая-то моя заслуга, то она заключается только в том, что я старался изложить «Бхагавад-гиту» как она есть, не внося в нее никаких изменений. До сих пор все английские переводы «Бхагавад-гиты» делались с целью удовлетворить чьи-либо личные амбиции. Однако мы попытались подать «Бхагавад-гиту» как она есть, чтобы донести до читателя суть миссии Верховной Личности Бога, Кришны. Свою задачу мы видим в том, чтобы открыть людям волю и желание Кришны, а не рассказывать им о прихотях какого-нибудь мирского краснобая, будь то политик, философ или ученый, ибо, несмотря на все свои познания в других областях, они практически ничего не знают о Кришне. Когда Кришна говорит: *ман-манā бхава мад-бхакто мад-йāджи мāм намаскуру* и т.д., мы, в отличие от так называемых ученых, не считаем, что Кришна и Его внутренний дух отличны друг от друга. Кришна абсолютен, и потому между именем Кришны, формой Кришны, качествами Кришны, играми Кришны и т.д. нет никакой разницы. Любому, кто не является преданным слугой Кришны и не принадлежит к *парампаре* (цепи ученической преемственности), трудно понять абсолютную природу Кришны. Когда так называемые ученые, политики, философы и *свами,* не обладающие совершенным знанием Кришны, пишут комментарии к «Бхагавад-гите», они, как правило, стараются либо изгнать оттуда Кришну, либо уничтожить Его. Такого рода неавторитетные комментарии к «Бхагавад-гите» получили название *майявада-бхашьи,* и Господь Чайтанья предостерегал нас от общения с подобными самозванцами. Он недвусмысленно утверждает, что каждый, кто пытается понять «Бхагавад-гиту» с позиций философии *майавады,* совершает непоправимую ошибку. Вследствие такой ошибки человек, изучающий «Бхагавад-гиту», будет сбит с толку, сойдет с пути духовного развития и не сможет вернуться домой, к Богу.

Наша единственная задача состоит в том, чтобы представить «Бхагавад-гиту» такой, как она есть, и тем самым помочь обусловленным душам вернуться к Богу — достичь той цели, ради которой Кришна воплощается на нашей планете один раз в день Брахмы, то есть каждые 8 600 000 000 лет. Эта цель определена в «Бхагавад-гите», и мы должны принять ее такой, как она есть; в противном случае наша попытка понять «Бхагавад-гиту» и ее рассказчика, Господа Кришну, будет лишена всякого смысла. Впервые Господь Кришна поведал «Бхагавад-гиту» богу Солнца несколько сотен миллионов лет назад. Мы должны признать этот факт и тем самым оценить историческое значение «Бхагавад-гиты», не давая ей ложных толкований, а опираясь на авторитет Кришны. Тот, кто пытается толковать «Бхагавад-гиту» вне связи с волей Кришны, совершает тяжкий грех. Чтобы избежать этого, необходимо понять, что Господь является Верховной Личностью Бога, как это сделал Арджуна, первый ученик Господа Кришны. Только такой, освященный авторитетами, подход к «Бхагавад-гите» принесет нам истинное благо и поможет исполнить миссию человеческой жизни.

Движение сознания Кришны жизненно необходимо человеческому обществу, ибо дает людям возможность достичь высшего совершенства жизни. Обоснование этого полностью приведено в «Бхагавад-гите». К сожалению, мирские пустословы используют «Бхагавад-гиту» для того, чтобы оправдывать свои демонические наклонности и вводить обыкновенных людей в заблуждение, лишая их возможности правильно понять простые законы человеческой жизни. Каждый человек должен знать, как велик Бог (Кришна), и каждому должно быть известно истинное положение живых существ. Всем необходимо знать, что живое существо всегда остается слугой, и если оно не служит Кришне, то ему приходится служить иллюзии во всем многообразии различных сочетаний трех *гун* материальной природы, обрекая себя на бесконечные скитания; даже философы-*майявади,* которые слывут освобожденными душами, вынуждены вновь и вновь рождаться и умирать. Знание, заключенное в данной книге, — это великая наука, и каждое живое существо должно услышать о ней для своего же блага.

Люди в большинстве своем, особенно люди века Кали, очарованы внешней энергией Кришны и ошибочно полагают, что прогресс материальной цивилизации сделает всех счастливыми. Они не знают, как могущественна материальная, внешняя энергия Господа, ибо каждый из нас связан по рукам и ногам суровыми законами материальной природы. Живое существо является вечно блаженной неотъемлемой частицей Господа, поэтому его естественное предназначение состоит в том, чтобы служить Господу. Человек же, находящийся во власти иллюзии, пытается стать счастливым, так или иначе служа собственным чувствам, однако чувственные наслаждения никогда не принесут ему счастья. Вместо того чтобы удовлетворять свои материальные чувства, он должен удовлетворять чувства Господа. Таково высшее совершенство жизни. Этого хочет и требует от нас Сам Господь, и каждый должен понять эту ключевую мысль «Бхагавад-гиты». Наше Движение сознания Кришны ставит своей целью донести эту истину до всех людей земли, и, поскольку мы передаем содержание «Бхагавад-гиты» как оно есть, без искажений, каждый, кто, изучая «Бхагавад-гиту», действительно стремится извлечь для себя благо, должен воспользоваться помощью, которую предлагает людям Движение сознания Кришны, чтобы понять содержание «Бхагавад-гиты» на практике, под непосредственным руководством Самого Господа. Поэтому мы надеемся, что, изучая «Бхагавад-гиту» в том виде, в каком она представлена на страницах этой книги, люди получат величайшее благо, и, если хотя бы один из них станет чистым преданным Господа, мы будем считать свою задачу выполненной.

А.Ч. Бхактиведанта Свами

12 мая 1971 г.
Сидней, Австралия

Введение

ом аджн̃а̄на-тимира̄ндхасйа
джн̃а̄на̄н̃джана-ш́алака̄йа̄
чакшур унмӣлитам̇ йена
тасмаи ш́рӣ-гураве намах̣

ш́рӣ-чаитанйа-мано-'бхӣшт̣ам̇
стха̄питам̇ йена бхӯ-тале
свайам̇ рӯпах̣ када̄ махйам̇
дада̄ти сва-пада̄нтикам

Я был рожден во тьме невежества, но мой духовный учитель открыл мне глаза, озарив мой путь факелом знания. Я в глубоком почтении склоняюсь перед ним.

Когда же Шрила Рупа Госвами Прабхупада, который начал в материальном мире движение, призванное исполнить волю Господа Чайтаньи, дарует мне прибежище под сенью своих лотосных стоп?

ванде 'хам̇ ш́рӣ-гурох̣ ш́рӣ-йута-пада-камалам̇ ш́рӣ-гурӯн ваишн̣ава̄м̇ш́ ча
ш́рӣ-рӯпам̇ са̄граджа̄там̇ саха-ган̣а-рагхуна̄тха̄нвитам̇ там̇ са-джӣвам
са̄дваитам̇ са̄вадхӯтам̇ париджана-сахитам̇ кр̣шн̣а-чаитанйа-девам
ш́рӣ-ра̄дха̄-кр̣шн̣а-па̄да̄н саха-ган̣а-лалита̄-ш́рӣ-виш́а̄кха̄нвита̄м̇ш́ ча

Я в глубоком почтении припадаю к лотосным стопам своего духовного учителя и к стопам всех вайшнавов. Я в глубоком почтении склоняюсь перед Шрилой Рупой Госвами и его старшим братом Санатаной Госвами, а также Рагхунатхой дасом и Рагхунатхой Бхаттой, Гопалой Бхаттой и Шрилой Дживой Госвами. Я в глубоком почтении склоняюсь перед Господом Кришной Чайтаньей и Господом Нитьянандой, а также Адвайтой Ачарьей, Гададхарой, Шривасой и другими спутниками Господа Чайтаньи. Я в глубоком почтении припадаю к стопам Шримати Радхарани, Шри Кришны и почтительно склоняюсь перед всеми *гопи* во главе со Шри Лалитой и Вишакхой.

хе кр̣шн̣а карун̣а̄-синдхо
дӣна-бандхо джагат-пате
гопеш́а гопика̄-ка̄нта
ра̄дха̄-ка̄нта намо 'сту те

О Кришна, Ты друг всех страждущих и источник творения. Ты повелитель *гопи* и возлюбленный Радхарани. Я в глубоком почтении склоняюсь перед Тобой.

тапта-канчана-гауранги
радхе врндаванешвари
вршабхану-суте деви
пранамами хари-прийе

Я в почтении склоняюсь перед Радхарани, чья кожа сияет, как расплавленное золото. Ты царица Вриндавана, дочь царя Вришабхану, дорогая сердцу Господа Кришны.

ванча-калпатарубхйаш ча
крпа-синдхубхйа эва ча
патитанам паванебхйо
ваишнавебхйо намо намах

Я в глубоком почтении склоняюсь перед всеми вайшнавами, слугами Господа. Подобные деревьям желаний, они способны исполнить желания каждого и полны сострадания к падшим душам.

шри-кршна-чаитанйа
прабху-нитйананда
шри адваита гададхара
шривасади-гаура-бхакта-врнда

Я в глубоком почтении склоняюсь перед Шри Кришной Чайтаньей, Прабху Нитьянандой, Шри Адвайтой, Гададхарой, Шривасой и всеми остальными последователями Господа.

харе кршна харе кршна
кршна кршна харе харе
харе рама харе рама
рама рама харе харе

«Бхагавад-гиту» по-другому называют «Гитопанишад». Она является квинтэссенцией ведической мудрости и одной из наиболее важных Упанишад в ведической литературе. Безусловно, уже опубликовано множество комментариев к «Бхагавад-гите» на английском языке, и может возникнуть вопрос о целесообразности еще одного комментария. Необходимость данной публикации можно объяснить следующим образом: не так давно в Америке одна женщина попросила меня порекомендовать ей какой-нибудь английский перевод «Бхагавад-гиты». Разумеется, в Америке можно найти множество английских переводов «Гиты». Но из всех английских изданий «Бхагавад-гиты», которые мне приходилось видеть в Америке, да и в самой Индии, ни одно нельзя назвать действительно авторитетным, так как практически в каждом из них комментатор излагает собственные взгляды и не передает истинного духа «Бхагавад-гиты».

О духе «Бхагавад-гиты» говорит сама «Бхагавад-гита». Это можно понять на таком примере. Принимая лекарство, мы должны следовать указаниям, написанным на упаковке. Мы не можем принимать лекарство по собственному усмотрению или по указанию кого-нибудь из наших друзей. Лекарство можно принимать только в соответствии с указаниями на упаковке или по предписанию врача. Подобно этому, «Бхагавад-гиту» следует принимать такой, какой ее преподносит тот, кто ее рассказал. Рассказчиком «Бхагавад-гиты» является Господь Шри Кришна. На каждой странице «Бхагавад-гиты» Его называют Верховной Личностью Бога, Бхагаваном. Разумеется, словом *бхагаван* иногда называют какого-нибудь могущественного человека или полубога, и в данном контексте слово *бхагаван* также означает, что Господь Шри Кришна является великой личностью. Однако вместе с тем необходимо понимать: Господь Шри Кришна — это Верховная Личность Бога, что подтверждают все великие *ачарьи* (духовные учители), такие как Шанкарачарья, Рамануджачарья, Мадхвачарья, Нимбарка Свами, Шри Чайтанья Махапрабху и многие другие авторитеты в области ведического знания в Индии. К тому же Сам Господь провозглашает Себя Верховной Личностью Бога в «Бхагавад-гите», и таковым Его признают «Брахма-самхита» и все Пураны, и прежде всего «Шримад-Бхагаватам», который называют «Бхагавата-пураной» *(кршнас ту бхагаван свайам)*. Таким образом, мы должны воспринимать «Бхагавад-гиту» в соответствии с указаниями Самого Верховного Господа.

В четвертой главе «Гиты» (4.1–3) Господь говорит:

имам вивасвате йогам
проктаван ахам авйайам
вивасван манаве праха
манур икшвакаве 'бравит

эвам парампара-праптам
имам раджаршайо видух
са каленеха махата
його наштах парантапа

са эвайам майа те 'дйа
йогах проктах пуратанах
бхакто 'си ме сакха чети
рахасйам хй этад уттамам

Здесь Господь сообщает Арджуне о том, что наука *йоги*, изложенная в «Бхагавад-гите», была впервые поведана богу Солнца, бог Солнца рассказал ее Ману, который в свою очередь передал ее

Икшваку; так по цепи духовных учителей, от одного рассказчика к другому эта наука *йоги* пришла на Землю. Однако со временем она была забыта, поэтому Господу пришлось объяснить ее вновь, на этот раз Арджуне на поле битвы Курукшетра.

Господь говорит Арджуне, что Он открывает эту высшую тайну именно ему, поскольку Арджуна является Его преданным слугой и другом. Из этого можно заключить, что «Бхагавад-гита» прежде всего предназначена для преданных Господа. Есть три класса трансценденталистов: *гьяни, йоги* и *бхакты,* то есть имперсоналисты, медитирующие *йоги* и преданные. Здесь, обращаясь к Арджуне, Господь ясно говорит, что Он делает Арджуну первым звеном в новой *парампаре* (цепи духовных учителей), поскольку старая *парампара* прервалась. Поэтому Господь решил восстановить цепь духовных учителей. Он хотел, чтобы знание, которое некогда открыл людям бог Солнца, опять стало передаваться по *парампаре* и чтобы Арджуна заново распространил Его учение в мире. Ему хотелось, чтобы Арджуна стал авторитетом в науке «Бхагавад-гиты». Итак, мы видим, что «Бхагавад-гита» была поведана Арджуне прежде всего потому, что Арджуна являлся преданным Господа, непосредственным учеником Самого Кришны и Его близким другом. Поэтому лучше всего понять «Бхагавад-гиту» сможет человек, обладающий аналогичными качествами. Это значит, что он должен быть преданным Господа, напрямую связанным с Ним. Когда человек становится преданным Господа, он сразу вступает в непосредственные отношения с Господом. Это очень обширная тема, но, излагая ее вкратце, можно сказать, что каждый преданный находится с Верховным Господом в одном из пяти видов трансцендентных отношений:

1. Преданный может быть связан с Господом отношениями, не подразумевающими активного взаимодействия.
2. Он может быть связан с Господом отношениями активного служения.
3. Преданный может быть связан с Господом узами дружбы.
4. Преданный может быть связан с Господом узами родительской любви.
5. Преданного могут связывать с Господом узы супружеской любви.

Арджуна был другом Господа. Разумеется, между их дружбой и дружбой в материальном мире существует огромная разница. Их связывали отношения духовной дружбы, вступить в которые может далеко не каждый. Безусловно, каждое живое существо уже связано с Господом определенными отношениями, и, когда человек достигает совершенства в преданном служении Господу, эти отношения становятся очевидными для него. Однако в нашем нынешнем положении мы забыли не только о Верховном Господе, но и о своих вечных взаимоотношениях с Ним. Каждое из мириад живых существ всегда находится в определенных отношениях с Господом. Такое состояние живого существа называется *сварупой*. Занимаясь преданным служением, живое существо может восстановить свою *сварупу*. Этот уровень называется *сварупа-сиддхи* — совершенным изначальным положением души. Итак, Арджуна был преданным Верховного Господа, с которым его связывали отношения дружбы.

Необходимо сказать также несколько слов о том, как Арджуна воспринял «Бхагавад-гиту». Об этом говорится в десятой главе (10.12–14):

арджуна увача
парам брахма парам дхама
павитрам парамам бхаван
пурушам шашватам дивйам
ади-девам аджам вибхум

ахус твам ршайах сарве
деваршир нарадас татха
асито девало вйасах
свайам чаива бравиши ме

сарвам этад ртам манйе
йан мам вадаси кешава
на хи те бхагаван вйактим
видур дева на данавах

«Арджуна сказал: Ты Верховная Личность Бога, высшая обитель, чистейший, Абсолютная Истина. Ты вечная, божественная, изначальная личность, нерожденный и величайший. Все великие мудрецы, такие как Нарада, Асита, Девала и Вьяса, подтверждают эту истину, и теперь Ты Сам говоришь мне об этом. О Кришна, все о чем Ты мне рассказал, я принимаю как истину. Ни полубоги, ни демоны, о Господь, не в силах постичь Тебя».

Услышав «Бхагавад-гиту» от Кришны, Верховного Господа, Арджуна признал в Нем Верховного Брахмана (*парам брахма*). Каждое живое существо является Брахманом (духом), но верховное живое существо, Верховную Личность Бога, называют Верховным Брахманом. *Парам дхама* означает, что Он высший приют, обитель всего сущего; *павитрам* значит, что Он чистейший и Его не может коснуться материальная скверна; *пурушам:* Он верховный наслаждающийся; *шашватам:* изначальный; *дивйам:* трансцендентный; *āди-девам:* Верховная Личность Бога; *аджам:* нерожденный; и, наконец, *вибхум:* величайший.

Кто-то может подумать: «Будучи другом Кришны, Арджуна говорит все это Ему, чтобы польстить». Чтобы развеять подобные сомнения, которые могут закрасться в ум читателя «Бхагавад-гиты», Арджуна в следующем стихе приводит основание для славословий в адрес Кришны, говоря, что не только он сам, но и такие авторитеты, как Нарада, Асита, Девала и Вьясадева, признают Кришну Верховной Личностью Бога. Все они великие мудрецы, признанные всеми *ачарьями* как носители ведической мудрости. Поэтому Арджуна говорит Кришне: «Все, что Ты сказал мне, я считаю безупречной истиной». *Сарвам этад ртам манйе* — «Я принимаю как истину все Твои слова». Арджуна также говорит, что постичь Личность Бога чрезвычайно трудно, это не под силу даже великим полубогам, во всех отношениях превосходящим людей. Так как же тогда человеку постичь Господа Шри Кришну, не став Его преданным? Поэтому изучать «Бхагавад-гиту» следует с преданностью и смирением. Никто не должен считать себя равным Кришне или думать, будто Кришна — обыкновенный или же очень великий человек. Господь Шри Кришна — это Верховная Личность Бога, поэтому для начала нужно принять на веру слова «Бхагавад-гиты» или слова Арджуны, который старается понять «Бхагавад-гиту», и хотя бы теоретически признать Шри Кришну Верховной Личностью Бога. Только в таком смиренном состоянии ума мы сможем постичь «Бхагавад-гиту». Человеку, лишенному смирения, очень трудно понять «Бхагавад-гиту», ибо смысл «Бхагавад-гиты» — великая тайна.

В чем же суть «Бхагавад-гиты»? Ее цель — вызволить человечество из плена невежественного материального существования. Каждый из нас в своей жизни постоянно сталкивается с многочисленными трудностями, подобно Арджуне, которому предстояло сражаться в битве на Курукшетре. Оказавшись в трудном положении, Арджуна предался Шри Кришне, и в результате ему была рассказана «Бхагавад-гита». Но трудности испытывал не только Арджуна, тревоги и беспокойства преследуют каждого из нас, и причиной тому — наше материальное существование. Само наше бытие протекает в атмосфере небытия. На самом деле нам не должно угрожать небытие, ибо душа вечна, однако по той или иной причине мы оказались в атмосфере *асат. Асат* значит «то, чего не существует».

Из миллионов страдающих людей лишь немногие по-настоящему задумываются о том, кто они, почему попали в такое тяжелое положение и т. д. До тех пор пока человек не пробудился от летаргии и не задумался над причиной своих страданий, пока не понял, что больше не хочет страдать, что должен положить конец всем своим страданиям, его нельзя считать человеком в полном смысле слова. Человек становится человеком только тогда, когда в его уме начинают возникать подобные вопросы. В «Брахма-сутре» такие вопросы названы *брахма-джигьясой. Атхāто брахма-джиджн̃āсā.* Любая деятельность, которой занимается человек, будет бессмысленной, если он не задается вопросом о природе Абсолюта. Таким образом, по-настоящему понять «Бхагавад-гиту» может лишь тот, кто начал задумываться над причиной своих страданий, над тем, откуда он пришел и куда попадет после смерти. Искренний и серьезный ученик должен, кроме того, с глубоким почтением относиться к Верховной Личности Бога. Именно таким учеником и был Арджуна.

Господь Кришна приходит на землю в первую очередь для того, чтобы напомнить забывчивым людям об истинной цели жизни. Но даже из многих миллионов пробудившихся людей едва ли один может по-настоящему осознать свое истинное положение; именно для таких людей Господь рассказал «Бхагавад-гиту». По сути дела, все мы находимся в пасти у тигрицы неведения, однако Господь необыкновенно милостив к живым существам, особенно к людям. Ради них Он рассказал «Бхагавад-гиту», сделав Своего друга Арджуну Своим учеником.

Как личный друг Господа Кришны, Арджуна был надежно защищен от скверны невежества, однако на поле битвы Курукшетра Господь поверг его в невежество, чтобы он мог задать Господу Кришне вопросы о проблемах бытия и дать Господу возможность ответить на них ради блага всех поколений, которые придут за ним. Благодаря этому Кришна объяснил ему, как мы должны прожить свою жизнь, чтобы достичь совершенства и исполнить миссию человеческой жизни.

В «Бхагавад-гите» рассматривается пять фундаментальных истин. В ней прежде всего излагается наука о Боге, а затем рассказывается о природе живых существ, *джив*. Существует *ишвара*, то есть властитель, и *дживы*, живые существа, подвластные Ему. Живое существо, не признающее высшей власти и считающее себя свободным, следует признать ненормальным. По крайней мере в обусловленном состоянии, живое существо полностью находится под властью высших сил. Поэтому в «Бхагавад-гите» раскрывается понятие *ишвары*, верховного повелителя, и *джив*, подвластных живых существ. Помимо этого, в ней обсуждаются *пракрити* (материальная природа), время (продолжительность жизни Вселенной, то есть проявленной материальной природы) и *карма* (деятельность). В материальном мироздании все постоянно заняты деятельностью. Каждое живое существо что-то делает. Читая «Бхагавад-гиту», мы должны понять, кто такой Бог, какова природа живых существ, что такое *пракрити* (материальное мироздание), каким образом время управляет ими и что представляет собой деятельность живых существ.

Обсуждение этих пяти основных тем «Бхагавад-гиты» приводит нас к выводу, что Верховная Личность Бога, Кришна, или Брахман, или Параматма — неважно, какое из этих имен вы используете, — величайший из всех. Живые существа в качественном отношении неотличны от верховного повелителя. Так, Господь управляет деятельностью материальной природы во всей Вселенной, о чем мы узнаём из заключительных глав «Бхагавад-гиты». Материальная природа не является независимой. Она действует под присмотром Верховного Господа. *Майадхйакшена пракртих сӯйате са-чарāчарам,* — говорит Господь. «Материальная природа действует под Моим надзором». Наблюдая в мироздании удивительные, чудесные явления, мы должны всегда помнить о том, что за космическим проявлением стоит его повелитель. Без творца и повелителя ничто не может существовать. Не признавать существования высшей власти может только ребенок. Для ребенка, к примеру, автомобиль является чудом, так как он движется сам, без помощи лошади или другого тяглового животного. Однако здравомыслящий человек знает, как устроен автомобиль, и помнит о том, что управляет этим механизмом водитель. Аналогичным образом, Верховный Господь — это водитель *(адхйакша),* под надзором которого работает весь механизм вселенной. *Дживы* же, как мы узнаем из пятнадцатой главы, по утверждению Господа, являются Его неотъемлемыми частицами *(амшами).* Крупица золота — это тоже золото, а капля морской воды такая же соленая, как и вся вода в океане; подобно этому, мы, живые существа — частицы Верховного Властителя, *ишвары* или Брахмана, Господа Шри Кришны, — обладаем всеми качествами Верховного Господа, но в очень незначительной степени, поскольку являемся маленькими *ишварами* и занимаем подчиненное положение. Мы стремимся властвовать над природой, как, например, сейчас люди пытаются покорить космос и достичь других планет вселенной. Нам присуще стремление к власти и к творчеству только потому, что оно есть в Кришне. Однако, несмотря на присущее нам стремление властвовать над материальной природой, мы должны помнить о том, что не являемся верховными повелителями. Все это объясняется в «Бхагавад-гите».

Что представляет собой материальная природа? Об этом мы также узнаём из «Бхагавад-гиты», где материальная природа именуется низшей *пракрити,* то есть низшей природой. Там же сказано, что живое существо относится к высшей *пракрити. Пракрити,* как низшая, так и высшая, всегда остается подвластной. Она олицетворяет женское начало и подвластна Господу, так же как жена подвластна мужу, который направляет ее. *Пракрити* всегда находится в подчиненном положении по отношению к Господу, своему повелителю. И живые существа, и материальная природа занимают подчиненное положение и подвластны Верховному Господу. Согласно «Бхагавад-гите», живые существа, хотя и являются неотъемлемыми частицами Верховного Господа, тоже относятся к категории *пракрити*. Об этом ясно сказано в седьмой главе: *апарейам итас тв анйам пракртим виддхи ме парам / джива бхутам* — «Материальная природа есть Моя низшая *пракрити*, однако над ней стоит другая *пракрити — джива бхутам*, живое существо».

Сама материальная природа состоит из трех *гун*, качеств, — *гуны* благости, *гуны* страсти и *гуны* невежества. Над ними властвует вечное время, и сочетание *гун* материальной природы под властью вечного времени дает начало различным видам деятельности, которые называют *кармой*. Эта деятельность началась в незапамятные времена, и мы, пожиная ее плоды, страдаем или наслаждаемся. Предположим, к примеру, что я бизнесмен, которому с большим трудом удалось заработать огромное состояние. В этом случае я выступаю в роли наслаждающегося, но затем мои дела расстраиваются, я теряю все свои деньги, и в результате мне приходится страдать. Аналогичным образом, какой бы сферы жизни мы ни коснулись, повсюду живые существа либо наслаждаются результатами своей деятельности, либо страдают из-за них. Это называется *кармой*.

Ишвара (Верховный Господь), *джива* (живое существо), *пракрити* (материальная природа), *кала* (вечное время) и *карма* (деятельность) — природа всего этого объясняется в «Бхагавад-гите». Из этих пяти категорий Господь, живые существа, материальная природа и время являются вечными. Проявленное состояние *пракрити* носит временный характер, но не является иллюзорным. Некоторые философы считают материальное проявление иллюзорным, но, согласно философии «Бхагавад-гиты», то есть философии вайшнавов, это не так. Проявленный мир не является иллюзорным; он реален, хотя и существует временно. Этот мир сравнивают с облаком, плывущим по небу, или с наступлением сезона дождей, когда наливается зерно в колосьях. Как только сезон дождей заканчивается и небо очищается от туч, злаки на полях, напоенных дождем, высыхают. Аналогичным образом, в назначенный срок материальный мир проявляется, существует в течение отведенного ему времени, а затем исчезает. Так действует *пракрити*. Однако данный цикл повторяется вечно, поэтому *пракрити* тоже считается вечной; ее нельзя считать иллюзорной. Господь называет ее «Моя *пракрити*». Материальная природа — это отделенная энергия Верховного Господа; живые существа также относятся к энергии Всевышнего, однако они не отделены от Господа, а вечно связаны с ним. Таким образом, Господь, живые существа, материальная природа и время связаны друг с другом и существуют вечно. Однако следующий элемент, *карма,* не является вечным, хотя результаты *кармы* могут приходить к нам из глубокой древности. Пожиная плоды своей деятельности, мы страдаем или наслаждаемся с незапамятных времен, однако в наших силах изменить результаты *кармы,* или деятельности. Это возможно, если мы обладаем совершенным знанием. Все мы заняты разного рода деятельностью, но никому не известно, какой деятельностью необходимо заниматься, чтобы разорвать заколдованный круг действий и их последствий и освободиться от своей *кармы.* Однако «Бхагавад-гита» объясняет это.

По своему положению *ишвара,* Верховный Господь, является высшим сознанием. Будучи неотъемлемыми частицами Верховного Господа, *дживы,* или живые существа, также наделены сознанием. Говорится, что живое существо и материальная природа относятся к категории *пракрити,* энергии. Но один вид *пракрити,* а именно *джива,* обладает сознанием, а другая *пракрити* лишена его. Этим они отличаются друг от друга. Вот почему *джива,* то есть *пракрити,* наделенная сознанием, подобным сознанию Господа, называется высшей энергией. Однако сознание Господа — это высшее сознание, и мы не вправе заявлять, будто *джива,* живое существо, наделена таким же сознанием. Живое существо никогда не может быть обладателем высшего сознания, какой бы ступени совершенства оно ни достигло. Философия, утверждающая обратное, только вводит людей в заблуждение. Хотя живое существо и наделено сознанием, его сознание не является совершенным, или высшим.

Разница между *дживой* и *ишварой* будет объяснена в тринадцатой главе «Бхагавад-гиты». Господь — это *кшетра-гья,* Он, так же как и живое существо, обладает сознанием, однако сознание живого существа действует лишь в пределах одного тела, а сознание Господа распространяется на все тела. Пребывая в сердце каждого живого существа, Господь знает все помыслы и переживания каждой *дживы.* Об этом никогда не следует забывать. Говорится также, что Параматма, Верховный Господь, пребывает в сердце каждого как *ишвара,* повелитель, и Он дает живому существу указания, которые помогают ему действовать в соответствии со своими желаниями, потому что само живое существо склонно забывать о том, что оно хотело делать. Сначала оно принимает решение действовать тем или иным образом, а затем запутывается в последствиях собственной *кармы.* Оставляя одно тело, оно получает другое, подобно тому как мы снимаем одну одежду и надеваем другую. Меняя таким образом тела, душа страдает и наслаждается из-за своих прошлых действий. Однако действия и последствия прошлых действий живого существа меняются, когда оно достигает *гуны* благости, то есть приходит в нормальное состояние и понимает, как нужно действовать. Действуя правильно, живое существо изменяет свою *карму* к лучшему, следовательно, *карму* нельзя назвать вечной. Вот почему мы сказали, что из пяти категорий (*ишвара, джива, пракрити, кала* и *карма*) четыре являются вечными, а пятая, *карма*, — преходящей.

Сходство между высшим сознанием *ишвары* и сознанием живого существа заключается в следующем: как сознание Господа, так и сознание живого существа по своей природе духовны. Не следует считать, что сознание возникает из материи. Это ошибочное представление. «Бхагавад-гита» отвергает теорию, гласящую, что сознание возникает при определенных условиях из сочетания материальных элементов. Сознание живого существа может измениться, проходя сквозь материальную оболочку, подобно тому как свет, прошедший сквозь цветное стекло, принимает другую окраску, однако сознание Бога не подвержено влиянию материи. Господь Кришна говорит: *майадхйакшена пракртих*. Когда Он нисходит в царство материи, Его сознание не попадает под материальное влияние. Если бы Господь был подвержен влиянию материи, Он бы не смог говорить о духовной науке, как Он делает это в «Бхагавад-гите». Рассказывать о духовном мире способен только тот, чье сознание свободно от материальной скверны. Таким образом, Господь никогда не попадает под оскверняющее влияние материи, тогда как наше сознание в данный момент осквернено ее влиянием. В «Бхагавад-гите» объясняется, что мы должны очистить свое сознание от материальной скверны. Действия в чистом сознании сделают нас счастливыми. Неверно думать, что мы должны прекратить действовать вообще. Нет, нам необходимо очистить свои действия, и такая очищенная деятельность называется *бхакти*. Эта деятельность внешне похожа на обычную, но на самом деле она свободна от материальной скверны. Невежественному человеку может показаться, будто преданный работает, совсем как обыкновенный человек; недостаток знаний мешает ему понять, что действия *бхакты* Господа не осквернены нечистым материальным сознанием. Они трансцендентны трем *гунам* материальной природы. Однако необходимо помнить, что в данный момент наше сознание осквернено.

Материально оскверненное живое существо называют «обусловленным». Его ложное сознание проявляется в том, что оно считает себя порождением материальной природы. Такое сознание называют ложным эго. Тот, кто мыслит в рамках телесных представлений о жизни, не может осознать свое положение. Господь поведал

«Бхагавад-гиту» специально для того, чтобы освободить Арджуну
от телесных представлений о жизни, и нам тоже необходимо освободиться от этих представлений; это первое, что должен сделать
человек, вступающий на духовный путь. Тот, кто хочет избавиться от ложных концепций и обрести освобождение, должен прежде всего понять, что он не материальное тело. Получить *мукти*,
или освобождение, — значит избавиться от материального сознания. Определение *мукти* дано в «Шримад-Бхагаватам»: *муктир
хитванйатха-рупам сварупена вйавастхитих*. Обрести *мукти* —
значит освободиться от оскверненного сознания, присущего живым
существам материального мира, и утвердиться в чистом сознании.
Все наставления «Бхагавад-гиты» преследуют одну цель — пробудить в живых существах чистое сознание. Поэтому в последней главе «Бхагавад-гиты» Кришна спрашивает Арджуну, очистилось ли
теперь его сознание. Обладать чистым сознанием — значит действовать в соответствии с наставлениями Господа. Это главный признак очищенного сознания. Мы уже обладаем сознанием, однако,
поскольку мы всего лишь частицы Господа, нам свойственно попадать под влияние материальных *гун*. Господь же, являясь Всевышним, никогда не попадает под их влияние. В этом разница между
Верховным Господом и крошечными индивидуальными душами.

Что же такое сознание? Сознание — это прежде всего самосо-
знание: «Я существую». Но кто «я»? В оскверненном состоянии
«Я есть» означает: «Я господин всего, что вижу вокруг. Я наслаждаюсь». Земля вращается только потому, что каждое живое
существо мнит себя господином и творцом материального мира.
Материальное сознание состоит из двух психических компонентов:
«Я творец» и «Я наслаждающийся». Однако подлинным творцом
и наслаждающимся является Верховный Господь, а живое существо, будучи частицей Верховного Господа, не творец и не наслаждающийся, а лишь соучастник. Это его создают и им наслаждаются.
Например, та или иная деталь в машине участвует в работе всего механизма, а орган нашего тела — в деятельности всего организма. Руки, ноги, глаза и многие другие органы — все это части
тела, однако истинным наслаждающимся являются не они, а желудок. Ноги носят нас, руками мы отправляем пищу в рот, зубы
пережевывают ее — таким образом все части нашего тела стараются удовлетворить желудок, ибо он является главным органом,
который питает и поддерживает весь организм. Все части нашего
тела работают на желудок. Дерево питают, орошая корень, а тело — обеспечивая пищей желудок; если мы хотим, чтобы наше тело было здоровым, то все его органы, сотрудничая друг с другом,
должны обеспечивать пищей желудок. Аналогичным образом, Верховный Господь является наслаждающимся и творцом, а мы, зави-

симые живые существа, должны сотрудничать друг с другом для того, чтобы удовлетворить Его. Такое сотрудничество принесет пользу прежде всего нам самим, подобно тому как пища, отправленная в желудок, приносит пользу всему организму. Если пальцы на нашей руке вдруг решат, что, вместо того чтобы отправить пищу в желудок, они должны съесть ее сами, их ждет разочарование. Главную роль в сотворении и наслаждениях играет Верховный Господь, а живые существа всего лишь соучаствуют в этом и таким образом наслаждаются. Живое существо связано с Богом отношениями слуги и господина. Когда доволен господин, доволен и слуга. Поэтому живые существа должны удовлетворять Верховного Господа, хотя им, сотворенным по образу Верховного Господа — творца мироздания, присуща склонность считать себя творцом и наслаждаться материальным миром.

Таким образом, читая «Бхагавад-гиту», мы узнаем, что мироздание во всей своей полноте включает в себя верховного повелителя, подвластных Ему живых существ, проявленный космос, вечное время и *карму,* или деятельность, — обо всем этом рассказывается на страницах данной книги. Вместе они составляют полное целое, и это полное целое именуют Высшей Абсолютной Истиной. Полным целым, или Высшей Абсолютной Истиной является полная Личность Бога, Шри Кришна. Все существует благодаря различным энергиям Шри Кришны, тогда как Он *есть* полное целое.

В «Гите» объясняется, что безличный Брахман тоже подчинен полной Верховной Личности *(брахмано хи пратиштхахам).* В «Брахма-сутре», где о Брахмане рассказывается более подробно, его сравнивают с лучами солнечного света. Безличный Брахман — это сияние Верховной Личности Бога. Концепция безличного Брахмана, так же как и концепция Параматмы, является частичным пониманием абсолютного целого. Из пятнадцатой главы «Бхагавад-гиты» мы узнаем, что Верховная Личность Бога, Пурушоттама, выше как безличного Брахмана, так и Параматмы. Верховную Личность Бога называют *сач-чид-ананда-виграхой.* Первый стих «Брахма-самхиты» гласит: *ишварах парамах кршнах сач-чид-ананда-виграхах / анадир адир говиндах сарва-карана-каранам —* «Говинда, Кришна, является причиной всех причин. Он изначальная причина и прямое олицетворение вечности, знания и блаженства». Осознание безличного Брахмана является осознанием Его аспекта *сат* (вечности), осознание Параматмы — осознанием *сат-чит* (вечности и знания), а осознание Личности Бога, Кришны, — это осознание совокупности всех трансцендентных аспектов: *сат, чит* и *ананды* (вечности, знания и блаженства).

Недалекие люди считают Высшую Истину безличной, тогда как в действительности Она является трансцендентной личностью, что подтверждают все ведические писания. *Нитйо нитйāнāм четанаш четанāнāм* (Катха-упанишад, 2.2.13). Подобно тому как все мы индивидуальные живые существа, личности, Высшая Абсолютная Истина в конечном счете также является личностью, и осознание Личности Бога подразумевает осознание всех трансцендентных аспектов Абсолютной Истины, включая Ее форму. Полное целое отнюдь не бесформенно. Если бы Господь был лишен формы или в чем-то уступал Своему творению, то Он не был бы полным. Полное целое должно включать в себя всё — и то, что доступно нашему восприятию, и то, что находится за его пределами. В противном случае Его нельзя назвать полным.

Полное целое, Личность Бога, Кришна, обладает бесконечным множеством энергий *(парāсйа шактир вивидхаива шрӯйате).* О том, как Он проявляет Свои разнообразные энергии, также рассказывается в «Бхагавад-гите». Этот проявленный, или материальный, мир, где мы находимся, сам по себе тоже является полным, ибо, согласно философии *санкхьи,* двадцать четыре начала, временно проявляющие материальную вселенную, способны произвести на свет все, что необходимо для сохранения и поддержания существования данной вселенной. Здесь нет ничего лишнего, как нет и недостатка в чем бы то ни было. У проявленного космоса есть свой срок существования, определяемый энергией высшего целого, и, когда он истечет, этот бренный мир будет разрушен в соответствии с совершенным планом совершенного целого. Маленькие полные частички полного целого, какими являются живые существа, обладают всем необходимым для того, чтобы постичь полное целое, а любая неполнота или недостаточность, которую они ощущают, проистекает из неполноты их знаний о полном целом. «Бхагавад-гита» же представляет собой полное изложение ведической мудрости.

Все ведическое знание является полным и непогрешимым, и индусы признают это. Так, согласно *смрити,* то есть предписанию Вед, тот, кто коснулся экскрементов животного, должен очиститься, совершив омовение. Вместе с тем Веды считают, что коровий навоз очищает. Данные утверждения могут показаться противоречивыми, однако последователи Вед безоговорочно принимают их, ибо они содержатся в Ведах, и человек не ошибется, приняв их на веру. Сейчас ученые доказали, что коровий навоз обладает всеми антисептическими свойствами. То же относится и к водам Ганги. Таким образом, ведическое знание является полным и совершенным, ибо стоит выше всех сомнений и погрешностей, а «Бхагавад-гита» представляет собой квинтэссенцию ведического знания.

Ведическое знание не является результатом научных исследований. Исследовательская деятельность всегда несовершенна, поскольку нашими инструментами в этой деятельности служат несовершенные чувства. Чтобы обрести совершенное знание, нужно принять его, как сказано в «Бхагавад-гите», по *парампаре* (цепи учителей и учеников). Мы должны получить знание из истинного источника, от учителя, принадлежащего к ученической преемственности, у истоков которой стоит Сам Господь. Выступая в роли ученика и получая наставления от Господа Шри Кришны, Арджуна беспрекословно принимает все, что Он говорит. Никто не вправе принимать какую-то одну часть «Бхагавад-гиты» и отвергать другую. Нет. Мы должны принять «Бхагавад-гиту», не давая ей собственных толкований, не опуская то, что нам неугодно, и отложив в сторону собственные прихоти. К «Гите» нужно подходить как к самому совершенному изложению ведического знания. Ведическое знание получено из трансцендентных источников, и первым облек его в слова Сам Господь. Слова, произнесенные Господом, называют *апаурушея;* это значит, что они отличны от слов обыкновенных людей, которым присущи четыре недостатка. Люди обречены совершать ошибки, постоянно пребывают в иллюзии, склонны обманывать других и ограничены своими несовершенными чувствами. Эти четыре недостатка лишают человека возможности быть источником совершенного и всеобъемлющего знания.

Источником ведической мудрости были не такие несовершенные живые существа. Изначально она была вложена в сердце Брахмы, первого из сотворенных живых существ. Брахма в свою очередь передал это знание сыновьям и ученикам в том виде, в каком получил его от Верховного Господа. Господь всесовершенен (*пурнам*), Он не подвластен законам материальной природы. Разумному человеку нетрудно понять, что Господь единственный, кому принадлежит все во вселенной. Он же изначальный творец и создатель Брахмы. В одиннадцатой главе «Бхагавад-гиты» Арджуна называет Господа *прапитамаха*. Брахму называют *питамахой*, дедом, или прародителем, а Господь — это творец прародителя вселенной. Таким образом, никто из нас не должен считать себя собственником чего бы то ни было. Нужно просто принимать то, что выделено нам Господом как наша доля, необходимая для жизни.

Можно привести немало примеров того, как следует использовать то, что выделено нам Господом. Об этом также рассказывается в «Бхагавад-гите». В самом начале Арджуна решил не принимать участия в битве на Курукшетре. Это решение он принял самостоятельно. Арджуна сказал Господу, что не сможет наслаждаться царством, полученным ценой смерти своих родственников. Принимая такое решение, Арджуна действовал, исходя из телесных представлений о жизни, поскольку отождествлял себя с телом, а своих братьев, племянников, шуринов и т.д. считал своими родственниками, или продолжением собственного тела. Следовательно, избрав такой образ действий, Арджуна хотел удовлетворить потребности своего тела. Господь рассказал «Бхагавад-гиту» для того, чтобы изменить взгляды Арджуны. В результате Арджуна решил принять участие в битве, подчинившись воле Господа. *Каришйе вачанам тава*, — сказал он: «Я буду действовать по слову Твоему».

Люди, живущие в этом мире, рождены на свет не для того, чтобы ссориться друг с другом, как кошки с собаками. Нужно быть достаточно разумными, чтобы понять важность человеческой жизни и перестать жить так, как живут животные. Человек должен осознать цель своей жизни: к этому нас призывают все ведические писания, квинтэссенцией которых является «Бхагавад-гита». Веды предназначены для людей, а не для животных. Животные могут убивать других животных, не совершая при этом греха, но, когда человек убивает животных ради удовлетворения своего ненасытного языка, на него ложится ответственность за нарушение законов природы. В «Бхагавад-гите» ясно сказано, что есть три вида деятельности, связанных с тремя *гунами* материальной природы: деятельность в *гуне* благости, деятельность в *гуне* страсти и деятельность в *гуне* невежества. Аналогичным образом, есть три вида пищи, которая находится соответственно в *гунах* благости, страсти и невежества. Обо всем этом подробно рассказано в «Бхагавад-гите», и если мы должным образом воспользуемся ее наставлениями, то сможем очиститься и в конце концов покинуть пределы материального мира (*йад гатва на нивартанте тад дхама парамам мама*).

Мир, простирающийся за пределами материального неба, называют *санатаной*, вечной духовной обителью. Мы видим, что в материальном мире нет ничего вечного. Все сущее в назначенный срок появляется на свет, растет, существует в течение некоторого времени, производит побочные продукты, увядает и в конце концов погибает. Таков закон материального мира, действие которого распространяется на все: будь то наше тело, какой-нибудь плод или что угодно другое. Однако за пределами этого бренного мира находится другой мир, о котором рассказывают священные писания. Этот мир имеет иную природу и является *санатаной*, вечным. *Дживу* также называют *санатаной*, вечной. А в одиннадцатой главе «Бхагавад-гиты» *санатаной* называют Господа. Мы непосредственно связаны с Господом, и, поскольку в качественном отношении все мы: духовная обитель (*санатана-дхама*), Верховная Личность (*санатана*) и живые существа (тоже *санатана*) — неотличны друг от друга, цель «Бхагавад-гиты» в том, чтобы вернуть нам нашу вечную деятельность, или *санатана-дхарму*. Сейчас все мы занимаемся различными видами деятельности, но это временная и нечистая деятельность. Однако, если отказаться от временных занятий и посвятить себя деятельности, предписанной Верховным Господом, нашу жизнь можно будет назвать чистой.

Верховный Господь, Его духовная обитель и живые существа относятся к категории *санатаны*, и, когда Верховный Господь и живые существа общаются друг с другом в вечной обители, — это высшее совершенство жизни. Господь Кришна очень добр ко всем живым существам, потому что все они Его дети. В «Бхагавад-гите» Он провозглашает: *сарва-йонишу… ахам бӣджа-прадаӿ питā —* «Я отец всех живых существ». Разумеется, на свете великое множество живых существ, и у каждого — своя *карма*, однако Господь говорит, что Он является отцом всех. Поэтому Господь нисходит на землю, чтобы призвать к Себе все падшие обусловленные души и привести их в вечную духовную обитель, где вечные живые существа смогут вернуться на свое вечное место и вечно общаться с Господом. Господь либо нисходит на землю Сам в различных воплощениях, либо посылает сюда Своих доверенных слуг, которые приходят как Его сыновья, спутники или *ачарьи*, чтобы освободить обусловленные души.

Следовательно, понятие *санатана-дхармы* не относится к какой-то религиозной секте. Этим словом называют вечную деятельность вечных живых существ во взаимоотношениях с вечным Верховным Господом. *Санатана-дхармой*, как уже говорилось, называют вечные обязанности живого существа. Объясняя значение слова *санатана*, Шрипада Рамануджачарья говорил, что *санāтана —* это «то, что не имеет ни начала, ни конца». Поэтому когда мы говорим о *санатана-дхарме*, то, опираясь на авторитет Шрипады Рамануджачарьи, должны исходить из того, что у нее нет ни начала, ни конца.

Значение слова «религия» несколько отличается от понятия *санатана-дхармы*. Слово «религия» несет в себе идею веры, а веру, как известно, можно сменить. Кто-то из нас сегодня может верить в один путь, а завтра перестать верить в него и начать верить во что-то другое. Между тем *санатана-дхармой* называют деятельность, которую невозможно поменять. К примеру, у воды нельзя отнять то, что она жидкая, так же как тепло нельзя отделить от огня. Аналогичным образом, у вечного живого существа нельзя отнять его вечную деятельность. Поэтому, говоря о *санатана-дхарме*, мы должны, опираясь на авторитет Шрипады Рамануджачарьи, исходить из того, что у нее нет ни начала, ни конца. То, что не имеет ни начала, ни конца, не может быть чем-то сектантским, ибо его невозможно ограничить никакими рамками. Те, кто сами являются членами какой-то секты, могут по ошибке считать *санатана-дхарму* сектой, однако, изучив этот вопрос достаточно

глубоко и рассмотрев его с позиций современной науки, мы увидим, что *санатана-дхарма* — это обязанность всех людей в мире,
а точнее, всех живых существ во вселенной.

У любой веры, не относящейся к категории *санатаны*, можно обнаружить начало в анналах мировой истории, тогда как *санатана-
дхарма* не имеет исторического начала, ибо вечно остается с живым
существом. В авторитетных *шастрах* говорится, что живое существо никогда не рождается и не умирает. Живое существо вечно и неразрушимо, оно продолжает существовать и после гибели бренного материального тела. Объясняя понятие *санатана-дхармы*, мы
должны попытаться понять смысл этого слова (иногда переводи-
мого как «религия»), исходя из значения его санскритского корня. *Дхармой* называют качество, вечно присущее какому-то объек-
ту. Известно, что тепло и свет являются атрибутами огня; огонь,
лишенный тепла и света, — не огонь. Подобно этому, мы должны
выявить существенное качество живого существа, неотделимое от
него. Это качество должно быть вечно присуще живому существу.
Оно-то и составляет его вечную религию.

Когда Санатана Госвами спросил Шри Чайтанью Махапрабху
о *сварупе* живого существа, Господь ответил, что *сварупа*, или изначальное положение живого существа, — служение Верховной Личности Бога. Проанализировав это утверждение Господа Чайтаньи,
мы увидим, что каждое живое существо постоянно кому-нибудь
служит. Одно живое существо всегда служит другим — по-разному,
в разных качествах, получая от этого удовольствие. Животные служат людям, как слуги — хозяевам, А служит хозяину Б, Б служит
хозяину В, который, в свою очередь, служит хозяину Г, и так далее. Мы видим, как служат друг другу друзья, как мать служит
сыну, жена — мужу, муж — жене и так без конца. Продолжив это
наблюдение, мы убедимся, что все без исключения живые существа кому-нибудь служат. Политики выносят на суд избирателей свои
программы, стремясь убедить их в своей способности служить, а из-
биратели отдают им свои голоса в надежде на то, что политики будут хорошо служить обществу. Продавец служит покупателю, а рабочий — капиталисту. Капиталист служит семье, а семья служит
государству. Таким образом, нет ни одного живого существа, которое бы не служило другим, и можно с уверенностью заключить,
что служение является вечным атрибутом и вечной религией всех
живых существ.

Тем не менее люди заявляют о своей принадлежности к той или
иной вере, в зависимости от времени, места и обстоятельств, и потому объявляют себя индусами, мусульманами, христианами, буд-
дистами или членами какой-нибудь другой секты. Все эти названия не имеют отношения к *санатана-дхарме*. Индус, сменив веру,

может стать мусульманином, мусульманин — индусом, а христианин — кем-то еще. Но при любых обстоятельствах смена веры никак не сказывается на вечной деятельности живого существа в служении другим. Кем бы мы ни были — индусами, мусульманами или христианами, — мы всегда кому-нибудь служим. Таким образом, объявляя себя приверженцем той или иной веры, человек говорит не о *санатана-дхарме. Санатана-дхармой* каждого является служение.

В действительности все мы связаны с Верховным Господом отношениями служения. Верховный Господь — высший наслаждающийся, а мы, живые существа, — Его слуги. Мы созданы для того, чтобы доставлять Ему наслаждение, и, принимая участие в вечных наслаждениях Господа, мы сами обретаем истинное счастье. Другого способа стать счастливыми не существует. Мы не можем быть счастливы сами по себе, точно так же как ни одна часть нашего тела не может быть счастливой, не сотрудничая с желудком. Живое существо не способно испытывать счастье, если не занимается трансцендентным любовным служением Верховному Господу.

«Бхагавад-гита» отвергает идею поклонения различным полубогам и служения им. В двадцатом стихе седьмой главы «Бхагавадгиты», в частности, говорится:

> *ка̄маис таис таир хр̣та-джн̃а̄на̄х̣*
> *прападйанте 'нйа-девата̄х̣*
> *там̇ там̇ нийамам а̄стха̄йа*
> *пракр̣тйа̄ нийата̄х̣ свайа̄*

«Те же, у кого материальные желания отняли разум, принимают покровительство полубогов и поклоняются им, следуя предписаниям, близким природе этих людей». Здесь ясно сказано, что людьми, которые, вместо того чтобы поклоняться Верховному Господу Кришне, обращаются к полубогам, движет вожделение. Называя Господа Кришной, мы употребляем Его имя не в каком-то сектантском значении. Санскритское слово *кршна* означает «высшее наслаждение», и священные писания подтверждают, что Верховный Господь является источником, или средоточием, всего наслаждения. Каждый из нас жаждет наслаждений. *Ананда-майо 'бхйāсāт* (Веданта-сутра, 1.1.12). Живые существа, подобно Господу, обладают полным сознанием и стремятся к счастью. Господь постоянно пребывает в блаженстве, и, если живые существа восстановят свою связь с Господом, будут сотрудничать с Ним и искать Его общества, они также станут счастливыми.

Господь приходит в этот бренный мир, чтобы явить во Вриндаване Свои исполненные счастья и блаженства игры. Когда Господь Кришна жил во Вриндаване, Его игры с мальчиками-пастушками,

Его отношения с девушками-пастушками, с другими обитателями Вриндавана и с коровами были проникнуты блаженством. Для жителей Вриндавана не существовало ничего, кроме Кришны. Господь Кришна даже разубедил Своего отца Махараджу Нанду в необходимости поклоняться Индре, поскольку хотел показать людям, что им нет необходимости поклоняться никаким полубогам. Поклоняться нужно только Верховному Господу, ибо конечной целью души является возвращение в Его обитель.

Обитель Господа Кришны описана в «Бхагавад-гите» (15.6):

> *на тад бхāсайате сӯрйо*
> *на шашāṅко на пāваках̣*
> *йад гатвā на нивартанте*
> *тад дхāма парамам̇ мама*

«Эта Моя высшая обитель не освещается ни солнцем, ни луной, ни огнем, ни электричеством. Тот, кто однажды достиг ее, больше не возвращается в материальный мир».

В этом стихе дано описание вечного неба. У нас существует материальное представление о небе, и оно ассоциируется у нас с солнцем, луной, звездами и т. д. Однако в данном стихе Господь говорит, что вечное небо не озаряет ни солнце, ни луна, ни электричество, ни огонь, ибо оно озарено сиянием *брахмаджьоти* — лучей, исходящих от Самого Верховного Господа. Мы прилагаем столько усилий, чтобы понять природу других планет, однако понять, что представляет собой обитель Господа, совсем не трудно. Эту обитель называют Голокой. В «Брахма-самхите» (5.37) дано замечательное описание обители Господа: *голока эва нивасати акхилāтма-бхӯтах̣*. Господь вечно пребывает в Своей обители на Голоке, но даже те, кто находится в материальном мире, могут достичь Его. Именно ради этого Господь нисходит к нам и являет Свою истинную форму *(сад-чид-ананда-виграху)*. Когда Сам Господь находится перед нами в Своем истинном облике, отпадает необходимость гадать, как Он выглядит. Чтобы прекратить всевозможные домыслы, Он Сам приходит в материальный мир и являет людям Свой истинный облик Шьямасундары. К сожалению, недалекие люди смеются над Ним, потому что Он приходит на землю, как один из нас, и играет роль человека. Однако это еще не повод считать Господа одним из нас. Господь всемогущ, поэтому Он может предстать перед нами в Своем истинном облике и явить Свои игры, которые в точности воспроизводят игры, проходящие в Его обители.

В сияющих просторах духовного неба парят бесчисленные духовные планеты. *Брахмаджьоти* исходит от высшей обители, Кришналоки, и в его лучах парят нематериальные планеты *ананда-майя*, чин-майя. Господь говорит: *на тад бхāсайате сӯрйо на йаш̣ā̆нко на пāваках̣ / йад гатвā на нивартанте тад дхāма парамам̇ мама*. Тому, кто достиг духовного неба, больше не нужно возвращаться в материальный мир. В материальном мире, даже если мы сумеем достичь самой высшей планеты вселенной (Брахмалоки), не говоря уже о Луне, мы везде обнаружим одни и те же условия жизни, а именно: рождение, смерть, старость и болезни. Эти четыре закона материальной жизни действуют на всех без исключения планетах материальной вселенной (*ā-брахма бхуванāл локāх̣*).

Живые существа переселяются с одной планеты на другую, однако это не значит, что мы можем достичь какой угодно планеты с помощью механических приспособлений. Чтобы попасть на другие планеты, нужно воспользоваться методом, который описан в «Бхагавад-гите»: *йāнти дева-вратā девāн питр̣н йāнти питр̣-вратāх̣*. Для межпланетных путешествий не нужны никакие летательные аппараты. «Бхагавад-гита» объясняет: *йāнти дева-вратā девāн*. Луну, Солнце и высшие планеты относят к Сваргалоке. Существует три класса планет: высшие, средние и низшие. Земля относится к средней планетной системе. «Бхагавад-гита» объясняет, как достичь планет высшей системы (Девалоки) с помощью очень простого метода: *йāнти дева-вратā девāн*. Для этого достаточно поклоняться полубогу, который правит этой планетой; таким образом можно попасть на Луну, Солнце или любую другую высшую планету.

Однако «Бхагавад-гита» не советует нам стремиться к планетам материального мира, ибо даже если мы поднимемся на Брахмалоку, самую высшую из планет, построив для этого специальный летательный аппарат и проведя в полете сорок тысяч лет (впрочем, кто из нас проживет столько?), то и там мы столкнемся с теми же материальными проблемами: рождением, смертью, старостью и болезнями. Но у того, кто попадет на высшую духовную планету, Кришналоку, или на любую другую планету духовного мира, никогда не будет подобных проблем. Среди планет духовного мира есть одна, которая называется Голокой Вриндаваной. Она является самой высшей из всех, это изначальная планета изначальной Личности Бога, Шри Кришны. Обо всем этом рассказывается в «Бхагавад-гите», читая которую мы узнаем о том, как можно покинуть материальный мир и обрести вечную жизнь в вечном духовном мире.

Пятнадцатая глава «Бхагавад-гиты» дает нам истинное представление о материальном мире. Там, в частности, говорится:

ӯрдхва-мӯлам адхах̣-ш̣āкхам
аш̣ваттхам̇ прāхур авйайам

чхандāм̇си йасйа парн̣āни
йас там̇ веда са веда-вит

Материальный мир описан здесь в виде дерева, корни которого растут вверх, а ветви — вниз. Каждый из нас видел такие деревья: стоя на берегу реки или любого другого водоема, можно увидеть, что у деревьев, которые отражаются в воде, корни направлены вверх, а ветви — вниз. Подобно этому, материальный мир является отражением духовного. Материальный мир — это лишь тень реальности. Тень бесплотна и лишена подлинности, но по тени можно судить о существовании реальности. В пустыне, как известно, нет воды, однако миражи свидетельствуют о том, что вода где-то существует. В материальном мире нет воды, нет счастья, но реальная вода подлинного счастья существует в духовном мире.

Господь предлагает нам метод, с помощью которого можно достичь духовного мира (Б.-г., 15.5):

нирмāна-мохā джита-сан̇га-дошā
адхйāтма-нитйā винивр̣тта-кāмāх̣
двандваир вимуктāх̣ сукха-дух̣кха-сам̇джн̃аир
гаччхантй амӯд̣хāх̣ падам авйайам̇ тат

Достичь *падам авйайам*, вечного царства, может только тот, кто стал *нирмāна-моха*. Что это значит? Все мы привязаны к титулам и званиям. Один хочет стать «сэром», другой — «лордом», а третий — «президентом», «миллионером», «королем» или кем-нибудь еще в этом роде. Привязанность к именам и званиям означает, что мы привязаны к телу, ибо все эти обозначения относятся только к телу. Однако мы не являемся материальным телом, и осознание этого факта — первый шаг на пути духовного самопознания. Сейчас мы связаны с тремя *гунами* материальной природы, но нам необходимо отделить себя от них, занимаясь преданным служением Господу. Тот, кто не привязался к преданному служению Господу, не сможет отказаться от привязанности к *гунам* материальной природы. Все наши титулы, звания, имена и привязанности — следствие присущего нам вожделения и желания господствовать над материальной природой. До тех пор пока мы не избавимся от желания властвовать над материальной природой, мы не сможем вернуться в царство Всевышнего, *санатана-дхаму*. Достичь этого вечного, неразрушимого царства может лишь тот, кто не введен в заблуждение соблазнами иллюзорных материальных наслаждений и поглощен служением Верховному Господу. Такой человек без труда достигнет этой высшей обители.

В одном из стихов «Гиты» (8.21) говорится:

> *авйакто 'кшара итй уктас*
> *там а̄хух парама̄м̇ гатим*
> *йам̇ пра̄пйа на нивартанте*
> *тад дха̄ма парамам̇ мама*

Авьякта значит «непроявленный». Нашему взору доступен даже не весь материальный мир. Чувства наши столь несовершенны, что мы не способны увидеть даже все звезды материальной вселенной. В Ведах содержится много сведений о каждой из планет вселенной, и мы можем верить или не верить этому. В ведических писаниях, прежде всего в «Шримад-Бхагаватам», описаны все самые важные планеты материального мира, а также духовный мир, который простирается за пределами материального и называется *авьяктой,* «непроявленным». Человек должен стремиться достичь этого духовного царства, ибо тот, кто попадает туда, больше никогда не возвращается в материальный мир.

Резонно спросить, каким образом можно достичь обители Верховного Господа? Ответ на этот вопрос содержится в восьмой главе:

> *анта-ка̄ле ча ма̄м̇ эва*
> *смаран муктва̄ калеварам*
> *йах прайа̄ти са мад-бха̄вам̇*
> *йа̄ти на̄стй атра сам̇ш́айах*

«Тот, кто в конце жизни, покидая тело, помнит только обо Мне, сразу обретает Мою природу. В этом нет никаких сомнений» (Б.-г., 8.5). Человек, который в момент смерти думает о Кришне, отправляется к Кришне. Мы должны хранить в памяти образ Кришны; тот, кто, оставляя тело, думает об образе Господа, непременно вернется в духовное царство. Слово *мад-бха̄вам* относится к духовной природе верховного живого существа. Его природа — *сач-чид-ананда-виграха*. Это значит, что тело Господа вечно, исполнено знания и блаженства. Наше нынешнее тело никак не назовешь *сач-чид-анандой*. Оно не *сат*, а *асат*, то есть не вечно, а бренно. Наше тело не является *чит*, исполненным знания; напротив, оно погрязло в невежестве. Мы ничего не знаем о духовном царстве и даже о материальном мире знаем далеко не все. Материальное тело также *нирананда:* вместо того чтобы ощущать блаженство, оно постоянно испытывает страдания. Источником всех страданий живого существа является его тело, но тот, кто оставляет тело, думая о Господе Кришне, Верховной Личности Бога, тотчас обретает тело *сач-чид-ананда*.

Человек оставляет одно тело и получает другое в соответствии со строгими законами. Тело человека умирает после того, как становится ясно, какую форму тела он получит в следующей жизни. Это решение принимают высшие силы, а не сам человек. В зависимости от того, что мы делали в этой жизни, мы либо поднимемся по эволюционной лестнице, либо опустимся. Наша нынешняя жизнь — подготовка к следующей. И если мы в течение этой жизни подготовимся к тому, чтобы вернуться в царство Бога, то, оставив материальное тело, обязательно получим духовное тело, подобное телу Господа.

Как уже объяснялось, есть разные типы людей, занимающихся духовной практикой: *брахма-вади, параматма-вади* и преданные. Говорилось также, что в *брахмаджьоти* (духовном небе) существует бесчисленное множество духовных планет. Число этих планет значительно превосходит число вселенных в материальном мире. Материальный мир составляет приблизительно одну четвертую всего творения *(экāмшена стхито джагат)*. В материальном мире миллиарды вселенных с триллионами планет, солнц, звезд и лун. Однако материальный мир лишь незначительная часть всего творения. Три четверти творения занимает духовное небо. Тот, кто хочет слиться с бытием Верховного Брахмана, попадает в *брахмаджьоти* Верховного Господа. А преданные, которые желают наслаждаться общением с Господом, переносятся на бесчисленные планеты Вайкунтхи и получают там возможность общаться с Господом в образе Его полной экспансии, четырехрукого Нарāяны, которого называют разными именами: Прадьюмна, Анируддха, Говинда и т. д. Таким образом, в конце жизни трансценденталисты сосредоточивают свои мысли либо на *брахмаджьоти,* либо на Параматме, либо на Верховной Личности Бога, Шри Кришне. Все они достигают духовного неба, однако только преданный, лично связанный с Верховным Господом и служащий Ему, достигает планет Вайкунтхи или Голоки Вриндаваны. Господь добавляет, что «в этом нет никаких сомнений». Мы должны твердо верить в это. Не следует бездумно отвергать то, что недоступно нашему пониманию. Относиться к словам Господа нужно так, как отнесся к ним Арджуна: «Я верю всему, что Ты мне сказал». Когда Сам Господь говорит, что тот, кто в момент смерти думает о Нем в образе Брахмана, Параматмы или Личности Бога, обязательно попадет в духовный мир, мы не должны подвергать Его слова сомнению. Все Его слова нужно принимать с верой.

«Бхагавад-гита» (8.6) объясняет также общий принцип, на основании которого живое существо сможет войти в духовное царство, если в момент смерти будет помнить о Всевышнем:

йам йам вāпи смаран бхāвам
тйаджатй анте калеварам

там там эваити каунтейа
сада тад-бхава-бхавитах

«О каком бы состоянии бытия ни помнил человек, покидая тело, того состояния он и достигнет в следующей жизни». Прежде всего нужно уяснить, что материальная природа является одной из энергий Верховного Господа. В «Вишну-пуране» (6.7.61) описана вся совокупность энергий Всевышнего:

вишну-шактих пара прокта
кшетра-джнакхйа татха пара
авидйа-карма-самджнанйа
тртийа шактир ишйате

Господь обладает неисчислимыми разнообразными энергиями, недоступными нашему пониманию; однако великие мудрецы, освобожденные души, изучили эти энергии и разделили их на три категории. Все энергии относятся к категории *вишну-шакти,* то есть являются различными энергиями Господа Вишну. Первую энергию называют *пара,* трансцендентной. Живые существа, как уже было сказано, тоже относятся к высшей энергии Господа. Все остальные Его энергии материальны и относятся к *гуне* невежества. В момент смерти живое существо может либо остаться в сфере действия низшей энергии материального мира, либо перенестись в духовный мир. Поэтому в «Бхагавад-гите» (8.6) говорится:

йам йам вапи смаран бхавам
тйаджатй анте калеварам
там там эваити каунтейа
сада тад-бхава-бхавитах

«О каком бы состоянии бытия ни помнил человек, покидая тело, того состояния он и достигнет в следующей жизни».

Мы привыкаем думать либо о материальной энергии, либо о духовной. Каким же образом можно перенести свои мысли из области материальной энергии в сферу энергии духовной? В мире существует множество произведений, которые наполняют наши мысли материальной энергией. Это газеты, журналы, романы, повести и так далее. Наши мысли, в данный момент поглощенные подобной литературой, должны сосредоточиться на ведических произведениях. Вот почему великие мудрецы оставили нам множество ведических произведений, таких как Пураны. Пураны не плод чьего-то воображения, Пураны — это исторические хроники. В «Чайтанья-чаритамрите» (Мадхья, 20.122) есть стих:

майа мугдха дживера нахи сватах кршна-джнана
дживере крпайа каила кршна веда-пурана

Забывчивые живые существа, обусловленные души, не помнят о своих отношениях с Верховным Господом, и все их мысли поглощены материальной деятельностью. Чтобы направить энергию их мысли к духовной реальности, Кришна-двайпаяна Вьяса оставил после себя огромное число ведических произведений. Сначала Он разделил Веду на четыре Веды, затем объяснил их в Пуранах, а для менее разумных людей записал «Махабхарату». «Махабхарата» содержит в себе «Бхагавад-гиту». Затем Он обобщил всю философию Вед в «Веданта-сутре» и, заботясь о будущих поколениях, составил собственный комментарий к «Веданта-сутре», назвав его «Шримад-Бхагаватам». Мы должны постоянно занимать свой ум чтением этих ведических произведений. Умы материалистов постоянно поглощены чтением газет, журналов и многих других произведений на мирские темы. Подобным же образом мы должны читать произведения, оставленные Вьясадевой. Благодаря этому мы сможем помнить о Верховном Господе в момент смерти. Это единственный путь, указанный Самим Господом, который гарантирует результат: «В этом не может быть никаких сомнений».

> *тасмāт сарвешу кāлешу*
> *мāм анусмара йудхйа ча*
> *майй арпита-мано-буддхир*
> *мāм эваишйаси асамшайах̣*

«Поэтому, о Арджуна, ты должен всегда думать обо Мне в образе Кришны и в то же время сражаться, исполняя свой долг. Посвящая Мне все свои действия и держа ум и разум сосредоточенными на Мне, ты непременно достигнешь Моей обители» (Б.-г., 8.7).

Кришна никогда не советовал Арджуне просто медитировать на Него и отказаться от исполнения своего долга. Нет. Господь никогда не станет предлагать нам чего-то невыполнимого. Человек, живущий в материальном мире, должен работать, чтобы поддерживать душу в теле. Человеческое общество делится на четыре сословия *(брахманов, кшатриев, вайшьев* и *шудр)* в зависимости от рода деятельности. Деятельность *брахманов,* или интеллектуалов, отличается от деятельности *кшатриев* (правителей), строго определенные обязанности есть также у класса торговцев и предпринимателей и у класса рабочих. Но каждый — будь то рабочий, торговец, правитель, крестьянин или даже представитель высшего сословия (писатель, ученый или теолог) — должен трудиться, чтобы жить. Поэтому Господь говорит Арджуне, что ему не нужно отказываться от исполнения своих обязанностей. Однако, исполняя их, он должен помнить о Кришне *(мāм анусмара)*. Если, ведя борьбу за существование, человек не научится помнить о Кришне, он не сможет вспомнить о Нем в момент смерти. О том же самом предупреждает нас и Господь Чайтанья. *Кӣртанӣйах̣ сада̄ харих̣, —* говорит Он. Мы должны постоянно повторять святые имена Господа. Имена Господа и Сам Господь неотличны друг от друга. Поэтому, когда Господь Кришна велит Арджуне: «Помни обо Мне», а Господь Чайтанья призывает: «Постоянно повторяйте имена Господа Кришны», Они говорят об одном и том же. Между двумя этими наставлениями нет никакой разницы, так как имя Кришны и Сам Кришна неотличны друг от друга. На абсолютном уровне не существует разницы между предметом и его названием. Поэтому мы должны научиться всегда, круглые сутки, помнить о Господе, повторяя Его имена и организовав свою жизнь и деятельность таким образом, чтобы постоянно помнить о Нем.

Как это возможно? *Ачарьи* приводят следующий пример. Когда замужняя женщина любит другого мужчину или женатый мужчина — другую женщину, их привязанность обычно очень сильна. Человек, оказавшийся в подобной ситуации, постоянно думает о любимом или любимой. Замужняя женщина, мысли которой заняты возлюбленным, даже занимаясь домашними делами, все время думает о встрече с ним. В действительности она выполняет домашнюю работу даже более тщательно, чем прежде, чтобы муж не догадался о ее привязанности. Так и мы должны постоянно помнить о верховном возлюбленном, Шри Кришне, и вместе с тем добросовестно исполнять свои обязанности в материальной жизни. Для этого нужно очень сильно любить Господа. Если мы будем испытывать к Нему сильное чувство любви, то сможем выполнять возложенные на нас обязанности и одновременно думать о Нем. Однако для этого необходимо развить в себе любовь к Богу. Так, Арджуна все время думал о Кришне; он был постоянным спутником Кришны и вместе с тем оставался воином. Кришна никогда не говорил, что Арджуна должен отказаться от сражения, уйти в лес или в Гималаи и заниматься медитацией. Когда Господь Кришна рассказал Арджуне о системе *йоги,* Арджуна ответил, что эта система не для него.

> *арджуна ува̄ча*
> *йо 'йам̇ йогас твайа̄ проктах̣*
> *са̄мйена мадхусӯдана*
> *этасйа̄хам̇ на паш́йа̄ми*
> *чан̃чалатва̄т стхитим̇ стхира̄м*

«Арджуна сказал: О Мадхусудана, практика *йоги,* которую Ты описал, кажется мне непосильной, ибо ум мой беспокоен и неустойчив» (Б.-г., 6.33).

Однако Господь говорит:

> *йогинāм апи сарвешāм*
> *мад-гатенāнтарāтмана*
> *йраддхāвāн бхаджате йо мāм*
> *са ме юктатамо матах*

«Из всех *йогов* тот, кто всегда погружен в мысли обо Мне, пребывающем в Его сердце, и, исполненный непоколебимой веры, поклоняется и служит Мне с любовью, связан со Мной самыми тесными узами и достиг высшей ступени совершенства. Таково Мое мнение» (Б.-г., 6.47). Таким образом, тот, кто постоянно думает о Верховном Господе, является лучшим из *йогов,* величайшим *гьяни* и величайшим преданным одновременно. Вслед за тем Господь говорит Арджуне, что, будучи *кшатрием,* он не может отказаться от сражения. Но если, сражаясь, он будет помнить о Кришне, то сможет вспомнить о Нем и в момент смерти. Однако для этого необходимо безраздельно предаться Кришне и посвятить себя трансцендентному любовному служению Ему.

На самом деле мы действуем не телом, а умом и разумом. Поэтому, если наши разум и ум постоянно будут поглощены мыслями о Верховном Господе, то и наши чувства естественным образом будут заняты служением Ему. «Бхагавад-гита» учит нас тому, как занять свой ум и разум мыслями о Господе. Поглощенные ими, мы сможем перенестись в царство Бога. Если ум человека занят служением Кришне, то его чувства естественным образом также включены в служение Ему. Это настоящее искусство, и в этом заключается секрет «Бхагавад-гиты»: полная погруженность в мысли о Шри Кришне.

Современные люди прилагают так много усилий, чтобы добраться до Луны, но не делают практически ничего для того, чтобы достичь духовного совершенства. Тот, у кого есть в запасе пятьдесят лет жизни, должен в течение этого короткого промежутка времени стараться помнить о Верховной Личности Бога. В этом суть практики преданного служения:

> *йраваṇам кӣртанам вишṇох*
> *смараṇам пāда-севанам*
> *арчанам ванданам дāсйам*
> *сакхйам āтма-ниведанам*
> *Бхаг., 7.5.23*

Эти девять видов деятельности, самым легким из которых является *йраваṇам,* слушание «Бхагавад-гиты» в изложении человека, постигшего Бога, обратят наши мысли к Верховному Существу. В результате мы сможем помнить о Верховном Господе и, оставив свое нынешнее тело, получим духовное тело, которое будет идеально приспособлено для общения со Всевышним.

Далее Господь говорит:

> *абхйāса-йога-йуктена*
> *четасā нāнйа-гāминā*
> *парамам пурушам дивйам*
> *йāти пāртхāнучинтайан*

«Тот, кто постоянно помнит Меня, Верховную Личность Бога, кто всегда сосредоточенно думает обо Мне, не отвлекаясь ни на что другое, без сомнения, придет ко Мне» (Б.-г., 8.8).

Этот метод совсем не сложен, однако научить ему может только тот, кто овладел им. *Тад-виджн̃āнāртхам са гурум эвāбхигаччхет:* нужно обратиться к человеку, который уже идет этим путем. Наш ум постоянно носится повсюду, но мы должны научиться всегда держать его сосредоточенным на образе Верховного Господа Шри Кришны или на звуке Его святого имени. Ум по природе своей беспокоен и неустойчив, но, погруженный в звуки имени Кришны, он может успокоиться и сосредоточиться. Поэтому нужно медитировать на *парамам пурушам,* Верховную Личность Бога, в духовном царстве и так вернуться к Господу. Пути и способы, позволяющие достичь высшего уровня самоосознания, высшей цели, указаны в «Бхагавад-гите», и врата в царство этого знания открыты для всех. Войти туда может каждый. Представители всех без исключения сословий могут приблизиться к Господу Кришне, думая о Нем, ибо слушать и думать о Господе под силу любому.

Поэтому Господь говорит (Б.-г., 9.32–33):

> *мāм хи пāртха вйапāш́ритйа*
> *йе 'пи сйух пāпа-йонайах*
> *стрийо ваиш́йāс татхā ш́ӯдрас*
> *те 'пи йāнти парāм гатим*

> *ким пунар брāхманāх пунйā*
> *бхактā рāджаршайас татхā*
> *анитйам асукхам локам*
> *имам прāпйа бхаджасва мāм*

Здесь Господь говорит, что любой человек, даже торговец, падшая женщина, рабочий или самый последний из людей, может достичь Его. Для этого не нужно обладать развитым интеллектом: суть в том, что каждый, кто следует принципам *бхакти-йоги* и признает Верховного Господа *суммум бонум**, высшей целью и предназначением жизни, может перенестись в обитель Господа в духовном небе. Следуя принципам, изложенным в «Бхагавад-гите», человек сможет сделать свою жизнь совершенной и раз и навсегда разрешить все проблемы материальной жизни. В этом смысл и суть учения «Бхагавад-гиты».

В заключение необходимо отметить, что «Бхагавад-гита» — это духовное произведение, читать которое нужно очень внимательно. *Гӣтā-ш́āстрам идам пуṇйам̇ йаḥ паṭхет прайатаḥ пумāн* — тот, кто должным образом следует наставлениям «Бхагавад-гиты», сможет избавиться от всех страданий и тревог жизни. *Бхайа-ш́окāди-варджитаḥ* — он избавится от всех страхов, которые преследуют его в этой жизни, и *виṣṇоḥ падам авāпноти* — в следующей жизни достигнет духовного мира (Гита-махатмья, 1).

У этого пути есть еще одно преимущество:

> *гӣтāдхйāйана-ш́ӣласйа*
> *прāṇāйāма-парасйа ча*
> *наива санти хи пāпāни*
> *пӯрва-джанма-кр̣тāни ча*

«Если человек читает „Бхагавад-гиту" со всей искренностью и серьезностью, то по милости Господа он избавится от всех последствий своих прошлых грехов» (Гита-махатмья, 2). В последней главе «Бхагавад-гиты» (18.66) Господь во всеуслышание провозглашает:

> *сарва-дхармāн паритйаджйа*
> *мāм экам̇ ш́араṇам̇ враджа*
> *ахам̇ твāм̇ сарва-пāпебхйо*
> *мокшайишйāми мā ш́учаḥ*

«Оставь всевозможные религии и просто предайся Мне. Я спасу тебя от всех последствий твоих грехов. Не бойся ничего». Таким образом, Господь берет на Себя заботу о том, кто предается Ему, и освобождает такого человека от всех последствий его грехов.

> *мала-нирмочанам̇ пум̇сāм̇*
> *джала-снāнам̇ дине дине*
> *сакр̣д гӣтāмр̣та-снāнам̇*
> *сам̇сāра-мала-нāш́анам*

«Человек может каждый день омываться водой, чтобы смыть с себя грязь, но если он хотя бы единожды совершит омовение в во-

---

* Высшее благо. *(лат.)*

дах „Бхагавад-гиты“, что подобна священным водам Ганги, то вся грязь материальной жизни будет смыта с него раз и навсегда» (Гита-махатмья, 3).

> *гӣта̄ су-гӣта̄ картавйа̄*
> *ким анйаих̣ ш́а̄стра-вистараих̣*
> *йа̄ свайам̇ падмана̄бхасйа*
> *мукха-падма̄д виних̣ср̣та̄*

Поскольку «Бхагавад-гита» рассказана Верховной Личностью Бога, нет никакой необходимости читать какие-либо другие произведения ведической литературы. Достаточно просто внимательно и регулярно слушать и читать «Бхагавад-гиту». В наш век люди так погрязли в мирских делах, что не в состоянии прочесть все ведические писания. Но в этом и нет необходимости. Вполне достаточно одной «Бхагавад-гиты», так как эта книга — квинтэссенция всех ведических произведений, прежде всего потому, что ее поведал Сам Верховный Господь (Гита-махатмья, 4).

Говорится также:

> *бха̄рата̄мр̣та-сарвасвам̇*
> *вишн̣у-вактра̄д виних̣ср̣там*
> *гӣта̄-ган̇годакам̇ пӣтва̄*
> *пунар джанма на видйате*

«Если человек, который пьет воду из Ганги, обретает освобождение, то что говорить о том, кто пьет нектар „Бхагавад-гиты“? В „Бхагавад-гите“ собран весь нектар „Махабхараты“, и она сошла с уст Самого Кришны, изначального Вишну» (Гита-махатмья, 5). «Бхагавад-гита» исходит из уст Верховной Личности Бога, а Ганга, как известно, берет начало у лотосных стоп Верховного Господа. Разумеется, уста Верховного Господа неотличны от Его стоп, однако беспристрастный анализ покажет, что по своему значению «Бхагавад-гита» превосходит даже священные воды Ганги.

> *сарвопанишадо га̄во*
> *догдха̄ гопа̄ла-нанданах̣*
> *па̄ртхо ватсах̣ су-дхӣр бхокта̄*
> *дугдхам̇ гӣта̄мр̣там̇ махат*

«Эта „Гитопанишад“, „Бхагавад-гита“, содержащая квинтэссенцию всех Упанишад, подобна корове, которую доит Господь Кришна, прославленный пастушок. Арджуну же сравнивают с теленком. Вот почему мудрецы и чистые преданные Господа должны пить подобное нектару молоко „Бхагавад-гиты“» (Гита-махатмья, 6).

экам̇ ш́а̄страм̇ девакӣ-путра-гӣтам
эко дево девакӣ-путра эва
эко мантрас тасйа на̄ма̄ни йа̄ни
кармапй экам̇ тасйа девасйа сева̄
Гита-махатмья, 7

Экам̇ ш́а̄страм̇ девакӣ-путра-гӣтам: пусть же люди поймут, что есть только одно писание, общее для всех — «Бхагавад-гита». *Эко дево девакӣ-путра эва:* есть только один Бог для всего мира — Шри Кришна. *Эко мантрас тасйа на̄ма̄ни:* есть только один гимн, одна *мантра*, одна молитва — Его святое имя, Харе Кришна, Харе Кришна, Кришна Кришна, Харе Харе / Харе Рама, Харе Рама, Рама Рама, Харе Харе. *Карма̄пй экам̇ тасйа девасйа сева̄:* и есть только одно дело — служить Верховной Личности Бога.

Цепь духовных учителей

Эвам парампара-праптам (Б.-г., 4.2). «Бхагавад-гита как она есть» пришла к нам по цепи духовных учителей, в которую входят:

1. Кришна
2. Брахма
3. Нарада
4. Вьяса
5. Мадхва
6. Падманабха
7. Нрихари
8. Мадхава
9. Акшобхья
10. Джая Тиртха
11. Гьянасиндху
12. Даянидхи
13. Видьянидхи
14. Раджендра
15. Джаядхарма
16. Пурушоттама
17. Брахманья Тиртха
18. Вьяса Тиртха
19. Лакшмипати
20. Мадхавендра Пури
21. Ишвара Пури (Нитьянанда, Адвайта)
22. Господь Чайтанья
23. Рупа (Сварупа, Санатана)
24. Рагхунатха, Джива
25. Кришнадас
26. Нароттама
27. Вишванатха
28. (Баладева), Джаганнатха
29. Бхактивинода
30. Гауракишора
31. Бхактисиддханта Сарасвати
32. А.Ч. Бхактиведанта Свами Прабхупада

ГЛАВА ПЕРВАЯ

Обзор армий на поле битвы Курукшетра

ТЕКСТ 1   धृतराष्ट्र उवाच
धर्मक्षेत्रे कुरुक्षेत्रे समवेता युयुत्सवः ।
मामकाः पाण्डवाश्चैव किमकुर्वत सञ्जय ॥ १ ॥

дхртарāштра увāча
дхарма-кшетре куру-кшетре   самаветā йуйутсавах̣
мāмакāх̣ пāн̣давāш́ чаива   ким акурвата санджайа

дхртарāштрах̣ увāча — царь Дхритараштра сказал; *дхарма-кше-тре* — в месте паломничества; *куру-кшетре* — в месте под названием Курукшетра; *самаветāх̣* — собравшиеся; *йуйутсавах̣* — желающие вступить в бой; *мāмакāх̣* — те, кто на моей стороне (мои сыновья); *пāн̣давāх̣* — сыновья Панду; *ча* — и; *эва* — безусловно; *ким* — что; *акурвата* — сделали; *санджайа* — о Санджая.

Дхритараштра спросил: О Санджая, что стали делать мои сыновья и сыновья Панду, когда, горя желанием вступить в бой, собрались в месте паломничества, на поле Курукшетра?

КОММЕНТАРИЙ: «Бхагавад-гита» — это популярное богословское произведение, суть которого изложена в «Гита-махатмье»

51

(«Прославлении „Гиты"»). Там, в частности, говорится, что изучать «Бхагавад-гиту» нужно очень внимательно, с помощью человека, преданного Шри Кришне. В попытках понять ее смысл очень важно избегать предвзятых толкований, продиктованных корыстными мотивами. Пример того, как следует понимать «Бхагавад-гиту», мы находим в самой «Гите»: так понял ее Арджуна, который услышал это произведение из уст Самого Господа. Если человеку посчастливится услышать «Бхагавад-гиту» от истинного представителя Господа и понять ее непредвзято, так, как понял ее Арджуна, можно считать, что он постиг всю мудрость, заключенную в Ведах и других священных писаниях мира. В «Бхагавад-гите» читатель найдет все, что содержится в иных писаниях, а также то, чего нет ни в одной другой книге. В этом уникальность «Бхагавад-гиты». Она представляет собой совершенное теистическое учение, ибо ее поведал Сам Господь Шри Кришна, Верховная Личность Бога.

Беседа Дхритараштры и Санджаи, приведенная в «Махабхарате», составляет канву этого великого философского произведения. Как известно, «Бхагавад-гита» была поведана на поле битвы Курукшетра, которое с незапамятных времен, со времен ведической цивилизации, является местом паломничества. Ее рассказал Сам Господь, когда Он пришел на нашу планету, чтобы указать людям путь к постижению истины.

В этом стихе ключевым является слово *дхарма-кшетра* (место, где совершаются религиозные обряды), так как в битве на Курукшетре Верховный Господь принял сторону Арджуны. Дхритараштра, отец Кауравов, глубоко сомневался в том, что его сыновьям удастся одержать победу в предстоящем сражении. Эти сомнения заставили его обратиться к своему министру Санджае с вопросом: «Что они стали делать?» Он прекрасно знал, что его сыновья и сыновья его младшего брата Панду собрались на Курукшетре, чтобы вступить в бой, и тем не менее его вопрос не лишен смысла. Он не хотел, чтобы двоюродные братья заключили перемирие, но, в то же время, беспокоился за судьбу своих сыновей и за исход сражения. Поскольку полем сражения выбрали Курукшетру, место, которое, согласно Ведам, является святым даже для небожителей, Дхритараштра боялся, что святое место может повлиять на исход битвы. Он прекрасно понимал, что это влияние будет помогать Арджуне и другим сыновьям Панду, так как все они были праведны от рождения. Санджая был учеником Вьясы и по милости Вьясы, даже находясь в покоях Дхритараштры, мог видеть все, что происходило на поле битвы Курукшетра. Поэтому Дхритараштра спросил его о том, что делается на месте сражения.

Сыновья Панду и сыновья Дхритараштры принадлежали к одному роду, но вопрос Дхритараштры выдает его отношение к племянникам. Он умышленно причисляет к роду Куру только своих сыновей, тем самым лишая сыновей Панду их наследственных прав. Это свидетельствует о нелюбви Дхритараштры к сыновьям Панду.

Итак, с самого начала повествования становится ясно, что на священном поле Курукшетра, где находится сам отец религии, Шри Кришна, будут, словно на рисовом поле во время прополки, вырваны все сорняки (сын Дхритараштры Дурьйодхана и другие) и что победу по воле Господа одержат истинно праведные люди во главе с Юдхиштхирой. Таков смысл слов *дхарма-кшетре* и *куру-кшетре,* помимо их значения в контексте ведической культуры и истории.

ТЕКСТ 2   सञ्जय उवाच
दृष्ट्वा तु पाण्डवानीकं व्यूढं दुर्योधनस्तदा ।
आचार्यमुपसङ्गम्य राजा वचनमब्रवीत् ॥ २ ॥

*санджайа увача
дриштва ту пандаванйкам вйудхам дурйодханас тада
ачарйам упасангамйа раджа вачанам абравйт*

санджайах увача — Санджая сказал; *дриштва* — осмотрев; *ту* — но; *пандава-анйкам* — армию Пандавов; *вйудхам* — выстроенную в боевые порядки; *дурйодханах* — царь Дурьйодхана; *тада* — тогда; *ачарйам* — к учителю; *упасангамйа* — подойдя; *раджа* — царь; *вачанам* — речь; *абравйт* — произнес.

Санджая сказал: Оглядев боевые порядки армии сыновей Панду, царь Дурьйодхана подошел к своему учителю и произнес такие слова.

КОММЕНТАРИЙ: Дхритараштра был слеп от рождения. К несчастью, он был лишен и духовного зрения. Он прекрасно знал, что его сыновья так же слепы в вопросах религии, как и он, и был уверен, что они никогда не придут к соглашению с добродетельными от рождения Пандавами. И все же его одолевали сомнения: он не знал, какое влияние окажет на его сыновей место паломничества. Санджая понимал, что́ побудило Дхритараштру спросить, как разворачиваются события на поле битвы. Желая ободрить упавшего духом царя, он заверил его, что его сыновья не собираются идти на мировую, несмотря на влияние святого места. Поэтому он сообщил царю, что его сын Дурьйодхана, оглядев армию Пандавов, подошел к главнокомандующему армии Кауравов, Дроначарье, чтобы рассказать ему о положении дел. Хотя Дурьйодхана назван здесь царем, серьезность ситуации заставила его пойти к главнокомандующему своей армии. Этот поступок выдает в нем искусного политика. Но даже такой опытный дипломат, как Дурьйодхана, не сумел скрыть страха, который он испытал при виде армии Пандавов.

ТЕКСТ 3 पश्यैतां पाण्डुपुत्राणामाचार्य महतीं चमूम् ।
व्यूढां द्रुपदपुत्रेण तव शिष्येण धीमता ॥ ३ ॥

*пашйаитāм пāн̣д̣у-путрāн̣āм   āчāрйа махатӣм̇ чамӯм
вйӯдхāм̇ друпада-путрен̣а   тава ш́ишйен̣а дхӣматā*

пашйа — взгляни; *этāм* — на эту; *пāн̣д̣у-путрāн̣āм* — сыновей
Панду; *āчāрйа* — о учитель; *махатӣм* — огромную; *чамӯм* — армию;
вйӯдхāм — построенную; *друпада-путрен̣а* — сыном Друпады; *тава* — твоим; *ш́ишйен̣а* — учеником; *дхӣ-матā* — мудрым.

Взгляни, о учитель, на огромную армию сыновей Панду, которую так искусно выстроил твой одаренный ученик, сын Друпады.

КОММЕНТАРИЙ: Великий дипломат, Дурьйодхана хотел указать
Дроначарье, выдающемуся военачальнику-*брахману*, на допущенный им промах. Некогда Дроначарья поссорился с царем Друпадой,
отцом Драупади, которая потом стала женой Арджуны. Оскорбленный Друпада устроил большое жертвоприношение и получил
благословение, по которому у него должен был родиться сын, способный убить Дроначарью. Дроначарья прекрасно знал об этом,
но, будучи великодушным *брахманом*, он не колеблясь открыл все
свои военные секреты сыну Друпады, Дхриштадьюмне, когда тот
обучался у него воинскому искусству. Теперь на поле битвы Курукшетра Дхриштадьюмна выступал на стороне Пандавов, и именно
он построил их армию в боевые порядки, воспользовавшись знаниями, полученными от Дроначарьи. Дурьйодхана указал Дроначарье на допущенную им ошибку, чтобы он был начеку и никого
не щадил во время боя. Этими словами он также намекает на то,
что Дроначарья не должен проявлять мягкости, сражаясь с Пандавами, которые тоже были его учениками, причем любимыми. Самым любимым и способным учеником Дроначарьи был Арджуна,
поэтому Дурьйодхана предупредил Дроначарью, что любая снисходительность на поле боя неминуемо приведет к поражению.

ТЕКСТ 4 अत्र शूरा महेष्वासा भीमार्जुनसमा युधि ।
युयुधानो विराटश्च द्रुपदश्च महारथः ॥ ४ ॥

*атра ш́ӯрā махешв-āсā   бхӣмāрджуна-самā йудхи
йуйудхāно вирāт̣аш́ ча   друпадаш́ ча махā-ратхах̣*

атра — здесь; *ш́ӯрāх̣* — герои; *махā-ишу-āсāх̣* — меткие лучники; *бхӣма-арджуна* — Бхиме и Арджуне; *самāх̣* — равные; *йудхи* —

в бою; *йуйудханах* — Юютхана; *вираттах* — Вирата; *ча* — также; *друпадах* — Друпада; *ча* — также; *маха-ратхах* — великий воин.

В этой армии много отважных лучников, которые не уступают в бою Бхиме и Арджуне. Среди них такие великие воины, как Ююдхана, Вирата и Друпада.

КОММЕНТАРИЙ: Сам по себе Дхриштадьюмна едва ли сумел бы справиться с таким великим и искусным военачальником, как Дроначарья, однако в армии Пандавов было много других воинов, которых нельзя было недооценивать. Дурьйодхана считал их серьезной преградой на пути к победе, ибо каждый из них был столь же могучим, как Бхима и Арджуна. Сила Бхимы и Арджуны была ему известна, и потому Дурьйодхана сравнивает других воинов с ними.

ТЕКСТ 5   धृष्टकेतुश्चेकितानः काशिराजश्च वीर्यवान् ।
पुरुजित्कुन्तिभोजश्च शैब्यश्च नरपुङ्गवः ॥ ५ ॥

*дхриштакетуш чекитанах   кашираджаш ча вирйаван
пуруджит кунтибходжаш ча   шаибйаш ча нара-пунгавах*

дхриштакетух — Дхриштакету; *чекитанах* — Чекитана; *кашираджах* — Кашираджа; *ча* — и; *вирйа-ван* — могучий; *пуруджит* — Пуруджит; *кунтибходжах* — Кунтибходжа; *ча* — и; *шаибйах* — Шайбья; *ча* — и; *нара-пунгавах* — герой среди людей.

На их стороне великие, храбрые и могучие воины Дхриштакету, Чекитана, Кашираджа, Пуруджит, Кунтибходжа и Шайбья.

ТЕКСТ 6   युधामन्युश्च विक्रान्त उत्तमौजाश्च वीर्यवान् ।
सौभद्रो द्रौपदेयाश्च सर्व एव महारथाः ॥ ६ ॥

*йудхаманйуш ча викранта   уттамауджаш ча вирйаван
саубхадро драупадейаш ча   сарва эва маха-ратхах*

йудхаманйух — Юдхаманью; *ча* — и; *викрантах* — могучий; *уттамауджах* — Уттамауджа; *ча* — и; *вирйа-ван* — обладающий необыкновенной силой; *саубхадрах* — сын Субхадры; *драупадейах* — сыновья Драупади; *ча* — и; *сарве* — все; *эва* — безусловно; *маха-ратхах* — великие воины, сражающиеся на колесницах.

С ними могучий Юдхаманью, грозный Уттамауджа, а также сын Субхадры и сыновья Драупади. Все они великие воины, владеющие искусством боя на колесницах.

ТЕКСТ 7   अस्माकं तु विशिष्टा ये तान्निबोध द्विजोत्तम ।
नायका मम सैन्यस्य संज्ञार्थं तान्ब्रवीमि ते ॥ ७ ॥

асмакам ту виш́ишт̣а̄ йе   та̄н нибодха двиджоттама
на̄йака̄ мама саинйасйа   сам̇джн̃а̄ртхам та̄н бравӣми те

асмакам — наши; *ту* — но; *виш́ишт̣а̄х* — необыкновенно могущественные; *йе* — которые; *та̄н* — их; *нибодха* — узнай же; *дви-
джа-уттама* — о лучший из *брахманов*; *на̄йака̄х* — военачальники;
мама — мои; *саинйасйа* — войска; *сам̇джн̃а̄-артхам* — к сведению;
та̄н — их; *бравӣми* — называю; *те* — тебе.

**А теперь, о лучший из *брахманов*, узнай от меня о выдающихся
военачальниках, которые поведут в бой мою армию.**

ТЕКСТ 8   भवान्भीष्मश्च कर्णश्च कृपश्च समितिंजयः ।
अश्वत्थामा विकर्णश्च सौमदत्तिस्तथैव च ॥ ८ ॥

бхава̄н бхӣшмаш́ ча карн̣аш́ ча   кр̣паш́ ча самитим̇-джайах
аш́ваттха̄ма̄ викарн̣аш́ ча   саумадаттис татхаива ча

бхава̄н — ты (досточтимый); *бхӣшмах* — Бхишма; *ча* — и; *кар-
н̣ах* — Карна; *ча* — и; *кр̣пах* — Крипа; *ча* — и; *самитим̇-джайах* —
побеждающий; *аш́ваттха̄ма̄* — Ашваттхама; *викарн̣ах* — Викарна;
ча — а также; *саумадаттих* — сын Сомадатты; *татха̄* — также;
эва — конечно; *ча* — и.

**Среди них такие непобедимые воины, как ты сам, Бхишма, Кар-
на, Крипа, Ашваттхама, Викарна и сын Сомадатты по имени Бхуришрава.**

КОММЕНТАРИЙ: Дурьйодхана перечисляет здесь выдающихся
воинов, не знавших поражений. Викарна был братом Дурьйодханы,
Ашваттхама — сыном Дроначарьи, а Саумадатти (Бхуришрава) —
сыном царя Бахликов. Карна был единоутробным братом Арджуны: он родился у Кунти до того, как она стала женой царя Панду.
Крипачарья был братом-близнецом жены Дроначарьи.

ТЕКСТ 9   अन्ये च बहवः शूरा मदर्थे त्यक्तजीविताः ।
नानाशस्त्रप्रहरणाः सर्वे युद्धविशारदाः ॥ ९ ॥

анйе ча бахавах̣ ш́ӯра̄   мад-артхе тйакта-джӣвита̄х
на̄на̄-ш́астра-прахаран̣а̄х   сарве йуддха-виш́а̄рада̄х

анйе — другие; *ча* — также; *бахавах* — многие; *ш́ӯра̄х* — герои;
мат-артхе — за меня; *тйакта-джӣвита̄х* — готовые отдать жизнь;
на̄на̄ — многими; *ш́астра* — видами оружия; *прахаран̣а̄х* — воору-
женные; *сарве* — все; *йуддха-виш́а̄рада̄х* — опытные в военном деле.

**В наших рядах много других героев, готовых отдать за меня
свою жизнь. Все они владеют разнообразными видами оружия
и опытны в ведении боя.**

КОММЕНТАРИЙ: Что касается других воинов, таких как Джая-дратха, Критаварма и Шалья, — то все они были готовы сложить головы, сражаясь за Дурьйодхану. Иными словами, их гибель в битве на Курукшетре была предрешена, поскольку они приняли сторону порочного Дурьйодханы. Но сам Дурьйодхана, разумеется, был уверен в победе, рассчитывая на силу всех перечисленных им могучих воинов, которые были его союзниками и друзьями.

ТЕКСТ 10   अपर्याप्तं तदस्माकं बलं भीष्माभिरक्षितम् ।
पर्याप्तं त्विदमेतेषां बलं भीमाभिरक्षितम् ॥ १० ॥

*апарйа̄птам̇ тад асма̄кам̇   балам̇ бхӣшма̄бхиракшитам
парйа̄птам̇ тв идам этеша̄м̇   балам̇ бхӣма̄бхиракшитам*

апарйа̄птам—неизмерима; *тат*—та; *асма̄кам*—наша; *балам*—сила; *бхӣшма*—Бхишмой; *абхиракшитам*—надежно защищенная; *парйа̄птам*—ограниченна; *ту*—но; *идам*—эта; *этеша̄м*—(этих) Пандавов; *балам*—сила; *бхӣма*—Бхимой; *абхиракшитам*—хорошо защищенная.

Наши силы неизмеримы, а наша армия надежно защищена дедом Бхишмой, тогда как силы Пандавов, которые тщательно обороняет Бхима, ограниченны.

КОММЕНТАРИЙ: Здесь Дурьйодхана дает сравнительную оценку военных сил враждующих сторон. Он считает силу своей армии неизмеримой, в особенности потому, что ее надежно защищает самый опытный военачальник, старейшина рода Бхишма. С другой стороны, силы Пандавов ограниченны и защищены куда менее опытным полководцем, Бхимой, которого никак нельзя сравнивать с Бхишмой. Дурьйодхана всегда ненавидел Бхиму, так как знал, что если ему суждено погибнуть, то убить его может только Бхима. Однако присутствие Бхишмы, который был несравненно более опытным военачальником, вселяло в него уверенность в победе. Иначе говоря, у Дурьйодханы были все основания для того, чтобы рассчитывать на победу в предстоящем сражении.

ТЕКСТ 11   अयनेषु च सर्वेषु यथाभागमवस्थिताः ।
भीष्ममेवाभिरक्षन्तु भवन्तः सर्व एव हि ॥ ११ ॥

*айанешу ча сарвешу   йатха̄-бха̄гам авастхита̄х̣
бхӣшмам эва̄бхиракшанту   бхавантах̣ сарва эва хи*

айанешу—на стратегических позициях; *ча*—также; *сарвешу*—на всех; *йатха̄-бха̄гам*—раздельно; *авастхита̄х̣*—находящиеся;

бхӣшмам — Бхишме; *эва* — безусловно; *абхиракшанту* — пусть оказывают поддержку; *бхавантах* — вы (досточтимые); *сарве* — все; *эва хи* — обязательно.

Каждый из вас, защищая свои позиции в боевых порядках, должен оказывать всемерную поддержку Бхишме.

КОММЕНТАРИЙ: Воздав хвалу доблестному Бхишме, Дурьйодхана подумал, что другие воины могут решить, будто их меньше ценят, и с присущей ему дипломатичностью попытался исправить положение. Дурьйодхана подчеркнул, что Бхишмадева, без сомнения, является величайшим героем, но он уже стар, и потому все остальные должны позаботиться о том, чтобы оградить его со всех сторон. Когда он будет сражаться на одном фланге, враг может воспользоваться этим и напасть с другого фланга, поэтому очень важно, чтобы другие герои все время оставались на своих стратегических позициях, не позволяя противнику прорвать строй. Дурьйодхана сознавал, что победа Кауравов целиком зависела от Бхишмадевы. Он был уверен в поддержке Бхишмадевы и Дроначарьи, ибо прекрасно помнил, что они не проронили ни слова, когда жена Арджуны Драупади, которую Кауравы пытались раздеть на виду у этих великих воинов, в отчаянии взывала к ним, моля о справедливости. Разумеется, Дурьйодхана знал и то, что оба военачальника были по-своему привязаны к Пандавам, но все же надеялся, что они забудут о своей привязанности, как это случилось во время игры в кости между Пандавами и Кауравами.

ТЕКСТ 12 तस्य सञ्जनयन्हर्षं कुरुवृद्धः पितामहः ।
सिंहनादं विनद्योच्चैः शङ्खं दध्मौ प्रतापवान् ॥ १२ ॥

тасйа санджанайан харшам   куру-врддхах питāмахах
симха-нāдам винадйоччаих   шанкхам дадхмау пратāпавāн

тасйа — его; *санджанайан* — усиливающий; *харшам* — радость; *куру-врддхах* — старейшина рода Куру (Бхишма); *питāмахах* — дед; *симха-нāдам* — раскатистый звук, подобный рычанию льва; *винадйа* — издав; *уччаих* — очень громко; *шанкхам* — в раковину; *дадхмау* — протрубил; *пратāпа-вāн* — доблестный.

Тогда Бхишма, доблестный старейшина рода Куру, самый почтенный из собравшихся на Курукшетре воинов, громко затрубил в свою раковину, и ее звук, подобный львиному рыку, наполнил радостью сердце Дурьйодханы.

КОММЕНТАРИЙ: Старейшина рода Куру понял чувства и мысли своего внука Дурьйодханы. Испытывая к нему естественную жалость, Бхишма решил ободрить его и громко затрубил в раковину, как бы доказывая, что его недаром сравнивают со львом. С другой стороны, то, что он затрубил в раковину, было символично: тем самым он давал понять своему удрученному внуку Дурьйодхане, что у него нет шансов на победу в сражении, так как на стороне его врагов находится Верховный Господь, Кришна. Однако сам Бхишма, верный долгу, вступит в бой и будет сражаться, чего бы ему это ни стоило.

ТЕКСТ 13   ततः शङ्खाश्च भेर्यश्च पणवानकगोमुखाः ।
सहसैवाभ्यहन्यन्त स शब्दस्तुमुलोऽभवत् ॥ १३ ॥

*татах̣ ш́анкхāш́ ча бхерйаш́ ча   пан̣авāнака-гомукхāх̣
сахасаивāбхйаханйанта   са ш́абдас тумуло 'бхават*

татах̣ — затем; *ш́анкхāх̣* — раковины; *ча* — также; *бхерйах̣* — большие барабаны; *ча* — и; *пан̣ава-āнака* — маленькие барабаны и литавры; *го-мукхāх̣* — и рожки; *сахасā* — неожиданно; *эва* — безусловно; *абхйаханйанта* — одновременно зазвучали; *сах̣* — этот; *ш́абдах̣* — звук; *тумулах̣* — громоподобный; *абхават* — был.

Вторя ему, разом зазвучали раковины, барабаны, трубы, горны и рожки, наполнив воздух громоподобным гулом.

ТЕКСТ 14   ततः श्वेतैर्हयैर्युक्ते महति स्यन्दने स्थितौ ।
माधवः पाण्डवश्चैव दिव्यौ शङ्खौ प्रदध्मतुः ॥ १४ ॥

*татах̣ ш́ветаир хайаир йукте   махати сйандане стхитау
мāдхавах̣ пāн̣д̣аваш́ чаива   дивйау ш́анкхау прададхматух̣*

татах̣ — затем; *ш́ветаих̣* — белыми; *хайаих̣* — лошадьми; *йукте* — на запряженной; *махати* — на великолепной; *сйандане* — на колеснице; *стхитау* — находившиеся; *мāдхавах̣* — Кришна (супруг богини удачи); *пāн̣д̣авах̣* — сын Панду (Арджуна); *ча* — также; *эва* — безусловно; *дивйау* — в божественные; *ш́анкхау* — раковины; *прададхматух̣* — подули.

Затем другой стороне Господь Кришна и Арджуна, стоявшие на великолепной колеснице, запряженной белыми лошадьми, затрубили в свои божественные раковины.

КОММЕНТАРИЙ: В противоположность раковине Бхишмадевы, раковины в руках Кришны и Арджуны названы здесь божественными. Звуки этих божественных раковин свидетельствовали о том, что у противника не было надежды на победу, так как Кришна был на стороне Пандавов. *Джайас ту пāн̣д̣у-путрāн̣āм̇ йешāм̇ пакше джанарданах.* Победа неизменно сопутствует людям, подобным сыновьям Панду, поскольку Господь Кришна всегда находится подле них. А где Господь, там и богиня счастья и удачи, которая никогда не расстается со своим супругом. Стало быть, победа и удача ожидали Арджуну, о чем и возвестили трансцендентные звуки раковины Вишну (Господа Кришны). Кроме того, колесница, на которой находились друзья, была подарена Арджуне Агни (богом огня), а это означало, что на ней можно было победить врагов во всех трех мирах и покорить все стороны света.

ТЕКСТ 15 पाञ्चजन्यं हृषीकेशो देवदत्तं धनञ्जयः ।
पौण्ड्रं दध्मौ महाशङ्खं भीमकर्मा वृकोदरः ॥ १५ ॥

*панчаджанйам хришикешо девадаттам дхананджайах
паундрам дадхмау маха-шанкхам бхима-карма вркодарах*

панчаджанйам — в раковину, называемую Панчаджаньей; *хришика-ишах* — Хришикеша (Господь Кришна, повелевающий чувствами Своих преданных); *девадаттам* — в раковину, называемую Девадаттой; *дханам-джайах* — Дхананджая (Арджуна, завоеватель богатств); *паундрам* — в раковину, называемую Паундрой; *дадхмау* — подул; *маха-шанкхам* — в огромную раковину; *бхима-карма* — совершающий богатырские подвиги; *врка-ударах* — ненасытный едок (Бхима).

Господь Кришна затрубил в Свою раковину Панчаджанью, а Арджуна — в свою, Девадатту; ненасытный Бхима, славный своими богатырскими подвигами, затрубил в свою огромную раковину Паундру.

КОММЕНТАРИЙ: В этом стихе Господь Кришна назван Хришикешей, ибо Он повелитель органов чувств всех живых существ. Живые существа — неотъемлемые частицы Господа, следовательно, их чувства являются частью чувств Господа. Имперсоналисты не могут объяснить происхождение чувств живых существ, поэтому они стремятся представить живые существа лишенными чувств или безличными. На самом же деле чувства живого существа подвластны Господу, пребывающему в сердце каждого: Он управляет ими в той степени, в какой живое существо предается Ему. Что же касается чистых преданных, то Господь непосредственно руководит деятельностью их органов чувств. На поле битвы Курукшетра Господь лично управлял трансцендентными чувствами Арджуны, поэтому Он назван здесь Хришикешей. У Господа много разных имен, в которых отражены различные стороны Его деятельности. Его называют Мадхусуданой, потому что Он сразил демона Мадху, и Говиндой, ибо Он приносит наслаждение коровам и чувствам; Его называют Ва̄судевой, потому что Он появился на земле как сын Васудевы, и Девакинанданой, потому что Своей матерью Он избрал Деваки; Его называют Яшоданананданой за то, что Он подарил Свои детские игры Яшоде во Вриндаване, и Партха-Саратхи, так как Он управлял колесницей Своего друга Арджуны. Подобно этому, Господа называют Хришикешей, потому что Он руководил действиями Арджуны на поле битвы Курукшетра.

Арджуна в этом стихе назван Дхананджаей, так как некогда он помог своему старшему брату собрать средства, необходимые, чтобы совершить различные жертвоприношения. А Бхима назван здесь Врикодарой, потому что он славился не только богатырскими подвигами, такими как убийство демона Хидимбы, но и непомерным аппетитом. Итак, звуки раковин, в которые трубили великие герои в рядах Пандавов, начиная с Самого Господа, вселили радость в сердца воинов их армии. Их противники были лишены подобных преимуществ: с ними не было ни Господа Кришны, верховного повелителя, ни богини удачи. Поэтому они были обречены на поражение, о чем и возвестили трубные звуки раковин.

ТЕКСТЫ अनन्तविजयं राजा कुन्तीपुत्रो युधिष्ठिरः ।
16–18 नकुलः सहदेवश्च सुघोषमणिपुष्पकौ ॥ १६ ॥

काश्यश्च परमेष्वासः शिखण्डी च महारथः ।
धृष्टद्युम्नो विराटश्च सात्यकिश्चापराजितः ॥ १७ ॥

द्रुपदो द्रौपदेयाश्च सर्वशः पृथिवीपते ।
सौभद्रश्च महाबाहुः शङ्खान्दध्मुः पृथक्पृथक् ॥ १८ ॥

*ананта-виджайам ра̄джа̄   кунтӣ-путро йудхиштхирах̣
накулах̣ сахадеваш́ ча   сугхоша-ман̣ипушпакау*

*ка̄ш́йаш́ ча парамеш́в-а̄сах̣   ш́икхан̣д̣ӣ ча маха̄-ратхах̣
дхр̣штадйумно вира̄таш́ ча   са̄тйакиш́ ча̄пара̄джитах̣*

*друпадо драупадейа̄ш́ ча   сарваш́ах̣ пр̣тхивӣ-пате
саубхадраш́ ча маха̄-ба̄хух̣   ш́анкха̄н дадхмух̣ пр̣тхак пр̣тхак*

ананта-виджайам — в раковину Анантавиджаю; *ра̄джа̄* — царь; *кунтӣ-путрах̣* — сын Кунти; *йудхиштхирах̣* — Юдхиштхира; *накулах̣* — Накула; *сахадевах̣* — Сахадева; *ча* — и; *сугхоша-ман̣ипушпакау* — в раковины Сугхошу и Манипушпаку; *ка̄ш́йах̣* — царь Каши (Варанаси); *ча* — и; *парама-ишу-а̄сах̣* — великий лучник; *ш́икхан̣д̣ӣ* — Шикханди; *ча* — также; *маха̄-ратхах̣* — тот, кто может в одиночку сражаться с тысячами воинов; *дхр̣штадйумнах̣* — Дхриштадьюмна (сын царя Друпады); *вира̄тах̣* — Вирата (царь, давший приют Пандавам, когда они вынуждены были скрываться); *ча* — также; *са̄тйаких̣* — Сатьяки (другое имя Ююдханы, колесничего Господа Кришны); *ча* — и; *апара̄джитах̣* — непобедимый; *друпадах̣* — Друпада, царь Панчалы; *драупадейа̄х̣* — сыновья Драупади; *ча* — также; *сарваш́ах̣* — всюду; *пр̣тхивӣ-пате* — о царь; *саубхадрах̣* — Абхиманью, сын Субхадры; *ча* — также; *маха̄-ба̄хух̣* — могучерукий; *ш́анкха̄н* — в раковины; *дадхмух̣* — затрубили; *пр̣тхак пр̣тхак* — каждый в отдельности.

Царь Юдхиштхира, сын Кунти, затрубил в свою раковину Анантавиджаю, а Накула и Сахадева — в раковины Сугхошу и Манипушпаку. Великий лучник царь Каши, великий воин Шикханди, Дхриштадьюмна, Вирата, непобедимый Сатьяки, Друпада, сыновья Драупади и другие воины, такие, как могучерукий сын Субхадры, о государь, тоже затрубили каждый в свою раковину.

КОММЕНТАРИЙ: Санджая очень тактично дал понять царю Дхритараштре, что его недальновидная политика, направленная на то, чтобы обмануть сыновей Панду и возвести на престол собственных сыновей, не заслуживала похвалы. Многочисленные признаки свидетельствовали о том, что весь род Куру будет уничтожен в этой великой битве. Начиная со старейшины рода, Бхишмы, и кончая самыми юными его членами (Абхиманью и другими), — все собравшиеся на поле битвы, в том числе и цари многих стран мира, были обречены на смерть. Эта великая трагедия произошла по вине Дхритараштры, который потворствовал своим сыновьям.

ТЕКСТ 19   स घोषो धार्तराष्ट्राणां हृदयानि व्यदारयत् ।
               नभश्च पृथिवीं चैव तुमुलोऽभ्यनुनादयन् ॥ १९ ॥

са гхошо дха̄ртара̄шт̣ра̄н̣а̄м хр̣дайа̄ни вйада̄райат
набхаш́ ча пр̣тхивӣм чаива тумуло 'бхйануна̄дайан

сах̣ — тот; *гхошах̣* — звук; *дха̄ртара̄шт̣ра̄н̣а̄м* — сыновей Дхритараштры; *хр̣дайа̄ни* — сердца; *вйада̄райат* — заставил содрогнуться; *набхах̣* — небо; *ча* — также; *пр̣тхивӣм* — поверхность земли; *ча* — также; *эва* — безусловно; *тумулах̣* — громоподобный; *абхйануна̄дайан* — оглашающий.

Громовые звуки их раковин слились в непрерывный гул. Оглашая небо и землю, они заставили содрогнуться сердца сыновей Дхритараштры.

КОММЕНТАРИЙ: Когда Бхишма и другие союзники Дурьйодханы затрубили в свои раковины, сердца Пандавов не дрогнули. Нигде не говорится о том, что звуки их раковин вызвали смятение в рядах противника, но в данном стихе ясно сказано, что звуки раковин, в которые трубили воины Пандавов, заставили трепетать сердца сыновей Дхритараштры. Причиной тому были сами Пандавы и их непоколебимая вера в Господа Кришну. Тот, кто принял покровительство Верховного Господа, не ведает страха даже перед лицом величайшей опасности.

ТЕКСТ 20 अथ व्यवस्थितान्दृष्ट्वा धार्तराष्ट्रान्कपिध्वजः ।
प्रवृत्ते शस्त्रसम्पाते धनुरुद्यम्य पाण्डवः ।
हृषीकेशं तदा वाक्यमिदमाह महीपते ॥ २० ॥

*атха вйавастхитāн дриштвā   дхāртарāштрāн капи-дхваджах
правртте шастра-сампāте   дханур удйамйа пāндавах
хршӣкешам тадā вāкйам   идам āха махӣ-пате*

атха — тогда; *вйавастхитāн* — выстроенных; *дриштвā* — оглядев; *дхāртарāштрāн* — сыновей Дхритараштры; *капи-дхваджах* — тот, чей флаг был украшен изображением Ханумана; *правртте* — когда был готов; *шастра-сампāте* — пускать стрелы; *дханух* — лук; *удйамйа* — вскинув; *пāндавах* — сын Панду (Арджуна); *хршӣке-шам* — Господу Кришне; *тадā* — тогда; *вāкйам* — речь; *идам* — эту; *āха* — произнес; *махӣ-пате* — о царь.

Тогда Арджуна, сын Панду, восседавший на колеснице, которую украшал флаг с изображением Ханумана, вскинул свой лук и приготовился стрелять. Но, взглянув на сыновей Дхритараштры, выстроившихся в боевые колонны, о царь, Арджуна обратился к Господу Кришне с такими словами.

КОММЕНТАРИЙ: До начала битвы оставалось совсем немного времени. Как мы узнали из предыдущего стиха, сыновья Дхритараштры несколько пали духом, поскольку не ожидали увидеть готовую к бою армию Пандавов, которых направлял Сам Господь Кришна. Изображение Ханумана на флаге Арджуны — еще одно предвестие будущей победы Пандавов, так как Хануман вместе с Господом Рамачандрой участвовал в битве против Раваны, в которой Господь Рама одержал победу. И теперь оба они — Рама и Хануман — находились на колеснице Арджуны, чтобы помочь ему в предстоящем сражении. Господь Кришна — это Сам Рама, а где Рама, там и Его вечный слуга Хануман и вечная супруга Сита, богиня счастья и удачи. Поэтому Арджуне не был страшен никакой враг. Более того, Господь Кришна, повелитель чувств, который находился рядом с ним, должен был руководить всеми его действиями и Арджуна во время сражения мог в любой момент получить от Него нужный совет. Все эти благоприятные условия, созданные

Господом для Своего вечного слуги, не оставляли никаких сомнений в победе Арджуны.

ТЕКСТЫ
21–22

अर्जुन उवाच
सेनयोरुभयोर्मध्ये रथं स्थापय मेऽच्युत ।
यावदेतान्निरीक्षेऽहं योद्धुकामानवस्थितान् ॥ २१ ॥
कैर्मया सह योद्धव्यमस्मिन्रणसमुद्यमे ॥ २२ ॥

арджуна увāча
сенайор убхайор мадхйе ратхам стхāпайа ме 'чйута
йāвад этāн нирӣкше 'хам йоддху-кāмāн авастхитāн

каир майā саха йоддхавйам асмин рана-самудйаме

арджунах увāча — Арджуна сказал; *сенайох* — армий; *убхайох* — двух; *мадхйе* — между; *ратхам* — колесницу; *стхāпайа* — останови; *ме* — мою; *ачйута* — о непогрешимый; *йāват* — пока; *этāн* — на этих; *нирӣкше* — гляжу; *ахам* — я; *йоддху-кāмāн* — желающих сражаться; *авастхитāн* — выстроившихся на поле боя; *каих* — с которыми; *майā* — мной; *саха* — вместе; *йоддхавйам* — необходимость сражаться; *асмин* — в этой; *рана* — битвы; *самудйаме* — в попытке.

Арджуна сказал: О непогрешимый, прошу Тебя, выведи вперед мою колесницу и поставь ее между двумя армиями, чтобы я мог увидеть тех, кто пришел сюда, желая сразиться с нами, и с кем мне предстоит сойтись в этой великой битве.

КОММЕНТАРИЙ: Господь Кришна — Верховная Личность Бога, но по беспричинной милости Он стал служить Своему другу Арджуне. Ради преданных Господь готов на все, поэтому Арджуна называет Его непогрешимым. Выступая в роли колесничего Арджуны, Кришна должен был выполнять его приказы, и, поскольку Он всегда не колеблясь делал это, Его именуют непогрешимым. Но, даже став колесничим преданного, Господь Кришна не лишился Своего положения. При любых обстоятельствах Кришна остается Верховной Личностью Бога, Хришикешей, повелителем всех чувств. Господа и Его слугу связывают очень теплые, чисто духовные отношения. Слуга Господа всегда готов служить Ему, а Господь постоянно ищет возможности оказать ту или иную услугу преданному. И когда чистый преданный Господа пользуется этим и приказывает Ему, это доставляет Господу гораздо большее удовольствие, чем когда Он Сам отдает приказы. Поскольку Господь — владыка всего сущего, каждый из нас находится в Его власти и никто не вправе приказывать Ему. Но, когда Господь слышит приказ чистого преданного, Он испытывает трансцендентное блаженство,

несмотря на то что всегда и всюду остается непогрешимым и всемогущим владыкой.

Будучи чистым преданным Господа, Арджуна не хотел воевать
со своими двоюродными братьями, но он был вынужден вступить
в сражение из-за упрямства Дурьйодханы, который не соглашался
ни на какие мирные предложения. Поэтому Арджуне не терпелось
узнать, кто из военачальников находился на поле боя. Хотя в таком месте о мирных переговорах не могло быть и речи, он хотел
еще раз увидеть своих противников и выяснить, насколько сильно
их желание участвовать в этой братоубийственной войне.

ТЕКСТ 23 योत्स्यमानानवेक्षेऽहं य एतेऽत्र समागताः ।
धार्तराष्ट्रस्य दुर्बुद्धेर्युद्धे प्रियचिकीर्षवः ॥ २३ ॥

*йотсйамāнāн авекше 'хам   йа эте 'тра самāгатāх
дхāртарāшṭрасйа дурбуддхер   йуддхе прийа-чикӣршавах*

йотсйамāнāн — на тех, кто будет сражаться; *авекше* — смотрю;
ахам — я; *йе* — которые; *эте* — эти; *атра* — здесь; *самāгатāх* — собравшиеся; *дхāртарāшṭрасйа* — сына царя Дхритараштры; *дурбуд-
дхех* — злонравного; *йуддхе* — в битве; *прийа* — успеха; *чикӣрша-
вах* — желающие.

**Позволь мне взглянуть на тех, кто собирается сражаться с на-
ми ради того, чтобы угодить злонравному сыну Дхритараштры.**

КОММЕНТАРИЙ: Ни для кого не было секретом, что Дурьйодхана стремился незаконно завладеть царством, по праву принадлежав-
шим Пандавам, и ради этого строил козни при поддержке своего
отца Дхритараштры. Поэтому все, кто принял сторону Дурьйодханы, были одного поля ягоды. Арджуна хотел увидеть их всех до начала битвы, чтобы знать, с кем ему придется сражаться, но у него
не было намерения вступать с ними в мирные переговоры. Разумеется, он хотел увидеть их еще и для того, чтобы определить силы противника, хотя нисколько не сомневался в своей победе, поскольку рядом с ним находился Кришна.

ТЕКСТ 24 सञ्जय उवाच
एवमुक्तो हृषीकेशो गुडाकेशेन भारत ।
सेनयोरुभयोर्मध्ये स्थापयित्वा रथोत्तमम् ॥ २४ ॥

*сан̃джайа увāча
эвам укто хр̣шӣкешо   гуд̣āкешена бхāрата
сенайор убхайор мадхйе   стхāпайитвā ратхоттамам*

сан̃джайах увāча — Санджая сказал; *эвам* — таким образом; *уктах* — тот, к которому была обращена просьба; *хр̣шӣкешах* — Гос-

подь Кришна; *гудакешена* — Арджуны; *бхарата* — о потомок Бхараты; *сенайох* — армий; *убхайох* — двух; *мадхйе* — между; *стхапайитва* — поставив; *ратха-уттамам* — чудесную колесницу.

Санджая сказал: О потомок Бхараты, в ответ на просьбу Арджуны Господь Кришна вывел вперед его чудесную колесницу и поставил ее между двумя армиями.

КОММЕНТАРИЙ: В этом стихе Арджуна назван Гудакешей. *Гудака* значит «сон», а *гудакеша* — «тот, кто победил сон». Под сном иногда подразумевается невежество. Иначе говоря, благодаря своей дружбе с Кришной Арджуна сумел одолеть и сон, и невежество. Будучи великим преданным Кришны, он ни на мгновение не забывал Его, ибо преданные не могут иначе. Наяву или во сне, преданные беспрестанно думают об имени Кришны, Его образе, Его качествах и божественных играх. И благодаря тому, что преданный постоянно думает о Кришне, ему удается победить сон и невежество. Такое состояние называют сознанием Кришны или *самадхи*. Будучи Хришикешей, повелителем чувств и ума всех живых существ, Кришна знал, почему Арджуна попросил Его поставить колесницу между двумя армиями. Исполнив его просьбу, Господь сказал следующее.

ТЕКСТ 25

भीष्मद्रोणप्रमुखतः सर्वेषां च महीक्षिताम् ।
उवाच पार्थ पश्यैतान्समवेतान्कुरूनिति ॥ २५ ॥

бхишма-дрона-прамукхатах сарвешам ча махи-кшитам
увача партха пашйаитан самаветан курун ити

бхишма — деда Бхишмы; *дрона* — учителя Дроны; *прамукхатах* — перед лицом; *сарвешам* — всех; *ча* — также; *махи-кшитам* — повелителей мира; *увача* — сказал; *партха* — о сын Притхи; *пашйа* — взгляни же; *этан* — на этих; *самаветан* — собравшихся; *курун* — членов рода Куру; *ити* — так.

Перед лицом Бхишмы, Дроны и всех повелителей мира Господь сказал: «Взгляни же, о Партха, на всех собравшихся здесь Куру».

КОММЕНТАРИЙ: Находясь в сердце всех живых существ как Сверхдуша, Господь Кришна понимал, что́ переживал в эти минуты Арджуна. Употребленное в предыдущем стихе имя Господа (Хришикеша) указывает на то, что Ему было известно все. Не менее важно и то, что Арджуна назван здесь Партхой, сыном Кунти (Притхи). Как друг Арджуны, Кришна хотел сообщить ему, что Он согласился стать его колесничим потому, что Арджуна был сыном Притхи, сестры отца Кришны, Васудевы. Что же имел в виду

Кришна, когда, обращаясь к Арджуне, сказал: «Взгляни на Куру»? Неужели Арджуна изменит свое намерение и откажется участвовать в битве? Кришна не ожидал такого от Своего двоюродного брата, сына Притхи. Так в дружеской шутке Господь предсказал ту перемену, которая должна была произойти в настроении Арджуны.

ТЕКСТ 26   तत्रापश्यत्स्थितान्पार्थः पितॄनथ पितामहान् ।
आचार्यान्मातुलान्भ्रातॄन्पुत्रान्पौत्रान्सखींस्तथा ।
श्वशुरान्सुहृदश्चैव सेनयोरुभयोरपि ॥ २६ ॥

*татрапаӣйат стхитан партхах   питṝн атха питамахан
ачарйан матулан бхратṝн   путран паутран сакхӣмс татха
ӣваӣуран сухрдаӣ чаива   сенайор убхайор апи*

татра — там; *апаӣйат* — увидел; *стхитан* — стоящих; *партхах* — Арджуна; *питṝн* — отцов; *атха* — также; *питамахан* — дедов; *ачарйан* — учителей; *матулан* — дядьев по матери; *бхратṝн* — братьев; *путран* — сыновей; *паутран* — внуков; *сакхӣн* — друзей; *татха* — также; *ӣваӣуран* — тестей; *сухрдах* — доброжелателей; *ча* — также; *эва* — безусловно; *сенайох* — армий; *убхайох* — обеих (враждующих сторон); *апи* — также.

Стоя между двумя армиями, Арджуна увидел в их рядах своих отцов, дедов, учителей, дядьев по матери, братьев, сыновей, внуков, друзей, а также тестей и доброжелателей.

КОММЕНТАРИЙ: Арджуна увидел на поле битвы всех своих родственников. Он увидел Бхуришраву, который был ровесником его отца, деда Бхишму и деда Сомадатту, учителей Дроначарью и Крипачарью, дядьев с материнской стороны — Шалью и Шакуни, своих братьев — Дурьйодхану и других, сыновей, таких как Лакшмана, друзей (Ашваттхаму и прочих), доброжелателей, например Критаварму, и многих других. Одним словом, он увидел обе армии, в рядах которых было очень много его близких.

ТЕКСТ 27   तान्समीक्ष्य स कौन्तेयः सर्वान्बन्धूनवस्थितान् ।
कृपया परयाविष्टो विषीदन्निदमब्रवीत् ॥ २७ ॥

*тан самӣкшйа са каунтейах   сарван бандхӯн авастхитан
крпайа парайавишто   вишӣданн идам абравӣт*

тан — их; *самӣкшйа* — увидев; *сах* — он; *каунтейах* — сын Кунти; *сарван* — всех; *бандхӯн* — родственников; *авастхитан* — находящихся; *крпайа* — состраданием; *парайа* — огромным; *авиштах* — преисполненный; *вишӣдан* — сокрушающийся; *идам* — это; *абравӣт* — сказал.

Когда сын Кунти, Арджуна, увидел на поле битвы всех своих друзей и родственников, сердце его преисполнилось состраданием. Подавленный, он произнес такие слова.

ТЕКСТ 28 अर्जुन उवाच

दृष्ट्वेमं स्वजनं कृष्ण युयुत्सुं समुपस्थितम् ।
सीदन्ति मम गात्राणि मुखं च परिशुष्यति ॥ २८ ॥

арджуна увача
дриштвемам сва-джанам кришна йуйутсум самупастхитам
сйданти мама гатрани мукхам ча паришушйати

арджунах увача — Арджуна сказал; *дриштва* — увидев; *имам* — эту; *сва-джанам* — родню; *кришна* — о Кришна; *йуйутсум* — воинственно настроенную; *самупастхитам* — расположенную; *сйданти* — дрожат; *мама* — мои; *гатрани* — члены тела; *мукхам* — рот; *ча* — и; *паришушйати* — пересыхает.

Арджуна сказал: О Кришна, видя перед собой друзей и родственников, горящих желанием сражаться, я чувствую, как у меня подкашиваются ноги, а во рту пересыхает.

КОММЕНТАРИЙ: Тот, кто по-настоящему предан Господу, обладает всеми добродетелями святых и полубогов, тогда как непреданные, сколь бы образованны и культурны с материальной точки зрения они ни были, лишены этих возвышенных качеств. Поэтому, когда Арджуна увидел на поле боя своих сородичей, друзей и членов своей семьи, он преисполнился состраданием к ним, решившим воевать друг с другом. К своим воинам он испытывал сострадание с самого начала, но сейчас он проникся жалостью даже к воинам вражеской армии, предвидя их неминуемую гибель. При мысли об этом его охватила дрожь и у него пересохло в горле. Их воинственный дух оказался в какой-то степени неожиданностью для Арджуны. Почти весь его род, все кровные родственники пришли сюда, чтобы сражаться с ним. Для такого добросердечного преданного, как Арджуна, это было ударом. Хоть здесь и не сказано об этом, нетрудно себе представить, что Арджуна не только чувствовал дрожь в теле и сухость во рту, но также плакал от сострадания. Все это свидетельствовало не о слабости Арджуны, а о его доброте, присущей чистым преданным Господа. Вот почему говорится:

*йасйасти бхактир бхагаватй акинчана
сарваир гунаис татра самасате сурах
харав абхактасйа куто махад-гуна
мано-ратхенасати дхавато бахих*

«Тот, кто безраздельно предан Личности Бога, обладает всеми достоинствами полубогов, тогда как непреданный может похвастаться только материальными качествами, цена которым невелика. Причина в том, что такой человек постоянно идет на поводу у своего ума и потому не может устоять перед соблазнами материальной энергии» (Бхаг., 5.18.12).

ТЕКСТ 29 वेपथुश्च शरीरे मे रोमहर्षश्च जायते ।
गाण्डीवं स्रंसते हस्तात्त्वक्चैव परिदह्यते ॥ २९ ॥

*вепатхуш ча шарӣре ме   рома-харшаш ча джа̄йате
га̄н̣д̣ивам срамсате хаста̄т   твак чаива паридахйате*

вепатхух — дрожь; *ча* — также; *шарӣре* — по телу; *ме* — моему; *рома-харшах* — поднятие волос дыбом; *ча* — также; *джа̄йате* — происходит; *га̄н̣д̣ивам* — знаменитый лук Арджуны; *срамсате* — выпадает; *хаста̄т* — из руки; *твак* — кожа; *ча* — также; *эва* — конечно; *паридахйате* — горит.

Тело мое охватила дрожь, волосы встали дыбом, лук Гандива выпадает из моих рук, а кожа пылает, как в огне.

КОММЕНТАРИЙ: Дрожь в теле может быть вызвана двумя причинами, и то же самое относится к подъему волос на теле: эти признаки появляются либо у того, кто переживает духовный экстаз, либо у человека, который испытывает сильный страх, возникший по той или иной материальной причине. Тот, кто осознал свою духовную природу, не знает страха. Симптомы, которые появились у Арджуны, были вызваны материальным страхом — страхом смерти. Об этом свидетельствовали и другие признаки: Арджуна был в таком смятении, что выронил из рук свой знаменитый лук Гандива, и, поскольку сердце у него пылало, ему казалось, будто все его тело охвачено огнем. Все это было вызвано материальными представлениями Арджуны.

ТЕКСТ 30 न च शक्नोम्यवस्थातुं भ्रमतीव च मे मनः ।
निमित्तानि च पश्यामि विपरीतानि केशव ॥ ३० ॥

*на ча шакномй авастха̄тум   бхраматӣва ча ме манах
нимитта̄ни ча пашйа̄ми   випарӣта̄ни кешава*

на — не; *ча* — также; *шакноми* — могу; *авастха̄тум* — оставаться; *бхрамати* — забывает; *ива* — как будто; *ча* — и; *ме* — мой; *манах* — ум; *нимитта̄ни* — причины; *ча* — также; *пашйа̄ми* — вижу; *випарӣта̄ни* — противоположные; *кешава* — о Кришна, убивший демона Кеши.

Я более не в силах оставаться здесь. Память отказывает мне, и разум мой помутился. Все, что я вижу, предвещает одни лишь несчастья, о Кришна, сразивший демона Кеши.

КОММЕНТАРИЙ: Смятение, охватившее Арджуну, гнало его прочь с поля боя, а разум его так ослаб, что он больше не помнил себя. Человек оказывается в таком состоянии из-за чрезмерной привязанности к материальным объектам. *Бхайам двитийа-бхинивешатах сйат* (Бхаг., 11.2.37): подобный страх и беспокойство присущи людям, находящимся в очень сильной зависимости от материальных обстоятельств. Арджуне казалось, что сражение принесет ему одни страдания и даже победа над врагом не сделает его счастливым. Большое значение в этом стихе имеют слова *нимиттани випаритани*. Когда человек понимает, что в будущем его ждут одни лишь разочарования и надеждам его не суждено сбыться, он невольно задается вопросом: «Что я здесь делаю?» Каждый печется о собственном благе. Никого не интересует Высшая Душа. По воле Кришны Арджуна ведет себя так, как будто не знает, в чем заключается истинное благо. Истинное благо обретает тот, кто приходит к Вишну (или Кришне). Обусловленная душа забывает об этом и потому страдает в материальном мире. Арджуна был уверен, что победа в сражении не принесет ему ничего, кроме горя.

ТЕКСТ 31 न च श्रेयोऽनुपश्यामि हत्वा स्वजनमाहवे ।
न काङ्क्षे विजयं कृष्ण न च राज्यं सुखानि च ॥ ३१ ॥

*на ча шрейо 'нупашйами   хатва сва-джанам ахаве
на канкше виджайам кршна   на ча раджйам сукхани ча*

на — не; *ча* — также; *шрейах* — хорошее; *анупашйами* — предвижу; *хатва* — убив; *сва-джанам* — свою родню; *ахаве* — в битве; *на* — не; *канкше* — желаю; *виджайам* — победу; *кршна* — о Кришна; *на* — не; *ча* — также; *раджйам* — царство; *сукхани* — радости (завоеванные такой ценой); *ча* — также.

Я не понимаю, какое благо я получу, убив в этом сражении своих сородичей. Ни победа, ни царство, ни счастье, доставшиеся такой ценой, не нужны мне, о Кришна.

КОММЕНТАРИЙ: Не зная, что истинной целью жизни является Вишну (или Кришна), обусловленные души ищут счастья в материальных, плотских отношениях. Ослепленные ложными представлениями о жизни, они забывают даже о том, как надо действовать, чтобы обрести материальное счастье. Арджуна как будто даже забыл о кодексе чести *кшатрия*. Известно, что две категории людей — *кшатрии*, которые погибают на поле боя, и люди, отрекшиеся от мира и целиком посвятившие себя духовной практике, — удостаиваются права попасть на Солнце, самую могущественную и ослепительную из планет. Арджуна не желает убивать даже своих врагов, не говоря уже о родственниках. Он считает, что смерть сородичей не принесет ему счастья, и потому не хочет сражаться, точно так же как сытый человек не испытывает никакого желания готовить. Разочаровавшись во всем, Арджуна уже решил уйти в лес и стать отшельником. Как *кшатрию*, ему, чтобы получать средства к существованию, необходимо править царством, поскольку *кшатриям* не подобает заниматься ничем другим. Однако у Арджуны нет царства, и обрести его он может, только победив в битве двоюродных братьев и отвоевав у них царство, доставшееся ему в наследство от отца. Но именно этого он и не хочет делать. Поэтому Арджуна считает, что у него нет другого выхода, кроме как уйти в лес и жить отшельником.

ТЕКСТЫ 32–35

किं नो राज्येन गोविन्द किं भोगैर्जीवितेन वा ।
येषामर्थे काङ्क्षितं नो राज्यं भोगाः सुखानि च ॥ ३२ ॥
त इमेऽवस्थिता युद्धे प्राणांस्त्यक्त्वा धनानि च ।
आचार्याः पितरः पुत्रास्तथैव च पितामहाः ॥ ३३ ॥
मातुलाः श्वशुराः पौत्राः श्यालाः सम्बन्धिनस्तथा ।
एतान्न हन्तुमिच्छामि घ्नतोऽपि मधुसूदन ॥ ३४ ॥
अपि त्रैलोक्यराज्यस्य हेतोः किं नु महीकृते ।
निहत्य धार्तराष्ट्रान्नः का प्रीतिः स्याज्जनार्दन ॥ ३५ ॥

ким но раджйена говинда   ким бхогаир дживитена ва
йешам артхе канкшитам но   раджйам бхогах сукхани ча

та име 'вастхита йуддхе   пранамс тйактва дханани ча
ачарйах питарах путрас   татхаива ча питамахах

матулах йвайурах паутрах   ийалах самбандхинас татха
этан на хантум иччхами   гхнато 'пи мадхусудана

апи траилокйа-раджйасиа   хетох ким ну махи-крте
нихатйа дхартараштран нах   ка притих сйадж джанардана

ким — что; *нах* — нам; *раджйена* — царством; *говинда* — о Кришна; *ким* — что; *бхогаих* — наслаждениями; *дживитена* — жизнью; *ва* — или; *йешам* — которых; *артхе* — с целью; *канкшитам* — желаемое; *нах* — наше; *раджйам* — царство; *бхогах* — материальные наслаждения; *сукхани* — радости; *ча* — также; *те* — они; *име* — эти; *авастхитах* — находящиеся; *йуддхе* — на поле боя; *пранан* — жизни; *тйактва̄* — отдав; *дхана̄ни* — богатства; *ча* — также; *а̄ча̄рйа̄х̣* — учителя; *питарах̣* — отцы; *путра̄х̣* — сыновья; *татха̄* — также; *эва* — безусловно; *ча* — и; *пита̄маха̄х̣* — деды; *ма̄тула̄х̣* — дядья по матери; *йваш́ура̄х̣* — тести; *паутра̄х̣* — внуки; *ш́йа̄ла̄х̣* — зятья, шурины; *самбандхинах̣* — родственники; *татха̄* — затем; *эта̄н* — эти; *на* — не; *хантум* — убивать; *иччха̄ми* — желаю; *гхнатах̣* — убивающий; *апи* — даже; *мадхусӯдана* — о Кришна, сразивший демона Мадху; *апи* — даже; *траи-локйа* — охватывающего три мира; *ра̄джйасйа* — царства; *хетох̣* — с целью; *ким ну* — что же; *махӣ-крте* — для земли; *нихатйа* — убив; *дха̄ртара̄шт̣ра̄н* — сыновей Дхритараштры; *нах̣* — нам; *ка̄* — какая; *прӣтих̣* — радость; *сйа̄т* — будет; *джана̄рдана* — о хранитель всех живых существ.

О Говинда, зачем нам царство, счастье, да и сама жизнь, если все те, ради кого мы стремимся обладать этим, собрались сейчас на поле битвы? О Мадхусудана, когда учителя, отцы, сыновья, деды, дядья по матери, тести, внуки, зятья, шурины и другие родственники стоят передо мной, готовые расстаться с жизнью и потерять все, могу ли я желать их смерти, даже если иначе они убьют меня? О хранитель всех живых существ, я не хочу сражаться с ними даже в обмен на все три мира, не говоря уже о Земле. Много ли радости принесет нам уничтожение сыновей Дхритараштры?

КОММЕНТАРИЙ: Арджуна называет Господа Кришну Говиндой, поскольку Кришна доставляет удовольствие коровам и чувствам. Употребляя это важное слово, Арджуна хочет сказать, что Кришне должно быть известно, каким образом можно доставить удовольствие чувствам Арджуны. Но Говинда вовсе не обязан услаждать наши чувства. Однако если мы будем стараться доставить удовольствие Говинде, то это само по себе принесет удовлетворение нам и нашим чувствам. В материальном мире каждый ищет чувственных удовольствий и хочет сделать Бога исполнителем своих желаний. Но Господь удовлетворяет желания живых существ только в той степени, в какой они того заслуживают, а не в той, в какой они хотят. Однако, когда живое существо ставит перед собой иную цель и старается доставить удовольствие чувствам Говинды, а не собственным чувствам, тогда по милости Господа оно получает все, чего желает. Сильная привязанность к своему роду и членам своей семьи, которую проявляет Арджуна, в значительной степени вызвана его естественным состраданием к ним. Поэтому он не желает участвовать в битве. Каждый из нас хочет продемонстрировать свои богатства друзьям и родственникам, но Арджуна боится, что все его друзья и родственники погибнут в этой битве и он, одержав победу, не сможет разделить с ними свои богатства. Такой образ мыслей типичен для людей, ведущих мирскую жизнь. Но в духовной жизни все обстоит иначе. Поскольку преданный стремится удовлетворить желания Господа, он может по Его воле стать обладателем несметных богатств, чтобы использовать их в служении Кришне. Если же это идет вразрез с волей Господа, преданный не возьмет себе ни гроша. Арджуна не желал убивать своих родственников, а если уж их необходимо было убить, он хотел, чтобы Кришна сделал это Сам. Тогда Арджуна еще не знал, что Кришна, по сути дела, убил его сородичей задолго до того, как они собрались на поле боя, и единственное, что требовалось от Арджуны, — это стать орудием в руках Кришны. Об этом мы узнаем из последующих глав. Будучи от природы преданным Господу, Арджуна не хотел мстить своим вероломным двоюродным братьям, но их гибель была уже предрешена Господом. Сам преданный никогда не мстит тому, кто причинил ему зло, но Господь воздает обидчику по заслугам. Господь может простить тех, кто оскорбил Его, но Он никогда не прощает тех, кто оскорбляет преданных. Поэтому Господь твердо решил убить нечестивцев, несмотря на то что Арджуна хотел простить их.

ТЕКСТ 36   पापमेवाश्रयेदस्मान्हत्वैतानाततायिनः ।
तस्मान्नार्हा वयं हन्तुं धार्तराष्ट्रान्सबान्धवान् ।
स्वजनं हि कथं हत्वा सुखिनः स्याम माधव ॥ ३६ ॥

*па̄пам эва̄ирайед асма̄н   хатваита̄н а̄тата̄йинах̣
тасма̄н на̄рха̄ вайам хантум   дха̄ртара̄шт̣ра̄н са-ба̄ндхава̄н
сва-джанам хи катхам хатва̄   сукхинах̣ сйа̄ма ма̄дхава*

па̄пам — грех; *эва* — безусловно; *а̄ирайет* — ляжет; *асма̄н* — на нас; *хатва̄* — убив; *эта̄н* — этих; *а̄тата̄йинах̣* — напавших на нас; *тасма̄т* — поэтому; *на* — не; *арха̄х̣* — должны; *вайам* — мы; *хантум* — убивать; *дха̄ртара̄шт̣ра̄н* — сыновей Дхритараштры; *са-ба̄ндхава̄н* — и наших друзей; *сва-джанам* — родню; *хи* — конечно; *катхам* — как; *хатва̄* — убив; *сукхинах̣* — счастливые; *сйа̄ма* — станем; *ма̄дхава* — о Кришна, супруг богини удачи.

Убив тех, кто грозит нам сейчас войной, мы покроем себя грехом. Поэтому нам нельзя убивать сыновей Дхритараштры и своих друзей. Чего мы добьемся этим, о Кришна, супруг богини удачи? Как может смерть родственников принести нам счастье?

КОММЕНТАРИЙ: Веды выделяют шесть видов преступлений, заслуживающих суровой кары. Это: 1) попытка отравления, 2) поджог дома, 3) покушение на жизнь с использованием смертоносного оружия, 4) ограбление, 5) захват чужих земель и 6) похищение чужой жены. Тех, кто совершает эти преступления, нужно уничтожать на месте, и их убийство не запятнает человека грехом. Обыкновенный человек вправе убить такого преступника, но Арджуна не был обыкновенным человеком. Он обладал всеми качествами святого и хотел обойтись с преступниками как святой. Но *кшатрию* не подобает проявлять такую святость. Тот, кому доверено управлять государством, разумеется, должен быть праведным человеком, но ему непозволительно быть малодушным. Господь Рама, например, был столь благочестив, что люди до сих пор мечтают жить в царстве Господа Рамы *(рама-раджье)*. Однако Господь Рама никогда не проявлял малодушия. Равана нанес Раме тяжкое оскорбление, украв Его жену Ситу, но Господь Рама как следует проучил его, преподав ему урок, равных которому нет в истории. Необходимо учесть, однако, что среди тех, кто грозил смертью Арджуне, были его дед, учитель, друзья, сыновья и внуки. Поэтому Арджуна считал, что их нельзя наказывать так же беспощадно, как обычно наказывают преступников. Кроме того, святым надлежит прощать нанесенные им обиды. Для них подобные предписания гораздо важнее политических соображений. Вместо того чтобы убивать своих сородичей по политическим мотивам, думал Арджуна, лучше простить их в соответствии с принципами религии и морали. Он считал, что убийство родственников ради преходящего материального счастья не принесет ему ничего хорошего. В конце концов, царствование и радости, которые оно сулит, не вечны. Так чего же ради он будет убивать своих сородичей, рискуя лишиться жизни и возможности навсегда освободиться от материального рабства? Примечательно, что Арджуна называет Кришну Мадхавой, супругом богини счастья. Тем самым он хочет сказать Кришне, что, как супруг богини счастья, Он не должен побуждать его браться за дело, которое в конечном счете принесет ему одни несчастья. Но Кришна никогда и никому не приносит несчастья, в особенности Своим преданным.

ТЕКСТЫ 37–38

यद्यप्येते न पश्यन्ति लोभोपहतचेतसः ।
कुलक्षयकृतं दोषं मित्रद्रोहे च पातकम् ॥ ३७ ॥
कथं न ज्ञेयमस्माभिः पापादस्मान्निवर्तितुम् ।
कुलक्षयकृतं दोषं प्रपश्यद्भिर्जनार्दन ॥ ३८ ॥

*йади апи эте на паш́йанти лобхопахата-четасах̣
кула-кшайа-кр̣там̇ дош́ам̇ митра-дрохе ча па̄такам*

*катхам̇ на джн̃ейам асма̄бхих̣ па̄па̄д асма̄н нивартитум
кула-кшайа-кр̣там̇ дош́ам̇ прапаш́йадбхир джана̄рдана*

йади — если; *апи* — даже; *эте* — эти; *на* — не; *паш́йанти* — видят; *лобха* — алчностью; *упахата* — охвачены; *четасах̣* — те, чьи сердца; *кула-кшайа* — уничтожением семьи; *кртам* — совершенный; *дошам* — грех; *митра-дрохе* — в распре с друзьями; *ча* — также; *пāтакам* — результат греха; *катхам* — как; *на* — не; *джнейам* — то, что должно быть известно; *асмāбхих* — нами; *пāпāт* — от греха; *асмāт* — нас; *нивартитум* — остановить; *кула-кшайа* — истреблением рода; *кртам* — совершенное; *дошам* — преступление; *прапашйадбхих* — теми, кто видит; *джанāрдана* — о Кришна.

О Джанардана, пусть эти люди, чьими сердцами завладела жадность, не видят греха в убийстве родственников или в распрях с друзьями, но почему мы, зная о том, каким тяжким преступлением является уничтожение рода, должны участвовать в этом злодействе?

КОММЕНТАРИЙ: Кшатрию не подобает отказываться от участия в битве или в азартной игре, если соперник бросил ему вызов. Поэтому Арджуна не мог уклониться от сражения: он должен был ответить на вызов Дурьйодханы. В связи с этим Арджуна думал, что его враги едва ли догадываются о последствиях сделанного ими шага. Но сам он предвидел, какое зло принесет миру предстоящая битва, и не мог принять вызов соперника. Обязательства связывают человека только в том случае, если их выполнение приносит благо, а иначе он имеет полное право отказаться от них. Взвесив все «за» и «против», Арджуна решил отказаться от участия в битве.

ТЕКСТ 39   कुलक्षये प्रणश्यन्ति कुलधर्माः सनातनाः ।
धर्मे नष्टे कुलं कृत्स्नमधर्मोऽभिभवत्युत ॥ ३९ ॥

*кула-кшайе пранашйанти   кула-дхармāх санāтанāх
дхарме наште кулам кртснам   адхармо 'бхибхаватй ута*

кула-кшайе — при уничтожении рода; *пранашйанти* — исчезают; *кула-дхармāх* — семейные традиции; *санāтанāх* — вечные; *дхарме* — когда религия; *наште* — разрушена; *кулам* — семья; *кртснам* — вся; *адхармах* — безбожие; *абхибхавати* — становится; *ута* — ведь (сказано).

Истребление рода приводит к разрушению извечных семейных традиций, а члены семьи, оставшиеся в живых, забывают законы религии.

КОММЕНТАРИЙ: Система *варнашрамы* основана на религиозных принципах и традициях, которые помогают членам семьи надлежащим образом развиваться и в конце концов достичь духовного совершенства. Старшие в семье отвечают за совершение очистительных обрядов, с рождения и до смерти каждого из ее членов. Но их гибель может привести к тому, что очистительные обряды перестанут совершаться, в результате чего у нового поколения рода разовьются греховные привычки и потомки рода лишатся возможности обрести духовное спасение. По этой причине старших членов семьи ни в коем случае нельзя убивать.

ТЕКСТ 40 अधर्माभिभवात्कृष्ण प्रदुष्यन्ति कुलस्त्रियः ।
स्त्रीषु दुष्टासु वार्ष्णेय जायते वर्णसङ्करः ॥ ४० ॥

*адхармабхибхават кршна   прадушйанти кула-стрийах
стрйшу душтасу варшнейа   джайате варна-санкарах*

адхарма — безбожия; *абхибхават* — от воцарившегося; *кршна* — о Кришна; *прадушйанти* — оскверняются; *кула-стрийах* — женщины рода; *стрйшу* — у женщин; *душтасу* — развращенных; *варшнейа* — о потомок Вришни; *джайате* — рождается; *варна-санкарах* — нежеланное потомство.

Когда в роду воцаряется безбожие, о Кришна, женщины в нем развращаются, а развращение женщин, о потомок Вришни, приводит к появлению на свет нежеланного потомства.

КОММЕНТАРИЙ: Благочестивое потомство является гарантией мира, процветания и духовного благополучия в обществе. Общество *варнашрамы* строилось на религиозных законах, поэтому в нем всегда преобладали благочестивые люди, что способствовало развитию духовной культуры в государстве и обществе. Благочестивые дети рождаются только у добродетельных женщин, хранящих верность своим мужьям. Женщины, как и дети, очень подвержены дурному влиянию и легко поддаются на обман. Поэтому и те, и другие должны находиться под опекой старших членов семьи. Если женщина прилежно совершает все религиозные обряды, она не станет изменять мужу. По словам Чанакьи Пандита, женщины в большинстве своем не слишком разумны и потому им нельзя доверять. Значит, нужно позаботиться о том, чтобы они соблюдали семейные традиции и были постоянно заняты, совершая религиозные обряды. В этом случае их целомудрие и преданность приведут к рождению благочестивых детей, достойных членов общества *варнашрамы*. Разрушение устоев общества *варнашрама-дхармы* приводит к тому, что женщины получают свободу действий и вступают в беспорядочные связи с мужчинами. В результате супружеских измен на свет появляется нежеланное потомство. Безответственные мужчины тоже толкают женщин к грехопадению, и, как следствие этого, в государстве начинает преобладать нежелательное население, что, в свою очередь, приводит к войнам и эпидемиям.

ТЕКСТ 41 सङ्करो नरकायैव कुलघ्नानां कुलस्य च ।
पतन्ति पितरो ह्येषां लुप्तपिण्डोदककक्रियाः ॥ ४१ ॥

*санкаро наракайаива   кула-гхнāнāм куласйа ча
патанти питаро хй эшāм   лупта-пиндодака-крийāх*

санкарах — нежеланное потомство; *наракāйа* — в ад; *эва* — безусловно; *кула-гхнāнāм* — тех, кто уничтожает семью; *куласйа* — семьи; *ча* — также; *патанти* — падают; *питарах* — предки; *хи* — конечно; *эшāм* — этих; *лупта* — прекращены; *пинда* — подношения пищи; *удака* — и воды; *крийāх* — обряды.

Рост числа нежеланных детей неизбежно приводит к тому, что члены семьи и люди, разрушающие семейные традиции, попадают в ад. С вырождением рода, праотцов ждет падение, ибо потомки перестают подносить им пищу и воду.

КОММЕНТАРИЙ: Согласно предписаниям *карма-канды*, умершим членам семьи необходимо периодически подносить пищу и воду. Этот обряд неразрывно связан с поклонением Вишну: отведав пищи, предложенной Вишну, душа освобождается от всех последствий своих грехов. Иногда умершие члены семьи страдают, пожиная плоды своих греховных поступков, — некоторые из них даже не могут получить грубое материальное тело и вынуждены оставаться в тонких телах привидений. Но тот, кто подносит своим предкам *прасад*, помогает им освободиться от этих и многих других страданий. Такая помощь предкам является одной из семейных традиций, и те, кто не занимается преданным служением Богу, должны обязательно совершать подобные обряды. Однако преданному необязательно делать это. Просто занимаясь преданным служением, он может избавить сотни и тысячи своих предков от любых материальных страданий. В «Бхагаватам» (11.5.41) говорится:

*дeвaрши-бхӯтāпта-нрнāм питрнāм
на кинкаро нāйам рни ча рāджан
сарвāтманā йах шаранам шаранйам
гато мукундам парихртйа картам*

«Тот, кто укрылся под сенью лотосных стоп Мукунды, дарующего освобождение, кто оставил все мирские обязанности и с непоколебимой решимостью следует по пути преданного служения, освобождается от всех долгов перед полубогами, мудрецами, обыкновенными живыми существами, членами своей семьи, всем человечеством и предками» (Бхаг., 11.5.41). Служа Верховной Личности Бога, человек тем самым выполняет обязательства перед всеми остальными.

ТЕКСТ 42 दोषैरेतैः कुलघ्नानां वर्णसङ्करकारकैः ।
उत्साद्यन्ते जातिधर्माः कुलधर्माश्च शाश्वताः ॥ ४२ ॥

*дошаир этаих кула-гхнāнāм̇   варн̣а-сан̇кара-кāракаих̣
утсāдйанте джāти-дхармāх̣   кула-дхармāш́ ча ш́āш́ватāх̣*

дошаих̣ — грехами; *этаих̣* — этими; *кула-гхнāнāм* — разрушаю-
щих семью; *варн̣а-сан̇кара* — нежеланного потомства; *кāракаих̣* —
причинами появления; *утсāдйанте* — прекращаются; *джāти-дхар-
мāх̣* — деяния на благо общества; *кула-дхармāх̣* — семейные традиции; *ча* — также; *ш́āш́ватāх̣* — незыблемые.

**Прегрешения тех, кто разрушает семейные традиции и способ-
ствует появлению нежеланных детей, останавливают деятельность
на благо семьи и общества в целом.**

КОММЕНТАРИЙ: Социальная деятельность четырех сословий
вместе с благотворительной деятельностью, которой занимается
каждая семья в обществе *санатана-дхармы* или *варнашрама-дхармы*, направлены на то, чтобы помочь человеку полностью освободиться от материального рабства. Поэтому, когда безответственные
люди, стоящие во главе общества, разрушают традиции *санатана-
дхармы*, в обществе воцаряется хаос и люди забывают о высшей
цели жизни — Вишну. Таких вождей общества называют слепцами,
и те, кто идет за ними, обречены жить в государстве, где нет и не
может быть порядка.

ТЕКСТ 43 उत्सन्नकुलधर्माणां मनुष्याणां जनार्दन ।
नरके नियतं वासो भवतीत्यनुशुश्रुम ॥ ४३ ॥

*утсанна-кула-дхармāн̣āм   мануш̣йāн̣āм̇ джанāрдана
нараке нийатам̇ вāсо   бхаватӣтй ануш́уш́рума*

утсанна — разрушены; *кула-дхармāн̣āм* — тех, чьи семейные традиции; *мануш̣йāн̣āм* — людей; *джанāрдана* — о Кришна; *нараке* —
в аду; *нийатам* — вечно; *вāсах̣* — пребывание; *бхавати* — происходит; *ити* — так; *ануш́уш́рума* — слышал (от наставников, принадлежащих к цепи духовных учителей).

**О Кришна, хранитель рода человеческого, от наставников, при-
надлежащих к цепи духовных учителей, я слышал, что те, чьи семейные традиции разрушены, навеки поселяются в аду.**

КОММЕНТАРИЙ: Доводы Арджуны основаны не на его личном
опыте, а на словах, услышанных от авторитетных учителей. Только так можно обрести истинное знание. Смысл этого знания открывается лишь тому, кто обращается за помощью к человеку, который уже постиг его. В обществе *варнашрамы* существует традиция,

по которой перед смертью человек должен покаяться и искупить свои грехи. Тот, кто много грешил, обязательно должен наложить на себя покаяние, которое на санскрите называется *прайайчитта*. Иначе он неминуемо попадет на планеты ада, где будет страдать за свои прегрешения.

ТЕКСТ 44 अहो बत महत्पापं कर्तुं व्यवसिता वयम् ।
यद्राज्यसुखलोभेन हन्तुं स्वजनमुद्यताः ॥ ४४ ॥

*ахо бата махат пāпам картум вйаваситā вайам
йад рāджйа-сукха-лобхена хантум сва-джанам удйатāх*

ахо — увы; *бата* — как странно; *махат* — величайший; *пāпам* — грех; *картум* — совершить; *вйавасит
āх* — решившие; *вайам* — мы; *йат* — поскольку; *рāджйа-сукха-лобхена* — из-за желания наслаждаться царством; *хантум* — убить; *сва-джанам* — родню; *удйатāх* — пытающиеся.

Не странно ли, что и мы сейчас замышляем тягчайший грех? Движимые желанием насладиться радостями царствования, мы готовы убить своих близких.

КОММЕНТАРИЙ: Человек, движимый корыстными желаниями, порой готов пойти даже на такой грех, как убийство собственного брата, отца или матери. История знает немало подобных примеров. Но Арджуна, безгрешный преданный Господа, всегда чтил законы нравственности и не хотел совершать подобные поступки.

ТЕКСТ 45 यदि मामप्रतीकारमशस्त्रं शस्त्रपाणयः ।
धार्तराष्ट्रा रणे हन्युस्तन्मे क्षेमतरं भवेत् ॥ ४५ ॥

*йади мāм апратӣкāрам аийастрам йастра-пāн̣айах
дхāртарāш̣т̣рā ран̣е ханйус тан ме кш̣ематарам бхавет*

йади — если; *мāм* — меня; *апратӣкāрам* — не оказывающего сопротивления; *аийастрам* — безоружного; *йастра-пāн̣айах* — те, кто с оружием в руках; *дхāртарāш̣т̣рāх* — сыновья Дхритараштры; *ран̣е* — на поле боя; *ханйух* — пусть убьют; *тат* — то; *ме* — для меня; *кш̣ема-тарам* — лучше; *бхавет* — будет.

Пусть лучше сыновья Дхритараштры с оружием в руках убьют меня на поле боя, безоружного и не сопротивляющегося.

КОММЕНТАРИЙ: По правилам ведения боя, *кшатрии* не должны нападать на безоружного врага, не желающего сражаться. Однако Арджуна решил, что, даже если враги нападут на него в таком состоянии, он не станет оказывать им сопротивление. Он не думал о том, насколько решительно настроена другая сторона. Все это —

проявления мягкосердечности Арджуны, великого преданного Господа.

ТЕКСТ 46   सञ्जय उवाच

एवमुक्त्वार्जुनः संख्ये रथोपस्थ उपाविशत् ।
विसृज्य सशरं चापं शोकसंविग्नमानसः ॥ ४६ ॥

санджайа увача
эвам уктвāрджунах санкхйе   ратхопастха упāвишат
висрджйа са-шарам чāпам   шока-самвигна-мāнасах

санджайах увāча — Санджая сказал; *эвам* — так; *уктвā* — промолвив; *арджунах* — Арджуна; *санкхйе* — на поле боя; *ратха* — колесницы; *упастхе* — на сиденье; *упāвишат* — опустился; *висрджйа* — отбросив; *са-шарам* — со стрелами; *чāпам* — лук; *шока* — горем; *самвигна* — пораженный; *мāнасах* — тот, чей ум.

Санджая сказал: Промолвив это на поле боя, Арджуна отбросил в сторону лук и стрелы и сел в колеснице, охваченный скорбью.

КОММЕНТАРИЙ: Осматривая позиции врага, Арджуна, сидевший в колеснице, поднялся, но скорбь его была так глубока, что он снова сел, отложив в сторону лук и стрелы. Столь добрый и мягкосердечный человек, занятый преданным служением Господу, достоин того, чтобы получить духовное знание.

Так заканчивается комментарий Бхактиведанты к первой главе «Шримад Бхагавад-гиты», которая называется «Обзор армий на поле битвы Курукшетра».

ГЛАВА ВТОРАЯ

Краткое изложение «Бхагавад-гиты»

ТЕКСТ 1

सञ्जय उवाच
तं तथा कृपयाविष्टमश्रुपूर्णाकुलेक्षणम् ।
विषीदन्तमिदं वाक्यमुवाच मधुसूदनः ॥ १ ॥

санджайа увāча
там татхā кр̣пайāвишт̣ам   айру-пӯрн̣āкулекшан̣ам
вишӣдантам идам вāкйам   увāча мадхусӯданах̣

санджайах̣ увāча — Санджая сказал; *там* — на Арджуну; *татхā* — так; *кр̣пайā* — состраданием; *āвишт̣ам* — охваченного; *айру-пӯрн̣а-āкула* — полные слез; *йкшан̣ам* — глаза; *вишӣдантам* — сокрушающегося; *идам* — эти; *вāкйам* — слова; *увāча* — произнес; *мадху-сӯданах̣* — убивший демона Мадху.

Санджая сказал: Увидев, что Арджуна охвачен состраданием и скорбью, а глаза его полны слез, Мадхусудана, Кришна, произнес такие слова.

КОММЕНТАРИЙ: Мирское сострадание, скорбь и слезы выдают человека, забывшего свою истинную, духовную природу. Тот, кто

81

сознает свою духовную природу, проявляет сострадание к вечной душе. В этом стихе примечательно слово «Мадхусудана». Некогда Господь Кришна убил демона Мадху, и теперь Арджуна хочет, чтобы Кришна уничтожил демона сомнений, который завладел Арджуной и мешает ему исполнять долг. Люди не знают, на что следует направлять свое сострадание. Какой смысл сострадать одежде утопающего? Человека, тонущего в океане неведения, нельзя спасти, пытаясь вытащить его одежду, то есть спасая его материальное тело. Того, кто не знает об этом и скорбит об одежде, называют *шудрой* — человеком, который скорбит напрасно. Арджуна был *кшатрием*, и ему не подобало вести себя таким образом. Поэтому Господь Кришна решил развеять его скорбь, вызванную невежеством, и именно с этой целью Он поведал «Бхагавад-гиту». В этой главе Шри Кришна, главный знаток духовной науки, объясняет, как осознать свое истинное «я» путем аналитического изучения природы материального тела и вечной души. Постичь эту науку сможет лишь тот, кто не привязывается к плодам своего труда и полностью сосредоточен на познании своего истинного «я».

ТЕКСТ 2   श्रीभगवानुवाच

कुतस्त्वा कश्मलमिदं विषमे समुपस्थितम् ।
अनार्यजुष्टमस्वर्ग्यमकीर्तिकरमर्जुन ॥ २ ॥

       шри-бхагаван увача
       кутас тва кашмалам идам вишаме самупастхитам
       анарйа-джуштам асваргйам акирти-карам арджуна

шри-бхагаван увача — Верховный Господь сказал; *кутах* — откуда; *тва* — тебя; *кашмалам* — скверна; *идам* — эта (скорбь); *вишаме* — в трудный час; *самупастхитам* — пришедшая; *анарйа* — людям, не знающим истинной цели жизни; *джуштам* — присущая; *асваргйам* — которая не ведет на высшие планеты; *акирти* — бесславия; *карам* — причина; *арджуна* — о Арджуна.

Верховный Господь сказал: О Арджуна, как могла эта скверна одолеть тебя? Такое поведение недостойно того, кто знает истинную цель жизни. Оно приведет человека не в рай, а к бесславию.

КОММЕНТАРИЙ: Кришна — это Бог, Верховная Личность. Поэтому в «Гите» Кришну везде называют Бхагаваном. Бхагаван — высший аспект Абсолютной Истины. Существует три стадии постижения Абсолютной Истины: Брахман, или безличный вездесущий дух; Параматма — ипостась Всевышнего, пребывающая в сердце каждого живого существа; и, наконец, Бхагаван, или Верховная Личность Бога, Господь Кришна. В «Шримад-Бхагаватам»

(1.2.11) эта концепция Абсолютной Истины описана следующим образом:

> *ваданти тат таттва-видас*
> *таттвам йадж джнӣанам адвайам*
> *брахмети парамāтмети*
> *бхагавāн ити шабдйате*

«Абсолютную Истину постигают в трех аспектах, которые неотличны друг от друга. Их называют Брахманом, Параматмой и Бхагаваном».

Эти три аспекта Божественного можно объяснить на примере Солнца, у которого также есть три аспекта: солнечный свет, солнечный диск и планета Солнце. Тот, кто изучает солнечный свет, находится на первой ступени познания. На следующей ступени человек познаёт солнечный диск, однако глубже всех понимает природу Солнца тот, кто достиг этого светила. Рядовых исследователей, которые довольствуются изучением свойств солнечного света, его проникающей способности и ослепительного безличного сияния, можно сравнить с человеком, способным постичь лишь один аспект Абсолютной Истины — безличный Брахман. Более глубокий исследователь, обладающий знанием о солнечном диске, подобен человеку, постигшему более высокий аспект Абсолютной Истины — Параматму. А того, кто проник в самое сердце планеты Солнце, сравнивают с человеком, осознавшим высший, личностный аспект Абсолютной Истины. Вот почему *бхакт,* или тех, кто постиг Абсолютную Истину как Бхагавана, считают лучшими среди людей, стремящихся овладеть духовной наукой, хотя все, кто пытается постичь Абсолютную Истину, изучают один и тот же объект. Свет солнца, солнечный диск и сама планета Солнце неотделимы друг от друга, однако это не значит, что все исследователи, изучающие различные аспекты Солнца, относятся к одной и той же категории.

Великий мудрец и знаток Вед Парашара Муни, отец Вьясадевы, объясняет значение санскритского слова *бхагавāн* следующим образом. Бхагаваном называют Верховную Личность, которая обладает всеми богатствами, всей силой, славой, красотой, знанием и отрешенностью от мира. Есть много людей, которые очень богаты, очень могущественны, очень красивы, очень знамениты, отличаются обширными познаниями или свободны от мирских привязанностей. Однако никто из них не может претендовать на то, что обладает всеми богатствами, всей силой и прочим в полном объеме. Право говорить так о Себе имеет только Кришна, ибо Он Верховная Личность Бога. Ни одно живое существо, даже Брахма, Шива или Нараяна, не наделено этими совершенствами в той мере, в какой они присущи Кришне. Поэтому в «Брахма-самхите» Сам Господь Брахма утверждает, что Кришна — это Верховная Личность Бога. На свете нет никого равного Ему или более великого, чем Он. Кришна — предвечный Господь, Бхагаван, которого называют Говиндой; Он высшая причина всех причин.

> *ӣшварах парамах кршнах*
> *сач-чид-ананда-виграхах*
> *анадир адир говиндах*
> *сарва-карана-каранам*

«Многие обладают качествами Бхагавана, но Кришна превосходит всех, ибо никто не может затмить Его. Он Верховная Личность, и Его тело вечно, исполнено знания и блаженства. Он предвечный Господь Говинда, причина всех причин» (Брахма-самхита, 5.1).

В «Бхагаватам» перечислено много воплощений Верховной Личности Бога. Однако Кришна назван в нем изначальной Личностью Бога, источником всего множества воплощений.

> *эте чамша-калах пумсах*
> *кршнас ту бхагаван свайам*
> *индрари-вйакулам локам*
> *мрдайанти йуге йуге*

«Все перечисленные здесь воплощения Бога — это либо полные проявления, либо части полных проявлений Верховного Господа, но Кришна — это Сам Верховный Господь, Личность Бога» (Бхаг., 1.3.28).

Таким образом, Кришна является изначальной Верховной Личностью Бога, Абсолютной Истиной, источником Сверхдуши и безличного Брахмана.

В присутствии Верховной Личности Бога сетования Арджуны, скорбящего о своих родственниках, выглядят довольно неуместными, поэтому Кришна выражает здесь удивление, произнося слово *кутах* («откуда»). От человека, принадлежащего к числу цивилизованных людей, *ариев*, трудно было ожидать проявления подобной слабости. *Ариями* называют тех, кто понимает истинную ценность человеческой жизни и чья культура основана на принципах духовного самопознания. Люди, имеющие материальные представления о жизни, не знают, что высшая цель жизни — постичь Абсолютную Истину, Вишну, или Бхагавана; очарованные внешним блеском материального мира, они не понимают, что такое освобождение. Такие люди, не знающие, как освободиться из материального плена, не достойны называться *ариями*. Арджуна был *кшатрием*, однако он отказался сражаться, тем самым уклоняясь от исполнения своего долга. Подобное малодушие не к лицу настоящим *ариям*.

Отказ исполнять свой долг мешает духовному развитию человека и лишает его возможности прославиться в мирской жизни. Господь Кришна не одобрил ложного сострадания, которое Арджуна испытывал к своим родственникам.

ТЕКСТ 3   कैब्यं मा स्म गमः पार्थ नैतत्त्वय्युपपद्यते ।
क्षुद्रं हृदयदौर्बल्यं त्यक्त्वोत्तिष्ठ परन्तप ॥ ३ ॥

*клаибийам ма сма гамах партха   наитат твайй упападйате
кшудрам хрдайа-даурбалйам   тйактвоттиштха парантапа*

клаибийам — бессилию; *ма сма* — не; *гамах* — поддавайся; *партха* — о сын Притхи; *на* — никогда не; *этат* — это; *твайи* — тебе; *упападйате* — подобает; *кшудрам* — жалкая; *хрдайа* — сердца; *даурбалйам* — слабость; *тйактва* — отринув; *уттиштха* — встань; *парам-тапа* — о покоритель врагов.

О сын Притхи, не поддавайся унизительному малодушию. Оно не подобает тебе. Вырви из сердца эту постыдную слабость и воспрянь, о герой, карающий врагов.

КОММЕНТАРИЙ: Кришна называет Арджуну сыном Притхи, которая была сестрой Васудевы, отца Кришны. Таким образом, Арджуна и Кришна были кровными родственниками. Если сын *кшатрия* отказывается сражаться, значит, он только называется *кшатрием*, а если сын *брахмана* ведет неправедную жизнь, он *брахман* только по имени. Такие *кшатрии* и *брахманы* — недостойные сыновья своих отцов, и Кришна не хотел, чтобы Арджуна вел себя как недостойный сын *кшатрия*. Арджуна был самым близким другом Кришны, и Кришна, правя его колесницей, руководил всеми его действиями. Но если Арджуна покинет поле боя, то, несмотря на все эти преимущества, его поступок принесет ему бесчестие. Вот почему Кришна говорит, что поведение Арджуны не делает ему чести. На это Арджуна мог возразить, что, покинув поле боя, он проявит великодушие к досточтимому Бхишме и другим сородичам. Однако Кришна считает подобное проявление великодушия обыкновенной слабостью. Такое поведение воина не одобряют ни *шастры*, ни мудрецы. Поэтому тот, кто, подобно Арджуне, действует под непосредственным руководством Кришны, не должен поддаваться порывам такого великодушия, или непротивления злу насилием.

ТЕКСТ 4   अर्जुन उवाच
कथं भीष्ममहं संख्ये द्रोणं च मधुसूदन ।
इषुभिः प्रतियोत्स्यामि पूजार्हावरिसूदन ॥ ४ ॥

арджуна увача

катхам бхишмам ахам санкхйе   дронам ча мадхусудана
ишубхих пратийотсйами   пуджархав ари-судана

арджунах увача — Арджуна сказал; *катхам* — как; *бхишмам* — Бхишму; *ахам* — я; *санкхйе* — в бою; *дронам* — Дрону; *ча* — также; *мадху-судана* — убивший демона Мадху; *ишубхих* — стрелами; *пратийотсйами* — поражу ответным ударом; *пуджа-архау* — достойных поклонения; *ари-судана* — о победитель врагов.

Арджуна сказал: О покоритель врагов, сразивший демона Мадху, могу ли я выпускать стрелы в таких людей, как Бхишма и Дрона, которых я должен боготворить?

КОММЕНТАРИЙ: Старейшинам рода, таким как дед Бхишма и Дроначарья, всегда надо выражать почтение. Даже когда они нападают, им не следует оказывать сопротивление. Согласно этикету, старшим нельзя перечить. Пусть они обращаются с нами грубо, мы никогда не должны отвечать им тем же. Так как же мог Арджуна, пусть даже защищаясь, сражаться с ними? Разве Сам Кришна посмел бы напасть на Своего деда, Уграсену, или учителя, Сандипани Муни? Таковы некоторые из доводов Арджуны.

ТЕКСТ 5   गुरूनहत्वा हि महानुभावान्
श्रेयो भोक्तुं भैक्ष्यमपीह लोके ।
हत्वार्थकामांस्तु गुरुनिहैव
भुञ्जीय भोगान्रुधिरप्रदिग्धान् ॥ ५ ॥

гурун ахатва хи маханубхаван
шрейо бхоктум бхаикшйам апиха локе
хатвартха-камамс ту гурун ихаива
бхунджийа бхоган рудхира-прадигдхан

гурун — старших; *ахатва* — не убив; *хи* — безусловно; *маха-ану-бхаван* — великих душ; *шрейах* — лучше; *бхоктум* — наслаждаться (жизнью); *бхаикшйам* — прошением милостыни; *апи* — даже; *иха* — здесь (в этой жизни); *локе* — в этом мире; *хатва* — убив; *артха* — корыстное; *каман* — тех, чье желание; *ту* — но; *гурун* — старших; *иха* — здесь (в этом мире); *эва* — безусловно; *бхунджийа* — буду вкушать; *бхоган* — предметы наслаждения; *рудхира* — кровью; *прадиг-дхан* — запачканные.

Уж лучше просить подаяние, чем существовать ценою гибели великих душ, которых я считаю своими учителями. Пусть ими движет корысть, они все равно остаются моими наставниками. Ес-

ли они погибнут, все то, чем мы собираемся наслаждаться, будет
запятнано их кровью.

КОММЕНТАРИЙ: В священных писаниях сказано, что от учителя,
который совершает постыдные поступки и перестает отличать хорошее от дурного, следует отказаться. Бхишма и Дрона чувствова-
ли себя обязанными принять сторону Дурьйодханы, поскольку тот
оказывал им материальную поддержку, хотя в таких обстоятельствах они должны были отбросить подобные соображения. Этот
поступок лишил их права пользоваться почетом и уважением, которое оказывают учителям. Однако Арджуна продолжает считать
их своими наставниками, поэтому для него наслаждаться материальными благами, полученными ценою их жизни, — все равно что
наслаждаться трофеями, окропленными кровью.

ТЕКСТ 6   न चैतद्विद्मः कतरन्नो गरीयो
यद्वा जयेम यदि वा नो जयेयुः ।
यानेव हत्वा न जिजीविषाम-
स्तेऽवस्थिताः प्रमुखे धार्तराष्ट्राः ॥ ६ ॥

на чаитад видмах катаран но гарийо
йад ва̄ джайема йади ва̄ но джайейух
йа̄н эва хатва̄ на джиджӣвиша̄мас
те 'вастхита̄х прамукхе дха̄ртара̄шт̣ра̄х

на — не; *ча* — также; *этат* — это; *видмах* — знаем; *катарат* —
которое (из двух); *нах* — для нас; *гарийах* — лучше; *йат ва̄* — либо;
джайема — победим; *йади* — если; *ва̄* — или; *нах* — нас; *джайейух* —
победят; *йа̄н* — которых; *эва* — безусловно; *хатва̄* — убив; *на* —
не; *джиджӣвиша̄мах* — хотим жить; *те* — они; *авастхита̄х* — стоящие; *прамукхе* — перед нами; *дха̄ртара̄шт̣ра̄х* — сыновья Дхритараштры.

Еще не известно, что лучше для нас: победить их или потер-
петь поражение. Если мы убьем сыновей Дхритараштры, жизнь
потеряет для нас всякий смысл. Но вот они стоят перед нами на
поле боя.

КОММЕНТАРИЙ: Арджуна не знал, что ему делать: вступить
в сражение, рискуя убить тех, кого нельзя убивать, даже если к этому его зовет долг *кшатрия*, или уйти с поля боя и жить на подаяние. Если он не вступит в битву и не одолеет врага, милостыня
станет для него единственным средством существования. К тому же
у него не было полной уверенности в победе: ее могла одержать и та
и другая сторона. Но даже если победа будет на их стороне — ведь

они сражаются за правое дело, — а сыновья Дхритараштры погибнут в сражении, то Пандавам будет очень трудно жить без них. Это тоже будет своего рода поражение. Доводы Арджуны доказывают, что он был не только великим преданным Господа, но и в высшей степени просвещенным человеком, а также в совершенстве владел своим умом и чувствами. Его готовность нищенствовать, невзирая на свое царское происхождение, — еще одно доказательство его самоотречения. Он был по-настоящему добродетельным человеком, о чем свидетельствуют все эти качества, а также его вера в наставления Шри Кришны, его духовного учителя. Отсюда следует, что Арджуна был достоин освобождения из материального плена. До тех пор пока человек не обуздал чувства, он не сможет обрести знание, а тот, кто не обладает знанием и не занимается преданным служением Господу, лишен возможности получить освобождение. Арджуна был щедро наделен всеми этими достоинствами в дополнение к своим выдающимся материальным способностям.

ТЕКСТ 7
    कार्पण्यदोषोपहतस्वभावः
पृच्छामि त्वां धर्मसम्मूढचेताः ।
यच्छ्रेयः स्यान्निश्चितं ब्रूहि तन्मे
शिष्यस्तेऽहं शाधि मां त्वां प्रपन्नम् ॥ ७ ॥

*ка̄рпан̣йа-дош́опахата-свабха̄вах̣
прччха̄ми тва̄м̇ дхарма-саммӯд̣ха-чета̄х̣
йач чхрейах̣ сйа̄н ниш́читам̇ брӯхи тан ме
ш́ишйас те 'хам̇ ш́а̄дхи ма̄м̇ тва̄м̇ прапаннам*

ка̄рпан̣йа — из-за скупости; *доша* — слабостью; *упахата* — охваченный; *сва-бха̄вах̣* — свойства; *прччха̄ми* — прошу; *тва̄м* — Тебя; *дхарма* — религии; *саммӯдха* — заблуждения; *чета̄х̣* — тот, в чьем сердце; *йат* — что; *ш́рейах̣* — всеблагое; *сйа̄т* — может быть; *ниш́читам* — определенно; *брӯхи* — скажи; *тат* — то; *ме* — мне; *ш́ишйах̣* — ученик; *те* — Твой; *ахам* — я; *ш́а̄дхи* — научи; *ма̄м* — меня; *тва̄м* — Тебе; *прапаннам* — предавшегося.

Я больше не знаю, в чем состоит мой долг, и постыдная слабость скупца лишила меня самообладания. Поэтому прошу, скажи прямо, что лучше для меня. Отныне я Твой ученик и душа, предавшаяся Тебе, — наставляй же меня.

КОММЕНТАРИЙ: Природа устроена так, что материальная деятельность, которой мы занимаемся, ставит каждого из нас в очень трудное положение. Трудности подстерегают нас на каждом шагу, поэтому все мы нуждаемся в помощи истинного духовного учителя, способного объяснить, как достичь высшей цели жизни. Все ведические писания призывают нас обратиться к истинному духовному учителю, чтобы он распутал клубок наших жизненных проблем и вывел нас из трудного положения, в которое мы попали помимо своей воли. Эти проблемы подобны пожару, который вдруг, без видимой причины, возникает в лесу. Материальный мир устроен аналогичным образом: трудности приходят к людям сами, как незваные гости. Никто не хочет пожара, но он все равно возникает, и мы начинаем лихорадочно думать, как спастись от него. Поэтому ведические писания гласят: чтобы научиться решать жизненные проблемы и покончить с ними, необходимо обратиться к наставнику, принадлежащему к цепи духовных учителей. Человек, нашедший истинного духовного учителя, может постичь все. Поэтому, вместо того чтобы тщетно пытаться самому разрешить свои проблемы, нужно обратиться к духовному учителю. Таков смысл этого стиха.

Кого же беспокоят материальные трудности? Того, кто не знает, каковы истинные проблемы жизни. В «Брихад-араньяка-упанишад» (3.8.10) о таком человеке сказано следующее: *йо ва̄ этад акшарам̇ га̄рги авидитва̄сма̄л лока̄т праити са кр̣пан̣ах̣* — «Того, кто не пытается разрешить проблемы жизни, как надлежит человеку, и уходит из этого мира, подобно кошкам и собакам, так и не постигнув науку самоосознания, называют скупцом». Человеческая жизнь — самое ценное, что может быть даровано живому существу, ибо только человек способен разрешить все проблемы жизни. Поэтому того, кто не пользуется этой возможностью, называют скупцом. В противоположность ему, того, кто достаточно разумен и использует человеческое тело для разрешения всех жизненных проблем, называют *брахманом: йа этад акшарам̇ га̄рги видитва̄сма̄л лока̄т праити са бра̄хман̣ах̣.*

Крипаны, скупцы, напрасно теряют отпущенное им время, ибо чрезмерно привязаны к своей семье, родине и обществу. Материальные представления о жизни делают таких людей рабами своей семьи — жены, детей и других родственников. В основе этой привязанности лежит «кожная болезнь»*. *Крипана* думает, что сможет защитить своих близких от смерти, или верит, что семья и общество спасут от смерти его. Привязанность к семье существует даже у животных, которые тоже заботятся о своих детях. Будучи человеком разумным, Арджуна сознавал, что его привязанность к членам своей семьи и желание спасти их от гибели были причиной тех трудностей, с которыми он столкнулся. Арджуна понимал, что его долг — сражаться, однако, поддавшись слабости, вызванной ску-

---

* Имеется в виду отождествление себя или другого человека с материальным телом. *(Прим. редактора.)*

постью, он оказался не в состоянии выполнить его. Поэтому Арджуна просит Господа Кришну, изначального духовного учителя, вынести окончательное решение. Он предается Кришне и становится Его учеником. Он хочет прекратить дружескую беседу. Беседы между духовным учителем и учеником всегда серьезны, и Арджуна намерен начать серьезный разговор с Кришной, признанным духовным учителем. Так Кришна стал первым духовным учителем, который поведал науку «Бхагавад-гиты», а Арджуна — первым учеником, постигшим ее смысл. О том, как Арджуна сумел понять «Бхагавад-гиту», повествуется в ней самой. И тем не менее недалекие мирские философы заявляют, что человек должен предаться не Кришне как личности, а «нерожденному в Кришне». Между Кришной снаружи и изнутри нет никакой разницы, и тот, кто не понимает этого, но в то же время пытается проникнуть в смысл «Бхагавад-гиты», — величайший глупец.

ТЕКСТ 8

न हि प्रपश्यामि ममापनुद्या-
द्यच्छोकमुच्छोषणमिन्द्रियाणाम् ।
अवाप्य भूमावसपत्नमृद्धं
राज्यं सुराणामपि चाधिपत्यम् ॥ ८ ॥

на хи прапашйāми мамāпанудйāд
йач чхокам уччхошанам индрийāнāм
авāпйа бхӯмāв асапатнам рддхам
рāджйам сурāнāм апи чāдхипатйам

на — не; *хи* — безусловно; *прапашйāми* — вижу; *мама* — мою; *апанудйāт* — устранит; *йат* — которую; *шокам* — скорбь; *уччхошанам* — иссушающую; *индрийāнāм* — чувства; *авāпйа* — получив; *бхӯмау* — на Земле; *асапатнам* — без соперников; *рддхам* — процветающее; *рāджйам* — царство; *сурāнāм* — полубогов; *апи* — даже; *ча* — также; *āдхипатйам* — власть.

Я не знаю, как совладать с этой иссушающей меня скорбью. Я не смогу избавиться от нее, даже если завоюю процветающее земное царство, которому не будут грозить никакие враги, и обрету власть, какой обладают небожители.

КОММЕНТАРИЙ: Арджуна выдвинул множество доводов, основанных на знании религиозных заповедей и моральных норм, и все же без помощи духовного учителя, Господа Шри Кришны, он не смог разрешить мучившую его проблему. Ему стало ясно, что все его так называемые познания не помогут ему решить проблемы, которые буквально оглушили его. И без духовного учителя, подобного Господу Кришне, он был не в состоянии справиться с ними. Академическое образование, глубокие познания или высокое положение в обществе не избавят нас от проблем; помочь в этом может только духовный учитель, подобный Кришне. Отсюда следует, что истинным можно считать только того духовного учителя, который полностью пребывает в сознании Кришны, ибо он способен разрешить все наши жизненные проблемы. Господь Чайтанья говорил, что истинным духовным учителем может стать любой, кто постиг науку сознания Кришны, независимо от того, какое положение в обществе он занимает.

> *кибā випра, кибā нйāсӣ, ш́ӯдра кене найа*
> *йеи кр̣шн̣а-таттва-веттā, сеи 'гуру' хайа*

«Если человек — будь он *випрой* (знатоком ведических писаний), монахом, отрекшимся от мира, или же простолюдином, — овладел наукой сознания Кришны, значит, он достиг совершенства и является истинным духовным учителем» (Ч.-ч., Мадхья, 8.128). И наоборот, того, кто не постиг науку сознания Кришны, нельзя считать истинным духовным учителем. В ведических писаниях говорится то же самое:

> *шат-карма-нипуṇо випро*
> *мантра-тантра-виш́āрадаḥ*
> *аваишṇаво гурур на сйāд*
> *ваишṇавах̣ ш́ва-пачо гуруḥ*

«Ученый *брахман*, сведущий во всех областях ведического знания, не имеет права становиться духовным учителем, если не является вайшнавом, то есть не владеет наукой сознания Кришны. Но вайшнав, будь он даже самого низкого происхождения, может стать духовным учителем» (Падма-пурана).

Проблемы материальной жизни — рождение, старость, болезни и смерть — нельзя разрешить, накопив богатство или добившись экономического благополучия. В мире немало богатых стран с развитой экономикой, где есть все необходимое для жизни, но и там люди не смогли разрешить основных проблем материального существования. Они прилагают столько усилий, чтобы достичь мира и покоя, однако истинное счастье можно обрести, лишь обратившись за советом к Кришне или к «Бхагавад-гите» и «Шримад-Бхагаватам» — книгам, в которых изложена наука о Кришне. Чтобы понять наставления Кришны, необходима помощь Его истинного представителя, то есть человека, обладающего сознанием Кришны.

Если бы экономическое благополучие и материальные удобства могли избавить человека от проблем, с которыми он сталкивается в семье, обществе, государстве или в масштабах всего мира, Арджуна не стал бы говорить, что даже царство, которому не грозят никакие враги, или власть, которой обладают небожители, не могут заглушить его скорбь. Это побудило Арджуну искать утешения в сознании Кришны: только тот, кто идет этим путем, сможет достичь мира и гармонии. Экономического благополучия или мирового господства нас могут в любой момент лишить стихийные бедствия. Даже жизнь на высших планетах, например на Луне, к которой так рвется сейчас человек, в какой-то момент подходит к концу. Подтверждение этому мы находим в «Бхагавад-гите» (9.21): *кшӣн̣е пун̣йе мартйа-локам̇ вишанти* — «Исчерпав плоды своих благочестивых дел, живое существо падает с вершин счастья на самое дно жизни». Эта участь постигла многих сильных мира сего, и падение не принесло им ничего, кроме новых страданий.

Итак, если мы хотим навсегда избавиться от скорби, то должны принять покровительство Кришны, как это сделал Арджуна. Арджуна просит Кришну раз и навсегда разрешить стоящие перед ним проблемы, а это возможно только с помощью сознания Кришны.

ТЕКСТ 9   सञ्जय उवाच

एवमुक्त्वा हृषीकेशं गुडाकेशः परन्तपः ।
न योत्स्य इति गोविन्दमुक्त्वा तूष्णीं बभूव ह ॥ ९ ॥

*санджайа увача
эвам уктва хршикешам   гудакешах парантапах
на йотсйа ити говиндам   уктва тушним бабхува ха*

санджайах увача — Санджая сказал; *эвам* — это; *уктва* — произнеся; *хршикешам* — Кришне, повелителю чувств; *гудакешах* — Арджуна, победитель невежества; *парантапах* — покоритель врагов; *на йотсйе* — не буду сражаться; *ити* — это; *говиндам* — Кришне, который дарует наслаждение чувствам; *уктва* — сказав; *тушним* — в молчание; *бабхува* — погрузился; *ха* — безусловно.

Санджая продолжал: Произнеся эти обращенные к Кришне слова, Арджуна, покоритель врагов, промолвил: «Говинда, я не буду сражаться» — и умолк.

КОММЕНТАРИЙ: Дхритараштра, должно быть, возликовал, когда услышал, что Арджуна не собирается сражаться, что он хочет покинуть поле боя и жить подаянием. Однако Санджая поспешил разочаровать его, назвав Арджуну покорителем врагов (*парантапах*). Хотя Арджуна на какое-то время поддался горю, вызванному иллюзорной привязанностью к родным и близким, он тем не менее вручил себя Кришне, изначальному духовному учителю, став Его учеником. Это было залогом того, что очень скоро он избавится от ложной скорби и, обретя совершенное духовное знание, или сознание Кришны, непременно вступит в бой. Таким образом, радость Дхритараштры будет недолгой: получив от Кришны духовное знание, Арджуна будет сражаться до победного конца.

ТЕКСТ 10   तमुवाच हृषीकेशः प्रहसन्निव भारत ।
सेनयोरुभयोर्मध्ये विषीदन्तमिदं वचः ॥ १० ॥

*там увача хришикешах   прахасанн ива бхарата
сенайор убхайор мадхйе   вишидантам идам вачах*

там — ему; *увача* — сказал; *хришикешах* — владыка чувств, Кришна; *прахасан* — улыбающийся; *ива* — как бы; *бхарата* — о Дхритараштра, потомок Бхараты; *сенайох* — армий; *убхайох* — двух; *мадхйе* — между; *вишидантам* — сокрушающемуся; *идам* — эти; *вачах* — слова.

О потомок Бхараты, тогда Кришна, находясь между двумя армиями, с улыбкой сказал охваченному горем Арджуне следующее.

КОММЕНТАРИЙ: То была беседа двух очень близких друзей, Хришикеши и Гудакеши. Будучи друзьями, они общались на равных, однако сейчас один из них добровольно стал учеником другого. Кришна улыбался потому, что Его друг решил стать Его учеником. Как Господь всех живых существ, Кришна всегда занимает главенствующее положение и является повелителем каждого. Тем не менее Он соглашается стать другом, сыном или возлюбленным преданного, который желает видеть Его в этой роли. А сейчас, когда преданный выбрал Его своим учителем, Господь тотчас вошел в роль и заговорил с ним как учитель, с подобающей серьезностью. Разговор учителя с учеником проходил открыто, на виду у обеих армий, так, чтобы все, кто находился на поле боя, смогли извлечь из этого разговора благо. Таким образом, наставления «Бхагавад-гиты» обращены не к какому-то отдельному человеку или группе людей, а предназначены для всех — и для друзей, и для врагов.

ТЕКСТ 11   श्रीभगवानुवाच
अशोच्यानन्वशोचस्त्वं प्रज्ञावादांश्च भाषसे ।
गतासूनगतासूंश्च नानुशोचन्ति पण्डिताः ॥ ११ ॥

*шри-бхагаван увача
ашочйан анвашочас твам   праджна-вадамш ча бхашасе
гатасун агатасумш ча   нанушочанти пандитах*

шри-бхагаван увача — Верховный Господь сказал; *ашочйан* — недостойных скорби; *анвашочах* — оплакивающий; *твам* — ты; *праджна-вадан* — ученые речи; *ча* — также; *бхашасе* — произносишь; *гата* — о минувших; *асун* — жизнях; *агата* — о тех, что еще не про-

шли; *асӯн* — жизнях; *ча* — также; *на* — не; *ануйочанти* — сокруша-
ются; *паṇḍитāх̣* — мудрецы.

**Верховный Господь сказал: Ведя ученые речи, ты сокрушаешь-
ся о том, что недостойно скорби. Мудрые люди не скорбят ни
о мертвых, ни о живых.**

КОММЕНТАРИЙ: Господь сразу вошел в роль учителя и отчитал
Своего ученика, назвав его, хоть и не прямо, глупцом. «Ты говоришь, как ученый, — сказал Господь, — но не знаешь, что образованный человек понимает разницу между телом и душой и потому никогда не скорбит о теле, будь то тело мертвеца или живого».
Как станет ясно из последующих глав, обрести знание — значит
постичь природу материи и духа, а также того, кто управляет ими.
Арджуна заявил, что принципы религии гораздо важнее политических соображений или интересов общества, однако ему было не-
вдомек, что знание о материи, душе и Всевышнем выше даже религиозных заповедей. Не зная об этом, он не должен был выдавать
себя за ученого человека. Не имея достаточных знаний, он сокру-
шался о том, что недостойно скорби. Наше тело рождается и рано
или поздно умирает, поэтому оно не так важно, как душа. Тот, кто
знает об этом, является поистине образованным человеком, и у него нет причин для скорби, в каком бы состоянии ни находилось его
материальное тело.

ТЕКСТ 12 न त्वेवाहं जातु नासं न त्वं नेमे जनाधिपाः ।
न चैव नभविष्यामः सर्वे वयमतः परम् ॥ १२ ॥

*на тв эвāхам̇ джāту нāсам̇   на твам̇ неме джанāдхипāх̣
на чаива на бхавишйāмах̣   сарве вайам атах̣ парам*

на — никогда; *ту* — но; *эва* — безусловно; *ахам* — я; *джāту* — когда-либо; *на* — не; *āсам* — был; *на* — нет; *твам* — ты; *на* — не; *име* —
эти; *джана-адхипāх̣* — цари; *на* — не; *ча* — также; *эва* — конечно;
на — не; *бхавишйāмах̣* — будем существовать; *сарве вайам* — все мы;
атах̣ парам — после.

**Не было такого времени, когда бы не существовал Я, ты и все
эти цари, и в будущем никто из нас не перестанет существовать.**

КОММЕНТАРИЙ: В ведических писаниях, например в «Катха-упанишад» и в «Шветашватара-упанишад», говорится, что Верховный
Господь поддерживает жизнь бесчисленных существ разных видов
и форм. Он обеспечивает их всем необходимым, учитывая деятельность каждого из них и ее последствия. Тот же самый Верховный
Господь в образе Своей полной экспансии пребывает в сердце каждого живого существа. Только святые, которые способны видеть

Верховного Господа внутри и снаружи всего, обретают вечный мир в душе.

> *нитйо нитйанам четанаш четананам*
> *эко бахунам йо видадхати каман*
> *там атма-стхам йе 'нупашйанти дхирас*
> *тешам шантих шашвати нетарешам*
>
> *Катха-упанишад, 2.2.13*

Кришна открыл Арджуне ведическую мудрость специально, чтобы ею могли воспользоваться все люди, в том числе и те, которые выдают себя за великих ученых, хотя на самом деле обладают весьма скудными знаниями. Господь ясно говорит, что Он Сам, Арджуна и все цари, которые собрались на поле боя, вечно являются индивидуальными существами. Господь — вечный хранитель всех живых существ, как обусловленных, так и освобожденных. Он — верховная вечная личность, а Арджуна, неизменный спутник Господа, и цари, собравшиеся на поле боя, — подчиненные Ему вечные личности. Ошибочно думать, будто они не существовали как индивидуумы в прошлом или перестанут быть вечными личностями в будущем. Их индивидуальное бытие никогда не прерывалось и не прервется. Поэтому ни у одного живого существа нет и не может быть причин для скорби.

Господь Кришна, высший знаток Вед, отвергает здесь теорию *майявады*, гласящую, что индивидуальная душа, которая сейчас скрыта под покровом *майи*, иллюзии, после освобождения растворится в безличном Брахмане и утратит свою индивидуальность. Он не согласен и с утверждением о том, что индивидуальность обусловленных существ является лишь плодом их воображения. Кришна ясно говорит, что и Господь, и другие существа сохранят свою индивидуальность в будущем и никогда не утратят ее. Это подтверждается в Упанишадах. Слова Кришны авторитетны, поскольку Кришна не подвластен иллюзии. Если бы живые существа не обладали индивидуальностью, Кришна не стал бы это подчеркивать, особенно говоря о будущем. Философ-*майявади* может возразить, что индивидуальность, о которой ведет речь Кришна, не духовна, а материальна. Но даже если мы примем этот довод, вопрос о том, чем индивидуальность Кришны отличается от остальных, все равно остается открытым. Кришна утверждает, что Он был личностью в прошлом и останется ею в будущем. Господь снова и снова говорит о том, что Он личность, а безличный Брахман находится у Него в подчинении. Другими словами, Кришна всегда сохраняет духовную индивидуальность. Если допустить, что Он обыкновенная обусловленная душа с индивидуальным сознанием, то поведанная Им «Бхагавад-гита» перестанет быть авторитетным священным писанием. Человек, обладающий четырьмя недостатками, которые присущи простым смертным, не способен дать другим знание, достойное того, чтобы его услышали. «Гита» стоит выше произведений, написанных людьми. Ни одна мирская книга не может сравниться с ней. Для того, кто считает Кришну просто человеком, «Гита» утрачивает особую значимость. Философы-*майявади* утверждают, что множественность, о которой идет речь в данном стихе, условна и относится к материальному телу. Однако в предыдущем стихе Кришна уже осудил телесные представления о жизни. Разве мог Он после этого говорить об условной множественности в рамках той же самой телесной концепции? Таким образом, индивидуальность, о которой здесь идет речь, имеет духовную основу, и это подтверждают такие великие *ачарьи*, как Шри Рамануджа и другие. Во многих стихах «Гиты» ясно сказано, что постичь духовную индивидуальность могут только преданные Господа, те же, кто относятся к Кришне враждебно и завидуют Его положению Верховной Личности Бога, не способны понять истинный смысл этого великого произведения. Непреданного, пытающегося постичь философию «Гиты», можно сравнить с пчелой, которая ползает по банке с медом. Чтобы узнать вкус меда, нужно открыть банку. Аналогично этому, сокровенное учение «Бхагавад-гиты» могут постичь только преданные. Никто другой, как сказано в четвертой главе этой книги, не способен ощутить ее вкус.

Те, кто отрицает само существование Господа, не должны касаться «Бхагавад-гиты». Поэтому комментарии к «Бхагавад-гите», написанные философами-*майявади,* искажают заключенную в ней истину до неузнаваемости. Господь Чайтанья запретил нам читать комментарии философов-*майявади* и, предостерегая нас, говорил, что тот, кто принимает философию *майявады,* лишается возможности проникнуть в тайный смысл «Гиты». Если бы Господь говорил об индивидуальности, существующей только в пределах материальной вселенной, необходимость в Его наставлениях отпала бы сама собой. Различие между индивидуальной душой и Господом является вечной реальностью, что, как уже говорилось, подтверждается в Ведах.

ТЕКСТ 13 देहिनोऽस्मिन्यथा देहे कौमारं यौवनं जरा ।
तथा देहान्तरप्राप्तिर्धीरस्तत्र न मुह्यति ॥ १३ ॥

дехино 'смин йатха дехе   каумарам йауванам джара
татха дехантара-праптир   дхирас татра на мухйати

дехинах — воплощенного; *асмин* — в этом; *йатха* — как; *дехе* — в теле; *каумарам* — детство; *йауванам* — молодость; *джара* — старость; *татха* — так же; *деха-антара* — другого тела; *праптих* —

обретение; *дхӣрах̣* — трезвомыслящий человек; *татра* — при этом;
на — не; *мухйати* — обманывается.

**Воплотившаяся в теле душа постепенно меняет тело ребенка на
тело юноши, а затем на тело старика, и точно так же после смерти она переходит в другое тело. Трезвомыслящего человека такая
перемена не смущает.**

КОММЕНТАРИЙ: Каждое живое существо, воплотившееся в материальном теле, является индивидуальной душой, и его тело постоянно меняется: ребенок становится юношей, а юноша постепенно
превращается в старика. Однако сама душа при этом остается неизменной. После смерти тела индивидуальная душа меняет его на другое, и, поскольку в следующей жизни живое существо обязательно
получит новое тело — либо материальное, либо духовное, — Арджуна напрасно оплакивал неминуемую смерть Бхишмы и Дроны
и так сильно беспокоился о них. Напротив, он должен был радоваться тому, что они, оставив старые тела, получат новые — молодые и полные сил. Смена тел позволяет живому существу испытывать разнообразные радости и страдания, пожиная плоды своих
прошлых поступков. Такие благородные души, как Бхишма и Дрона, в следующей жизни обязательно получат духовные тела или, по
крайней мере, тела небожителей на райских планетах, где уровень
материальных наслаждений гораздо выше, чем на Земле. Так что
у Арджуны в любом случае не было причин для скорби.

Того, кто постиг природу индивидуальной души, Сверхдуши,
а также материального и духовного миров, называют *дхирой*, самым трезвомыслящим среди людей. Такого человека не может ввести в заблуждение непрекращающаяся смена тел.

Учение *майявади* о единственности вечной души несостоятель-
но, поскольку душу нельзя разделить на части. Подобное члене-
ние Всевышнего на индивидуальные души сделало бы Его делимым
и изменчивым, что противоречит принципу неизменности Высшей
Души. «Бхагавад-гита» подтверждает, что отделенные частицы Всевышнего существуют вечно (*санатана*) и называются *кшара,* что
указывает на возможность их падения в царство материи. Эти частицы вечно отделены от Всевышнего, и даже после освобождения
индивидуальная душа по-прежнему остается Его отделенной частицей. Однако, освободившись из материального плена, она обретает вечную жизнь, исполненную блаженства и знания, и получает
возможность общаться с Личностью Бога. Теория отражения при-
менима к Сверхдуше, которая присутствует в теле каждого живого
существа и известна как Параматма. Она отлична от индивидуальных живых существ. Когда небо отражается в воде, на ее поверхности видны солнце и луна, а также звезды. Звезды можно срав-

нить с живыми существами, а солнце или луну — с Верховным Господом. Индивидуальную душу, частицу Господа, представляет Арджуна, а Высшая Душа — это Шри Кришна, Личность Бога. Они занимают разное положение, о чем сказано в начале четвертой главы «Бхагавад-гиты». Если бы Арджуна находился на одном уровне с Кришной и Кришна не занимал более высокого положения, то их отношения учителя и ученика потеряли бы смысл. Если бы оба они находились во власти иллюзорной энергии, *майи*, то один из них не должен был бы становиться учителем, а другой — учеником. Наставления такого учителя оказались бы бесполезными, ибо того, кто находится в плену *майи*, нельзя считать авторитетным наставником. Все это доказывает, что Кришна является Верховным Господом и занимает главенствующее положение по отношению к обыкновенному живому существу — Арджуне, который олицетворяет собой забывчивую душу, околдованную *майей*.

ТЕКСТ 14 मात्रास्पर्शास्तु कौन्तेय शीतोष्णसुखदुःखदाः ।
आगमापायिनोऽनित्यास्तांस्तितिक्षस्व भारत ॥ १४ ॥

ма̄тра̄-спарш́а̄с ту каунтейа ш́ӣтошн̣а-сукха-дух̣кха-да̄х̣
а̄гама̄па̄йино 'нитйа̄с та̄м̇с титикшасва бха̄рата

ма̄тра̄-спарш́а̄х̣ — ощущения; *ту* — же; *каунтейа* — о сын Кунти; *ш́ӣта* — зима; *ушн̣а* — лето; *сукха* — счастье; *дух̣кха* — и страдание; *да̄х̣* — дающие; *а̄гама* — появляющиеся; *апа̄йинах̣* — исчезающие; *анитйа̄х̣* — преходящие; *та̄н* — их; *титикшасва* — терпеливо переноси; *бха̄рата* — о потомок Бхараты.

О сын Кунти, счастье и горе приходят и уходят, сменяя друг друга, как зима и лето. Они возникают от соприкосновения чувств с объектами восприятия, о потомок Бхараты, поэтому нужно научиться терпеливо переносить их, оставаясь невозмутимым.

КОММЕНТАРИЙ: Надлежащим образом исполняя свои обязанности, человек должен научиться терпеливо переносить временные проявления счастья и горя. Веды предписывают каждое утро омываться, даже в месяц *магха* (январь-февраль). Несмотря на то что в эту пору по утрам очень холодно, тот, кто чтит религиозные предписания, совершает омовения каждое утро. Подобным образом, хозяйка не прекращает готовить даже в мае и июне (самые жаркие в Индии месяцы). Исполнять свои обязанности нужно при любой погоде. Точно так же священный долг *кшатрия* — сражаться, и он должен исполнять его, даже если приходится сражаться с друзьями или родственниками. Каждый должен выполнять заповеди священных писаний, чтобы обрести совершенное знание, ибо, только обладая совершенным знанием и преданностью Господу, можно вырваться из когтей *майи* (иллюзии).

Обращаясь к Арджуне, Кришна не случайно называет его двумя разными именами. Имя Каунтея указывает на его благородное происхождение по материнской линии, а имя Бхарата подчеркивает, что и со стороны отца он принадлежит к великому роду. Таким образом, предки Арджуны с обеих сторон были великими людьми. Столь высокое родство обязывало Арджуну достойно исполнить свой долг, поэтому он не должен был уклоняться от сражения.

ТЕКСТ 15   यं हि न व्यथयन्त्येते पुरुषं पुरुषर्षभ ।
समदुःखसुखं धीरं सोऽमृतत्वाय कल्पते ॥ १५ ॥

*йам хи на вйатхайанти эте   пурушам пурушаршабха
сама-духкха-сукхам дхӣрам   со 'мртатвāйа калпате*

йам — которого; *хи* — безусловно; *на* — не; *вйатхайанти* — беспокоят; *эте* — эти; *пурушам* — человека; *пуруша-ршабха* — о лучший из людей; *сама* — одинакового; *духкха* — в горе; *сукхам* — и радости; *дхӣрам* — терпеливого; *сах* — он; *амртатвāйа* — освобождения; *калпате* — достоин.

О лучший из людей, тот, кого не выводят из равновесия радости и невзгоды, кто всегда остается спокойным и невозмутимым, воистину достоин освобождения.

КОММЕНТАРИЙ: Каждый, кто непоколебим в своей решимости достичь высшей ступени духовного самопознания и не теряет спокойствия ни в счастье, ни в горе, несомненно, достоин освобождения. Четвертая ступень в системе *варнашрамы* — *санньяса* (жизнь в отречении от мира) — сопряжена со многими трудностями и неудобствами. Однако тот, кто твердо решил достичь совершенства, обязательно примет *санньясу,* не пугаясь трудностей. Главные трудности связаны с необходимостью разорвать семейные узы, покинуть жену и детей. Но тот, кто преодолеет эти трудности, непременно достигнет цели духовного пути — осознает свою духовную природу. Подобно этому, Кришна советует Арджуне исполнять долг *кшатрия* и не отступать, несмотря на то, что сражаться с родными и близкими, разумеется, очень трудно. Господь Чайтанья принял *санньясу,* когда Ему было двадцать четыре года. В то время на Его попечении находились молодая жена и престарелая мать, о которых кроме Него никто не мог позаботиться. Однако ради высшей цели Господь Чайтанья принял *санньясу* и неукоснительно исполнял Свои новые, более высокие обязанности. Таков путь к освобождению от материального рабства.

ТЕКСТ 16 नासतो विद्यते भावो नाभावो विद्यते सतः ।
उभयोरपि दृष्टोऽन्तस्त्वनयोस्तत्त्वदर्शिभिः ॥ १६ ॥

*на̄сато видйате бха̄во на̄бха̄во видйате сатах̣
убхайор апи др̣шт̣о 'нтас тв анайос таттва-дарш́ибхих̣*

на — не; *асатах̣* — того, чего не существует; *видйате* — существует; *бха̄вах̣* — неизменность; *на* — не; *абха̄вах̣* — изменчивость; *видйате* — существует; *сатах̣* — вечного; *убхайох̣* — обоих; *апи* — поистине; *др̣шт̣ах̣* — наблюдаемо; *антах̣* — заключение; *ту* — же; *анайох̣* — их; *таттва* — истину; *дарш́ибхих̣* — теми, кто видит.

Мудрецы, узревшие истину, пришли к заключению о бренности несуществующего [материального тела] и о неизменности вечного [души]. Они сделали этот вывод, тщательно изучив природу того и другого.

КОММЕНТАРИЙ: Наше постоянно меняющееся тело не может существовать вечно. Современная медицина признает тот факт, что на клеточном уровне тело меняется каждое мгновение; это обусловливает процессы роста и старения. Но вечная душа, несмотря на все изменения, которые происходят с телом и умом, всегда остается неизменной. В этом разница между материей и духом. По своей природе тело изменчиво, а душа вечна. К такому выводу приходят все те, кому открылась истина, как имперсоналисты, так и персоналисты. В «Вишну-пуране» (2.12.38) сказано, что природа Вишну и Его обителей духовна и лучезарна *(джйотӣм̇ши вишн̣ур бхувана̄ни вишн̣ух̣)*. Понятие «существующий» относится исключительно к духу, а понятие «несуществующий» — к материи. Это утверждают все, кто видит истину.

Так начинаются наставления Господа, обращенные к обусловленным душам, введенным в заблуждение энергией невежества. Снять пелену невежества — значит восстановить вечные отношения между поклоняющимся и объектом поклонения, то есть понять разницу между Верховным Господом и Его частицами — живыми существами. Постичь природу Всевышнего можно, тщательно изучив самого себя: индивидуальное живое существо и Верховный Господь соотносятся между собой как часть и целое. В «Веданта-сутре», так же как и в «Шримад-Бхагаватам», Всевышнего называют первоисточником всего сущего. Все, что исходит от Него, принадлежит либо к высшей, либо к низшей природе. Из седьмой главы «Бхагавад-гиты» следует, что живые существа относятся к высшей энергии Всевышнего. Хотя источник энергии и сама энергия неотличны друг от друга, считается, что энергия всегда занимает подчиненное положение по отношению к ее источнику. Следовательно, живые существа всегда подчинены Верховному Господу, как слуга подчиняется хозяину, а ученик — учителю. Однако тот, кто находится во власти невежества, не в состоянии понять эти истины, и потому Господь рассказывает «Бхагавад-гиту», чтобы дать знания всем живым существам на все времена.

ТЕКСТ 17   अविनाशि तु तद्विद्धि येन सर्वमिदं ततम् ।
विनाशमव्ययस्यास्य न कश्चित्कर्तुमर्हति ॥ १७ ॥

*авинāши ту тад виддхи   йена сарвам идам̇ татам
винāшам авйайасйāсйа   на каиччит картум архати*

авинāши — неразрушимое; *ту* — но; *тат* — то; *виддхи* — знай же; *йена* — которым; *сарвам* — все (тело); *идам* — это; *татам* — пронизано; *винāшам* — уничтожение; *авйайасйа* — бессмертного; *асйа* — этого; *на каиччит* — никто не; *картум* — сделать; *архати* — может.

Знай же: то, чем пронизано материальное тело, неразрушимо. Никто не может уничтожить бессмертную душу.

КОММЕНТАРИЙ: Этот стих более подробно объясняет истинную природу души, пронизывающей все тело. Каждый из нас может понять, чем пронизано его тело, — оно пронизано сознанием. Всем телом или какой-то одной его частью каждый может испытывать боль или приятные ощущения. Сфера действия индивидуального сознания ограничена рамками данного тела. Боль и наслаждения, которые ощущает одно тело, неведомы другому. Это объясняется тем, что в каждом теле находится индивидуальная душа. Признаком ее присутствия является наличие в теле индивидуального сознания. В *шастрах* говорится, что по величине душа равна одной десятитысячной кончика волоса. В «Шветашватара-упанишад» (5.9) об этом сказано так:

бāлāгра-шата-бхāгасйа
шатадхā калпитасйа ча
бхāго джӣвах̇ са виджн̃ейах̇
са чāнантйāйа калпате

«Если кончик волоса разделить на сто частей, а затем каждую из них разделить еще на сто, размер одной такой части будет равен размеру вечной души». О том же самом говорится в другом стихе:

кешāгра-шата-бхāгасйа
шатāм̇шах̇ сāдрьшāтмаках̇
джӣвах̇ сӯкшма-сварӯпо 'йам
сан̇кхйāтӣто хи чит-кан̇ах̇

«Духовным частицам нет числа, и размеры каждой из них составляют одну десятитысячную кончика волоса».

Таким образом, индивидуальная душа представляет собой духовный атом, который меньше материального, и таким атомам нет числа. Эта крошечная духовная искра является движущей силой материального тела, и ее влияние распространяется на все тело, подобно тому как действие лекарственного препарата распространяется на весь организм. Влияние вечной души ощущается в каждой точке тела, — оно проявляется как сознание. Наличие сознания доказывает присутствие души в теле. Даже простой человек понимает, что тело, лишенное сознания, мертво. Если сознание покинуло тело, его нельзя вернуть, какие бы лекарства и вещества мы ни вводили в это тело. Следовательно, источником сознания является не комбинация материальных элементов, а вечная душа. В «Мундака-упанишад» (3.1.9) о размерах бесконечно малой души сказано следующее:

> эшо 'нур āтмā четасā ведитавйо
> йасмин прāнах панчадхā самвивеша
> прāнаиш читтам сарвам отам праджāнāм
> йасмин вишуддхе вибхаватй эша āтмā

«Размером индивидуальная душа не больше атома, и ощутить ее присутствие может только совершенный разум. Эта крошечная душа, которая парит в пяти воздушных потоках *(прана, апана, вьяна, самана* и *удана),* находится в сердце и распространяет свою власть на все тело живого существа. Когда душа очищается от оскверняющего влияния пяти материальных воздушных потоков, она полностью проявляет свою духовную природу».

Цель *хатха-йоги* состоит в том, чтобы с помощью различных физических упражнений научиться управлять пятью воздушными потоками, которые окружают чистую душу. Все это делается не ради какой-либо материальной выгоды, а для того, чтобы освободить крошечную душу из материального плена.

Таким образом, природа бесконечно малой души описана в Ведах, и ощутить ее присутствие может каждый здравомыслящий человек. Только безумец будет думать, что эта духовная искра является вездесущей *вишну-таттвой.*

Крошечная душа может распространять свое влияние на все тело живого существа. Согласно «Мундака-упанишад», душа находится в сердце каждого существа, но, поскольку ученые-материалисты не в состоянии обнаружить ее, некоторые из них по неразумию утверждают, что души не существует. Бесконечно малая индивидуальная душа, вне всякого сомнения, находится в сердце живого существа вместе со Сверхдушой, и потому именно сердце является источником энергии, приводящей тело в движение. Кровяные тельца, которые насыщаются кислородом в легких, получают энергию от души. Когда душа покидает тело, кровообращение останавливается. Медики признают важную роль, которую играют в организме кровяные тельца, но не могут установить, что источником этой энергии является душа. Однако они соглашаются с тем, что источник энергии в теле — сердце.

Крошечные частицы духовного целого иногда сравнивают с корпускулами солнечного света. Солнечный свет состоит из бесконечного количества сверкающих частиц. И точно так же отделенные частицы Верховного Господа — это крошечные искорки Его сияния *(прабха)*, представляющего собой высшую энергию Господа. Таким образом, ни последователи ведической философии, ни представители современной науки не имеют оснований отрицать существование души в теле. Наука о душе подробнейшим образом изложена в «Бхагавад-гите», где ее объясняет Сам Верховный Господь.

ТЕКСТ 18 अन्तवन्त इमे देहा नित्यस्योक्ताः शरीरिणः ।
अनाशिनोऽप्रमेयस्य तस्माद्युध्यस्व भारत ॥ १८ ॥

антаванта име деха   нитйасйоктах шарйринах
анашино 'прамейасйа   тасмад йудхйасва бхарата

анта-вантах — бренные; *име* — эти; *дехах* — материальные тела; *нитйасйа* — вечного; *уктах* — описанные; *шарйринах* — воплощенного (души); *анашинах* — неуничтожимого; *апрамейасйа* — неизмеримого; *тасмат* — поэтому; *йудхйасва* — сражайся; *бхарата* — о потомок Бхараты.

Материальное тело вечного, неуничтожимого и неизмеримого живого существа обречено на смерть. Поэтому сражайся, о потомок Бхараты!

КОММЕНТАРИЙ: Материальное тело по своей природе тленно. Оно может погибнуть сразу после рождения или через сто лет, но смерть его неизбежна. Это всего лишь вопрос времени. Тело не может существовать вечно. Однако душа в теле столь мала, что никакой враг не в силах даже увидеть ее, не говоря уже о том, чтобы убить. Как было сказано в предыдущем стихе, душа так мала, что никто не знает, как определить ее размеры. В любом случае причин для скорби нет, ибо само живое существо невозможно убить, а материальное тело нельзя сохранить навсегда, как нельзя и продлить отпущенный ему срок. Бесконечно малая частица духовного целого получает материальное тело сообразно своей деятельности в прошлом, поэтому каждый должен следовать заповедям религии. «Веданта-сутра» утверждает, что живое существо имеет природу света, поскольку оно является частицей высшего света. Подобно тому как свет солнца поддерживает жизнь во вселенной, свет, исходящий от души, поддерживает жизнь в материальном теле. Как только душа покидает тело, оно начинает разлагаться — стало быть, именно душа поддерживает жизнь в материальном теле. Само по себе тело лишено всякой ценности. Поэтому Кришна призывает Арджуну сражаться и не поступаться принципами религии во имя сохранения материальных отношений, основанных на телесных представлениях о жизни.

ТЕКСТ 19   य एनं वेत्ति हन्तारं यश्चैनं मन्यते हतम् ।
उभौ तौ न विजानीतो नायं हन्ति न हन्यते ॥ १९ ॥

йа энам ветти хантāрам   йаш чаинам манйате хатам
убхау тау на виджāнӣто   нāйам ханти на ханйате

йах — который; *энам* — этого; *ветти* — знает; *хантāрам* — убийцей; *йах* — который; *ча* — также; *энам* — этого; *манйате* — считает; *хатам* — убитого; *убхау* — оба; *тау* — они; *на* — не; *виджāнӣтах* — знают; *на* — не; *айам* — это; *ханти* — убивает; *на* — не; *ханйате* — убивается.

Тот, кто считает живое существо убийцей, так же как и тот, кто думает, что оно может быть убито, не обладает знанием, ибо душа не убивает и не может быть убита.

КОММЕНТАРИЙ: Когда материальное тело живого существа погибает, пораженное смертоносным оружием, душа, находящаяся в теле, продолжает существовать. Душа столь мала, что ее невозможно убить никаким материальным оружием, о чем мы узнаем из последующих стихов. Живое существо вообще нельзя убить, ибо оно духовно по природе. Убить можно только материальное тело. Однако это не означает, что Веды поощряют убийство. Ведические предписания гласят: *мā химсйāт сарва-бхӯтāни* — «Ни к одному живому существу нельзя применять насилие». Тот факт, что живое существо нельзя убить, отнюдь не оправдывает тех, кто убивает животных. Убийство любого тела, совершённое без дозволения свыше, является преступлением и карается по законам государства и законам Бога. Однако Арджуна должен был сражаться не ради удовлетворения собственных прихотей, а во имя религии.

ТЕКСТ 20   न जायते म्रियते वा कदाचि-
न्नायं भूत्वा भविता वा न भूयः ।

अजो नित्यः शाश्वतोऽयं पुराणो
न हन्यते हन्यमाने शरीरे ॥ २० ॥

*на джайате мрийате ва кадачин
найам бхутва бхавита ва на бхуйах
аджо нитйах шашвато 'йам пурано
на ханйате ханйамане шарире*

на — никогда не; *джайате* — рождается; *мрийате* — умирает; *ва* — либо; *кадачит* — когда-либо (в прошлом, настояшем или будущем); *на* — не; *айам* — этот; *бхутва* — возникнув; *бхавита* — возникнет; *ва* — или; *на* — не; *бхуйах* — снова; *аджах* — нерожденный; *нитйах* — вечный; *шашватах* — непрерывно существующий; *айам* — этот; *пуранах* — старейший; *на* — не; *ханйате* — убита; *ханйамане* — когда убито; *шарире* — тело.

Душа не рождается и не умирает. Она никогда не возникала, не возникает и не возникнет. Она нерожденная, вечная, всегда существующая и изначальная. Она не гибнет, когда погибает тело.

КОММЕНТАРИЙ: По своим качествам бесконечно малая отделенная частица Высшего Духа неотлична от Всевышнего. Она не подвержена тем изменениям, через которые проходит материальное тело. Иногда душу называют неподвижной *(кута-стха)*. Тело проходит через шесть видов изменений: оно появляется на свет из чрева матери, некоторое время существует, растет, производит себе подобных, постепенно увядает и, наконец, уходит в небытие. Однако душа не подвержена изменениям. Душу называют нерожденной, но, поскольку она находится в материальном теле, кажется, будто она рождается вместе с телом. На самом деле душа, находящаяся в теле, не рождается и не умирает. Все рожденное обречено на смерть. Но поскольку душа не рождается, для нее нет прошлого, настоящего и будущего. Она вечная, всегда существующая и изначальная. Иными словами, невозможно установить время ее появления на свет. Мы пытаемся определить, когда душа появилась на свет, только потому, что распространяем на нее телесные представления. В отличие от тела, душа никогда не стареет. Вот почему так называемые старики иногда ощущают себя детьми или юношами. Изменения, происходящие с телом, не затрагивают душу. Душа никогда не увядает, как это происходит с деревом или любым другим материальным предметом. Она также не производит на свет побочные продукты. Порождения нашего тела, наши дети, являются самостоятельными индивидуальными душами, и мы считаем их своими детьми только потому, что они связаны с нашим телом. Тело развивается благодаря присутствию души, но сама душа никого не производит на свет и не претерпевает никаких изменений. Таким образом, душа не подвержена шести видам изменений, через которые проходит тело.

В «Катха-упанишад» (1.2.18) есть похожий стих:

> *на джа̄йате мрийате ва̄ випаш́чин*
> *на̄йам̇ кута̄ш́чин на бабхӯва каш́чит*
> *аджо нитйах̣ ш́а̄ш́вато 'йам̇ пура̄н̣о*
> *на ханйате ханйама̄не ш́арӣре*

Смысл и значение этого стиха совпадает со смыслом данного стиха «Бхагавад-гиты», однако в нем употреблено одно интересное слово *випаш́чит*, что значит «ученая» или «обладающая знанием».

Душа исполнена знания, иначе говоря, она всегда обладает сознанием. Сознание — неотъемлемое свойство души. Даже если нам не удастся обнаружить душу там, где она находится, — в сердце, мы все равно можем установить ее присутствие по наличию сознания. Иногда мы не видим солнца, потому что небо затянуто облаками или по какой-то другой причине. Однако разлитый повсюду солнечный свет свидетельствует о том, что сейчас день. Когда ранним утром небо светлеет, мы тотчас понимаем, что солнце восходит. Аналогичным образом, сознание, которое присутствует в каждом теле — и в теле человека, и в теле животного, — указывает на то, что в нем находится душа. Однако сознание индивидуальной души отлично от сознания Всевышнего, ибо Его сознание всеобъемлюще. Господь знает все, что происходило в прошлом, происходит сейчас и произойдет в будущем. Индивидуальной душе присуща забывчивость. Когда душа забывает о своей истинной природе, она может получить знание, внимая наставлениям Кришны. Но Самого Кришну никак нельзя сравнить с забывчивой душой. В противном случае Его наставления в «Бхагавад-гите» не имели бы никакого смысла.

Есть два типа души — крошечная индивидуальная душа *(ануатма)* и Сверхдуша *(вибху-атма)*. Это подтверждает «Катха-упанишад» (1.2.20):

> *ан̣ор ан̣ӣйа̄н махато махӣйа̄н*
> *а̄тма̄сйа джантор нихито гуха̄йа̄м*
> *там акратух̣ паш́йати вӣта-ш́око*
> *дха̄тух̣ праса̄да̄н махима̄нам а̄тманах̣*

«Сверхдуша [Параматма] и индивидуальная душа [дживатма] сидят на одном дереве тела, в сердце живого существа, но только тот, кто избавился от всех материальных желаний и скорби, может по милости Всевышнего постичь величие души». Как мы узнаем из последующих глав, Кришна является источником Сверхдуши, а Арджуна относится к категории забывчивых индивидуальных душ и потому нуждается в наставлениях Кришны или Его истинного представителя, духовного учителя.

ТЕКСТ 21   वेदाविनाशिनं नित्यं य एनमजमव्ययम् ।
कथं स पुरुषः पार्थ कं घातयति हन्ति कम् ॥ २१ ॥

*ведāвинāшинам нитйам   йа энам аджам авйайам
катхам са пурушах пāртха   кам гхāтайати ханти кам*

веда — знает; *авинāшинам* — неразрушимого; *нитйам* — существующего вечно; *йах* — который; *энам* — этого (душу); *аджам* — нерожденного; *авйайам* — неизменного; *катхам* — как; *сах* — тот; *пурушах* — человек; *пāртха* — о Партха (Арджуна); *кам* — кому; *гхāтайати* — причиняет боль; *ханти* — убивает; *кам* — кого.

О Партха, как человек, знающий, что душа неразрушима и вечна, что она нерожденная и неизменная, может убить кого-либо или заставить убивать?

КОММЕНТАРИЙ: Все имеет свое предназначение, и человек, обладающий совершенным знанием, знает, как и где можно что-либо применять. Насилие тоже имеет свое предназначение, но правильно применять его может только тот, кто обладает знанием. Например, судью, который приговорил к смертной казни человека, виновного в убийстве, нельзя порицать за это, ибо он санкционировал применение насилия в соответствии с законом. В «Ману-самхите», которая является сводом законов для человечества, сказано, что убийца должен быть приговорен к смертной казни, чтобы в следующей жизни ему не пришлось страдать за этот тяжкий грех. Поэтому, когда царь казнит убийцу, он делает это ради его же блага. Точно так же, когда Кришна приказывает сражаться, это значит, что насилие необходимо для торжества высшей справедливости. Поэтому Арджуна должен был исполнить Его приказ, памятуя о том, что насилие, совершаемое тем, кто сражается ради Кришны, не является насилием, ибо человека, или, вернее, душу, невозможно убить. Таким образом, во имя справедливости порой приходится применять так называемое насилие. Хирург оперирует больного не для того, чтобы убить его, а для того, чтобы вылечить. Так и Арджуна, выполнив указание Кришны и вступив в бой, поступит как человек, обладающий совершенным знанием, и его поступки не навлекут на него греха.

ТЕКСТ 22   वासांसि जीर्णानि यथा विहाय
नवानि गृह्णाति नरोऽपराणि ।

तथा शरीराणि विहाय जीर्णा-
न्यन्यानि संयाति नवानि देही ॥ २२ ॥

вāсāм̇си джӣрн̣āни йатхā вихāйа
навāни гр̣хн̣āти наро 'парāн̣и
татхā ш́арӣрāн̣и вихāйа джӣрн̣āнй
анйāни сам̇йāти навāни дехӣ

вāсāм̇си — одежды; *джӣрн̣āни* — старые и ветхие; *йатхā* — как; *вихāйа* — сбросив; *навāни* — новые (одежды); *гр̣хн̣āти* — принимает; *нарах̣* — человек; *апарāн̣и* — другие; *татхā* — так и; *ш́арӣрā-н̣и* — тела; *вихāйа* — оставив; *джӣрн̣āни* — старые и бесполезные; *анйāни* — другие; *сам̇йāти* — принимает; *навāни* — новые; *дехӣ* — воплощенный в теле (душа).

Как человек, снимая старые одежды, надевает новые, так и ду-ша входит в новые материальные тела, оставляя старые и беспо-лезные.

КОММЕНТАРИЙ: То, что бесконечно малая индивидуальная ду-ша постоянно меняет тела, — признанный факт. Даже современ-ные ученые, которые не верят в существование души, но вместе с тем не могут объяснить, откуда сердце берет свою энергию, вынуждены признать, что наше тело постоянно меняется: ре-бенок превращается в юношу, юноша — во взрослого человека, взрослый человек — в старика. Затем живое существо переходит в новое тело. Об этом уже шла речь в одном из предыдущих сти-хов (2.13).

Переход крошечной индивидуальной души в новое тело становит-ся возможным по милости Сверхдуши. Сверхдуша исполняет же-лания индивидуальной души, подобно тому как один друг испол-няет желания другого. В Ведах, например в «Мундака-упанишад» и «Шветашватара-упанишад», душу и Сверхдушу сравнивают с дву-мя птицами, сидящими на одном дереве. Одна из них (индивидуаль-ная душа) поедает плоды этого дерева, а другая (Кришна) наблюда-ет за действиями своего друга. Хотя эти две птицы в качественном отношении подобны друг другу, одна из них полностью поглощена вкушением плодов материального древа, а другая просто наблю-дает за ее действиями. Кришна — это птица-свидетель, а Арджу-на — птица, которая поедает плоды материального древа. Хотя они друзья, одна из них всегда остается господином, а другая — слугой. Когда бесконечно малая душа забывает об этих отношениях, она вынуждена постоянно менять свое положение, перелетая с одного дерева на другое, то есть переселяясь из тела в тело. Пока *джива* сидит на дереве материального тела, она вовлечена в тяжелую борьбу за существование, но, как только она согласится признать вторую птицу своим духовным учителем, как это сделал Арджуна, который предался Кришне и обратился к Нему за наставлениями, птица-слуга тотчас избавится от скорби и страданий. Это описано в «Мундака-упанишад» (3.12) и «Шветашватара-упанишад» (4.7):

> *самāне вркше пурушо нимагно*
> *'нӣшайā шочати мухйамāнах*
> *джуштам̇ йадā пашйатй анйам ӣшам*
> *асйа махимāнам ити вӣта-шоках*

«Хотя обе птицы сидят на ветвях одного и того же дерева, одна из них пребывает в постоянной тоске и тревоге, ибо пытается насладиться его плодами. Но если по той или иной причине страждущая душа обратит взор на своего друга, Верховного Господа, и осозна́ет Его величие, она тут же освободится от всех тревог и беспокойств». Сейчас Арджуна обратил взор на своего вечного друга, Кришну, и внимает Господу, который рассказывает ему «Бхагавад-гиту». Так он сможет осознать величие Господа и перестанет скорбеть.

В этом стихе Господь советует Арджуне не сокрушаться о том, что его деду и учителю предстоит сменить тело. Напротив, Арджуна должен радоваться тому, что он убьет их тела в справедливом бою и они сразу избавятся от всех последствий телесной деятельности. Тот, кто погибает в справедливом бою, тотчас освобождается от всех грехов и достигает более высокого положения, подобно существу, убитому на жертвенном алтаре. Таким образом, у Арджуны не было причин для скорби.

ТЕКСТ 23 नैनं छिन्दन्ति शस्त्राणि नैनं दहति पावकः ।
न चैनं क्लेदयन्त्यापो न शोषयति मारुतः ॥ २३ ॥

> *наинам чхинданти шастрāни   наинам дахати пāваках*
> *на чаинам кледайантӣ āпо   на шошайати мāрутах*

на — не; *энам* — этого (душу); *чхинданти* — рассекают; *шастрāни* — (разные виды) оружия; *на* — не; *энам* — этого (душу); *дахати* — сжигает; *пāваках* — огонь; *на* — не; *ча* — также; *энам* — этого (душу); *кледайанти* — мочит; *āпах* — вода; *на* — не; *шошайати* — высушивает; *мāрутах* — ветер.

Душу нельзя рассечь никаким оружием, сжечь огнем, намочить водой или иссушить ветром.

КОММЕНТАРИЙ: Никакое оружие, будь то меч или оружие, использующее энергию огня, ливня, смерча и т.д., не может уничтожить вечную душу. Очевидно, что в былые времена, помимо огнестрельного оружия, известного современным людям, существовало много других видов оружия: из земли, воды, воздуха, эфира и т. д. Ядерное оружие, которым владеют современные люди, тоже использует энергию огня. Однако в прошлые века были в ходу и другие виды оружия, состоящие из различных материальных элементов. Оружию, использующему энергию огня, можно было противостоять водным оружием, которое не известно современной науке. Нынешние ученые не знают и об оружии, основанном на силе смерча. Но, как бы то ни было, душу нельзя рассечь или уничтожить никаким, даже самым могущественным видом оружия.

Философы-*майявади* утверждают, что индивидуальная душа обрела существование, когда, попав под влияние невежества, оказалась под покровом иллюзорной энергии. Однако они не могут объяснить, как такое возможно, ведь индивидуальные души нельзя отсечь от изначальной Высшей Души. Значит, они вечно отделенные частицы Высшей Души. Поскольку крошечные души вечно сохраняют свою индивидуальность, они склонны попадать под влияние иллюзорной энергии, лишаясь таким образом возможности общаться с Верховным Господом. Так искры пламени, которые качественно неотличны от огня, гаснут, вылетая из костра. В «Вараха-пуране» о живых существах говорится как об отделенных частицах Всевышнего, и, согласно «Бхагавад-гите», они остаются таковыми вечно. Таким образом, даже освободившись из плена иллюзии, живое существо сохраняет свою индивидуальность, как явствует из наставлений, которые Господь дал Арджуне. Знание, полученное от Кришны, помогло Арджуне обрести освобождение, но это вовсе не означает, что он стал Кришной.

ТЕКСТ 24   अच्छेद्योऽयमदाह्योऽयमक्लेद्योऽशोष्य एव च ।
                 नित्यः सर्वगतः स्थाणुरचलोऽयं सनातनः ॥ २४ ॥

*аччхедйо 'йам адāхйо 'йам   акледйо 'йошйа эва ча
нитйах̣ сарва-гатах̣ стхāнур   ачало 'йам санāтанах̣*

аччхедйах̣ — неразрубаемый; *айам* — этот (душа); *адāхйах̣* — несгораемый; *айам* — этот (душа); *акледйах̣* — несмачиваемый; *айошйах̣* — неиссушаемый; *эва* — безусловно; *ча* — и; *нитйах̣* — вечный; *сарва-гатах̣* — вездесущий; *стхāнух̣* — неизменный; *ачалах̣* — неподвижный; *айам* — этот (душа); *санāтанах̣* — вечно одинаковый.

Эту индивидуальную душу нельзя разбить на куски, растворить, сжечь или иссушить. Неизменная, неподвижная и вечная, она пребывает повсюду и всегда сохраняет свои свойства.

КОММЕНТАРИЙ: Все перечисленные характеристики индивидуальной души служат неоспоримым доказательством того, что она
всегда остается бесконечно малой частицей духовного целого и никогда не меняет своего положения. Это опровергает теорию монизма, так как из данного стиха следует, что индивидуальная душа
не может слиться воедино с Высшей Душой. Очистившись от материальной скверны и обретя освобождение, индивидуальная душа
может предпочесть остаться духовной искрой в сиянии Верховного
Господа, однако разумные души поднимаются на духовные планеты, где вступают в общение с Личностью Бога.

В этом стихе примечательно слово *сарва-гата* («вездесущая»).
Живые существа, вне всякого сомнения, находятся в каждом уголке творения Бога: они живут на суше, в воде, воздухе, под землей и даже в огне. С утверждением о том, что огонь уничтожает
живые существа, нельзя согласиться, ибо здесь ясно сказано, что
душа не горит в огне. Поэтому несомненно, что живые существа
в телах, приспособленных к жизни в огне, обитают и на Солнце.
Если бы Солнце было необитаемым, слово *сарва-гата,* «живущая
повсюду», утратило бы смысл.

ТЕКСТ 25 अव्यक्तोऽयमचिन्त्योऽयमविकार्योऽयमुच्यते ।
तस्मादेवं विदित्वैनं नानुशोचितुमर्हसि ॥ २५ ॥

авйакто 'йам ачинтйо 'йам   авикāрйо 'йам учйате
тасмāд эвам видитваинам   нāнушочитум архаси

авйактах — невидимый; *айам* — этот (душа); *ачинтйах* — непо-
стижимый; *айам* — этот (душа); *авикāрйах* — неизменный; *айам* —
этот (душа); *учйате* — говорится; *тасмāт* — поэтому; *эвам* — это;
видитвā — зная; *энам* — об этом (о душе); *на* — не; *анушочитум* —
скорбеть; *архаси* — заслуживаешь.

**Душа невидима, непостижима и неизменна. Зная это, ты не дол-
жен скорбеть о теле.**

КОММЕНТАРИЙ: Как уже говорилось, размеры души настолько
малы, что ее невозможно увидеть даже в самый мощный микро-
скоп, поэтому душу называет невидимой. Что же касается самого
факта существования души, то его нельзя установить экспериментально, и единственным доказательством ее существования являются *шрути,* ведические писания. Мы должны принять их слова
на веру, ибо другого источника знания о существовании души у нас
нет, хотя мы и можем ощутить ее присутствие. На свете есть очень
много истин, которые нам приходится принимать на веру, просто
доверяя авторитету того, кто их утверждает. Так, никто из нас не

станет отрицать факт существования своего отца. Мы не сомневаемся в том, кто наш отец, хотя единственным доказательством этого являются слова нашей матери. И точно так же единственным источником знания о душе являются Веды. Иными словами, люди не могут постичь душу экспериментальными методами. Душа обладает сознанием, и она само сознание: об этом также сказано в Ведах, и мы должны принять эту истину. В отличие от тела, душа не претерпевает никаких изменений. Будучи вечно неизменной, душа всегда остается бесконечно малой по сравнению с беспредельной Высшей Душой. Высшая Душа беспредельна, а индивидуальная душа бесконечно мала. Поэтому крошечная индивидуальная душа никогда не сравняется с бесконечной Высшей Душой. Эта мысль в различных вариантах неоднократно повторяется только для того, чтобы подтвердить неизменность понятия о душе. Всякую мысль необходимо несколько раз повторить, чтобы как следует усвоить ее и избежать ошибок.

ТЕКСТ 26   अथ चैनं नित्यजातं नित्यं वा मन्यसे मृतम् ।
              तथापि त्वं महाबाहो नैनं शोचितुमर्हसि ॥ २६ ॥

атха чаинам нитйа-джатам   нитйам ва манйасе мртам
татхапи твам маха-бахо   наинам йочитум архаси

атха — если же; *ча* — также; *энам* — этот (душа); *нитйа-джатам* — постоянно рождающийся; *нитйам* — вечно; *ва* — или; *манйасе* — думаешь; *мртам* — мертвый; *татха апи* — но тогда ведь; *твам* — ты; *маха-бахо* — о могучерукий; *на* — не; *энам* — об этом (о душе); *йочитум* — сокрушаться; *архаси* — заслуживаешь.

Но даже если ты думаешь, что душа [или признаки жизни] постоянно рождается и навеки умирает, у тебя все равно нет причин для скорби, о могучерукий Арджуна.

КОММЕНТАРИЙ: Всегда находятся философы, которые, подобно буддистам, не верят в то, что душа может существовать самостоятельно, отдельно от тела. Такие философы существовали и в те времена, когда Господь Кришна поведал «Бхагавад-гиту». Тогда их называли *локаятиками* и *вайбхашиками.* Они утверждали, будто жизнь возникает из соединения материальных элементов на определенном этапе их эволюции. Эту точку зрения разделяют многие современные ученые и философы-материалисты. Они считают, что тело является сочетанием физических элементов и на определенном этапе развития, в результате взаимодействия физических и химических элементов, в нем возникают признаки жизни. Подобные представления составляют философскую основу такого учения, как теория эволюции. В наши дни эту философию активно используют многие псевдорелигиозные группы, которые особенно популярны в Америке, а также нигилистические буддийские секты, проповедующие атеизм.

Даже если бы Арджуна, подобно приверженцам философии *вайбхашика*, не верил в существование души, у него все равно не было бы причин для скорби. Какой смысл горевать об исчезновении каких-то химических веществ и из-за этого отказываться от исполнения своего долга? Современная наука и армия, чтобы добиться военного превосходства, расходуют тонны химических веществ. Согласно философии *вайбхашика*, душа, или *атма*, погибает вместе со смертью материального тела. Таким образом, независимо от того, придерживался ли Арджуна точки зрения Вед и признавал существование души или не верил в это, у него не было причин для скорби. Философия *вайбхашика* утверждает, что материя ежесекундно производит на свет великое множество живых существ и каждую секунду ровно столько же их погибает, поэтому нет смысла жалеть их и сокрушаться. Если душа никогда не родится вновь, Арджуне не нужно бояться, что, убив своих родственников, он будет страдать за этот грех. Вместе с тем Кришна язвительно называет Арджуну *маха-баху*, могучеруким, ибо Сам Кришна не признает философию *вайбхашика*, которая противоречит учению Вед. Будучи *кшатрием*, Арджуна принадлежал к ведической культуре, поэтому ему надлежало оставаться верным ее традициям.

ТЕКСТ 27   जातस्य हि ध्रुवो मृत्युर्ध्रुवं जन्म मृतस्य च ।
तस्मादपरिहार्येऽर्थे न त्वं शोचितुमर्हसि ॥ २७ ॥

*джатасйа хи дхруво мртйур   дхрувам джанма мртасйа ча
тасмад апарихарйе 'ртхе   на твам шочитум архаси*

джатасйа — родившегося на свет; *хи* — ведь; *дхрувах* — очевидна; *мртйух* — смерть; *дхрувам* — очевидно; *джанма* — рождение; *мртасйа* — мертвого; *ча* — также; *тасмат* — поэтому; *апарихарйе* — неизбежного; *артхе* — ради; *на* — не; *твам* — ты; *шочитум* — скорбеть; *архаси* — заслуживаешь.

Тот, кто родился, непременно умрет, а после смерти снова появится на свет. Это неизбежно, поэтому, исполняя свой долг, ты не должен предаваться скорби.

КОММЕНТАРИЙ: Деятельность живого существа определяет условия, в которых оно окажется в следующей жизни. Завершив очередной этап деятельности, оно встречает смерть, чтобы затем опять родиться и начать новый этап своей деятельности. Так живое существо вращается в круговороте рождения и смерти и не может из него вырваться. Сам факт существования круговорота рождения и смерти не является оправданием войн и бессмысленного убийства людей и животных. Но вместе с тем насилие и войны неизбежны в человеческом обществе, так как без них невозможно поддерживать законность и порядок.

Поскольку битва на Курукшетре должна была произойти по воле Господа, избежать ее было невозможно, а сражаться за правое дело — долг каждого *кшатрия*. Зачем Арджуне бояться смерти родственников или оплакивать их, если он исполняет свой долг? Участвуя в битве, он не нарушит закона и не совершит греха, последствий которого он так сильно боялся. В то же время, даже уклонившись от исполнения долга, он все равно не сможет предотвратить смерть своих родственников, а выбор неверного пути приведет его к падению.

ТЕКСТ 28 अव्यक्तादीनि भूतानि व्यक्तमध्यानि भारत ।
अव्यक्तनिधनान्येव तत्र का परिदेवना ॥ २८ ॥

*авйактāдӣни бхӯтāни   вйакта-мадхйāни бхāрата
авйакта-нидханāнй эва   татра кā паридеванā*

авйакта-āдӣни — вначале не проявлены; *бхӯтāни* — сотворены; *вйакта* — проявлены; *мадхйāни* — в середине; *бхāрата* — о потомок Бхараты; *авйакта* — не проявлены; *нидханāни* — в период уничтожения; *эва* — ведь; *татра* — тогда; *кā* — к чему; *паридеванā* — скорбь.

Вначале все сотворенные существа находятся в непроявленном состоянии. На промежуточном этапе творения они проявляются, а после уничтожения вселенной вновь переходят в непроявленное состояние. Так стоит ли оплакивать их?

КОММЕНТАРИЙ: Даже учитывая, что есть две философские концепции, приверженцы одной из которых верят в существование души, а другой — нет, следует признать, что ни у тех, ни у других нет причин для скорби. Тех, кто не верит в существование души, последователи ведической философии называют атеистами. Но даже если чисто теоретически мы примем точку зрения атеистов, нам все равно не о чем будет скорбеть. Тому, кто не принимает во внимание факт самостоятельного существования души, следует помнить, что до начала творения все материальные элементы находятся в непроявленном состоянии. Затем из тонкого, непроявленного состояния они переходят в проявленное состояние, от тонкого к грубому: из эфира появляется воздух, из воздуха — огонь, из огня — вода, а из воды — земля. Земля — источник огромного многообразия материальных проявлений. Возьмем, к примеру, небоскреб — он состоит из земли. Когда он разрушается, составляющие его компоненты переходят из проявленного состояния в непроявленное и в конечном счете распадаются на атомы. Закон сохранения энергии всегда действует, но с течением времени материальные объекты то проявляются, то вновь переходят в непроявленное состояние. Стало быть, нет смысла скорбеть ни о том, что проявлено и существует сейчас, ни о том, что перестало существовать. Даже находясь в непроявленном состоянии, материальные элементы никуда не исчезают. Вначале и в конце они находятся в непроявленном состоянии и проявляются только на промежуточной стадии, что, по сути, нисколько не меняет положения дел.

Если же принять точку зрения Вед и «Бхагавад-гиты», согласно которой с течением времени погибают только материальные тела *(антаванта име дехāх)*, тогда как душа существует вечно *(нитйасйоктāх ŝарӣрuнах)*, то необходимо всегда помнить о том, что наше тело подобно одежде. Так стоит ли печалиться, меняя старую одежду на новую? В сравнении с вечной душой материальное тело предстает чем-то нереальным. Его существование подобно сну. Во сне мы видим себя летящими по небу или восседающими на царской колеснице, но, просыпаясь, обнаруживаем, что мы не в небе и не на колеснице. Давая понять, что материальное тело иллюзорно, Веды побуждают людей стремиться к осознанию своей духовной природы. Итак, независимо от того, верим мы в существование души или нет, у нас нет никаких причин оплакивать смерть тела.

ТЕКСТ 29   आश्चर्यवत्पश्यति कश्चिदेन-
माश्चर्यवद्वदति तथैव चान्यः ।
आश्चर्यवच्चैनमन्यः शृणोति
श्रुत्वाप्येनं वेद न चैव कश्चित् ॥ २९ ॥

*āŝчарйа-ват паŝйати каŝчид энам
āŝчарйа-вад вадати татхаива чāнйах
āŝчарйа-вач чаинам анйах ŝрuноти
ŝрuтвāпй энам веда на чаива каŝчит*

āŝчарйа-ват — как на чудо; *паŝйати* — смотрит; *каŝчит* — один; *энам* — на него (душу); *āŝчарйа-ват* — как о чуде; *вадати* — говорит; *татхā* — таким образом; *эва* — безусловно; *ча* — также; *анйах* — другой; *āŝчарйа-ват* — как о чуде; *ча* — также; *энам* — о нем (душе); *анйах* — другой; *ŝрuноти* — слышит; *ŝрuтвā* — услышав; *апи* — даже; *энам* — его (душу); *веда* — знает; *на* — не; *ча* — и; *эва* — безусловно; *кайчит* — другой.

Одни смотрят на душу как на чудо, другие говорят о ней как о чуде, третьи слышат, что она подобна чуду, а есть и такие, кто, даже услышав о душе, не могут постичь ее.

КОММЕНТАРИЙ: «Гитопанишад» основана главным образом на философии Упанишад, поэтому не удивительно, что похожий стих есть в «Катха-упанишад» (1.2.7):

> *ӣраванайа̄пи бахубхир йо на лабхйах*
> *ӣрн̣ванто 'пи бахаво йам на видйух*
> *а̄ӣчарйо вакта̄ кушало 'сйа лабдха̄*
> *а̄ӣчарйо 'сйа джн̃а̄та̄ кушала̄нуӣишт̣ах*

Тот факт, что бесконечно малая душа может находиться как в теле огромного животного или могучего баньянового дерева, так и в теле микроба, миллионы которых умещаются на пространстве не более булавочной головки, безусловно, представляется нам чудом. Люди со скудным запасом знаний, а также те, кто предается мирским удовольствиям, не способны проникнуть в тайну крошечной духовной искры, даже когда о ней рассказывает величайший знаток Вед, который учил самого Брахму, первое живое существо во вселенной. Руководствуясь материальными представлениями о мире, большинство людей, живущих в наше время, не способны даже представить себе, каким образом такая маленькая частица может принимать и огромные, и совсем крошечные формы. Поэтому, видя проявления природы души или слыша ее описания, люди лишь удивляются. Введенные в заблуждение материальной энергией, они до такой степени поглощены чувственными наслаждениями, что у них не хватает времени на познание своего истинного «я», хотя очевидно, что, не познав себя, человек, какой бы деятельностью он ни занимался, в конце концов потерпит поражение в тяжелой и изнурительной борьбе за существование. Им, вероятно, даже и в голову не приходит, что предназначение человека — вспомнить о душе и тем самым положить конец своим страданиям в материальном мире.

Некоторые из тех, кто стремится узнать о душе, посещают лекции на духовные темы и ищут общества духовных людей, но иногда по невежеству попадают под влияние ложных представлений о том, что Сверхдуша и индивидуальная душа тождественны друг другу. В наше время очень трудно найти человека, который обладал бы совершенным знанием о положении души и Сверхдуши, об их природе, взаимоотношениях и т.д. А еще труднее найти того, кто в полной мере воспользовался преимуществами этого знания и способен всесторонне описать положение души. Но если так или иначе человеку удастся постичь природу души, цель его жизни будет достигнута.

Самый простой способ постижения науки о душе — это принять наставления «Бхагавад-гиты», которую поведал величайший духовный учитель, Господь Шри Кришна, и ни на йоту не отклоняться от них. Для этого необходимо, чтобы человек либо в этой, либо в прошлой жизни совершил множество аскетических подвигов и жертвоприношений, — это поможет ему признать Кришну Верховной Личностью Бога. Однако по-настоящему постичь Кришну можно только по беспричинной милости Его чистого преданного, и никак иначе.

ТЕКСТ 30 देही नित्यमवध्योऽयं देहे सर्वस्य भारत ।
तस्मात्सर्वाणि भूतानि न त्वं शोचितुमर्हसि ॥ ३० ॥

*дехӣ нитйам авадхйо 'йам   дехе сарвасйа бхārата
тасмāт сарвāṇи бхӯтāни   на твам ш́очитум архаси*

дехӣ — владелец материального тела; *нитйам* — вечно; *авадхйах* — тот, кого нельзя убить; *айам* — этот (душа); *дехе* — в теле; *сарвасйа* — каждого; *бхārата* — о потомок Бхараты; *тасмāт* — поэтому; *сарвāṇи* — все; *бхӯтāни* — живые существа (которые появились на свет); *на* — не; *твам* — ты; *ш́очитум* — оплакивать; *архаси* — заслуживаешь.

О потомок Бхараты, того, кто пребывает в теле, невозможно уничтожить. Поэтому ты не должен скорбеть ни об одном живом существе.

КОММЕНТАРИЙ: Здесь Господь Кришна подводит итог Своим наставлениям о природе неизменной, вечной души. Описав различные качества бессмертной души, Господь заключил, что душа вечна, а тело бренно. Поэтому Арджуна, будучи *кшатрием,* не должен отказываться от исполнения своего долга, боясь того, что его дед Бхишма и учитель Дрона погибнут в сражении. Полагаясь на авторитет Шри Кришны, мы должны поверить в существование души, отличной от материального тела, и отказаться от представлений о том, что души не существует и что признаки жизни появляются на определенной стадии развития материи в результате взаимодействия химических элементов.

Бессмертие души не является оправданием насилия, однако во время войны насилие допустимо, если необходимость в нем действительно существует. Насилие можно применять только с дозволения Господа, а не по собственной прихоти.

ТЕКСТ 31 स्वधर्ममपि चावेक्ष्य न विकम्पितुमर्हसि ।
धर्म्याद्धि युद्धाच्छ्रेयोऽन्यत्क्षत्रियस्य न विद्यते ॥ ३१ ॥

*сва-дхармам апи чāвекшйа   на викампитум архаси
дхармйāд дхи йуддхāч чхрейо 'нйат   кшатрийасйа на видйате*

сва-дхармам — свой религиозный долг; *апи* — поистине; *ча* — также; *авекшйа* — приняв во внимание; *на* — не; *викампитум* — колебаться; *архаси* — можешь; *дхармйāт* — во имя законов религии; *хи* — ведь; *йуддхāт* — сражения; *йрейах* — лучшее (занятие); *анйат* — другое; *кшатрийасйа* — кшатрия; *на* — не; *видйате* — существует.

Что же касается твоего долга, то знай, что для тебя как для *кшатрия* нет лучшего занятия, чем сражаться за устои религии. Стало быть, у тебя нет причин для колебаний.

КОММЕНТАРИЙ: В системе четырех сословий представителей второго сословия, которые призваны править государством на основе законов религии, называют *кшатриями. Кшат* значит «вред». Человека, который защищает других от тех, кто причиняет им вред, называют *кшатрием* (*трāйате* значит «защищать»). *Кшатрии* упражнялись в военном искусстве, охотясь в лесу. Обычно *кшатрий* отправлялся в лес, находил тигра и, вооруженный мечом, сражался с ним один на один. Когда тигр испускал дух, его возлагали на погребальный костер и с царскими почестями кремировали. Цари-*кшатрии* Джайпура и по сей день следуют этому обычаю. *Кшатрия* специально учили тому, как вызывать противника на бой и сражаться насмерть, ибо в некоторых случаях по законам религии необходимо прибегать к насилию. Поэтому *кшатрии* не должны принимать *санньясу* и отрекаться от мира. Ненасилие в политике допустимо как дипломатический ход, но его нельзя возводить в принцип. В своде религиозных законов говорится:

*āхавешу митхо 'нйонйам
джигхāмсанто махӣ-кшитах
йуддхамāнāх парам йактйā
сваргам йāнти апарāн-мукхāх*

*йаджн̃ешу пайаво брахман
ханйанте сататам двиджаих
самскр̣тāх кила мантраий ча
те 'пи сваргам авāпнуван*

«Царь-*кшатрий*, погибший на поле боя во время поединка с другим царем, своим соперником, попадает в рай. Туда же после смерти попадают и *брахманы,* которые совершают жертвоприношения, принося на жертвенный огонь животных». Таким образом, тот, кто убивает врага на поле боя в соответствии с религиозными предписаниями или сжигает животных на жертвенном огне, не совершает насилия, ибо эти поступки соответствуют законам религии и несут благо каждому. Животное, принесенное в жертву, сразу после смерти получает человеческое тело, не проходя долгий эволюционный цикл. А *кшатрий,* убитый на поле боя, попадает в рай, так же как и *брахман,* совершающий жертвоприношения.

Существует два вида *сва-дхармы,* или обязанностей, предписанных *шастрами.* Тот, кто еще не освободился из материального плена, должен выполнять предписанные ему обязанности, следуя религиозным заповедям, — это поможет ему обрести освобождение. А когда человек обретает освобождение, его обязанности *(сва-дхарма)* становятся духовными и выходят за рамки материальных, телесных представлений о жизни. Пока *брахман* или *кшатрий* находится на уровне телесных представлений, он должен выполнять свои обязанности неукоснительно. *Сва-дхарму* человека определяет Сам Господь, о чем будет сказано в четвертой главе. Материальный аспект *сва-дхармы* называется *варнашрама-дхармой,* которая представляет собой систему общественного устройства, помогающую человеку постичь свою духовную природу. Человеческая цивилизация начинается с *варнашрама-дхармы* — обязанностей, предписанных человеку в соответствии с *гунами* природы, влияющими на его тело. Выполняя обязанности, предписанные свыше, какими бы они ни были, человек постепенно прогрессирует и достигает более высокого духовного статуса.

ТЕКСТ 32 यदृच्छया चोपपन्नं स्वर्गद्वारमपावृतम् ।
सुखिनः क्षत्रियाः पार्थ लभन्ते युद्धमीदृशम् ॥ ३२ ॥

йадрччхайа чопапаннам   сварга-дварам апавртам
сукхинах кшатрийах партха   лабханте йуддхам идршам

йадрччхайа — само собой; *ча* — также; *упапаннам* — выпадающее на долю; *сварга* — райских планет; *дварам* — врата; *апавртам* — широко открывающее; *сукхинах* — счастливые; *кшатрийах* — цари; *партха* — о сын Притхи; *лабханте* — обретают; *йуддхам* — сражение; *идршам* — такое.

О Партха, счастливы те *кшатрии,* к которым возможность сражаться приходит сама собой, открывая перед ними врата рая.

КОММЕНТАРИЙ: Как учитель всего мира, Господь Кришна осуждает поведение Арджуны, который заявил: «Я не вижу ничего хорошего в этом сражении. Приняв в нём участие, мы обречём себя на вечные муки в аду». Слова Арджуны являются лишь следствием невежества. Выполняя свой долг, он хотел при этом избежать насилия. Однако *кшатрий*, который, находясь на поле боя, пытается избежать насилия, выглядит очень глупо. В «Парашара-смрити», своде религиозных законов, составленном великим мудрецом Парашарой, отцом Вьясадевы, сказано:

> *кшатрийо хи праджа ракшан*
> *шастра-паних прадандайан*
> *нирджитйа пара-саинйади*
> *кшитим дхармена палайет*

«Долг *кшатрия* — защищать своих подданных от любых бедствий, и для этого он, когда необходимо, обязан применять насилие, чтобы сохранить законность и порядок. Поэтому он должен разгромить армию враждебных ему царей и править миром, во всем руководствуясь заповедями религии».

Таким образом, у Арджуны не было никаких причин отказываться от сражения. Победив врага, он будет наслаждаться царствованием, а погибнув в бою, попадет в рай, врата которого широко открыты для него. И в том и в другом случае, вступив в сражение, он только выиграет.

ТЕКСТ 33   अथ चेत्त्वमिमं धर्म्यं सङ्ग्रामं न करिष्यसि ।
ततः स्वधर्मं कीर्तिं च हित्वा पापमवाप्स्यसि ॥ ३३ ॥

атха чет твам имам дхармйам   санграмам на каришйаси
татах сва-дхармам киртим ча   хитва папам авапсйаси

атха — поэтому; *чет* — если; *твам* — ты; *имам* — это; *дхармйам* — являющееся религиозным долгом; *санграмам* — сражение; *на* — не; *каришйаси* — исполнишь; *татах* — тогда; *сва-дхармам* — свой религиозный долг; *киртим* — репутация; *ча* — также; *хитва* — утратив; *папам* — результат греха; *авапсйаси* — обретешь.

Но, отказавшись сражаться, ты навлечешь на себя грех пренебрежения своим религиозным долгом, и твоя слава воина померкнет.

КОММЕНТАРИЙ: Арджуна был знаменитым воином, он стяжал славу в сражениях со многими великими полубогами, среди которых был даже Господь Шива. Вступив в бой с Шивой, переодетым в охотника, и победив его, Арджуна доставил ему огромное удовольствие. В награду за это он получил от Шивы оружие, которое называлось *пашупата-астра*. Все знали, что Арджуна был великим воином. Сам Дроначарья даровал ему благословение и вручил чудесное оружие, которым Арджуна мог убить даже своего учителя. Многие великие воины, в том числе и настоящий отец Арджуны — царь полубогов Индра, признали его боевые заслуги. Так что, оставив поле боя, Арджуна не только изменит долгу *кшатрия*, но и лишится своей славы, потеряет доброе имя и проложит себе дорогу в ад. Иначе говоря, он окажется в аду не потому, что будет сражаться, а потому, что покинет поле боя.

ТЕКСТ 34 अकीर्तिं चापि भूतानि कथयिष्यन्ति तेऽव्ययाम् ।
सम्भावितस्य चाकीर्तिर्मरणादतिरिच्यते ॥ ३४ ॥

*акӣртим чāпи бхӯтāни   катхайишйанти те 'вйайāм
самбхāвитасйа чāкӣртир   маранāд атириччхате*

акӣртим — позор; *ча* — также; *апи* — ведь; *бхӯтāни* — люди; *катхайишйанти* — будут говорить; *те* — о тебе; *авйайāм* — вечный; *самбхāвитасйа* — уважаемого человека; *ча* — также; *акӣртих* — бесчестье; *маранāт* — смерть; *атириччхате* — превосходит.

Во все времена люди будут говорить о твоем позоре, а для человека с именем бесчестье хуже смерти.

КОММЕНТАРИЙ: Разговаривая с Арджуной как друг и как философ, Господь Кришна выносит сейчас окончательное суждение о решении Арджуны уклониться от участия в битве. «Арджуна, — говорит Господь, — если ты покинешь поле боя еще до начала сражения, люди назовут тебя трусом. Если же тебе все равно, что скажут люди, и ты думаешь только о том, как спасти свою жизнь, то Мой тебе совет: лучше погибни в сражении. Для такого уважаемого человека, как ты, позор хуже смерти. Поэтому, чем бежать, спасая свою жизнь, лучше умри на поле боя. Это избавит тебя от позора, которым ты покроешь себя, если злоупотребишь Моей дружбой, и позволит сохранить свое доброе имя».

Итак, Господь велит Арджуне биться насмерть и не отступать.

ТЕКСТ 35 भयाद्रणादुपरतं मंस्यन्ते त्वां महारथाः ।
येषां च त्वं बहुमतो भूत्वा यास्यसि लाघवम् ॥ ३५ ॥

*бхайāд ранāд упаратам   мамсйанте твāм махā-ратхāх
йешāм ча твам баху-мато   бхӯтвā йāсйаси лāгхавам*

бхайāт — из страха; *ранāт* — от боя; *упаратам* — отказавшегося; *мамсйанте* — будут считать; *твāм* — тебя; *махā-ратхāх* — великие военачальники; *йешāм* — которых; *ча* — также; *твам* — ты; *баху-матах* — уважаемый; *бхӯтвā* — побывав; *йāсйаси* — придешь; *лāгхавам* — к ничтожности.

Великие военачальники, которые были о тебе столь высокого мнения, решат, что только страх заставил тебя покинуть поле боя, и сочтут тебя ничтожеством.

КОММЕНТАРИЙ: Господь Кришна продолжает увещевать Арджуну: «Не рассчитывай, что такие великие воины, как Дурьйодхана, Карна и другие твои ровесники, поверят, будто ты отказался сражаться из жалости к братьям и деду. Они скажут, что ты это сделал из страха за собственную жизнь. Так ты навсегда лишишься их уважения».

ТЕКСТ 36   अवाच्यवादांश्च बहून्वदिष्यन्ति तवाहिताः ।
निन्दन्तस्तव सामर्थ्यं ततो दुःखतरं नु किम् ॥ ३६ ॥

*авāчйа-вāдāм̇ш ча бахӯн   вадишйанти тавāхитāх̣
ниндантас тава сāмартхйам   тато дух̣кхатарам̇ ну ким*

авāчйа — злые; *вāдāн* — (лживые) речи; *ча* — также; *бахӯн* — многие; *вадишйанти* — скажут; *тава* — твои; *ахитāх̣* — враги; *ниндантах̣* — осмеивающие; *тава* — твою; *сāмартхйам* — способность; *татах̣* — того; *дух̣кха-тарам* — мучительнее; *ну* — же; *ким* — что (может быть).

Враги станут хулить тебя и смеяться над твоей немощью. Что может быть мучительней этого?

КОММЕНТАРИЙ: Сначала Господь Кришна был поражен неуместным призывом Арджуны к состраданию и назвал его чувства недостойными *ариев*. Теперь с помощью многочисленных доводов Он доказал, что был прав в оценке ложного сострадания Арджуны.

ТЕКСТ 37   हतो वा प्राप्स्यसि स्वर्गं जित्वा वा भोक्ष्यसे महीम् ।
तस्मादुत्तिष्ठ कौन्तेय युद्धाय कृतनिश्चयः ॥ ३७ ॥

*хато вā прāпсйаси сваргам   джитвā вā бхокшйасе махӣм
тасмāд уттишт̣ха каунтейа   йуддхāйа кр̣та-ниш́чайах̣*

хатах̣ — убитый; *вā* — либо; *прāпсйаси* — обретешь; *сваргам* — райское царство; *джитвā* — победив; *вā* — или; *бхокшйасе* — будешь наслаждаться; *махӣм* — миром; *тасмāт* — поэтому; *уттишт̣ха* — вставай; *каунтейа* — о сын Кунти; *йуддхāйа* — для битвы; *кр̣та* — неуклонна; *ниш́чайах̣* — тот, чья решимость.

О сын Кунти, либо ты погибнешь в бою и достигнешь райских планет, либо победишь и будешь наслаждаться земным царством. Поэтому наберись решимости, встань и сражайся!

КОММЕНТАРИЙ: Хотя Арджуна не был уверен в победе, ему все равно следовало сражаться, ибо даже если он погибнет в бою, то вознесется на райские планеты.

ТЕКСТ 38 सुखदुःखे समे कृत्वा लाभालाभौ जयाजयौ ।
ततो युद्धाय युज्यस्व नैवं पापमवाप्स्यसि ॥ ३८ ॥

*сукха-духкхе саме кртва   лабхалабхау джайаджайау
тато йуддхайа йуджйасва   наивам папам авапсйаси*

сукха — счастье; *духкхе* — и горе; *саме* — одинаковые; *кртва* — сделав; *лабха-алабхау* — потерю и приобретение; *джайа-аджайау* — победу и поражение; *татах* — потому; *йуддхайа* — для битвы; *йу-джйасва* — сражайся; *на* — не; *эвам* — так; *папам* — результат греха; *авапсйаси* — обретешь.

Сражайся во имя сражения и не думай о счастье и горе, поте-рях и приобретениях, победе и поражении. Действуя так, ты ни-когда не навлечешь на себя греха.

КОММЕНТАРИЙ: Господь Кришна прямо говорит Арджуне, что тот должен сражаться просто ради сражения, поскольку этой бит-вы желает Сам Господь. Человек, действующий в сознании Кришны, не думает о счастье и горе, потерях и приобретениях, победе и поражении. Тот, кто считает, что вся его деятельность должна быть направлена на удовлетворение Кришны, обладает божествен-ным сознанием, поэтому его поступки не являются материальны-ми и не влекут за собой кармических последствий. Тот же, кто действует ради удовлетворения собственных желаний, независимо от того, находится ли он под влиянием благости или страсти, ра-но или поздно пожнет плоды своих поступков, как хороших, так и дурных. Если человек целиком посвятил себя деятельности в со-знании Кришны, он освобождается от всех долгов и обязательств, которые связывают обыкновенных людей.

*деварши-бхӯтапта-нрнам питрнам
на кинкаро найам рни ча раджан
сарватмана йах шаранам шараннам
гато мукундам парихртйа картам*

«Тот, кто безраздельно посвятил себя служению Кришне, Мукун-де, и сложил с себя все остальные обязанности, больше никому ни-чего не должен — ни полубогам, ни мудрецам, ни обыкновенным живым существам, ни своим родственникам, ни человечеству, ни предкам» (Бхаг., 11.5.41). Вот на что Кришна намекает здесь Ар-джуне, а более ясно это будет изложено в последующих стихах.

ТЕКСТ 39 एषा तेऽभिहिता सांख्ये बुद्धिर्योगे त्विमां शृणु ।
बुद्ध्या युक्तो यया पार्थ कर्मबन्धं प्रहास्यसि ॥ ३९ ॥

эша̄ те 'бхихита̄ са̄н̇кхйе буддхир йоге тв има̄м̇ ш́р̣н̣у
буддхйа̄ йукто йайа̄ па̄ртха карма-бандхам̇ праха̄сйаси

эша̄ — этот; *те* — тебе; *абхихита̄* — описанный; *са̄н̇кхйе* — аналитически; *буддхих* — разум; *йоге* — в деятельности не ради плодов; *ту* — но; *има̄м* — этот; *ш́р̣н̣у* — слушай; *буддхйа̄* — разумом;
йуктах — соединенный; *йайа̄* — которым; *па̄ртха* — о сын Притхи;
карма-бандхам — от бремени греха; *праха̄сйаси* — оставишь.

До сих пор Я излагал тебе это знание аналитически, а теперь
буду говорить о нем с точки зрения бескорыстной деятельности. О сын Притхи, действуя в соответствии с этим знанием, ты
освободишься от рабства последствий своей деятельности.

КОММЕНТАРИЙ: Согласно ведическому словарю «Нирукти», слово *са̄н̇кхйа̄* означает «дисциплина, подробно описывающая вещи
и явления». *Санкхья* — это философия, которая описывает истинную природу души, а *йога* — это практика, помогающая обуздать
свои чувства. Желание Арджуны уклониться от сражения было не
что иное, как потворство собственным чувствам. Забыв о своем
первоочередном долге, он хотел отказаться воевать, поскольку думал, что, сохранив жизнь своим родным и близким, обретет большее счастье, чем то, которое принесет ему царство, завоеванное
ценой гибели его двоюродных братьев, сыновей Дхритараштры.
Делая свой выбор, он руководствовался эгоистическим стремлением удовлетворить прихоти своих чувств. Счастье, которое принесет Арджуне победа в сражении, так же как и счастье, которое он
испытает, увидев своих сородичей живыми и невредимыми, основано на его личных интересах, ради которых он был готов прене-
бречь своим долгом и поступить вопреки рассудку. Поэтому Кришна хотел объяснить Арджуне, что, убив тело своего деда, он не
убьет его душу. Господь рассказал ему о том, что все индивидуальные существа, включая Самого Господа, вечно остаются таковыми: они были личностями в прошлом, являются ими в настоящем и сохранят свою индивидуальность в будущем. Все мы вечно
являемся индивидуальными душами. Мы меняем тела, как одежду, но сохраняем свою индивидуальность, даже когда сбрасываем
с себя оковы материального тела и обретаем освобождение. Господь Кришна очень ясно и подробно описал Арджуне природу души и тела. Такое всестороннее описание души и тела по определению словаря «Нирукти» называют *санкхьей.* Эта *санкхья* не имеет
ничего общего с философией *санкхьи* атеиста Капилы. Задолго
до появления самозванца Капилы и его *санкхьи* истинная филосо-

фия *санкхьи* была изложена в «Шримад-Бхагаватам» Господом Капилой, воплощением Господа Кришны, который объяснил ее Своей матери Девахути. Он учил, что *пуруша*, Верховный Господь, действует и что Он создает материальный мир, бросая взгляд на *пракрити*. О том же самом говорится в Ведах и в «Гите». В Ведах сказано, что Господь бросил взгляд на *пракрити*, материальную природу, и оплодотворил ее крошечными индивидуальными душами. В материальном мире все эти души действуют ради удовлетворения потребностей собственных чувств и, околдованные материальной энергией, считают себя наслаждающимися. Такая душа не может избавиться от этого образа мыслей вплоть до освобождения из материального плена, которое она обретает, желая слиться с Богом. Это последняя ловушка *майи*, иллюзии, заставляющей живое существо искать чувственных удовольствий, и только после множества жизней, проведенных в погоне за наслаждениями, самые возвышенные души предаются Ва̄судеве, Господу Кришне, завершая таким образом свои поиски высшей истины.

Предавшись Кришне, Арджуна уже принял Его своим духовным учителем: *ш́иш́йас те ’хам̇ ш́а̄дхи ма̄м̇ тва̄м̇ прапаннам*. Поэтому сейчас Кришна собирается рассказать Арджуне о деятельности в рамках *буддхи-йоги*, или *карма-йоги*, то есть о преданном служении, единственная цель которого — удовлетворить Господа. Суть *буддхи-йоги* очень ясно описана в десятом стихе десятой главы «Бхагавад-гиты»: *буддхи-йога* — это непосредственный союз с Господом, который в образе Параматмы пребывает в сердце каждого живого существа. Однако вступить в общение с Господом можно, только преданно служа Ему. Поэтому тот, кто приходит к трансцендентному любовному служению Господу, иначе говоря, тот, кто обретает сознание Кришны, удостаивается особой милости Господа и достигает ступени *буддхи-йоги*. Вот почему Господь говорит, что только тому, кто, движимый трансцендентной любовью, постоянно служит Ему, Он открывает чистое знание о преданности и любви. Таким образом преданный без особых усилий получает право общаться с Господом в Его вечном, исполненном блаженства царстве.

Итак, *буддхи-йога*, о которой идет речь в данном стихе, — это преданное служение Господу, а употребленное здесь слово *са̄нкхйа* не имеет никакого отношения к атеистической *санкхье* самозванца Капилы. Было бы ошибкой думать, что упомянутая здесь *санкхья-йога* каким-либо образом связана с атеистической философией *санкхьи*. Во-первых, в те времена эта философия не имела никакого влияния, а во-вторых, Господь Кришна не стал бы упоминать эти отвергающие Бога измышления. Настоящая философия *санкхьи* изложена Господом Капилой в «Шримад-Бхагаватам», но даже она, по сути дела, не имеет прямого отношения к предмету обсуждения. В данном стихе под словом *са̄нкхйа* подразумевается аналитическое описание души и тела. Проанализировав природу души, Господь Кришна хотел подвести Арджуну к *буддхи-йоге*, или *бхакти-йоге*. В этом смысле *санкхья* Господа Кришны и *санкхья* Господа Капилы, изложенная в «Бхагаватам», неотличны друг от друга. И то и другое — *бхакти-йога*. Поэтому Господь Кришна говорит, что только не слишком разумные люди проводят различие между *санкхья-йогой* и *бхакти-йогой: са̄нкхйа-йогау пр̣тхаг ба̄ла̄х̣ праваданти на пан̣д̣ита̄х̣.* Разумеется, атеистическая *санкхья* не имеет ничего общего с *бхакти-йогой*, и тем не менее глупцы заявляют, будто в «Бхагавад-гите» речь идет о *санкхья-йоге* атеиста Капилы.

Необходимо понять, что *буддхи-йога* — это деятельность в сознании Кришны, то есть исполненное блаженства и знания преданное служение Господу. Тот, кто трудится исключительно ради удовлетворения Господа, каким бы тяжелым ни был его труд, действует в соответствии с принципами *буддхи-йоги* и потому постоянно испытывает духовное блаженство. Занимаясь этой духовной деятельностью, человек по милости Господа, без дополнительных усилий обретает духовное знание и полное освобождение от материального рабства. Деятельность в сознании Кришны коренным образом отличается от кармической деятельности, особенно от деятельности ради чувственных удовольствий или мирского, семейного счастья. Таким образом, *буддхи-йога* — это трансцендентная деятельность, которой мы должны заниматься.

ТЕКСТ 40   नेहाभिक्रमनाशोऽस्ति प्रत्यवायो न विद्यते ।
स्वल्पमप्यस्य धर्मस्य त्रायते महतो भयात् ॥ ४० ॥

*нехабхикрама-на̄ш́о 'сти   пратйава̄йо на видйате
св-алпам апи асйа дхармасйа   тра̄йате махато бхайа̄т*

на — не; *иха* — здесь (в этой *йоге*); *абхикрама* — от попыток; *на̄ш́ах̣* — утрата; *асти* — существует; *пратйава̄йах̣* — потеря; *на* — не; *видйате* — существует; *су-алпам* — небольшое; *апи* — даже; *асйа* — этой; *дхармасйа* — деятельности; *тра̄йате* — спасает; *махатах̣* — от величайшей; *бхайа̄т* — опасности.

Тот, кто встал на этот путь, ничего не теряет, и ни одно его усилие не пропадает даром. Даже незначительное продвижение по этому пути оградит человека от величайшей опасности.

КОММЕНТАРИЙ: Деятельность в сознании Кришны, то есть деятельность ради Кришны, а не ради удовлетворения запросов собственных чувств, — это высшая духовная деятельность. Даже тот, кто только начал заниматься ею, не встречает на своем пути препятствий, и любое, даже самое незначительное, его усилие не пропадает даром. В материальной жизни любое начатое дело нужно обязательно довести до конца, иначе все наши усилия окажутся напрасными. Однако любая работа, начатая в сознании Кришны, принесет положительный результат, даже если останется незаконченной. Поэтому тот, кто занимается деятельностью в сознании Кришны, ничего не теряет, даже если ему не удается завершить начатое дело. Даже если, начав то или иное дело в сознании Кришны, мы выполнили его всего лишь на один процент, этот результат навсегда останется с нами, и в следующий раз мы начнем с того, на чем остановились, тогда как материальная деятельность дает результат только в том случае, если она доведена до конца. Аджамила, который лишь отчасти занимался деятельностью в сознании Кришны, в конце жизни по милости Господа получил стопроцентный результат. В связи с этим в «Бхагаватам» есть замечательный стих (1.5.17):

> *тйактва̄ сва-дхармам̇ чаран̣а̄мбуджам̇ харер*
> *бхаджанн апакво 'тха патет тато йади*
> *йатра ква ва̄бхадрам абхӯд амушйа ким̇*
> *ко ва̄ртха а̄пто 'бхаджата̄м̇ сва-дхарматах̣*

«Даже если человек, оставивший свои мирские обязанности ради деятельности в сознании Кришны, впоследствии сойдет с этого пути, не успев довести начатое до конца, то что он теряет? С другой стороны, что выигрывает тот, кто занимается мирскими делами, даже если он должным образом выполняет все предписанные ему обязанности?» Или, как говорят христиане: «Какая польза человеку, если он приобретет весь мир, а душе своей повредит?»

Со смертью тела приходит конец и материальной деятельности и ее плодам. Однако действия, совершённые в сознании Кришны, снова приведут человека к сознанию Кришны после того, как он оставит свое нынешнее тело. По крайней мере, в следующей жизни он снова получит человеческое тело и родится либо в семье благородного *брахмана*, либо в богатой и знатной семье, и это позволит ему продолжить свой духовный путь. Такова уникальная особенность деятельности в сознании Кришны.

ТЕКСТ 41 व्यवसायात्मिका बुद्धिरेकेह कुरुनन्दन ।
बहुशाखा ह्यनन्ताश्च बुद्धयोऽव्यवसायिनाम् ॥ ४१ ॥

> *вйаваса̄йа̄тмика̄ буддхир   экеха куру-нандана*
> *баху-ш́а̄кха̄ хй ананта̄ш́ ча   буддхайо 'вйаваса̄йина̄м*

вйавасāйа-āтмикā—развивший решимость (в сознании Кришны); *буддхих*—разум; *экā*—единый; *иха*—в этом мире; *куру-нандана*—о потомок Куру; *баху-ш́āкхāх*—у которых множество ветвей; *хи*—поистине; *анантāх*—безграничные; *ча*—также; *буддхайах*—умы; *авйавасāйинāм*—тех, кто не обладает сознанием Кришны.

Идущие этим путем решительны и целеустремленны, и у них одна цель. О потомок Куру, многоветвист разум тех, кто нерешителен.

КОММЕНТАРИЙ: Разум человека, твердо верящего в то, что, действуя в сознании Кришны, он достигнет высшего совершенства жизни, называется *вйавасāйāтмика.* В «Чайтанья-чаритамрите» (Мадхья, 22.62) сказано:

> *'ш́раддхā'-ш́абде*—виш́вāса кахе судр̣д̣ха ниш́чайа
> кр̣шн̣е бхакти каиле сарва-карма кр̣та хайа

Верой называют твердую убежденность в существовании высшего начала. Тому, кто посвятил себя деятельности в сознании Кришны, нет нужды заниматься какой-либо мирской деятельностью и выполнять обязанности перед семьей, страной или человечеством. Результаты деятельности человека зависят от хороших или дурных поступков, которые он совершил в прошлом. Однако тому, в ком проснулось сознание Кришны, больше не нужно стремиться к положительным результатам в своей деятельности. Все действия человека, обладающего сознанием Кришны, становятся абсолютными, иначе говоря, к ним больше не приложимы такие понятия, как «хорошее» и «плохое». Высшей ступенью практики сознания Кришны является отказ от материальных представлений о жизни, и тот, кто развивает в себе сознание Кришны, рано или поздно обязательно достигнет этого уровня.

Целеустремленность в сознании Кришны основывается на знании. *Вāсудевах сарвам ити са махāтмā су-дурлабхах.* Человек, обладающий сознанием Кришны, — это поистине редкая душа, он полностью осознал, что Вāсудева, Кришна, является причиной всех причин. Поливая корни дерева, мы поим водой его ветви и листья, и точно так же тот, кто действует в сознании Кришны, приносит высшее благо всем — себе самому, своей семье, обществу, стране и всему человечеству. Если Кришна доволен его действиями, все остальные тоже удовлетворены.

Служить Кришне лучше всего под опытным руководством духовного учителя, истинного представителя Господа, который знает наклонности и способности своего ученика и всегда может подсказать, как правильно действовать в сознании Кришны. Поэтому, чтобы овладеть наукой сознания Кришны, надо действовать с решимостью и беспрекословно подчиняться представителю Кришны, духовному учителю, считая его указания миссией своей жизни. В своих знаменитых молитвах, обращенных к духовному учителю, Шрила Вишванатха Чакраварти Тхакур дает нам следующие наставления:

> йасйа прасāдāд бхагават-прасāдо
> йасйāпрасāдāн на гатих куто 'пи
> дхйāйан стувāмс тасйа йаш́ас три-сандхйам̇
> ванде гурох ш́рӣ-чаран̣āравиндам

«Удовлетворяя духовного учителя, мы тем самым удовлетворяем Верховного Господа. Не удовлетворив духовного учителя, невозможно обрести сознание Кришны. Поэтому надо три раза в день погружаться в мысли о духовном учителе, молить его о милости и в почтении склоняться к его лотосным стопам».

Итак, в основе деятельности в сознании Кришны лежит совершенное знание о душе, не имеющее ничего общего с телесными представлениями о жизни, — не теоретическое, а основанное на опыте знание, обладая которым живое существо никогда не станет потакать своим чувствам и заниматься кармической деятельностью. Однако те, кто не развил в себе целеустремленность, сбиваются с этого пути, прельщаясь различными видами кармической деятельности.

ТЕКСТЫ 42–43

यामिमां पुष्पितां वाचं प्रवदन्त्यविपश्चितः ।
वेदवादरताः पार्थ नान्यदस्तीति वादिनः ॥ ४२ ॥
कामात्मानः स्वर्गपरा जन्मकर्मफलप्रदाम् ।
क्रियाविशेषबहुलां भोगैश्वर्यगतिं प्रति ॥ ४३ ॥

> йāм имāм пушпитāм вāчам̇   правадантй авипаш́читах
> веда-вāда-ратāх пāртха   нāнйад астӣти вāдинах

> кāмāтмāнах сварга-парā   джанма-карма-пхала-прадāм
> крийā-виш́еша-бахулāм   бхогаиш́варйа-гатим̇ прати

йāм имāм — ту, которую; пушпитāм — цветистую; вāчам — речь; праваданти — говорят; авипаш́читах — люди со скудным запасом знаний; веда-вāда-ратāх — мнимые последователи Вед; пāртха — о сын Притхи; на — не; анйат — другого; асти — существует; ити — так; вāдинах — поборники; кāма-āтмāнах — желающие чувственных удовольствий; сварга-парāх — стремящиеся к райским планетам; *джанма-карма-пхала-прадам* — рождение в хорошей семье и другие плоды *кармы; крийа-вишеша* — пышные церемонии; *бахулам* — различные; *бхога* — чувственного наслаждения; *аишварйа* — и богатства; *гатим* — путь; *прати* — на.

Людей со скудными знаниями очень привлекает цветистый язык Вед, которые призывают их совершать различные кармические обряды и ритуалы, чтобы подняться на райские планеты, родиться в богатой и знатной семье, обрести могущество и многое другое. Стремясь к чувственным удовольствиям и роскошной жизни, такие люди говорят, что нет ничего превыше этого.

КОММЕНТАРИЙ: Большинство людей не слишком разумны и по невежеству прельщаются кармической деятельностью, предписанной в разделе Вед, который называется *карма-канда*. Предел их мечтаний — вкушать чувственные удовольствия, наслаждаясь жизнью на райских планетах, где текут реки хмельного напитка, где много красивых женщин и все утопает в роскоши. В Ведах описано множество различных жертвоприношений, совершая которые человек получает право попасть в рай, в особенности это касается жертвоприношения *джьотиштома*. Говорится, что каждый, кто желает достичь райских планет, должен обязательно совершить это жертвоприношение, и невежды думают, что подобные предписания составляют суть ведической мудрости. Таким недалеким людям очень трудно обрести решимость, необходимую, чтобы действовать в сознании Кришны. Подобно тому как глупцы срывают цветки ядовитых деревьев, не подозревая, чем это чревато, те, кто не обладает знанием, прельщаются роскошью райских планет и доступными там чувственными удовольствиями.

В разделе Вед *карма-канда* сказано: *апама сомам амрта абхума и акшаййам ха ваи чатурмасйа-йаджинах сукртам бхавати.* Тот, кто совершает *чатурмасью*, то есть на протяжении четырех месяцев налагает на себя определенные покаяния, получает право пить райский напиток *сома-раса*, дарующий бессмертие и непреходящее счастье. Даже на земле есть люди, которые мечтают отведать *сома-расы*, чтобы стать крепкими, здоровыми и способными неограниченно наслаждаться жизнью. Они не верят в путь освобождения из материального плена и очень привязаны к пышным ритуалам, сопровождающим ведические жертвоприношения. Такие люди — рабы своих чувств: им не нужно ничего, кроме райских наслаждений. Известно, что на райских планетах есть роскошные сады, называемые Нандана-канана, где можно приятно провести время в обществе прекрасных, как ангелы, женщин и вволю напиться *сома-расы*. Такое счастье материально, его источником являются органы чувств, и есть немало людей, привязанных исключительно к этому преходящему счастью, которое дает им возможность почувствовать себя хозяевами материального мира.

ТЕКСТ 44   भोगैश्वर्यप्रसक्तानां तयापहृतचेतसाम् ।
व्यवसायात्मिका बुद्धिः समाधौ न विधीयते ॥ ४४ ॥

бхогаишварйа-прасактāнāм   тайāпахрта-четасāм
вйавасāйāтмикā буддхих   самāдхау на видхӣйате

бхога — к мирским удовольствиям; *аишварйа* — и богатству; *прасактāнāм* — тех, кто привязан; *тайā* — этим; *апахрта-четасāм* — введенных в заблуждение; *вйавасāйа-āтмикā* — с твердой решимостью; *буддхих* — преданное служение Господу; *самāдхау* — в сосредоточенном уме; *на* — не; *видхӣйате* — возникает.

Тем, кто слишком привязан к чувственным удовольствиям и материальному богатству и чей ум из-за этого все время пребывает в заблуждении, не хватает решимости посвятить себя преданному служению Верховному Господу.

КОММЕНТАРИЙ: Самāдхи значит «сосредоточенный ум». В ведическом словаре «Нирукти» сказано: *самйаг āдхӣйате 'сминн āтма-таттва-йāтхāтмйам* — «Тот, чей ум сосредоточен на постижении высшего „Я“, пребывает в *самадхи*». Состояния *самадхи* никогда не достигают те, кто стремится к мирским удовольствиям и ослеплен преходящими благами. Материальная энергия возводит на пути у таких людей неодолимые препятствия.

ТЕКСТ 45   त्रैगुण्यविषया वेदा निस्त्रैगुण्यो भवार्जुन ।
निर्द्वन्द्वो नित्यसत्त्वस्थो निर्योगक्षेम आत्मवान् ॥ ४५ ॥

траи-гунйа-вишайā ведā   нистраи-гунйо бхавāрджуна
нирдвандво нитйа-саттва-стхо   нирйога-кшема āтмавāн

траи-гунйа — связана с тремя *гунами* материальной природы; *вишайāх* — тема которых; *ведāх* — ведические писания; *нистраи-гунйах* — поднявшийся над тремя *гунами* материальной природы; *бхава* — будь; *арджуна* — о Арджуна; *нирдвандвах* — лишенный двойственности; *нитйа-саттва-стхах* — пребывающий в чистом состоянии духовного бытия; *нирйога-кшемах* — не связанный заботой о выгоде и безопасности; *āтма-вāн* — утвердившийся в понимании своего истинного «я».

В Ведах в основном говорится о деятельности в трех *гунах* материальной природы. Поднимись же над этими *гунами*, о Арджуна.

Перестань зависеть от всех проявлений двойственности, избавься от стремления приобрести или сохранить что-либо в этом мире и утвердись в понимании своего истинного «я».

КОММЕНТАРИЙ: Материальная деятельность представляет собой цепь действий и их последствий в трех *гунах* материальной природы. Она направлена на достижение определенных результатов и служит причиной рабства живого существа в материальном мире. Основная часть Вед посвящена различным предписаниям, касающимся деятельности ради ее плодов. Цель этих предписаний — помочь обыкновенным людям постепенно отказаться от деятельности ради чувственных удовольствий и подняться на духовный уровень. Поскольку Арджуна был учеником Господа Кришны, Господь советует ему сразу подняться на духовный уровень — уровень философии «Веданты», который начинается с *брахма-джигьясы,* или вопросов о высшем духовном начале. Все живые существа в материальном мире ведут изнурительную борьбу за существование. Чтобы научить их жить в этом мире и указать путь к освобождению из материального плена, Господь, сотворив мир, дал им Веды. Сначала живое существо посвящает себя деятельности ради чувственных удовольствий, описанной в разделе *карма-канда,* а завершив этот этап, получает возможность встать на путь духовного самопознания, описанный в Упанишадах, которые являются частями разных Вед, так же как «Бхагавад-гита» является частью пятой Веды («Махабхараты»). Упанишады указывают на начало духовной жизни.

Пока живое существо остается в материальном теле, оно вынуждено совершать действия и пожинать их плоды, находясь под влиянием *гун* материальной природы. Нужно научиться стойко переносить такие проявления двойственности, как счастье и горе, холод и жара, и тогда мы избавимся от беспокойств, связанных с приобретениями и потерями. Этого уровня достигает тот, кто обрел сознание Кришны и во всем полагается на волю Господа.

ТЕКСТ 46 यावानर्थ उदपाने सर्वतः सम्प्लुतोदके ।
तावान्सर्वेषु वेदेषु ब्राह्मणस्य विजानतः ॥ ४६ ॥

йаван артха удапане   сарватах самплутодаке
таван сарвешу ведешу   брахманасйа виджанатах

йаван — насколько; *артхах* — польза; *уда-пане* — в колодце с водой; *сарватах* — во всех отношениях; *самплута-удаке* — в большом водоеме; *таван* — настолько; *сарвешу* — во всех; *ведешу* — в ведических писаниях; *брахманасйа* — человека, который постиг Верховный Брахман; *виджанатах* — который обладает полным знанием.

Все нужды, которые удовлетворяет маленький колодец, может сразу удовлетворить большой водоем. Подобно этому, тот, кому известно высшее назначение Вед, обретает все описанные в них блага.

КОММЕНТАРИЙ: Жертвоприношения и ритуалы, которые описаны в разделе Вед *карма-канда,* предназначены для того, чтобы помочь человеку встать на путь самоосознания. Конечная цель ведического пути самоосознания ясно определена в пятнадцатой главе «Бхагавад-гиты» (15.15): цель изучения Вед — постичь Господа Кришну, первопричину всего сущего. Таким образом, истинное самоосознание — это постижение Кришны и наших вечных отношений с Ним. Об отношениях живого существа с Кришной также говорится в пятнадцатой главе «Бхагавад-гиты» (15.7). Все живые существа — неотъемлемые частицы Кришны, поэтому, развив в себе сознание Кришны, индивидуальное живое существо достигает высшей ступени ведического пути познания. Это подтверждает следующий стих из «Шримад-Бхагаватам» (3.33.7):

> *ахо бата швӣа-пачо ’то гарийӣан*
> *йадж-джихвāгре вартате нāма тубхйам*
> *тепус тапас те джухувух саснур āрйā*
> *брахмāнӯчур нāма грṇанти йе те*

«О мой Господь, тот, кто повторяет Твое святое имя, уже достиг высшей ступени духовного самопознания, даже если он происходит из семьи собакоедов. В прошлом он, вне всякого сомнения, совершил все жертвоприношения и все виды аскезы, предписанные Ведами, омылся в святых водах всех мест паломничества и много раз глубоко изучил ведические писания. Такого человека следует считать лучшим из *ариев».*

Итак, чтобы постичь высшее назначение Вед, надо быть достаточно разумным, не ограничиваться совершением ведических ритуалов и не стремиться вкусить изысканных удовольствий на райских планетах. Никто из людей этого века не способен исполнять все ведические ритуалы, равно как и досконально изучить «Веданту» и Упанишады. Чтобы выполнить все предписания Вед, требуется очень много времени, сил, знаний и средств. В нынешний век это едва ли возможно. Однако высшей цели ведических предписаний можно достичь, просто повторяя святое имя Господа, как учил Господь Чайтанья, спаситель всех падших душ. Однажды великий знаток Вед Пракашананда Сарасвати спросил Господа Чайтанью, почему Он, вместо того чтобы изучать философию «Веданты», повторяет святые имена Кришны, как какой-нибудь сентиментальный чудак. На это Господь Чайтанья ответил: «Мой духовный учитель считал меня глупцом и потому велел мне повторять святые имена Господа Кришны. Делая это, я испытываю духовный экстаз и становлюсь похожим на сумасшедшего». В век Кали большинство людей слишком глупы и невежественны, чтобы быть способными понять философию «Веданты». Лучший способ достичь ее высшей цели — повторять без оскорблений святое имя Господа. «Веданта» — это вершина всей ведической мудрости, а главным знатоком и автором «Веданты» является Господь Кришна. Поэтому самым лучшим ведантистом следует считать ту великую душу, которая черпает блаженство в повторении святого имени Господа. Вот конечная цель мистического учения Вед.

ТЕКСТ 47   कर्मण्येवाधिकारस्ते मा फलेषु कदाचन ।
मा कर्मफलहेतुर्भूर्मा ते सङ्गोऽस्त्वकर्मणि ॥ ४७ ॥

кармаṇй эвādхикāрас те   мā пхалешу кадāчана
мā карма-пхала-хетур бхӯр   мā те сан̇го 'ств акармаṇи

кармаṇи — в предписанных обязанностях; *эва* — безусловно; *адхи-кāраҳ* — право; *те* — тебя; *мā* — не; *пхалешу* — в плодах; *кадāча-на* — когда бы то ни было; *мā* — не; *карма-пхала* — результатами деятельности; *хетуҳ* — побуждаемый; *бхӯҳ* — будь; *мā* — не; *те* — тебя; *сан̇гаҳ* — привязанность; *асту* — пусть будет; *акармаṇи* — в отказе от выполнения своего долга.

Ты можешь выполнять предписанные тебе обязанности, но у тебя нет права наслаждаться плодами своего труда. Никогда не считай, что результаты твоих действий зависят от тебя, но при этом и не отказывайся от выполнения своих обязанностей.

КОММЕНТАРИЙ: В этом стихе рассматриваются три вопроса: обязанности, предписанные *шастрами*, действия по собственному усмотрению и бездеятельность. Предписанные обязанности — это деятельность в соответствии с *гунами* природы, под влиянием которых находится данный человек. К действиям по собственному усмотрению относят те, которые совершаются без дозволения свыше, а под бездеятельностью подразумевают отказ от выполнения своих обязанностей. Господь советует Арджуне не оставаться бездеятельным, но выполнять предписанные обязанности, не привязываясь к результатам своих действий. Тот, кто привязан к плодам своего труда, становится причиной действий. Поэтому он либо наслаждается последствиями своей деятельности, либо страдает от них.

Предписанные обязанности можно разделить на три категории: повседневная деятельность, деятельность в чрезвычайных обстоятельствах и деятельность, соответствующая желаниям человека. Повседневная деятельность, которой человек занимается в соответствии с предписаниями *шастр*, не стремясь к плодам своего труда, — это деятельность в *гуне* благости. Деятельность ради плодов становится причиной нашего рабства в этом мире и потому считается неблагоприятной. У каждого есть право выполнять предписанные ему обязанности, однако при этом надо действовать без привязанности к результату; такое бесстрастное выполнение своих обязанностей, несомненно, выведет человека на путь к освобождению. Именно поэтому Господь призвал Арджуну сражаться из чувства долга и не думать о результате. Отказ Арджуны от участия в битве был проявлением материальной привязанности. Подобные привязанности препятствуют освобождению. Любая материальная привязанность, будь то к деятельности или к бездеятельности, служит причиной материального рабства. Бездеятельность греховна, поэтому Арджуна мог выйти на благой путь, ведущий к освобождению, только выполняя свой долг — сражаясь в битве.

ТЕКСТ 48   योगस्थः कुरु कर्माणि सङ्गं त्यक्त्वा धनञ्जय ।
सिद्ध्यसिद्ध्योः समो भूत्वा समत्वं योग उच्यते ॥ ४८ ॥

*йога-стхах куру кармāни   сангам тйактвā дхананджайа
сиддхй-асиддхйох само бхӯтвā   саматвам йога учйате*

йога-стхах — уравновешенный; *куру* — выполняй; *кармāни* — обязанности; *сангам* — привязанность; *тйактвā* — отвергнув; *дхананджайа* — о Арджуна; *сиддхи-асиддхйох* — в успехе и неудаче; *самах* — уравновешенный; *бхӯтвā* — став; *саматвам* — самообладание; *йогах* — йога; *учйате* — называется.

О Арджуна, выполняй свой долг невозмутимо, без привязанности, не беспокоясь о победе или поражении. Такое умение владеть собой называют *йогой*.

КОММЕНТАРИЙ: Кришна велит Арджуне действовать в соответствии с принципами *йоги*. Что же такое *йога*? *Йога* — это практика, позволяющая человеку обуздать свои ненасытные чувства и сосредоточить ум на Всевышнем. А кто такой Всевышний? Всевышний — это верховный повелитель, и поскольку Он Сам велит Арджуне сражаться, то исход сражения никак не зависит от Арджуны. Победа или поражение — об этом позаботится Кришна, от Арджуны же требуется просто выполнять Его указания. Следовать указаниям Кришны — вот истинная *йога;* эта практика называется методом сознания Кришны. Только она поможет человеку избавиться от стремления господствовать над миром. Каждый должен стать слугой Кришны или, вернее, слугой Его слуги, — тогда он сможет должным образом выполнять свои обязанности в сознании Кришны. Этого достаточно, чтобы научиться действовать в соответствии с принципами *йоги*.

Будучи *кшатрием*, Арджуна принадлежал к системе *варнашрама-дхармы*. В «Вишну-пуране» сказано, что предназначение *варнашрама-дхармы* — удовлетворить Вишну. Надо действовать не ради собственного удовлетворения, как это принято в мирской жизни, а ради удовлетворения Кришны. Тот, кто не старается удовлетворить Кришну, не следует должным образом заповедям *варнашрама-дхармы*. Так косвенно Кришна дал понять Арджуне, что тот должен выполнять Его указания.

ТЕКСТ 49   दूरेण ह्यवरं कर्म बुद्धियोगाद्धनञ्जय ।
बुद्धौ शरणमन्विच्छ कृपणाः फलहेतवः ॥ ४९ ॥

дӯрена хй аварам̇ карма   буддхи-йогāд дханан̃джайа
буддхау ш́аран̣ам анвиччха   кр̣пан̣āх̣ пхала-хетавах̣

дӯрена—далеко (отбрось); *хи*—безусловно; *аварам*—порочную; *карма*—деятельность; *буддхи-йогāт*—благодаря деятельности в сознании Кришны; *дханан̃джайа*—о завоеватель богатств; *буддхау*—в таком сознании; *ш́аран̣ам*—к полной преданности; *анвиччха*—стремись; *кр̣пан̣āх̣*—скупцы; *пхала-хетавах̣*—те, кто стремится к плодам своего труда.

О Дхананджая, силой преданного служения отбрось всю порочную деятельность и в таком умонастроении вручи себя Господу. Только скупцы стремятся к плодам своего труда.

КОММЕНТАРИЙ: Тот, кто осознал свою истинную природу — природу вечного слуги Господа, посвящает себя деятельности в сознании Кришны и оставляет все прочие занятия. Как уже говорилось, *буддхи-йога* — это трансцендентное любовное служение Господу. Вот истинное предназначение каждого живого существа. Только скупцы желают наслаждаться плодами своего труда и тем самым еще больше запутываются в сетях материальной жизни. Любая деятельность, кроме деятельности в сознании Кришны, порочна, ибо заставляет живое существо вечно вращаться в круговороте рождения и смерти. Поэтому никогда не следует считать себя причиной действий. Все действия нужно совершать в сознании Кришны, ради удовлетворения Кришны. Скупцы не знают, как распорядиться богатствами, посланными им судьбой или нажитыми тяжким трудом. Все свои силы надо использовать, трудясь для Кришны, — тогда наша жизнь увенчается успехом. Однако скупцы, к своему несчастью, не понимают этого и не хотят тратить силы на служение Господу.

ТЕКСТ 50 बुद्धियुक्तो जहातीह उभे सुकृतदुष्कृते ।
तस्माद्योगाय युज्यस्व योगः कर्मसु कौशलम् ॥ ५० ॥

*буддхи-йукто джахатиха   убхе сукрта-душкрте
тасмад йогайа йуджйасва   йогах кармасу каушалам*

буддхи-йуктах—тот, кто занимается преданным служением; *джахати*—избавляется; *иха*—здесь (в этой жизни); *убхе*—и в том, и в другом; *сукрта-душкрте*—как в хороших, так и в плохих (результатах); *тасмат*—поэтому; *йогайа*—ради преданного служения; *йуджйасва*—занимайся; *йогах*—сознание Кришны; *кармасу*—во всех делах; *каушалам*—искусство.

Тот, кто преданно служит Господу, уже в этой жизни освобождается от последствий хороших и дурных поступков. Поэтому посвяти жизнь *йоге*, которая является искусством деятельности.

КОММЕНТАРИЙ: За живым существом с незапамятных времен тянется вереница последствий его хороших и дурных поступков. Оттого оно постоянно пребывает в невежестве и не знает своей истинной природы. Избавиться от невежества можно, внимая наставлениям «Бхагавад-гиты», которые призывают человека безраздельно предаться Господу Кришне и разорвать заколдованный круг действий и их последствий, в котором каждый вращается из жизни в жизнь. Господь советует Арджуне действовать в сознании Кришны и таким образом сбросить бремя последствий своей прошлой деятельности.

ТЕКСТ 51 कर्मजं बुद्धियुक्ता हि फलं त्यक्त्वा मनीषिणः ।
जन्मबन्धविनिर्मुक्ताः पदं गच्छन्त्यनामयम् ॥ ५१ ॥

*карма-джам буддхи-йукта хи   пхалам тйактва манишинах
джанма-бандха-винирмуктах   падам гаччханти анамайам*

карма-джам—вызванное *кармой*; *буддхи-йуктах*—те, кто занимается преданным служением; *хи*—безусловно; *пхалам*—следствие; *тйактва*—отринув; *манишинах*—великие мудрецы или преданные; *джанма-бандха*—от бремени новых рождений; *винирмуктах*—освобожденные; *падам*—положение; *гаччханти*—достигают; *анамайам*—то, где нет страданий.

Служа Господу, великие мудрецы и преданные сбрасывают бремя последствий своей деятельности в материальном мире. Так они

**вырываются из круговорота рождения и смерти и достигают оби-
тели Бога, где не бывает страданий.**

КОММЕНТАРИЙ: Освобожденные души живут в обители, где нет
материальных страданий. В «Бхагаватам» (10.14.58) говорится:

> *самāшритā йе пада-паллава-плавам
> махат-падам пунйа-йашо мурāрех
> бхавāмбудхир ватса-падам парам падам
> падам падам йад випадāм на тешāм*

«Для того, кто взошел на корабль лотосных стоп Господа, дающе-
го прибежище всему мирозданию и известного как Мурари, враг
демона Муры, океан материального мира подобен лужице в сле-
де телячьего копытца. Такой человек стремится к *парам падам*,
на Вайкунтху, где нет материальных страданий, а не туда, где на
каждом шагу подстерегают опасности».

По невежеству живое существо не знает, что материальный
мир — это место страданий, где повсюду подстерегают опасности.
Только невежество заставляет неразумных людей пытаться приспо-
собиться к жизни в этом мире и заниматься кармической деятельностью в надежде, что ее плоды сделают их счастливыми. Они не
знают, что нигде во вселенной, ни в одном из великого множества материальных тел, они не смогут жить, не испытывая страданий. Страдания, сопутствующие материальной жизни — рождение,
смерть, старость и болезни, — существуют повсюду в материальном мире. Однако тот, кто осознал свое истинное положение, положение вечного слуги Господа, а также положение Личности Бога,
занимается трансцендентным любовным служением Господу. Такой
человек получает право войти в царство Вайкунтхи, где нет ни материальных страданий, ни смерти, ни влияния времени. Осознать
свое изначальное положение — значит осознать и возвышенное положение Господа. Тот, кто ошибочно считает живое существо тождественным Господу, пребывает во тьме невежества и не способен
заниматься преданным служением Господу. Он сам пытается стать
Богом и таким образом обрекает себя на бесконечное вращение
в круговороте рождения и смерти. Тот же, кто понял, что его
предназначение — служить Господу, встает на путь преданного служения и достигает Вайкунтхи. Служение делу Господа называют
карма-йогой или *буддхи-йогой*, или просто преданным служением
Господу.

ТЕКСТ 52   यदा ते मोहकलिलं बुद्धिर्व्यतितरिष्यति ।
           तदा गन्तासि निर्वेदं श्रोतव्यस्य श्रुतस्य च ॥ ५२ ॥

> *йада̄ те моха-калилам̇   буддхир вйатитаришйати*
> *тада̄ ганта̄си нирведам̇   ш́ротавйасйа ш́рутасйа ча*

йада̄ — когда; *те* — твой; *моха* — иллюзии; *калилам* — дебри; *буд-дхих* — трансцендентное служение на уровне разума; *вйатитари-шйати* — преодолеет; *тада̄* — тогда; *ганта̄ аси* — придешь; *нирве-дам* — к безразличию; *ш́ротавйасйа* — того, что предстоит услы-шать; *ш́рутасйа* — того, что уже было услышано; *ча* — также.

Когда твой разум выберется из дебрей иллюзии, ты станешь безразличным ко всему, что тебе доводилось слышать и что еще предстоит услышать.

КОММЕНТАРИЙ: В жизни великих преданных Господа есть не-мало замечательных примеров того, как, преданно служа Господу, люди утрачивали всякий интерес к ведическим обрядам и ритуалам. Кто воистину познал Кришну и свои отношения с Ним, тот, даже будучи опытным *брахманом*, становится совершенно равнодушным к обрядам, связанным с кармической деятельностью. Шри Мадха-вендра Пури, великий *ачарья*-вайшнав, говорит:

> *сандхйа̄-вандана бхадрам асту бхавато бхох сна̄на тубхйам̇ намо*
> *бхо дева̄х питарай ча тарпана-видхау на̄хам̇ кшамах̇ кшамйата̄м*
> *йатра ква̄пи нишадйа йа̄дава-кулоттам̇ам̇ сасйа кам̇са-двишах̇*
> *смра̄рам̇ смра̄рам агхам̇ хара̄ми тад алам̇ манйе ким анйена ме*

«О мои ежедневные молитвы, хвала вам. О мои утренние омове-ния, я склоняюсь перед вами. О полубоги, о предки, простите ме-ня за то, что я больше не выражаю вам почтение. Теперь, где бы я ни находился, я все время помню о великом потомке рода Яду [Кришне], враге Камсы, и тем самым избавляюсь от бремени гре-ха. Я думаю, что этого мне вполне достаточно».

Ведические обряды и ритуалы, такие, как ранние утренние омо-вения, молитвы три раза в день и почитание предков, являют-ся обязательными для неофитов. Однако тому, кто в полной ме-ре развил в себе сознание Кришны и занимается трансцендентным любовным служением Господу, нет необходимости следовать этим предписаниям, ибо он уже достиг совершенства. Если, служа Вер-ховному Господу Кришне, человек обретает совершенное знание, ему уже не нужно совершать многочисленные жертвоприношения и покаяния, предписанные Ведами. Тот же, кто не понимает, что цель Вед — постичь Кришну, и занимается исключительно совер-шением ведических обрядов, напрасно теряет время. Люди, обла-дающие сознанием Кришны, поднимаются над *шабда-брахмой*, то есть наставлениями Вед и Упанишад.

ТЕКСТ 53 श्रुतिविप्रतिपन्ना ते यदा स्थास्यति निश्चला ।
समाधावचला बुद्धिस्तदा योगमवाप्स्यसि ॥ ५३ ॥

*шрути-випратипаннā те йадā стхāсйати нишчалā
самāдхāв ачалā буддхис тадā йогам авāпсйаси*

шрути — откровение Вед; *випратипаннā* — не испытывающий
влияния последствий кармической деятельности; *те* — твой; *йадā* —
когда; *стхāсйати* — пребывает; *нишчалā* — неподвижный; *самāдхау* — в божественном сознании, или сознании Кришны; *ачалā* —
устойчивый; *буддхих* — разум; *тадā* — тогда; *йогам* — постижение
истинного «я»; *авāпсйаси* — достигнешь.

**Когда цветистый язык Вед перестанет волновать твой ум и ког-
да ты, постигнув свое истинное «я», будешь постоянно пребывать
в духовном трансе, ты обретешь божественное сознание.**

КОММЕНТАРИЙ: Находиться в состоянии *самадхи* — значит полностью развить в себе сознание Кришны, или, иначе говоря, постичь Брахман, Параматму и Бхагавана. Поднявшись на эту высшую ступень самопознания, человек осознаёт, что он — вечный
слуга Кришны и что единственное его занятие — выполнять обязанности в сознании Кришны. Такого человека, безраздельно преданного Господу, не привлекает цветистый язык Вед, и потому он
не занимается кармической деятельностью, которая позволяет достичь райских планет. Обретя сознание Кришны, живое существо
вступает в непосредственное общение с Господом и, находясь на
этом духовном уровне, становится способным понять все Его указания. Такое совершенное знание невозможно обрести с помощью
кармической деятельности. Для этого необходимо выполнять указания Кришны или Его представителя, духовного учителя.

ТЕКСТ 54 अर्जुन उवाच
स्थितप्रज्ञस्य का भाषा समाधिस्थस्य केशव ।
स्थितधीः किं प्रभाषेत किमासीत व्रजेत किम् ॥ ५४ ॥

*арджуна увāча
стхита-праджñасйа кā бхāшā самāдхи-стхасйа кешава
стхита-дхӣх ким прабхāшета ким āсӣта враджета ким*

арджунах увāча — Арджуна сказал; *стхита-праджñасйа* — того, кто утвердился в сознании Кришны; *кā* — какой; *бхāшā* —
язык; *самāдхи-стхасйа* — того, кто пребывает в сознании Кришны; *кешава* — о Кришна; *стхита-дхӣх* — тот, кто утвердился в сознании Кришны; *ким* — что; *прабхāшета* — будет говорить; *ким* —
как; *āсӣта* — будет оставаться неподвижным; *враджета* — будет
двигаться; *ким* — как.

**Арджуна сказал: О Кришна, как распознать человека, облада-
ющего этим божественным сознанием? О чем он говорит и как
выражает свои мысли? Как он сидит и как ходит?**

КОММЕНТАРИЙ: Как человека, занимающего то или иное положение в обществе, можно распознать по определенным признакам,
так и человека, наделенного сознанием Кришны, можно распознать
по тому, как он говорит, ходит, думает и т. д. Соответствующие признаки позволяют отличить богатого от бедного, здорового от больного и ученого от неуча, и точно так же человека, обладающего
божественным сознанием, или сознанием Кришны, узнают по тому, как он ведет себя в разных ситуациях. Эти признаки перечислены в последующих стихах «Бхагавад-гиты». Главное отличитель-
ное свойство человека, обладающего сознанием Кришны, впрочем,
как и любого другого человека, — его слова. Говорится, что глупца, особенно, хорошо одетого, невозможно распознать до тех пор,
пока он не заговорит, но стоит ему открыть рот, как сразу же становится ясно, кто он такой. Главная черта человека, который обрел сознание Кришны, — то, что он говорит только о Кришне или
о том, что связано с Ним. За этим признаком следуют все остальные, приведенные ниже.

ТЕКСТ 55   श्रीभगवानुवाच
प्रजहाति यदा कामान्सर्वान्पार्थ मनोगतान् ।
आत्मन्येवात्मना तुष्टः स्थितप्रज्ञस्तदोच्यते ॥ ५५ ॥

*шрӣ-бхагавāн увāча
праджахāти йадā кāмāн   сарвāн пāртха мано-гатāн
āтманӣ эвāтманā тушṭах   стхита-праджñас тадочйāте*

шрӣ-бхагавāн увāча — Верховный Господь сказал; *праджахāти* —
отвергает; *йадā* — когда; *кāмāн* — желания, связанные с чувственными удовольствиями; *сарвāн* — всевозможные; *пāртха* — о сын
Притхи; *манах-гатāн* — изошедшие из ума; *āтмани* — в чистом
состоянии души; *эва* — безусловно; *āтманā* — очищенным умом;
тушṭах — удовлетворенный; *стхита-праджñах* — находящийся на
духовном уровне; *тадā* — тогда; *учйāте* — говорится.

**Верховный Господь сказал: О Партха, о человеке, который
очистил свой ум от всех желаний, берущих начало в чувствах,
и черпает удовлетворение только в своем истинном «я», говорят,
что он обладает чистым, божественным сознанием.**

КОММЕНТАРИЙ: В «Бхагаватам» говорится, что тот, кто в полной мере развил в себе сознание Кришны и преданно служит Господу, обладает всеми достоинствами великих мудрецов, тогда как

у человека, не достигшего духовного уровня, нет и не может быть никаких достоинств, поскольку он во всем руководствуется прихотями своего ума. Вот почему здесь сказано, что необходимо избавиться от всех гнездящихся в уме желаний, связанных с чувственными удовольствиями. Эти желания невозможно просто подавить. Но если человек занимается практикой сознания Кришны, они исчезают сами собой, без дополнительных усилий. Поэтому надо решительно посвятить себя деятельности в сознании Кришны, и преданное служение в короткий срок поможет нам развить божественное сознание. Тот, кто достиг духовного совершенства, всегда черпает удовлетворение в самом себе, сознавая себя вечным слугой Верховного Господа. Такой человек не подражает материалистам и не стремится удовлетворять прихоти своих чувств. Он всегда счастлив и удовлетворен, занимая свое естественное положение вечного слуги Верховного Господа.

ТЕКСТ 56 दुःखेष्वनुद्विग्नमनाः सुखेषु विगतस्पृहः ।
वीतरागभयक्रोधः स्थितधीर्मुनिरुच्यते ॥ ५६ ॥

духкхешв анудвигна-манах̣   сукхешу вигата-спр̣хах̣
вӣта-ра̄га-бхайа-кродхах̣   стхита-дхӣр мунир учйате

духкхешу — в трех видах страданий; *анудвигна-манах̣* — тот, чей ум спокоен; *сукхешу* — в радостях; *вигата-спр̣хах̣* — не заинтересованный; *вӣта* — устранены; *ра̄га* — привязанности; *бхайа* — страх; *кродхах̣* — тот, в ком гнев; *стхита-дхӣх̣* — тот, чей ум устойчив; *муних̣* — мудрец; *учйате* — называется.

Того, кто остается невозмутимым, терпя тройственные страдания, кто не восторгается, когда к нему приходит счастье, и кто избавился от привязанностей, страха и гнева, называют мудрецом, обуздавшим свой ум.

КОММЕНТАРИЙ: Словом *муни* называют философа, чей беспокойный ум предается разного рода размышлениям, но при этом не приходит к окончательному выводу. Говорится, что каждый *муни* должен иметь свою, отличную от других точку зрения, иначе его нельзя называть *муни* в полном смысле этого слова. *На̄са̄в р̣ших̣ йасйа матам̇ на бхиннам* (Махабхарата, Вана-парва, 313.117). Однако *стхита-дхӣр муни,* или мудрец, обуздавший свой ум, о котором Господь говорит в этом стихе, отличается от обыкновенного *муни.* Такой мудрец покончил с умозрительными рассуждениями и всегда пребывает в сознании Кришны. Его называют *прайа̄нта-них̣шеша-мано-ратха̄нтара* — умиротворенным и свободным от всех желаний (Стотра-ратна, 43). Поднявшись над бесплодным философствованием, он пришел к выводу, что Господь Шри Кришна, или Ва̄судева, — это всё *(ва̄судевах̣ сарвам ити са маха̄тма̄ су-дурлабхах̣).* Такого человека, обладающего совершенным сознанием Кришны, не беспокоят проявления тройственных страданий: все страдания он принимает как милость Господа, считая, что заслуживает даже более сурового наказания за свои прошлые грехи. Кроме того, он убежден, что всемилостивый Господь сводит его страдания к минимуму. А когда он счастлив, то считает это счастье даром Господа, а себя — недостойным такого дара; он понимает, что оказался в прекрасных условиях только по милости Господа, и использует их для того, чтобы служить Господу еще лучше. Служа Господу, он действует смело и решительно и при этом не попадает под влияние привязанностей или неприязни. Привязанность — это стремление использовать что-либо для чувственных наслаждений, а неприязнь — противоположность подобной привязанности. Тот, кто утвердился на пути сознания Кришны, свободен от привязанностей и неприязни, ибо вся его жизнь посвящена служению Господу. Поэтому, даже когда его усилия оканчиваются неудачей, человек, обладающий сознанием Кришны, нисколько не гневается. Ни поражение, ни успех не могут поколебать его решимость служить Господу.

ТЕКСТ 57   यः सर्वत्रानभिस्नेहस्तत्तत्प्राप्य शुभाशुभम् ।
नाभिनन्दति न द्वेष्टि तस्य प्रज्ञा प्रतिष्ठिता ॥ ५७ ॥

*йах̣ сарватра̄набхиснехас   тат тат пра̄пйа ш́убха̄ш́убхам
на̄бхинандати на двешт̣и   тасйа праджн̃а̄ пратишт̣хита̄*

йах̣ — который; *сарватра* — повсюду; *анабхиснехах̣* — не испытывающий привязанности; *тат* — то; *тат* — то; *пра̄пйа* — достигнув; *ш́убха* — хорошее; *аш́убхам* — дурное; *на* — не; *абхинандати* — восхваляет; *на* — не; *двешт̣и* — ненавидит; *тасйа* — его; *праджн̃а̄* — совершенное знание; *пратишт̣хита̄* — твердо.

Тот, кто, живя в материальном мире, свободен от мирских привязанностей, кто не слишком радуется, когда с ним случается что-то хорошее, и не злится, когда случается что-то дурное, обладает совершенным знанием.

КОММЕНТАРИЙ: В материальном мире постоянно что-нибудь происходит, хорошее или плохое. Следует понимать, что тот, кого не беспокоят мирские события, кто одинаково реагирует на хорошее и плохое, уже развил в себе сознание Кришны. Пока мы находимся в этом мире, с нами в любой момент может случиться что-нибудь хорошее или плохое, поскольку материальный мир —

это мир двойственности. Однако человека, обладающего сознанием Кришны, не беспокоят проявления двойственности, ибо все его мысли сосредоточены на Кришне, всеблагом абсолютном Господе. Тот, чье сознание поглощено Кришной, достигает высшей ступени духовного совершенства, которая на санскрите называется *самадхи*.

ТЕКСТ 58 यदा संहरते चायं कूर्मोऽङ्गानीव सर्वशः ।
इन्द्रियाणीन्द्रियार्थेभ्यस्तस्य प्रज्ञा प्रतिष्ठिता ॥ ५८ ॥

йадā самхарате чāйам кӯрмо 'нгāнӣва сарваш́ах
индрийāн̣ӣндрийāртхебхйас тасйа праджн̃ā пратишт̣хитā

йадā — когда; *самхарате* — втягивает; *ча* — и; *айам* — он; *кӯрмах* — черепаха; *анга̄ни* — конечности; *ива* — как; *сарваш́ах* — вместе; *индрийāн̣и* — чувства; *индрийа-артхебхйах* — от объектов чувственного восприятия; *тасйа* — его; *праджн̃ā* — сознание; *пратишт̣хитā* — твердо.

Тот, кто, подобно черепахе, втягивающей голову и конечности в панцирь, способен отводить свои чувства от объектов чувственного восприятия, обладает устойчивым, духовным разумом.

КОММЕНТАРИЙ: Совершенного *йога*, преданного или осознавшую себя душу можно определить по способности владеть чувствами. Такой человек, в отличие от подавляющего большинства людей в этом мире, не является рабом чувств и не идет у них на поводу. Так Кришна отвечает на вопрос о том, как ведет себя истинный *йог*. Чувства сравнивают с ядовитыми змеями. Они стремятся действовать свободно, без каких-либо ограничений. Поэтому *йог* или преданный, подобно укротителю змей, должен обладать огромным могуществом, чтобы держать чувства в повиновении. Он никогда не позволяет им действовать независимо от его воли. В *шастрах* дается много различных предписаний, указывающих, что́ следует делать и чего необходимо избегать. До тех пор пока человек не научится следовать этим предписаниям, ограничивающим чувственные удовольствия, он не сможет обрести сознание Кришны. В связи с этим приводится замечательный пример с черепахой. Черепаха в любой момент может спрятать конечности под панцирь, а потом, когда нужно, снова выпустить их. Так и человек, развивший в себе сознание Кришны, использует свои чувства только для того, чтобы служить Господу, и отводит их от объектов чувств. Здесь Кришна велит Арджуне использовать свои чувства для служения Господу, а не для собственного наслаждения. Чувства, занятые служением Господу, подобны конечностям черепахи, которые она держит в панцире.

ТЕКСТ 59 विषया विनिवर्तन्ते निराहारस्य देहिनः ।
रसवर्जं रसोऽप्यस्य परं दृष्ट्वा निवर्तते ॥ ५९ ॥

вишайā винивартанте   нирāхāрасйа дехинах
раса-варджам расо 'пи асйа   парам дриштвā нивартате

вишайāх—объекты, доставляющие чувственные наслаждения;
винивартанте—отвергаются; *нирāхāрасйа*—следующего запре-
там и ограничениям; *дехинах*—находящегося в теле; *раса-варджам*—когда вкус утрачен; *расах*—наслаждение; *апи*—хотя;
асйа—его; *парам*—то, что намного выше; *дриштвā*—восприняв;
нивартате—прекращается.

**Даже воздерживаясь от чувственных удовольствий, вопло-
щенная в теле душа сохраняет вкус к ним. Но, познав более возвышенный вкус, она утрачивает интерес к объектам
чувств, доставляющим наслаждение, и утверждается в духовном
сознании.**

КОММЕНТАРИЙ: До тех пор пока человек не достигнет духовного уровня, он не сможет полностью отказаться от чувственных удовольствий. Предписания *шастр*, ограничивающие эти
удовольствия, можно сравнить с диетой, налагающей ограничения на употребление тех или иных продуктов. Однако нельзя
сказать, что больному нравятся подобные ограничения или что
у него пропадает вкус к запрещенным блюдам. Подобно этому,
людям, лишенным высшего знания, *шастры* предписывают ограничивать деятельность своих чувств с помощью духовной практики, такой как *аштанга-йога*, состоящая из *ямы, ниямы, асан,
пранаямы, пратьяхары, дхараны, дхьяны* и *самадхи*. Но тот, кто,
развивая в себе сознание Кришны, познал красоту Верховного
Господа, утрачивает всякий интерес к безжизненным материальным объектам. Таким образом, предписания *шастр* предназначены для не очень разумных людей, стоящих в начале духовного
пути. Они нужны лишь до тех пор, пока человек не почувству-
ет истинный вкус сознания Кришны. Тот, кто обрел сознание
Кришны, естественным образом теряет вкус к пустым мирским
удовольствиям.

ТЕКСТ 60 यततो ह्यपि कौन्तेय पुरुषस्य विपश्चितः ।
इन्द्रियाणि प्रमाथीनि हरन्ति प्रसभं मनः ॥ ६० ॥

йатато хй апи каунтейа   пурушасйа випашчитах
индрийāни прамāтхӣни   харанти прасабхам манах

йататах—прилагающего усилия; *хи*—безусловно; *апи*—однако; *каунтейа*—о сын Кунти; *пурушасйа*—человека; *випашчи-*

тах—обладающего знанием; *индрийāни*—чувства; *прамāтхӣни*— возбужденные; *харанти*—увлекают; *прасабхам*—с силой; *манах*—ум.

**Чувства так могущественны и напористы, о Арджуна, что спо-
собны силой увлечь за собой ум даже того, кто владеет духовным
знанием и старается обуздать их.**

КОММЕНТАРИЙ: Многие мудрецы, философы и *йоги* пытаются
обуздать чувства, но, несмотря на все усилия, даже величайшие из
них иногда, потеряв контроль над умом, становятся жертвой чувств
и прельщаются мирскими удовольствиями. Так, Вишвамитра, великий мудрец и достигший совершенства *йог*-мистик, был соблазнен
Менакой*, хотя и пытался подчинить себе чувства, предаваясь медитации и суровой аскезе. История знает немало примеров подобного рода. Очевидно, что тому, кто не обладает сознанием Кришны, чрезвычайно трудно совладать с умом и чувствами. Если ум
не сосредоточен на Кришне, его невозможно удержать от материальных мыслей. Это подтверждает Шри Ямуначарья, великий святой и преданный Господа:

> *йад-авадхи мама четах кршна-пāдāравинде*
> *нава-нава-раса-дхāманй удйатам рантум āсӣт*
> *тад-авадхи бата нāрӣ-сангаме смарйамāне*
> *бхавати мукха-викāрах суштху ништхӣванам ча*

«С тех пор как мой ум погрузился в служение лотосным стопам
Господа Кришны, я испытываю все возрастающую духовную радость, и при одной мысли о близости с женщиной мое лицо иска-
жается в отвращении и я сплевываю».

Сознание Кришны приносит такую огромную духовную радость,
что по сравнению с ней мирские удовольствия кажутся безвкусны-
ми и даже противными. Человек, обладающий сознанием Кришны, подобен тому, кто утолил голод, съев много вкусной и пита-
тельной пищи. Махараджа Амбариша одержал верх над великим
йогом Дурвасой Муни просто потому, что ум царя был поглощен
сознанием Кришны (*са ваи манах кршна-пāдāравиндайор вачāмси
ваикунтха-гунāнуварнане*).

ТЕКСТ 61 तानि सर्वाणि संयम्य युक्त आसीत मत्परः ।
वशे हि यस्येन्द्रियाणि तस्य प्रज्ञा प्रतिष्ठिता ॥ ६१ ॥

> *тāни сарвāни самйамйа   йукта āсӣта мат-парах*
> *ваше хи йасйендрийāни   тасйа праджнā пратиштхитā*

---

* Менака — знаменитая райская танцовщица. (*Прим. редактора.*)

тāни — те (чувства); *сарвāни* — все; *самйамйа* — взяв под контроль; *йуктах* — занятый; *āсӣта* — пусть будет; *мат-парах* — связанный со Мной; *ваше* — в полном подчинении; *хи* — безусловно; *йасйа* — которого; *индрийāни* — чувства; *тасйа* — его; *праджн̃ā* — разум; *пратишт̣хитā* — устойчивый.

Того, кто, обуздав чувства и держа их в повиновении, сосредоточивает ум на Мне, называют человеком с устойчивым разумом.

КОММЕНТАРИЙ: В этом стихе объясняется, что высшим совершенством *йоги* является сознание Кришны и что, не обладая сознанием Кришны, невозможно держать свои чувства в подчинении. Ранее уже говорилось, что однажды великий мудрец Дурваса Муни затеял ссору с Махараджей Амбаришей. Непомерно гордый, Дурваса без всякой на то причины пришел в ярость и не смог совладать с чувствами. С другой стороны, царь, который не был столь могущественным *йогом*, как мудрец Дурваса, но был предан Господу, молча слушал несправедливые упреки мудреца и в конечном счете одержал над ним верх. Царь владел своими чувствами, потому что, как описано в «Шримад-Бхагаватам» (9.4.18—20), он посвятил себя следующим занятиям:

> *са ваи манах̣ кр̣шн̣а-пāдāравиндайор*
> *вачāм̇си ваикун̣т̣ха-гун̣āнуварн̣ане*
> *карау харер мандира-мāрджанāдишу*
> *ш́рутим̇ чакāрāчйута-сат-катходайе*

> *мукунда-лин̇гāлайа-дарш́ане др̣ш́ау*
> *тад-бхр̣тйа-гāтра-спарш́е 'н̇га-сан̇гамам*
> *гхрāн̣ам̇ ча тат-пāда-сароджа-саурабхе*
> *ш́рӣмат-туласйā расанāм̇ тад-арпите*

> *пāдау харех̣ кшетра-падāнусарпан̣е*
> *ш́иро хр̣шӣкеш́а-падāбхивандане*
> *кāмам̇ ча дāсйе на ту кāма-кāмйайā*
> *йатхоттамаш́лока-джанāш́райā ратих̣*

«Царь Амбариша сосредоточил ум на лотосных стопах Господа Кришны, а речь посвятил описанию Его божественной обители; руками он убирал храм Господа, ушами слушал рассказы об играх Господа; его глаза созерцали образ Господа, тело касалось тел других преданных Господа, а носом он вдыхал аромат цветов, поднесенных к лотосным стопам Господа; язык царя ощущал вкус листьев *туласи*, предложенных Господу, ноги несли его к святым местам, где находятся храмы Господа, голова склонялась перед Господом, а все желания были связаны с желаниями Господа».

Это описание свидетельствует о том, что Махараджа Амбариша был преданным *мат-пара*. Слово *мат-пара* («связанный со Мной»), употребленное в рассматриваемом нами стихе из «Бхагавад-гиты», заслуживает особого внимания. Жизнь Махараджи Амбариши — пример того, как можно стать преданным *мат-пара*. Шрила Баладева Видьябхушана, великий ученый и *ачарья* в цепи духовных учителей, комментируя этот стих, пишет: *мадбхакти-прабхавена сарвендрийа-виджайа-пурвика сватма-дриштих сулабхети бхавах* — «Полностью обуздать чувства можно, только преданно служа Кришне». В связи с этим также приводят пример с огнем: как огонь может сжечь дотла все, что находится в комнате, так и Господь Вишну, пребывающий в сердце *йога*, сжигает в нем всю материальную скверну. В «Йога-сутре» дается совет избрать объектом своей медитации Господа Вишну, а не пустоту. Так называемые *йоги*, которые пытаются сосредоточить ум не на Вишну, а на чем-то другом, напрасно теряют время в погоне за миражом. Мы должны обрести сознание Кришны, или, иначе говоря, предаться Личности Бога. Вот цель истинной *йоги*.

ТЕКСТ 62   ध्यायतो विषयान्पुंसः सङ्गस्तेषूपजायते ।
सङ्गात्सञ्जायते कामः कामात्क्रोधोऽभिजायते ॥ ६२ ॥

*дхйайато вишайан пумсах   сангас тешупаджайате
сангат санджайате камах   камат кродхо 'бхиджайате*

дхйайатах — созерцающего; *вишайан* — объекты чувств; *пумсах* — человека; *сангах* — привязанность; *тешу* — в них (в объектах чувственного наслаждения); *упаджайате* — возникает; *сангат* — из привязанности; *санджайате* — развивается; *камах* — желание; *камат* — из желания; *кродхах* — гнев; *абхиджайате* — появляется.

Созерцая объекты, приносящие наслаждение чувствам, человек развивает привязанность к ним, из привязанности рождается вожделение, а из вожделения — гнев.

КОММЕНТАРИЙ: Когда человек, не обладающий сознанием Кришны, созерцает объекты чувств, у него возникают материальные желания. Чувства все время ищут себе занятие, и если они не заняты трансцендентным любовным служением Господу, то обязательно найдут себе какое-нибудь материальное занятие. В материальном мире каждый, даже Господь Шива и Господь Брахма, не говоря уже о других полубогах — обитателях райских планет, испытывает на себе влияние объектов чувств. Единственный способ выйти из лабиринта материальной жизни — это обрести сознание Кришны. Господь Шива был погружен в медитацию, но, когда Парвати разожгла в нем чувственное желание, он поддался искушению, в результате чего у них родился Карттикея. Великого преданного Харидаса Тхакура тоже пытались соблазнить: когда он был еще юношей, к нему пришла воплощенная Майядеви, но Харидас с легкостью выдержал это испытание, потому что был безраздельно предан Господу Кришне. Как явствует из приведенного выше стиха Шри Ямуначарьи, искренний преданный способен избежать любых мирских соблазнов благодаря высшему вкусу — духовному блаженству, которое он испытывает, общаясь с Господом. В этом секрет успеха в духовной жизни. Тот же, кто не обладает сознанием Кришны, каким бы могущественным он ни был и сколько бы ни пытался подавлять деятельность своих чувств, в конечном счете все равно обречен на неудачу, ибо малейшая мысль о чувственном удовольствии возбудит его ум и заставит попытаться удовлетворить свои желания.

ТЕКСТ 63 क्रोधाद्भवति सम्मोहः सम्मोहात्स्मृतिविभ्रमः ।
स्मृतिभ्रंशाद्बुद्धिनाशो बुद्धिनाशात्प्रणश्यति ॥ ६३ ॥

*кродхāд бхавати саммохах   саммохāт смрти-вибхрамах
смрти-бхрамшāд буддхи-нāшо   буддхи-нāшāт пранашйати*

кродхāт — из гнева; *бхавати* — возникает; *саммохах* — полная иллюзия; *саммохāт* — из иллюзии; *смрти* — памяти; *вибхрамах* — расстройство; *смрти-бхрамшāт* — из расстройства памяти; *буддхи-нāшах* — из-за потери разума; *буддхи-нāшāт* — вследствие потери разума; *пранашйати* — падает.

Гнев порождает полное заблуждение, а заблуждение затмевает память. Вслед за памятью пропадает разум, и тогда, лишившись разума, человек снова погружается в пучину материальной жизни.

КОММЕНТАРИЙ: Шрила Рупа Госвами в «Бхакти-расамрита-синдху» (1.2.256) оставил нам следующее наставление:

*прāпаñчикатайā буддхйā
хари-самбандхи-вастунах
мумукшубхих паритйāго
ваирāгйам пхалгу катхйате*

Развивая в себе сознание Кришны, человек начинает понимать: все, что его окружает, можно использовать для служения Господу. Те, кто не знают о сознании Кришны и, стремясь к освобождению из материального плена, пытаются просто отринуть все материальные объекты, не способны достичь совершенства самоотречения. Их так называемое самоотречение называют *пхалгу*, или неполным. С другой стороны, человек, обладающий сознанием Кришны, знает, как использовать все для служения Господу, и потому никогда не попадается в ловушку материального сознания. Имперсоналист считает, что Господь, или Абсолют, не может принимать пищу, так как Он лишен качеств личности. По этой причине имперсоналист отказывается от вкусных блюд. Но преданный знает, что Кришна — верховный наслаждающийся и что Он ест все предложенное Ему с любовью и преданностью. Поэтому, поднеся Господу вкусные блюда, преданный принимает остатки этой пищи, которые называются *прасадом*. Так можно одухотворить все материальное и при этом не опасаться падения. Преданный, обладающий сознанием Кришны, принимает *прасад*, а непреданный, стремящийся к самоотречению, отвергает эту пищу как нечто материальное. Искусственно отрекаясь от всего, имперсоналист лишает себя возможности наслаждаться жизнью, поэтому малейшее возбуждение ума может вновь бросить его в пучину материальной жизни. В *шастрах* сказано, что такая душа, даже обретя освобождение от оков материи, снова падает в материальный мир из-за того, что пренебрегает преданным служением Господу.

ТЕКСТ 64   रागद्वेषविमुक्तैस्तु विषयानिन्द्रियैश्चरन् ।
आत्मवश्यैर्विधेयात्मा प्रसादमधिगच्छति ॥ ६४ ॥

рāга-двеша-вимуктаис ту   вишайāн индрийаиш чаран
āтма-ваш́йаир видхейāтмā   прасāдам адхигаччхати

рāга—от привязанности; *двеша*—и неприязни; *вимуктаих*—освобожденными; *ту*—но; *вишайāн*—на объекты чувственного удовольствия; *индрийаих*—чувствами; *чаран*—воздействующий; *āтма-ваш́йаих*—подчиненными себе; *видхейа-āтмā*—человек, который следует регулирующим принципам свободы; *прасāдам*—милость Господа; *адхигаччхати*—обретает.

Но тот, кто, следуя регулирующим принципам свободы, избавился от всякой привязанности и неприязни и держит свои чувства в узде, может в полной мере обрести милость Господа.

КОММЕНТАРИЙ: Как уже говорилось, можно сколько угодно пытаться подчинить себе чувства, искусственно подавляя их деятельность, но, если чувства не заняты трансцендентным любовным служением Господу, такой человек рискует в любой момент пасть. С другой стороны, может показаться, что человек, обладающий сознанием Кришны, действует, повинуясь требованиям чувств, но на самом деле он не привязан к их деятельности, ибо всецело поглощен сознанием Кришны. Такой человек думает только о том, как удовлетворить Кришну, и ни о чем другом. Поэтому он выше мирской привязанности и неприязни. Если Кришна пожелает, преданный может сделать все, что угодно, даже то, чего сам он не захотел бы делать; но он не будет делать того, что обычно доставляет ему удовольствие, если это не угодно Кришне. Иначе говоря, действия преданного не зависят от внешних причин, ибо он действует только по указанию Кришны. Такое сознание есть следствие беспричинной милости Господа, и преданный может обрести его, даже если у него еще сохраняется привязанность к деятельности на уровне чувств.

ТЕКСТ 65 प्रसादे सर्वदुःखानां हानिरस्योपजायते ।
प्रसन्नचेतसो ह्याशु बुद्धिः पर्यवतिष्ठते ॥ ६५ ॥

*прасāде сарва-духкхāнāм   хāнир асйопаджāйате
прасанна-четасо хи āшу   буддхих парйаватишт̣хате*

прасāде — благодаря беспричинной милости Господа; *сарва* —
всех; *духкхāнāм* — материальных страданий; *хāних* — уничтожение;
асйа — его; *упаджāйате* — происходит; *прасанна-четасах* — того,
чей ум удовлетворен; *хи* — безусловно; *āшу* — очень скоро; *буддхих* — разум; *пари* — достаточно; *аватишт̣хате* — утверждается.

**Для того, кто, идя этим путем, обрел удовлетворение [в созна-
нии Кришны], уже не существует тройственных страданий. Благодаря этому удовлетворению разум человека быстро становится
устойчивым.**

ТЕКСТ 66 नास्ति बुद्धिरयुक्तस्य न चायुक्तस्य भावना ।
न चाभावयतः शान्तिरशान्तस्य कुतः सुखम् ॥ ६६ ॥

*нāсти буддхир айуктасйа   на чāйуктасйа бхāванā
на чāбхāвайатах̣ ш́āнтир   аш́āнтасйа кутах̣ сукхам*

на асти — не существует; *буддхих* — духовный разум; *айуктасйа* — того, кто не связан (с сознанием Кришны); *на* — не; *ча* —
и; *айуктасйа* — того, кто лишен сознания Кришны; *бхāванā* — сосредоточение ума (в счастье); *на* — не; *ча* — и; *абхāвайатах̣* — того,
кто не устойчив; *ш́āнтих̣* — покой; *аш́āнтасйа* — лишенного покоя;
кутах̣ — где; *сукхам* — счастье.

**Тот, кто не установил связь со Всевышним [в сознании Криш-
ны], не способен одухотворить свой разум и сосредоточить ум. Такой человек не знает умиротворения, а без умиротворения разве
можно быть счастливым?**

КОММЕНТАРИЙ: Тот, кто лишен сознания Кришны, не знает
умиротворения. В пятой главе «Бхагавад-гиты» (стих 29) сказано,
что подлинное умиротворение человек обретет только тогда, ког-

да поймет, что Кришна наслаждается всеми жертвоприношениями и плодами всего аскетизма, что Он верховный повелитель всех планет во вселенной и истинный друг всех живых существ. Если человек не обладает сознанием Кришны, его ум будет бесцельно блуждать, не приходя ни к какому выводу. Все беспокойства ума вызваны отсутствием высшей цели, и, когда человек наконец понимает, что Кришна — верховный наслаждающийся, владыка всего сущего и друг каждого, его ум успокаивается и он обретает умиротворение. Вот почему тот, чья деятельность не связана с Кришной, всегда чем-то обеспокоен, чем бы он ни занимался и как бы ни пытался создать видимость умиротворенности и духовности. Сознание Кришны — это естественное умиротворение, обрести которое можно только в общении с Кришной.

ТЕКСТ 67 इन्द्रियाणां हि चरतां यन्मनोऽनुविधीयते ।
तदस्य हरति प्रज्ञां वायुर्नावमिवाम्भसि ॥ ६७ ॥

*индрийāнāм хи чаратāм йан мано 'нувидхӣйате
тад асйа харати праджнāм вāйур нāвам ивāмбхаси*

индрийāнāм — чувств; *хи* — несомненно; *чаратāм* — свободно блуждающих; *йат* — который; *манах* — ум; *анувидхӣйате* — подчиняется; *тат* — тот; *асйа* — его; *харати* — уносит; *праджнāм* — разум; *вāйух* — ветер; *нāвам* — лодку; *ива* — как; *амбхаси* — на воде.

Как сильный порыв ветра уносит лодку, так даже одно свободно блуждающее чувство, на котором сосредоточен ум человека, может увлечь за собой его разум.

КОММЕНТАРИЙ: До тех пор пока все чувства преданного не будут заняты служением Господу, даже одно из них, ищущее мирских удовольствий, может заставить его сойти с духовного пути. Как явствует из приведенного ранее примера Махараджи Амбариши, все чувства необходимо занять практикой сознания Кришны, ибо это единственно верный способ обуздать ум.

ТЕКСТ 68 तस्माद्यस्य महाबाहो निगृहीतानि सर्वशः ।
इन्द्रियाणीन्द्रियार्थेभ्यस्तस्य प्रज्ञा प्रतिष्ठिता ॥ ६८ ॥

*тасмāд йасйа махā-бāхо нигрхӣтāни сарваśах
индрийāнӣндрийāртхебхйас тасйа праджнā пратиштхитā*

тасмāт — поэтому; *йасйа* — которого; *махā-бāхо* — о могучерукий; *нигрхӣтāни* — отстраненные; *сарваśах* — со всех сторон; *индрийāни* — чувства; *индрийа-артхебхйах* — от объектов чувств; *тасйа* — его; *праджнā* — разум; *пратиштхитā* — твердый.

Потому, о могучерукий Арджуна, тот, кто отстранил свои чувства от объектов чувств, несомненно, обладает устойчивым разумом.

КОММЕНТАРИЙ: Преодолеть тягу к чувственным удовольствиям можно только с помощью практики сознания Кришны — заняв все свои чувства трансцендентным любовным служением Господу. Для победы над врагом нужны превосходящие силы, и точно так же, чтобы одолеть чувства, недостаточно собственных усилий: необходимо все время занимать их служением Господу. Того, кто понял, что обрести устойчивый духовный разум можно только с помощью сознания Кришны и что этой практикой необходимо заниматься под руководством истинного духовного учителя, называют *садхакой,* или достойным освобождения из материального плена.

ТЕКСТ 69 या निशा सर्वभूतानां तस्यां जागर्ति संयमी ।
यस्यां जाग्रति भूतानि सा निशा पश्यतो मुनेः ॥ ६९ ॥

*йа нишā сарва-бхӯтāнāм   тасйāм джāгарти самйамӣ
йасйāм джāграти бхӯтāни   сā нишā паийато мунех*

йā — которая; *нишā* — ночь; *сарва* — всех; *бхӯтāнāм* — живых существ; *тасйāм* — в той; *джāгарти* — бодрствует; *самйамӣ* — владеющий собой; *йасйāм* — в которую; *джāграти* — бодрствуют; *бхӯтāни* — существа; *сā* — та; *нишā* — ночь; *паийатах* — занятого самосозерцанием; *мунех* — мудреца.

То, что для всех существ ночь, для владеющего собой время бодрствования; когда же все существа пробуждаются, для мудреца, чей взгляд обращен внутрь, наступает ночь.

КОММЕНТАРИЙ: Существует два типа разумных людей. К первому относят тех, кто успешно использует свой разум, занимаясь материальной деятельностью ради чувственных удовольствий, а ко второму — тех, кто склонен к самосозерцанию и стремится постичь свое истинное «я». Занятия погруженного в самосозерцание мудреца или мыслителя словно темная ночь для тех, кто поглощен мирскими делами. Ничего не зная о духовной науке, материалистичные люди спят во тьме невежества, однако для мудреца, чей взор обращен внутрь, их ночь — время бодрствования. Идя духовным путем, мудрец испытывает трансцендентное блаженство, тогда как мирские люди, глухие к духовной науке, видят во сне разнообразные чувственные удовольствия, которые иногда приносят им счастье, а иногда — страдания. Человек, занятый самосозерцанием, стоит в стороне от мирских радостей и страданий. Он продолжает духовно совершенствоваться, не обращая внимания на внешние обстоятельства.

ТЕКСТ 70

आपूर्यमाणमचलप्रतिष्ठं
समुद्रमापः प्रविशन्ति यद्वत् ।
तद्वत्कामा यं प्रविशन्ति सर्वे
स शान्तिमाप्नोति न कामकामी ॥ ७० ॥

*а̄пӯрйама̄н̣ам ачала-пратишт̣хам
самудрам а̄пах̣ правиш́анти йадват
тадват ка̄ма̄ йам̇ правиш́анти сарве
са ш́а̄нтим а̄пноти на ка̄ма-ка̄мӣ*

а̄пӯрйама̄н̣ам — в постоянно наполняемый; *ачала-пратишт̣хам* — совершенно спокойный; *самудрам* — океан; *а̄пах̣* — во́ды; *правиш́анти* — входят; *йадват* — как; *тадват* — так; *ка̄ма̄х̣* — желания; *йам* — в которого; *правиш́анти* — входят; *сарве* — все; *сах̣* — тот (человек); *ш́а̄нтим* — покой; *а̄пноти* — обретает; *на* — не; *ка̄ма-ка̄мӣ* — тот, кто стремится удовлетворить свои желания.

Тот, кого не беспокоит непрерывный поток желаний, подобен океану, который никогда не выходит из берегов, хотя в него впадает множество рек. Только такой человек способен обрести умиротворение, а не тот, кто стремится удовлетворить свои желания.

КОММЕНТАРИЙ: Хотя океан всегда полон, он постоянно пополняется водой, особенно в сезон дождей. Но, несмотря на это, он никогда не выходит из берегов. Нечто подобное можно сказать и о человеке, который обрел сознание Кришны. Пока у нас есть материальное тело, оно будет требовать чувственных удовольствий. Однако преданного такие требования не беспокоят, ибо он черпает удовлетворение в самом себе. Тот, кто обладает сознанием Кришны, не испытывает никаких потребностей, поскольку Господь удовлетворяет все его материальные нужды. Подобно океану, такой человек всегда самодостаточен. Желания могут возникать у него в уме, словно реки, впадающие в океан, однако они его нисколько не беспокоят: он не прельщается чувственными удовольствиями и просто продолжает заниматься своим делом. Вот признак человека, развившего в себе сознание Кришны: хотя у него возникают разные желания, он не стремится удовлетворить их, ибо его не интересуют чувственные удовольствия. Он черпает удовлетворение в трансцендентном любовном служении Господу и потому всегда безмятежен, как океан в тихую погоду. Те же, кто пытается удовлетворить свои желания — добиться успеха в мирской жизни или даже обрести освобождение, — лишены покоя. *Карми*, стремящиеся к плодам своего труда, *гьяни*, ищущие освобождения, и *йоги*, жаждущие мистических совершенств, — все они несчастны, потому что их желания остаются неудовлетворенными. Но человек, обладающий сознанием Кришны, счастлив, служа Господу, ибо у него нет желаний, не связанных с преданным служением. Он даже не пытается освободиться из так называемого материального плена. Одним словом, у преданного Кришны нет материальных желаний и он всегда умиротворен.

ТЕКСТ 71 विहाय कामान्यः सर्वान्पुमांश्चरति निःस्पृहः ।
निर्ममो निरहङ्कारः स शान्तिमधिगच्छति ॥ ७१ ॥

*вихāйа кāмāн йах сарвāн пумāмш чарати нихспрхах
нирмамо нирахан̇кāрах са ш́āнтим адхигаччхати*

вихāйа — отвергнув; *кāмāн* — материальные желания, связанные с чувственными наслаждениями; *йах* — который; *сарвāн* — все; *пумāн* — человек; *чарати* — живет; *нихспрхах* — лишенный желаний; *нирмамах* — не испытывающий чувства собственничества; *нирахан̇кāрах* — лишенный ложного эго; *сах* — он; *ш́āнтим* — полный покой; *адхигаччхати* — обретает.

Истинное умиротворение обретает лишь тот, кто полностью изжил в себе стремление к чувственным удовольствиям, свободен от желаний, не считает себя обладателем чего-либо и избавился от ложного эго.

КОММЕНТАРИЙ: Избавиться от желаний — значит избавиться от стремления к чувственным удовольствиям. Иначе говоря, если человек желает обрести сознание Кришны, можно сказать, что он свободен от желаний. Совершенства в сознании Кришны достигает тот, кто осознал свое истинное положение — положение вечного слуги Кришны, перестал отождествлять себя с материальным телом и избавился от ложного чувства собственничества. Такой человек знает, что, поскольку все принадлежит Кришне, надо все использовать для удовлетворения Кришны. Арджуна не хотел сражаться ради собственного удовлетворения, но, обретя в полной мере сознание Кришны, он вступил в бой, потому что так было угодно Кришне. У него не было желания участвовать в битве ради себя, но ради Кришны он бился не на жизнь, а на смерть. Истинная свобода от желаний заключается в желании удовлетворить Кришну, а не в попытках искусственно подавить в себе желания. Живое существо не может перестать желать или чувствовать, ему просто нужно изменить качество своих желаний. Человек, свободный от материальных желаний, твердо убежден в том, что все принадлежит Кришне (*ишавасйам идам сарвам*), поэтому он не считает себя обладателем чего бы то ни было. В основе этого трансцендентного знания лежит понимание того, что каждое живое существо является вечной духовной искрой, неотъемлемой частицей Кришны, и потому никогда не станет равным Кришне или более великим, чем Он. Без такого понимания науки сознания Кришны невозможно настоящее умиротворение.

ТЕКСТ 72 एषा ब्राह्मी स्थितिः पार्थ नैनां प्राप्य विमुह्यति ।
स्थित्वास्यामन्तकालेऽपि ब्रह्मनिर्वाणमृच्छति ॥ ७२ ॥

*эша брахми стхитих партха   наинам прапйа вимухйати
стхитвасйам анта-кале 'пи   брахма-нирванам рччхати*

эша — это; *брахми* — духовное; *стхитих* — положение; *партха* — о сын Притхи; *на* — не; *энам* — это; *прапйа* — достигнув; *вимухйати* — заблуждается; *стхитва* — встав; *асйам* — в него; *анта-кале* — в конце жизни; *апи* — также; *брахма-нирванам* — духовного царства Бога; *рччхати* — достигает.

Таков путь духовной жизни, посвященной Богу. Вступив на него, человек освобождается от оков иллюзии, и, даже если божественное сознание придет к нему лишь перед самой смертью, он получит право войти в царство Бога.

КОММЕНТАРИЙ: Кто-то может прийти к сознанию Кришны, или к божественной жизни, за одно мгновение, а кому-то на это потребуются миллионы жизней. Все зависит от того, насколько человек признаёт и понимает истину. Махараджа Кхатванга, предавшись Кришне, достиг этого уровня за считанные минуты, перед самой смертью. *Нирвана* означает конец материального существования. Согласно философии буддизма, за порогом материальной жизни нас ожидает одна лишь пустота, однако «Бхагавад-гита» утверждает иное. Там, где заканчивается материальное существование, начинается настоящая жизнь. Закоренелому материалисту достаточно знания о том, что необходимо покончить с материальным существованием, но для тех, кто достиг духовного совершенства, за порогом материальной жизни начинается новая жизнь. Если человеку посчастливится обрести сознание Кришны еще в этой жизни, он сразу достигнет уровня *брахма-нирваны*. Между царством Бога и преданным служением Богу нет разницы. И то и другое находится на абсолютном уровне, поэтому тот, кто занимается трансцендентным любовным служением Господу, пребывает в духовной обители. В материальном мире каждый действует ради удовлетворения потребностей своих чувств, тогда как обитатели духовного мира действуют в сознании Кришны. Обретя сознание Кришны, человек еще при жизни достигает уровня Брахмана, и тот, кто действует в сознании Кришны, уже, вне всякого сомнения, находится в царстве Бога.

Брахман — прямая противоположность материи. Поэтому выражение *брāхмӣ стхити* означает «вне сферы материальной деятельности». В «Бхагавад-гите» (14.26) преданное служение Господу приравнивается к освобождению *(са гуṇāн саматӣтйаитāн брахма-бхӯйāйа калпате)*. Следовательно, *брāхмӣ стхити* — это освобождение из материального плена.

Шрила Бхактивинода Тхакур пишет, что вторая глава «Бхагавад-гиты» представляет собой сжатое изложение всего этого произведения. Основные темы «Бхагавад-гиты» — *карма-йога, гьяна-йога* и *бхакти-йога*. Вторая глава «Бхагавад-гиты» подробно описывает *карма-йогу* и *гьяна-йогу*, а также дает некоторое представление о *бхакти-йоге*, что, по сути дела, и является кратким содержанием всей книги.

Так заканчивается комментарий Бхактиведанты ко второй главе «Шримад Бхагавад-гиты», которая называется «Краткое изложение „Бхагавад-гиты"».

ГЛАВА ПЯТАЯ

КАРМА-ЙОГА

ТЕКСТ 1

सञ्जय उवाच

अर्जुन उवाच ।
सन्न्यासं कर्मणां कृष्ण पुनर्योगं च शंससि ।
यच्छ्रेय एतयोरेकं तन्मे ब्रूहि सुनिश्चितम् ॥

ГЛАВА ТРЕТЬЯ

Карма-йога

ТЕКСТ 1

अर्जुन उवाच
ज्यायसी चेत्कर्मणस्ते मता बुद्धिर्जनार्दन ।
तत्किं कर्मणि घोरे मां नियोजयसि केशव ॥ १ ॥

арджуна увача
джйайаси чет карманас те   мата буддхир джанардана
тат ким кармани гхоре мам   нийоджайаси кешава

арджунах увача — Арджуна сказал; *джйайаси* — лучшая; *чет* — если; *карманах* — кармической деятельности; *те* — для Тебя; *мата* — считающаяся; *буддхих* — разум; *джанардана* — о Кришна; *тат* — поэтому; *ким* — почему; *кармани* — в деле; *гхоре* — в ужасном; *мам* — меня; *нийоджайаси* — вовлекаешь; *кешава* — о Кришна.

Арджуна сказал: О Джанардана, о Кешава, если Ты считаешь, что деятельность на уровне разума лучше деятельности ради ее плодов, то почему же Ты хочешь вовлечь меня в эту ужасную войну?

КОММЕНТАРИЙ: В предыдущей главе Верховный Господь Шри Кришна подробно описал природу души, чтобы вызволить своего близкого друга Арджуну из океана мирской скорби. Он также указал ему путь духовного самопознания: *буддхи-йогу,* или путь сознания Кришны. Некоторые люди ошибочно считают практику сознания Кришны пассивным методом духовного совершенствования и пытаются пробудить в себе сознание Кришны, повторяя святые имена в уединении. Но человеку, который не овладел философией сознания Кришны, не рекомендуется повторять имена Кришны в уединенном месте, поскольку это не принесет ему ничего, кроме дешевой популярности среди неискушенных людей. Арджуна тоже думал, что заниматься практикой сознания Кришны *(буддхи-йогой)*, то есть использовать свой разум для обретения духовного знания, — значит удалиться от дел и совершать аскезу в уединенном месте. Иными словами, он хотел уклониться от участия в битве, используя сознание Кришны как предлог. Но, будучи искренним и серьезным учеником, он сообщил об этом своему духовному учителю, Кришне, и спросил, как лучше всего поступить. Отвечая Арджуне, Господь Кришна подробно рассказал о *карма-йоге,* или деятельности в сознании Кришны, которой и посвящена эта глава «Бхагавад-гиты».

ТЕКСТ 2   व्यामिश्रेणेव वाक्येन बुद्धिं मोहयसीव मे ।
                तदेकं वद निश्चित्य येन श्रेयोऽहमाप्नुयाम् ॥ २ ॥

*вйāмиш́рен̣ева вāкйена   буддхим̇ мохайасӣва ме
тад экам̇ вада ниш́читйа   йена ш́рейо 'хам āпнуйāм*

вйāмиш́рен̣а — двусмысленной; *ива* — как бы; *вāкйена* — речью; *буддхим* — разум; *мохайаси* — смущаешь; *ива* — как бы; *ме* — мой; *тат* — то; *экам* — одно; *вада* — скажи; *ниш́читйа* — определив; *йена* — которым; *ш́рейах̣* — истинное благо; *ахам* — я; *āпнуйāм* — получу.

Твои противоречивые наставления смутили мой разум. Поэтому, прошу Тебя, скажи определенно, какой путь приведет меня к истинному благу?

КОММЕНТАРИЙ: В предыдущей главе, которая является вступлением к «Бхагавад-гите», были описаны различные пути и методы духовного совершенствования: *санкхья-йога, буддхи-йога,* обуздание чувств с помощью разума и бескорыстная деятельность, а также рассказывалось о положении преданного-неофита. Все это было изложено без определенной системы. Но для того, чтобы человек мог овладеть этим знанием и действовать в соответствии с ним, необходимо было изложить его более последовательно. Поэтому Арджуна хотел разъяснить все кажущиеся противоречия, чтобы обыкновенные люди могли понять слова Кришны однозначно и не искажать их смысл. Хотя у Кришны не было намерения сбивать Арджуну с толку многозначными речами, Арджуна все же не до конца понял, как применять метод сознания Кришны в бездействии и в активном служении. Иными словами, задавая эти вопросы, он стремился сделать путь сознания Кришны понятным и доступным для всех, кто действительно хочет проникнуть в сокровенный смысл «Бхагавад-гиты».

ТЕКСТ 3   श्रीभगवानुवाच
लोकेऽस्मिन्द्विविधा निष्ठा पुरा प्रोक्ता मयानघ ।
ज्ञानयोगेन सांख्यानां कर्मयोगेन योगिनाम् ॥ ३ ॥

шрӣ-бхагавāн увāча
локе 'смин дви-видхā ништхā   пурā проктā майāнагха
джнāна-йогена сāн̇кхйāнāм   карма-йогена йогинāм

шрӣ-бхагавāн увāча — Верховный Господь сказал; *локе* — в мире; *асмин* — в этом; *дви-видхā* — включающая два вида; *ништхā* — вера; *пурā* — которая была ранее; *проктā* — описана; *майā* — Мной; *анагха* — о безгрешный; *джнāна-йогена* — связующим методом познания; *сāн̇кхйāнāм* — философов-имперсоналистов; *карма-йогена* — связующим методом преданного служения; *йогинāм* — преданных.

Верховный Господь сказал: О безгрешный Арджуна, как Я уже говорил, есть два типа людей, стремящихся познать свое «я». Одни посвящают себя философским размышлениям, а другие преданно служат Господу.

КОММЕНТАРИЙ: Во второй главе «Бхагавад-гиты» (стих 39) Господь назвал два метода духовного самопознания: *санкхья-йогу* и *карма-йогу,* или *буддхи-йогу.* Здесь Он рассказывает о них более подробно: *санкхья-йогой,* аналитическим изучением природы духа и материи, занимаются люди, склонные к размышлениям и стремящиеся познать окружающий мир посредством чувственного опыта и философских рассуждений, а трансценденталисты другого типа идут путем сознания Кришны, который был описан в шестьдесят первом стихе второй главы. В тридцать девятом стихе второй главы Господь также говорил, что, следуя путем *буддхи-йоги,* или сознания Кришны, человек освобождается от пут действий и их последствий, а в сороковом стихе — что в этом методе нет изъянов. О том же самом, только более определенно, сказано в шестьдесят первом стихе второй главы: заниматься *буддхи-йогой* — значит полностью полагаться на Всевышнего (Кришну); так человек сможет без труда обуздать свои чувства. В сущности, оба этих метода *йоги* взаимозависимы, подобно тому как зависят друг от друга религия и философия. Религия, лишенная философской основы, превращается в сентименты или даже фанатизм, а философия без религии остается на уровне умозрительных рассуждений.

Высшей целью всех трансценденталистов является Кришна. Философы, которые искренне и серьезно ищут Абсолютную Истину, в конечном счете тоже приходят к сознанию Кришны. Об этом сказано в «Бхагавад-гите» (7.19). Цель самоосознания — понять истинное положение души в ее отношениях со Сверхдушой. Путь, которым идут философы-*гьяни*, обходной: он тоже может привести человека к сознанию Кришны, но не сразу, а спустя много времени, тогда как другой метод — это непосредственная практика сознания Кришны. Из этих двух методов лучшим является метод сознания Кришны, так как он не требует очищения чувств посредством философских размышлений. Метод сознания Кришны сам по себе очищает человека от материальной скверны. Будучи непосредственным служением Господу, он одновременно прост и возвышен.

ТЕКСТ 4   न कर्मणामनारम्भान्नैष्कर्म्यं पुरुषोऽश्नुते ।
न च सन्न्यसनादेव सिद्धिं समधिगच्छति ॥ ४ ॥

*на карманам анарамбхан   наишкармйам пурушо 'шнуте
на ча саннйасанад эва   сиддхим самадхигаччхати*

на — не; *карманам* — предписанных обязанностей; *анарамбхат* — от невыполнения; *наишкармйам* — свободу от последствий; *пурушах* — человек; *ашнуте* — обретает; *на* — не; *ча* — также; *саннйасанат* — из-за отрешенности; *эва* — на самом деле; *сиддхим* — совершенство; *самадхигаччхати* — обретает.

Просто воздерживаясь от деятельности, человек не освободится от *кармы*, и обет отречения от мира сам по себе не поможет ему достичь совершенства.

КОММЕНТАРИЙ: Отречься от мира может только тот, кто очистился от материальной скверны, выполняя предписанные ему обязанности. Различные виды деятельности рекомендованы в Ведах прежде всего для того, чтобы очистить сердце оскверненных материализмом людей. Если кто-то, не очистившись, поспешит принять *санньясу* (последний из четырех укладов духовной жизни), он не сможет достичь совершенства. Философы-имперсоналисты считают, что достаточно человеку стать *санньяси*, то есть прекратить кармическую деятельность, и он сравняется с Нараяной. Но Господь Кришна отвергает эту идею. Если человек с нечистым сердцем примет *санньясу*, он только внесет беспокойство в жизнь общества. С другой стороны, если человек, даже оставив предписанные ему обязанности, встал на путь трансцендентного служения Господу *(буддхи-йоги)*, Господь всегда примет его служение, каким бы незначительным оно ни было. *Св-алпам апи асйа дхармасйа трайате махато бхайат.* Даже небольшое продвижение по этому пути поможет человеку преодолеть величайшие трудности.

ТЕКСТ 5 न हि कश्चित्क्षणमपि जातु तिष्ठत्यकर्मकृत् ।
कार्यते ह्यवशः कर्म सर्वः प्रकृतिजैर्गुणैः ॥ ५ ॥

*на хи каичит кшанам апи   джату тиштхатй акарма-крт
карйате хй авашах карма   сарвах пракрти-джаир гунаих*

на — не; *хи* — безусловно; *каичит* — кто-либо; *кшанам* — мгновение; *апи* — даже; *джату* — когда бы то ни было; *тиштхати* — пребывает; *акарма-крт* — бездействующий; *карйате* — вынужден совершать; *хи* — безусловно; *авашах* — беспомощный; *карма* — деятельность; *сарвах* — весь; *пракрти-джаих* — порожденными *гунами* материальной природы; *гунаих* — качествами.

Все существа беспомощны перед материальной природой и вынуждены действовать в соответствии с качествами, приобретенными под влиянием ее *гун*, поэтому никто не может удержаться от действий даже на мгновение.

КОММЕНТАРИЙ: Активное начало не является свойством обусловленной жизни, оно заложено в самой природе души. Без души материальное тело не может даже пошевелиться. Тело всего лишь безжизненный механизм, приводимый в движение вечной душой, которая всегда активна и не может провести в бездействии даже мгновения. Поэтому, если душа не занята благоприятной для нее деятельностью в сознании Кришны, она будет действовать, повинуясь диктату иллюзорной энергии. Соприкоснувшись с материальной энергией, душа оскверняется материальными качествами, и, чтобы очиститься от них, необходимо выполнять обязанности, предписанные *шастрами.* Но если душа занимается естественной для нее деятельностью в сознании Кришны, то, что бы она ни делала, все ее действия приносят ей только благо. Подтверждение этому мы находим в «Шримад-Бхагаватам» (1.5.17):

*тйактва сва-дхармам чаранамбуджам харер
бхаджанн апакво 'тха патет тато йади
йатра ква вабхадрам абхуд амушйа ким
ко вартха апто 'бхаджатам сва-дхарматах*

«Даже если человек, занятый деятельностью в сознании Кришны, не выполняет предписанные *шастрами* обязанности, если он допускает ошибки в преданном служении или даже сходит с этого пути, он все равно ничего не теряет и не навлекает на себя греха. С другой стороны, какая польза тому, кто старательно совершает все очистительные обряды, но не обретает сознания Кришны?» Итак, очистительные обряды необходимы для того, чтобы помочь нам развить в себе сознание Кришны. Поэтому *санньяса*, как и любой другой очистительный обет, должна вести человека к высшей цели — сознанию Кришны, без которого любая наша деятельность будет бессмысленной.

ТЕКСТ 6   कर्मेन्द्रियाणि संयम्य य आस्ते मनसा स्मरन् ।
इन्द्रियार्थान्विमूढात्मा मिथ्याचारः स उच्यते ॥ ६ ॥

кармендрийāни самйамйа   йа āсте манасā смаран
индрийāртхāн вимӯдхāтмā   митхйāчāрах са учйате

карма-индрийāни — пять органов деятельности; *самйамйа* — подчинив; *йах* — который; *āсте* — пребывает; *манасā* — умом; *смаран* — обдумывающий; *индрийа-артхāн* — объекты чувств; *вимӯдха* — глупа; *āтмā* — тот, чья душа; *митхйā-āчāрах* — притворщик; *сах* — он; *учйате* — называется.

Тот, кто внешне удерживает органы чувств от деятельности, но при этом постоянно думает об объектах чувств, обманывает самого себя и зовется притворщиком.

КОММЕНТАРИЙ: Есть много притворщиков, которые отказываются действовать в сознании Кришны и делают вид, будто занимаются медитацией, хотя на самом деле их ум поглощен мыслями о чувственном наслаждении. Иногда такой притворщик подолгу рассуждает на абстрактные философские темы, чтобы пустить пыль в глаза своим «интеллектуальным» последователям, однако, как явствует из этого стиха, он самый настоящий мошенник. Если человек стремится к чувственным удовольствиям, ему надо сохранять свой социальный статус и выполнять все соответствующие предписания *шастр,* — тогда он постепенно очистится от материальной скверны. Но того, кто ищет мирских наслаждений и при этом выдает себя за *йога,* следует считать первейшим проходимцем, даже если порой он ведет философские беседы. Познаниям этого грешника грош цена, так как все их плоды украдены иллюзорной энергией Господа. Ум такого лицемера всегда остается оскверненным, поэтому его так называемая йогическая медитация не приносит ему никакой пользы.

ТЕКСТ 7   यस्त्विन्द्रियाणि मनसा नियम्यारभतेऽर्जुन ।
कर्मेन्द्रियैः कर्मयोगमसक्तः स विशिष्यते ॥ ७ ॥

йас тв индрийāни манасā   нийамйāрабхате 'рджуна
кармендрийаих карма-йогам   асактах са вишишйате

йах — который; *ту* — однако; *индрийа̄н̣и* — органы чувств; *манасā* — умом; *нийамйа* — обуздав; *а̄рабхате* — начинает; *арджуна* —
о Арджуна; *карма-индрийаих* — органами деятельности; *карма-йогам* — преданное служение; *асактах* — не имеющий привязанностей; *сах* — он; *виш́ишйате* — превосходит.

**Но искренний человек, который с помощью ума пытается обуз-
дать чувства и, отказавшись от мирских привязанностей, начинает заниматься *карма-йогой* [в сознании Кришны], намного
превосходит его.**

КОММЕНТАРИЙ: Вместо того чтобы притворяться *йогом* и надеяться на беспечную жизнь, полную чувственных удовольствий, гораздо лучше продолжать заниматься своим делом и стараться достичь высшей цели жизни: освободиться из материального плена
и войти в царство Бога. Высшая цель *(свартха-гати)* и высшее
благо для каждого человека — познать Вишну, и вся система *варн*
и *ашрамов* призвана помочь людям достичь этой цели. Семейный
человек тоже может прийти к Богу, если будет заниматься деятельностью в сознании Кришны, следуя предписаниям *шастр.* Чтобы
постичь свою духовную природу, человек должен жить в соответствии с указаниями *шастр* и выполнять свои обязанности, не привязываясь к плодам своего труда, — это поможет ему духовно совершенствоваться. Искренний человек, живущий таким образом,
намного лучше лицемеров и притворщиков, которые создают видимость духовной жизни, чтобы обмануть неискушенных людей.
Дворник, честно выполняющий свою работу, во сто крат лучше
йога-шарлатана, который занимается медитацией только ради того, чтобы заработать себе на жизнь.

ТЕКСТ 8   नियतं कुरु कर्म त्वं कर्म ज्यायो ह्यकर्मणः ।
शरीरयात्रापि च ते न प्रसिद्ध्येदकर्मणः ॥ ८ ॥

*нийатам̇ куру карма твам̇   карма джйа̄йо хи акарман̣ах
ш́арӣра-йа̄тра̄пи ча те   на прасидхйед акарман̣ах*

нийатам — предписанные; *куру* — выполняй; *карма* — обязанности; *твам* — ты; *карма* — деятельность; *джйа̄йах* — лучше; *хи* —
безусловно; *акарман̣ах* — бездействия; *ш́арӣра* — тела; *йа̄тра̄* —
поддержание; *апи* — даже; *ча* — также; *те* — твоего; *на* — не; *пра-
сидхйет* — будет достигнуто; *акарман̣ах* — от бездействия.

**Честно исполняй свой долг, ибо такой образ действий лучше,
чем бездействие. Не трудясь, человек не сможет удовлетворять
даже самые насущные потребности своего тела.**

КОММЕНТАРИЙ: Многие *йоги*-шарлатаны, выдающие себя за потомков благородных семейств, а также искусные профессиональные чтецы священных писаний, лживо заявляют, что пожертвовали всем ради духовной жизни. Господь Кришна не хотел, чтобы Арджуна становился одним из таких притворщиков. Он предпочитал, чтобы Арджуна исполнил свой долг воина-*кшатрия*. Арджуна был семейным человеком и военачальником, поэтому ему лучше было оставаться на своем месте и выполнять религиозные обязанности *кшатрия* и *грихастхи*. Такая деятельность постепенно очищает сердце человека, живущего в миру, от материальной скверны. Ни Сам Господь и ни одно из священных писаний не поощряют тех, кто делает вид, будто отрекся от мира, чтобы таким образом добывать средства к существованию. В конце концов, каждый, чтобы поддержать душу в теле, должен выполнять какую-нибудь работу. Никому не следует оставлять работу преждевременно, не очистившись от материальных желаний. В материальном мире каждый осквернен желанием господствовать над материальной природой, или, иначе говоря, наслаждаться жизнью посредством своих чувств. Поэтому человек должен избавиться от этого желания, выполняя предписанные *шастрами* обязанности. Тот, кто не сделал этого, не должен оставлять работу и пытаться стать *йогом*, иначе он будет просто обманывать людей, живя за чужой счет.

ТЕКСТ 9   यज्ञार्थात्कर्मणोऽन्यत्र लोकोऽयं कर्मबन्धनः ।
तदर्थं कर्म कौन्तेय मुक्तसङ्गः समाचर ॥ ९ ॥

йаджн̃а̄ртха̄т карман̣о 'нйатра   локо 'йам̇ карма-бандханах̣
тад-артхам̇ карма каунтейа   мукта-сан̇гах̣ сама̄чара

йаджн̃а-артха̄т — имеющей целью только удовлетворение Ягьи (Вишну); *карман̣ах̣* — деятельности; *анйатра* — по-другому; *локах̣* — мир; *айам* — этот; *карма-бандханах̣* — рабство деятельности; *тат* — того; *артхам* — с целью; *карма* — деятельность; *каунтейа* — о сын Кунти; *мукта-сан̇гах̣* — свободный от привязанностей; *сама̄чара* — исполняй совершенным образом.

Любые обязанности следует выполнять как жертвоприношение Господу Вишну, иначе они приковывают человека к материальному миру. Поэтому, о сын Кунти, выполняй свой долг ради удовлетворения Вишну, и ты навсегда освободишься от материального рабства.

КОММЕНТАРИЙ: Каждый должен трудиться хотя бы для того, чтобы удовлетворять потребности своего тела, поэтому человеку предписано выполнять определенные обязанности, соответствующие его качествам и положению в обществе. Слово *йаджн̃а* может указывать как на жертвенные обряды, так и на Господа Вишну. Все жертвоприношения предназначены для удовлетворения Вишну. В Ведах сказано: *йаджн̃о ваи вишн̣ух̣*. Иными словами, и ведические жертвоприношения, и непосредственное служение Вишну приводят человека к одной и той же цели. Таким образом, деятельность в сознании Кришны тоже является *ягьей*, о которой говорится в этом стихе «Бхагавад-гиты». Система *варнашрамы* также предназначена для того, чтобы удовлетворить Господа Вишну. *Варн̣а̄ш́рама̄ча̄ ̄равата̄ пурушен̣а парах̣ пума̄н вишн̣ур а̄ра̄дхйате* (Вишну-пурана, 3.8.8).

Итак, каждый должен действовать ради удовлетворения Вишну. Любая другая деятельность в материальном мире только порабощает, поскольку и благочестивые, и греховные поступки влекут за собой последствия, связывающие того, кто совершает эти поступки. Поэтому надо действовать в сознании Кришны, ради удовлетворения Кришны (или Вишну), и тот, кто занимается этой деятельностью, уже освободился от материального рабства. Такая деятельность — великое искусство, и на первых порах, чтобы овладеть им, необходимо действовать под руководством опытного наставника. Поэтому мы должны неукоснительно следовать указаниям преданного Господа Кришны или Самого Кришны (под чьим руководством действовал Арджуна). Целью любой нашей деятельности должно быть не собственное наслаждение, а удовлетворение Кришны. Такой образ действий не только оградит нас от кармических последствий, но и поможет постепенно возвыситься до трансцендентного любовного служения Господу, которое является единственным путем, ведущим в царство Бога.

ТЕКСТ 10 सहयज्ञाः प्रजाः सृष्ट्वा पुरोवाच प्रजापतिः ।
अनेन प्रसविष्यध्वमेष वोऽस्त्विष्टकामधुक् ॥ १० ॥

саха-йаджн̃а̄х̣ праджа̄х̣ ср̣шт̣ва̄   пурова̄ча праджа̄патих̣
анена прасавишйадхвам   эша во 'ств ишт̣а-ка̄ма-дхук

саха — вместе; *йаджн̃а̄х̣* — с жертвоприношениями; *праджа̄х̣* — живые существа; *ср̣шт̣ва̄* — создав; *пура̄* — в давно минувшие времена; *ува̄ча* — сказал; *праджа̄-патих̣* — Господь, повелитель всех живых существ; *анена* — этим; *прасавишйадхвам* — процветайте; *эшах̣* — это; *вах̣* — ваше; *асту* — да будет; *ишт̣а* — все желаемое; *ка̄ма-дхук* — дарующее.

На заре творения Господь, повелитель всех существ, создал людей и полубогов вместе с жертвоприношениями в честь Вишну и благословил их, сказав: «Будьте же счастливы, совершая эту *ягью* [жертвоприношение], ибо она дарует вам все желае-

мое, чтобы вы могли жить безбедно и в конце концов обрели освобождение».

КОММЕНТАРИЙ: Повелитель всех существ (Вишну) создал материальный мир, чтобы дать обусловленным душам возможность вернуться домой, к Богу. Все живые существа в этом мире находятся во власти материальной природы, потому что забыли свои отношения с Вишну, или Кришной, Верховной Личностью Бога. Предписания Вед призваны помочь нам осознать эти вечные отношения. В «Бхагавад-гите» (15.15) Господь говорит: *ведаиш ча сарваир ахам эва ведйах.* Цель изучения Вед — постичь Господа. Ведические гимны гласят: *патим вишвасйатмешварам.* Это подтверждает, что повелителем всех существ является Верховный Господь, Вишну. В «Шримад-Бхагаватам» (2.4.20) Шрила Шукадева Госвами снова и снова называет Господа словом *пати:*

> *шрийах патир йаджна-патих праджа-патир*
> *дхийам патир лока-патир дхара-патих*
> *патир гатиш чандхака-вршни-сатватам*
> *прасидатам ме бхагаван сатам патих*

Праджа-пати — это Господь Вишну, Он владыка всех существ, всех миров и всего прекрасного, а также покровитель каждого. Господь сотворил материальный мир для того, чтобы живые существа научились совершать *ягьи* ради удовлетворения Вишну, что даст им возможность жить счастливо, не зная тревог и нужды, и в конце жизни, покинув материальное тело, войти в царство Бога. Таков замысел Господа для блага всех обусловленных душ. Совершая *ягью,* они постепенно разовьют в себе сознание Кришны и станут во всех отношениях праведными.

В нынешний век, век Кали, ведические писания рекомендуют совершать *санкиртана-ягью,* то есть повторять имена Бога. Этот трансцендентный метод принес на Землю Господь Чайтанья, чтобы спасти всех людей, живущих в эту эпоху. *Санкиртана-ягья* и сознание Кришны взаимно дополняют друг друга. В «Шримад-Бхагаватам» (11.5.32) о Господе Кришне, принявшем облик преданного (Господа Чайтаньи), упоминается в связи с *санкиртана-ягьей.* Там сказано:

> *кршна-варнам твишакршнам*
> *сангопангастра-паршадам*
> *йаджнаих санкиртана-прайаир*
> *йаджанти хи су-медхасах*

«В век Кали разумные люди будут совершать *санкиртана-ягью,* поклоняясь таким образом Господу, который явится на Землю в сопровождении Своих спутников». Другие ведические жертвоприношения в Кали-югу совершать очень трудно, но *санкиртана-ягья* — это легкий и возвышенный метод, с помощью которого можно достичь любых целей; его рекомендует в том числе и «Бхагавад-гита» (9.14).

ТЕКСТ 11 देवान्भावयतानेन ते देवा भावयन्तु वः ।
परस्परं भावयन्तः श्रेयः परमवाप्स्यथ ॥ ११ ॥

*девāн бхāвайатāнена   те девā бхāвайанту вах
параспарам бхāвайантах   ш́рейах парам авāпсйатха*

девāн — полубогов; *бхāвайатā* — удовлетворяющим; *анена* — этим (жертвоприношением); *те* — те; *девāх* — полубоги; *бхāвайанту* — пусть дадут благословение; *вах* — вам; *параспарам* — взаимно; *бхāвайантах* — довольные; *ш́рейах* — благословение; *парам* — высшее; *авāпсйатха* — получите.

«Довольные вашими жертвоприношениями, полубоги будут довольны и вами, и тогда благодаря такому взаимодействию людей и полубогов в мире воцарится благоденствие».

КОММЕНТАРИЙ: Полубоги — это наделенные особой властью правители материального мира. Эти бесчисленные помощники Верховного Господа, пребывающие в различных частях Его вселенского тела, обеспечивают каждого воздухом, светом, водой и всем прочим, что необходимо для жизни. Довольны они или нет, зависит от того, совершают ли люди жертвоприношения. Некоторые из жертвоприношений специально предназначены для удовлетворения тех или иных полубогов. Но даже если, совершая *ягьи,* человек стремится удовлетворить полубогов, при этом он поклоняется Господу Вишну, который первым наслаждается всеми подношениями. В «Бхагавад-гите» также сказано, что всеми жертвоприношениями наслаждается Сам Кришна: *бхоктāрам йаджн̃а-тапасāм.* Таким образом, главная цель любого жертвоприношения — удовлетворить *ягья-пати.* Когда люди совершают *ягьи* по всем правилам, полубоги, обеспечивающие живых существ всем необходимым, естественным образом удовлетворены, и в мире царит изобилие.

Совершая *ягьи,* люди получают множество разных благ и в конечном счете освобождаются из материального плена. Благодаря *ягье* человек очищает все свои действия. Веды гласят: *āхāра-ш́уддхау саттва-ш́уддхих саттва-ш́уддхау дхрувā смртих смрти-лам-бхе сарва-грантхӣнāм випрамокшах.* В процессе *ягьи* человек освящает свою пищу и, съев ее, очищается сам. Освященная пища одухотворяет тонкие ткани мозга, что побуждает человека начать поиски пути к освобождению. В конце концов все это приводит его к сознанию Кришны, которого так не хватает в современном мире.

ТЕКСТ 12 इष्टान्भोगान्हि वो देवा दास्यन्ते यज्ञभाविताः ।
तैर्दत्तानप्रदायैभ्यो यो भुङ्क्ते स्तेन एव सः ॥ १२ ॥

иштāн бхогāн хи во девā   дāсйанте йаджңа-бхāвитāх
таир даттāн апрадāйаибхйо   йо бхункте стена эва сах

иштāн — желаемые; бхогāн — жизненные блага; хи — безусловно; вах — вам; девāх — полубоги; дāсйанте — даруют; йаджңа-бхāвитāх — удовлетворенные жертвами; таих — теми; даттāн — данные; апрадāйа — не предложив; эбхйах — этим (полубогам); йах — который; бхункте — наслаждается; стенах — вор; эва — конечно; сах — он.

«В награду за *ягью* полубоги, которым подвластны все блага этого мира, даруют вам все необходимое для жизни. Но тот, кто наслаждается этими благами, не принося их в жертву полубогам, безусловно, является вором».

КОММЕНТАРИЙ: Полубоги — это наместники Верховного Господа Вишну, которым поручено обеспечивать остальных существ всем необходимым. Поэтому долг людей — удовлетворять полубогов, совершая предписанные Ведами *ягьи*. Для удовлетворения полубогов Веды рекомендуют совершать много разных жертвоприношений, но в конечном счете все эти жертвы предназначены для Верховной Личности Бога. Тем, кто не способен понять положение Верховного Господа, Веды советуют приносить жертвы полубогам. Разным людям, в зависимости от их материальных качеств, рекомендовано поклоняться и приносить жертвы разным полубогам. Так, людям, употребляющим в пищу мясо, Веды рекомендуют поклоняться наводящей ужас своим обликом богине Кали, которая олицетворяет материальную природу, и приносить ей в жертву животных. Тем же, кто находится под влиянием *гуны* благости, рекомендовано поклоняться трансцендентному Господу Вишну. Однако в конечном счете все *ягьи* предназначены для того, чтобы помочь людям подняться на духовный уровень. Обыкновенные люди должны совершать по меньшей мере пять жертвоприношений, называемых *панча-маха-ягьей*.

Необходимо всегда помнить, что все потребности людей удовлетворяют полубоги, которые являются представителями Верховного Господа. Сами по себе люди ничего не могут произвести. Возьмем, к примеру, пищу: зерно, овощи и фрукты, молоко, сахар, словом все то, чем питаются люди в *гуне* благости, а также мясо, употребляемое в пищу невегетарианцами, — ни один из этих продуктов не является творением человека. Или другой пример: тепло, свет, вода, воздух, в которых нуждается каждый, — разве можем мы их произвести? Без Верховного Господа не было бы солнечного и лунного света, дождя, ветра и всего остального, без чего не может обойтись никто. Совершенно очевидно, что наша жизнь зависит от Господа, который обеспечивает нас всем необходимым. Даже созданные людьми фабрики и заводы нуждаются в различных видах сырья и топлива, таких как железо, сера, ртуть, марганец, уголь и нефть. Всем этим нас снабжают представители Господа, чтобы, правильно используя их дары, мы были здоровыми и могли осознать свою духовную природу, а затем достичь высшей цели жизни — положить конец нашей борьбе за существование в материальном мире. Достичь этой цели можно, совершая *ягьи*. Если же мы забываем, в чем цель человеческой жизни, и просто наслаждаемся дарами полубогов, все больше и больше запутываясь в сетях материальной жизни (что противоречит цели сотворения этого мира), значит, мы воры, и потому законы природы сурово наказывают нас. В обществе, состоящем из воров, никогда не будет счастья, ибо вор не знает, ради чего стоит жить. Закоренелые воры-материалисты не имеют высшей цели жизни. Они стремятся только к чувственным удовольствиям и не знают, как совершать *ягьи*.

Господь Чайтанья дал людям самое простое жертвоприношение — *санкиртана-ягью,* совершать которое может любой, кто соглашается следовать принципам сознания Кришны.

ТЕКСТ 13 यज्ञशिष्टाशिनः सन्तो मुच्यन्ते सर्वकिल्बिषैः ।
भुञ्जते ते त्वघं पापा ये पचन्त्यात्मकारणात् ॥ १३ ॥

*йаджн̃а-ш́ишт̣а̄ш́инах̣ санто   мучйанте сарва-килбишаих̣
бхун̃джате те тв агхам̇ па̄па̄   йе пачантй а̄тма-ка̄ран̣а̄т*

йаджн̃а-ш́ишт̣а — пищу, принимаемую после совершения *ягьи; аш́инах̣* — те, кто ест; *сантах̣* — преданные; *мучйанте* — освобождаются; *сарва-килбишаих̣* — от всех видов греха; *бхун̃джате* — вкушают; *те* — они; *ту* — но; *агхам* — тяжкий грех; *па̄па̄х̣* — грешники; *йе* — которые; *пачанти* — готовят пищу; *а̄тма-ка̄ран̣а̄т* — из желания самим наслаждаться ею.

«Преданные слуги Господа освобождаются от всех видов греха, ибо едят пищу, которая была принесена в жертву Господу. Те же, кто готовит пищу ради того, чтобы самим наслаждаться ею, воистину, вкушают один лишь грех».

КОММЕНТАРИЙ: Преданных Верховного Господа, то есть тех, кто обладает сознанием Кришны, называют *санта*. Они всегда исполнены любви к Господу. Об этом говорится в «Брахма-самхите» (5.38): *премāнджана-ччхурита-бхакти-вилочанена сантах садаива хрдайешу вилокайанти.* Любовь к Верховной Личности Бога, Говинде (источнику всех наслаждений), которого также называют Мукундой (дарующим освобождение) и Кришной (бесконечно привлекательным), не позволяет преданным *(санта)* принимать в пищу ничего, что не было предложено Господу. Поэтому они всегда совершают *ягью,* занимаясь различными видами преданного служения: *шраванам, киртанам, смаранам, арчанам* и т.д., и эта *ягья* помогает им избежать осквернения грехом, которым наводнен материальный мир. Те же, кто готовит пищу для собственного наслаждения, не только становятся ворами, но и едят один лишь грех. А разве может вор и грешник быть счастливым? Разумеется, нет. Чтобы сделать людей по-настоящему счастливыми, необходимо научить их несложному методу *санкиртана-ягьи,* позволяющему полностью погрузиться в сознание Кришны. Иначе мир и счастье на Земле останутся несбыточной мечтой.

ТЕКСТ 14   अन्नाद्भवन्ति भूतानि पर्जन्यादन्नसम्भवः ।
                 यज्ञाद्भवति पर्जन्यो यज्ञः कर्मसमुद्भवः ॥ १४ ॥

аннāд бхаванти бхӯтāни   парджанйāд анна-самбхавах
йаджнāд бхавати парджанйо   йаджнах карма-самудбхавах

аннāт — из злаков; *бхаванти* — происходят; *бхӯтāни* — материальные тела; *парджанйāт* — от дождя; *анна* — употребляемых в пищу злаков; *самбхавах* — возникновение; *йаджнāт* — из жертвоприношения; *бхавати* — происходит; *парджанйах* — дождь; *йаджнах* — совершение *ягьи; карма* — от выполнения предписанных обязанностей; *самудбхавах* — происходящее.

Тела всех существ зависят от злаков, которые растут благодаря дождям. Дожди выпадают, когда люди совершают *ягью,* а *ягья* рождается из выполнения предписанных Ведами обязанностей.

КОММЕНТАРИЙ: Шрила Баладева Видьябхушана, великий комментатор «Бхагавад-гиты», пишет: *йе индрāдй-ангатайāвастхитāм йаджнам сарвешварам вишнум абхйарчйа тач-чхешам ашанти тена тад деха-йāтрāм сампāдайанти, те сантах сарвешварасйа йаджна-пурушасйа бхактāх сарва-килбишаир анāди-кāла-вив—рддхаир āтмāнубхава-пратибандхакаир никхилаих пāпаир вимучйанте.* Верховный Господь, Вишну, которого называют *ягья-пурушей* (наслаждающимся всем, что приносится в жертву), является повелителем всех полубогов, служащих Ему, как различные части тела служат всему организму. Индре, Чандре, Варуне и другим полубогам поручено управлять различными ведомствами материального творения, и Веды предписывают людям приносить жертвы этим полубогам, чтобы те давали достаточно воздуха, света и воды, необходимых для роста злаков. Однако, поклоняясь Господу Кришне, мы тем самым поклоняемся и всем полубогам, которые являются различными частями Его тела, поэтому нет необходимости поклоняться полубогам в отдельности. Вот почему преданные Господа, обладающие сознанием Кришны, прежде чем принимать пищу, предлагают ее Господу. Такая пища насыщает их тела духовной энергией. В результате они не только освобождаются от последствий совершенных в прошлом грехов, но и делают свое тело невосприимчивым ко всем видам материальной скверны. Подобно тому как во время эпидемии прививка надежно защищает человека от болезни, пища, предложенная Господу Вишну, ограждает нас от скверны этого мира, и того, кто ест только такую пищу, называют преданным Господа. Итак, человек, обладающий сознанием Кришны и принимающий только пищу, которая была предложена Кришне, может полностью очиститься от материальной скверны, которая является результатом его прошлых грехов и мешает его духовному развитию. Тот же, кто не следует этому принципу, продолжает грешить, и за это ему придется расплачиваться: в следующей жизни он родится в теле собаки или свиньи и будет пожинать плоды своих грехов. Материальный мир полон скверны, но тот, кто принимает *прасад* (пищу, предложенную Вишну), становится неподвержен осквернению. Он надежно защищен от оскверняющего влияния этого мира, тогда как человек, который ест пищу, не предложенную Господу, неминуемо оскверняется.

Основой любой пищи является зерно и другие растительные продукты. Человек питается злаками, овощами, фруктами и т. п., а домашний скот ест отходы переработки злаков, а также траву, кормовые овощи и другие растения. Люди, употребляющие в пищу мясо, тоже зависят от производства растительной пищи, которая служит кормом для скота. Поэтому в конечном счете все мы зависим от того, что родит земля, а не от продукции фабрик и заводов. Урожай зависит от количества выпадающих дождей. Дождями повелевают такие полубоги, как Индра, бог Солнца и бог Луны, которые являются слугами Верховного Господа. Чтобы удовлетворить Господа, необходимо совершать жертвоприношения, иначе мы всегда будем жить в нужде — таков закон природы. Поэтому, чтобы спасти себя, по крайней мере, от голода, мы должны совершать жертвоприношения, и прежде всего *санкиртана-ягью*, предписанную *шастрами* для нынешнего века.

ТЕКСТ 15 कर्म ब्रह्मोद्भवं विद्धि ब्रह्माक्षरसमुद्भवम् ।
तस्मात्सर्वगतं ब्रह्म नित्यं यज्ञे प्रतिष्ठितम् ॥ १५ ॥

*карма брахмодбхавам виддхи   брахмākшара-самудбхавам
тасmāт сарва-гатам брахма   нитйам йаджñе пратиштхитам*

карма — деятельность; *брахма* — из Вед; *удбхавам* — рожденная;
виддхи — знай же; *брахма* — Веда; *акшара* — Верховным Брахманом (Личностью Бога); *самудбхавам* — явленная; *тасmāт* — поэтому; *сарва-гатам* — вездесущее; *брахма* — трансцендентное начало; *нитйам* — вечно; *йаджñе* — в жертвоприношениях; *пратиштхитам* — присутствующее.

**Предписания, регулирующие деятельность людей, содержатся
в Ведах, которые исходят непосредственно от Верховной Личности Бога. Поэтому вездесущее Божественное начало вечно присутствует в акте жертвоприношения.**

КОММЕНТАРИЙ: В этом стихе еще отчетливее выражена идея
необходимости *ягьяртха-кармы,* деятельности, направленной исключительно на удовлетворение Кришны. Чтобы действовать ради
удовлетворения *ягья-пуруши,* Вишну, надо следовать предписаниям,
направляющим эту деятельность, которые содержатся в трансцендентных Ведах *(брахма).* Веды — это свод законов для человечества. Всякое действие, совершенное вопреки ведическим
предписаниям, относится к категории *викармы,* запрещенной, или
греховной, деятельности. Поэтому, чтобы наша деятельность не
имела греховных последствий, мы должны всегда следовать указаниям Вед. В обычной жизни люди подчиняются законам государства, и точно так же мы должны руководствоваться законами
высшей державы, во главе которой стоит Господь. Законы, запи-
санные в Ведах, появились из дыхания Верховной Личности Бога.
В *шастрах* сказано: *асйа махато бхӯтасйа нишваситам этад йад
рг-ведо йаджур-ведах сāма-ведо 'тхарвāнгирасах* — «Четыре Веды:
„Риг“, „Яджур“, „Сама“ и „Атхарва“ — возникли из дыхания все-
сильной Личности Бога» (Брихад-араньяка-упанишад, 4.5.11). Всемогущий Господь может говорить дыханием. «Брахма-самхита»
подтверждает, что каждый из Его органов чувств способен выполнять функции любого другого органа. Например, Господь может
говорить дыханием и оплодотворять взглядом. В *шастрах* сказано,
что, бросив взгляд на материальную природу, Господь зачал в ее
лоне всех живых существ. Сотворив мир и поместив обусловленные души в лоно материальной природы, Господь дал им наставления в форме Вед, чтобы указать путь, ведущий домой, к Богу.
Не следует забывать, что в этом мире все обусловленные души
ищут материальных удовольствий. Однако предписания Вед состав-

лены таким образом, что, следуя им, человек может утолить свои извращенные желания и, покончив с так называемыми удовольствиями этого мира, вернуться к Богу. Так обусловленные души получают возможность вырваться из материального плена. Поэтому они должны стараться совершать *ягьи*, развивая в себе сознание Кришны. Даже те, кто никогда не следовал предписаниям Вед, могут встать на путь сознания Кришны, и это заменит им ведические *ягьи*, или кармическую деятельность.

ТЕКСТ 16 एवं प्रवर्तितं चक्रं नानुवर्तयतीह यः ।
अघायुरिन्द्रियारामो मोघं पार्थ स जीवति ॥ १६ ॥

*эвам правартитам чакрам   нанувартайатӣха йах
агхайур индрийа̄ра̄мо   могхам па̄ртха са джӣвати*

эвам — так; *правартитам* — предписанный Ведами; *чакрам* — цикл; *на* — не; *анувартайати* — принимает; *иха* — здесь (в этой жизни); *йах* — который; *агха-айух* — тот, чья жизнь полна греха; *индрийа-а̄рамах* — находящий удовольствие в чувственных наслаждениях; *могхам* — впустую; *па̄ртха* — о сын Притхи (Арджуна); *сах* — он; *джӣвати* — живет.

О Арджуна, тот, кто, получив тело человека, не совершает предписанного Ведами цикла жертвоприношений, несомненно, ведет жизнь, полную греха. Стремясь лишь к чувственным удовольствиям, такой человек проживает жизнь впустую.

КОММЕНТАРИЙ: Здесь Господь осуждает философию служителей мамоны, призывающую людей работать до седьмого пота и наслаждаться жизнью. Тем, кто ищет мирских удовольствий, необходимо совершать цикл жертвоприношений, о котором говорится в этих стихах. Если человек пренебрегает этими наставлениями, он подвергает себя огромному риску, вступая на путь деградации. По законам природы человеческая жизнь предназначена прежде всего для духовного самопознания. Тем, кто непосредственно посвятил себя достижению этой цели, избрав один из трех путей — путь *карма-йоги*, *гьяна-йоги* или *бхакти-йоги*, нет необходимости совершать все ведические *ягьи*, ибо такие люди уже поднялись над пороком и добродетелью. Но те, кто поглощены мирскими удовольствиями, должны очиститься, совершая жертвоприношения, о которых говорилось выше.

Существуют разные виды деятельности. Люди, не обладающие сознанием Кришны, одержимы жаждой чувственных удовольствий, и потому им необходимо заниматься благочестивой деятельностью. Система жертвоприношений построена таким образом, что те, кто хочет наслаждаться мирской жизнью, могут делать это, не запутываясь в сетях *кармы*. Благополучие мира зависит не от наших усилий, а от воли Верховного Господа, исполнителями которой являются полубоги. Вот почему *ягьи* посвящены тем или иным полубогам, названным в Ведах. Хотя этот путь не является прямым, он также ведет к сознанию Кришны, поскольку, научившись совершать жертвоприношения, человек обязательно разовьет в себе сознание Кришны. Если же, совершая *ягьи*, человек не стремится обрести сознание Кришны, предписания, которым он следует, превращаются в обыкновенные моральные заповеди. Поэтому не следует ограничивать свое духовное развитие соблюдением моральных норм; мы должны подняться над ними и обрести сознание Кришны.

ТЕКСТ 17 यस्त्वात्मरतिरेव स्यादात्मतृप्तश्च मानवः ।
आत्मन्येव च सन्तुष्टस्तस्य कार्यं न विद्यते ॥ १७ ॥

йас тв а̄тма-ратир эва сйа̄д   а̄тма-тр̣птайи ча ма̄навах̣
а̄тмани эва ча сантушт̣ас   тасйа ка̄рйам на видйате

йах̣ — который; *ту* — но; *а̄тма-ратих̣* — черпающий наслаждение в самом себе; *эва* — безусловно; *сйа̄т* — будет; *а̄тма-тр̣птах̣* — самоудовлетворенный; *ча* — и; *ма̄навах̣* — человек; *а̄тмани* — в себе; *эва* — только; *ча* — и; *сантушт̣ах̣* — полностью умиротворенный; *тасйа* — его; *ка̄рйам* — долг; *на* — не; *видйате* — существует.

Но для человека самоудовлетворенного, который черпает наслаждение в самом себе, который посвятил жизнь постижению своего «я» и ничего не желает, не существует никаких обязанностей.

КОММЕНТАРИЙ: У того, кто в полной мере обладает сознанием Кришны и, действуя в таком сознании, полностью удовлетворен, не остается никаких обязанностей. Обретая сознание Кришны, человек сразу очищается от всей материальной скверны, тогда как другим людям, чтобы очиститься, нужно совершить многие тысячи жертвоприношений. Очистив таким образом свое сознание, человек в полной мере осознаёт свою роль в вечных отношениях, связывающих его со Всевышним. Так по милости Господа для него становится очевидным, в чем его долг, и ему больше не обязательно следовать предписаниям Вед. Такого человека больше не интересует материальная деятельность и не привлекают женщины, вино и прочие мирские соблазны.

ТЕКСТ 18 नैव तस्य कृतेनार्थो नाकृतेनेह कश्चन ।
न चास्य सर्वभूतेषु कश्चिदर्थव्यपाश्रयः ॥ १८ ॥

наива тасйа кртенāртхо   нāкртенеха каийчана
на чāсйа сарва-бхӯтешу   каийчид артха-вйапāйрайах̣

на — не; *эва* — безусловно; *тасйа* — его; *кртена* — исполнением долга; *артхах̣* — цель; *на* — ни; *акртена* — неисполнением долга; *иха* — здесь (в этом мире); *каийчана* — что-либо; *на* — не; *ча* — и; *асйа* — его; *сарва-бхӯтешу* — среди всех существ; *каийчит* — какое-либо; *артха* — ради выгоды; *вйапāйрайах̣* — обретение прибежища.

Выполняя предписанные Ведами обязанности, человек, осознавший свое истинное «я», не преследует никаких целей, однако нет у него и оснований пренебрегать своими обязанностями. Живя в этом мире, он не зависит от каких-либо других существ.

КОММЕНТАРИЙ: У человека, осознавшего свою духовную природу, не остается никаких обязанностей, кроме деятельности в сознании Кришны. Сознание Кришны не подразумевает отказа от деятельности, как станет ясно из последующих стихов. Тот, кто обладает таким сознанием, не ищет покровительства ни людей, ни полубогов. Действуя в сознании Кришны, он тем самым уже исполняет свой долг.

ТЕКСТ 19 तस्मादसक्तः सततं कार्यं कर्म समाचर ।
असक्तो ह्याचरन्कर्म परमाप्नोति पूरुषः ॥ १९ ॥

тасмāд асактах̣ сататам   кāрйам карма самāчара
асакто хй āчаран карма   парам āпноти пӯрушах̣

тасмāт — поэтому; *асактах̣* — лишенный привязанностей; *сататам* — всегда; *кāрйам* — являющуюся долгом; *карма* — деятельность; *самāчара* — выполняй; *асактах̣* — не имеющий привязанностей; *хи* — безусловно; *āчаран* — совершающий; *карма* — деятельность; *парам* — Всевышнего; *āпноти* — достигает; *пӯрушах̣* — человек.

Поэтому человек должен действовать из чувства долга, не стремясь к плодам своего труда, — так он придет ко Всевышнему.

КОММЕНТАРИЙ: Для преданных Всевышним является Личность Бога, а для имперсоналистов — освобождение. Тот, кто трудится для Кришны, то есть действует в сознании Кришны под надлежащим руководством и не стремится к плодам своего труда, непременно достигнет высшей цели жизни. Кришна говорит Арджуне, что тот должен участвовать в битве на Курукшетре, сражаясь ради Кришны, поскольку такова воля Кришны. Желание вести праведный образ жизни и избегать насилия — это, по сути дела, проявление эгоистической привязанности, но действовать ради Всевышнего — значит отказаться от привязанности к плодам своего труда. Это в высшей степени совершенная деятельность, к которой призывает нас Верховная Личность Бога, Шри Кришна.

Ведические обряды, такие как жертвоприношения, совершают для того, чтобы очиститься от последствий греховной деятельности, связанной с чувственными наслаждениями. Однако деятельность в сознании Кришны не имеет кармических последствий, которыми чревата любая благочестивая или греховная деятельность. Человек, обладающий сознанием Кришны, не привязан к плодам своего труда — он действует исключительно ради Кришны. Он может заниматься самыми разными делами, но при этом всегда остается отрешенным.

ТЕКСТ 20 कर्मणैव हि संसिद्धिमास्थिता जनकादयः ।
लोकसङ्ग्रहमेवापि सम्पश्यन्कर्तुमर्हसि ॥ २० ॥

*карманаива хи самсиддхим   астхита̄ джанака̄дайах̣
лока-сан̇грахам эва̄пи   сампаш́йан картум архаси*

карман̣а̄ — деятельностью; *эва* — даже; *хи* — несомненно; *самсиддхим* — совершенства; *а̄стхита̄х̣* — достигшие; *джанака-а̄дайах̣* — Джанака и другие (цари); *лока-сан̇грахам* — обыкновенные люди; *эва апи* — также; *сампаш́йан* — принимающий во внимание; *картум* — действовать; *архаси* — заслуживаешь.

Такие цари, как Джанака, достигли совершенства только благодаря тому, что выполняли свои обязанности. Так и ты должен заниматься своим делом хотя бы для того, чтобы подать пример остальным.

КОММЕНТАРИЙ: Такие цари, как Джанака, были осознавшими себя душами, поэтому им было не обязательно выполнять предписания Вед. И тем не менее они строго следовали этим предписаниям, чтобы подать пример простым людям. Джанака был отцом Ситы и тестем Господа Шри Рамы. Как великий преданный Господа, он был выше всех предписаний, но, будучи царем Митхилы*, он должен был учить своих подданных тому, как следует выполнять предписанные *шастрами* обязанности. Господу Кришне и Его вечному другу Арджуне не было нужды участвовать в битве на Курукшетре, но они вступили в сражение, желая показать людям, что насилие тоже бывает необходимо в тех случаях, когда исчерпаны все мирные средства. До битвы на Курукшетре Пандавы и даже Сам Господь Кришна приложили все усилия к тому, чтобы избе-

---

* Одна из областей штата Бихар в Индии.

жать войны, но их противники были непреклонны. В таких случаях, чтобы восстановить справедливость, бывает необходимо вступить в бой и сражаться за правое дело. Хотя человеку, развившему в себе сознание Кришны, ничего не нужно в этом мире, он все равно продолжает трудиться, чтобы своим примером научить людей тому, как следует жить и действовать. Опытные преданные, обладающие сознанием Кришны, всегда знают, как поступать, чтобы вести за собой других. Об этом говорится в следующем стихе.

ТЕКСТ 21 यद्यदाचरति श्रेष्ठस्तत्तदेवेतरो जनः ।
स यत्प्रमाणं कुरुते लोकस्तदनुवर्तते ॥ २१ ॥

*йад йад а̄чарати ш́реш̣т̣хас   тат тад эветаро джанах̣
са йат прама̄н̣ам̇ куруте   локас тад анувартате*

йат йат — все то, что; *а̄чарати* — делает; *ш́реш̣т̣хах̣* — почитаемый всеми человек; *тат* — тому; *тат* — и только тому; *эва* — безусловно; *итарах̣* — обыкновенный; *джанах̣* — человек; *сах̣* — он; *йат* — который; *прама̄н̣ам* — пример; *куруте* — подает; *локах̣* — мир; *тат* — тому; *анувартате* — следует.

Что бы ни делал великий человек, обыкновенные люди следуют его примеру. И какие бы нормы ни устанавливал он своим поведением, их придерживается весь мир.

КОММЕНТАРИЙ: Обыкновенным людям всегда нужен лидер, который учил бы их собственным примером. Тому, кто сам курит, не удастся отучить от этой привычки других. Господь Чайтанья говорил, что, прежде чем кого-либо учить, необходимо самому стать образцом для подражания. Того, кто учит таким образом, называют *ачарьей*, идеальным учителем. Человек, который берется учить других, должен следовать предписаниям *шастр* (священных писаний). Он не имеет права устанавливать собственные правила, противоречащие указаниям писаний, таких как «Ману-самхита», которые являются сводами законов для всего человечества. Поэтому наставления лидеров общества должны основываться на предписаниях *шастр*. Человек, стремящийся к совершенству, обязан следовать правилам, которым следовали великие наставники. В «Шримад-Бхагаватам» тоже сказано, что каждый должен идти по стопам великих преданных — только так можно достичь духовного совершенства. Царь или глава государства, отец и школьный учитель являются наставниками по самому своему положению. На каждом из них лежит огромная ответственность за судьбу своих подопечных, поэтому они должны хорошо знать основные священные писания, в которых изложены законы нравственности и духовной жизни.

ТЕКСТ 22 न मे पार्थास्ति कर्तव्यं त्रिषु लोकेषु किञ्चन ।
नानवाप्तमवाप्तव्यं वर्त एव च कर्मणि ॥ २२ ॥

на ме пāртхāсти картавйам   тришу локешу кин̃чана
нāнавāптам авāптавйам   варта эва ча кармани

на — не; *ме* — Мой; *пāртха* — о сын Притхи; *асти* — существует; *картавйам* — долг; *тришу* — в трех; *локешу* — в планетных системах; *кин̃чана* — что-либо; *на* — не; *анавāптам* — желаемое; *авāптавйам* — то, чего следует достичь; *варте* — выполняю; *эва* — безусловно; *ча* — также; *кармани* — в предписанных обязанностях.

О сын Притхи, во всех трех мирах нет такого дела, которым Я обязан был бы заниматься. Я ни в чем не нуждаюсь и ни к чему не стремлюсь — и все же Я всегда выполняю Свой долг.

КОММЕНТАРИЙ: В Ведах Верховный Господь описан следующим образом:

там ӣшварāн̣āм парамам махешварам
* там деватāнāм парамам ча даиватам*
патим патӣнāм парамам парастāд
* видāма девам бхуванешам ӣд̣йам*

на тасйа кāрйам каран̣ам ча видйате
* на тат-самаш чāбхйадхикаш ча дришйате*
парāсйа шактир вивидхаива шрӯйате
* свāбхāвикӣ джн̃āна-бала-крийā ча*

«Верховный Господь — владыка всех владык, величайший среди повелителей всех планет. Каждый находится у Него в подчинении. Каким бы могуществом ни обладали живые существа, они получают его от Верховного Господа. Никто из них не является независимым повелителем. Господь, которому поклоняются все полубоги, — верховный повелитель, а все остальные повелители подвластны Ему. Он выше всех правителей этого мира и достоин всеобщего поклонения. Никто не может превзойти Верховного Господа, высшую причину всех причин.

Тело Господа не похоже на тело обыкновенного существа. Его тело неотлично от Его души. Он абсолютен, и все Его чувства духовны. Каждый из Его органов чувств может выполнять функции любого другого органа. Поэтому на свете нет никого равного Ему или более великого, чем Он. Его энергия бесконечна и многообразна, поэтому все Его деяния вершатся сами собой, естественным образом» (Шветашватара-упанишад, 6.7–8).

Бог, Верховная Личность, в полной мере обладает всеми совершенствами, являющимися абсолютной реальностью, поэтому у Него нет никаких обязанностей. Тот, кто стремится к плодам своего труда, должен выполнять определенные обязанности, но у того, кто не желает ничего во всех трех мирах, не может быть обязанностей. И все же Господь Кришна участвовал в битве на Курукшетре как предводитель *кшатриев*, поскольку долг *кшатриев* — защищать тех, кто оказался в беде. Хотя Господь стоит выше всех предписаний *шастр,* Он никогда не нарушает их.

ТЕКСТ 23　यदि ह्यहं न वर्तेयं जातु कर्मण्यतन्द्रितः ।
　　　　　　मम वर्त्मानुवर्तन्ते मनुष्याः पार्थ सर्वशः ॥ २३ ॥

*йади хй ахам на вартейам　джату кармани атандритах
мама вартманувартанте　манушйах партха сарваишах*

йади — если; *хи* — безусловно; *ахам* — Я; *на* — не; *вартейам* — стану делать; *джату* — когда-либо; *кармани* — в предписанных обязанностях; *атандритах* — усердный; *мама* — Мой; *вартма* — путь; *анувартанте* — принимают; *манушйах* — люди; *партха* — о сын Притхи; *сарваишах* — во всех отношениях.

Ведь если Я перестану неукоснительно выполнять Свои обязанности, о Партха, люди, несомненно, последуют Моему примеру.

КОММЕНТАРИЙ: Чтобы в обществе царили мир и порядок, необходимые для духовного совершенствования людей, существуют семейные традиции, следовать которым должен каждый цивилизованный человек. Хотя эти правила предназначены для обусловленных душ, а не для Господа Кришны, Он также следовал им, поскольку пришел в материальный мир для того, чтобы восстановить устои религии. Если бы Господь пренебрегал этими правилами, обыкновенные люди последовали бы Его примеру, ибо для них Он величайший авторитет. Из «Шримад-Бхагаватам» мы узнаём, что и дома, и на людях Господь Кришна следовал всем религиозным предписаниям, как подобает семейному человеку.

ТЕКСТ 24　उत्सीदेयुरिमे लोका न कुर्यां कर्म चेदहम् ।
　　　　　　सङ्करस्य च कर्ता स्यामुपहन्यामिमाः प्रजाः ॥ २४ ॥

*утсйдейур име лока　на курйам карма чед ахам
санкарасйа ча карта сйам　упаханйам имах праджах*

утсйдейух — погибли бы; *име* — эти; *локах* — миры; *на* — не; *курйам* — не исполнял бы; *карма* — предписанный долг; *чет* — если; *ахам* — Я; *санкарасйа* — нежеланного потомства; *ча* — и; *карта* — создатель; *сйам* — стал бы; *упаханйам* — уничтожил бы; *имах* — эти; *праджах* — существа.

Если бы Я не выполнял Своих обязанностей, все эти миры были бы обречены на гибель. Я стал бы причиной появления на свет нежеланного потомства и тем самым нарушил бы покой всех живых существ.

КОММЕНТАРИЙ: *Варна-санкара* — это нежелательные элементы общества, которые нарушают закон и приносят всем беспокойства. Чтобы сохранить порядок в обществе, люди должны подчиняться определенным правилам, приведенным в *шастрах,* — тогда они смогут жить в мире и духовно совершенствоваться. Когда Господь Кришна нисходит в материальный мир, Он следует всем этим правилам, чтобы показать людям, насколько это важно. Господь — отец всех живых существ, и, если они сходят с правильного пути, Господь в каком-то смысле несет ответственность за это. Поэтому, когда люди начинают нарушать законы религии, Господь приходит в этот мир, чтобы восстановить порядок. Необходимо, однако, помнить, что, хотя мы должны идти по стопам Господа, мы не можем слепо подражать Ему. Идти по стопам и слепо подражать кому-либо — далеко не одно и то же. Мы не можем, подражая Господу, поднять холм Говардхана, который Господь поднял, еще будучи ребенком. На это не способен ни один человек. Мы должны следовать наставлениям Господа, но ни в коем случае не имитировать Его действия. В «Шримад-Бхагаватам» (10.33.30–31) сказано:

наитат самāчаредж джāту
манасāпи хй анӣйварах
винашйатй āчаран маудхйāд
йатхā 'рудро 'бдхи-джам вишам

ӣшварāнāм вачах сатйам
татхаивāчаритам квачит
тешāм йат сва-вачо-йуктам
буддхимāмс тат самāчарет

«Надо безоговорочно исполнять указания Господа и Его наделенных особым могуществом слуг. Их наставления благотворны, и любой разумный человек будет неукоснительно выполнять все, что говорят ему Господь и Его представители. Однако при этом необходимо остерегаться попыток подражать действиям Верховного Господа и Его приближенных. Не следует, подражая Господу Шиве, пытаться выпить океан яда».

Необходимо понимать, что *ишвары,* или те, кто управляет движением Солнца и Луны, гораздо могущественнее людей. Не обладая подобным могуществом, мы не можем подражать великим *ишварам.* Господь Шива выпил целый океан яда, но, если обыкновенный человек попытается выпить хотя бы каплю этого яда, он неминуемо умрет. Многие так называемые преданные Господа Шивы курят *ганджу* (марихуану) и употребляют другие наркотики, но забывают о том, что, подражая Господу Шиве, они приближают свою смерть. Точно так же некоторым так называемым преданным Господа Кришны нравится подражать Его *раса-лиле,* танцу любви, однако они забывают о своей неспособности поднять холм Говардхана. Поэтому, вместо того чтобы подражать могущественным личностям, пытаясь без всякого на то права занять их место, лучше просто следовать их наставлениям. Сейчас многие люди объявляют себя воплощением Бога, но никто из них не обладает могуществом Верховного Господа.

ТЕКСТ 25   सक्ताः कर्मण्यविद्वांसो यथा कुर्वन्ति भारत ।
कुर्याद्विद्वांस्तथासक्तश्चिकीर्षुर्लोकसङ्ग्रहम् ॥ २५ ॥

сактāх карманй авидвāмсо   йатхā курванти бхāрата
курйāд видвāмс татхāсактай   чикӣршур лока-сангgrahам

сактāх — испытывающие привязанность; *кармани* — в исполнении предписанных обязанностей; *авидвāмсах* — невежественные люди; *йатхā* — как; *курванти* — делают; *бхāрата* — о потомок Бхараты; *курйāт* — пусть делает; *видвāн* — человек, обладающий знанием; *татхā* — так; *асактах* — не имеющий привязанности; *чикӣршух* — который желает вести за собой; *лока-сангграхам* — народ.

Невежды выполняют предписанные им обязанности, стремясь к плодам своего труда, тогда как тот, кто обладает совершенным знанием, должен делать то же самое, но не ради корысти, а для того, чтобы направить людей на истинный путь.

КОММЕНТАРИЙ: Человек, обладающий сознанием Кришны, и человек, лишенный его, отличаются друг от друга своими желаниями. Человек, который обрел сознание Кришны, никогда не станет делать того, что может помешать его духовному развитию. Он может совершать те же действия, что и тот, кто пребывает в невежестве и сильно привязан к материальной деятельности, однако один из них действует ради удовлетворения собственных желаний, а другой — ради удовлетворения Кришны. Поэтому человек, обладающий сознанием Кришны, должен подавать людям пример того, как нужно действовать и как использовать плоды своего труда для распространения сознания Кришны.

ТЕКСТ 26   न बुद्धिभेदं जनयेदज्ञानां कर्मसङ्गिनाम् ।
जोषयेत्सर्वकर्माणि विद्वान्युक्तः समाचरन् ॥ २६ ॥

на буддхи-бхедам̇ джанайед аджн̃а̄на̄м̇ карма-сан̇гина̄м
джошайет сарва-карма̄н̣и видва̄н йуктах̣ сама̄чаран

на — не; *буддхи-бхедам* — раздвоение разума; *джанайет* — должен порождать; *аджн̃а̄на̄м* — невежд; *карма-сан̇гина̄м* — привязанных к деятельности; *джошайет* — пусть побуждает совершать; *сарва* — все; *карма̄н̣и* — действия; *видва̄н* — тот, кто обладает знанием; *йуктах̣* — занятый; *сама̄чаран* — практикующий.

Чтобы не вносить смятение в умы невежд, привязанных к плодам своего труда, мудрец не должен побуждать их прекратить всякую деятельность. Напротив, трудясь в духе преданного служения Господу, он должен занимать их разнообразной деятельностью [чтобы они могли постепенно развить в себе сознание Кришны].

КОММЕНТАРИЙ: *Ведаиш́ ча сарваир ахам эва ведйах̣* — вот высшее предназначение всех ведических обрядов. Все ритуалы, все жертвоприношения, все предписания Вед, в том числе и те, которые касаются мирской деятельности, предназначены для того, чтобы человек мог постичь Кришну, ибо это — высшая цель жизни. Но, поскольку обусловленные души стремятся лишь к чувственным удовольствиям, они изучают Веды исключительно ради того, чтобы испытать эти удовольствия. Однако, занимаясь кармической деятельностью и удовлетворяя свои желания так, как это предписано Ведами, человек может постепенно прийти к сознанию Кришны. Поэтому тот, кто уже обрел сознание Кришны, не должен убеждать людей в том, что их деятельность бессмысленна или что их представления о жизни ошибочны, но должен на собственном примере показать им, как результаты любой деятельности могут быть использованы в служении Кришне. Человек, усвоивший науку сознания Кришны, должен действовать так, чтобы невежественные люди, которые трудятся ради чувственных наслаждений, могли научиться тому, как правильно действовать и жить. Не следует мешать невеждам выполнять их обязанности, но того, кто уже встал на путь сознания Кришны, можно сразу занять в служении Господу, не ожидая, пока он выполнит все предписания Вед. Такому счастливцу не нужно совершать ведические ритуалы: действуя в сознании Кришны, он получит все те результаты, которые приносит выполнение предписанных *шастрами* обязанностей.

ТЕКСТ 27 प्रकृतेः क्रियमाणानि गुणैः कर्माणि सर्वशः ।
अहङ्कारविमूढात्मा कर्ताहमिति मन्यते ॥ २७ ॥

пракр̣тех̣ крийама̄н̣а̄ни гун̣аих̣ карма̄н̣и сарваш́ах̣
ахан̇ка̄ра-вимӯд̣ха̄тма̄ карта̄хам ити манйате

пракртех—материальной природы; *крийамāнāни*—совершаемые; *гунаих*—гунами; *кармāни*—действия; *сарваишах*—по-всяко-
му; *ахаṅкāра-вимӯдха*—введенная в заблуждение ложным эго;
āтмā—вечная душа; *картā*—совершающая действия; *ахам*—я;
ити—так; *манйате*—думает.

**Введенная в заблуждение ложным эго, душа считает себя со-
вершающей действия, которые на самом деле совершаются тремя
гунами материальной природы.**

КОММЕНТАРИЙ: Когда два человека, один из которых обладает сознанием Кришны, а другой — материальным сознанием, выполняют одинаковую работу, может показаться, что они находятся
в равном положении, но на самом деле между ними огромная разница. Человек с материальным сознанием находится под влиянием
ложного эго, которое заставляет его думать, что он сам совершает
все свои действия. Он не сознает, что его тело — это механизм, со-
зданный материальной природой, которая действует под надзором
Верховного Господа, и не понимает, что в конечном счете находится во власти Кришны. Под влиянием ложного эго такой человек
считает себя независимым в своих действиях, что лишь свидетельствует о его невежестве. Он не знает, что его грубое и тонкое тело созданы материальной природой по воле Верховной Личности
Бога и потому должны быть заняты служением Кришне, то есть
деятельностью в сознании Кришны. Этот невежда забыл, что Верховного Господа называют Хришикешей, повелителем чувств материального тела. Такой человек долго использовал свои чувства не
по назначению, ища чувственных удовольствий, поэтому он оказался во власти ложного эго, которое заставляет его забыть свои
вечные отношения с Кришной.

ТЕКСТ 28 तत्त्ववित्तु महाबाहो गुणकर्मविभागयोः ।
गुणा गुणेषु वर्तन्त इति मत्वा न सज्जते ॥ २८ ॥

*таттва-вит ту махā-бāхо   гуна-карма-вибхāгайох
гунā гунешу вартанта   ити матвā на саджджате*

таттва-вит—знающий Абсолютную Истину; *ту*—но; *махā-
бāхо*—о могучерукий; *гуна-карма*—деятельности, производимой
под влиянием материальной энергии; *вибхāгайох*—в различиях;
гунāх—чувства; *гунешу*—в наслаждениях; *вартанте*—действуют;
ити—так; *матвā*—решив; *на*—не; *саджджате*—привязывается.

**О могучерукий, тот же, кто постиг Абсолютную Истину, никог-
да не пойдет на поводу у своих чувств и не станет искать чув-**

ственных удовольствий, так как прекрасно знает разницу между деятельностью, связанной с преданным служением Господу, и деятельностью ради ее плодов.

КОММЕНТАРИЙ: Тот, кто постиг Абсолютную Истину, сознает всю неестественность положения души, находящейся в материальном мире. Такой человек знает, что по своей истинной природе он вечная, исполненная знания и блаженства частица Верховной Личности Бога, Кришны, и что он не принадлежит к материальному творению. Он понимает, что оказался в плену материальных представлений о жизни и что истинное предназначение живого существа, обладающего чистым сознанием, — с любовью и преданностью служить Кришне. Поэтому он занимается деятельностью в сознании Кришны, и у него сама собой пропадает привязанность к эфемерной деятельности ради удовлетворения материальных органов чувств. Он знает, что, живя в материальном мире, он находится во власти Всевышнего, и потому его не могут вывести из равновесия никакие мирские невзгоды, которые он воспринимает как милость Господа. Согласно «Шримад-Бхагаватам», того, кто постиг три аспекта Абсолютной Истины: Брахман, Параматму и Верховную Личность Бога, называют *таттва-вит*, поскольку такой человек также осознал свою роль в отношениях со Всевышним.

ТЕКСТ 29 प्रकृतेर्गुणसम्मूढाः सज्जन्ते गुणकर्मसु ।
तानकृत्स्नविदो मन्दान्कृत्स्नविन्न विचालयेत् ॥ २९ ॥

пракртер гуна-саммӯдхāх̣   саджджанте гуна-кармасу
тāн акртсна-видо мандāн   кртсна-вин на вичāлайет

пракртех — материальной природы; *гуна* — с гунами; *саммӯдхāх* — обманутые (отождествлением с материей); *саджджанте* — запутываются; *гуна-кармасу* — в материальной деятельности; *тāн* — тех; *акртсна-видах* — людей, лишенных знания; *мандāн* — ленящихся постичь свою духовную природу; *кртсна-вит* — тот, кто обладает истинным знанием; *на* — не; *вичāлайет* — должен беспокоить.

Обманутые *гунами* природы, невежественные люди погружаются в материальную деятельность и привязываются к ней. Однако мудрец не должен беспокоить их, хотя он понимает, что из-за отсутствия знания они занимаются деятельностью низшего порядка.

КОММЕНТАРИЙ: Невежественные люди, заблуждаясь, отождествляют себя с материальным сознанием и опутывают себя сетью материальных обозначений. Наше тело — порождение материальной природы, и того, чье сознание сосредоточено только на теле, называют *манда,* ленивым человеком, не понимающим природы вечной души. Отождествляя себя с материальным телом, невежды считают тех, кто связан с ними телесными узами, своими родственниками, землю, где они родились, — святыней, а религиозные обряды и ритуалы — самоцелью. Такие люди трудятся на благо общества, своего народа и всего человечества. Находясь во власти материальных самоотождествлений, они все свое время посвящают мирским делам, а духовная жизнь для них не более чем миф, и потому они не проявляют к ней интереса. Людям, обладающим духовным знанием, не стоит беспокоить таких закоренелых материалистов — лучше молча заниматься своей духовной практикой. Невежественным и сбитым с толку людям нужно предоставить возможность следовать простым моральным принципам, таким как ненасилие, или заниматься различными видами мирской благотворительности.

Невежды не способны по достоинству оценить деятельность в сознании Кришны, поэтому Господь Кришна советует нам не беспокоить их и не терять зря свое драгоценное время. Но преданные Господа более милосердны, чем Сам Господь. Им известен Его замысел, поэтому они идут на любой риск и вступают в общение с невеждами, чтобы так или иначе занять их деятельностью в сознании Кришны, которая абсолютно необходима каждому человеку.

ТЕКСТ 30 मयि सर्वाणि कर्माणि सन्न्यस्याध्यात्मचेतसा ।
निराशीर्निर्ममो भूत्वा युध्यस्व विगतज्वरः ॥ ३० ॥

*майи сарва̄н̣и карма̄н̣и саннйасйа̄дхйа̄тма-четаса̄
нира̄ш́ӣр нирмамо бхӯтва̄ йудхйасва вигата-джварах̣*

майи — во Мне; *сарва̄н̣и* — все; *карма̄н̣и* — виды деятельности; *саннйасйа* — отказавшегося; *адхйа̄тма* — постигшим науку о Высшей Душе; *четаса̄* — сознанием; *нира̄ш́ӣх̣* — не стремящийся к личной выгоде; *нирмамах̣* — освободившийся от собственнических притязаний; *бхӯтва̄* — став; *йудхйасва* — сражайся; *вигата-джварах̣* — стряхнувший с себя апатию.

Посвяти же все свои действия Мне, о Арджуна. Обрети полное знание обо Мне, отбрось стремление к личной выгоде, откажись от всяких собственнических притязаний и, стряхнув с себя апатию, сражайся!

КОММЕНТАРИЙ: В этом стихе ясно сформулирована цель «Бхагавад-гиты». Господь говорит, что каждый должен полностью развить в себе сознание Кришны и исполнять свой долг так, как будто он находится на воинской службе. Выполнить это указание не так-то просто, но тем не менее мы должны действовать, во всем полагаясь на Кришну, ибо таково истинное предназначение живого существа. Живое существо не может обрести счастье независимо от Верховного Господа, не взаимодействуя с Ним, ибо по своей природе оно всегда подвластно Господу и должно исполнять Его желания. Поэтому Шри Кришна приказал Арджуне сражаться, как если бы Он был его командиром. Человек должен пожертвовать всем ради Верховного Господа и одновременно выполнять свои обязанности, отрешившись от собственнических притязаний. Арджуне не нужно было раздумывать над приказом Господа — он должен был просто исполнить его. Верховный Господь — душа всех душ, поэтому того, кто, отбросив личные интересы, целиком полагается на Высшую Душу, иными словами, того, кто полностью развил в себе сознание Кришны, называют *адхйа̄тма-четас*. *Нира̄ш́их* означает, что мы должны действовать, выполняя приказ своего господина, и не рассчитывать на то, что сможем наслаждаться плодами своего труда. Кассир в банке каждый день пересчитывает миллионы долларов, работая на своего хозяина, но не кладет в собственный карман ни цента. Так и мы должны осознать, что в этом мире нам ничего не принадлежит: здесь все является собственностью Верховного Господа. Вот истинный смысл слова *майи,* «Мне». Тот, кто действует с таким пониманием, свободен от любых притязаний. Сознание такого человека описывают словом *нирмама* («мне ничего не принадлежит»). И если мы не желаем выполнять этот строгий приказ, который не учитывает наших так называемых родственных чувств, мы должны подавить в себе это нежелание; тогда мы сможем стать *вигата-джвара,* то есть избавимся от апатии. У каждого, в соответствии с его качествами и положением в обществе, есть определенные обязанности, и все их, как уже было сказано, можно выполнять в сознании Кришны. Таков путь, ведущий к освобождению.

ТЕКСТ 31 ये मे मतमिदं नित्यमनुतिष्ठन्ति मानवाः ।
श्रद्धावन्तोऽनसूयन्तो मुच्यन्ते तेऽपि कर्मभिः ॥ ३१ ॥

*йе ме матам идам нитйам   анутишт̣ханти ма̄нава̄х̣
ш́раддха̄ванто 'насӯйанто   мучйанте те 'пи кармабхих̣*

йе — которые; *ме* — Мое; *матам* — указание; *идам* — это; *нитйам* — вечно (как вечный долг); *анутишт̣ханти* — выполняют регулярно; *ма̄нава̄х̣* — люди; *ш́раддха̄-вантах̣* — обладающие верой и преданностью; *анасӯйантах̣* — свободные от вражды и зависти; *мучйанте* — освобождаются; *те* — они; *апи* — даже; *кармабхих̣* — из-под власти закона *кармы.*

Те, кто выполняет свои обязанности в соответствии с Моими наставлениями, кто с верой и без зависти следует этому учению, освобождаются от рабства *кармы.*

КОММЕНТАРИЙ: Наставления Верховной Личности Бога, Кришны, заключают в себе суть ведической мудрости, поэтому они являются вечной и незыблемой истиной. Как вечны сами Веды, так вечна и эта истина, истина сознания Кришны. Мы должны непоколебимо верить в это наставление и не испытывать к Господу враждебные чувства. Есть немало так называемых философов, которые пишут комментарии к «Бхагавад-гите», но не верят в Кришну. Такие люди никогда не освободятся из плена *кармы.* Но простой человек, твердо верящий в вечные наставления Господа, освободится из-под власти закона *кармы,* даже если он не способен следовать всем этим наставлениям. На первых порах человек, стремящийся развить в себе сознание Кришны, иногда не может следовать всем указаниям Господа, но, поскольку он не отвергает их и искренне трудится, не обращая внимания на неудачи и не поддаваясь отчаянию, со временем он непременно обретет чистое сознание Кришны.

ТЕКСТ 32 ये त्वेतदभ्यसूयन्तो नानुतिष्ठन्ति मे मतम् ।
सर्वज्ञानविमूढांस्तान्विद्धि नष्टानचेतसः ॥ ३२ ॥

*йе ту этад абхйасӯйанто   нāнутишṭханти ме матам
сарва-джн̃āна-вимӯḍхāм̐с тāн   виддхи нашṭāн ачетасах̣*

йе — которые; *ту* — однако; *этат* — это; *абхйасӯйантах̣* — завистливые; *на* — не; *анутишṭханти* — исполняют регулярно; *ме* — Мое; *матам* — наставление; *сарва-джн̃āна* — без всякого знания; *вимӯḍхāн* — совершенно сбитые с толку; *тāн* — их; *виддхи* — уясни; *нашṭāн* — обреченных на гибель; *ачетасах̣* — лишенных сознания Кришны.

Те же, кто из злобы и зависти отвергает Мои наставления, лишены всякого знания, безнадежно глупы, и все их попытки достичь совершенства обречены на неудачу.

КОММЕНТАРИЙ: Здесь ясно сказано, чем чревато отсутствие сознания Кришны. Как законы государства карают тех, кто не подчиняется правительству, так и законы Бога сурово наказывают тех, кто нарушает волю Бога. Эти бунтари, какими бы могущественными они ни были, не обладают знанием о своей духовной природе, а также о Верховном Брахмане, Параматме и Личности Бога, ибо их сердца пусты. Поэтому им никогда не достичь совершенства.

ТЕКСТ 33 सदृशं चेष्टते स्वस्याः प्रकृतेर्ज्ञानवानपि ।
प्रकृतिं यान्ति भूतानि निग्रहः किं करिष्यति ॥ ३३ ॥

*садри́шам чешта́те сваси́йа̄х пракртер джн̃а̄нава̄н апи
пракртим йа̄нти бхӯта̄ни ниграхах ким каришйати*

садри́ам — сообразно; *чешта́те* — пытается; *сваси́йа̄х* — своей;
пракртех — совокупности *гун* материальной природы; *джн̃а̄на-
ва̄н* — тот, кто обладает знанием; *апи* — хотя; *пракртим* — природу; *йа̄нти* — проходят; *бхӯта̄ни* — живые существа; *ниграхах* — сопротивление; *ким* — что; *каришйати* — сделает.

**Даже ученый человек поступает сообразно своей природе, ибо
все существа вынуждены действовать в соответствии с качествами, которыми их наделили три *гуны*. Так какой же смысл
подавлять свою природу?**

КОММЕНТАРИЙ: Пока человек не достигнет духовного уровня,
уровня сознания Кришны, он не сможет выйти из-под влияния *гун*
материальной природы. Господь подтверждает это в седьмой главе «Бхагавад-гиты» (стих 14). Поэтому даже самые образованные
люди этого мира не способны вырваться из когтей *майи*, опираясь
на одни лишь теоретические познания и пытаясь отличить душу от
тела. Есть много так называемых поборников духовности, которые
выдают себя за людей, сведущих в духовной науке, хотя находятся во власти материальных *гун* и не в силах преодолеть их влияние. Даже человек, получивший прекрасное образование, остается
рабом материальной природы из-за длительного соприкосновения
с ней. Метод сознания Кришны помогает людям вырваться из материального плена, даже если они продолжают выполнять предписанные Ведами обязанности сообразно своему положению в материальном мире. Поэтому, до тех пор пока человек полностью не
разовьет в себе сознание Кришны, ему не следует отказываться от
своих обязанностей. Никто не должен пренебрегать своим долгом
и становиться доморощенным *йогом*. Лучше оставаться на своем
месте и стараться развить в себе сознание Кришны под руководством опытных наставников. Тогда мы сможем вырваться из когтей
майи, иллюзорной энергии Кришны.

ТЕКСТ 34 इन्द्रियस्येन्द्रियस्यार्थे रागद्वेषौ व्यवस्थितौ ।
तयोर्न वशमागच्छेत्तौ ह्यस्य परिपन्थिनौ ॥ ३४ ॥

*индрийасйендрийасйа̄ртхе ра̄га-двешау вйавастхитау
тайор на вашам а̄гаччхет тау хй асйа парипантхинау*

индрийасйа — чувств; *индрийасйа артхе* — в объектах чувственного наслаждения; *рага* — привязанность; *двешау* — и неприязнь; *вйавастхитау* — подчиненные предписаниям *шастр; тайох* — их; *на* — не; *вашам* — под власть; *агаччхет* — пусть придет; *тау* — эти; *хи* — безусловно; *асйа* — его; *парипантхинау* — препятствия.

Привязанность и неприязнь, возникающие в результате взаимодействия чувств с объектами восприятия, можно научиться регулировать, соблюдая определенные правила. Не следует идти на поводу у привязанности и неприязни, ибо они являются препятствием на духовном пути.

КОММЕНТАРИЙ: У людей, обладающих сознанием Кришны, вырабатывается естественное равнодушие к мирским, чувственным наслаждениям. Но те, кто еще не развил в себе сознание Кришны, должны ограничивать деятельность своих чувств, следуя предписаниям богооткровенных книг. Неограниченные чувственные наслаждения являются причиной материального рабства, но человек, который следует предписаниям *шастр,* перестает зависеть от объектов чувств. Например, обусловленная душа испытывает потребность в сексуальном наслаждении, поэтому оно дозволено в браке. Согласно предписаниям *шастр,* мужчина может вступать в половые отношения только со своей женой, а ко всякой другой женщине он должен относиться как к своей матери. Однако, несмотря на эти предписания, мужчины все равно стремятся к половой близости с другими женщинами. Подобные желания необходимо обуздывать, иначе они станут серьезной преградой на пути к духовному самопознанию. Пока у нас есть материальное тело, нам разрешается удовлетворять его потребности, но лишь настолько, насколько позволяют предписания *шастр.* Однако не стоит слишком уповать на эти предписания. Надо следовать религиозным заповедям, не привязываясь к ним, поскольку даже ограниченные чувственные наслаждения могут увести с истинного пути — даже на самых лучших дорогах бывают аварии. Мы не застрахованы от аварий даже на самой безопасной дороге. Стремление к чувственным удовольствиям живет в нашем сердце с незапамятных времен из-за нашего соприкосновения с материей. Поэтому, даже если мы удовлетворяем потребности своих чувств в строгом соответствии с предписаниями *шастр,* всегда существует опасность сойти с духовного пути. Вот почему нужно всеми силами стараться избегать привязанности к любым чувственным удовольствиям, даже ограниченным рамками религиозных предписаний. Но привязанность к деятельности в сознании Кришны, к любовному служению Господу, помогает нам отказаться от всех видов чувственной деятельности. Поэтому ни один человек, на каком бы этапе жизни он ни находился, не должен отвергать сознание Кришны. Смысл отказа от любых чувственных удовольствий заключается в том, чтобы в конечном счете обрести сознание Кришны.

ТЕКСТ 35 श्रेयान्स्वधर्मो विगुणः परधर्मात्स्वनुष्ठितात् ।
स्वधर्मे निधनं श्रेयः परधर्मो भयावहः ॥ ३५ ॥

*ш́рейа̄н сва-дхармо вигун̣ах̣   пара-дхарма̄т св-анушт̣хита̄т
сва-дхарме нидханам̇ ш́рейах̣   пара-дхармо бхайа̄вахах̣*

ш́рейа̄н — гораздо лучше; *сва-дхармах̣* — свой долг; *вигун̣ах̣* — (даже) несовершенный; *пара-дхарма̄т* — чужого долга; *су-анушт̣хита̄т* — выполненного безукоризненно; *сва-дхарме* — при исполнении своего долга; *нидханам* — смерть; *ш́рейах̣* — лучше; *пара-дхармах̣* — чужой долг; *бхайа-а̄вахах̣* — опасен.

Гораздо лучше выполнять собственные обязанности, пусть даже несовершенным образом, чем безукоризненно выполнять чужие. Лучше встретить смерть, исполняя свой долг, чем пытаться исполнять чужой, потому что идти путем, предназначенным для других, опасно.

КОММЕНТАРИЙ: Каждый должен выполнять свои собственные обязанности, пытаясь развить в себе сознание Кришны, и не браться за чужое дело. Материально обусловленным людям *шастры* предписывают обязанности, соответствующие психическим и физиологическим особенностям таких людей, которыми их наделяют *гуны* материальной природы. Духовные обязанности определяет духовный учитель, и они связаны с трансцендентным служением Кришне. Любые свои обязанности, и материальные, и духовные, человек должен выполнять до конца жизни и не брать на себя чужие обязанности. Наши материальные и духовные обязанности могут отличаться друг от друга, но, выполняя их под руководством опытных наставников, мы всегда получим только благо. Человек, находящийся под влиянием *гун* материальной природы, должен действовать, как предписано его сословию или духовному укладу жизни, и не подражать другим. Так, *брахман,* находящийся в *гуне* благости, не должен совершать насилие, но оно вполне допустимо для *кшатрия,* находящегося под влиянием *гуны* страсти. Поэтому *кшатрию* лучше достойно погибнуть в бою, чем подражать *брахману,* который обязан следовать принципу ненасилия. Каждый человек должен очистить свое сердце, но это происходит не сразу, а постепенно. Однако тот, кто уже вышел из-под влияния материальных *гун* и полностью развил в себе сознание Кришны, может выполнять любую работу под руководством истинного духовного учителя. *Кшатрий,* обладающий сознанием Кришны, может действовать как *брахман,* и, наоборот, *брахман,* обладающий сознанием Кришны, может действовать как *кшатрий.* На духовном уровне нет различий, существующих в материальной жизни. Например, Вишвамитра, который по происхождению был *кшатрием,* стал выполнять обязанности *брахмана,* а Парашурама, принадлежавший к сословию *брахманов,* действовал как *кшатрий.* Это стало возможным потому, что оба они находились на духовном уровне. Но тот, кто еще не достиг этого уровня, должен выполнять свои обязанности, определяемые в соответствии с *гунами* материальной природы, под влиянием которых он находится. Вместе с тем он должен ясно представлять, в чем суть сознания Кришны.

ТЕКСТ 36   अर्जुन उवाच

अथ केन प्रयुक्तोऽयं पापं चरति पूरुषः ।
अनिच्छन्नपि वार्ष्णेय बलादिव नियोजितः ॥ ३६ ॥

арджуна увāча

атха кена прайукто 'йам   пāпам чарати пӯрушах
аниччханн апи вāршнейа   балāд ива нийоджитах

арджунах увāча — Арджуна сказал; *атха* — тогда; *кена* — чем; *прайуктах* — понуждаемый; *айам* — этот; *пāпам* — грех; *чарати* — совершает; *пӯрушах* — человек; *аниччхан* — не желающий; *апи* — даже; *вāршнейа* — о потомок Вришни; *балāт* — невольно; *ива* — словно; *нийоджитах* — действующий.

Арджуна сказал: О потомок Вришни, какая сила заставляет человека совершать грехи даже против его воли?

КОММЕНТАРИЙ: Как частица Всевышнего, живое существо изначально является духовным, чистым и свободным от материальной скверны. Поэтому по природе своей оно не склонно к греховной деятельности, свойственной обитателям материального мира. Но, попав под власть материальной энергии, живое существо грешит, не задумываясь, иногда даже против собственной воли. Поэтому вопрос Арджуны о противоестественной склонности живого существа к пороку является как нельзя более уместным. Даже если живое существо не хочет грешить, оно порой вынуждено делать это. Однако причиной его греховных действий является не Сверхдуша, находящаяся в сердце, а некая другая сила, о которой Господь расскажет в следующем стихе.

ТЕКСТ 37   श्रीभगवानुवाच

काम एष क्रोध एष रजोगुणसमुद्भवः ।
महाशनो महापाप्मा विद्ध्येनमिह वैरिणम् ॥ ३७ ॥

шрӣ-бхагавāн увāча
кāма эша кродха эша   раджо-гуṇа-самудбхаваӽ
махāшано махā-пāпмā   виддхй энам иха ваириṇам

шрӣ-бхагавāн увāча — Верховный Господь сказал; *кāмаӽ* — вожделение; *эшаӽ* — это; *кродхаӽ* — гнев; *эшаӽ* — это; *раджо-гуṇа* — гуṇой страсти; *самудбхаваӽ* — порожденный; *махā-ашанаӽ* — всепоглощающий; *махā-пāпмā* — очень порочный; *виддхи* — знай же; *энам* — этого; *иха* — здесь (в материальном мире); *ваириṇам* — злейшего врага.

Верховный Господь сказал: О Арджуна, эта сила не что иное, как вожделение, которое возникает под влиянием *гуны* страсти, а затем превращается в гнев. Вожделение — всепожирающий, греховный враг всех существ в этом мире.

КОММЕНТАРИЙ: Когда живое существо попадает в материальный мир, его вечная любовь к Кришне под влиянием *гуны* страсти преобразуется в вожделение. Это можно сравнить с тем, как молоко при добавлении в него кислого тамаринда превращается в простоквашу. Не получив удовлетворения, вожделение переходит в гнев, а гнев порождает иллюзию, которая держит живое существо в плену материальной жизни. Поэтому вожделение — злейший враг живого существа; именно оно делает чистое живое существо пленником материального мира. Гнев является порождением *гуны* невежества, и все его последствия тоже возникают из этой *гуны*. Поэтому, если, выполняя предписания *шастр*, человек не позволяет влияющей на него *гуне* страсти преобразовываться в *гуну* невежества, а вместо этого поднимается на уровень *гуны* благости, он разовьет в себе духовные привязанности и тем самым спасет себя от гнева и его разрушительных последствий.

Верховный Господь распространил Себя во множество проявлений, чтобы испытывать всевозрастающее духовное блаженство, неотъемлемыми частицами которого являются живые существа. Они обладают некоторой долей независимости, но, когда они злоупотребляют ею, их желание служить Господу превращается в желание удовлетворять потребности собственных чувств, и они оказываются во власти вожделения. Господь создал материальный мир для того, чтобы дать обусловленным душам возможность попытаться удовлетворить свое вожделение; но, когда все их попытки заканчиваются неудачей, живые существа начинают вопрошать о том, какова их истинная природа.

С этого вопроса начинается «Веданта-сутра»: *атхāто брахма-джиджн̃āса* — «Настало время вопрошать о Всевышнем». О том, кто такой Всевышний, говорится в «Шримад-Бхагаватам»: *джан-*

мāдй асйа йато 'нвайāд итаратайй ча — «Верховный Брахман есть источник всего сущего». Значит, источник вожделения также находится во Всевышнем. Если нам удастся превратить вожделение в любовь к Богу, то есть в сознание Кришны, и связать с Кришной все свои желания, мы одухотворим и вожделение, и гнев. Хануман, великий слуга Господа Рамы, разгневавшись, сжег дотла золотой город демона Раваны, но благодаря этому он прославился как величайший преданный Господа. Подобно этому, в «Бхагавад-гите» Господь велит Арджуне обратить свой гнев на врага, чтобы доставить Господу удовольствие. Поэтому, когда мы используем вожделение и гнев для служения Кришне, они из врагов превращаются в наших друзей.

ТЕКСТ 38   धूमेनाव्रियते वह्निर्यथादर्शो मलेन च ।
यथोल्बेनावृतो गर्भस्तथा तेनेदमावृतम् ॥ ३८ ॥

дхӯменāврийате вахнир   йатхāдаршо малена ча
йатхолбенāврто гарбхас   татхā тенедам āвртам

дхӯмена — дымом; *āврийате* — покрывается; *вахних* — огонь; *йа-тхā* — как; *āдаршах* — зеркало; *малена* — пылью; *ча* — также; *йа-тхā* — как; *улбена* — чревом; *āвртах* — покрыт; *гарбхах* — зародыш; *татхā* — так; *тена* — им (вожделением); *идам* — это; *āвртам* — покрыто.

Как огонь покрыт дымом, зеркало — пылью, а зародыш — чревом, так и живые существа, каждое в разной степени, покрыты вожделением.

КОММЕНТАРИЙ: Оболочка, покрывающая чистое сознание живого существа, может быть трех степеней плотности. Эта оболочка — не что иное, как вожделение, которое покрывает живые существа в разной степени, так же как дым покрывает пламя, пыль — поверхность зеркала, а материнское чрево — зародыш. Когда вожделение сравнивают с дымом, это значит, что в материальном теле становится заметен огонь живой искры. Иначе говоря, когда живое существо обнаруживает проблески сознания Кришны, его можно сравнить с пламенем, покрытым дымом. Хотя, как известно, дыма без огня не бывает, когда огонь только разгорается, пламени почти не видно. Эту стадию сравнивают с периодом пробуждения сознания Кришны. Пыль, покрывающая зеркало, символизирует процесс очищения зеркала ума с помощью различных методов духовного самопознания. Самым лучшим из них является повторение святых имен Господа. Аналогия с зародышем во чреве матери показывает нашу беспомощность: ребенок в материнском чреве настолько беспомощен, что не может даже сдвинуться с места. Это состояние подобно тому, в котором находятся деревья. Деревья — это живые существа, которые покрыты вожделением в такой большой степени, что, по сути дела, лишены сознания и потому помещены в соответствующие условия жизни. С зеркалом, покрытым пылью, сравнивают птиц и зверей, а с огнем, который скрыт дымом, — человека. Получив человеческое тело, живое существо может пробудить в себе сознание Кришны, и, если это сознание будет развиваться, огонь духовной жизни запылает ярким пламенем. Осторожно раздувая покрытый дымом огонь, мы заставим его гореть очень ярко. Поэтому человеческая форма жизни дает живому существу возможность вырваться из материального плена. Получив тело человека, оно может победить своего врага, вожделение, если разовьет в себе сознание Кришны под руководством опытного наставника.

ТЕКСТ 39 आवृतं ज्ञानमेतेन ज्ञानिनो नित्यवैरिणा ।
कामरूपेण कौन्तेय दुष्पूरेणानलेन च ॥ ३९ ॥

*а̄вр̣там̇ джн̃а̄нам этена   джн̃а̄нино нитйа-ваирин̣а̄
ка̄ма-рӯпен̣а каунтейа   душпӯрен̣а̄налена ча*

а̄вр̣там — покрытое; *джн̃а̄нам* — чистое сознание; *этена* — этим; *джн̃а̄нинах̣* — того, кто обладает знанием; *нитйа-ваирин̣а̄* — вечным врагом; *ка̄ма-рӯпен̣а* — принявшим форму вожделения; *каунтейа* — о сын Кунти; *душпӯрен̣а* — ненасытным; *аналена* — огнем; *ча* — также.

Так чистое сознание живого существа, изначально обладающего совершенным знанием, оказывается во власти его вечного врага — вожделения, ненасытного и пылающего, подобно огню.

КОММЕНТАРИЙ: В «Ману-смрити» говорится, что вожделение невозможно утолить никаким количеством чувственных удовольствий, так же как огонь нельзя погасить, подбрасывая в него дрова. Центром всей деятельности в материальном мире является секс, поэтому материальный мир называют *майтхунья-агара,* темницей половой жизни. В тюрьме узников заковывают в кандалы, и, подобно этому, преступники, нарушающие законы Бога, закованы в кандалы секса. Прогресс материальной цивилизации, основанный на стремлении к чувственным удовольствиям, обрекает живое существо на дальнейшее прозябание в плену материальной жизни. Поэтому вожделение является символом невежества, которое удерживает нас в материальном мире. Вкушая чувственные наслаждения, мы испытываем некое подобие счастья, но на самом деле это мнимое ощущение счастья — злейший враг живого существа.

ТЕКСТ 40 इन्द्रियाणि मनो बुद्धिरस्याधिष्ठानमुच्यते ।
एतैर्विमोहयत्येष ज्ञानमावृत्य देहिनम् ॥ ४० ॥

*индрийа̄н̣и мано буддхир   асйа̄дхишт̣ха̄нам учйате
этаир вимохайатй эша   джн̃а̄нам а̄вр̣тйа дехинам*

индрийа̄н̣и — чувства; *манах̣* — ум; *буддхих̣* — разум; *асйа* — этого
(вожделения); *адхишт̣ха̄нам* — место пребывания; *учйате* — называется; *этаих̣* — всеми этими; *вимохайати* — повергает в иллюзию; *эшах̣* — это (вожделение); *джн̃а̄нам* — знание; *а̄вр̣тйа* — покрыв; *дехинам* — воплощенное в теле существо.

**Оплотом вожделения являются чувства, ум и разум. С их по-
мощью вожделение покрывает истинное знание живого существа
и повергает его в иллюзию.**

КОММЕНТАРИЙ: Враг обусловленной души захватил различные
стратегические позиции в ее теле, поэтому Господь Кришна указывает их, чтобы тот, кто хочет победить этого врага, знал, где его
искать. Центром деятельности чувств является ум, поэтому, когда мы слышим об объектах чувств, наш ум наполняется мыслями о мирских удовольствиях, в результате чего ум и чувства становятся опорными пунктами вожделения. Вслед за ними в оплот
вожделения превращается разум. Разум — ближайший сосед души.
Наполняясь вожделением, он заставляет душу принять ложное эго
и отождествлять себя с материей, а значит, и с умом и чувствами. Так вечная душа развивает привязанность к материальным
удовольствиям, ошибочно принимая их за истинное счастье. Это
ложное самоотождествление души описано в «Шримад-Бхагаватам» (10.84.13):

> *йасйа̄тма-буддхих̣ кун̣апе три-дха̄туке
> сва-дхӣх̣ калатра̄дишу бхаума иджйа-дхӣх̣
> йат-тӣртха-буддхих̣ салиле на кархичидж
> джанешв абхиджн̃ешу са эва го-кхарах̣*

«Человек, отождествляющий себя с телом, состоящем из трех материальных элементов, считает порождения этого тела своими родственниками, а землю, где он родился, — достойной поклонения;
он отправляется в места паломничества только ради того, чтобы
омыться в священных водах, а не ради общения с людьми, обладающими духовным знанием. Такой человек ничем не лучше осла
или коровы».

ТЕКСТ 41 तस्मात्त्वमिन्द्रियाण्यादौ नियम्य भरतर्षभ ।
पाप्मानं प्रजहि ह्येनं ज्ञानविज्ञाननाशनम् ॥ ४१ ॥

тасмāт твам индрийāṇи āдау   нийамйа бхаратаршабха
пāпмāнам праджахи хй энам   джн̃āна-виджн̃āна-нāшанам

тасмāт — поэтому; *твам* — ты; *индрийāṇи* — чувства; *āдау* — вначале; *нийамйа* — подчинив; *бхарата-ршабха* — о лучший из Бхарат; *пāпмāнам* — корень греха; *праджахи* — обуздай; *хи* — безусловно; *энам* — этого; *джн̃āна* — знания; *виджн̃āна* — и науки о чистой душе; *нāшанам* — губителя.

Поэтому, о лучший из Бхарат, прежде всего, подчинив себе чувства, вырви главный корень греха и порока [вожделение]. Срази этого врага знания и духовного совершенствования.

КОММЕНТАРИЙ: Господь советует Арджуне прежде всего обуздать чувства, что поможет ему одолеть своего злейшего врага, вожделение, который толкает человека на путь греха и убивает в нем стремление к самоосознанию и постижению науки о душе. *Гьяна* — это знание о своем истинном «я», отличном от ложного «я», то есть знание о том, что вечная душа отлична от тела. *Вигьяной* называют понимание изначального положения души и ее отношений с Высшей Душой. В «Шримад-Бхагаватам» (2.9.31) об этом сказано следующее:

джн̃āнам парама-гухйам ме
йад виджн̃āна-саманвитам
са-рахасйам тад-ан̇гам ча
грхāṇа гадитам майā

«Знание о душе и Высшей Душе является в высшей степени сокровенным, но его можно постичь и применить на практике, если это знание в его различных аспектах откроет нам Сам Господь». В «Бхагавад-гите» дается и теоретическое, и практическое знание о душе. Живые существа — неотъемлемые частицы Господа, поэтому их единственное предназначение заключается в том, чтобы служить Ему. Понимание этого называют сознанием Кришны. С самого начала жизни человек должен овладеть этой наукой, чтобы полностью развить в себе сознание Кришны и действовать соответствующим образом.

Вожделение — это не что иное, как искаженное отражение любви к Богу, которая заложена в каждом живом существе. Если человек с раннего возраста овладеет наукой сознания Кришны, его естественная любовь к Богу не сможет превратиться в вожделение. Но если любовь к Богу уже превратилась в вожделение, живому существу очень трудно вернуться в свое естественное состояние. Тем не менее метод сознания Кришны столь могуществен, что, даже начав с опозданием, человек может обрести любовь к Богу, если будет следовать правилам преданного служения. Иначе говоря, научиться управлять своими чувствами можно на любом этапе жизни. Надо лишь понять необходимость этого и посвятить себя практике сознания Кришны, или преданному служению Господу. Так, постепенно превратив вожделение в любовь к Богу, человек достигнет высшей цели человеческой жизни.

ТЕКСТ 42 इन्द्रियाणि पराण्याहुरिन्द्रियेभ्यः परं मनः ।
मनसस्तु परा बुद्धिर्यो बुद्धेः परतस्तु सः ॥ ४२ ॥

индрийа̄ни пара̄н̣й а̄хур   индрийебхйах̣ парам̇ манах̣
манасас ту пара̄ буддхир   йо буддхех̣ паратас ту сах̣

индрийа̄ни — органы чувств; *пара̄н̣и* — стоящие выше; *а̄хух̣* — говорят; *индрийебхйах̣* — чувств; *парам* — стоящий выше; *манах̣* — ум; *манасах̣* — ума; *ту* — же; *пара̄* — стоящий выше; *буддхих̣* — разум; *йах̣* — который; *буддхех̣* — разума; *паратах̣* — выше; *ту* — же; *сах̣* — он.

Органы чувств выше неодушевленной материи, ум выше чувств, разум выше ума, а над разумом стоит она [душа].

КОММЕНТАРИЙ: Органы чувств — это инструменты в руках вожделения. Вожделение накапливается в теле и выходит наружу через органы чувств. Поэтому органы чувств выше тела как такового. Когда живое существо обретает высшее сознание, или сознание Кришны, вожделение больше не может использовать их. В сознании Кришны душа напрямую связана с Верховной Личностью Бога, поэтому на высшей ступени описанной в этом стихе иерархии телесных функций стоит Сверхдуша. Деятельность тела — это деятельность органов чувств, и прекратить деятельность чувств — значит полностью остановить деятельность тела. Но поскольку ум всегда активен, то, даже когда тело отдыхает, ум продолжает действовать, как это, например, происходит во сне. Над умом стоит разум, определяющий направление действий тела, а над разумом — душа. Поэтому, если душа действует под непосредственным руководством Верховного Господа, то нижестоящие разум, ум и чувства естественным образом делают то же самое. В «Катха-упанишад» сказано, что объекты чувственного восприятия выше чувств, но ум выше этих объектов. Поэтому, если ум постоянно занят служением Господу, чувства лишаются возможности заниматься чем-либо другим. О таком состоянии ума уже говорилось в предыдущих стихах. *Парам̇ др̣шт̣ва̄ нивартате.* Когда ум занят трансцендентным служением Господу, у него нет возможности удовлетворять свои низменные наклонности. В «Катха-упанишад» душа названа *махан*, великой, потому что она выше объектов чувственного восприятия, чувств, ума и разума. Так что, познав природу души, мы разрешим все проблемы.

Каждый человек должен с помощью разума осознать истинное положение души и всегда занимать ум деятельностью в сознании Кришны. Это ключ к разрешению всех проблем. Тому, кто только ступил на путь духовного развития, как правило, рекомендуют прекратить контакты с объектами чувств. Но, помимо этого, необходимо укреплять ум с помощью разума. Если, используя разум, мы займем ум деятельностью в сознании Кришны и всецело предадимся Верховной Личности Бога, наш ум естественным образом духовно окрепнет и тогда, несмотря на то что чувства сильны и коварны, как змеи, они станут подобны змеям с вырванными ядовитыми зубами и не смогут причинить нам вред. Хотя душа выше разума, ума и чувств, пока она не окрепла в общении с Кришной, в сознании Кришны, живое существо всегда может оставить духовный путь, став жертвой необузданного ума.

ТЕКСТ 43 एवं बुद्धेः परं बुद्ध्वा संस्तभ्यात्मानमात्मना ।
जहि शत्रुं महाबाहो कामरूपं दुरासदम् ॥ ४३ ॥

*эвам буддхех парам буддхва   самстабхйатманам атмана
джахи шатрум маха-бахо   кама-рупам дурасадам*

эвам — так; *буддхех* — разума; *парам* — то, что выше; *буддхва* — осознав; *самстабхйа* — усмирив; *атманам* — ум; *атмана* — одухотворенным разумом; *джахи* — покори; *шатрум* — врага; *маха-бахо* — о могучерукий; *кама-рупам* — принявшего образ вожделения; *дурасадам* — труднодоступного.

О могучерукий Арджуна, осознав свое превосходство над материальными чувствами, умом и разумом, человек должен обуздать ум с помощью одухотворенного разума [погруженного в сознание Кришны] и таким образом, духовной силой, побороть своего ненасытного врага — вожделение.

КОММЕНТАРИЙ: В третьей главе «Бхагавад-гиты» указан путь к сознанию Кришны, обрести которое может тот, кто осознал себя вечным слугой Верховной Личности Бога и перестал считать своей конечной целью безликую пустоту. В материальной жизни нами движет вожделение и желание господствовать над материальной природой. Стремление к господству и чувственным удовольствиям — величайший враг обусловленной души, но силой сознания Кришны можно обуздать материальные чувства, ум и разум. Не следует внезапно отказываться от выполнения своих обязанностей и прекращать всякую деятельность: постепенно развивая в себе сознание Кришны, мы поднимемся на духовный уровень и выйдем из-под власти материальных чувств и ума. Сделать это можно с помощью разума, всегда устремленного к чистому «я». Таково основное содержание этой главы. Пока человек не достиг духовной зрелости, он склонен предаваться философским изысканиям или искусственно пытаться обуздать чувства с помощью так называемой *йоги*, однако ничто из этого не поможет его духовному развитию. Необходимо, используя высший разум, развить в себе сознание Кришны.

Так заканчивается комментарий Бхактиведанты к третьей главе «Шримад Бхагавад-гиты», в которой говорится о карма-йоге, или выполнении предписанных шастрами обязанностей в сознании Кришны.

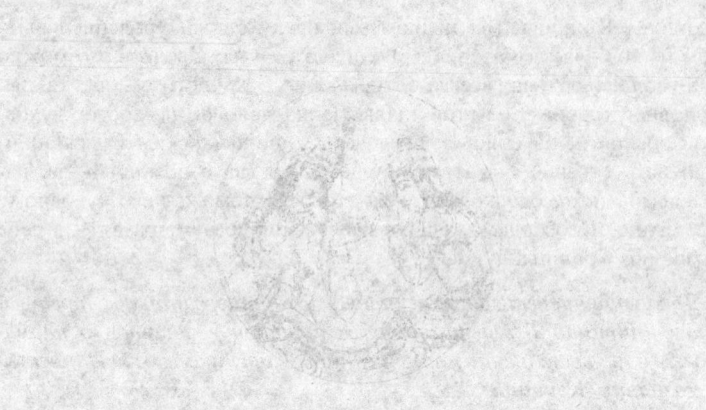

ГЛАВА ЧЕТВЕРТАЯ

Божественное знание

ТЕКСТ 1

श्रीभगवानुवाच
इमं विवस्वते योगं प्रोक्तवानहमव्ययम् ।
विवस्वान्मनवे प्राह मनुरिक्ष्वाकवेऽब्रवीत् ॥ १ ॥

шрӣ-бхагавāн увāча
имам вивасвате йогам проктавāн ахам авйайам
вивасвāн манаве прāха манур икшвāкаве 'бравӣт

шрӣ-бхагавāн увāча — Верховный Господь сказал; *имам* — эту; *вивасвате* — богу Солнца; *йогам* — науку о взаимоотношениях индивидуального существа и Верховного Господа; *проктавāн* — объяснивший; *ахам* — Я; *авйайам* — вечную; *вивасвāн* — Вивасван (бог Солнца); *манаве* — отцу человечества (по имени Вайвасвата); *прāха* — поведал; *манух* — отец человечества; *икшвāкаве* — царю Икшваку; *абравӣт* — поведал.

Верховный Господь Шри Кришна сказал: Я открыл эту вечную науку *йоги* богу Солнца Вивасвану, Вивасван поведал ее Ману, отцу человечества, а Ману в свой черед поведал ее Икшваку.

КОММЕНТАРИЙ: В этом стихе Господь рассказывает историю «Бхагавад-гиты», произведения, которое дошло до нас из глубины веков и было сначала поведано богу Солнца, а также царям, правившим на остальных планетах вселенной. Главная обязанность всех царей во вселенной — защищать подданных, поэтому они должны усвоить науку «Бхагавад-гиты», чтобы править государством должным образом и уметь ограждать своих подданных от вожделения, рабами которого они могут стать. Человеческое тело дается нам для того, чтобы мы могли обрести духовное знание и восстановить свои вечные отношения с Верховной Личностью Бога, поэтому главы всех государств и правители всех планет вселенной обязаны учить своих подданных этой науке, используя средства образования, культуры и религии. Иными словами, правители всех государств должны способствовать распространению великой науки сознания Кришны, чтобы с ее помощью люди могли воспользоваться теми возможностями, которые предоставляет человеческая форма жизни, и достичь совершенства.

Полубога, правящего Солнцем в эту эпоху, зовут Вивасван. Солнце является движущей силой всех планет вселенной. В «Брахма-самхите» (5.52) Господь Брахма говорит:

йач-чакшур эша савита сакала-грахāнāм
рāджā самаста-сура-мӯртир ашеша-теджāх
йасйāджн̃айā бхрамати самбхрта-кāла-чакро
говиндам āди-пурушам̇ там ахам̇ бхаджāми

«Я поклоняюсь Верховной Личности Бога, Говинде [Кришне]. Он изначальное существо, и по Его велению Солнце, царь всех планет, излучает огромное количество тепла и света. Солнце, называемое оком Господа, движется по орбите, повинуясь Его воле».

Солнце — царь всех планет, и бог Солнца Вивасван повелевает этой планетой, которая управляет всеми остальными планетами, обеспечивая их теплом и светом. Солнце вращается по орбите, исполняя волю Кришны, и именно бога Солнца, Вивасвана, Господь Кришна сделал Своим первым учеником, которому Он поведал науку «Бхагавад-гиты». Таким образом, «Гита» — не обычный философский трактат, представляющий интерес только для жалких мирских ученых, а авторитетная книга, в которой изложено знание, пришедшее к нам из глубины веков.

В «Махабхарате» (Шанти-парва, 348.51—52) о происхождении «Гиты» говорится следующее:

третā-йугāдау ча тато
вивасвāн манаве дадау
мануй ча лока-бхр̣тй-артхам
сутāйекшвāкаве дадау
икшвāкун̣ā ча катхито
вйāпйа локāн авастхитах

«В начале Трета-юги Вивасван поведал науку о взаимоотношениях живого существа и Верховного Господа прародителю человечества Ману. Ману передал ее своему сыну Махарадже Икшваку, царю планеты Земля и основателю династии Рагху, одним из членов которой был Господь Рамачандра». Это значит, что люди впервые узнали «Бхагавад-гиту» во времена Махараджи Икшваку.

К настоящему моменту прошло пять тысяч лет с начала Кали-юги, которая длится 432 000 лет. Ей предшествовала Двапара-юга (продолжительностью в 800 000 лет), а до нее была Трета-юга (продолжительностью в 1 200 000 лет). Следовательно, Ману рассказал «Бхагавад-гиту» своему ученику и сыну Махарадже Икшваку, правителю Земли, около 2 005 000 лет назад. Время правления нынешнего Ману составляет приблизительно 305 300 000 лет, из которых 120 400 000 лет уже истекли. Если считать, что Господь поведал «Гиту» богу Солнца Вивасвану до того, как Ману появился на свет, то по приблизительным подсчетам первоначально «Гита» была рассказана как минимум 120 400 000 лет назад, а людям она известна уже по меньшей мере два миллиона лет. Пять тысяч лет назад Господь вновь рассказал ее Арджуне. Такова приблизительная датировка «Бхагавад-гиты» согласно тому, что говорит о себе сама «Гита» и ее рассказчик, Господь Шри Кришна.

«Гита» была поведана богу Солнца Вивасвану потому, что он является *кшатрием,* а также основателем одной из двух главных династий *кшатриев* — *сурья-вамши.* «Бхагавад-гита», рассказанная Самим Верховным Господом, неотлична от Вед, поэтому заключенное в ней знание является *апаурушеей,* «сверхчеловеческим». Веды следует принимать такими, какие они есть, не пытаясь истолковывать их по-своему, и точно так же нужно принимать «Бхагавад-гиту». Мирские пустословы переиначивают «Гиту» каждый на свой лад, но их интерпретации нельзя считать подлинной «Гитой». Знание, заключенное в «Бхагавад-гите», должно быть получено нами в его изначальном виде, таким, каким оно передается по цепи духовных учителей. Эта цепь описана в данном стихе: сначала Господь рассказал «Бхагавад-гиту» богу Солнца, тот передал ее своему сыну Ману, а Ману в свою очередь поведал ее своему сыну Икшваку.

ТЕКСТ 2   एवं परम्पराप्राप्तमिमं राजर्षयो विदुः ।
स कालेनेह महता योगो नष्टः परन्तप ॥ २ ॥

эвам парампара-праптам   имам раджаршайо видух
са каленеха махата   його наштах парантапа

эвам—так; *парампара*—по цепи духовных учителей; *прап-
там*—полученную; *имам*—эту (науку); *раджа-ршайах*—правед-

ные цари; *видух* — постигли; *сах* — это (знание); *кӣлена* — течением времени; *иха* — в этом мире; *махатӣ* — великим; *йогах* — наука об отношениях индивидуального существа со Всевышним; *наштах* — разрушена; *парантапа* — о Арджуна, покоритель врагов.

Так эта великая наука передавалась по цепи духовных учителей, и ее постигали праведные цари. Но с течением времени цепь учителей прервалась, и это знание в его первозданном виде было утрачено.

КОММЕНТАРИЙ: Здесь ясно сказано, что «Гита» предназначалась в первую очередь для праведных царей, поскольку они, управляя своими подданными, должны были осуществлять цели, поставленные в ней. Разумеется, «Бхагавад-гита» никогда не предназначалась для демонических людей, которые попросту обесценили бы ее и стали бы толковать ее, как им вздумается, никому не принося блага. Когда же это все-таки произошло, когда изначальный замысел «Гиты» был искажен недобросовестными комментаторами, преследовавшими корыстные цели, возникла необходимость восстановить цепь духовных учителей. Пять тысяч лет назад Сам Господь обнаружил, что эта цепь прервалась, и провозгласил, что люди забыли об истинном назначении «Бхагавад-гиты». В наше время сложилась аналогичная ситуация: сейчас существует множество изданий «Бхагавад-гиты», особенно на английском языке, но почти все они расходятся с той версией «Гиты», которая передается по цепи духовных учителей. Мирские ученые написали огромное число комментариев к «Гите», но практически никто из них не признает Кришну Верховной Личностью Бога, хотя слова Шри Кришны приносят им немалый доход. Поступать так могут только демоны, которые не верят в Бога, но при этом беззастенчиво пользуются Его собственностью. И поскольку существует настоятельная необходимость в английском издании «Гиты», которое представляло бы ее в том виде, в каком она передается по *парампаре* (цепи духовных учителей), мы попытались восполнить этот пробел. Люди, принимающие «Бхагавад-гиту» такой, какая она есть, получают огромное благо, те же, кто смотрит на нее как на обычное философское сочинение, только напрасно теряют время, изучая ее.

ТЕКСТ 3 स एवायं मया तेऽद्य योगः प्रोक्तः पुरातनः ।
भक्तोऽसि मे सखा चेति रहस्यं ह्येतदुत्तमम् ॥ ३ ॥

са эвайам майа те 'дйа йогах проктах пурӣтанах
бхакто 'си ме сакхӣ чети рахасйам хӣ этад уттамам

сах — та; *эва* — безусловно; *айам* — эта; *майа* — Мной; *те* — тебе; *адйа* — сегодня; *йогах* — наука йоги; *проктах* — рассказана; *пу-*

рāтанах—древняя; *бхактах*—преданный; *аси*—(ты) есть; *ме*—
Мой; *сакхā*—друг; *ча*—также; *ити*—поэтому; *рахасйам*—тайна;
хи—конечно; *этат*—эта; *уттамам*—трансцендентная.

**Сегодня Я открываю тебе эту древнюю науку о взаимоотноше-
ниях живого существа и Верховного Господа, ибо ты Мой преданный и Мой друг и потому способен проникнуть в тайну этой
божественной науки.**

КОММЕНТАРИЙ: Есть два типа людей: преданные и демоны. Господь избрал Арджуну, чтобы поведать ему эту великую науку, потому что Арджуна был Его преданным. Демонические люди не
способны постичь сокровенный смысл «Бхагавад-гиты». Существует много изданий этой великой книги. К одним из них написали комментарии преданные, а к другим — демоны. Комментарии
преданных передают истинное содержание «Бхагавад-гиты», тогда
как комментарии демонов лживы и бесполезны. Арджуна признаёт
Шри Кришну Верховной Личностью Бога, и комментаторы «Бхагавад-гиты», следующие примеру Арджуны, служат этой великой
науке с настоящей преданностью. Демоны же отказываются принимать Кришну таким, какой Он есть. Вместо этого они начиняют
свои комментарии измышлениями о Кришне и мешают читателю
следовать Его наставлениям. Этим стихом Кришна предупреждает
нас о том, что нужно остерегаться подобных комментаторов. Мы
должны стараться идти путем наставников, принадлежащих к цепи
духовных учителей, которая ведет начало от Арджуны, — только
тогда великая наука «Шримад Бхагавад-гиты» принесет нам благо.

ТЕКСТ 4   अर्जुन उवाच
अपरं भवतो जन्म परं जन्म विवस्वतः ।
कथमेतद्विजानीयां त्वमादौ प्रोक्तवानिति ॥ ४ ॥

арджуна увāча
апарам бхавато джанма   парам джанма вивасватах
катхам этад виджāнӣйāм   твам āдау проктавāн ити

арджунах увāча—Арджуна сказал; *апарам*—раннее; *бхаватах*—Твое (Господа); *джанма*—рождение; *парам*—позднее; *джанма*—рождение; *вивасватах*—бога Солнца; *катхам*—как; *этат*—
это; *виджāнӣйāм*—то, что нужно понять; *твам*—Ты; *āдау*—сначала; *проктавāн*—поведавший; *ити*—так.

**Арджуна сказал: Бог Солнца Вивасван родился намного рань-
ше Тебя. Как понимать Твои слова о том, что на заре творения
Ты поведал ему эту науку?**

КОММЕНТАРИЙ: Арджуна — великий преданный Господа. Как же он мог усомниться в словах Кришны? На самом деле Арджуна задал этот вопрос не ради себя самого, а ради тех, кто не верит в Бога, то есть ради демонов, которые отказываются признать Кришну Верховной Личностью Бога. Только ради них Арджуна спрашивает об этом так, словно ему самому ничего не известно о Личности Бога, Кришне. Как станет ясно из десятой главы, Арджуна прекрасно знал, что Кришна — Верховная Личность Бога, источник всего сущего и высшее проявление Абсолютной Истины. Однако верно и то, что Кришна воплотился на земле, став сыном Деваки. Обыкновенным людям очень трудно понять, как при этом Он мог оставаться все той же Верховной Личностью Бога, вечной и неизменной. Чтобы прояснить это, Арджуна решил спросить Самого Кришну и получить авторитетный ответ. Весь мир, не считая лишь демонов, с незапамятных времен признает Кришну высшим авторитетом, и потому Арджуна задал Ему этот вопрос, чтобы Кришна мог Сам рассказать о Себе, не дожидаясь, пока это сделают демоны, которые всегда стараются исказить Его образ, подгоняя его под собственные представления и представления своих последователей. Необходимо, чтобы каждый человек для собственного же блага усвоил науку о Кришне. Поэтому, когда Кришна Сам говорит о Себе, Его слова приносят благо всему миру. Демонам слова Кришны могут показаться странными, поскольку они подходят к Кришне со своими мерками, но преданные с радостью принимают все, что говорит Кришна. Преданные всегда с благоговением внимают наставлениям Кришны, потому что всегда стремятся узнать о Кришне как можно больше. Атеисты, которые считают Кришну обыкновенным человеком, слушая Его слова, смогут узнать, что Кришна — не человек, а *сач-чид-ананда-виграха,* олицетворение вечности, блаженства и знания, что, будучи всецело духовным, Он не подвержен влиянию трех материальных *гун* и находится вне времени и пространства. Преданные Кришны, такие, как Арджуна, никогда не сомневаются в божественной природе Кришны. Задавая Господу этот вопрос, Арджуна хочет, чтобы Он опроверг мнение атеистов, которые считают Кришну обыкновенным человеком, подвластным *гунам* материальной природы.

ТЕКСТ 5   श्रीभगवानुवाच
बहूनि मे व्यतीतानि जन्मानि तव चार्जुन ।
तान्यहं वेद सर्वाणि न त्वं वेत्थ परन्तप ॥ ५ ॥

шри-бхагаван увача
бахуни ме вйатитани   джанмани тава чарджуна
тани ахам веда сарвани   на твам веттха парантапа

шри-бхагаван увача — Верховный Господь сказал; *бахуни* — многочисленные; *ме* — Мои; *вйатитани* — прошедшие; *джанмани* — рождения; *тава* — твои; *ча* — также; *арджуна* — о Арджуна; *тани* — те; *ахам* — Я; *веда* — знаю; *сарвани* — все; *на* — не; *твам* — ты; *веттха* — знаешь; *парантапа* — о покоритель врагов.

Верховный Господь сказал: И ты и Я рождались великое множество раз. Я помню все эти жизни, ты же не помнишь их, о покоритель врагов.

КОММЕНТАРИЙ: В «Брахма-самхите» (5.33) говорится о бесчисленных воплощениях Господа:

> *адваитам ачйутам анадим ананта-рупам*
> *адйам пурана-пурушам нава-йауванам ча*
> *ведешу дурлабхам адурлабхам атма-бхактау*
> *говиндам ади-пурушам там ахам бхаджами*

«Я поклоняюсь предвечному Верховному Господу Говинде [Кришне], абсолютному, непогрешимому и не имеющему начала. Принимая бесчисленные образы, Господь тем не менее остается все той же изначальной личностью, самой древней и вечно юной. Вечные, исполненные блаженства и знания воплощения Господа непостижимы даже для великих знатоков Вед, но всегда доступны взору тех, кто безраздельно предан Господу».

Далее в «Брахма-самхите» (5.39) сказано:

> *рамади-муртишу кала-нийамена тиштхан*
> *нанаватарам акарод бхуванешу кинту*
> *кришнах свайам самабхават парамах пуман йо*
> *говиндам ади-пурушам там ахам бхаджами*

«Я поклоняюсь Верховному Господу Говинде [Кришне], который неизменно являет Себя в виде разнообразных полных экспансий, таких как Рама и Нрисимха, и множества частичных экспансий, но при этом всегда остается предвечной Личностью Бога, которая также приходит в этот мир в Своем изначальном облике — облике Кришны».

В Ведах тоже сказано, что, хотя Господь един, Он распространяет Себя в бесчисленное множество образов. Он подобен камню *вайдурья*, который меняет цвета, но при этом остается самим собой. Постичь многочисленные воплощения Господа могут лишь те, кто безраздельно предан Ему, а не философы, которые только изучают Веды (*ведешу дурлабхам адурлабхам атма-бхактау*). Преданные, подобные Арджуне, являются вечными спутниками Господа:

всякий раз, когда Господь воплощается в материальном мире, они приходят вместе с Ним, чтобы в том или ином качестве служить Ему. Арджуна — один из таких преданных, и из этого стиха мы узнаём, что миллионы лет назад, когда Господь Кришна рассказывал «Бхагавад-гиту» богу Солнца Вивасвану, Арджуна, в другом облике, также находился рядом с Ним. Но разница между Господом и Арджуной заключается в том, что Господь помнит об этом, а Арджуна нет. Это отличает Верховного Господа от Его неотъемлемых частиц, индивидуальных существ. Хотя Арджуна назван здесь великим героем, покорителем врагов, он не способен помнить о том, что происходило с ним в прошлых жизнях. Иначе говоря, индивидуальное существо, каким бы великим с материальной точки зрения оно ни было, никогда не сможет стать равным Верховному Господу. Все вечные спутники Господа, безусловно, являются освобожденными душами, но они никогда не смогут сравняться с Господом. В «Брахма-самхите» Господь назван непогрешимым (*ачьюта*); это значит, что Он не забывает Себя, даже когда находится в материальном мире, тогда как обыкновенное существо, соприкасаясь с материей, не помнит свои прошлые жизни. Поэтому Господь и индивидуальная душа никогда не бывают равными во всех отношениях, даже если душа является освобожденной, как Арджуна. Хотя Арджуна — преданный Господа, он иногда забывает о том, какое положение занимает Господь. Но по милости Бога преданный может мгновенно осознать, что Господь велик и непогрешим, тогда как непреданные, или демоны, не в состоянии постичь Его божественную природу. Поэтому люди с демоническим складом ума не способны понять смысл этого и других аналогичных стихов «Бхагавад-гиты». Кришна помнит о том, что Он делал миллионы лет назад, а Арджуна не помнит, хотя по природе своей оба они вечные существа. Необходимо также отметить, что обыкновенное существо забывает обо всем, что происходило с ним, потому что вынуждено менять тела, а Господь помнит, так как Его тело, *сач-чид-ананда,* вечно и неизменно. Он *адвайта:* между Его телом и Им Самим нет разницы. Все, что так или иначе связано с Ним, имеет духовную природу. Но тело обусловленной души материально и отлично от нее самой. Поскольку тело Господа тождественно Ему Самому, то, даже нисходя в материальный мир, Он сохраняет Свое положение, отличное от положения обыкновенных существ. Демоны не в состоянии постичь божественную природу Господа, о которой Он Сам рассказывает в следующем стихе.

ТЕКСТ 6   अजोऽपि सन्नव्ययात्मा भूतानामीश्वरोऽपि सन् ।
प्रकृतिं स्वामधिष्ठाय सम्भवाम्यात्ममायया ॥ ६ ॥

аджо 'пи санн авйайа̄тма̄   бхӯта̄на̄м ӣш́варо 'пи сан
пракр̣тим̇ сва̄м адхиш̣т̣ха̄йа   самбхава̄мй а̄тма-ма̄йайа̄

аджах̣ — нерожденный; *апи* — несмотря на то, что; *сан* — являющийся; *авйайа* — не подвержено тлению; *а̄тма̄* — тот, чье тело; *бхӯта̄на̄м* — тех, кто рождается; *ӣш́варах̣* — Верховный Господь; *апи* — хотя; *сан* — являющийся; *пракр̣тим* — в трансцендентную форму; *сва̄м* — Свою; *адхиш̣т̣ха̄йа* — войдя; *самбхава̄ми* — прихожу; *а̄тма-ма̄йайа̄* — посредством Своей внутренней энергии.

Хотя Я нерожденный и Мое трансцендентное тело нетленно, хотя Я повелитель всех живых существ, в каждую эпоху силой Своей внутренней энергии Я появляюсь в этом мире в Своем изначальном духовном облике.

КОММЕНТАРИЙ: Господь говорит здесь об особенности Своего появления на свет: рождаясь, словно обыкновенный человек, Он, тем не менее, помнит все, что происходило с Ним во время великого множества «прошлых жизней», тогда как обыкновенному человеку бывает трудно вспомнить даже то, чем он занимался несколько часов назад. Если спросить любого из нас, что мы делали в это же время вчера, мы вряд ли ответим сразу. Обыкновенному человеку наверняка придется напрягать память, чтобы вспомнить, что происходило с ним накануне. И все же находятся люди, которые осмеливаются называть себя Богом, или Кришной. Их бессмысленные заявления не должны сбивать нас с толку.

В этом стихе Господь также говорит о Своей *пракрити,* или форме. Слово *пракрти* может переводиться как «природа» или как «собственная форма» *(сварӯпа).* Господь говорит, что Он приходит в материальный мир в собственном теле. Он не меняет тела, как это делает обыкновенное живое существо. В этой жизни у обусловленной души одно тело, а в следующей — другое. В материальном мире у живого существа нет постоянного тела: ему приходится переселяться из одного тела в другое. Но Господь не подвержен этому. Всякий раз, когда Он появляется в материальном мире, Он приходит в Своем изначальном облике и делает это силой Своей внутренней энергии. Иначе говоря, Кришна появляется в материальном мире в Своем изначальном вечном облике с двумя руками, в которых Он держит флейту. Он появляется в Своем вечном теле, не оскверненном материей. Но, хотя Господь нисходит в материальный мир в духовном теле и является повелителем вселенной, на первый взгляд может показаться, что Он рождается совсем как обыкновенное существо. И хотя тело Господа Кришны, в отличие от материального тела, не подвержено изменениям, кажется, будто Он растет: из ребенка превращается в подростка, а затем — в юношу. Но, что самое удивительное, Он всегда остается молодым. К тому времени, когда произошла битва на Курукшетре, у Кришны уже было много внуков, иначе говоря, по материальным меркам Он находился в преклонном возрасте. Тем не менее Он выглядел молодым человеком двадцати-двадцати пяти лет. Мы никогда не увидим изображений Кришны в старости, потому что, в отличие от нас, Он никогда не стареет, хотя и является самым старым во всем творении и во все времена — в прошлом, настоящем и будущем. Его тело и разум не стареют и не меняются. Отсюда ясно, почему, даже приходя в материальный мир, Господь остается нерожденным и почему Его разум и вечное трансцендентное тело, исполненное блаженства и знания, называют нетленными.

Явление Господа и Его уход подобны движению солнца, которое встает, проходит над нами, а затем исчезает из виду. Когда солнце исчезает, мы думаем, что оно село, а когда оно вновь появляется у нас перед глазами, мы говорим, что солнце взошло над горизонтом. На самом деле солнце всегда остается на небе, а поскольку наши органы чувств несовершенны, мы считаем, будто оно то появляется, то исчезает. Явление Господа Кришны и Его уход не похожи на рождение и смерть обыкновенного существа: благодаря могуществу Его внутренней энергии Он всегда остается вечным, исполненным блаженства и знания, и Его не может коснуться материальная скверна. В «Ведах» тоже сказано, что, хотя Верховный Господь нерожденный, кажется, будто Он рождается, появляясь в разных обликах. В писаниях, дополняющих Веды, говорится, что, даже казалось бы, рождаясь в материальном мире, Господь не меняет тела. Из «Бхагаватам» мы узнаём, что Он предстал перед Своей матерью в образе четырехрукого Нараяны, украшенный всеми шестью совершенствами. Приходя в материальный мир в Своем изначальном, вечном облике, Верховный Господь являет живым существам беспричинную милость: благодаря этому они могут сосредоточить свой мысленный взор на истинном образе Господа, а не на некоем воображаемом образе, придуманном имперсоналистами. Согласно словарю «Вишва-коша», слово *майя*, или *атма-майя*, может указывать на беспричинную милость Господа. Господь помнит все Свои предыдущие явления и уходы, а обыкновенное существо, получив новое тело, сразу же забывает о том, чтó происходило с ним в предыдущей жизни. Господь является повелителем всех живых существ, ибо, приходя на землю, Он совершает чудесные, сверхчеловеческие деяния. Итак, Господь всегда остается неизменной Абсолютной Истиной — между Его телом и Им Самим нет никакой разницы. Тогда может возникнуть вопрос: почему Господь появляется в этом мире, а затем покидает его? Ответ на этот вопрос дается в следующем стихе.

ТЕКСТ 7   यदा यदा हि धर्मस्य ग्लानिर्भवति भारत ।
अभ्युत्थानमधर्मस्य तदात्मानं सृजाम्यहम् ॥ ७ ॥

*йадā йадā хи дхармасйа   глāнир бхавати бхāрата
абхйуттхāнам адхармасйа   тадāтмāнам̇ срджāми ахам*

йадā йадā — когда и где бы то ни было; *хи* — безусловно;
дхармасйа — религии; *глāних̣* — упадок; *бхавати* — проявляется;
бхāрата — о потомок Бхараты; *абхйуттхāнам* — преобладание;
адхармасйа — безбожия; *тадā* — тогда; *āтмāнам* — Себя; *срджāми* — являю; *ахам* — Я.

**Всякий раз, когда религия приходит в упадок и воцаряется без-
божие, Я Сам нисхожу в этот мир, о потомок Бхараты.**

КОММЕНТАРИЙ: Особого внимания в этом стихе заслуживает
слово *срджāми*. Оно не может означать сотворение, поскольку,
как явствует из предыдущего стиха, тело Господа никогда не было сотворено: все Его образы существуют вечно. Поэтому слово
срджāми указывает на то, что Господь являет Свой истинный образ.
Хотя Господь нисходит в материальный мир в определенное время
(один раз в день Брахмы, в конце Двапара-юги двадцать восьмой
эпохи правления седьмого Ману), Он не обязан строго придерживаться этих сроков, ибо волен поступать так, как Сам того желает.
Он приходит в материальный мир по Своей воле всякий раз, когда
попирается истинная религия и начинает торжествовать безбожие.
Заповеди религии изложены в Ведах, и, нарушая их, люди превращаются в безбожников. В «Бхагаватам» сказано, что законы религии — это законы Бога и установить их может только Сам Бог. Как
известно, Веды первоначально были даны Самим Господом, который рассказал их Брахме, находясь у него в сердце. Таким образом, законы *дхармы*, религии, являются прямыми указаниями Верховной Личности Бога *(дхармам̇ ту сāкшāд бхагават-пран̣ӣтам)*.
Все они предельно ясно изложены в «Бхагавад-гите».

Назначение Вед — утвердить законы религии в соответствии
с волей Верховного Господа. В конце «Гиты» Господь прямо говорит, что высший закон религии заключается в том, чтобы предаться Ему и отказаться от всего прочего. Предписания Вед побуждают
человека безраздельно предаться Господу, и, когда демоны нарушают их, Господь Сам приходит в материальный мир. Из «Бхагаватам» мы узнаём, что Господь Будда, одно из воплощений Кришн-
ны, появился на земле в пору засилья материализма, когда люди
оправдывали свои грехи, ссылаясь на предписания Вед. Хотя Веды
строго ограничивают принесение в жертву животных, в то время
люди с демоническим складом ума совершали жертвоприношения
животных, не считаясь с указаниями Вед. Господь Будда пришел

на землю, чтобы прекратить этот произвол и утвердить ведический принцип ненасилия. Каждая *аватара* (воплощение Господа) нисходит в материальный мир с определенной миссией, и все эти *аватары* описаны в *шастрах*. Соответственно, того, кто не упомянут в *шастрах*, нельзя считать *аватарой*.

Не следует думать, будто Господь появляется только на земле Индии. Он может явиться всюду, где пожелает, и когда Ему угодно. Каждое воплощение Господа говорит людям о религии ровно столько, сколько они способны принять в соответствии с уровнем своего развития и условиями жизни. Но цель у всех *аватар* одна: побудить людей следовать заповедям религии и помочь им развить сознание Бога. Иногда Господь приходит в материальный мир Сам, иногда посылает Своих представителей в образе Своего сына или слуги, а иногда появляется как скрытое воплощение.

Господь поведал «Бхагавад-гиту» Арджуне, а вместе с ним и другим возвышенным душам, поскольку Арджуна по уровню своего развития значительно превосходил обыкновенных людей, жителей других частей света. Два плюс два равно четырем — как в начальной школе, так и в высшем учебном заведении. Но помимо арифметики существует еще и высшая математика. Подобно этому, все воплощения Господа учат одним и тем же заповедям и законам, однако в зависимости от обстоятельств эти заповеди могут внешне отличаться друг от друга. Высшая религия начинается с разделения общества на четыре *варны* и четыре *ашрама*, о чем будет сказано в последующих стихах. Цель прихода всех воплощений Господа — распространить в мире сознание Кришны. Это сознание иногда проявлено в обществе, а иногда нет, в зависимости от обстоятельств.

ТЕКСТ 8   परित्राणाय साधूनां विनाशाय च दुष्कृताम् ।
धर्मसंस्थापनार्थाय सम्भवामि युगे युगे ॥ ८ ॥

*паритра̄н̣а̄йа са̄дхӯна̄м   вина̄ш́а̄йа ча душкр̣та̄м
дхарма-сам̇стха̄пана̄ртха̄йа   самбхава̄ми йуге йуге*

паритра̄н̣а̄йа — для освобождения; *са̄дхӯна̄м* — преданных; *вина̄ш́а̄йа* — для уничтожения; *ча* — и; *душкр̣та̄м* — злодеев; *дхарма* — законов религии; *сам̇стха̄пана-артха̄йа* — для восстановления; *самбхава̄ми* — появляюсь; *йуге* — век; *йуге* — за веком.

Чтобы освободить праведников и уничтожить злодеев, а также восстановить устои религии, Я прихожу сюда из века в век.

КОММЕНТАРИЙ: Согласно «Бхагавад-гите», *садху* (святой) — это человек, обладающий сознанием Кришны. Того, кто в полной мере обладает сознанием Кришны, следует считать *садху,* даже если он не кажется очень набожным. А слово *душкртāм* относится к тем, кто пренебрегает сознанием Кришны. Даже если такие нечестивцы очень образованны, они все равно остаются глупцами и низшими из людей, тогда как человек, поглощенный деятельностью в сознании Кришны, является *садху,* хотя может и не отличаться высокой образованностью и культурой. Что касается безбожников, то, чтобы уничтожить их, Верховному Господу нет необходимости приходить Самому, как это было в случае с демонами Раваной и Камсой. У Него есть много помощников, вполне способных справиться с этой задачей. Господь приходит в материальный мир прежде всего для того, чтобы помочь Своим чистым преданным, которым не дают покоя демоны. Демоны преследуют преданных, даже если те приходятся им родственниками. Так, Махараджа Прахлада был сыном Хираньякашипу, и ему пришлось немало претерпеть от своего отца-демона. Деваки, мать Кришны, была сестрой Камсы, но, несмотря на это, он заточил ее вместе с мужем, Васудевой, в тюрьму — только потому, что у них должен был родиться Кришна. И Господь Кришна пришел в первую очередь для того, чтобы освободить Деваки, а не для того, чтобы убить Камсу, хотя Он одновременно сделал и то, и другое. Вот почему в этом стихе сказано, что Господь приходит в материальный мир в образе различных воплощений, чтобы освободить преданных и уничтожить злодеев-демонов.

В «Чайтанья-чаритамрите» (Мадхья, 20.263–264) Кришнадас Кавираджа дает следующее определение *аватары* Господа:

*сршти-хету йеи мӯрти прапанче аватаре
сеи йӣвара-мӯрти 'аватāра' нāма дхаре*

*мāйāтӣта паравйоме сабāра авастхāна
виӣве аватари' дхаре 'аватāра' нāма*

«Верховный Господь нисходит из Своего царства, чтобы явить Себя в материальном мире. Образ Господа, в котором Он появляется в материальной вселенной, называют Его воплощением, или *аватарой.* Изначально все эти экспансии пребывают в духовном мире, в царстве Бога, а когда Они приходят в материальный мир, Их называют *аватарами*».

Есть разные типы *аватар:* пуруша-аватары, гуна-аватары, лила-аватары, шактьявеша-аватары, манвантара-аватары и юга-аватары. Все они появляются на разных планетах вселенной в строго определенное время. Но Господь Кришна — это Бог в Своем изначальном облике, источник всех *аватар.* Шри Кришна приходит в материальный мир для того, чтобы утешить Своих чистых преданных, которые жаждут увидеть Господа и Его вечные вриндаванские игры. Итак, главная цель, ради которой Кришна является в этот мир, — порадовать чистых преданных.

Господь говорит, что Он приходит в материальный мир из века в век. Это значит, что Он воплощается и в век Кали. Как сказано в «Шримад-Бхагаватам», в век Кали Господь приходит на землю в образе Шри Чайтаньи Махапрабху. Господь Чайтанья призывал людей поклоняться Кришне, дав им для этого метод *санкиртаны* (совместного пения святых имен), и Сам распространил сознание Кришны по всей Индии. Он же предсказал, что движение *санкиртаны*, шествуя из города в город, из селения в селение, распространится по всему миру. Воплощение Кришны, Личности Бога, в образе Господа Чайтаньи описано в сокровенных частях священных писаний, таких как Упанишады, «Махабхарата» и «Бхагаватам», но не прямо, а намеками. Движение *санкиртаны* Господа Чайтаньи очень привлекает всех преданных Кришны. Эта *аватара* Господа не убивает злодеев, а спасает их по Своей беспричинной милости.

ТЕКСТ 9　　जन्म कर्म च मे दिव्यमेवं यो वेत्ति तत्त्वतः ।
　　　　　　त्यक्त्वा देहं पुनर्जन्म नैति मामेति सोऽर्जुन ॥ ९ ॥

*джанма карма ча ме дивйам　эвам йо ветти таттватах
тйактва дехам пунар джанма　наити мам эти со 'рджуна*

джанма — рождение; *карма* — деяние; *ча* — также; *ме* — Мое; *дивйам* — божественное; *эвам* — так; *йах* — который; *ветти* — знает; *таттватах* — воистину; *тйактва* — оставив; *дехам* — тело; *пунах* — снова; *джанма* — к рождению; *на* — не; *эти* — приходит; *мам* — ко Мне; *эти* — приходит; *сах* — тот; *арджуна* — о Арджуна.

Тот, кто знает божественную природу Моего явления и деяний, никогда больше не рождается в материальном мире. Покинув тело, он достигает Моей вечной обители, о Арджуна.

КОММЕНТАРИЙ: В шестом стихе рассказывалось о том, как Господь нисходит в материальный мир из Своей духовной обители. Тот, кто постиг истинную природу Его явления, уже освободился из материального плена. Поэтому, покинув свое нынешнее, материальное тело, он сразу вернется в царство Бога. Вырваться из материального плена необычайно трудно. Имперсоналисты и *йоги* получают освобождение ценой великих усилий, и то лишь спустя много жизней. К тому же освобождение, которое они обретают, погружаясь в безличное *брахмаджьоти* Господа, нельзя назвать полным, так как оно не исключает возможность их возвращения в материальный мир. Однако преданный, постигший божественную природу тела Господа и Его деяний, покинув тело, попадает в царство Бога и больше никогда не возвращается в материальный мир. В «Брахма-самхите» (5.33) говорится, что у Господа великое множество различных экспансий и воплощений: *адваитам ачйутам анадим ананта-рупам*. Но, несмотря на то что у Господа очень много трансцендентных образов, все они есть одна и та же Верховная Личность Бога. Эта истина недоступна пониманию мирских ученых и философов, но преданные должны твердо усвоить ее. В Ведах (Пуруша-бодхини-упанишад) сказано:

эко дево нитйа-лилануракто
бхакта-вйапи бхакта-хрди антар-атма

«Единый Верховный Господь, принимая множество божественных обликов, общается со Своими чистыми преданными, и их взаимоотношения вечны». Господь Сам подтверждает это в данном стихе «Бхагавад-гиты». Тот, кто признает эту истину, полагаясь на авторитет Вед и Верховной Личности Бога, и не тратит времени на философские поиски, освобождается из материального плена и достигает высшего совершенства. Достаточно лишь верить в эту истину, чтобы обрести освобождение. Именно она раскрывает подлинный смысл ведического афоризма *тат твам аси* [«ты тот»]. Каждый, кто осознал, что Господь Кришна — Всевышний, и, обращаясь к Нему, говорит: «Ты и есть тот самый Верховный Брахман, Личность Бога», — очень быстро обретет освобождение и в будущем непременно вступит в трансцендентное общение с Господом. Иными словами, преданный Господа, обладающий такой верой, достигает совершенства, что также подтверждается в Ведах:

там эва видитвати мртйум эти
нанйах пантха видйате 'йанайа

«Чтобы раз и навсегда освободиться из круговорота рождений и смертей, необходимо постичь Бога, Верховную Личность. Другого пути к совершенству не существует» (Шветашватара-упанишад, 3.8). Утверждение о том, что другого пути не существует, следует понимать так: если человек не сознает, что Кришна — Верховная Личность Бога, он, безусловно, находится под влиянием *гуны* невежества и потому никогда не сможет обрести освобождения, как бы он ни старался проникнуть в смысл «Бхагавад-гиты», опираясь на свою мирскую эрудицию. Его можно сравнить с тем, кто облизывает снаружи банку с медом. Такие философы-*гьяни* могут иметь авторитет в материальном мире, но это еще не гарантирует им освобождения. Единственная надежда для этих кичливых мирских ученых — беспричинная милость преданного Господа. Итак, каждый должен стараться развить в себе сознание Кришны, опираясь на веру и знание, — тогда мы сможем достичь совершенства.

ТЕКСТ 10 वीतरागभयक्रोधा मन्मया मामुपाश्रिताः ।
बहवो ज्ञानतपसा पूता मद्भावमागताः ॥ १० ॥

вӣта-рāга-бхайа-кродхā   ман-майā мāм упāш́ритāх̣
бахаво джн̃āна-тапасā   пӯтā мад-бхāвам āгатāх̣

вӣта — устранены; *рāга* — привязанность; *бхайа* — и страх; *кродхāх̣* — те, чей гнев; *мат-майāх̣* — полностью пребывающие во Мне; *мāм* — Мне; *упāш́ритāх̣* — целиком предавшиеся; *бахавах̣* — многие; *джн̃āна* — знания; *тапасā* — подвижничеством; *пӯтāх̣* — очищенные; *мат-бхāвам* — трансцендентную любовь ко Мне; *āгатāх̣* — обретшие.

Освободившись от привязанности, страха и гнева, сосредоточив на Мне ум и найдя во Мне прибежище, многие люди в прошлом постигли Меня. Так они очистились от материальной скверны и обрели трансцендентную любовь ко Мне.

КОММЕНТАРИЙ: Как уже было сказано, тому, в ком сильны материальные привязанности, очень трудно постичь личностную природу Высшей Абсолютной Истины. Обычно люди, привязанные к телесным представлениям о жизни, настолько закоснели в материализме, что практически не способны понять, как Всевышний может быть личностью. Такие материалисты не могут даже представить себе, что существует нетленное духовное тело, исполненное знания и вечного блаженства. Материальное тело бренно, исполнено невежества и обречено на нескончаемые страдания. Поэтому, услышав, что Господь является личностью, обладающей телом, мирские люди переносят на Него свои представления о теле. Для таких людей Всевышний — это бескрайний материальный космос, и потому они считают Бога безличным. И поскольку их сознание сосредоточено на материальном, их страшит сама мысль о том, что после освобождения они сохранят индивидуальность. Когда они слышат, что в духовном мире живые существа тоже обладают индивидуальностью, перспектива снова стать личностями пугает их, поэтому они предпочитают раствориться в безличной пустоте. Такие люди часто сравнивают живые существа с пузырьками пены, исчезающими в океанских волнах. По их мнению, пустота — это самый высокий уровень духовного бытия, которого можно достичь, лишившись индивидуальности. Подобные концепции продиктованы страхом и не опираются на истинное знание о духовной реальности. А многие люди вообще не верят в существование духовной реальности. Сбитые с толку обилием противоречивых философских теорий и воззрений, они от досады и гнева приходят к глупому выводу о том, что высшей причины бытия просто не существует и что все в конечном счете есть пустота. Такие люди просто больны. Итак, одни слишком обременены материальными привязанностями и потому не испытывают интереса к духовной жизни, другие мечтают о слиянии с высшим духовным бытием, а третьи, озлобленные засильем псевдодуховных учений, ни во что не верят и утрачивают надежду на спасение. Последние находят прибежище в алкоголе или наркотиках и принимают вызванные ими галлюцинации за духовные видения. Необходимо избавиться от всех форм материального сознания: привязанности к мирскому существованию, страха стать духовной личностью и приверженности к философии пустоты, в основе которой лежит разочарование в жизни. Чтобы освободиться от этих трех форм материальных представлений о жизни, надо полностью предаться Господу, выполняя указания истинного духовного учителя и следуя правилам преданного служения.

Высшей ступенью преданного служения является ступень *бхавы*, трансцендентной любви к Богу. В «Бхакти-расамрита-синдху» (1.4.15–16), трактате, посвященном науке преданного служения, сказано:

> *а̄дау ш́раддха̄ татах̣ са̄дху-*
> *сан̇го 'тха бхаджана-крийа̄*
> *тато 'нартха-нивр̣ттих̣ сйа̄т*
> *тато ништха̄ ручис татах̣*
>
> *атха̄сактис тато бха̄вас*
> *татах̣ према̄бхйудан̃чати*
> *са̄дхака̄на̄м айам̇ премнах̣*
> *пра̄дурбха̄ве бхавет крамах̣*

«Вначале у человека должно возникнуть стремление к самоосознанию. Оно побудит его искать общества людей, достигших высокого духовного уровня. Затем начинающий преданный получает посвящение у возвышенного духовного учителя и, следуя его указаниям, начинает заниматься преданным служением. Занимаясь преданным служением под руководством духовного учителя, он освобождается от всех материальных привязанностей, становится постоянен в духовной практике и обретает вкус к слушанию повествований об Абсолютной Личности Бога, Шри Кришне. Этот вкус помогает преданному развить привязанность к сознанию Кришны, которая, усиливаясь, превращается в *бхаву*, начальную стадию трансцендентной любви к Богу. Истинная любовь к Богу называется *премой* и является высшей ступенью совершенства». На стадии *премы* преданный занимается трансцендентным любовным служением Господу непрерывно. Таким образом, когда человек, переходя с одной ступени преданного служения на другую и действуя под руководством истинного духовного учителя, постепенно избавится от всех материальных привязанностей, от боязни сохранить духовную индивидуальность и от отчаяния, заставляющего его искать прибежище в философии пустоты, он достигнет высшей ступени совершенства. Тогда он в конце концов получит право попасть в обитель Верховного Господа.

ТЕКСТ 11 ये यथा मां प्रपद्यन्ते तांस्तथैव भजाम्यहम् ।
मम वर्त्मानुवर्तन्ते मनुष्याः पार्थ सर्वशः ॥ ११ ॥

*йе йатха̄ ма̄м прападйанте   та̄мс татхаива бхаджа̄мй ахам
мама вартма̄нувартанте   манушйа̄х па̄ртха сарваш́ах*

йе — которые; *йатха̄* — как; *ма̄м* — Мне; *прападйанте* — предаются; *та̄н* — тех; *татха̄* — так; *эва* — конечно; *бхаджа̄ми* — вознаграждаю; *ахам* — Я; *мама* — Мой; *вартма* — путь; *анувартанте* — следуют; *манушйа̄х* — люди; *па̄ртха* — о сын Притхи; *сарваш́ах* — во всех отношениях.

Как человек предается Мне, так Я и вознаграждаю его. Каждый во всем следует Моим путем, о сын Притхи.

КОММЕНТАРИЙ: Каждый ищет Кришну в Его различных ипостасях и проявлениях. Частично постичь Кришну, Верховную Личность Бога, можно, познав Его безличное сияние, *брахмаджьоти*, или же вездесущую Сверхдушу, пребывающую во всем, даже в атомах. Но полностью постичь Кришну способны только Его чистые преданные. Таким образом, Кришна является целью поисков каждого и каждому Он дает возможность общаться с Ним так, как человек того желает. В духовном мире Кришна тоже отвечает взаимностью на трансцендентные чувства Своих чистых преданных и относится к ним так, как того хотят сами преданные. Одни из них хотят видеть в Кришне верховного повелителя, другие — своего близкого друга, третьи относятся к Нему как к сыну, а четвертые — как к возлюбленному. И всех их Кришна вознаграждает в соответствии с силой и глубиной любви к Нему. Подобные взаимоотношения существуют и в материальном мире, где Господь отвечает на чувства всех, кто поклоняется Ему, в зависимости от формы их поклонения. Чистые преданные как в материальном, так и в духовном мире общаются с Господом как с личностью и потому имеют возможность лично служить Ему с любовью и преданностью, испытывая от этого трансцендентное блаженство. Что касается имперсоналистов, которые стремятся уничтожить свою индивидуальность и тем самым совершить духовное самоубийство, то и им Кришна помогает достичь желанной цели, позволяя раствориться в Своем сиянии. Отказываясь признать существование вечной, исполненной блаженства Личности Бога и разрушая свою индивидуальность, имперсоналисты лишают себя возможности наслаждаться нектарным вкусом трансцендентного служения Господу. Те из них, чье положение даже в безличном бытии непрочно, возвращаются в материальный мир, чтобы удовлетворить дремлющее в них желание деятельности. Не имея доступа на духовные планеты, они снова получают возможность действовать на планетах материального мира.

Людей, стремящихся к плодам своего труда, Господь в образе *ягьешвары* вознаграждает, даруя им все, что они желают и ради чего выполняют предписанные Ведами обязанности. *Йоги*, жаждущие обрести мистические способности, также получают их от Верховного Господа. Иными словами, успех деятельности каждого зависит только от милости Господа и все методы духовного совершенствования — не что иное, как различные этапы одного пути. Поэтому, до тех пор пока человек не достигнет высшей ступени совершенства — сознания Кришны, все его труды будут незавершенными. В «Шримад-Бхагаватам» (2.3.10) сказано:

акāмах сарва-кāмо вā
мокша-кāма удāра-дхӣх
тӣврена бхакти-йогена
йаджета пурушам парам

«Свободен ли человек от желаний [как преданные Господа], хочет ли он наслаждаться плодами своего труда или стремится к освобождению, он должен неустанно поклоняться Верховной Личности Бога, ибо только так можно достичь высшего совершенства — обрести сознание Кришны».

ТЕКСТ 12 काङ्क्षन्तः कर्मणां सिद्धिं यजन्त इह देवताः ।
क्षिप्रं हि मानुषे लोके सिद्धिर्भवति कर्मजा ॥ १२ ॥

кāṅкшантах карманāм сиддхим   йаджанта иха девāтāх
кшипрам хи мāнуше локе   сиддхир бхавати карма-джā

кāṅкшантах — стремящиеся; *карманāм* — кармической деятельности; *сиддхим* — к совершенству; *йаджанте* — почитают, совершая жертвоприношения; *иха* — здесь (в материальном мире); *девāтāх* — полубогов; *кшипрам* — очень быстро; *хи* — конечно же;

мануше — в человеческом обществе; *локе* — в этом мире; *сиддхих* — успех; *бхавати* — появляется; *карма-джа* — порожденный кармической деятельностью.

Стремясь добиться успеха в кармической деятельности, люди этого мира поклоняются полубогам и, конечно же, очень быстро получают награду за свои труды.

КОММЕНТАРИЙ: Среди людей бытует в корне неверное представление о роли богов (или полубогов) в материальном мире: невежды, выдающие себя за знатоков священных писаний, называют этих полубогов различными воплощениями Верховного Господа. На самом же деле полубоги не воплощения Господа, а Его неотъемлемые частицы. Бог один, а Его частиц великое множество. В Ведах сказано: *нитйо нитйанам* — Бог один. *Ишварах парамах кршнах.* Верховный Господь один — Кришна, и это Он наделяет полубогов могуществом, необходимым для того, чтобы управлять материальным миром. Все полубоги — это обыкновенные существа *(нитйанам)*, в разной степени наделенные материальным могуществом. Они не могут быть равными Верховному Господу — Нараяне, Вишну или Кришне. Того, кто считает, что Бог и полубоги стоят на одном уровне, называют *пашанди,* атеистом. С Верховным Господом нельзя сравнивать даже таких великих полубогов, как Брахма и Шива. Более того, Брахма и Шива сами поклоняются Господу *(шива-виринчи-нутам).* Но, несмотря на это, среди людей находится на удивление много глупцов, которые поклоняются лидерам общества, руководствуясь разного рода заблуждениями, вроде идеи антропоморфизма.

Слова *иха деватах* указывают на могущественных людей или полубогов, принадлежащих к материальному миру. Но Нараяна (Вишну), или Кришна, Верховная Личность Бога, не принадлежит к этому миру. Будучи всецело духовным, Он находится за пределами материального творения. Даже Шрипада Шанкарачарья, глава имперсоналистов, говорит, что Нараяна (Кришна) не принадлежит к материальному мирозданию. Тем не менее глупцы *(хрта-джнана)* поклоняются полубогам ради сиюминутных результатов. И они получают их, не ведая о том, что такие результаты преходящи и привлекают только недалеких людей. Разумный человек — это тот, кто обладает сознанием Кришны. Его не интересуют эфемерные блага, и он никогда не станет поклоняться ради них смертным полубогам. Полубоги этого мира вместе с их поклонниками обречены на гибель во время разрушения вселенной. А блага, которые люди получают от полубогов, материальны и недолговечны. Сами материальные миры и все их обитатели, включая полубогов и их почитателей, не более чем пузырьки пены на поверхности космического океана. Однако в этом мире люди, как одержимые, гоняются за временными благами, мечтая о богатстве, собственной земле, семье и комфорте. В надежде обрести эти преходящие блага люди поклоняются полубогам или власть имущим. Если человек, выслужившись перед каким-нибудь политическим деятелем, получает министерский портфель, он считает это величайшим достижением. Поэтому люди пресмыкаются перед так называемыми вождями или сильными мира сего в надежде получить от них недолговечные блага — и действительно получают их. Такие глупцы не проявляют интереса к сознанию Кришны и не хотят раз и навсегда покончить со страданиями, присущими материальной жизни. Их манят миражи чувственных удовольствий, и ради них они поклоняются могущественным существам, которых называют полубогами. Из этого стиха ясно, что только очень редкие души проявляют интерес к сознанию Кришны. Людей больше привлекают мирские удовольствия, поэтому они предпочитают поклоняться какому-нибудь могущественному обитателю этого мира.

ТЕКСТ 13　　चातुर्वर्ण्यं मया सृष्टं गुणकर्मविभागशः ।
तस्य कर्तारमपि मां विद्ध्यकर्तारमव्ययम् ॥ १३ ॥

*чāтур-варнйам майā сришṭам　гуна-карма-вибхāгашах
тасйа картāрам апи мāм　виддхи акартāрам авйайам*

чāтух-варнйам — четыре сословия; *майā* — Мной; *сришṭам* — созданы; *гуна* — качествам; *карма* — и деятельности; *вибхāгашах* — сообразно; *тасйа* — того; *картāрам* — отца; *апи* — хотя; *мāм* — Меня; *виддхи* — знай; *акартāрам* — бездействующего; *авйайам* — неизменного.

В соответствии с тремя *гунами* материальной природы и связанной с ними деятельностью, Я разделил человеческое общество на четыре сословия. Но знай, что, хотя Я создатель этой системы, Сам Я, будучи неизменным, непричастен к какой-либо деятельности.

КОММЕНТАРИЙ: Господь — творец всего сущего. Все исходит от Него, все поддерживается Им и все возвращается в Него после уничтожения материального мира. Следовательно, Он также является создателем четырех сословий общества. Первое сословие — это наиболее разумные люди, которые находятся под влиянием *гуны* благости и называются *брахманами.* За ними следует сословие правителей, которых на санскрите называют *кшатриями;* они действуют под влиянием *гуны* страсти. Представители торгового сословия (*вайшьи*) находятся под смешанным влиянием *гун* страсти и невежества, а *шудры,* или рабочие, — под влиянием *гуны* невежества.

Но, хотя Господь Кришна является создателем этой системы, Он не принадлежит ни к одному из этих сословий, так как не относится к числу обусловленных душ, часть которых составляет человеческое общество. Человеческое общество мало чем отличается от сообщества животных одного вида, но, чтобы поднять людей над уровнем животных, Господь создал перечисленные выше сословия, предназначение которых — дать людям возможность систематически развивать в себе сознание Кришны. Склонность человека к определенному виду деятельности зависит от того, под влиянием каких *гун* природы он находится. Качества и признаки людей, находящихся под влиянием разных *гун*, описаны в восемнадцатой главе этой книги. Но тот, кто обладает сознанием Кришны, превосходит даже *брахманов*. Хотя настоящие *брахманы* по определению должны обладать знанием о Брахмане, Верховной Абсолютной Истине, большинство из них не поднимается выше осознания безличного проявления Господа Кришны. Однако человек, чьи познания шире и глубже, чем ограниченные знания *брахманов*, может постичь Верховную Личность Бога, Господа Шри Кришну, и таким образом обрести сознание Кришны. Иными словами, такой человек становится вайшнавом. Сознание Кришны включает в себя знание обо всех полных экспансиях Кришны, таких как Рама, Нрисимха, Вараха и другие. И подобно Самому Кришне, человек, обладающий сознанием Кришны, стоит выше всех сословий и социальных групп, будь то нации, общины или расы.

ТЕКСТ 14   न मां कर्माणि लिम्पन्ति न मे कर्मफले स्पृहा ।
               इति मां योऽभिजानाति कर्मभिर्न स बध्यते ॥ १४ ॥

*на мāм кармāни лимпанти   на ме карма-пхале спрхā
ити мāм йо 'бхиджāнāти   кармабхир на са бадхйāте*

на — не; *мāм* — Меня; *кармāни* — любые виды деятельности; *лимпанти* — оскверняет; *на* — не; *ме* — Мое; *карма-пхале* — в плодах труда; *спрхā* — стремление; *ити* — таким образом; *мāм* — Меня; *йах* — который; *абхиджāнāти* — постигает; *кармабхих* — последствиями (такой деятельности); *на* — не; *сах* — тот; *бадхйāте* — опутывается.

Никакая деятельность не может осквернить Меня, и Я не стремлюсь к ее плодам. Кто постиг эту истину, тот, как и Я, никогда не будет связан последствиями своих действий.

КОММЕНТАРИЙ: В материальном мире существует закон, согласно которому царь всегда прав и не может быть судим по законам государства. Точно так же Господь, хотя и является творцом этого мира, Сам не подвержен влиянию протекающей в нем деятельности. Сотворив материальный космос, Он отстраняется от него, в отличие от живых существ, которые запутываются в последствиях своей деятельности из-за присущего им стремления господствовать над материальной природой. Владелец предприятия не несет ответственности за хорошие или дурные поступки своих работников — вся ответственность ложится на них самих. Не Верховный Господь, а жажда чувственных наслаждений заставляет живые существа заниматься материальной деятельностью. Желая получить больше возможностей для наслаждения, живые существа трудятся в этом мире и мечтают после смерти вкусить счастья на райских планетах. Но самодостаточного Господа не привлекают так называемые райские удовольствия. Полубоги, живущие на райских планетах, — всего лишь Его покорные слуги. Хозяин никогда не стремится к низкопробным удовольствиям, о которых мечтают его слуги. Господь непричастен к материальной деятельности и не подвержен ее последствиям. Так, дожди не являются непосредственной причиной появления на земле растительности, хотя без них ничего не может вырасти. В *смрити-шастрах* сказано:

> *нимитта-матрам эвасау*
> *срджйанам сарга-кармани*
> *прадхана-карани-бхута*
> *йато ваи срджйа-шактайах*

«Господь — высшая причина возникновения всего, что существует в материальных вселенных. Непосредственной же причиной является материальная природа, проявляющая эти вселенные». Есть разные виды сотворенных существ: полубоги, люди, животные, и все они пожинают плоды своих хороших или дурных поступков, совершенных в прошлом. Господь лишь предоставляет им все необходимое для деятельности и регулирует ее с помощью *гун* материальной природы, но Сам Он не несет никакой ответственности за действия живых существ в прошлом или настоящем. В «Веданта-сутре» (2.1.34) сказано: *ваишамйа-наиргхрнйе на сапекшатват —* Господь беспристрастен и не относится предвзято ни к кому из живых существ. Живые существа сами отвечают за свои поступки. Господь только обеспечивает их всем необходимым для деятельности через Свою внешнюю энергию, материальную природу. Тот, кто во всех тонкостях знает механизм действия закона *кармы* (деятельности и ее последствий), не запутывается в последствиях своих действий. Иными словами, действие закона *кармы* не распространяется на человека, который постиг божественную природу Господа и обрел сознание Кришны. Те, кто, не понимая божественной природы Господа, думают, что Он, подобно обыкновенным существам, действует ради того, чтобы наслаждаться плодами Своего труда, не могут не запутаться в последствиях своих поступков. Однако человек, постигший Высшую Истину, освобождается из материального плена и обретает сознание Кришны.

ТЕКСТ 15 एवं ज्ञात्वा कृतं कर्म पूर्वैरपि मुमुक्षुभिः ।
कुरु कर्मैव तस्मात्त्वं पूर्वैः पूर्वतरं कृतम् ॥ १५ ॥

*эвам джнятва кртам карма   пурваир апи мумукшубхих
куру кармаива тасмат твам   пурваих пурватарам кртам*

эвам — так; *джнятва* — постигнув; *кртам* — совершена; *карма* — деятельность; *пурваих* — предшественниками; *апи* — поистине; *мумукшубхих* — освобожденными; *куру* — исполняй; *карма* — долг; *эва* — безусловно; *тасмат* — поэтому; *твам* — ты; *пурваих* — предшественниками; *пурва-тарам* — то, что было очень давно; *кртам* — исполнено.

В минувшие времена все освобожденные души обладали знанием о Моей трансцендентной природе и действовали в соответствии с ним. Исполняй свой долг, следуя их примеру.

КОММЕНТАРИЙ: Есть два типа людей: сердца одних осквернены материальными желаниями, а сердца других свободны от желаний. Сознание Кришны одинаково благотворно и для тех, и для других. Люди, пораженные материальной скверной, могут воспользоваться методом сознания Кришны, чтобы постепенно очиститься, следуя правилам преданного служения. А те, кто уже очистился от материальной скверны, обычно продолжают выполнять те же правила, чтобы подать пример другим и тем самым принести им благо. Глупцы, а также новички в сознании Кришны, не усвоившие духовную науку, порой хотят прекратить всякую деятельность. Но Господь не одобрил желания Арджуны оставить поле битвы и удалиться от дел. Нужно просто научиться действовать правильно. Не следует отходить от деятельности в сознании Кришны и, уединившись, изображать из себя человека, уже достигшего высот сознания Кришны. Гораздо лучше действовать ради Кришны. Господь советует здесь Арджуне заниматься деятельностью в сознании Кришны, идя по стопам других учеников Господа, предшественников Арджуны, таких как бог Солнца Вивасван. Верховный Господь помнит обо всем, что делал в прошлом Он Сам и что делали все, кто действовал в сознании Кришны. Поэтому Он советует Арджуне последовать примеру бога Солнца, которого Он научил искусству деятельности в сознании Кришны несколько миллионов лет назад. Такие ученики Господа Кришны названы здесь освобожденными душами, ибо все они неукоснительно исполняли обязанности, возложенные на них Кришной.

ТЕКСТ 16 किं कर्म किमकर्मेति कवयोऽप्यत्र मोहिताः ।
तत्ते कर्म प्रवक्ष्यामि यज्ज्ञात्वा मोक्ष्यसेऽशुभात् ॥ १६ ॥

ким карма ким акармети   кавайо 'пй атра мохитāх
тат те карма правакшйāми   йадж джнāтвā мокшйасе 'шубхāт

ким — что; *карма* — действие; *ким* — что; *акарма* — бездействие;
ити — так; *кавайах* — разумные люди; *апи* — даже; *атра* — здесь;
мохитāх — зашедшие в тупик; *тат* — ту; *те* — тебе; *карма* — деятельность; *правакшйāми* — объясню; *йат* — которую; *джнāтвā* —
познав; *мокшйасе* — освобождаешься; *ашубхāт* — от несчастья.

Даже очень разумные люди заходят в тупик, пытаясь определить, что́ есть действие и что́ — бездействие. Сейчас Я объясню
тебе, что значит действовать. Обретя это знание, ты оградишь
себя от всех бед.

КОММЕНТАРИЙ: Чтобы действовать в сознании Кришны, необходимо следовать примеру великих преданных прошлого. Этот совет дан в пятнадцатом стихе. А то, почему не нужно действовать
независимо, будет объяснено в следующем стихе.

Как было сказано в начале этой главы, деятельностью в сознании
Кришны необходимо заниматься под руководством авторитетных
наставников, принадлежащих к цепи духовных учителей. Наука сознания Кришны была впервые поведана богу Солнца, бог Солнца
открыл ее своему сыну Ману, который затем рассказал о ней своему сыну Икшваку, и с тех давних времен эта наука известна на
земле. Очень важно следовать по стопам великих *ачарьев* прошлого, принадлежащих к цепи духовных учителей. Иначе даже самый умный человек не сможет понять, как действовать в сознании
Кришны. Вот почему Господь решил лично открыть науку сознания Кришны Арджуне. И поскольку Арджуна получил это знание
от Самого Господа, любой, кто идет по стопам Арджуны, никогда
не собьется с пути.

Говорится, что с помощью несовершенного, эмпирического знания невозможно найти истинный путь религии. Законы религии
может устанавливать только Сам Господь. *Дхармам ту сāкшад
бхагават-пранӣтам* (Бхаг., 6.3.19). Ни один человек не способен
создать религию, опираясь на силы своего несовершенного разума. Поэтому мы должны идти по стопам великих преданных, таких как Брахма, Шива, Нарада, Ману, Кумары, Капила, Прахлада,
Бхишма, Шукадева Госвами, Ямараджа, Джанака и Махараджа Бали. Как бы ни был умен человек, сам он не сможет определить,
что такое религия или в чем смысл самоосознания. Поэтому, являя преданным беспричинную милость, Господь Сам рассказывает Арджуне, что такое действие и что такое бездействие. Только

действие в сознании Кришны может освободить человека из плена материальной жизни.

ТЕКСТ 17 कर्मणो ह्यपि बोद्धव्यं बोद्धव्यं च विकर्मणः ।
अकर्मणश्च बोद्धव्यं गहना कर्मणो गतिः ॥ १७ ॥

*кармано хй апи боддхавйам   боддхавйам ча викарманах
акарманаш ча боддхавйам   гахана кармано гатих*

карманах — деятельности; *хи* — безусловно; *апи* — также; *боддхавйам* — то, что необходимо понять; *боддхавйам* — то, что необходимо понять; *ча* — также; *викарманах* — запрещенной деятельности; *акарманах* — бездействия; *ча* — также; *боддхавйам* — то, что необходимо понять; *гахана* — труден для понимания; *карманах* — деятельности; *гатих* — ход.

Хитросплетения деятельности очень трудны для понимания. Поэтому надо хорошо знать, что такое действие, что такое запретное действие и что такое бездействие.

КОММЕНТАРИЙ: Тот, кто действительно хочет освободиться из материального плена, должен понять разницу между действием, бездействием и запретным действием. Он должен тщательно проанализировать природу деятельности и ее последствий, а также запретной деятельности, поскольку это очень сложный вопрос. Чтобы овладеть наукой сознания Кришны и научиться различать разные виды деятельности, необходимо постичь свои отношения со Всевышним. Иными словами, человек, обладающий совершенным знанием, понимает, что каждое живое существо является вечным слугой Господа и потому долг каждого — действовать в сознании Кришны. Вся «Бхагавад-гита» подводит нас к этому выводу. Любые другие выводы, противоречащие этому, и основанные на них действия относятся к категории *викармы,* запретной деятельности. Понять все это можно только в общении с авторитетными наставниками, обладающими сознанием Кришны, которые способны посвятить нас в тайны деятельности. Получить это знание от них — все равно что получить его от Самого Господа. В противном случае даже самый разумный человек неминуемо зайдет в тупик.

ТЕКСТ 18 कर्मण्यकर्म यः पश्येदकर्मणि च कर्म यः ।
स बुद्धिमान्मनुष्येषु स युक्तः कृत्स्नकर्मकृत् ॥ १८ ॥

*карманй акарма йах пашйед   акармани ча карма йах
са буддхиман манушйешу   са йуктах критсна-карма-крт*

кармани — в действии; *акарма* — бездействие; *йах* — который; *пашйет* — увидит; *акармани* — в бездействии; *ча* — также; *карма* —

кармическую деятельность; *йах̣* — который; *сах̣* — тот; *буддхи-ма̄н* — разумный; *манушйешу* — среди людей; *сах̣* — он; *йуктах̣* — находящийся на трансцендентном уровне; *кр̣тсна-карма-кр̣т* — занятый разнообразной деятельностью.

Тот, кто видит бездействие в действии и действие в бездействии, является самым разумным среди людей и находится на духовном уровне, хотя и занят разнообразной деятельностью.

КОММЕНТАРИЙ: Человек, действующий в сознании Кришны, естественным образом освобождается от оков *кармы*. Все его действия посвящены Кришне, так что сам он не наслаждается плодами своей деятельности и не страдает от ее последствий. Поэтому его называют самым разумным среди людей: хотя он и занимается разнообразной деятельностью, он делает все это ради Кришны. *Акарма* — это деятельность, не имеющая кармических последствий. Имперсоналисты отвергают всякую деятельность, боясь, что ее последствия могут стать препятствием на их пути к самоосознанию, тогда как персоналисты правильно понимают свое положение, считая себя вечными слугами Верховной Личности Бога. Поэтому они занимаются деятельностью в сознании Кришны. И поскольку все их действия посвящены Кришне, они все время испытывают духовное счастье. Такие люди не стремятся к чувственным наслаждениям. Они сознают себя вечными слугами Кришны, поэтому их действия не имеют кармических последствий.

ТЕКСТ 19 यस्य सर्वे समारम्भाः कामसङ्कल्पवर्जिताः ।
ज्ञानाग्निदग्धकर्माणं तमाहुः पण्डितं बुधाः ॥ १९ ॥

йасйа сарве сама̄рамбха̄х̣   ка̄ма-сан̇калпа-варджита̄х̣
джн̃а̄на̄гни-дагдха-карма̄н̣ам   там а̄хух̣ пан̣д̣итам̇ будха̄х̣

йасйа — которого; *сарве* — все; *сама̄рамбха̄х̣* — старания; *ка̄ма* — основанной на стремлении к наслаждениям; *сан̇калпа* — целеустремленности; *варджита̄х̣* — лишенные; *джн̃а̄на* — совершенного знания; *агни* — в огне; *дагдха* — сгоревшие; *карма̄н̣ам* — того, чьи действия; *там* — его; *а̄хух̣* — называют; *пан̣д̣итам* — мудреца; *будха̄х̣* — обладающие знанием.

Тот, кто действует, не стремясь наслаждаться плодами своего труда, обладает всей полнотой знания. Мудрецы говорят про такого человека, что все последствия его действий сгорели в огне совершенного знания.

КОММЕНТАРИЙ: Только тот, кто обладает совершенным знанием, может понять действия человека, развившего в себе сознание Кришны. Поскольку человек, обладающий сознанием Кришны, не стремится к чувственным наслаждениям, про него говорят, что он сжег все последствия своих действий в огне совершенного знания — знания о том, что по своей природе он является вечным слугой Верховной Личности Бога. Только тот, кто понял эту истину, обладает подлинным знанием. Это знание подобно огню, который, вспыхнув, сжигает дотла все последствия нашей деятельности.

ТЕКСТ 20 त्यक्ता कर्मफलासङ्गं नित्यतृप्तो निराश्रयः ।
कर्मण्यभिप्रवृत्तोऽपि नैव किञ्चित्करोति सः ॥ २० ॥

тйактва̄ карма-пхала̄сан̇гам̇   нитйа-тр̣пто нира̄ш́райах̣
карман̣й абхиправр̣тто 'пи   наива кин̃чит кароти сах̣

тйактва̄ — отбросив; *карма-пхала-а̄сан̇гам* — к плодам своего труда привязанность; *нитйа* — всегда; *тр̣птах̣* — удовлетворенный; *нира̄ш́райах̣* — не имеющий прибежища; *карман̣и* — в деятельности; *абхиправр̣ттах̣* — всегда занятый; *апи* — хотя; *на* — не; *эва* — безусловно; *кин̃чит* — что бы ни; *кароти* — делает; *сах̣* — он.

Свободный от привязанности к плодам своего труда, всегда удовлетворенный и ни от чего не зависящий, он не совершает кармических действий, хотя и трудится не покладая рук.

КОММЕНТАРИЙ: Освободиться от пут кармической деятельности может только тот, кто обладает сознанием Кришны и посвящает Кришне все свои действия. Человек в сознании Кришны действует, движимый чистой любовью к Верховной Личности Бога, и потому он не привязан к плодам своего труда. Он не привязан даже к поддержанию своего тела, ибо во всем полагается на Кришну. Такой человек не стремится приобретать вещи или сохранять то, что уже имеет. Он старается как можно лучше исполнить свой долг, а во всем остальном полагается на Кришну. Деятельность такого человека, свободного от мирских привязанностей, не имеет никаких последствий, ни хороших, ни плохих, как будто он вообще не совершает действий. Такая деятельность называется *акармой*, не влекущей за собой кармических последствий. С другой стороны, любое действие, совершенное не в сознании Кришны, порабощает человека и, как уже говорилось, относится к категории *викармы*.

ТЕКСТ 21 निराशीर्यतचित्तात्मा त्यक्तसर्वपरिग्रहः ।
शारीरं केवलं कर्म कुर्वन्नाप्नोति किल्बिषम् ॥ २१ ॥

нира̄ш́ӣр йата-читта̄тма̄   тйакта-сарва-париграхах̣
ш́а̄рӣрам̇ кевалам̇ карма   курван на̄пноти килбишам

нира̄ш́ӣх̣ — не стремящийся к результатам; *йата* — подчинены; *читта-а̄тма̄* — тот, чей ум и разум; *тйакта* — отвергнуты; *сар-*

ва — все; *париграхах* — тот, кем собственнические чувства; *шари-рам* — предназначенную для того, чтобы поддержать душу в теле; *кевалам* — только; *карма* — деятельность; *курван* — совершающий; *на* — не; *апноти* — получает; *килбишам* — результат греха.

Такой мудрый человек владеет своим умом и разумом, не считает себя собственником того, что ему принадлежит, и заботится об удовлетворении только самых насущных потребностей своего тела. Действуя таким образом, он никогда не навлекает на себя греха.

КОММЕНТАРИЙ: Человек, обладающий сознанием Кришны, не ждет хороших или плохих результатов своей деятельности. Он полностью владеет своим умом и разумом. Он знает, что, будучи частицей Верховного Господа, он действует как часть целого и является не самостоятельным исполнителем действий, а лишь орудием в руках Всевышнего. Рука движется не сама по себе, а благодаря усилиям всего организма. Так и человек, развивший в себе сознание Кришны, всегда действует в согласии с волей Всевышнего, поскольку не стремится наслаждаться жизнью независимо от Него. Его действия подобны работе детали в машине. Деталь чистят и смазывают, чтобы сохранить ее в рабочем состоянии, и точно так же человек, обладающий сознанием Кришны, заботится об удовлетворении насущных потребностей своего тела только для того, чтобы быть способным заниматься трансцендентным любовным служением Господу. Поэтому его действия не влекут за собой кармических последствий. Подобно домашнему животному, он не считает себя даже собственником своего тела. Жестокий хозяин может убить принадлежащее ему животное, и оно безропотно расстанется с жизнью. К тому же оно никогда не обладает полной свободой действий. Человек, развивший в себе сознание Кришны, целиком поглощен духовной деятельностью, и у него просто нет времени на приобретение излишней материальной собственности. Чтобы поддержать душу в теле, ему не нужно добывать деньги нечестным путем. Поэтому он не оскверняет себя грехом, и его действия не имеют никаких кармических последствий.

ТЕКСТ 22 यदृच्छालाभसन्तुष्टो द्वन्द्वातीतो विमत्सरः ।
समः सिद्धावसिद्धौ च कृत्वापि न निबध्यते ॥ २२ ॥

*йадрччха-лабха-сантушто   двандватито виматсарах
самах сиддхав асиддхау ча   кртвапи на нибадхйате*

йадрччха — само собой; *лабха* — тем, что приходит; *сантуш-тах* — довольствующийся; *двандва* — двойственность; *атитах* — преодолевший; *виматсарах* — освободившийся от зависти; *самах* —

невозмутимый; *сиддхау* — в успехе; *асиддхау* — в неудаче; *ча* — и; *кртва* — совершив действие; *апи* — даже; *на* — не; *нибадхйате* — опутывается.

Кто довольствуется тем, что приходит само собой, кто никому не завидует, не обращает внимания на проявления двойственности этого мира и одинаково встречает успех и неудачу, тот, совершая действия, никогда не попадает в рабство их последствий.

КОММЕНТАРИЙ: Человек, обладающий сознанием Кришны, не слишком заботится даже об удовлетворении потребностей своего тела. Он довольствуется тем, что само приходит к нему. Он никогда не берет взаймы и не попрошайничает, но честно трудится в меру своих сил и возможностей и довольствуется тем, что заработано честным трудом. Поэтому он ни от кого не зависит. Он никогда не станет служить кому-либо, если это мешает его служению в сознании Кришны. Однако ради служения Господу он готов выполнять любую работу, оставаясь безразличным к проявлениям двойственности этого мира, таким, как жара и холод, счастье и страдания. Человек, обладающий сознанием Кришны, выше материальной двойственности, ибо он готов сделать все, что необходимо для удовлетворения Кришны. Поэтому он одинаково встречает успех и неудачу. Эти признаки свидетельствуют о том, что человек обрел духовное знание.

ТЕКСТ 23   गतसङ्गस्य मुक्तस्य ज्ञानावस्थितचेतसः ।
यज्ञायाचरतः कर्म समग्रं प्रविलीयते ॥ २३ ॥

гата-сангасйа муктасйа   джнанавастхита-четасах
йаджнайачаратах карма   самаграм правилийате

гата-сангасйа — того, кто вышел из-под влияния *гун* материальной природы; *муктасйа* — освободившегося; *джнана-авастхита* — находящееся на трансцендентном уровне; *четасах* — того, чье знание; *йаджнайа* — ради удовлетворения Ягьи (Кришны); *ачаратах* — совершаемая; *карма* — деятельность; *самаграм* — полностью; *правилийате* — целиком растворяется.

Действия человека, который освободился от влияния *гун* материальной природы, утвердился в духовном знании и трудится только ради Меня, становятся целиком духовными, и все их последствия растворяются в Абсолюте.

КОММЕНТАРИЙ: Полностью развив в себе сознание Кришны, человек поднимается над всеми проявлениями двойственности и выходит из-под оскверняющего влияния материальных *гун*. Такой человек обретает освобождение, так как он осознаёт свою духовную природу и свои отношения с Кришной и потому его ум остается всегда погруженным в сознание Кришны. Соответственно, все, что он делает, посвящено Кришне, изначальному Вишну. Каждое действие человека в сознании Кришны должно считаться жертвенным актом, потому что цель любого жертвоприношения — удовлетворить Верховную Личность, Вишну или Кришну. Последствия такой деятельности целиком растворяются в Абсолюте и не приносят человеку материальных страданий.

ТЕКСТ 24 ब्रह्मार्पणं ब्रह्म हविर्ब्रह्माग्नौ ब्रह्मणा हुतम् ।
ब्रह्मैव तेन गन्तव्यं ब्रह्मकर्मसमाधिना ॥ २४ ॥

брахма̄рпанам̇ брахма хавир   брахма̄гнау брахман̣а̄ хутам
брахмаива тена гантавйам   брахма-карма-сама̄дхина̄

брахма — духовное по природе; *арпан̣ам* — подношение; *брахма* — Всевышний; *хавих̣* — масло; *брахма* — духовное; *агнау* — в огне (жертвоприношения); *брахман̣а̄* — вечной душой; *хутам* — принесенное в жертву; *брахма* — духовное царство; *эва* — непременно; *тена* — им; *гантавйам* — то, которого необходимо достичь; *брахма* — духовной; *карма* — деятельностью; *сама̄дхина̄* — с полной поглощенностью.

Человек, целиком погруженный в мысли обо Мне, непременно достигнет духовного царства, ибо он полностью отдает себя духовной деятельности, в которой и жертвенный огонь, и все, что приносится в жертву, обладает одной и той же духовной природой, природой Абсолюта.

КОММЕНТАРИЙ: В этом стихе говорится о том, как деятельность в сознании Кришны приводит человека к духовному совершенству. Есть много разных видов деятельности в сознании Кришны, и все они будут описаны в последующих стихах. Здесь же сформулирован сам принцип деятельности в сознании Кришны. Обусловленная душа, оскверненная соприкосновением с материей, вынуждена действовать в материальном мире. Однако ей необходимо вырваться из материального плена. Это можно сделать с помощью метода сознания Кришны. Больного, у которого расстроился желудок от чрезмерного употребления молока, можно вылечить другим молочным продуктом — простоквашей. Подобно этому, обусловленную душу, поглощенную материальной деятельностью, можно исцелить, заняв деятельностью в сознании Кришны, описанной в «Бхагавад-гите». Этот метод обычно называют *ягьей* (жертвоприношением), то есть деятельностью, единственная цель которой — удовлетворение Вишну, или Кришны. Чем больше живых существ в материальном мире будет действовать в сознании Кришны, то есть только ради удовлетворения Вишну, тем более духовной станет атмосфера этого мира, благодаря полной погруженности людей в сознание Кришны.

Слово *брахма* (Брахман) значит «духовный». Господь духовен по природе, поэтому лучи, исходящие от Его трансцендентного тела, называют *брахмаджьоти,* Его духовным сиянием. Все сущее покоится в *брахмаджьоти,* но, когда это *джьоти* покрыто иллюзией *(майей),* или желанием чувственных удовольствий, его называют материальным. Этот материальный покров можно сбросить, воспользовавшись методом сознания Кришны. Все, что приносится на огонь сознания Кришны, сам жертвенный огонь, или тот, кто принимает подношение, процесс принятия, человек, совершающий подношение, а также конечный результат — все это, вместе взятое, является Брахманом, или Абсолютной Истиной. Абсолютную Истину, покрытую *майей,* называют материей. Но материя, используемая в служении изначальной Абсолютной Истине, возвращается в свое исходное духовное состояние. Сознание Кришны — это метод, позволяющий преобразовать иллюзорное сознание в Брахман, Абсолют. Когда ум полностью погружен в сознание Кришны, он находится в состоянии транса *(самадхи).* Любое действие, совершаемое в этом духовном сознании, называют *ягьей,* жертвоприношением Абсолюту. Благодаря духовному сознанию жертвователь, подношение, принятие жертвенного дара, жрец, или тот, кто непосредственно совершает жертвоприношение, а также конечный результат жертвоприношения — все становится тождественным Абсолюту, Верховному Брахману. В этом суть метода сознания Кришны.

ТЕКСТ 25 दैवमेवापरे यज्ञं योगिनः पर्युपासते ।
ब्रह्माग्नावपरे यज्ञं यज्ञेनैवोपजुह्वति ॥ २५ ॥

*даивам эвāпаре йаджñам   йогинах парйупāсате
брахмāгнāв апаре йаджñам   йаджñенаивопаджухвати*

даивам — полубогам; *эва* — таким образом; *апаре* — другие; *йаджñам* — жертвоприношение; *йогинах* — йоги-мистики; *парйупāсате* — усердно поклоняются; *брахма* — Абсолютной Истины; *агнау* — на огонь; *апаре* — другие; *йаджñам* — жертву; *йаджñена* — жертвоприношением; *эва* — так; *упаджухвати* — приносят.

Одни *йоги* старательно поклоняются полубогам, совершая в их честь различные жертвоприношения, другие же приносят жертвы на огонь Верховного Брахмана.

КОММЕНТАРИЙ: Человека, занятого деятельностью в сознании Кришны, можно назвать совершенным *йогом*-мистиком. Но есть и другие *йоги:* те, кто совершают жертвоприношения, поклоняясь полубогам, и те, кто приносят жертвы Верховному Брахману, безличному аспекту Верховного Господа. Таким образом, существуют различные виды жертвоприношений, предназначенные для разных людей. Такая классификация жертвоприношений в зависимости от того, кто их совершает, довольно поверхностна, потому что, в сущности, жертвоприношение — это деятельность ради удовлетворения Верховного Господа, Вишну, которого также называют Ягьей. Все жертвоприношения можно разделить на две группы: принесение в жертву материальных предметов и жертвоприношения, совершаемые ради обретения духовного знания. Люди, обладающие сознанием Кришны, жертвуют свою материальную собственность Верховному Господу, а люди, стремящиеся к временному материальному благополучию, жертвуют ее, стремясь удовлетворить полубогов: Индру, бога Солнца и других. Полубоги — это могущественные существа, которым Верховный Господь поручил управлять материальным миром и обеспечивать его теплом, водой, светом и прочим. Те, кто жаждет материальных благ, поклоняются полубогам, совершая рекомендованные в Ведах жертвоприношения. Таких людей называют *баху-ишвара-вади,* что значит «те, кто верит в существование многих богов». Другая категория людей — те, кто поклоняются Брахману, безличному аспекту Абсолютной Истины, и считают полубогов существующими лишь временно, — приносят в жертву на огонь Абсолюта свою индивидуальность и, погружаясь в бытие Всевышнего, прекращают индивидуальное существование. Такие имперсоналисты жертвуют свое время на философские размышления, пытаясь постичь духовную природу Всевышнего. Итак, *карми* приносят в жертву материальную собственность ради мирских удовольствий, а имперсоналисты жертвуют своим материальным самоотождествлением ради того, чтобы погрузиться в бытие Всевышнего. Для имперсоналиста жертвенным алтарем является Верховный Брахман, а жертвой — собственная индивидуальность, сжигаемая в огне Брахмана. Однако человек, обладающий сознанием Кришны, подобно Арджуне, жертвует всем ради удовлетворения Кришны. В результате и *его* материальная собственность, и он сам — все приносится в жертву Кришне. Так преданный становится совершенным *йогом,* сохраняя при этом свою индивидуальность.

ТЕКСТ 26 श्रोत्रादीनीन्द्रियाण्यन्ये संयमाग्निषु जुह्वति ।
शब्दादीन्विषयानन्य इन्द्रियाग्निषु जुह्वति ॥ २६ ॥

*ш́ротра̄дӣнӣндрийа̄н̣й анйе   сам̇йама̄гнишу джухвати
ш́абда̄дӣн вишайа̄н анйа   индрийа̄гнишу джухвати*

ш́ротра-а̄дӣни — слух и прочие; *индрийа̄н̣и* — чувства; *анйе* — другие; *самйама* — ограничения; *агнишу* — на огонь; *джухвати* — приносят; *ш́абда-а̄дӣн* — звук и прочие; *вишайа̄н* — объекты, доставляющие наслаждение чувствам; *анйе* — другие; *индрийа* — органов чувств; *агнишу* — на огонь; *джухвати* — приносят в жертву.

Одни [идеальные *брахмачари*] приносят слух и другие чувства на огонь обуздания ума, а другие [те, кто ведет регулируемую семейную жизнь] приносят звук и другие объекты чувств на огонь чувств.

КОММЕНТАРИЙ: Представители всех четырех *ашрамов: брахмачари, грихастхи, ванапрастхи* и *санньяси,* должны стать совершенными *йогами.* Человеческая форма жизни дается людям не для того, чтобы они предавались наслаждениям, подобно животным, поэтому четыре ступени духовной жизни постепенно приводят человека к духовному совершенству. *Брахмачари,* или ученики, следующие наставлениям истинного духовного учителя, учатся обуздывать ум, воздерживаясь от чувственных удовольствий. *Брахмачари* слушает лишь то, что связано с сознанием Кришны. Поскольку слушание лежит в основе познания истины, настоящий *брахмачари* всегда занят *харер на̄ма̄нукӣртанам:* он слушает, как другие прославляют Господа, и сам возносит Ему хвалу. Он старается оградить себя от материальных звуков, и потому его слух поглощен духовными звуками: «Харе Кришна, Харе Кришна». Подобно этому, семейные люди, которым позволено в какой-то мере удовлетворять свою потребность в чувственных удовольствиях, делают это, придерживаясь строгих ограничений. Пристрастие к сексу, вину и мясу свойственно большинству людей, но семейный человек, следующий предписаниям *шастр,* ограничивает себя в половой жизни и других удовольствиях. Именно для этого в любом цивилизованном обществе и существует институт брака, основанный на религиозных заповедях: его назначение — ограничить половую жизнь. Семейный человек, который ведет ограниченную половую жизнь и не испытывает привязанности к ней, также совершает *ягью:* он жертвует своим стремлением к чувственным удовольствиям ради более возвышенной, духовной жизни.

ТЕКСТ 27   सर्वाणीन्द्रियकर्माणि प्राणकर्माणि चापरे ।
आत्मसंयमयोगाग्नौ जुह्वति ज्ञानदीपिते ॥ २७ ॥

сарва̄н̣ӣндрийа-карма̄н̣и   пра̄н̣а-карма̄н̣и ча̄паре
а̄тма-самйама-йога̄гнау   джухвати джн̃а̄на-дӣпите

сарва̄н̣и — все; *индрийа* — чувств; *карма̄н̣и* — действия; *пра̄н̣а-карма̄н̣и* — перемещения жизненного воздуха; *ча* — также; *апаре* —

другие; *а̄тма-сам̇йама* — обуздания ума; *йога* — связующего метода; *агнау* — на огонь; *джухвати* — приносят; *джн̃а̄на-дӣпите* — в
стремлении к самоосознанию.

**Те же, кто желает осознать свое истинное «я» путем обуздания
ума и чувств, приносят деятельность всех органов чувств и само
дыхание жизни на огонь усмиренного ума.**

КОММЕНТАРИЙ: Здесь речь идет о системе *йоги*, создателем которой является Патанджали. В его «Йога-сутре» душа описана как
пратьяг-атма и *параг-атма*. Душу, стремящуюся к чувственным
удовольствиям, называют *параг-атмой*, но, когда та же самая душа становится равнодушной к ним, ее именуют *пратьяг-атмой*.
Душа удерживается в теле десятью воздушными потоками, и ощутить это можно, научившись управлять дыханием. Система *йоги*
Патанджали учит приемам управления воздушными потоками в теле. С помощью этих приемов душа может освободиться от материальных привязанностей. В этой системе *йоги* конечной целью
является уровень *пратьяг-атмы*, на котором душа отстраняется
от материальной деятельности. Органы чувств постоянно взаимодействуют с объектами восприятия: ухо слышит звуки, глаза видят
формы, нос различает запахи, язык ощущает вкус, а рука осязает предметы. Таким образом, каждый из органов чувств занят деятельностью, не связанной с душой. Все это функции *прана-ваю*.
Апана-ваю движется вниз, *вьяна-ваю* выполняет функции сжатия
и расширения, *самана-ваю* поддерживает равновесие, а *удана-ваю*
движется вверх. Человек, овладевший искусством *йоги*, использует
эти воздушные потоки для того, чтобы осознать свое истинное «я».

ТЕКСТ 28 द्रव्ययज्ञास्तपोयज्ञा योगयज्ञास्तथापरे ।
स्वाध्यायज्ञानयज्ञाश्च यतयः संशितव्रताः ॥ २८ ॥

*дравйа-йаджн̃а̄с тапо-йаджн̃а̄ йога-йаджн̃а̄с татха̄паре
сва̄дхйа̄йа-джн̃а̄на-йаджн̃а̄ш́ ча йатайах̣ сам̇ш́ита-врата̄х̣*

дравйа-йаджн̃а̄х̣ — принесение в жертву материальной собственности; *тапах̣-йаджн̃а̄х̣* — жертвоприношения, которые выражаются в подвижничестве; *йога-йаджн̃а̄х̣* — жертвоприношения, которые
выражаются в занятиях восьмиступенчатой мистической *йогой*;
татха̄ — таким образом; *апаре* — другие; *сва̄дхйа̄йа* — жертвоприношения, которые выражаются в изучении Вед; *джн̃а̄на-йаджн̃а̄х̣* —
жертвоприношения, которые выражаются в усвоении духовного
знания; *ча* — также; *йатайах̣* — просвещенные; *сам̇ш́ита-врата̄х̣* —
исполняющие суровые обеты.

Одни обретают просветление, жертвуя свою собственность, другие — совершая аскетические подвиги, занимаясь практикой восьмиступенчатой *йоги* или изучая Веды ради обретения духовного знания. Все они строго хранят свои обеты.

КОММЕНТАРИЙ: Жертвоприношения можно разделить на несколько категорий. Одни люди жертвуют свою собственность, занимаясь благотворительностью. В Индии богатые коммерсанты и члены царских семейств открывают разного рода благотворительные заведения, такие, как *дхарма-шала, анна-кшетра, атитхи-шала, анатхалая* и *видья-питха**. В других странах также есть много бесплатных больниц, домов престарелых и других благотворительных заведений, которые бесплатно раздают пищу, дают образование неимущим и т. п. Все эти виды благотворительной деятельности называют *дравьямайя-ягьей.* Есть также люди, которые, стремясь занять более высокое положение, то есть попасть на райские планеты, предаются аскезе, исполняя такие суровые обеты, как *чандраяна* и *чатурмасья.* Например, человек, давший обет *чатурмасьи,* не должен бриться четыре месяца в году (с июля по октябрь), ему запрещено есть определенные виды продуктов, принимать пищу чаще, чем раз в день, и выходить из дома. Так, жертвуя удобствами, человек совершает *тапомайя-ягью.* Люди другой категории занимаются различными видами мистической *йоги: йогой* Патанджали, цель которой — погрузиться в бытие Абсолюта, *хатха-йогой* или *аштанга-йогой,* позволяющей овладеть некоторыми мистическими способностями. А еще кто-то регулярно совершает паломничество по всем святым местам. Подобные виды деятельности получили название *йога-ягьи,* жертвоприношений, совершаемых ради обретения различных совершенств в материальном мире. Кто-то изучает ведические писания, главным образом Упанишады и «Веданта-сутру», или же философию *санкхьи.* Такие виды деятельности называют *свадхьяя-ягьей,* жертвоприношением, которое состоит в изучении священных писаний.

Все эти *йоги* с усердием совершают различные виды жертвоприношений, чтобы подняться на более высокий уровень бытия. Однако метод сознания Кришны уникален, ибо он дает человеку возможность непосредственно служить Верховному Господу. Ни одно из перечисленных выше жертвоприношений не поможет человеку обрести сознание Кришны — это возможно лишь по милости Господа и Его чистых преданных. Следовательно, метод сознания Кришны выше всех остальных методов самоосознания.

---

* Соответственно, гостиница для паломников, место бесплатной раздачи пищи, ночлежный дом, сиротский приют, школа. *(Примеч. редактора.)*

ТЕКСТ 29 अपाने जुह्वति प्राणं प्राणेऽपानं तथापरे ।

प्राणापानगती रुद्ध्वा प्राणायामपरायणाः ।

अपरे नियताहाराः प्राणान्प्राणेषु जुह्वति ॥ २९ ॥

апа̄не джухвати пра̄н̣ам пра̄н̣е 'па̄нам̇ татха̄паре
пра̄н̣а̄па̄на-гатӣ руддхва̄ пра̄н̣а̄йа̄ма-пара̄йан̣а̄х̣
апаре нийата̄ха̄ра̄х̣ пра̄н̣а̄н пра̄н̣еш̣у джухвати

апа̄не — в нисходящем воздушном потоке; *джухвати* — приносят в жертву; *пра̄н̣ам* — поток воздуха, выходящий наружу; *пра̄н̣е* — в потоке воздуха, выходящем наружу; *апа̄нам* — нисходящий воздушный поток; *татха̄* — а также; *апаре* — другие; *пра̄н̣а* — потока воздуха, движущегося наружу; *апа̄на* — и нисходящего воздушного потока; *гатӣ* — движения; *руддхва̄* — остановив; *пра̄н̣а-а̄йа̄ма* — транс, который наступает в результате полного прекращения дыхания; *пара̄йан̣а̄х̣* — те, чья цель; *апаре* — другие; *нийата* — упорядочено; *а̄ха̄ра̄х̣* — те, чье потребление пищи; *пра̄н̣а̄н* — потоки воздуха, движущиеся наружу; *пра̄н̣еш̣у* — в потоки воздуха, выходящие наружу; *джухвати* — приносят в жертву.

Иные, чтобы войти в состояние транса, учатся управлять дыханием, принося выдыхаемый воздух в жертву вдыхаемому, а вдыхаемый в жертву выдыхаемому; в конце концов они полностью перестают дышать и погружаются в транс. Другие же, ограничивая себя в еде, приносят выдыхаемый воздух в жертву ему самому.

КОММЕНТАРИЙ: Упражнения *йоги,* позволяющие управлять дыханием, называются *пранаямой;* заниматься ей начинают на ступени *хатха-йоги,* осваивая различные сидячие позы. Этими приемами *йоги* пользуются для того, чтобы обуздать чувства и осознать свою духовную природу. Практика *пранаямы* дает возможность управлять воздушными потоками в теле, меняя направление их движения. *Апана* — это нисходящий воздушный поток, а *прана* — восходящий. *Йог,* занимающийся *пранаямой,* учится направлять потоки воздуха в обратную сторону, пока они не придут в равновесие *(пурака).* Принесение выдыхаемого воздуха в жертву вдыхаемому называется *речакой.* Когда оба воздушных потока полностью прекращают движение, человек поднимается на ступень *кумбхака-йоги.* Занятия *кумбхака-йогой* увеличивают продолжительность жизни *йога,* помогая ему достичь духовного совершенства. Разумный *йог* стремится достичь совершенства в течение одной жизни, не дожидаясь следующей, и, занимаясь *кумбхака-йогой,* он получает возможность существенно увеличить продолжительность своей жизни. Однако человек, обладающий сознанием Кришны и всегда занятый трансцендентным любовным служением Господу, овладевает своими чувствами, не прилагая к этому никаких дополнительных усилий. Его чувства все время служат Кришне и потому лишены возможности заниматься другой деятельностью. В конце жизни преданный благополучно переносится в духовную обитель Господа Кришны, так что ему незачем пытаться продлить свою жизнь. Он очень быстро обретает освобождение, как сказано в «Бхагавад-гите» (14.26):

> *мāм̣ ча йо 'вйабхичāрен̣а*
> *бхакти-йогена севате*
> *са гун̣āн саматӣтйаитāн*
> *брахма-бхӯйāйа калпате*

«Тот, кто занимается чистым преданным служением Господу, выходит из-под влияния *гун* материальной природы и сразу поднимается на духовный уровень». Человек, обладающий сознанием Кришны, уже находится на духовном уровне. Он все время пребывает в сознании Кришны и никогда не падает с этого уровня, а в конце жизни сразу переносится в царство Бога.

Умеренность в еде приходит сама, если человек ест только *кришна-прасад* — пищу, предложенную Господу. Ограничения в еде помогают обуздать чувства: без этого человек никогда не сможет вырваться из материального плена.

ТЕКСТ 30   सर्वेऽप्येते यज्ञविदो यज्ञक्षपितकल्मषाः ।
यज्ञशिष्टामृतभुजो यान्ति ब्रह्म सनातनम् ॥ ३० ॥

> *сарве 'пй эте йаджн̃а-видо   йаджн̃а-кшапита-калмашāх̣*
> *йаджн̃а-ш́ишт̣āмр̣та-бхуджо   йāнти брахма санāтанам*

сарве — все; *апи* — однако (несмотря на внешние различия); *эте* — эти; *йаджн̃а-видах̣* — те, кому известна цель жертвоприношений; *йаджн̃а-кшапита* — устранены в результате совершенных жертвоприношений; *калмашāх̣* — те, чьи грехи; *йаджн̃а-ш́ишт̣а* — плодов этих жертвоприношений; *амр̣та-бхуджах̣* — те, кто изведал нектарный вкус; *йāнти* — достигают; *брахма* — высшей; *санāтанам* — вечной обители.

Все они, знающие истинную цель этих жертвоприношений, очищаются от греха и, изведав нектарный вкус их плодов, достигают вечной духовной обители.

КОММЕНТАРИЙ: Приведенные выше описания различных жертвоприношений, включающих в себя принесение в жертву собственности, изучение Вед или философских учений и занятия *йогой*, свидетельствуют о том, что все жертвоприношения совершаются с одной целью — обуздать чувства. Жажда чувственных удовольствий — главная причина материального существования, поэтому, до тех пор пока человек не перестанет стремиться к мирским удовольствиям, он не попадет туда, где жизнь вечна, исполнена знания и блаженства. Эта вечная обитель есть царство Брахмана. Все перечисленные выше виды жертвоприношений помогают человеку очиститься от грехов, накопленных в материальном мире. Тот, кто совершает жертвоприношения, не только обретает счастье и богатство в этой жизни, но и в конечном счете входит в вечное царство Бога: либо погружается в безличный Брахман, либо вступает в общение с Верховной Личностью Бога, Кришной.

ТЕКСТ 31   नायं लोकोऽस्त्ययज्ञस्य कुतोऽन्यः कुरुसत्तम ॥ ३१ ॥

на̄йам̇ локо 'стй айаджн̃асйа   куто 'нйах̣ куру-саттама

на — не; *айам* — эта; *локах̣* — планета; *асти* — является; *айаджн̃а-*
сйа — того, кто не совершает жертвоприношений; *кутах̣* — где;
анйах̣ — другая; *куру-сат-тама* — о лучший из Куру.

О лучший из рода Куру, тот, кто не совершает жертвоприношений, никогда не будет счастлив на этой планете или в этой жизни, что же тогда говорить о следующей?

КОММЕНТАРИЙ: В какой бы форме жизни ни находилось живое существо в материальном мире, оно всегда остается в неведении о своей истинной природе. Иначе говоря, причиной нашего пребывания в этом мире являются бесчисленные последствия наших грехов. Причиной же греха является невежество, и, согрешив, мы попадаем в кабалу материального существования. Человеческая форма жизни — единственная лазейка, через которую можно выбраться из этой западни. Поэтому Веды дают нам возможность освободиться из материального плена: они предписывают, как совершать религиозные обряды и как зарабатывать себе на жизнь, накладывают ограничения на материальные наслаждения и, наконец, дают нам метод, позволяющий навсегда избавиться от материальных страданий. Следуя заповедям религии, то есть совершая названные выше жертвоприношения, люди одновременно решат и все экономические проблемы. С помощью *ягьи* можно обеспечить себя достаточным количеством пищи, молока и т.д. даже в условиях так называемого перенаселения Земли. Когда же насущные потребности тела удовлетворены, в человеке само собой просыпается желание чувственных удовольствий. Поэтому Веды предписывают людям вступать в освященный брак, в рамках которого они могут удовлетворять потребности своих чувств, не нарушая религиозных заповедей. Так человек постепенно освобождается из материального плена и на высшей ступени освобождения вступает в общение с Верховным Господом. Таким образом, чтобы достичь совершенства, необходимо, как уже было сказано, совершать *ягьи* (жертвоприношения). Но, если человек не хочет совершать рекомендованные в Ведах *ягьи*, как он может надеяться стать счастливым в этой жизни, не говоря уже о том, чтобы обрести счастье в другом теле на другой планете? На разных райских планетах разный уровень материального благополучия, но в любом случае люди, совершающие *ягьи*, получают там, по сути дела, неограниченные возможности для наслаждения райским счастьем. Однако высшее блаженство познает только тот, кто попадет на планеты духовного мира, развив в себе сознание Кришны. Поэтому сознание Кришны — ключ к решению всех проблем материальной жизни.

ТЕКСТ 32 एवं बहुविधा यज्ञा वितता ब्रह्मणो मुखे ।
कर्मजान्विद्धि तान्सर्वानेवं ज्ञात्वा विमोक्ष्यसे ॥ ३२ ॥

*эвам баху-видха̄ йаджн̃а̄   в?тата̄ брахман̣о мукхе
карма-джа̄н виддхи та̄н сарва̄н   эвам̇ джн̃а̄тва̄ вимокшйасе*

эвам — таким образом; *баху-видха̄х* — разнообразные; *йаджн̃а̄х* — жертвоприношения; *витата̄х* — распространенные; *брахман̣ах* — Вед; *мукхе* — через уста; *карма-джа̄н* — порожденных деятельностью; *виддхи* — знай же; *та̄н* — их; *сарва̄н* — всех; *эвам* — так; *джн̃а̄тва̄* — познав; *вимокшйасе* — освободишься.

Все эти жертвоприношения предписаны Ведами, и каждое из них порождено определенной деятельностью. Зная об этом, ты обретешь освобождение.

КОММЕНТАРИЙ: Как уже было сказано, разным категориям людей Веды рекомендуют совершать разные жертвоприношения. Поскольку люди полностью отождествляют себя с материальными оболочками, ведические жертвоприношения предназначены для того, чтобы занять деятельностью либо их тело, либо ум, либо разум. Но в конечном счете все жертвоприношения должны помочь живому существу освободиться от оков материального тела. И Сам Господь Своими устами говорит здесь об этом.

ТЕКСТ 33 श्रेयान्द्रव्यमयाद्यज्ञाज्ज्ञानयज्ञः परन्तप ।
सर्वं कर्माखिलं पार्थ ज्ञाने परिसमाप्यते ॥ ३३ ॥

*ш́рейа̄н дравйа-майа̄д йаджн̃а̄дж   джн̃а̄на-йаджн̃ах парантапа
сарвам̇ карма̄кхилам па̄ртха   джн̃а̄не парисама̄пйате*

ш́рейа̄н — лучше; *дравйа-майа̄т* — материальной собственности; *йаджн̃а̄т* — принесения в жертву; *джн̃а̄на-йаджн̃ах* — жертвоприношение, совершаемое с помощью знания; *парантапа* — о покоритель врагов; *сарвам* — вся; *карма* — видов деятельности; *акхилам* — совокупность; *пāртха* — о сын Притхи; *джñāне* — в знании; *парисамāпйате* — завершается.

О покоритель врагов, жертвоприношение, совершаемое с помощью знания, лучше, чем просто принесение в жертву материальной собственности. Но в конечном счете все жертвенные обряды приводят человека к трансцендентному знанию, о сын Притхи.

КОММЕНТАРИЙ: Все жертвоприношения предназначены для того, чтобы помочь человеку обрести совершенное знание, освободиться от материальных страданий и в конце концов получить доступ к трансцендентному любовному служению Верховному Господу (то есть к деятельности в сознании Кришны). Однако во всех жертвоприношениях заключена некая тайна, в которую необходимо проникнуть. Жертвоприношения могут принимать разные формы, в зависимости от веры того, кто их совершает. И если вера человека основана на духовном знании, он намного превосходит тех, кто просто жертвует свою материальную собственность: если человек, совершающий жертвоприношения, не обладает истинным знанием, его деятельность материальна и не приносит ему духовного блага. Вершиной истинного знания является сознание Кришны — высшая форма духовного знания. Тот, кто совершает жертвоприношения, не обладая знанием, действует на материальном уровне. Духовной его деятельность станет только тогда, когда он будет совершать жертвоприношения, руководствуясь духовным знанием. В зависимости от уровня сознания людей, совершающих жертвоприношения, их деятельность относится либо к категории *карма-канды* (деятельности ради ее плодов), либо к категории *гьяна-канды* (философских поисков истины). В любом случае лучше, если целью и венцом нашей деятельности является знание.

ТЕКСТ 34 तद्विद्धि प्रणिपातेन परिप्रश्नेन सेवया ।
उपदेक्ष्यन्ति ते ज्ञानं ज्ञानिनस्तत्त्वदर्शिनः ॥ ३४ ॥

тад виддхи пран̣ипāтена   парипраш́нена севайā
упадекшйанти те джñāнам   джñāнинас таттва-дарш́инах̣

тат — то (знание о различных видах жертвоприношений); *виддхи* — познай; *пран̣ипāтена* — обращением к духовному учителю; *парипраш́нена* — смиренными вопросами; *севайā* — служением; *упадекшйанти* — посвятят; *те* — тебя; *джñāнам* — в знание; *джñāнинах̣* — осознавшие себя; *таттва* — истину; *дарш́инах̣* — те, кто видит.

Чтобы узнать истину, вручи себя духовному учителю. Вопрошай его смиренно и служи ему. Осознавшие себя души могут дать тебе знание, ибо они узрели истину.

КОММЕНТАРИЙ: Путь духовного самопознания, без сомнения, очень труден. Поэтому Господь советует нам найти истинного духовного учителя, принадлежащего к цепи наставников, которая ведет начало от Самого Господа. Того, кто не принадлежит к такой цепи, нельзя считать истинным духовным учителем. Первым духовным учителем является Сам Господь, и человек, получивший это знание по цепи духовных учителей, способен передать своему ученику слова Господа в неискаженном виде. Природу духа нельзя постичь, выдумав для этого собственный метод, как это делают невежественные шарлатаны. В «Бхагаватам» (6.3.19) сказано: *дхармам ту сакшад бхагават-пранитам.* Путь религии указывает людям Сам Господь. Поэтому философские рассуждения и бессмысленные словопрения не приведут человека на верный путь. Нельзя достичь духовного совершенства и с помощью самостоятельного изучения священных книг. Чтобы получить знание, необходимо найти истинного духовного учителя. Ученик должен беспрекословно выполнять все указания духовного учителя и, отбросив гордыню, служить ему, не гнушаясь даже черной работой. Секрет успеха в духовной жизни заключается в умении удовлетворить осознавшего себя, истинного духовного учителя. Пытливость и смирение — вот два качества одинаково необходимые для того, чтобы постичь духовную науку. До тех пор пока мы не станем послушными слугами истинного духовного учителя, наши вопросы к нему не принесут желаемого результата. Каждый должен пройти через проверку, устроенную духовным учителем, и, когда учитель убедится в искренности ученика, он немедленно благословит его и откроет ему истинное духовное знание. В этом стихе Господь отвергает как слепое следование учителю, так и обращение к нему с бессмысленными вопросами. Надо не просто смиренно внимать духовному учителю, но и, став его послушным слугой и задавая ему вопросы, составить ясное представление о духовной науке. Истинный духовный учитель всегда добр к ученику, поэтому, если ученик послушен и с готовностью служит учителю, он получит от него ответы на все вопросы и сможет обрести совершенное знание.

ТЕКСТ 35 यज्ज्ञात्वा न पुनर्मोहमेवं यास्यसि पाण्डव ।
येन भूतान्यशेषाणि द्रक्ष्यस्यात्मन्यथो मयि ॥ ३५ ॥

*йадж джнатва на пунар мохам   эвам йасйаси пандава
йена бхутани ашешани   дракшйаси атмани атхо майи*

йат — которое; *джн̃а̄тва̄* — познав; *на* — не; *пунах̣* — вновь; *мохам* — в иллюзию; *эвам* — эту; *йа̄сйаси* — впадешь; *па̄н̣д̣ава* — о сын
Панду; *йена* — которым; *бхӯта̄ни* — живые существа; *аш́еша̄н̣и* —
все; *дракшйаси* — увидишь; *а̄тмани* — в Высшей Душе; *атха у* —
иными словами; *майи* — во Мне.

**Получив от осознавшей себя души истинное знание, ты боль-
ше никогда не впадешь в заблуждение, ибо это знание поможет тебе увидеть, что все живые существа — частицы Всевышнего или,
иными словами, что все они пребывают во Мне.**

КОММЕНТАРИЙ: Получив знание от осознавшей себя души, то
есть от того, кто постиг истинную природу вещей, человек понимает, что все живые существа — неотъемлемые частицы Верховной
Личности Бога, Господа Шри Кришны. Чувство своей отделенности от Кришны называют *майей (ма̄* значит «не», а *йа̄* — «это»).
Некоторые люди думают, что мы никак не связаны с Кришной,
что Кришна — всего лишь великая историческая личность, а Абсолют — это безличный Брахман. Но на самом деле, как сказано
в «Бхагавад-гите», безличный Брахман — это сияние, исходящее
от тела Кришны. Будучи Верховной Личностью Бога, Кришна является причиной всего сущего. В «Брахма-самхите» ясно сказано, что Кришна — это Верховная Личность Бога, причина всех
причин. Миллионы воплощений Господа — всего лишь Его различные проявления. Живые существа тоже проявления Кришны. Философы-*майявади* ошибочно считают, что, разделившись
на множество частей, Кришна перестал существовать как отдель-
ная личность. Эта концепция по сути материалистична. Из опыта
жизни в материальном мире нам известно, что предмет, разде-
ленный на части, утрачивает свою первоначальную форму. Однако философы-*майявади* не способны понять, что на абсолютном
уровне один плюс один, так же как и один минус один, равняется
одному. Такова природа абсолютного мира.

Лишенные абсолютного знания, мы сейчас находимся под покровом иллюзии и потому считаем себя отделенными от Кришны. Но
хотя мы и являемся отделенными частицами Кришны, мы неотличны от Него. Различия между телами живых существ — это *майя*,
а не реальность. Все мы призваны доставлять удовольствие Кришне. Только под влиянием *майи* Арджуна мог подумать, что кровные узы, временно связывающие его с родственниками, важнее его
вечных духовных отношений с Кришной. Суть учения «Бхагавад-
гиты» в том, что, будучи вечным слугой Кришны, живое существо
неотделимо от Него, а ощущение им своей отделенности от Господа называется *майей*. Живые существа, как неотъемлемые частицы Всевышнего, имеют особое предназначение. Забыв о своем

предназначении, они с незапамятных времен воплощаются в различных материальных телах: людей, животных, полубогов и т. д. Причина этого в том, что они забыли о трансцендентном служении Господу. Но, если человек, служа Господу, развивает в себе сознание Кришны, он может избавиться от этой иллюзии. Только духовный учитель способен дать человеку это чистое знание и помочь ему избежать ошибочных представлений о равенстве обыкновенного существа с Кришной. Тот, кто обладает совершенным знанием, понимает, что Высшая Душа, Кришна, есть высшее прибежище всех существ и что, покинув это прибежище, живые существа оказались во власти иллюзорной, материальной энергии и возомнили себя отделенными от Кришны. Так, отождествив себя с разными материальными формами, живые существа забыли о Кришне. Но, когда заблудшее существо встает на путь сознания Кришны, перед ним открывается дорога к освобождению, как сказано в «Шримад-Бхагаватам» (2.10.6): *муктир хитвāнйатхā-рӯпам̇ сварӯпен̣а вйавастхитих̣*. Обрести освобождение — значит занять свое естественное положение, то есть стать вечным слугой Кришны (или обрести сознание Кришны).

ТЕКСТ 36 अपि चेदसि पापेभ्यः सर्वेभ्यः पापकृत्तमः ।
सर्वं ज्ञानप्लवेनैव वृजिनं सन्तरिष्यसि ॥ ३६ ॥

*апи чед аси пāпебхйах̣   сарвебхйах̣ пāпа-кр̣т-тамах̣
сарвам̇ джн̃āна-плавенаива   врджинам сантаришйаси*

апи — даже; *чет* — если; *аси* — являешься; *пāпебхйах̣* — из грешников; *сарвебхйах̣* — всех; *пāпа-кр̣т-тамах̣* — величайший грешник; *сарвам* — все эти грехи; *джн̃āна-плавена* — на корабле духовного знания; *эва* — конечно; *врджинам* — океан страданий; *сантаришйаси* — пересечешь.

Даже если ты самый грешный из всех грешников, взойдя на корабль духовного знания, ты сможешь пересечь океан страданий.

КОММЕНТАРИЙ: Верное понимание своего места в отношениях с Кришной приносит человеку огромное благо, позволяя ему положить конец борьбе за существование, которой поглощены все, кто упал в океан неведения. Материальный мир иногда называют океаном неведения, а иногда его сравнивают с лесом, охваченным пожаром. Оказавшись посреди океана, даже самый искусный пловец едва ли сможет долго держаться на плаву. Но тот, кто придет к нему на помощь и вытащит его из воды, окажет ему неоценимую услугу. Совершенное знание, полученное от Верховной Личности Бога, — вот путь к спасению. Плыть на корабле сознания Кришны очень просто, и вместе с тем это очень возвышенный метод.

ТЕКСТ 37 यथैधांसि समिद्धोऽग्निर्भस्मसात्कुरुतेऽर्जुन ।
ज्ञानाग्निः सर्वकर्माणि भस्मसात्कुरुते तथा ॥ ३७ ॥

йатхаидхāмси самиддхо 'гнир   бхасма-сāт куруте 'рджуна
джнāнāгних сарва-кармāни   бхасма-сāт куруте татхā

йатхā — как; *эдхāмси* — дрова; *самиддхах* — ярко горящий; *аг-них* — огонь; *бхасма-сāт* — в пепел; *куруте* — превращает; *арджу-на* — о Арджуна; *джнāна-агних* — огонь знания; *сарва-кармāни* — все последствия материальной деятельности; *бхасма-сāт* — в пепел; *куруте* — превращает; *татхā* — также.

О Арджуна, подобно тому как пламя костра превращает дрова в пепел, огонь знания сжигает дотла все последствия материальной деятельности.

КОММЕНТАРИЙ: Совершенное знание о душе, Сверхдуше и их взаимоотношениях сравнивается здесь с огнем. Этот огонь сжигает дотла все последствия не только греховных, но и благочестивых поступков. Есть несколько типов кармических последствий: созревающие, приносящие плоды, уже полученные и еще никак не проявившиеся. Но огонь знания о духовной природе живого существа превращает все это в пепел. Когда человек обретает совершенное знание, вся его *карма,* проявленная и непроявленная, уничтожается. В Ведах (Брихад-араньяка-упанишад, 4.4.22) сказано: *убхе ухаиваиша эте таратй амртах сāдхв-асāдхӯнӣ* — «Он избавляется от последствий как благочестивой, так и греховной деятельности».

ТЕКСТ 38 न हि ज्ञानेन सदृशं पवित्रमिह विद्यते ।
तत्स्वयं योगसंसिद्धः कालेनात्मनि विन्दति ॥ ३८ ॥

на хи джнāнена садрйам   павитрам иха видйате
тат сваӣам йога-самсиддхах   кāленāтмани виндати

на — не; *хи* — безусловно; *джнāнена* — с этим знанием; *садр-йам* — сравнимое; *павитрам* — освященное; *иха* — в этом мире; *видйате* — существует; *тат* — то; *сваӣам* — сам; *йога* — в преданном служении; *самсиддхах* — достигший зрелости; *кāлена* — со временем; *āтмани* — в себе; *виндати* — испытывает.

В этом мире нет ничего более чистого и возвышенного, чем духовное знание. [Это знание — спелый плод всей практики *йоги.*] Тому, кто достиг совершенства в преданном служении, это знание в свой срок открывается изнутри.

КОММЕНТАРИЙ: Под духовным знанием мы подразумеваем осознание живым существом своей духовной природы. Вот почему нет ничего более возвышенного и чистого, чем духовное знание. Невежество порабощает нас, а знание открывает перед нами путь к освобождению. Это знание — зрелый плод преданного служения, и тому, кто обрел его, не нужно искать умиротворения вовне, ибо он нашел его в себе. Иначе говоря, венцом всех стремлений человека к знанию и умиротворению является сознание Кришны. Таково заключение «Бхагавад-гиты».

ТЕКСТ 39 श्रद्धावाँल्लभते ज्ञानं तत्परः संयतेन्द्रियः ।
ज्ञानं लब्ध्वा परां शान्तिमचिरेणाधिगच्छति ॥ ३९ ॥

*шраддхāвāл лабхате джнāнам   тат-парах̣ сам̇йатендрийах̣
джнāнам̇ лабдхвā парāм̇ ш́āнтим   ачиреṇāдхигаччхати*

ш́раддхā-вāн — человек, обладающий верой; *лабхате* — обретает; *джнāнам* — знание; *тат-парах̣* — стремящийся обрести его; *сам̇йата* — обузданы; *индрийах̣* — тот, чьи чувства; *джнāнам* — знание; *лабдхвā* — получив; *парāм* — трансцендентный; *ш́āнтим* — покой; *ачиреṇа* — очень скоро; *адхигаччхати* — обретает.

Человек, исполненный веры, обуздавший свои чувства и пытливо ищущий духовное знание, достоин получить его, и, когда он обретает его, к нему тотчас приходит высший покой.

КОММЕНТАРИЙ: Обрести духовное знание и сознание Кришны может только человек, верящий в Кришну. Верой в Кришну называют непоколебимую уверенность в том, что, просто действуя в сознании Кришны, можно достичь высшей ступени совершенства. Чтобы развить эту веру, нужно заниматься преданным служением и повторять *мантру* Харе Кришна, Харе Кришна, Кришна Кришна, Харе Харе / Харе Рама, Харе Рама, Рама Рама, Харе Харе, которая очищает сердце от материальной скверны. Кроме того, необходимо научиться владеть своими чувствами. Человек, обладающий верой в Кришну и обуздавший чувства, легко и без промедлений овладевает наукой сознания Кришны.

ТЕКСТ 40 अज्ञश्चाश्रद्दधानश्च संशयात्मा विनश्यति ।
नायं लोकोऽस्ति न परो न सुखं संशयात्मनः ॥ ४० ॥

*аджнаш́ чāш́раддадхāнаш́ ча   сам̇ш́айāтмā винаш́йати
нāйам̇ локо 'сти на паро   на сукхам̇ сам̇ш́айāтманах̣*

аджнах̣ — невежда, не знающий священных писаний; *ча* — и; *аш́раддадхāнах̣* — не верящий словам *ш́āстр; ча* — и; *сам̇ш́айа* — сомневающийся; *āтмā* — человек; *винаш́йати* — падает; *на* — не; *айам* — этот; *локах̣* — мир; *асти* — существует; *на* — ни; *парах̣* —

следующая (жизнь); *на* — ни; *суккхам* — счастье; *самшайа* — сомневающегося; *атманах* — человека.

Но невежественные и неверующие люди, которые сомневаются в словах богооткровенных писаний, не способны обрести сознание Бога. Они опускаются все ниже и ниже. Сомневающаяся душа не знает счастья ни в этом мире, ни в мире ином.

КОММЕНТАРИЙ: Из множества авторитетных священных писаний лучшим является «Бхагавад-гита». Только люди, во всем уподобившиеся животным, не знают, о чем говорится в священных писаниях, и не верят в них. Есть и такие, кто, даже зная содержание богооткровенных писаний и цитируя их, на самом деле не верят тому, что в них написано. А среди тех, кто верит в слова таких писаний, как «Бхагавад-гита», немало людей, которые не верят в существование Верховного Господа, Шри Кришны, и не поклоняются Ему. Такие люди не способны даже приблизиться к сознанию Кришны, их неминуемо ждет падение. Из всех категорий людей неверующие скептики лишены возможности развиваться духовно. Люди, не верящие в Бога и Его слово, не найдут ничего хорошего ни в этом мире, ни в ином. Им неведомо счастье. Поэтому надо с верой следовать указаниям священных книг, стремясь обрести духовное знание. Только тогда мы сможем выйти за пределы материи и постичь природу души. Итак, люди, которых одолевают сомнения, не способны достичь духовного совершенства. Поэтому мы должны идти по стопам великих *ачарьев,* принадлежащих к цепи духовных учителей, и тогда наша жизнь увенчается успехом.

ТЕКСТ 41 योगसन्न्यस्तकर्माणं ज्ञानसञ्छिन्नसंशयम् ।
आत्मवन्तं न कर्माणि निबध्नन्ति धनञ्जय ॥ ४१ ॥

*йога-саннйаста-карманам   джнана-санчхинна-самшайам
атмавантам на кармани   нибадхнанти дхананджайа*

йога — благодаря преданному служению *(карма-йоге); саннйаста* — отвергнуты; *карманам* — тот, чьи плоды труда; *джнана* — знанием; *санчхинна* — разрублены; *самшайам* — тот, чьи сомнения; *атма-вантам* — постигшего свое истинное «я»; *на* — не; *кармани* — действия; *нибадхнанти* — связывают; *дхананджайа* — о завоеватель богатств.

Кто занимается преданным служением, отрекаясь от плодов своего труда, чьи сомнения рассеяны божественным знанием, тот постиг свое истинное «я». О завоеватель богатств, такой человек никогда не оказывается связанным последствиями своей деятельности.

КОММЕНТАРИЙ: Тот, кто следует указаниям, которые Сам Верховный Господь дал в «Бхагавад-гите», обретает божественное знание и благодаря ему избавляется от всех сомнений. Такой человек уже постиг свое истинное «я»: он сознает себя неотъемлемой частицей Господа, в полной мере обладающей сознанием Кришны. Поэтому он никогда не бывает связан последствиями своих действий.

ТЕКСТ 42

तस्मादज्ञानसम्भूतं हृत्स्थं ज्ञानासिनात्मनः ।
छित्त्वैनं संशयं योगमातिष्ठोत्तिष्ठ भारत ॥ ४२ ॥

тасмад аджнана-самбхӯтам̇ хр̣т-стхам̇ джн̃а̄на̄сина̄тманах̣
чхиттваинам̇ сам̇ш́айам̇ йогам а̄тишт̣хоттишт̣ха бха̄рата

тасма̄т — поэтому; *аджн̃а̄на-самбхӯтам* — порожденное невежеством; *хр̣т-стхам* — находящееся в сердце; *джн̃а̄на* — знания; *аси-на̄* — мечом; *а̄тманах̣* — души; *чхиттва̄* — разрубив; *энам* — это; *сам̇ш́айам* — сомнение; *йогам* — в йогу; *а̄тишт̣ха* — войди; *уттишт̣ха* — встань (чтобы сражаться); *бха̄рата* — о потомок Бхараты.

Поэтому, о Бхарата, мечом знания разруби в своем сердце узел сомнений, порожденных невежеством. Вооружившись *йогой,* **встань и сражайся!**

КОММЕНТАРИЙ: Система *йоги,* описанная в этой главе, называется *санатана-йогой,* вечной деятельностью живого существа. Эта *йога* предусматривает два вида жертвоприношений: принесение в жертву материальной собственности и обретение знания о своем истинном «я». Последнее относится к категории чисто духовной деятельности. Если, принося в жертву материальную собственность, человек не стремится постичь свою духовную природу, его жертвоприношение остается материальным действием. Но, когда человек жертвует материальную собственность ради того, чтобы осознать свою духовную природу, то есть ради служения Господу, его жертвоприношение становится совершенным. Духовная деятельность также может быть двух видов: постижение своего истинного «я» (своей изначальной природы) и постижение Верховной Личности Бога. Тот, кто неуклонно следует путем, указанным в «Бхагавад-гите», легко овладевает этими двумя очень важными разделами духовного знания. Такому человеку нетрудно понять, что душа является неотъемлемой частицей Верховного Господа, и таким образом обрести совершенное знание. Это знание приносит ему огромное благо, ибо позволяет без особых усилий постичь природу божественных деяний Господа. В начале этой главы Верховный Господь Сам рассказал о Своих божественных деяниях. Тот, кто не понимает наставлений «Гиты», не имеет истинной веры. Такой человек злоупотребляет независимостью, которой наделил его Господь. Если, выслушав эти наставления, человек так и не сумел понять истинную природу Господа — вечной, исполненной блаженства и всеведущей Личности Бога, значит, он безнадежный глупец. Чтобы избавиться от невежества, нужно постепенно усваивать принципы сознания Кришны. Пробуждению в человеке сознания Кришны способствуют жертвы, приносимые полубогам и Верховному Брахману, жертвы, которые приносят те, кто хранит обет безбрачия или ведет семейную жизнь, те, кто обуздывает чувства, занимается мистической *йогой* и совершает аскезу, а также жертвы тех, кто отказывается от материальной собственности, изучает Веды и выполняет свои обязанности в системе *варнашрама-дхармы*. Все это — различные виды жертвоприношений, и все они основаны на предписаниях *шастр*. Однако важно, чтобы целью всех этих видов деятельности было осознание своего истинного «я». Тот, кто стремится к этой цели, по-настоящему понял науку «Бхагавад-гиты», а тот, кто сомневается в словах Кришны, возвращается к материальной деятельности. Поэтому Господь рекомендует нам изучать «Бхагавад-гиту» или любое другое священное писание под руководством истинного духовного учителя, служа ему с покорностью и смирением. Истинный духовный учитель принадлежит к цепи наставников, существующей с незапамятных времен, и ни на йоту не отступает от наставлений Верховного Господа, много миллионов лет назад открытых Им богу Солнца, который в свою очередь передал знание «Бхагавад-гиты» людям Земли. Поэтому каждый из нас должен следовать путем, указанным в самой «Бхагавад-гите», и остерегаться корыстных и честолюбивых людей, которые сбивают своих последователей с истинного пути. Господь, вне всякого сомнения, является верховной личностью, и все Его деяния духовны. Тот, кто понял это, уже является освобожденной душой, даже если он только начал изучать «Бхагавад-гиту».

Так заканчивается комментарий Бхактиведанты к четвертой главе «Шримад Бхагавад-гиты», которая называется «Божественное знание».

ГЛАВА ПЯТАЯ

Карма-йога — деятельность в сознании Кришны

ТЕКСТ 1

अर्जुन उवाच
सन्न्यासं कर्मणां कृष्ण पुनर्योगं च शंससि ।
यच्छ्रेय एतयोरेकं तन्मे ब्रूहि सुनिश्चितम् ॥ १ ॥

арджуна увāча
саннйāсам̇ карман̣āм̇ кр̣шн̣а   пунар йогам̇ ча ш́ам̇саси
йач чхреиа этайор экам   тан ме брӯхи су-ниш́читам

арджунах̣ увāча — Арджуна сказал; *саннйāсам* — отвержение; *кар-
ман̣āм* — действий; *кр̣шн̣а* — о Кришна; *пунах̣* — снова; *йогам* —
преданное служение; *ча* — также; *ш́ам̇саси* — превозносишь; *йат* —
которое; *ш́реиах̣* — благотворнее; *этайох̣* — из этих двух; *экам* —
одно; *тат* — то; *ме* — мне; *брӯхи* — скажи; *су-ниш́читам* — определенно.

**Арджуна сказал: О Кришна, сначала Ты велел мне отказаться
от деятельности, а затем дал совет действовать в преданном служении. Прошу Тебя, скажи прямо, какой образ действий лучше.**

КОММЕНТАРИЙ: В пятой главе «Бхагавад-гиты» Господь доказывает, что деятельность в преданном служении лучше сухих философских рассуждений. Заниматься преданным служением гораздо

легче, нежели философскими поисками истины, поскольку преданное служение, будучи духовным по природе, не имеет материальных последствий. Во второй главе Господь изложил азы духовного знания, рассказав Арджуне о природе души и ее заточении в материальном теле. Там также говорилось о том, как вырваться из материального плена, воспользовавшись методом *буддхи-йоги,* преданного служения. В третьей главе Господь объяснил, что человек, который обрел истинное знание, освобождается от всех долгов и обязанностей, а в четвертой главе Он рассказал Арджуне о том, что обрести знание можно, совершая различные виды жертвоприношений. Однако в конце четвертой главы Господь велел Арджуне стряхнуть апатию и вступить в сражение во всеоружии совершенного знания. Одновременно подчеркивая необходимость деятельности в преданном служении и бездействия, основанного на знании, Кришна смутил ум Арджуны. Арджуна понимает, что отречение от мира, основанное на знании, подразумевает прекращение всякой деятельности, производимой органами чувств. Но, если человек будет заниматься преданным служением, как же он сможет прекратить действовать? Иными словами, Арджуна думает, что *санньяса,* или отречение от мира, основанное на знании, означает отказ от деятельности вообще, поскольку деятельность и отречение от мира представляются ему несовместимыми. Он как будто не понимает, что действия, совершаемые на основе истинного знания, не имеют кармических последствий и, значит, равносильны бездействию. Поэтому он спрашивает у Кришны, как ему лучше поступить: прекратить всякую деятельность или же действовать, обладая совершенным знанием.

ТЕКСТ 2

श्रीभगवानुवाच
सन्न्यासः कर्मयोगश्च निःश्रेयसकरावुभौ ।
तयोस्तु कर्मसन्न्यासात्कर्मयोगो विशिष्यते ॥ २ ॥

шри-бхагаван увача
саннйасах карма-йогаш ча нихшрейаса-карав убхау
тайос ту карма-саннйасат карма-його вишишйате

шри-бхагаван увача — Верховный Господь сказал; *саннйасах* — отказ от деятельности; *карма-йогах* — деятельность в преданном служении; *ча* — и; *нихшрейаса-карау* — ведущие к освобождению; *убхау* — оба; *тайох* — из тех (двух); *ту* — же; *карма-саннйасат* — отказа от кармической деятельности; *карма-йогах* — деятельность в преданном служении; *вишишйате* — считается лучше.

Верховный Господь сказал: И отказ от деятельности, и деятельность в преданном служении ведут человека к освобождению.

И все же действовать в преданном служении лучше, чем отказаться от деятельности.

КОММЕНТАРИЙ: Кармическая деятельность, то есть погоня за чувственными наслаждениями, является причиной материального рабства живого существа. Пока живое существо будет трудиться ради того, чтобы окружить свое тело материальными благами, ему придется переселяться из одного тела в другое, обрекая себя на вечное рабство в материальном мире. В «Шримад-Бхагаватам» (5.5.4–6) об этом сказано следующее:

*нӯнам̇ праматтах̣ куруте викарма
йад индрийа-прӣтайа а̄пр̣н̣оти
на са̄дху манйе йата а̄тмано 'йам
асанн апи клеш́а-да а̄са дехах̣*

*пара̄бхавас та̄вад абодха-джа̄то
йа̄ван на джиджн̃а̄сата а̄тма-таттвам
йа̄ват крийа̄с та̄вад идам̇ мано ваи
карма̄тмакам̇ йена ш́арӣра-бандхах̣*

*эвам̇ манах̣ карма-ваш́ам̇ прайун̇кте
авидйайа̄тманй упадхӣйама̄не
прӣтир на йа̄ван майи ва̄судеве
на мучйате деха-йогена та̄ват*

«Одержимые желанием чувственных удовольствий, люди не знают, что их нынешнее тело, которое причиняет им так много страданий, — результат их прошлой кармической деятельности. Хотя тело недолговечно, оно доставляет живому существу множество разных неудобств и неприятностей. Поэтому погоня за чувственными наслаждениями не принесет никому блага. Человек, который не задумывается над тем, кто он на самом деле, проживает свою жизнь впустую. Тот, кто не осознал свое истинное «я», вынужден заниматься кармической деятельностью ради удовлетворения потребностей своих чувств, и сознание, оскверненное желанием чувственных удовольствий, заставляет его менять одно материальное тело на другое. Поэтому человек, ум которого поглощен кармической деятельностью и подвержен влиянию невежества, должен развить в себе любовь к Господу Ва̄судеве. Только тогда у него появится возможность освободиться от материального рабства».

Итак, *гьяны,* или знания о том, что я не материальное тело, а вечная душа, еще не достаточно, чтобы обрести освобождение. Человек должен *действовать* как душа, иначе ему не удастся вырваться из материального плена. Однако деятельность в сознании Кришны и кармическая деятельность далеко не одно и то же. Деятельность в сознании Кришны помогает человеку духовно развиваться, ибо она основана на истинном и совершенном знании. Одного отказа от кармической деятельности еще не достаточно, чтобы очистить сердце обусловленной души от материальной скверны, — нужно еще сознание Кришны. Пока наше сердце нечисто, мы будем вынуждены заниматься кармической деятельностью. Но деятельность в сознании Кришны избавляет человека от *кармы,* а значит, и от необходимости действовать на материальном уровне. Поэтому деятельность в сознании Кришны лучше отказа от деятельности, при котором всегда остается опасность падения. Если человек, лишенный сознания Кришны, отрекается от мира, его отречение неполное. Это подтверждает Шрила Рупа Госвами в «Бхакти-расамрита-синдху» (1.2.256):

> *прапаñчикатайа буддхйа*
> *хари-самбандхи-вастунах*
> *мумукшубхих паритйаго*
> *ваирагйам пхалгу катхйате*

«Если люди, стремящиеся к освобождению, отрекаются от предметов, которые так или иначе связаны с Верховной Личностью Бога, считая их материальными, их отречение называется неполным». Отречение от мира можно назвать полным лишь тогда, когда оно основано на понимании того, что все в этом мире принадлежит Господу и что никто не имеет права считать себя собственником чего бы то ни было. Необходимо осознать, что на самом деле нам ничего не принадлежит. Так от чего же нам отрекаться? Тот, кто знает, что все является собственностью Кришны, всегда отрешен от мира. И поскольку все принадлежит Кришне, надо все использовать для служения Кришне. Такого рода деятельность, то есть деятельность в сознании Кришны, совершенна, и любые потуги *санньяси-майявади* отречься от материальной деятельности не идут с ней ни в какое сравнение.

ТЕКСТ 3   ज्ञेयः स नित्यसन्न्यासी यो न द्वेष्टि न काङ्क्षति ।
            निर्द्वन्द्वो हि महाबाहो सुखं बन्धात्प्रमुच्यते ॥ ३ ॥

джñейах са нитйа-саннйаси   йо на двешṭи на канкшати
нирдвандво хи маха-бахо   сукхам бандхат прамучйате

джñейах — тот, которого следует считать; *сах* — он; *нитйа* — навсегда; *саннйаси* — отрекшийся; *йах* — который; *на* — не; *двешṭи* — ненавидит; *на* — не; *канкшати* — желает; *нирдвандвах* — преодолевший влияние двойственности; *хи* — безусловно; *маха-бахо* — о могучерукий; *сукхам* — счастливо; *бандхат* — из плена; *прамучйате* — полностью освобождается.

Его Божественная Милость
А.Ч. Бхактиведанта Свами Прабхупада
ачарья-основатель Международного общества сознания Кришны

Шрила Бхактисиддханта Сарасвати Тхакур, духовный учитель Его Божественной Милости А.Ч. Бхактиведанты Свами Прабхупады

Шрила Гауракишора дас Бабаджи, духовный учитель Шрилы Бхактисиддханты Сарасвати, ближайший ученик Шрилы Бхактивиноды Тхакура

Шрила Бхактивинода Тхакур, основатель программы распространения сознания Кришны на английском языке

Шри Рупа Госвами и Шри Санатана Госвами, наиболее близкие спутники и ученики Господа Чайтаньи

Панча-таттва
Шри Кришна Чайтанья в окружении
Своих ближайших спутников

Между двух армий, выстроенных на поле битвы, Господь Кришна открывает Арджуне науку о вечной душе.

Воплотившаяся в теле душа постепенно меняет тело ребенка на тело юноши, а затем на тело старика, и точно так же после смерти она переходит в другое тело.

Обусловленная душа сидит в колеснице материального тела. Возница (разум) держит вожжи (ум), пытаясь укротить чувства, которые подобны бешеным коням.

Увидев безграничную вселенскую форму Господа со всеми ее бесчисленными проявлениями, Арджуна, потрясенный, начал возносить молитвы.

«Всегда думай обо Мне, стань Моим преданным, поклоняйся
Мне и почитай Меня. Так ты непременно придешь ко Мне.
Я обещаю тебе это, ибо ты — Мой дорогой друг».

Того, кто не презирает плоды своей деятельности, но и не стремится к ним, считают навеки отрекшимся от мира. Преодолев влияние двойственности, такой человек легко сбрасывает оковы материального рабства и обретает полное освобождение, о могучерукий Арджуна.

КОММЕНТАРИЙ: Тот, кто полностью развил в себе сознание Кришны, навсегда отрекся от мира, поскольку не испытывает ни привязанности, ни неприязни к плодам своей деятельности. Такой человек, посвятивший себя трансцендентному любовному служению Господу, обладает совершенным знанием, так как понимает свою роль в отношениях с Кришной. Он в совершенстве знает, что Кришна — это целое, а он сам — неотъемлемая частица Кришны. Такое знание является совершенным, поскольку дает верное представление о качественном единстве и количественном отличии индивидуальной души и Всевышнего, тогда как представления о тождестве обыкновенного существа с Кришной ошибочны, так как часть не может быть равна целому. Концепция качественного тождества и количественного отличия правильно отражает истинное положение дел и является трансцендентным знанием, которое помогает человеку стать самодостаточным и умиротворенным, избавляя его от желаний и скорби. Ум такого человека свободен от двойственности, ибо все его действия посвящены Кришне. Преодолев таким образом влияние двойственности, человек обретает освобождение, даже еще находясь в материальном мире.

ТЕКСТ 4   सांख्ययोगौ पृथग्बालाः प्रवदन्ति न पण्डिताः ।
एकमप्यास्थितः सम्यगुभयोर्विन्दते फलम् ॥ ४ ॥

*са̄нкхйа-йогау пр̣тхаг ба̄ла̄х̣   правада̄нти на пан̣д̣ита̄х̣
экам апи а̄стхитах̣ самйаг   убхайор виндате пхалам*

са̄нкхйа — аналитическое изучение материального мира; *йогау* — и деятельность в преданном служении; *пр̣тхак* — различно; *ба̄ла̄х̣* — неразумные; *правада̄нти* — говорят; *на* — не; *пан̣д̣ита̄х̣* — сведущие; *экам* — к одному; *апи* — даже; *а̄стхитах̣* — пришедший; *самйак* — полностью; *убхайох̣* — обоих; *виндате* — обретает; *пхалам* — результат.

Только невежды могут говорить, что преданное служение [*карма-йога*] отлично от аналитического изучения материального мира [*санкхьи*]. Истинно мудрые утверждают, что тот, кто не сворачивая идет одним из этих путей, достигает цели обоих.

КОММЕНТАРИЙ: Цель аналитического изучения материального мира — обнаружить душу всего сущего. Душой материального мира является Вишну, или Сверхдуша. Занимаясь преданным служением Господу, человек одновременно служит и Сверхдуше. Цель одного из упомянутых здесь методов — обнаружить корень дерева, а суть другого — поливать этот корень. Приверженец истинной философии *санкхьи* обнаруживает корень материального мира, Вишну, и, опираясь на это совершенное знание, начинает служить Господу. Поэтому, в сущности, между этими двумя путями нет разницы, так как целью и того, и другого является Вишну. Те, кому не известна конечная цель пути *санкхьи* и *карма-йоги*, говорят, что они приводят к разным результатам, но поистине образованный человек знает, что оба эти пути ведут к одной цели.

ТЕКСТ 5   यत्सांख्यैः प्राप्यते स्थानं तद्योगैरपि गम्यते ।
                एकं सांख्यं च योगं च यः पश्यति स पश्यति ॥ ५ ॥

йат са̄нкхйаих̣ пра̄пйате стха̄нам   тад йогаир апи гамйате
экам са̄нкхйам ча йогам ча   йах̣ пашйати са пашйати

йат — которое; *са̄нкхйаих̣* — философией *санкхьи; пра̄пйате* — достигается; *стха̄нам* — место; *тат* — то; *йогаих̣* — преданным служением; *апи* — также; *гамйате* — достигается; *экам* — одно; *са̄нкхйам* — аналитическое изучение материального мира; *ча* — и; *йогам* — деятельность в преданном служении; *ча* — и; *йах̣* — который; *пашйати* — видит; *сах̣* — тот; *пашйати* — видит.

Тот, кто знает, что цели *санкхьи* можно также достичь с помощью преданного служения, и понимает, что аналитическое изучение мира и преданное служение равнозначны, видит истинное положение вещей.

КОММЕНТАРИЙ: Истинная цель философских поисков — определить высшую цель жизни. Поскольку высшей целью жизни является постижение своего истинного «я», оба названных здесь метода приводят человека к одному и тому же заключению. Изучая философию *санкхьи*, он приходит к выводу о том, что живое существо не принадлежит к материальному миру, но является частицей высшего духовного целого. Следовательно, вечная душа никак не связана с материальным миром и ее деятельность должна быть так или иначе связана со Всевышним. Когда душа действует в сознании Кришны, она занимает свое естественное положение. Метод *санкхьи* подразумевает, что человек должен избавиться от привязанности к материи, а *йога* преданного служения позволяет развить привязанность к деятельности в сознании Кришны. По сути дела, между этими двумя методами нет разницы, хотя на первый взгляд кажется, что один из них требует отрешенности, а другой — привязанности. Отрешенность от материи и привязанность к Кришне — это, фактически, одно и то же. Тот, кто понимает это, видит вещи в истинном свете.

ТЕКСТ 6   सन्न्यासस्तु महाबाहो दुःखमाप्तुमयोगतः ।
योगयुक्तो मुनिर्ब्रह्म नचिरेणाधिगच्छति ॥ ६ ॥

*саннйāсас ту махā-бāхо   духкхам āптум айогатах
йога-йукто мунир брахма   на чиренāдхигаччхати*

саннйāсах — жизнь в отречении от мира; *ту* — но; *махā-бāхо* — о могучерукий; *духкхам* — несчастье; *āптум* — (может) принести; *айогатах* — лишенного преданного служения; *йога-йуктах* — тот, кто занят преданным служением; *муних* — мудрец; *брахма* — Всевышнего; *на чирена* — без промедления; *адхигаччхати* — достигает.

Отказ от деятельности сам по себе, без преданного служения Господу, никому не принесет счастья. Но вдумчивый человек, посвятивший себя преданному служению, может без промедления достичь Всевышнего.

КОММЕНТАРИЙ: Есть два типа *санньяси,* людей, давших обет отречения от мира. *Санньяси-майявади* занимаются изучением философии *санкхьи,* а *санньяси*-вайшнавы изучают философию «Бхагаватам», авторитетного комментария к «Веданта-сутре». *Санньяси-майявади* тоже изучают «Веданта-сутру», но при этом пользуются собственным комментарием — «Шарирака-бхашьей», написанной Шанкарачарьей. Последователи школы *бхагаваты* служат Господу, руководствуясь правилами *панчаратрики,* и потому выполняют многочисленные обязанности. Полностью прекратив материальную деятельность, *санньяси*-вайшнавы тем не менее занимаются разнообразной деятельностью в преданном служении Господу. Но *санньяси-майявади,* которые изучают философию *санкхьи* и *веданты,* лишены возможности наслаждаться вкусом трансцендентного служения Господу. Порой, утомленные философскими рассуждениями о Брахмане, они обращаются к «Бхагаватам», хотя не имеют правильного представления об этой книге. Поэтому, изучая «Шримад-Бхагаватам», они сталкиваются с многочисленными трудностями. Абстрактные философские рассуждения и надуманные толкования «Бхагаватам» в духе имперсонализма не приносят *санньяси-майявади* никакой пользы. В отличие от них, *санньяси*-вайшнавы, выполняя свои трансцендентные обязанности в служении Господу, чувствуют себя счастливыми, а в конце жизни они непременно попадут в царство Бога. *Санньяси-майявади* нередко сходят с пути самоосознания и начинают заниматься мир-

ской благотворительностью, которая материальна по своей природе. Отсюда можно заключить, что те, кто действует в сознании
Кришны, находятся в лучшем положении, чем *санньяси*, которые
все время рассуждают о том, что есть Брахман и что не является
им, хотя и они спустя много жизней приходят к сознанию Кришны.

ТЕКСТ 7   योगयुक्तो विशुद्धात्मा विजितात्मा जितेन्द्रियः ।
                सर्वभूतात्मभूतात्मा कुर्वन्नपि न लिप्यते ॥ ७ ॥

*йога-йукто вишуддхātмā   виджитāтмā джитендрийах̣
сарва-бхӯтāтма-бхӯтāтмā   курванн апи на липйāте*

йога-йуктах̣ — занятый преданным служением; *вишуддха-āт-
мā* — очистившаяся душа; *виджита-āтмā* — умеющий владеть собой; *джита-индрийах̣* — тот, чьи чувства обузданы; *сарва-бхӯта* —
ко всем живым существам; *āтма-бхӯта-āтмā* — испытывающий
сострадание; *курван апи* — хотя и действующий; *на* — не; *липйāте* — опутывается.

**Тот, кто занят преданным служением, кто чист душой и обуздал
свой ум и чувства, дорог всем, и все дороги ему. Хотя такой человек всегда поглощен деятельностью, он никогда не бывает связан
ее последствиями.**

КОММЕНТАРИЙ: Тот, кто пытается обрести освобождение, действуя в сознании Кришны, очень дорог каждому существу, и все
существа дороги ему. Причина этого в том, что такой человек обладает сознанием Кришны. Ему известно, что живые существа неотделимы от Кришны, так же как листья и ветви неотделимы от
дерева. Он знает, что, поливая корни дерева, мы насыщаем влагой
все его листья и ветви, а отправляя пищу в желудок, даем необходимую энергию всему организму. Поскольку тот, кто действует
в сознании Кришны, служит таким образом всем живым существам, он очень дорог каждому. И поскольку все довольны его деятельностью, его сознание всегда остается чистым. Чистота сознания позволяет ему держать в повиновении ум, а управляя умом, он
подчиняет себе чувства. Ум такого человека всегда сосредоточен на
Кришне, поэтому он никогда не забывает Кришну и не занимается ничем, кроме служения Господу. Он никогда не станет слушать
то, что не относится к Кришне, или есть пищу, не предложенную
Кришне, и никогда не пойдет куда-нибудь, если это не связано со
служением Кришне. Таким образом, его чувства всегда подчиняются ему. А тот, кто владеет своими чувствами, никогда и никому
не причинит вреда. «Почему же тогда Арджуна убивал, участвуя
в битве? Разве он не обладал сознанием Кришны?» — спросите вы.

Вред, который Арджуна причинил своим противникам, был только кажущимся: все воины, убитые на поле битвы, как уже объяснялось во второй главе, продолжали существовать как индивидуальные души, поскольку душу нельзя уничтожить. В этом смысле в сражении на Курукшетре не было убитых. Воины просто сменили тела по воле Кришны, который лично присутствовал при этом. Сражаясь на Курукшетре, Арджуна, по сути дела, ни с кем не сражался: он просто исполнял приказ Кришны, действуя в сознании Кришны. Такой человек никогда не запутывается в последствиях своей деятельности.

ТЕКСТЫ   नैव किञ्चित्करोमीति युक्तो मन्येत तत्त्ववित् ।
8–9   पश्यञ्शृण्वन्स्पृशञ्जिघ्रन्नश्नन्गच्छन्स्वपन्श्वसन् ॥ ८ ॥
          प्रलपन्विसृजन्गृह्णन्नुन्मिषन्निमिषन्नपि ।
          इन्द्रियाणीन्द्रियार्थेषु वर्तन्त इति धारयन् ॥ ९ ॥

наива кинчит каромити
йукто манйета таттва-вит
пашйан шрнван спршан джигхранн
ашнан гаччхан свапан швасан

пралапан висрджан грхнанн
унмишан нимишанн апи
индрийанийндрийартхешу
вартанта ити дхарайан

на — не; *эва* — конечно; *кинчит* — что-либо; *кароми* — делаю; *ити* — так; *йуктах* — действующий (в божественном сознании); *манйета* — станет думать; *таттва-вит* — тот, кто познал истину; *пашйан* — видящий; *шрнван* — слышащий; *спршан* — касающийся; *джигхран* — ощущающий запахи; *ашнан* — принимающий пищу; *гаччхан* — ходящий; *свапан* — спящий; *швасан* — дышащий; *пралапан* — говорящий; *висрджан* — испускающий; *грхнан* — принимающий; *унмишан* — открывающий; *нимишан* — закрывающий; *апи* — хотя; *индрийани* — чувства; *индрийа-артхешу* — в деятельности, связанной с чувственными наслаждениями; *вартанте* — занимаются; *ити* — так; *дхарайан* — считающий.

Когда человек, обладающий божественным сознанием, видит, слышит, осязает, ощущает запахи, ест, ходит, спит или дышит, он всегда знает, что сам он ничего не делает. Ему известно, что, когда он беседует, опорожняет кишечник или наполняет желудок, открывает или закрывает глаза, это просто материальные чувства взаимодействуют с объектами восприятия, но сам он не причастен ко всему этому.

КОММЕНТАРИЙ: Человек, развивший в себе сознание Кришны, чист, поэтому он никак не связан с деятельностью, вызванной пятью непосредственными и косвенными причинами: тем, кто совершает действие, самой деятельностью, внешними обстоятельствами, прилагаемыми усилиями и судьбой. Причина этого в том, что такой человек постоянно занят трансцендентным любовным служением Кришне. Хотя на первый взгляд кажется, что он действует с помощью тела и органов чувств, он всегда сознает свое истинное предназначение, которым является духовная деятельность. Человек, обладающий материальным сознанием, вовлекает свои органы чувств в деятельность ради собственного наслаждения, но тот, кто обрел сознание Кришны, использует свои органы чувств, стараясь доставить наслаждение Кришне. Поэтому человек, развивший в себе сознание Кришны, всегда свободен, хотя кажется, что он действует, используя органы чувств. Зрительное и слуховое восприятие являются функцией органов познания, а движение, речь, опорожнение кишечника и т. д. — это функции органов действия. Человек, обладающий сознанием Кришны, никогда не попадает под влияние деятельности своих органов чувств. Он не занимается ничем, кроме служения Господу, ибо знает, что он вечный слуга Кришны.

ТЕКСТ 10

ब्रह्मण्याधाय कर्माणि सङ्गं त्यक्ता करोति यः ।
लिप्यते न स पापेन पद्मपत्रमिवाम्भसा ॥ १० ॥

*брахманй а̄дха̄йа карма̄н̣и   сан̇гам̇ тйактва̄ кароти йах̣
липйате на са па̄пена   падма-патрам ива̄мбхаса̄*

брахман̣и — Верховной Личности Бога; *а̄дха̄йа* — посвятив; *карма̄н̣и* — действия; *сан̇гам* — привязанность; *тйактва̄* — отвергнув; *кароти* — совершает; *йах̣* — который; *липйате* — затрагивается; *на* — не; *сах̣* — он; *па̄пена* — грехом; *падма-патрам* — лист лотоса; *ива* — как; *амбхаса̄* — водой.

Подобно тому как вода не смачивает лист лотоса, грех никогда не пятнает того, кто исполняет свой долг без привязанности к плодам своего труда, жертвуя их Верховному Господу.

КОММЕНТАРИЙ: В данном случае слово *брахман̣и* означает «в сознании Кришны». Материальный мир — это совокупное проявление трех *гун* материальной природы, которое на санскрите называется *прадханой*. Ведические гимны гласят: *сарвам̇ хй этад брахма* (Мандукья-упанишад, 2) и *тасма̄д этад брахма на̄ма рӯпам аннам ча джа̄йате* (Мундака-упанишад, 1.2.10). В «Бхагавад-гите» (14.3) также говорится: *мама йонир махад брахма*. Иными словами, все в материальном мире есть проявление Брахмана, и, хотя следствия принимают различные формы, они неотличны от причины. В «Ишопанишад» сказано, что все сущее связано с Верховным Брахманом — Кришной, и принадлежит Ему одному. Тот, кто полностью осознал, что все принадлежит Кришне, что Господь — хозяин всего и что, стало быть, все должно использоваться для служения Господу, никак не связан последствиями своих действий, как благочестивых, так и греховных. Даже материальное тело, которым Господь наделяет живое существо для той или иной деятельности, можно использовать в сознании Кришны. В этом случае оно не оскверняется грехом, так же как лист лотоса не намокает, хотя касается воды. В «Гите» (3.30) Господь Кришна говорит: *майи сарвāни кармāни саннйасйа* — «Отрекшись от мира, посвящай все свои действия Мне». Итак, человек, лишенный сознания Кришны, действует, отождествляя себя с материальным телом и органами чувств, а человек, обладающий сознанием Кришны, действует, зная, что его тело является собственностью Кришны и потому должно использоваться в служении Кришне.

ТЕКСТ 11 कायेन मनसा बुद्ध्या केवलैरिन्द्रियैरपि ।
योगिनः कर्म कुर्वन्ति सङ्गं त्यक्त्वात्मशुद्धये ॥ ११ ॥

*кāйена манасā буддхйā   кевалаир индрийаир апи
йогинах карма курванти   сангам тйактвāтма-ш́уддхайе*

кāйена — телом; *манасā* — умом; *буддхйā* — разумом; *кевалаих* — очищенными; *индрийаих* — чувствами; *апи* — даже; *йогинах* — люди, обладающие сознанием Кришны; *карма* — деятельность; *курванти* — осуществляют; *сангам* — привязанность; *тйактвā* — отвергнув; *āтма* — собственного; *ш́уддхайе* — ради очищения.

Отказавшись от всех привязанностей, *йоги* позволяют действовать своему телу, уму, разуму и даже чувствам только ради самоочищения.

КОММЕНТАРИЙ: Когда человек действует в сознании Кришны, ради удовлетворения Кришны, любое действие его тела, ума, разума или даже чувств является чистым, свободным от примеси материальной скверны. Деятельность человека, обладающего сознанием Кришны, не имеет материальных последствий. Поэтому, действуя в сознании Кришны, мы сможем без особого труда посвятить себя чистой деятельности, которая называется *сад-ачара*. Шри Рупа Госвами в своей книге «Бхакти-расамрита-синдху» (1.2.187) говорит об этом так:

*ихā йасйа харер дāсйе
кармаṇā манасā гирā*

никхилāсв апи авастхāсу
джӣван-муктах̣ са учйате

«Человек, который действует в сознании Кришны, то есть служит Кришне своим телом, умом, разумом и речью, является освобожденной душой, даже если находится в материальном мире и как будто бы занимается разнообразной материальной деятельностью». Такой человек лишен ложного эго, поскольку не отождествляет себя с материальным телом и не считает себя его владельцем. Он прекрасно знает, что отличен от тела и что тело ему не принадлежит. Его тело, как и он сам, принадлежит Кришне. Когда преданный использует все, что у него есть — тело, ум, разум, речь, жизненную силу, имущество, — для служения Кришне, он немедленно восстанавливает свою связь с Кришной. Так он достигает единства с Кришной и избавляется от ложного эго, которое заставляет его отождествлять себя с материальным телом. Это и есть совершенство сознания Кришны.

ТЕКСТ 12 युक्तः कर्मफलं त्यक्ता शान्तिमाप्रोति नैष्ठिकीम् ।
अयुक्तः कामकारेण फले सक्तो निबध्यते ॥ १२ ॥

йуктах̣ карма-пхалам̇ тйактвā ш́āнтим āпноти наиш̣т̣хикӣм
айуктах̣ кāма-кāрен̣а пхале сакто нибадхйате

йуктах̣ — тот, кто занимается преданным служением; *карма-пха-лам* — результат всех своих действий; *тйактвā* — отдав; *ш́āн-тим* — умиротворение; *āпноти* — обретает; *наиш̣т̣хикӣм* — непоколебимое; *айуктах̣* — человек, лишенный сознания Кришны; *кā-ма-кāрен̣а* — результатом своего труда, которым он хочет наслаждаться; *пхале* — к результату; *сактах̣* — привязанный; *нибадхйа-те* — порабощается.

Душа, непоколебимо преданная Мне, обретает истинный мир и покой, ибо отдает Мне все плоды своего труда. Тому же, кто не находится в союзе со Всевышним, кто движим желанием наслаждаться плодами своего труда, уготовано рабство.

КОММЕНТАРИЙ: Разница между человеком, который обладает сознанием Кришны, и человеком с материальным сознанием заключается в том, что один привязан к Кришне, а другой — к плодам своего труда. Человек, который привязан к Кришне и трудится исключительно ради Него, безусловно, является освобожденной душой, и он не тревожится о том, какими будут результаты его деятельности. Как сказано в «Бхагаватам», человек беспокоится о результатах своего труда только тогда, когда находится во власти двойственности, то есть не обладает знанием об Абсолютной Истине. Кришна — Верховная Абсолютная Истина, Личность Бога. Для человека, развившего в себе сознание Кришны, двойственности не существует. Все сущее создано энергией Кришны, а Кришна всеблагой. Поэтому деятельность в сознании Кришны имеет абсолютную природу; она всецело духовна и не влечет за собой материальных последствий. Вот почему человек, действующий в сознании Кришны, всегда пребывает в покое, который неизвестен тому, кто во всем ищет выгоду, движимый желанием чувственных наслаждений. Таков секрет деятельности в сознании Кришны: знание о том, что нет ничего не связанного с Кришной, приносит человеку умиротворение и избавляет его от страха.

ТЕКСТ 13 सर्वकर्माणि मनसा सन्न्यस्यास्ते सुखं वशी ।
नवद्वारे पुरे देही नैव कुर्वन्न कारयन् ॥ १३ ॥

сарва-кармāни манасā   саннйасйāсте сукхам ваш́ӣ
нава-двāре пуре дехӣ   наива курван на кāрайан

сарва — все; *кармāни* — действия; *манасā* — умом; *саннйасйа* — отвергнув; *āсте* — пребывает; *сукхам* — счастливо; *ваш́ӣ* — владеющий собой; *нава-двāре* — с девятью вратами; *пуре* — в городе; *дехӣ* — обусловленная душа; *на* — не; *эва* — безусловно; *курван* — делающий; *на* — не; *кāрайан* — становящийся причиной действий.

Когда воплощенное живое существо, научившись владеть собой, отрекается в уме от всякой деятельности, оно счастливо живет в городе с девятью вратами [материальном теле], не совершая действий и не становясь их причиной.

КОММЕНТАРИЙ: Обусловленная душа живет в материальном теле, или, образно говоря, в городе с девятью воротами. Тело действует, повинуясь *гунам* материальной природы, под влиянием которых оно находится. Такая душа всегда зависит от состояния своего тела, однако при желании она может преодолеть эту зависимость. Она страдает только потому, что, забыв о своей духовной природе, отождествляет себя с материальным телом. Развив в себе сознание Кришны, душа возвращается в свое естественное состояние и освобождается из заключения в теле. Тот, кто обрел сознание Кришны, полностью отстраняется от деятельности материального тела. Такая душа, обуздавшая свои чувства и изменившая образ мыслей, счастливо живет в городе с девятью воротами.

нава-двāре пуре дехӣ
хам̇со лелāйате бахих̣
ваш́ӣ сарвасйа локасйа
стхāварасйа чарасйа ча

«Верховный Господь, живущий вместе с индивидуальной душой в материальном теле, является властелином всех живых существ во вселенной. В материальном теле девять врат [два глаза, две ноздри, два уха, рот, анус и детородный орган]. В обусловленном состоянии живое существо отождествляет себя с материальным телом, но, осознав свое тождество с Господом в сердце, оно становится таким же свободным, как и Он, даже если продолжает оставаться в теле» (Шветашватара-упанишад, 3.18).

Таким образом, человек, развивший в себе сознание Кришны, отстраняется как от внешней, так и от внутренней деятельности материального тела.

ТЕКСТ 14 न कर्तृत्वं न कर्माणि लोकस्य सृजति प्रभुः ।
न कर्मफलसंयोगं स्वभावस्तु प्रवर्तते ॥ १४ ॥

*на картртвам̇ на карма̄н̣и   локасйа ср̣джати прабхух̣
на карма-пхала-сам̇йогам̇   свабха̄вас ту правартате*

на — ни; *картртвам* — право собственности; *на* — ни; *карма̄н̣и* — действия; *локасйа* — людей; *ср̣джати* — создает; *прабхух̣* — хозяин (города-тела); *на* — ни; *карма-пхала* — с результатами деятельности; *сам̇йогам* — связь; *свабха̄вах* — совокупность *гун* материальной природы; *ту* — но; *правартате* — действует.

Воплощенный дух, хозяин города-тела, не совершает действий, не побуждает других к деятельности и не создает ее плодов. Все это делают *гуны* материальной природы.

КОММЕНТАРИЙ: Как мы узнаем из седьмой главы, живое существо принадлежит к одной из энергий Верховного Господа; эта энергия (или природа) отлична от материи — другой, низшей, энергии Господа. Так случилось, что высшая энергия, живое существо, с незапамятных времен находится в соприкосновении с материальной природой. Бренное материальное тело, в котором обитает живое существо, служит причиной многообразных действий и их последствий. Изначально живое существо чисто, но, находясь в обусловленном состоянии и по невежеству своему отождествляя себя с телом, оно страдает, пожиная плоды деятельности тела. Единственной причиной наших страданий в материальном теле является невежество, испокон веков покрывающее живое существо. Когда живое существо отстраняется от деятельности тела, оно освобождается и от ее последствий. Обитая в городе-теле, живое существо кажется его хозяином, хотя на самом деле оно не является собственником материального тела, не управляет его действиями и не определяет их последствий. Оно просто борется за существование

посреди океана материальной жизни. Волны бросают его из стороны в сторону, и оно не в силах совладать с ними. Самое лучшее для него — выбраться из пучины с помощью трансцендентного метода сознания Кришны. Это единственный путь к спасению.

ТЕКСТ 15   नादत्ते कस्यचित्पापं न चैव सुकृतं विभुः ।
अज्ञानेनावृतं ज्ञानं तेन मुह्यन्ति जन्तवः ॥ १५ ॥

*на̄датте касӣачит па̄пам   на чаива сукр̣там вибхух̣
аджн̃а̄нена̄вр̣там джн̃а̄нам   тена мухйанти джантавах̣*

на — не; *а̄датте* — принимает; *касӣачит* — чью-либо; *па̄пам* —
греховную деятельность; *на* — ни; *ча* — также; *эва* — безусловно;
су-кр̣там — благочестивую деятельность; *вибхух̣* — Верховный Господь; *аджн̃а̄нена* — невежеством; *а̄вр̣там* — покрытое; *джн̃а̄нам* —
знание; *тена* — тем; *мухйанти* — впадают в заблуждение; *джан-
тавах̣* — живые существа.

**Верховный Господь не отвечает за греховные и праведные по-
ступки живых существ. Воплощенные в теле существа пребывают
во власти иллюзии, потому что их истинное знание скрыто невежеством.**

КОММЕНТАРИЙ: Слово *вибху* в переводе с санскрита означает
«Верховный Господь, в полной мере обладающий безграничным
знанием, несметными богатствами, беспредельным могуществом,
славой, красотой и отрешенностью от мира». Самоудовлетворенный и самодостаточный, Он остается безучастным к греховной
и благочестивой деятельности живых существ. Не Господь помещает их в те или иные условия — они сами, невежественные и сбитые с толку, хотят оказаться в определенном положении, и с этого
начинается цепь действий и их последствий. Принадлежащее к высшей энергии Господа, живое существо по природе своей исполнено знания. И тем не менее из-за ограниченности своих сил оно
склонно попадать под власть невежества. В отличие от живого существа, Господь всемогущ. Господь — *вибху,* всеведущий, а живое
существо — *ану,* бесконечно малое. Будучи духовной искрой, живое существо обладает свободой воли и способностью желать. Но
исполнить его желания может только всемогущий Господь. Поэтому, когда живое существо обуревают материальные желания,
Господь позволяет ему удовлетворить их, но Сам Он не несет ответственности за действия и их последствия, порожденные теми
обстоятельствами, в которых живое существо оказалось по своему желанию. Сбитая с толку обусловленная душа отождествляет
себя с бренным материальным телом и испытывает радости и не-

взгоды, которые также являются преходящими. Господь в образе Параматмы, или Сверхдуши, всегда находится рядом с индивидуальной душой и знает обо всех ее желаниях, подобно тому как, находясь рядом с цветком, мы можем ощутить его аромат. Желание является тонкой формой обусловленности живого существа, и Господь исполняет его желания в той степени, в какой оно того заслуживает: человек предполагает, а Бог располагает. Таким образом, индивидуальное живое существо не способно само осуществить свои желания. Но Господь может исполнить их все и, будучи беспристрастным, не мешает ничтожно малым живым существам, наделенным некоторой независимостью, выражать любые свои желания. Но, когда предметом их желаний становится Сам Господь, Кришна, Он проявляет о них особую заботу и направляет их желания так, чтобы они могли постичь Господа и обрести вечное счастье. Ведические гимны гласят: *эша у хй эва садху карма карайати там йам эбхйо локебхйа уннинйшате. эша у эвасадху карма карайати йам адхо нинйшате* — «Господь позволяет живым существам совершать благие дела, чтобы они могли возвыситься, и Он же позволяет им грешить, чтобы они могли оказаться в аду» (Каушитаки-упанишад, 3.8). В «Махабхарате» (Вана-парва, 31.27) говорится:

аджно джантур анйшо 'йам
атманах сукха-духкхайох
йшвара-прерито гаччхет
сваргам вайв абхрам эва ча

«Счастье и горе живого существа полностью зависят от Верховного Господа. Как облако, несомое ветром, по воле Всевышнего душа может попасть в рай или в ад».

Итак, живое существо, с незапамятных времен стремящееся избежать сознания Кришны, само является причиной собственного невежества. Хотя по природе своей живое существо вечно, исполнено знания и блаженства, будучи ничтожно малым, оно забывает о том, что по самой своей природе предназначено служить Господу, и попадает в сети невежества. И это же невежество заставляет его взваливать ответственность за свое обусловленное существование на Верховного Господа. В «Веданта-сутре» (2.1.34) сказано: *ваишамйа-наиргхрнйе на сапекшатват татха хи даршайати* — «Господь ни к кому не испытывает ни любви, ни ненависти, хотя кажется, что это не так».

ТЕКСТ 16   ज्ञानेन तु तदज्ञानं येषां नाशितमात्मनः ।
          तेषामादित्यवज्ज्ञानं प्रकाशयति तत्परम् ॥ १६ ॥

джñāнена ту тад аджñāнам   йешāм нāйшитам āтманаḥ
тешāм āдитйа-вадж джñāнам   пракāйшайати тат парам

джñāнена — знанием; *ту* — но; *тат* — то; *аджñāнам* — невежество; *йешāм* — которых; *нāйшитам* — рассеяно; *āтманаḥ* — живого существа; *тешāм* — тех; *āдитйа-ват* — подобное восходящему солнцу; *джñāнам* — знание; *пракāйшайати* — открывает; *тат парам* —
сознание Кришны.

**Но когда живое существо обретает знание, свет этого знания
рассеивает тьму неведения и открывает ему истинную природу вещей, подобно тому как солнце, поднимаясь над горизонтом, озаряет все вокруг.**

КОММЕНТАРИЙ: Живые существа, забывшие Кришну, не могут
избежать иллюзии, однако она не властна над теми, кто обладает сознанием Кришны. В «Бхагавад-гите» (4.36–38) говорится:
*сарвам̇ джñāна-плавена, джñāнāгниḥ сарва-карма̣ни и на хи джñā-
нена садр̣йшам.* Знание — это бесценный дар. Что же оно собой
представляет? Совершенным знанием обладает тот, кто предался Кришне: *бахӯнāм̇ джанманāм анте джñāнавāн мāм̇ прападйате* (Б.-г., 7.19). Когда, прожив в этом мире множество жизней,
человек вручает себя Кришне, следует понимать, что он обрел совершенное знание; иными словами, когда человек обретает сознание Кришны, ему открывается все, так же как все вокруг открыто нашему взору при свете солнца. Иллюзия, во власти которой
пребывает живое существо, многолика. Например, когда живое существо по глупости объявляет себя Богом, оно на самом деле попадает в последнюю западню иллюзии. Но если живое существо —
Бог, то как оно могло оказаться во власти неведения? Разве может
Бог оказаться во власти неведения? Если так, то неведение, или
Сатана, могущественнее Бога.

Истинное знание можно получить только от того, кто в полной
мере обладает сознанием Кришны. Поэтому необходимо найти истинного духовного учителя и под его руководством овладеть наукой сознания Кришны, ибо сознание Кришны рассеивает тьму неведения, подобно тому как солнце рассеивает ночную тьму. Даже
тот, кто осознал свое отличие от материального тела и свою духовную природу, может не видеть разницы между душой и Сверхдушой. Однако это знание откроется ему, если он примет покровительство истинного духовного учителя, обладающего сознанием
Кришны. Постичь Бога и свои отношения с Ним можно только
с помощью Его представителя. Представитель Господа никогда не
объявляет себя Богом, хотя его почитают наравне с Богом за то,
что он обладает знанием о Боге. Каждый должен понять разницу

между Богом и обыкновенным существом. Во второй главе «Бхагавад-гиты» (Б.-г., 2.12) Господь Шри Кришна говорит, что все живые существа являются индивидуальными личностями, так же как и Сам Господь. Они обладали индивидуальностью в прошлом, обладают ею в настоящем и сохранят свою индивидуальность в будущем, даже после того, как обретут освобождение. В ночной тьме все кажется единообразным, но, когда восходит солнце, мы обретаем способность ясно различать все предметы. Понимание того, что в духовном бытии живое существо сохраняет свою индивидуальность, и есть истинное знание.

ТЕКСТ 17   तद्बुद्धयस्तदात्मानस्तन्निष्ठास्तत्परायणाः ।
गच्छन्त्यपुनरावृत्तिं ज्ञाननिर्धूतकल्मषाः ॥ १७ ॥

*тад-буддхайас тад-а̄тма̄нас   тан-ништха̄с тат-пара̄йана̄х
гаччхантй апунар-а̄врттим   джн̃а̄на-нирдхӯта-калмаша̄х*

тат-буддхайах̣ — те, чей разум всегда поглощен Всевышним; *тат-а̄тма̄нах̣* — те, чей ум всегда сосредоточен на Всевышнем; *тат-ништха̄х̣* — те, кто верит только во Всевышнего; *тат-пара̄йана̄х̣* — те, кто полностью доверил себя Ему; *гаччханти* — идут; *апунах̣-а̄врттим* — к освобождению; *джн̃а̄на* — знанием; *нирдхӯта* — устранены; *калмаша̄х̣* — те, чьи грехи.

Когда ум, разум, вера и упования целиком направлены на Всевышнего, человек, благодаря совершенному знанию, избавляется от всей скверны греха, и тогда перед ним открывается путь к освобождению.

КОММЕНТАРИЙ: Высшая Трансцендентная Истина — это Господь Кришна. Стержнем «Бхагавад-гиты» является утверждение, что Кришна — Верховная Личность Бога. Это провозглашают все ведические писания. *Пара-таттва* значит «Высшая Реальность», постичь которую могут те, кто осознал три аспекта Всевышнего: Брахман, Параматму и Бхагавана. Бхагаван, или Верховная Личность Бога, является высшим аспектом Абсолютной Истины. Превыше этого нет ничего. Сам Господь подтверждает это: *маттах̣ паратарам̇ на̄нйат кин̃чид асти дхананджайа* (Б.-г., 7.7). Даже безличный Брахман покоится на Кришне: *брахман̣о хи пратишт̣ха̄хам.* Поэтому во всех отношениях Кришна — это Высшая Реальность. Тот, чей ум, разум, вера и упования направлены на Кришну, кто целиком предался Ему, иными словами, тот, кто полностью развил в себе сознание Кришны, без сомнения, уже избавился от всей скверны греха и в совершенстве постиг все аспекты трансцендентного бытия. Человек, обладающий сознанием Кришны, прекрасно понимает науку о Кришне, включающую в себя концепцию одновременного тождества и различия, и, вооруженный этим трансцендентным знанием, неуклонно движется по пути, ведущему к освобождению.

ТЕКСТ 18 विद्याविनयसम्पन्ने ब्राह्मणे गवि हस्तिनि ।
शुनि चैव श्वपाके च पण्डिताः समदर्शिनः ॥ १८ ॥

*видйā-винайа-сампанне   брāхмане гави хастини
шуни чаива шва-пāке ча   пандитāх сама-даршинах*

видйā — ученость; *винайа* — и благовоспитанность; *сампанне* — в том, чье богатство; *брāхмане* — в *брахмане; гави* — в корове; *хастини* — в слоне; *шуни* — в собаке; *ча* — и; *эва* — безусловно; *шва-пāке* — в собакоеде (неприкасаемом); *ча* — также; *пандитāх* — мудрецы; *сама-даршинах* — те, которые видят одинаково.

Смиренные мудрецы, обладающие истинным знанием, одинаково смотрят на ученого и благовоспитанного брахмана, корову, слона, собаку и собакоеда [неприкасаемого].

КОММЕНТАРИЙ: Человек, обладающий сознанием Кришны, не проводит разграничений между живыми существами, принадлежащими к разным формам жизни, равно как и между представителями разных каст. Пусть *брахман* и неприкасаемый стоят на разных ступенях социальной лестницы, а собака, корова и слон относятся к разным видам, — для мудреца, познавшего Абсолютную Истину, различия между телами не имеют никакого значения. Он понимает, что все живые существа связаны со Всевышним, поскольку Господь в виде одной из Своих полных экспансий, Параматмы, пребывает в сердце каждого. Такое понимание Всевышнего и есть истинное знание. Господь одинаково добр и милостив ко всем живым существам, независимо от их касты или формы жизни, поскольку считает каждого из них Своим другом и в образе Параматмы всегда сопровождает живое существо, в каких бы условиях оно ни оказалось. Господь в образе Параматмы находится в сердце неприкасаемого и в сердце *брахмана*, хотя они обладают разными телами. Тело — это порождение *гун* материальной природы, но душа и Сверхдуша, находящиеся в теле, обладают одной, духовной природой. Однако качественное тождество души и Сверхдуши не делают их равными в количественном отношении, потому что индивидуальная душа может находиться только в одном теле, тогда как Параматма находится во всех телах. Человек, развивший в себе сознание Кришны, ясно понимает это, поэтому он обладает истинным знанием и одинаково относится ко всем живым существам. Душу и Сверхдушу объединяет то, что обе они обладают сознанием, существуют вечно и исполнены блаженства. Однако сознание индивидуальной ду-

ши ограничено рамками одного тела, тогда как сознание Сверхдуши распространяется на все тела. Сверхдуша присутствует в теле
каждого существа, к какой бы форме жизни оно ни относилось.

ТЕКСТ 19 इहैव तैर्जितः सर्गो येषां साम्ये स्थितं मनः ।
निर्दोषं हि समं ब्रह्म तस्माद्ब्रह्मणि ते स्थिताः ॥ १९ ॥

*ихаива таир джитах сарго   йешāм сāмйе стхитам манах
нирдошам хи самам брахма   тасмāд брахмани те стхитāх*

иха — здесь (в этой жизни); *эва* — несомненно; *таих* — теми; *джитах* — побеждено; *саргах* — рождение и смерть; *йешāм* — которых;
сāмйе — в равновесии; *стхитам* — находящийся; *манах* — ум; *нирдошам* — безупречный; *хи* — безусловно; *самам* — уравновешенный;
брахма — подобный Всевышнему; *тасмāт* — поэтому; *брахмани* —
во Всевышнем; *те* — они; *стхитāх* — пребывающие.

**Те, кто всегда уравновешен и беспристрастен, уже одолели рож-
дение и смерть. Став безупречными, как Брахман, они пребывают
в Брахмане.**

КОММЕНТАРИЙ: Как уже говорилось, равновесие ума является
признаком того, что человек осознал свое истинное «я». Считается,
что тот, кто действительно поднялся на эту ступень, уже освободился от материальной обусловленности, то есть победил рождение и смерть. Пока человек отождествляет себя с материальным
телом, он находится в обусловленном состоянии, но, осознав свою
духовную природу и став невозмутимым, он освобождается из плена обусловленной жизни. Это значит, что он больше никогда не
родится в материальном мире и после смерти попадет в духовную
обитель. Господа называют безупречным, потому что Он ни к кому не питает особой привязанности или неприязни. И когда живое
существо избавляется от привязанности и неприязни, оно также
становится безупречным и достойным того, чтобы войти в духовное царство. Таких людей следует считать освобожденными душами, и узнать их можно по признакам, перечисленным в следующем
стихе.

ТЕКСТ 20 न प्रहृष्येत्प्रियं प्राप्य नोद्विजेत्प्राप्य चाप्रियम् ।
स्थिरबुद्धिरसम्मूढो ब्रह्मविद्ब्रह्मणि स्थितः ॥ २० ॥

*на прахришйет прийам прāпйа   нодвиджет прāпйа чāприйам
стхира-буддхир асаммӯдхо   брахма-вид брахмани стхитах*

на — не; *прахришйет* — будет радоваться; *прийам* — приятное; *прāпйа* — получив; *на* — не; *удвиджет* — огорчится; *прāпйа* — получив;

ча — и; *априйам* — неприятное; *стхира-буддхих* — твердый разумом; *асаммудхах* — не подверженный иллюзии; *брахма-вит* — тот, кто постиг Всевышнего; *брахмани* — на духовном уровне; *стхитах* — находящийся.

Кто не радуется приятным событиям и не огорчается из-за неприятностей, кто обладает невозмутимым разумом, кто не подвержен влиянию иллюзии и сведущ в науке о Боге, тот уже достиг духовного бытия.

КОММЕНТАРИЙ: Здесь перечислены признаки, по которым можно определить человека, осознавшего свою духовную природу. Прежде всего такой человек не подвержен влиянию иллюзии, ибо он перестал отождествлять себя с материальным телом. Он прекрасно знает, что отличен от тела и является частицей Верховной Личности Бога. Поэтому он не радуется приобретениям и не скорбит о потерях, связанных с его телом. Такого уравновешенного человека называют *стхира-буддхи*, что значит «обладающий невозмутимым разумом». Такой человек никогда не спутает материальное тело с душой и не будет считать тело вечным или отвергать существование души. Обладая этим знанием, он становится способным в совершенстве овладеть наукой об Абсолютной Истине, то есть постичь три ее аспекта: Брахман, Параматму и Бхагавана. Он понимает свое истинное положение и не делает безнадежных попыток сравняться со Всевышним. Такой человек уже познал Брахман, а значит, и свою духовную природу. Это устойчивое сознание называют сознанием Кришны.

ТЕКСТ 21 बाह्यस्पर्शेष्वसक्तात्मा विन्दत्यात्मनि यत्सुखम् ।
स ब्रह्मयोगयुक्तात्मा सुखमक्षयमश्नुते ॥ २१ ॥

бахйа-спаршешв асактатма   виндати атмани йат сукхам
са брахма-йога-йуктатма   сукхам акшайам айнуте

бахйа-спаршешу — к внешним, чувственным удовольствиям; *асакта-атма* — тот, кто не привязан; *виндати* — испытывает; *атмани* — в себе; *йат* — которое; *сукхам* — счастье; *сах* — он; *брахма-йога* — сосредоточением ума на Брахмане; *йукта-атма* — связанный с истинным «я»; *сукхам* — счастье; *акшайам* — бесконечное; *айнуте* — вкушает.

Такого человека, свободного от мирских привязанностей, не привлекают материальные, чувственные наслаждения: он всегда погружен в транс и черпает радость внутри себя. Так человек, постигший свое истинное «я» и всегда сосредоточенный на Всевышнем, наслаждается беспредельным счастьем.

КОММЕНТАРИЙ: Шри Ямуначарья, великий преданный Кришны, говорил:

> *йад-авадхи мама четах кршна-падаравинде*
> *нава-нава-раса-дхамани удйатам рантум асит*
> *тад-авадхи бата нари-сангаме смарйамане*
> *бхавати мукха-викарах сушштху ништхйванам ча*

«С той поры как я посвятил себя трансцендентному любовному служению Кришне и нашел в Нем источник постоянно обновляющегося блаженства, стоит мне подумать о плотских утехах, как губы мои кривятся в отвращении и я сплевываю». Тот, кто достиг уровня *брахма-йоги,* или сознания Кришны, настолько поглощен любовным служением Господу, что у него пропадает всякий вкус к мирским удовольствиям. Высшей формой материального наслаждения является наслаждение сексом. Весь мир находится у него в плену, и ни один материалист не стал бы работать без этого стимула. Но человек, развивший в себе сознание Кришны, может работать с огромным энтузиазмом, не стремясь при этом к сексуальным удовольствиям и, более того, даже избегая их. Это признак, по которому можно судить о духовном росте человека. Духовное развитие и сексуальные удовольствия несовместимы. Человека, обладающего сознанием Кришны, не привлекают никакие чувственные удовольствия, ибо он является освобожденной душой.

ТЕКСТ 22   ये हि संस्पर्शजा भोगा दुःखयोनय एव ते ।
आद्यन्तवन्तः कौन्तेय न तेषु रमते बुधः ॥ २२ ॥

> *йе хи самспарша-джа бхога   духкха-йонайа эва те*
> *ади-антавантах каунтейа   на тешу рамате будхах*

йе — которые; *хи* — безусловно; *самспарша-джах* — порожденные соприкосновением с материальными чувствами; *бхогах* — удовольствия; *духкха* — страданий; *йонайах* — источники; *эва* — конечно; *те* — они; *ади* — начало; *анта* — конец; *вантах* — имеющие; *каунтейа* — о сын Кунти; *на* — не; *тешу* — в тех; *рамате* — испытывает удовольствие; *будхах* — разумный.

Разумный человек сторонится удовольствий, рожденных от соприкосновения материальных чувств с объектами восприятия, ибо такие удовольствия являются источником страданий. У всех материальных удовольствий, о сын Кунти, есть начало и конец, поэтому мудрец никогда не тешится ими.

КОММЕНТАРИЙ: Материальные удовольствия возникают от соприкосновения материальных чувств с объектами восприятия. Такие удовольствия преходящи, потому что само материальное тело бренно. Освобожденную душу не интересует ничто преходящее. Да и может ли тот, кто изведал высшее, духовное блаженство, довольствоваться иллюзорными радостями? В «Падма-пуране» сказано:

> *раманте йогино 'нанте*
> *сатйānанде чид-āтмани*
> *ити рāма-паденāсау*
> *парам брахмāбхидхӣйате*

«Для *йогов* Абсолютная Истина является источником безграничного духовного блаженства. Поэтому Высшую Абсолютную Истину, Личность Бога, называют Рамой».

В «Шримад-Бхагаватам» (5.5.1) по этому поводу сказано следующее:

> *нāйам дехо деха-бхāджāм нр-локе*
> *каштāн кāмāн архате вид-бхуджāм йе*
> *тапо дивйам путракā йена саттвам*
> *шуддхйед йасмāд брахма-саукхйам тв анантам*

«Дорогие сыновья, живому существу, получившему тело человека, нет смысла трудиться не покладая рук ради чувственных удовольствий, ибо такие удовольствия доступны даже пожирателям испражнений [свиньям]. Вы должны посвятить жизнь аскезе, чтобы очиститься от материальной скверны и изведать беспредельное духовное блаженство».

Таким образом, истинные *йоги* и мудрецы не стремятся к чувственным удовольствиям, которые приковывают живое существо к материальному миру. Чем сильнее мы привязаны к материальным удовольствиям, тем больше страданий выпадает на нашу долю.

ТЕКСТ 23   शक्नोतीहैव यः सोढुं प्राक्शरीरविमोक्षणात् ।
कामक्रोधोद्भवं वेगं स युक्तः स सुखी नरः ॥ २३ ॥

> *шакнотӣхаива йах содхум   прāк шарӣра-вимокшанāт*
> *кāма-кродходбхавам вегам   са йуктах са сукхӣ нарах*

шакноти — может; *иха эва* — здесь (в своем нынешнем теле); *йах* — который; *содхум* — терпеть; *прāк* — прежде; *шарӣра* — от тела; *вимокшанāт* — освобождения; *кāма* — желанием; *кродха* — и гневом; *удбхавам* — порожденное; *вегам* — побуждение; *сах* — тот; *йуктах* — находящийся в трансе; *сах* — тот; *сукхӣ* — счастливый; *нарах* — человек.

Если человек в своем нынешнем теле научился сдерживать позывы материальных чувств и обуздывать свои желания и гнев,

значит, он уже достиг совершенства и обрел истинное счастье в этом мире.

КОММЕНТАРИЙ: Тот, кто хочет неуклонно продвигаться вперед по пути самоосознания, должен научиться сдерживать позывы органов чувств, а именно побуждение говорить, порывы гнева, позывы ума, желудка, половых органов и языка. Человека, который обуздал свои чувства и ум, называют госвами или свами. Госвами ведут упорядоченный образ жизни и полностью владеют своими чувствами. Неудовлетворенные материальные желания вызывают гнев, в результате чего ум приходит в возбуждение, глаза наливаются кровью и человек начинает тяжело дышать. Поэтому, прежде чем оставить материальное тело, надо научиться обуздывать свои желания. Тот, кто обладает такой способностью, уже осознал свою духовную природу и обрел духовное счастье. Каждый, кто идет духовным путем, должен приложить все усилия к тому, чтобы укротить свои желания и гнев.

ТЕКСТ 24

यो ऽन्तःसुखोऽन्तरारामस्तथान्तर्ज्योतिरेव यः ।
स योगी ब्रह्मनिर्वाणं ब्रह्मभूतोऽधिगच्छति ॥ २४ ॥

*йо 'нтах-сукхо 'нтар-арамас татхантар-джйотир эва йах
са йоги брахма-нирванам брахма-бхуто 'дхигаччхати*

йах — который; *антах-сукхах* — тот, кто обрел счастье в себе самом; *антах-арамах* — тот, кто черпает наслаждение в себе самом; *татха* — а также; *антах-джйотих* — тот, чьи устремления направлены внутрь; *эва* — безусловно; *йах* — который; *сах* — тот; *йоги* — йог-мистик; *брахма-нирванам* — освобождение (и постижение природы Всевышнего); *брахма-бхутах* — осознавший свою духовную природу; *адхигаччхати* — обретает.

Тот, кто черпает счастье, наслаждение и бодрость духа в себе самом и чей взор всегда обращен внутрь, поистине совершенный *йог*-мистик. Он обретает освобождение и в конце концов приходит ко Всевышнему.

КОММЕНТАРИЙ: До тех пор пока человек не откроет источник радости и наслаждения в себе самом, он не сможет отказаться от внешней деятельности, которая приносит ему лишь иллюзорное счастье. Освобожденный человек испытывает истинное счастье, поэтому он может где угодно сидеть и безмолвно наслаждаться внутренней духовной жизнью. Такой человек больше не желает внешнего, материального счастья. Это уровень *брахма-бхуты*, и тот, кто достиг его, обязательно вернется домой, к Богу.

ТЕКСТ 25 लभन्ते ब्रह्मनिर्वाणमृषयः क्षीणकल्मषाः ।
छिन्नद्वैधा यतात्मानः सर्वभूतहिते रताः ॥ २५ ॥

*лабханте брахма-нирванам   ршайах кшина-калмашах
чхинна-дваидха йататманах   сарва-бхута-хите ратах*

лабханте — обретают; *брахма-нирванам* — освобождение (постижение Верховного Брахмана); *ршайах* — те, чей взор устремлен
внутрь; *кшина-калмашах* — те, кто очистился от грехов; *чхинна* —
отсечена; *дваидхах* — те, кем двойственность; *йата-атманах* — идущие путем самоосознания; *сарва-бхута* — всех живых существ; *хи-
те* — в деятельности на благо; *ратах* — занятые.

Те, кто вышел из-под влияния двойственности, порожденной со-
мнениями, и направил ум внутрь, кто очистился от скверны греха и всегда радеет о благе всех существ, обретают освобождение
и постигают Высшую Истину.

КОММЕНТАРИЙ: Только человек, полностью развивший в себе
сознание Кришны, может заниматься деятельностью на благо всех
существ. Тот, кто действительно понял, что Кришна — источник
всего сущего, и кто действует в таком сознании, приносит благо
каждому. Люди страдают из-за того, что они забыли Кришну и не
понимают, что Он верховный наслаждающийся, верховный властелин и лучший друг каждого. Поэтому тот, кто пробуждает в людях
такое сознание, занимается высшей формой благотворительной деятельности. На это способен только тот, кто обрел освобождение
и познал Высшую Истину. Человек, обладающий сознанием Кришны, нисколько не сомневается в верховном положении Господа, так
как полностью очистился от греха. Такова природа божественной
любви.

Тот, кто заботится лишь о материальном благополучии общества,
по сути дела, бессилен кому-либо помочь. Временное облегчение,
которое его деятельность приносит телам и умам других людей, не
может удовлетворить их полностью. Истинная причина трудностей,
с которыми сталкивается человек в своей борьбе за существование, в том, что он забыл свои отношения с Верховным Господом.
И тот, кто полностью осознал свои отношения с Кришной, обретает освобождение, даже оставаясь в материальном теле.

ТЕКСТ 26 कामक्रोधवियुक्तानां यतीनां यतचेतसाम् ।
अभितो ब्रह्मनिर्वाणं वर्तते विदितात्मनाम् ॥ २६ ॥

*кама-кродха-вимуктанам   йатинам йата-четасам
абхито брахма-нирванам   вартате видитатманам*

кāма — от желаний; *кродха* — и от гнева; *вимуктāнāм* — тех, кто освободился; *йатӣнāм* — святых; *йата-четасāм* — тех, чей ум обуздан; *абхитах* — очень скоро; *брахма-нирвāṇам* — освобождение (постижение Верховного Брахмана); *вартате* — есть; *видита-āтманāм* — тех, кто осознал свое истинное «я».

Те, кто избавился от гнева и всех материальных желаний, кто осознал свое истинное «я», обуздал ум и неустанно стремится к совершенству, очень скоро обретут освобождение, постигнув Высшую Истину.

КОММЕНТАРИЙ: Из всех святых, стремящихся к освобождению, лучшим является тот, кто идет путем сознания Кришны. «Бхагаватам» (4.22.39) подтверждает это:

> *йат-пāда-паṅкаджа-палāśа-вилāса-бхактйā*
> *кармāśайам гратхитам удгратхайанти сантах*
> *тадван на рикта-матайо йатайо 'пи руддха-*
> *срото-гаṇāс там араṇам бхаджа вāсудевам*

«Поклоняйся Верховному Господу, Вāсудеве, служа Ему с любовью и преданностью. Даже великие мудрецы не способны сдерживать порывы своих чувств так же успешно, как это делают те, кто изведал неземное блаженство служения лотосным стопам Господа и тем самым изжил в себе глубоко укоренившееся стремление к корыстной деятельности».

Желание обусловленной души наслаждаться плодами своего труда пустило столь глубокие корни, что даже великим мудрецам трудно обуздать его, хотя они прилагают к этому титанические усилия. Но преданный Господа, постоянно занятый деятельностью в сознании Кришны и осознавший свою духовную природу, очень быстро обретает освобождение и постигает Всевышнего. В совершенстве овладев наукой самоосознания, он всегда находится в состоянии транса. Понять это можно на следующем примере:

> *дарśана-дхйāна-самспарśаир*
> *матсйа-кӯрма-вихаṅгамāх*
> *свāнй апатйāни пушṇанти*
> *татхāхам апи падма-джа*

«Одним лишь взглядом, мыслью или прикосновением рыба, черепаха и птица взращивают свое потомство. То же самое делаю и Я, о Падмаджа».

Рыба выращивает мальков, просто глядя на них. А черепаха заботится о своем потомстве с помощью мысли. Она откладывает яйца на суше и, вернувшись в водоем, думает о них. Подобно этому, преданный Кришны, даже находясь вдали от Его обители, сможет достичь ее, если будет беспрестанно думать о Господе, действуя в сознании Кришны. Такой преданный перестает ощущать материальные страдания. В этом состоянии, называемом *брахма-нирвана,* человек не испытывает материальных страданий, ибо всегда поглощен мыслями о Всевышнем.

ТЕКСТЫ
27–28

स्पर्शान्कृत्वा बहिर्बाह्यांश्चक्षुश्चैवान्तरे भ्रुवोः ।
प्राणापानौ समौ कृत्वा नासाभ्यन्तरचारिणौ ॥ २७ ॥

यतेन्द्रियमनोबुद्धिर्मुनिर्मोक्षपरायणः ।
विगतेच्छाभयक्रोधो यः सदा मुक्त एव सः ॥ २८ ॥

спарш́а̄н кр̣тва̄ бахир ба̄хйа̄м̇ш́   чакшуш́ чаива̄нтаре бхрувох̣
пра̄н̣а̄па̄нау самау кр̣тва̄   на̄са̄бхйантара-ча̄рин̣ау

йатендрийа-мано-буддхир   мунир мокша-пара̄йан̣ах̣
вигатеччха̄-бхайа-кродхо   йах̣ сада̄ мукта эва сах̣

спарш́а̄н — объекты чувственного восприятия (такие, как звук); *кр̣тва̄* — оставив; *бахих̣* — снаружи; *ба̄хйа̄н* — внешние; *чакшух̣* — зрение; *ча* — также; *эва* — безусловно; *антаре* — между; *бхрувох̣* — бровей; *пра̄н̣а-апа̄нау* — восходящий и нисходящий потоки воздуха; *самау* — уравновешенные; *кр̣тва̄* — зафиксировав; *на̄са-абхйантара* — в ноздрях; *ча̄рин̣ау* — движущиеся; *йата* — обузданы; *индрийа* — чувства; *манах̣* — ум; *буддхих̣* — тот, чей разум; *муних̣* — йог; *мокша* — освобождение; *пара̄йан̣ах̣* — тот, чья цель; *вигата* — устранены; *иччха̄* — желания; *бхайа* — страх; *кродхах̣* — тот, чей гнев; *йах̣* — который; *сада̄* — постоянно; *муктах̣* — освобожденный; *эва* — безусловно; *сах̣* — тот.

Полностью отрешившись от объектов чувственного восприятия, сосредоточив взор на межбровье, уравновесив в ноздрях вдох и выдох и остановив дыхание, *йог,* стремящийся к освобождению, укрощает таким образом свой ум, чувства и разум и избавляется от желаний, страха и гнева. Тот, кто всегда пребывает в таком состоянии, безусловно, освобожденная душа.

КОММЕНТАРИЙ: Развив в себе сознание Кришны, человек сразу осознаёт свою духовную природу и затем в процессе преданного служения постигает Верховного Господа. Достигнув совершенства в преданном служении, он утверждается на духовном уровне и обретает способность ощущать присутствие Господа в любой своей деятельности. Такое состояние называют высшей ступенью освобождения.

Рассказав Арджуне об этой ступени освобождения, Господь говорит, как достичь этого состояния, занимаясь практикой *аштанга-*

йоги, состоящей из восьми ступеней: *ямы, ниямы, асаны, пранаямы, пратьяхары, дхараны, дхьяны* и *самадхи.* Эта практика *йоги* подробно описана в шестой главе «Бхагавад-гиты», здесь же, в конце пятой главы, даны лишь предварительные сведения о ней. На ступени *пратьяхары йог* должен оторвать чувства от объектов восприятия, таких, как звук, осязательное ощущение, форма, вкус и запах, а затем, полузакрыв глаза, сосредоточить взгляд между бровей или устремить его на кончик носа. Глаза не нужно закрывать совсем, потому что так можно легко заснуть. Не имеет смысла и держать их широко открытыми, чтобы не отвлекаться на объекты восприятия. Уравновесив восходящий и нисходящий потоки воздуха в теле, *йог* задерживает дыхание в ноздрях. Тот, кто занимается такой практикой *йоги,* подчиняет себе чувства, отстраняется от объектов восприятия и таким образом подготавливает себя к тому, чтобы обрести освобождение и постичь Высшую Истину.

Эта практика *йоги* помогает человеку избавиться от любых проявлений страха и гнева, подняться на духовный уровень и ощутить присутствие Сверхдуши. Отсюда следует, что самым легким из всех видов *йоги* является метод сознания Кришны. Об этом будет подробно рассказано в следующей главе. Здесь же можно сказать, что человек, обладающий сознанием Кришны и всегда занятый преданным служением Господу, никогда не рискует потерять контроль над своими чувствами и не позволит им найти себе другое занятие. Этот метод позволяет управлять чувствами гораздо лучше, чем метод *аштанга-йоги.*

ТЕКСТ 29 भोक्तारं यज्ञतपसां सर्वलोकमहेश्वरम् ।
सुहृदं सर्वभूतानां ज्ञात्वा मां शान्तिमृच्छति ॥ २९ ॥

*бхокта̄рам̇ йаджн̃а-тапаса̄м̇   сарва-лока-махеш́варам
сухр̣дам̇ сарва-бхӯта̄на̄м̇   джн̃а̄тва̄ ма̄м̇ ш́а̄нтим р̣ччхати*

бхокта̄рам — того, кто наслаждается; *йаджн̃а* — жертвоприношений; *тапаса̄м* — обетов и подвижничества; *сарва-лока* — всех планет и повелевающих ими полубогов; *маха̄-ӣш́варам* — Верховного Повелителя; *су-хр̣дам* — благодетеля; *сарва* — всех; *бхӯта̄на̄м* — живых существ; *джн̃а̄тва̄* — постигнув; *ма̄м* — Меня (Господа Кришну); *ш́а̄нтим* — свободу от материальных страданий; *р̣ччхати* — обретает.

Человек, полностью осознавший, что Я единственный, кто наслаждается всеми жертвоприношениями и плодами подвижничества, что Я верховный владыка всех планет и полубогов, а также друг и благодетель всех существ, избавляется от материальных страданий и обретает полное умиротворение.

КОММЕНТАРИЙ: Обусловленные души, находящиеся в когтях иллюзорной энергии, стремятся найти покой в материальном мире. Но они не знают формулы мира, которая изложена в этом стихе «Бхагавад-гиты». Эта формула очень проста: плодами всех наших действий наслаждается Господь Кришна. Все, что у нас есть, необходимо использовать в трансцендентном служении Господу, ибо Он владыка всех планет и повелитель царствующих на них полубогов. Нет никого более великого, чем Господь. Он более велик, чем самые великие полубоги: Господь Шива и Господь Брахма. Это подтверждается в Ведах: *там ийиварāн̣āм парамам махейиварам* (Шветашватара-упанишад, 6.7). Введенные в заблуждение живые существа пытаются утвердить свое господство над миром, хотя сами находятся во власти материальной энергии Господа. Господь — повелитель материальной природы, а обусловленные души находятся во власти ее суровых законов. Пока люди не поймут этих простых истин, они не будут знать покоя — ни каждый в отдельности, ни все вместе. В этом суть сознания Кришны: Господь Кришна — это верховный властелин, а все живые существа, в том числе и великие полубоги, — Его подданные. Истинное умиротворение обретают только те, кто в полной мере обладает сознанием Кришны.

В пятой главе рассказывалось о методе сознания Кришны, который известен под названием *карма-йога*. В ней дается ответ на философский вопрос о том, как *карма-йога* может привести человека к освобождению. Действовать в сознании Кришны — значит действовать, полностью сознавая свою подвластность Господу. Такая деятельность эквивалентна духовному знанию. *Бхакти-йога —* это сознание Кришны как таковое, а *гьяна-йога —* путь, ведущий к *бхакти-йоге*. Обладать сознанием Кришны — значит действовать, ни на минуту не забывая о своих отношениях с Верховным Абсолютом, и высшей ступенью сознания Кришны является постижение Кришны, Верховной Личности Бога. Чистая душа, бесконечно малая частица Бога, является Его вечным слугой. Желая господствовать над *майей*, живое существо попадает в ее иллюзорное царство и тем самым обрекает себя на бесчисленные страдания. Пока живое существо находится в материальном мире, оно вынуждено действовать, чтобы удовлетворять потребности своего материального тела. Однако метод сознания Кришны приводит человека к духовной жизни, даже если тот находится во власти материальной энергии, ибо с помощью этого метода он может пробудить в себе духовное сознание. Чем дальше продвигается человек по этому пути, тем меньше он зависит от материальной природы. Господь беспристрастен. Наше духовное развитие зависит от того, насколько хорошо каждый из нас выполняет свои обязанности в сознании Кришны. Деятельность в сознании Кришны помогает нам обуздать чувства и победить в себе желания и гнев. Тот, кто утвердился в сознании Кришны, кто укротил свои чувства, желания и гнев, уже находится на трансцендентном уровне, уровне *брахма-нирваны*. Действуя в сознании Кришны, человек естественным образом достигает высшей цели восьмиступенчатой мистической *йоги*. Существует постепенный метод духовной практики, ступенями которого являются *яма, нияма, асана, пранаяма, пратьяхара, дхарана, дхьяна* и *самадхи*. Но все они лишь подступы к совершенству, достижимому с помощью преданного служения, ибо только преданное служение приносит человеку истинный мир и покой. Преданное служение — это высшая ступень совершенства.

Так заканчивается комментарий Бхактиведанты к пятой главе «Шримад Бхагавад-гиты», которая называется «Карма-йога — деятельность в сознании Кришны».

ГЛАВА ШЕСТАЯ

Дхьяна-йога

ТЕКСТ 1

श्रीभगवानुवाच
अनाश्रितः कर्मफलं कार्यं कर्म करोति यः ।
स सन्न्यासी च योगी च न निरग्निर्न चाक्रियः ॥ १ ॥

ш́рӣ-бхагава̄н ува̄ча
ана̄ш́ритах̣ карма-пхалам̇ ка̄рйам̇ карма кароти йах̣
са саннйа̄сӣ ча йогӣ ча на нирагнир на ча̄крийах̣

ш́рӣ-бхагава̄н ува̄ча — Господь сказал; *ана̄ш́ритах̣* — тот, кто не ищет прибежища; *карма-пхалам* — в плодах своего труда; *ка̄рйам* — тот, который следует делать; *карма* — труд; *кароти* — выполняет; *йах̣* — который; *сах̣* — он; *саннйа̄сӣ* — отрекшийся от мира; *ча* — также; *йогӣ* — йог; *ча* — также; *на* — не; *них̣* — без; *агних̣* — огня; *на* — ни; *ча* — также; *акрийах̣* — не исполняющий свой долг.

Верховный Господь сказал: Тот, кто не привязан к плодам своего труда, но действует, верный своему долгу, воистину отрекся от мира. Именно он — настоящий *йог*, а не тот, кто не зажигает огня и не выполняет своих обязанностей.

КОММЕНТАРИЙ: В этой главе Господь описывает практику восьмиступенчатой *йоги*, позволяющую обуздать ум и чувства. Однако обыкновенным людям, особенно в век Кали, очень трудно заниматься этим видом *йоги*. Рекомендуя в этой главе систему восьмиступенчатой йоги, Господь тем не менее подчеркивает, что метод *карма-йоги*, деятельности в сознании Кришны, гораздо лучше. Каждый в этом мире трудится, чтобы содержать свою семью: никто не работает бескорыстно, не стремясь прямо или косвенно удовлетворить потребности своих чувств. Но человек, достигший совершенства, действует в сознании Кришны, ради Кришны, а не ради того, чтобы насладиться плодами своего труда. Действовать в сознании Кришны — долг каждого живого существа, так как по своей природе все мы — неотъемлемые частицы Всевышнего. Части тела работают на благо всего тела. Различные органы действуют не ради удовлетворения самих себя, а для того, чтобы удовлетворить потребности всего организма. Точно так же человек, который трудится не ради себя, а ради удовлетворения Высшего Целого, — это совершенный *санньяси*, или совершенный *йог*.

Некоторые *санньяси* ошибочно считают себя свободными от всех обязанностей, связанных с жизнью в материальном мире, и прекращают совершать *агнихотра-ягьи* (огненные жертвоприношения). Но на самом деле ими движут корыстные интересы, поскольку они стремятся к слиянию с безличным Брахманом. Подобное желание лучше любого материального желания, но и оно не лишено корысти. Точно так же *йог*-мистик, который прекратил всякую материальную деятельность и медитирует, полузакрыв глаза, занимается этим ради собственного удовлетворения. Однако человек, действующий в сознании Кришны, трудится ради удовлетворения Высшего Целого, не преследуя личных интересов. Тот, кто обладает сознанием Кришны, не стремится к удовлетворению потребностей собственных чувств. Его цель — доставить удовольствие Кришне, поэтому его называют совершенным *санньяси*, или совершенным *йогом*. Господь Чайтанья, явивший совершенный пример отречения от мира, в Своих молитвах говорит:

> *на дханам̇ на джанам̇ на сундарӣм̇*
> *кавитāм̇ вā джагад-ӣша кāмайе*
> *мама джанмани джанманӣшваре*
> *бхаватāд бхактир ахаитукӣ твайи*

«О Всемогущий Господь, мне не нужно ни богатств, ни прекрасных женщин, ни последователей. Единственное, чего я хочу, — это по Твоей беспричинной милости жизнь за жизнью служить Тебе».

ТЕКСТ 2   यं सन्न्यासमिति प्राहुर्योगं तं विद्धि पाण्डव ।
              न ह्यसन्न्यस्तसङ्कल्पो योगी भवति कश्चन ॥ २ ॥

> *йам̇ саннйāсам ити прāхур   йогам̇ там̇ виддхи пāн̣д̣ава*
> *на хй асаннйаста-сан̇калпо   йогӣ бхавати каш́чана*

йам — которое; *саннйāсам* — отречение; *ити* — так; *прāхух̣* — называют; *йогам* — воссоединение со Всевышним; *там* — то; *виддхи* — знай; *пāн̣д̣ава* — о сын Панду; *на* — не; *хи* — безусловно; *асаннйāста* — не освобожден; *сан̇калпах̣* — от стремления к удовлетворению собственных чувств; *йогӣ* — йог-мистик; *бхавати* — становится; *каш́чана* — любой.

Знай же, о сын Панду: то, что называют отречением от мира, по сути дела, и есть *йога*, или воссоединение со Всевышним, ибо *йогом* можно стать, только избавившись от стремления к чувственным удовольствиям.

КОММЕНТАРИЙ: Практика истинной *санньяса-йоги*, или *бхакти-йоги*, подразумевает, что человек должен знать изначальное положение живого существа и действовать в соответствии с этим положением. Живое существо по своей природе не является полностью независимым. Оно принадлежит к пограничной энергии Верховного Господа. Попав в сети материальной энергии, оно становится обусловленным, а обретя сознание Кришны, то есть поняв принцип действия духовной энергии, возвращается в свое истинное, изначальное положение. Поэтому тот, кто обрел совершенное знание, перестает стремиться к чувственным удовольствиям и прекращает всякую материальную деятельность. *Йоги* пытаются достичь этой цели, не позволяя своим чувствам соприкасаться с материальными объектами. Однако у человека, обладающего сознанием Кришны, просто нет возможности занять свои чувства деятельностью, не связанной со служением Кришне. Поэтому он одновременно является *санньяси* и *йогом*. Тот, кто действует в сознании Кришны, естественным образом достигает цели, к которой стремятся *гьяни* и *йоги*, — обретает знание и подчиняет себе чувства. Если человек не способен отказаться от своих корыстных устремлений, какой тогда смысл в его занятиях *гьяна-йогой* или мистической *йогой?* Истинная цель, к которой должен стремиться каждый, — перестать действовать ради собственного удовлетворения и развить желание удовлетворять Всевышнего. Человек, обладающий сознанием Кришны, не ищет чувственных удовольствий, но всегда стремится доставить удовольствие Верховному Господу. С другой стороны, тот, кто лишен знания о Всевышнем, вынужден действовать ради собственного удовлетворения, поскольку живое существо не может оставаться в бездействии. Действуя в сознании Кришны, человек достигает всех целей.

ТЕКСТ 3 आरुरुक्षोर्मुनेर्योगं कर्म कारणमुच्यते ।
योगारूढस्य तस्यैव शमः कारणमुच्यते ॥ ३ ॥

арурукшор мунер йогам карма кāраṇам учйате
йогāрӯḍхасйа тасйаива иамах кāраṇам учйате

арурукшох — тот, кто только начал заниматься *йогой; мунех* — мудреца; *йогам* — восьмиступенчатая *йога; карма* — деятельность; *кāраṇам* — средство; *учйате* — называется; *йога* — восьмиступенчатой *йоги; āрӯḍхасйа* — того, кто достиг; *тасйа* — его; *эва* — безусловно; *иамах* — прекращение всякой материальной деятельности; *кāраṇам* — средство; *учйате* — называется.

Говорится, что для того, кто только начал заниматься восьмиступенчатой *йогой*, средством достижения цели служит деятельность, а для того, кто достиг совершенства, средством становится полное прекращение материальной деятельности.

КОММЕНТАРИЙ: Процесс воссоединения живого существа со Всевышним называется *йогой*. Его можно сравнить с лестницей, ведущей к вершине духовного самопознания. На низшей ступени этой лестницы стоит тот, кто находится в обусловленном состоянии, а поднявшись на высшую ступень, живое существо очищается от материальной скверны и осознаёт свою духовную природу. Ступени этой лестницы, соответствующие разным уровням духовного развития, носят разные названия. Но лестницу в целом называют *йогой*, разделяя ее на три части: *гьяна-йогу, дхьяна-йогу* и *бхакти-йогу*. Того, кто стоит на низшей ступени этой лестницы, называют *йогарукшу*, а на высшей — *йогарудха*.

Приступив к практике восьмиступенчатой *йоги, йог* должен следовать определенным правилам, которые упорядочивают жизнь, и выполнять различные *асаны* (физические упражнения), что поможет ему войти в состояние медитации. Эти занятия относятся к категории материальной деятельности. Они помогают привести в равновесие ум и обуздать чувства. А когда *йог* достигает совершенства в медитации, он прекращает всякую материальную деятельность.

Но что касается человека, обладающего сознанием Кришны, то он уже погружен в медитацию, так как всегда думает о Кришне. И поскольку он непрестанно служит Кришне, считается, что он полностью прекратил материальную деятельность.

ТЕКСТ 4   यदा हि नेन्द्रियार्थेषु न कर्मस्वनुषज्जते ।
सर्वसङ्कल्पसन्न्यासी योगारूढस्तदोच्यते ॥ ४ ॥

йадā хи нендрийāртхешу на кармасв анушаджджате
сарва-саṅкалпа-саннйāси йогāрӯḍхас тадочйате

йада — когда; *хи* — безусловно; *на* — не; *индрийа-артхешу* — в чувственных удовольствиях; *на* — не; *кармасу* — в кармической деятельности; *анушаджджате* — занимается вынужденно; *сарва-санкалпа* — от всех материальных желаний; *саннйаси* — отрекший-ся; *йога-арудхах* — достигший совершенства *йоги; тада* — тогда; *учйате* — называется.

Говорят также, что *йог* достигает совершенства, когда, полностью избавившись от материальных желаний, перестает искать чувственных удовольствий и заниматься материальной деятельностью.

КОММЕНТАРИЙ: Когда человек всего себя отдает трансцендентному любовному служению Господу, он обретает внутреннее удовлетворение и потому перестает искать чувственных удовольствий и заниматься кармической деятельностью. Но тому, кто не служит Господу, приходится удовлетворять прихоти собственных чувств, потому что живое существо не может находится в бездействии. Человек, лишенный сознания Кришны, всегда действует в собственных интересах или в интересах своих родных и близких. Однако тот, кто обладает сознанием Кришны, каждым своим действием старается доставить удовольствие Кришне и потому никогда не станет действовать ради удовлетворения собственных желаний. *Йог,* не знакомый с практикой сознания Кришны, вынужден механически подавлять в себе материальные желания, прежде чем достигнет высшей ступени йогической лестницы.

ТЕКСТ 5 उद्धरेदात्मनात्मानं नात्मानमवसादयेत् ।
आत्मैव ह्यात्मनो बन्धुरात्मैव रिपुरात्मनः ॥ ५ ॥

*уддхаред атманатманам натманам авасадайет
атмаива хи атмано бандхур атмаива рипур атманах*

уддхарет — пусть освободит; *атмана* — умом; *атманам* — обусловленную душу; *на* — не; *атманам* — обусловленную душу; *ава-садайет* — вынуждает деградировать; *атма* — ум; *эва* — ведь; *хи* — поистине; *атманах* — обусловленной души; *бандхух* — друг; *ат-ма* — ум; *эва* — безусловно; *рипух* — враг; *атманах* — обусловленной души.

С помощью ума человек должен освободиться из материального плена, а не деградировать, опускаясь в низшие формы жизни. Ум может быть и другом обусловленной души, и ее врагом.

КОММЕНТАРИЙ: В разных контекстах слово *атма* может переводиться по-разному: «тело», «ум» или «душа». В системе *йоги* особенно важными элементами являются ум и обусловленная душа. Поскольку центром деятельности в практике *йоги* является ум, слово *āтма* в этом стихе означает «ум». Цель *йоги* — обуздать ум и освободить его от привязанности к объектам чувств. Здесь особо подчеркивается, что ум необходимо приучить действовать так, чтобы он смог вытащить обусловленную душу из трясины неведения. В материальном мире живое существо находится во власти собственного ума и чувств. По сути дела, чистая душа остается в этом мире только потому, что ее ум находится под влиянием ложного эго, которое стремится господствовать над материальной природой. Поэтому ум необходимо научить противостоять соблазнам материальной природы — тогда обусловленная душа будет спасена. Живое существо не должно деградировать из-за привязанности к объектам чувств. Чем сильнее оно привязано к ним, тем больше запутывается в сетях материальной жизни. Самый лучший способ освободиться от материальных привязанностей — заставлять ум всегда действовать в сознании Кришны. Чтобы подчеркнуть это, Кришна употребляет слово *хи:* человек обязательно должен сделать это. В Ведах сказано:

> *мана эва манушйāнāм*
> *кāранам бандха-мокшайох*
> *бандхāйа вишайāсанго*
> *муктйаи нирвишайам манах*

«Ум может стать причиной рабства, а может и привести к освобождению. Поглощенный мыслями об объектах чувств, ум превращает человека в раба, а отрешенный от этих объектов, освобождает его» (Амрита-бинду-упанишад, 2). Таким образом, ум, всегда занятый деятельностью в сознании Кришны, поможет человеку достичь высшей ступени освобождения.

ТЕКСТ 6   बन्धुरात्मात्मनस्तस्य येनात्मैवात्मना जितः ।
अनात्मनस्तु शत्रुत्वे वर्तेतात्मैव शत्रुवत् ॥ ६ ॥

бандхур āтмāтманас тасйа   йенāтмаивāтманā джитах
анāтманас ту шатрутве   вартетāтмаива шатру-ват

бандхух — друг; *āтмā* — ум; *āтманах* — живого существа; *тасйа* — его; *йена* — которым; *āтмā* — ум; *эва* — безусловно; *āтманā* — живым существом; *джитах* — обузданный; *анāтманах* — для того, кому не удалось обуздать свой ум; *ту* — но; *шатрутве* — из-за враждебности; *вартета* — останется; *āтмā эва* — тот же самый ум; *шатру-ват* — подобно врагу.

Для того, кто обуздал ум, он становится лучшим другом, а для того, кому это не удалось, ум остается злейшим врагом.

КОММЕНТАРИЙ: Цель практики восьмиступенчатой системы *йоги* — обуздать ум и сделать его своим другом, который поможет исполнить предназначение человеческой жизни. До тех пор пока человек не обуздает ум, все его занятия *йогой* будут лишь пустой тратой времени. Тот, кто не может совладать с умом, живет бок о бок со своим злейшим врагом и потому впустую проживает жизнь, так и не достигнув ее цели. Каждое живое существо по своей природе призвано исполнять указания свыше. Пока ум остается непокоренным врагом, мы вынуждены подчиняться диктату вожделения, гнева, алчности, иллюзии и т. д. Когда же нам удается обуздать его, он добровольно соглашается исполнять указания Верховного Господа, находящегося в сердце каждого в образе Параматмы. Истинная *йога* дает человеку возможность ощутить присутствие Параматмы в своем сердце и начать действовать, повинуясь воле Господа. Для того, кто встал на путь сознания Кришны, совершенно естественно выполнять все указания Господа.

ТЕКСТ 7   जितात्मनः प्रशान्तस्य परमात्मा समाहितः ।
शीतोष्णसुखदुःखेषु तथा मानापमानयोः ॥ ७ ॥

*джитāтманах прашāнтасйа   парамāтмā самāхитах
ш́ӣтошна-сукха-дух̣кхешу   татхā мāнāпамāнайох*

джита-āтманах — того, чей ум побежден; *прашāнтасйа* — того, кто, обуздав ум, обрел умиротворение; *парама-āтмā* — Сверхдуша; *самāхитах* — достигнута; *ш́ӣта* — в холод; *ушна* — жару; *сукха* — в счастье; *дух̣кхешу* — и в горе; *татхā* — также; *мāна* — в почете; *апамāнайох* — и бесчестье.

Тот, кто обуздал ум, уже осознал Сверхдушу, ибо обрел умиротворение. Для такого человека не существует разницы между счастьем и горем, жарой и холодом, почетом и бесчестьем.

КОММЕНТАРИЙ: Предназначение живого существа — следовать указаниям Верховного Господа, который пребывает в сердце каждого в образе Параматмы. Когда ум живого существа оскверняется внешней, иллюзорной энергией, оно запутывается в сетях материальной деятельности. Поэтому, если человек с помощью одного из методов *йоги* подчинил себе ум, следует считать, что он уже достиг поставленной цели. Когда ум живого существа сосредоточен на высшей природе, ему не остается ничего другого, как исполнять волю Всевышнего. Ум всегда должен подчиняться указаниям свыше. Тот, кто обуздал ум, естественным образом следует указаниям Параматмы, или Сверхдуши. И поскольку, развив в себе сознание Кришны, преданный Господа сразу достигает духовного уровня, он поднимается над противоположностями материального бытия: счастьем и горем, жарой и холодом и т. д. Так он входит в состояние *самадхи,* то есть полностью погружается в мысли о Всевышнем.

ТЕКСТ 8   ज्ञानविज्ञानतृप्तात्मा कूटस्थो विजितेन्द्रियः ।
                युक्त इत्युच्यते योगी समलोष्ट्राश्मकाञ्चनः ॥ ८ ॥

*джнана-виджнана-трптатма   кута-стхо виджитендрийах
йукта ити учйате йоги   сама-лоштрайма-канчанах*

джнана — благодаря знанию; *виджнана* — а также духовному опыту; *трпта* — удовлетворенное; *атма* — живое существо; *кута-стхах* — достигшее вершины (самоосознания); *виджита-индрийах* — тот, чьи чувства обузданы; *йуктах* — готовое осознать свое истинное «я»; *ити* — таким образом; *учйате* — говорится; *йоги* — йог-мистик; *сама* — одинаково (относящийся); *лоштра* — к гальке; *айма* — к камню; *канчанах* — к золоту.

Человека, который овладел истинным знанием и, применяя его на практике, обрел полное удовлетворение, считают осознавшим свое «я» и называют *йогом,* **или мистиком. Такой человек находится на духовном уровне и всегда остается невозмутимым. Он не видит различия между булыжником, галькой и золотом.**

КОММЕНТАРИЙ: Знание, почерпнутое из книг, но не подкрепленное осознанием Высшей Истины, бесполезно. В «Бхакти-расамрита-синдху» (1.2.234) сказано:

*атах шрй-кршна-намади
    на бхавед грахйам индрийаих
севонмукхе хи джихвадау
    свайам эва спхуратй адах*

«Тому, чьи чувства осквернены материей, не удастся постичь трансцендентное имя, облик, качества и игры Шри Кришны. Они откроются человеку лишь тогда, когда он одухотворит свои чувства, преданно служа Господу».

Науку сознания Кришны, изложенную в «Бхагавад-гите», невозможно постичь, опираясь на мирское образование. Она откроется только тому, кому посчастливится встретить человека, обладающего чистым сознанием, и вступить в общение с ним. Человек, развивший в себе сознание Кришны, обладает практическим пониманием духовной науки, ибо находит удовлетворение в чистом преданном служении Господу. Применяя духовное знание на практике, человек достигает совершенства. Это знание укрепляет его веру, того же, кто обладает лишь теоретическим знанием, легко ввести в заблуждение или смутить кажущимися противоречиями. Только человек, способный применить духовное знание на практике, может всегда оставаться невозмутимым, так как он предался Кришне. Безучастный к мирскому знанию, он уже не принадлежит к этому миру. Мирское знание и умозрительные рассуждения, которые кто-то ценит на вес золота, для него не дороже булыжника или гальки.

ТЕКСТ 9   सुहृन्मित्रार्युदासीनमध्यस्थद्वेष्यबन्धुषु ।
साधुष्वपि च पापेषु समबुद्धिर्विशिष्यते ॥ ९ ॥

сухрн-митрарй-удасина-мадхйастха-двешйа-бандхушу
садхушв апи ча папешу   сама-буддхир вишишйате

су-хрт — к тем, кто по природе своей желает другим добра; *митра* — к отзывчивым благодетелям; *ари* — к врагам; *удасина* — к сторонним наблюдателям; *мадхйа-стха* — к посредникам; *двешйа* — к завистникам; *бандхушу* — к родственникам или доброжелателям; *садхушу* — к праведникам; *апи* — даже; *ча* — и; *папешу* — к грешникам; *сама-буддхих* — тот, кто ко всем относится одинаково; *вишишйате* — превосходит.

Его превосходит тот, кто одинаково относится ко всем, будь то искренние доброжелатели, отзывчивые благодетели, сторонние наблюдатели, посредники между ним и его врагами, завистливые, друзья или враги, праведники или грешники.

ТЕКСТ 10   योगी युञ्जीत सततमात्मानं रहसि स्थितः ।
एकाकी यतचित्तात्मा निराशीरपरिग्रहः ॥ १० ॥

йоги йунджита сататам   атманам рахаси стхитах
экаки йата-читтатма   нирашир апариграхах

йоги — йог; *йунджита* — пусть действует в сознании Кришны; *сататам* — постоянно; *атманам* — сам (своим телом, умом и душой); *рахаси* — в уединенном месте; *стхитах* — находящийся; *экаки* — одинокий; *йата-читта-атма* — тот, у кого ум под контролем; *нираших* — не испытывающий влечения к чему-либо другому; *апариграхах* — освободившийся от собственнических чувств.

Тело, ум и душа *йога* **должны быть всегда заняты деятельностью, связанной со Всевышним. Ему следует жить одному, в уединенном месте, постоянно держать ум в повиновении и быть свободным от желаний и собственнических чувств.**

КОММЕНТАРИЙ: На разных уровнях постижения Кришны Он открывается как Брахман, как Параматма и как Верховная Лич-

ность. По существу, обладать сознанием Кришны — значит постоянно и с любовью служить Господу. Имперсоналисты, стремящиеся
постичь безличный Брахман, и *йоги*-мистики, целью которых является Параматма, в какой-то степени тоже обладают сознанием Кришны, так как безличный Брахман — это духовное сияние
Кришны, а Сверхдуша — Его всепроникающая частичная экспансия. Но тот, кто непосредственно служит Кришне, считается лучшим из *йогов*, поскольку знает в совершенстве, что́ представляют
собой Брахман и Параматма. Его понимание Абсолютной Истины является полным, тогда как имперсоналисты и *йоги*-мистики
обладают сознанием Кришны лишь частично.

Тем не менее Кришна призывает здесь каждого из *йогов* неуклонно стремиться к избранной цели — тогда рано или поздно они достигнут высшей ступени совершенства. Самое главное для *йога* —
постоянно держать свой ум сосредоточенным на Кришне. Он должен всегда помнить Кришну и не забывать Его даже на мгновение.
Тот, кто сосредоточил ум на Всевышнем, находится в состоянии
самадхи, или транса. Чтобы сосредоточить ум на Всевышнем, надо
всегда жить в уединенном месте, избегая беспокойств, возникающих от соприкосновения с материальными объектами. *Йог* должен
принимать только то, что благоприятно для его духовного развития, и отвергать все, что может ему помешать. Он также должен
решительно избавиться от желания обладать излишними материальными вещами, которые лишь обременяют его, поощряя в нем
собственнические чувства.

Тот, кто непосредственно занимается практикой сознания Кришны, выполняет все эти требования наилучшим образом, потому что
преданное служение Кришне подразумевает самоотречение, практически не оставляющее места для мирских, собственнических притязаний. Шрила Рупа Госвами описывает практику сознания Кришны следующим образом:

> *анāсактасйа вишайāн
> йатхāрхам упайуñджатах
> нирбандхах кршна-самбандхе
> йуктам ваирāгйам учйате*

> *прāпаñчикатайā буддхйā
> хари-самбандхи-вастунах
> мумукшубхих паритйāго
> ваирāгйам пхалгу катхйате*

«Тот, кто ни к чему не привязан и в то же время использует
все для служения Кришне, воистину свободен от собственнических
чувств. С другой стороны, если человек отрекается от всего, не

зная, что все связано с Кришной, его отречение нельзя считать полным» (Бхакти-расамрита-синдху, 1.2.255–256).

Человек, обладающий сознанием Кришны, прекрасно знает, что все принадлежит Кришне, и не считает себя владельцем чего бы то ни было. Поэтому он ничего не желает для себя самого. Он принимает только то, что благоприятно для практики сознания Кришны, и отвергает все неблагоприятное. Постоянно погруженный в духовное бытие, он отрешен от всего материального и всегда пребывает в одиночестве, не желая общаться с теми, кто не обладает сознанием Кришны. Вот почему человека, развившего в себе сознание Кришны, называют совершенным *йогом*.

ТЕКСТЫ
11–12

शुचौ देशे प्रतिष्ठाप्य स्थिरमासनमात्मनः ।
नात्युच्छ्रितं नातिनीचं चैलाजिनकुशोत्तरम् ॥ ११ ॥
तत्रैकाग्रं मनः कृत्वा यतचित्तेन्द्रियक्रियः ।
उपविश्यासने युञ्ज्याद्योगमात्मविशुद्धये ॥ १२ ॥

шучау деше пратишṭхāпйа   стхирам āсанам āтmanах
нāтй-уччхритам нāти-ничам   чаилāджина-куйоттарам

татраикāграм манах кṛтвā   йата-читтендрийа-крийах
упавиййāсане йунджйāд   йогам āтма-вийуддхайе

шучау — в чистом; *деше* — месте; *пратишṭхāпйа* — установив; *стхирам* — жесткое; *āсанам* — сиденье; *āтманах* — свое; *на* — не; *ати* — слишком; *уччхритам* — высокое; *на* — не; *ати* — слишком; *ничам* — низкое; *чаила-аджина* — мягкой тканью и оленьей шкурой; *куйа* — и травой куйа; *уттарам* — покрытое; *татра* — там; *эка-аграм* — сосредоточенный; *манах* — ум; *кṛтвā* — сделав; *йата-читта* — контролируемый ум; *индрийа* — чувства; *крийах* — тот, чья деятельность; *упавиййа* — усевшись; *āсане* — на сиденье; *йунджйāт* — пусть занимается; *йогам* — йогой; *āтма* — сердца; *вийуддхайе* — для очищения.

Для занятий *йогой* надо найти чистое уединенное место, постелить на землю циновку из травы *куша*, покрыв ее оленьей шкурой и мягкой тканью. Сиденье не должно быть слишком высоким или, наоборот, слишком низким. Усевшись как следует, можно приступить к практике *йоги*. Обуздав ум и чувства, контролируя деятельность тела и сосредоточив мысленный взор в одной точке, *йог* должен очистить сердце от материальной скверны.

КОММЕНТАРИЙ: Под чистым местом здесь подразумевается место паломничества. В Индии *йоги*, или преданные, уходят из дома

и поселяются в святых местах, таких как Праяг, Матхура, Вриндаван, Хришикеш и Хардвар. Там, на берегах священных рек Ганги
или Ямуны, они в уединении занимаются *йогой*. Однако часто это
оказывается невозможным, особенно для тех, кто живет за пределами Индии. Так называемые общества *йоги*, созданные в больших городах, могут приносить доходы их основателям, но не дают
людям возможности по-настоящему заниматься *йогой*. Тот, кто не
способен управлять своими чувствами и умом, не может заниматься медитацией. Поэтому в «Брихан-Нарадия-пуране» сказано,
что в нынешний век, Кали-югу, когда люди живут мало, медленно
продвигаются по пути духовного развития и постоянно испытывают множество беспокойств, самым лучшим методом духовного
совершенствования является повторение святого имени Господа:

> *харер нāма харер нāма*
> *харер нāмаива кевалам*
> *калау нāсти эва нāсти эва*
> *нāсти эва гатир анйатхā*

«В нынешний век вражды и лицемерия единственный путь к освобождению — это повторение святого имени Бога. Нет другого пути, нет другого пути, нет другого пути».

ТЕКСТЫ समं कायशिरोग्रीवं धारयन्नचलं स्थिरः ।
13–14 सम्प्रेक्ष्य नासिकाग्रं स्वं दिशश्चानवलोकयन् ॥ १३ ॥
  प्रशान्तात्मा विगतभीर्ब्रह्मचारिव्रते स्थितः ।
  मनः संयम्य मच्चित्तो युक्त आसीत मत्परः ॥ १४ ॥

самам̇ кāйа-ш́иро-грӣвам̇ дхāрайанн ачалам̇ стхирах̣
сампрекшйа нāсикāграм̇ свам̇ диш́аш́ чāнавалокайан

праш́āнтāтмā вигата-бхӣр брахмачāри-врате стхитах̣
манах̣ самйамйа мач-читто йукта āсӣта мат-парах̣

самам — прямо; *кāйа* — корпус; *ш́ирах̣* — голову; *грӣвам* — и шею;
дхāрайан — держащий; *ачалам* — неподвижно; *стхирах̣* — устойчивый; *сампрекшйа* — устремив взгляд; *нāсикā* — носа; *аграм* — на
кончик; *свам* — свой; *диш́ах̣* — по сторонам; *ча* — также; *анава-
локайан* — не глядящий; *праш́āнта* — спокойный; *āтмā* — тот, чей
ум; *вигата-бхӣх̣* — лишенный страха; *брахмачāри-врате* — в обе-
те безбрачия; *стхитах̣* — пребывающий; *манах̣* — ум; *самйамйа* —
обуздав; *мат* — (сосредоточен) на Мне (Кришне); *читтах̣* — тот,
чей ум; *йуктах̣* — истинный *йог*; *āсӣта* — пусть сидит; *мат* —
Я; *парах̣* — тот, чья высшая цель.

Держа корпус, шею и голову на одной линии, *йог* **должен сосредоточить взгляд на кончике носа. Успокоив и обуздав ум, избавившись от страха и полностью отказавшись от половой жизни, он должен устремить мысленный взор на Мой образ в сердце и сделать Меня своей высшей целью.**

КОММЕНТАРИЙ: Цель жизни заключается в том, чтобы постичь Кришну, который пребывает в сердце каждого существа в образе Параматмы, четырехрукого Вишну. *Йогой* занимаются именно для того, чтобы обнаружить и созерцать в своем сердце этот образ Господа Вишну, а не ради какой-либо другой цели. *Вишну-мурти,* пребывающая в сердце каждого, — это полная экспансия Кришны. Тот, кто, занимаясь *йогой,* не стремится к постижению *вишну-мурти,* лишь зря теряет время и обманывает сам себя. Высшей целью жизни является Кришна, а цель *йоги* — постичь *вишну-мурти* в своем сердце. Для этого необходимо полностью отказаться от половой жизни, поэтому *йог* должен уйти из дома и жить в уединенном месте, занимаясь *йогой,* как описано выше. *Йогом* невозможно стать, ежедневно предаваясь плотским утехам дома или в каком-нибудь другом месте и посещая занятия в так называемом обществе *йоги. Йог* должен учиться управлять умом и воздерживаться от всех чувственных наслаждений, главным из которых является сексуальное. В правилах для тех, кто живет в безбрачии, составленных великим мудрецом Ягьявалкьей, говорится:

> *карманā манасā вāчā*
> *сарвāвастхāсу сарвадā*
> *сарватра маитхуна-тйāго*
> *брахмачарйам прачакшате*

«Цель обета *брахмачарьи* — помочь человеку полностью отказаться от половой жизни на уровне действий, речи и ума и оставаться верным этому принципу всегда, всюду, при любых обстоятельствах». Половая жизнь и истинная *йога* несовместимы. Поэтому *брахмачарье* учат с самого детства, когда ребенок еще не знает, что такое половая жизнь. Мальчиков, достигших пятилетнего возраста, посылают в *гуру-кулу,* школу духовного наставника, который воспитывает их в строгой дисциплине, готовя из них *брахмачари.* Без такой подготовки человек не сможет достичь успеха ни в одном из видов йоги, будь то *дхьяна-, гьяна-* или *бхакти-йога.* Однако необходимо отметить, что семейного человека, который следует предписаниям, регулирующим семейную жизнь, и вступает в половые отношения только со своей женой (придерживаясь при этом определенных ограничений), тоже называют *брахмачари.* Такому *грихастхе-брахмачари* разрешается заниматься *бхакти-йогой,* тогда как система *гьяна-* или *дхьяна-йоги* не допускает к занятиям *йогой* даже *грихастх-брахмачари*, требуя полного и безоговорочного воздержания от половой жизни. Метод *бхакти-йоги* позволяет *грихастхе-брахмачари* вести ограниченную половую жизнь, поскольку *бхакти-йога* обладает таким могуществом, что, практикуя ее, человек естественным образом избавляется от полового влечения: он занимается деятельностью более высокого порядка — служением Господу. В «Бхагавад-гите» (2.59) говорится:

вишайа винивартанте
нирāхāрасйа дехинах
раса-варджам расо 'пй асйа
парам дриштвā нивартате

В то время как другие *йоги* вынуждены силой заставлять себя воздерживаться от чувственных удовольствий, преданный Господа естественным образом отказывается от них, потому что он развил в себе вкус к высшему. Этот вкус неведом никому, кроме преданных.

Слово *вигата-бхих* означает, что избавиться от страха может лишь тот, кто в полной мере обладает сознанием Кришны. Обусловленная душа живет в постоянном страхе, из-за того что забыла свои вечные отношения с Кришной. В «Бхагаватам» (11.2.37) сказано: *бхайам двитӣйāбхинивешатах сйāд ӣшāд апетасйа випарйайо 'смритих*. Обрести бесстрашие можно, только развив в себе сознание Кришны. Поэтому только человек, обладающий сознанием Кришны, может достичь совершенства в *йоге*. И поскольку конечная цель *йоги* заключается в том, чтобы лицезреть Господа, пребывающего в сердце, человек, который развил в себе сознание Кришны, является лучшим из всех *йогов*. Метод *йоги,* описанный в этом стихе, существенно отличается от того, который популяризуют сейчас общества так называемой *йоги.*

ТЕКСТ 15   युञ्जन्नेवं सदात्मानं योगी नियतमानसः ।
              शान्तिं निर्वाणपरमां मत्संस्थामधिगच्छति ॥ १५ ॥

йунджанн эвам садāтмāнам   йогӣ нийата-мāнасах
шāнтим нирвāна-парамāм   мат-самстхāм адхигаччхати

йунджан — занимающий; *эвам* — так (как описано выше); *садā* — постоянно; *āтмāнам* — тело, ум и душу; *йогӣ* — йог-мистик; *нийа-та-мāнасах* — тот, чей ум обуздан; *шāнтим* — состояние покоя; *нирвāна-парамāм* — прекращение материального существования; *мат-самстхāм* — духовное небо (царство Бога); *адхигаччхати* — обретает.

Держа под постоянным контролем деятельность своего тела и ума, *йог*-мистик окончательно подчиняет ум своей власти и, прекратив материальное существование, достигает царства Бога.

КОММЕНТАРИЙ: В этом стихе ясно сформулирована конечная цель практики *йоги*. *Йогой* занимаются не для того, чтобы получить какие-либо материальные блага, а для того, чтобы раз и навсегда покончить с материальным существованием. Согласно «Бхагавад-гите», тот, кто практикует *йогу*, чтобы поправить здоровье или обрести те или иные материальные совершенства, не является *йогом*. Кроме того, прекратить материальное существование вовсе не означает раствориться в некой мифической пустоте. В творении Бога нет пустоты. Прекратить материальное существование — значит войти в духовный мир, обитель Господа. В «Бхагавад-гите» сказано, что в обители Господа не нужны ни солнце, ни луна, ни электричество. Все планеты духовного мира излучают свет, подобно солнцу в материальном мире. В конечном счете всё есть царство Бога, но духовное небо и духовные планеты называют *парам дхамой*, высшей обителью.

Кто достиг совершенства в *йоге* и осознал Господа Кришну, тот, как говорит Сам Господь *(мат-читтах, мат-парах, мат-самстхам)*, обретает истинное умиротворение и в конце жизни попадает в Его высшую обитель, на планету Кришналока, которую также называют Голока Вриндавана. В «Брахма-самхите» (5.37) ясно сказано: *голока эва нивасати акхилатма-бхӯтах*. Хотя Господь никогда не покидает Своей обители, Голоки, Он также является вездесущим Брахманом и Параматмой в сердце каждого. Таково могущество Его высшей, духовной энергии. Ни одно существо не сможет достичь духовного неба (Вайкунтхи) или войти в вечную обитель Господа (Голоку Вриндавану), не постигнув Кришну и Вишну (Его полную экспансию). Таким образом, человек, действующий в сознании Кришны, является совершенным *йогом*, ибо его ум всегда поглощен мыслями о деяниях Кришны *(са ваи манах кришнападаравиндайох)*. В Ведах (Шветашватара-упанишад, 3.8) сказано: *там эва видитвати мртйум эти* — «Разорвать цепь перерождений можно, лишь постигнув Верховную Личность Бога, Кришну». Иными словами, достичь совершенства в *йоге* — значит освободиться из материального плена, а не научиться произносить какие-то магические заклинания или выполнять гимнастические трюки, чтобы одурачивать неискушенных людей.

ТЕКСТ 16 नात्यश्नतस्तु योगोऽस्ति न चैकान्तमनश्नतः ।
न चातिस्वप्नशीलस्य जाग्रतो नैव चार्जुन ॥ १६ ॥

*нāтй-ашнатас ту його 'сти   на чаикāнтам анашнатах
на чāти-свапна-шӣласйа   джāграто наива чāрджуна*

на — не; *ати* — чрезмерно; *ашнатах* — того, кто ест; *ту* — но;
йогах — воссоединение со Всевышним; *асти* — является; *на* — не;
ча — также; *экāнтам* — исключительно; *анашнатах* — воздержива-
ющегося от еды; *на* — не; *ча* — также; *ати* — слишком много; *свап-
на-шӣласйа* — того, кто спит; *джāгратах* — бодрствующего по ночам; *на* — не; *эва* — конечно; *ча* — и; *арджуна* — о Арджуна.

**О Арджуна, человек никогда не станет *йогом*, если он ест слиш-
ком много или слишком мало, спит слишком много или спит
недостаточно.**

КОММЕНТАРИЙ: Здесь Кришна рекомендует *йогам* упорядочить
свое питание и сон. Есть слишком много — значит есть больше,
чем нужно для того, чтобы поддерживать тело. Людям нет необходимости питаться мясом животных, так как природа дает им вдоволь зерна, овощей, фруктов и молока. Эта простая пища, согласно
«Бхагавад-гите», является пищей в *гуне* благости, тогда как мясо —
это пища в *гуне* невежества. Те, кто ест мясо, пьет спиртное, курит
или ест пищу, не предложенную Кришне, будут страдать за свои
грехи, так как вся их пища является нечистой. *Бхуñджате те тв
агхаṁ пāпā йе пачантй āтма-кāраṇāт* (Б.-г., 3.13). Человек, который склонен к чревоугодию и готовит пищу для себя, не предлагая
ее Кришне, ест один лишь грех. Тот, кто ест греховную пищу или
неумерен в еде, не может по-настоящему заниматься *йогой*. Лучше всего есть пищу, предложенную Кришне. Преданный, обладающий сознанием Кришны, никогда не станет есть того, что не было
предложено Господу. Поэтому только он может достичь совершенства в *йоге*. *Йогой* не способен заниматься и тот, кто искусственно
воздерживается от еды, придумывая собственные правила голода-
ния и поста. Человек, достигший уровня сознания Кришны, постится в соответствии с указаниями *шастр*. Он не морит себя голо-
дом и не переедает, поэтому он вполне способен заниматься *йогой*.
Тот, кто слишком много ест, по ночам видит много снов и потому
спит больше, чем необходимо. Спать следует не более шести часов
в сутки. Тот, кто спит больше шести часов, несомненно, находится
под влиянием *гуны* невежества. Человек в *гуне* невежества ленив
и любит долго спать. Он не способен должным образом заниматься *йогой*.

ТЕКСТ 17 युक्ताहारविहारस्य युक्तचेष्टस्य कर्मसु ।
युक्तस्वप्नावबोधस्य योगो भवति दुःखहा ॥ १७ ॥

йуктāхāра-вихāрасйа   йукта-чешṭасйа кармасу
йукта-сванāвабодхасйа   його бхавати дуḥкха-хā

йукта — упорядоченны; *āхāра* — прием пищи; *вихāрасйа* — того, чей отдых; *йукта* — умеренно; *чешṭасйа* — того, кто работает, чтобы прокормить себя; *кармасу* — в исполнении обязанностей; *йукта* — упорядоченны; *сванна-авабодхасйа* — того, чей сон и бодрствование; *йогаḥ* — занятия *йогой; бхавати* — становится; *дуḥкха-хā* — уничтожающая страдания.

Тот, кто умерен в еде, сне, труде и отдыхе, может, занимаясь *йогой,* **избавиться от всех материальных страданий.**

КОММЕНТАРИЙ: Излишества в том, что касается еды, сна, самозащиты и половой жизни, одним словом, излишества в удовлетворении потребностей тела, могут стать препятствием на пути *йога.* Что касается питания, упорядочить его можно, только питаясь *прасадом,* освященной пищей. Согласно «Бхагавад-гите» (9.26), Господу Кришне можно предлагать молоко, овощи, фрукты, зерно и некоторые другие вегетарианские продукты. Питаясь таким образом, человек, идущий путем сознания Кришны, приучается есть только то, что предназначено в пищу людям, то есть пищу в *гуне* благости. Что касается сна, то преданный старается отдавать как можно больше времени деятельности в сознании Кришны, поэтому время, без нужды потраченное на сон, является для него невосполнимой утратой. *Авйартха-кāлатвам:* человек, обладающий сознанием Кришны, стремится к тому, чтобы каждое мгновение его жизни было отдано служению Господу. Поэтому время его сна сведено к минимуму. В этом отношении идеалом для преданного является Шрила Рупа Госвами, который был постоянно занят служением Кришне и спал не более двух часов в сутки, а иногда и того меньше. А великий преданный Тхакур Харидас не ложился спать и даже не принимал *прасада,* не повторив на четках триста тысяч имен Господа (свою ежедневную норму). Что касается деятельности, то человек, обладающий сознанием Кришны, никогда не станет заниматься тем, что не связано с интересами Кришны, поэтому его деятельность всегда упорядоченна и не осквернена желанием удовлетворять потребности собственных чувств. Свободный от стремления к чувственным удовольствиям, он ни минуты не тратит на мирские развлечения. И поскольку все его действия, его речь, сон, бодрствование и удовлетворение других потребностей тела упорядоченны, он не испытывает материальных страданий.

ТЕКСТ 18   यदा विनियतं चित्तमात्मन्येवावतिष्ठते ।
निःस्पृहः सर्वकामेभ्यो युक्त इत्युच्यते तदा ॥ १८ ॥

йадā винийатам читтам   āтмани эвāватиштхате
ниспрхах сарва-кāмебхйо   йукта итй учйате тадā

йадā — когда; *винийатам* — подчинен; *читтам* — ум; *āтмани* —
на духовный уровень; *эва* — безусловно; *аватиштхате* — поднимается; *ниспрхах* — не желающий; *сарва* — всех; *кāмебхйах* — материальных удовольствий; *йуктах* — утвердившийся в *йоге; ити* — так;
учйате — говорится; *тадā* — тогда.

**Когда *йог* упорядочивает деятельность ума и, освободившись от
материальных желаний, достигает духовного бытия, его называют
утвердившимся в практике *йоги*.**

КОММЕНТАРИЙ: В отличие от обыкновенного человека, *йог*
в своих действиях не руководствуется материальными желаниями, главным из которых является половое. Совершенный *йог*
полностью управляет своим умом, поэтому его не беспокоят никакие материальные желания. Этой ступени совершенства естественным образом достигает тот, кто развил в себе сознание Кришны.
В «Шримад-Бхагаватам» (9.4.18—20) сказано:

са ваи манах кршна-падāравиндайор
вачāмси ваикунтха-гунāнуварнане
карау харер мандира-мāрджанāдишу
шрутим чакāрāчйута-сат-катходайе

мукунда-лингāлайа-даршане дршау
тад-бхртйа-гāтра-спарше 'нга-сангамам
гхрāнам ча тат-пāда-сароджа-саурабхе
шримат-туласйā расанāм тад-арпите

пāдау харех кшетра-падāнусарпане
широ хршикеша-падāбхивандане
кāмам ча дāсйе на ту кāма-кāмйайā
йатхоттама-шлока-джанāшрайā ратих

«Царь Амбариша прежде всего сосредоточил ум на лотосных стопах Господа Кришны, а затем, одно за другим, занял в служении
Господу все свои органы чувств: его уста прославляли трансцендентные качества Господа, руки убирали Его храм, уши слушали
рассказы о деяниях Господа, а глаза созерцали Его божественный
образ. Тело царя касалось тел преданных Господа, нос вдыхал аромат цветов лотоса, поднесенных Господу, а язык наслаждался вкусом листьев *туласи*, возложенных к лотосным стопам Господа. Ноги несли его к местам паломничества и храмам Господа, голова
склонялась перед Господом, а все желания были связаны с жела-

ниями Господа. Все эти духовные занятия как нельзя лучше подходят тому, кто стремится стать чистым преданным».

Приверженцам философии имперсонализма духовное бытие может казаться непостижимым и недосягаемым, но человек, обладающий сознанием Кришны, легко достигает его, о чем свидетельствуют эти стихи, описывающие занятия Махараджи Амбариши. Действовать на духовном уровне может только тот, кто постоянно помнит Господа и чей ум устремлен к Его лотосным стопам. Разновидности преданного служения Господу, которыми занимался Махараджа Амбариша, получили названия *арчаны*, деятельности, позволяющей человеку использовать все свои чувства в служении Господу. Чувства и ум не могут оставаться в бездействии, поэтому простой отказ от деятельности не приведет *йога* к успеху. Для большинства людей, особенно для тех, кто не отрекся от мира, перечисленные выше духовные занятия для ума и чувств — самый лучший способ достичь духовного уровня, который в «Бхагавад-гите» определен словом *йукта*.

ТЕКСТ 19 यथा दीपो निवातस्थो नेङ्गते सोपमा स्मृता ।
योगिनो यतचित्तस्य युञ्जतो योगमात्मनः ॥ १९ ॥

*йатха дӣпо нивата-стхо   неṅгате сопама смṛта
йогино йата-читтасйа   йуñджато йогам атманах*

йатха — как; *дӣпах* — светильник; *нивата-стхах* — находящийся в безветренном месте; *на* — не; *иṅгате* — колеблется; *са* — это; *упама* — сравнение; *смṛта* — считается; *йогинах* — йога; *йата-читтасйа* — тот, чей ум обуздан; *йуñджатах* — постоянно исполняющего; *йогам* — медитацию; *атманах* — духовного «Я».

Подобно тому как пламя светильника горит ровно в тихом месте, *йог*, обуздавший ум, всегда остается погруженным в медитацию, устремив внутренний взор на духовное «Я».

КОММЕНТАРИЙ: Тот, кто действительно обладает сознанием Кришны, всегда пребывает на духовном уровне, ибо он непрерывно думает о своем возлюбленном Господе. Ум такого человека подобен пламени светильника, ровно горящему в тихом месте.

ТЕКСТЫ 20–23 यत्रोपरमते चित्तं निरुद्धं योगसेवया ।
यत्र चैवात्मनात्मानं पश्यन्नात्मनि तुष्यति ॥ २० ॥
सुखमात्यन्तिकं यत्तद्बुद्धिग्राह्यमतीन्द्रियम् ।
वेत्ति यत्र न चैवायं स्थितश्चलति तत्त्वतः ॥ २१ ॥

यं लब्ध्वा चापरं लाभं मन्यते नाधिकं ततः ।
यस्मिन्स्थितो न दुःखेन गुरुणापि विचाल्यते ॥ २२ ॥
तं विद्याद्‌ुःखसंयोगवियोगं योगसंज्ञितम् ॥ २३ ॥

*йатропарамате читтам   нируддхам йога-севайā
йатра чаивāтманāтмāнам   пашйанн āтмани тушйати*

*сукхам āтйантикам йат тад   буддхи-грāхйам атӣндрийам
ветти йатра на чаивāйам   стхиташ чалати таттватах*

*йам лабдхвā чāпарам лāбхам   манйате нāдхикам татах
йасмин стхито на духкхена   гурунāпи вичāлйате*

там видйāд духкха-самйога-вийогам йога-самджн̃итам

йатра — (на том уровне) где; *упарамате* — прекращает (поскольку испытывает духовное блаженство); *читтам* — деятельность ума;
нируддхам — отстраненную от материального; *йога-севайā* — практикой йоги; *йатра* — где; *ча* — также; *эва* — безусловно; *āтманā* — чистым умом; *āтмāнам* — душу; *пашйан* — осознающий (положение); *āтмани* — в душе; *тушйати* — испытывает; *сукхам* —
счастье; *āтйантикам* — высшее; *йат* — которое; *тат* — то; *буддхи* — разумом; *грāхйам* — доступное; *атӣндрийам* — трансцендентное; *ветти* — знает; *йатра* — где; *на* — не; *ча* — также; *эва* — безусловно; *айам* — он; *стхитах* — находящийся; *чалати* — движется;
таттватах — от истины; *йам* — которую; *лабдхвā* — постигнув;
ча — также; *апарам* — другое; *лāбхам* — достижение; *манйате* —
считает; *на* — не; *адхикам* — больше; *татах* — того; *йасмин* — на
котором; *стхитах* — находящийся; *на* — не; *духкхена* — страдани-
ем; *гурунā апи* — даже очень тяжким; *вичāлйате* — колеблется;
там — то; *видйāт* — пусть знает; *духкха-самйога* — страданий, возникающих от соприкосновения с материей; *вийогам* — уничтожение; *йога-самджн̃итам* — называемое йогическим трансом.

Когда *йог* **достигает этой ступени совершенства, именуемой
трансом, или** *самадхи,* **его ум полностью отстраняется от материальной деятельности. Благодаря чистоте ума он обретает способность видеть свое истинное «я», и оно становится для него
источником радости и счастья. Обретя удовлетворение,** *йог* **своими духовными чувствами ощущает безграничное духовное блаженство. Постигнув истину, он уже никогда не забывает ее
и считает, что нет ничего превыше ее. Такой человек не теряет самообладания, даже сталкиваясь с величайшими трудностями. Вот подлинная свобода от страданий, возникающих от
соприкосновения с материальным миром.**

КОММЕНТАРИЙ: Занимаясь *йогой,* человек постепенно избавляется от материальных представлений о жизни. Это основной принцип *йоги.* В результате *йог* входит в состояние транса, или *самадхи,* в котором он с помощью одухотворенного ума и разума постигает Сверхдушу, но при этом не отождествляет себя с Ней. Практика *йоги* в значительной степени основана на учении Патанджали. Некоторые некомпетентные комментаторы пытаются поставить знак равенства между индивидуальной душой и Сверхдушой, а монисты называют осознание этого равенства освобождением. Они не знают, в чем истинная цель *йоги* Патанджали. Патанджали признаёт существование духовного блаженства, а монисты отвергают его, видя в этом угрозу для философии единства. Монисты не признают различия между воспринимающим и объектом восприятия, но из этого стиха ясно, что духовное блаженство существует и ощутить его можно духовными чувствами. Это также подтверждает сам Патанджали Муни, основоположник системы *йоги.* В своих «Йога-сутрах» (4.34) великий мудрец говорит: *пурушартха-шӯнйāнāм̇ гуṇāнāм̇ пратипрасавах̣ каивалйам̇ сварӯпа-пратишт̣хā вā чити-ш́актир ити. Чити-ш́акти,* или внутренняя энергия, духовна по природе. Понятие *пурушартха* включает в себя мирскую религиозность, стремление к материальному процветанию и чувственным удовольствиям и в конечном счете попытку слиться со Всевышним. Монисты называют такое слияние со Всевышним *кайвальей.* Но, по мнению Патанджали, *кайвалья* — это внутренняя, или духовная, энергия, которая позволяет живому существу осознать свою духовную природу. Господь Чайтанья назвал этот процесс *чето-дарпаṇа-мāрджанам,* очищением зеркала ума. Такое очищение и есть истинное освобождение из материального плена *(бхава-махā-дāвāгни-нирвāпаṇам).* Этому понятию соответствует понятие *нирваны,* которая также является лишь предварительной ступенью. В «Бхагаватам» (2.10.6) эту ступень называют *сварӯпеṇа вйавастхитих.* Это подтверждается и в данных стихах «Бхагавад-гиты».

За *нирваной,* прекращением материального существования, следует этап духовной деятельности — деятельности в сознании Кришны, или преданного служения Господу. Как сказано в «Бхагаватам», это истинное бытие живого существа *(сварӯпеṇа вйавастхитих).* *Майей,* или иллюзией, называют духовное бытие, покрытое материальной скверной. Очищение от этой скверны совершенно не противоречит изначальному положению вечного живого существа. Патанджали также признает это: *каивалйам̇ сварӯпа-пратишт̣хā вā чити-ш́актир ити. Чити-ш́акти,* или духовное блаженство, — вот истинная жизнь. Это подтверждает «Веданта-сутра» (1.1.12): *āнанда-майо 'бхйāсāт.* Естественное для живого существа состояние духовного блаженства является конечной целью *йоги*, и оно легко достижимо с помощью преданного служения, или *бхакти-йоги*. Метод *бхакти-йоги* будет подробно описан в седьмой главе «Бхагавад-гиты».

В системе *йоги*, о которой рассказывается в этой главе, различают два вида *самадхи: сампрагьята-самадхи* и *асампрагьята-самадхи*. *Сампрагьята-самадхи* — это духовный транс, которого достигают путем философских изысканий. Что касается *асампрагьята-самадхи*, то на этом уровне человек полностью отрешается от материальных удовольствий, ибо его больше не привлекает счастье, источником которого являются материальные чувства. Достигнув этого трансцендентного положения, *йог* уже никогда не лишается его. Тот, кому не удалось подняться на этот уровень, не достиг цели йогической практики. Современная так называемая *йога*, допускающая различные формы чувственных удовольствий, противоречит этому принципу. *Йог*, который не отказался от половой жизни и одурманивающих средств, является пародией на *йога*. Даже тех, кто занимается *йогой*, стремясь обрести *сиддхи* (мистические способности), нельзя считать совершенными *йогами*. Люди, которые прельщаются побочными продуктами *йоги*, не смогут достичь совершенства, описанного в этом стихе. Поэтому те, кто стремится поразить воображение людей акробатическими трюками и мистическими *сиддхами*, должны знать, что они потеряли из виду истинную цель *йоги*.

В нынешний век лучший вид *йоги* — это практика сознания Кришны, и тот, кто занимается ею, не узнает горечи разочарования. Действуя в сознании Кришны, человек испытывает огромную радость, так что ему не нужно ничего другого. Люди, которые практикуют *хатха-йогу, дхьяна-йогу* и *гьяна-йогу*, особенно в нынешний век, век вражды и лицемерия, встречают на своем пути множество препятствий, которые неведомы тому, кто занимается *карма-йогой*, или *бхакти-йогой*.

Пока у нас есть материальное тело, мы вынуждены удовлетворять его потребности в еде, сне, защите и сексе. Но человек, идущий путем чистой *бхакти-йоги*, или путем сознания Кришны, никогда не потакает своим чувствам. Он принимает лишь то, что абсолютно необходимо для жизни, стараясь извлечь, так сказать, максимальную пользу из невыгодной сделки, и испытывает духовное счастье, действуя в сознании Кришны. Он равнодушен к превратностям судьбы, будь то несчастный случай, болезнь, нужда или даже смерть близкого человека, но при этом всегда старается как можно лучше выполнять свои обязанности в сознании Кришны *(бхакти-йоге)*. Никакие неудачи не помешают ему исполнить свой долг. *Āгамāпāйино 'нитйāс тāмс титикшасва бхāра-*

та (Б.-г., 2.14). Он терпеливо переносит все невзгоды, зная, что они преходящи и не могут стать препятствием на его пути. Так он достигает высшего совершенства *йоги*.

ТЕКСТ 24 स निश्चयेन योक्तव्यो योगोऽनिर्विण्णचेतसा ।
सङ्कल्पप्रभवान्कामांस्त्यक्ता सर्वानशेषतः ।
मनसैवेन्द्रियग्रामं विनियम्य समन्ततः ॥ २४ ॥

*са нишчайена йоктавйо   його 'нирвинна-четасā
санкалпа-прабхавāн кāмāмс   тйактвā сарвāн ашешатах
манасаивендрийа-грāмам   винийамйа самантатах*

сах — та; *нишчайена* — с решимостью; *йоктавйах* — та, которой следует; *йогах* — йога; *анирвинна-четасā* — неуклонно; *санкалпа* — размышлениями; *прабхавāн* — порожденные; *кāмāн* — материальные желания; *тйактвā* — изжив; *сарвāн* — все; *ашешатах* — полностью; *манасā* — умом; *эва* — безусловно; *индрийа-грāмам* — все чувства; *винийамйа* — подчинив; *самантатах* — со всех сторон.

Заниматься *йогой* надо с решимостью и верой, никогда не сходя с избранного пути. Необходимо избавиться от всех без исключения материальных желаний, возникающих в уме, и с помощью ума подчинить себе все чувства.

КОММЕНТАРИЙ: Тот, кто занимается *йогой,* должен обладать решимостью и терпеливо продолжать свои занятия, не сходя с избранного пути. Он должен верить в то, что в конце концов достигнет успеха, и с большим упорством продвигаться вперед, не отчаиваясь, если по той или иной причине не сможет быстро добиться желаемых результатов. Если *йог* настойчив и решителен, он непременно придет к намеченной цели. Рупа Госвами говорит:

*утсāхāн нишчайāд дхаирйāт
тат-тат-карма-правартанāт
санга-тйāгāт сато вриттех
шадбхир бхактих прасидхйати*

«Тот, кто с неослабевающим энтузиазмом, упорством и решимостью выполняет свои обязанности в преданном служении, общается с преданными и занимается исключительно деятельностью в *гуне* благости, непременно достигнет успеха на пути *бхакти-йоги*» (Упадешамрита, 3).

Что касается решимости, то *йог* должен следовать примеру воробьихи, потерявшей свои яйца. Воробьиха отложила яйца на берегу

океана, но их унес морской прилив. Охваченная горем, она стала
просить океан вернуть ей пропажу. Но тот остался безучастным
к ее мольбам. Тогда воробьиха решила осушить океан. Своим ма-
леньким клювом она принялась по капле вычерпывать из него воду, и все вокруг смеялись над ее невероятной решимостью. Молва
об этом разлетелась по всему свету и дошла до Гаруды, гигантской
птицы, носящей на спине Господа Вишну. Сжалившись над своей
маленькой сестрой, Гаруда прилетел на берег океана. Восхищенный ее упорством, он пообещал помочь ей. Он тут же велел океану
вернуть воробьихе яйца, пригрозив, что иначе сам возьмется вычерпывать воду. Испугавшись этой угрозы, океан тотчас повино-
вался. Так воробьиха по милости Гаруды снова стала счастливой.
Подобно этому, занятия *йогой*, особенно *бхакти-йогой*, могут казаться нам очень трудными. Но если человек со всей решимостью
следует правилам *бхакти-йоги*, Господь непременно придет к нему
на помощь, ибо Бог помогает тому, кто помогает себе сам.

ТЕКСТ 25   शनैः शनैरुपरमेद्बुद्ध्या धृतिगृहीतया ।
आत्मसंस्थं मनः कृत्वा न किञ्चिदपि चिन्तयेत् ॥ २५ ॥

*шанаих шанаир упарамед   буддхйā дхрти-грхӣтайā
āтма-самстхам манах кртвā   на кинчид апи чинтайет*

йанаих — постепенно; *йанаих* — постепенно; *упарамет* — пусть
сдерживает; *буддхйā* — разумом; *дхрти-грхӣтайā* — опирающимся на убежденность; *āтма-самстхам* — находящийся на духовном
уровне; *манах* — ум; *кртвā* — сделав; *на* — не; *кинчит* — о чем-либо; *апи* — даже; *чинтайет* — пусть думает.

**Постепенно, шаг за шагом, с помощью разума, опирающего-
ся на твердую убежденность, *йог* должен погрузиться в транс
и полностью сосредоточить ум на душе, не думая ни о чем другом.**

КОММЕНТАРИЙ: С помощью твердой убежденности и разума *йог*
должен постепенно прекратить деятельность чувств. Эта ступень
называется *пратьяхара*. Отстранив чувства от объектов восприятия и обуздав ум с помощью медитации и убежденности, *йог* входит в состояние транса, или *самадхи*. Тогда ему уже не угрожает
опасность снова оказаться в плену материальных представлений
о жизни. Пока *йог* находится в материальном теле, он вынужден
соприкасаться с материей, однако ему не следует думать об удовлетворении потребностей собственных чувств. Он должен думать
только о том, как доставить удовольствие Высшей Душе. Этого
уровня нетрудно достичь, если просто заниматься деятельностью
в сознании Кришны.

ТЕКСТ 26 यतो यतो निश्चलति मनश्चञ्चलमस्थिरम् ।
ततस्ततो नियम्यैतदात्मन्येव वशं नयेत् ॥ २६ ॥

йато йато нишчалати   манаш чанчалам астхирам
татас тато нийамйаитад   атмани эва вашам найет

йатах йатах — откуда бы ни; *нишчалати* — чрезмерно возбуждается; *манах* — ум; *чанчалам* — изменчивый; *астхирам* — неустойчивый; *татах татах* — оттуда; *нийамйа* — подавив; *этат* — это; *атмани* — в свое «я»; *эва* — безусловно; *вашам* — под контроль; *найет* — пусть приводит.

Куда бы ни устремлялся ум, изменчивый и беспокойный по природе, *йог* всегда должен возвращать его под власть своего истинного «я».

КОММЕНТАРИЙ: Ум по своей природе изменчив и неустойчив. Но *йог,* постигший свое истинное «я», должен обуздать ум, а не позволять ему властвовать над собой. Того, кто усмирил ум, а значит и чувства, именуют *госвами* или *свами,* тогда как человека, который подчиняется диктату ума, называют *го-дасой,* слугой чувств. *Госвами* знает, что такое истинное чувственное удовольствие. Чувства того, кто испытывает духовное чувственное удовольствие, заняты служением Хришикеше (Кришне), верховному повелителю чувств. Тот, кто, очистив свои чувства, использует их в служении Господу, действует в сознании Кришны. Только так можно стать полновластным хозяином своих чувств и только так можно достичь высшего совершенства *йоги.*

ТЕКСТ 27 प्रशान्तमनसं ह्येनं योगिनं सुखमुत्तमम् ।
उपैति शान्तरजसं ब्रह्मभूतमकल्मषम् ॥ २७ ॥

прашанта-манасам хи энам   йогинам сукхам уттамам
упаити шанта-раджасам   брахма-бхутам акалмашам

прашанта — спокойный, сосредоточенный на лотосных стопах Кришны; *манасам* — к тому, чей ум; *хи* — безусловно; *энам* — к этому; *йогинам* — к йогу; *сукхам* — счастье; *уттамам* — высшее; *упаити* — приходит; *шанта-раджасам* — свободное от страсти; *брахма-бхутам* — освобождение путем осознания своего тождества с Абсолютом; *акалмашам* — лишенное всех последствий греха.

Йог, который сосредоточил ум на Мне, достигает вершины духовного блаженства. Выйдя из-под влияния *гуны* страсти, он осознаёт свое качественное тождество с Абсолютом и таким образом освобождается от всех последствий своих прошлых поступков.

КОММЕНТАРИЙ: Брахма-бхута — это уровень, на котором *йог* полностью очищается от материальной скверны и приходит к трансцендентному служению Господу. *Мад-бхактим лабхате парам* (Б.-г., 18.54). Тот, чей ум не сосредоточен на лотосных стопах Господа, не может долго оставаться на уровне осознания Брахмана, Абсолюта. *Са ваи манах кршна-падаравиндайох.* Если человек постоянно с любовью служит Господу, то есть всегда пребывает в сознании Кришны, значит, он действительно вышел из-под влияния *гуны* страсти и очистился от материальной скверны.

ТЕКСТ 28 युञ्जन्नेवं सदात्मानं योगी विगतकल्मषः ।
सुखेन ब्रह्मसंस्पर्शमत्यन्तं सुखमश्नुते ॥ २८ ॥

*йуñджанн эвам садāтмāнам   йогӣ вигата-калмашах
сукхена брахма-самспарйам   атйантам сукхам айнуте*

йуñджан — занимающийся практикой *йоги; эвам* — так; *садā* — всегда; *āтмāнам* — душу; *йогӣ* — тот, кто связан с Высшей Душой; *вигата* — устранена; *калмашах* — тот, в ком материальная скверна; *сукхена* — с духовным счастьем; *брахма-самспарйам* — возникающее от постоянного соприкосновения со Всевышним; *атйантам* — высшее; *сукхам* — счастье; *айнуте* — обретает.

Так, обуздав ум и чувства и непрестанно занимаясь практикой *йоги*, человек полностью очищается от материальной скверны и обретает высшее, совершенное счастье в трансцендентном любовном служении Всевышнему.

КОММЕНТАРИЙ: Постичь свое истинное «я» — значит осознать свое изначальное положение по отношению ко Всевышнему. Индивидуальная душа является неотъемлемой частицей Верховного Господа, и ее предназначение — с любовью служить Господу. Такая трансцендентная связь со Всевышним определяется в этом стихе словом *брахма-самспарйа.*

ТЕКСТ 29 सर्वभूतस्थमात्मानं सर्वभूतानि चात्मनि ।
ईक्षते योगयुक्तात्मा सर्वत्र समदर्शनः ॥ २९ ॥

*сарва-бхӯта-стхам āтмāнам   сарва-бхӯтāни чāтмани
ӣкшате йога-йуктāтмā   сарватра сама-дарйанах*

сарва-бхӯта-стхам — пребывающую во всех живых существах; *āтмāнам* — Сверхдушу; *сарва* — все; *бхӯтāни* — живые существа; *ча* — также; *āтмани* — в Сверхдуше; *ӣкшате* — видит; *йога-йукта-āтмā* — тот, кто обладает сознанием Кришны; *сарватра* — повсюду; *сама-дарйанах* — видящий одинаково.

Совершенный *йог* **видит Меня пребывающим во всех живых существах, а всех живых существ — пребывающими во Мне. Воистину, осознавшая себя душа видит Меня, единого Верховного Господа, повсюду.**

КОММЕНТАРИЙ: Йог в сознании Кришны обладает совершенным ви́дением, поскольку видит, что Кришна, Верховный Господь, пребывает в сердце каждого существа как Сверхдуша (Параматма). *Ӣшварах̣ сарва-бхӯта̄на̄м̇ хр̣д-деш́е ’рджуна тиш̣т̣хати.* Господь в образе Параматмы находится и в сердце собаки, и в сердце *брахмана.* Совершенный *йог* знает, что Господь всегда выше материальной энергии и не попадает под ее влияние, даже когда находится в сердце собаки или *брахмана.* Таким образом, Господь в высшей степени беспристрастен. Индивидуальная душа также находится в сердце, но одна и та же душа не может находиться в сердце каждого. Таково различие между индивидуальной душой и Сверхдушой. Тот, кто не занимается *йогой* по-настоящему, не видит этого достаточно ясно. Но человек, обладающий сознанием Кришны, видит Кришну и в сердце верующего, и в сердце атеиста. В *смрити* сказано: *а̄татата̄вач ча ма̄тр̣тва̄д ча а̄тма̄ хи парамо харих̣* — «Будучи источником всех существ, Господь заботится об их нуждах, подобно матери». Как мать одинаково относится ко всем своим детям, так и верховный отец (или мать) одинаково заботится обо всех существах. Вот почему Сверхдуша неизменно пребывает в сердце каждого.

Извне живое существо также окружено энергией Господа. Как мы узна́ем из седьмой главы, энергия Господа делится на два основных вида: духовную (высшую) и материальную (низшую) энергию. Хотя живое существо принадлежит к высшей энергии, оно может попасть под власть низшей энергии Господа. Так или иначе каждое существо всегда находится под влиянием одной из этих двух энергий и, следовательно, всегда пребывает в Господе.

Йог одинаково относится к каждому, так как понимает, что, хотя живые существа сообразно результатам своих прошлых поступков занимают разное положение, они всегда остаются слугами Господа. Находясь во власти материальной энергии, живое существо служит своим материальным чувствам, а пребывая в духовной энергии, — непосредственно Верховному Господу. И в том и в другом случае оно остается слугой Бога. Таким ви́дением в полной мере обладает человек, развивший в себе сознание Кришны.

ТЕКСТ 30   यो मां पश्यति सर्वत्र सर्वं च मयि पश्यति ।
तस्याहं न प्रणश्यामि स च मे न प्रणश्यति ॥ ३० ॥

йо ма̄м̇ паш́йати сарватра   сарвам̇ ча майи паш́йати
тасйа̄хам̇ на пран̣аш́йа̄ми   са ча ме на пран̣аш́йати

йах̣ — который; *ма̄м* — Меня; *паш́йати* — видит; *сарватра* — всюду; *сарвам* — все; *ча* — и; *майи* — во Мне; *паш́йати* — видит; *тасйа* — для него; *ахам* — Я; *на* — не; *пран̣аш́йа̄ми* — буду потерян; *сах̣* — он; *ча* — также; *ме* — для Меня; *на* — не; *пран̣аш́йати* — будет потерян.

Для того, кто видит Меня во всем сущем и все сущее во Мне, Я никогда не буду потерян, и он никогда не будет потерян для Меня.

КОММЕНТАРИЙ: Человек, обладающий сознанием Кришны, видит, что Господь Кришна пребывает всюду и все пребывает в Нем. Такой человек также видит различные явления и предметы материального мира, но, постоянно находясь в сознании Кришны, он понимает, что все они суть проявления энергии Господа. Нет ничего, что существовало бы отдельно от Кришны, и Кришна является владыкой всего сущего — таков основополагающий принцип сознания Кришны. Метод сознания Кришны помогает человеку развить в себе любовь к Кришне и таким образом занять положение, превосходящее даже уровень освобождения из материального плена. На этом этапе развития сознания Кришны, следующем за самоосознанием, преданный достигает тождества с Кришной в том смысле, что Кришна становится для него всем и он преисполняется любовью к Кришне. Тогда между Господом и преданным устанавливаются очень близкие отношения. Такой преданный уже никогда не будет потерян и не потеряет Господа из виду. Слияние с Кришной означает духовное самоубийство. Преданный никогда не пойдет на это. В «Брахма-самхите» (5.38) говорится:

према̄н̃джана-ччхурита-бхакти-вилочанена
сантах̣ садаива хр̣дайешу вилокайанти
йам̇ ш́йа̄масундарам ачинтйа-гун̣а-сварӯпам̇
говиндам а̄ди-пурушам̇ там ахам̇ бхаджа̄ми

«Я поклоняюсь предвечному Господу Говинде, чей образ всегда доступен взору преданных, глаза которых умащены бальзамом любви к Нему. Такие преданные созерцают Господа, пребывающего у них в сердце, в Его вечном образе Шьямасундары».

Господь Кришна никогда не скрывается от взора таких преданных. То же самое относится и к *йогу,* который видит Господа как Параматму в своем сердце. Такой *йог* становится чистым преданным и уже не может прожить и мгновения, не видя Господа.

ТЕКСТ 31 सर्वभूतस्थितं यो मां भजत्येकत्वमास्थितः ।
सर्वथा वर्तमानोऽपि स योगी मयि वर्तते ॥ ३१ ॥

*сарва-бхӯта-стхитам̇ йо ма̄м̇   бхаджати экатвам а̄стхитах̣
сарватха̄ вартама̄но 'пи   са йогӣ майи вартате*

сарва-бхӯта-стхитам — пребывающему в сердце каждого; *йах̣* —
тот, кто; *ма̄м* — Мне; *бхаджати* — служит с любовью и преданностью; *экатвам* — в единстве; *а̄стхитах̣* — находится; *сарватха̄* —
во всех отношениях; *варта-ма̄нах̣* — оставаясь; *апи* — несмотря на;
сах̣ — он; *йогӣ* — йог; *майи* — во Мне; *вартате* — пребывает.

**Он поклоняется и служит Сверхдуше, зная, что Сверхдуша
и Я суть одно. Такой *йог* всегда, при любых обстоятельствах,
остается во Мне.**

КОММЕНТАРИЙ: *Йог,* созерцающий Сверхдушу, видит в своем
сердце всемогущую экспансию Кришны: Господа Вишну с четырьмя руками, в которых Он держит раковину, диск, булаву и цветок
лотоса. *Йог* должен знать, что Господь Вишну неотличен от Кришны. Кришна в образе Сверхдуши находится в сердце каждого живого существа. Более того, бесчисленные Параматмы, пребывающие
в сердцах бесчисленных существ, неотличны друг от друга. Точно
так же нет разницы между человеком, который развил в себе сознание Кришны и всегда с любовью служит Господу, и совершенным
йогом, созерцающим Сверхдушу. Находясь в материальном мире,
йог, обладающий сознанием Кришны, может заниматься разнообразной деятельностью, но при этом он всегда пребывает в Кришне.
Это подтверждает Шрила Рупа Госвами в «Бхакти-расамрита-синдху» (1.2.187): *никхила̄св апи авастха̄су джӣван-муктах̣ са учйате.*
Преданный Господа, который всегда действует в сознании Кришны, естественным образом обретает освобождение. В «Нарада-панчаратре» об этом сказано следующее:

*дик-ка̄ла̄дй-анаваччхинне
кр̣ш̣н̣е чето видха̄йа ча
тан-майо бхавати кшипрам̇
джӣво брахман̣и йоджайет*

«Сосредоточив внимание на божественном образе Кришны, вездесущем и находящемся вне времени и пространства, человек погружается в мысли о Кришне и обретает счастье трансцендентного
общения с Господом».

Сознание Кришны — высшая форма йогического транса. Осознав, что Кришна как Параматма пребывает в сердце каждого
существа, *йог* достигает совершенства. В Ведах (Гопала-тапани-
упанишад, 1.21) о непостижимом могуществе Господа сказано сле-

дующее: *эко 'пи сан бахудхā йо 'вабхāти* — «Хотя Господь один, Он пребывает в сердцах бесчисленных существ». В *смрити-шастре* также сказано:

> *эка эва паро вишнух*
> *сарва-вйāпӣ на самшайах*
> *аишварйāд рӯпам экам ча*
> *сӯрйа-ват бахудхейате*

«Вишну один, однако Он, безусловно, вездесущ. Оставаясь единым, Он силой Своей непостижимой энергии пребывает всюду, подобно солнцу, которое появляется сразу во многих местах».

ТЕКСТ 32 आत्मौपम्येन सर्वत्र समं पश्यति योऽर्जुन ।
सुखं वा यदि वा दुःखं स योगी परमो मतः ॥ ३२ ॥

āтмаупамйена сарватра   самам пашйати йо 'рджуна
сукхам вā йади вā духкхам   са йогӣ парамо матах

āтма — с собой; *аупамйена* — сравнением; *сарватра* — всюду; *самам* — одинаково; *пашйати* — видит; *йах* — который; *арджуна* — о Арджуна; *сукхам* — счастье; *вā* — или; *йади* — если; *вā* — или; *духкхам* — горе; *сах* — тот; *йогӣ* — йог; *парамах* — совершенный; *матах* — считающийся.

Совершенным *йогом*, о Арджуна, называют того, кто, сопоставляя каждого с собой, видит, что и в счастье, и в горе все существа поистине равны.

КОММЕНТАРИЙ: Человек, обладающий сознанием Кришны, является совершенным *йогом;* по своему опыту он знает, что каждый в этом мире страдает и каждый испытывает счастье. Мы страдаем потому, что забыли свои отношения с Богом. А истинное счастье приходит к тому, кто понял, что плоды всей нашей деятельности принадлежат Кришне, ибо Он верховный наслаждающийся, и знает, что Он также владыка всех земель и планет и лучший друг каждого. Совершенный *йог* понимает, что живое существо, порабощенное *гунами* материальной природы, испытывает тройственные страдания только потому, что забыло свои отношения с Кришной. И поскольку тот, кто обрел сознание Кришны, становится счастливым, он стремится принести знание о Кришне в каждый уголок земли. Совершенный *йог* старается убедить людей в необходимости обрести сознание Кришны, поэтому он самый лучший благодетель и самый дорогой слуга Господа. *На ча тасмāн мануйшешу кайшчин ме прийа-крттамах* (Б.-г., 18.69). Иными словами, преданный Господа неустанно заботится о благе всех существ и потому является истинным другом каждого. Он лучший из всех *йогов*, ибо стремится к совершенству не ради собственного блага, но ради блага других. Он никогда не враждует с другими существами — своими собратьями. Такова разница между чистым преданным Господа и *йогом,* заинтересованным лишь в собственном совершенствовании. *Йог,* который уходит в уединенное место в поисках идеальных условий для медитации, может не быть столь возвышенным, как преданный, старающийся изо всех сил привлечь каждого человека к сознанию Кришны.

ТЕКСТ 33   अर्जुन उवाच
योऽयं योगस्त्वया प्रोक्तः साम्येन मधुसूदन ।
एतस्याहं न पश्यामि चञ्चलत्वात्स्थितिं स्थिराम् ॥ ३३ ॥

арджуна увача
йо 'йам йогас твайа проктах   сāмйена мадхусӯдана
этасйāхам на пашйāми   чан̃чалатвāт стхитим стхирāм

арджунах увāча — Арджуна сказал; *йах айам* — тот, который; *йогах* — метод мистической *йоги; твайā* — Тобой; *проктах* — описанный; *сāмйена* — в общих чертах; *мадху-сӯдана* — о покоритель демона Мадху; *этасйа* — этого; *ахам* — я; *на* — не; *пашйāми* — вижу; *чан̃чалатвāт* — от беспокойства; *стхитим* — состояние; *стхирāм* — устойчивое.

Арджуна сказал: О Мадхусудана, практика *йоги,* которую Ты описал, кажется мне непосильной, ибо ум мой беспокоен и неустойчив.

КОММЕНТАРИЙ: В этом стихе Арджуна отвергает практику мистической *йоги,* описанную Господом Кришной (начиная со слов *шучау деше* и до *йоги парамах*), ибо считает ее непосильной. В век Кали обыкновенный человек не может уйти из дома в горы или в лес, чтобы в уединении заниматься *йогой.* Жизнь людей в этот век коротка, и всю ее они проводят в тяжелой борьбе за существование. Они не принимают всерьез даже простые, легко выполнимые виды духовной практики — что же тогда говорить о более сложной системе *йоги,* которая требует особого образа жизни, определенного положения тела во время медитации, тщательного выбора места и полного отстранения ума от материальной деятельности. Будучи человеком практичным, Арджуна понимал, что эта практика *йоги* ему не по силам, хотя у него было очень много достоинств. Он жил очень долго, принадлежал к царскому роду, был наделен множеством добродетелей, прославился как великий воин и, самое главное, был близким другом Господа Кришны, Верховной Личности Бога. Пять тысяч лет назад у Арджуны было гораздо больше достоинств, чем у нас в нынешнее время, и все же он отверг практику мистической *йоги*. Мы нигде не найдем упоминания о том, что он когда-либо занимался ей. Поэтому для основной массы людей, живущих в век Кали, данную практику *йоги* следует считать неприемлемой. Конечно, некоторые, очень редкие люди могут заниматься ей, но для большинства это невозможно. Если так обстояли дела пять тысяч лет назад, что тогда говорить о сегодняшнем дне? Те, кто пытается имитировать эту практику, посещая пресловутые школы и общества *йоги,* лишь напрасно теряют время, хотя и думают, что добились каких-то успехов. Они пребывают в полном неведении относительно истинной цели *йоги*.

ТЕКСТ 34   चञ्चलं हि मनः कृष्ण प्रमाथि बलवद्दृढम् ।
तस्याहं निग्रहं मन्ये वायोरिव सुदुष्करम् ॥ ३४ ॥

чан̃чалам̇ хи манах̣ кр̣шн̣а   прама̄тхи балавад др̣д̣хам
тасӣа̄хам̇ ниграхам̇ манӣе   ва̄йор ива су-душкарам

чан̃чалам — неустойчивый; *хи* — конечно; *манах̣* — ум; *кр̣шн̣а* — о Кришна; *прама̄тхи* — беспокойный; *бала-ват* — очень сильный; *др̣д̣хам* — упрямый; *тасӣа* — его; *ахам* — я; *ниграхам* — укрощение; *манӣе* — думаю; *ва̄йох̣* — ветра; *ива* — как; *су-душкарам* — трудное.

Ум неугомонен, неистов, упрям и очень силен, о Кришна, и, мне кажется, укротить его труднее, чем остановить ветер.

КОММЕНТАРИЙ: Ум так силен и упрям, что порой берет верх над разумом, хотя по идее должен подчиняться ему. В повседневной жизни человеку приходится преодолевать множество препятствий, и ему, безусловно, очень трудно держать ум в повиновении. Обыкновенный человек может пытаться одинаково относиться к друзьям и врагам, но в конечном счете у него ничего не получится, поскольку обуздать ум труднее, чем сдержать ураганный ветер. В Ведах (Катха-упанишад, 1.3.3—4) сказано:

а̄тма̄нам ратхинам виддхи
ш́арӣрам ратхам эва ча
буддхим ту са̄ратхим виддхи
манах̣ праграхам эва ча

индрийа̄ни хайа̄н а̄хур
вишайа̄м̇с тешу го-чара̄н
а̄тмендрийа-мано-йуктам
бхоктети а̄хур манӣшинах̣

«Индивидуальная душа сидит на колеснице материального тела, которой управляет возница-разум. Ум — это вожжи в руках возницы, а чувства — лошади. Под воздействием ума и чувств живое существо то радуется, то страдает. Так утверждают великие мудрецы». Разум создан для того, чтобы руководить умом, но ум столь силен и упрям, что нередко берет верх даже над разумом, подобно тому как острая инфекция иногда оказывается сильнее самых сильных лекарств. Обуздать ум можно, занимаясь *йогой*, но для Арджуны, жившего в миру, это было нс по силам. Что же тогда говорить о современных людях? Арджуна использует здесь очень удачное сравнение: никто не в силах остановить ветер. Но усмирить беспокойный ум еще труднее. Самый легкий метод, позволяющий совладать с умом, дал людям Господь Чайтанья. Он велел им очень смиренно повторять «Харе Кришна», великую *мантру,* дарующую освобождение. *Са ваи манах кршна-падāравиндайох:* надо думать только о Кришне. Лишь тогда ум сможет успокоиться, и ничто уже не выведет его из равновесия.

ТЕКСТ 35   श्रीभगवानुवाच
असंशयं महाबाहो मनो दुर्निग्रहं चलम् ।
अभ्यासेन तु कौन्तेय वैराग्येण च गृह्यते ॥ ३५ ॥

шрӣ-бхагавāн увāча
асамшайам махā-бāхо   мано дурниграхам чалам
абхйāсена ту каунтейа   ваирāгйена ча грхйате

шрӣ-бхагавāн увāча — Верховный Господь сказал; *асамшайам* — несомненно; *махā-бāхо* — о могучерукий; *манах* — ум; *дурниграхам* — тот, который трудно обуздать; *чалам* — беспокойный; *абхйāсена* — практикой; *ту* — однако; *каунтейа* — о сын Кунти; *ваирāгйена* — отречением; *ча* — также; *грхйате* — подчиняется.

Господь Шри Кришна сказал: О могучерукий сын Кунти, обуздать беспокойный ум, конечно же, чрезвычайно трудно. Однако это можно сделать с помощью определенной практики и отказа от мирских удовольствий.

КОММЕНТАРИЙ: Выслушав Арджуну, Верховный Господь согласился с тем, что усмирить своевольный ум невероятно трудно. Но в то же время Он говорит, что это можно сделать с помощью соответствующей практики и отказа от мирских удовольствий. В чем же заключается эта практика? Люди нынешнего века не могут следовать всем правилам *йоги:* жить в святом месте, сосредоточенно думать о Сверхдуше, управлять своим умом и чувствами, хранить безбрачие, оставаться в уединении и т. д. Но любой, кто избрал путь сознания Кришны, может заниматься преданным служением Господу, состоящим из девяти видов деятельности. Первый и самый главный из них — слушание повествований о Кришне. Это очень могущественный вид духовной практики, позволяющий полностью очистить ум. Чем больше человек слушает о Кришне, тем глубже он постигает духовную науку и быстрее отказывается от всего, что уводит его ум от Кришны. Отстраняя ум от всего, что не связано со служением Господу, преданный быстро овладевает наукой *вайрагьи*. Следуя принципу *вайрагьи*, он прекращает материальную деятельность и занимает ум духовной деятельностью. Духовной отрешенности, к которой стремятся имперсоналисты, достичь гораздо труднее, чем привлечь ум к деятельности в сознании Кришны. Метод сознания Кришны очень практичен, потому что, когда человек слушает о Кришне, в нем естественным образом развивается привязанность к высшему духовному началу. Такую привязанность называют *парешанубхути*, духовным удовлетворением. Оно подобно чувству удовлетворения, которое испытывает человек, постепенно утоляя свой голод. С каждым куском съеденной пищи это удовлетворение возрастает, и он ощущает новый прилив сил. Точно так же, преданно служа Господу, человек испытывает духовное удовлетворение, и его ум постепенно отстраняется от объектов чувств. Этот процесс напоминает процесс выздоровления больного, который находится под наблюдением опытного врача и соблюдает строгую диету. Слушание повествований о божественных деяниях Господа Кришны — эффективное средство для лечения помешавшегося ума, а принятие пищи, предложенной Кришне, — диета, необходимая страдающему пациенту. Таков процесс лечения с помощью метода сознания Кришны.

ТЕКСТ 36   असंयतात्मना योगो दुष्प्राप इति मे मतिः ।
वश्यात्मना तु यतता शक्योऽवाप्तुमुपायतः ॥ ३६ ॥

*асам̇йата̄тмана̄ його   душпра̄па ити ме матих̣
ваш́йа̄тмана̄ ту йатата̄   ш́акйо 'ва̄птум упа̄йатах̣*

асам̇йата — с необузданным; *а̄тмана̄* — умом; *йогах̣* — самоосознание; *душпра̄пах̣* — труднодостижимо; *ити* — так; *ме* — Мое; *матих̣* — мнение; *ваш́йа* — покоренным; *а̄тмана̄* — умом; *ту* — но; *йатата̄* — старающимся; *ш́акйах̣* — возможно; *ава̄птум* — достичь; *упа̄йатах̣* — соответствующими средствами.

Для того, чей ум необуздан, самоосознание — непосильный труд. Но тот, кто покорил ум и идет к цели верным путем, непременно добьется успеха. Таково Мое мнение.

КОММЕНТАРИЙ: Верховный Господь говорит здесь, что если мы не воспользуемся предписанным методом лечения, позволяющим оградить ум от материальной деятельности, то не сможем достичь успеха в самоосознании. Тот, кто пытается заниматься *йогой* и в то же время предается мыслям о мирских удовольствиях, похож на человека, который старается разжечь костер и в то же время поливает дрова водой. Для того, чей ум необуздан, занятия *йогой* становятся пустой тратой времени. Такое подобие *йоги* может принести материальный доход, но оно не поможет человеку постичь свою духовную природу. Мы должны подчинить себе ум, неустанно занимаясь трансцендентным любовным служением Господу. Если мы не будем действовать в сознании Кришны, то не сможем все время держать ум в повиновении. Человек, обладающий сознанием Кришны, без особых усилий достигает результатов практики *йоги,* тогда как *йог* не сможет достичь совершенства, не развив в себе сознание Кришны.

ТЕКСТ 37   अर्जुन उवाच

अयतिः श्रद्धयोपेतो योगाच्चलितमानसः ।
अप्राप्य योगसंसिद्धिं कां गतिं कृष्ण गच्छति ॥ ३७ ॥

арджуна увача
айатих шраддхайопето   йогач чалита-манасах
апрапйа йога-самсиддхим   кам гатим кришна гаччхати

арджунах увача — Арджуна сказал; *айатих* — неудачливый *йог; шраддхайа* — с верой; *упетах* — занятый; *йогат* — с пути мистической *йоги; чалита* — сошедший; *манасах* — тот, чей ум; *апрапйа* — не достигнув; *йога-самсиддхим* — высшей ступени совершенства в *йоге; кам* — к какой; *гатим* — цели; *кришна* — о Кришна; *гаччхати* — приходит.

Арджуна спросил: О Кришна, какова судьба неудачливого *йога,* который с верой шел путем духовного самопознания, но затем оставил его, прельстившись мирскими удовольствиями, и не достиг совершенства?

КОММЕНТАРИЙ: В «Бхагавад-гите» описан путь самоосознания. В основе самоосознания лежит понимание того, что живое существо отлично от материального тела и что оно может быть счастливо лишь там, где жизнь вечна, исполнена знания и блаженства. Это духовный уровень, превосходящий уровень тела и ума. Познать свою духовную природу можно с помощью *гьяна-йоги,* восьмиступенчатой *йоги* или же *бхакти-йоги.* Тот, кто следует по одному из этих трех путей, должен познать изначальное положение живого существа, его связь с Богом, а также то, каким образом оно может восстановить эту связь и достичь высшей ступени совершенства —

обрести сознание Кришны. Каждый из этих путей рано или поздно приведет человека к высшей цели жизни. Господь говорил об этом во второй главе «Бхагавад-гиты»: даже незначительное продвижение по духовному пути является залогом того, что человек обретет освобождение. Из этих трех видов *йоги бхакти-йога* лучше всего подходит для нынешней эпохи, ибо это самый легкий и прямой путь постижения Бога. Чтобы еще раз удостовериться в этом, Арджуна просит Господа Кришну подтвердить сказанное Им ранее. Человек может быть искренним в своем стремлении к самоосознанию, однако в нынешнюю эпоху очень трудно заниматься *гьяна-йогой* либо восьмиступенчатой *йогой*. Поэтому, даже если он постоянно прилагает усилия, на его пути возникает множество препятствий. Главное из них — недостаток серьезности и решимости следовать избранному пути. Встать на путь самоосознания — значит, по сути дела, объявить войну иллюзии. Всякий раз, когда человек пытается вырваться из когтей иллюзорной энергии, она мешает ему, прибегая ко всевозможным уловкам. Обусловленная душа уже однажды попалась в сети *гун* материальной природы и в любой момент может снова стать их жертвой, даже если занимается духовной практикой. В данном стихе это выражено словами *йогāч чалита-мāнасах* («оставить путь духовного развития»). Арджуна хочет знать, какая участь ожидает того, кто сошел с этого пути.

ТЕКСТ 38   कच्चिन्नोभयविभ्रष्टश्छिन्नाभ्रमिव नश्यति ।
                अप्रतिष्ठो महाबाहो विमूढो ब्रह्मणः पथि ॥ ३८ ॥

*каччин нобхайа-вибхрашташ̣ чхиннāбхрам ива наш́йати
апратиш̣т̣хо махā-бāхо вимӯд̣хо брахман̣ах̣ патхи*

каччит — разве; *на* — не; *убхайа* — от обоих; *вибхраштах̣* — отклонившийся; *чхинна* — разорванное; *абхрам* — облако; *ива* — как; *наш́йати* — исчезает; *апратиш̣т̣хах̣* — не имеющий опоры; *махā-бāхо* — о могучерукий Кришна; *вимӯд̣хах̣* — сбитый с толку; *брахман̣ах̣* — духовном; *патхи* — на пути.

О могучерукий Кришна, разве человек, сошедший с пути *йоги*, не лишается всех духовных и материальных приобретений и не исчезает, подобно разорванному облаку, нигде не найдя прибежища?

КОММЕНТАРИЙ: Прогресс бывает двух видов: духовный и материальный. Материалистичных людей не привлекает ничто духовное — их больше интересует то, как преуспеть в этом мире: разбогатеть или, совершив определенные жертвоприношения, попасть на райские планеты. Тот, кто встал на духовный путь, должен прекратить всякую материальную деятельность и оставить попытки обрести пресловутое материальное счастье в любых его формах. Если начинающий *йог* сходит с духовного пути, может показаться, что он проигрывает и в духовном, и в материальном отношении: не обретает ни материального счастья, ни духовного совершенства. Он нигде не находит прибежища, подобно разорванному облаку. Иногда часть маленького облака отделяется от него и прибивается к большому. Но если она не присоединится к нему, то, унесенная ветром, исчезнет в небесных просторах.

Брахманах патха — это путь духовного самопознания, следуя по которому человек осознаёт себя духовной сущностью, неотъемлемой частицей Верховного Господа, который проявляет Себя как Брахман, Параматма и Бхагаван. Господь Шри Кришна — самое полное проявление Высшей Абсолютной Истины, поэтому тот, кто предался Ему, является совершенным *йогом*. Чтобы достичь той же цели путем постижения Брахмана или Параматмы потребуется немало жизней *(бахӯнāм джанманāм анте)*. Таким образом, самый лучший метод духовного самопознания — это *бхакти-йога*, или метод сознания Кришны, прямой путь постижения Абсолютной Истины.

ТЕКСТ 39   एतन्मे संशयं कृष्ण छेत्तुमर्हस्यशेषतः ।
त्वदन्यः संशयस्यास्य छेत्ता न ह्युपपद्यते ॥ ३९ ॥

этан ме сам̇ш́айам кр̣ш̣н̣а   чхеттум архаси аш́еш̣атах̣
твад-анйах̣ сам̇ш́айасйāсйа   чхеттā на хй упападйāте

этат — это; *ме* — мое; *сам̇ш́айам* — сомнение; *кр̣ш̣н̣а* — о Кришна; *чхеттум* — рассеять; *архаси* — заслуживаешь; *аш́еш̣атах̣* — полностью; *тват* — кроме Тебя; *анйах̣* — другой; *сам̇ш́айасйа* — сомнения; *асйа* — этого; *чхеттā* — избавитель; *на* — не; *хи* — безусловно; *упападйāте* — находится.

Это сомнение мучит меня, о Кришна, поэтому я прошу Тебя рассеять его. Лишь Ты один можешь избавить меня от подобных сомнений.

КОММЕНТАРИЙ: Кришне известно все: прошлое, настоящее и будущее. В начале «Бхагавад-гиты» Господь сказал, что все живые существа были индивидуумами в прошлом, являются таковыми в настоящем и сохранят свою индивидуальность в будущем, даже после того, как освободятся из материального плена. Тем самым он уже ответил на вопрос о будущем индивидуального существа. Теперь Арджуна хочет знать, какая участь ожидает неудачливого *йога*. Ни одно существо не может сравняться с Кришной или превзойти Его, даже так называемые великие мудрецы и философы, зависящие от материальной природы. Поэтому слова Кришны содержат полный и окончательный ответ, рассеивающий все сомнения. Кришна в совершенстве знает прошлое, настоящее и будущее, но Его Самого не знает никто. Только Кришне и Его преданным, обладающим сознанием Кришны, известно истинное положение вещей.

ТЕКСТ 40   श्रीभगवानुवाच
पार्थ नैवेह नामुत्र विनाशस्तस्य विद्यते ।
न हि कल्याणकृत्कश्चिद्दुर्गतिं तात गच्छति ॥ ४० ॥

шрӣ-бхагавāн увāча
пāртха наивеха нāмутра   винāшас тасйа видйате
на хи калйāн̣а-кр̣т каш́чид   дургатим̇ тāта гаччхати

шрӣ-бхагавāн увāча — Верховный Господь сказал; *пāртха* — о сын Притхи; *на эва* — определенно нет; *иха* — здесь (в этой жизни); *на* — не; *амутра* — там (в следующей жизни); *винāшах̣* — гибель; *тасйа* — его; *видйате* — существует; *на* — не; *хи* — безусловно; *калйāн̣а-кр̣т* — тот, кто занят благой деятельностью; *каш́чит* — кто-либо; *дургатим* — в беду; *тāта* — Мой друг; *гаччхати* — попадает.

Верховный Господь сказал: О сын Притхи, *йогу*, вершащему благие дела, не грозит гибель ни в этой жизни, ни в следующей. О Мой друг, зло никогда не одолеет того, кто творит добро.

КОММЕНТАРИЙ: В «Шримад-Бхагаватам» (1.5.17) Шри Нарада Муни дает Вьясадеве следующее наставление:

> *тйактвā сва-дхармам̇ чаран̣āмбуджам̇ харер*
>   *бхаджанн апакво 'тха патет тато йади*
>   *йатра ква вāбхадрам абхӯд амушйа ким̇*
> *ко вāртха āпто 'бхаджатāм̇ сва-дхарматах̣*

«Тот, кто, полностью предавшись Верховной Личности Бога, отказался от всех мирских устремлений, ничего не теряет и не навлекает на себя греха. Но тот, кто не предан Господу, не достигнет ничего, даже если безукоризненно выполняет все предписанные Ведами обязанности». Есть много разных видов деятельности, религиозной и мирской, которые помогают людям достичь материальных целей. *Йог* должен отказаться от всех видов материальной деятельности, чтобы достичь духовного совершенства, то есть обрести сознание Кришны. Кто-то может возразить, что, дескать, высшей ступени совершенства достигает лишь тот, кто полностью развил в себе сознание Кришны, а иначе человек ничего не добьется ни в материальной, ни в духовной жизни. Ведь в *шастрах* сказано, что тот, кто не выполняет предписанных ему обязанностей, будет за это наказан, — стало быть, эта участь ожидает и того, кто оставил свои материальные обязанности ради занятий духовной практикой, но потом сошел с духовного пути. Однако «Бхагаватам» заверяет неудачливого *йога,* что у него нет причин для беспокойства. Даже если ему и придется страдать из-за того, что он не выполнил должным образом свои обязанности, он все равно ничего не теряет, потому что его достижения в сознании Кришны никогда не пропадут даром и он сможет продолжить этот путь, даже если в следующей жизни появится на свет в семье из низших слоев общества. С другой стороны, даже тот, кто строго выполняет предписанные Ведами обязанности, может не получить от этого блага, если не обладает сознанием Кришны.

Люди делятся на две категории: те, кто следует указаниям *шастр,* и те, кто пренебрегает ими. Первые неукоснительно выполняют предписанные им обязанности, а последние, подобно животным, идут на поводу у своих чувств и не знают ни о том, что ожидает их в следующей жизни, ни о том, как освободиться из материального плена. Такими людьми, будь то цивилизованные люди или дикари, образованные или неграмотные, сильные или слабые, движут только животные инстинкты. Их деятельность никогда не приносит им блага, потому что, удовлетворяя свои животные потребности — в еде, сне, защите и сексе, — они остаются в плену материальной жизни, которая всегда исполнена страданий. Те же, кто следует указаниям *шастр* и постепенно развивает в себе сознание Кришны, несомненно, продвигаются по пути, ведущему к совершенству.

Людей, идущих благим путем, можно разделить на три группы: тех, кто следует предписаниям *шастр* ради материального процветания; тех, кто стремится к освобождению из материального плена, и преданных, действующих в сознании Кришны. Людей, которые следуют предписаниям *шастр,* позволяющим достичь материального благополучия, можно, в свою очередь, разделить на две группы: тех, кто хочет наслаждаться плодами своего труда, и тех, кто не стремится к этим плодам. Первые могут достичь более высокого уровня жизни и даже подняться на райские планеты, но, поскольку они продолжают оставаться в плену материальной природы, путь, которым они идут, нельзя назвать благим. Истинно благой является та деятельность, которая ведет к освобождению. Деятельность, которая в конечном счете не направлена на самоосознание, или на освобождение от материальных, телесных представлений о жизни, нельзя считать благотворной. Единственная поистине благотворная деятельность — это деятельность в сознании Кришны, и человека, который добровольно принимает неудобства и лишения ради того, чтобы развить в себе сознание Кришны, можно назвать совершенным *йогом* и подвижником. И поскольку высшая цель восьмиступенчатой *йоги* — обрести сознание Кришны, тот, кто усердно занимается этим видом *йоги*, также получает благо и ему не нужно бояться падения.

ТЕКСТ 41 प्राप्य पुण्यकृतां लोकानुषित्वा शाश्वतीः समाः ।
शुचीनां श्रीमतां गेहे योगभ्रष्टोऽभिजायते ॥ ४१ ॥

*прапйа пунйа-кртам локан   ушитва шашватих самах
шучинам шриматам гехе   йога-бхрашто 'бхиджайате*

прапйа — достигнув; *пунйа-кртам* — населенных теми, кто совершал благочестивые поступки; *локан* — планет; *ушитва* — прожив; *шашватих* — множество; *самах* — лет; *шучинам* — праведников; *шри-матам* — богатых; *гехе* — в доме; *йога-бхрашатх* — тот, кто сошел с духовного пути; *абхиджайате* — рождается.

Йог, не сумевший достичь совершенства, после смерти долгие годы наслаждается жизнью на планетах, где живут благочестивые существа, а затем рождается в семье праведников или богатых и знатных людей.

КОММЕНТАРИЙ: Есть две категории *йогов,* не сумевших достичь совершенства: те, кто оставил занятия *йогой,* едва начав их, и те, кто сошел с этого пути, пройдя значительную его часть. Первые отправляются на планеты, куда обычно попадают благочестивые существа. Прожив там очень долгую жизнь, они вновь возвращаются на землю и рождаются в семьях благочестивых *брахманов-*вайшнавов или богатых и знатных представителей торгового сословия.

Истинная цель занятий *йогой,* как сказано в последнем стихе этой главы, заключается в том, чтобы достичь высшей ступени сознания Кришны. Но тем, кто не сумел достичь этой цели, став жертвой материальных соблазнов, по милости Господа дается возможность полностью осуществить свои материальные желания. Затем они появляются на свет в благочестивых, знатных семьях и получают все возможности для того, чтобы полностью развить в себе сознание Кришны.

ТЕКСТ 42 अथवा योगिनामेव कुले भवति धीमताम् ।
एतद्धि दुर्लभतरं लोके जन्म यदीदृशम् ॥ ४२ ॥

*атха ва йогинам эва   куле бхавати дхиматам
этад дхи дурлабхатарам   локе джанма йад йдришам*

атха ва — или; *йогинам* — йогов (постигших духовную науку); *эва* — даже; *куле* — в семье; *бхавати* — рождается; *дхӣ-матам* — тех, кто наделен великой мудростью; *этат* — это; *хи* — безусловно; *дурлабха-тарам* — редчайшее; *локе* — в (этом) мире; *джанма* — рождение; *йат* — которое; *ӣдрӣшам* — такое.

Или [если *йог* сошел с духовного пути, пройдя бо́льшую его часть] он появляется на свет в семье людей, глубоко постигших духовную науку. Редко кому в этом мире выпадает такая удача.

КОММЕНТАРИЙ: В этом стихе говорится, что появиться на свет в семье людей, глубоко постигших духовную науку, — великая удача, поскольку в такой семье человека с самого начала жизни приобщают к духовной практике. Это в особенности относится к семьям *ачарьев* и *госвами.* Члены таких семей бережно хранят традиции и дают детям надлежащее воспитание. Они сведущи в духовной науке, преданы Господу и потому становятся духовными учителями. В Индии живет много семей *ачарьев,* однако в настоящее время почти все они выродились из-за недостатка духовного образования и воспитания. Но все же по милости Господа еще сохранились семьи, которые из поколения в поколение воспитывают преданных Господа. Родиться в такой семье, несомненно, большая удача. К счастью, мой духовный учитель, Ом Вишнупада Шри Шримад Бхактисиддханта Сарасвати Госвами Махараджа, а также ваш покорный слуга по милости Господа получили возможность родиться в таких семьях, где с первых дней жизни нас учили с любовью и преданностью служить Господу. Позднее мы встретились по воле Всевышнего.

ТЕКСТ 43 तत्र तं बुद्धिसंयोगं लभते पौर्वदेहिकम् ।
यतते च ततो भूयः संसिद्धौ कुरुनन्दन ॥ ४३ ॥

*татра там буддхи-самйогам   лабхате паурва-дехикам
йатате ча тато бхӯйах   самсиддхау куру-нандана*

татра — там; *там* — то; *буддхи-самйогам* — пробуждение сознания; *лабхате* — обретает; *паурва-дехикам* — того, которым он обладал в предыдущем теле; *йатате* — пытается; *ча* — также; *татах* — затем; *бхӯйах* — вновь; *самсиддхау* — в достижении совершенства; *куру-нандана* — о потомок Куру.

Тогда, о потомок Куру, в нем просыпается божественное сознание, которое он развил в предыдущих жизнях, и он снова начинает заниматься *йогой,* стремясь достичь совершенства.

КОММЕНТАРИЙ: Примером человека, в котором пробудилось божественное сознание, развитое в предыдущих жизнях, является

царь Бхарата: в третьем своем воплощении он появился на свет
в семье достойного *брахмана*. Когда-то царь Бхарата был импе-
ратором мира, и с тех пор полубоги стали называть эту планету
Бхарата-варшей (до этого она называлась Илаврита-варшей). Еще
в молодые годы царь отошел от дел и удалился в лес, чтобы обрести духовное совершенство, но не сумел достичь этой цели. Позже
он родился в семье истинного *брахмана* и был известен под именем
Джады Бхараты, потому что всегда искал уединения и ни с кем
не хотел разговаривать. Позднее царь Рахугана обнаружил, что
Джада Бхарата был великим *йогом*. На примере его жизни видно,
что усилия *йога* никогда не пропадают даром. По милости Господа
он снова получает возможность достичь совершенства в сознании
Кришны.

ТЕКСТ 44   पूर्वाभ्यासेन तेनैव ह्रियते ह्यवशोऽपि सः ।
जिज्ञासुरपि योगस्य शब्दब्रह्मातिवर्तते ॥ ४४ ॥

*пӯрвābхйāсена тенаива   хрийате хи аваśо 'пи сах
джиджн̃āсур апи йогасйа   śабда-брахмāтивартате*

пӯрва — прежним; *абхйāсена* — занятием; *тена* — тем; *эва* — безусловно; *хрийате* — привлекается; *хи* — несомненно; *аваśах* — без
принуждения; *апи* — также; *сах* — он; *джиджн̃āсух* — который желает знать; *апи* — даже; *йогасйа* — йогу; *śабда-брахма* — обряды,
предписанные Ведами; *ативартате* — превосходит.

**Благодаря этому божественному сознанию в нем само собой
просыпается влечение к практике *йоги*. Такого *йога*, стремящегося к духовному знанию, не привлекают ведические обряды
и ритуалы.**

КОММЕНТАРИЙ: Йогов, достигших высокого духовного уровня,
не интересуют ведические обряды и ритуалы, но естественным образом привлекает практика *йоги*, которая поможет им полностью
развить в себе сознание Кришны, то есть достичь высшего совершенства *йоги*. В «Шримад-Бхагаватам» (3.33.7) объясняется, почему такие *йоги* пренебрегают ведическими ритуалами:

*ахо бата śва-пачо 'то гарӣйāн
йадж-джихвāгре вартате нāма тубхйам
тепус тапас те джухувух саснур āрйā
брахмāнӯчур нāма гр̣н̣анти йе те*

«О Господь, те, кто повторяет Твои святые имена, уже достигли
высот духовной жизни, даже если они рождены в семьях собакоедов. Такие люди, несомненно, уже совершили всевозможные аскетические подвиги и жертвоприношения, омылись во всех свя-

щенных водах и изучили все богооткровенные писания». Самым известным примером таких людей является Харидас Тхакур, которого Господь Чайтанья считал одним из Своих главных учеников. Хотя Харидас Тхакур вырос в мусульманской семье, Господь Чайтанья наградил его возвышенным титулом *нама-ачарьи,* потому что Харидас Тхакур дал обет ежедневно повторять триста тысяч имен Господа: Харе Кришна, Харе Кришна, Кришна Кришна, Харе Харе / Харе Рама, Харе Рама, Рама Рама, Харе Харе — и следовал ему неукоснительно. Он повторял святые имена постоянно, а это значит, что в предыдущих жизнях он уже совершил все ведические ритуалы. Другими словами, до тех пор пока человек не очистится, он не сможет встать на путь сознания Кришны и начать повторять святые имена Господа, *мантру* Харе Кришна.

ТЕКСТ 45		प्रयत्नाद्यतमानस्तु योगी संशुद्धकिल्बिषः ।
अनेकजन्मसंसिद्धस्ततो याति परां गतिम् ॥ ४५ ॥

*прайатнад йатаманас ту   йоги самшуддха-килбишах
анека-джанма-самсиддхас   тато йати парам гатим*

прайатнат — упорными занятиями; *йатаманах* — прилагающий усилия; *ту* — и; *йоги* — йог; *самшуддха* — очистившийся; *килбишах* — от всех грехов; *анека* — после великого множества; *джанма* — жизней; *самсиддхах* — достигший совершенства; *татах* — затем; *йати* — приходит; *парам* — к высшей; *гатим* — цели.

Он усердно занимается практикой *йоги* **и в конце концов, спустя множество жизней, полностью очищается от материальной скверны, обретает духовное совершенство и достигает высшей цели.**

КОММЕНТАРИЙ: Родившись в семье богатых и знатных людей, праведников или возвышенных преданных, падший *йог* осознаёт, что у него есть все возможности для занятий *йогой.* Тогда он с решимостью берется за свой незавершенный труд и постепенно очищается от всей материальной скверны. Полностью очистившись, он наконец достигает высшего совершенства — обретает сознание Кришны. Сознание Кришны — высшая ступень процесса очищения. Это подтверждается в «Бхагавад-гите» (7.28):

*йешам тв анта-гатам папам
джананам пунйа-карманам
те двандва-моха-нирмукта
бхаджанте мам дрдха-вратах*

«После великого множества жизней, посвященных благочестивой деятельности, человек полностью очищается от материальной скверны и выходит из-под власти иллюзорной двойственности. Тогда он с решимостью посвящает себя трансцендентному любовному служению Господу».

ТЕКСТ 46 तपस्विभ्योऽधिको योगी ज्ञानिभ्योऽपि मतोऽधिकः ।
कर्मिभ्यश्चाधिको योगी तस्माद्योगी भवार्जुन ॥ ४६ ॥

тапасвибхйо 'дхико йоги   джнянибхйо 'пи мато 'дхиках
кармибхйаш чадхико йоги   тасмад йоги бхаварджуна

тапасвибхйах — чем аскеты; *адхиках* — более великий; *йоги* — йог; *джнянибхйах* — чем мудрецы; *апи* — также; *матах* — считающийся; *адхиках* — более великий; *кармибхйах* — чем те, кто занимаются кармической деятельностью; *ча* — также; *адхиках* — более великий; *йоги* — йог; *тасмат* — поэтому; *йоги* — йогом; *бхава* — стань; *арджуна* — о Арджуна.

Йог намного превосходит аскета, философа и человека, стремящегося к плодам своего труда. Поэтому, о Арджуна, невзирая ни на что, стань *йогом*.

КОММЕНТАРИЙ: Говоря о *йоге,* мы имеем в виду процесс соединения нашего сознания с Высшей Абсолютной Истиной. Люди называют его по-разному, в зависимости от избранного ими метода духовного самопознания. Когда этот процесс связан главным образом с кармической деятельностью, его называют *карма-йогой,* когда он основывается на философских изысканиях, его называют *гьяна-йогой,* а когда в нем преобладает преданное служение Верховному Господу, его называют *бхакти-йогой. Бхакти-йога,* или метод сознания Кришны, как будет сказано в следующем стихе, — это самый совершенный из всех видов *йоги.* В данном стихе Господь утвердил превосходство мистической *йоги,* но не сказал, что она лучше *бхакти-йоги. Бхакти-йога* дает человеку полное духовное знание, поэтому она является непревзойденной. Если человек совершает аскезу, не обладая знанием о своей духовной природе, эта аскеза несовершенна, равно как и философские изыскания, которые не основаны на преданности Верховному Господу. Точно так же тот, кто занимается кармической деятельностью, не обладая сознанием Кришны, лишь напрасно теряет время. Поэтому самым лучшим из всех перечисленных здесь видов *йоги* является *бхакти-йога.* С еще большей ясностью об этом говорится в следующем стихе.

ТЕКСТ 47 योगिनामपि सर्वेषां मद्गतेनान्तरात्मना ।
श्रद्धावान्भजते यो मां स मे युक्ततमो मतः ॥ ४७ ॥

> *йогинам апи сарвешам   мад-гатенантар-атмана*
> *ираддхаван бхаджате йо мам   са ме йуктатамо матах*

йогинам — *йогов; апи* — также; *сарвешам* — всех; *мат-гатена* —
пребыванием во Мне, постоянными мыслями обо Мне; *антах-
атмана* — в глубине своего сердца; *ираддха-ван* — обладающий непоколебимой верой; *бхаджате* — занимается трансцендентным любовным служением; *йах* — который; *мам* — Мне (Верховному Господу); *сах* — он; *ме* — у Меня; *йукта-тамах* — величайший *йог; матах* — считающийся.

**А из всех *йогов* тот, кто всегда погружен в мысли обо Мне,
пребывающем в его сердце, и, исполненный непоколебимой веры,
поклоняется и служит Мне с любовью, связан со Мной самыми
тесными узами и достиг высшей ступени совершенства. Таково
Мое мнение.**

КОММЕНТАРИЙ: Особого внимания в этом стихе заслуживает
слово *бхаджате.* Оно образовано от глагольного корня *бхадж,* который несет в себе идею служения. Слово «поклоняться» не полностью совпадает по смыслу со словом *бхадж.* Поклоняться — значит чтить кого-то, оказывать ему почести. Но слова, выражающие
идею служения с любовью и верой, используются исключительно
в связи с Верховной Личностью Бога. Тот, кто отказывается выражать почтение какому-нибудь полубогу или уважаемому человеку,
рискует прослыть невежей, но тот, кто отказался служить Верховному Господу, обрекает себя на жалкое существование. Каждое живое существо — неотъемлемая частица Господа и по природе своей
предназначено для того, чтобы служить Ему. Отказываясь делать
это, оно падает в низшие сферы бытия. Это подтверждается в «Бхагаватам» (11.5.3):

> *йа эшам пурушам сакшад*
> *атма-прабхавам ийварам*
> *на бхаджантй аваджананти*
> *стханад бхраштах патантй адхах*

«Тот, кто не желает служить предвечному Господу, источнику всех
существ, и не исполняет своего долга перед Ним, неизбежно лишится своего естественного положения и окажется в сетях адской
жизни».

В данном стихе из «Шримад-Бхагаватам» тоже употреблено слово *бхаджанти.* Это подтверждает, что *бхаджанти* указывает на
служение Верховному Господу, тогда как слово «поклонение» может также употребляться по отношению к полубогам и обыкновенным существам. В этом стихе есть еще одно слово — *ава-*

джананти, — которое также встречается в «Бхагавад-гите» (9.11). *Аваджананти мам мудхах:* «Только глупцы и негодяи пытаются принизить Верховную Личность Бога, Господа Кришну». Такие глупцы берутся писать комментарии к «Бхагавад-гите», хотя сами не желают служить Господу. В результате они не могут понять разницу между словами *бхаджанти* и «поклонение».

Высшей ступенью лестницы *йоги* является *бхакти-йога.* Все остальные виды *йоги* не более чем средства достижения *бхакти.* Строго говоря, слово *йога* означает именно *бхакти-йогу,* а все прочие виды *йоги* — это ступени, позволяющие прийти к *бхакти-йоге.* От начала *карма-йоги* и до вершин *бхакти-йоги* лежит длинный путь духовного самопознания. Он начинается с деятельности без стремления к плодам своего труда. Когда человек, практикующий *карма-йогу,* обретает духовное знание и избавляется от привязанности к мирским наслаждениям, он поднимается на уровень *гьяна-йоги.* А когда к *гьяна-йоге* он добавляет физические и дыхательные упражнения и медитацию, объектом которой является Сверхдуша, он достигает ступени *аштанга-йоги.* Поднявшись выше уровня *аштанга-йоги,* человек приходит к служению Верховной Личности Бога, Кришне, и это и есть *бхакти-йога,* вершина лестницы *йоги.* В сущности, *бхакти-йога* является высшей целью, но чтобы овладеть этой наукой, необходимо также понять суть всех остальных методов *йоги. Йог,* стремящийся к высшей цели, стоит на верном пути, ведущем к вечному счастью. А тех, кто, достигнув определенной ступени *йоги,* останавливаются на ней и не идут дальше, называют соответственно *карма-йогами, гьяна-йогами, дхьяна-йогами, раджа-йогами, хатха-йогами* и т.п. Если кому-то посчастливится сразу встать на путь *бхакти-йоги,* следует понимать, что он уже миновал все остальные ступени *йоги.* Иными словами, сознание Кришны — это высшая ступень *йоги.* Так, Гималаи — это самые высокие горы в мире, а среди них высочайшая вершина — Эверест.

Только тот, кому очень посчастливится, может встать на путь *бхакти-йоги* и, следуя указаниям ведических писаний, утвердиться в сознании Кришны. Совершенные *йоги* сосредоточивают ум на Кришне, Шьямасундаре, чье прекрасное тело цветом напоминает грозовое облако, а лотосоподобный лик сияет, словно солнце. Одежды Господа усыпаны драгоценными камнями, а грудь украшена гирляндой из цветов. Ослепительное сияние, исходящее от Его тела и называемое *брахмаджьоти,* освещает все стороны света. Он приходит в этот мир в разных образах, таких как Рама, Нрисимха, Вараха и Кришна, Верховная Личность Бога. Появляясь на земле в облике человека, Он становится сыном матери Яшоды и носит имена Кришна, Говинда и Ва̄судева. Он идеальный сын, муж, друг и господин, и Он исполнен всех совершенств и божественных качеств. Того, кто полностью сознает эти свойства Господа, считают лучшим из *йогов*.

Достичь этой высшей ступени совершенства можно, только идя путем *бхакти-йоги*. Ведические писания подтверждают это:

> *йасйа деве парā бхактир*
> *йатхā деве татхā гурау*
> *тасйаите катхитā хй артхāх*
> *пракāшанте махāтманах*

«Только тем великим душам, которые обладают непоколебимой верой в Господа и духовного учителя, открывается суть ведического знания» (Шветашватара-упанишад, 6.23).

Бхактир асйа бхаджанам тад ихāмутропāдхи-наирāсйенāмушмин манах-калпанам, этад эва наишкармйам. «*Бхакти* — это преданное служение Господу, свободное от стремления получить выгоду в этой жизни или в следующей. Избавившись от этого стремления, человек должен сосредоточить ум на Всевышнем. В этом смысл слова *наишкармйа**» (Гопала-тапани-упанишад, 1.15).

Вот некоторые из принципов *бхакти-йоги*, позволяющие обрести сознание Кришны, которое является высшей ступенью совершенства *йоги*.

Так заканчивается комментарий Бхактиведанты к шестой главе «Шримад Бхагавад-гиты», которая называется «Дхьяна-йога».

---

* Буквально «бездеятельность» или «свобода от последствий деятельности» (*Прим. редактора.*)

ГЛАВА СЕДЬМАЯ

Познание Абсолюта

ТЕКСТ 1   श्रीभगवानुवाच
मय्यासक्तमनाः पार्थ योगं युञ्जन्मदाश्रयः ।
असंशयं समग्रं मां यथा ज्ञास्यसि तच्छृणु ॥ १ ॥

шрӣ-бхагавāн увāча
майи āсакта-манāх̣ пāртха   йогам йуñджан мад-āш́райах̣
асам̇ш́айам̇ самаграм̇ мāм   йатхā джñāсйаси тач чхр̣н̣у

ш́рӣ-бхагавāн увāча — Верховный Господь сказал; *майи* — на Мне; *āсакта-манāх̣* — тот, чей ум сосредоточен; *пāртха* — о сын Притхи; *йогам* — самоосознание; *йуñджан* — тот, кто практикует; *мат-āш́райах̣* — знающий Меня (обладающий сознанием Кришны); *асам̇ш́айам* — несомненно; *самаграм* — в полной мере; *мāм* — Меня; *йатхā* — как; *джñāсйаси* — постигнешь; *тат* — об этом; *ш́рн̣у* — послушай.

Верховный Господь сказал: Теперь, о сын Притхи, услышь о том, как, вручив себя Мне, сосредоточив на Мне свой ум и отбросив все сомнения, ты сможешь в полной мере постичь Меня, идя путем *йоги*.

КОММЕНТАРИЙ: Седьмая глава «Бхагавад-гиты» подробно описывает природу сознания Кришны. Кришна исполнен всех совершенств, и здесь рассказывается о том, как Он проявляет их. Кроме того, здесь названы четыре типа удачливых людей, которые обра-

331

щаются к Кришне, и четыре типа неудачников, которые никогда не делают этого.

В первых шести главах «Бхагавад-гиты» говорилось о том, что живое существо — это не материя, а дух, вечная душа, и что оно может осознать свою духовную природу с помощью разных методов *йоги*. В конце шестой главы было ясно сказано, что тот, чей ум всегда сосредоточен на Кришне, другими словами, тот, кто обладает сознанием Кришны, находится на высшей ступени лестницы *йоги*. Только сосредоточив ум на Кришне, и никак иначе, мы сможем постичь Абсолютную Истину в полной мере. Человек, познавший безличное *брахмаджьоти* или Параматму, пребывающую в сердце, не обладает совершенным знанием об Абсолютной Истине: его знание лишь частично. Полностью познать Абсолютную Истину — значит познать Кришну, ибо человеку, обладающему сознанием Кришны, открываются все тайны духовной науки. Достигнув совершенства в сознании Кришны, человек избавляется от всех сомнений и понимает, что Кришна является высшим объектом познания. Разные виды *йоги* — это лишь разные этапы на пути сознания Кришны. Тот, кто идет путем сознания Кришны, естественным образом обретает совершенное знание о *брахмаджьоти* и Параматме. Занимаясь *йогой* сознания Кришны, человек в совершенстве познаёт все: Абсолютную Истину, живые существа и материальную природу во всех их многообразных проявлениях.

Заниматься *йогой* надо так, как предписано в последнем стихе шестой главы «Бхагавад-гиты». Сосредоточить ум на Кришне, Верховном Господе, можно, только преданно служа Ему. Преданное служение Господу состоит из девяти видов, первым и самым важным из которых является *шраванам*. Вот почему Господь говорит здесь Арджуне: *тач чхрну* — «Слушай Меня». Нет наставника более великого, чем Кришна, поэтому тот, кто слушает Его, получает редчайшую возможность обрести совершенное сознание Кришны. Духовное знание надо получать либо от Самого Кришны, либо от Его чистого преданного, а не от мирского выскочки, кичащегося своей образованностью.

Процесс постижения Кришны, Верховной Личности Бога, Абсолютной Истины, описан во второй главе Первой песни «Шримад-Бхагаватам»:

> *щрнватāм сва-катхāх кршнах*
> *пунйа-щравана-кӣртанах*
> *хрдй антах-стхо хй абхадрāни*
> *видхуноти сухрт сатāм*
>
> *нашта-прāйешв абхадрешу*
> *нитйам бхāгавата-севайā*

бхагаватй уттама-йлоке
бхактир бхавати наишṭхикй

тадā раджас-тамо-бхāвāх
кāма-лобхāдайаш ча йе
чета этаир анāвиддхам
стхитам саттве прасйдати

эвам прасанна-манасо
бхагавад-бхакти-йогатах
бхагават-таттва-виджнāнам
мукта-саṅгасйа джāйате

бхидйате хрдайа-грантхиш
чхидйанте сарва-самшайāх
кшийанте чāсйа кармāṇи
дршṭа эвāтманйшваре

«Слушание повествований о Кришне, изложенных в ведических писаниях, или слов Самого Кришны в „Бхагавад-гите" само по себе праведно. Господь Кришна, пребывающий в сердце каждого, действует как лучший друг преданного, неустанно слушающего о Нем, и очищает его сердце от материальной скверны. Тогда в сердце преданного естественным образом пробуждается духовное знание. Продолжая слушать о Кришне от преданных и читать „Шримад-Бхагаватам", человек утверждается на пути служения Господу. Совершенствуясь в преданном служении, он выходит из-под влияния *гун* страсти и невежества и таким образом постепенно избавляется от вожделения и жадности. Очистившись от этой скверны, он достигает уровня чистой благости и, черпая радость в преданном служении, постигает науку о Боге во всех ее аспектах. Так *бхакти-йога* разрубает тугой узел материальных привязанностей в сердце человека, и тогда он сразу избавляется от всех сомнений (*асамшайам самаграм*) и постигает Высшую Абсолютную Истину, Личность Бога» (Бхаг., 1.2.17—21).

Итак, постичь науку о Кришне можно, только слушая слова Кришны или Его преданного, обладающего сознанием Кришны.

ТЕКСТ 2   ज्ञानं तेऽहं सविज्ञानमिदं वक्ष्याम्यशेषतः ।
यज्ज्ञात्वा नेह भूयोऽन्यज्ज्ञातव्यमवशिष्यते ॥ २ ॥

джнāнам те 'хам са-виджнāнам   идам вакшйāми ашешатах
йадж джнāтвā неха бхӯйо 'нйадж   джнāтавйам авашишйате

джнāнам — знание о материальном мире; *те* — тебе; *ахам* — Я; *са* — вместе с; *виджнāнам* — духовным знанием; *идам* — это; *ва-кшйāми* — изложу; *ашешатах* — полностью; *йат* — которое; *джнā-*

тва̄ — познав; *на* — не; *иха* — здесь (в этом мире); *бхӯйах̣* — более; *анйат* — другое; *джн̃а̄тавйам* — то, что необходимо знать; *аваш́ишйате* — остается.

Сейчас Я открою тебе во всей полноте знание о материальной и о духовной природе. Когда ты овладеешь им, для тебя уже не останется ничего непознанного.

КОММЕНТАРИЙ: Совершенное знание — это знание о материальном мире, о стоящей за ним духовной природе и об источнике их обоих. Такое знание называют трансцендентным. Господь хочет открыть это знание Арджуне, потому что Арджуна — Его преданный и близкий друг. Господь уже говорил об этом в начале четвертой главы, и здесь Он снова подтверждает, что совершенное знание может получить только преданный, который принадлежит к *парампаре,* ведущей начало от Самого Господа. Поэтому мы должны воспользоваться своим разумом и попытаться постичь источник всего знания — Господа, который является причиной всех причин и единственным объектом медитации во всех системах *йоги.* Познав причину всех причин, человек обретет совершенное знание и для него уже не останется ничего непознанного. Веды (Мундака-упанишад, 1.1.3) подтверждают это: *касмин ну бхагаво виджн̃а̄те сарвам идам̇ виджн̃а̄там̇ бхаватӣти.*

ТЕКСТ 3   मनुष्याणां सहस्रेषु कश्चिद्यतति सिद्धये ।
यततामपि सिद्धानां कश्चिन्मां वेत्ति तत्त्वतः ॥ ३ ॥

*манушйа̄н̣а̄м̇ сахасрешу   каиш́чид йатати сиддхайе
йатата̄м апи сиддха̄на̄м   каиш́чин ма̄м̇ ветти таттватах̣*

манушйа̄н̣а̄м — людей; *сахасрешу* — среди многих тысяч; *каиш́чит* — кто-либо; *йатати* — стремится; *сиддхайе* — к совершенству; *йатата̄м* — стремящихся к совершенству; *апи* — воистину; *сиддха̄-на̄м* — тех, кто достиг совершенства; *каиш́чит* — кто-либо; *ма̄м* — Меня; *ветти* — знает; *таттватах̣* — воистину.

Из многих тысяч людей едва ли один стремится к совершенству, а из достигших совершенства едва ли один воистину познал Меня.

КОММЕНТАРИЙ: Из многих тысяч людей самых разных типов едва ли один может по-настоящему заинтересоваться самоосознанием и попытаться узнать, какова природа души и тела и что представляет собой Абсолютная Истина. Интересы большинства людей сводятся к удовлетворению животных потребностей: в еде, сне, защите и сексе, и почти никого не привлекает трансцендентное знание. Первые шесть глав «Гиты» предназначены для тех, кто стремится обрести трансцендентное знание, то есть постичь природу души и Сверхдуши с помощью методов *гьяна-йоги* и *дхьяна-йоги* и научиться отделять свое «я» от материи, однако никто из этих людей не может постичь Кришну, Верховную Личность Бога. Постичь Кришну могут только те, кто обладает сознанием Кришны. Другие искатели Абсолютной Истины могут постичь безличный Брахман, поскольку это гораздо легче, чем постичь Кришну. Но Кришна — это Верховная Личность, и, чтобы постичь Его, недостаточно обладать знанием о Брахмане и Параматме. Попытки *йогов* и *гьяни* постичь Кришну, как правило, заканчиваются неудачей. Хотя величайший из имперсоналистов, Шрипада Шанкарачарья, в своем комментарии к «Бхагавад-гите» признал Кришну Верховной Личностью Бога, его последователи отказываются считать Кришну таковым. Это говорит о том, что понять истинную природу Кришны очень трудно даже тому, кто достиг духовного уровня, уровня безличного Брахмана.

Кришна — Верховная Личность Бога, причина всех причин, предвечный Господь Говинда. *Йишварах парамах кршнах сач-чид-ананда-виграхах анадир адир говиндах сарва-карана-каранам.* Непреданным чрезвычайно трудно постичь Его. Хотя они и заявляют, что путь *бхакти,* или преданного служения, слишком легок, сами они не способны следовать по нему. Если путь *бхакти* так легок, как утверждают непреданные, то почему же они выбирают трудный путь? На самом деле идти путем *бхакти* совсем не легко. Легким может казаться так называемый путь *бхакти,* по которому следуют не сведущие в этой науке самозванцы, но, когда философы-*гьяни* пытаются заниматься *бхакти-йогой* по-настоящему, в соответствии с предписаниями *шастр,* они быстро сходят с этого пути. В «Бхакти-расамрита-синдху» (1.2.101) Шрила Рупа Госвами пишет:

> *йрути-смрти-пуранади-*
> *панчаратра-видхим вина*
> *аикантики харер бхактир*
> *утпатайаива калпате*

«Тот, кто пытается служить Господу, пренебрегая указаниями Упанишад, Пуран, „Нарада-панчаратры" и других авторитетных ведических писаний, только нарушает покой общества».

Имперсоналист, осознавший Брахман, или *йог,* постигший Параматму, не способны постичь Верховного Господа Кришну, который стал сыном Яшоды и колесничим Арджуны. Даже великие полубоги иногда приходят в недоумение, наблюдая за действиями Кришны *(мухйанти йат сурайах). Мам ту веда на кайчана:* «Никто не знает Меня таким, какой Я есть», — говорит Господь. Великая душа, которой удалось постичь Кришну, встречается очень редко *(са махāтмā су-дурлабхах).* Даже если человек — великий ученый или философ, пока он не встанет на путь преданного служения Господу, он не сможет постичь Кришну таким, какой Он есть *(таттватах).* Только чистые преданные могут до какой-то степени познать непостижимые божественные качества Кришны, причины всех причин: Его безграничное могущество и великолепие, Его богатство, славу, силу, красоту, знание и самоотречение, — ибо Кришна всегда благоволит к Своим преданным. Он высшая ступень осознания Брахмана, и воистину познать Его могут только преданные.

> *атах ш́рӣ-кр̣шн̣а-нāмāди*
> *на бхавед грāхйам индрийаих̣*
> *севонмукхе хи джихвāдау*
> *свайам эва спхуратй адах̣*

«Кришну невозможно постичь с помощью грубых материальных органов чувств. Но Он Сам открывает Себя Своим преданным, довольный их трансцендентным любовным служением Ему» (Бхакти-расамрита-синдху, 1.2.234).

ТЕКСТ 4 भूमिरापोऽनलो वायुः खं मनो बुद्धिरेव च ।
अहङ्कार इतीयं मे भिन्ना प्रकृतिरष्टधा ॥ ४ ॥

> *бхӯмир āпо 'нало вāйух̣   кхам̇ мано буддхир эва ча*
> *ахан̇кāра итӣйам̇ ме   бхиннā пракр̣тир ашт̣адхā*

бхӯмих̣ — земля; *āпах̣* — вода; *аналах̣* — огонь; *вāйух̣* — воздух; *кхам* — эфир; *манах̣* — ум; *буддхих̣* — разум; *эва* — безусловно; *ча* — и; *ахан̇кāрах̣* — ложное эго; *ити* — таким образом; *ийам* — эта; *ме* — Моя; *бхиннā* — отделенная; *пракр̣тих̣* — энергия; *ашт̣адхā* — состоящая из восьми видов.

Земля, вода, огонь, воздух, эфир, ум, разум и ложное эго — эти восемь элементов составляют Мою отделенную материальную энергию.

КОММЕНТАРИЙ: Наука о Боге рассматривает природу Всевышнего и разных видов Его энергии. Материальную природу называют *пракрити,* или энергией Господа, которую Он проявляет через Свои *пуруша-аватары.* В «Нарада-панчаратре», одной из *сатвата-тантр,* сказано:

> *вишнос ту трӣн̣и рӯпāн̣и*
> *пурушāкхйāнй атхо видух̣*
> *экам̇ ту махатах̣ срашт̣р̣*
> *двитӣйам̇ тв ан̣д̣а-сам̇стхитам*

тṛтӣйāм̇ сарва-бхӯта-стхам̇
тāни джн̃āтвā вимучйате

«Чтобы создать материальный мир, полная экспансия Господа Кришны, Вишну, принимает три облика. Первый из Них — Маха-Вишну, Он создает совокупность материальной энергии, называемую *махат-таттвой*. Второй — Гарбходакашайи Вишну, который входит в каждую вселенную, чтобы создать там многообразие жизни. Третий, Кширодакашайи Вишну, как вездесущая Сверхдуша, Параматма, пронизывает все вселенные. Он пребывает даже в атомах. Каждый, кто постиг этих трех Вишну, сможет освободиться из материального плена».

Материальный мир — это временное проявление одного из видов энергии Господа. Всеми процессами в этом мире управляют три Вишну, экспансии Господа Кришны. Их называют *пуруша-аватарами*. Те, кто не сведущ в науке о Боге (Кришне), считают, что материальный мир создан для того, чтобы живые существа могли удовлетворять потребности своих чувств, и что живые существа сами являются *пурушами* — источниками материальной энергии и ее полновластными хозяевами. «Бхагавад-гита» признает это атеистическое заключение ложным. В данном стихе говорится, что первопричина возникновения всего материального мира — Кришна. Это также подтверждается в «Шримад-Бхагаватам». Различные элементы материального космоса являются составляющими отделенной энергии Господа. Даже *брахмаджьоти*, высшая цель имперсоналистов, — не что иное, как духовная энергия, проявленная в духовном небе. В *брахмаджьоти* нет духовного разнообразия, которое царит на планетах Вайкунтхи, и все же имперсоналисты считают *брахмаджьоти* своей высшей целью и вечной обителью. Что касается вездесущей Параматмы, то это временное проявление Кширодакашайи Вишну. Параматма не является вечной, ибо этого проявления Господа не существует в духовном мире. Таким образом, высшее проявление Абсолютной Истины — это Верховная Личность Бога, Кришна. Он изначальный источник всей энергии и Ему подвластны все ее виды: и отделенная энергия, и внутренняя.

Материальная энергия, как уже было сказано, состоит из восьми первоэлементов. Первые пять из них — землю, воду, огонь, воздух и эфир — называют пятью гигантскими или грубыми элементами, в которых заключены пять объектов чувственного восприятия: материальный звук, осязательное ощущение, форма, вкус и запах. Материалистическая наука ограничивается изучением лишь этих десяти элементов, оставляя в стороне три других элемента: ум, разум и ложное эго. Ученые, исследующие различные психические процессы, также не обладают совершенным знанием, поскольку им неизвестен первоисточник всего сущего, Кришна. Ложное эго, которое проявляется в понятиях «я» и «мое» и составляет основу материальной жизни, включает в себя также десять органов тела, участвующих в материальной деятельности. Слово *буддхих* (разум) также указывает на совокупность элементов материального творения, называемую *махат-таттвой*. Таким образом, из восьми элементов, составляющих отделенную энергию Господа, возникают двадцать четыре элемента, из которых состоит весь материальный мир и которые являются предметом изучения атеистической философии *санкхьи;* изначально эти элементы — порождения отделенной энергии Кришны, но приверженцы атеистической *санкхьи* не знают, что Кришна — причина всех причин. Философия *санкхьи* ограничивается лишь изучением различных проявлений внешней энергии Кришны, описанных в «Бхагавад-гите».

ТЕКСТ 5   अपरेयमितस्त्वन्यां प्रकृतिं विद्धि मे पराम् ।
जीवभूतां महाबाहो ययेदं धार्यते जगत् ॥ ५ ॥

*апарейам итас тв анийāм   пракр̣тим̇ виддхи ме парāм
джӣва-бхӯтāм̇ махā-бāхо   йайедам̇ дхāрйате джагат*

апарā — низшая; *ийам* — эта; *итах* — поэтому; *ту* — но; *анийāм* — другую; *пракр̣тим* — энергию; *виддхи* — знай; *ме* — Мою; *парāм* — высшую; *джӣва-бхӯтāм* — (состоящую из) живых существ; *махā-бāхо* — о могучерукий; *йайā* — которой; *идам* — этот; *дхāрйате* — используется; *джагат* — материальный мир.

Помимо нее, о могучерукий Арджуна, есть другая, Моя высшая энергия, состоящая из живых существ, которые пользуются тем, что создано материальной, низшей энергией.

КОММЕНТАРИЙ: Здесь ясно сказано, что живые существа относятся к высшей природе, или энергии, Верховного Господа. Низшая энергия — это материя, которая проявляет себя через различные элементы: землю, воду, огонь, воздух, эфир, ум, разум и ложное эго. Обе группы материальных элементов: грубые (земля и т. д.) и тонкие (ум и т. д.) являются порождением низшей энергии. Живые существа, использующие различные элементы низшей энергии в своих целях, принадлежат к высшей энергии Верховного Господа, и именно благодаря этой энергии живет и действует весь материальный мир. Материальный космос лишен способности действовать до тех пор, пока его не приведет в движение высшая энергия, живые существа. Энергия всегда подчинена ее источнику, поэтому живые существа всегда подвластны Верховному Господу; они не обладают полной независимостью. Они никогда не станут столь же могущественными, как Господь, вопреки мнению недалеких людей. О разнице между живыми существами и Верховным Господом в «Шримад-Бхагаватам» (10.87.30) сказано следующее:

апаримита̄ дхрува̄с тану-бхр̣то йади сарва-гата̄с
тархи на ш́а̄сйатети нийамо дхрува нетаратха̄
аджани ча йан-майам̇ тад авимучйа нийантр̣ бхавет
самам̇ануджа̄ната̄м̇ йад аматам̇ мата-душт̣атайа̄

«О вечный Всевышний, если бы воплощенные в теле существа были неизменными и вездесущими, подобно Тебе, они бы не находились в Твоей власти. Но, если признать, что живые существа являются частицами Твоей энергии, сразу становится ясно, что они подвластны Тебе. Поэтому, чтобы обрести подлинное освобождение, живые существа должны признать над собой Твою власть, — тогда они станут счастливыми. Только тогда, заняв свое естественное положение, они обретут могущество. Поэтому те недалекие люди, которые отстаивают концепцию монизма, гласящую, что индивидуальные существа во всех отношениях тождественны Богу, на самом деле придерживаются ошибочных и порочных взглядов».

Верховный Господь, Кришна, — единственный властелин, а все остальные существа подвластны Ему. Живые существа принадлежат к высшей энергии Господа, поскольку качественно неотличны от Всевышнего, однако они никогда не могут сравняться с Ним в количественном отношении, то есть в могуществе. Используя грубые и тонкие элементы низшей энергии (материи) для удовлетворения потребностей своих чувств, частицы высшей энергии (индивидуальные существа) утрачивают свой истинный, духовный ум и разум. Это происходит из-за влияния материи. Но когда живое существо выходит из-под влияния иллюзорной, материальной энергии, оно обретает *мукти*, освобождение. Находясь во власти материальной иллюзии, живое существо подчиняется диктату ложного эго, которое заставляет его отождествлять себя с материей и считать разные материальные предметы своей собственностью. Чтобы осознать свою истинную природу, оно должно избавиться от всех материальных представлений, в том числе и от представления о том, что оно может стать абсолютно тождественным Богу. Итак, «Гита» подтверждает, что живое существо — это лишь одно из бесчисленных проявлений энергии Кришны, и когда оно очистится от материальной скверны, то обретет сознание Кришны, или, иначе, совершенное освобождение.

ТЕКСТ 6   एतद्योनीनि भूतानि सर्वाणीत्युपधारय ।
अहं कृत्स्नस्य जगतः प्रभवः प्रलयस्तथा ॥ ६ ॥

этад-йонӣни бхӯтāни   сарвāн̣ӣтй упадхāрайа
ахам̇ кр̣тснасйа джагатах̣   прабхавах̣ пралайас татхā

этат — в этих (двух природах); *йонӣни* — берущие начало; *бхӯ-тāни* — существа; *сарвāн̣и* — все; *ити* — так; *упадхāрайа* — знай; *ахам* — Я; *кр̣тснасйа* — включающего в себя все; *джагатах̣* — мира; *прабхавах̣* — источник возникновения; *пралайах̣* — разрушение; *татхā* — также.

В этих двух природах берут начало все сотворенные существа. Знай же, что Я начало и конец всего в этом мире, который представляет собой соединение материи и духа.

КОММЕНТАРИЙ: Все в этом мире возникло в результате соединения материи и духа. Дух — основа творения, а материя — порождение духа. Неверно думать, будто дух возникает на одном из этапов эволюции материи. Наоборот, весь материальный мир проявляется только из духовной энергии. Наше материальное тело формируется благодаря тому, что в нем находится дух. Ребенок, вырастая, становится юношей, а затем взрослым мужчиной, потому что в его теле присутствует высшая энергия, душа. Аналогичным образом, вся эта огромная вселенная сформировалась благодаря присутствию Сверхдуши, Господа Вишну. Дух и материя, которые, соединяясь, образуют гигантское вселенское тело, изначально являются двумя разновидностями энергии Господа; таким образом, Господь — это первопричина всего сущего. Неотъемлемая частица Господа (индивидуальное существо) может построить небоскреб, огромный завод или даже целый город, но она не в силах создать вселенную. Причиной возникновения гигантской вселенной является гигантская душа, или Сверхдуша. А Кришна, Верховный Господь, является источником как гигантской души, так и крошечных душ. Поэтому Его называют изначальной причиной всех причин. Это подтверждается в «Катха-упанишад» (2.2.13): *нитйо нитйāнāм̇ четанаш́ четанāнāм*.

ТЕКСТ 7   मत्तः परतरं नान्यत्किञ्चिदस्ति धनञ्जय ।
मयि सर्वमिदं प्रोतं सूत्रे मणिगणा इव ॥ ७ ॥

маттах̣ паратарам̇ нāнйат   кин̃чид асти дханан̃джайа
майи сарвам идам̇ протам̇   сӯтре ман̣и-ган̣ā ива

маттах̣ — Меня; *пара-тарам* — превышающее; *на* — не; *анйат кин̃чит* — что-либо другое; *асти* — существует; *дханан̃джайа* — о завоеватель богатств; *майи* — во Мне; *сарвам* — всё; *идам* — это (все, что мы видим вокруг); *протам* — нанизанное; *сӯтре* — на нить; *ман̣и-ган̣āх̣* — жемчужины; *ива* — как.

О завоеватель богатств, нет истины выше Меня. Все сущее покоится на Мне, подобно жемчужинам, нанизанным на нить.

КОММЕНТАРИЙ: Испокон веков ученые спорят о том, является ли Абсолютная Истина личностью или нет. В «Бхагавад-гите» неоднократно говорится о том, что Абсолютная Истина — это Верховная Личность Бога, Шри Кришна. В частности, этот стих доказывает, что Абсолютная Истина является личностью. Подтверждение тому, что Личность Бога — это Высшая Абсолютная Истина, мы находим и в «Брахма-самхите»: *ишварах парамах кришнах сач-чид-ананда-виграхах* — Высшая Абсолютная Истина, Личность Бога, — это Кришна, предвечный Господь, неиссякаемый источник радости, Говинда, тело которого вечно, исполнено знания и блаженства. Эти авторитетные писания не оставляют сомнений в том, что Абсолютная Истина — это Верховная Личность, причина всех причин. Однако имперсоналисты пытаются оспорить это, ссылаясь на Веды, в частности на следующий стих из «Шветашватара-упанишад» (3.10): *тато йад уттаратарам тад арупам анамайам / йа этад видур амртас те бхаванти атхетаре духкхам эвапийанти* — «В материальном мире Брахма, первое существо во вселенной, считается величайшим среди полубогов, людей и животных. Но выше Брахмы находится трансцендентное начало, не имеющее материальной формы и не оскверненное материей. Тот, кто постиг его, также достигает трансцендентного уровня, те же, кто не знает его, терпят страдания в материальном мире». Имперсоналисты придают особое значение употребленному здесь слову *арупам*. Однако это слово вовсе не означает «безличное бытие». Оно указывает на духовное тело, которое вечно, исполнено знания и блаженства, как говорилось в приведенном выше стихе из «Брахма-самхиты». Это также подтверждается в других стихах из «Шветашватара-упанишад» (3.8–9):

> *ведахам этам пурушам махантам*
> *адитйа-варнам тамасах парастат*
> *там эва видитвати мртйум эти*
> *нанйах пантха видйате 'йанайа*

> *йасмат парам напарам асти кинчид*
> *йасман нанийо но джйайо 'сти кинчит*
> *вркша ива стабдхо диви тиштхатй экас*
> *тенедам пурнам пурушена сарвам*

«Я знаю, что существует Бог — Верховная Личность, которая стоит выше всех материальных представлений, порожденных тьмой. Только тот, кто постиг Его, сможет вырваться из круговорота рождения и смерти. Нет иного пути к освобождению.

Нет такой истины, которая была бы выше Верховной Личности, ибо Господь превыше всего. Он меньше мельчайшего и больше величайшего. Он стоит неподвижно, словно дерево, озаряя духовное небо, и как дерево во все стороны простирает корни, так и Господь широко разворачивает Свои энергии».

Из этих стихов явствует, что Высшая Абсолютная Истина — это Верховная Личность Бога, которая пронизывает все сущее Своими многочисленными материальными и духовными энергиями.

ТЕКСТ 8 रसोऽहमप्सु कौन्तेय प्रभास्मि शशिसूर्ययोः ।
प्रणवः सर्ववेदेषु शब्दः खे पौरुषं नृषु ॥ ८ ॥

*расо 'хам апсу каунтейа   прабхāсми ш́аш́и-сӯрйайох
праṇавах̣ сарва-ведешу   ш́абдах̣ кхе паурушам̇ нр̣шу*

расах̣ — вкус; *ахам* — Я; *апсу* — в воде; *каунтейа* — о сын Кунти; *прабхā* — свет; *асми* — (Я) есть; *ш́аш́и-сӯрйайох̣* — луны и солнца; *праṇавах̣* — сочетание трех букв а-у-м; *сарва* — во всех; *ведешу* — в Ведах; *ш́абдах̣* — звук; *кхе* — в эфире; *паурушам* — способность; *нр̣шу* — в людях.

О сын Кунти, Я вкус воды, свет солнца и луны, и Я слог *ом* в ведических *мантрах*. Я звук в эфире и талант в человеке.

КОММЕНТАРИЙ: Из этого стиха мы узнаём, как Господь пронизывает все сущее Своей многообразной духовной и материальной энергией. На начальном этапе духовного пути Верховного Господа познают в образе Его многообразной энергии, то есть в Его безличном аспекте. Подобно тому как присутствие бога Солнца, который является личностью, можно ощутить через его вездесущую энергию — солнечный свет, присутствие Господа, пребывающего в Его вечной обители, можно ощутить через Его энергию, которая пронизывает все творение.

Вкус — неотъемлемое свойство воды. Нам не нравится пить морскую воду, потому что в ней к чистому вкусу воды примешан вкус соли. Нас больше привлекает вода, имеющая чистый вкус, и этот вкус — энергия Верховного Господа. Имперсоналист и персоналист оба ощущают присутствие Господа в воде через ее вкус, но персоналист при этом прославляет Господа за то, что Он, милостиво дав человеку эту вкусную воду, позволил ему утолять жажду. Так оба они ощущают присутствие Господа. В сущности, философии персонализма и имперсонализма не противоречат друг другу. Тот, кто постиг Бога, знает, что Его личностный и безличный аспекты одновременно присутствуют во всем сущем и что в этом нет никакого противоречия. Основываясь на этом понимании, Господь Чайтанья дал людям возвышенную философию *ачинтья-бхеда-* и *абхеда-таттвы,* одновременного единства и различия.

Солнечный и лунный свет — это тоже энергия Господа, поскольку их изначальным источником является *брахмаджьоти,* безличное сияние Господа. А *пранава,* или *омкара,* трансцендентный звук, с которого начинается каждый ведический гимн, является формой обращения к Верховному Господу. Имперсоналисты боятся обращаться к Господу Кришне, называя Его одним из Его бесчисленных имен, и потому предпочитают произносить *ом.* Но они не понимают, что *омкара* — это звуковое воплощение Кришны. Сознание Кришны вмещает в себя все, и тот, кто постиг науку сознания Кришны, необычайно удачлив. Люди, не знающие Кришну, находятся во власти иллюзии; поэтому обрести знание о Кришне — значит получить освобождение, а забыть Кришну — значит обречь себя на рабство в материальном мире.

ТЕКСТ 9   पुण्यो गन्धः पृथिव्यां च तेजश्चास्मि विभावसौ ।
जीवनं सर्वभूतेषु तपश्चास्मि तपस्विषु ॥ ९ ॥

*пунйо гандхах пртхивйāм ча   теджаш чāсми вибхāвасау
дживанам сарва-бхӯтешу   тапаш чāсми тапасвишу*

пунйах — изначальный; *гандхах* — аромат; *пртхивйāм* — земли; *ча* — также; *теджах* — жар; *ча* — также; *асми* — (Я) есть; *вибхāвасау* — в огне; *дживанам* — жизнь; *сарва* — во всех; *бхӯтешу* — в живых существах; *тапах* — аскетизм; *ча* — также; *асми* — (Я) есть; *тапасвишу* — в подвижниках.

Я изначальный аромат земли, и Я жар огня. Я жизнь всего живого и аскетизм всех аскетов.

КОММЕНТАРИЙ: Слово *пунйа* указывает на нечто изначальное, то, что сохранилось в первозданном виде. В материальном мире все обладает своим запахом, будь то цветок, земля, вода, воздух и т.д. Изначальный чистый запах, пронизывающий все сущее, — это Кришна. Точно так же у всего в этом мире есть свой, неповторимый вкус, который может измениться, если добавить других химических веществ. Итак, каждый предмет или субстанция обладает тем или иным изначальным запахом и вкусом.

Вибхāвасу значит «огонь». Без огня остановились бы фабрики и заводы, без огня мы не смогли бы приготовить пищу, и этот огонь — тоже Кришна. Точнее, Кришна — это жар огня. Согласно ведической медицине, несварение желудка возникает в результате понижения температуры в желудке, так что огонь необходим нам даже для того, чтобы переваривать пищу. Человек, обладающий сознанием Кришны, понимает, что земля, вода, огонь, воздух — все химические и физические элементы и их отличительные свойства существуют только благодаря Кришне. Продолжительность нашей жизни тоже зависит от Кришны. По милости Кришны можно либо продлить свою жизнь, либо сократить ее. Таким образом, сознание Кришны приложимо ко всем сферам бытия.

ТЕКСТ 10 बीजं मां सर्वभूतानां विद्धि पार्थ सनातनम् ।
बुद्धिर्बुद्धिमतामस्मि तेजस्तेजस्विनामहम् ॥ १० ॥

биджам мам сарва-бхӯтāнāм   виддхи пāртха санāтанам
буддхир буддхиматāм асми   теджас теджасвинāм ахам

биджам — семенем; *мāм* — Меня; *сарва-бхӯтāнāм* — всех живых существ; *виддхи* — знай; *пāртха* — о сын Притхи; *санāтанам* — изначальным, вечным; *буддхих* — разум; *буддхи-матāм* — разумных; *асми* — (Я) есть; *теджах* — мощь; *теджасвинāм* — могущественных; *ахам* — Я.

О сын Притхи, знай же, что Я изначальное семя всех существ, разум разумных и мощь могучих.

КОММЕНТАРИЙ: Биджам значит «семя». Кришна — семя всего живого. В мире великое множество разнообразных существ, движущихся и неподвижных. Птицы, звери, люди и многие другие существа относятся к числу движущихся, а деревья и другие растения, которые всегда стоят на одном месте, — к числу неподвижных. Каждое существо принадлежит к одной из 8 400 000 форм жизни, одни из них наделены способностью передвигаться, другие — нет. Но в любом случае Кришна является семенем жизни каждого из них. В ведических писаниях (Тайттирия-упанишад, 3.1) говорится: *йато вā имāни бхӯтāни джāйанте* — Брахман, Высшая Абсолютна Истина, — источник всего сущего. Кришна — это Парабрахман, Высший Дух. Брахман безличен, а Парабрахман является личностью. Личностный аспект Абсолютной Истины включает в себя безличный Брахман — об этом сказано в «Бхагавад-гите» (14.27): *брахмано хи пратиштхāхам.* Поэтому изначальным источником всего сущего, его корнем, является Кришна. Как корень поддерживает жизнь всего дерева, так и Кришна, будучи корнем всего сущего, поддерживает весь материальный мир. Это также подтверждается в Ведах (Катха-упанишад, 2.2.13):

нитйо нитйāнāм четанаш четанāнāм
эко бахӯнāм йо видадхāти кāмāн

Он главный вечный среди всех вечных. Из всех живых существ Он верховное существо. Он один хранитель всего живого. Если бы у нас не было разума, мы не смогли бы действовать, и Кришна говорит, что Он источник всего разума. Тот, кто лишен разума, не способен постичь Верховную Личность Бога, Кришну.

ТЕКСТ 11   बलं बलवतां चाहं कामरागविवर्जितम् ।
धर्माविरुद्धो भूतेषु कामोऽस्मि भरतर्षभ ॥ ११ ॥

*балам балаватам чахам   кама-рага-виварджитам
дхармавируддхо бхутешу   камо 'сми бхаратаршабха*

балам — сила; *бала-ватам* — сильных; *ча* — и; *ахам* — Я; *кама* — страсти; *рага* — привязанности; *виварджитам* — свободная; *дхарма-авируддхах* — не противоречащая законам религии; *бхутешу* — в живых существах; *камах* — половая жизнь; *асми* — (Я) есть; *бхарата-ршабха* — о предводитель Бхарат.

Я сила сильных, свободная от страсти и желания. Я половая жизнь, не противоречащая законам религии, о предводитель Бхарат.

КОММЕНТАРИЙ: Сильный должен использовать свою силу для того, чтобы защищать слабых, а не нападать на других. Половая жизнь, согласно законам религии *(дхарме)*, предназначена для зачатия детей, а не для каких-либо иных целей. Родители ответственны за то, чтобы воспитать своих детей в сознании Кришны.

ТЕКСТ 12   ये चैव सात्त्विका भावा राजसास्तामसाश्च ये ।
मत्त एवेति तान्विद्धि न त्वहं तेषु ते मयि ॥ १२ ॥

*йе чаива саттвика бхава   раджасас тамасаи ча йе
матта эвети тан виддхи   на тв ахам тешу те майи*

йе — которые; *ча* — и; *эва* — безусловно; *саттвиках* — относящиеся к *гуне* благости; *бхавах* — состояния бытия; *раджасах* — относящиеся к *гуне* страсти; *тамасах* — относящиеся к *гуне* невежества; *ча* — также; *йе* — которые; *маттах* — от Меня; *эва* — безусловно; *ити* — таким образом; *тан* — те; *виддхи* — знай; *на* — не; *ту* — но; *ахам* — Я; *тешу* — в них; *те* — они; *майи* — во Мне.

Знай же, что все состояния бытия, будь то в благости, страсти или невежестве, созданы Моей энергией. Я есть всё, и в то же время Я стою в стороне от всего. Я не подвластен *гунам* природы — это они подвластны Мне.

КОММЕНТАРИЙ: Любая материальная деятельность в этом мире находится под влиянием трех *гун* природы. Но Верховный Господь, Кришна, не подвержен влиянию *гун*, ибо Он является их источником. К примеру, действие законов, которые издает царь, распространяется на его подданных, но не на него самого. Точно так же материальные *гуны* — благость, страсть и невежество — исходят от Верховного Господа, но Сам Он не подчиняется законам материальной природы. Поэтому Его называют *ниргуной,* свободным от влияния *гун.* Это одно из отличительных свойств Бхагавана, Верховной Личности Бога.

ТЕКСТ 13   त्रिभिर्गुणमयैर्भावैरेभिः सर्वमिदं जगत् ।
मोहितं नाभिजानाति मामेभ्यः परमव्ययम् ॥ १३ ॥

*трибхир гуна-майаир бхаваир   эбхих сарвам идам джагат
мохитам н曰бхиджанати   мам эбхйах парам авйайам*

трибхих — тремя; *гуна-майаих* — состоящими из гун; *бхаваих* — состояниями бытия; *эбхих* — этими; *сарвам* — вся; *идам* — эта; *джагат* — вселенная; *мохитам* — ввергнутая в иллюзию; *на абхиджанати* — не знает; *мам* — Меня; *эбхйах* — этого; *парам* — Высшее; *авйайам* — неисчерпаемое.

Ввергнутый в иллюзию тремя *гунами* природы [благостью, страстью и невежеством], весь мир не знает Меня, стоящего над *гунами* и неисчерпаемого.

КОММЕНТАРИЙ: Весь мир околдован тремя *гунами* материальной природы. Те, кто находится под их влиянием, не понимают, что Верховный Господь, Кришна, запределен материальному миру.

Каждое живое существо, подвластное материальной природе, обладает определенным типом тела, а также психическими и физиологическими особенностями, определяющими характер его деятельности. Люди, действующие под влиянием трех *гун,* делятся на четыре группы. Людей в *гуне* благости называют *брахманами,* людей в *гуне* страсти — *кшатриями,* тех, кто находится под смешанным влиянием *гун* страсти и невежества, называют *вайшьями,* а людей, целиком находящихся в *гуне* невежества, — *шудрами.* Ниже их стоят животные, а также люди, ведущие животный образ жизни. Впрочем, принадлежность к этим группам не является постоянной. Кем бы я ни был — *брахманом, кшатрием, вайшьей* и т.д., — моя нынешняя жизнь не будет длиться вечно. Но, хотя жизнь не вечна и хотя мы не знаем, кем станем в следующей жизни, околдованные иллюзорной энергией, мы отождествляем себя с материальным телом и считаем себя американцами, индийцами, русскими или же *брахманами,* индусами, мусульманами и т.д. Попав в сети *гун* материальной природы, мы забываем Верховного Господа, стоящего над *гунами.* Поэтому Господь Кришна говорит, что живые существа, ввергнутые в иллюзию тремя *гунами* природы, не понимают, что за материальным мирозданием стоит Верховная Личность Бога.

Есть много видов живых существ: люди, полубоги, животные и т. д. Все они находятся во власти материальной природы, и все они забыли трансцендентную Личность Бога. Люди, находящиеся под влиянием *гун* страсти и невежества, и даже люди в *гуне* благости не могут подняться выше понимания Абсолютной Истины как безличного Брахмана. Они приходят в недоумение, когда слышат, что Верховный Господь — это личность, в полной мере обладающая красотой, богатством, знанием, силой, славой и отрешенностью от мира. Если даже люди в *гуне* благости не способны осознать личностный аспект Абсолютной Истины, что тогда говорить о тех, кто находится под влиянием *гун* страсти и невежества? Сознание Кришны неподвластно *гунам* материальной природы, и тот, кто действительно обладает им, является воистину освобожденной душой.

ТЕКСТ 14 दैवी ह्येषा गुणमयी मम माया दुरत्यया ।
मामेव ये प्रपद्यन्ते मायामेतां तरन्ति ते ॥ १४ ॥

*даиви хй эша гуна-майи   мама майа дуратйайа
мам эва йе прападйанте   майам этам таранти те*

даиви — божественная; *хи* — безусловно; *эша* — эта; *гуна-майи* — состоящая из трех *гун* материальной природы; *мама* — Моя; *майа* — энергия; *дуратйайа* — та, которую очень трудно преодолеть; *мам* — Мне; *эва* — безусловно; *йе* — которые; *прападйанте* — предались; *майам этам* — эту иллюзорную энергию; *таранти* — преодолевают; *те* — они.

Преодолеть влияние Моей божественной энергии, состоящей из трех *гун* материальной природы, невероятно трудно. Но тот, кто предался Мне, с легкостью выходит из-под ее власти.

КОММЕНТАРИЙ: Энергия Верховной Личности Бога делится на бесчисленное множество видов, и все они имеют божественную природу. Будучи частицами энергии Всевышнего, живые существа также обладают божественной природой, но, когда они входят в соприкосновение с материей, она затмевает их изначальное, высшее сознание. Покрытое оболочкой материальной энергии, живое существо не в силах выйти из-под ее власти. Как уже было сказано, и материальная и духовная энергии исходят от Верховной Личности Бога и потому являются вечными. Живые существа принадлежат к высшей, вечной природе Господа, но, оскверненные Его низшей, материальной природой, они с незапамятных времен пребывают в плену иллюзии. Такие души называют *нитья-баддхами*, вечно обусловленными. Никто не может установить, когда живое существо стало обусловленным. Хотя материальная природа является низшей энергией Господа, живому существу очень трудно выйти из-под ее власти, потому что она действует, выполняя волю Всевышнего, противиться которой не может никто. Низшая, материальная энергия названа здесь божественной потому, что она связана с Богом и послушна Его воле. Направляемая божественной волей, материальная природа творит настоящие чудеса, создавая и разрушая материальный космос. В Ведах это подтверждается следующим образом: *майам ту пракртим видйан майинам ту махейшварам* — «Сама по себе *майя* [иллюзия] не является реальной, ибо она не вечна, однако за ней стоит непревзойденный волшебник, Господь, Верховная Личность, которого называют Махешварой, верховным повелителем» (Шветашватара-упанишад, 4.10).

Другое значение слова *гуна* — «веревка». Оно указывает на то, что обусловленная душа крепко связана веревками иллюзорной энергии. Человек, связанный по рукам и ногам, не может освободиться сам — ему необходима помощь того, кто свободен. Ему не поможет другой связанный: развязать веревки может только тот, кто сам свободен от пут. Другими словами, освободить душу из материального плена может только Господь Кришна или Его истинный представитель, духовный наставник. Без их помощи обусловленная душа никогда не сбросит оковы материального рабства. Помочь нам освободиться от материальных пут может преданное служение Господу, или метод сознания Кришны. Кришна, повелитель неодолимой иллюзорной энергии, может приказать ей освободить обусловленную душу. Отдавая такой приказ, Он являет предавшейся Ему душе Свою беспричинную милость. Господь движим чувством отеческой любви к живым существам, которые изначально являются Его возлюбленными детьми. Итак, единственный способ выйти из-под власти неумолимых законов материальной природы — это предаться Господу и служить Его лотосным стопам.

Примечательно также употребленные в этом стихе слова *мам эва*. *Мам* («Мне») означает только Кришне (Вишну), а не Брахме или Шиве. Хотя Брахма и Шива необычайно возвышенные существа, находящиеся почти на одном уровне с Господом Вишну, но, будучи повелителями *раджо-гуны* (страсти) и *тамо-гуны* (невежества), они подвластны *майе* и потому не способны освободить обусловленную душу из ее когтей. Только Вишну, владыка иллюзорной энергии, может вызволить душу из ее плена. Это подтверждается в Ведах (Шветашватара-упанишад, 3.8): *там эва видитва* — обрести свободу можно, только познав Кришну. Даже Господь Шива подтверждает, что получить освобождение можно только по милости Господа Вишну: *мукти-прадāтā сарвешāм̇ вишнур эва на сам̇ш́айах̣* — «Нет никаких сомнений в том, что освобождение каждому существу дарует Господь Вишну».

ТЕКСТ 15   न मां दुष्कृतिनो मूढाः प्रपद्यन्ते नराधमाः ।
माययापहृतज्ञाना आसुरं भावमाश्रिताः ॥ १५ ॥

на мāм̇ душкр̣тино мӯд̣хāх̣   прападйанте нарāдхамāх̣
мāйайāпахр̣та-джн̃āнā   āсурам̇ бхāвам āш́ритāх̣

на — не; *мāм* — Мне; *душкр̣тинах̣* — грешники; *мӯд̣хāх̣* — глупцы; *прападйанте* — предаются; *нара-адхамāх̣* — низшие из людей; *мāйайā* — иллюзорной энергией; *апахр̣та* — украдено; *джн̃āнāх̣* — те, чье знание; *āсурам* — демоническую; *бхāвам* — природу; *āш́ритāх̣* — принимающие.

Невежественные глупцы, низшие из людей, те, чье знание украдено иллюзией и кому присуща безбожная природа демонов, — все эти грешники не предаются Мне.

КОММЕНТАРИЙ: В «Бхагавад-гите» сказано, что, просто предавшись Верховному Господу, Кришне, и служа Его лотосным стопам, можно выйти из-под власти суровых законов материальной природы. Резонно спросить: почему же тогда философы, ученые, предприниматели, чиновники и лидеры общества не склоняются к лотосным стопам Шри Кришны, всемогущей Личности Бога? Год за годом, из поколения в поколение они строят грандиозные планы, чтобы обрести *мукти*, то есть победить законы природы, и прилагают к этому огромные усилия. Но если это можно сделать, просто предавшись Верховной Личности Бога, то почему все эти умные люди, которые так пекутся о благе общества, не воспользуются этим несложным методом?

«Гита» отвечает на этот вопрос прямо. Истинно просвещенные предводители человечества, такие, как Брахма, Шива, Капила, Кумары, Ману, Вьяса, Девала, Асита, Джанака, Прахлада, Бали, а позднее Мадхвачарья, Рамануджачарья, Шри Чайтанья и многие другие — истинные философы, честные политики, педагоги, ученые и прочие — вручают себя всемогущему Господу, Верховной Личности, и ищут прибежища под сенью Его лотосных стоп. Те же лидеры общества, которые противятся замыслу Верховного Господа и отвергают начертанный Им путь, не достойны называться философами, учеными, учителями и правителями, хотя и выдают себя за таковых, стремясь обрести материальные блага. Ничего не зная о Боге, они вынашивают свои собственные, мирские замыслы, и в тщетной попытке разрешить проблемы материальной жизни лишь усугубляют эти проблемы. Необычайно могущественная материальная природа рушит все замыслы безбожников, поэтому заседания разного рода комитетов по планированию превращаются в фарс.

Безбожники, строящие различные планы, описаны здесь словом *душкртинах,* «грешники». *Кртй* — это тот, кто вершит благие дела. Среди прожектеров-атеистов иногда встречаются весьма разумные и добросовестные люди, потому что осуществление любого плана, как хорошего, так и плохого, требует разума. Но поскольку они неверно используют свой разум и противятся замыслу Верховного Господа, их называют *душкрти;* это значит, что их разум и усилия направлены не туда, куда надо.

В «Гите» ясно сказано, что материальная энергия действует, выполняя волю Верховного Господа. Она не является независимой. Она подобна тени, движущейся за предметом. Тем не менее материальная энергия обладает колоссальным могуществом, и атеисты, отвергающие Бога, не способны проникнуть в тайны ее законов, равно как и в замысел Всевышнего. Поскольку они находятся во власти иллюзии, *гун* страсти и невежества, все их планы терпят крушение. Так произошло с Хираньякашипу и Раваной, чьи замыслы потерпели полный крах, хотя с мирской точки зрения оба они были выдающимися учеными, философами, правителями и учителями. Такие *душкрти,* или грешники, делятся на четыре категории, о которых мы расскажем ниже.

Мудхами называют невежественных глупцов, которые работают до седьмого пота, как вьючные животные. Они хотят сами наслаждаться плодами своего труда и не желают отдавать их Всевышнему. Типичным примером вьючного животного является осел. Хозяин заставляет эту безропотную тварь работать до изнеможения, и осел даже не знает, ради кого он трудится день и ночь. Он довольствуется пучком травы на ужин, спит совсем немного в постоянном страхе получить побои от хозяина и удовлетворяет свою похоть, терпеливо снося от своей подруги удары копытом. Иногда осел распевает лирические или философские песни, но его рев только злит окружающих. Точно в таком же положении находится глупый *карми,* который не знает, кому следует посвящать свой труд. Ему неведомо, что *кармой* (деятельностью) следует заниматься в духе *ягьи* (жертвоприношения).

Такие люди трудятся день и ночь не покладая рук, чтобы выполнить обязанности, которые они сами же и придумали, а когда им предлагают послушать о бессмертии живого существа, они чаще всего отказываются, говоря, что им некогда. Для тех, кого называют *мудхами,* целью и смыслом жизни являются преходящие материальные блага, хотя они получают лишь малую толику плодов своего труда. Иногда они не спят ночами, стараясь заработать побольше, и почти ничего не едят из-за того, что страдают язвой или несварением желудка; они просто работают не разгибая спины на благо своих иллюзорных хозяев. Не зная, кто их истинный хозяин, эти глупые труженики растрачивают свое драгоценное время, служа мамоне. К несчастью, они никогда не предаются Верховному Господу, хозяину всех хозяев, и не находят времени, чтобы узнать о Нем из достоверного источника. Свинья, привыкшая питаться нечистотами, отворачивается от сладостей, приготовленных из сахара и топленого масла. Так и неразумным работникам никогда не надоедает, слушая сиюминутные мирские новости, находить в них чувственное наслаждение, но им всегда не хватает времени на то, чтобы послушать о вечной душе, приводящей в движение материальный мир.

К следующей категории *душкрти,* или грешников, относятся *нарадхамы,* низшие из людей. *Нара* значит «человек», а *адхама* — «худший, низший». Из 8 400 000 форм жизни человеческих форм насчитывается 400 000. Среди них много низших человеческих форм, из которых большинство — нецивилизованные. Цивилизованными называют людей, чья социальная, политическая и религиозная жизнь строится на предписаниях *шастр.* Людей, живущих в обществе с развитой социальной и политической структурой, но не следующих законам религии, называют *нарадхамами.* Кроме того, религия без Бога не является истинной религией, поскольку религиозным заповедям следуют для того, чтобы постичь Высшую Истину и свои отношения с Ней. В «Гите» Верховный Господь ясно говорит, что Он никому не подвластен и что именно Он является Высшей Истиной. Цивилизованная человеческая форма жизни дает живому существу возможность обрести утраченное знание о своих вечных отношениях с Высшей Истиной, всемогущим Господом Шри Кришной. Того, кто не использует эту возможность, относят к категории *нарадхама.* В священных писаниях сказано, что, когда ребенок находится во чреве матери, он испытывает бесконечные страдания и молит Бога об избавлении, обещая поклоняться Ему после того, как появится на свет. Обращаться к Богу в трудную минуту естественно для каждого существа, потому что оно вечно связано с Ним. Однако, появившись на свет, ребенок под влиянием *майи,* иллюзорной энергии, забывает и о муках рождения, и о своем избавителе.

Долг тех, кто воспитывает детей, — возродить дремлющее в них божественное сознание. «Ману-смрити», свод религиозных законов, предписывает десять очистительных обрядов, предназначенных для того, чтобы помочь людям развить в себе сознание Бога, действуя в рамках системы *варнашрамы*. Но, к сожалению, в наше время нигде в мире эти обряды не совершаются должным образом, и поэтому 99,9 процента населения земли составляют люди, относящиеся к категории *нарадхама*.

Когда все люди в мире становятся *нарадхамами*, всемогущая материальная природа естественным образом сводит на нет все их так называемое образование. Согласно «Бхагавад-гите», истинно образованным следует считать того, кто видит единую духовную природу ученого *брахмана*, собаки, коровы, слона и собакоеда и не проводит различий между ними. Таким ви́дением обладает истинный преданный Господа. Верховный Господь Шри Нитьянанда Прабху, воплотившийся на земле и игравший роль божественного учителя, спас двух ярких представителей класса *нарадхам*, братьев Джагая и Мадхая, и тем самым показал, как милость истинного преданного нисходит на самых заблудших представителей человеческого рода. *Нарадхама*, отвергнутый Господом, может возродить свое духовное сознание только по милости преданного.

Шри Чайтанья Махапрабху, устанавливая в обществе принципы *бхагавата-дхармы*, или преданного служения Господу, призывал людей смиренно внимать наставлениям Верховной Личности Бога. Суть этих наставлений заключена в «Бхагавад-гите». Низшие из людей могут спастись, только если будут смиренно слушать наставления Бога, но они, к несчастью, отказываются делать даже это, не говоря уже о том, чтобы предаться Господу. *Нарадхамы* откровенно пренебрегают первейшей обязанностью каждого человека.

К третьей категории *душкрити* относятся *майайапахрта-джн̃а̄на̄х* — те, чьи знания украдены иллюзорной материальной энергией. Это преимущественно люди высокообразованные: великие философы, ученые, поэты, писатели и т. п., но иллюзорная энергия обманывает их, и они отказываются подчиняться Верховному Господу.

В наши дни даже среди философов, изучающих «Бхагавад-гиту», очень многие принадлежат к категории *майайапахрта-джн̃а̄на̄х*. В «Гите» простым и ясным языком сказано, что Шри Кришна — это Верховная Личность Бога и что нет никого равного Ему или более великого, чем Он. Кришна произвел на свет Брахму, прародителя всех людей. Более того, говорится, что Шри Кришна — отец не только Брахмы, но и всех остальных существ, к какой бы форме жизни они ни принадлежали. Он источник безличного Брахмана и Параматмы, Сверхдуши в сердце каждого, которая является Его полной экспансией. Шри Кришна — основа всего сущего, поэтому каждый должен склониться к Его лотосным стопам. Несмотря на эти ясные и однозначные утверждения, люди из числа *майайапахрта-джн̃а̄на̄х* пренебрежительно отзываются о Верховном Господе, считая Его обыкновенным человеком. Им неведомо, что человеческое тело, дарующее нам столько преимуществ, создано по образу и подобию вечного, духовного тела Господа.

Многочисленные неавторитетные комментарии к «Бхагавад-гите», которые написаны людьми категории *майайапахрта-джнанах,* не принадлежащими к *парампаре,* лишь мешают правильно понять духовную науку. Находясь во власти иллюзии, такие комментаторы сами не предаются Шри Кришне и не учат этому других.

Последняя категория *душкрти — асурам бхавам ашритах,* люди, проникнутые демоническим духом. Это закоренелые безбожники. Некоторые из них заявляют, что Верховный Господь никогда не приходит в материальный мир, но не могут привести в подтверждение своих слов никаких доказательств. Другие называют Его порождением безличного Брахмана, хотя это полностью противоречит словам «Бхагавад-гиты». Движимые ненавистью к Верховному Господу, атеисты придумывают множество мнимых воплощений Бога. Такие люди, посвятившие жизнь богохульству, не способны предаться Шри Кришне.

Шри Ямуначарья Албандару из Южной Индии говорил: «О Господь, Ты известен Своими чудесными качествами и удивительными деяниями. Тебя прославляют все священные писания в *гуне* благости и великие мудрецы, наделенные божественными качествами и глубоко познавшие духовную науку. Но, несмотря на это, для безбожников Ты всегда остаешься непостижимым».

Итак, четыре типа людей, описанных в этом стихе — безнадежные глупцы, низшие из людей, ученые, введенные в заблуждение иллюзорной энергией Господа, и закоренелые атеисты, — никогда не предаются Верховной Личности Бога, несмотря на призывы *шастр* и советы великих мудрецов.

ТЕКСТ 16   चतुर्विधा भजन्ते मां जनाः सुकृतिनोऽर्जुन ।
आर्तो जिज्ञासुरर्थार्थी ज्ञानी च भरतर्षभ ॥ १६ ॥

*чатур-видха бхаджанте мам   джанах сукртино 'рджуна
арто джиджнасур артхартхи   джнани ча бхаратаршабха*

чатух-видхах — относящиеся к четырем категориям; *бхаджан-те* — служат; *мам* — Мне; *джанах* — люди; *су-кртинах* — благочестивые; *арджуна* — о Арджуна; *артах* — страждущий; *джиджнасух* — любознательный; *артха-артхи* — стремящийся разбогатеть; *джнани* — знающий истинную природу вещей; *ча* — также; *бхарата-ршабха* — о лучший из Бхарат.

О лучший из Бхарат, четыре вида праведников встают на путь преданного служения Мне: страждущие, ищущие богат-

ства, любознательные и те, кто стремится постичь Абсолютную Истину.

КОММЕНТАРИЙ: В отличие от грешников-неверующих, люди, перечисленные в этом стихе, следуют предписаниям *шастр*. Их называют *сукртинах*, праведниками, потому что они чтут священные писания, соблюдают нормы морали и законы государства и в той или иной степени преданы Верховному Господу. Такие благочестивые люди делятся на четыре категории: страдающие, нуждающиеся в деньгах, любознательные и стремящиеся постичь Абсолютную Истину. Эти люди обращаются к Верховному Господу и преданно служат Ему, преследуя при этом различные цели. Поскольку они служат Господу, чтобы осуществить свои собственные желания, их нельзя назвать чистыми преданными. Чистому преданному служению чужды корысть и стремление к материальной выгоде. Определение чистого преданного служения дано в «Бхакти-расамрита-синдху» (1.1.11):

> *анйабхилашита-шунйам*
> *джнана-кармадй-анавртам*
> *анукулйена кршнану-*
> *шйланам бхактир уттама*

«Трансцендентным преданным служением Верховному Господу Кришне занимается тот, кто служит Ему с любовью и полностью свободен от стремления к материальной выгоде или успеху на поприще кармической деятельности и философских изысканий. Такое преданное служение называется чистым».

Встав на путь преданного служения Верховному Господу и общаясь с чистым преданным, эти четыре вида праведников полностью очищаются от материальной скверны и тоже становятся чистыми преданными. Что касается нечестивцев, то им очень трудно заниматься преданным служением, потому что они эгоистичны, не следуют предписаниям *шастр* и не стремятся к духовным целям. Но если некоторым из них посчастливится встретить чистого преданного и пообщаться с ним, то даже такие люди могут стать чистыми преданными.

Люди, поглощенные кармической деятельностью, обращаются к Господу, когда попадают в беду, и, общаясь с чистыми преданными, сами становятся преданными Господа. Те, кто просто разочаровался в жизни, тоже иногда приходят к чистым преданным и хотят узнать что-нибудь о Боге. Точно так же, когда философы-*гьяни* отчаиваются найти истину в разных областях знания, у них возникает желание познать Бога и они начинают преданно служить Ему. Занимаясь преданным служением Господу, они поднимаются над уровнем познания безличного Брахмана и Параматмы в сердце каждого и по милости Господа или Его преданного понимают, что Бог является личностью. Итак, когда страждущие, любознательные, стремящиеся к знанию и нуждающиеся в деньгах убеждаются, что материальные блага не способствуют духовному развитию, и избавляются от всех материальных желаний, они становятся чистыми преданными. Пока преданные не достигнут уровня чистоты, их служение Господу будет осквернено примесями кармической деятельности, стремления к мирскому знанию и т.д. Чтобы подняться на уровень чистого преданного служения, надо избавиться от всего этого.

ТЕКСТ 17   तेषां ज्ञानी नित्ययुक्त एकभक्तिर्विशिष्यते ।
प्रियो हि ज्ञानिनोऽत्यर्थमहं स च मम प्रियः ॥ १७ ॥

*тешāм̇ джн̃āнӣ нитйа-йукта   эка-бхактир вишишйате
прийо хи джн̃āнино 'тйартхам   ахам̇ са ча мама прийах̣*

тешāм — среди них; *джн̃āнӣ* — человек, обладающий совершенным знанием; *нитйа-йуктах̣* — постоянно занятый; *эка* — только; *бхактих̣* — (поглощенный) преданным служением; *вишишйате* — выделяется; *прийах̣* — очень дорогой; *хи* — безусловно; *джн̃āнинах̣* — того, кто обладает знанием; *атйартхам* — очень; *ахам* — Я; *сах̣* — он; *ча* — также; *мама* — Мой; *прийах̣* — дорогой.

Лучший из них тот, кто обладает совершенным знанием и всегда занят чистым преданным служением Мне. Я очень дорог такому преданному, и он очень дорог Мне.

КОММЕНТАРИЙ: Когда страждущие, любознательные, те, кто остался без гроша, и те, кто стремится к высшему знанию, полностью очистятся от скверны материальных желаний, они могут стать чистыми преданными Господа. Из них тот, кто свободен от всех материальных желаний и постиг Абсолютную Истину, становится по-настоящему чистым преданным. По словам Самого Господа, лучшим преданным является тот, кто служит Ему, обладая совершенным знанием. Познавая духовную науку, человек понимает, что его истинное «я» отлично от материального тела, и затем постигает безличный Брахман и Параматму. Полностью очистившись, он осознаёт свое изначальное положение — положение вечного слуги Бога. Итак, общаясь с чистыми преданными, четыре типа праведников очищаются от материальной скверны. Из тех, кто находится на начальных стадиях преданного служения, человек, обладающий совершенным знанием о Верховном Господе, особенно дорог Ему. Он познал божественную природу Верховной Личности Бога и по-

святил себя преданному служению, поэтому он надежно защищен
от материальной скверны.

ТЕКСТ 18   उदाराः सर्व एवैते ज्ञानी त्वात्मैव मे मतम् ।
आस्थितः स हि युक्तात्मा मामेवानुत्तमां गतिम् ॥ १८ ॥

*удара̄х̣ сарва эваите   джн̃а̄нӣ тв а̄тмаива ме матам
а̄стхитах̣ са хи йукта̄тма̄   ма̄м эва̄нуттама̄м̇ гатим*

уда̄ра̄х̣ — возвышенные; *сарве* — все; *эва* — несомненно; *эте* —
эти; *джн̃а̄нӣ* — тот, кто обладает знанием; *ту* — но; *а̄тма̄ эва* —
в точности как Я Сам; *ме* — Мое; *матам* — мнение; *а̄стхитах̣* —
пришедший; *сах̣* — он; *хи* — безусловно; *йукта-а̄тма̄* — занятый
преданным служением; *ма̄м* — Мне; *эва* — непременно; *ануттама̄м* — к высшей; *гатим* — к цели.

**Все эти преданные, без сомнения, возвышенные души, но того
из них, кто постиг Меня, Я считаю во всем подобным Мне. Служа
Мне с трансцендентной любовью, он непременно придет ко Мне,
высшей и самой заветной цели.**

КОММЕНТАРИЙ: Не следует думать, что преданные, не обладающие совершенным знанием о Господе, не дороги Ему. Господь говорит, что все они возвышенные души. Каждого, кто обращается
к Господу, какими бы ни были его мотивы, называют *махатмой*,
или великой душой. Господь не отвергает тех, кто служит Ему ради материальных благ, ибо Он отвечает на чувства каждого. Питая
к Господу добрые чувства, такие преданные просят у Него материальные блага и, получив их, выражают Ему благодарность —
так они тоже прогрессируют в преданном служении. Но преданный, обладающий совершенным знанием, дороже Господу, ибо его
единственная цель — служить Господу с любовью и преданностью.
Такой преданный не может и минуты прожить, не служа Господу,
и Господь тоже очень любит его и никогда не расстается с ним.

В «Шримад-Бхагаватам» (9.4.68) Господь говорит:

*са̄дхаво хр̣дайам̇ махйам
са̄дхӯна̄м̇ хр̣дайам̇ тв ахам
мад-анйат те на джа̄нанти
на̄хам̇ тебхйо мана̄г апи*

«Те, кто предан Мне, всегда пребывают в Моем сердце, а Я — в их
сердцах. Преданный думает только обо Мне, и Я тоже никогда не
забываю о нем». Верховного Господа и Его чистых преданных связывают очень близкие отношения. Чистые преданные, обладающие

совершенным знанием, всегда находятся под покровительством духовной энергии и необычайно дороги Господу.

ТЕКСТ 19   बहूनां जन्मनामन्ते ज्ञानवान्मां प्रपद्यते ।
वासुदेवः सर्वमिति स महात्मा सुदुर्लभः ॥ १९ ॥

*бахӯна̄м̇ джанмана̄м анте   джн̃а̄нава̄н ма̄м̇ прападйате
ва̄судевах̣ сарвам ити   са маха̄тма̄ су-дурлабхах̣*

бахӯна̄м — многих; *джанмана̄м* — рождений; *анте* — в конце; *джн̃а̄на-ва̄н* — тот, кто обладает совершенным знанием; *ма̄м* — Мне; *прападйате* — предается; *ва̄судевах̣* — Верховный Господь, Кришна; *сарвам* — все; *ити* — так; *сах̣* — тот; *маха̄-а̄тма̄* — великая душа; *су-дурлабхах̣* — встречающийся очень редко.

Тот, кто, пройдя через множество рождений и смертей, обрел совершенное знание, вручает себя Мне, ибо он понял, что Я причина всех причин и все сущее. Такая великая душа встречается очень редко.

КОММЕНТАРИЙ: Спустя много жизней, посвященных духовной практике и преданному служению, живое существо обретает чистое трансцендентное знание и понимает, что конечной целью пути духовного самопознания является Верховная Личность Бога. На первом этапе духовного пути, когда человек пытается освободиться от материальных привязанностей, он обнаруживает склонность к имперсонализму, но, поднявшись на более высокую ступень, понимает, что духовная жизнь полна разнообразной деятельности, составляющей преданное служение Господу. Осознав это, человек развивает привязанность к Верховному Господу и предается Ему. Тогда он понимает, что милость Господа Шри Кришны есть все, что Кришна — причина всех причин и что материальный мир во всем зависит от Него. Он также понимает, что материальный мир является искаженным отражением разнообразия, царящего в духовном мире, и что все здесь связано с Верховным Господом. В результате он начинает видеть все в связи с Ва̄судевой, Шри Кришной. Такое ви́дение побуждает человека безраздельно предаться Верховному Господу Шри Кришне, который является конечной целью духовного пути. Такая великая душа, вручившая себя Господу, встречается очень редко.

Замечательное объяснение этого стиха дано в «Шветашватара-упанишад» (3.14—15):

*сахасра-ш́ӣрш̣а̄ пуруш̣ах̣
сахасра̄кш̣ах̣ сахасра-па̄т*

са бхӯмиṁ вишвато вṛтва̄
атй-атишт̣хад даша̄н̇гулам

пуруша эведаṁ сарваṁ
йад бхӯтаṁ йач ча бхавйам
ута̄мṛтатвасйешано
йад анненатирохати

«У Господа Вишну тысячи голов, тысячи глаз, тысячи стоп. Вмещая в Себя целую вселенную, Он выходит за ее пределы на ширину десяти пальцев. Он *вират-пуруша*, все мироздание. Он владыка бессмертия. Он повелевает всеми, кто живет за счет пищи».

В «Чхандогья-упанишад» (5.1.15) сказано: *на ваи ва̄чо на чакшӯṁши на шротра̄н̣и на мана̄ṁсӣти а̄чакшате пра̄н̣а ити эва̄чакшате пра̄н̣о хӣ эваита̄ни сарва̄н̣и бхаванти* — «Главным фактором деятельности каждого живого существа является не способность говорить, видеть, слышать или мыслить, а жизненная сила». Подобно этому, главная движущая сила мироздания — это Господь Ва̄судева, Шри Кришна. Благодаря нашему телу мы способны говорить, видеть, слышать, мыслить и т.д., но все эти способности теряют свое значение, если не связаны с Верховным Господом. И поскольку Ва̄судева вездесущ и вмещает в Себя все, преданный, обладающий совершенным знанием, вручает себя Ему (см. также Б.-г., 7.17 и 11.40).

ТЕКСТ 20 कामैस्तैस्तैर्हृतज्ञानाः प्रपद्यन्तेऽन्यदेवताः ।
तं तं नियममास्थाय प्रकृत्या नियताः स्वया ॥ २० ॥

ка̄маис таис таир хṛта-джн̃а̄на̄х прападйанте 'нйа-девата̄х
там̇ там̇ нийамам а̄стха̄йа пракṛтйа̄ нийата̄х свайа̄

ка̄маих — желаниями; *таих таих* — разнообразными; *хṛта* — отнято; *джн̃а̄на̄х* — те, чье знание; *прападйанте* — предаются; *анйа* — другим; *девата̄х* — полубогам; *там там* — те; *нийамам* — предписаниям; *а̄стха̄йа* — последовав; *пракṛтйа̄* — природе; *нийата̄х* — подчиненные; *свайа̄* — своей.

Те же, кого материальные желания лишили разума, принимают покровительство полубогов и поклоняются им, следуя предписаниям Вед, соответствующим природе этих людей.

КОММЕНТАРИЙ: Те, кто полностью очистился от материальной скверны, вручают себя Верховному Господу и служат Ему с любовью и преданностью. Пока в сердце у живого существа остается скверна материальных желаний, преданное служение Господу будет

для него неестественным. Но, если, несмотря на материальные желания, человек примет покровительство Верховного Господа, его
привязанность к материальной природе исчезнет; избрав верную
цель, он быстро избавится от материальной жажды наслаждений.
В «Шримад-Бхагаватам» (2.3.10) сказано:

акāмах сарва-кāмо вā
мокша-кāма удāра-дхūх
тūврена бхакти-йогена
йаджета пурушам парам

Поклоняться и служить Господу Вāсудеве должен каждый: и чистый преданный, свободный от материальных желаний, и тот, кто
исполнен материальных желаний, и человек, стремящийся очиститься от материальной скверны.

Люди, лишенные разума и забывшие о своей духовной природе, принимают покровительство полубогов, чтобы добиться быстрого исполнения своих материальных желаний. Такие люди, как
правило, не обращаются к Верховной Личности Бога, потому что
находятся под влиянием низших *гун* материальной природы (невежества и страсти). Следуя правилам поклонения полубогам, они добиваются желаемого. Сбитые с толку сиюминутными прихотями,
эти люди не знают, как достичь высшей цели. Но преданный Верховного Господа стоит на верном пути. Поскольку Веды рекомендуют поклоняться полубогам для достижения определенных целей
(например, чтобы поправить здоровье, человеку советуют поклоняться богу Солнца), непреданные думают, что в каких-то случаях лучше поклоняться полубогам, нежели Верховному Господу. Но
чистый преданный знает, что Верховный Господь Кришна — повелитель всех существ. В «Чайтанье-чаритамрите» (Ади, 5.142) сказано: *экале ишвара кршна, āра саба бхртйа*. Есть только один господин — Кришна, Верховная Личность Бога, а все остальные — Его
слуги. Поэтому чистый преданный никогда не станет обращаться
к полубогам, чтобы удовлетворить свои материальные потребности. Он во всем полагается на Верховного Господа и довольствуется тем, что получает от Него.

ТЕКСТ 21   यो यो यां यां तनुं भक्तः श्रद्धयार्चितुमिच्छति ।
तस्य तस्याचलां श्रद्धां तामेव विदधाम्यहम् ॥ २१ ॥

йо йо йāм йāм танум бхактах   шраддхайāрчитум иччхати
тасйа тасйāчалāм шраддхāм   тāм эва видадхāмй ахам

йах йах — который; *йāм йāм* — которому; *танум* — образу (полубога); *бхактах* — преданный; *шраддхайā* — с верой; *арчитум* —

поклоняться; *иччхати* — желает; *тасйа тасйа* — того; *ачалāм* — непоколебимую; *щраддхāм* — веру; *тāм* — ту; *эва* — безусловно; *видадхāми* — даю; *ахам* — Я.

Я пребываю в сердце каждого как Сверхдуша, и, когда человек хочет поклоняться тому или иному полубогу, Я укрепляю его веру в этого полубога, чтобы он мог вручить себя ему.

КОММЕНТАРИЙ: Бог наделил каждое существо определенной долей независимости, поэтому, если человек стремится к мирским наслаждениям и искренне хочет получить их от полубогов, повелителей материального мира, Верховный Господь, который как Сверхдуша пребывает в сердце каждого, зная об этом желании, помогает человеку исполнить его. Как верховный отец всех существ, Господь не посягает на их независимость, а, наоборот, предоставляет им все необходимое для того, чтобы осуществить свои материальные желания. Может возникнуть вопрос: почему всемогущий Господь дает живым существам возможность наслаждаться жизнью в материальном мире и тем самым позволяет им попасть в ловушку иллюзорной энергии? Ответ таков: если бы Верховный Господь в образе Сверхдуши не давал живым существам такой возможности, у них не было бы подлинной независимости. Господь предоставляет каждому полную свободу действий, но в то же время в «Бхагавад-гите» Он дает высшее наставление: «Оставь все свои занятия и полностью предайся Мне». Только тогда человек сможет стать по-настоящему счастливым.

И люди, и полубоги зависят от воли Верховного Господа, поэтому без дозволения свыше человек не может поклоняться полубогу, так же как и полубог не может дать ему благословений. Говорится, что без дозволения Верховной Личности Бога и травинка не шелохнется. Обычно Веды советуют людям, терпящим материальные страдания, обращаться к полубогам. Чтобы достичь определенной цели, необходимо поклоняться соответствующему полубогу. Так, больному человеку советуют поклоняться богу Солнца, тому, кто хочет прослыть ученым, надо поклоняться богине знания Сарасвати, а человеку, мечтающему о красивой жене, — богине Уме, супруге Господа Шивы. Таким образом, *шастры* содержат предписания, связанные с поклонением различным полубогам. Когда человек хочет тех или иных мирских благ, Господь побуждает его обратиться к соответствующему полубогу, и так он получает желанное благословение. Именно Господь пробуждает в человеке чувство преданности этому полубогу. Сами полубоги не способны вселить такие чувства в сердца своих поклонников — это делает Кришна, Верховный Господь, пребывающий в сердце каждого как Сверхдуша. Полубоги — это части вселенского тела Господа, поэтому они во всем зависят от Него. В Ведах сказано: «Верховная Личность Бога в образе Сверхдуши пребывает в сердце полубога и побуждает его исполнять желания людей. И полубог, и люди подчиняются воле Всевышнего. Они не являются независимыми».

ТЕКСТ 22 स तया श्रद्धया युक्तस्तस्याराधनमीहते ।
लभते च ततः कामान्मयैव विहितान्हितान् ॥ २२ ॥

са тайа̄ ш́раддхайа̄ йуктас   тасйа̄ра̄дханам ӣхате
лабхате ча татах̣ ка̄ма̄н   майаива вихита̄н хи та̄н

сах̣ — он; *тайа̄* — тем; *ш́раддхайа̄* — вдохновением; *йуктах̣* — наделенный; *тасйа* — этого (полубога); *а̄ра̄дханам* — к поклонению; *ӣхате* — стремится; *лабхате* — обретает; *ча* — и; *татах̣* — благодаря тому; *ка̄ма̄н* — желаемые; *майа̄* — Мной; *эва* — только; *вихита̄н* — даваемые; *хи* — несомненно; *та̄н* — те.

С такой верой человек поклоняется этому полубогу и добивается желаемого. Но на самом деле все блага, которые он получает, дарую Я один.

КОММЕНТАРИЙ: Без дозволения Всевышнего полубоги не могут дать своим поклонникам никаких благословений. Человек может забыть, что все является собственностью Верховного Господа, но полубоги всегда помнят об этом. Таким образом, процесс поклонения полубогам и плоды этого поклонения зависят от Верховного Господа, а не полубогов. Глупцы не знают об этом и потому обращаются за исполнением своих желаний к полубогам. В отличие от них, чистый преданный молится только Верховному Господу. Однако такой преданный никогда не станет просить у Господа материальных благ. Обычно люди обращаются к полубогам с просьбой утолить их вожделение. Такое нередко бывает, когда человек вынашивает какое-нибудь греховное желание, которое Сам Господь не станет исполнять. В «Чайтанье-чаритамрите» сказано, что тот, кто поклоняется Верховному Господу и одновременно стремится к мирским удовольствиям, сам себе противоречит. Преданное служение Верховному Господу и поклонение полубогам далеко не равнозначны, так как поклонение полубогам материально, а служение Господу всецело духовно.

Для того, кто хочет вернуться к Богу, материальные желания являются препятствием. По этой причине чистый преданный Господа никогда не дает мирских благословений, о которых мечтают недалекие люди. Вот почему те, кто одержим материальными желаниями, предпочитают поклоняться полубогам, повелевающим

материальным миром, а не заниматься преданным служением
Верховной Личности Бога.

ТЕКСТ 23 अन्तवत्तु फलं तेषां तद्भवत्यत्पमेधसाम् ।
देवान्देवयजो यान्ति मद्भक्ता यान्ति मामपि ॥ २३ ॥

*антават ту пхалам тешāм   тад бхаватй алпа-медхасāм
девāн дева-йаджо йāнти   мад-бхактā йāнти мāм апи*

анта-ват — недолговечный; *ту* — но; *пхалам* — плод; *тешāм* —
их; *тат* — то; *бхавати* — становится; *алпа-медхасāм* — неразумных
людей; *девāн* — к полубогам; *дева-йаджах* — те, кто поклоняется
полубогам; *йāнти* — идут; *мат* — Мне; *бхактāх* — преданные; *йāнти* — идут; *мāм* — ко Мне; *апи* — также.

**Недалекие люди поклоняются полубогам, однако обретаемые
ими плоды скудны и преходящи. Те, кто поклоняется полубогам, попадают на планеты полубогов, но те, кто предан Мне,
достигают Моей высочайшей обители.**

КОММЕНТАРИЙ: Некоторые комментаторы «Бхагавад-гиты»
утверждают, что, поклоняясь полубогам, можно достичь обители
Верховного Господа, однако в этом стихе ясно сказано, что те,
кто почитает полубогов, отправляются на планеты этих полубогов: поклонники бога Солнца попадают на Солнце, поклонники
бога Луны — на Луну, а тот, кто поклоняется Индре, может попасть на планету Индры. Неверно думать, что, поклоняясь полубогам, можно достичь обители Верховной Личности Бога. Здесь
Кришна опровергает это утверждение, говоря, что почитатели полубогов попадают на их планеты в материальном мире, тогда как
преданные Верховного Господа достигают высочайшей планеты,
где обитает Сам Господь.

Нам могут возразить, что поскольку полубоги являются различными частями тела Верховного Господа, то те, кто поклоняется
им, должны достичь той же цели, что и преданные Господа. Однако такое возражение лишь доказывает, что поклонники полубогов
и в самом деле не слишком умны, ибо не знают, какой части тела
следует давать пищу. Некоторые из них настолько глупы, что заявляют, будто пищу можно принимать любой частью тела. Такую
идею нельзя назвать здравой. Кто из нас может есть ушами или глазами? Эти люди не знают, что полубоги — части вселенского тела
Господа, и по невежеству думают, что каждый полубог является независимым Богом, наравне с Верховным Господом. Не только полубоги, но и обыкновенные существа являются частями вселенского тела Верховного Господа. В «Шримад-Бхагаватам» сказано, что
брахманы — это голова Верховного Господа, *кшатрии* — Его ру-

ки, *вайшьи* — живот, а *шудры* — ноги, и все они выполняют разные функции. Но кем бы ни был человек, если он знает, что и полубоги, и он сам являются неотъемлемыми частицами Верховного Господа, он обладает совершенным знанием. Тот же, кто не понимает этого, отправляется на планеты полубогов, в отличие от преданных Господа, которые достигают иной, высшей цели.

Плоды поклонения полубогам преходящи, так как в материальном мире и сами полубоги, и их поклонники, и даже все планеты обречены на гибель. Вот почему в этом стихе ясно сказано, что полубогам поклоняются только недалекие люди. Но чистый преданный, обладающий сознанием Кришны, достигает совсем других результатов: служа Верховному Господу, он обретает вечную жизнь, исполненную блаженства и знания. Верховный Господь безграничен, и Его милость и благосклонность тоже безграничны. Милости, которую Господь проливает на Своих чистых преданных, нет предела.

ТЕКСТ 24 अव्यक्तं व्यक्तिमापन्नं मन्यन्ते मामबुद्धयः ।
परं भावमजानन्तो ममाव्ययमनुत्तमम् ॥ २४ ॥

авйактам̇ вйактим а̄паннам̇ манйанте ма̄м абуддхайах̣
парам̇ бхāвам аджāнанто мамāвйайам ануттамам

авйактам — непроявленная; *вйактим* — личность; *а̄паннам* — достигшая; *манйанте* — считают; *ма̄м* — Меня; *абуддхайах̣* — люди, лишенные разума; *парам* — трансцендентное; *бхāвам* — бытие; *аджāнантах̣* — не знающие; *мама* — Мое; *авйайам* — нетленное; *ануттамам* — непревзойденное.

Люди, лишенные разума и не знающие Меня таким, какой Я есть, считают, что Я, Верховная Личность Бога, Кришна, раньше не был личностью, а теперь стал ею. Из-за скудости своих познаний они не понимают, что Я обладаю высшей природой, абсолютной и нетленной.

КОММЕНТАРИЙ: До этого говорилось, что поклонники полубогов не отличаются разумом, а здесь то же самое сказано об имперсоналистах. Господь Кришна в Своем личностном образе стоит перед Арджуной и разговаривает с ним, но, несмотря на это, невежественные имперсоналисты заявляют, что Верховный Господь в Своей высшей ипостаси не обладает формой. Ямуначарья, великий преданный Господа, принадлежащий к *парампаре* Рамануджачарьи, написал в связи с этим замечательный стих:

твāм̇ ш́ӣла-рӯпа-чаритаих̣ парама-пракр̣шт̣аих̣
саттвена сāттвикатайā прабалаиш́ ча ш́āстраих̣

пракхйāта-даива-парамāртха-видāм̇ матаиш̃ ча
наивāсура-пракртайах̣ прабхаванти боддхум

«О Господь, преданные, такие как Вьясадева и Нарада, знают, что Ты Верховная Личность Бога. Узнать о Твоих качествах, образе и деяниях и таким образом понять, что Ты Верховная Личность Бога, можно, изучая ведические писания. Но непреданные демоны, что подвластны *гунам* страсти и невежества, не способны постичь Тебя. Они недостойны этого. Сколь бы искусны ни были они в обсуждении „Веданты“, Упанишад и других ведических писаний, им никогда не познать Верховную Личность Бога» (Стотра-ратна, 12).

В «Брахма-самхите» сказано, что Бога, Верховную Личность, нельзя постичь, просто изучая Веды. Это возможно только по Его милости. Поэтому в данном стихе из «Бхагавад-гиты» говорится, что к числу не слишком умных людей относятся не только поклонники полубогов, но также ученые-непреданные, изучающие «Веданту» и рассуждающие на темы ведических писаний. Поскольку у них нет ни капли истинного сознания Кришны, они не способны постичь личностную природу Бога. Те, кто считает Абсолютную Истину безличной, названы здесь *абуддхайах̣* (лишенными разума), потому что они ничего не знают о высшем аспекте Абсолютной Истины. В «Шримад-Бхагаватам» сказано, что постижение Всевышнего начинается с постижения безличного Брахмана, следующая ступень — постижение Сверхдуши, пребывающей в сердце, и затем — постижение Личности Бога, высшего аспекта Абсолютной Истины.

Нынешние имперсоналисты ничуть не умнее тех, о которых говорит Кришна: они игнорируют слова даже своего великого предшественника Шанкарачарьи, который сказал, что Кришна — это Верховная Личность Бога. Не имея верного представления о Высшей Истине, имперсоналисты считают Кришну обыкновенным царевичем, сыном Деваки и Васудевы или могущественным человеком, героем своего времени. Такая точка зрения тоже осуждается в «Бхагавад-гите» (9.11): *аваджāнанти мāм̇ мӯдхā мāнушӣм̇ танум āшритам* — «Только глупцы могут считать Меня обыкновенным человеком».

Суть в том, что Кришну нельзя постичь, не занимаясь преданным служением Ему и не развив в себе сознания Кришны. «Бхагаватам» (10.14.29) подтверждает это:

атхāпи те дева падāмбуджа-двайа-
прасāда-лешāнугрхӣта эва хи
джāнāти таттвам̇ бхагаван махимно
на чāнйа эко 'пи чирам̇ вичинван

«О мой Господь, познать Твое истинное величие может тот, кто удостоился хотя бы капли милости Твоих лотосных стоп. Но те, кто пытается постичь Верховную Личность Бога силой собственного ума, не добьются успеха, даже годами изучая Веды». Чтобы постичь Верховную Личность Бога, Кришну, Его образ, качества и имя, недостаточно заниматься умозрительным философствованием или изучать Веды. Для этого необходимо служить Господу с любовью и преданностью. Познать Верховную Личность Бога может лишь тот, кто целиком поглощен деятельностью в сознании Кришны, которая начинается с повторения *маха-мантры:* Харе Кришна, Харе Кришна, Кришна Кришна, Харе Харе / Харе Рама, Харе Рама, Рама Рама, Харе Харе. Непреданные-имперсоналисты считают, что тело Кришны состоит из материальных элементов, и Его деяния, облик и все, что с Ним связано, также являются порождением *майи.* Таких имперсоналистов называют *майявади.* Им неизвестна высшая истина.

В двадцатом стихе этой главы ясно сказано: *кāмаис таис таир хрта-джнāнāх прападйанте 'нйа-деватāх* — «Люди, ослепленные вожделением, вручают себя полубогам». Известно, что, помимо Верховной Личности Бога, существуют многочисленные полубоги, повелевающие разными планетами вселенной. У Господа тоже есть Своя планета. В двадцать третьем стихе Кришна говорит: *девāн дева-йаджо йāнти мад-бхактā йāнти мāм апи.* Те, кто поклоняется полубогам, попадают на планеты этих полубогов, а преданные Господа Кришны попадают на планету Кришналока. Но, несмотря на эти недвусмысленные утверждения, глупые имперсоналисты продолжают считать Господа бесформенным, а все формы воображаемыми, иллюзорными. Но разве можно, изучая «Бхагавад-гиту», прийти к выводу, что полубоги являются безличными, а их обители — бесформенными? Для нас совершенно ясно, что ни полубоги, ни Кришна, Верховная Личность Бога, не являются безличными. Все они личности: Господь Кришна — это Верховная Личность Бога, и у Него есть Своя планета, а у полубогов — свои.

Итак, представления монистов о том, что высшая истина лишена формы и что любая форма является порождением иллюзии, весьма далеки от реальности. Из этих стихов очевидно, что форма отнюдь не иллюзорна. Из «Бхагавад-гиты» мы узнаём, что формы полубогов и форма Верховного Господа существуют одновременно и что тело Господа Кришны — *сач-чид-ананда,* вечно, исполнено знания и блаженства. Ведические писания свидетельствуют о том, что Высшая Абсолютная Истина исполнена знания и блаженства — *виджнанам āнандам брахма* (Брихат-араньяка-упанишад, 3.9.28) — и обладает бесчисленными благими качествами: *ананта-калйāна-гунāтмако 'сау* (Вишну-пурана, 6.5.84). А в другом стихе «Гиты»

Господь говорит, что, хотя Он *аджа* (нерожденный), Он тем не менее рождается, появляется на свет. Вот истины, которые мы должны усвоить, изучая «Бхагавад-гиту». Читая «Гиту», невозможно прийти к выводу, что Верховный Господь не является личностью. Согласно «Бхагавад-гите», философия монизма, которой следуют имперсоналисты, ложна. Не может быть никаких сомнений в том, что Высшая Абсолютная Истина, Господь Кришна, обладает формой и является личностью.

ТЕКСТ 25   नाहं प्रकाशः सर्वस्य योगमायासमावृतः ।
            मूढोऽयं नाभिजानाति लोको मामजमव्ययम् ॥ २५ ॥

*нāхам пракāш́ах̣ сарвасйа   йога-мāйā-самāвр̣тах̣
мӯд̣хо 'йам̇ нāбхиджāнāти   локо мāм аджам авйайам*

на — не; *ахам* — Я; *пракāш́ах̣* — явленный; *сарвасйа* — всем; *йога-мāйā* — внутренней энергией; *самāвр̣тах̣* — скрытый; *мӯд̣хах̣* — глупцы; *айам* — этого; *на* — не; *абхиджāнāти* — понимают; *локах̣* — люди; *мāм* — Меня; *аджам* — нерожденного; *авйайам* — неисчерпаемого.

Я никогда не являю Себя глупцам и невеждам. От них Меня скрывает Моя внутренняя энергия, и потому они не знают, что Я нерожденный и неисчерпаемый.

КОММЕНТАРИЙ: Кто-то может спросить: когда Кришна находился на земле, видеть Его мог каждый, так почему же Он говорит, что не являет Себя всем? Но на самом деле Кришна не являл Себя всем и каждому. Когда Он находился на земле, лишь немногие знали о том, что Он Верховная Личность Бога. Когда Шишупала выступил в собрании Куру с возражениями против того, чтобы собранием руководил Кришна, за Кришну вступился Бхишмадева и провозгласил Его Верховным Господом. О том, что Кришна Всевышний, знали также Пандавы и еще несколько человек, так что это было известно далеко не каждому. Господь не открывал Себя непреданным и обыкновенным людям. Поэтому в «Бхагавад-гите» Кришна говорит, что все люди, за исключением чистых преданных, считают Его обыкновенным человеком. Только Своим преданным Он явил Себя как неиссякаемый источник блаженства. От остальных же, особенно от глупцов-непреданных, Господа скрывала Его внутренняя энергия.

В «Шримад-Бхагаватам» (1.8.19) царица Кунти говорит в своих молитвах, что Господь скрыт завесой *йога-майи* и потому обыкновенные люди не могут постичь Его. Об этой завесе *йога-майи* говорится также в «Ишопанишад» (Мантра 15), где преданный молит Господа:

> *хиранмайена пāтрена*
> *сатйасйāпихитам̇ мукхам*
> *тат твам̇ пӯшанн апāврну*
> *сатйа-дхармāйа дрштайе*

«О Господь, Ты хранитель вселенной, и преданное служение Тебе — это высшая религия. Поэтому я молю Тебя: стань и моим хранителем. Твой божественный образ скрыт завесой Твоей внутренней энергии, *йога-майи.* Эта завеса — *брахмаджьоти.* Будь милостив, убери это ослепительное сияние, которое не дает мне увидеть Твою *сач-чид-ананда-виграху,* Твой вечный образ, исполненный блаженства и знания». Верховный Господь в Его духовном образе, исполненном блаженства и знания, скрыт от нас *брахмаджьоти,* завесой внутренней энергии, поэтому глупые имперсоналисты не могут увидеть Всевышнего.

В «Шримад-Бхагаватам» (10.14.7) Господь Брахма возносит Шри Кришне следующую молитву: «О Верховная Личность Бога, о Сверхдуша, о владыка всех мистических сил, кто в этом мире может постичь Твое могущество и Твои игры? Твоя внутренняя энергия беспрестанно умножается, поэтому постичь Тебя не может никто. Великие ученые могут сосчитать атомы на всех планетах материального мира, но им не под силу сосчитать Твои бесчисленные божественные качества и измерить могущество Твоей энергии». Верховная Личность Бога, Господь Кришна, является не только нерожденным, но и неисчерпаемым *(авйайа).* Его вечный образ исполнен блаженства и знания, а Его энергия поистине неиссякаема.

ТЕКСТ 26 वेदाहं समतीतानि वर्तमानानि चार्जुन ।
भविष्याणि च भूतानि मां तु वेद न कश्चन ॥ २६ ॥

> *ведāхам̇ саматӣтāни   вартамāнāни чāрджуна*
> *бхавишйāни ча бхӯтāни   мāм̇ ту веда на каичана*

веда — знаю; *ахам* — Я; *саматӣтāни* — прошлые события; *вартамāнāни* — те, что происходят в настоящем; *ча* — и; *арджуна* — о Арджуна; *бхавишйāни* — те, что произойдут в будущем; *ча* — также; *бхӯтāни* — (все) живые существа; *мāм* — Меня; *ту* — но; *веда* — знает; *на* — ни; *каичана* — кто-либо.

О Арджуна, как Верховная Личность Бога, Я знаю все, что происходило в прошлом, происходит сейчас и произойдет в будущем. Я также знаю всех живых существ, Меня же не знает никто.

КОММЕНТАРИЙ: Этот стих дает еще более ясный и убедительный ответ на вопрос, является ли Абсолютная Истина личностью или нет. Если бы тело Кришны, Верховной Личности Бога, было порождением *майи*, то есть материальным, как полагают имперсоналисты, то Он, подобно обыкновенному существу, переселялся бы из тела в тело, забывая все, что происходило с Ним в предыдущей жизни. Каждый, кто обладает материальным телом, не помнит, что происходило с ним в прошлом, и не знает, чем закончится его нынешняя жизнь и какой будет следующая. Иначе говоря, обыкновенное существо не знает ни прошлого, ни настоящего, ни будущего. Этим знанием владеет только тот, кто полностью свободен от материальной скверны.

Господь Кришна говорит определенно, что Он, в отличие от обыкновенного человека, знает все, что происходило в прошлом, происходит сейчас и произойдет в будущем. В четвертой главе Господь говорил, что Он помнит, как много миллионов лет назад давал наставления богу Солнца Вивасвану. Кришна знает каждое живое существо, поскольку в образе Сверхдуши находится в сердце каждого. Но, хотя Он Сверхдуша в сердце каждого и Верховная Личность Бога, недалекие люди не понимают этого, даже если им удается постичь безличный Брахман.

Трансцендентное тело Шри Кришны нетленно. Господь подобен солнцу, а *майя* — облаку. Мы часто видим, что облака могут на какое-то время скрыть от нашего взора солнце, звезды и планеты. Однако это происходит лишь потому, что наше зрение несовершенно. Солнце, луна и звезды не скрыты. Точно так же *майя* не может по-настоящему скрыть Верховного Господа. Он пользуется Своей внутренней энергией, чтобы оставаться невидимым для глупцов. Как объяснялось в третьем стихе этой главы, из многих миллионов людей лишь единицы стремятся к совершенству, а из тысяч тех, кто достиг совершенства, едва ли один знает Господа Кришну таким, какой Он есть. Даже тот, кто достиг совершенства в познании безличного Брахмана или Параматмы, пребывающей в сердце, не сможет постичь Верховную Личность Бога, Шри Кришну, если не разовьет в себе сознание Кришны.

ТЕКСТ 27   इच्छाद्वेषसमुत्थेन द्वन्द्वमोहेन भारत ।
सर्वभूतानि सम्मोहं सर्गे यान्ति परन्तप ॥ २७ ॥

*иччха̄-двеша-самуттхена   двандва-мохена бха̄рата
сарва-бхӯта̄ни саммохам   сарге йа̄нти парантапа*

иччха̄ — из желания; *двеша* — и ненависти; *самуттхена* — возникающей; *двандва* — двойственной; *мохена* — иллюзией; *бха̄рата* — о потомок Бхараты; *сарва* — все; *бхӯта̄ни* — живые существа; *сам-*

мохам — в иллюзию; *сарге* — во время рождения; *йа̄нти* — идут; *парантапа* — о покоритель врагов.

О потомок Бхараты, о покоритель врагов, все живые существа, появляясь на свет, оказываются во власти иллюзорной двойственности, возникающей из желания и ненависти.

КОММЕНТАРИЙ: По своей изначальной, истинной природе каждое живое существо подвластно Верховному Господу, представляющему Собой чистое знание. Когда живое существо оказывается во власти иллюзии, которая отделяет его от чистого знания, оно становится рабом иллюзорной энергии и уже не способно постичь Верховную Личность Бога. Иллюзорная энергия проявляет себя в виде двойственности — желания и ненависти. Движимые желанием и ненавистью, невежественные люди желают сравняться с Верховным Господом и ненавидят саму мысль о том, что Кришна — это Верховная Личность Бога. Чистые преданные, свободные от власти иллюзии и от скверны желания и ненависти, знают, что Господь Шри Кришна является в этот мир силой Своей внутренней энергии. Но те, кто ослеплен двойственностью и невежеством, считают Верховную Личность Бога порождением материальной энергии. В этом их беда. Под влиянием иллюзии такие люди мыслят в категориях двойственности: почета и бесчестья, счастья и горя, хорошего и плохого, удовольствия и боли. Одних они считают мужчинами, других — женщинами. «Это моя жена, это мой дом. Я хозяин в своем доме. Я муж этой женщины», — думают они. Таков мир двойственности. Введенные в заблуждение иллюзорной двойственностью, живые существа теряют способность здраво мыслить и не могут постичь Верховную Личность Бога.

ТЕКСТ 28   येषां त्वन्तगतं पापं जनानां पुण्यकर्मणाम् ।
ते द्वन्द्वमोहनिर्मुक्ता भजन्ते मां दृढव्रताः ॥ २८ ॥

*йеша̄м тв анта-гатам̇ па̄пам̇   джана̄на̄м̇ пун̣йа-карман̣а̄м
те двандва-моха-нирмукта̄   бхаджанте ма̄м̇ др̣дха-врата̄х̣*

йеша̄м — которых; *ту* — но; *анта-гатам* — уничтожены; *па̄пам* — грех; *джана̄на̄м* — людей; *пун̣йа* — благочестивые; *карман̣а̄м* — тех, чьи прошлые действия; *те* — они; *двандва* — от двойственности; *моха* — и иллюзии; *нирмукта̄х̣* — освобожденные; *бхаджанте* — преданно служат; *ма̄м* — Мне; *др̣дха-врата̄х̣* — обладающие решимостью.

Кто совершал благочестивые поступки в этой и в прошлых жизнях и полностью отрекся от греха, тот выходит из-под власти ил-

люзорной двойственности и с решимостью посвящает себя служению Мне.

КОММЕНТАРИЙ: В этом стихе объясняется, кто может подняться на трансцендентный уровень. Грешникам, атеистам, глупцам и лицемерам очень трудно выйти из-под влияния двойственности, то есть избавиться от желания и ненависти. Только те, кто в течение многих жизней соблюдал религиозные заповеди, совершал благочестивые поступки и освободился от последствий своих грехов, может встать на путь преданного служения и постепенно обрести чистое знание о Верховной Личности Бога. Со временем такие люди полностью погружаются в мысли о Верховной Личности Бога и входят в состояние транса. Так они поднимаются на духовный уровень. Достичь этого уровня можно, действуя в сознании Кришны и общаясь с чистыми преданными, ибо такое общение освобождает человека из плена иллюзии.

В «Шримад-Бхагаватам» (5.5.2) сказано, что тот, кто действительно хочет освободиться из материального плена, должен служить преданным Господа *(махат-севам̇ два̄рам а̄хур вимуктех);* тот же, кто общается не с преданными, а с материалистичными людьми, прокладывает себе дорогу в темнейшие сферы бытия *(тамо-два̄рам̇ йошита̄м̇ сан̇ги-сан̇гам).* Преданные Господа путешествуют по земле с единственной целью: освободить обусловленные души из плена иллюзии. Имперсоналисты не понимают, что, забыв свою изначальную природу, живые существа отказываются признавать над собой власть Верховного Господа и тем самым совершают тягчайшее преступление против законов Бога. Лишь вспомнив свое изначальное положение, живое существо сможет постичь Верховную Личность и с решимостью посвятить себя трансцендентному любовному служению Господу.

ТЕКСТ 29   जरामरणमोक्षाय मामाश्रित्य यतन्ति ये ।
                 ते ब्रह्म तद्विदुः कृत्स्नमध्यात्मं कर्म चाखिलम् ॥ २९ ॥

джара̄-маран̣а-мокша̄йа   ма̄м а̄ш́ритйа йатанти йе
те брахма тад видух кр̣тснам   адхйа̄тмам̇ карма ча̄кхилам

джара̄—от старости; *маран̣а*—и смерти; *мокша̄йа*—для освобождения; *ма̄м*—во Мне; *а̄ш́ритйа*—найдя прибежище; *йатанти*—стремятся; *йе*—что; *те*—они; *брахма*—Брахман; *тат*—тот; *видух*—знают; *кр̣тснам*—целиком; *адхйа̄тмам*—духовную; *карма*—деятельность; *ча*—и; *акхилам*—полностью.

Такие разумные люди, стремящиеся освободиться из плена старости и смерти, находят прибежище во Мне и служат Мне с лю-

бовью. Они уже, по сути, Брахман, ибо в совершенстве познали законы духовной деятельности.

КОММЕНТАРИЙ: Рождение, смерть, старость и болезни связаны с материальным телом, но никак не затрагивают тело духовное. Духовное тело не рождается, не умирает, не стареет и не болеет. Поэтому тот, кто обрел духовное тело и, став одним из приближенных Верховного Господа, получил доступ к вечному преданному служению Ему, обрел истинное освобождение. *Ахам брахмāсми:* «Я духовен по природе». В *шастрах* говорится, что живое существо должно осознать себя Брахманом, то есть вечной душой. Осознание себя Брахманом, как сказано в этом стихе, является также частью практики преданного служения. Чистые преданные находятся на духовном уровне, уровне Брахмана, и прекрасно знают все законы духовной деятельности.

Встав на путь трансцендентного служения Господу, четыре типа преданных, имеющих материальные желания, получают то, к чему стремились, и, когда по милости Господа полностью очищаются и обретают сознание Кришны, им даруется право наслаждаться духовным блаженством, общаясь с Верховным Господом. Те же, кто поклоняется полубогам, никогда не смогут попасть на планету Верховного Господа и общаться с Ним. На высшую планету Кришны, Голоку Вриндавану, закрыт доступ даже тем людям, которые пытаются осознать безличный Брахман и потому относятся к числу малоразумных. По сути, осознавшим Брахман может считаться лишь тот, кто действует в сознании Кришны *(мāм āйритйа)*, ибо он стремится достичь высшей обители Кришны. У такого преданного нет никаких заблуждений относительно положения Кришны, поэтому он уже, по сути, стал Брахманом.

Даже те, кто поклоняется Господу в Его форме *арча* или кто избрал Его объектом медитации только ради того, чтобы освободиться из материального плена, по милости Господа обретают знание о Брахмане и материальном творении *(адхибхуте)*. Об этом Господь расскажет в следующей главе.

ТЕКСТ 30   साधिभूताधिदैवं मां साधियज्ञं च ये विदुः ।
प्रयाणकालेऽपि च मां ते विदुर्युक्तचेतसः ॥ ३० ॥

*сāдхибхӯтāдхидаивам̇ мāм̇   сāдхийаджн̃ам̇ ча йе видух
прайāн̣а-кāле 'пи ча мāм̇   те видур йукта-четасах̣*

са-адхибхӯта — повелевающего материальным космосом; *адхидаивам* — и всеми полубогами; *мāм* — Меня; *са-адхийаджн̃ам* — того, кто повелевает всеми жертвоприношениями; *ча* — также; *йе* — которые; *видух* — знают; *прайāн̣а* — смерти; *кāле* — в момент; *апи* —

даже; *ча* — и; *мāм* — Меня; *те* — они; *видуḥ* — знают; *йукта-чета-*
саḥ — те, чей ум сосредоточен на Мне.

Те, кто всегда думает обо Мне и кто понял, что Я, Верховный
Господь, — повелитель материального космоса, владыка всех по-
лубогов и жертвоприношений, будут сознавать Меня, Верховную
Личность Бога, даже на смертном одре.

КОММЕНТАРИЙ: Те, кто действует в сознании Кришны, никогда не сходят с пути, ведущего к постижению Верховной Личности
Бога. Общаясь с преданными, обладающими сознанием Кришны,
человек понимает, что Верховный Господь — владыка всего материального творения и даже полубогов. Благодаря такому трансцендентному общению он постепенно обретает веру в Верховную
Личность Бога. Развив в себе сознание Кришны, такой человек уже
никогда не забудет Кришну, даже в момент смерти, и, покинув тело, попадет на планету Верховного Господа, Голоку Вриндавану.

В седьмой главе «Бхагавад-гиты» объясняется, как можно в полной мере развить в себе сознание Кришны. Для этого прежде всего
необходимо общаться с теми, кто уже обладает сознанием Кришны. Такое общение духовно и позволяет непосредственно соприкос-
нуться с Кришной. Тогда по милости Господа человек может осознать, что Кришна — это Верховная Личность Бога. Одновременно
с этим он обретет истинное знание о вечной природе живого существа и о том, как, забыв Кришну, живое существо, запутывается в сетях материальной деятельности. Благодаря общению с преданными человек постепенно развивает в себе сознание Кришны
и понимает, что, забыв Кришну, он оказался во власти законов материальной природы. Он также понимает, что человеческая форма жизни дает ему возможность возродить в себе сознание Кришны и что он должен в полной мере использовать эту возможность,
чтобы снискать беспричинную милость Верховного Господа.

В этой главе обсуждалось много вопросов: здесь рассказывалось
о людях страждущих, о любознательных и о тех, кто терпит нуж-
ду, о познании Брахмана и Параматмы, об освобождении из плена
рождения, смерти и болезней и о поклонении Верховному Господу.
Того, кто действительно обрел сознание Кришны, не интересуют
другие методы духовного самопознания. Он просто действует в сознании Кришны и таким образом достигает своего истинного положения, положения вечного слуги Господа Кришны. Отдавая себя
чистому преданному служению, такой человек испытывает огромное удовольствие, когда слушает повествования о Верховном Господе и прославляет Его. Он твердо верит в то, что, действуя таким образом, сможет обрести все желаемое. Такую непоколебимую
веру называют *дридха-врата,* и она является основой *бхакти-йоги,*

трансцендентного любовного служения Господу. К этому выводу подводят все священные писания. Знание, содержащееся в седьмой главе «Бхагавад-гиты», закладывает фундамент такой веры.

Так заканчивается комментарий Бхактиведанты к седьмой главе «Шримад Бхагавад-гиты», которая называется «Познание Абсолюта».

ГЛАВА ВОСЬМАЯ

Достижение обители Всевышнего

ТЕКСТ 1   अर्जुन उवाच
किं तद्ब्रह्म किमध्यात्मं किं कर्म पुरुषोत्तम ।
अधिभूतं च किं प्रोक्तमधिदैवं किमुच्यते ॥ १ ॥

арджуна увача
ким тад брахма ким адхйатмам   ким карма пурушоттама
адхибхӯтам ча ким проктам   адхидаивам ким учйате

арджунах̣ увача — Арджуна сказал; *ким* — что; *тат* — тот; *брахма* — Брахман; *ким* — что; *адхйатмам* — душа; *ким* — что; *карма* — кармическая деятельность; *пуруша-уттама* — о Верховная Личность; *адхибхӯтам* — материальный мир; *ча* — и; *ким* — что; *проктам* — называемое; *адхидаивам* — полубоги; *ким* — что; *учйате* — называется.

Арджуна спросил: О Господь, о Верховная Личность, что такое Брахман? Что такое индивидуальное «я»? Что называют деятельностью, приносящей последствия? Что представляет собой материальный мир? Кто такие полубоги? Прошу Тебя, расскажи об этом.

КОММЕНТАРИЙ: В этой главе Господь отвечает на вопросы Арджуны, начиная с вопроса о том, что такое Брахман. Он также расскажет о *карме* (деятельности, приносящей плоды), о преданном служении с элементами мистической *йоги,* а также о чистом преданном служении. В «Шримад-Бхагаватам» говорится, что у Высшей Абсолютной Истины есть три аспекта: Брахман, Параматма и Бхагаван. Брахманом также называют живое существо, индивидуальную душу. Кроме того, Арджуна спрашивает Кришну об *атме,* что может указывать на душу, тело или ум. Согласно ведическому словарю, слово *атма* имеет несколько значений: «ум», «душа», «тело», «чувства».

Арджуна называет Кришну Пурушоттамой, Верховной Личностью. Это показывает, что он задает свои вопросы не просто другу, а Верховному Господу, которого считает высшим авторитетом, способным ответить на все вопросы.

ТЕКСТ 2   अधियज्ञः कथं कोऽत्र देहेऽस्मिन्मधुसूदन ।
प्रयाणकाले च कथं ज्ञेयोऽसि नियतात्मभिः ॥ २ ॥

адхийаджнах катхам ко 'тра   дехе 'смин мадхусудана
прайана-кале ча катхам   джнейо 'си нийататмабхих

адхийаджнах — владыка всех жертвоприношений; *катхам* — как; *ках* — кто; *атра* — здесь; *дехе* — в теле; *асмин* — в этом; *мадхусудана* — о Мадхусудана; *прайана-кале* — в момент смерти; *ча* — и; *катхам* — как; *джнейах аси* — (Ты) есть тот, о ком следует помнить; *нийата-атмабхих* — владеющие собой.

Кого называют владыкой жертвоприношений и каким образом Он пребывает в этом теле, о Мадхусудана? Как те, кто занимается преданным служением, помнят о Тебе в момент смерти?

КОММЕНТАРИЙ: Владыкой жертвоприношений называют Вишну, а также Индру. Вишну повелевает главными полубогами, в том числе Брахмой и Шивой, а Индра — полубогами, которые управляют различными ведомствами материальной вселенной. Как Вишну, так и Индре поклоняются, совершая *ягьи.* Но здесь Арджуна спрашивает о том, кто является истинным владыкой жертвоприношений и каким образом Господь пребывает в теле живого существа.

Арджуна называет здесь Господа Мадхусуданой, потому что Кришна однажды убил демона по имени Мадху. По существу, вопросы, заданные Арджуной, выражают сомнения, и вообще-то они не должны были возникнуть у него, так как Арджуна — преданный, обладающий сознанием Кришны. Сомнения подобны демонам, и, поскольку Кришна прекрасно умеет расправляться с демонами, Арджуна называет Его Мадхусуданой, тем самым прося уничтожить демонов сомнения, возникших у него в уме.

Большое значение имеет употребленное в этом стихе слово *прайāна-кāле*: все, чего мы достигли при жизни, будет проверено в момент смерти. Арджуна хочет узнать, что ждет тех, кто постоянно поглощен деятельностью в сознании Кришны. Как они выдерживают это последнее испытание? Когда наступает смерть, все функции тела нарушаются и ум приходит в сильное беспокойство. В таком состоянии немудрено забыть Верховного Господа. Великий преданный Махараджа Кулашекхара в своих молитвах говорит: «О Господь, я хотел бы умереть прямо сейчас, пока я полностью здоров, чтобы лебедь моего ума нашел путь к стеблю лотоса Твоих стоп». Плавая в воде, лебеди часто ныряют и играют со стеблями лотоса. Это доставляет им огромное удовольствие. Используя эту метафору, Махараджа Кулашекхара говорит Господу: «В настоящее время я вполне здоров и мой ум спокоен. Если я умру прямо сейчас, думая о Твоих лотосных стопах, то наверняка достигну цели преданного служения. Если же мне придется дожидаться естественной смерти, я не знаю, что случится со мной в последний миг, потому что тогда мое тело перестанет действовать должным образом, меня будет мучить удушье, и я не уверен, что смогу произнести Твое имя. Поэтому позволь мне умереть немедленно». И в этом стихе «Бхагавад-гиты» Арджуна спрашивает о том, как сосредоточить ум на лотосных стопах Кришны в момент смерти.

ТЕКСТ 3   श्रीभगवानुवाच

अक्षरं ब्रह्म परमं स्वभावोऽध्यात्ममुच्यते ।
भूतभावोद्भवकरो विसर्गः कर्मसंज्ञितः ॥ ३ ॥

шрӣ-бхагавāн увāча
акшарам̇ брахма парамам̇   свабхāво 'дхйāтмам учйате
бхӯта-бхāводбхава-каро   висаргах̣ карма-сам̇джн̃итах̣

шрӣ-бхагавāн увāча — Верховный Господь сказал; *акшарам* — нетленный; *брахма* — Брахман; *парамам* — трансцендентный; *свабхāвах̣* — вечная природа; *адхйāтмам* — душа; *учйате* — называется; *бхӯта-бхāва-удбхава-карах̣* — то, при котором создаются материальные тела живых существ; *висаргах̣* — сотворение; *карма* — деятельностью ради ее плодов; *сам̇джн̃итах̣* — называемое.

Верховный Господь сказал: Брахманом называют нетленное, трансцендентное живое существо, а индивидуальное «я» (адхьятма) — это его вечная природа. Кармой, или деятельностью, приносящей последствия, называют деятельность, в процессе которой живые существа создают свои будущие материальные тела.

КОММЕНТАРИЙ: Брахман не подвержен уничтожению, он существует вечно и никогда не меняет своей природы. Над Брахманом стоит Парабрахман. Брахман — это индивидуальное живое существо, а Парабрахман — Верховная Личность Бога. Изначальное положение живого существа отличается от положения, которое оно занимает в материальном мире. Обладая материальным сознанием, живое существо стремится господствовать над материей, а обладая духовным сознанием, или сознанием Кришны, служит Верховному Господу. Находясь в плену материального сознания, живое существо вынуждено переселяться из одного материального тела в другое. Его деятельность называется *кармой,* сотворением будущих материальных тел под влиянием материального сознания.

Веды называют индивидуальное живое существо *дживатмой* и Брахманом, но никогда не говорят о нем как о Парабрахмане. *Дживатма* может занимать разное положение: иногда, погружаясь во тьму материальной природы, она отождествляет себя с материей, а иногда считает себя принадлежащей к высшей, духовной природе. Поэтому *дживатму* называют пограничной энергией Верховного Господа. В зависимости от того, с какой природой, материальной или духовной, живое существо отождествляет себя, оно получает материальное или духовное тело. Живя в материальном мире, оно получает тела различных видов, общее число которых — 8 400 000, но в духовном мире у него только одно тело. В материальном мире, в зависимости от своей *кармы,* живое существо может воплотиться в теле человека, полубога, зверя, птицы и т.д. Время от времени, чтобы достичь райских планет, которые также находятся в материальном мире, и вкусить там неземных наслаждений, оно совершает жертвоприношения *(ягьи),* но, когда запас плодов его благочестивой деятельности подходит к концу, оно возвращается на землю и получает тело человека. Так действует закон *кармы.*

Ведические жертвоприношения описаны в «Чхандогья-упанишад». На жертвенный алтарь приносятся пять различных даров, для каждого из которых разводят свой жертвенный огонь. Эти пять видов жертвенного огня символизируют райские планеты, облака, землю, мужчину и женщину, а пять видов жертвенных даров являются символами веры, наслаждения на луне, дождя, зерна и семени.

Живое существо совершает определенные жертвоприношения, чтобы достичь той или иной райской планеты, и в конечном счете попадает туда. Когда плоды его жертвоприношений иссякают, оно с дождем возвращается на землю и принимает форму зерна; это зерно, съеденное мужчиной, превращается в семя, которое попадает в чрево женщины, и тогда живое существо снова получает тело человека, чтобы вновь совершать жертвоприношения и еще раз пройти через этот цикл. Так живое существо беспрестанно скитается в этом мире, снова и снова перенося муки рождения и смерти. Но человек, обладающий сознанием Кришны, не совершает подобных жертвоприношений. Он занимается деятельностью в сознании Кришны и таким образом готовит себя к возвращению в царство Бога.

Имперсоналисты в своих комментариях к «Бхагавад-гите» совершенно безосновательно заявляют, что Верховный Брахман, приходя в материальный мир, становится индивидуальной *дживой*. При этом они ссылаются на седьмой стих пятнадцатой главы «Бхагавад-гиты». Однако в том стихе Господь называет живые существа Своими вечными частицами. Эти крошечные частицы Бога, индивидуальные существа, могут пасть в материальный мир, но с Верховным Господом (Ачьютой) этого не происходит никогда. Поэтому с утверждением, что Верховный Брахман становится *дживой*, нельзя согласиться. Необходимо всегда помнить, что в Ведах проводится разграничение между Брахманом (индивидуальным живым существом) и Парабрахманом (Верховным Господом).

ТЕКСТ 4   अधिभूतं क्षरो भावः पुरुषश्चाधिदैवतम् ।
अधियज्ञोऽहमेवात्र देहे देहभृतां वर ॥ ४ ॥

*адхибхӯтам̇ кшаро бхāвах̣   пурушаш́ чāдхидаиватам
адхийаджн̃о 'хам эвāтра   дехе деха-бхр̣тāм̇ вара*

адхибхӯтам — материальный мир; *кшарах̣* — постоянно изменяющаяся; *бхāвах̣* — природа; *пурушах̣* — вселенское тело (включающее в себя всех полубогов, таких, как бог Солнца и бог Луны); *ча* — и; *адхидаиватам* — адхидайва; *адхийаджн̃ах̣* — Сверхдуша; *ахам* — Я (Кришна); *эва* — безусловно; *атра* — здесь; *дехе* — в теле; *деха-бхр̣тāм* — всех воплощенных в теле существ; *вара* — о лучший.

О лучший среди воплощенных существ, материальную природу, которая постоянно изменяется, называют *адхибхутой*, материальным миром. Вселенское тело Господа, частями которого являются бог Солнца, бог Луны и другие полубоги, называют *адхидайвой*. А Меня, Верховного Господа, пребывающего как Сверхдуша в сердце каждого живого существа, именуют *адхиягьей* [владыкой жертвоприношений].

КОММЕНТАРИЙ: Материальный мир постоянно изменяется. Все материальные тела проходят через шесть стадий развития: они появляются на свет, растут, какое-то время существуют, производят побочные продукты, стареют и умирают. Материальную природу называют *адхибхута*. Она создается в определенное время и в определенное время разрушается. Воображаемое вселенское тело Верховного Господа, которое включает в себя всех полубогов и их планеты, получило название *адхидайвата*. В материальном теле вместе с индивидуальной душой пребывает Сверхдуша, всемогущая экспансия Господа Кришны, которую называют Параматмой или *адхиягьей*. Она находится в сердце живого существа. В связи с этим особенно важно слово *эва:* этим словом Господь подчеркивает, что Параматма неотлична от Него Самого. Сверхдуша, Верховная Личность Бога, находится рядом с индивидуальной душой и является свидетелем всех ее поступков. Она же наделяет индивидуальную душу определенным типом сознания. Сверхдуша предоставляет индивидуальной душе свободу действий и наблюдает за ее деятельностью.

Чистый преданный, обладающий сознанием Кришны и занятый трансцендентным служением Господу, прекрасно понимает, какие функции выполняют различные экспансии Верховного Господа. Гигантское вселенское тело Господа *(адхидайвата)* является объектом медитации для начинающих *йогов*. Они еще не постигли Господа в образе Сверхдуши, поэтому им рекомендуется мысленно созерцать вселенское проявление Господа *(вират-пурушу)*, у которого ноги — это низшие планеты, глаза — Солнце и Луна, а голова — высшие планеты.

ТЕКСТ 5   अन्तकाले च मामेव स्मरन्मुक्त्वा कलेवरम् ।
यः प्रयाति स मद्भावं याति नास्त्यत्र संशयः ॥ ५ ॥

анта-кале ча мам эва   смаран муктва калеварам
йах прайати са мад-бхавам   йати насти атра самшайах

анта-кале — в конце жизни; *ча* — также; *мам* — Меня; *эва* — безусловно; *смаран* — помнящий; *муктва* — оставив; *калеварам* — тело; *йах* — который; *прайати* — отправляется; *сах* — тот; *мат-бхавам* — Мою природу; *йати* — обретает; *на* — не; *асти* — существует; *атра* — здесь; *самшайах* — сомнение.

Тот, кто в конце жизни, покидая тело, помнит только Меня, сразу обретает Мою природу. В этом нет никаких сомнений.

КОММЕНТАРИЙ: В этом стихе подчеркивается важность сознания Кришны. Любой, кто покидает тело в сознании Кришны, тотчас обретает трансцендентную природу Верховного Господа. Верховный Господь чистейший из чистых. Поэтому тот, кто все время пребывает в сознании Кришны, тоже становится абсолютно чистым. В связи с этим примечательно слово *смаран* («помня»).

Оскверненная материей душа, которая не занимается практикой сознания Кришны, не способна помнить Кришну. Поэтому развивать в себе сознание Кришны надо с самого начала жизни. Тот, кто хочет, чтобы его жизнь увенчалась успехом, должен научиться всегда помнить Кришну. А для этого необходимо постоянно, беспрерывно повторять *маха-мантру:* Харе Кришна, Харе Кришна, Кришна Кришна, Харе Харе / Харе Рама, Харе Рама, Рама Рама, Харе Харе. Господь Чайтанья советовал преданным быть терпеливее дерева *(тарор ива сахишнуна).* Человек, повторяющий *мантру* Харе Кришна, может столкнуться со множеством трудностей. Но он должен терпеливо преодолевать их и продолжать повторять: Харе Кришна, Харе Кришна, Кришна Кришна, Харе Харе / Харе Рама, Харе Рама, Рама Рама, Харе Харе, чтобы в конце жизни получить все блага сознания Кришны.

ТЕКСТ 6   यं यं वापि स्मरन्भावं त्यजत्यन्ते कलेवरम् ।
           तं तमेवैति कौन्तेय सदा तद्भावभावितः ॥ ६ ॥

*йам йам вапи смаран бхавам   тйаджати анте калеварам
там там эваити каунтейа   сада тад-бхава-бхавитах*

йам йам — которое; *ва апи* — вообще; *смаран* — помнящий; *бхавам* — состояние бытия; *тйаджати* — оставляет; *анте* — в конце; *калеварам* — тело; *там там* — к тому; *эва* — безусловно; *эти* — приходит; *каунтейа* — о сын Кунти; *сада* — всегда; *там* — то; *бхава* — состояние бытия; *бхавитах* — помнящий.

О сын Кунти, о каком бы состоянии бытия ни помнил человек, покидая тело, того состояния он и достигнет в следующей жизни.

КОММЕНТАРИЙ: Здесь говорится о смене состояния бытия, которая происходит в момент смерти. Тот, кто в конце жизни, покидая тело, думает о Кришне, обретает трансцендентную природу Всевышнего, однако не следует полагать, что такого же результата может достигнуть и тот, кто в момент смерти думает не о Кришне, а о чем-то другом. К этому необходимо отнестись очень серьезно. Как в момент смерти сохранить надлежащее состояние ума? В связи с этим очень поучительна история Махараджи Бхараты. Он был великим преданным, но, умирая, думал об олененке и в следующей жизни получил тело оленя. После смерти он помнил всю свою предыдущую жизнь, но, несмотря на это, был вынужден родиться в теле животного. Безусловно, мысли, которые возникали в уме человека в течение жизни, определяют характер его мыслей в момент смерти; так еще в этой жизни мы творим свою будущую жизнь. Тот, кто живет в *гуне* благости и постоянно думает о Кришне, сможет вспомнить о Нем и в свой последний час. Это позволит ему обрести трансцендентную природу Кришны. Если человек поглощен трансцендентным служением Кришне, его следующее тело будет трансцендентным, то есть духовным, а не материальным. Поэтому, чтобы в конце жизни достичь высшего состояния бытия, лучше всего повторять Харе Кришна, Харе Кришна, Кришна Кришна, Харе Харе / Харе Рама, Харе Рама, Рама Рама, Харе Харе.

ТЕКСТ 7   तस्मात्सर्वेषु कालेषु मामनुस्मर युध्य च ।
               मय्यर्पितमनोबुद्धिर्मामेवैष्यस्यसंशयः ॥ ७ ॥

*тасмāт сарвешу кāлешу   мāм анусмара йудхйа ча
майй арпита-мано-буддхир   мāм эваишйаси асамйайах*

тасмāт — потому; *сарвешу* — во всякое; *кāлешу* — время; *мāм* — Меня; *анусмара* — продолжай помнить; *йудхйа* — сражайся; *ча* — и; *майи* — на Мне; *арпита* — сосредоточен; *манах* — ум; *буддхих* — тот, чей разум; *мāм* — ко Мне; *эва* — непременно; *эшйаси* — придешь; *асамйайах* — не имеющий сомнений.

Поэтому, о Арджуна, всегда думай обо Мне в образе Кришны и в то же время сражайся, исполняя свой долг. Посвящая Мне все свои действия и держа ум и разум сосредоточенными на Мне, ты непременно достигнешь Моей обители.

КОММЕНТАРИЙ: Наставление, которое Кришна дает Арджуне в этом стихе, имеет большое значение для всех людей, занятых мирскими делами. Господь не говорит, что надо во что бы то ни стало отказаться от своих занятий или обязанностей. Человек может продолжать выполнять их, и в то же время он должен думать о Кришне, повторяя *мантру* Харе Кришна. Это поможет ему очиститься от материальной скверны и сосредоточить на Кришне свой ум и разум. Тот, кто повторяет имена Кришны, непременно достигнет Его высшей планеты, Кришналоки.

ТЕКСТ 8   अभ्यासयोगयुक्तेन चेतसा नान्यगामिना ।
               परमं पुरुषं दिव्यं याति पार्थानुचिन्तयन् ॥ ८ ॥

*абхйāса-йога-йуктена   четасā нāнйа-гāминā
парамам пурушам дивйам   йāти пāртхāнучинтайан*

абхйāса-йога — с помощью практики *йоги*; *йуктена* — сосредоточенным в медитации; *четасā* — умом (и разумом); *на анйа-гāминā* — не отклоняющимся; *парамам* — Всевышнего; *пурушам* — Личность Бога; *дивйам* — трансцендентную; *йāти* — достигает; *пāртха* — о сын Притхи; *анучинтайан* — постоянно думающий (о Нем).

О Партха, тот, кто постоянно помнит Меня, Верховную Личность Бога, кто всегда сосредоточенно думает обо Мне и не отвлекается ни на что другое, без сомнения, придет ко Мне.

КОММЕНТАРИЙ: В этом стихе Господь Кришна подчеркивает, насколько важно всегда помнить Его. Чтобы не забывать Кришну, необходимо повторять Харе Кришна *маха-мантру*. Повторяя и слушая звуки имени Верховного Господа, мы занимаем служением Ему свои уши, язык и ум. Эта медитация, заниматься которой совсем не трудно, поможет нам прийти к Верховному Господу.

Пурушам значит «наслаждающийся». Хотя обусловленные существа принадлежат к пограничной энергии Верховного Господа, они осквернены материей. Они считают себя наслаждающимися, но забывают, что не являются верховными наслаждающимися. Здесь ясно сказано, что верховный наслаждающийся — это Бог, Верховная Личность, проявляющий Себя в виде полных экспансий, таких как Нараяна, Вāсудева и т. д.

Повторяя *мантру* Харе Кришна, преданный может все время думать о том, кому он поклоняется, то есть о Верховном Господе в одном из Его образов: Нараяны, Кришны, Рамы и т. д. Постоянно повторяя святое имя, он очистится от материальной скверны и в конце жизни войдет в царство Бога. *Йоги* мысленно созерцают Сверхдушу в своем сердце, а преданный, повторяя *мантру* Харе Кришна, всегда держит ум сосредоточенным на Верховной Личности. Ум очень беспокоен и неустойчив, поэтому необходимо заставлять его думать о Кришне. В связи с этим часто приводят пример с гусеницей, которая все время думает о том, чтобы стать бабочкой, и благодаря этому в той же жизни превращается в бабочку. Точно так же если мы будем все время думать о Кришне, то в конце жизни обязательно получим тело, наделенное такими же качествами, как и тело Кришны.

ТЕКСТ 9　　कविं पुराणमनुशासितार-
मणोरणीयांसमनुस्मरेद्यः ।
सर्वस्य धातारमचिन्त्यरूप-
मादित्यवर्णं तमसः परस्तात् ॥ ९ ॥

*кавим пурāнам анушāситāрам
анор анӣйāṁсам анусмаред йах̣
сарвасйа дхāтāрам ачинтйа-рӯпам
āдитйа-варнам тамасах̣ парастāт*

кавим — того, кто знает все; *пурāṇам* — старейшего; *анушāситāрам* — властелина; *аṇох* — атома; *аṇӣйāмсам* — меньшего; *анусма-
рет* — пусть сделает предметом размышления; *йах* — который; *сарвасйа* — всего; *дхāтāрам* — хранителя; *ачинтйа* — непостижим; *рӯпам* — того, чей облик; *āдитйа-варнам* — сияющего, словно солнце;
тамасах — тьмы; *парастāт* — за пределами.

**Думай обо Мне как о всеведущей, старейшей Верховной Лич-
ности, как о владыке вселенной, как о том, кто меньше мельчайшего и кто поддерживает все мироздание; как о том, кто выше
всех материальных представлений, кто непостижим и кто всегда
остается личностью; как о том, кто сияет, словно солнце, кто запределен материальному миру.**

КОММЕНТАРИЙ: В этом стихе описано, как надо думать о Всевышнем. Очень важно то, что Господь не безличен и не является
пустотой. Невозможно думать о чем-то безличном или о пустоте.
Те, кто пытается делать это, сталкиваются с большими трудностями. Но думать о Кришне, как явствует из этого стиха, совсем
не сложно. Прежде всего, Господь — это *пуруша,* личность, и мы
должны думать о Раме или о Кришне как о личности. В этом стихе
описаны качества Верховной Личности, будь то Рама или Кришна.
Господа называют *кави:* Ему известно прошлое, настоящее и будущее, поэтому Он всеведущ. Господь — старейшее существо, ибо
Он является источником всего сущего; все исходит от Него. Кроме
того, Он верховный повелитель вселенной, хранитель мироздания
и наставник человечества. Он меньше мельчайшего. Размеры индивидуальной души составляют одну десятитысячную часть кончика волоса, но Господь так непостижимо мал, что входит в сердце
этой крошечной частицы. Будучи Верховным Господом, Он входит в атом. Находясь в сердце крошечного живого существа, Он
в образе Сверхдуши направляет все его действия. Принимая такие
маленькие размеры, Он в то же время остается вездесущим хранителем мироздания. Именно Он держит на Себе все планеты. Мы
часто недоумеваем, как такие огромные планеты держатся в пространстве. Здесь сказано, что Своей непостижимой энергией Верховный Господь держит на орбите все огромные планеты во всех
галактиках. В связи с этим примечательно слово *ачинтйа,* «непо-
стижимый». Никто не в силах охватить умом энергию Бога, поэтому ее называют непостижимой *(ачинтйа).* Кто станет спорить
с этим? Пронизывая Собой весь материальный мир, Господь при
этом находится за его пределами. Мы не можем понять даже то,
как устроен материальный мир, который совсем незначителен по
сравнению с духовным миром, — так как же нам постичь то, что
лежит за его пределами? *Ачинтйа* — это то, что находится за пре-

делами материального мира, то, что невозможно понять, используя логику и философские рассуждения. Поэтому, не тратя время на бессмысленные дискуссии и размышления, разумные люди должны признать истиной то, о чем говорится в священных писаниях, таких как Веды, «Бхагавад-гита» и «Шримад-Бхагаватам», и следовать содержащимся в них наставлениям. Тогда они смогут обрести истинное знание.

ТЕКСТ 10   प्रयाणकाले मनसाचलेन
भक्त्या युक्तो योगबलेन चैव ।
भ्रुवोर्मध्ये प्राणमावेश्य सम्य-
क्स तं परं पुरुषमुपैति दिव्यम् ॥ १० ॥

прайа̄н̣а-ка̄ле манаса̄чалена
бхактйа̄ йукто йога-балена чаива
бхрувор мадхйе пра̄н̣ам а̄веш́йа самйак
са там̇ парам̇ пурушам упаити дивйам

прайа̄н̣а-ка̄ле — в момент смерти; *манаса̄* — умом; *ачалена* — не отвлекающимся; *бхактйа̄* — с любовью и преданностью; *йуктах̣* — занятый; *йога-балена* — силой мистической *йоги; ча* — также; *эва* — безусловно; *бхрувох̣* — бровей; *мадхйе* — между; *пра̄н̣ам* — жизненный воздух; *а̄веш́йа* — направив; *самйак* — полностью; *сах̣* — он; *там* — того; *парам* — трансцендентного; *пурушам* — Личности Бога; *упаити* — достигает; *дивйам* — духовного царства.

Тот, кто в момент смерти направляет жизненный воздух в межбровье и, обуздав силой *йоги* свой ум, сосредоточивает его на Верховном Господе, думая о Нем с любовью и преданностью, непременно достигнет обители Верховной Личности Бога.

КОММЕНТАРИЙ: Здесь ясно сказано, что в момент смерти нужно сосредоточить ум на Верховном Господе и думать о Нем с любовью и преданностью. Тем, кто занимается *йогой,* рекомендуют поднять жизненный воздух в межбровье, где находится *агья-чакра.* В этом стихе Господь говорит о практике *шат-чакра-йоги,* медитации, позволяющей поднять жизненный воздух к голове, проведя его через шесть *чакр.* Чистому преданному нет нужды заниматься этим видом *йоги:* он всегда занят деятельностью в сознании Кришны и потому, покидая тело, помнит Верховного Господа по Его милости. Об этом будет рассказано в четырнадцатом стихе этой главы.

Особого внимания здесь заслуживает слово *йога-балена:* не занимаясь *йогой (шат-чакра-йогой* или *бхакти-йогой),* невозможно в момент смерти подняться на духовный уровень. Никто не сможет просто так вспомнить Верховного Господа: для этого необходимо заниматься *йогой,* особенно *бхакти-йогой.* В момент смерти ум находится в состоянии сильного беспокойства, поэтому, чтобы достичь духовного уровня, человек должен заниматься *йогой* на протяжении жизни.

ТЕКСТ 11 यदक्षरं वेदविदो वदन्ति
विशन्ति यद्यतयो वीतरागाः ।
यदिच्छन्तो ब्रह्मचर्यं चरन्ति
तत्ते पदं सङ्ग्रहेण प्रवक्ष्ये ॥ ११ ॥

*йад акшарам веда-видо ваданти
вишанти йад йатайо вӣта-рāгāх̣
йад иччханто брахмачарйам чаранти
тат те падам саṅграхен̣а правакшйе*

йат — который; *акшарам* — слог *ом; веда-видах̣* — знатоки Вед; *ваданти* — говорят; *вишанти* — входят; *йат* — в который; *йа-тайах̣* — великие мудрецы; *вӣта-рāгāх̣* — живущие в отречении от мира; *йат* — которого; *иччхантах̣* — желающие; *брахмачарйам* — обет безбрачия; *чаранти* — исполняют; *тат* — то; *те* — тебе; *па-дам* — положение; *саṅграхен̣а* — в целом; *правакшйе* — расскажу.

Великие мудрецы, которые овладели знанием Вед, отреклись от мира и произносят *омкару,* входят в Брахман. Тот, кто стремится к этому совершенству, должен хранить безбрачие. Сейчас Я в общих чертах опишу тебе практику *йоги,* с помощью которой можно освободиться из материального плена.

КОММЕНТАРИЙ: В предыдущем стихе Господь Шри Кришна рекомендовал Арджуне практику *шат-чакра-йоги,* занимаясь которой человек сосредоточивает жизненный воздух в межбровье. Допуская, что Арджуна мог не знать об этой практике, Господь собирается описать ее в последующих стихах. Господь говорит, что, хотя Брахман един, у Него много разных проявлений. Имперсоналисты, как правило, отождествляют Брахман с *акшарой,* или *омкарой* (слогом *ом*). В этом стихе Кришна говорит о безличном Брахмане, в который входят мудрецы, отрекшиеся от мира.

В ведической системе образования мальчиков учат произносить слог *ом* с раннего возраста. Живя в *ашраме* духовного учителя и храня целомудрие, они овладевают знанием о безличном Брахмане. Таким образом они постигают два аспекта Брахмана. Этот метод очень важен для духовного развития ученика, но в настоящее время вести образ жизни *брахмачари,* то есть хранить целомудрие, строго воздерживаясь от половой жизни, невозможно. Структура общества в наши дни сильно изменилась, и юношам очень трудно хранить целомудрие. В мире много разных учебных заведений, но нет ни одного, где бы учили принципам *брахмачарьи*. Тому, кто не воздерживается от половой жизни, совершенствоваться в духовной жизни невероятно сложно. Поэтому Господь Чайтанья провозгласил, что, согласно *шастрам*, в век Кали единственный способ постичь Всевышнего — это повторять святые имена Господа Кришны: Харе Кришна, Харе Кришна, Кришна Кришна, Харе Харе / Харе Рама, Харе Рама, Рама Рама, Харе Харе.

ТЕКСТ 12 सर्वद्वाराणि संयम्य मनो हृदि निरुध्य च ।
मूर्ध्न्याधायात्मनः प्राणमास्थितो योगधारणाम् ॥ १२ ॥

*сарва-двāрāн̣и сам̇йамйа мано хр̣ди нирудхйа ча
мӯрдхни āдхāйāтманах̣ прāн̣ам āстхито йога-дхāран̣ам*

сарва-двāрāн̣и — все врата (города-тела); *сам̇йамйа* — подчинив; *манах̣* — ум; *хр̣ди* — в сердце; *нирудхйа* — держа; *ча* — также; *мӯрдхни* — на голове; *āдхāйа* — сосредоточив; *āтманах̣* — души; *прāн̣ам* — жизненный воздух; *āстхитах̣* — вошедший; *йога-дхāран̣ам* — в йогический транс.

Йог должен полностью прекратить деятельность чувств. Закрыв все врата тела, сосредоточив ум на сердце и подняв жизненный воздух в верхнюю часть головы, он должен войти в состояние транса.

КОММЕНТАРИЙ: Чтобы заниматься описанным в этих стихах видом *йоги*, необходимо прежде всего закрыть чувствам доступ к любым удовольствиям. Эта ступень называется *пратьяхара*, отстранение чувств от их объектов. *Йог* должен научиться управлять органами познания — глазами, ушами, носом, языком и органами осязания — и никогда не позволять им действовать ради собственного наслаждения. Тогда он сможет сосредоточить ум на Сверхдуше в сердце и поднять жизненную силу в верхнюю часть головы. Эта практика *йоги* была подробно описана в шестой главе. Но, как уже было сказано, ей невозможно по-настоящему заниматься в нынешний век. Сейчас самым лучшим методом обуздания ума является метод сознания Кришны. Если, преданно служа Кришне, человек сможет держать ум сосредоточенным на Нем, он естественным образом войдет в состояние духовного транса *(самадхи)* и будет находиться в нем постоянно.

ТЕКСТ 13 ॐ इत्येकाक्षरं ब्रह्म व्याहरन्मामनुस्मरन् ।
यः प्रयाति त्यजन्देहं स याति परमां गतिम् ॥ १३ ॥

ом итй экакшарам брахма   вйахаран мам анусмаран
йах прайати тйаджан дехам   са йати парамам гатим

ом — сочетание букв *ом* (*омкара*); *ити* — таким образом; *эка-акшарам* — один слог; *брахма* — абсолютный; *вйахаран* — произносящий; *мам* — Меня (Кришну); *анусмаран* — помнящий; *йах* — который; *прайати* — уходит; *тйаджан* — оставляющий; *дехам* — тело; *сах* — тот; *йати* — приходит; *парамам* — к высшей; *гатим* — к цели.

Если тот, кто неустанно занимается этой практикой *йоги* и произносит священный слог *ом,* высшее сочетание букв, будет, покидая тело, помнить Меня, Верховную Личность Бога, он непременно попадет на планеты духовного царства.

КОММЕНТАРИЙ: Здесь ясно сказано, что *ом,* Брахман и Господь Кришна неотличны друг от друга. Слог *ом* является безличным звуковым символом Кришны, он также содержится в *мантре* Харе Кришна. В *шастрах* говорится, что в нынешнюю эпоху люди должны повторять *мантру* Харе Кришна. Если, покидая тело, человек произносит: Харе Кришна, Харе Кришна, Кришна Кришна, Харе Харе / Харе Рама, Харе Рама, Рама Рама, Харе Харе, он обязательно достигнет одной из планет духовного мира, соответствующей виду его поклонения Господу. Те, кто предан Кришне, попадают на планету Кришны, Голоку Вриндавану. Те, кто поклоняется Господу в другом облике, попадают на многочисленные планеты Вайкунтхи в духовном небе, тогда как имперсоналисты могут достичь только *брахмаджьоти.*

ТЕКСТ 14 अनन्यचेताः सततं यो मां स्मरति नित्यशः ।
तस्याहं सुलभः पार्थ नित्ययुक्तस्य योगिनः ॥ १४ ॥

ананйа-четах сататам   йо мам смарати нитйашах
тасйахам сулабхах партха   нитйа-йуктасйа йогинах

ананйа-четах — тот, чей ум сосредоточен; *сататам* — всегда; *йах* — который; *мам* — Меня (Кришну); *смарати* — помнит; *нитйа-шах* — постоянно; *тасйа* — его; *ахам* — Я; *су-лабхах* — очень легко постижимый; *партха* — о сын Притхи; *нитйа* — постоянно; *йук-тасйа* — занятого; *йогинах* — преданного.

О сын Притхи, тот, кто непрестанно помнит Меня, сможет легко прийти ко Мне, ибо он все время служит Мне.

КОММЕНТАРИЙ: В этом стихе указана цель, которой достигают чистые преданные, занимаясь *бхакти-йогой,* то есть служа Верховной Личности Бога. В предыдущих стихах говорилось о четырех типах преданных: о страждущих, любознательных, стремящихся к материальной выгоде и философах-*гьяни*. Также были описаны разные пути, ведущие к освобождению: *карма-йога, гьяна-йога* и *хатха-йога*. В этих системах *йоги* есть некоторые элементы *бхакти*, однако в данном стихе говорится о чистой *бхакти-йоге*, без примесей *гьяны, кармы* или *хатхи*. Слово *ананйа-четāх̣* указывает на то, что все желания преданного, практикующего чистую *бхакти-йогу*, сосредоточены на Кришне. Чистый преданный не стремится попасть на райские планеты или освободиться из материального плена, погрузившись в *брахмаджьоти*. У него нет никаких корыстных желаний. В «Чайтанья-чаритамрите» чистый преданный описан словом *нишкāма:* это значит, что он ничего не желает для себя самого. Только он может обрести истинный покой, которого никогда не найдут те, кто стремится к личной выгоде. *Гьяна-йоги, карма-йоги* и *хатха-йоги* преследуют корыстные интересы, но у совершенного преданного есть только одно желание: доставить удовольствие Верховному Господу. Поэтому Господь обещает, что тот, кто безраздельно предан Ему, сможет легко прийти к Нему.

Чистый преданный неустанно служит Кришне в одном из Его образов. У Кришны великое множество экспансий и воплощений, таких как Рама и Нрисимха, и преданный, служа Господу с любовью, может по своему выбору сосредоточить ум на любой из трансцендентных форм Верховного Господа. Такой преданный не встречает на своем пути трудностей, которые преследуют других *йогов*. Путь *бхакти-йоги* очень чист, и идти по нему совсем не сложно. Начать его можно просто с повторения *мантры* Харе Кришна. Господь милостив ко всем, но, как мы уже говорили, Он особенно благоволит к тем, кто полностью посвятил себя служению Ему. Таким преданным Господь всегда готов оказать помощь. В Ведах (Катха-упанишад, 1.2.23) сказано: *йам эваиша вр̣н̣уте тена лабхйас тасйаиша āтмā вивр̣н̣уте танум̣ свāм*. Только тот, кто целиком вручил себя Верховному Господу и преданно служит Ему, может познать Его таким, какой Он есть. В «Бхагавад-гите» (10.10) Господь говорит, что Он наделяет преданного разумом *(дадāми буддхи-йогам̣ там)*, чтобы тот в конечном счете мог достичь Его духовной обители.

Отличительным признаком чистого преданного является то, что он всегда и везде думает о Кришне и никогда не забывает Его. Для чистого преданного не существует никаких препятствий, где бы он ни находился. Некоторые считают, что преданный должен оставаться в святом месте, таком как Вриндаван, или любом другом, где воплощался Господь, но на самом деле чистый преданный может жить где угодно и, служа Господу, создавать там атмосферу Вриндавана. Шри Адвайта сказал однажды Господу Чайтанье: «О Господь, где Ты — там Вриндаван». Слова *сататам* и *нитйашах* («всегда, постоянно, каждый день») указывают в этом стихе на то, что чистый преданный все время помнит Кришну и сосредоточенно думает о Нем. Таковы качества чистого преданного, который может легко достичь обители Господа.

Бхакти-йога — это система *йоги,* которой «Гита» отдает предпочтение перед всеми другими видами *йоги.* Существует пять основных типов *бхакти-йогов:* 1) *шанта-бхакты* — преданные, находящиеся в нейтральных отношениях с Господом; 2) *дасья-бхакты* — преданные, связанные с Господом отношениями слуги и господина; 3) *сакхья-бхакты* — преданные, которые общаются с Господом как друзья; 4) *ватсалья-бхакты* — преданные, выступающие в роли отца или матери Господа, и 5) *мадхурья-бхакты* — преданные, которые относятся к Верховному Господу как к своему возлюбленному. Чистый преданный, к какому бы из этих типов он ни принадлежал, неустанно служит Верховному Господу с трансцендентной любовью и никогда не забывает Его — поэтому он без труда достигает обители Господа. Как чистый преданный ни на мгновение не забывает Верховного Господа, так и Господь ни на мгновение не забывает Своего чистого преданного. Это великая милость, которой удостаивается тот, кто идет путем сознания Кришны и повторяет *маха-мантру:* Харе Кришна, Харе Кришна, Кришна Кришна, Харе Харе / Харе Рама, Харе Рама, Рама Рама, Харе Харе.

ТЕКСТ 15 मामुपेत्य पुनर्जन्म दुःखालयमशाश्वतम् ।
नाप्नुवन्ति महात्मानः संसिद्धिं परमां गताः ॥ १५ ॥

мам упетйа пунар джанма   духкхалайам ашашватам
напнуванти махатманах   самсиддхим парамам гатах

мам — ко Мне; *упетйа* — придя; *пунах* — снова; *джанма* — рождение; *духкха-алайам* — место страданий; *ашашватам* — бренный; *на* — не; *апнуванти* — обретают; *маха-атманах* — великие души; *самсиддхим* — совершенства; *парамам* — наивысшего; *гатах* — достигшие.

Придя ко Мне, великие души, *йоги*-**преданные, никогда не возвращаются в этот бренный, полный страданий мир, ибо они обрели наивысшее совершенство.**

КОММЕНТАРИЙ: Бренный материальный мир — это место страданий, связанных с рождением, старостью, болезнями и смертью, поэтому тот, кто достиг высшей ступени совершенства и попал на планету Всевышнего, Кришналоку, или Голоку Вриндавану, не желает возвращаться сюда. В Ведах планета Верховного Господа описана словами *авйакта, акшара* и *парамā гати:* ее нельзя увидеть материальными глазами и описать словами, однако эта планета — высшая цель, к которой стремятся *махатмы* (великие души). *Махатмы* получают трансцендентное знание от преданных, осознавших свою духовную природу; таким образом они постепенно совершенствуются в преданном служении Кришне и настолько погружаются в него, что уже не стремятся ни на одну из материальных или даже духовных планет. Их единственное желание — быть вместе с Кришной и общаться с Ним. Это высшая ступень совершенства. В данном стихе Кришна говорит о *йогах*-персоналистах, преданных Верховного Господа. Такие преданные, обладающие сознанием Кришны, достигают высшего совершенства. Они самые возвышенные души.

ТЕКСТ 16   आब्रह्मभुवनाल्लोकाः पुनरावर्तिनोऽर्जुन ।
मामुपेत्य तु कौन्तेय पुनर्जन्म न विद्यते ॥ १६ ॥

*ā-брахма-бхуванāл локāх   пунар āвартино 'рджуна
мāм упетйа ту каунтейа   пунар джанма на видйате*

ā-брахма-бхуванāт — до Брахмалоки; *локāх* — планетные системы; *пунах* — вновь; *āвартинах* — возвращающиеся; *арджуна* — о Арджуна; *мāм* — ко Мне; *упетйа* — придя; *ту* — но; *каунтейа* — о сын Кунти; *пунах джанма* — новое рождение; *на* — не; *видйате* — случается.

Все планеты материального мира, от высшей и до низшей, — это юдоль страданий, где каждый вынужден снова и снова рождаться и умирать. Но тот, кто достиг Моей обители, о сын Кунти, уже никогда не родится здесь.

КОММЕНТАРИЙ: Все *йоги: карма-йоги, гьяна-йоги, хатха-йоги* и т.д., должны в конечном счете встать на путь *бхакти-йоги,* путь сознания Кришны, и достичь совершенства в преданном служении Господу. Тогда они попадут в духовную обитель Кришны и никогда уже не вернутся в материальный мир. Те, кто поднимается на высшие планеты материального мира, то есть на планеты полубогов, продолжают рождаться и умирать. Как люди, живущие на Земле, поднимаются на высшие планеты, так и обитатели высших планет: Брахмалоки, Индралоки и Чандралоки — падают на Землю. Совершая жертвоприношение *панчагни-видья,* описанное в «Чхандогья-упанишад», человек может подняться на Брахмалоку, но если там он не разовьет в себе сознание Кришны, то будет вынужден вернуться на Землю. Жители высших планет, которые совершенствуются в сознании Кришны, постепенно поднимаются на более высокие планеты, и во время разрушения вселенной переносятся в вечное духовное царство. Баладева Видьябхушана в своем комментарии к «Бхагавад-гите» цитирует следующий стих:

> *брахманā саха те сарве*
> *сампрāпте пратисаñчаре*
> *парасйāнте кртāтмāнах*
> *правишанти парам падам*

«Когда материальная вселенная уничтожается, Брахма и его преданные, постоянно занятые практикой сознания Кришны, попадают в духовный мир, на те духовные планеты, которых хотели достичь».

ТЕКСТ 17   सहस्रयुगपर्यन्तमहर्यद्ब्रह्मणो विदुः ।
रात्रिं युगसहस्रान्तां तेऽहोरात्रविदो जनाः ॥ १७ ॥

сахасра-йуга-парйантам   ахар йад брахмано видух
рāтрим йуга-сахасрāнтāм   те 'хо-рāтра-видо джанāх

сахасра — одну тысячу; *йуга* — эпох; *парйантам* — включающий; *ахах* — день; *йат* — который; *брахманах* — Брахмы; *видух* — знают; *рāтрим* — ночь; *йуга* — эпох; *сахасра-антāм* — ту, что заканчивается через тысячу; *те* — они; *ахах-рāтра* — день и ночь; *видах* — те, которые знают; *джанāх* — люди.

Один день Брахмы длится тысячу эпох по времяисчислению людей, и столько же длится его ночь.

КОММЕНТАРИЙ: Материальная вселенная существует ограниченный промежуток времени, который исчисляется в *калпах*. *Калпа* — это продолжительность одного дня Брахмы, состоящего из тысячи циклов, в каждом из которых четыре *юги*: Сатья, Трета, Двапара и Кали. Сатья-юга — это век добродетели, мудрости и религиозности, в этот век нет места невежеству и пороку; он длится 1 728 000 лет. Трета-юга, в которую впервые появляется порок, длится 1 296 000 лет. Продолжительность Двапара-юги, в которую добродетель и религиозность еще больше убывают, а порок растет, составляет 864 000 лет. И наконец, Кали-юга — нынешний век, начавшийся 5 000 лет назад, — это век раздоров, невежества, безбожия и порока, в котором почти не осталось истинной добродетели. Эта *юга* длится 432 000 лет. В век Кали порок расцветает так сильно, что в конце этой *юги* на землю приходит Верховный Господь в образе Калки-аватары, чтобы уничтожить демонов, спасти Своих преданных и положить начало новой Сатья-юге. Затем весь цикл повторяется вновь. Тысяча таких циклов из четырех *юг* составляет один день Брахмы, и столько же продолжается его ночь. Брахма живет сто лет по такому исчислению, которые равны тремстам одиннадцати триллионам сорока миллиардам земных лет. Нам жизнь Брахмы может казаться фантастически долгой, но в масштабах вечности она столь же коротка, как вспышка молнии. Бесчисленное множество Брахм появляется и исчезает в Причинном океане, подобно пузырькам пены на поверхности Атлантического океана. Брахма и его творение являются частью материального мира и потому подвержены постоянным изменениям.

В материальном мире даже Брахма рождается, болеет, стареет и умирает. Но, поскольку, управляя вселенной, Брахма тем самым служит Верховному Господу, после смерти он сразу обретает освобождение. Возвышенные *санньяси* достигают планеты Брахмы, Брахмалоки, которая является главной планетой во вселенной и продолжает существовать, даже когда уничтожаются райские планеты, относящиеся к высшей планетной системе. Однако достижение Брахмалоки нельзя назвать совершенством, так как по законам природы в назначенный срок Брахме и всем обитателям его планеты также предстоит умереть.

ТЕКСТ 18   अव्यक्ताद्व्यक्तयः सर्वाः प्रभवन्त्यहरागमे ।
राज्यागमे प्रलीयन्ते तत्रैवाव्यक्तसंज्ञके ॥ १८ ॥

*авйактад вйактайах сарвах   прабхавантй ахар-агаме
ратрй-агаме пралийанте   татраивавйакта-самджнаке*

авйактат — из непроявленного; *вйактайах* — живые существа; *сарвах* — все; *прабхаванти* — проявляются; *ахах-агаме* — в начале дня; *ратри-агаме* — с наступлением ночи; *пралийанте* — уничтожаются; *татра* — в том; *эва* — безусловно; *авйакта* — непроявленным состоянием; *самджнаке* — в том, которое называют.

В начале дня Брахмы все непроявленные существа переходят в проявленное состояние, а затем, когда наступает ночь Брахмы, они вновь становятся непроявленными.

ТЕКСТ 19   भूतग्रामः स एवायं भूत्वा भूत्वा प्रलीयते ।
राज्यागमेऽवशः पार्थ प्रभवत्यहरागमे ॥ १९ ॥

*бхута-грамах са эвайам   бхутва бхутва пралийате
ратри-агаме 'вашах партха   прабхаватй ахар-агаме*

бхута-грамах — совокупность всех живых существ; *сах* — эта; *эва* — безусловно; *айам* — эта; *бхутва бхутва* — снова и снова появляясь на свет; *пралийате* — уничтожается; *рātри* — ночи; *āгаме* — с приходом; *авашах* — непроизвольно; *пāртха* — о сын Притхи; *прабхавати* — появляется; *ахах* — дня; *āгаме* — с наступлением.

Каждый раз с наступлением дня Брахмы все существа появляются на свет, а с приходом ночи помимо своей воли уходят в небытие.

КОММЕНТАРИЙ: Неразумные существа, стремящиеся остаться в материальном мире, могут подняться на высшие планеты, однако затем им вновь приходится возвращаться на Землю. В течение дня Брахмы они занимаются разнообразной деятельностью на высших и низших планетах материального мира, но, когда наступает ночь Брахмы, все они гибнут. Днем живые существа получают различные тела, в которых они могут заниматься материальной деятельностью, а с приходом ночи лишаются тел и входят в тело Вишну. Затем, с наступлением нового дня Брахмы, они появляются на свет, в течение дня остаются в проявленном состоянии, а ночью снова уходят в небытие *(бхӯтвā бхӯтвā пралийате)*. В конце концов, когда срок жизни Брахмы истекает, все живые существа уходят в небытие и остаются в непроявленном состоянии многие миллионы лет. В следующую эпоху, когда приходит новый Брахма, живые существа снова появляются на свет. Так они остаются пленниками материального мира. Но разумные существа стремятся развить в себе сознание Кришны и, получив тело человека, посвящают себя служению Господу, повторяя: Харе Кришна, Харе Кришна, Кришна Кришна, Харе Харе / Харе Рама, Харе Рама, Рама Рама, Харе Харе. В конце этой жизни они переносятся на духовную планету Кришны, где обретают вечное счастье, и уже никогда не рождаются в материальном мире.

ТЕКСТ 20 परस्तस्मात्तु भावोऽन्योऽव्यक्तोऽव्यक्तात्सनातनः ।
यः स सर्वेषु भूतेषु नश्यत्सु न विनश्यति ॥ २० ॥

*парах тасмāт ту бхāво 'нйо 'вйакто 'вйактāт санāтанах
йах са сарвешу бхӯтешу нашйатсу на винашйати*

парах — находящаяся за пределами; *тасмāт* — того; *ту* — но; *бхāвах* — природа; *анйах* — иная; *авйактах* — непроявленная; *авйактāт* — непроявленного; *санāтанах* — вечная; *йах сах* — та, которая; *сарвешу* — во всем; *бхӯтешу* — проявленном; *нашйатсу* — в подвергающемся разрушению; *на* — не; *винашйати* — разрушается.

Но существует иная, вечная, непроявленная природа — она лежит за пределами материального мира, который то проявляется,

то исчезает. Эта высшая природа неуничтожима. Когда всё в материальном мире разрушается, она остается нетронутой.

КОММЕНТАРИЙ: Высшая, духовная энергия Кришны является трансцендентной и вечной. Она не подвержена изменениям, происходящим с материальным миром, который с наступлением дня Брахмы проявляется, а с приходом его ночи разрушается. По своим свойствам высшая энергия Кришны прямо противоположна материальной природе. О высшей и низшей природе рассказывалось в седьмой главе «Бхагавад-гиты».

ТЕКСТ 21   अव्यक्तोऽक्षर इत्युक्तस्तमाहुः परमां गतिम् ।
यं प्राप्य न निवर्तन्ते तद्धाम परमं मम ॥ २१ ॥

*авйакто 'кшара ити уктас   там āхух парамāм гатим
йам прāпйа на нивартанте   тад дхāма парамам мама*

авйактах — непроявленная; *акшарах* — вечная; *ити* — так; *уктах* — называемая; *там* — ту; *āхух* — называют; *парамāм* — высшую; *гатим* — цель; *йам* — которую; *прāпйа* — достигнув; *на* — не; *нивартанте* — возвращаются; *тат* — та; *дхāма* — обитель; *парамам* — высшая; *мама* — Моя.

То, что ведантисты называют непроявленным и нетленным, то, что именуют высшей целью, то место, достигнув которого живое существо никогда не возвращается в материальный мир, — это Моя высшая обитель.

КОММЕНТАРИЙ: В «Брахма-самхите» высшая обитель Кришны, Верховной Личности, названа *чинтамани-дхамой,* местом, где исполняются все желания. В этой обители, Голоке Вриндаване, множество дворцов, построенных из философского камня. Там растут деревья желаний и пасутся коровы *сурабхи,* дающие сколько угодно молока. В этой обители тысячи богинь процветания (Лакшми) служат Господу, которого называют Говиндой, предвечным, причиной всех причин. Господь играет на флейте *(венум кванантам).* Его божественный облик очаровывает все три мира: Его глаза подобны лепесткам лотоса, а тело цветом напоминает грозовое облако. Облик Господа столь пленителен, что Своей красотой Он затмевает тысячи богов любви. Он носит шафранно-желтые одежды, на шее у Него гирлянда из цветов, а волосах красуется павлинье перо.

В «Бхагавад-гите» Господь Кришна говорит о Своей обители, Голоке Вриндаване, главной планете духовного мира, совсем немного. Более подробное описание этой планеты приводится в «Брахма-самхите». В Ведах (Катха-упанишад, 1.3.11) говорится, что обитель Верховного Господа выше всех миров и что она — высшая цель каждого *(пурушан на парам кинчит са каштха парама гатих).* Тот, кто достиг ее, никогда не вернется в материальный мир. Высшая обитель Кришны и Сам Кришна неотличны друг от друга, ибо обладают одной природой. На Земле Голока Вриндавана проявлена как Вриндаван, небольшой город в Индии, расположенный в округе Матхура, в ста сорока четырех километрах к юго-востоку от Дели. Придя на Землю, Кришна явил Свои игры в районе Вриндавана, занимающем площадь примерно в четыреста тридцать пять квадратных километров.

ТЕКСТ 22 पुरुषः स परः पार्थ भक्त्या लभ्यस्त्वनन्यया ।
यस्यान्तःस्थानि भूतानि येन सर्वमिदं ततम् ॥ २२ ॥

*пурушах са парах партха   бхактйа лабхйас тв ананйайа
йасйантах-стхани бхутани   йена сарвам идам татам*

пурушах — Верховная Личность; *сах* — Он; *парах* — Верховный Господь, которому нет равных; *партха* — о сын Притхи; *бхактйа* — преданным служением; *лабхйах* — тот, кого следует постичь; *ту* — но; *ананйайа* — чистым, непрерывным; *йасйа* — которого; *антах-стхани* — находящийся внутри; *бхутани* — материальный мир; *йена* — которым; *сарвам* — все; *идам* — это (все, что мы видим вокруг); *татам* — пронизано.

О сын Притхи, достичь обители Верховного Господа, которому нет равных, можно, только идя путем чистой преданности Ему. Господь всегда остается в Своей обители, и в то же время Он пребывает всюду и все сущее пребывает в Нем.

КОММЕНТАРИЙ: Здесь ясно сказано, что высшая обитель, достигнув которой живые существа никогда не возвращаются в материальный мир, — это обитель Кришны, Верховной Личности. В «Брахма-самхите» эта высшая обитель названа *ананда-чинмайа-расой,* местом, где все исполнено духовного блаженства. Все существующее там многообразно и пронизано духовным блаженством — в обители Господа нет ничего материального. Это многообразие является духовным проявлением Самого Верховного Господа: в обители Господа все создано из духовной энергии, которая описывалась в седьмой главе. Хотя Господь вечно пребывает в Своей высшей обители, Он в то же время присутствует повсюду в материальном мире, пронизывая его Своей материальной энергией. Итак, силой Своей духовной и материальной энергии Господь пребывает всюду — и в материальных, и в духовных вселенных. *Йасйантах-стхани* значит, что в Нем покоится всё сущее: всё является частью либо духовной, либо материальной энергии Господа. Таким образом, Господь вездесущ.

Достичь высшей обители Кришны или бесчисленных планет Вайкунтхи можно, только идя путем *бхакти,* преданного служения Господу, на что ясно указывает употребленное здесь слово *бхактйа.* Ни один другой метод не поможет живому существу достичь высшей обители Господа. В Ведах (Гопала-тапани-упанишад, 1.21) также говорится о высшей обители Верховной Личности Бога. *Эко вайй сарва-гах кршнах.* Это обитель единого Верховного Господа — Кришны. Он олицетворение высшей милости; будучи единым, Он в то же самое время распространяет Себя в миллионы полных экспансий. Веды сравнивают Господа с деревом, которое, оставаясь на одном месте, пышно цветет, обильно плодоносит и время от времени меняет листву. Полные экспансии Господа, повелевающие планетами Вайкунтхи, имеют четырехрукий облик и носят разные имена: Пурушоттама, Тривикрама, Кешава, Мадхава, Анируддха, Хришикеша, Санкаршана, Прадьюмна, Шридхара, Ва̄судева, Дамодара, Джанардана, Нараяна, Вамана, Падманабха и т. д.

«Брахма-самхита» (5.37) подтверждает тот факт, что, хотя Господь никогда не покидает Своей высшей обители, Голоки Вриндаваны, Он при этом пронизывает Собой все сущее, и потому вселенский механизм всегда действует исправно *(голока эва нивасатй акхилатма-бхутах).* В Ведах (Шветашватара-упанишад, 6.8) сказано: *парасйа шактир вивидхаива шруйате свабхавикй джнана-бала-крийа ча.* Многообразная энергия Господа проникает всюду, и благодаря ей все в материальном мире идет своим чередом, хотя Сам Господь находится далеко за пределами этого мира.

ТЕКСТ 23   यत्र काले त्वनावृत्तिमावृत्तिं चैव योगिनः ।
प्रयाता यान्ति तं कालं वक्ष्यामि भरतर्षभ ॥ २३ ॥

> *йатра кале тв анавॉрттим   авॉрттим чаива йогинах*
> *прайата йанти там калам   вакшйами бхаратаршабха*

йатра — в который; *кале* — промежуток времени; *ту* — же; *ана̄врттим* — невозвращение; *а̄врттим* — возвращение; *ча* — также; *эва* — безусловно; *йогинах* — (разные) *йоги; прайата̄х* — ушедшие; *йанти* — достигают; *там* — тот; *ка̄лам* — промежутком времени; *вакшйа̄ми* — опишу; *бхарата-ршабха* — о лучший из Бхарат.

О лучший из Бхарат, сейчас Я расскажу тебе о периодах, в которые *йоги* покидают тело. От того, в какой период *йог* покинул тело, зависит, вернется он в этот мир или нет.

КОММЕНТАРИЙ: Чистые преданные Верховного Господа, безраздельно вручившие себя Ему, не беспокоятся о том, когда и как они покинут тело. Они во всем полагаются на Кришну и потому легко и с радостью в сердце возвращаются домой, к Богу. Те же, кто не являются чистыми преданными и идут путем *карма-йоги, гьяна-йоги* или *хатха-йоги*, должны покинуть тело в строго определенное время, так как от этого будет зависеть, вернутся они в мир рождения и смерти или нет.

Йог, достигший совершенства, может сам выбирать, когда и как он оставит материальный мир. Менее опытный *йог* может навсегда уйти из этого мира, лишь если волей случая ему удастся покинуть тело в благоприятное время. О том, какое время является благоприятным для этого, Господь скажет в следующем стихе. По словам *ачарьи* Баладевы Видьябхушаны, слово *кāла* в этом стихе указывает на божеств, повелевающих временем.

ТЕКСТ 24   अग्निज्योतिरहः शुक्लः षण्मासा उत्तरायणम् ।
तत्र प्रयाता गच्छन्ति ब्रह्म ब्रह्मविदो जनाः ॥ २४ ॥

агнир джйотир ахах̣ ш́уклах̣   шан̣-мāсā уттарāйанам
татра прайāтā гаччханти   брахма брахма-видо джанāх̣

агних̣ — огонь; *джйотих̣* — свет; *ахах̣* — день; *ш́уклах̣* — две недели прибывающей луны; *шат̣-мāсāх̣* — шесть месяцев; *уттара-айанам* — движение солнца на севере; *татра* — там; *прайāтāх̣* — те, кто оставил тело; *гаччханти* — достигают; *брахма* — Абсолют; *брахма-видах̣* — те, которые познали Абсолютную Истину; *джа-нāх̣* — люди.

Те, кто познал Верховный Брахман, смогут войти в Него, если покинут тело днем, в период, которому покровительствуют божества огня и света, в течение двух недель, когда луна растет, и в течение шести месяцев, когда солнце движется в северном полушарии.

КОММЕНТАРИЙ: Говоря об огне, свете, дневном времени и фазах луны, Кришна подразумевает, что ими повелевают определенные божества. От влияния этих божеств зависит дальнейшая судьба души, покинувшей тело. В момент смерти ум переносит душу в новое тело. Но если человек случайно или намеренно покинет тело в описанный здесь благоприятный период, он сможет войти в безличное *брахмаджьоти. Йоги,* достигшие совершенства, способны сами выбрать, когда и как они покинут тело, но у других нет возможности выбирать. Если им случайно удастся покинуть тело в благоприятный момент, они освободятся из круговорота рождений и смертей. Иначе им, скорее всего, придется вернуться в этот мир. Но чистый преданный, или тот, кто обладает сознанием Кришны, уйдя из материального мира, никогда уже не возвратится в него, независимо от того, когда и как он покинет тело: в благоприятное или неблагоприятное время, случайно или намеренно.

ТЕКСТ 25 धूमो रात्रिस्तथा कृष्णः षण्मासा दक्षिणायनम् ।
तत्र चान्द्रमसं ज्योतिर्योगी प्राप्य निवर्तते ॥ २५ ॥

*дхӯмо рāтрис татхā кр̣шн̣ах̣   шан-мāсā дакшин̣āйанам
татра чāндрамасам̇ джйотир   йогӣ прāпйа нивартате*

дхӯмах̣ — дым; *рāтрих̣* — ночь; *татхā* — также; *кр̣шн̣ах̣* — две недели убывающей луны; *шат-мāсāх̣* — шесть месяцев; *дакшин̣а-айанам* — движение солнца на юге; *татра* — там; *чāндра-масам* — к Луне; *джйотих̣* — свет; *йогӣ* — йог-мистик; *прāпйа* — достигнув; *нивартате* — возвращается.

Йог, покинувший тело ночью, в период, которому покровительствует божество дыма, в течение двух недель убывающей луны и в течение шести месяцев, когда солнце движется в южном полушарии, достигает Луны, но затем возвращается на Землю.

КОММЕНТАРИЙ: В Третьей песни «Шримад-Бхагаватам» Капила Муни говорит, что люди, преуспевшие в кармической деятельности и совершившие все необходимые жертвоприношения, после смерти отправляются на Луну. Там эти души живут десять тысяч лет и наслаждаются жизнью, вкушая райский напиток *сома-раса*. После этого они возвращаются на Землю. Из данного описания явствует, что на Луне обитают высокоразвитые существа. Однако они могут быть недоступны нашему чувственному восприятию.

ТЕКСТ 26 शुक्लकृष्णे गती ह्येते जगतः शाश्वते मते ।
एकया यात्यनावृत्तिमन्ययावर्तते पुनः ॥ २६ ॥

*ш́укла-кр̣шн̣е гатӣ хй эте   джагатах̣ ш́āш́вате мате
экайā йāти анāвр̣ттим   анйайāвартате пунах̣*

ш́укла — свет; *кр̣шн̣е* — и тьма; *гатӣ* — пути (ухода); *хи* — безусловно; *эте* — эти (два); *джагатах̣* — материального мира; *ш́āш́вате* — Вед; *мате* — согласно; *экайā* — одним; *йāти* — уходит; *анāвр̣ттим* — чтобы не вернуться; *анйайā* — другим; *āвартате* — возвращается; *пунах̣* — снова.

В Ведах описаны два пути ухода из этого мира: светлый и темный. Тот, кто уходит светлым путем, больше не возвращается сюда, тот же, кто уходит во тьме, будет вынужден вернуться.

КОММЕНТАРИЙ: В своем комментарии к этому стиху Шрила Баладева Видьябхушана приводит цитату из «Чхандогья-упанишад» (5.10.3–5), дающую аналогичное описание ухода и возвращения живого существа. Те, кто с незапамятных времен занимается кармической деятельностью и философскими изысканиями, вынуждены постоянно переселяться с одной планеты на другую. Они не смогут по-настоящему освободиться из материального плена до тех пор, пока не предадутся Кришне.

ТЕКСТ 27   नैते सृती पार्थ जानन्योगी मुह्यति कश्चन ।
तस्मात्सर्वेषु कालेषु योगयुक्तो भवार्जुन ॥ २७ ॥

*наите срти партха джанан йоги мухйати каичана
тасмат сарвешу калешу йога-йукто бхаварджуна*

на — не; *эте* — эти (два); *срти* — пути; *партха* — о сын Притхи; *джанан* — знающий; *йоги* — преданный Господа; *мухйати* — оказывается в заблуждении; *каичана* — любой; *тасмат* — потому; *сарвешу калешу* — всегда; *йога-йуктах* — действующий в сознании Кришны; *бхава* — стань; *арджуна* — о Арджуна.

О Арджуна, те, кто предан Мне, знают оба этих пути, однако это не вводит их в заблуждение. Поэтому всегда следуй путем преданного служения.

КОММЕНТАРИЙ: Здесь Кришна советует Арджуне не думать о том, каким путем лучше уйти из этого мира. Преданному Верховного Господа не следует беспокоиться о том, как он покинет тело — по своей воле или по воле случая. Единственное, что от него требуется, — это всегда находиться в сознании Кришны и повторять *мантру* Харе Кришна. Преданный должен понимать, что раздумья о любом из этих путей, светлом или темном, являются источником беспокойства. Лучше всего полностью погрузиться в мысли о Кришне и постоянно служить Господу. Это самый прямой и надежный путь в духовное царство.

В этом стихе примечательно слово *йога-йукта*. Чтобы навсегда покинуть этот мир, *йог* должен утвердиться в сознании Кришны, а для этого надо полностью посвятить себя деятельности, связанной с Кришной. Шри Рупа Госвами дает следующий совет: *анасактасйа вишайан йатхархам упайунджатах.* Необходимо избавиться от привязанности к материальной деятельности и всегда действовать в сознании Кришны. Следуя этому принципу *юкта-вайрагьи,* человек достигнет совершенства. Поэтому преданного не сбивают с толку описания разных путей: он знает, что, идя путем преданного служения, он непременно достигнет обители Господа.

ТЕКСТ 28   वेदेषु यज्ञेषु तपःसु चैव
दानेषु यत्पुण्यफलं प्रदिष्टम् ।

अत्येति तत्सर्वमिदं विदित्वा
योगी परं स्थानमुपैति चाद्यम् ॥ २८ ॥

ведешу йаджнешу тапахсу чаива
данешу йат пунйа-пхалам прадиштам
атйети тат сарвам идам видитва
йоги парам стханам упаити чадйам

ведешу — в изучении Вед; *йаджнешу* — в совершении жертвоприношений; *тапахсу* — в подвижничестве; *ча* — также; *эва* — безусловно; *данешу* — в раздаче милостыни; *йат* — который; *пунйа-
пхалам* — результат благочестивой деятельности; *прадиштам* —
указанный; *атйети* — превосходит; *тат сарвам* — все то; *идам* —
это; *видитва* — постигнув; *йоги* — преданный; *парам* — в высшую;
стханам — в обитель; *упаити* — приходит; *ча* — также; *адйам* —
в изначальную.

**Человек, вступивший на путь преданного служения, не лиша-
ется благ, которых достигают изучением Вед, подвижничеством,
жертвоприношениями, раздачей милостыни, философскими изысканиями и благочестивой кармической деятельностью. Просто
служа Господу, он обретает плоды всех этих видов деятельности
и в конце жизни попадает в вечную обитель Господа.**

КОММЕНТАРИЙ: Этот стих подводит итог наставлениям седьмой
и восьмой глав, где описывается путь преданного служения, или
путь сознания Кришны. Согласно *шастрам*, в начале духовного пути человек должен жить в *ашраме* духовного учителя, изучать Веды
под его руководством и стойко переносить разного рода лишения.
Ученик-*брахмачари*, живя в доме духовного учителя, выполняет
обязанности слуги, а также просит подаяние, ходя от дома к дому, и приносит собранное своему наставнику. Он принимает пищу
только с дозволения учителя, а если тот вдруг забудет позвать его
к столу, *брахмачари* постится. Таковы некоторые из предписаний
Вед, определяющих обязанности *брахмачари*.

Ученик должен под руководством *гуру* изучать Веды с пяти и примерно до двадцати лет, в результате чего в нем разовьются все
добродетели. Другими словами, изучая Веды, люди должны становиться не кабинетными мыслителями, а образцовыми членами
общества. После такой подготовки ученику-*брахмачари* разрешается жениться и вести семейную жизнь. Чтобы продолжать духовно совершенствоваться, семейный человек должен совершать многочисленные жертвоприношения. Ему также надлежит раздавать
милостыню, учитывая место и время и зная, что такое благотворительность в *гунах* благости, страсти и невежества (как это опи-

сано в «Бхагавад-гите»). После того как человек завершит этап семейной жизни и примет *ванапрастху*, он должен удалиться в лес и совершать суровую аскезу: одеваться в древесную кору, не бриться и т. д. Проходя через этапы *брахмачарьи*, семейной жизни, *ванапрастхи* и, наконец, *санньясы*, люди достигают конечной цели своего жизненного пути. Кто-то поднимается на райские планеты, а тот, кто стоит на более высокой ступени духовного развития, сможет освободиться из материального плена и достичь духовного неба: либо безличного *брахмаджьоти*, либо планет Вайкунтхи или Кришналоки. Таков путь, указанный в Ведах.

Но у метода сознания Кришны есть особое преимущество: преданно служа Господу, человек может подняться сразу над всеми ритуалами, предписанными для разных укладов и этапов жизни.

Слова *идам видитва* в этом стихе указывают на необходимость понять суть наставлений, которые Шри Кришна дает в этой и в седьмой главах «Бхагавад-гиты». Здесь нам не поможет мирская образованность или собственные умозаключения: чтобы понять смысл этих глав, надо слушать их из уст преданного. В главах с седьмой по двенадцатую изложена суть «Бхагавад-гиты». Первые и последние шесть глав «Гиты» служат своего рода защитным покровом этих шести глав, особо оберегаемых Господом. Если человеку посчастливится понять «Бхагавад-гиту», и прежде всего содержание этих шести глав, в общении с преданными, его жизнь увенчается успехом. Он достигнет результатов, превосходящих плоды подвижничества, жертвоприношений, благотворительности, философских изысканий и т. п., ибо все эти плоды можно обрести, просто действуя в сознании Кришны.

Тот, кто хотя бы немного верит словам «Бхагавад-гиты», должен изучать ее под руководством преданного, ибо, как сказано в начале четвертой главы, по-настоящему понять смысл «Бхагавад-гиты» могут только преданные, и никто другой. Поэтому надо слушать «Бхагавад-гиту» в изложении преданного Кришны, а не от философов, дающих ей собственные толкования. Такое слушание — признак веры. Когда человек встречает преданных и начинает общаться с ними, он получает возможность по-настоящему изучить «Бхагавад-гиту» и постичь ее истинный смысл. Продолжая общаться с преданными, он встает на путь преданного служения и, служа Господу, избавляется от всех сомнений и заблуждений по поводу Самого Кришны, Его деяний, облика, игр, имени и прочего. Полностью освободившись от сомнений, такой человек продолжает изучать «Бхагавад-гиту» и уже ни на что не отвлекается. На этом уровне чтение «Бхагавад-гиты» приносит ему истинное наслаждение, и он начинает все время думать о Кришне. На этой ступени он погружается в океан любви к Кришне. Достигнув таким образом высшей ступени совершенства, преданный в конце жизни отправляется в духовную обитель Кришны, на Голоку Вриндавану, и там обретает вечное счастье.

Так заканчивается комментарий Бхактиведанты к восьмой главе «Шримад Бхагавад-гиты», которая называется «Достижение обители Всевышнего».

ГЛАВА ДЕВЯТАЯ

Самое сокровенное знание

ТЕКСТ 1

श्रीभगवानुवाच
इदं तु ते गुह्यतमं प्रवक्ष्याम्यनसूयवे ।
ज्ञानं विज्ञानसहितं यज्ज्ञात्वा मोक्ष्यसेऽशुभात् ॥ १ ॥

шрӣ-бхагавāн увāча
идам ту те гухйатамам правакшйāми анасӯйаве
джн̃āнам виджн̃āна-сахитам йадж джн̃āтвā мокшйасе 'ш́убхāт

шрӣ-бхагавāн увāча — Господь, Верховная Личность Бога, сказал; *идам* — это; *ту* — но; *те* — тебе; *гухйа-тамам* — самое сокровенное; *правакшйāми* — рассказываю; *анасӯйаве* — независтливому; *джн̃āнам* — знание; *виджн̃āна* — знание, подкрепленное опытом; *сахитам* — сопровождаемое; *йат* — которое; *джн̃āтвā* — постигнув; *мокшйасе* — освободишься; *аш́убхāт* — от мучительного материального существования.

Верховный Господь сказал: Дорогой Арджуна, ты никогда не завидуешь Мне, поэтому Я открою тебе самое сокровенное знание и мудрость, обладая которыми ты сможешь освободиться от всех материальных страданий.

КОММЕНТАРИЙ: Постоянно слушая о Верховном Господе, преданный постепенно обретает духовное знание. Метод слушания рекомендован в «Шримад-Бхагаватам»: «Слова Господа необыкновенно могущественны и ощутить их силу можно, слушая повествования о Верховной Личности Бога и обсуждая их в обществе Его преданных». Их смысл никогда не откроется тому, кто общается с мирскими философами или учеными-теоретиками, ибо духовное знание подразумевает духовный опыт.

Преданные постоянно служат Верховному Господу. Господь знает, о чем думает человек, практикующий сознание Кришны, знает, насколько он искренен, и дает ему разум, необходимый для того, чтобы он мог постичь науку Кришны, общаясь с преданными. Беседы о Кришне обладают огромной силой воздействия, и если тот, кому посчастливилось слушать их, постарается понять эту науку, то со временем он, безусловно, обретет духовный опыт. Чтобы побудить Арджуну целиком посвятить себя могущественному служению Господу, Кришна в девятой главе «Бхагавад-гиты» рассказывает о предметах более сокровенных, чем те, которые обсуждались до сих пор.

Начало «Бхагавад-гиты», первая глава, является своего рода вступлением ко всей книге. Во второй и третьей главах рассказывается о духовном знании, которое называют сокровенным. Темы, обсуждаемые в седьмой и восьмой главах, непосредственно связаны с преданным служением, и, поскольку они проливают свет сознания Кришны, их называют еще более сокровенной частью духовного знания. Однако девятая глава «Бхагавад-гиты» рассказывает о беспримесном, чистом служении Господу. Поэтому говорится, что в ней заключено самое сокровенное знание. Тот, кто обрел самое сокровенное знание о Кришне, естественным образом выходит из-под влияния материальной энергии и избавляется от материальных страданий, даже продолжая оставаться в этом мире. В «Бхакти-расамрита-синдху» сказано, что человека, искренне желающего заниматься преданным служением Господу, нужно считать освобожденным, даже если он находится в обусловленном состоянии материального бытия. В десятой главе «Бхагавад-гиты» тоже сказано, что каждый, кто служит Господу, освобождается из материального плена.

Этот стих, открывающий девятую главу, имеет глубокий смысл. Слова *идам джнянам* («это знание») относятся к чистому преданному служению, состоящему из девяти видов деятельности: слушания, повторения, памятования, служения, поклонения, вознесения молитв, выполнения приказаний Господа, дружбы с Ним и полного вручения себя Ему. Занимаясь этими видами преданного служения, человек обретает духовное сознание, сознание Кришны. И когда в результате этого его сердце очищается от материальной скверны, он обретает способность постичь это знание — науку о Кришне. Мало просто понять, что живое существо — дух, а не материя. Это может стать началом пути духовного самопознания, но необходимо понять также разницу между деятельностью тела и духовной деятельностью человека, сознающего, что он не тело.

В седьмой главе мы уже говорили о величии проявлений Верховного Господа, о Его разнообразных энергиях, низшей и высшей природе и материальном космосе в целом. Девятая же глава описывает величие Самого Господа.

Весьма примечательно и употребленное в данном стихе слово *анасӯйаве*. Люди, берущиеся комментировать «Бхагавад-гиту», даже если это известные ученые, как правило, завидуют Кришне, Верховной Личности Бога. Даже самые эрудированные ученые сильно искажают в своих комментариях смысл «Бхагавад-гиты». Поскольку они завидуют Кришне, все их комментарии бесполезны. Авторитетны лишь комментарии, написанные преданными Господа. Тот, в ком есть зависть, никогда не сможет открыть другим смысл «Бхагавад-гиты», то есть дать людям совершенное знание о Кришне. Человек, ищущий изъяны в характере Кришны, не зная Его, — просто глупец. Поэтому такого рода комментариев следует тщательно избегать. Но тому, кто осознал, что Кришна — это Верховная Личность Бога, чистая и духовная, эти главы принесут большое благо.

ТЕКСТ 2   राजविद्या राजगुह्यं पवित्रमिदमुत्तमम् ।
प्रत्यक्षावगमं धर्म्यं सुसुखं कर्तुमव्ययम् ॥ २ ॥

*ра̄джа-видйа̄ ра̄джа-гухйам̇   павитрам идам уттамам
пратйакша̄вагамам̇ дхармйам̇   су-сукхам̇ картум авйайам*

ра̄джа-видйа̄ — царь знания; *ра̄джа-гухйам* — царь сокровенного знания; *павитрам* — чистейшее; *идам* — это; *уттамам* — трансцендентное; *пратйакша* — через непосредственный опыт; *авагамам* — постигаемое; *дхармйам* — являющееся законом религии; *су-сукхам* — очень радостное; *картум* — выполнять; *авйайам* — вечное.

Это знание — царь знания, самая сокровенная из тайн. Это чистейшее знание, и, поскольку оно дает человеку живой опыт постижения природы своего «я», оно является совершенной религией. Знание это вечно, и постижение его радостно.

КОММЕНТАРИЙ: Эту главу «Бхагавад-гиты» называют царем знания, поскольку в ней изложена суть всех философских доктрин, о которых шла речь до этого. Основные направления индийской философской мысли представлены в трудах Гаутамы, Канады, Капилы, Ягьявалкьи, Шандильи и Вайшванары. Этот ряд замыкает Вьясадева, автор «Веданта-сутры». Таким образом, в философском и духовном знании нет недостатка. Однако Господь называет девятую главу «Бхагавад-гиты» царем знания и сутью всех наставлений Вед и всех философских систем. Это самое сокровенное знание, поскольку сокровенное, или духовное, знание объясняет разницу между душой и материальным телом, а венцом сокровенного знания является преданное служение.

Люди в большинстве своем не знакомы с этим сокровенным знанием; знание, которое им дают, касается природы внешнего мира. В системе мирского образования люди изучают множество различных наук: политику, социологию, физику, химию, математику, астрономию, технические дисциплины и т. д. В мире много больших университетов, где изучают различные науки, но нет ни одного учебного заведения, где бы преподавали науку о душе. Между тем душа — самое важное, что есть в теле: тело, лишенное души, перестает представлять какую-либо ценность. Тем не менее люди сосредоточивают все свои усилия на удовлетворении потребностей тела, забывая об источнике жизни — душе.

В «Бхагавад-гите», начиная со второй главы, постоянно подчеркивается важность души. В начале второй главы Господь говорит, что тело бренно, а душа бессмертна (*антаванта име дехā нитйасйоктāх̣ ш́арӣрин̣ах̣*). Знание о том, что бессмертная душа отлична от материального тела и по природе своей неизменна, неразрушима и вечна, само по себе является сокровенным. Но это знание еще не раскрывает подлинную природу души. Некоторые думают, что душа отлична от тела и после смерти тела, или после освобождения от материального тела, она попадает в пустоту и становится безличной. Но на самом деле это не так. Как может душа, столь деятельная в теле, стать пассивной после того, как освободится от его оков? Душа всегда действует. Раз она вечна, то и действует она вечно, и ее деятельность в духовном мире составляет самую сокровенную часть духовного знания. Поэтому знание о деятельности вечной души названо здесь царем знания, его самой сокровенной частью.

Это знание, как сказано в Ведах, является знанием о чистейшей из всех форм деятельности. В «Падма-пуране» рассказывается о различных видах греховной деятельности людей. Там утверждается, что любой грех всегда влечет за собой другой грех. Люди, поглощенные кармической деятельностью, запутываются в последствиях грехов различных видов и стадий зрелости. Если посадить семя дерева, дерево не вырастет в одночасье: для этого необходимо время. Сначала должен появиться маленький росток, который постепенно становится деревом, начинает цвести и плодоносить, и тогда уже люди, посадившие дерево, могут наслаждаться его цветами и плодами. Точно так же, совершая греховный поступок, человек словно бросает в землю семя, которое через некоторое время прорастает. Существует несколько стадий созревания последствий греха. Человек может уже прекратить заниматься греховной деятельностью, но плоды его греховных поступков ему только предстоит получить. Последствия одних грехов дремлют в форме семени, а другие уже созрели и приносят плоды в виде страданий и боли.

Как было сказано в двадцать восьмом стихе седьмой главы, человек, сбросивший бремя грехов и посвятивший себя исключительно благочестивой деятельности, свободный от влияния двойственности материального мира, может вступить на путь преданного служения Верховной Личности Бога, Кришне. Иными словами, те, кто действительно занимается преданным служением Верховному Господу, уже освободились от всех последствий своих прошлых грехов. Подтверждение этому мы находим в «Падма-пуране»:

*апрарабдха-пхалам папам
кутам биджам пхалонмукхам
краменаива пралийета
вишну-бхакти-рататманам*

Те, кто занимается преданным служением Верховной Личности Бога, постепенно избавляются от всех последствий совершенных ими грехов: уже созревших, только накопленных, а также дремлющих в форме семени. Таким образом, преданное служение обладает огромной очистительной силой, за что его называют *павитрам уттамам*, чистейшим. *Уттама* значит «трансцендентный». *Тамас* — это материальный мир, или царство тьмы, а прилагательное *уттама* значит «запредельный, находящийся вне сферы материальной деятельности». Преданное служение ни в коем случае нельзя считать материальной деятельностью, даже если порой кажется, что деятельность преданных не отличается от деятельности обыкновенных людей. Тот, кто обладает духовным видением и сведущ в науке преданного служения, знает, что деятельность преданных не материальна. Все их действия духовны и посвящены Господу, а потому не подвержены оскверняющему влиянию материальных *гун*.

Здесь сказано, что деятельность в преданном служении настолько совершенна, что человек может непосредственно ощутить ее результаты. Это действительно так. Мы на собственном опыте убедились в том, что каждый, кто повторяет святые имена Кришны (Харе Кришна, Харе Кришна, Кришна Кришна, Харе Харе / Харе

Рама, Харе Рама, Рама Рама, Харе Харе) без оскорблений, начинает ощущать духовное блаженство и очень быстро очищается от материальной скверны. Это можно видеть. Более того, человек, который не только слушает святые имена, но и старается проповедовать философию преданного служения или оказывает содействие проповеднической деятельности Движения сознания Кришны, ощущает, как начинает духовно развиваться. Его духовное развитие не зависит от полученного ранее образования или других качеств. Метод сам по себе настолько чист, что, просто занимаясь преданным служением, мы очищаемся.

В «Веданта-сутре» (3.2.26) об этом сказано следующее: *пракāшаш ча кармаṇй абхйāсāт* — «Преданное служение столь могущественно, что, просто занимаясь им, человек обретает духовное знание». Наглядным примером тому может служить предыдущая жизнь Нарады, который родился тогда сыном служанки. Он не мог похвастаться ни хорошим образованием, ни знатным происхождением. Но когда его мать прислуживала великим преданным, Нарада помогал ей, и иногда в ее отсутствие сам служил преданным Господа. Сам Нарада так говорит об этом:

> *уччхишта-лепāн анумодито двиджаих̣*
> *сакрт сма бхуñдже тад-апāста-килбишах̣*
> *эвам̇ правр̣ттасйа виш́уддха-четасас*
> *тад-дхарма эвāтма-ручих̣ праджāйате*

В этом стихе «Шримад-Бхагаватам» (1.5.25) Нарада рассказывает о том, что с ним случилось в прошлой жизни, своему ученику Вьясадеве. Он говорит, что в течение четырех месяцев, пока в их доме находились чистые преданные, он служил им и тесно общался с ними. Убирая за ними посуду, он увидел там остатки их пищи и захотел попробовать их. Спросив у мудрецов разрешения, Нарада съел то, что осталось после них, и таким образом очистился от всех последствий прошлых грехов. Доедая за мудрецами пищу, Нарада стал столь же чист сердцем, как они сами. Беспрерывно слушая и пересказывая повествования о Господе, эти великие преданные наслаждались вкусом преданного служения, и такой же вкус со временем появился у Нарады. Далее Нарада говорит:

> *татрāнвахам̇ кр̣шн̣а-катхāх̣ прагāйатāм*
> *ануграхен̣āш́р̣н̣авам̇ манохарāх̣*
> *тāх̣ ш́раддхайā ме 'нупадам̇ виш́р̣н̣ватах̣*
> *прийаш́равасй ан̇га мамāбхавад ручих̣*

Общаясь с мудрецами, Нарада пристрастился слушать и пересказывать повествования о величии Господа, и у него появилось огромное желание заниматься преданным служением. Поэтому в «Веданта-сутре» сказано: *пракāш̣ш̣ ча карман̣ӣ абхйāсāт* — к тому, кто преданно служит Господу, знание приходит само собой, и он обретает способность постичь истину. Таков смысл слова *пратйакша* («непосредственное восприятие»).

Дхармйам значит «путь религии». Нарада был сыном простой служанки. У него не было возможности ходить в школу. Он просто помогал матери, которой посчастливилось служить преданным Господа. Таким образом мальчик Нарада тоже получил возможность служить им, и общение с ними дало ему возможность достичь высшей цели религиозной практики. Высшей целью религиозной практики, как сказано в «Шримад-Бхагаватам», является преданное служение *(са ваи пум̇сāм̇ паро дхармо йато бхактир адхокшадже)*. Обычные верующие люди, как правило, не знают, что высшей целью религии является преданное служение. Как мы уже говорили в комментарии к последнему стиху восьмой главы *(ведешу йаджн̃ешу тапахсу чаива)*, чтобы постичь свою духовную природу, необходимо знать Веды. Однако в данном случае мы видим, что Нарада, который никогда не учился в школе духовного учителя и не изучал законов Вед, тем не менее достиг высшей цели всех, кто изучает Веды. Преданное служение обладает такой силой, что, даже не выполняя всех религиозных обрядов, человек может достичь высшей ступени совершенства. Как это может быть? Это положение подтверждают Веды: *āчāрйавāн пурушо веда*. Общаясь с великими *ачарьями*, человек, даже если он не образован и никогда не изучал Вед, может обрести знание, необходимое для того, чтобы постичь истину.

Преданное служение приносит человеку радость *(сукхам)*. Почему? Преданное служение состоит из *ш́раван̣ам̇ кӣртанам̇ виш̣н̣ох̣*, иначе говоря, достаточно просто слушать рассказы, прославляющие Господа, или философские беседы истинных *ачарьев*, в которых обсуждается духовное знание. Просто присутствуя при таких беседах, человек обретает знание; он может также вкушать остатки изысканных блюд, предложенных Господу. Всё в преданном служении приносит радость. И заниматься им может даже тот, кто живет в крайней нужде. Господь говорит: *патрам̇ пушпам̇ пхалам̇ тойам*. Он готов принять от преданного любое подношение. Любой человек, независимо от его положения в обществе, может предложить Господу хотя бы листок, цветок, немного фруктов или воды, что доступно в любой части мира, и Господь примет это подношение, если оно будет сделано с любовью. История знает немало подобных случаев. Просто вдохнув аромат листьев *туласи*, поднесенных лотосным стопам Господа, такие великие мудрецы, как Санат-кумар и его братья, стали великими преданными. Следовательно, преданное служение несет человеку радость. Бог принимает только любовь, с которой мы предлагаем Ему свои подношения.

Здесь сказано, что преданное служение существует вечно. Это прямо противоречит философии *майявады*. Иногда *майявади* занимаются так называемым преданным служением, но при этом считают, что преданное служение необходимо до тех пор, пока они не получили освобождение, поскольку в конце концов, освободившись из материального плена, они сами «станут Богом». Такое временное, обусловленное сроками преданное служение нельзя назвать чистым. Настоящее преданное служение продолжается и после освобождения. Войдя в духовный мир, в царство Бога, преданный и там служит Верховному Господу, а не пытается стать Им.

Из последующих глав станет ясно, что настоящее преданное служение начинается только после того, как живое существо освободится из материального плена. Когда, получив освобождение, живое существо поднимается на уровень Брахмана *(брахма-бхута)*, оно начинает заниматься преданным служением *(самах сарвешу бхӯтешу мад-бхактим лабхате парӓм)*. Верховную Личность Бога нельзя постичь, просто занимаясь *карма-йогой, гьяна-йогой, аштанга-йогой* или любым другим видом *йоги*. Все эти виды *йоги* способны помочь человеку приблизиться к уровню *бхакти-йоги*, но постичь Личность Бога можно только в процессе преданного служения. «Шримад-Бхагаватам» также подтверждает, что человек постигает науку о Кришне, науку о Боге, когда сознание его очищается в процессе преданного служения, особенно если он слушает «Шримад-Бхагаватам» или «Бхагавад-гиту» от осознавших себя душ. *Эвам прасанна-манасо бхагавад-бхакти-йогатах*. Когда сердце человека очищается от скверны, он обретает способность понять, кто такой Бог. Таким образом, путь преданного служения, сознания Кришны, — это вершина всех методов познания и царь сокровенного знания. Это самая чистая форма религиозной деятельности, заниматься которой легко и радостно. Поэтому преданное служение рекомендуют каждому.

ТЕКСТ 3 अश्रद्दधानाः पुरुषा धर्मस्यास्य परन्तप ।
अप्राप्य मां निवर्तन्ते मृत्युसंसारवर्त्मनि ॥ ३ ॥

*аӣраддадхāнāх̣ пурушā   дхармасйāсйа парантапа
апрāпйа мāм̇ нивартанте   мр̣тйу-сам̇сāра-вартмани*

аӣраддадхāнāх̣ — те, кто не обладает верой; *пурушāх̣* — люди; *дхармасйа* — в религиозную деятельность; *асйа* — эту; *парантапа* — о покоритель врагов; *апрāпйа* — не достигнув; *мāм* — Меня; *нивартанте* — возвращаются; *мр̣тйу* — смерти; *сам̇сāра* — в материальном мире; *вартмани* — на путь.

Те, у кого нет веры в преданное служение, не способны достичь Меня, о покоритель врагов. Поэтому они возвращаются в круговорот *самсары*, снова и снова рождаясь и умирая в материальном мире.

КОММЕНТАРИЙ: Неверующий никогда не достигнет успеха в преданном служении — таков смысл этого стиха. Обрести веру можно лишь в общении с преданными. Поистине несчастны те, кто, даже услышав от великих душ все доводы Вед, тем не менее не обретает веры в Бога. Вечно сомневающиеся и колеблющиеся, они не могут неуклонно заниматься преданным служением Господу. Таким образом, вера — один из главных факторов духовного развития в сознании Кришны. В «Чайтанья-чаритамрите» сказано, что вера — это непоколебимая убежденность в том, что, просто служа Верховному Господу Шри Кришне, можно достичь высшего совершенства. Такая убежденность называется истинной верой. В «Шримад-Бхагаватам» (4.31.14) сказано:

> йатха̄ тарор мӯла-нишечанена
> трпйанти тат-скандха-бхуджопаш́а̄кха̄х̣
> пра̄н̣опаха̄ра̄ч ча йатхендрийа̄н̣а̄м
> татхаива сарва̄рхан̣ам ачйутеджйа̄

«Поливая корень дерева, мы насыщаем водой все его ветви, побеги и листья, а отправляя пищу в желудок, удовлетворяем все остальные органы чувств. Точно так же тот, кто занимается трансцендентным служением Верховному Господу, без дополнительных усилий удовлетворяет всех полубогов и всех прочих живых существ». Поэтому, прочитав «Бхагавад-гиту», человек должен безоговорочно принять ее главный вывод: нужно оставить все прочие занятия и посвятить себя служению Верховному Господу Кришне, Личности Бога. Тот, кто убежден в истинности этой философии жизни, обладает настоящей верой.

Развитие в человеке этой веры является сутью метода сознания Кришны. Есть три категории сознающих Кришну людей. К третьей категории относятся те, кто не обладает верой. Даже если формально они заняты преданным служением Господу, достичь высшей ступени совершенства они не смогут. Через некоторое время они, вероятнее всего, сойдут с этого пути. Они делают что-то в сознании Кришны, но из-за отсутствия твердой убежденности и веры им очень трудно идти по пути преданного служения. В ходе нашей миссионерской деятельности мы иногда встречаем людей, которые присоединяются к Движению сознания Кришны со скрытыми мотивами. Какое-то время они участвуют в его деятельности, но, поправив свое материальное положение, прекращают духовную практику и возвращаются к прежнему образу жизни. Совершенствоваться в сознании Кришны может лишь тот, кто обладает верой. Что касается степени развития веры, то человека, который, хорошо изучив священные писания, стал сведущ в науке преданного служения и обрел твердую веру, называют преданным первой категории. К числу преданных второй категории относятся те, кто не до конца понял смысл священных писаний, но непоколебимо верит в то, что *кришна-бхакти,* преданное служение Кришне, — это лучший из путей, и, обладая такой верой, идет этим путем. Такие преданные превосходят преданных третьей категории, у которых нет ни знания священных писаний, ни твердой веры, которые пытаются следовать принципам сознания Кришны по простоте душевной и благодаря общению с преданными. Преданные третьей категории могут со временем пасть, преданные второй категории, как правило, не падают, а для преданного первой категории возможность падения исключена. Преданный первой категории будет постоянно совершенствоваться в преданном служении, пока не достигнет конечной цели. Что касается преданных третьей категории, то, хотя они и убеждены в том, что преданное служение Кришне — это благо, они не обладают необходимым знанием о Кришне, которое можно почерпнуть из священных писаний, таких как «Шримад-Бхагаватам» и «Бхагавад-гита». Иногда преданные третьей категории в сознании Кришны обнаруживают склонность к *карма-йоге* и *гьяна-йоге,* бывает, их охватывает беспокойство, но если они освобождаются от подобных тенденций, то становятся преданными второй и первой категории. Вера в Кришну также подразделяется на три категории, о которых говорится в «Шримад-Бхагаватам». В Одиннадцатой песни «Шримад-Бхагаватам» описана также привязанность первой, второй и третьей категории. Тем, кто, даже услышав о Кришне и о величии преданного служения, не обретает веры и считает все это пустыми славословиями, очень трудно идти по этому пути, даже если они, казалось бы, и служат Господу. У них практически нет надежды достичь совершенства. Таким образом, роль веры в преданном служении очень велика.

ТЕКСТ 4   मया ततमिदं सर्वं जगदव्यक्तमूर्तिना ।
मत्स्थानि सर्वभूतानि न चाहं तेष्ववस्थितः ॥ ४ ॥

*майа̄ татам идам̇ сарвам̇   джагад авйакта-мӯртина̄
мат-стха̄ни сарва-бхӯта̄ни   на ча̄хам̇ тешв авастхитах̣*

майа̄ — Мной; *татам* — пронизана; *идам* — это; *сарвам* — все; *джагат* — мироздание; *авйакта-мӯртина̄* — обладающим непроявленной формой; *мат-стха̄ни* — находящиеся во Мне; *сарва-бхӯ-*

та̄ни — все живые существа; *на* — не; *ча* — также; *ахам* — Я; *тешу* — в них; *авастхита̄х̣* — находящийся.

В Своей непроявленной форме Я пронизываю всю вселенную. Все существа пребывают во Мне, но Я — не в них.

КОММЕНТАРИЙ: Верховную Личность Бога невозможно воспринять грубыми материальными чувствами.

> *атах̣ ш́рӣ-кр̣шн̣а-на̄ма̄ди   на бхавед гра̄хйам индрийаих̣*
> *севонмукхе хи джихва̄дау   сваӣам эва спхуратӣ адах̣*
> *Бхакти-расамрита-синдху, 1.2.234*

Имя Господа Шри Кришны, Его славу, игры и т.д. невозможно постичь с помощью материальных органов чувств. Господь открывает Себя лишь тому, кто занимается чистым преданным служением под надлежащим руководством. В «Брахма-самхите» (5.38) сказано: *према̄н̃джана-чччхурита-бхакти-вилочанена сантах̣ садаива хр̣дайешу вилокайанти.* Верховную Личность Бога, Говинду, всегда видит внутри себя и вовне только тот, у кого есть духовная любовь к Господу. От взоров обыкновенных людей Господь скрыт. Здесь сказано, что, хотя Он вездесущ и пребывает везде, Его невозможно постичь с помощью материальных органов чувств. На это указывает слово *авйакта-мӯртина̄.* Но хотя мы не видим Господа, все сущее пребывает в Нем. Как было сказано в седьмой главе, весь материальный космос представляет собой сочетание двух Его энергий: высшей, духовной, и низшей, материальной. Энергия Господа разлита по всему творению, подобно солнечному свету, освещающему всю вселенную, и все сущее покоится на ней.

Однако не нужно думать, что, если Господь вездесущ, это лишает Его личностной формы. Чтобы опровергнуть подобные утверждения, Господь говорит: «Я пребываю всюду, и все сущее находится во Мне, однако Сам Я нахожусь вне всего». Например, царь возглавляет правительство, которое является не чем иным, как проявлением его энергии; различные министерства и ведомства — это всего лишь энергии царя, и каждое из них действует, опираясь на его власть. Однако нельзя ожидать, что царь будет лично находится в каждом из ведомств. Это довольно грубая аналогия. Точно так же все, что мы видим вокруг, все, что существует в материальном и духовном мире, покоится на энергии Верховной Личности Бога. Господь творит этот мир, распространяя Свои многочисленные энергии, и, как сказано в «Бхагавад-гите», *вишт̣абхйа̄хам идам кр̣тснам* — Сам Он пребывает повсюду в виде Сверхдуши, представляющей Его.

ТЕКСТ 5   न च मत्स्थानि भूतानि पश्य मे योगमैश्वरम् ।
भूतभृन्न च भूतस्थो ममात्मा भूतभावनः ॥ ५ ॥

*на ча мат-стхāни бхӯтāни   паш́йа ме йогам аиш́варам
бхӯта-бхрн на ча бхӯта-стхо   мамāтмā бхӯта-бхāванах*

на — не; *ча* — также; *мат-стхāни* — пребывающие во Мне; *бхӯтāни* — сотворенные; *паш́йа* — узри; *ме* — Мое; *йогам аиш́варам*
— непостижимое мистическое могущество; *бхӯта-бхрт* — хранитель
всех живых существ; *на* — не; *ча* — также; *бхӯта-стхах* — находящийся в мироздании; *мама* — Мое; *āтмā* — Я; *бхӯта-бхāванах* — источник всего сущего.

**И в то же время все сотворенное находится вне Меня. Узри
Мое мистическое могущество! Будучи опорой всех живых существ и пребывая всюду, Я не являюсь частью материального
мироздания, ибо Я Сам — источник творения.**

КОММЕНТАРИЙ: Господь говорит, что все сущее покоится на
Нем *(мат-стхāни сарва-бхӯтāни)*. Необходимо правильно понять
Его слова. Сам Господь не участвует в поддержании материальной
вселенной. Иногда можно увидеть изображение Атланта, держащего на своих плечах земной шар; сгибаясь под его тяжестью, он
выглядит очень утомленным. Мы не должны представлять таким
Кришну, держащего на Себе вселенную. Он говорит, что, хотя все
сущее покоится на Нем, Сам Он в стороне от всего. Планетные
системы парят в космическом пространстве, которое представляет собой энергию Верховного Господа. Однако Сам Он отличен
от космического пространства. Положение Господа иное. Поэтому
Господь говорит: «Хотя все сущее покоится на Моей непостижимой энергии, Я, будучи Верховной Личностью Бога, остаюсь вне
его». Таково непостижимое могущество Господа.

В ведическом словаре «Нирукти» сказано: *йуджйате 'нена дур-
гхатешу кāрйешу* — «Верховный Господь являет удивительные, непостижимые игры с помощью Своей энергии». Он обладает разнообразными могущественными энергиями, и любое Его намерение
тотчас становится явью. Так нужно понимать природу Личности
Бога. Задумав сделать что-то, мы вынуждены преодолевать множество препятствий и зачастую не можем исполнить свои желания. Но если Кришна захочет чего-либо, одного Его желания достаточно, и все происходит столь совершенным образом, что можно
только восхищаться. Господь так объясняет это: хотя все мироздание держится на Нем, Сам Он не касается материального космоса. Все сущее создается, сохраняется, поддерживается и в конце
концов уничтожается Его высшей волей. Поскольку Он абсолют-

но духовен, то между Его умом и Им Самим нет никакой разницы (тогда как мы отличны от своего нынешнего материального ума). Господь одновременно пребывает везде, однако обыкновенному человеку никогда не понять, каким образом Он лично присутствует всюду. Он вне материального мира, и в то же время все покоится на Нем. На это указывают слова *йогам аишварам* — таково мистическое могущество Верховной Личности Бога.

ТЕКСТ 6   यथाकाशस्थितो नित्यं वायुः सर्वत्रगो महान् ।
तथा सर्वाणि भूतानि मत्स्थानीत्युपधारय ॥ ६ ॥

йатхākāша-стхито нитйам   вāйух сарватра-го махāн
татхā сарвāни бхӯтāни   мат-стхāнӣтй упадхāрайа

йатхā — как; *āкāша-стхитах* — находящийся в небе; *нитйам* — всегда; *вāйух* — ветер; *сарватра-гах* — дующий повсюду; *махāн* — великий; *татхā* — так и; *сарвāни бхӯтāни* — все сотворенные живые существа; *мат-стхāни* — покоящиеся во Мне; *ити* — таким образом; *упадхāрайа* — пойми.

Знай же, что все сотворенные существа покоятся во Мне, подобно тому как могучий ветер, который дует повсюду, всегда остается в небе.

КОММЕНТАРИЙ: Обыкновенный человек практически не способен понять, как необъятное материальное творение пребывает в Верховном Господе. Однако Господь приводит здесь пример, который помогает понять это. Небо, вероятно, самое большое из всего, что нам известно. А ветер, или воздух, в небе — самая огромная стихия в материальном мире. Движение воздуха определяет движения всего сущего. Однако при всем своем могуществе воздух ограничен пределами неба (пространства), за которые он не может выйти. Точно так же это изумительное мироздание создано волей Бога, и все в нем подчинено воле Всевышнего: как мы часто говорим, даже травинка не шелохнется без дозволения Верховной Личности Бога. Таким образом, все происходит по воле Господа: по Его воле все создается, по Его воле существует, и по Его же воле уничтожается. Однако Сам Он отстранен от всего, так же как небо не имеет отношения к тому, что делает ветер.

В Упанишадах сказано: *йад-бхӣшā вāтах павате* — «Из страха перед Верховным Господом дует ветер» (Тайттирия-упанишад, 2.8.1). А в «Брихад-араньяка-упанишад» (3.8.9) мы находим следующее: *этасйā вā акшарасйа прайāсане гāрги сӯрйа-чандрамасау видхртау тиштхата этасйā вā акшарасйа прайāсане гāрги дйāв-*

апртхивйау видхртау тиштхатах — «Луна, Солнце и другие планеты движутся, исполняя высшую волю Верховной Личности Бога». В «Брахма-самхите» (5.52) также сказано:

> *йач-чакшур эша савита сакала-грахāнāм*
> *рāджā самаста-сура-мӯртир аишеша-теджāх*
> *йасйāджнāйā бхрамати самбхрта-кāла-чакро*
> *говиндам āди-пурушам там ахам бхаджāми*

Этот стих описывает движение Солнца. Солнце называют оком Всевышнего. Оно распространяет по вселенной огромное количество тепла и света. Тем не менее Солнце движется по заданной орбите, повинуясь приказу и высшей воле Говинды. Таким образом, в Ведах мы находим свидетельства того, что все материальное мироздание, удивительное и величественное, находится в полной власти Верховной Личности Бога. Более подробно об этом будет рассказано в последующих стихах девятой главы.

ТЕКСТ 7   सर्वभूतानि कौन्तेय प्रकृतिं यान्ति मामिकाम् ।
कल्पक्षये पुनस्तानि कल्पादौ विसृजाम्यहम् ॥ ७ ॥

сарва-бхӯтāни каунтейа   пракртим йāнти мāмикāм
калпа-кшайе пунас тāни   калпāдау висрджāмй ахам

сарва-бхӯтāни — все сотворенные существа; *каунтейа* — о сын Кунти; *пракртим* — в природу; *йāнти* — входят; *мāмикāм* — Мою; *калпа-кшайе* — в конце эпохи; *пунах* — вновь; *тāни* — те; *калпа-āдау* — в начале эпохи; *висрджāми* — создаю; *ахам* — Я.

О сын Кунти, в конце каждой *калпы* все материальное мироздание входит в Мою природу, а в начале следующей *калпы* Я Своей энергией вновь создаю его.

КОММЕНТАРИЙ: Возникновение, существование и разрушение материального мира полностью зависят от высшей воли Личности Бога. «В конце *калпы*» значит «после смерти Брахмы». Брахма живет сто лет, а один его день составляет 4 300 000 000 земных лет. Столько же длится и его ночь. Месяц Брахмы состоит из тридцати таких дней и ночей, а год — из двенадцати месяцев. По прошествии ста лет, когда Брахма умирает, весь материальный мир уничтожается. Это значит, что энергия, проявленная Верховным Господом, вновь возвращается в Него. Затем, когда возникает необходимость вновь создать материальный космос, это происходит по воле Всевышнего. *Баху сйāм:* «Я один, но стану многими». Это афоризм из Вед (Чхандогья-упанишад, 6.2.3). Господь распространяет Себя в виде Своей материальной энергии, и космическое мироздание возникает вновь.

ТЕКСТ 8	प्रकृतिं स्वामवष्टभ्य विसृजामि पुनः पुनः ।
भूतग्राममिमं कृत्स्नमवशं प्रकृतेर्वशात् ॥ ८ ॥

*пракртим свам аваштабхйа	висрджами пунах пунах
бхута-грамам имам кртснам	авашам пракртер вашат*

пракртим — в материальную природу; *свам* — Свою; *аваштабхйа* — войдя; *висрджами* — создаю; *пунах пунах* — снова и снова; *бхута-грамам* — мироздание; *имам* — это; *кртснам* — целиком; *авашам* — само собой; *пракртех* — природы; *вашат* — по воле.

Весь космос находится в Моей власти. Послушный Моей воле, он сам собой возникает снова и снова, а в конце каждой калпы по Моей воле разрушается.

КОММЕНТАРИЙ: Материальный мир представляет собой проявление низшей энергии Верховной Личности Бога. Об этом уже говорилось несколько раз. В период его сотворения материальная энергия высвобождается в виде *махат-таттвы,* и Господь входит в нее в образе Маха-Вишну, первого воплощения *пуруши.* Он ложится на воды Причинного океана и выдыхает бесчисленные вселенные, в каждую из которых Господь вновь входит как Гарбходакашайи Вишну. Так возникают материальные вселенные. Затем Господь проявляет Себя как Кширодакашайи Вишну, который входит во все сущее, даже в крошечный атом. Об этом говорится в данном стихе: Он входит во все сущее.

Что касается живых существ, то они попадают в лоно материальной природы и занимают здесь различное положение в результате поступков, совершенных в прошлом. Так начинается деятельность материального мира. Живые существа различных видов и форм начинают действовать с момента сотворения материальной вселенной. Неправильно утверждать, что различные формы жизни возникают эволюционным путем. Они создаются одновременно в процессе сотворения материальной вселенной. Люди, животные и птицы — все возникают одновременно, поскольку форма живого существа определяется теми желаниями, которые остались у него со времени последнего разрушения вселенной. Употребленное в данном стихе слово *авашам* ясно указывает на то, что сами живые существа не причастны к этому. То состояние бытия, в котором они находились в прошлой жизни в предыдущем цикле творения, возникает вновь, и все это происходит по воле Бога. Таково непостижимое могущество Верховной Личности Бога. Но, сотворив различные формы жизни, Господь предоставляет их самим себе. Мироздание возникает только для того, чтобы дать живым существам возможность осуществить свои устремления, поэтому Господь не вмешивается в их судьбу.

ТЕКСТ 9 न च मां तानि कर्माणि निबध्नन्ति धनञ्जय ।
उदासीनवदासीनमसक्तं तेषु कर्मसु ॥ ९ ॥

на ча мам̇ та̄ни карма̄н̣и нибадхнанти дхананджайа
уда̄сӣна-вад а̄сӣнам асактам̇ тешу кармасу

на — не; *ча* — также; *ма̄м* — Меня; *та̄ни* — те; *карма̄н̣и* — деяния; *нибадхнанти* — связывают; *дхананджайа* — о завоеватель богатств; *уда̄сӣна-ват* — как безучастного; *а̄сӣнам* — находящегося; *асактам* — не испытывающего привязанности; *тешу* — в тех; *кармасу* — деяниях.

О Дхананджая, все это никак не связывает Меня. Находясь в стороне от этой материальной деятельности, Я остаюсь как бы непричастным к ней.

КОММЕНТАРИЙ: Из этих слов вовсе не следует, что Верховная Личность Бога пребывает в бездействии. В Своей обители в духовном мире Господь постоянно занят разнообразной деятельностью. В «Брахма-самхите» (5.6) сказано: *а̄тма̄ра̄масйа тасйа̄сти пракр̣тйа̄ на сама̄гамах̣* — «Он всегда погружен в вечную, исполненную блаженства духовную деятельность, но никак не связан с деятельностью материальной». Материальной деятельностью заняты различные энергии Господа. Сам Господь непричастен к материальной деятельности, протекающей в мироздании. На Его безучастность указывает употребленное здесь слово *уда̄сӣна-ват*. Управляя даже самой незначительной материальной деятельностью, Господь остается как бы непричастным к ней. Он подобен судье, председательствующему в зале суда. По его приказу кого-то казнят, кого-то сажают в тюрьму, а кому-то присуждают огромное состояние, однако сам судья остается безучастным. Его не касаются все эти потери и приобретения. Таким же безучастным является и Верховный Господь, хотя Его участие ощущается в любой сфере деятельности. В «Веданта-сутре» (2.1.34) сказано: *ваишамйа-наиргхрн̣йе на* — Он пребывает вне противоположностей и полюсов материального мира и трансцендентен по отношению к любым проявлениям относительности. Он также не привязан к сотворению и уничтожению материального мира. Живые существа появляются на свет в различных видах жизни в соответствии с поступками, совершенными в прошлом. Сам Господь не вмешивается в это.

ТЕКСТ 10   मयाध्यक्षेण प्रकृतिः सूयते सचराचरम् ।
हेतुनानेन कौन्तेय जगद्विपरिवर्तते ॥ १० ॥

*майа̄дхйакшен̣а пракр̣тих̣   сӯйате са-чара̄чарам
хетуна̄нена каунтейа   джагад випаривартате*

майа̄ — Мною; *адхйакшен̣а* — под надзором; *пракр̣тих̣* — материальная природа; *сӯйате* — появляется; *са* — вместе; *чара-ачарам* —
движущимися и неподвижными живыми существами; *хетуна̄* — по
причине; *анена* — это; *каунтейа* — о сын Кунти; *джагат* — мироздание; *випаривартате* — действует.

**Будучи одной из Моих энергий, о сын Кунти, материальная при-
рода действует под Моим надзором, производя на свет все движущиеся и неподвижные существа. Под ее началом мироздание
снова и снова возникает и уничтожается.**

КОММЕНТАРИЙ: Здесь ясно сказано, что, хотя Верховный Господь стоит в стороне от деятельности материального мира, Он
остается верховным повелителем. Верховный Господь олицетворяет высшую волю и является опорой материального мироздания,
деятельностью которого управляет материальная природа. Кришна также говорит в «Бхагавад-гите», что Он отец всех живых существ во всем многообразии их видов и форм. Как отец вводит
в лоно матери семя, из которого появляется ребенок, так и Верховный Господь одним Своим взглядом вводит в лоно материальной
природы живые существа, которые появляются на свет в самых
разнообразных формах и видах в зависимости от желаний, которые остались у них с прошлой жизни, и их деятельности в прошлом. Все эти живые существа, хотя и рождаются благодаря взгляду
Верховного Господа, получают различные типы тел в зависимости
от своей прошлой деятельности и желаний. Таким образом, Сам
Господь не связан с материальным миром прямо. Он просто бросает взгляд на материальную природу, которая от этого приходит
в движение и порождает все многообразие форм жизни. Окидывая
материальную природу взглядом, Верховный Господь, безусловно,
действует, но Сам Он не участвует в создании материального мира. В *смрити* приводится следующий пример: если рядом с человеком находится душистый цветок, аромат цветка достигнет его
обоняния, однако сам цветок и тот, кто вдыхает его аромат, останутся на расстоянии друг от друга. Аналогичная связь существует
между материальным миром и Верховной Личностью Бога: Господь не связан с материальным миром прямо, но Своим взглядом
Он творит его, и Он же им повелевает. Одним словом, без руководства Верховной Личности Бога материальная природа сама по

себе ни на что не способна. Однако Верховный Господь остается непричастным к любой материальной деятельности.

ТЕКСТ 11 अवजानन्ति मां मूढा मानुषीं तनुमाश्रितम् ।
परं भावमजानन्तो मम भूतमहेश्वरम् ॥ ११ ॥

*аваджа̄нанти ма̄м̇ мӯдха̄   ма̄нушӣм̇ танум а̄ш́ритам
парам̇ бха̄вам аджа̄нанто   мама бхӯта-махеш́варам*

аваджа̄нанти — осмеивают; *ма̄м* — Меня; *мӯдха̄х* — глупцы; *ма̄-нушӣм* — человеческое; *танум* — тело; *а̄ш́ритам* — принявшего; *па-рам* — трансцендентную; *бха̄вам* — природу; *аджа̄нантах* — не знающие; *мама* — Мою; *бхӯта* — всего сущего; *маха-ӣш́варам* — верховного владыку.

Глупцы смеются надо Мной, когда Я прихожу в материальный мир в облике человека. Им неведома Моя духовная природа верховного повелителя всего сущего.

КОММЕНТАРИЙ: Из всего сказанного в предыдущих стихах этой главы ясно, что Верховный Господь, хотя и имеет человеческий облик, не является обыкновенным человеком. Господь, управляющий созиданием, сохранением и уничтожением материального космоса, не может быть обыкновенным человеком. Однако есть немало глупцов, которые считают Кришну просто могущественным человеком, не более того. В действительности же Он изначальная Верховная Личность, что подтверждает «Брахма-самхита» *(ӣш́варах̣ парамах̣ кр̣шн̣ах̣).* Он Сам Верховный Господь.

В мире много *ишвар,* правителей, наделенных разной властью. В материальном мире в системе управления есть руководители разных рангов: директоры и должностные лица, которыми руководят чиновники более высокого ранга; они, в свою очередь, подчиняются министру, а тот — президенту. Все они руководители, но подчинены один другому. В «Брахма-самхите» сказано, что Кришна является верховным правителем; безусловно, в материальном и духовном мире много правителей, но Кришна — верховный повелитель *(ӣш́варах̣ парамах̣ кр̣шн̣ах̣),* и тело Его *сач-чид-а̄нанда,* не материально.

Материальное тело не способно совершать чудеса, о которых рассказывалось в предыдущих стихах. Тело Господа вечно, исполнено блаженства и знания. Хотя Он не относится к числу обычных людей, глупцы смеются над Ним и считают Его человеком. Тело Господа названо здесь *ма̄нушӣм,* поскольку Он действует как обыкновенный человек, друг Арджуны, воин и дипломат, участвующий в битве на Курукшетре. Во многих ситуациях Он ведет Себя как обыкновенный человек, но на самом деле Его тело —

воплощение вечного блаженства и абсолютного знания *(сач-чид-āнанда-виграха)*. Это подтверждают и другие ведические писания. *Сач-чид-āнанда-рӯпāйа кришн̣āйа:* «Я в глубоком почтении склоняюсь перед Верховной Личностью Бога, Кришной, воплощением вечности, блаженства и знания» (Гопала-тапани-упанишад, 1.1). В Ведах приведены и другие описания. *Там̇ экам̇ говиндам:* «Ты Говинда, дарующий блаженство коровам и чувствам». *Сач-чид-āнанда-виграхам:* «Тело Твое духовно, вечно, исполнено знания и блаженства» (Гопала-тапани-упанишад, 1.35).

Хотя тело Господа трансцендентно, исполнено блаженства и знания, многие так называемые знатоки писаний и комментаторы «Бхагавад-гиты» принижают Кришну, считая Его обыкновенным человеком. В результате благочестивой деятельности в прошлой жизни эти ученые иногда обладают незаурядными способностями, но их представления о Шри Кришне свидетельствуют о скудости их знаний. Поэтому их называют *мудхами,* ибо только глупец может считать Кришну обыкновенным человеком. Они называют Кришну обыкновенным человеком потому, что ничего не знают о скрытых от их глаз деяниях Верховного Господа и Его разнообразных энергий. Они не знают, что тело Кришны является олицетворением абсолютного знания и блаженства, что Он владыка всего сущего, способный любому даровать освобождение. Не ведая о бесчисленных духовных качествах Кришны, они насмехаются над Ним.

Им также неизвестно, что приход Верховной Личности Бога в материальный мир — проявление внутренней энергии Господа. Он повелитель материальной энергии. Как мы уже несколько раз объясняли, Господь утверждает *(мама мāйā дуратйайā),* что материальная энергия, хотя и обладает необыкновенным могуществом, подчиняется Ему, и каждый, кто предастся Ему, сможет выйти из-под ее власти. Если даже душа, предавшаяся Кришне, способна выйти из-под влияния материальной энергии, то как Верховный Господь, который творит, поддерживает и разрушает материальный космос, может обладать материальным телом, подобным нашему? Такие представления глупы и безосновательны. Однако недалекие люди не могут понять, как Личность Бога, Кришна, который кажется обыкновенным человеком, может повелевать всеми атомами и необъятной вселенской формой. Величайшее и мельчайшее одинаково недоступно их пониманию, поэтому им трудно представить себе, что живое существо, имеющее облик человека, может одновременно держать под Своим контролем беспредельно большое и бесконечно малое. На самом же деле, даже управляя безграничным и ограниченным, Сам Господь находится в стороне от всего этого. Такова Его *йогам аиш̣варам,* непостижимая трансцен-

дентная энергия, благодаря которой Он способен одновременно
управлять беспредельно большим и бесконечно малым и вместе
с тем оставаться в стороне от всего. Хотя глупцы не представляют себе, как Кришна, который появляется в этом мире в облике
человека, может держать под Своим контролем бесконечно большое и бесконечно малое, чистые преданные Господа принимают
это как данность, ибо знают, что Кришна — Верховная Личность
Бога. Поэтому, безраздельно предавшись Ему, они посвящают себя
деятельности в сознании Кришны, преданному служению Господу.

Между имперсоналистами и персоналистами не утихают споры
о человеческом облике Господа. Однако, обратившись к «Бхагавад-
гите» и «Шримад-Бхагаватам», авторитетным писаниям, где изложена наука о Кришне, мы поймем, что Кришна — Верховная Личность Бога. Приходя на землю в обличье обыкновенного человека,
Он в действительности не является таковым. В первой главе Первой песни «Шримад-Бхагаватам» мудрецы во главе с Шаунакой,
спрашивая о деяниях Кришны, говорят:

кртаван кила кармани
саха рамена кешавах
ати-мартйани бхагаван
гудхах капата-манушах

«Господь Шри Кришна, Верховная Личность Бога, вместе с Бала-
рамой играли роль людей и в этом обличье совершили множество
сверхчеловеческих деяний» (Бхаг., 1.1.20). Появление Господа в человеческом облике вводит глупцов в заблуждение. Ни один человек не смог бы совершить тех чудес, которые совершил Кришна,
когда находился на земле. Сначала Он предстал перед Своим отцом и матерью, Васудевой и Деваки, в четырехруком образе, но,
вняв их молитвам, принял облик обыкновенного младенца. Как
сказано в «Бхагаватам» (10.3.46), *бабхува пракртах шишух:* Он
превратился в обыкновенного ребенка. Данный стих также указывает на то, что способность Господа принимать человеческий облик является одним из свойств Его трансцендентного тела. О том
же говорится в одиннадцатой главе «Бхагавад-гиты», где Арджуна просит Кришну показать Свой четырехрукий облик *(тенаива
рупена чатур-бхуджена).* Представ перед ним в этом облике, Кришна по просьбе Арджуны снова принял Свой изначальный человеческий образ *(манушам рупам).* Обыкновенный человек не имеет
таких возможностей.

Некоторые из тех, кто презирает Кришну, зараженные философией *майявады,* стремятся доказать, что Кришна является обыкновенным человеком, и цитируют стих из «Шримад-Бхагаватам»
(3.29.21): *ахам сарвешу бхутешу бхутатмавастхитах сада —*

«Верховный Господь пребывает в каждом живом существе». Вместо того чтобы слушать объяснения сомнительных комментаторов, насмехающихся над Кришной, лучше обратиться к комментариям, написанным такими *ачарьями* вайшнавов, как Джива Госвами и Вишванатха Чакраварти Тхакур. Объясняя этот стих, Джива Госвами говорит, что Кришна в виде Своей полной экспансии, Параматмы, или Сверхдуши, находится во всех движущихся и неподвижных живых существах, поэтому преданный-неофит, сосредоточенный на поклонении *арча-мурти*, образу Верховного Господа в храме, но не способный уважать других живых существ, не получает никаких результатов такого поклонения. Есть три категории преданных, и неофиты — это преданные самого низкого уровня. Преданный-неофит уделяет Божеству в храме больше внимания, чем другим преданным. Вишванатха Чакраварти Тхакур советует изменить такой образ мыслей. Преданный должен понимать, что Кришна в образе Параматмы пребывает в сердце всех живых существ и, следовательно, тело каждого является храмом Верховного Господа. С тем же почтением, с каким мы относимся к храму Господа, мы должны относиться к телам всех живых существ, ибо в них находится Параматма. Поэтому нужно уважать каждого и никем не пренебрегать.

Многие имперсоналисты насмехаются и над поклонением Господу в храме. Бог пребывает всюду, говорят они, так зачем же нам ограничивать себя, поклоняясь Ему в храме? Но если Бог всюду, то почему Он не может находиться в храме или в Божестве? Споры между персоналистами и имперсоналистами никогда не кончатся, но чистый преданный, обладающий сознанием Кришны, знает, что Кришна, оставаясь Верховной Личностью, вместе с тем вездесущ, что подтверждает «Брахма-самхита». Хотя Он вечно находится в Своей обители на Голоке Вриндаване, в виде Своих разнообразных энергий и полных экспансий Господь пребывает всюду, в каждом уголке материального и духовного миров.

ТЕКСТ 12   मोघाशा मोघकर्माणो मोघज्ञाना विचेतसः ।
राक्षसीमासुरीं चैव प्रकृतिं मोहिनीं श्रिताः ॥ १२ ॥

*могхāшā могха-кармāно могха-джнāнā вичетасах
рāкшасим āсурим чаива пракртим мохиним шритāх*

могха-āшāх — обманутые в своих надеждах; *могха-кармāнах* — обманувшиеся в кармической деятельности; *могха-джнāнāх* — обманувшиеся в попытках обрести знание; *вичетасах* — введенные в заблуждение; *рāкшасим* — к демонической; *āсурим* — безбожной; *ча* — и; *эва* — безусловно; *пракртим* — к природе; *мохиним* — вводящей в заблуждение; *шритāх* — ища прибежища.

**Заблудшие и сбитые с толку, они придерживаются демоничес-
ких, безбожных взглядов, и потому их надежды на освобождение
никогда не сбываются, а все их попытки преуспеть и обрести знание постигает крах.**

КОММЕНТАРИЙ: Есть много преданных, которые считают, что
обладают сознанием Кришны и занимаются преданным служением, но в сердце своем они не признают Верховную Личность Бога, Кришну, Абсолютной Истиной. Таким людям никогда не удастся насладиться плодами преданного служения — вернуться домой,
к Богу. Точно так же те, кто занимается благочестивой кармической деятельностью, надеясь в конце жизни освободиться из материального плена, никогда не достигнут этой цели, если они принижают Верховную Личность Бога, Кришну. Иначе говоря, люди,
которые высмеивают Кришну, являются демонами, или атеистами. Как сказано в седьмой главе «Бхагавад-гиты», такие демоны-
безбожники никогда не предаются Кришне. Поэтому философские
поиски Абсолютной Истины приводят их к ложному выводу о том,
что живые существа не отличаются от Кришны. Такое заблуждение
заставляет их считать, что тело человека — это просто покрытие
из материальной энергии, однако, освободившись от материального тела, человек снова обретет тождество с Богом. Подобные попытки слиться с Кришной обречены на неудачу, ибо основаны на
заблуждении. Любые усилия атеистов и демонов обрести духовное
знание всегда тщетны. В этом суть данного стиха. Изучая ведические писания, такие как «Веданта-сутра» и Упанишады, эти люди
только напрасно теряют время.

Поэтому всякий, кто считает Кришну, Верховную Личность Бога, обыкновенным человеком, — великий грешник. Такой человек,
безусловно, пребывает в иллюзии, ибо не в состоянии постичь
вечный образ Кришны. В «Брихад-Вишну-смрити» ясно сказано:

*йо ветти бхаутикам дехам
кршнасйа парамāтманах
са сарвасмāд бахиш-кāрйах
йраута-смāрта-видхāнатах
мукхам тасйāвалокйāпи
са-челах снāнам āчарет*

«Человека, который считает тело Кришны материальным, нельзя допускать к проведению обрядов и ритуалов, предписанных
в *шрути* и *смрити*. А тот, кто случайно увидел его лицо, должен немедленно совершить омовение в Ганге, чтобы очиститься от
скверны». Люди насмехаются над Кришной, потому что завидуют
Верховной Личности Бога. Такие люди обречены вновь и вновь по-

являться на свет в семьях демонов и атеистов. Дремлющее в них истинное знание останется вечно скрытым под покровом иллюзии, и постепенно они опустятся в темнейшие области творения.

ТЕКСТ 13 महात्मानस्तु मां पार्थ दैवीं प्रकृतिमाश्रिताः ।
भजन्त्यनन्यमनसो ज्ञात्वा भूतादिमव्ययम् ॥ १३ ॥

*махāтмāнас ту мāм̇ пāртха   даивӣм̇ пракр̣тим āш́ритāх̣
бхаджантй ананйа-манасо   джн̃āтвā бхӯтāдим авйайам*

махā-āтмāнах̣ — великие души; *ту* — но; *мāм* — ко Мне; *пāр-тха* — о сын Притхи; *даивӣм* — к божественной; *пракр̣тим* — природе; *āш́ритāх̣* — приходят, ища покровительства; *бхаджанти* — служат; *ананйа-манасах̣* — те, чей ум не отклоняется; *джн̃āтвā* — постигнув; *бхӯта* — творения; *āдим* — источник; *авйайам* — неистощимый.

О сын Притхи, те же, кто свободны от заблуждений, великие души, находятся под покровительством божественной природы. Они служат Мне с любовью и преданностью, ибо знают, что Я Верховная Личность Бога, изначальная и неистощимая.

КОММЕНТАРИЙ: В этом стихе дано описание *махатмы*. Главным признаком *махатмы* является то, что он находится под покровительством божественной природы. Материальная природа не оказывает на него никакого влияния. Как можно достичь такого уровня? Об этом сказано в седьмой главе: тот, кто предается Верховной Личности Бога, Шри Кришне, сразу же выходит из-под влияния материальной энергии. Таково условие. Чтобы освободиться из-под власти материальной природы, обусловленная душа должна предаться Верховной Личности Бога. Это первый шаг. Поскольку живое существо относится к пограничной энергии Господа, выходя из-под влияния материальной энергии, оно оказывается во власти духовной энергии. Духовную энергию, которая берет под свое покровительство живое существо, называют *дайви-пракрити,* божественной природой. Когда, предавшись Верховной Личности Бога, человек достигает духовного уровня, он становится великой душой, *махатмой.*

Все внимание *махатмы* сосредоточено на Кришне, ибо он до конца осознал, что Кришна — это изначальная Верховная Личность, причина всех причин. У него в этом нет никаких сомнений. Стать *махатмой,* великой душой, можно, общаясь с другими *махатмами,* чистыми преданными Господа. Чистых преданных не привлекают другие образы Кришны, такие, например, как четырехрукий Маха-Вишну. Все их внимание сосредоточено на двурукой форме Кришны. Они не испытывают влечения к другим проявлениям Бога, не говоря уже о людях или полубогах. Обладая сознанием Кришны, они сосредоточивают все свои помыслы только на Кришне. Они постоянно служат Господу в сознании Кришны и никогда не сходят с пути преданного служения.

ТЕКСТ 14   सततं कीर्तयन्तो मां यतन्तश्च दृढव्रताः ।
नमस्यन्तश्च मां भक्त्या नित्ययुक्ता उपासते ॥ १४ ॥

*сататам̇ кӣртайанто ма̄м̇   йатанташ́ ча др̣д̣ха-врата̄х̣
намасйанташ́ ча ма̄м̇ бхактйа̄   нитйа-йукта̄ упа̄сате*

сататам — всегда; *кӣртайантах̣* — славящие; *ма̄м* — Меня; *йа-тантах̣* — прилагающие усилия; *ча* — также; *др̣д̣ха-врата̄х̣* — обладающие решимостью; *намасйантах̣* — кланяющиеся; *ча* — также; *ма̄м* — Мне; *бхактйа̄* — с преданностью; *нитйа-йукта̄х̣* — постоянно занятые; *упа̄сате* — поклоняются.

Неустанно прославляя Меня, служа Мне с великой решимостью, падая ниц передо Мной, эти великие души всегда поклоняются Мне с любовью и преданностью.

КОММЕНТАРИЙ: Обыкновенного человека нельзя сделать *махатмой,* просто повесив на него ярлык. *Махатма* должен обладать соответствующими качествами, которые перечислены здесь: *махатма* неустанно прославляет Верховного Господа Кришну, Личность Бога. У него нет другого дела. Он постоянно занят прославлением Господа. Иными словами, *махатма* не может быть имперсоналистом. Прославление подразумевает прославление Верховного Господа, то есть восхваление Его святого имени, Его вечного облика, духовных качеств и чудесных деяний. Воспевая Господа, нужно прославлять все эти проявления Его личностной природы. Это значит, что *махатма* привязан к Верховной Личности Бога.

«Бхагавад-гита» не относит к числу *махатм* тех, кто привязан к безличному аспекту Верховного Господа, *брахмаджьоти.* Имперсоналисты описаны в следующем стихе, но Кришна не называет их *махатмами. Махатма* всегда занимается различными видами деятельности в преданном служении Господу, описанными в «Шримад-Бхагаватам»: он слушает и пересказывает повествования о Вишну, а не о каком-нибудь полубоге или человеке. Таков путь преданности: *ш́раван̣ам̇ кӣртанам̇ вишн̣ох̣* и *смаран̣ам,* памятование о Господе. Такой *махатма* хочет во что бы то ни стало в конце концов получить возможность общаться с Верховным Господом в одной из пяти духовных *рас.* Чтобы достичь этой цели, он телом, умом и речью, всем своим существом служит Верховному Господу, Шри Кришне. Это уровень совершенного сознания Кришны.

В преданном служении есть виды деятельности, которые называют предписанными: это пост в определенные дни, такие, например, как одиннадцатый день убывающей и прибывающей луны, *экадаши,* а также день явления Господа. Эти правила и предписания установлены великими *ачарьями* для тех, кто действительно желает получить возможность общаться с Верховной Личностью Бога в духовном мире. *Махатмы,* великие души, строго следуют всем этим предписаниям, поэтому они непременно достигнут желанной цели.

Как было сказано во втором стихе этой главы, заниматься преданным служением не только легко, но и радостно. Человеку не нужно совершать суровую аскезу. Под руководством опытного духовного учителя он может заниматься преданным служением, кем бы он ни был (семейным человеком, *санньяси* или *брахмачари*) и где бы ни находился. Всегда и везде он может служить Верховной Личности Бога и так стать *махатмой,* великой душой.

ТЕКСТ 15 ज्ञानयज्ञेन चाप्यन्ये यजन्तो मामुपासते ।
एकत्वेन पृथक्त्वेन बहुधा विश्वतोमुखम् ॥ १५ ॥

*джн̃а̄на-йаджн̃ена ча̄пй анйе   йаджанто ма̄м упа̄сате
экатвена пр̣тхактвена   бахудха̄ виш́вато-мукхам*

джн̃а̄на-йаджн̃ена — обретением знаний; *ча* — также; *апи* — безусловно; *анйе* — другие; *йаджантах̣* — приносящие в жертву; *ма̄м* — Мне; *упа̄сате* — поклоняются; *экатвена* — единством; *пр̣тхактвена* — различием; *бахудха̄* — во множестве; *виш́ватах̣-мукхам* — принявшему вселенскую форму.

Другие, те, чья жертва состоит в обретении знания, поклоняются Верховному Господу как тому, кто един и неделим, кто распространяет Себя во множество образов и принимает вселенскую форму.

КОММЕНТАРИЙ: Этот стих подводит итог тому, о чем говорилось в предыдущих стихах. Господь сказал Арджуне, что чистых преданных Господа, помыслы которых сосредоточены только на Кришне, называют *махатмами.* Помимо них есть те, кто не находится на уровне *махатм,* но тоже по-своему поклоняется Кришне. О некоторых из них уже говорилось ранее: это те, кто обращается к Господу в беде, в нужде, из любопытства или стремясь обрести знание. Но есть люди, находящиеся на еще более низком уровне; их разделяют на три категории: 1) тех, кто поклоняется себе как Всевышнему, считая себя неотличным от Господа; 2) тех, кто создает некий образ Господа в воображении и поклоняется ему, и 3) тех, кто поклоняется *вишва-рупе,* вселенской форме Верховной Личности Бога. Среди них преобладают те, кто относится к низшей категории, то есть те, кто поклоняется себе как Верховному Господу, называя себя монистами. Считая себя Всевышним, такие люди поклоняются сами себе. Это тоже своего рода поклонение Богу, ибо они не отождествляют себя с материальным телом и понимают, что по своей истинной природе они духовны; во всяком случае, у большинства из них есть такое понимание. Как правило, имперсоналисты поклоняются Верховному Господу именно таким образом. Ко второй категории относятся те, кто поклоняется полубогам. Они воображают, что любой образ является формой Верховного Господа. К третьей категории относятся люди, чьи представления не выходят за пределы материальной вселенной. Они считают вселенную самым совершенным организмом или существом и поклоняются ей. Вселенная также является одной из форм Господа.

ТЕКСТ 16 अहं क्रतुरहं यज्ञः स्वधाहमहमौषधम् ।
मन्त्रोऽहमहमेवाज्यमहमग्निरहं हुतम् ॥ १६ ॥

*ахам кратур ахам йаджнах свадхахам ахам аушадхам
мантро 'хам ахам эвāджйам ахам агнир ахам хутам*

ахам — Я; *кратух* — ведический обряд; *ахам* — Я; *йаджнах* — жертвоприношение, предписанное в *смрити; свадхā* — подношение; *ахам* — Я; *ахам* — Я; *аушадхам* — целебная трава; *мантрах* — трансцендентный гимн; *ахам* — Я; *ахам* — Я; *эва* — безусловно; *āджйам* — топленое масло; *ахам* — Я; *агних* — огонь; *ахам* — Я; *хутам* — приносимое в жертву.

Но ведический обряд, жертвоприношение, подношения предкам, целебная трава и трансцендентный гимн — всё это Я. Я масло, огонь и то, что приносится в жертву.

КОММЕНТАРИЙ: Ведический обряд *джьотиштома* — это тоже Кришна, так же как и *маха-ягья*, описанная в *смрити.* Подношения Питрилоке, то есть жертвоприношение, которое совершают ради того, чтобы удовлетворить обитателей Питрилоки, считают своего рода лекарством в форме топленого масла — и это тоже Кришна. *Мантры,* сопровождающие жертвоприношение, — также Кришна, равно как и многочисленные яства, приносимые в жертву и приготовленные из молока и молочных продуктов. Огонь — это тоже Кришна, ибо он один из пяти материальных элементов и потому считается отделенной энергией Кришны. Иначе говоря, ведические жертвоприношения, рекомендованные в разделе Вед *карма-канда,* в совокупности также являются Кришной. Вот почему считается, что те, кто преданно служит Кришне, уже совершили все жертвоприношения, рекомендованные в Ведах.

ТЕКСТ 17 पिताहमस्य जगतो माता धाता पितामहः ।
वेद्यं पवित्रम् ॐकार ऋक् साम यजुरेव च ॥ १७ ॥

питāхам асйа джагато　мāтā дхāтā питāмахах
ведйам павитрам ом̇кāра　рк сāма йаджур эва ча

питā — отец; *ахам* — Я; *асйа* — этой; *джагатах* — вселенной; *мā-*
тā — мать; *дхāтā* — хранитель; *питāмахах* — дед; *ведйам* — то, что
следует постичь; *павитрам* — то, что очищает; *ом̇-кāра* — слог
ом; *рк* — «Риг-веда»; *сāма* — «Сама-веда»; *йаджух* — «Яджур-веда»;
эва — безусловно; *ча* — и.

Я отец и мать этой вселенной, ее опора и прародитель. Я цель
познания, очистительная сила и слог *ом*, а также «Риг-веда»,
«Сама-веда» и «Яджур-веда».

КОММЕНТАРИЙ: Весь материальный космос, все движущиеся
и неподвижные живые существа возникают в результате разнообразной деятельности энергии Кришны. В материальном мире мы
вступаем в отношения с различными живыми существами, которые
являются не чем иным, как пограничной энергией Кришны. В результате созидательной деятельности *пракрити* некоторые из них
становятся нашим отцом или матерью, дедом или создателем и т. д.,
но на самом деле все они частицы Кришны. Соответственно, живые существа, которых мы считаем своими отцом, матерью и т. д.,
в сущности, не что иное, как Кришна. Употребленное в данном
стихе слово *дхāтā* значит «творец». Помимо того что наши отец
и мать являются частицами Кришны, творец вселенной и родители наших родителей — тоже Кришна. В сущности, любое живое
существо, будучи частицей Кришны, является Кришной. Поэтому
все Веды направляют нас к Кришне. Все заключенное в них знание
шаг за шагом ведет нас к постижению Кришны. Повествования,
слушая которые мы очищаемся и возвращаемся в изначальное состояние бытия, — это тем более Кришна. Подобно этому, живое
существо, стремящееся обрести ведическое знание, также является
частицей Кришны, а стало быть, Им Самим. Слог *ом*, входящий
во все ведические *мантры* и называемый *пранавой*, — это трансцендентный звук, который также является Кришной. А поскольку
пранава, или *омкара*, входит в состав всех гимнов четырех Вед —
«Самы», «Яджур», «Риг» и «Атхарвы», — их также следует считать
Кришной.

ТЕКСТ 18 गतिर्भर्ता प्रभुः साक्षी निवासः शरणं सुहृत् ।
प्रभवः प्रलयः स्थानं निधानं बीजमव्ययम् ॥ १८ ॥

гатир бхарта прабхух сакши   нивасах шаранам сухрт
прабхавах пралайах стханам   нидханам биджам авйайам

гатих — цель; *бхарта* — хранитель; *прабхух* — повелитель; *сакши* — свидетель; *нивасах* — обитель; *шаранам* — прибежище; *сухрт* — самый близкий друг; *прабхавах* — созидание; *пралайах* — разрушение; *стханам* — основа; *нидханам* — место успокоения; *биджам* — семя; *авйайам* — вечное.

Я цель и хранитель, повелитель и свидетель, обитель, прибежище и самый близкий друг. Я созидание и разрушение, основа всего сущего, место успокоения и вечное семя.

КОММЕНТАРИЙ: Гати означает цель, к которой стремятся люди. Высшей целью является Кришна, однако люди даже не подозревают об этом. Тот, кто ничего не знает о Кришне, идет по ложному пути, и его так называемое поступательное движение является либо очень ограниченным, либо воображаемым. Многие люди стремятся попасть на планеты тех или иных полубогов и, строго следуя соответствующим предписаниям, достигают Чандралоки или Сурьялоки, Индралоки, Махарлоки и т.д. Но все эти *локи*, планеты, являясь творениями Кришны, одновременно и Кришна, и не Кришна. Созданные энергией Кришны, эти планеты неотличны от Кришны, но в действительности они лишь ступень на пути к постижению Кришны. Входить в соприкосновение с различными энергиями Кришны — значит общаться с Кришной косвенно. Однако лучше обратиться к Кришне напрямую — это сбережет наше время и силы. Так, если на последний этаж высотного дома можно подняться на лифте, то зачем идти по лестнице, перешагивая со ступени на ступень? Все покоится на энергии Кришны, поэтому ничто не может существовать вне и помимо Кришны. Кришна — верховный правитель, ибо все сущее принадлежит Ему и зиждется на Его энергии. Пребывая в сердце каждого живого существа, Кришна является высшим свидетелем. Наши дома, страны и планеты, на которых мы живем, — это тоже Кришна. Кришна — высшая цель и высшее прибежище, поэтому, чтобы оградить себя от опасностей или избавиться от страданий, нужно предаться Кришне. Тот, кто нуждается в защите, должен всегда помнить о том, что защитить нас может только живая сила. Кришна — это высшее живое существо. И поскольку Он является причиной нашего появления на свет, нашим отцом в высшем смысле этого слова, у нас нет и не может быть лучшего друга и благожелателя, нежели Кришна. Кришна — изначальный источник творения и его последнее прибежище в период разрушения материального мира. Поэтому Кришна является вечной причиной всех причин.

ТЕКСТ 19 तपाम्यहमहं वर्षं निगृह्णाम्युत्सृजामि च ।
अमृतं चैव मृत्युश्च सदसच्चाहमर्जुन ॥ १९ ॥

тапа̄ми ахам ахам варшам   нигр̣хн̣а̄ми утср̣джа̄ми ча
амр̣там чаива мр̣тйуш́ ча   сад асач ча̄хам арджуна

тапа̄ми — дарую тепло; *ахам* — Я; *ахам* — Я; *варшам* — дождь;
нигр̣хн̣а̄ми — останавливаю; *утср̣джа̄ми* — посылаю; *ча* — также;
амр̣там — бессмертие; *ча* — и; *эва* — конечно; *мр̣тйух̣* — смерть;
ча — и; *сат* — дух; *асат* — материя; *ча* — и; *ахам* — Я; *арджуна* —
о Арджуна.

О Арджуна, это Я дарую тепло, посылаю и останавливаю дожди. Я бессмертие и Я олицетворенная смерть. И материя, и дух покоятся во Мне.

КОММЕНТАРИЙ: С помощью Своих разнообразных энергий, таких как излучение солнца и электричество, Кришна повсюду распространяет тепло и свет. Это Кришна прекращает дожди летом и заливает ими землю в сезон дождей. Энергия, которая поддерживает наше существование, увеличивая продолжительность нашей жизни, также является Кришной, и Кришна же предстает перед нами в конце нашего жизненного пути в облике смерти. Изучив природу разнообразных энергий Кришны, мы придем к выводу, что для Кришны не существует разницы между материей и духом, иными словами, Он является и тем, и другим. Поэтому тот, кто полностью развил в себе сознание Кришны, тоже не делает подобных разграничений. Он во всем видит только Кришну.

Поскольку Кришна — это и материя, и дух, гигантская вселенская форма, охватывающая все мироздание, также является Кришной, а Его игры во Вриндаване в двурукой форме Шьямасундары, играющего на флейте, — это игры Верховной Личности Бога.

ТЕКСТ 20 त्रैविद्या मां सोमपाः पूतपापा
यज्ञैरिष्ट्वा स्वर्गतिं प्रार्थयन्ते ।
ते पुण्यमासाद्य सुरेन्द्रलोक-
मश्नन्ति दिव्यान्दिवि देवभोगान् ॥ २० ॥

траи-видйа̄ ма̄м̇ сома-па̄х̣ пӯта-па̄па̄
йаджн̃аир ишт̣ва̄ свар-гатим̇ пра̄ртхайанте
те пун̣йам а̄са̄дйа сурендра-локам
аш́нанти дивйа̄н диви дева-бхога̄н

траи-видйа̄х̣ — знатоки трех Вед; *ма̄м* — Мне; *сома-па̄х̣* — пьющие сок *сомы; пӯта* — смыты; *па̄па̄х̣* — те, чьи грехи; *йаджн̃аих̣* —
жертвоприношениями; *ишт̣ва̄* — воздав поклонение; *свах̣-гатим* —

путь в рай; *прартхайанте* — вымаливают; *те* — они; *пунйам* — благочестивого; *асадйа* — достигнув; *сура-индра* — Индры; *локам* — мира; *айнанти* — вкушают; *дивйан* — небесные; *диви* — в раю; *дева-бхоган* — удовольствия небожителей.

Те, кто изучает Веды и пьет сок *сомы* в надежде попасть на райские планеты, тоже по-своему поклоняются Мне. Смыв с себя последствия прошлых грехов, они рождаются на благочестивой райской планете Индры, где наслаждаются радостями, доступными только небожителям.

КОММЕНТАРИЙ: Траи-видйах — это три Веды: «Сама», «Яджур» и «Риг». *Брахмана,* изучившего эти три Веды, называют *три-веди.* Каждый, кто ценит содержащиеся в них знания и строго придерживается их, пользуется всеобщим уважением. К сожалению, многие великие ученые и знатоки Вед не знают их конечной цели. Поэтому в данном стихе Кришна объявляет Себя высшей целью всех *три-веди.* Настоящие *три-веди* укрываются под сенью лотосных стоп Кришны и занимаются преданным служением, чтобы удовлетворить Господа. Преданное служение начинается с повторения *маха-мантры* Харе Кришна и попыток постичь природу Кришны. К сожалению, те, кто изучает Веды формально, предпочитают приносить жертвы различным полубогам, таким как Индра и Чандра. Подобная деятельность, безусловно, очищает их, помогает им выйти из-под оскверняющего влияния низших *гун* природы и в результате достичь высших планетных систем или райских планет, таких как Махарлока, Джаналока, Таполока и т. д. Тот, кто попал на высшие планеты, получает неизмеримо большие возможности для наслаждений по сравнению с теми, что имеются на нашей планете.

ТЕКСТ 21   ते तं भुक्ता स्वर्गलोकं विशालं
क्षीणे पुण्ये मर्त्यलोकं विशन्ति ।
एवं त्रयीधर्ममनुप्रपन्ना
गतागतं कामकामा लभन्ते ॥ २१ ॥

*те там бхуктва сварга-локам вишалам
кшине пунйе мартйа-локам вишанти
эвам трайи-дхармам анупрапанна
гатагатам кама-кама лабханте*

те — они; *там* — тот; *бхуктва* — вкусив; *сварга-локам* — рай; *вишалам* — огромный; *кшине* — когда исчерпаны; *пунйе* — последствия их благочестивых поступков; *мартйа-локам* — на бренную землю; *вишанти* — падают; *эвам* — так; *трайи* — трех Вед; *дхармам* — учению; *анупрапаннах* — следующие; *гата-агатам* —

смерть и рождение; *кāма-кāмāх̣* — желающие чувственных наслаждений; *лабханте* — получают.

Изведав райских удовольствий и исчерпав запас благочестивой *кармы*, они вновь возвращаются на бренную землю. Так те, кто следует законам трех Вед ради удовлетворения собственных чувств, получают в награду только череду рождений и смертей.

КОММЕНТАРИЙ: Попадая на высшие планеты, человек живет значительно дольше и получает гораздо больше возможностей для наслаждений, однако никому не позволено оставаться там вечно. Исчерпав запас благочестивой *кармы*, душа будет вынуждена вернуться на Землю. Тот, кто не обрел совершенного знания, описанного в «Веданта-сутре» словами *джанмāдй асйа йатах̣*, иначе говоря, тот, кто не постиг Кришну, причину всех причин, лишается возможности достичь высшей цели жизни и потому вынужден оставаться в круговороте материального бытия: то подниматься на высшие планеты, то снова возвращаться на Землю, как будто он сидит на колесе обозрения и то поднимается, то снова опускается. Вместо того чтобы подняться в духовный мир, откуда оно уже не вернется на Землю, живое существо вращается в цикле рождения и смерти, перемещаясь с одной планеты на другую. Поэтому лучше всего встать на путь преданного служения, чтобы сразу попасть в духовный мир, обрести вечную жизнь, исполненную блаженства и знания, и никогда не возвращаться в исполненный страданий материальный мир.

ТЕКСТ 22 अनन्याश्चिन्तयन्तो मां ये जनाः पर्युपासते ।
तेषां नित्याभियुक्तानां योगक्षेमं वहाम्यहम् ॥ २२ ॥

ананйāш̣ чинтайанто мāм   йе джанāх̣ парйупāсате
тешāм нитйāбхийуктāнāм   йога-кшемам вахāмй ахам

ананйāх̣ — не имеющие другого (объекта); *чинтайантах̣* — сосредоточивающиеся; *мāм* — на Мне; *йе* — которые; *джанāх̣* — люди; *парйупāсате* — должным образом поклоняются; *тешāм* — их; *нитйа* — всегда; *абхийуктāнāм* — не сходящих с пути преданного служения; *йога* — необходимого; *кшемам* — защиту; *вахāми* — несу; *ахам* — Я.

Но тем, кто всегда поклоняется Мне с безраздельной преданностью, сосредоточив свой ум на Моем духовном образе, Я даю то, чего им недостает, и сохраняю то, что у них есть.

КОММЕНТАРИЙ: Те, кто не может и мгновения прожить без сознания Кришны, думают о Кришне постоянно, круглые сутки. Всегда занятые преданным служением, они слушают рассказы о Кришне, говорят и памятуют о Нем, возносят Ему молитвы, поклоняются Ему, служат Его лотосным стопам, выполняют Его поручения, развивают с Ним дружеские отношения и посвящают Ему всего себя. Благотворная и исполненная духовной энергии, такая деятельность помогает преданному достичь высшей ступени самоосознания, когда у него остается только одно желание — желание общаться с Верховной Личностью Бога. Такой преданный, несомненно, приходит к Господу без больших усилий. Это называется *йогой*. Милостью Господа такой преданный больше никогда не возвращается в материальный мир. *Кшема* означает, что всемилостивый Господь всегда защищает Своих слуг. Господь помогает преданному обрести сознание Кришны посредством *йоги*, а когда преданный полностью осознал Кришну, Господь оберегает его от падения и возвращения к мучительному обусловленному существованию.

ТЕКСТ 23 येऽप्यन्यदेवताभक्ता यजन्ते श्रद्धयान्विताः ।
तेऽपि मामेव कौन्तेय यजन्त्यविधिपूर्वकम् ॥ २३ ॥

*йе 'пй анйа-девата̄-бхакта̄   йаджанте ш́раддхайа̄нвита̄х̣
те 'пи ма̄м эва каунтейа   йаджантй авидхи-пӯрвакам*

йе — которые; *апи* — также; *анйа* — другим; *девата̄* — богам; *бхакта̄х̣* — преданные; *йаджанте* — поклоняются; *ш́раддхайа̄ анвита̄х̣* — наделенные верой; *те* — они; *апи* — также; *ма̄м* — Мне; *эва* — только; *каунтейа* — о сын Кунти; *йаджанти* — поклоняются; *авидхи-пӯрвакам* — не так, как следует.

Те, кто с верой поклоняется другим богам, в действительности поклоняются Мне одному, о сын Кунти, однако делают это неправильно.

КОММЕНТАРИЙ: «Те, кто поклоняется полубогам, — говорит Кришна, — поступают не слишком разумно, хотя таким образом они косвенно поклоняются Мне». Если человек поливает водой листья и ветви дерева, но оставляет сухими корни, это значит, что либо у него нет необходимых знаний, либо он не соблюдает предписаний. Точно так же, заботясь о различных частях тела, необходимо обеспечивать пищей только желудок. Полубоги — это своего рода министры и чиновники в правительстве Верховного Господа. Человек должен соблюдать законы, которые установлены правительством, а не подчиняться прихотям чиновников, руководящих отдельными ведомствами. Так и мы должны поклоняться Верховному Господу, и никому другому. Тогда все чиновники в правительстве Господа будут довольны нами. Чиновники разных званий и рангов действуют от имени правительства, и их подкуп является нарушением закона. На это указывает слово *авидхи-пӯрвакам*. Иначе говоря, Кришна не одобряет бессмысленное поклонение полубогам.

ТЕКСТ 24   अहं हि सर्वयज्ञानां भोक्ता च प्रभुरेव च ।
न तु मामभिजानन्ति तत्त्वेनातश्च्यवन्ति ते ॥ २४ ॥

*ахам хи сарва-йаджн̃а̄на̄м   бхокта̄ ча прабхур эва ча
на ту ма̄м абхиджа̄нанти   таттвена̄тай чйаванти те*

ахам — Я; *хи* — безусловно; *сарва* — всех; *йаджн̃а̄на̄м* — жертвоприношений; *бхокта̄* — наслаждающийся; *ча* — и; *прабхух̣* — Господь; *эва* — несомненно; *ча* — и; *на* — не; *ту* — но; *ма̄м* — Меня; *абхиджа̄нанти* — знают; *таттвена* — воистину; *атах̣* — поэтому; *чйаванти* — падают; *те* — они.

Я единственный, кто наслаждается всеми жертвоприношениями и повелевает ими. Поэтому те, кто не постиг Мою подлинную духовную природу, обречены на падение.

КОММЕНТАРИЙ: Здесь ясно сказано, что все многочисленные жертвоприношения, рекомендованные в Ведах, в действительности предназначены для того, чтобы доставить удовольствие Верховному Господу. *Ягья* значит «Вишну». В третьей главе «Бхагавад-гиты» прямо сказано: человек должен трудиться для удовлетворения Ягьи, то есть Вишну. Идеальное общественное устройство, называемое *варнашрама-дхармой*, предназначено исключительно для удовлетворения Вишну. Поэтому в данном стихе Кришна говорит: «Всеми жертвоприношениями наслаждаюсь Я, ибо все принадлежит Мне». Однако, не ведая об этом, глупые люди поклоняются полубогам ради преходящих материальных благ. Поэтому они постоянно влачат материальное существование и не достигают высшей цели жизни. Если у человека остались какие-то материальные желания, ему лучше просить исполнить их Верховного Господа (хотя это нельзя считать чистым преданным служением), и он получит все, чего желает.

ТЕКСТ 25   यान्ति देवव्रता देवान्पितॄन्यान्ति पितृव्रताः ।
भूतानि यान्ति भूतेज्या यान्ति मद्याजिनोऽपि माम् ॥ २५ ॥

*йа̄нти дева-врата̄ дева̄н   питр̣н йа̄нти питр̣-врата̄х̣
бхӯта̄ни йа̄нти бхӯтеджйа̄   йа̄нти мад-йа̄джино 'пи ма̄м*

йа̄нти — идут; *дева-врата̄х̣* — поклоняющиеся полубогам; *дева̄н* — к полубогам; *питр̣н* — к предкам; *йа̄нти* — идут; *питр̣-врата̄х̣* — поклоняющиеся предкам; *бхӯта̄ни* — к привидениям и духам; *йānти* — идут; *бхūта-иджйāх* — поклоняющиеся привидениям и духам; *йānти* — идут; *мат* — Мне; *йāджинах* — преданные; *апи* — но; *мāм* — ко Мне.

Те, кто поклоняется полубогам, родятся среди полубогов; поклоняющиеся предкам отправятся к предкам; те, кто поклоняется духам и привидениям, окажутся в этих формах жизни; те же, кто поклоняется Мне, будут жить со Мной.

КОММЕНТАРИЙ: Тот, кто хочет отправиться на Луну, Солнце или любую другую планету, может сделать это, следуя предписаниям Вед, в частности методу, который называется *дарша-паурнамаси*. Все это подробно описано в разделе Вед, посвященном кармической деятельности, где оговорены принципы поклонения полубогам, обитающим на различных райских планетах. Точно так же, совершая соответствующие *ягьи*, человек может отправиться на планеты питов (предков) или на планеты привидений и стать якшей, ракшей или пишачей. Поклонение пишачам называется черной магией. Те, кто занимается черной магией (а таких немало), считают свою деятельность духовной, хотя на самом деле она от начала до конца материальна. Подобно этому, чистый преданный, поклоняющийся исключительно Верховной Личности Бога, достигает планет Вайкунтхи или попадает на Кришналоку, и в этом не может быть никаких сомнений. Это очень важный стих. Если те, кто всего лишь поклоняется полубогам, поднимаются на райские планеты, те, кто поклоняется питам, отправляются на планеты питов, а те, кто занимается черной магией, попадают на планеты духов и привидений, то почему чистый преданный не может достичь планеты Кришны или Вишну? К сожалению, многие люди ничего не знают о высших планетах, где обитают Кришна и Вишну. Не обладая этим знанием, такие люди падают. Этой участи не могут избежать даже имперсоналисты, достигшие *брахмаджьоти*. Поэтому Движение сознания Кришны несет это возвышенное знание всем людям, чтобы, просто повторяя *мантру* Харе Кришна, каждый из них мог уже в этой жизни достичь совершенства и вернуться домой, к Богу.

ТЕКСТ 26 पत्रं पुष्पं फलं तोयं यो मे भक्त्या प्रयच्छति ।
तदहं भक्त्युपहृतमश्रामि प्रयतात्मनः ॥ २६ ॥

*патрам пушпам пхалам тойам   йо ме бхактйā прайаччхати
тад ахам бхакти-упахртам   ашнāми прайатāтманах*

патрам — лист; *пушпам* — цветок; *пхалам* — плод; *тойам* — воду; *йах* — который; *ме* — Мне; *бхактйā* — с преданностью; *прайаччхати* — предлагает; *тат* — то; *ахам* — Я; *бхакти-упахртам* —

предложенное с любовью и преданностью; *айнāми* — принимаю; *прайата-āтманах* — от того, чье сознание чисто.

Если человек с любовью и преданностью поднесет Мне листок, цветок, плод или немного воды, Я непременно приму его подношение.

КОММЕНТАРИЙ: Чтобы достичь нетленной, исполненной блаженства обители и обрести вечное счастье, разумный человек должен развить в себе сознание Кришны, занимаясь трансцендентным любовным служением Господу. Метод, позволяющий достичь столь замечательного результата, очень прост, и воспользоваться им может даже самый бедный человек, у которого ничего нет. Единственное, что для этого необходимо, — стать чистым преданным Господа. Неважно, кто вы и какое положение в обществе занимаете. Метод настолько прост, что, даже если человек поднесет Всевышнему листок, плод или немного воды, но сделает это с искренней любовью, Господь будет доволен и примет его подношение. Путь сознания Кришны в силу своей простоты и универсальности доступен каждому. Кто же, кроме последнего глупца, откажется обрести сознание Кришны с помощью такого простого метода и достичь высшего совершенства: вечной жизни, блаженства и знания? Кришне не нужна только наша любовь и преданность, и больше ничего. От чистого преданного Кришна примет даже маленький цветок, но ничего не возьмет от того, кто Ему не предан. Кришне ничего и ни от кого не нужно, ибо Он самодостаточен, и все же Он принимает подношения преданного, отвечая на его любовь и преданность. Обрести сознание Кришны — значит достичь высшего совершенства жизни. В этом стихе дважды употреблено слово *бхакти*, чтобы подчеркнуть, что *бхакти*, преданное служение, — единственный способ приблизиться к Кришне. Только преданный, а не *брахман*, не богач, не великий ученый или философ может заставить Кришну принять его подношение. При отсутствии главного, *бхакти*, ничто не может заставить Господа принять любое подношение от кого бы то ни было. *Бхакти* не зависит ни от каких условий и существует вечно. Это акт служения абсолютному целому.

Провозгласив Себя единственным наслаждающимся, предвечным Господом и тем, во имя кого совершаются все жертвоприношения, Господь говорит здесь о том, каких жертв Он ждет. Тот, кто хочет заниматься преданным служением Господу, чтобы очиститься и достичь цели жизни — трансцендентного любовного служения Богу, должен прежде всего выяснить, чего от него хочет Господь. Тот, кто любит Кришну, всегда преподносит Ему то, чего Он желает, и никогда не станет предлагать того, чего Господь не хочет и о чем Он не просит. Так, Кришне нельзя предлагать мясо, рыбу и яйца.

Если бы Он хотел, чтобы Ему предлагали их, то сказал бы об этом. Вместо этого Господь просит предлагать Ему листья, плоды, цветы и воду и говорит, что примет их. Отсюда следует, что Он никогда не примет от нас мясо, рыбу и яйца. Овощи, зерно, фрукты, молоко и вода предназначены в пищу людям Самим Господом Кришной. Любые другие продукты нельзя предлагать Господу, ибо Он не принимает их. Поэтому, преподнося Господу такую пищу, мы перестаем действовать на уровне любовного преданного служения.

В тринадцатом стихе третьей главы Шри Кришна говорит, что те, кто хочет духовно развиваться и освободиться из материального плена, должны питаться только остатками жертвоприношений. Те же, кто не предлагает Ему свою пищу, говорит Он в том же стихе, едят один грех. Иными словами, с каждым съеденным куском они все сильнее запутываются в сетях материальной природы. Однако тому, кто, приготовив вкусные и незамысловатые вегетарианские блюда, ставит их перед изображением Господа Кришны и, склоняясь перед Ним, просит Господа принять его скромное подношение, обеспечено духовное совершенствование, телесная чистота и ясность мыслей, которая приходит в результате развития тонких тканей мозга. Главное, чтобы подношение было сделано с любовью. Будучи владыкой всего сущего, Кришна не нуждается в пище, и все же Он принимает ее от того, кто желает таким образом доставить Ему удовольствие. Самое важное в приготовлении, раздаче и предложении пищи — действовать из любви к Кришне.

Философы-имперсоналисты, упрямо твердящие, что у Абсолютной Истины нет органов чувств, не в состоянии понять этот стих «Бхагавад-гиты». Для них это либо метафора, либо свидетельство того, что Кришна, поведавший «Бхагавад-гиту», был обыкновенным человеком. Однако на самом деле Кришна, Верховная Личность Бога, обладает чувствами, которые, как сказано в писаниях, универсальны. Иначе говоря, каждый из Его органов чувств может выполнять функции любого другого. Именно это имеется в виду, когда говорится об абсолютной природе Кришны. Не будь у Него органов чувств, Его едва ли можно было бы считать совершенным. В седьмой главе Кришна объяснял, что Он оплодотворяет материальную природу, помещая в нее живых существ. Он делает это, просто окидывая ее взглядом. Точно так же в данном случае, слушая обращенные к Нему слова любви, с которыми преданный предлагает Ему пищу, Господь тем самым ест ее и ощущает ее вкус. Это необходимо подчеркнуть особо: поскольку Кришна абсолютен, слушая, Он пробует и вкушает пищу. Только преданный, который принимает Кришну таким, как Он описывает Себя Сам, без собственных толкований, способен понять, что Верховная Абсолютная Истина может вкушать пищу и наслаждаться ею.

ТЕКСТ 27 यत्करोषि यदश्नासि यज्जुहोषि ददासि यत् ।
यत्तपस्यसि कौन्तेय तत्कुरुष्व मदर्पणम् ॥ २७ ॥

*йат кароши йад ашнāси   йāдж джхухоши дадāси йат
йат тапасйаси каунтейа   тат курушва мад-арпан̣ам*

йат—что; *кароши*—делаешь; *йат*—что; *ашнāси*—ешь; *йат*—
что; *джхухоши*—предлагаешь; *дадāси*—отдаешь; *йат*—что; *йат*—
что; *тапасйаси*—совершаешь как аскезу; *каунтейа*—о сын Кунти; *тат*—то; *курушва*—делай; *мат*—Мне; *арпан̣ам*—(как) подношение.

**Чем бы ты ни занимался, что бы ты ни ел, какие бы ни при-
носил дары, что бы ни отдавал и какую бы тапасью ни совершал,
делай это, о сын Кунти, как подношение Мне.**

КОММЕНТАРИЙ: Долг каждого человека — строить свою жизнь
таким образом, чтобы никогда, ни при каких обстоятельствах не
забывать о Кришне. Всем нам приходится трудиться, чтобы поддерживать душу в теле, и здесь Кришна рекомендует весь свой
труд посвящать Ему. Никто не может обходиться без еды, но питаться следует остатками пищи, предложенной Кришне. Каждый
цивилизованный человек совершает какие-либо религиозные обряды и ритуалы; поэтому Кришна говорит: «Делай это ради Меня».
Подобный образ действий называется *арчаной*. Каждый человек
склонен делать пожертвования, поэтому Кришна говорит: «Прино-
си свои дары Мне». Это значит, что все имеющиеся у нас излишки
денег необходимо использовать для развития Движения сознания
Кришны. В наше время многие стремятся заниматься медитацией,
что в нынешний век не очень практично, но тот, кто постоянно
медитирует на Кришну, повторяя на четках *мантру* Харе Кришна,
безусловно, самый великий *йог* и мистик — подтверждение этому
есть в шестой главе «Бхагавад-гиты».

ТЕКСТ 28 शुभाशुभफलैरेवं मोक्ष्यसे कर्मबन्धनैः ।
सन्न्यासयोगयुक्तात्मा विमुक्तो मामुपैष्यसि ॥ २८ ॥

*ш́убхāш́убха-пхалаир эвам̇   мокшйасе карма-бандханаих̣
саннйāса-йога-йуктāтмā   вимукто мāм упаишйаси*

ш́убха—благоприятных; *аш́убха*—неблагоприятных; *пхалаих̣*—
последствий; *эвам*—таким образом; *мокшйасе*—будешь освобожден; *карма*—деятельности; *бандханаих̣*—оковами; *саннйāса*—самоотречением; *йога*—на *йоге*; *йукта-āтмā*—сосредоточивший
ум; *вимуктах̣*—освобожденный; *мāм*—Меня; *упаишйаси*—достигнешь.

Так ты освободишься от бремени кармической деятельности и ее хороших и плохих последствий. Сосредоточившись на Мне и действуя в духе самоотречения, ты обретешь освобождение и придешь ко Мне.

КОММЕНТАРИЙ: Того, кто действует в сознании Кришны под руководством высшего авторитета, называют йукта. В писаниях употребляется термин йукта-ваирагйа. Рупа Госвами объяснил его следующим образом (Бхакти-расамрита-синдху, 1.2.255):

> анасактасйа вишайан
> йатхархам упайуйджатах
> нирбандхах кришна-самбандхе
> йуктам ваирагйам учйате

Рупа Госвами говорит, что, находясь в материальном мире, мы вынуждены действовать. Никто не может перестать действовать. Если, занимаясь той или иной деятельностью, мы посвящаем ее результаты Кришне, такой образ действий называют юкта-ваирагьей. Проникнутая духом истинного самоотречения, подобная деятельность очищает зеркало ума, и тот, кто занимается ею, по мере своего духовного развития постепенно подчиняется воле Верховной Личности Бога. Таким образом в конце концов он обретает освобождение, но не то освобождение, которое приводит к слиянию с брахмаджьоти. Преданный попадает на планету Верховного Господа. Здесь ясно сказано: мам упаишйаси — «Он приходит ко Мне», то есть возвращается домой, к Богу. Есть пять ступеней освобождения, однако в данном стихе уточняется, что преданный, который в этой жизни всегда следовал указаниям Верховного Господа, достигает такого уровня, что, оставив тело, обязательно возвращается домой, к Богу, где получает возможность непосредственно общаться с Ним.

Тот, кто целиком посвятил свою жизнь служению Господу, является истинным санньяси. Такой человек считает себя вечным слугой Господа и во всем зависит от Его высшей воли. Поэтому, что бы он ни делал, он делает это как служение Господу. Он не придает большого значения правилам и обязанностям, связанным с кармической деятельностью, описанной в Ведах. Люди, живущие в миру, должны выполнять предписанные обязанности, перечисленные в Ведах, и чистый преданный, полностью посвятивший себя служению Господу, на самом деле тоже исполняет предписания Вед, хотя иногда может показаться, что он действует вопреки им.

Поэтому ачарьи вайшнавов говорят, что даже самый умный человек не в силах понять замыслы и действия чистого преданного. Танра вакйа, крийа, мудра виджнеха на буджхайа (Ч.-ч., Мадхья, 23.39). Человека, который все время служит Господу или думает о том, как служить Ему, следует считать уже полностью освобожденной душой, и в будущем он непременно вернется домой, к Богу. Он, так же как и Кришна, безупречен и неуязвим для критики материалистов.

ТЕКСТ 29 समोऽहं सर्वभूतेषु न मे द्वेष्योऽस्ति न प्रियः ।
ये भजन्ति तु मां भक्त्या मयि ते तेषु चाप्यहम् ॥ २९ ॥

*само 'хам сарва-бхӯтешу   на ме двешйо 'сти на прийах
йе бхаджанти ту мāм бхактйā   майи те тешу чāпй ахам*

самах — одинаково относящийся; *ахам* — Я; *сарва-бхӯтешу* — ко всем живым существам; *на* — не; *ме* — Мне; *двешйах* — ненавистен; *асти* — есть; *на* — ни; *прийах* — дорог; *йе* — которые; *бхаджанти* — занимаются трансцендентным служением; *ту* — но; *мāм* — Мне; *бхактйā* — с преданностью; *майи* — во Мне; *те* — они (такие люди); *тешу* — в них; *ча* — также; *апи* — безусловно; *ахам* — Я.

Я ни к кому не питаю ни вражды, ни пристрастия. Я одинаково отношусь ко всем. Но тот, кто с любовью и преданностью служит Мне, — тот Мой друг. Он всегда в Моем сердце, и Я ему тоже друг.

КОММЕНТАРИЙ: Резонно спросить: если Кришна ко всем относится одинаково и никого не считает другом, почему же Он проявляет особую заботу о преданных, которые постоянно служат Ему? Однако это вполне естественно, и в данном случае Кришну нельзя обвинить в пристрастности. Человек, живущий в материальном мире, может любить людей и заботиться о них, но к собственным детям он всегда будет относится с особой любовью. Господь говорит, что все живые существа, в какой бы форме жизни они ни находились, — Его дети, и потому каждого из них Он обеспечивает всем необходимым. Он подобен туче, поливающей дождем все: скалы, поле и море. Однако к Своим преданным Господь относится с особой заботой. Именно о них говорится в данном стихе: всегда оставаясь в сознании Кришны, они находятся на духовном уровне, связанные с Кришной. Само выражение «сознание Кришны» подразумевает, что те, кто обладает таким сознанием, — души, живущие в Кришне. Господь ясно говорит: *майи те* — «Они во Мне». И как естественное следствие этого, Господь также находится в них. Отношения с Господом основаны на взаимности. Вот почему Господь говорит: *йе йатхā мāм прападйанте тāмс татхаива бхаджāмй ахам* — «В какой степени человек предается Мне, в такой степени Я забочусь о нем». Духовные отношения, связывающие Господа и Его преданного, существуют, поскольку и Господь, и преданный обладают сознанием. Оправленный в золото, бриллиант становится еще красивее. Золото украшает бриллиант, а бриллиант — золото. Господь и живые существа вечно излучают сияние, и, когда живое существо исполняется желанием служить Господу, оно становится подобным золоту. Господь же подобен бриллианту, и их сочетание прекрасно. Живых существ с чистым сознанием называют преданными слугами Господа. Верховный Господь становится слугой Своих слуг. Если бы отношения преданного и Господа не были взаимными, не было бы и философии персонализма. Персонализм подразумевает взаимность в отношениях Всевышнего и живого существа, а философия имперсонализма ее отрицает.

Господа часто сравнивают с древом желаний: Он дает людям все, чего они желают. Однако в этом стихе дано более развернутое объяснение. Здесь сказано, что Господь выделяет Своих преданных. Тем самым Он являет им Свою особую милость. Милость Господа нельзя считать проявлением закона *кармы*. Она относится к сфере трансцендентного, в которой действуют Господь и Его преданные. Преданное служение Господу не имеет ничего общего с материальной деятельностью, оно является частью духовного мира, где царят вечность, блаженство и знание.

ТЕКСТ 30　अपि चेत्सुराचारो भजते मामनन्यभाक् ।
साधुरेव स मन्तव्यः सम्यग्व्यवसितो हि सः ॥ ३० ॥

*апи чет су-дурачаро　бхаджате мам ананйа-бхак
садхур эва са мантавйах　самйаг вйавасито хи сах*

апи — даже; *чет* — если; *су-дурачарах* — человек, совершающий самые отвратительные поступки; *бхаджате* — с преданностью служит; *мам* — Мне; *ананйа-бхак* — целеустремленный; *садхух* — святой; *эва* — безусловно; *сах* — он; *мантавйах* — тот, кого следует считать; *самйак* — всецело; *вйаваситах* — исполненный решимости; *хи* — конечно; *сах* — он.

Даже если человек, занимающийся преданным служением, совершит самый отвратительный поступок, его все равно следует считать святым, ибо он исполнен решимости идти по верному пути.

КОММЕНТАРИЙ: Употребленное в этом стихе слово *су-дурачарах* очень существенно, и его смысл следует понять правильно. В обусловленном состоянии живое существо занимается деятельностью двух видов: внешней материальной и соответствующей его глубинной природе. Заботясь о нуждах тела, подчиняясь законам общества и государства, человек в материальном мире, даже если он преданный, вынужден заниматься разнообразной деятельностью, которая относится к категории обусловленной. Помимо этого, человек, полностью осознавший свою духовную природу, занимается деятельностью в сознании Кришны, или преданным служением Господу. Такую деятельность называют духовной. Она соответствует его глубинной природе и относится к категории преданного служения. Когда преданный находится в обусловленном состоянии, его преданное служение и обусловленная материальная деятельность, связанная с заботой о теле, протекают параллельно, а иногда даже вступают в противоречие друг с другом. Преданный, насколько это возможно, всегда очень осторожен и старается не делать того, что может осквернить его. Он знает, что его деятельность совершенна настолько, насколько он совершенствуется в сознании Кришны. Однако бывает, что человек, обладающий сознанием Кришны, совершает поступок, который с социальной или политической точки зрения является предосудительным. Но такое падение является временным и не лишает его достигнутых результатов. В «Шримад-Бхагаватам» сказано, что, если человек падает, но вместе с тем его сердце отдано трансцендентному служению Верховному Господу, Господь, находящийся в его сердце, Сам очищает его и прощает ему этот проступок. Оскверняющее влияние материальной природы столь сильно, что иногда его жертвой может пасть даже *йог*, поглощенный служением Господу. Но благодаря могуществу сознания Кришны он очень быстро оправится от такого случайного падения. Поэтому путь преданного служения всегда приводит к успеху. Никто не должен насмехаться над преданным за случайный проступок, заставивший его сойти с пути к совершенству, ибо, как сказано в следующем стихе, в свой срок, после того как преданный полностью разовьет в себе сознание Кришны, такие случайные падения прекратятся.

Поэтому тот, кто со всей решимостью практикует сознание Кришны и всегда повторяет *мантру* Харе Кришна, Харе Кришна, Кришна Кришна, Харе Харе / Харе Рама, Харе Рама, Рама Рама, Харе Харе, должен считаться находящимся на духовном уровне, даже если он случайно оступился. Шри Кришна особо подчеркивает слова *садхур эва* («он святой»). Эти слова — предостережение для обывателей: никогда не насмехайтесь над преданным, который случайно совершил проступок. Даже оступившегося преданного следует считать *садху*, святым. Еще сильнее подчеркивает эту мысль слово *мантавйах*. Тот, кто не следует этому правилу и осмеивает преданного за случайный проступок, нарушает указание Всевышнего. Единственное качество, необходимое преданному, — неуклонно заниматься служением Господу, посвящая ему всего себя.

В «Нрисимха-пуране» сказано:

бхагавати ча харāв ананйа-четā
бхрш́а-малино 'пи вирāджате манушйах̣
на хи йаш́а-калуша-ччхабих̣ кадāчит
тимира-парāбхаватāм упаити чандрах̣

Смысл этого стиха в том, что, если человек, поглощенный преданным служением Господу, иногда совершает неблаговидные поступки, эти поступки следует считать чем-то вроде пятен на луне, которые похожи на силуэт кролика. Эти пятна не мешают лунному свету литься на землю. Точно так же случайное отступление преданного от норм праведной жизни не делает его грешником.

С другой стороны, этот стих нельзя толковать в том смысле, что преданный, занимающийся служением Господу, может совершать любые прегрешения; здесь речь идет лишь о случайном падении, вызванном сильными материальными привязанностями. Вступая на путь преданного служения, человек объявляет войну иллюзорной энергии. И пока у него недостаточно сил, чтобы успешно отражать ее натиск, ему не избежать случайных падений. Однако, когда преданный окрепнет, эти падения, как уже говорилось, прекратятся сами собой. Никто из нас не должен использовать этот стих для оправдания своего недостойного поведения, прикрываясь тем, что «служит Господу». Если, занимаясь преданным служением, человек не будет стараться избавиться от дурных наклонностей, он так и останется на низшей ступени преданного служения.

ТЕКСТ 31   क्षिप्रं भवति धर्मात्मा शश्वच्छान्तिं निगच्छति ।
कौन्तेय प्रतिजानीहि न मे भक्तः प्रणश्यति ॥ ३१ ॥

кшипрам̇ бхавати дхармāтмā   йаш́авач-чхāнтим нигаччхати
каунтейа пратиджāнӣхи   на ме бхактах̣ праṇаш́йати

кшипрам — очень быстро; *бхавати* — становится; *дхарма-āтмā* — праведник; *йаш́ват-йāнтим* — вечный покой; *нигаччхати* — достигает; *каунтейа* — о сын Кунти; *пратиджāнӣхи* — заявляй; *на* — не; *ме* — Мой; *бхактах̣* — преданный; *праṇаш́йати* — погибает.

Он быстро становится добродетельным и обретает вечный мир. О сын Кунти, смело заявляй каждому, что Мой преданный никогда не погибнет.

КОММЕНТАРИЙ: Следует правильно понять смысл этого стиха. В седьмой главе Господь говорит, что тот, кто занимается греховной деятельностью, никогда не сможет предаться и служить Ему. У того, кто не предан Господу, не может быть никаких добродетелей. Однако остается неясным, каким образом человек, случайно или намеренно совершающий неблаговидные поступки, может быть чистым преданным Господа? Это вполне резонный вопрос. Как сказано в седьмой главе, грешники, которые никогда не встают на путь преданного служения Господу, не обладают никакими достоинствами, что подтверждается и в «Шримад-Бхагаватам». Как правило, занимаясь девятью видами преданного служения, человек очищает свое сердце от всей материальной скверны. Он хранит в сердце Верховную Личность Бога, и вся греховная скверна сама собой уходит из его сердца. Беспрестанные размышления о Верховном Господе возвращают преданного в его изначальное, чистое состояние. Тому, кто, достигнув высокого положения, снова пал, Веды предписывают совершить ряд очистительных ритуалов. Но для преданного в этом нет необходимости, ибо, все время думая о Верховной Личности Бога, он постоянно очищает свое сердце. Поэтому нужно все время повторять: Харе Кришна, Харе Кришна, Кришна Кришна, Харе Харе / Харе Рама, Харе Рама, Рама Рама, Харе Харе. Это защитит нас от любых случайных падений и оградит от всех видов материальной скверны.

ТЕКСТ 32 मां हि पार्थ व्यपाश्रित्य येऽपि स्युः पापयोनयः ।
स्त्रियो वैश्यास्तथा शूद्रास्तेऽपि यान्ति परां गतिम् ॥ ३२ ॥

*мāм хи пāртха вйапāш́ритйа   йе 'пи сйух пāпа-йонайах
стрийо ваиш́йāс татхā шӯдрāс   те 'пи йāнти парāм гатим*

мāм — ко Мне; *хи* — конечно; *пāртха* — о сын Притхи; *вйапāш́ритйа* — придя, чтобы обрести прибежище; *йе* — которые; *апи* — даже; *сйух* — были бы; *пāпа-йонайах* — низкого происхождения; *стрийах* — женщины; *ваиш́йāх* — торговцы; *татхā* — также; *шӯдрāх* — простые рабочие; *те апи* — даже они; *йāнти* — идут; *парāм* — к высшей; *гатим* — цели.

О сын Притхи, предавшись Мне, даже люди низкого происхождения, женщины, *вайшьи* [торговцы] и *шудры* [рабочие] могут достичь наивысшей цели.

КОММЕНТАРИЙ: Верховный Господь ясно говорит здесь, что в преданном служении отсутствует деление людей на низшие и высшие сословия. Такое разделение существует в рамках материалистических представлений о жизни, но тому, кто занимается трансцендентным преданным служением Господу, нет до них никакого дела. Каждый, кто служит Господу, может достичь наивысшей цели. В «Шримад-Бхагаватам» (2.4.18) сказано, что даже люди самой низкой касты, которых называют *чандалами* (собакоедами), могут очиститься от материальной скверны, общаясь с чистым преданным Господа. Преданное служение и указания чистого преданного обладают такой силой, что могут очистить каждого, к какому бы сословию он ни принадлежал. Самый простой человек может очиститься, найдя прибежище у чистого преданного и следуя его указаниям. Люди делятся на несколько сословий в соответствии с *гунами* материальной природы, под влиянием которых они находятся, то есть на тех, кто находится под влиянием *гуны* благости (*брахманов*), *гуны* страсти (*кшатриев*, правителей), под смешанным влиянием *гун* страсти и невежества (*вайшьев*, торговцев) и *гуны* невежества (*шудр*, рабочих). Еще ниже стоят *чандалы*, родившиеся в семьях грешников. Как правило, представители высших сословий избегают таких людей. Но практика преданного служения столь могущественна, что чистый преданный Господа может помочь представителям всех сословий и классов достичь высшей ступени совершенства. Сделать это может лишь тот, кто вручил себя Кришне. Употребленное в этом стихе слово *вйапа̄ш́ритйа* указывает на то, что человек должен безраздельно предаться Кришне. Тогда он сможет превзойти даже величайших *гьяни* и *йогов*.

ТЕКСТ 33   किं पुनर्ब्राह्मणाः पुण्या भक्ता राजर्षयस्तथा ।
अनित्यमसुखं लोकमिमं प्राप्य भजस्व माम् ॥ ३३ ॥

*ким пунар бра̄хман̣а̄х̣ пун̣йа̄   бхакта̄ ра̄джаршайас татха̄
анитйам асукхам̇ локам   имам прапйа бхаджасва ма̄м*

ким — как; *пунах̣* — вновь; *бра̄хман̣а̄х̣* — брахманы; *пун̣йа̄х̣* — благочестивые; *бхакта̄х̣* — преданные; *ра̄джа-ришайах̣* — праведные цари; *татха̄* — также; *анитйам* — бренную; *асукхам* — полную страданий; *локам* — планету; *имам* — эту; *пра̄пйа* — обретя; *бхаджасва* — посвяти себя любовному служению; *ма̄м* — Мне.

Что же тогда говорить о благочестивых *брахманах*, о преданных и о праведных царях? Поэтому, раз уж ты оказался в этом бренном, полном страданий мире, целиком посвяти себя любовному служению Мне.

КОММЕНТАРИЙ: В материальном мире существуют разные сословия и группы людей, но в конечном счете все здесь несчастны. В этом стихе ясно сказано: *анитйам асукхам локам*. Этот преходящий, полный страданий мир не место для благовоспитанного человека. Господь, Верховная Личность Бога, называет этот мир бренным и полным страданий. Некоторые философы, в особенности философы-*майявади*, говорят, что этот мир иллюзорен, но из «Бхагавад-гиты» мы узнаем, что материальный мир не иллюзорен. Он преходящ. Понятия «преходящий» и «иллюзорный» несколько отличаются по смыслу. Этот мир преходящ, но помимо него существует другой мир, который является вечным. Иной мир вечен и исполнен блаженства, тогда как материальный мир полон боли.

Арджуна появился на свет в благочестивой царской семье. Но Господь обращается также и к нему: «Встань на путь преданного служения и как можно скорее возвращайся домой, к Богу». Никто не должен задерживаться в этом бренном мире, юдоли страданий и слез. Чтобы обрести вечное счастье, нужно принять покровительство Верховной Личности Бога. Преданное служение Верховному Господу — единственный метод, позволяющий разрешить проблемы представителей всех классов и сословий. Поэтому каждый должен принять сознание Кришны и сделать свою жизнь совершенной.

ТЕКСТ 34 मन्मना भव मद्भक्तो मद्याजी मां नमस्कुरु ।
मामेवैष्यसि युक्त्वैवमात्मानं मत्परायणः ॥ ३४ ॥

*ман-манā бхава мад-бхакто   мад-йāджӣ мāм намаскуру
мāм эваишйаси йуктваивам   āтмāнам мат-парāйанах*

мат-манāх — всегда думающий обо Мне; *бхава* — стань; *мат* — Мне; *бхактах* — преданный; *мат* — Мне; *йāджӣ* — поклоняющийся; *мāм* — Мне; *намас-куру* — кланяйся; *мāм* — ко Мне; *эва* — полностью; *эшйаси* — придешь; *йуктвā* — погрузив; *эвам* — так; *āтмāнам* — свою душу; *мат-парāйанах* — преданный Мне.

Всегда думай обо Мне, стань Моим преданным, выражай Мне почтение и поклоняйся Мне. Полностью сосредоточенный на Мне, ты непременно придешь ко Мне.

КОММЕНТАРИЙ: Здесь ясно сказано, что метод сознания Кришны — единственный метод освобождения из плена материальной энергии. Недобросовестные комментаторы подчас искажают предельно ясный смысл этого стиха, в котором сказано, что преданное служение должно адресоваться Верховной Личности Бога, Кришне. К сожалению, эти беззастенчивые комментаторы сбивают людей с толку, навязывая им ложные взгляды. Они не понимают, что между умом Кришны и Самим Кришной нет никакой разницы. Кришну нельзя считать обыкновенным человеком; Он Абсолютная Истина. Его тело, ум и Сам Он едины и абсолютны. В своем комментарии к «Чайтанья-чаритамрите» (Ади-лила, 5.41–48) под названием «Анубхашья» Бхактисиддханта Сарасвати Госвами цитирует «Курма-пурану»: *деха-дехи-вибхедо 'йам неишваре видйате квачит.* Это значит, что Сам Кришна, Верховный Господь, и Его тело неотличны друг от друга. Но поскольку эти комментаторы не знают науки о Кришне, они стараются скрыть Кришну и отделяют

Его Самого от Его ума и тела. Все это свидетельствует о том, что такие комментаторы абсолютно не понимают науку о Кришне, но тем не менее им удается наживаться, обманывая других.

Есть демоничные люди, и они иногда тоже думают о Кришне, но с ненавистью, как это делал царь Камса, дядя Кришны. Он беспрестанно думал о Кришне, но при этом считал Его своим врагом. Постоянно пребывая в беспокойстве, Камса ждал, когда Кришна придет, чтобы убить его. Подобные мысли не принесут нам блага. Мы должны думать о Кришне с любовью и преданностью. В этом суть *бхакти*. Для этого нужно постоянно углублять свои знания о Кришне. Что это значит? Это значит, что знания нужно получать от истинного духовного учителя. Кришна — Верховная Личность Бога, и, как мы неоднократно говорили, Его тело не материально, оно вечно, исполнено знания и блаженства. Такие беседы о Кришне помогут нам стать Его преданными, а знания о Кришне, полученные из неавторитетного источника, не принесут никакого результата.

Поэтому преданный должен сосредоточить ум на вечном, изначальном образе Кришны и поклоняться Ему с непоколебимой верой в то, что Кришна — Верховный Господь. В Индии есть сотни тысяч храмов, в которых люди поклоняются Кришне и занимаются преданным служением. Тот, кто таким образом служит Господу, должен всегда выражать Ему почтение. Склоняясь перед Божеством, человек должен служить Господу телом, умом и всеми своими поступками. Таким образом он всегда будет поглощен мыслями о Кришне, не думая ни о чем другом, и в конце концов перенесется на Кришналоку. Мы не должны позволять недобросовестным комментаторам обманывать нас. Вместо этого нужно всегда заниматься девятью видами преданного служения, которое начинается со слушания и повторения повествований о Кришне. Чистое преданное служение — это высшее достижение человека.

В седьмой и восьмой главах «Бхагавад-гиты» шла речь о чистом преданном служении Господу, свободном от тенденций к спекулятивному философствованию, мистической *йоге* и кармической деятельности. Тех, чье сознание очищено не полностью, могут привлекать другие аспекты Господа, такие как *брахмаджьоти* и Параматма в сердце каждого живого существа, но чистый преданный служит только Верховному Господу.

В одном замечательном стихотворении о Кришне говорится, что люди, поклоняющиеся полубогам, не имеют разума и лишают себя возможности получить от Кришны высшую награду. Действия начинающего преданного могут иногда не соответствовать эталону чистого преданного служения, но он все равно стоит выше любых философов и *йогов*. Того, кто постоянно занят деятельностью в сознании Кришны, следует считать святым человеком. Он будет все реже и реже совершать случайные проступки и в скором времени обязательно достигнет совершенства. Для чистых преданных возможность падения фактически исключена, ибо их опекает Сам Верховный Господь. Поэтому разумный человек должен встать на путь сознания Кришны и счастливо жить в материальном мире. В свой срок он получит высшую награду — Кришну.

Так заканчивается комментарий Бхактиведанты к девятой главе «Шримад Бхагавад-гиты», которая называется «Самое сокровенное знание».

ГЛАВА ДЕСЯТАЯ

Великолепие Абсолюта

ТЕКСТ 1

श्रीभगवानुवाच
भूय एव महाबाहो श्रृणु मे परमं वचः ।
यत्तेऽहं प्रीयमाणाय वक्ष्यामि हितकाम्यया ॥ १ ॥

ш́рӣ-бхагава̄н ува̄ча
бхӯйа эва маха̄-ба̄хо ш́р̣н̣у ме парамам̇ вачах̣
йат те 'хам̇ прийама̄н̣а̄йа вакшйа̄ми хита-ка̄мйайа̄

ш́рӣ-бхагава̄н ува̄ча — Верховный Господь сказал; *бхӯйах̣* — вновь; *эва* — непременно; *маха̄-ба̄хо* — о могучерукий; *ш́р̣н̣у* — слушай же; *ме* — Мое; *парамам* — высшее; *вачах̣* — наставление; *йат* — которое; *те* — тебе; *ахам* — Я; *прийама̄н̣а̄йа* — близкому другу; *вакшйа̄ми* — излагаю; *хита-ка̄мйайа̄* — желая тебе блага.

Верховный Господь сказал: Слушай же далее, о могучерукий Арджуна. Поскольку ты Мой близкий друг, ради твоего блага Я продолжу Свой рассказ и открою тебе знание, которое превосходит то, что Я уже изложил.

КОММЕНТАРИЙ: Согласно Парашаре Муни, Бхагаваном, Верховной Личностью Бога, называют того, кто в полной мере обладает шестью совершенствами: силой, славой, богатством, знанием, красотой и самоотречением. Во время Своего пребывания на земле Кришна явил все эти шесть совершенств. Поэтому мудрецы, такие как Парашара Муни, признают Кришну Верховной Личностью Бога. В десятой главе Кришна собирается открыть Арджуне еще более сокровенное знание о Своих совершенствах и деяниях. До этого, начиная с седьмой главы, Господь уже рассказал о Своих разнообразных энергиях и о том, как они действуют. А в этой главе Он расскажет Арджуне о Своих уникальных достояниях *(вибхути)*. В предыдущей главе Господь описал Свои разнообразные энергии, чтобы доказать необходимость преданного служения и вселить в нас веру. А в данной главе Он рассказывает Арджуне о Своих многочисленных проявлениях и совершенствах.

Чем больше человек слушает о Верховном Господе, тем сильнее становится его желание служить Ему. Поэтому нужно стараться всегда слушать рассказы о Господе в обществе Его преданных. Это сделает наше служение более совершенным. В таких беседах могут участвовать лишь те, кто действительно стремится обрести сознание Кришны. Всем остальным это недоступно. Господь ясно говорит Арджуне, что Он открывает ему это знание, заботясь о его благе, потому что Арджуна очень дорог Ему; иначе говоря, подобные беседы в обществе преданных приносят благо в первую очередь преданным.

ТЕКСТ 2   न मे विदुः सुरगणाः प्रभवं न महर्षयः ।
अहमादिर्हि देवानां महर्षीणां च सर्वशः ॥ २ ॥

*на ме видух сура-ганах   прабхавам на махаршайах
ахам адир хи деванам   махаршинам ча сарвашах*

на — не; *ме* — Мои; *видух* — знают; *сура-ганах* — полубоги; *прабхавам* — богатство; *на* — ни; *маха-ршайах* — великие мудрецы; *ахам* — Я; *адих* — начало; *хи* — безусловно; *деванам* — полубогов; *маха-ршинам* — великих мудрецов; *ча* — также; *сарвашах* — во всех отношениях.

Ни сонмы полубогов, ни великие мудрецы не знают Моих богатств, ибо Я первопричина всех полубогов и мудрецов.

КОММЕНТАРИЙ: В «Брахма-самхите» сказано, что Кришна — Верховный Господь. На свете нет никого более великого, чем Он; Он причина всех причин. Здесь Господь Сам говорит, что Он первопричина всех полубогов и мудрецов. Даже полубогам и великим мудрецам не дано познать Кришну, и если даже они не способны постичь Кришну, Его имя и качества, то что тогда говорить об ученых, живущих на этой крошечной планете? Никто не в силах понять, почему Господь приходит на Землю в облике обычного человека и совершает Свои удивительные, непостижимые деяния. Отсюда следует, что никакие ученые степени не дают возможности постичь Кришну. Даже полубоги и великие мудрецы, пытавшиеся постичь Кришну силой своего ума, так и не добились успеха. В «Шримад-Бхагаватам» также сказано, что постичь Верховную Личность Бога не под силу даже великим полубогам. Ограниченные возможностями своих несовершенных чувств, они в ходе философских рассуждений могут прийти только к отрицанию материального многообразия, составляющему основу философии имперсонализма, и говорить о чем-то, не проявленном тремя *гунами* материальной природы, или же довольствоваться плодами собственного воображения. Но все эти глупые рассуждения не дают возможности познать Кришну.

Тем, кто действительно хочет постичь Абсолютную Истину, Господь в этом стихе как бы говорит: «Я Верховная Личность Бога. Я Всевышний». Это необходимо знать. Хотя мы не можем постичь непостижимого Господа и не ощущаем Его присутствия, Господь тем не менее существует. По-настоящему узнать Кришну, который вечен, исполнен знания и блаженства, можно, просто изучая Его слова, запечатленные в «Бхагавад-гите» и «Шримад-Бхагаватам». Понимание Бога как некой всемогущей силы, то есть концепция безличного Брахмана, доступно тем, кто находится под влиянием низшей энергии Господа, но постичь Бога как личность можно, лишь находясь на духовном уровне.

Поскольку большинство людей не может постичь истинную природу Кришны, Господь по Своей беспричинной милости, из сострадания к таким философам нисходит в материальный мир. Однако, хотя Верховный Господь являет здесь Свои удивительные деяния, эти философы, оскверненные влиянием материальной энергии, продолжают считать Всевышним безличный Брахман. Только тот, кто безраздельно предался Верховному Господу, по Его милости может понять, что Всевышний — это Кришна. Преданных Господа нисколько не интересуют представления о Боге как о безличном Брахмане; любовь и вера, которой они обладают, заставляют их немедленно предаться Верховному Господу, и тогда по беспричинной милости Кришны они становятся способными постичь Его. Никому другому это не доступно. Поэтому даже великие мудрецы возглашают: «Что есть *атма*? Кто такой Всевышний? Это тот, кому мы должны поклоняться».

ТЕКСТ 3   यो मामजमनादिं च वेत्ति लोकमहेश्वरम् ।
असम्मूढः स मर्त्येषु सर्वपापैः प्रमुच्यते ॥ ३ ॥

йо ма̄м аджам ана̄дим̇ ча   ветти лока-махеш́варам
асаммӯд̣хах̣ са мартйешу   сарва-па̄паих̣ прамучйате

йах̣ — который; *ма̄м* — Меня; *аджам* — нерожденного; *ана̄дим* — не имеющего начала; *ча* — также; *ветти* — знает; *лока* — планет; *маха̄-ӣш́варам* — верховного повелителя; *асаммӯд̣хах̣* — неподвластен иллюзии; *сах̣* — он; *мартйешу* — среди тех, кто обречен на смерть; *сарва-па̄паих̣* — от всех последствий грехов; *прамучйате* — освобождается.

Из всех людей только тот, кто знает, что Я нерожденный и не имеющий начала верховный повелитель всех миров, неподвластен иллюзии и свободен от всех грехов.

КОММЕНТАРИЙ: Как было сказано в седьмой главе (7.3), *мануш́йа̄на̄м̇ сахасрешу каш́чид йатати сиддхайе:* те, кто пытается постичь природу духа, не обыкновенные люди; они превосходят миллионы и миллионы тех, кто вовсе лишен духовного знания. Но из всех, кто действительно пытается постичь свою духовную природу, самого высокого уровня достиг тот, кто осознал, что Кришна — это Верховная Личность Бога, нерожденный владыка всего сущего. Только поднявшись на этот уровень и полностью осознав Кришну как верховного повелителя, человек освобождается от всех последствий своих грехов.

Господь назван здесь *аджа,* что значит «нерожденный», однако Он не похож на обычных живых существ, которые во второй главе тоже названы словом *аджа.* Господь отличен от живых существ, которые рождаются и умирают из-за своих материальных привязанностей. Обусловленные души постоянно меняют тела, тогда как тело Господа всегда остается неизменным. Даже приходя в материальный мир, Он остается нерожденным, поэтому в четвертой главе говорится, что, появляясь в материальном мире, Господь никогда не попадает под влияние низшей, материальной энергии, а остается в сфере Своей внутренней, высшей энергии.

Здесь сказано: *ветти-лока-махеш́варам.* Каждый должен знать, что Господь Кришна — верховный владыка всех планет во вселенной. Он существовал до сотворения мира и отличен от Своего творения. Все полубоги были созданы в материальном мире, но про Кришну говорится, что Он не относится к числу сотворенных живых существ, поэтому Кришна отличается даже от таких великих полубогов, как Брахма и Шива. И поскольку Он создатель Брахмы, Шивы и других полубогов, Его называют верховным повелителем всех планет.

Таким образом, Кришна отличен от всего сотворенного, и каждый, кто признает Его таковым, немедленно освобождается от всех последствий своих грехов. Знать Верховного Господа — значит быть свободным от всех греховных привычек. А как сказано в «Бхагавад-гите», постичь Господа можно только посредством преданного служения, и никак иначе.

При этом Кришну нельзя воспринимать как обыкновенного человека. Как уже говорилось, думать так могут только глупцы. Та же самая мысль несколько иначе выражена в этом стихе. Тот, кто не является глупцом, кто достаточно разумен для того, чтобы понять положение Бога, всегда свободен от греха.

Как Кришна, которого называют сыном Деваки, может быть нерожденным? Объяснение этому дано в «Шримад-Бхагаватам»: Господь, который предстал перед Васудевой и Деваки, не был рожден как обыкновенный ребенок — Он появился перед ними в Своей изначальной форме, и только затем принял облик младенца.

Все, что совершается по указанию Кришны, духовно по природе и не имеет материальных последствий, которые могут быть хорошими или плохими. Представления о хорошем и плохом, существующие в материальном мире, в большей или меньшей степени придуманы, ибо в материальном мире нет ничего хорошего. Здесь все неблагоприятно, ибо неблагоприятна сама материальная природа. То, что мы считаем хорошим, является таковым лишь в нашем воображении. По-настоящему благотворна только деятельность в сознании Кришны, проникнутая духом преданности и служения. Поэтому если мы вообще хотим, чтобы наша деятельность была благотворной, то должны действовать в соответствии с указаниями Верховного Господа. Эти указания можно получить из авторитетных священных писаний, таких как «Шримад-Бхагаватам» и «Бхагавад-гита», или от истинного духовного учителя. Поскольку духовный учитель является представителем Верховного Господа, данные им указания — это указания Самого Господа. Духовный учитель, святые люди и священные писания ведут к одной цели. Между ними нет никаких противоречий. Действуя в соответствии с их указаниями, мы избавимся от последствий, которыми сопровождается благочестивая или неблагочестивая деятельность в материальном мире. Трансцендентное отношение преданного к своей деятельности — это отношение человека отрекшегося от мира, и такой образ действий называют *санньясой*. Как сказано в первом стихе шестой главы «Бхагавад-гиты», тот, кто действует из чувства долга, выполняя указания Верховного Господа, и не стремится насладиться плодами своего труда *(анашритах карма-пхалам)*, по-настоящему отрекся от мира. *Санньяси* и *йоги* — это не те, кто просто рядится в соответствующие одежды; истинным *санньяси* и *йогом* является любой, кто всегда действует, исполняя указания Верховного Господа.

ТЕКСТЫ 4-5

बुद्धिर्ज्ञानमसम्मोहः क्षमा सत्यं दमः शमः ।
सुखं दुःखं भवोऽभावो भयं चाभयमेव च ॥ ४ ॥

अहिंसा समता तुष्टिस्तपो दानं यशोऽयशः ।
भवन्ति भावा भूतानां मत्त एव पृथग्विधाः ॥ ५ ॥

*буддхир джнанам асаммохах кшама сатйам дамах шамах
сукхам духкхам бхаво 'бхаво бхайам чабхайам эва ча*

*ахимса самата туштис тапо данам йашо 'йашах
бхаванти бхава бхутанам матта эва пртхаг-видхах*

буддхих — разум; *джнанам* — знание; *асаммохах* — свобода от сомнений; *кшама* — снисходительность; *сатйам* — правдивость; *дамах* — владение чувствами; *шамах* — способность обуздывать ум; *сукхам* — счастье; *духкхам* — горе; *бхавах* — рождение; *абхавах* — смерть; *бхайам* — страх; *ча* — также; *абхайам* — бесстрашие; *эва* — также; *ча* — и; *ахимса* — непричинение вреда; *самата* — уравновешенность; *туштих* — удовлетворенность; *тапах* — аскетичность; *данам* — щедрость; *йашах* — слава; *айашах* — бесславие; *бхаванти* — исходят; *бхавах* — качества; *бхутанам* — живых существ; *маттах* — от Меня; *эва* — безусловно; *пртхак-видхах* — различные.

Разум, знание, свобода от сомнений и иллюзии, снисходительность, правдивость, способность обуздывать чувства и ум, счастье, горе, рождение и смерть, страх и бесстрашие, непричинение вреда, уравновешенность, удовлетворенность, аскетичность, щедрость, слава и бесславие — все эти разнообразные качества живых существ созданы Мной одним.

КОММЕНТАРИЙ: Все многообразие качеств живых существ, перечисленных здесь, хороших и плохих, создано Кришной.

Разумом называют способность понимать истинную природу вещей, а знанием — понимание того, что́ есть дух и что́ есть материя. Обычное знание, которое люди получают в университетах, распространяется только на материальные вещи и потому не может считаться истинным. Обладать знанием — значит понимать, чем дух отличается от материи. Современная система образования не дает людям знания о духе, она просто учит их манипулировать материальными элементами и удовлетворять свои физические потребности. Поэтому академическое знание нельзя считать полным.

Асаммоха, свобода от сомнений и иллюзии, приходит к тому, кто перестал колебаться и понял трансцендентную философию. Постепенно, шаг за шагом, человек может избавиться от заблуждений и иллюзий. Ничего не следует принимать слепо; все нужно тщательно взвешивать и обдумывать. Необходимо также развивать в себе терпение и умение прощать *(кшаму)*. Нужно научиться терпеть и снисходительно относиться к незначительным оплошностям других. *Сатйам,* правдивость, — это способность говорить правду ради блага других людей. Истину нельзя искажать. Расхожая мораль гласит, что правду следует говорить лишь в том случае, если она приятна собеседнику. Но правдивый человек так не поступает. Истину следует говорить прямо в глаза, чтобы люди знали, каково действительное положение вещей. Тот, кто предупреждает других: «Этот человек — вор», — говорит правду. Без сомнений и колебаний нужно говорить людям даже неприятную правду. Обладать правдивостью — значит излагать факты как они есть, ради блага других людей. Таково определение правдивости.

Владение чувствами подразумевает, что мы не пользуемся ими без нужды, ради собственного удовольствия. Никому не возбраняется удовлетворять основные потребности своих чувств, но любые излишества и ненужные удовольствия препятствуют духовному развитию человека. Поэтому чувствами не нужно пользоваться без необходимости. Точно так же не нужно позволять уму думать о чем угодно; это качество называют *йама.* Не следует тратить время на размышления о том, как заработать деньги. Делая это, мы попросту расточаем энергию ума. Ум необходимо использовать для того, чтобы понять главную потребность человека, и делать это нужно, руководствуясь указаниями авторитетных наставников. Мыслительные способности необходимо развивать, общаясь с теми, кто хорошо знает писания, со святыми людьми и с духовными учителями. *Суккхам:* источником счастья для нас всегда должно быть то, что помогает нам обрести духовное знание и сознание Кришны. А все, что мешает углублению сознания Кришны, следует считать источником боли и страданий. Все то, что помогает развитию сознания Кришны, нужно принимать, а все то, что этому мешает, — отвергать.

Бхава, рождение, связано с материальным телом. Что касается души, то она, как было сказано в начале «Бхагавад-гиты», никогда не рождается и не умирает. Рождение и смерть существуют лишь для тех, кто воплотился в материальном мире. Источником страха является беспокойство о будущем. Человек, обладающий сознанием Кришны, ничего не боится, ибо деятельность, которой он занимается, гарантирует ему возвращение в духовный мир, домой, к Богу. Его будущее светло. Все остальные, однако, не знают, что случится с ними, какой будет их следующая жизнь. Поэтому они не ведают покоя. Если мы хотим избавиться от тревог, то должны понять Кришну и всегда оставаться в сознании Кришны. Тогда

от нас уйдут все страхи. В «Шримад-Бхагаватам» (11.2.37) говорится: *бхайам двитӣйа̄бхинивеш́атах̣ сйа̄т*. Причиной страха является сосредоточенность на иллюзорной энергии. Однако у тех,
кто вышел из-под ее влияния, кто перестал отождествлять себя
с материальным телом, осознал себя духовной частицей Верховной
Личности Бога и потому занимается трансцендентным служением
Господу, нет причин для страха. Впереди у них светлое будущее.
Таким образом, страх — это состояние людей, лишенных сознания Кришны. Бесстрашие, *абхайам*, приходит только к тому, кто
обладает сознанием Кришны.

Ахимса̄, непричинение вреда, подразумевает, что человек перестал причинять другим страдания и беспокойства. Материальный
прогресс, обещанный многочисленными политиками, социолога-
ми, филантропами и т.д., никому не приносит реального блага,
поскольку эти политики и филантропы не обладают трансцендентным видением: они сами не знают, что́ является истинным благом
для общества. *Ахимса* подразумевает, что надо обучать людей тому, как полностью реализовать возможности человеческой жизни.
Жизнь дается человеку для духовного самопознания, и любое движение или партия, не способствующие достижению этой цели, причиняют вред людям. И наоборот, все, что помогает людям обрести
духовное счастье, относится к категории *ахимсы*.

Самата̄, уравновешенность, — это свобода от привязанности
и неприязни. Крайние проявления как привязанности, так и неприязни одинаково плохи. Материальный мир не должен вызывать у нас ни влечения, ни отвращения. Все то, что благоприятно для деятельности в сознании Кришны, нужно принимать, а все
неблагоприятное — отвергнуть. Такое отношение к миру называется уравновешенностью. Человеку, обладающему сознанием Кришны, не нужно гадать, что отвергать или принимать, его единственным критерием является польза для его деятельности в сознании
Кришны.

Тушṭи, удовлетворенность, означает, что человек не должен прилагать усилия и суетиться ради приобретения все новых и новых
материальных вещей. Нужно научиться довольствоваться тем, что
приходит к нам по милости Господа, — это называется удовлетво-
ренностью. *Тапас* означает «аскеза и покаяние». К этой категории
относится много ведических правил и предписаний. Например, человек должен вставать рано утром и совершать омовение. Иногда
вставать рано очень тяжело. Любое самоограничение, которое человек накладывает на себя добровольно, называют аскезой. Кроме того, Веды предписывают поститься в определенные дни месяца. Даже если человек не любит поститься, он должен делать это
в рекомендуемые дни, чтобы доказать свою решимость соверше-

ствоваться в науке сознания Кришны. Однако поститься без необходимости или в нарушение ведических предписаний не рекомендуется. Не следует участвовать в политических голодовках; согласно «Бхагавад-гите», это посты в *гуне* невежества, а действия, совершаемые в *гунах* невежества или страсти, мешают духовному развитию. Чтобы духовно развиваться, необходимо действовать только в *гуне* благости, поэтому пост в дни, указанные в Ведах, помогает человеку обрести духовное знание.

Что касается благотворительной деятельности, то половину своего дохода нужно отдавать на благое дело. Какое дело называют благим? То, которое согласуется с принципами сознания Кришны. Это не просто благое, это самое лучшее дело. Поскольку Кришна является всеблагим, всеблагой является и Его миссия. Поэтому пожертвования следует давать человеку, практикующему сознание Кришны. Согласно Ведам, пожертвования должны отдаваться *брахманам*. В Индии до сих пор следуют этой традиции, хотя и не строго в соответствии с предписаниями Вед. Почему в писаниях сказано, что пожертвования следует давать *брахманам?* Потому, что *брахманы* посвящают себя поискам высшего, духовного знания. *Брахман* должен посвятить свою жизнь познанию Брахмана. *Брахма джāнāтӣти брāхманах: брахманом* называют того, кто постиг Брахман. Таким образом, пожертвования нужно давать *брахманам,* поскольку они постоянно заняты духовной деятельностью и у них нет времени, чтобы самим зарабатывать себе на жизнь. Веды также предписывают давать пожертвования тем, кто отрекся от мира, *санньяси. Санньяси* ходят от дома к дому, но не для того, чтобы получить милостыню, а для того, чтобы просвещать людей. Они делают это, чтобы пробудить семейных людей от сна невежества. Поскольку домохозяева, поглощенные семейными делами, забывают о том, что истинной целью жизни является развитие сознания Кришны, *санньяси* идут к ним за подаянием и побуждают их встать на путь сознания Кришны. Как сказано в Ведах, человек должен пробудиться ото сна и исполнить то, ради чего ему была дана жизнь. *Санньяси* несут людям духовное знание и выводят их на путь духовного самопознания, поэтому пожертвования прежде всего следует давать им и *брахманам* или жертвовать деньги на какое-нибудь другое благое дело, а не отдавать их кому попало.

О славе *(йашас)* Господь Чайтанья говорил, что она приходит к человеку тогда, когда он становится великим преданным. Это настоящая слава. Человек, который стал знаменитым благодаря своим достижениям в сознании Кришны, обретает настоящую славу, а все, кто не славится этим, живут в бесславии.

Эти качества можно найти повсюду во вселенной у людей и полубогов. На планетах вселенной живет множество различных рас людей, которым присущи перечисленные выше качества. Кришна создал эти качества, но человек, стремящийся развить в себе сознание Кришны, должен сам развить их изнутри. По воле Верховного Господа у того, кто служит Богу, постепенно проявляются все хорошие качества.

Источником всего, что существует на свете, хорошего и плохого, является Кришна. В материальном мире нет ничего, что отсутствует в Кришне. В этом суть знания; необходимо понять, что, как бы ни разнились качества этого мира, все они исходят от Кришны.

ТЕКСТ 6   महर्षयः सप्त पूर्वे चत्वारो मनवस्तथा ।
मद्भावा मानसा जाता येषां लोक इमाः प्रजाः ॥ ६ ॥

*махаршайах сапта пӯрве   чатвāро манавас татхā
мад-бхāвā мāнасā джāтā   йешāм лока имāх праджāх*

махā-ршайах — великие мудрецы; *сапта* — семь; *пӯрве* — прежде; *чатвāрах* — четыре; *манавах* — Ману; *татхā* — также; *мат-бхāвāх* — порожденные Мной; *мāнасāх* — из ума; *джāтāх* — рожденные; *йешāм* — их; *локе* — в мире; *имāх* — все эти; *праджāх* — населяющие.

Семь великих мудрецов, а до них четыре других великих мудреца, так же как и Ману [прародители человечества], появились из Меня, порожденные Моим умом, и от них пошли все живые существа, населяющие различные планеты.

КОММЕНТАРИЙ: Господь излагает здесь краткую историю заселения вселенной. Брахма, первый обитатель вселенной, был порожден энергией Верховного Господа, которого называют Хираньягарбхой. Брахма в свою очередь произвел на свет семь великих мудрецов, а до них четверых других великих мудрецов — Санаку, Сананду, Санатану и Санат-кумара — и четырнадцать Ману. Эти двадцать пять великих мудрецов называются прародителями всех живых существ во вселенной. На свете бесчисленное множество вселенных, в каждой из них бесчисленное множество планет, и каждая населена разнообразными живыми существами. Все они ведут свое начало от двадцати пяти прародителей. В течение тысячи лет по исчислению полубогов Брахма совершал аскезу, прежде чем по милости Кришны понял, как сотворить вселенную. После этого Брахма произвел на свет Санаку, Сананду, Санатану и Санат-кумара, затем Рудру, а после него — семь великих мудрецов. Таким образом на свет появились все *брахманы* и *кшатрии,* порожденные энергией Верховной Личности Бога. Брахму называют Питамахой, дедом, а Кришну — Прапитамахой, отцом деда. Об этом сказано в одиннадцатой главе «Бхагавад-гиты» (39).

ТЕКСТ 7　एतां विभूतिं योगं च मम यो वेत्ति तत्त्वतः ।
सोऽविकल्पेन योगेन युज्यते नात्र संशयः ॥ ७ ॥

*этāм вибхӯтим йогам ча　мама йо ветти таттватах̣
со 'викалпена йогена　йуджйате нāтра самӣайах̣*

этāм — это; *вибхӯтим* — великолепие; *йогам* — мистическое могущество; *ча* — также; *мама* — Мое; *йах̣* — который; *ветти* — знает; *таттватах̣* — действительно; *сах̣* — он; *авикалпена* — беспримесным; *йогена* — преданным служением; *йуджйате* — занимается; *на* — не; *атра* — здесь; *самӣайах̣* — сомнение.

Тот, кто действительно постиг Мое величие и мистическое могущество, посвящает всего себя чистому преданному служению; в этом нет и не может быть никаких сомнений.

КОММЕНТАРИЙ: Подняться на высшую ступень духовного совершенства — значит постичь Верховную Личность Бога. Пока человек не имеет твердой веры в то, что Верховный Господь является обладателем бесчисленных достояний, он не сможет заниматься преданным служением. Многие люди говорят, что Бог велик, но, как правило, они не знают, насколько Он велик. В этой главе описывается Его величие. Тот, кто действительно постиг величие Бога, немедленно предается Ему и посвящает себя преданному служению Господу. У человека, которому открылось подлинное величие Господа, нет другого выбора, кроме как предаться Ему. Получить это знание можно, обратившись к «Шримад-Бхагаватам», «Бхагавад-гите» и другим священным писаниям.

Во вселенной на разных планетах есть много полубогов, которые управляют материальным миром. Главными среди них являются Брахма, Господь Шива, четыре великих Кумара и некоторые другие. У обитателей вселенной много прародителей, но все они произошли от Верховного Господа, Кришны. Верховная Личность Бога, Кришна, является предком всех прародителей.

Таковы некоторые из достояний Всевышнего. Тот, кто убежден в их существовании, обретает непоколебимую веру в Кришну и, свободный от сомнений, посвящает себя преданному служению. Все эти знания необходимы для того, чтобы привлечь человека к преданному служению Господу. Мы не должны пренебрегать знанием о величии Кришны, ибо, осознав, сколь Он велик, мы сможем со всей искренностью посвятить себя служению Ему.

ТЕКСТ 8   अहं सर्वस्य प्रभवो मत्तः सर्वं प्रवर्तते ।
इति मत्वा भजन्ते मां बुधा भावसमन्विताः ॥ ८ ॥

*ахам сарвасйа прабхаво   маттах сарвам правартате
ити матва бхаджанте мам   будха бхава-саманвитах*

ахам — Я; *сарвасйа* — всего; *прабхавах* — источник творения; *маттах* — от Меня; *сарвам* — всё; *правартате* — исходит; *ити* — так; *матва* — познав; *бхаджанте* — поклоняются; *мам* — Мне; *будхах* — мудрецы; *бхава-саманвитах* — очень сосредоточенные.

Я источник всех духовных и материальных миров. Все исходит из Меня. Мудрецы, постигшие эту истину, служат и поклоняются Мне всем сердцем.

КОММЕНТАРИЙ: Знаток священных писаний, который в совершенстве изучил все Веды и получил знание от таких авторитетов, как Господь Чайтанья, и который действует в соответствии с этим знанием, становится способным понять, что Кришна — источник всего сущего в материальном и духовном мирах. До конца осознав это, он беспрерывно служит Верховному Господу. Никакие глупцы и их толкования священных писаний не заставят его сойти с этого пути. Все ведические *шастры* единодушно признают Кришну источником Брахмы, Шивы и других полубогов. В «Атхарва-веде» (Гопала-тапани-упанишад, 1.24) сказано: *йо брахманам видадхати пурвам йо ваи ведамш ча гапайати сма кришнах* — «Кришна Сам на заре творения передал Брахме ведическое знание, и Он же распространял это знание в прошлом». В «Нараяна-упанишад» (1) также сказано: *атха пурушо ха ваи нарайано 'камайата праджах срджейети* — «Тогда Верховная Личность, Нараяна, решил создать живых существ». Далее «Нараяна-упанишад» гласит: *нарайанад брахма джайате, нарайанад праджапатих праджайате, нарайанад индро джайате, нарайанад аштау васаво джайанте, нарайанад экадаша рудра джайанте, нарайанад двадашадитйах* — «От Нараяны родился Брахма и все великие прародители человечества. От Нараяны произошел Индра, из Него же возникли восемь Васу, одиннадцать Рудр и двенадцать Адитьев». А Сам Нараяна — воплощение Кришны.

В ведических писаниях также сказано: *брахманйо деваки-путрах* — «Сын Деваки, Кришна, — это Верховная Личность» (Нараяна-упанишад, 4). Далее говорится: *эко ваи нарайана асин на брахма на йшано напо нагни-самау неме дйав-апртхиви на накшатрани на сурйах* — «В начале творения существовала только Верховная Личность, Нараяна. Тогда не было ни Брахмы, ни Шивы, ни воды, ни огня, ни луны, ни звезд на небе, ни солнца» (Маха-упанишад, 1). «Маха-упанишад» гласит, что Господь Шива появился изо лба Верховного Господа. Таким образом, Веды утверждают, что единственным объектом поклонения является Верховный Господь, создатель Брахмы и Шивы.

В «Мокша-дхарме», одной из частей «Махабхараты», Кришна говорит:

> *праджапатим ча рудрам чапи*
> *ахам эва срджами ваи*
> *тау хи мам на виджанито*
> *мама майа-вимохитау*

«Великие патриархи, Шива и другие, сотворены Мной, хотя сами они, введенные в заблуждение Моей иллюзорной энергией, не ведают об этом». В «Вараха-пуране» также сказано:

> *нарайанах паро девас*
> *тасмадж джатай чатурмукхах*
> *тасмад рудро 'бхавад девах*
> *са ча сарва-джнатам гатах*

«Нараяна — это Верховная Личность Бога. Он произвел на свет Брахму, от которого родился Шива».

Господь Кришна — источник всего сущего, и Его называют самой действенной причиной творения. «Поскольку все исходит из Меня, — говорит Он, — Я изначальный источник всего. Все сущее подчинено Мне. Во всем творении нет никого выше Меня». Верховный повелитель только один — Кришна. Тот, кто таким образом постиг Кришну, следуя указаниям истинного духовного учителя и опираясь на ведические писания, использует всю свою энергию в сознании Кришны и становится по-настоящему мудрым. В сравнении с ним все остальные, те, кто не знает Кришну, — просто глупцы. Только глупец может считать Кришну обыкновенным человеком. Тот, кто обладает сознанием Кришны, не должен позволять глупцам и невеждам сбивать себя с толку; избегая неавторитетных комментариев и изданий «Бхагавад-гиты», он должен неуклонно идти по пути сознания Кришны.

ТЕКСТ 9   मच्चित्ता मद्गतप्राणा बोधयन्तः परस्परम् ।
कथयन्तश्च मां नित्यं तुष्यन्ति च रमन्ति च ॥ ९ ॥

мач-читта мад-гата-прана   бодхайантах параспарам
катхайанташ ча мам нитйам   тушйанти ча раманти ча

мат-читтах — те, чьи мысли полностью поглощены Мной; *мат-гата-пранах* — те, чья жизнь посвящена служению Мне; *бодхайан-*

тах — проповедующие; *параспарам* — друг другу; *катхайантах* — обсуждающие; *ча* — также; *мам* — Меня; *нитйам* — беспрестанно; *тушйанти* — получают удовлетворение; *ча* — также; *раманти* — испытывают духовное блаженство; *ча* — также.

Все мысли Моих чистых преданных поглощены Мной, и вся их жизнь посвящена Мне. Всегда делясь друг с другом знанием и беседуя обо Мне, они испытывают огромное удовлетворение и блаженство.

КОММЕНТАРИЙ: Чистые преданные, описанные в этом стихе, целиком посвящают себя любовному служению Господу. Их умы постоянно сосредоточены на лотосных стопах Кришны, и они говорят только на духовные темы. Здесь описаны отличительные черты чистых преданных. Такие преданные день и ночь прославляют качества и деяния Господа. Их сердца и души всегда погружены в Кришну, и, говоря о Нем с другими преданными, они получают от этого огромное удовольствие.

На начальном этапе преданного служения источником трансцендентного блаженства для них является само служение Господу, а достигнув духовной зрелости, они обретают любовь к Богу. На этом трансцендентном уровне они наслаждаются вкусом высшего блаженства, которое царит в обители Господа. Господь Чайтанья сравнивает преданное служение с семенем, посаженным в сердце живого существа. Бесчисленное множество живых существ скитается по вселенной, переходя с одной планеты на другую, и лишь очень немногим из них выпадает удача встретить на своем пути чистого преданного, который посвятит их в тайны преданного служения. Преданное служение подобно семени, которое попадает в сердце человека. И если такой человек постоянно слушает и повторяет: Харе Кришна, Харе Кришна, Кришна Кришна, Харе Харе / Харе Рама, Харе Рама, Рама Рама, Харе Харе, это семя дает всходы, подобно тому как прорастает семя дерева, поливаемое водой. Духовный росток преданного служения постепенно поднимается все выше и выше и, пройдя через оболочки материальной вселенной, достигает сияния *брахмаджьоти* в духовном небе. Продолжая расти, дерево преданного служения достигает высшей планеты духовного неба, Голоки Вриндаваны, высшей обители Кришны. На Голоке Вриндаване оно находит прибежище под сенью лотосных стоп Кришны и остается там навсегда. Так же как обыкновенное растение, росток преданного служения, начинает цвести и плодоносить, если преданный поливает его водой слушания и повторения. Полное описание древа преданного служения приводится в «Чайтанья-чаритамрите» (Мадхья-лила, гл. 19). Там сказано, что, когда росток служения находит прибежище под сенью лотосных стоп Верховного Господа, сердце преданного переполняет любовь к Богу; такой преданный ни мгновения не может прожить без Господа, как рыба не может жить без воды. В этом состоянии преданный, соприкоснувшийся с Верховной Личностью Бога, обретает все духовные качества.

Очень много рассказов о взаимоотношениях Верховного Господа и Его преданных содержится в «Шримад-Бхагаватам», поэтому «Шримад-Бхагаватам» так дорог преданным. Как сказано в самом «Бхагаватам» (12.13.18), *шримад-бхагаватам пуранам амалам йад ваишнаванам прийам*. В этом писании ничего не говорится о материальной деятельности, экономическом процветании, чувственных наслаждениях или об освобождении. «Шримад-Бхагаватам» — единственное произведение, где в полной мере описана трансцендентная природа Верховного Господа и Его преданных. Поэтому те, кто полностью развил в себе сознание Кришны, постоянно испытывают наслаждение, слушая эти трансцендентные повествования, подобно тому как юноша и девушка наслаждаются общением друг с другом.

ТЕКСТ 10 तेषां सततयुक्तानां भजतां प्रीतिपूर्वकम् ।
दददामि बुद्धियोगं तं येन मामुपयान्ति ते ॥ १० ॥

тешам сатата-йуктанам   бхаджатам прити-пурвакам
дадами буддхи-йогам там   йена мам упайанти те

тешам — их; *сатата-йуктанам* — всегда занятых; *бхаджатам* — преданным служением; *прити-пурвакам* — охваченным любовью; *дадами* — даю; *буддхи-йогам* — истинный разум; *там* — тот; *йена* — которым; *мам* — ко Мне; *упайанти* — приходят; *те* — они.

Тех, кто постоянно служит Мне с любовью и преданностью, Я наделяю разумом, который помогает им прийти ко Мне.

КОММЕНТАРИЙ: Особого внимания заслуживает употребленное в этом стихе слово *буддхи-йогам*. Во второй главе «Бхагавад-гиты» Господь, давая наставления Арджуне, сказал, что Он уже многое поведал ему, и пообещал рассказать о *буддхи-йоге*. Сейчас Он сделает это. *Буддхи-йога* — это деятельность в сознании Кришны, высшая форма проявления разума. *Буддхи* значит «разум», а *йога* значит «мистическое самосовершенствование». Когда человек старается вернуться домой, к Богу, и, преданно служа Ему, полностью погружается в сознание Кришны, его деятельность называют *буддхи-йогой*. Иначе говоря, *буддхи-йога* — это путь, ведущий к освобождению души из плена материального мира. Высшей целью духовного совершенствования является Кришна. Люди не знают об этом, вот почему так важно, чтобы они могли общаться с преданными и нашли истинного духовного учителя. Нужно знать, что высшая цель каждого — Кришна, а когда цель поставлена, можно медленно, но верно приближаться к ней, чтобы в конце концов достичь ее.

Если человек знает о цели жизни, но привязан к плодам своего труда, его действия называют *карма-йогой*. Если он знает, что цель жизни — Кришна, но при этом ему нравится философствовать и размышлять в попытках постичь Кришну, он занимается *гьяна-йогой*. А когда он знает о цели и ищет Кришну в сознании Кришны и преданном служении, он идет путем *бхакти-йоги,* или *буддхи-йоги,* которая является совершенной системой *йоги* и позволяет достичь высшей ступени совершенства.

Если человек получил посвящение у истинного духовного учителя и состоит в духовной организации, но, несмотря на это, ему недостает разума, чтобы достичь совершенства, то Кришна изнутри дает ему указания, которые в конечном счете помогут ему без труда прийти к Господу. Нужно только постоянно действовать в сознании Кришны и с любовью и преданностью служить Богу всеми возможными способами. Мы должны что-то делать для Кришны и делать это с любовью. Если преданный недостаточно разумен, чтобы продвигаться по пути самоосознания, но искренен и предан служению Господу, Господь Сам помогает ему достичь духовного совершенства и в конце концов прийти к Нему.

ТЕКСТ 11   तेषामेवानुकम्पार्थमहमज्ञानजं तमः ।
नाशयाम्यात्मभावस्थो ज्ञानदीपेन भास्वता ॥ ११ ॥

*тешам эванукампартхам   ахам аджняна-джам тамах
нашайами атма-бхава-стхо   джняна-дипена бхасвата*

тешам — их; *эва* — безусловно; *анукампа-артхам* — чтобы оказать особую милость; *ахам* — Я; *аджняна-джам* — порожденную неведением; *тамах* — тьму; *нашайами* — рассеиваю; *атма-бхава* — в их сердцах; *стхах* — находящийся; *джняна* — знания; *дипена* — светильником; *бхасвата* — ярким.

Желая оказать им особую милость, Я, находящийся в их сердцах, рассеиваю царящую там тьму неведения светочем знания.

КОММЕНТАРИЙ: Когда Господь Чайтанья начал петь *мантру* Харе Кришна, Харе Кришна, Кришна Кришна, Харе Харе / Харе Рама, Харе Рама, Рама Рама, Харе Харе на улицах Бенареса, послушать Его собирались тысячные толпы. В это время в Бенаресе жил очень известный и влиятельный философ Пракашананда Сарасвати, который стал высмеивать Господа Чайтанью, обвиняя Его в сентиментальности. Иногда философы-*майявади* критикуют преданных, считая, что большинство из них с философской точки зрения являются невежественными и наивными сентименталистами. Однако на самом деле все далеко не так. Среди тех, кто разработал философию *бхакти*, много выдающихся философов. Однако, даже если преданный не изучает написанных ими произведений и не прибегает к помощи духовного учителя, но вместе с тем искренне занимается преданным служением, Кришна, находящийся в его сердце, Сам помогает ему. Поэтому искренний преданный, действующий в сознании Кришны, не может оставаться в невежестве. Чтобы полностью избавиться от невежества, достаточно заниматься преданным служением, погрузившись в сознание Кришны.

Философы-*майявади* считают, что, не обладая аналитическим разумом, невозможно обрести чистое знание. Ответ на это содержится в словах Верховного Господа: те, кто занимается чистым преданным служением, даже если они не имеют надлежащего образования и не знают всех предписаний Вед, все равно, как сказано в этом стихе, получат помощь Господа.

Господь говорит Арджуне, что Высшую, Абсолютную Истину, Верховную Личность Бога, невозможно постичь с помощью философских рассуждений, ибо Высшая Истина столь велика, что Ее нельзя охватить умом или постичь усилием разума. Человек может философствовать миллионы лет, но, если в сердце его нет преданности, нет любви к Высшей Истине, он никогда не поймет Кришну, или Высшую Истину. Господь с помощью Своей непостижимой энергии открывает Себя в сердце такого чистого преданного, только когда ему удается удовлетворить Высшую Истину, Кришну, своим служением. Чистый преданный всегда носит Кришну в своем сердце, и благодаря присутствию Кришны, который подобен солнцу, тьма неведения в его сердце тотчас рассеивается. Это особая милость, которую Кришна оказывает Своему чистому преданному.

Пыль материализма, скопившаяся в нас за многие миллионы жизней в материальном мире, покрывает наше сердце толстым слоем, но, если мы занимаемся преданным служением и постоянно повторяем *мантру* Харе Кришна, наше сердце быстро очищается от грязи и мы обретаем чистое знание. Достичь высшей цели, Вишну, можно, только повторяя святые имена и служа Ему, а не с помощью философских рассуждений и дебатов. Чистому преданному не нужно заботиться об удовлетворении своих материальных потребностей. Ему не о чем беспокоиться, ибо, когда тьма в его сердце рассеивается, он получает все необходимое от Верховного Господа, довольного его любовным преданным служением. В этом суть учения «Бхагавад-гиты». Изучая «Бхагавад-гиту», человек может безраздельно предаться Господу и посвятить себя чистому преданному служению. И когда Господь берет на Себя заботу о преданном, преданный освобождается от всех материальных устремлений.

ТЕКСТЫ 12–13

अर्जुन उवाच
परं ब्रह्म परं धाम पवित्रं परमं भवान् ।
पुरुषं शाश्वतं दिव्यमादिदेवमजं विभुम् ॥ १२ ॥
आहुस्त्वामृषयः सर्वे देवर्षिर्नारदस्तथा ।
असितो देवलो व्यासः स्वयं चैव ब्रवीषि मे ॥ १३ ॥

арджуна увача
парам брахма парам дхама   павитрам парамам бхаван
пурушам шашватам дивйам   ади-девам аджам вибхум

ахус твам ршайах сарве   деваршир нарадас татха
асито девало вйасах   свайам чаива бравиши ме

арджунах увача — Арджуна сказал; *парам* — высшая; *брахма* — истина; *парам* — высшая; *дхама* — обитель; *павитрам* — чистый; *парамам* — самый; *бхаван* — Ты; *пурушам* — личность; *шашватам* — вечная; *дивйам* — божественная; *ади-девам* — изначальный Господь; *аджам* — нерожденный; *вибхум* — величайший; *ахух* — называют; *твам* — Тебя; *ршайах* — мудрецы; *сарве* — все; *деварших* — мудрец среди полубогов; *нарадах* — Нарада; *татха* — также; *аситах* — Асита; *девалах* — Девала; *вйасах* — Вьяса; *свайам* — Сам; *ча* — и; *эва* — ведь; *бравиши* — говоришь; *ме* — мне.

Арджуна сказал: Ты Верховная Личность Бога, высшая обитель, чистейший, Абсолютная Истина. Ты вечная, божественная, изначальная личность, нерожденная и величайшая. Все великие мудрецы, такие как Нарада, Асита, Девала и Вьяса, подтверждают эту истину, и теперь Ты Сам говоришь мне об этом.

КОММЕНТАРИЙ: В этих двух стихах Верховный Господь дает философам-*майявади* возможность понять, что Всевышний отличен от индивидуальной души. Услышав четыре стиха, составляющие суть «Бхагавад-гиты», Арджуна избавился от всех сомнений и признал Кришну Верховной Личностью Бога. Он сразу же, не колеблясь, заявил: «Ты *парам брахма*, Верховная Личность Бога». До этого Сам Кришна говорил, что Он источник всего сущего. Каждый полубог и каждый человек находится в зависимости от Него. Только по невежеству своему люди и полубоги мнят себя абсолютными и независимыми от Верховной Личности Бога. Полностью рассеять эту тьму невежества можно, только преданно служа

Господу. Об этом говорил в предыдущем стихе Сам Господь. Теперь по Его милости Арджуна принимает Его как Высшую Истину, что находится в полном соответствии с предписаниями Вед. Не следует думать, что Арджуна называет Кришну Верховной Личностью Бога, Абсолютной Истиной, желая польстить своему близкому другу. Все, о чем Арджуна говорит в этих двух стихах, находит подтверждение в Ведах. Веды утверждают, что постичь Верховного Господа можно, лишь встав на путь преданного служения, и никак иначе. Каждое слово, произнесенное Арджуной в этом стихе, подтверждают Веды.

«Кена-упанишад» утверждает, что Верховный Брахман является опорой всего сущего, и Кришна уже говорил, что все сущее покоится на Нем. «Мундака-упанишад» подтверждает, что постичь Верховного Господа, основу всего сущего, могут лишь те, кто беспрестанно думает о Нем. Постоянные размышления о Кришне, которые называются *смаранам*, являются одной из форм преданного служения. Только благодаря преданному служению человек может постичь свою истинную природу и избавиться от материального тела.

Веды называют Верховного Господа чистейшим из чистых. Тот, кто понял это, избавляется от всех последствий своих грехов. Не предавшись Верховному Господу, невозможно очиститься от греховной скверны. Слова Арджуны о том, что Кришна чистейший, тоже соответствуют утверждениям Вед и мнению великих мудрецов во главе с Нарадой.

Кришна — Верховная Личность Бога, поэтому мы должны постоянно думать о Нем. Так мы сможем наслаждаться духовными отношениями с Ним. Он высшее бытие. Он свободен от телесных потребностей и не подвластен рождению и смерти. Это утверждает не только Арджуна, но и все ведические писания, Пураны и исторические хроники. Все *шастры* описывают Кришну подобным образом, и в четвертой главе «Бхагавад-гиты» Верховный Господь Сам говорит: «Хотя Я нерожденный, Я нисхожу на землю, чтобы восстановить основы религии». Он изначальный источник всего сущего; у Него нет причины, ибо Он Сам причина всех причин и все исходит от Него. Обрести это совершенное знание можно по милости Верховного Господа.

По милости Кришны Арджуна выражает здесь свои чувства. Если мы хотим понять смысл «Бхагавад-гиты», то должны принять все, о чем говорится в этих двух стихах. Это называется *парампарой*, цепью ученической преемственности. Не принадлежа к ученической преемственности, невозможно понять «Бхагавад-гиту». Ее смысл нельзя постичь, полагаясь только на свою «образованность». Как это ни прискорбно, ученые, гордящиеся своим образованием, несмотря на многочисленные утверждения Вед, упрямо продолжают считать Кришну обыкновенным человеком.

ТЕКСТ 14   सर्वमेतदृतं मन्ये यन्मां वदसि केशव ।
न हि ते भगवन्व्यक्तिं विदुर्देवा न दानवाः ॥ १४ ॥

*сарвам этад ртам манйе   йан мам вадаси кешава
на хи те бхагаван вйактим   видур дева на данавах*

сарвам — всю; *этат* — эту; *ртам* — истину; *манйе* — считаю; *йат* — которую; *мам* — мне; *вадаси* — говоришь; *кешава* — о Кришна; *на* — не; *хи* — безусловно; *те* — Твое; *бхагаван* — о Личность Бога; *вйактим* — откровение; *видух* — знают; *девах* — полубоги; *на* — ни; *данавах* — демоны.

О Кришна, все, о чем Ты мне рассказал, я принимаю как истину. Ни полубоги, ни демоны, о Господь, не способны постичь Тебя.

КОММЕНТАРИЙ: Арджуна подтверждает здесь, что демоны и атеисты не способны постичь Кришну. Его не могут постичь даже полубоги, не говоря уже о современных горе-ученых. По милости Верховного Господа Арджуна понял, что Высшая Истина — это Кришна, всесовершенная Личность Бога. Каждый из нас должен последовать примеру Арджуны, стоящего первым в ученической преемственности, по которой передается «Бхагавад-гита». Как говорилось в четвертой главе, *парампара,* цепь учителей, по которой передается учение «Бхагавад-гиты», была прервана, поэтому Кришна восстановил ее, сделав Арджуну, которого считал Своим близким другом и великим преданным, первым звеном в этой цепи. Вот почему, как было сказано во введении к «Гитопанишад», знание, содержащееся в «Бхагавад-гите», должно быть получено по *парампаре.* Когда *парампара* была прервана, Арджуна был избран на роль ее продолжателя. По примеру Арджуны мы должны безоговорочно принять все сказанное Кришной, тогда мы сможем постичь суть «Бхагавад-гиты» и только тогда осознаем, что Кришна — Верховная Личность Бога.

ТЕКСТ 15   स्वयमेवात्मनात्मानं वेत्थ त्वं पुरुषोत्तम ।
भूतभावन भूतेश देवदेव जगत्पते ॥ १५ ॥

*свайам эватманатманам   веттха твам пурушоттама
бхута-бхавана бхутеша   дева-дева джагат-пате*

свайам — Сам; *эва* — только; *атмана* — Собой; *атманам* — Себя; *веттха* — знаешь; *твам* — Ты; *пуруша-уттама* — о величайший из всех; *бхута-бхавана* — о источник всего сущего; *бхута-*

йша—о властитель всего; *дева-дева*—о повелитель полубогов; *джагат-пате*—о владыка вселенной.

Воистину, только Ты, о Верховная Личность, источник всего сущего, властитель всех живых существ, Бог богов и повелитель вселенной, посредством Своей внутренней энергии знаешь Себя.

КОММЕНТАРИЙ: Постичь Верховного Господа, Кришну, могут только те, кто связан с Ним посредством преданного служения, подобно Арджуне и его последователям. Демонам и атеистам никогда не постичь Господа. Философские рассуждения, отдаляющие человека от Верховного Господа, — тяжкий грех, поэтому те, кто не знает Кришны, не должны пытаться комментировать «Бхагавад-гиту». «Бхагавад-гита» рассказана Самим Кришной, и, поскольку она является наукой о Кришне, постичь заключенное в ней знание можно, только получив его от Кришны, как это сделал Арджуна. Оно не может быть получено от атеистов.

В «Шримад-Бхагаватам» (1.2.11) сказано:

> *ваданти тат таттва-видас*
> *таттвам йадж джн̄āнам адвайам*
> *брахмети парамāтмети*
> *бхагавāн ити шабдйате*

Высшую Истину постигают в трех аспектах: в аспекте безличного Брахмана, в образе Параматмы в сердце живого существа и, наконец, в образе Верховной Личности Бога. Таким образом, постижение Верховной Личности Бога является последним этапом осознания Абсолютной Истины. Обыкновенный человек и даже человек, получивший освобождение и постигший безличный Брахман или Параматму в сердце всех живых существ, не обязательно понимает, что Бог — личность. Для того чтобы постичь Верховную Личность, таким людям нужно читать стихи «Бхагавад-гиты», произнесенные этой личностью, Кришной. Некоторые имперсоналисты признают Кришну Бхагаваном и принимают Его авторитет, но далеко не все из тех, кто обрел освобождение, в состоянии понять, что Кришна — это Пурушоттама, Верховная Личность. Поэтому Арджуна называет Его Пурушоттамой. Даже поняв это, бывает трудно осознать, что Кришна — отец всех живых существ. Поэтому Арджуна называет Его Бхута-бхаваной. Но даже тот, кому известно, что Кришна является отцом всех живых существ, может не знать, что Он верховный повелитель. Поэтому, обращаясь к Кришне, Арджуна называет Его Бхутешей, верховным повелителем. Но и те, кто признаёт Кришну верховным повелителем всех живых существ, могут не знать, что Он источник всех полубогов, поэтому Арджуна называет Его Девадевой, Господом, которому поклоняются все полубоги. И наконец, для тех, кто знает Кришну как объект поклонения полубогов, но не понимает, что Он верховный властелин, повелитель всего сущего, Арджуна называет Его Джагатпати. Итак, Арджуна, которому открылась истина о Кришне, провозглашает ее в этом стихе, и мы, последовав его примеру, тоже сможем постичь Кришну таким, какой Он есть.

ТЕКСТ 16 वक्तुमर्हस्यशेषेण दिव्या ह्यात्मविभूतयः ।
याभिर्विभूतिभिर्लोकानिमांस्त्वं व्याप्य तिष्ठसि ॥ १६ ॥

вактум архасй аш́еш́ена дивйа̄ хй а̄тма-вибхӯтайах̣
йа̄бхир вибхӯтибхир лока̄н има̄м̇с твам̇ вйа̄пйа тишт̣хаси

вактум — рассказать; *архаси* — заслуживаешь; *аш́еш́ена* — целиком; *дивйа̄х̣* — божественные; *хи* — конечно; *а̄тма* — Свои; *вибхӯтайах̣* — богатства; *йа̄бхих̣* — которыми; *вибхӯтибхих̣* — богатствами; *лока̄н* — планеты; *има̄н* — эти; *твам* — Ты; *вйа̄пйа* — пронизывая; *тишт̣хаси* — находишься.

Пожалуйста, подробно расскажи о Своих божественных достояниях, которыми Ты пронизываешь все миры.

КОММЕНТАРИЙ: Из этого стиха явствует, что сам Арджуна был удовлетворен открывшемся ему знанием о Верховной Личности Бога, Кришне. Милостью Кришны у Арджуны был личный духовный опыт, разум и знание, а также все то, что можно получить с их помощью, и он понял, что Кришна — Верховная Личность Бога. У него самого не осталось никаких сомнений, и тем не менее он просит Кришну рассказать о том, как Он пронизывает Собой все сущее. Люди вообще и имперсоналисты в особенности интересуются главным образом вездесущей ипостасью Всевышнего. Поэтому Арджуна попросил Кришну объяснить, каким образом Его разнообразные энергии делают Его вездесущим. Нужно понимать, что Арджуна задает этот вопрос от лица обыкновенных людей.

ТЕКСТ 17 कथं विद्यामहं योगिंस्त्वां सदा परिचिन्तयन् ।
केषु केषु च भावेषु चिन्त्योऽसि भगवन्मया ॥ १७ ॥

катхам̇ видйа̄м ахам̇ йогим̇с тва̄м̇ сада̄ паричинтайан
кешу кешу ча бха̄вешу чинтйо 'си бхагаван майа̄

катхам — как; *видйа̄м ахам* — я постигну; *йогин* — о высший мистик; *тва̄м* — Тебя; *сада̄* — всегда; *паричинтайан* — мысля; *кешу* — в каких; *кешу* — в каких; *ча* — также; *бха̄вешу* — в проявлениях; *чинтйах̣ аси* — есть тот, о ком следует помнить; *бхагаван* — о Всевышний; *майа̄* — мне.

О Кришна, о высший мистик, как мне научиться постоянно думать о Тебе и как постичь Тебя? В каких из Твоих многочисленных проявлений должен я помнить Тебя, о Верховная Личность Бога?

КОММЕНТАРИЙ: Как было сказано в одной из предыдущих глав, Господь, Верховная Личность Бога, скрыт от нас *йога-майей*. Увидеть Господа могут только души, покорные Ему, Его преданные. Сам Арджуна нисколько не сомневается в том, что Его друг, Кришна — Верховный Господь, но он хочет узнать, как обыкновенные люди могут постичь вездесущего Господа. Обыкновенные люди, включая демонов и атеистов, не способны понять Кришну, скрытого от них *йога-майей*. Поэтому Арджуна, заботясь о них, задает эти вопросы. Возвышенный преданный не только сам стремится постичь Кришну, но и заботится о том, чтобы Его постигли все люди. Будучи, как и всякий вайшнав, необыкновенно милостивым, Арджуна хочет открыть людям знание о том, как Верховный Господь пребывает во всем сущем. Он называет Кришну *йогин*, имея в виду, что Шри Кришна повелевает *йога-майей*, которая скрывает Его от обыкновенных людей и которая может открыть Его им. Обыкновенный человек, не обладающий любовью к Кришне, не может постоянно думать о Нем, поэтому он вынужден мыслить материальными категориями. Арджуна учитывает образ мыслей мирских людей с материалистическим складом ума. Слова *кешу кешу ча бхавешу* относятся к материальной природе (*бхава* значит «материальные предметы»). Поскольку материалисты не способны постичь духовную природу Кришны, им рекомендуют медитировать на материальные предметы и стараться разглядеть в них присутствие Кришны.

ТЕКСТ 18 विस्तरेणात्मनो योगं विभूतिं च जनार्दन ।
भूयः कथय तृप्तिर्हि श्रृण्वतो नास्ति मेऽमृतम् ॥ १८ ॥

вистаренатмано йогам   вибхӯтим ча джанардана
бхӯйах катхайа трптир хи   ирнвато насти ме 'мртам

вистарена — подробно; *атманах* — Свое; *йогам* — мистическое могущество; *вибхӯтим* — богатство; *ча* — и; *джана-ардана* — о покоритель атеистов; *бхӯйах* — вновь; *катхайа* — опиши; *трптих* — удовлетворение; *хи* — непременно; *ирнватах* — слушающего; *на асти* — не существует; *ме* — мой; *амртам* — нектар.

О Джанардана, еще раз прошу Тебя, расскажи как можно подробнее о Твоем мистическом могуществе и богатствах. Я никогда не устану слушать о Тебе, ибо чем больше я слушаю, тем сильнее жажду наслаждаться нектаром Твоих слов.

КОММЕНТАРИЙ: О том же самом говорили Суте Госвами мудрецы во главе с Шаунакой, собравшиеся в лесу Наймишаранья:

> *вайам ту на витрпйāма*
> *уттама-ш́лока-викраме*
> *йач чхрн̣ватāм̇ раса-джн̃āнāм̇*
> *свāду свāду паде паде*

«Даже тот, кто беспрестанно слушает повествования о божественных играх Кришны, которого славят в чудесных молитвах, никогда не пресытится ими. Те, кто вступил в духовные взаимоотношения с Кришной, наслаждаются описаниями игр Господа снова и снова» (Бхаг., 1.1.19). Поэтому Арджуна хочет снова услышать о Кришне, в частности его интересует, каким образом Он остается вездесущим Верховным Господом.

Что же касается *амртам,* нектара, то любое повествование, любое слово о Кришне подобно нектару. И каждый может насладиться вкусом этого нектара. В отличие от мирских рассказов, повестей и романов, которые очень скоро набивают у читателя оскомину, повествования о трансцендентных играх Господа Кришны можно слушать бесконечно. Именно поэтому летописи вселенной изобилуют повествованиями о деяниях различных воплощений Господа. Так, например, Пураны, описывающие события глубокой древности, содержат рассказы об играх многочисленных воплощений Господа. Поэтому, сколько бы люди ни читали их, они никогда не приедаются.

ТЕКСТ 19 श्रीभगवानुवाच
हन्त ते कथयिष्यामि दिव्या ह्यात्मविभूतयः ।
प्राधान्यतः कुरुश्रेष्ठ नास्त्यन्तो विस्तरस्य मे ॥ १९ ॥

ш́рӣ-бхагавāн увāча
ханта те катхайишйāми дивйā хй āтма-вибхӯтайах̣
прāдхāнйатах̣ куру-ш́решт̣ха нāстй анто вистарасйа ме

ш́рӣ-бхагавāн увāча — Верховный Господь сказал; *ханта* — о да; *те* — тебе; *катхайишйāми* — опишу; *дивйāх̣* — божественные; *хи* — непременно; *āтма-вибхӯтайах̣* — личные достоинства; *прāдхāнйатах̣* — самые главные; *куру-ш́решт̣ха* — о лучший из Куру; *на асти* — не существует; *антах̣* — предел; *вистарасйа* — распространения; *ме* — Моего.

Верховный Господь сказал: Хорошо, Я поведаю тебе о Своих блистательных проявлениях, но только о самых главных из них, о Арджуна, ибо величие Мое безгранично.

КОММЕНТАРИЙ: До конца постичь величие Кришны и Его достояний невозможно. Органы чувств индивидуальной души весьма ограниченны и не позволяют ей до конца понять деяния Кришны. И все же преданные стараются постичь Кришну. Но они не ставят своей целью понять Его полностью в какой-то момент времени или на каком-то определенном этапе жизни. Нет, рассказы о Кришне сами по себе доставляют им такое удовольствие, что кажутся чистым нектаром. Поэтому преданные наслаждаются, слушая их. Говоря о достояниях Кришны и Его разнообразных энергиях, чистые преданные испытывают духовное блаженство, и потому они хотят снова и снова слушать и говорить о них. Кришна знает, что живые существа не способны представить себе масштабы Его величия, поэтому Он согласился рассказать Арджуне только о главных проявлениях Своих разнообразных энергий. Особого внимания заслуживает употребленное здесь слово *прадхāнйатах* («главные»). Оно означает, что мы можем узнать только о некоторых основных проявлениях Верховного Господа, ибо Его проявления бесконечны. Постичь их все просто невозможно. А употребленное в этом стихе слово *вибхӯти* указывает на достояния, благодаря которым Господь повелевает мирозданием. В словаре «Амара-коша» сказано, что слово *вибхӯти* значит «исключительное великолепие».

Имперсоналисты и пантеисты не могут понять уникальные достояния Верховного Господа и то, как действуют Его божественные энергии. Этими энергиями пронизано все, что существует в материальном и духовном мирах. Сейчас Кришна собирается поведать Арджуне о тех Своих достояниях, которые доступны восприятию обыкновенных людей, и рассказать ему о части Своих разнообразных энергий.

ТЕКСТ 20　　अहमात्मा गुडाकेश सर्वभूताशयस्थितः ।
अहमादिश्च मध्यं च भूतानामन्त एव च ॥ २० ॥

ахам āтмā гуḍāкеш́а　сарва-бхӯтāш́айа-стхитах̣
ахам āдиш́ ча мадхйам̇ ча　бхӯтāнāм анта эва ча

ахам — Я; *āтмā* — душа; *гуḍāкеш́а* — о Арджуна; *сарва-бхӯта* — всех живых существ; *āш́айа-стхитах̣* — пребывающая в сердце; *ахам* — Я; *āдих̣* — начало; *ча* — также; *мадхйам* — середина; *ча* — также; *бхӯтāнāм* — живых существ; *антах̣* — конец; *эва* — безусловно; *ча* — и.

О Арджуна, Я Сверхдуша, пребывающая в сердце каждого живого существа. Я начало, середина и конец всего сущего.

КОММЕНТАРИЙ: В этом стихе Арджуна назван Гудакешей, то есть «одолевшим невежество и сон». Те, кто спит, погрузившись во тьму невежества, не способны постичь разнообразные проявления Верховной Личности Бога в материальном и духовном мирах. Поэтому имя, которым Кришна называет Арджуну, исполнено глубокого смысла. Поскольку Арджуна одолел невежество, Верховный Господь согласился рассказать Ему о Своих разнообразных богатствах.

Прежде всего Кришна говорит Арджуне, что в Своем первом воплощении Он является душой материального мироздания. Перед тем как сотворить материальный мир, Верховный Господь принимает форму *пуруша-аватар*, Своих полных экспансий, и тем самым дает начало всему сущему. Поэтому Он *атма*, душа *махат-таттвы*, совокупности материальных элементов, из которых состоит вселенная. Совокупная материальная энергия не является причиной творения, ее причиной является Маха-Вишну, который входит в *махат-таттву*, совокупную материальную энергию. Он ее душа. Сначала Маха-Вишну входит в проявленные вселенные, а затем проявляет Себя как Сверхдуша в каждом живом существе. Мы знаем, что материальное тело каждого существует только благодаря присутствию в нем духовной искры. Без нее тело не могло бы расти и развиваться. Подобно этому, материальный космос не мог бы развиваться, если бы в него не вошла Сверхдуша, Кришна. В «Субала-упанишад» сказано: *пракрти-ади-сарва-бхӯтāнтарйāмӣ сарва-шеши ча нāрāйанах* — «В образе Сверхдуши Верховная Личность Бога пребывает во всех проявленных вселенных».

Три *пуруша-аватары* описаны в «Шримад-Бхагаватам», а также в «Нарада-панчаратре». *Вишнос ту трӣни рӯпāни пурушāкхйāнӣ атхо видух:* в материальном мире Верховная Личность Бога проявляет Себя в трех формах — Каранодакашайи Вишну, Гарбходакашайи Вишну и Кширодакашайи Вишну. О Маха-Вишну, или Каранодакашайи Вишну, рассказывается в «Брахма-самхите» (5.47). *Йах кāранāрнава-джале бхаджати сма йога-нидрам:* Верховный Господь, Кришна, являющийся причиной всех причин, в образе Маха-Вишну возлежит на водах космического океана. Поэтому Верховную Личность Бога называют началом этой вселенной, хранителем всего сущего и концом всех проявлений материальной энергии.

ТЕКСТ 21   आदित्यानामहं विष्णुर्ज्योतिषां रविरंशुमान् ।
मरीचिर्मरुतामस्मि नक्षत्राणामहं शशी ॥ २१ ॥

āдитйāнāм ахам вишнур   джйотишāм равир амшумāн
марӣчир марутāм асми   накшатрāнāм ахам шашӣ

āдитйāнāм — из Адитьев; *ахам* — Я; *вишнух* — Верховный Господь; *джйотишāм* — из светил; *равих* — солнце; *амшу-мāн* — лучезарное; *маричих* — Маричи; *марутам* — Марутов; *асми* — (Я) есть; *накшатранам* — из звезд; *ахам* — Я; *йашй* — луна.

Из Адитьев Я Вишну, среди светил — лучезарное солнце, из Марутов Я Маричи, а среди звезд Я луна.

КОММЕНТАРИЙ: Из двенадцати Адитьев главный — Кришна. Из всех небесных светил главное — солнце, которое в «Брахма-самхите» названо сияющим оком Верховного Господа. В космическом пространстве дует пятьдесят ветров, и Маричи, божество, управляющее их движением, представляет Кришну.

Среди звезд самой яркой на ночном небе является луна, поэтому она также представляет Кришну. Из этого стиха явствует, что луна относится к числу звезд. Отсюда можно заключить, что звезды, мерцающие в небе, тоже отражают свет солнца. Веды отвергают представления о существовании во вселенной множества солнц. Солнце одно, а звезды, так же как и луна, светят отраженным светом. Поскольку в этом стихе «Бхагавад-гиты» луна отнесена к категории звезд, мерцающие в небе звезды не являются солнцами, но подобны луне.

ТЕКСТ 22   वेदानां सामवेदोऽस्मि देवानामस्मि वासवः ।
इन्द्रियाणां मनश्चास्मि भूतानामस्मि चेतना ॥ २२ ॥

веданам сама-ведо 'сми   деванам асми васавах
индрийанам манаш часми   бхутанам асми четана

веданам — из Вед; *сама-ведах* — «Сама-веда»; *асми* — (Я) есть; *деванам* — из полубогов; *асми* — (Я) есть; *васавах* — царь небес; *индрийанам* — из чувств; *манах* — ум; *ча* — также; *асми* — (Я) есть; *бхутанам* — из живых существ; *асми* — (Я) есть; *четана* — жизненная сила.

Из Вед Я «Сама-веда», среди полубогов Я царь небес Индра, из чувств Я ум, а в живых существах Я жизненная сила [сознание].

КОММЕНТАРИЙ: Разница между материей и духом заключается в том, что, в отличие от живого существа, материя не обладает сознанием. Поэтому вечное сознание является высшим началом. Сознание не может возникнуть в результате соединения материальных элементов.

ТЕКСТ 23   रुद्राणां शङ्करश्चास्मि वित्तेशो यक्षरक्षसाम् ।
वसूनां पावकश्चास्मि मेरुः शिखरिणामहम् ॥ २३ ॥

рудранам шанкараш часми   виттешо йакша-ракшасам
васунам павакаш часми   мерух шикхаринам ахам

рудрāнāм — из Рудр; *ш́анкарах* — Господь Шива; *ча* — также; *асми* — (Я) есть; *витта-йш́ах* — казначей полубогов; *йакша-ракшасāм* — среди якшей и ракшасов; *васӯнāм* — из Васу; *пāваках* — огонь; *ча* — также; *асми* — (Я) есть; *мерух* — Меру; *ш́икхаринāм* — из всех гор; *ахам* — Я.

Из Рудр Я Господь Шива, среди якшей и ракшасов Я хранитель сокровищ [Кувера], из Васу Я огонь [Агни], а среди гор Я гора Меру.

КОММЕНТАРИЙ: Существует одиннадцать Рудр, главный из которых Шанкара, Господь Шива. Он воплощение Верховного Господа, управляющее материальной *гуной* невежества. Предводителем якшей и ракшасов является Кувера, казначей полубогов, представляющий Верховного Господа. Меру — это гора, знаменитая своими богатствами.

ТЕКСТ 24 पुरोधसां च मुख्यं मां विद्धि पार्थ बृहस्पतिम् ।
सेनानीनामहं स्कन्दः सरसामस्मि सागरः ॥ २४ ॥

пуродхасāм̇ ча мукхйам̇ мāм̇ виддхи пāртха брхаспатим
сенāнӣнāм ахам̇ скандах сарасāм асми сāгарах

пуродхасāм — из жрецов; *ча* — также; *мукхйам* — главного; *мāм* — Меня; *виддхи* — знай; *пāртха* — о сын Притхи; *брхаспатим* — Брихаспати; *сенāнӣнāм* — среди военачальников; *ахам* — Я; *скандах* — Карттикея; *сарасāм* — из водоемов; *асми* — (Я) есть; *сāгарах* — океан.

Знай же, О Арджуна, что среди жрецов Я главный жрец, Брихаспати. Среди военачальников Я Карттикея, а среди водоемов — океан.

КОММЕНТАРИЙ: Индра — глава полубогов, обитающих на райских планетах, царь небес, а планету, на которой он правит, называют Индралокой. Брихаспати — это жрец Индры, и, поскольку Индра является главным из всех правителей, Брихаспати — это главный из всех жрецов. Подобно тому как Индра — главный из всех правителей, Сканда, или Карттикея, — глава всех военачальников. А из всех водоемов величайшим является океан. Все это дает лишь отдаленное представление о величии Кришны.

ТЕКСТ 25 महर्षीणां भृगुरहं गिरामस्म्येकमक्षरम् ।
यज्ञानां जपयज्ञोऽस्मि स्थावराणां हिमालयः ॥ २५ ॥

махаршӣнāм̇ бхргур ахам̇ гирāм асмй экам акшарам
йаджн̃āнāм̇ джапа-йаджн̃о 'сми стхāварāнāм̇ химāлайах

маха-ршӣна̄м — среди великих мудрецов; *бхр̣гух̣* — Бхригу; *ахам* — Я; *гира̄м* — из звуков; *асми* — (Я) есть; *экам акшарам* — *пранава; йаджн̃а̄на̄м* — из жертвоприношений; *джапа-йаджн̃ах̣* — повторение святых имен; *асми* — (Я) есть; *стха̄вара̄н̣а̄м* — из неподвижных; *хима̄лайах̣* — Гималаи.

Из великих мудрецов Я Бхригу, а среди звуков Я трансцендентный звук *ом*. Из жертвоприношений Я повторение святых имен [*джапа*], а из недвижимого — Гималайские горы.

КОММЕНТАРИЙ: Брахма, первое живое существо во вселенной, произвел на свет нескольких сыновей, породивших различные виды жизни. Среди его сыновей-мудрецов самый могущественный — Бхригу. Из всех духовных звуков Кришну представляет звук *ом* (*омкара*). А из всех жертвоприношений чистейшим олицетворением Кришны является повторение *мантры* Харе Кришна, Харе Кришна, Кришна Кришна, Харе Харе / Харе Рама, Харе Рама, Рама Рама, Харе Харе. Иногда Веды рекомендуют приносить в жертву животных, но жертвоприношение, состоящее в повторении *мантры* Харе Кришна, никак не связано с насилием. Это самое простое и самое чистое из жертвоприношений. Все возвышенное в мире олицетворяет Кришну. Поэтому величайшие на Земле горы, Гималаи, также символизируют Кришну. В предыдущем стихе говорилось о горе Меру, но Меру иногда сдвигается с места, в то время как Гималаи всегда остаются неподвижными. Поэтому Гималаи превосходят Меру.

ТЕКСТ 26 अश्वत्थः सर्ववृक्षाणां देवर्षीणां च नारदः ।
गन्धर्वाणां चित्ररथः सिद्धानां कपिलो मुनिः ॥ २६ ॥

*ашваттхах̣ сарва-вр̣кша̄на̄м   деваршӣн̣а̄м̇ ча на̄радах̣
гандхарва̄н̣а̄м̇ читраратхах̣   сиддха̄на̄м̇ капило муних̣*

ашваттхах̣ — дерево баньян; *сарва-вр̣кша̄на̄м* — из всех деревьев; *дева-ршӣн̣а̄м* — из мудрецов среди полубогов; *ча* — и; *на̄радах̣* — Нарада; *гандхарва̄н̣а̄м* — из жителей планеты гандхарвов; *читраратхах̣* — Читраратха; *сиддха̄на̄м* — из совершенных живых существ; *капилах̣ муних̣* — Капила Муни.

Из деревьев Я баньян, а из мудрецов среди полубогов — Нарада. Из Гандхарвов Я Читраратха, а среди совершенных живых существ Я мудрец Капила.

КОММЕНТАРИЙ: Дерево баньян (*ашваттха*) — одно из самых высоких и красивых деревьев, и многие индийцы поклоняются ему во время ежедневного утреннего ритуала. Наряду с полубогами в Индии поклоняются Нараде, который считается величайшим преданным во вселенной. Поэтому он представляет Кришну среди преданных. На планете гандхарвов живут искусные певцы и музыканты, лучшим из которых является Читраратха. Среди совершенных живых существ Кришну представляет Капила, сын Девахути. Его считают воплощением Кришны, и Его учение изложено в «Шримад-Бхагаватам». Позднее приобрел известность другой Капила, но он проповедовал атеистическое учение. Таким образом, это совсем разные личности.

ТЕКСТ 27 उच्चैःश्रवसमश्वानां विद्धि मामृतोद्भवम् ।
ऐरावतं गजेन्द्राणां नराणां च नराधिपम् ॥ २७ ॥

уччаихшравасам ашванам виддхи мам амртодбхавам
аираватам гаджендранам наранам ча нарадхипам

уччаихшравасам — Уччайхшраву; *ашванам* — из скакунов; *виддхи* — знай; *мам* — Меня; *амрта-удбхавам* — появившегося на свет во время пахтанья океана; *аираватам* — Айравату; *гаджа-индранам* — из могучих слонов; *наранам* — из людей; *ча* — и; *нара-адхипам* — царя.

Среди скакунов Я Уччайхшрава, появившийся на свет во время пахтанья океана. Среди могучих слонов Я Айравата, а среди людей — царь.

КОММЕНТАРИЙ: Полубоги (слуги Господа) и демоны *(асуры)* взялись однажды пахтать молочный океан. В результате пахтанья появились нектар и яд. Яд выпил Господь Шива, а из нектара возникло много живых существ, среди которых был конь Уччайхшрава и слон Айравата. Так как они появились из нектара, это не обычные животные, и потому они представляют Кришну.

Среди людей представителем Кришны является царь, поскольку Кришна заботится обо всей вселенной, и цари, ставшие царями в силу своей праведности, также пекутся о благополучии своих подданных. Такие правители, как Махараджа Юдхиштхира, Махараджа Парикшит и Господь Рама, были в высшей степени благочестивыми царями, которые всегда заботились о своих подданных. Веды называют царя представителем Бога на земле. В наше время вместе с забвением принципов религии монархия пришла в упадок и в конце концов была упразднена. Однако очевидно, что в прошлом люди, находившиеся под опекой праведных царей, были счастливее.

ТЕКСТ 28 आयुधानामहं वज्रं धेनूनामस्मि कामधुक् ।
प्रजनश्चास्मि कन्दर्पः सर्पाणामस्मि वासुकिः ॥ २८ ॥

āйудхāнāм ахам ваджрам дхенӯнāм асми кāмадхук
праджанаиш чāсми кандарпах сарпāнāм асми вāсуких

āйудхāнāм — из оружия; *ахам* — Я; *ваджрам* — молния; *дхенӯ-нāм* — среди коров; *асми* — (Я) есть; *кāма-дхук* — корова *сурабхи;* *праджанах* — причина появления потомства; *ча* — также; *асми* — (Я) есть; *кандарпах* — бог любви; *сарпāнāм* — среди змеев; *асми* — (Я) есть; *вāсуких* — Васуки.

Из оружия Я молния, среди коров Я *сурабхи*. Из причин появления потомства Я Кандарпа, бог любви, а среди змеев Я Васуки.

КОММЕНТАРИЙ: Молния, поистине сокрушительное оружие, является символом могущества Кришны. На Кришналоке, планете в духовном небе, есть коровы, которых можно доить в любое время суток и получать сколько угодно молока. Разумеется, в материальном мире таких коров нет, но на Кришналоке они есть. У Господа много таких коров, и их называют *сурабхи*. Говорится, что Господь пасет коров *сурабхи*. Кандарпа олицетворяет половое влечение, которое ведет к зачатию благочестивых сыновей, поэтому он является представителем Кришны. Половые отношения, в которые вступают только ради удовольствия, никак не связаны с Кришной. Однако половые отношения ради зачатия благочестивого потомства называются Кандарпой и представляют Кришну.

ТЕКСТ 29　अनन्तश्चास्मि नागानां वरुणो यादसामहम् ।
पितॄणामर्यमा चास्मि यमः संयमतामहम् ॥ २९ ॥

ананташ чāсми нāгāнāм варуно йāдасāм ахам
питрнāм арйамā чāсми йамах самйаматāм ахам

анантах — Ананта; *ча* — также; *асми* — (Я) есть; *нāгāнāм* — из многоглавых змеев; *варунах* — полубог, повелевающий водной стихией; *йāдасāм* — из обитателей вод; *ахам* — Я; *питрнāм* — из предков; *арйамā* — Арьяма; *ча* — также; *асми* — (Я) есть; *йамах* — повелитель смерти; *самйаматāм* — из вершащих правосудие; *ахам* — Я.

Среди многоглавых нагов Я Ананта, а среди обитателей вод — полубог Варуна. Среди предков Я Арьяма, а среди вершащих правосудие — Яма, повелитель смерти.

КОММЕНТАРИЙ: Среди многоглавых змеев, нагов, самым великим является Ананта, а среди обитателей вод — полубог Варуна. Оба они представляют Кришну. Кроме того, существует планета питов, предков, которой правит Арьяма — представитель Кришны. Есть много живых существ, карающих грешников, и главный среди них — Яма. Он живет на планете, находящейся недалеко от Земли. Неисправимых грешников после смерти приводят на эту планету, и Яма назначает им соответствующее наказание.

ТЕКСТ 30 प्रह्लादश्चास्मि दैत्यानां कालः कलयतामहम् ।
मृगाणां च मृगेन्द्रोऽहं वैनतेयश्च पक्षिणाम् ॥ ३० ॥

*прахлāдаш чāсми даитйāнāм кāлах калайатāм ахам
мргāн̣āм ча мргендро 'хам ваинатейаш ча пакшин̣āм*

прахлāдах̣ — Прахлада; *ча* — также; *асми* — (Я) есть; *даитйā-нāм* — из демонов; *кāлах* — время; *калайатāм* — из разрушителей; *ахам* — Я; *мргāн̣āм* — среди зверей; *ча* — и; *мрга-индрах̣* — лев; *ахам* — Я; *ваинатейах̣* — Гаруда; *ча* — также; *пакшин̣āм* — из птиц.

Среди демонов Дайтьев Я праведный Прахлада, из разруши-тельных сил Я время, среди зверей Я лев, а среди птиц — Гаруда.

КОММЕНТАРИЙ: Дити и Адити — сестры. Сыновей Адити называ-ют Адитьями, а сыновей Дити — Дайтьями. Все Адитьи — пре-данные Господа, а Дайтьи — безбожники. Хотя Махараджа Пра-хлада появился на свет в семье Дайтьев, он с самого детства был великим преданным Господа. Поскольку он беззаветно служил Гос-поду и был наделен божественными качествами, его считают пред-ставителем Кришны.

Есть много разрушительных сил, но время кладет конец всему в материальной вселенной, и потому оно представляет Кришну. Среди зверей самым сильным и свирепым является лев, а сре-ди миллионов разновидностей птиц самый великий — Гаруда, на котором летает Господь Вишну.

ТЕКСТ 31 पवनः पवतामस्मि रामः शस्त्रभृतामहम् ।
झषाणां मकरश्चास्मि स्रोतसामस्मि जाह्नवी ॥ ३१ ॥

*паванах̣ паватāм асми рāмах̣ ш́астра-бхр̣тāм ахам
джхашāн̣āм макараш́ чāсми сротасāм асми джāхнавӣ*

паванах̣ — ветер; *паватāм* — из очистительных сил; *асми* — (Я) есть; *рāмах̣* — Рама; *ш́астра-бхр̣тāм* — из носящих оружие; *ахам* — Я; *джхашāн̣āм* — среди рыб; *макарах̣* — акула; *ча* — также; *асми* — (Я) есть; *сротасāм* — из текущих рек; *асми* — (Я) есть; *джāхнавӣ* — река Ганга.

Из очистительных сил Я ветер, из носящих оружие — Рама, среди рыб Я акула, а среди полноводных рек — Ганга.

КОММЕНТАРИЙ: Среди рыб самой крупной и опасной для человека, безусловно, является акула. Поэтому она считается представителем Кришны.

ТЕКСТ 32 सर्गाणामादिरन्तश्च मध्यं चैवाहमर्जुन ।
अध्यात्मविद्या विद्यानां वादः प्रवदतामहम् ॥ ३२ ॥

*сарга̄на̄м а̄дир анташ́ ча   мадхйам̇ чаива̄хам арджуна
адхйа̄тма-видйа̄ видйа̄на̄м̇   ва̄дах̣ правадата̄м ахам*

сарга̄на̄м — творений; *а̄дих̣* — начало; *антах̣* — конец; *ча* — и; *мадхйам* — середина; *ча* — также; *эва* — безусловно; *ахам* — Я; *арджуна* — о Арджуна; *адхйа̄тма-видйа̄* — духовное знание; *видйа̄на̄м* — из всех видов знания; *ва̄дах̣* — естественное заключение; *правадата̄м* — среди логиков; *ахам* — Я.

Я начало, конец и середина всего сотворенного, о Арджуна. Из всех видов знания Я божественное знание о душе, а для логиков Я довод, приводящий к истине.

КОММЕНТАРИЙ: Первым этапом творения является сотворение совокупности материальных элементов. Как уже говорилось, материальный космос создают и поддерживают Маха-Вишну, Гарбходакашайи Вишну и Кширодакашайи Вишну, а затем его уничтожает Господь Шива. Брахма — это вторичный творец. Все, кто создает, поддерживает и уничтожает мироздание, являются воплощениями материальных *гун* Верховного Господа. Поэтому Его называют началом, серединой и концом творения.

Есть много разных книг, помогающих людям обрести знание: это четыре Веды, шесть дополнений к ним, «Веданта-сутра», труды по логике, *дхарма-шастры* и Пураны. Всего существует четырнадцать видов книг, дающих знание. Из них книга, в которой изложено духовное знание *(адхйа̄тма-видйа̄)*, а именно «Веданта-сутра», представляет Кришну.

Знатоки логики в спорах используют различные виды доводов. Доказательства своей правоты с помощью тех же аргументов, которыми пользуется противник, называют *джалпой*. Попытки любой ценой опровергнуть доводы противника называются *витандой*. Однако попытки установить в споре истину называют *вадой*. Такой спор, ведущий к истине, представляет Кришну.

ТЕКСТ 33 अक्षराणामकारोऽस्मि द्वन्द्वः सामासिकस्य च ।
अहमेवाक्षयः कालो धाताहं विश्वतोमुखः ॥ ३३ ॥

*акшара̄на̄м а-ка̄ро 'сми   двандвах̣ са̄ма̄сикасйа ча
ахам эва̄кшайах̣ ка̄ло   дха̄та̄хам̇ виш́вато-мукхах̣*

акшара̄на̄м — из букв; *а-ка̄рах̣* — первая буква; *асми* — (Я) есть; *двандвах̣* — двучленное слово; *са̄ма̄сикас̣а* — из сложных слов; *ча* — и; *ахам* — Я; *эва* — безусловно; *акшайах̣* — вечное; *ка̄лах̣* — время; *дха̄та̄* — творец; *ахам* — Я; *виш̣ватах̣-мукхах̣* — Брахма.

Из букв Я буква «а», а из сложных существительных — двучленное. Я же вечное время, а из творцов Я Брахма.

КОММЕНТАРИЙ: А-кара (первая буква санскритского алфавита) является началом Вед. Без *а-кары* невозможно произнести никакой другой звук, поэтому *а-кару* называют началом звука. В санскрите также много различных типов сложных слов, из них двучленные имена типа *ра̄ма-кр̣шн̣а* получили название *двандва*. В сложных словах этого типа основы, например *ра̄ма* и *кр̣шн̣а*, равноценны, поэтому их называют двучленными.

Из всех разрушителей главным является время, которое кладет конец всему. Время — это представитель Кришны, ибо в положенный срок все сущее погибнет в великом огне разрушения.

Среди живых существ, занятых созидательной деятельностью, главным является четырехголовый Брахма, поэтому он представляет Верховного Господа, Кришну.

ТЕКСТ 34 मृत्युः सर्वहरश्चाहमुद्भवश्च भविष्यताम् ।
कीर्तिः श्रीर्वाक्च नारीणां स्मृतिर्मेधा धृतिः क्षमा ॥ ३४ ॥

мр̣тйух̣ сарва-хараш́ ча̄хам   удбхаваш́ ча бхавиш̣йата̄м
кӣртих̣ ш́рӣр ва̄к ча на̄рӣн̣а̄м   смр̣тир медха̄ дхр̣тих̣ кшама̄

мр̣тйух̣ — смерть; *сарва-харах̣* — всепоглощающая; *ча* — также; *ахам* — Я; *удбхавах̣* — возникновение; *ча* — также; *бхавиш̣йата̄м* — того, что появится в будущем; *кӣртих̣* — слава; *ш́рӣх̣* — богатство (красота); *ва̄к* — изящная речь; *ча* — также; *на̄рӣн̣а̄м* — из женщин; *смр̣тих̣* — память; *медха̄* — разум; *дхр̣тих̣* — целеустремленность; *кшама̄* — терпение.

Я всепоглощающая смерть и созидательное начало всего, чему суждено появиться на свет. Из женщин Я Слава, Удача, Красноречие, Память, Разум, Целеустремленность и Терпение.*

КОММЕНТАРИЙ: Едва появившись на свет, человек сразу начинает умирать. Каждое мгновение смерть отнимает у нас часть жизни, однако собственно смертью называют ее последний удар. Эта смерть и есть Кришна. В течение жизни все существа претерпева-

---

* Женские качества, олицетворяемые богинями, имеющими соответствующие имена: Кирти, Шри и т. д. *(Прим. редактора.)*

ют шесть основных изменений. Они рождаются, растут, какое-то время остаются неизменными, производят потомство, затем стареют и наконец умирают. Из этих шести изменений первое, появление на свет из чрева матери, олицетворяет Кришну. Рождение — это начало всей последующей деятельности.

Семь перечисленных в этом стихе достоинств: слава, удача, красноречие, память, разум, целеустремленность и терпение — имеют женское начало. Обладание всеми ими или некоторыми из них делает человека добродетельным и приносит ему славу. Хорошая репутация приносит славу. Санскрит — во всех отношениях совершенный язык, и этим он славится. Тот, кто быстро запоминает изученный материал, славится хорошей памятью, или *смрти*. А способность, прочитав много книг по разным областям знания, усвоить их содержание и в случае необходимости применять полученные знания на практике называют разумом *(медха)*, еще одним из семи достоинств. Способность преодолевать непостоянство называют твердостью характера, или целеустремленностью *(дхрти)*. А если, обладая всеми этими достоинствами, человек остается скромным и мягким и не слишком поддается печалям и радостям, это его качество называют терпением *(кшама)*.

ТЕКСТ 35   बृहत्साम तथा साम्नां गायत्री छन्दसामहम् ।
मासानां मार्गशीर्षोऽहमृतूनां कुसुमाकरः ॥ ३५ ॥

брхат-сама татха самнам   гайатри чхандасам ахам
масанам марга-ийршо 'хам   ртунам кусумакарах

брхат-сама — «Брихат-сама»; *татха* — также; *самнам* — из гимнов «Сама-веды»; *гайатри* — гимн *гаятри; чхандасам* — из стихов; *ахам* — Я; *масанам* — из месяцев; *марга-ийршах* — ноябрь-декабрь; *ахам* — Я; *ртунам* — из времен года; *кусума-акарах* — весна.

Из гимнов «Сама-веды» Я «Брихат-сама», а из стихотворных форм — *гаятри*. Из всех месяцев Я *маргашира* [ноябрь-декабрь], а из времен года — цветущая весна.

КОММЕНТАРИЙ: Господь уже говорил, что из Вед Он «Самаведа». В «Сама-веде» собрано много прекрасных песнопений, которые исполняют полубоги. Одна из таких песен, «Брихат-сама», отличается удивительной по красоте мелодией и исполняется в полночь.

В санскрите существуют определенные правила стихосложения; там рифма и размер стиха, в отличие от современной поэзии, никогда не бывают произвольными. Среди классических форм стихосложения самой знаменитой является *мантра гаятри*, которую произносят все настоящие *брахманы*. *Мантра гаятри* упомянута в «Шримад-Бхагаватам». Поскольку *гаятри* специально предназначена для постижения Бога, она является представителем Верховного Господа. *Мантра гаятри* дается тем, кто достиг достаточно высокой ступени духовного развития, и, повторяя ее должным образом, человек поднимается на духовный уровень и постигает Господа. Прежде чем начать повторять *мантру гаятри*, необходимо обрести брахманские качества — качества, которые, в соответствии с законами материальной природы, присущи человеку в *гуне* благости. *Мантра гаятри* играет очень важную роль в человеческом обществе и считается звуковым воплощением Брахмана. Первым ее получил Брахма, и от него она передавалась по цепи духовной преемственности.

Месяц, соответствующий ноябрю-декабрю, считают лучшим из всех, потому что в Индии это время сбора урожая зерновых, время, приносящее людям много счастья и радости. Ну и, конечно, весна — время года, любимое всеми, поскольку весной не слишком жарко и не слишком холодно, в эту пору повсюду цветут деревья и распускаются цветы. На весну приходится больше всего праздников, посвященных играм Кришны, поэтому ее считают самым радостным временем года, и она является представителем Верховного Господа, Кришны.

ТЕКСТ 36 द्यूतं छलयतामस्मि तेजस्तेजस्विनामहम् ।
जयोऽस्मि व्यवसायोऽस्मि सत्त्वं सत्त्ववतामहम् ॥ ३६ ॥

*дйӯтам̇ чхалайатām асми   теджас теджасвинāм ахам
джайо 'сми вйавасāйо 'сми   саттвам̇ саттваватāм ахам*

дйӯтам — азартная игра; *чхалайатām* — из мошенничеств; *асми* — (Я) есть; *теджах* — блеск; *теджасвинām* — всего, что сияет; *ахам* — Я; *джайах* — победа; *асми* — (Я) есть; *вйавасāйах* — рискованное предприятие (приключение); *асми* — (Я) есть; *саттвам* — сила; *саттва-ватām* — сильных; *ахам* — Я.

Из всех видов мошенничества Я азартная игра. Я блеск всего, что поражает великолепием. Я победа, Я приключение и сила сильных.

КОММЕНТАРИЙ: Во вселенной великое множество мошенников. Из всех видов мошенничества самым захватывающим являются азартные игры, которые поэтому представляют Кришну. Кришна, будучи Всевышним, может провести любого. Горе-комментатор «Бхагавад-гиты», который хочет обмануть Кришну и читателя, говоря, что есть нечто более великое, чем Кришна, будет обманут

Кришной и не сможет постичь Его даже за очень продолжительное время. Если Кришна решит обмануть кого-либо, Он сделает это лучше, чем любой другой. Его величие не односторонне, оно всеобъемлюще.

Среди победителей Кришна — сама победа. Он блеск всего, что блестит. Среди предприимчивых и трудолюбивых Он самый предприимчивый и трудолюбивый. Среди искателей приключений Он самый отчаянный, и Он же самый сильный среди сильных. Когда Кришна находился на Земле, никто не мог превзойти Его по силе. Еще в детстве Он поднял холм Говардхана. Кришна — непревзойденный обманщик, никто не может затмить Его великолепия, одержать над Ним победу и превзойти Его по предприимчивости и силе.

ТЕКСТ 37 वृष्णीनां वासुदेवोऽस्मि पाण्डवानां धनञ्जयः ।
मुनीनामप्यहं व्यासः कवीनामुशना कविः ॥ ३७ ॥

*вришнӣнāм̇ вāсудево 'сми пāн̣д̣авāнāм̇ дханан̃джайах̣
мунӣнāм апи ахам̇ вйāсах̣ кавӣнāм ушанā кавих̣*

вришнӣнāм — из потомков Вришни; *вāсудевах̣* — Кришна в Двараке; *асми* — (Я) есть; *пāн̣д̣авāнāм* — из Пандавов; *дханан̃джайах̣* — Арджуна; *мунӣнāм* — среди мудрецов; *апи* — также; *ахам* — Я; *вйāсах̣* — Вьяса, составитель Вед; *кавӣнāм* — из великих мыслителей; *ушанā* — Ушана; *кавих̣* — мыслитель.

Из потомков Вришни Я Вāсудева, а из Пандавов — Арджуна. Среди мудрецов Я Вьяса, а среди великих мыслителей — Ушана.

КОММЕНТАРИЙ: Кришна — это изначальная Верховная Личность Бога, а Баладева — Его первая экспансия. И Господь Кришна, и Баладева появились на земле как сыновья Васудевы, поэтому Их обоих можно назвать Вāсудевой. С другой точки зрения, Кришна никогда не покидает Вриндавана, поэтому все формы Кришны, которые появляются за его пределами, следует считать воплощениями Кришны. Вāсудева — непосредственное воплощение Кришны, поэтому Он неотличен от Кришны. Необходимо отметить, что Вāсудева, о котором идет речь в данном стихе «Бхагавад-гиты», — это Баладева, или Баларама, который, будучи изначальным источником всех воплощений, является также единственным источником Вāсудевы. Первичные экспансии Господа называются *свамшами* (личностными экспансиями); наряду с ними есть еще экспансии, относящиеся к категории *вибхиннамши* (отделенных экспансий).

Из сыновей Панду Дхананджаей называют Арджуну. Он лучший из людей и потому представляет Кришну. Среди *муни*, мудрецов, знающих Веды, величайшим является Вьяса, который изложил ведическое знание в формах, доступных для понимания обыкновенных людей века Кали. Вьясу, кроме того, считают одним из воплощений Кришны, поэтому Вьяса также является Его представителем. Слово *кави* означает «мыслитель, способный глубоко проникнуть в суть любого предмета». Один из таких *кави* по имени Ушана, Шукрачарья, был духовным учителем демонов и необыкновенно проницательным и дальновидным политиком. Таким образом, Шукрачарья олицетворяет еще одно из достоинств Кришны.

ТЕКСТ 38 दण्डो दमयतामस्मि नीतिरस्मि जिगीषताम् ।
मौनं चैवास्मि गुह्यानां ज्ञानं ज्ञानवतामहम् ॥ ३८ ॥

*дандо дамайатāм асми   нӣтир асми джигӣшатāм
маунам чаивāсми гухйāнāм   джн̃āнам джн̃āнаватāм ахам*

дандах — наказание; *дамайатāм* — из всех способов подавления; *асми* — (Я) есть; *нӣтих* — нравственность; *асми* — (Я) есть; *джигӣшатāм* — тех, кто стремится к победе; *маунам* — безмолвие; *ча* — и; *эва* — также; *асми* — (Я) есть; *гухйāнāм* — тайн; *джн̃āнам* — знание; *джн̃āна-ватāм* — мудрых; *ахам* — Я.

Из всех средств подавления беззакония Я кара. В тех, кто стремится к победе, Я нравственная чистота. Я безмолвие тайны и мудрость мудрых.

КОММЕНТАРИЙ: Среди многочисленных средств подавления беззакония наиболее важными являются те, которыми пресекают преступную деятельность. Когда преступнику присуждают наказание, эта кара олицетворяет Кришну. Главным качеством, приносящим победу, является нравственная чистота. В сокровенных видах деятельности, в том числе слушании, обдумывании и медитации, самое важное — молчание, поскольку оно помогает человеку быстро духовно развиваться. Мудрецом называют того, кто может отличить материю от духа, иными словами, высшую энергию Господа от низшей. Это знание — Сам Кришна.

ТЕКСТ 39 यच्चापि सर्वभूतानां बीजं तदहमर्जुन ।
न तदस्ति विना यत्स्यान्मया भूतं चराचरम् ॥ ३९ ॥

*йач чāпи сарва-бхӯтāнāм   бӣджам тад ахам арджуна
на тад асти винā йат сйāн   майā бхӯтам чарāчарам*

йат — которое; *ча* — также; *апи* — конечно; *сарва-бхӯтāнāм* — всех творений; *бӣджам* — семя; *тат* — то; *ахам* — Я; *арджуна* —

о Арджуна; *на* — не; *тат* — то; *асти* — существует; *винā* — без; *йат* — которое; *сйāт* — было бы; *майā* — Мной; *бхӯтам* — сотворенное живое существо; *чара-ачарам* — движущееся и неподвижное.

Кроме того, о Арджуна, Я семя жизни. Ни одно сотворенное существо, движущееся или неподвижное, не может существовать без Меня.

КОММЕНТАРИЙ: У всего сущего есть причина, и этой причиной, то есть семенем материального творения, является Кришна. Все сущее покоится на энергии Кришны, поэтому Его называют всемогущим. Без Его могущественных энергий не может существовать ни одно движущееся или неподвижное живое существо. Все то, что не связано с энергией Кришны, называют *майей* — «тем, чего нет».

ТЕКСТ 40   नान्तोऽस्ति मम दिव्यानां विभूतीनां परन्तप ।
एष तूद्देशतः प्रोक्तो विभूतेर्विस्तरो मया ॥ ४० ॥

нāнто 'сти мама дивйāнāм   вибхӯтӣнāм парантапа
эша тӯддешатах прокто   вибхӯтер вистаро майā

на — не; *антах* — предел; *асти* — существует; *мама* — Моих; *дивйāнāм* — божественных; *вибхӯтӣнāм* — богатств; *парантапа* — о покоритель врагов; *эшах* — это; *ту* — но; *уддешатах* — в качестве примера; *проктах* — сказано; *вибхӯтех* — богатства; *вистарах* — распространение; *майā* — Мной.

О могучий покоритель врагов, Моим божественным проявлениям нет конца. Я привел тебе только некоторые примеры Моих бесчисленных достояний.

КОММЕНТАРИЙ: Как сказано в Ведах, хотя качества и энергии Всевышнего можно представлять по-разному, у этих Его достояний нет предела. Поэтому здесь Кришна рассказал лишь о некоторых из них. Он привел Арджуне лишь несколько примеров, чтобы удовлетворить его любопытство.

ТЕКСТ 41   यद्यद्विभूतिमत्सत्त्वं श्रीमदूर्जितमेव वा ।
तत्तदेवावगच्छ त्वं मम तेजोंऽशसम्भवम् ॥ ४१ ॥

йад йад вибхӯтимат саттвам   шрӣмад ӯрджитам эва вā
тат тад эвāвагаччха твам   мама теджо-'мша-самбхавам

йат йат — любые; *вибхӯти* — богатством; *мат* — обладающее; *саттвам* — бытие; *шрӣ-мат* — прекрасное; *ӯрджитам* — величественное; *эва* — несомненно; *вā* — или; *тат тат* — то; *эва* — именно;

авагаччха — пойми; *твам* — ты; *мама* — Мое; *теджах* — великолепие; *амйиа* — части; *самбхавам* — возникшее.

**Пойми же, что все величественное, прекрасное и славное в этом
мире порождено лишь искрой Моего великолепия.**

КОММЕНТАРИЙ: Все величественное и прекрасное в этом мире
не что иное, как частичное проявление достояний Кришны. Все,
что поражает своим великолепием, следует считать достоянием
Кришны.

ТЕКСТ 42 अथवा बहुनैतेन किं ज्ञातेन तवार्जुन ।
विष्टभ्याहमिदं कृत्स्नमेकांशेन स्थितो जगत् ॥ ४२ ॥

*атха ва̄ бахунаитена   ким̇ джн̃а̄тена тава̄рджуна
вишт̣абхйа̄хам идам̇ кр̣тснам   эка̄м̇ш́ена стхито джагат*

атха ва̄ — или; *бахуна̄* — во многом; *этена* — в этом; *ким* — что;
джн̃а̄тена — в знании; *тава* — твоем; *арджуна* — о Арджуна; *виш-
т̣абхйа* — проникнув; *ахам* — Я; *идам* — эту; *кр̣тснам* — всю; *эка* —
одной; *ам̇ш́ена* — частью; *стхитах̣* — пребывающий; *джагат* —
вселенную.

**Но зачем тебе, о Арджуна, знать все эти подробности? Одной
Своею частью Я пронизываю и поддерживаю всю вселенную.**

КОММЕНТАРИЙ: Входя в сердце каждого живого существа как
Сверхдуша, Верховный Господь пребывает повсюду, пронизывая
Собой все материальные вселенные. Здесь Господь говорит Арджуне, что нет никакого смысла постигать красоту и великолепие
отдельных явлений этого мира. Достаточно знать, что все сотворенное существует только благодаря тому, что в нем в образе Сверхдуши присутствует Кришна. Все существа, от гигантского Брахмы
и вплоть до крошечного муравья, продолжают жить только потому, что в сердце каждого из них находится Господь, поддерживаю-
щий их существование.

Члены некой Миссии настаивают на том, что, поклоняясь любому из полубогов, человек придет к Верховной Личности Бога, то
есть достигнет высшей цели жизни. Но здесь Кришна полностью
отвергает необходимость поклонения полубогам, ибо даже самые
великие из них, Брахма и Шива, представляют собой лишь искру великолепия Верховного Господа. Он — источник всего сущего, и никто не может превзойти Его. Он *асамаурдхва;* это значит,
что на свете нет никого равного Ему или более великого, чем Он.
В «Падма-пуране» сказано, что тот, кто ставит Верховного Господа Кришну на один уровень с полубогами, будь то даже Брахма

или Шива, сразу же становится атеистом. Тот же, кто тщательно изучит многочисленные описания богатств Кришны и проявлений Его энергии, вне всякого сомнения, поймет положение Господа Шри Кришны и всегда будет поклоняться только Ему. Господа называют вездесущим, ибо часть Его части, Сверхдуша, входит во все сущее. Зная это, чистые преданные сосредоточивают свой ум на Кришне, постоянно служа Ему, и потому они всегда остаются на духовном уровне. О преданном служении и поклонении Кришне прямо говорится в этой главе, в стихах с восьмого по одиннадцатый. Там описан весь путь чистого преданного служения. В данной главе было подробно рассказано о том, как достичь высшей ступени совершенства в преданном служении — вступить в общение с Верховной Личностью Бога. Шрила Баладева Видьябхушана, великий *ачарья* в цепи учителей, ведущей начало от Кришны, завершает свой комментарий к десятой главе «Бхагавад-гиты» такими словами:

> *йач-чхакти-лешāт сурйāдйā*
> *бхавантй атй-угра-теджасах̣*
> *йад-амш́ена дхр̣там̇ виш́вам̇*
> *са кр̣ш̣но даш́аме 'рчйате*

Даже могущественное солнце черпает силу из беспредельной энергии Господа Кришны, а Своей частичной экспансией Кришна поддерживает целое мироздание. Поэтому именно Господь Шри Кришна выступает здесь, в десятой главе, в качестве объекта поклонения.

Так заканчивается комментарий Бхактиведанты к десятой главе «Шримад Бхагавад-гиты», которая называется «Великолепие Абсолюта».

ГЛАВА ОДИННАДЦАТАЯ

Вселенская форма

ТЕКСТ 1

अर्जुन उवाच
मदनुग्रहाय परमं गुह्यमध्यात्मसंज्ञितम् ।
यत्त्वयोक्तं वचस्तेन मोहोऽयं विगतो मम ॥ १ ॥

арджуна увāча
мад-ануграхāйа парамам̇ гухйам адхйāтма-самджн̃итам
йат твайоктам̇ вачас тена мохо 'йам̇ вигато мама

арджунах̣ увāча — Арджуна сказал; *мат-ануграхāйа* — чтобы явить мне милость; *парамам* — высшее; *гухйам* — сокровенное знание; *адхйāтма* — о духовном; *самджн̃итам* — сообщенное; *йат* — которое; *твайā* — Тобой; *уктам* — рассказано; *вачах̣* — речь; *тена* — тем; *мохах̣* — иллюзия; *айам* — эта; *вигатах̣* — устранена; *мама* — моя.

Арджуна сказал: Сейчас, выслушав все, что Ты так милостиво рассказал мне о самой сокровенной части духовного знания, я избавился от всех своих иллюзий.

КОММЕНТАРИЙ: Эта глава описывает Кришну как причину всех причин. Он причина даже Маха-Вишну, из пор на коже которого появляются материальные вселенные. Кришна — не воплощение Бога, Он — источник всех воплощений. Все это было подробно объяснено в предыдущей главе.

Итак, в этом стихе Арджуна заявляет, что он освободился от иллюзий. Это значит, что он больше не считает Кришну обыкновенным человеком, своим другом, но видит в Нем источник всего сущего. Арджуна обрел просветление и счастлив от того, что у него такой великий друг, как Кришна. Однако он думает также о других, тех, кто, в отличие от него, не верит в то, что Кришна — источник всего сущего. Чтобы доказать всем божественную природу Кришны, в этой главе он попросит Кришну показать ему Свою вселенскую форму. Любой, кто видит вселенскую форму Кришны, не может не испугаться, как это и произошло с Арджуной, но Кришна так добр, что, явив эту форму, снова принимает Свой изначальный облик. Арджуна полностью согласен с тем, о чем ему уже несколько раз говорил Кришна: «Я говорю с тобой только ради твоего блага». Поэтому Арджуна признает, что все происходит с ним по милости Кришны. Сейчас он убежден в том, что Кришна — причина всех причин, и что в образе Сверхдуши Он пребывает в сердце каждого живого существа.

ТЕКСТ 2 भवाप्ययौ हि भूतानां श्रुतौ विस्तरशो मया ।
त्वत्तः कमलपत्राक्ष माहात्म्यमपि चाव्ययम् ॥ २ ॥

бхавāпйайау хи бхӯтāнāм̇ ш́рутау вистараш́о майā
тваттах̣ камала-патрāкша мāхāтмйам апи чāвйайам

бхава — появление; *апйайау* — исчезновение; *хи* — безусловно; *бхӯтāнāм* — живых существ; *ш́рутау* — услышанные; *вистараш́ах* — подробно; *майā* — мной; *тваттах* — от Тебя; *камала-патра-акша* — о лотосоокий; *мāхāтмйам* — величие; *апи* — конечно; *ча* — и; *авйайам* — неисчерпаемое.

О лотосоокий, услышав Твой обстоятельный рассказ о появлении и исчезновении всех живых существ, я осознал Твое непреходящее величие.

КОММЕНТАРИЙ: Арджуна называет Господа (Кришну) «лотосооким» (глаза Кришны похожи на лепестки лотоса), охваченный радостью, ибо в предыдущей главе Кришна заверил его: *ахам̇ кр̣тснасйа джагатах̣ прабхавах̣ пралайас татхā* — «Я причина возникновения и исчезновения всего материального мира». Арджуна услышал об этом от Господа со всеми подробностями. Арджуна также знает, что, будучи причиной возникновения и разрушения мироздания, Кришна тем не менее стоит в стороне от него. При этом Он никогда не утрачивает Своей индивидуальности. Так, в девятой главе Господь говорит, что, оставаясь вездесущим, Он нигде не находится лично. В этом непостижимое могущество Кришны, которое с удивительной ясностью открылось Арджуне, как он сам утверждает в этом стихе.

ТЕКСТ 3 एवमेतद्यथात्थ त्वमात्मानं परमेश्वर ।
द्रष्टुमिच्छामि ते रूपमैश्वरं पुरुषोत्तम ॥ ३ ॥

эвам этад йатхаттха твам   атманам парамеййвара
драшṭум иччхами те рӯпам аиййварам пурушоттама

эвам — итак; *этат* — эту; *йатха* — как; *аттха* — рассказал; *твам* — Ты; *атманам* — Сам; *парама-ййвара* — о Верховный Господь; *драшṭум* — видеть; *иччхами* — желаю; *те* — Твою; *рӯпам* — форму; *аиййварам* — божественную; *пуруша-уттама* — о величайшая личность.

О величайшая личность, о Всевышний, хотя сейчас я вижу Тебя в Твоем изначальном облике, я хочу посмотреть, каким Ты вошел в космическое мироздание. Я хочу увидеть тот образ, о котором Ты поведал мне.

КОММЕНТАРИЙ: Господь сказал Арджуне, что материальная вселенная возникла и существует благодаря тому, что Он вошел в нее в одном из Своих личностных проявлений. Арджуну воодушевлял изначальный, человекоподобный образ Кришны, но, чтобы убедить тех, кто в будущем может счесть Кришну обыкновенным человеком, Арджуна хотел увидеть Его вселенскую форму и понять, как Он действует во вселенной, оставаясь непричастным к этому. То, что Арджуна называет Кришну Пурушоттамой, исполнено глубокого смысла. Будучи Верховной Личностью Бога, Господь находится в сердце самого Арджуны, поэтому Он знает о желании Арджуны. Он понимает, что желание Арджуны увидеть Его вселенскую форму вызвано не простым любопытством, ибо Арджуна был полностью доволен созерцанием Кришны в том облике, который он видел перед собой. Господь понимает, что просьба Арджуны показать ему вселенскую форму продиктована желанием убедить других. Сам Арджуна не нуждается ни в каких подтверждениях. Кришна также понимает, что Арджуна хочет увидеть вселенскую форму, чтобы установить критерий истины, ибо в будущем наверняка появится немало самозванцев, которые станут выдавать себя за воплощения Бога. Однако люди не должны принимать их слова на веру: каждый, кто называет себя Кришной, должен быть готов явить свою вселенскую форму, чтобы доказать обоснованность своих заявлений.

ТЕКСТ 4   मन्यसे यदि तच्छक्यं मया द्रष्टुमिति प्रभो ।
योगेश्वर ततो मे त्वं दर्शयात्मानमव्ययम् ॥ ४ ॥

*манйасе йади тач чхакйам   майа драшт̣ум ити прабхо
йогеш́вара тато ме твам   дарш́айа̄тма̄нам авйайам*

манйасе — Ты думаешь; *йади* — если; *тат* — что; *ш́акйам* — способен; *майа̄* — я; *драшт̣ум* — увиденный; *ити* — таким образом; *прабхо* — о Господь; *йога-ӣш́вара* — о владыка мистических сил; *татах̣* — тогда; *ме* — мне; *твам* — Ты; *дарш́айа* — яви; *а̄тма̄нам* — Себя; *авйайам* — вечного.

Если Ты думаешь, что я способен созерцать Твою вселенскую форму, о Господь, владыка мистических сил, то, прошу, яви мне Свой образ безграничной вселенской души.

КОММЕНТАРИЙ: Говорится, что Верховного Господа, Кришну, нельзя увидеть, услышать, постичь или воспринять с помощью материальных органов чувств. Но тот, кто с любовью трансцендентно служит Господу и занимает в этом служении все чувства, начиная с языка, обретает способность увидеть Господа, который Сам открывает Себя такому человеку. Каждое живое существо — это лишь крошечная духовная искра, поэтому оно не в силах увидеть или постичь Верховного Господа. Будучи преданным, Арджуна не рассчитывает на силу своего ума. Напротив, он признает ограниченность живого существа, с одной стороны, и непостижимое могущество Кришны — с другой. Арджуна понял, что живое существо не способно объять необъятное. Постичь природу беспредельного можно только по милости беспредельного, когда беспредельное само открывает себя. Очень важную роль в данном стихе играет слово *йогеш́вара*. Оно указывает на то, что Господь обладает непостижимым могуществом. Если Он пожелает, то по Своей милости может явить Себя любому, даже будучи беспредельным. Поэтому Арджуна молит Кришну явить ему Свою непостижимую милость. Он не приказывает Кришне. Кришна не обязан открывать Себя человеку, пока тот полностью не предастся Ему и не станет служить Ему в сознании Кришны. Поэтому люди, рассчитывающие только на силу собственного ума, никогда не смогут увидеть Кришну.

ТЕКСТ 5   श्रीभगवानुवाच
पश्य मे पार्थ रूपाणि शतशोऽथ सहस्रशः ।
नानाविधानि दिव्यानि नानावर्णाकृतीनि च ॥ ५ ॥

*ш́рӣ-бхагава̄н ува̄ча
паш́йа ме па̄ртха рӯпа̄н̣и   ш́аташ́о 'тха сахасраш́ах̣
на̄на̄-видха̄ни дивйа̄ни   на̄на̄-варн̣а̄кр̣тӣни ча*

шрӣ-бхагавāн увāча — Верховный Господь сказал; *пашйа* — взгляни; *ме* — на Мои; *пāртха* — о сын Притхи; *рӯпāни* — формы; *шаташах* — сотнями; *атха* — и; *сахасрашах* — тысячами; *нāнā-видхāни* — разнообразные; *дивйāни* — божественные; *нāнā* — разнообразных; *варна* — цветов; *āкр̣тӣни* — формы; *ча* — также.

Верховный Господь сказал: Дорогой Арджуна, о сын Притхи, узри же Мое великолепие в сотнях тысяч божественных и многоцветных форм.

КОММЕНТАРИЙ: Арджуна хотел увидеть Кришну в Его вселенской форме. Эта форма, хотя и трансцендентная, проявляется только в космическом мироздании и потому находится во власти преходящего времени материального мира. Подобно материальной природе, вселенская форма Кришны бывает и проявлена, и непроявлена. В отличие от других форм Кришны, она преходяща и не имеет вечного места в духовном мире. Преданные Господа не испытывают желания увидеть Его вселенскую форму, но, поскольку Арджуна пожелал увидеть Кришну в этом образе, Кришна явил ему эту форму. Вселенская форма Кришны скрыта от глаз обыкновенных людей. Чтобы увидеть ее, нужно получить от Кришны особое зрение.

ТЕКСТ 6   पश्यादित्यान्वसून्रुद्रानश्विनौ मरुतस्तथा ।
बहून्यदृष्टपूर्वाणि पश्याश्चर्याणि भारत ॥ ६ ॥

*пашйāдитйāн васӯн рудрāн   ашвинау марутас татхā
бахӯнй адр̣шт̣а-пӯрвāни   пашйāшчарйāни бхāрата*

пашйа — взгляни; *āдитйāн* — на двенадцать сыновей Адити; *васӯн* — на восемь Васу; *рудрāн* — на одиннадцать Рудр; *ашвинау* — на двоих Ашвинов; *марутах̣* — на сорок девять Марутов (полубогов ветра); *татхā* — также; *бахӯни* — на множество; *адр̣шт̣а* — не виданных (тобой); *пӯрвāни* — тех, кто прежде; *пашйа* — узри; *āшчарйāни* — чудеса; *бхāрата* — о лучший из Бхарат.

О лучший из Бхарат, увидь Адитьев, Васу, Рудр, Ашвини-Кумаров и остальных полубогов. Множество неслыханных чудес, которых не видел никто до тебя, откроются твоему взору.

КОММЕНТАРИЙ: Хотя Арджуна был личным другом Кришны и превосходил всех своими познаниями, даже он не мог до конца постичь Кришну. Здесь сказано, что люди никогда прежде не слышали и ничего не знали о тех проявлениях Кришны, которые Он сейчас показывает Арджуне.

ТЕКСТ 7   इहैकस्थं जगत्कृत्स्नं पश्याद्य सचराचरम् ।
मम देहे गुडाकेश यच्चान्यद्द्रष्टुमिच्छसि ॥ ७ ॥

*ихаика-стхам джагат кртснам пайййадйа са-чарачарам
мама дехе гудакейа йач чанйад драштум иччхаси*

иха — здесь; *эка-стхам* — находящиеся в одном месте; *джагат* —
вселенную; *кртснам* — полностью; *пайййа* — узри; *адйа* — сейчас;
са — с; *чара* — движущееся; *ачарам* — и неподвижное; *мама* — в Моем; *дехе* — в теле; *гудакейа* — о Арджуна; *йат* — что; *ча* — также;
анйат — другое; *драштум* — видеть; *иччхаси* — желаешь.

**О Арджуна, в этом Моем теле ты можешь увидеть все, что по-
желаешь! Вселенская форма откроет твоему взору все, что ты хочешь видеть сейчас или захочешь увидеть в будущем. Все — движущееся и неподвижное — собрано здесь.**

КОММЕНТАРИЙ: Находясь в одном месте, невозможно увидеть
всю вселенную. Даже самый великий ученый не способен увидеть
то, что происходит на других планетах. Однако преданный Господа, подобный Арджуне, может увидеть все, что есть в любом уголке вселенной. Кришна наделяет его способностью видеть все, что
он пожелает, в прошлом, настоящем и будущем. Так, по милости
Кришны, взору Арджуны открылось все сущее.

ТЕКСТ 8   न तु मां शक्यसे द्रष्टुमनेनैव स्वचक्षुषा ।
दिव्यं ददामि ते चक्षुः पश्य मे योगमैश्वरम् ॥ ८ ॥

*на ту мам йакйасе драштум аненаива сва-чакшуша
дивйам дадами те чакшух пайййа ме йогам аийварам*

на — не; *ту* — но; *мам* — Меня; *йакйасе* — можешь; *драштум* —
увидеть; *анена* — этим; *эва* — безусловно; *сва-чакшуша* — своим зрением; *дивйам* — божественное; *дадами* — даю; *те* — тебе; *чакшух* —
зрение; *пайййа* — узри; *ме* — Мое; *йогам аийварам* — непостижимое
мистическое могущество.

**Но поскольку ты не сможешь увидеть Меня своими нынешни-
ми глазами, Я наделю тебя божественным зрением. Узри же Мое
мистическое могущество!**

КОММЕНТАРИЙ: Чистый преданный не стремится увидеть Кришну ни в какой из Его форм, кроме двурукой. Вселенскую форму
преданный может увидеть по милости Господа, но созерцает он ее
не умом, а духовными глазами. Как говорит Кришна, чтобы уви-

деть вселенскую форму, Арджуне нужно изменить не сознание, а всего лишь глаза. Из последующих стихов станет ясно, что вселенская форма Кришны не очень важна. И все же, поскольку Арджуна хотел увидеть ее, Господь наделил его зрением, позволившим ему сделать это.

Преданных, верно понимающих суть духовных взаимоотношений с Кришной, привлекают Его пленительные личностные качества, а не блеск материального великолепия Кришны. Друзья Кришны, Его товарищи по играм и родители никогда не просят, чтобы Кришна продемонстрировал Свое великолепие и богатство. Поглощенные чистой любовью к Кришне, они даже не знают о том, что Кришна — Верховная Личность Бога. Даря Кришне свою любовь в ответ на Его любовь, они забывают, что перед ними Всевышний. В «Шримад-Бхагаватам» говорится, что мальчики-пастушки, друзья Кришны, — в высшей степени благочестивые души, которые получили возможность играть с Ним после великого множества прожитых жизней. Они не знают, что Кришна — Верховная Личность Бога. Для них Он просто друг. Поэтому Шукадева Госвами говорит:

> *иттхам̇ сата̄м̇ брахма-сукха̄нубхӯтйа̄*
> *да̄сйам̇ гата̄на̄м̇ пара-даиватена*
> *ма̄йа̄и́рита̄на̄м̇ нара-да̄ракен̣а*
> *са̄кам̇ виджахрух̣ кр̣та-пун̇йа-пун̄джа̄х̣*

«Перед нами Верховный Господь, которого великие мудрецы считают безличным Брахманом, преданные — Верховной Личностью Бога, а обыкновенные люди — порождением материальной природы. И эти мальчики, совершившие в прошлых жизнях великое множество благочестивых деяний, сейчас играют с Ним — Верховной Личностью Бога» (Бхаг., 10.12.11).

Преданные, как правило, не стремятся увидеть *вишва-рупу*, вселенскую форму Господа, однако Арджуна хотел увидеть ее, чтобы получить подтверждение словам Кришны и показать будущим поколениям, что Кришна не только теоретически и философски доказал, что Он Всевышний, но и предстал таковым перед Арджуной. Арджуна должен был получить это подтверждение, ибо являлся первым звеном в цепи *парампары*. Те, кто действительно хочет постичь Верховную Личность Бога, Кришну, и все, кто идет по стопам Арджуны, должны понять, что Кришна не ограничился теоретическим доказательством того, что Он Всевышний, Он действительно явил Себя таковым.

Господь наделил Арджуну особым зрением, которое позволило ему увидеть вселенскую форму Кришны, хотя Он знал, что сам Арджуна, как уже было сказано, вовсе не стремился к этому.

ТЕКСТ 9　सञ्जय उवाच
एवमुक्त्वा ततो राजन्महायोगेश्वरो हरिः ।
दर्शयामास पार्थाय परमं रूपमैश्वरम् ॥ ९ ॥

санджайа увāча
эвам уктвā тато рāджан　махā-йогеш́варо харих̣
дарш́айāм āса пāртхāйа　парамам рӯпам аиш́варам

санджайах̣ увāча — Санджая сказал; *эвам* — так; *уктвā* — произнеся; *татах̣* — затем; *рāджан* — о царь; *махā-йога-иш́варах̣* — самый могущественный мистик; *харих̣* — Верховная Личность Бога, Кришна; *дарш́айāм āса* — показал; *пāртхāйа* — Арджуне; *парамам* — божественную; *рӯпам аиш́варам* — вселенскую форму.

Санджая сказал: О царь, произнеся эти слова, Верховный Господь, повелитель мистических сил, Верховная Личность Бога, явил Арджуне Свою вселенскую форму.

ТЕКСТЫ
10–11　अनेकवक्त्रनयनमनेकाद्भुतदर्शनम् ।
अनेकदिव्याभरणं दिव्यानेकोद्यतायुधम् ॥ १० ॥

दिव्यमाल्याम्बरधरं दिव्यगन्धानुलेपनम् ।
सर्वाश्चर्यमयं देवमनन्तं विश्वतोमुखम् ॥ ११ ॥

анека-вактра-найанам　анекāдбхута-дарш́анам
анека-дивйāбхаран̣ам　дивйāнекодйатāйудхам

дивйа-мāлйāмбара-дхарам　дивйа-гандхāнулепанам
сарвāш́чарйа-майам девам　анантам виш́вато-мукхам

анека — разнообразные; *вактра* — рты; *найанам* — ту, у которой глаза; *анека* — разнообразные; *адбхута* — удивительные; *дарш́а-нам* — черты; *анека* — многие; *дивйа* — божественные; *āбхаран̣ам* — ту, на которой украшения; *дивйа* — божественное; *анека* — разнообразное; *удйата* — занесенное; *āйудхам* — (держащую) оружие; *дивйа* — божественные; *мāлйа* — гирлянды; *амбара* — одежды; *дха-рам* — носящую; *дивйа* — божественными; *гандха* — благовониями; *анулепанам* — умащенную; *сарва* — всего; *āш́чарйа-майам* — (исполненную) чудесного; *девам* — ослепительную; *анантам* — безграничную; *виш́ватах̣-мукхам* — всеохватывающую.

Арджуна увидел во вселенской форме бесчисленное множество зевов, бесчисленное множество глаз и удивительных видений. Господь, облаченный в небесные одежды и украшения, вздымал над Собой разнообразное божественное оружие. Тело Его было украшено небесными гирляндами и умащено божественными бла-

говонными маслами. Все, что предстало перед Арджуной, было дивным, ослепительным, безграничным и всеохватывающим.

КОММЕНТАРИЙ: Неоднократно употребленное в этих двух стихах слово «множество» указывает на то, что Арджуна увидел несметное число рук, ртов, ног и прочего. Видение, представшее его взору, охватывало всю вселенную, но милостью Господа Арджуна увидел все это, не сходя с места. Это стало возможным только благодаря непостижимому могуществу Кришны.

ТЕКСТ 12   दिवि सूर्यसहस्रस्य भवेद्युगपदुत्थिता ।
यदि भाः सदृशी सा स्याद्भासस्तस्य महात्मनः ॥ १२ ॥

*диви сӯрйа-сахасрасйа   бхавед йугапад уттхита̄
йади бха̄х сад̣рӣ са̄ сйа̄д   бха̄сас тасйа маха̄тманах*

диви — на небе; *сӯрйа* — солнц; *сахасрасйа* — многих тысяч; *бхавет* — был бы; *йугапат* — одновременно; *уттхита̄* — возникший; *йади* — если; *бха̄х* — свет; *сад̣рӣ* — подобный; *са̄* — этот; *сйа̄т* — было бы; *бха̄сах* — сияния; *тасйа* — Его; *маха̄-а̄тманах* — великого Господа.

Если бы на небе разом взошли сотни тысяч солнц, их свет мог бы сравниться с сиянием Верховного Господа в Его вселенской форме.

КОММЕНТАРИЙ: То, что открылось взору Арджуны, было поистине неописуемо, и все же Санджая пытается описать Дхритараштре это дивное видение. Ни Санджая, ни Дхритараштра не присутствовали на месте событий, но Санджая милостью Вьясы мог видеть все происходящее. Поэтому, чтобы в доступной форме передать то, что увидел Арджуна, он сравнивает это с картиной, которую можно нарисовать в воображении (то есть с сиянием тысяч солнц).

ТЕКСТ 13   तत्रैकस्थं जगत्कृत्स्नं प्रविभक्तमनेकधा ।
अपश्यद्देवदेवस्य शरीरे पाण्डवस्तदा ॥ १३ ॥

*татраика-стхам̇ джагат к̣тснам   правибхактам анекадха̄
апаӣйад дева-девасйа   ӣарӣре па̄ндавас тада̄*

татра — там; *эка-стхам* — находящуюся в одном месте; *джагат* — вселенную; *к̣тснам* — полностью; *правибхактам* — разделенную; *анекадха̄* — на множество частей; *апаӣйат* — увидел; *дева-девасйа* — Верховной Личности Бога; *ӣарӣре* — во вселенской форме; *па̄ндавах* — Арджуна; *тада̄* — тогда.

В это время Арджуна увидел в гигантской форме Господа всю необъятную вселенную, сосредоточенную в одной точ-

ке пространства и вместе с тем разделенную на многочисленные части.

КОММЕНТАРИЙ: Особого внимания заслуживает употребленное в этом стихе слово *татра* («там»). Когда Арджуна увидел вселенскую форму, он и Кришна сидели на колеснице. Другие воины, находившиеся на поле битвы, не могли видеть вселенскую форму, поскольку Кришна наделил необходимым для этого зрением только Арджуну. В гигантском теле Кришны Арджуна увидел тысячи и тысячи планет. Из ведических писаний известно, что существует великое множество вселенных и великое множество планет. Одни созданы из земли, другие — из золота, а третьи — из драгоценных камней; одни планеты огромны, другие уступают им по размерам и т. д. Арджуна увидел все это, не сходя с колесницы. Но никто другой не понимал того, что происходило между Арджуной и Кришной.

ТЕКСТ 14
 ततः स विस्मयाविष्टो हृष्टरोमा धनञ्जयः ।
 प्रणम्य शिरसा देवं कृताञ्जलिरभाषत ॥ १४ ॥

татах̣ са висмайа̄вишт̣о хр̣шт̣а-рома̄ дхананджайах̣
пран̣амйа ш́ираса̄ девам̇ кр̣та̄ндджалир абха̄шата

татах̣ —затем; *сах̣* — он; *висмайа-а̄вишт̣ах̣* —охваченный изумлением; *хр̣шт̣а-рома̄* —тот, у которого от великого экстаза волосы на теле поднялись; *дхананджайах̣* —Арджуна; *пран̣амйа* —склонившись; *ш́ираса̄* —головой; *девам* —Верховной Личности Бога; *кр̣та-а̄ндджалих̣* —сложивший ладони; *абха̄шата* —заговорил.

Изумленный и потрясенный, с волосами, стоящими дыбом, Арджуна благоговейно склонил голову и, сложив ладони, стал возносить Верховному Господу молитвы.

КОММЕНТАРИЙ: Как только глазам Арджуны предстало дивное видение, отношения между ним и Кришной сразу же изменились. Прежде он считал Кришну своим другом, теперь же, увидев вселенскую форму, Арджуна благоговейно склонился перед Ним и, сложив ладони, стал возносить молитвы. В этих молитвах он прославляет вселенскую форму. Таким образом, в отношениях Арджуны с Кришной на смену дружбе пришло изумление. Великие преданные видят в Кришне вместилище всех взаимоотношений (*рас*). В священных писаниях перечислено двенадцать основных видов взаимоотношений, и все они присутствуют в Кришне. Его называют океаном взаимоотношений, которые могут связывать между собой живых существ, полубогов или же Верховного Господа и Его преданных.

В данном случае Арджуной двигало изумление, и, поглощенный этим чувством, Арджуна, который от природы был рассудительным, спокойным и трезвым, пришел в состояние экстаза; волосы на его теле поднялись, и, сложив ладони, он почтительно склонился перед Господом. Он, разумеется, не испытывал никакого страха, но был поражен чудом, которое сотворил Господь. В данный момент Арджуна охвачен изумлением, которое на время заслонило теплые дружеские чувства, вечно связывающие его с Кришной, и заставило его вести себя таким образом.

ТЕКСТ 15   अर्जुन उवाच
पश्यामि देवांस्तव देव देहे
सर्वांस्तथा भूतविशेषसङ्घान् ।
ब्रह्माणमीशं कमलासनस्थ-
मृषींश्च सर्वानुरगांश्च दिव्यान् ॥ १५ ॥

арджуна увāча
паш́йāми девāм̇с тава дева дехе
сарвāм̇с татхā бхӯта-виш́еша-сан̇гхāн
брахмāн̣ам ӣш́ам̇ камалāсана-стхам
р̣шӣм̇ш́ ча сарвāн урагāм̇ш́ ча дивйāн

арджунах̣ увāча — Арджуна сказал; *паш́йāми* — вижу; *девāн* — (всех) полубогов; *тава* — в Твоем; *дева* — о Господь; *дехе* — теле; *сарвāн* — всех; *татхā* — затем; *бхӯта* — живых существ; *виш́еша-сан̇гхāн* — собравшихся видов; *брахмāн̣ам* — Господа Брахму; *ӣш́ам* — Господа Шиву; *камала-āсана-стхам* — восседающего на цветке лотоса; *р̣шӣн* — великих мудрецов; *ча* — также; *сарвāн* — всех; *урагāн* — змеев; *ча* — также; *дивйāн* — божественных.

Арджуна сказал: О мой Господь, я вижу в Твоем теле всех полубогов и разных других живых существ. Я вижу Брахму, восседающего на лотосе, Господа Шиву, всех великих мудрецов и божественных змеев.

КОММЕНТАРИЙ: Взору Арджуны открылось все, что существует во вселенной, поэтому он увидел Брахму, первое живое существо этой вселенной, и божественного змея, на котором в низших сферах вселенной возлежит Гарбходакашайи Вишну. Змея этого зовут Васуки. Есть и другие змеи, носящие то же имя. Арджуна видит всю вселенную, от Гарбходакашайи Вишну до высшей планеты вселенной в форме лотоса, на которой живет Брахма, первое из сотворенных живых существ. Это значит, что, не сходя со своей колесницы, Арджуна увидел всю вселенную. Такое возможно только по милости Верховного Господа, Кришны.

ТЕКСТ 16 अनेकबाहूदरवक्त्रनेत्रं
पश्यामि त्वां सर्वतोऽनन्तरूपम् ।
नान्तं न मध्यं न पुनस्तवादिं
पश्यामि विश्वेश्वर विश्वरूप ॥ १६ ॥

*анека-бāхӯдара-вактра-нетрам
пашйāми твāм сарвато 'нанта-рӯпам
нāнтам на мадхйам на пунас тавāдим
пашйāми вишвешвара вишва-рӯпа*

анека — (обладающую) множеством; *бāху* — рук; *удара* — животов; *вактра* — ртов; *нетрам* — глаз; *пашйāми* — я вижу; *твāм* — Тебя; *сарватах* — со всех сторон; *ананта-рӯпам* — обладающую беспредельной формой; *на антам* — нет конца; *на мадхйам* — нет середины; *на пунах* — нет и; *тава* — у Твоего; *āдим* — начала; *пашйāми* — вижу; *вишва-ӣшвара* — о Господь вселенной; *вишва-рӯпа* — о вселенская форма.

О Господь вселенной, я вижу в Твоем теле несметное множество рук, животов, ртов и глаз. Они находятся всюду, и им нет конца. О вселенская форма, поистине, у Тебя нет ни начала, ни конца, ни середины.

КОММЕНТАРИЙ: Кришна — это Верховная Личность Бога, и Он безграничен, поэтому в Нем можно увидеть все сущее.

ТЕКСТ 17 किरीटिनं गदिनं चक्रिणं च
तेजोराशिं सर्वतो दीप्तिमन्तम् ।
पश्यामि त्वां दुर्निरीक्ष्यं समन्ता-
द्दीप्तानलार्कद्युतिमप्रमेयम् ॥ १७ ॥

*кирӣтинам гадинам чакринам ча
теджо-рāшим сарвато дӣптимантам
пашйāми твāм дурнирӣкшйам самантāд
дӣптāналāрка-дйутим апрамейам*

кирӣтинам — с коронами; *гадинам* — (несущего) палицы; *чакринам* — вооруженного дисками; *ча* — и; *теджах-рāшим* — сияющего; *сарватах* — во все стороны; *дӣпти-мантам* — сияющего; *пашйāми* — вижу; *твāм* — Тебя; *дурнирӣкшйам* — того, на кого трудно смотреть; *самантāт* — повсюду; *дӣпта-анала* — (подобный) бушующему пожару; *арка* — солнца; *дйутим* — излучающего свет; *апрамейам* — неизмеримого.

Твое ослепительное сияние подобно бушующему огню или нестерпимо яркому солнечному свету; заливая собой все, оно мешает мне видеть Тебя. И все же, куда я ни брошу взгляд, везде я вижу Твой сверкающий образ, увенчанный коронами, с палицами и дисками в руках.

ТЕКСТ 18 त्वमक्षरं परमं वेदितव्यं
त्वमस्य विश्वस्य परं निधानम् ।
त्वमव्ययः शाश्वतधर्मगोप्ता
सनातनस्त्वं पुरुषो मतो मे ॥ १८ ॥

*твам акшарам парамам ведитавйам
твам асйа вишвасйа парам нидханам
твам авйайах шашвата-дхарма-гопта
санатанас твам пурушо мато ме*

твам — Ты; *акшарам* — непогрешимое; *парамам* — высшее; *ведитавйам* — цель познания; *твам* — Ты; *асйа* — этой; *вишвасйа* — вселенной; *парам* — высшая; *нидханам* — основа; *твам* — Ты; *авйайах* — неисчерпаемый; *шашвата-дхарма-гопта* — хранитель вечной религии; *санатанах* — вечный; *твам* — Ты; *пурушах* — Верховная Личность; *матах ме* — мое мнение.

Ты высшая цель познания. На Тебе покоится вся вселенная. Ты неисчерпаемый и старейший. Ты хранитель вечной религии, Личность Бога. Таково мое мнение.

ТЕКСТ 19 अनादिमध्यान्तमनन्तवीर्य-
मनन्तबाहुं शशिसूर्यनेत्रम् ।
पश्यामि त्वां दीप्तहुताशवक्त्रं
स्वतेजसा विश्वमिदं तपन्तम् ॥ १९ ॥

*анади-мадхйантам ананта-вирйам
ананта-бахум шаши-сурйа-нетрам
пашйами твам дипта-хуташа-вактрам
сва-теджаса вишвам идам тапантам*

анади — без начала; *мадхйа* — середины; *антам* — конца; *ананта* — безграничное; *вирйам* — того, чье великолепие; *ананта* — бесчисленными; *бахум* — (обладающего) руками; *шаши* — луна; *сурйа* — и солнце; *нетрам* — того, чьи глаза; *пашйами* — вижу; *твам* — Тебя; *дипта* — пылающий; *хуташа-вактрам* — того, из чьих уст вырывается огонь; *сва-теджаса* — Своим сиянием; *вишвам* — вселенную; *идам* — эту; *тапантам* — сжигающего.

У Тебя нет ни начала, ни середины, ни конца. Величие Твое беспредельно. У Тебя бесчисленное множество рук, а солнце и луна —

Твои глаза. Я вижу, как из уст Твоих вырывается огонь, опаляя всю вселенную, залитую Твоим ослепительным сиянием.

КОММЕНТАРИЙ: Нет предела шести достояниям Верховной Личности Бога. Здесь Арджуна повторяет то, что мы уже несколько раз слышали раньше, но, согласно священным писаниям, повторы в описаниях, прославляющих Кришну, нельзя считать литературным изъяном. Говорится, что человек, озадаченный, изумленный или восхищенный чем-то, от волнения много раз повторяет одно и то же. Это нельзя назвать оплошностью.

ТЕКСТ 20   द्यावापृथिव्योरिदमन्तरं हि
व्याप्तं त्वयैकेन दिशश्च सर्वाः ।
दृष्ट्वाद्भुतं रूपमुग्रं तवेदं
लोकत्रयं प्रव्यथितं महात्मन् ॥ २० ॥

дйāв ā-пртхивйор идам антарам хи
вйāптам твайаикена дишаш ча сарвāх
дрштвāдбхутам рӯпам уграм таведам
лока-трайам правйатхитам махāтман

дйау — от космического пространства; *ā-пртхивйох* — до Земли; *идам* — это; *антарам* — промежуточные; *хи* — безусловно; *вйāптам* — заполнено; *твайā* — Тобой; *экена* — одним; *дишах* — стороны света; *ча* — и; *сарвāх* — все; *дрштвā* — увидеть; *адбхутам* — удивительную; *рӯпам* — форму; *уграм* — ужасную; *тава* — Твою; *идам* — эту; *лока* — миры; *трайам* — три; *правйатхитам* — пришедшие в смятение; *махā-āтман* — о великий.

Ты один, но заполняешь Собою все небо, планеты и пространство между ними. О великий, созерцая эту дивную и грозную форму, все миры приходят в смятение.

КОММЕНТАРИЙ: Особого внимания заслуживают употребленные в этом стихе слова *дйāв ā-пртхивйох*, «пространство, отделяющее райские планеты от Земли», и *лока-трайам*, «три мира». Они свидетельствуют о том, что вселенскую форму Господа видел не только Арджуна, но и обитатели других планет. Вселенская форма не привиделась Арджуне. Все, кого Господь наделил трансцендентным зрением, созерцали вселенскую форму, явленную Господом на поле битвы.

ТЕКСТ 21   अमी हि त्वां सुरसङ्घा विशन्ति
केचिद्भीताः प्राञ्जलयो गृणन्ति ।

स्वस्तीत्युक्ता महर्षिसिद्धसङ्घाः
स्तुवन्ति त्वां स्तुतिभिः पुष्कलाभिः ॥ २१ ॥

амӣ хи твām сура-сангхā вишанти
　кечид бхӣтāх прāнджалайо грṇанти
свастӣтй уктвā махарши-сиддха-сангхāх
　стуванти твām стутибхих пушкалāбхих

амӣ — те; *хи* — безусловно; *твām* — в Тебя; *сура-сангхāх* — сонмы полубогов; *вишанти* — входят; *кечит* — некоторые; *бхӣтāх* — напуганные; *прāнджалайах* — сложившие ладони; *грṇанти* — возносят молитвы; *свасти* — да будет мир; *ити* — так; *уктвā* — произнося; *махā-рши* — великих мудрецов; *сиддха-сангхāх* — сонмы существ, достигших совершенства; *стуванти* — исполняют гимны; *твām* — к Тебе; *стутибхих* — с молитвами; *пушкалāбхих* — с ведическими гимнами.

Сонмы полубогов склоняются перед Тобой и входят в Тебя. Некоторые из них, напуганные происходящим, молятся Тебе, сложив ладони. Сонмы великих мудрецов и людей, достигших совершенства, с возгласами «Да будет мир!» взывают к Тебе, исполняя ведические гимны.

КОММЕНТАРИЙ: В страхе перед внушающим ужас видением вселенской формы и ее ослепительным сиянием полубоги со всех планет принялись молить Господа о защите.

ТЕКСТ 22　रुद्रादित्या वसवो ये च साध्या
　　　　　　　विश्वेऽश्विनौ मरुतश्चोष्मपाश्च ।
　　　　　गन्धर्वयक्षासुरसिद्धसङ्घा
　　　　　　वीक्षन्ते त्वां विस्मिताश्चैव सर्वे ॥ २२ ॥

рудрāдитйā васаво йе ча сāдхйā
　вишве 'швинау маруташ чошмапāш ча
гандхарва-йакшāсура-сиддха-сангхā
　вӣкшанте твām висмитāш чаива сарве

рудра — формы Господа Шивы; *āдитйāх* — и Адитьи; *васавах* — Васу; *йе* — которые; *ча* — и; *сāдхйāх* — Садхьи; *вишве* — Вишвадевы; *ашвинау* — Ашвини-Кумары; *марутах* — Маруты; *ча* — и; *ушма-пāх* — предки; *ча* — и; *гандхарва* — гандхарвов; *йакша* — якшей; *асура* — демонов; *сиддха* — и совершенных полубогов; *сангхāх* — сонмы; *вӣкшанте* — взирают; *твām* — на Тебя; *висмитāх* — изумленные; *ча* — также; *эва* — несомненно; *сарве* — все.

Все воплощения Господа Шивы, а также Адитьи, Васу, Садхьи, Вишвадевы, оба Ашви, Маруты, питы, гандхарвы, якши,

асуры и достигшие совершенства полубоги взирают на Тебя в изумлении.

ТЕКСТ 23 रूपं महत्ते बहुवक्त्रनेत्रं
 महाबाहो बहुबाहूरुपादम् ।
 बहूदरं बहुदंष्ट्राकरालं
 दृष्ट्वा लोकाः प्रव्यथितास्तथाहम् ॥ २३ ॥

рӯпам махат те баху-вактра-нетрам
махā-бāхо баху-бāхӯру-пāдам
бахӯдарам баху-дамшṭрā-карāлам
дршṭвā локāх правйатхитāс татхāхам

рӯпам — форму; махат — гигантскую; те — Твою; баху — многочисленными; вактра — ликами; нетрам — обладающую глазами; махā-бāхо — о сильнорукий; баху — многочисленными; бāху — руками; ӯру — чреслами; пāдам — обладающую ногами; баху-ударам — обладающую многочисленными чревами; баху-дамшṭрā — множество зубов; карāлам — ту, у которой ужасных; дршṭвā — увидев; локāх — планеты; правйатхитāх — пришедшие в смятение; татхā — а также; ахам — я.

О могучерукий, все планеты и обитающие на них полубоги пришли в смятение, увидев Твою гигантскую форму, ее многочисленные лики, глаза, руки, ноги, бедра, чревы и устрашающие зубы. И вслед за ними смятение охватило и меня.

ТЕКСТ 24 नभःस्पृशं दीप्तमनेकवर्णं
 व्यात्ताननं दीप्तविशालनेत्रम् ।
 दृष्ट्वा हि त्वां प्रव्यथितान्तरात्मा
 धृतिं न विन्दामि शमं च विष्णो ॥ २४ ॥

набхах-спрьшам дӣптам анека-варнам
вйāттāнанам дӣпта-вишāла-нетрам
дршṭвā хи твāм правйатхитāнтар-āтмā
дхртим на виндāми шамам ча вишṇо

набхах-спрьшам — касающегося неба; дӣптам — сияющего; анека — обильно; варнам — расцвеченного; вйāтта — зияющие; āнанам — рты; дӣпта — горящие; вишāла — огромные; нетрам — того, чьи глаза; дршṭвā — увидев; хи — безусловно; твāм — Тебя; правйатхита — приведена в смятение; антах — внутри; āтмā — того, чья душа; дхртим — твердость; на — не; виндāми — имею; шамам — спокойствие ума; ча — также; вишṇо — о Господь Вишну.

О вездесущий Вишну, глядя на Тебя, ослепляющего переливами красок и подпирающего головами небо, видя Твои зевы и огромные полыхающие глаза, я дрожу от страха, не в силах сохранять спокойствие и невозмутимость.

ТЕКСТ 25 दंष्ट्राकरालानि च ते मुखानि
दृष्ट्वैव कालानलसन्निभानि ।
दिशो न जाने न लभे च शर्म
प्रसीद देवेश जगन्निवास ॥ २५ ॥

дамшṭра̄-кара̄ла̄ни ча те мукха̄ни
дṛшṭваива ка̄ла̄нала-саннибха̄ни
дишо на джа̄не на лабхе ча ш́арма
прасӣда девеш́а джаган-нива̄са

дамшṭра̄ — из-за зубов; *кара̄ла̄ни* — ужасные; *ча* — также; *те* — Твои; *мукха̄ни* — лики; *дṛшṭва̄* — увидев; *эва* — таким образом; *ка̄ла-анала* — огонь смерти; *саннибха̄ни* — напоминающие; *диш́аx* — стороны света; *на* — не; *джа̄не* — знаю; *на* — не; *лабхе* — обретаю; *ча* — и; *ш́арма* — милость; *прасӣда* — смилуйся; *дева-ӣш́а* — о повелитель богов; *джагат-нива̄са* — прибежище всех миров.

О Бог богов, прибежище всех миров, умоляю Тебя, смилуйся надо мной. При виде Твоих ярко сияющих смертоносных ликов и страшных зубов я прихожу в смятение. Куда бы я ни взглянул, разум мой мечется, не находя покоя.

ТЕКСТЫ अमी च त्वां धृतराष्ट्रस्य पुत्राः
26–27 सर्वे सहैवावनिपालसङ्घैः ।
भीष्मो द्रोणः सूतपुत्रस्तथासौ
सहास्मदीयैरपि योधमुख्यैः ॥ २६ ॥
वक्त्राणि ते त्वरमाणा विशन्ति
दंष्ट्राकरालानि भयानकानि ।
केचिद्विलग्ना दशनान्तरेषु
सन्दृश्यन्ते चूर्णितैरुत्तमाङ्गैः ॥ २७ ॥

амӣ ча тва̄м̇ дхṛтара̄шṭрасйа путра̄х̣
сарве сахаива̄вани-па̄ла-сан̇гхаих̣
бхӣшмо дроṇах̣ сӯта-путрас татха̄сау
саха̄смадӣйаир апи йодха-мукхйаих̣

вактра̄ṇи те тварама̄ṇа̄ виш́анти
дамшṭра̄-кара̄ла̄ни бхайа̄нака̄ни

кечид вилагнā дайшанāнтарешу
сандриййанте чӯрṇитаир уттамāн̇гаих

амӣ — эти; *ча* — также; *твāм* — Ты; *дхр̣тарāшт̣расйа* — Дхритараштры; *путрāх̣* — сыновья; *сарве* — все; *саха* — с; *эва* — действительно; *авани-пāла* — царей-воинов; *сан̇гхаих̣* — группами; *бхӣш-
мах̣* — Бхишмадева; *дроṇах̣* — Дроначарья; *сӯта-путрах̣* — Карна;
татхā — также; *асау* — что; *саха* — с; *асмадӣйаих̣* — наши; *апи* —
также; *йодха-мукхйаих̣* — военачальниками; *вактрāṇи* — в зевы;
те — Твои; *тварамāṇāх̣* — спешащие; *вишанти* — входят; *дамш-
трā* — из-за зубов; *карāлāни* — ужасные; *бхайāнакāни* — грозные;
кечит — некоторые; *вилагнāх̣* — застрявшие; *дайшана-антарешу* —
между зубами; *сандриййанте* — виднеются; *чӯрṇитаих̣* — с раздав-
ленными; *уттама-ан̇гаих̣* — головами.

**Я вижу, как все сыновья Дхритараштры и принявшие их сто-
рону цари, Бхишма, Дрона, Карна, а также все наши военачальники устремляются в Твои страшные разверстые зевы и как некоторые из них, с размозженными головами, застревают между
Твоими зубами.**

КОММЕНТАРИЙ: До этого Господь обещал Арджуне, что покажет ему захватывающее зрелище. И вот теперь Арджуна стал
свидетелем гибели военачальников армии врага (Бхишмы, Дроны,
Карны и всех сыновей Дхритараштры), а также вражеских и своих
воинов. Это предвещало гибель всех собравшихся на поле битвы
Курукшетра и победу Арджуны. Здесь также сказано, что Бхишма, которого считали непобедимым, тоже падет на поле боя. Та
же участь ожидает и Карну. В этой битве суждено было погибнуть
не только Бхишме и другим предводителям армии Кауравов, но
и некоторым великим воинам, сражающимся на стороне Арджуны.

ТЕКСТ 28   यथा नदीनां बहवोऽम्बुवेगाः
समुद्रमेवाभिमुखा द्रवन्ति ।
तथा तवामी नरलोकवीरा
विशन्ति वक्त्राण्यभिविज्वलन्ति ॥ २८ ॥

йатхā надӣнāм̇ бахаво 'мбу-вегāх̣
самудрам эвāбхимукхā драванти
татхā тавāмӣ нара-лока-вӣрā
вишанти вактрāṇй абхивиджваланти

йатхā — как; *надӣнāм* — рек; *бахавах̣* — многочисленные; *амбу-
вегāх̣* — волны вод; *самудрам* — к океану; *эва* — безусловно; *абхи-
мукхāх̣* — направленные; *драванти* — бегут; *татхā* — так же; *та-*

ва — Твои; *ами* — эти; *нара-лока-вӣрāх̣* — цари среди людей; *виш́ан-
ти* — входят; *вактрāн̣и* — в зевы; *абхивиджваланти* — пылающие.

**Подобно рекам, несущим свои воды к океану, эти великие вои-
ны исчезают в Твоих пылающих зевах.**

ТЕКСТ 29   यथा प्रदीप्तं ज्वलनं पतङ्गा
विशन्ति नाशाय समृद्धवेगाः ।
तथैव नाशाय विशन्ति लोका-
स्तवापि वक्त्राणि समृद्धवेगाः ॥ २९ ॥

*йатхā прадӣптам̇ джваланам̇ патан̇гā
виш́анти нāш́āйа самр̣ддха-вегāх̣
татхаива нāш́āйа виш́анти локāс
тавāпи вактрāн̣и самр̣ддха-вегāх̣*

йатхā — как; *прадӣптам* — в пылающий; *джваланам* — в огонь;
патан̇гāх̣ — мотыльки; *виш́анти* — входят; *нāш́āйа* — к гибели; *сам-
р̣ддха* — полной; *вегāх̣* — те, что со скоростью; *татхā эва* — точно так же; *нāш́āйа* — к смерти; *виш́анти* — входят; *локāх̣* — люди;
тава — в Твои; *апи* — также; *вактрāн̣и* — во рты; *самр̣ддха-вегāх̣* —
стремительные.

**Я вижу как, подобно мотылькам, летящим на огонь, все люди
стремительно несутся в Твои разверстые рты.**

ТЕКСТ 30   लेलिह्यसे ग्रसमानः समन्ता-
ल्लोकान्समग्रान्वदनैर्ज्वलद्भिः ।
तेजोभिरापूर्य जगत्समग्रं
भासस्तवोग्राः प्रतपन्ति विष्णो ॥ ३० ॥

*лелихйасе грасамāнах̣ самантāл
локāн самаграāн ваданаир джваладбхих̣
теджобхир āпӯрйа джагат самаграм
бхāсас тавограāх̣ пратапанти вишн̣о*

лелихйасе — облизываешь; *грасамāнах̣* — поглощающий; *самантāт* — со всех сторон; *локāн* — людей; *самаграāн* — всех; *вадана-
их̣* — ртами; *джваладбхих̣* — горящими; *теджобхих̣* — сиянием; *āпӯрйа* — покрыв; *джагат* — вселенную; *самаграм* — всю; *бхāсах̣* — лучи; *тава* — Твои; *уграāх̣* — страшные; *пратапанти* — испепеляют;
вишн̣о — о вездесущий Господь.

**О Вишну, я вижу, как Ты повсюду поглощаешь людей, ко-
торые исчезают в Твоих пылающих зевах. Своим ослепитель-**

ным сиянием Ты озаряешь всю вселенную, и Твои грозные лучи опаляют ее.

ТЕКСТ 31 आख्याहि मे को भवानुग्ररूपो
नमोऽस्तु ते देववर प्रसीद ।
विज्ञातुमिच्छामि भवन्तमाद्यं
न हि प्रजानामि तव प्रवृत्तिम् ॥ ३१ ॥

а̄кхйа̄хи ме ко бхава̄н угра-рӯпо
намо 'сту те дева-вара прасӣда
виджн̃а̄тум иччха̄ми бхавантам а̄дйам
на хи праджа̄на̄ми тава правр̣ттим

а̄кхйа̄хи — (пожалуйста) расскажи; *ме* — мне; *ках* — кто; *бха-ва̄н* — Ты; *угра-рӯпах* — форма, наводящая страх; *намах асту* — да будет почтение; *те* — Тебе; *дева-вара* — о великий среди полубогов; *прасӣда* — будь милостив; *виджн̃а̄тум* — знать; *иччха̄ми* — желаю; *бхавантам* — Тебя; *а̄дйам* — изначального; *на* — не; *хи* — безуслов-но; *праджа̄на̄ми* — знаю; *тава* — Твоя; *правр̣ттим* — миссия.

О Бог богов, наводящий ужас Своим видом, поведай мне, кто Ты. Смилуйся надо мной, припавшим к Твоим стопам. Ты пред-вечный Господь, и я хочу знать, каков Ты и ради чего Ты явился в этот мир.

ТЕКСТ 32 श्रीभगवानुवाच
कालोऽस्मि लोकक्षयकृत्प्रवृद्धो
लोकान्समाहर्तुमिह प्रवृत्तः ।
ऋतेऽपि त्वां न भविष्यन्ति सर्वे
येऽवस्थिताः प्रत्यनीकेषु योधाः ॥ ३२ ॥

ш́рӣ-бхагава̄н ува̄ча
ка̄ло 'сми лока-кшайа-кр̣т правр̣ддхо
лока̄н сама̄хартум иха правр̣ттах
р̣те 'пи тва̄м на бхавишйанти сарве
йе 'вастхита̄х пратйанӣкешу йодха̄х

ш́рӣ-бхагава̄н ува̄ча — Верховный Господь сказал; *ка̄лах* — вре-мя; *асми* — являюсь; *лока* — миров; *кшайа-кр̣т* — разрушитель; *правр̣ддхах* — великий; *лока̄н* — людей; *сама̄хартум* — уничтожить; *иха* — здесь (в этом мире); *правр̣ттах* — собравшийся; *р̣те* — без; *апи* — даже; *тва̄м* — тебя; *на* — не; *бхавишйанти* — будут; *сарве* — все; *йе* — которые; *авастхита̄х* — расположены; *прати-анӣкешу* — на противоположных сторонах; *йодха̄х* — воины.

Верховный Господь сказал: Я время, великий разрушитель миров, и Я пришел сюда, чтобы уничтожить всех. Кроме вас [Пандавов], всем воинам и с той, и другой стороны суждено погибнуть в грядущем сражении.

КОММЕНТАРИЙ: Хотя Арджуна знал, что Кришна — его друг и Верховная Личность Бога, он был изумлен, увидев Его бесчисленные облики. Поэтому он спросил Кришну об истинном предназначении этой разрушительной силы. В Ведах сказано, что Высшая Истина уничтожает все сущее, не щадя даже *брахманов*. В «Катха-упанишад» (1.2.25) сказано:

> йасйа брахма ча кшатрам ча
> убхе бхавата оданах
> мṛтйур йасйопасечанам
> ка иттхā веда йатра сах

В свой срок *брахманы, кшатрии* и все прочие будут поглощены Всевышним. Сам Верховный Господь, Кришна, предстает здесь в образе всепоглощающего времени, которое подобно гиганту, съедающему всех. Он поглотит всех, кто находится на этом поле битвы, за исключением горстки Пандавов.

Арджуна не хотел этой войны и пытался уклониться от участия в сражении, надеясь избежать печального исхода. В ответ на это Господь говорит, что, даже если он не станет участвовать в сражении, все воины все равно погибнут, ибо таков Его замысел. Если Арджуна не убьет их, то это сделает кто-то другой. Даже отказавшись сражаться, он не сможет предотвратить их смерть. В сущности, все они уже мертвы. Время — великая разрушительная сила, и все сущее рано или поздно будет уничтожено волей Верховного Господа. Таков закон природы.

ТЕКСТ 33 तस्मात्त्वमुत्तिष्ठ यशो लभस्व
जित्वा शत्रून्भुंक्ष्व राज्यं समृद्धम् ।
मयैवैते निहताः पूर्वमेव
निमित्तमात्रं भव सव्यसाचिन् ॥ ३३ ॥

*тасмāт твам уттиштха йашо лабхасва
джитвā ш́атрӯн бхункшива рāджйам самрддхам
майаиваите нихатāх пӯрвам эва
нимитта-мāтрам бхава савйа-сāчин*

тасмāт — поэтому; *твам* — ты; *уттиштха* — восстань; *йашах* — славу; *лабхасва* — стяжай; *джитвā* — покорив; *ш́атрӯн* — врагов; *бхункшива* — наслаждайся; *рāджйам* — царство; *самрддхам* —

процветающее; *майā* — Мной; *эва* — непременно; *эте* — все эти;
нихатāх — убиты; *пӯрвам эва* — по предыдущему (замыслу);
нимитта-мāтрам — орудие; *бхава* — стань; *савйа-сāчин* — о Савьясачи.

**Воспрянь же, Арджуна! Приготовься к сражению и стяжай
себе славу. Покори врага и насладись властью над процветаю-
щим царством. Все они уже приговорены Мною к смерти, и ты,
о Савьясачи, можешь быть лишь орудием в этой битве.**

КОММЕНТАРИЙ: Савйа-сāчин значит «тот, кто в совершенстве
владеет луком». Иначе говоря, Кришна обращается к Арджуне как
к опытному воину, стрелы которого всегда без промаха разят врага. *Нимитта-мāтрам:* «Просто стань орудием в Моих руках». Эти
слова также очень важны. Все в мире происходит по плану Верховной Личности Бога. Глупцы и невежды считают, что в природе
царит хаос, и все существующее в мире возникло по воле случая.
Многие так называемые ученые выдвигают различные гипотезы
и строят домыслы. Но в природе нет места для домыслов. Все
происходящее в материальном мире подчинено определенному замыслу. В чем он заключается? Материальный мир предназначен
для того, чтобы дать обусловленным душам возможность вернуться домой, к Богу. До тех пор пока у живых существ сохраняется
желание господствовать, заставляющее их искать материальных
удовольствий, они будут оставаться в обусловленном состоянии.
Однако самым разумным среди людей является тот, кому удалось
понять замысел Верховного Господа и развить в себе сознание
Кришны. Материальный мир создается и разрушается под надзором Верховного Господа. И битва на Курукшетре также являлась
частью Его замысла. Арджуна не хотел принимать в ней участие,
но Господь говорит ему, что он должен сражаться, ибо такова воля Бога. Это сделает его счастливым. Тот, кто полностью развивает в себе сознание Кришны и посвящает свою жизнь служению
Господу, достигает совершенства.

ТЕКСТ 34   द्रोणं च भीष्मं च जयद्रथं च
            कर्णं तथान्यानपि योधवीरान् ।
            मया हतांस्त्वं जहि माव्यथिष्ठा
            युध्यस्व जेतासि रणे सपत्नान् ॥ ३४ ॥

> *дроṇам ча бхӣшмам ча джайадратхам ча*
> *карṇам татхāнйāн апи йодха-вӣрāн*
> *майā хатāмс твам джахи мā вйатхишṭхā*
> *йудхйасва джетāси раṇе сапатнāн*

дроṇам ча — и Дрона; *бхӣшмам ча* — и Бхишма; *джайадратхам
ча* — и Джаядратха; *карṇам* — Карна; *татхā* — также; *анйāн* — другие; *апи* — безусловно; *йодха-вӣрāн* — великие воины; *майā* — Мной;
хатāн — уничтожены; *твам* — ты; *джахи* — убей; *мā* — не; *вйатхиш̣тхāх̣* — тревожься; *йудхйасва* — сражайся; *джетā аси* — одолеешь; *раṇе* — в битве; *сапатнāн* — врагов.

**Дрона, Бхишма, Джаядратха, Карна и другие великие воины
уже уничтожены Мной. Поэтому срази их и ни о чем не беспокойся. Сражайся, и ты одолеешь в битве всех своих врагов.**

КОММЕНТАРИЙ: Всякий замысел осуществляет Сам Верховный
Господь, однако, поскольку Он очень милостив к Своим преданным, Он хочет, чтобы вся слава и почет достались преданным, которые, исполняя волю Господа, претворяют Его замысел в жизнь.
Поэтому каждый из нас должен действовать в этой жизни, постоянно памятуя о Кришне и стараясь осознать Верховную Личность
Бога при посредничестве духовного учителя. Постичь план Верховного Господа можно лишь по Его милости, но планы преданных
неотличны от планов Самого Бога. Поэтому каждый из нас должен стараться исполнить эти планы и таким образом выйти победителем в своей борьбе за существование.

ТЕКСТ 35   सञ्जय उवाच

एतच्छ्रुत्वा वचनं केशवस्य
कृताञ्जलिर्वेपमानः किरीटी ।
नमस्कृत्वा भूय एवाह कृष्णं
सगद्गदं भीतभीतः प्रणम्य ॥ ३५ ॥

сан̃джайа увāча
этач чхрутвā вачанам̇ кеш́авасйа
кр̣тāн̃джалир вепамāнах̣ кирӣт̣ӣ
намаскр̣твā бхӯйа эвāха кр̣шṇам̇
са-гадгадам̇ бхӣта-бхӣтах̣ праṇамйа

сан̃джайах̣ увāча — Санджая сказал; *этат* — эту; *ш́рутвā* — услышав; *вачанам* — речь; *кеш́авасйа* — Кришны; *кр̣та-ан̃джалих̣* — молитвенно сложивший ладони; *вепамāнах̣* — дрожащий; *кирӣт̣ӣ* —
Арджуна; *намаскр̣твā* — отдав поклон; *бхӯйах̣* — снова; *эва* — также; *āха* — сказал; *кр̣шṇам* — Кришне; *са-гадгадам* — запинаясь; *бхӣта-бхӣтах̣* — напуганный; *праṇамйа* — почтительно склонившись.

Санджая сказал Дхритараштре: О царь, услышав слова Верховной Личности Бога, Арджуна, охваченный трепетом, молитвенно

сложил ладони и стал снова и снова кланяться Господу. Он заговорил, и голос его дрожал от страха.

КОММЕНТАРИЙ: Как уже говорилось, увидев вселенскую форму Верховной Личности Бога, Арджуна был изумлен и потрясен. Он стал снова и снова кланяться Господу и дрожащим от волнения голосом возносить молитвы. Теперь он обращается к Кришне не как друг, а как преданный, пораженный Его величием.

ТЕКСТ 36   अर्जुन उवाच
स्थाने हृषीकेश तव प्रकीर्त्या
जगत्प्रहृष्यत्यनुरज्यते च ।
रक्षांसि भीतानि दिशो द्रवन्ति
सर्वे नमस्यन्ति च सिद्धसङ्घाः ॥ ३६ ॥

арджуна увача
стхане хршӣкеша тава пракӣртйа̄
джагат прахршйати анураджйате ча
ракшамси бхӣтани дишо драванти
сарве намасйанти ча сиддха-саṅгхах

арджунах увача — Арджуна сказал; *стхане* — правильно; *хршӣка-ӣша* — о властитель чувств; *тава* — Твоим; *пракӣртйа̄* — величием; *джагат* — весь мир; *прахршйати* — радуется; *анураджйате* — влечется; *ча* — и; *ракшамси* — демоны; *бхӣтани* — испуганные; *дишах* — во все стороны; *драванти* — разбегаются; *сарве* — все; *на-масйанти* — выражают почтение; *ча* — также; *сиддха-саṅгхах* — люди, достигшие совершенства.

Арджуна сказал: О властитель чувств, при звуках Твоего имени мир наполняется ликованием, эти звуки привлекают к Тебе всех его обитателей. Те из них, кто достиг совершенства, в глубоком почтении склоняются перед Тобой, и только демоны в ужасе разбегаются в разные стороны. Так и должно быть.

КОММЕНТАРИЙ: Когда Арджуна услышал от Кришны об исходе битвы на Курукшетре, у него открылись глаза и, будучи великим преданным и другом Верховной Личности Бога, он сказал, что все творимое Кришной справедливо. Арджуна подтвердил, что Кришна является защитником и святыней преданных и грозой нечестивых. Его действия в равной мере благотворны для всех. Арджуна понял, что во время битвы на Курукшетре многочисленные полубоги, *сиддхи* и в высшей степени разумные живые существа, обитающие на различных планетах вселенной, наблюдали за ходом сражения, поскольку среди его участников был Кришна. Когда Арджуна созерцал вселенскую форму Господа, полубоги также наслаждались этим зрелищем. Однако демоны и атеисты не выносят, когда прославляют Господа. Охваченные инстинктивным страхом перед Господом в образе времени, несущим гибель всему живому, они разбежались в разные стороны. Поэтому здесь Арджуна восхваляет обращение Кришны с преданными и безбожниками. Преданный всегда прославляет Господа, ибо знает, что все творимое Им является благом для всех.

ТЕКСТ 37 कस्माच्च ते न नमेरन्महात्मन्
गरीयसे ब्रह्मणोऽप्यादिकर्त्रे ।
अनन्त देवेश जगन्निवास
त्वमक्षरं सदसत्तत्परं यत् ॥ ३७ ॥

касма̄ч ча те на намеран маха̄тман
гарӣйасе брахмано 'пй а̄ди-картре
ананта девеш́а джаган-нива̄са
твам акшарам̇ сад-асат тат парам̇ йат

касма̄т — почему; *ча* — и; *те* — Тебе; *на* — не; *намеран* — пусть поклоняются; *маха̄-а̄тман* — о великий; *гарӣйасе* — тому, кто лучше; *брахманах̣* — Брахмы; *апи* — даже; *а̄ди-картре* — верховному создателю; *ананта* — безграничный; *дева-ӣш́а* — о владыка полубогов; *джагат-нива̄са* — о вместилище вселенной; *твам* — Ты; *акшарам* — неуничтожимая; *сат-асат* — причина и следствие; *тат парам* — то трансцендентное; *йат* — которое.

О величайший, затмевающий Своим величием даже Брахму, Ты изначальный творец. Как же им не падать ниц перед Тобой? О безграничный, о Бог богов и вместилище вселенной! Ты неистощимый источник, причина всех причин, запредельная материальному миру.

КОММЕНТАРИЙ: Склоняясь перед Кришной, Арджуна говорит, что Кришна — объект всеобщего поклонения. Он вездесущ, и Он же Душа всех душ. Арджуна называет Кришну *махатмой,* имея в виду, что Кришна самый великодушный и что Он беспределен. Эпитет *ананта* указывает на то, что власть Верховного Господа простирается повсюду, а *девеша* значит, что Он повелитель всех полубогов, намного превосходящий их всех. Он вместилище всей вселенной. Арджуна также считал справедливым то, что все совершенные живые существа и могущественные полубоги выражают Кришне почтение, ибо нет никого более великого, чем Кришна.

Арджуна подчеркивает, что Кришна превосходит даже Брахму, поскольку является его творцом. Брахма рождается на лотосе, вырастающем из пупка Гарбходакашайи Вишну, одной из полных экспансий Кришны. Поэтому Брахма и рожденные от него Господь Шива и все остальные полубоги должны кланяться Кришне. В «Шримад-Бхагаватам» тоже сказано, что Господу Кришне поклоняются Господь Шива, Брахма и прочие полубоги. Очень важным является употребленное в этом стихе слово *акшарам:* оно указывает на то, что материальный мир подвержен разрушению, но Господь находится за пределами материального творения. Он причина всех причин и потому выше всех обусловленных душ, населяющих материальную природу, а также самого материального мироздания. Поэтому Он всемогущий Верховный Господь.

ТЕКСТ 38   त्वमादिदेवः पुरुषः पुराण-
         स्त्वमस्य विश्वस्य परं निधानम् ।
      वेत्तासि वेद्यं च परं च धाम
         त्वया ततं विश्वमनन्तरूप ॥ ३८ ॥

твам āди-девах̣ пурушах̣ пурāн̣ас
твам асйа виш́васйа парам̇ нидхāнам
веттāси ведйам̇ ча парам̇ ча дхāма
твайā татам̇ виш́вам ананта-рӯпа

твам — Ты; *āди-девах̣* — изначальный Верховный Господь; *пурушах̣* — личность; *пурāн̣ах̣* — старейший; *твам* — Ты; *асйа* — этой; *виш́васйа* — вселенной; *парам* — трансцендентное; *нидхāнам* — прибежище; *веттā* — знающий; *аси* — Ты есть; *ведйам* — познаваемое; *ча* — и; *парам* — трансцендентная; *ча* — и; *дхāма* — обитель; *твайā* — Тобой; *татам* — пронизана; *виш́вам* — вселенная; *ананта-рӯпа* — о безграничная форма.

Ты изначальный Господь, древнейший из древних, последнее прибежище мироздания. Ты знаешь все, и Ты все, что может быть объектом познания. Ты высочайшая обитель, трансцендентная материальным *гунам.* О безграничная форма, Тобою пронизан весь проявленный мир!

КОММЕНТАРИЙ: Все сущее покоится на Верховной Личности Бога, поэтому Господь является последним прибежищем мироздания. Слово *нидхāнам* означает, что Верховная Личность Бога, Кришна, — основа всего, даже сияния Брахмана. Он знает обо всем, что происходит в мире, и если у знания есть какой-то предел, то этим пределом является Верховный Господь. Поэтому Он одновременно познанное и познаваемое. Он объект познания, ибо пребывает всюду, а будучи причиной существования духовного мира, Он трансцендентен. Кроме того, Он повелитель духовного мира.

ТЕКСТ 39 वायुर्यमोऽग्निर्वरुणः शशाङ्कः
प्रजापतिस्त्वं प्रपितामहश्च ।
नमो नमस्तेऽस्तु सहस्रकृत्वः
पुनश्च भूयोऽपि नमो नमस्ते ॥ ३९ ॥

*ва̄йур йамо 'гнир варун̣ах ш́аш́а̄н̇ках̣
праджа̄патис твам прапита̄махаш́ ча
намо намас те 'сту сахасра-кр̣твах̣
пунаш́ ча бхӯйо 'пи намо намас те*

ва̄йух̣ — воздух; *йамах̣* — правитель; *агних̣* — огонь; *варун̣ах̣* — вода; *ш́аш́а-ан̇ках̣* — луна; *праджа̄патих̣* — Брахма; *твам* — Ты; *прапита̄махах̣* — прадед; *ча* — также; *намах̣* — поклон; *намах̣* — поклон; *те* — Тебе; *асту* — да будет; *сахасра-кр̣твах̣* — тысячу раз; *пунах̣ ча* — и еще; *бхӯйах̣* — снова; *апи* — также; *намах̣* — поклон; *намах̣ те* — почтительный поклон Тебе.

Ты и воздух, и верховный повелитель! Ты огонь, и вода, и луна! Ты Брахма, первый обитатель мира, и Ты прародитель всего сущего. Поэтому я тысячу раз склоняюсь перед Тобой, снова и снова, и так без конца!

КОММЕНТАРИЙ: Арджуна признает здесь Господа воздухом, потому что вездесущий воздух является главной стихией и управляет им главный из полубогов. Арджуна также называет Кришну прародителем, поскольку Он отец Брахмы, первого обитателя вселенной.

ТЕКСТ 40 नमः पुरस्तादथ पृष्ठतस्ते
नमोऽस्तु ते सर्वत एव सर्व ।
अनन्तवीर्यामितविक्रमस्त्वं
सर्वं समाप्नोषि ततोऽसि सर्वः ॥ ४० ॥

*намах̣ пураста̄д атха пр̣шт̣хатас те
намо 'сту те сарвата эва сарва
ананта-вӣрйа̄мита-викрамас твам
сарвам сама̄пноши тато 'си сарвах̣*

намах̣ — поклон; *пураста̄т* — спереди; *атха* — затем; *пр̣шт̣хатах̣* — сзади; *те* — Тебе; *намах̣ асту* — да будет поклон; *те* — Тебе; *сарватах̣* — со всех сторон; *эва* — воистину; *сарва* — (ибо Ты) всё; *ананта-вӣрйа* — безграничной мощи; *амита-викрамах* — неизмеримая сила; *твам* — Ты; *сарвам* — все; *самāпноши* — объемлешь; *татах* — потому; *аси* — (Ты) есть; *сарвах* — всё.

Поклон Тебе спереди и сзади, и со всех сторон! О неукротимая сила, обладатель безграничной мощи! Ты вездесущ, и потому Ты всё!

КОММЕНТАРИЙ: Охваченный чувством экстатической любви к Кришне, Его друг Арджуна приносит Ему поклоны со всех сторон. Он признаёт, что Кришна обладает всеми силами и всей доблестью и потому несравнимо более могуществен, чем все воины, собравшиеся на поле битвы. В «Вишну-пуране» (1.9.69) сказано:

> йо 'йам тавāгато дева
> самӣпам деватā-ганах
> са твам эва джагат-срашṭā
> йатах сарва-гато бхавāн

«Кто бы ни предстал перед Тобой, будь он даже полубогом, сотворен Тобою, о Верховная Личность Бога».

ТЕКСТЫ 41–42

सखेति मत्वा प्रसभं यदुक्तं
हे कृष्ण हे यादव हे सखेति ।
अजानता महिमानं तवेदं
मया प्रमादात्प्रणयेन वापि ॥ ४१ ॥

यच्चावहासार्थमसत्कृतोऽसि
विहारशय्यासनभोजनेषु ।
एकोऽथवाप्यच्युत तत्समक्षं
तत्क्षामये त्वामहमप्रमेयम् ॥ ४२ ॥

> сакхети матвā прасабхам йад уктам
> хе кршна хе йāдава хе сакхети
> аджāнатā махимāнам таведам
> майā прамāдāт пранайена вāпи
>
> йач чāвахāсāртхам асат-крто 'си
> вихāра-шаййāсана-бходжанешу
> эко 'тха вāпи ачйута тат-самакшам
> тат кшāмайе твāм ахам апрамейам

сакхā — друг; *ити* — так; *матвā* — подумав; *прасабхам* — не подумав; *йат* — что; *уктам* — сказано; *хе кршна* — о Кришна; *хе йāдава* — о Ядава; *хе сакхе* — о мой друг; *ити* — так; *аджāнатā* — не знающим; *махиманам* — славу; *тава* — Твою; *идам* — эту; *майа* — мной; *прамадат* — из-за глупости; *пранайена* — любовью; *ва апи* — либо; *йат* — то, чем; *ча* — также; *авахаса-артхам* — шутки ради; *асат-кртах* — обесчещен; *аси* — являешься; *вихара* — во время отдыха; *шаййа* — лежа; *асана* — сидя; *бходжанешу* — и во время совместной трапезы; *эках* — один; *атха ва* — или; *апи* — также; *ачйута* — о непогрешимый; *тат-самакшам* — перед теми (друзьями); *тат* — за то; *кшамайе* — прошу извинения; *твам* — Тебя; *ахам* — я; *апрамейам* — неизмеримое.

Считая Тебя своим другом, я небрежно обращался к Тебе: «О Кришна», «О Ядава», «Друг мой», не ведая о Твоем величии. Прости меня, пожалуйста, за все, что я делал в безумии своей любви. Я не раз принижал Тебя своими шутками, когда в час досуга мы делили с Тобою ложе или сидели за трапезой, иногда наедине, а иногда в кругу друзей. О непогрешимый, прошу Тебя, прости мне все эти вольности.

КОММЕНТАРИЙ: Несмотря на то что Кришна явил Арджуне Свою вселенскую форму, Арджуна помнил о дружбе, связывающей их, и потому стал просить у Кришны прощения за все дружеские вольности, которые он позволял себе в обращении с Ним. Он признает, что прежде даже не подозревал о том, что Кришна может принять вселенскую форму, хотя Кришна говорил ему об этом как Своему близкому другу. Арджуна даже не помнил, сколько раз он непочтительно обращался к Кришне, называя Его «мой друг», «Кришна», «Ядава» и не зная о Его величии. Но Кришна столь добр и милостив, что, невзирая на Свое величие, относился к Арджуне как к Своему другу. Таковы духовные узы любви, связывающие Господа и Его преданных. Живое существо связывают с Кришной вечные узы, о которых невозможно забыть до конца, как это видно на примере Арджуны. Хотя Арджуне открылось величие вселенской формы Кришны, он не смог забыть о своей дружбе с Кришной.

ТЕКСТ 43 पितासि लोकस्य चराचरस्य
त्वमस्य पूज्यश्च गुरुर्गरीयान् ।
न त्वत्समोऽस्त्यभ्यधिकः कुतोऽन्यो
लोकत्रयेऽप्यप्रतिमप्रभाव ॥ ४३ ॥

питаси локасйа чарачарасйа
твам асйа пуджйаш ча гурур гарийан
на тват-само 'сти абхйадхиках куто 'нйо
лока-трайе 'пи апратима-прабхава

пита — отец; *аси* — являешься; *локасйа* — мира; *чара* — движущегося; *ачарасйа* — и неподвижного; *твам* — Ты; *асйа* — этого; *пуджйах* — объект поклонения; *ча* — и; *гурух* — учитель; *гарийан* — достославный; *на* — не; *тват-самах* — равный Тебе; *асти* — существует; *абхйадхиках* — более великий; *кутах* — откуда; *анйах* — другой; *лока-трайе* — в трех планетных системах; *апи* — даже; *апратима-прабхава* — о безмерная сила.

Ты отец всего материального мироздания, всех движущихся и неподвижных живых существ. Ты их предводитель, достойный поклонения, и высший духовный учитель. Ни одно живое существо не может превзойти Тебя или сравниться с Тобой. Есть ли во всех трех мирах кто-то более великий, чем Ты, о безмерно могущественный Господь?

КОММЕНТАРИЙ: Верховную Личность Бога, Кришну, нужно почитать так, как сын почитает отца. Он изначальный духовный учитель, ибо Он на заре творения открыл Брахме мудрость Вед и сейчас излагает Арджуне «Бхагавад-гиту». Поэтому Кришна — изначальный *гуру*, и в наше время всякий истинный духовный учитель должен принадлежать к цепи ученической преемственности, ведущей начало от Самого Кришны. Не будучи представителем Кришны, нельзя становиться духовным наставником и преподавать трансцендентную науку.

Живые существа всячески выражают почтение Господу, ибо Он безмерно велик. Нет никого более великого, чем Верховная Личность Бога, Кришна, поскольку ни в духовном, ни в материальном мире нет существа, которое могло бы сравняться с Кришной, не говоря уж о том, чтобы превзойти Его. Все живые существа подчинены Ему и не могут стать выше Его. Об этом сказано в «Шветашватара-упанишад» (6.8):

> *на тасйа карйам каранам ча видйате*
> *на тат-самаш чабхйадхикаш ча дришйате*

У Верховного Господа, Кришны, так же как и у обыкновенного человека, есть тело и чувства, но Его чувства, Его тело, Его ум и Он Сам тождественны друг другу. Глупцы, не понимающие Кришны, заявляют, что Кришна отличен от Своей души, ума, сердца и всего прочего. Кришна абсолютен, поэтому Его деяния и Его энергии превыше всего в этом мире. Говорится также, что, хотя Его чувства отличаются от наших, Он обладает всеми видами чувственного восприятия и при этом Его органы чувств ничем не ограничены и совершенны. Нет никого равного Ему или более великого, чем Он, — все прочие стоят ниже.

Знание, могущество и деяния Верховного Господа всецело духовны. Об этом говорится в «Бхагавад-гите» (4.9):

> *джанма карма ча ме дивйам*
> *эвам йо ветти таттватах̣*
> *тйактва̄ дехам пунар джанма*
> *наити ма̄м эти со 'рджуна*

Тот, кто постиг духовную природу тела, деяний и могущества Кришны, оставив свое тело, попадает в обитель Кришны, чтобы больше никогда не возвращаться в этот полный страданий мир. Поэтому необходимо помнить о том, что деяния Кришны имеют иную природу, чем действия обыкновенного человека. Самое лучшее — следовать указаниям Кришны; это поможет нам достичь совершенства. Говорится также, что у Кришны нет господина, все живые существа — Его слуги. Подтверждение тому мы находим в «Чайтанья-чаритамрите» (Ади, 5.142): *экале йӣвара кр̣шн̣а, а̄ра саба бхр̣тйа*. Только Кришна — Бог, все остальные живые существа — Его слуги. Все подчиняются Его воле, и никто не может противиться ей. Каждое живое существо действует так, как велит ему Господь, ибо целиком находится в Его власти. Как сказано в «Брахма-самхите», Он причина всех причин.

ТЕКСТ 44　तस्मात्प्रणम्य प्रणिधाय कायं
प्रसादये त्वामहमीशमीड्यम् ।
पितेव पुत्रस्य सखेव सख्युः
प्रियः प्रियायार्हसि देव सोढुम् ॥ ४४ ॥

> *тасма̄т пран̣амйа пран̣идха̄йа ка̄йам*
> *праса̄дайе тва̄м ахам ӣшам ӣд̣йам*
> *питева путрасйа сакхева сакхйух̣*
> *прийах̣ прийа̄йа̄рхаси дева содхум*

тасма̄т — поэтому; *пран̣амйа* — почтительно склонившись; *пран̣идха̄йа* — простерев; *ка̄йам* — тело; *праса̄дайе* — молю о милости; *тва̄м* — Тебя; *ахам* — Я; *ӣшам* — Верховного Господа; *ӣд̣йам* — достойного поклонения; *пита̄ ива* — как отец; *путрасйа* — сына; *сакха̄ ива* — как друг; *сакхйух̣* — от друга; *прийах̣* — любящий; *прийа̄йа̄х̣* — от возлюбленной; *архаси* — должен; *дева* — Господь; *содхум* — терпеть.

Ты Всевышний, которому должны поклоняться все. Поэтому я падаю ниц перед Тобой и молю Тебя о милости. Как отец терпеливо сносит дерзости сына, друг — неучтивость друга, а муж — небрежность жены, так и Ты прости мне, пожалуйста, все мои ошибки и оскорбления.

КОММЕНТАРИЙ: Преданных Кришны связывают с Ним различные отношения: одни относятся к Нему как к сыну, другие — как к мужу, а третьи — как к другу или как к хозяину. Кришну и Арджуну связывают отношения дружбы. И как отец снисходителен к сыну, муж — к жене, а хозяин — к слуге, так и Кришна всегда снисходителен к Своим преданным.

ТЕКСТ 45 अदृष्टपूर्वं हृषितोऽस्मि दृष्ट्वा
भयेन च प्रव्यथितं मनो मे ।
तदेव मे दर्शय देव रूपं
प्रसीद देवेश जगन्निवास ॥ ४५ ॥

адришта-пӯрвам хршито 'сми дриштвā
бхайена ча правйатхитам мано ме
тад эва ме дарш́айа дева рӯпам
прасӣда девеш́а джаган-нивāса

адришта-пӯрвам — не виданную прежде; *хршитах* — обрадованный; *асми* — являюсь; *дриштвā* — увидев; *бхайена* — страхом; *ча* — также; *правйатхитам* — находящийся в смятении; *манах* — ум; *ме* — мой; *тат* — ту; *эва* — непременно; *ме* — мне; *дарш́айа* — яви; *дева* — о Господь; *рӯпам* — форму; *прасӣда* — будь милостив; *дева-йш́а* — о владыка владык; *джагат-нивāса* — вместилище вселенной.

Созерцая Твою вселенскую форму, которую я никогда прежде не видел, я радуюсь, однако ум мой охвачен страхом. Поэтому, прошу Тебя, яви мне милость и снова открой мне Свой образ Личности Бога, о владыка владык, тот, в ком пребывает вся вселенная!

КОММЕНТАРИЙ: Поскольку Арджуна — друг Кришны, он всегда ощущает близость Кришны, и как друг гордится богатством и могуществом своего друга, так и Арджуна радуется тому, что его друг Кришна — Верховная Личность Бога и может явить ему чудесную вселенскую форму. Но в то же время, увидев вселенскую форму, он испугался, что, движимый чистыми дружескими чувствами, нанес Кришне множество оскорблений. Из-за этого его ум пришел в смятение. Он боится, хотя причин для страха у него нет. Поэтому Арджуна просит Кришну предстать перед ним в форме Нараяны, ибо знает, что Кришна может принять любой облик. Вселенская форма Господа материальна и временна, так же как и сам материальный мир. Однако на планетах Вайкунтхи Господь пребывает в духовной форме — в облике четырехрукого Нараяны. На каждой из бесчисленных планет духовного мира Кришна находится в облике одной из Своих полных экспансий, носящих разные имена. Итак, Арджуна хочет увидеть один из тех образов, которые Господь являет на планетах Вайкунтхи. Разумеется, Господь пребывает в образе четырехрукого Нараяны на каждой из планет Вайкунтхи, но эти образы отличаются разным расположением атрибутов: раковины, палицы, лотоса и диска. В зависимости от расположения этих атрибутов в четырех руках Нараяны, Его называют по-разному. Все эти образы неотличны от Кришны, поэтому Арджуна просит Господа предстать перед ним в четырехруком образе.

ТЕКСТ 46   किरीटिनं गदिनं चक्रहस्त-
मिच्छामि त्वां द्रष्टुमहं तथैव ।
तेनैव रूपेण चतुर्भुजेन
सहस्रबाहो भव विश्वमूर्ते ॥ ४६ ॥

кирӣт̣инам̇ гадинам̇ чакра-хастам
иччхāми твāм̇ драшт̣ум ахам̇ татхаива
тенаива рӯпен̣а чатур-бхуджена
сахасра-бāхо бхава вишва-мӯрте

кирӣт̣инам — в короне; *гадинам* — (держащего) палицу; *чакра-хастам* — того, в чьей руке диск; *иччхāми* — желаю; *твāм* — Тебя; *драшт̣ум* — видеть; *ахам* — я; *татхā эва* — точно так же; *тена эва* — этой самой; *рӯпен̣а* — формой; *чатух̣-бхуджена* — четырехрукой; *сахасра-бāхо* — о тысячерукий; *бхава* — стань; *вишва-мӯрте* — о вселенская форма.

О вселенская форма, о тысячерукий Господь, я хочу лицезреть Тебя в Твоем четырехруком образе с короной на голове, с палицей, диском, раковиной и лотосом в руках. Я жажду увидеть Тебя в этом облике.

КОММЕНТАРИЙ: В «Брахма-самхите» (5.39) говорится: *рāмāди-мӯртишу калā-нийамена тишт̣хан*. Господь вечно пребывает в сотнях и тысячах обликов, главными среди которых являются Рама, Нрисимха, Нараяна и т. д. Этим образам нет числа. Арджуна знал, что Кришна — изначальный Господь, принявший временную вселенскую форму. Но сейчас он просит Кришну предстать перед ним в образе Нараяны, духовном образе. Этот стих не оставляет никаких сомнений в истинности утверждения «Шримад-Бхагаватам» о том, что Кришна — изначальная Личность Бога и источник всех остальных форм Господа. Неотличный от Своих полных экспансий, Он в каждом из Своих бесчисленных образов остается Богом. В любом из них Он имеет облик прекрасного юноши. Это неотъемлемая черта Верховной Личности Бога.

Тот, кто постиг Кришну, сразу же очищается от всей скверны материального мира.

ТЕКСТ 47

श्रीभगवानुवाच
मया प्रसन्नेन तवार्जुनेदं
रूपं परं दर्शितमात्मयोगात् ।
तेजोमयं विश्वमनन्तमाद्यं
यन्मे त्वदन्येन न दृष्टपूर्वम् ॥ ४७ ॥

ш́рӣ-бхагава̄н ува̄ча
майа̄ прасаннена тава̄рджунедам
рӯпам̇ парам̇ дарш́итам а̄тма-йога̄т
теджо-майам̇ виш́вам анантам а̄дйам
йан ме твад анйена на др̣шт̣а-пӯрвам

ш́рӣ-бхагава̄н ува̄ча — Верховный Господь сказал; *майа̄* — Мной; *прасаннена* — с радостью; *тава* — тебе; *арджуна* — о Арджуна; *идам* — эта; *рӯпам* — форма; *парам* — духовная; *дарш́итам* — явленная; *а̄тма-йога̄т* — благодаря Моей внутренней энергии; *теджах-майам* — исполненная сияния; *виш́вам* — вселенная; *анантам* — беспредельная; *а̄дйам* — изначальная; *йат* — которая; *ме* — Моя; *тват анйена* — кроме тебя; *на др̣шт̣а-пӯрвам* — нет того, кто видел.

Верховный Господь сказал: О Арджуна, Я был рад явить тебе с помощью Своей внутренней энергии эту великую вселенскую форму, в которой Я нахожусь в материальном мире. До тебя никто и никогда не видел эту предвечную форму, безграничную и ослепительно сияющую.

КОММЕНТАРИЙ: Арджуна, преданный Господа, хотел увидеть Его вселенскую форму, и из милости к Арджуне Господь Кришна предстал перед ним в этом облике, сияющий и величественный. Ослепительная, как солнце, эта форма стремительно меняла Свои бесчисленные лики. Кришна явил этот образ только для того, чтобы исполнить желание Своего друга Арджуны. Он сделал это с помощью Своей внутренней энергии, непостижимой для человеческого разума. До Арджуны никто и никогда не видел вселенской формы Господа, но, когда Господь явил эту форму Арджуне, ее смогли увидеть и другие слуги Господа, живущие на райских и других планетах вселенной. Благодаря Арджуне они увидели форму Господа, которую прежде никто не видел. Иными словами, все, кто принадлежал к ученической преемственности, смогли увидеть вселенскую форму, которую Кришна по Своей милости явил Арджуне. В одном из комментариев говорится, что Господь предстал в этом облике и перед Дурьйодханой, когда вел с ним переговоры о мире. На свою беду, Дурьйодхана не принял мирных предложений Кришны, и тогда Кришна явил ему несколько вселенских форм. Но эти формы отличались от той, которую увидел Арджуна. Здесь ясно сказано, что до него никто не видел этой формы.

ТЕКСТ 48 न वेदयज्ञाध्ययनैर्न दानै-
र्न च क्रियाभिर्न तपोभिरुग्रैः ।
एवंरूपः शक्य अहं नृलोके
द्रष्टुं त्वदन्येन कुरुप्रवीर ॥ ४८ ॥

на веда-йаджн̃а̄дхйайанаир на да̄наир
на ча крийа̄бхир на тапобхир уграих̣
эвам-рӯпах̣ ш́акйа ахам̇ нр̣-локе
драш̣т̣ум̇ твад анйена куру-правӣра

на — не; *веда-йаджн̃а* — жертвоприношениями; *адхйайанаих̣* — изучением Вед; *на* — не; *да̄наих̣* — пожертвованиями; *на* — не; *ча* — также; *крийа̄бхих̣* — благочестивой деятельностью; *на* — не; *тапобхих̣* — аскетическими подвигами; *уграих̣* — суровыми; *эвам-рӯпах̣* — обладающий формой; *ш́акйах̣* — доступный; *ахам* — Я; *нр̣-локе* — в материальном мире; *драш̣т̣ум* — увидеть; *тват* — кроме тебя; *анйена* — другим; *куру-правӣра* — о лучший среди воинов Куру.

О лучший из воинов рода Куру, никто и никогда прежде не видел этой вселенской формы, ибо эту Мою форму, в которой Я нахожусь в материальном мире, нельзя увидеть, просто изучая Веды, совершая жертвоприношения, раздавая пожертвования и занимаясь прочей благочестивой деятельностью либо подвергая себя суровой аскезе.

КОММЕНТАРИЙ: Этот стих объясняет, что значит обладать божественным зрением. Кто может обладать им? «Божественный» значит «присущий богам». Пока человек не приобщится к сану полубогов, у него не откроется божественное зрение. Кто же такие полубоги? В Ведических писаниях сказано, что полубогами называют преданных Господа Вишну *(вишну-бхакта̄х̣ смр̣та̄ дева̄х̣).* Безбожники и атеисты, которые не верят в существование Вишну или же считают Всевышним безличный аспект Кришны, лишены возможности обрести божественное зрение, ибо им не может обладать тот, кто поносит Кришну. Обрести божественное зрение можно, только развив в себе божественные качества. Иными словами, божественное зрение позволяет видеть мир таким, каким его видел Арджуна.

В «Бхагавад-гите» дано описание вселенской формы Господа. До того как Арджуна увидел вселенскую форму, люди ничего не знали о ней, но сейчас они могут составить некоторое представление о *вишва-рупе*. Однако тот, кто реально обладает божественными качествами, может воочию увидеть вселенскую форму Господа. Обрести эти качества можно, лишь став чистым преданным Кришны. При этом преданные, действительно обладающие божественной природой и божественным зрением, не стремятся увидеть Его вселенскую форму. Как было сказано в предыдущем стихе, Арджуна хотел увидеть четырехрукий образ Господа Кришны — форму Вишну, тогда как вселенская форма вселяла в него страх.

В этом стихе употреблено несколько очень важных слов, таких, например, как *веда-йаджн̃а̄дхйайанаих̣*. Это значит «изучение Вед и принципов совершения жертвоприношений». К Ведам относятся все ведические писания, такие как четыре основных Веды («Риг», «Яджур», «Сама» и «Атхарва»), восемнадцать Пуран, Упанишады и «Веданта-сутра». Изучать их можно дома или в любом другом месте. Кроме них есть также *сутры* — «Калпа-сутра» и «Мимамса-сутра», — в которых изложены принципы совершения жертвоприношений. *Да̄наих̣* значит «пожертвование, отданное достойному человеку», например, тому, кто преданно служит Господу, то есть *брахману* или вайшнаву. К категории «благочестивой деятельности» относятся огненные жертвоприношения *(агни-хотра)* и деятельность, связанная с исполнением обязанностей в обществе *варнашрамы*. А добровольное принятие тех или иных телесных страданий называют *тапасьей*. Человек может делать все это: совершать *тапасью*, раздавать пожертвования, изучать Веды и т.д., но если он не станет преданным Господа, как Арджуна, то не сможет увидеть вселенскую форму Господа. Имперсоналисты иногда воображают, будто видят вселенскую форму, но, согласно «Бхагавад-гите», они не являются преданными Господа, поэтому они не в состоянии увидеть Его вселенскую форму.

Есть много людей, «штампующих» воплощения Бога. Они безосновательно объявляют обыкновенных людей воплощениями Бога, но это только свидетельствует об их глупости. Нам необходимо строго следовать принципам «Бхагавад-гиты» — иначе обрести совершенное духовное знание невозможно. Хотя изучение «Бхагавад-гиты» считают начальным этапом постижения науки о Боге, тем не менее она столь совершенна, что позволяет человеку увидеть мир в истинном свете. Последователи мнимых воплощений Бога могут заявлять, что они также видели трансцендентное воплощение Господа, вселенскую форму, но их заявлениям нельзя верить, ибо здесь ясно сказано, что увидеть вселенскую форму Бога может лишь тот, кто предался Кришне. Поэтому прежде всего мы должны стать чистыми преданными Кришны; только тогда мы сможем претендовать на то, что Господь может явить нам вселенскую форму или что мы видели ее. Преданный Кришны не признаёт ни мнимых воплощений Бога, ни их последователей.

ТЕКСТ 49 मा ते व्यथा मा च विमूढभावो
दृष्ट्वा रूपं घोरमीदृङ्ममेदम् ।
व्यपेतभीः प्रीतमनाः पुनस्त्वं
तदेव मे रूपमिदं प्रपश्य ॥ ४९ ॥

*ма̄ те вйатха̄ ма̄ ча вимӯд̣ха-бха̄во
др̣шт̣ва̄ рӯпам̇ гхорам ӣдр̣н̇ мамедам
вйапета-бхӣх̣ прӣта-мана̄х̣ пунас твам
тад эва ме рӯпам идам̇ прапаш́йа*

ма̄ — да не будет; *те* — твоя; *вйатха̄* — тревога; *ма̄* — да не будет; *ча* — и; *вимӯд̣ха-бха̄вах̣* — недоумение; *др̣шт̣ва̄* — увидев; *рӯпам* — форму; *гхорам* — ужасающую; *ӣдр̣к* — такую (как она есть); *мама* — Мою; *идам* — эту; *вйапета-бхӣх̣* — тот, чей страх прошел; *прӣта-мана̄х̣* — тот, чей ум удовлетворен; *пунах̣* — вновь; *твам* — ты; *тат* — так; *эва* — таким образом; *ме* — Мою; *рӯпам* — форму; *идам* — эту; *прапаш́йа* — созерцает.

Мой устрашающий облик привел тебя в смятение и поверг в ужас. Довольно этого. Пусть все страхи покинут тебя, о Мой преданный, и в уме твоем воцарится спокойствие. С миром созерцай тот облик, который ты так жаждешь увидеть.

КОММЕНТАРИЙ: «Бхагавад-гита» начинается с описания смятения Арджуны; он был очень встревожен тем, что ему предстояло убить Бхишму и Дрону, своего деда и учителя, перед которыми он преклонялся. Кришна сказал, что ему не следует бояться этого. Когда сыновья Дхритараштры попытались раздеть Драупади на виду у всего рода Куру, Бхишма и Дрона не проронили ни слова. Тем самым они пренебрегли своим долгом и потому должны были погибнуть. Кришна явил Арджуне Свою вселенскую форму главным образом для того, чтобы показать ему, что все эти люди уже уничтожены в наказание за содеянное. Кришна дал Арджуне возможность увидеть эту сцену, потому что преданные всегда настроены миролюбиво и не способны на кровопролитие. Кришна уже показал Арджуне то, что он должен был увидеть, теперь Арджуна пожелал увидеть четырехрукий образ Господа, и Кришна исполнил его желание. Преданных не слишком привлекает вселенская форма Господа, поскольку она не дает им возможности проявить свою любовь к Господу и ощутить Его взаимность. Преданный желает либо поклоняться образу Господа с благоговением и почтением, либо видеть перед собой двурукого Кришну, чтобы с любовью служить Верховной Личности Бога.

ТЕКСТ 50 सञ्जय उवाच

इत्यर्जुनं वासुदेवस्तथोक्त्वा
स्वकं रूपं दर्शयामास भूयः ।
आश्वासयामास च भीतमेनं
भूत्वा पुनः सौम्यवपुर्महात्मा ॥ ५० ॥

саинджаиа увача
итй арджунам васудевас татхоктва
свакам рупам даршаиам аса бхуйах
ашвасаиам аса ча бхитам энам
бхутва пунах саумйа-вапур махатма

саинджаиах увача — Санджая сказал; *ити* — таким образом; *арджунам* — Арджуне; *васудевах* — Кришна; *татха* — таким образом; *уктва* — произнеся; *свакам* — Свою; *рупам* — форму; *даршаиам аса* — явил; *бхуйах* — вновь; *ашвасаиам аса* — ободрил; *ча* — также; *бхитам* — испуганного; *энам* — его; *бхутва* — став; *пунах* — вновь; *саумйа-вапух* — тот, чей облик прекрасен; *маха-атма* — великий.

Санджая сказал Дхритараштре: Произнеся это, Кришна, Верховная Личность Бога, предстал перед Арджуной в образе четырехрукого Вишну, а затем снова явил Свой двурукий облик, желая ободрить испуганного Арджуну.

КОММЕНТАРИЙ: Появившись на Земле как сын Васудевы и Деваки, Кришна сначала предстал перед ними в образе четырехрукого Нараяны, но затем по просьбе родителей превратился в обыкновенного младенца. Подобно этому, Кришна знал, что Арджуну не интересовал Его четырехрукий образ, но, поскольку Арджуна просил показать его, Кришна предстал перед ним в этом облике, а затем вновь принял Свой двурукий облик. Очень важным является употребленное здесь слово *саумйа-вапух*. *Саумйа-вапух* — это образ, исполненный красоты; он считается самым красивым образом Господа. Когда Кришна находился на Земле, все люди были покорены красотой Его облика, и, поскольку Кришна является повелителем вселенной, Он с легкостью рассеял страх Своего преданного, Арджуны, и вновь предстал перед ним в облике Кришны, самом прекрасном Своем облике. В «Брахма-самхите» (5.38) сказано: *премаиджана-ччхурита-бхакти-вилочанена*. Только тот, чьи глаза умащены бальзамом любви, может увидеть этот прекрасный образ Шри Кришны.

ТЕКСТ 51　अर्जुन उवाच

दृष्टेदं मानुषं रूपं तव सौम्यं जनार्दन ।
इदानीमस्मि संवृत्तः सचेताः प्रकृतिं गतः ॥ ५१ ॥

арджуна увача
дриштведам манушам рупам　тава саумйам джанардана
иданим асми самвриттах　са-четах пракритим гатах

арджунах увача — Арджуна сказал; *дриштва* — увидев; *идам* — эту; *манушам* — человеческую; *рупам* — форму; *тава* — Твою; *саумйам* — прекрасную; *джанардана* — о покоритель врагов; *иданим* — теперь; *асми* — являюсь; *самвриттах* — воспрянувший; *са-четах* — находящийся в сознании; *пракритим* — к (моей собственной) природе; *гатах* — пришедший.

Увидев Кришну в Его изначальном облике, Арджуна воскликнул: О Джанардана, теперь, когда я вижу Тебя в образе человека удивительной красоты, ум мой успокоился и я окончательно пришел в себя.

КОММЕНТАРИЙ: Употребленные здесь слова *манушам рупам* ясно указывают, что изначальной формой Верховной Личности Бога является двурукая. Отсюда следует, что те, кто насмехается над Кришной, считая Его обыкновенным человеком, ничего не знают о Его божественной природе. Будь Кришна обыкновенным человеком, разве мог бы Он явить Арджуне вселенскую форму, а затем принять облик четырехрукого Нараяны? Таким образом, из самой «Бхагавад-гиты» становится ясно, что тот, кто считает Кришну обыкновенным человеком и сбивает читателя с толку, заявляя, что устами Кришны говорит безличный Брахман, несет чепуху. Кришна показал Арджуне Свою вселенскую форму и форму четырехрукого Вишну. Как же можно считать Его обыкновенным человеком? Чистого преданного все эти ложные толкования «Бхагавад-гиты» не могут ввести в заблуждение, ибо он знает им цену. Смысл стихов «Бхагавад-гиты» ясен как день. Они сияют как солнце, и, чтобы понять их, не нужно прибегать к услугам глупых комментаторов, пытающихся «высветить» солнце.

ТЕКСТ 52　श्रीभगवानुवाच

सुदुर्दर्शमिदं रूपं दृष्टवानसि यन्मम ।
देवा अप्यस्य रूपस्य नित्यं दर्शनकाङ्क्षिणः ॥ ५२ ॥

шри-бхагаван увача
су-дурдаршам идам рупам　дриштаван аси йан мама
дева апй асйа рупасйа　нитйам даршана-канкшинах

и́ш́рӣ-бхагава̄н ува̄ча — Верховный Господь сказал; *су-дурдарш́ам* — та, которую очень трудно увидеть; *идам* — эта; *рӯпам* — форма; *дршт̣ава̄н аси* — (ты) видящий; *йат* — которую; *мама* — Мою; *де-ва̄х* — полубоги; *апи* — даже; *асйа* — этой; *рӯпасйа* — формы; *ни-тйам* — вечно; *дарш́ана-ка̄н̇кшин̣ах* — стремящиеся увидеть.

Верховный Господь сказал: Дорогой Арджуна, увидеть Меня в облике, который ты созерцаешь сейчас, чрезвычайно трудно. Даже полубоги вечно жаждут увидеть этот дорогой для них облик.

КОММЕНТАРИЙ: В сорок восьмом стихе этой главы говорится, что, явив Свою вселенскую форму, Господь Кришна сообщил Арджуне, что ее не могут увидеть даже те, кто совершил множество благочестивых поступков, жертвоприношений и т. д. Однако в этом стихе употреблено слово *су-дурдарш́ам*, указывающее на то, что двурукий облик Кришны увидеть еще труднее. Чтобы увидеть вселенскую форму Кришны, нужно привнести некоторый оттенок преданного служения в то, что мы делаем, когда совершаем *тапасью,* изучаем Веды или рассуждаем о природе Абсолютной Истины. Увидеть эту форму возможно только тогда, когда у всех этих видов деятельности есть оттенок *бхакти,* о чем было сказано в предыдущих стихах. Но, как ни трудно увидеть вселенскую форму, Кришну в Его двуруком облике увидеть еще труднее даже для таких полубогов, как Брахма и Господь Шива. Они жаждут увидеть Кришну, о чем говорится в «Шримад-Бхагаватам»: когда полубоги узнали о том, что Кришна находится во чреве Своей матери, Деваки, они собрались, чтобы увидеть это чудо. Они вознесли Господу прекрасные молитвы, хотя Он еще был скрыт от их взоров. Все они с нетерпением ожидали Его появления на свет. Глупцы могут насмехаться над Кришной, считая Его обыкновенным человеком и призывая людей поклоняться не Ему, а безличному «чему-то», заключенному внутри Его, но своей глупой позой они только выставляют себя на посмешище. И в то же время даже великие полубоги, Брахма и Шива, жаждут увидеть Кришну в Его двуруком облике.

В «Бхагавад-гите» (9.11) также сказано: *аваджа̄нанти ма̄м̇ мӯд̣ха̄ ма̄нушӣм̇ танум а̄ш́ритах*. Кришна недоступен взорам глупцов, смеющихся над Ним. Тело Кришны, как говорит Брахма в «Брахма-самхите» и Сам Кришна в «Бхагавад-гите», абсолютно духовно, вечно и исполнено блаженства. Оно не имеет ничего общего с нашими материальными телами. Но для того, кто пытается изучить Кришну, читая «Бхагавад-гиту» или другие ведические писания, Он всегда остается загадкой. Те, кто пользуется материалистическими методами познания, считают Кришну великой исторической личностью и великим философом, но Кришна всегда остается для них обыкновенным человеком, который, несмотря на все Свое могущество, вынужден был получить материальное тело. В конечном счете они приходят к выводу, что Абсолютная Истина безлична, и эта безличная Абсолютная Истина приняла личностную форму, связанную материальной природой. Это материалистическая концепция Верховного Господа. Существует и другая концепция Абсолютной Истины, появившаяся в результате спекулятивных философских рассуждений. Те, кто идет путем знания, также рассуждают о Кришне. Им Он представляется менее значительным, нежели вселенская форма Всевышнего. По их мнению, вселенская форма, которую Кришна явил Арджуне, важнее Его личностного образа. С их точки зрения, личностный образ Всевышнего существует лишь в нашем воображении. Они глубоко убеждены, что в конечном счете Абсолютная Истина не может быть личностью. Однако в четвертой главе «Бхагавад-гиты» описан трансцендентный метод постижения Кришны: чтобы понять Его, нужно слушать, как о Нем рассказывают сведущие вайшнавы. Это метод познания Абсолютной Истины, рекомендованный в Ведах, и те, кто принадлежит к ведической традиции, снова и снова слушают рассказы о Кришне от авторитетных людей, постигших науку о Нем, и благодаря этому Кришна становится дорог им. Как мы уже несколько раз говорили, Кришна скрыт от нас завесой энергии *йога-майи*. Он не открывает Себя кому попало. Увидеть Господа могут лишь те, кому Он Сам откроет Себя. Это подтверждают ведические писания: постичь Абсолютную Истину может только тот, кто предался Кришне. У трансценденталиста, поглощенного сознанием Кришны и преданным служением Господу, развивается духовное зрение, и он видит Кришну через откровение. Такое откровение недоступно даже полубогам, поэтому даже полубогам чрезвычайно трудно постичь Кришну, и самые великие из них всегда стремятся увидеть Кришну в Его двуруком образе. Итак, несмотря на то что увидеть вселенскую форму Кришны невероятно трудно и сделать это может далеко не каждый, постичь Его в образе Шьямасундары, как личность, еще труднее.

ТЕКСТ 53   नाहं वेदैर्न तपसा न दानेन न चेज्यया ।
शक्य एवंविधो द्रष्टुं दृष्टवानसि मां यथा ॥ ५३ ॥

*на̄хам ведаир на тапаса̄   на да̄нена на чеджйайа̄
йакйа эвам-видхо драшт̣ум   дришт̣ава̄н аси ма̄м̇ йатха̄*

на — не; *ахам* — Я; *ведаих̣* — изучением Вед; *на* — не; *тапаса̄* — суровой аскезой; *на* — не; *да̄нена* — раздачей пожертвований; *на* — не; *ча* — и; *иджйайа̄* — поклонением; *йакйах̣* — возможен; *эвам-ви-*

дхах — такой; *драштум* — увидеть; *дриштаван* — видящий; *аси* — являющийся; *мам* — Меня; *йатха* — как.

Образ, который ты видишь сейчас своими трансцендентными глазами, нельзя постичь, изучая Веды, совершая *тапасью,* раздавая пожертвования или проводя обряды поклонения. Эти методы не подходят для того, чтобы постичь Мою истинную природу.

КОММЕНТАРИЙ: Сначала Кришна появился перед Своими родителями, Деваки и Васудевой, в образе четырехрукого Вишну, а затем принял двурукий облик. Атеистам, а также тем, кто чужд преданного служения, трудно проникнуть в эту тайну. Ученым, которые рассчитывают понять ведические произведения, опираясь только на свое знание грамматики санскрита и академическую эрудицию, никогда не постичь Кришну. Не смогут Его постичь и те, для кого посещение храма всего лишь ритуал. Они регулярно приходят в храм, но не могут понять подлинную природу Кришны. Постичь Кришну можно, лишь идя путем преданного служения, о чем Кришна Сам говорит в следующем стихе.

ТЕКСТ 54 भक्त्या त्वनन्यया शक्य अहमेवंविधोऽर्जुन ।
ज्ञातुं द्रष्टुं च तत्त्वेन प्रवेष्टुं च परन्तप ॥ ५४ ॥

бхактйа тв ананйайа шакйа   ахам эвам-видхо 'рджуна
джнатум драштум ча таттвена   правештум ча парантапа

бхактйа — преданным служением; *ту* — но; *ананйайа* — без примесей *кармы* и *гьяны; шакйах* — возможный; *ахам* — Я; *эвам-видхах* — такой; *арджуна* — о Арджуна; *джнатум* — постичь; *драштум* — видеть; *ча* — и; *таттвена* — на самом деле; *правештум* — проникнуть; *ча* — также; *парантапа* — о покоритель врагов.

Дорогой Арджуна, по-настоящему постичь и воочию увидеть Меня в том образе, который видишь ты, можно, только служа Мне с безраздельной преданностью. Только так можно проникнуть в тайну Моего бытия.

КОММЕНТАРИЙ: Постичь Кришну можно только в процессе безраздельного преданного служения. Он очень ясно говорит об этом в данном стихе, чтобы самозваные комментаторы, которые пытаются понять «Бхагавад-гиту», просто размышляя над ней, знали, что они напрасно теряют время. Никто не может постичь Кришну или понять, каким образом Он сначала предстал перед Своими родителями в образе четырехрукого Нараяны, а затем принял образ младенца с двумя руками. Тем, кто изучает Веды или идет путем философского познания истины, чрезвычайно трудно понять все это. Поэтому здесь сказано однозначно: никто не в силах увидеть Господа или проникнуть в тайну, скрывающую Его. Однако те, кто тщательно изучил Веды, могут почерпнуть оттуда разнообразные сведения о Господе. В Ведах собрано множество правил и предписаний, и тот, кто действительно хочет постичь Кришну, должен следовать принципам, приведенным в авторитетных священных писаниях. Он может совершать аскезу в соответствии с этими принципами. Например, можно дать обет держать полный пост на Джанмаштами, день явления Кришны, и дважды в месяц в дни *экадаши* (на одиннадцатый день после полнолуния и новолуния). Что касается пожертвований, то в писаниях ясно сказано: пожертвования следует давать преданным Кришны, которые занимаются преданным служением и распространяют философию Кришны, то есть сознание Кришны, по всему миру. Сознание Кришны — это благословение всему человечеству. Рупа Госвами назвал Господа Чайтанью воплощением великодушия, ибо Он щедро дарил людям любовь к Кришне, обрести которую чрезвычайно трудно. Поэтому тот, кто помогает людям, занимающимся проповедью сознания Кришны, давая им деньги на распространение сознания Кришны, совершает величайшее благодеяние. А тот, кто поклоняется Богу в храме в соответствии с правилами священных писаний (во всех храмах Индии установлены изваяния Бога, чаще всего Вишну или Кришны), получает возможность духовно совершенствоваться, поклоняясь Верховному Господу и выражая Ему свою почтение. Для новичков в преданном служении поклонение Господу в храме является обязательным, что подтверждают Веды (Шветашватара-упанишад, 6.23):

> *йасйа деве пара̄ бхактир*
> *йатха̄ деве татха̄ гурау*
> *тасйаите катхита̄ хй артха̄х*
> *прака̄ш́анте маха̄тманах*

Тот, кто безраздельно предан Верховному Господу и служит Ему под руководством духовного учителя, в которого столь же непоколебимо верит, может увидеть Верховную Личность Бога в миг откровения. Кришну нельзя постичь, просто рассуждая о Нем. Тот, кто не прошел подготовку под личным руководством истинного духовного учителя, не может даже вступить на путь познания Бога. Слово *ту* употреблено здесь специально для того, чтобы подчеркнуть, что ни один другой метод не годится для постижения Кришны: другие методы нельзя рекомендовать, ибо они никогда не приведут к успеху.

Личностные образы Кришны, двурукий и четырехрукий, принципиально отличны от невечной вселенской формы, явленной Арджуне. Четырехрукий образ Нараяны и двурукий образ Кришны являются вечными и духовными, в отличие от вселенской формы, которую увидел Арджуна. Само слово *су-дурдаришам* («трудно увидеть») указывает на то, что никто прежде не видел этой вселенской формы Господа. Оно также указывает на то, что Господу нет необходимости являть ее преданным. По просьбе Арджуны Кришна предстал перед ним в этом облике только для того, чтобы в будущем люди, столкнувшись с тем, кто выдает себя за воплощение Бога, могли попросить его показать вселенскую форму.

Слово *на*, несколько раз употребленное в предыдущем стихе, указывает на то, что человек не должен слишком гордиться теоретическим знанием Вед. Он должен заниматься преданным служением Кришне. Только тогда он может попытаться написать комментарий к «Бхагавад-гите».

Явив Арджуне вселенскую форму, Кришна сменил ее на облик четырехрукого Нараяны, а затем предстал перед Арджуной в Своем изначальном облике с двумя руками. Это свидетельствует о том, что четырехрукая, а также другие формы Господа, о которых говорится в Ведах, производны от изначальной, двурукой формы Кришны. Он источник всего сущего. Кришна выше даже этих форм, не говоря уже о безличном аспекте Абсолютной Истины. Что касается четырехруких образов Кришны, то в писаниях ясно сказано, что даже самый близкий к Кришне четырехрукий образ (Маха-Вишну, который возлежит на водах космического океана и, вдыхая и выдыхая, поглощает и производит на свет бесчисленные вселенные), также является производным и порожден Верховным Господом. В «Брахма-самхите» (5.48) сказано:

йасйаика-нишвасита-калам атхаваламбйа
дживанти лома-вила-джа джагад-анда-натхах
вишнур махан са иха йасйа кала-вишешо
говиндам ади-пурушам там ахам бхаджами

«Маха-Вишну, с каждым вдохом которого в Его тело входит бесчисленное множество вселенных, чтобы снова выйти из него с выдохом, является полным проявлением Кришны. Поэтому я поклоняюсь Говинде, Кришне, причине всех причин». Таким образом, высшим объектом поклонения является личностная форма Кришны как Верховной Личности Бога, исполненной вечного блаженства и знания. Кришна является источником всех проявлений Вишну, источником всех *аватар* Бога, а также изначальной Верховной Личностью, как утверждает «Бхагавад-гита».

В ведических писаниях (Гопала-тапани-упанишад, 1.1) есть стих:

сач-чид-ананда-рупайа
кришнайаклишта-карине

намо ведāнта-ведйāйа
гураве буддхи-сāкшине

«Я в глубоком почтении склоняюсь перед Кришной, чья вечная духовная форма исполнена блаженства и знания. Я выражаю Ему свое почтение, ибо постичь Его — значит постичь Веды, и потому Его называют высшим духовным учителем». Далее там говорится: *кршно ваи парамам̇ даиватам* — «Кришна — это Верховная Личность Бога» (Гопала-тапани-упанишад, 1.3). *Эко вайй сарвагах кршна йдйах:* «Этот Кришна является Верховной Личностью Бога и объектом поклонения». *Эко 'пи сан бахудхā йо 'вабхāти:* «Кришна один, но Он распространяет Себя в бесчисленное множество форм и производных воплощений» (Гопала-тапани-упанишад, 1.21).

В «Брахма-самхите» (5.1) сказано:

йӣварах̣ парамах̣ кршн̣ах̣
сач-чид-āнанда-виграхах̣
анāдир āдир говиндах̣
сарва-кāран̣а-кāран̣ам

«Верховная Личность Бога — это Кришна, чье тело вечно и исполнено знания и блаженства. У Него нет начала, ибо Он Сам начало всего сущего. Он причина всех причин».

В другом писании говорится: *йатрāватӣрн̣ам̇ кршн̣āкхам̇ парам̇ брахма нарāкрти* — «Верховная Абсолютная Истина является личностью, имя Ее — Кришна, и время от времени Он нисходит на землю». То же самое сказано в «Шримад-Бхагаватам». Там приведено описание всех воплощений Верховной Личности Бога, и в этом перечне встречается имя Кришны. Однако затем там утверждается, что Кришна не относится к числу воплощений Бога, Он Сама Верховная Личность Бога *(эте чāм̇ш́а-калāх̣ пум̇сах̣ кршн̣ас ту бхагавāн свайам).*

Кроме того, в «Бхагавад-гите» Господь говорит: *маттах̣ паратарам̇ нāнйат* — «Нет ничего превыше Меня в образе Личности Бога, Кришны». В другом стихе «Бхагавад-гиты» Кришна говорит: *ахам̇ āдир хи девāнāм* — «Я источник всех полубогов». А Арджуна, услышавший «Бхагавад-гиту» от Кришны и постигший ее суть, подтверждает это в следующих словах: *парам̇ брахма парам̇ дхāма павитрам̇ парамам̇ бхавāн* — «Теперь я до конца осознал, что Ты Верховная Личность Бога, Абсолютная Истина и прибежище всего сущего». Таким образом, вселенская форма, которую Кришна явил Арджуне, не является изначальным проявлением Бога. Его изначальный образ — образ Кришны. Господь явил Свою вселенскую форму со многими тысячами голов и рук только для того, чтобы привлечь к Себе внимание тех, кто лишен любви к Богу. Этот образ не может быть Его изначальной формой.

Вселенская форма Господа не привлекает чистых преданных, чья любовь к Богу выражается в различных духовных отношениях с Ним. Верховный Господь обменивается со Своими преданными духовной любовью в Своем изначальном образе, образе Кришны. Поэтому Арджуне, связанному с Кришной дружескими узами, созерцание вселенской формы Господа не доставило никакого удовольствия, напротив, это зрелище испугало его. Будучи постоянным спутником Кришны, Арджуна, конечно же, обладал духовным ви́дением; он не был обыкновенным человеком. Поэтому вселенская форма Господа не пленила его воображение. Эта форма может изумлять людей, занятым кармической деятельностью, тем же, кто идет путем преданного служения, дороже всего образ Кришны с двумя руками.

ТЕКСТ 55 मत्कर्मकृन्मत्परमो मद्भक्तः सङ्गवर्जितः ।
निर्वैरः सर्वभूतेषु यः स मामेति पाण्डव ॥ ५५ ॥

*мат-карма-крн мат-парамо мад-бхактах санга-варджитах
нирваирах сарва-бхӯтешу йах са ма̄м эти па̄ндава*

мат-карма-кр̣т — тот, кто трудится для Меня; *мат-парамах* — тот, кто считает Меня Всевышним; *мат-бхактах* — тот, кто служит Мне с любовью и преданностью; *санга-варджитах* — тот, кто не осквернен стремлением к кармической деятельности и умозрительным рассуждениям; *нирваирах* — не имеющий врагов; *сарва-бхӯтешу* — среди живых существ; *йах* — который; *сах* — он; *ма̄м* — ко Мне; *эти* — приходит; *па̄ндава* — о сын Панду.

Дорогой Арджуна, тот, кто занимается чистым преданным служением, не оскверненным стремлением к кармической деятельности и умозрительному философствованию, кто посвящает Мне свой труд, кто считает Меня высшей целью своей жизни и по-дружески относится ко всем живым существам, непременно придет ко Мне.

КОММЕНТАРИЙ: Каждый, кто хочет достичь Верховного Господа, обитающего на Кришналоке, высшей планете духовного неба, и установить отношения с Кришной, Верховной Личностью Бога, должен следовать этому наставлению, которое дает Сам Господь. Данный стих считается квинтэссенцией «Бхагавад-гиты». «Бхагавад-гита» — это книга для обусловленных душ, которые стремятся властвовать над материальной природой в этом мире и ничего не знают об истинной, духовной жизни. «Бхагавад-гита» призвана помочь живым существам постичь природу духовного бытия, свои вечные взаимоотношения с высшей духовной личностью и указать путь, ведущий домой, к Богу. И здесь, в данном стихе, предельно ясно описан метод, позволяющий достичь духовного совершенства: преданное служение.

Что касается нашей деятельности, то всю свою энергию нужно использовать в служении Кришне, как сказано в «Бхакти-расамрита-синдху» (1.2.255):

> *анāсактасйа вишайāн*
> *йатхāрхам упайуñджатах*
> *нирбандхах кришна-самбандхе*
> *йуктам ваирāгйам учйате*

Любая наша деятельность должна быть связана с Кришной. Такую деятельность называют *кришна-кармой*. Мы можем выполнять самую разную работу, но при этом не следует привязываться к плодам своего труда; все, что мы делаем, нужно делать для Кришны. К примеру, бизнесмен может действовать в сознании Кришны, если будет заниматься своим бизнесом ради Кришны. Если хозяином этого предприятия является Кришна, то получать доходы от него должен тоже Кришна. Если на счету у бизнесмена многие тысячи долларов, он при необходимости может все их отдать Кришне. Вот что значит трудиться для Кришны. Вместо того чтобы возводить огромный особняк для собственного удовольствия, человек может построить красивый храм для Кришны, установить там Божество Кришны и проводить богослужения в соответствии с принципами авторитетных священных писаний. Все это будет *кришна-кармой*. Не питая привязанности к результатам своего труда, человек должен отдавать их Кришне, а сам довольствоваться *прасадом*, остатками предложенного Кришне. Тому, кто построил для Кришны просторный храм и установил там изваяние Кришны, не возбраняется жить в нем, однако он всегда должен помнить, что хозяином этого дома является Кришна. Это называется сознанием Кришны. Тот, кто не в состоянии построить для Кришны храм, может помогать убирать Его храм; это тоже *кришна-карма*. Можно также работать в саду. Тот, у кого есть земля (по крайней мере в Индии у каждого бедняка есть клочок земли), может использовать ее для Кришны, выращивая на ней цветы и поднося их Господу. Он может посадить там деревца *туласи*, поскольку листья *туласи* необходимы при поклонении Кришне, о чем Кришна Сам говорит в «Бхагавад-гите» *(патрам пушпам пхалам тойам)*. Кришна говорит, что преданный может предложить Ему листок, цветок, плод или немного воды, и Он будет доволен этим подношением. Кришна прежде всего имеет в виду лист *туласи*. Поэтому человек может посадить деревце *туласи* и поливать его водой. Так даже последний бедняк может заниматься служением Кришне. Это несколько примеров того, как можно трудиться для Кришны.

Слово *мат-парамах* относится к человеку, для которого высшая цель жизни заключается в том, чтобы получить возможность общаться с Кришной в Его высшей обители. Такой человек не стремится достичь высших планет, таких как Луна, Солнце, райские планеты или даже наивысшая планета вселенной, Брахмалока. Это не привлекает его. Он хочет только одного — перенестись в духовный мир. И, даже достигнув духовного мира, он не желает погружаться в ослепительное сияние *брахмаджьоти,* ибо его цель — попасть на высшую планету духовного мира, Кришналоку, Голоку Вриндавану. Об этой планете он знает все, и его не привлекает ничто другое. Слово *мад-бхактах* указывает на то, что он всегда занят преданным служением, прежде всего девятью главными видами *бхакти:* слушанием, прославлением, памятованием, поклонением, служением лотосным стопам Господа, вознесением молитв, исполнением приказов Господа, дружбой с Ним и полным самопожертвованием. Преданный может заниматься всеми девятью, восемью, семью или даже одним видом деятельности в преданном служении, и этого будет достаточно, чтобы достичь духовного совершенства.

Очень важным является употребленный здесь термин *санга-варджитах*. Мы не должны общаться с людьми, которые не признают Кришну. К ним относятся не только атеисты, но и те, кто поглощен кармической деятельностью и умозрительным философствованием. Поэтому чистое преданное служение описано в «Бхакти-расамрита-синдху» (1.1.11) следующим образом:

анйābхилāшитā-шӯнйам
джнāна-кармāдй-анāвртам
āнукӯлйена кршнāну-
шӣланам бхактир уттамā

В этом стихе Шрила Рупа Госвами утверждает, что тот, кто хочет подняться на уровень чистого преданного служения, должен очиститься от всей материальной скверны. Он не должен общаться с теми, кто привязан к кармической деятельности и умозрительному философствованию. Когда человек прекращает общаться с теми, кто не признает Кришну, и избавляется от материальных желаний, он постепенно углубляет свое понимание Кришны и любовь к Нему — это называется чистым преданным служением. *Āнукӯлйасйа санкалпах прāтикӯлйасйа варджанам* (Хари-бхакти-виласа, 11.676). Человек должен думать о Кришне и служить Ему с любовью, а не с неприязнью. К примеру, Камса был врагом Кришны. С того самого момента, как Кришна появился на свет, Камса все время пытался убить Его, и, поскольку все его попытки заканчивались неудачей, он непрестанно думал о Кришне. Что бы он ни делал — работал, ел или спал, — он всегда находился в полном сознании Кришны, но его сознание Кришны носило негативный характер, поэтому, несмотря на то что он постоянно, днем и ночью думал о Кришне, он был демоном, и Кришна в конце концов убил его. Разумеется, каждый, кто погибает от руки Кришны, немедленно получает освобождение, но чистый преданный преследует другую цель. Он даже не помышляет об освобождении. Более того, он не стремится попасть на высшую планету духовного мира, Голоку Вриндавану. Его единственная цель — служить Кришне, где бы он ни находился.

Преданный Кришны дружелюбно относится ко всем живым существам. Поэтому здесь сказано, что у него нет врагов *(нирваирах)*. Что это значит? Преданный, обладающий сознанием Кришны, знает, что только преданное служение Господу способно помочь человеку решить все его жизненные проблемы. Он убедился в этом на собственном опыте и потому хочет распространить среди людей сознание Кришны. История знает много примеров, когда преданные Господа проповедовали послание Бога даже с риском для собственной жизни. Всем известен пример Господа Иисуса Христа. Он был распят атеистами и пожертвовал жизнью ради распространения сознания Бога. Разумеется, только поверхностному наблюдателю может показаться, что его гонители убили его. Немало аналогичных случаев было и в истории Индии. Можно вспомнить Тхакура Харидаса и Махараджу Прахладу. Ради чего они подвергали себя такому риску? Ради того, чтобы распространить сознание Кришны, а это нелегкая задача. Человек, сознающий Кришну понимает, что причиной всех страданий людей является забвение ими своих отношений с Кришной. Поэтому самое большое добро, которое он может сделать людям, — это освободить своих ближних от всех проблем материальной жизни. Так чистый преданный служит Господу, и Господь через него являет необыкновенную милость даже обыкновенным людям. И можно представить себе, насколько милостив Кришна к тем, кто ради служения Ему готов пойти на любой риск. Поэтому такие люди, оставив тело, несомненно, попадают на высшую планету духовного мира.

Подводя итог этой главы, можно сказать, что Кришна показал Арджуне Свою вселенскую форму (Его временное проявление), а также форму всепоглощающего времени и даже четырехрукий образ Вишну. Отсюда следует, что Кришна является источником всех этих форм, а не наоборот. Кришну нельзя считать проявлением *вишва-рупы* или *аватарой* Вишну. Кришна — это источник всех прочих форм. Существуют сотни и тысячи образов Вишну, но для преданного ни один из этих образов не имеет такого значения, как изначальный двурукий образ Кришны, Шьямасундары. В «Брахма-самхите» сказано, что те, кто отдает свою любовь и преданность Кришне в образе Шьямасундары, всегда созерцают Его в своем сердце и не видят ничего другого. Поэтому очень важно понять, что высшей формой Бога является Кришна. Таков смысл одиннадцатой главы.

Так заканчивается комментарий Бхактиведанты к одиннадцатой главе «Шримад Бхагавад-гиты», которая называется «Вселенская форма».

ГЛАВА ДВЕНАДЦАТАЯ

Преданное служение

ТЕКСТ 1　अर्जुन उवाच

एवं सततयुक्ता ये भक्तास्त्वां पर्युपासते ।
ये चाप्यक्षरमव्यक्तं तेषां के योगवित्तमाः ॥ १ ॥

арджуна увāча

эвам сатата-йуктā йе　бхактāс твāм парйупāсате
йе чāпй акшарам авйактам　тешāм ке йога-виттамāх

арджунах увāча — Арджуна сказал; *эвам* — так; *сатата* — всегда;
йуктāх — занятые; *йе* — которые; *бхактāх* — преданные; *твāм* —
Тебе; *парйупāсате* — поклоняются должным образом; *йе* — которые; *ча* — также; *апи* — ведь; *акшарам* — недосягаемому для чувств;
авйактам — непроявленному; *тешāм* — их; *ке* — какие; *йога-виттамāх* — более преуспевшие в науке о *йоге.*

**Арджуна спросил: Кто более преуспел в *йоге* — те, кто все-
гда преданно служит Тебе, или те, кто поклоняется безличному
Брахману, непроявленному и неуничтожимому?**

КОММЕНТАРИЙ: Кришна уже рассказал Арджуне о личностной,
безличной и вселенской формах Господа, а также о различных категориях преданных и *йогов.* Обычно трансценденталистов делят
на две категории, а именно на имперсоналистов и персоналистов.
Преданные-персоналисты все свои силы и энергию посвящают служению Верховному Господу. Имперсоналисты также занимаются

545

духовной практикой, но, вместо того чтобы непосредственно служить Кришне, они медитируют на безличный Брахман, непроявленное. Из этой главы мы узнаем, что из всех методов познания Абсолютной Истины высшим является *бхакти-йога,* преданное служение. Тот, кто действительно хочет получить доступ к Верховной Личности Бога, должен встать на путь преданного служения. Иначе говоря, тех, кто, занимаясь преданным служением, поклоняется непосредственно Верховному Господу, называют персоналистами, а тех, кто медитирует на безличный Брахман, — имперсоналистами. В данном стихе Арджуна спрашивает Кришну, чье положение лучше. Есть много разных путей постижения Абсолютной Истины, но в этой главе Кришна говорит о том, что лучшим из них является *бхакти-йога,* или преданное служение Ему. Это самый прямой и легкий путь к общению с Богом.

Во второй главе «Бхагавад-гиты» Верховный Господь объяснил, что живое существо — не плоть, а духовная искра, частица Абсолютной Истины. В седьмой главе Он рассказал о живом существе как о неотъемлемой составной частице высшего целого и призвал живые существа сосредоточить все свое внимание на полном целом, Абсолютной Истине. Затем в восьмой главе вновь было сказано о том, что, если человек, оставляя тело, думает о Кришне, он тотчас переносится в духовное небо, обитель Кришны. В конце шестой главы Господь ясно говорит, что тот, кто всегда думает о Кришне в сердце, является лучшим из всех *йогов.* Таким образом, практически в каждой главе Господь, подводя итог, говорил, что живое существо должно сосредоточить свой ум на личностной форме Кришны, ибо это высшая ступень духовного самопознания.

Однако есть люди, которых не привлекает личностная форма Кришны. Они столь непоколебимы в своих убеждениях, что, даже составляя комментарии к «Бхагавад-гите», делают все, чтобы отвлечь внимание людей от Кришны и перенести их преданность на безличное *брахмаджьоти.* Они предпочитают медитировать на безличную форму Абсолютной Истины, недосягаемую для материальных чувств и непроявленную.

Итак, существует две категории трансценденталистов и Арджуна сейчас пытается установить, какой из двух путей легче и кто из них находится на более высоком уровне. Тем самым он хочет определить и свое положение, ибо сам он привязан к личностной форме Кришны, а не к безличному Брахману. Он хочет знать, насколько надежно его положение. На безличное проявление Верховного Господа как в материальном, так и в духовном мире медитировать трудно. В сущности, никто не способен составить правильное представление о безличном аспекте Абсолютной Истины. Поэтому, задавая свой вопрос, Арджуна как бы говорит: «Зачем зря терять время на это?» В одиннадцатой главе рассказывалось о том, как Арджуна убедился в преимуществе привязанности к личностной форме Кришны. Эта привязанность дала ему возможность увидеть все остальные формы Господа, и при этом его любовь к Кришне ничуть не уменьшилась. Арджуна задал Кришне очень важный вопрос, который поможет нам уяснить разницу между личностной и безличной концепцией Абсолютной Истины.

ТЕКСТ 2　　श्रीभगवानुवाच
मय्यावेश्य मनो ये मां नित्ययुक्ता उपासते ।
श्रद्धया परयोपेतास्ते मे युक्ततमा मताः ॥ २ ॥

шри-бхагаван увача
майй авешйа мано йе мам　нитйа-йукта упасате
шраддхайа парайопетас　те ме йуктатама матах

шри-бхагаван увача — Верховный Господь сказал; *майи* — на Мне; *авешйа* — сосредоточив; *манах* — ум; *йе* — которые; *мам* — Мне; *нитйа* — всегда; *йуктах* — занятые; *упасате* — поклоняются; *шраддхайа* — верой; *парайа* — духовной; *упетах* — наделены; *те* — они; *ме* — Мои; *йукта-тамах* — достигшие высшего совершенства в *йоге*; *матах* — понимаемые.

Верховный Господь сказал: Тех, чей ум сосредоточен на Моем личностном образе и кто всегда поклоняется Мне с глубокой духовной верой, Я считаю достигшими высшей ступени совершенства.

КОММЕНТАРИЙ: Отвечая на вопрос Арджуны, Кришна со всей определенностью говорит, что тот, кто сосредоточил ум на Его личностной форме и поклоняется Ему с верой и преданностью, должен считаться самым совершенным *йогом*. Любая деятельность человека, полностью сознающего Кришну, является нематериальной, ибо все, что он делает, он делает ради Кришны. Чистый преданный постоянно занят. Он либо повторяет имена Господа, либо слушает рассказы о Кришне или читает книги о Нем, готовит *прасад* или идет на рынок, чтобы купить что-нибудь для Кришны, убирает храм или моет посуду — что бы он ни делал, каждое мгновение его жизни посвящено Кришне. Делая все это, чистый преданный пребывает в совершенном *самадхи*.

ТЕКСТЫ　　ये त्वक्षरमनिर्देश्यमव्यक्तं पर्युपासते ।
3–4　　सर्वत्रगमचिन्त्यं च कूटस्थमचलं ध्रुवम् ॥ ३ ॥
संनियम्येन्द्रियग्रामं सर्वत्र समबुद्धयः ।
ते प्राप्नुवन्ति मामेव सर्वभूतहिते रताः ॥ ४ ॥

йе тв акшарам анирдеййам   авйактам парйупасате
сарватра-гам ачинтйам ча   кӯта-стхам ачалам дхрувам

саннийамйендрийа-грамам   сарватра сама-буддхайах
те прапнуванти мам эва   сарва-бхӯта-хите ратах

йе — которые; *ту* — но; *акшарам* — недоступному восприятию
чувств; *анирдеййам* — неопределенному; *авйактам* — непроявленному; *парйупасате* — посвящают себя полностью; *сарватра-гам* —
вездесущему; *ачинтйам* — непостижимому; *ча* — и; *кӯта-стхам* —
неизменному; *ачалам* — неподвижному; *дхрувам* — постоянному;
саннийамйа — подчинив; *индрийа-грамам* — совокупность чувств;
сарватра — повсюду; *сама-буддхайах* — относящиеся беспристраст-
но; *те* — они; *прапнуванти* — достигают; *мам* — Меня; *эва* — непременно; *сарва-бхӯта-хите* — на благо всех живых существ; *ратах* —
занятые.

**Но и те, кто целиком посвящает себя поклонению непро-
явленному, неопределенному, недоступному восприятию чувств,
вездесущему, непостижимому, неизменному, постоянному и неподвижному — безличному аспекту Абсолютной Истины, — те, кто
заботится о всеобщем благе и, полностью обуздав чувства, одинаково относится ко всем живым существам, в конце концов
достигают Меня.**

КОММЕНТАРИЙ: Те, кто не поклоняется непосредственно Верховному Господу, Кришне, а пытается достичь той же цели околь-
ным путем, в конце концов достигают того же самого — приходят
к Шри Кришне. «После множества прожитых жизней мудрец, который понял, что Ва̄судева есть всё, ищет прибежища во Мне»
(Б.-г., 7.19). Когда человек, прожив множество жизней, в конце концов обретает совершенное знание, он предается Господу Кришне.
Тот, кто идет к Богу этим путем, должен научиться владеть своими чувствами, служить каждому живому существу и заботиться
о всеобщем благе. Из этого следует, что до тех пор, пока человек не
пришел к Господу Кришне, его знания нельзя назвать совершенными. Зачастую, прежде чем полностью предаться Господу, человек
должен пройти через множество трудностей и испытаний.

Чтобы ощутить присутствие Сверхдуши в своем сердце, необходимо прекратить деятельность материальных чувств, перестать
видеть, слышать, ощущать вкус, работать и т.д. Только тогда человек сможет ощутить, что Сверхдуша находится всюду. Осознав
это, он перестает испытывать враждебность: он ко всем относится
одинаково, будь то человек или животное, ибо видит только душу,
а не внешнюю оболочку. Однако для обыкновенного человека этот

метод постижения безличного аспекта Абсолютной Истины очень сложен.

ТЕКСТ 5   क्लेशोऽधिकतरस्तेषामव्यक्तासक्तचेतसाम् ।
अव्यक्ता हि गतिर्दुःखं देहवद्भिरवाप्यते ॥ ५ ॥

*клешо 'дхикатарас тешам   авйактасакта-четасам
авйакта хи гатир дуукхам   дехавадбхир авапйате*

клешах — затруднение; *адхика-тарах* — величайшее; *тешам* — их; *авйакта* — на непроявленном; *асакта* — сосредоточен; *четасам* — тех, ум которых; *авйакта* — непроявленный; *хи* — безусловно; *гатих* — продвижение; *дуукхам* — трудно; *деха-вадбхих* — воплощенными; *авапйате* — достигается.

Тем, чей ум сосредоточен на непроявленном, безличном аспекте Всевышнего, очень трудно идти по пути духовного развития. Воплощенным живым существам каждый шаг на этом пути дается с большим трудом.

КОММЕНТАРИЙ: Трансценденталистов, стремящихся к познанию непостижимого, непроявленного, безличного аспекта Верховного Господа, называют *гьяна-йогами,* а тех, кто, всегда осознает Кришну и занимается преданным служением Господу, именуют *бхакти-йогами.* В данном стихе ясно показана разница между *гьяна-йогой* и *бхакти-йогой.* Хотя *гьяна-йога* в конце концов приводит человека к той же цели, что и *бхакти-йога,* путь этот очень сложен и тернист, тогда как путь *бхакти-йоги,* непосредственного служения Верховной Личности Бога, значительно легче и естественнее для воплощенной души. Обусловленная душа находится в материальном теле с незапамятных времен, и ей очень трудно понять, даже теоретически, свое отличие от тела. Вот почему *бхакти-йоги* поклоняются Божеству, образу Кришны, тем самым используя телесные представления о жизни, которые прочно запечатлены в нашем уме. Разумеется, поклонение Верховной Личности Бога в образе установленного в храме Божества не имеет ничего общего с идолопоклонством. В Ведах говорится о двух формах поклонения: *сагуне* и *ниргуне.* Это значит, что Всевышнему можно поклоняться в форме, обладающей доступными восприятию качествами и не обладающей ими. Поклонение Божеству в храме относится к категории *сагуны,* потому что изображение Господа создано из материи. Однако образ Господа, воплощенный в камне, дереве или красках, которые являются материальными, сам материальным не является. Такова абсолютная природа Верховного Господа.

В связи с этим можно привести одно, может быть, несколько грубое сравнение. Если опустить письмо в любой из почтовых ящиков, развешанных на улицах, оно без труда найдет своего адресата. Однако какой-нибудь другой ящик, пусть даже похожий на почтовый, но не установленный почтовым отделением, не годится для этой цели. Аналогичным образом, *арча-виграха,* Божество, установленное в храмах, — это освященный образ Бога, который представляет Его в этом мире. *Арча-виграха* является воплощением Верховного Господа. Господь предстает перед нами в этом образе, чтобы принимать служение. Господь всемогущ, поэтому, воплощаясь в образе *арча-виграхи,* Он принимает служение преданных, чтобы обусловленным душам было легче поклоняться Ему.

Итак, преданным не составляет никакого труда обратиться прямо ко Всевышнему, но для тех, кто пытается постичь безличный Абсолют, путь духовного самопознания весьма нелегок. Чтобы постичь непроявленный аспект Всевышнего, им приходится изучать такие ведические произведения, как Упанишады, они должны учить язык этих писаний, анализировать тончайшие ощущения и в совершенстве овладеть всем этим. Для обыкновенного человека это очень трудно. Но тот, кто занимается преданным служением под руководством истинного духовного учителя, просто каждый день поклоняясь Божеству, слушая рассказы о величии Господа и питаясь остатками предложенной Ему пищи, без труда развивает в себе сознание Кришны и постигает Верховную Личность Бога. Имперсоналисты, идя своим путем, вне всяких сомнений, преодолевают ненужные трудности и препятствия, рискуя при этом в конце концов так и не постичь Абсолютную Истину. Однако те, кто поклоняется личностному аспекту Бога, идут к Господу прямым путем, ничем не рискуя, не испытывая никаких беспокойств и трудностей. Аналогичное утверждение содержится в «Шримад-Бхагаватам». Там говорится, что человек в конце концов все равно должен предаться Верховной Личности Бога (это и называют *бхакти*), но, если он вместо этого пытается разобраться в том, что есть Брахман и что не есть Брахман, и тратит на это всю свою жизнь, он в результате не получает ничего, кроме трудностей. Вот почему в данном стихе Кришна не рекомендует столь сложный путь, ибо, избрав его, человек не может быть уверен в конечном результате.

Живое существо вечно остается индивидуальной душой, и тот, кто хочет слиться с духовным целым, может осознать такие аспекты своей изначальной природы, как вечность и знание, но ему не удастся познать аспект блаженства. Получив милость преданного, трансценденталист, достигший высот в *гьяна-йоге,* может в какой-то момент начать заниматься *бхакти-йогой,* преданным служением Господу. Но многолетние поиски безличного Абсолюта и в этом случае станут помехой для него, так как ему будет трудно отказаться от идеи имперсонализма. Таким образом, постижение непроявленного всегда является для воплощенной души источником трудностей — и на стадии практики, и на стадии совершенства. Каждое живое существо наделено некоторой независимостью, и нужно уяснить, что попытки постичь непроявленное противны самой природе живого существа, духовного и исполненного блаженства. Человеку не следует вставать на этот путь. Самым лучшим методом духовного самопознания для каждого является метод сознания Кришны, ведущий к полному погружению в преданное служение. Но тот, кто отвергает преданное служение, рискует превратиться в атеиста. Таким образом, как следует из данного стиха, людям не стоит сосредоточивать свое внимание на познании непроявленного и непостижимого, недоступного восприятию чувств. Этот принцип справедлив всегда, и особенно в наш век. Господь Кришна не рекомендует людям вступать на этот путь.

ТЕКСТЫ
6–7

ये तु सर्वाणि कर्माणि मयि सन्न्यस्य मत्पराः ।
अनन्येनैव योगेन मां ध्यायन्त उपासते ॥ ६ ॥
तेषामहं समुद्धर्ता मृत्युसंसारसागरात् ।
भवामि न चिरात्पार्थ मय्यावेशितचेतसाम् ॥ ७ ॥

йе ту сарва̄н̣и карма̄н̣и   майи саннйасйа мат-пара̄х̣
ананйенаива йогена   ма̄м̇ дхйа̄йанта упа̄сате

теша̄м ахам̇ самуддхарта̄   мр̣тйу-сам̇са̄ра-са̄гара̄т
бхава̄ми на чира̄т па̄ртха   майй а̄веш́ита-четаса̄м

йе — которые; *ту* — же; *сарва̄н̣и* — все; *карма̄н̣и* — действия; *майи* — во Мне; *саннйасйа* — отказавшись; *мат-пара̄х̣* — испытывающие ко Мне привязанность; *ананйена* — безраздельной; *эва* — непременно; *йогена* — бхакти-йогой; *ма̄м* — на Меня; *дхйа̄йантах̣* — медитирующие; *упа̄сате* — поклоняются; *теша̄м* — их; *ахам* — Я; *самуддхарта̄* — избавитель; *мр̣тйу* — смерти; *сам̇са̄ра* — в материальной жизни; *са̄гара̄т* — из океана; *бхава̄ми* — становлюсь; *на* — не; *чира̄т* — долго; *па̄ртха* — о сын Притхи; *майи* — на Мне; *а̄веш́ита* — сосредоточен; *четаса̄м* — тех, чей ум.

Тех же, кто поклоняется Мне, безраздельно предавшись Мне и посвящая Мне все свои действия, кто занимается преданным служением и постоянно размышляет обо Мне, сосредоточив на Мне свой ум, — таких людей, о сын Притхи, Я без промедления вызволяю из океана рождения и смерти.

КОММЕНТАРИЙ: Здесь ясно сказано, что на долю преданных выпала великая удача, ибо Господь Сам без промедления освобождает их из плена материального существования. Занимаясь преданным служением, человек осознает, что Бог велик, а индивидуальная душа подвластна Ему. Ее долг — служить Господу, и если она не будет делать этого, то ей придется служить *майе*.

Как уже говорилось, постичь Господа можно только в процессе преданного служения. Поэтому нужно безраздельно предаться Господу. Чтобы прийти к Кришне, необходимо полностью сосредоточить на Нем свой ум. Все, что мы делаем, нужно посвящать только Кришне. Неважно, что мы делаем, главное — делать это только для Кришны. В этом суть преданного служения. Единственное желание преданного — доставить удовольствие Верховной Личности Бога. Цель всей его жизни — удовлетворить Кришну, и ради этого он готов пожертвовать всем, как это сделал Арджуна на поле битвы Курукшетра. Метод очень прост: мы должны посвящать все свои действия Господу и в то же время повторять Харе Кришна, Харе Кришна, Кришна Кришна, Харе Харе / Харе Рама, Харе Рама, Рама Рама, Харе Харе. Эти трансцендентные звуки привязывают преданного к Верховной Личности Бога.

В данном стихе Господь обещает без промедления освободить чистого преданного, целиком посвятившего себя служению Ему, из океана материальной жизни. Великие *йоги*-мистики по желанию с помощью *йоги* могут переместить свою душу на любую планету. Другие пользуются иными методами, но что касается преданного, то здесь ясно сказано: Господь Сам вызволяет его из материального плена. Преданному не нужно ждать, пока он сам обретет большой духовный опыт, который поможет ему достичь духовного неба.

В «Вараха-пуране» есть такой стих:

> *найāми парамам̇ стхāнам*
> *арчир-āди-гатим̇ винā*
> *гаруда-скандхам āропйа*
> *йатхеччхам анивāритах*

Смысл этого стиха в том, что преданному не нужно заниматься *аштанга-йогой*, чтобы перенестись на духовные планеты. Господь Сам позаботится об этом. Здесь Он ясно говорит, что Сам становится спасителем преданного. Всю заботу о ребенке берут на себя его родители, поэтому малыш чувствует себя в полной безопасности. Точно так же преданному не нужно прилагать какие-то особые усилия, чтобы с помощью *йоги* попасть на другие планеты. Верховный Господь Сам по Своей великой милости прилетает за преданным на Гаруде и освобождает его из плена материального бытия. Человек, тонущий в океане, может изо всех сил бороться за жизнь и быть очень хорошим пловцом, но ему все равно не удастся спастись самому. Но если кто-то другой придет к нему на помощь и вытащит из воды, то он спасется без всяких усилий. Точно так же Господь спасает преданного из океана материальной жизни. Единственное, что нам нужно, — это воспользоваться несложным методом сознания Кришны и целиком посвятить себя преданному служению. Всякий разумный человек предпочтет метод преданного служения всем прочим методам самоосознания. В «Нараянии» это подтверждается следующим образом:

> *йā ваи сāдхана-сампаттих*
> *пурушāртха-чатушṭайе*
> *тайā винā тад āпноти*
> *наро нāрāйаṇāш́райах̣*

Смысл здесь в том, что не надо заниматься разного рода кармической деятельностью или пытаться обрести знание путем умозрительных рассуждений, поскольку тот, кто предался Верховной Личности Бога, может получить все блага, которые приносят различные виды *йоги,* размышления о природе духа, ведические ритуалы и жертвоприношения, раздача милостыни и т. д. В этом особое преимущество преданного служения.

Просто повторяя святое имя Кришны — Харе Кришна, Харе Кришна, Кришна Кришна, Харе Харе / Харе Рама, Харе Рама, Рама Рама, Харе Харе, — преданный Господа легко и радостно достигает высшей цели, которая остается недоступной для тех, кто идет другими духовными путями.

В восемнадцатой главе, подводя итог всему сказанному в «Бхагавад-гите», Господь говорит:

> *сарва-дхармāн паритйаджйа*
> *мāм экам̇ ш́араṇам̇ враджа*
> *ахам̇ твāм̇ сарва-пāпебхйо*
> *мокшайишйāми мā ш́учах̣*

Он призывает отказаться от всех прочих методов самоосознания и просто посвятить себя преданному служению в полном сознании Кришны. Только тогда мы сможем достичь высшего совершенства жизни. Не нужно бояться последствий грехов, совершённых в прошлом, потому что Сам Верховный Господь берет на Себя заботу о преданном. Поэтому не стоит тщетно пытаться самому спастись с помощью того или иного метода духовного самопознания. Пусть каждый найдет прибежище у верховной и всемогущей Личности Бога, Кришны. В этом — высшее совершенство жизни.

ТЕКСТ 8　मय्येव मन आधत्स्व मयि बुद्धिं निवेशय ।
निवसिष्यसि मय्येव अत ऊर्ध्वं न संशयः ॥ ८ ॥

майй эва мана а̄дхатсва   майи буддхим̇ нивеш́айа
нивасишйаси майй эва   ата ӯрдхвам̇ на сам̇ш́айах̣

майи — на Мне; *эва* — непременно; *манах̣* — ум; *а̄дхатсва* — сосредоточь; *майи* — в Меня; *буддхим* — разум; *нивеш́айа* — введя; *нивасишйаси* — будешь жить; *майи* — во Мне; *эва* — безусловно; *атах̣ ӯрдхвам* — с этих пор; *на* — нет; *сам̇ш́айах̣* — сомнения.

Сосредоточь свой ум на Мне, Верховной Личности Бога, направь на Меня весь свой разум. Так ты будешь всегда жить во Мне, и в этом не может быть никаких сомнений.

КОММЕНТАРИЙ: Тот, кто преданно служит Господу Кришне, непосредственно связан с Верховным Господом и потому с самого начала находится на трансцендентном уровне. Преданный живет не в материальном мире, он живет в Кришне. Господь и Его святое имя неотличны друг от друга, поэтому, когда преданный повторяет *мантру* Харе Кришна, Кришна и Его внутренняя энергия танцуют у него на языке. Когда преданный предлагает Кришне пищу, Кришна Сам принимает его подношение, и, вкушая затем остатки этой пищи, преданный постепенно «пропитывается» Кришной. Тому, кто не занимается преданным служением, никогда не понять, как это происходит, хотя они могут читать об этом в «Бхагавад-гите» и других ведических писаниях.

ТЕКСТ 9   अथ चित्तं समाधातुं न शक्नोषि मयि स्थिरम् ।
अभ्यासयोगेन ततो मामिच्छाप्तुं धनञ्जय ॥ ९ ॥

атха читтам̇ сама̄дха̄тум̇   на ш́акноши майи стхирам
абхйа̄са-йогена тато   ма̄м иччха̄птум̇ дханан̃джайа

атха — если; *читтам* — ум; *сама̄дха̄тум* — сосредоточить; *на ш́акноши* — не можешь; *майи* — на Мне; *стхирам* — постоянно; *абхйа̄са-йогена* — преданным служением; *татах̣* — тогда; *ма̄м* — Меня; *иччха* — желание; *а̄птум* — достичь; *дханам-джайа* — о Арджуна, завоеватель богатств.

О Арджуна, завоеватель богатств, если же ты не можешь держать свой ум постоянно сосредоточенным на Мне, то следуй правилам и предписаниям *бхакти-йоги.* Так ты разовьешь в себе желание достичь Меня.

КОММЕНТАРИЙ: В данном стихе речь идет о двух формах *бхакти-йоги.* Первой занимаются те, кто уже развил духовную привязанность и любовь к Кришне, Верховной Личности Бога.

А вторая предназначена для тех, кто не развил духовной привязанности и любви к Верховной Личности. Для преданных второй категории существуют многочисленные правила и предписания, которым необходимо следовать, чтобы в конечном счете в сердце появилась привязанность к Кришне.

Бхакти-йога — это путь очищения чувств. Сейчас мы находимся в материальном мире, поэтому наши чувства, привязанные к материальным удовольствиям, всегда остаются оскверненными. С помощью *бхакти-йоги* чувства можно очистить, и тогда они непосредственно соприкоснутся с Верховным Господом. В материальном мире я могу служить какому-то хозяину, но я делаю это не из любви, а из желания заработать деньги. И хозяин также не питает ко мне любви, он пользуется моими услугами и платит мне. Эти отношения основаны не на любви. Однако духовная жизнь требует от человека чистой любви к Богу. Достичь этого уровня можно с помощью практики преданного служения, которая занимает наши пока еще оскверненные чувства.

Любовь к Богу дремлет в сердце каждого живого существа. В материальном мире эта любовь проявляется в самых разных формах, но она всегда остается оскверненной материальным влиянием. Поэтому так важно очистить сердце от материальной скверны и пробудить дремлющую в нем, изначально присущую каждому любовь к Кришне. В этом суть *бхакти-йоги*.

Чтобы практиковать *бхакти-йогу* с ее правилами и предписаниями, нужно под руководством опытного духовного учителя следовать определенным принципам: вставать рано утром, совершать омовение, приходить в храм, возносить Господу молитвы, повторять *мантру* Харе Кришна, собирать цветы и подносить их Божеству, готовить для Божества вкусные блюда, принимать *прасад* и т. д. Есть множество разных правил, которым должен следовать преданный. Так, ему необходимо регулярно слушать «Бхагавадгиту» и «Шримад-Бхагаватам» в изложении чистых преданных. Подобная практика поможет нам развить любовь к Богу, и перед нами откроется путь, ведущий в Его царство. Тот, кто выполняет правила и предписания *бхакти-йоги* под руководством духовного учителя, непременно достигнет любви к Богу.

ТЕКСТ 10 अभ्यासेऽप्यसमर्थोऽसि मत्कर्मपरमो भव ।
मदर्थमपि कर्माणि कुर्वन्सिद्धिमवाप्स्यसि ॥ १० ॥

*абхйāсе 'пй асамартхо 'си   мат-карма-парамо бхава
мад-артхам апи кармāни   курван сиддхим авāпсйаси*

абхйāсе — в занятиях; *апи* — если; *асамартхаx* — не способный; *аси* — являешься; *мат-карма* — деятельности ради Меня; *парамаx* —

посвященным; *бхава* — стань; *мат-артхам* — ради Меня; *апи* — даже; *кармани* — действие; *курван* — исполняющий; *сиддхим* — совершенство; *авапсйаси* — достигнешь.

Если ты не в состоянии следовать правилам и предписаниям *бхакти-йоги,* **просто трудись для Меня, ибо, служа Моему делу, ты тоже достигнешь совершенства.**

КОММЕНТАРИЙ: Тот, кто не способен даже следовать регулирующим принципам *бхакти-йоги* под руководством духовного учителя, все же может достичь совершенства, если будет трудиться для Верховного Господа. О том, что значит трудиться для Господа, уже говорилось в последнем стихе одиннадцатой главы. Человек должен по мере своих сил помогать проповеди сознания Кришны. Много преданных проповедуют сознание Кришны, и они нуждаются в помощи. Поэтому тот, кто не может сам следовать регулирующим принципам *бхакти-йоги,* может оказывать содействие проповедникам. Для любого серьезного начинания необходимы земля, начальный капитал, организация и рабочая сила. Как бизнесмену необходим офис, капитал, рабочая сила и организация, которая поможет ему расширить свою деятельность, так и в служении Кришне нужно все то же самое. Единственная разница в том, что материалист действует исключительно ради удовлетворения собственных чувств. Однако, если та же самая работа выполняется ради удовлетворения Кришны, она превращается в духовную деятельность. Тот, у кого достаточно средств, может помочь построить какое-нибудь помещение или храм для проповеди сознания Кришны или участвовать в издании книг. Поле деятельности очень обширно, и нужно стремиться принять в ней посильное участие. И даже если человек не может пожертвовать Кришне все плоды своего труда, он может уделить какую-то часть своего времени на проповедь сознания Кришны. Такое добровольное служение, способствующее распространению сознания Кришны, поможет человеку постепенно развить в себе любовь к Богу и таким образом достичь совершенства.

ТЕКСТ 11   अथैतदप्यशक्तोऽसि कर्तुं मद्योगमाश्रितः ।
सर्वकर्मफलत्यागं ततः कुरु यतात्मवान् ॥ ११ ॥

*атхаитад апи ашакто 'си   картум мад-йогам ашритах
сарва-карма-пхала-тйагам   татах куру йататмаван*

атха — если; *этат* — это; *апи* — даже; *ашактах* — неспособный; *аси* — являешься; *картум* — выполнять; *мат* — Мне; *йогам* — к преданному служению; *а̄ш́ритах̣* — прибегнувший; *сарва-карма* — всей деятельности; *пхала* — от результатов; *тйа̄гам* — отречение; *татах̣* — тогда; *куру* — делай; *йата-а̄тма-ва̄н* — сосредоточившийся на душе.

Если же ты не можешь трудиться во имя Меня, тогда старайся отрекаться от любых плодов своего труда и находить удовлетворение в самом себе.

КОММЕНТАРИЙ: Иногда бывает, что люди не могут даже выразить свое сочувствие и поддержку проповеднической деятельности в сознании Кришны по социальным, семейным, религиозным или каким-то другим соображениям. Тот, кто решится посвятить себя деятельности в сознании Кришны, может встретить сопротивление со стороны членов своей семьи и много других трудностей. Такому человеку Кришна рекомендует отдавать заработанные средства на какое-нибудь доброе дело. Правила, регламентирующие подобную деятельность, изложены в Ведах, где приводятся описания многочисленных жертвоприношений и различных видов *пуньи,* или особой деятельности, на которую можно потратить заработанные средства. Это поможет человеку постепенно обрести знание. Когда человек, не проявляющий интереса к деятельности в сознании Кришны, дает пожертвования больницам или каким-то благотворительным заведениям, он тем самым отказывается от результатов своего труда, доставшихся ему ценой немалых усилий. И здесь Кришна советует людям делать это, ибо, отдавая плоды своего труда, человек постепенно очистит ум, что поможет ему когда-нибудь понять сознание Кришны. Разумеется, сознание Кришны никак не зависит от других форм духовной практики, поскольку метод сознания Кришны сам по себе является могучим средством очищения ума, но если человек по тем или иным причинам не может сразу приступить к практике сознания Кришны, то он должен по крайней мере стараться жертвовать результаты своего труда. Для этого можно помогать ближним, трудиться на благо государства, общества, своего народа и страны, и в будущем это поможет нам достичь уровня чистого преданного служения Верховному Господу. В «Бхагавад-гите» (18.46) сказано: *йатах̣ правр̣ттир бхӯта̄на̄м.* Если человек жертвует чем-то ради высшей цели, то, даже не зная, что эта цель — Кришна, благодаря своей жертвенности он в конце концов поймет, что высшей целью всех устремлений является Кришна.

ТЕКСТ 12   श्रेयो हि ज्ञानमभ्यासाज्ज्ञानाद्ध्यानं विशिष्यते ।
ध्यानात्कर्मफलत्यागस्त्यागाच्छान्तिरनन्तरम् ॥ १२ ॥

ш́рейо хи джн̃а̄нам абхйа̄са̄дж   джн̃а̄на̄д дхйа̄нам̇ виш́иш́йате
дхйа̄на̄т карма-пхала-тйа̄гас   тйа̄га̄ч чхха̄нтир анантарам

ш́рейах̣ — лучше; *хи* — безусловно; *джн̃а̄нам* — знание; *абхйа̄-
са̄т* — чем практика; *джн̃а̄на̄т* — чем знание; *дхйа̄нам* — медитация; *виш́иш́йате* — считается лучше; *дхйа̄на̄т* — чем медитация;
карма-пхала-тйа̄гах̣ — отречение от результатов кармической деятельности; *тйа̄га̄т* — благодаря отречению; *ш́а̄нтих̣* — покой; *анантарам* — затем.

**Если ты не способен идти этим путем, то приложи усилия к то-
му, чтобы обрести знание. Однако медитация предпочтительнее,
чем знание, а отречение от плодов своего труда предпочтительнее медитации, ибо человек, отрекшийся от плодов своего труда,
обретает умиротворение.**

КОММЕНТАРИЙ: Как было сказано в предыдущих стихах, существует две формы преданного служения: преданное служение,
регламентированное системой правил и предписаний, и преданное служение, основанное на спонтанной любви и привязанности к Верховной Личности Бога. Те, кто не способен следовать
принципам сознания Кришны, должны стараться обрести духовное
знание, ибо знание поможет им понять свое истинное положение.
Постепенно знание приведет их на уровень медитации, и, занимаясь медитацией, они с течением времени смогут постичь Верховную Личность Бога. Некоторые методы духовного самопознания
могут привести человека к пониманию, что он сам и есть Всевышний; подобного рода медитацию предпочитают те, кто не может
заниматься преданным служением. Тем, кто не способен заниматься даже такой медитацией, Веды предписывают исполнять обязанности в системе *варнашрамы:* обязанности *брахманов, кшатриев,
вайшьев* или *шудр,* перечисленные в последней главе «Бхагавад-
гиты». Но каковы бы ни были обязанности человека, ему необходимо отречься от плодов своего труда, то есть жертвовать результаты
своей кармической деятельности на какое-то доброе дело.

Таким образом, к высшей цели — Верховной Личности Бога —
ведут два пути: путь постепенного развития и прямой путь. Преданное служение в сознании Кришны — это прямой путь, другие
же методы учат человека отречению от плодов своей деятельности. Это помогает ему обрести знание, затем перейти к медитации,
затем постичь Сверхдушу и постепенно прийти к Верховной Личности Бога. Человек может либо пройти через все эти ступени, либо воспользоваться прямым путем. Поскольку последний доступен
не всем, окольный путь познания Бога также приемлем. Необходимо, однако, заметить, что Кришна не стал рекомендовать этот

путь Арджуне, ибо тот уже преданно служил Верховному Господу. Многоступенчатый, окольный путь предназначен для тех, кто еще не достиг уровня преданного служения и потому должен сначала научиться отречению от плодов своего труда, затем обрести знание и в процессе медитации постичь Сверхдушу и Брахман. Однако «Бхагавад-гита» основное внимание уделяет прямому пути духовного самопознания. Она призывает каждого встать на этот путь и предаться Верховной Личности Бога, Кришне.

ТЕКСТЫ 13–14

अद्वेष्टा सर्वभूतानां मैत्रः करुण एव च ।
निर्ममो निरहङ्कारः समदुःखसुखः क्षमी ॥ १३ ॥
सन्तुष्टः सततं योगी यतात्मा दृढनिश्चयः ।
मय्यर्पितमनोबुद्धियों मद्भक्तः स मे प्रियः ॥ १४ ॥

*адвешта̄ сарва-бхӯта̄на̄м маитрах̣ карун̣а эва ча
нирмамо нирахан̇ка̄рах̣ сама-дух̣кха-сукхах̣ кшамӣ*

*сантушт̣ах̣ сататам йогӣ йата̄тма̄ др̣дха-ниш́чайах̣
майй арпита-мано-буддхир йо мад-бхактах̣ са ме прийах̣*

адвешта̄ — не питающий зависти и вражды; *сарва-бхӯта̄на̄м* — всех живых существ; *маитрах̣* — дружелюбный; *карун̣ах̣* — доброжелательный; *эва* — безусловно; *ча* — также; *нирмамах̣* — лишенный собственнических чувств; *нирахан̇ка̄рах̣* — лишенный ложного эго; *сама* — одинаковый; *дух̣кха* — и в горе; *сукхах̣* — тот, кто в счастье; *кшамӣ* — прощающий; *сантушт̣ах̣* — удовлетворенный; *сататам* — всегда; *йогӣ* — занимающийся преданным служением; *йата-а̄тма̄* — владеющий собой; *др̣дха-ниш́чайах̣* — обладающий твердой решимостью; *майи* — на Мне; *арпита* — сосредоточен; *манах̣* — и ум; *буддхих̣* — тот, чей разум; *йах̣* — который; *мат-бхактах̣* — Мой преданный; *сах̣* — тот; *ме* — Мной; *прийах̣* — дорогой.

Тот, кто никому не завидует и дружелюбно относится ко всем живым существам, кто избавился от собственнического инстинкта и ложного эго, кто остается невозмутимым в радости и в горе, кто терпелив и всегда удовлетворен, кто, обуздав чувства и сосредоточив на Мне свой ум и разум, с решимостью отдает себя преданному служению, — такой человек очень дорог Мне.

КОММЕНТАРИЙ: Возвращаясь к описанию чистого преданного служения, Господь в этих двух стихах перечисляет духовные качества чистого преданного. Такой преданный при любых обстоятельствах остается спокойным и невозмутимым. Он никому не завидует и ни к кому не питает вражды. Вместо того чтобы отвечать враждебностью на враждебность, преданный думает: «Этот человек враждует со мной в наказание за мои прошлые грехи. Поэтому лучше безропотно сносить причиняемые им страдания». В «Шримад-Бхагаватам» (10.14.8) сказано: *тат те 'нукампа̄м̇ сусамӣкшама̄н̣о бхун̃джа̄на эва̄тма-кр̣там̇ випа̄кам*. Попадая в беду или сталкиваясь с трудностями, преданный видит в них милость Господа. «В наказание за прошлые грехи, — думает он, — я должен был бы страдать гораздо сильнее, чем страдаю сейчас. Только по милости Верховного Господа я не получил заслуженного наказания в полной мере. Милостью Верховной Личности Бога мне досталась лишь малая толика страданий». Поэтому преданный всегда остается спокойным и невозмутимым и терпеливо сносит любые страдания. Преданный также неизменно добр ко всем живым существам, даже к своим врагам. *Нирмама:* он не придает особого значения телесным страданиям, ибо прекрасно знает, что не является телом. Поскольку преданный не отождествляет себя с материальным телом, у него нет ложного эго и он одинаково спокойно относится к счастью и горю. Он терпелив и довольствуется тем, что приходит к нему по милости Верховного Господа. Не ставя перед собой труднодостижимых целей, он всегда пребывает в радостном расположении духа. Неукоснительно следуя указаниям духовного учителя, преданный становится совершенным *йогом*, и, поскольку он обуздал свои чувства, ему присуща непоколебимая решимость. Его никогда не собьют с пути ложные аргументы, ибо ничто не может поколебать его решимости заниматься преданным служением. Он полностью осознал, что Кришна — вечный Господь, и ничто не может поколебать его. Все это помогает ему полностью сосредоточить свой ум и разум на Верховном Господе. Разумеется, редко кому удается достичь столь высокого уровня преданного служения, но каждый может подняться на эту ступень, если будет выполнять правила преданного служения. Более того, Господь говорит, что такой преданный очень дорог Ему, ибо Господь неизменно доволен всем, что тот делает в полном сознании Кришны.

ТЕКСТ 15   यस्मान्नोद्विजते लोको लोकान्नोद्विजते च यः ।
               हर्षामर्षभयोद्वेगैर्मुक्तो यः स च मे प्रियः ॥ १५ ॥

йасма̄н нодвиджате локо   лока̄н нодвиджате ча йах̣
харша̄марша-бхайодвегаир   мукто йах̣ са ча ме прийах̣

йасма̄т — от которого; *на удвиджате* — не приходят в беспокойство; *локах̣* — люди; *лока̄т* — от людей; *на удвиджате* — не испытывает беспокойства; *ча* — также; *йах̣* — который; *харша* — счастьем; *амарша* — горем; *бхайа* — страхом; *удвегаих̣* — и тревогами; *муктах̣* — освобожденный; *йах̣* — который; *сах̣* — тот; *ча* — также; *ме* — Мой; *прийах̣* — дорогой.

Тот, кто никому не причиняет беспокойств и сам всегда остается спокойным, кто невозмутим и в радости, и в горе, кто не ведает страха и тревог, очень дорог Мне.

КОММЕНТАРИЙ: Здесь перечислены еще несколько качеств преданных. Преданный никогда не ставит другого человека в трудное положение и никогда не становится источником тревог, страха или неудовлетворенности для других. Желая добра каждому живому существу, преданный никогда не станет причинять другим беспокойств. Вместе с тем, когда его самого пытаются потревожить, он остается невозмутимым. Спокойствию в любых, даже самых трудных ситуациях он научился по милости Господа. Поскольку преданный всегда погружен в сознание Кришны и занят преданным служением, внешние материальные обстоятельства не могут вывести его из равновесия. В материальном мире люди обычно очень радуются тому, что доставляет удовольствие их чувствам, но, когда человек видит, что другие испытывают удовольствия, которых он сам лишен, он огорчается и мучится завистью. Ожидание мести врагов повергает его в страх, а неудачи приводят в уныние. Преданный, свободный от всех этих беспокойств, очень дорог Кришне.

ТЕКСТ 16   अनपेक्षः शुचिर्दक्ष उदासीनो गतव्यथः ।
सर्वारम्भपरित्यागी यो मद्भक्तः स मे प्रियः ॥ १६ ॥

*анапекшах̣ ш́учир дакша   уда̄сӣно гата-вйатхах̣
сарва̄рамбха-паритйа̄гӣ   йо мад-бхактах̣ са ме прийах̣*

анапекшах̣ — отстраненный; *ш́учих̣* — чистый; *дакшах̣* — опытный; *уда̄сӣнах̣* — беззаботный; *гата-вйатхах̣* — тот, чьи тревоги ушли; *сарва-а̄рамбха* — от всех попыток; *паритйа̄гӣ* — отрекшийся; *йах̣* — который; *мат-бхактах̣* — Мой преданный; *сах̣* — тот; *ме* — Мой; *прийах̣* — дорогой.

Преданный, не зависящий от внешних обстоятельств, чистый, умелый, безмятежный, ничем не обремененный и не стремящийся к результатам своего труда, очень дорог Мне.

КОММЕНТАРИЙ: Преданный может принимать деньги от других, но не должен прилагать слишком много усилий, чтобы получить их. Если деньги приходят к нему сами собой, по милости Господа, он продолжает оставаться невозмутимым. По меньшей мере два раза в день он совершает омовение и встает рано утром, чтобы служить Господу. Благодаря этому он всегда остается чистым внутри и снаружи. Преданный разбирается во всем, ибо ему известна суть всякой деятельности, и он непоколебимо верит словам священных писаний. Преданный никогда не принимает чью-либо сторону и потому невозмутим. Он никогда не чувствует боли, ибо не отождествляет себя с телом. Он знает, что тело — это всего лишь внешняя оболочка, и не страдает, когда тело испытывает боль. Чистый преданный никогда не стремится к тому, что противоречит принципам преданного служения. К примеру, строительство большого дома требует больших затрат энергии и сил, и преданный никогда не возьмется за это, если, конечно, такое строительство не поможет ему в его преданном служении. Он может построить храм для Господа и принять на себя все связанные с этим заботы, но никогда не станет строить огромный дом для себя и своих родственников.

ТЕКСТ 17   यो न हृष्यति न द्वेष्टि न शोचति न काङ्क्षति ।
शुभाशुभपरित्यागी भक्तिमान्यः स मे प्रियः ॥ १७ ॥

*йо на хришйати на двешти   на шочати на кāн̇кшати
шубхāшубха-паритйāгӣ   бхактимāн йах са ме прийах*

йах — который; *на хришйати* — не ликует; *на двешти* — не горюет; *на шочати* — не скорбит; *на кāн̇кшати* — не желает; *шубха* — от хорошего; *ашубха* — и плохого; *паритйāгӣ* — отрекшийся; *бхакти-мāн* — преданный; *йах* — который; *сах* — тот; *ме* — Мой; *прийах* — дорогой.

Тот, кто не ликует и не впадает в уныние, кто ни о чем не скорбит и ничего не желает, для кого не существует ни хорошего, ни плохого, — такой преданный очень дорог Мне.

КОММЕНТАРИЙ: Чистый преданный никогда не радуется материальным приобретениям и не горюет о потерях, он не слишком радуется, когда у него появляются сыновья или ученики, и не сокрушается о том, что их у него нет. Потеряв то, что ему дорого, преданный не скорбит о потере и не впадает в уныние, когда не может получить того, что желает. Он всегда сохраняет трансцендентное положение, с какой бы благоприятной, неблагоприятной или греховной деятельностью ему ни пришлось столкнуться. Ради удовлетворения Верховного Господа он готов пойти на любой риск. Ничто не может помешать ему заниматься преданным служением. Такой преданный очень дорог Кришне.

ТЕКСТЫ 18–19   समः शत्रौ च मित्रे च तथा मानापमानयोः ।
शीतोष्णसुखदुःखेषु समः सङ्गविवर्जितः ॥ १८ ॥
तुल्यनिन्दास्तुतिर्मौनी सन्तुष्टो येन केनचित् ।
अनिकेतः स्थिरमतिर्भक्तिमान्मे प्रियो नरः ॥ १९ ॥

самах ишатрау ча митре ча   татха манапаманайох
ишитошна-сукха-духкхешу   самах санга-виварджитах

тулйа-нинда-стутир мауни   сантушто йена кеначит
аникетах стхира-матир   бхактиман ме прийо нарах

самах — одинаковый; *ишатрау* — к врагу; *ча* — также; *митре* — к другу; *ча* — и; *татха* — таким образом; *мана* — в почете; *апа-манайох* — и в бесчестье; *ишита* — от холода; *ушна* — и от жары; *сукха* — в счастье; *духкхешу* — и в страдании; *самах* — уравновешенный; *санга-виварджитах* — отказавшийся от всякого общения; *тулйа* — одинаковый; *нинда* — и в бесславии; *стутих* — тот, кто в славе; *мауни* — молчаливый; *сантуштах* — удовлетворенный; *йе-на кеначит* — чем бы то ни было; *аникетах* — бесприютный; *стхи-ра* — тверда; *матих* — тот, чья решимость; *бхакти-ман* — посвятивший себя преданному служению; *ме* — Мой; *прийах* — дорогой; *нарах* — человек.

Тот, кто одинаково взирает на друзей и врагов, кто одинаково встречает почет и бесчестье, холод и жару, счастье и страдания, славу и позор, кто никогда не соприкасается с тем, что оскверняет, всегда хранит молчание и всем доволен, кто не беспокоится о пристанище, кто непоколебимо утвердился в знании и преданно служит Мне, — тот очень дорог Мне.

КОММЕНТАРИЙ: Преданный всегда избегает дурного общества. В жизни нас то хвалят, то поносят; такова природа людской молвы. Но преданный всегда остается безучастным к иллюзорной славе и позору, счастью и страданиям. Его терпение поистине неиссякаемо. Он никогда не говорит ни о чем, кроме того, что связано с Кришной, поэтому его называют молчаливым. Молчаливость не означает, что человек должен перестать говорить вообще, просто не нужно болтать глупости. Речь дана нам для того, чтобы говорить на важные темы, и для преданного самой важной темой является Верховный Господь. Преданный счастлив при любых обстоятельствах; иногда его кормят вкусно, а иногда нет, но он всегда остается довольным. Не заботится он и о крыше над головой. Приютом ему может служить то дерево, то роскошный дворец — он одинаково равнодушен и к тому, и к другому. Его называют целеустремленным, ибо он непоколебим в своей решимости и знании. В описании качеств чистого преданного можно обнаружить повторы, но их цель — подчеркнуть, что преданный должен развить в себе все эти качества. Без этих качеств он не сможет стать чистым преданным. *Харав абхактасйа куто махад-гунах:* тот, кто не является преданным, лишен хороших качеств. Но тот, кто претендует на то, чтобы называться преданным, должен развить в себе все эти качества. Разумеется, он не прилагает к этому специальных усилий, но преданное служение в сознании Кришны помогает ему без особого труда развить их в себе.

ТЕКСТ 20   ये तु धर्मामृतमिदं यथोक्तं पर्युपासते ।
श्रद्दधाना मत्परमा भक्तास्तेऽतीव मे प्रियाः ॥ २० ॥

*йе ту дхармāмритам идам   йатхоктам парйупāсате
ш́раддадхāнā мат-парамā   бхактāс те 'тӣва ме прийāх̣*

йе — которые; *ту* — но; *дхарма* — религии; *амритам* — вечный; *идам* — этот; *йатхā* — как; *уктам* — сказано; *парйупāсате* — отдают себя целиком; *ш́раддадхāнāх̣* — обладая верой; *мат-парамāх̣* — считающие, что Я, Верховный Господь, есть все; *бхактāх̣* — преданные; *те* — они; *атӣва* — чрезвычайно; *ме* — Мои; *прийāх̣* — дорогие.

Те, кто, обладая непоколебимой верой, идут вечным путем преданного служения, сделав Меня своей высшей целью, очень и очень дороги Мне.

КОММЕНТАРИЙ: В этой главе, начиная со второго стиха (*майй āвеш́йа мано йе мāм*, «сосредоточив на Мне свой ум») и до конца (*йе ту дхармāмритам идам*, «эта религия вечного служения»), Верховный Господь рассказал о видах трансцендентного служения, помогающих прийти к Нему. Все виды преданного служения очень дороги Господу, и Он принимает любого, кто служит Ему. Отвечая на вопрос Арджуны о том, что лучше: стремиться постичь безличный Брахман или лично служить Верховной Личности, Господь определенно сказал, что преданное служение Личности Бога, безусловно, является лучшим из всех методов духовного самопознания. Иначе говоря, в этой главе было установлено, что благодаря общению с возвышенными душами в человеке развивается привязанность к чистому преданному служению, которая побуждает его обратиться к истинному духовному учителю. Под руководством *гуру* он начинает с верой, привязанностью и преданностью слушать и повторять святые имена и следовать регулирующим принципам и таким образом приступает к трансцендентному преданному служению. В данной главе Господь рекомендует именно этот путь, и потому преданное служение, несомненно, является единственным абсолютным методом самоосознания, дающим возможность каждому достичь Верховной Личности Бога. Безличные представления об Абсолютной Истине, как сказано в этой главе, помогают человеку только до тех пор, пока он не предался и не посвятил всего себя самоосознанию. Иными словами, пока у человека нет возможности общаться с чистым преданным Господа, безличные представления об Абсолютной Истине могут принести ему некоторое благо. Стремясь к познанию безличного Абсолюта, человек отказывается от плодов своего труда, занимается медитацией и пытается философски постичь разницу между материей и духом. Все это необходимо до тех пор, пока он не начал общаться с чистым преданным Господа. Однако тем, у кого сразу появляется желание обрести сознание Кришны и заниматься чистым преданным служением, на их счастье, не нужно проходить через все эти ступени духовного самопознания. Преданное служение, описанное в шести срединных главах «Бхагавад-гиты», гораздо более соответствует природе живого существа. Преданному не нужно беспокоиться о средствах к существованию. Милостью Господа все необходимое приходит к нему само собой.

Так заканчивается комментарий Бхактиведанты к двенадцатой главе «Шримад Бхагавад-гиты», которая называется «Преданное служение».

ГЛАВА ТРИНАДЦАТАЯ

Природа, наслаждающийся и сознание

ТЕКСТЫ 1–2

अर्जुन उवाच
प्रकृतिं पुरुषं चैव क्षेत्रं क्षेत्रज्ञमेव च ।
एतद्वेदितुमिच्छामि ज्ञानं ज्ञेयं च केशव ॥ १ ॥

श्रीभगवानुवाच
इदं शरीरं कौन्तेय क्षेत्रमित्यभिधीयते ।
एतद्यो वेत्ति तं प्राहुः क्षेत्रज्ञ इति तद्विदः ॥ २ ॥

арджуна увāча
пракртим пурушам чаива   кшетрам кшетра-джн̃ам эва ча
этад ведитум иччхāми   джн̃āнам̇ джн̃ейам ча кеш́ава

ш́рӣ-бхагавāн увāча
идам̇ ш́арӣрам̇ каунтейа   кшетрам итй абхидхӣйате
этад йо ветти там̇ прāхух   кшетра-джн̃а ити тад-видах

арджунах увāча — Арджуна сказал; *пракртим* — природу; *пурушам* — наслаждающегося; *ча* — также; *эва* — непременно; *кшетрам* — поле; *кшетра-джн̃ам* — знающего поле; *эва* — непременно; *ча* — также; *этат* — все это; *ведитум* — узнать; *иччхāми* — я же-

567

лаю; *джнӣа нам* — знание; *джнейам* — объект познания; *ча* — также; *кейа ва* — о Кришна; *йрӣ-бхагавāн увāча* — Верховный Господь сказал; *идам* — это; *йарӣрам* — тело; *каунтейа* — о сын Кунти; *кшетрам* — полем; *ити* — так; *абхидхӣйате* — называют; *этат* — это; *йах* — тот, кто; *ветти* — знает; *там* — он; *прāхух* — именуют; *кшетра-джнах* — знающим поле; *ити* — так; *тат-видах* — те, кто знает это.

Арджуна сказал: О Кришна, я хочу узнать о *пракрити* [природе], *пуруше* [наслаждающемся], о поле и знающем поле, а также о том, что такое знание и объект познания.

Верховный Господь сказал: Это тело, о сын Кунти, называют полем, а того, кто знает тело, — знающим поле.

КОММЕНТАРИЙ: Арджуна попросил Кришну рассказать о *пракрити* (природе), *пуруше* (наслаждающемся), о *кшетре* (поле) и о *кшетра-гье* (знающем поле), а также о том, что такое знание и объект познания. В ответ Кришна сказал, что материальное тело называют полем, а того, кто знает тело, именуют знающим поле. Для обусловленной души тело является полем деятельности. Запутавшись в сетях материального существования, обусловленная душа пытается подчинить себе материальную природу и, в зависимости от того, насколько она способна к этому, получает то или иное поле деятельности. Этим полем является материальное тело. Но что такое тело? Тело состоит из органов чувств. Обусловленная душа ищет материальных наслаждений и в соответствии со своей способностью наслаждаться получает определенное тело, или поле деятельности, — *кшетру.* Саму же душу, которая не тождественна с телом, именуют *кшетра-гьей,* знающим поле. Понять разницу между полем (телом) и знающим поле (знающим тело) совсем не трудно. Каждый знает, что его тело в течение жизни, от младенчества до старости, претерпевает множество изменений, но, несмотря на это, он остается той же неизменной личностью. Иначе говоря, знающий поле деятельности отличен от самого поля. Так обусловленное живое существо может понять свое отличие от материального тела. В начале «Бхагавад-гиты» уже говорилось о том, что живое существо заключено в тело *(дехино 'смин),* которое, изменяясь, превращается из тела ребенка в тело юноши, затем — в тело взрослого человека и наконец — в тело старика, и что владелец тела знает о происходящих с его телом изменениях. Следовательно, владелец тела отличен от тела и является *кшетра-гьей.* Иногда мы думаем: «Я счастлив» или: «Я мужчина», «Я женщина», «Я кошка», «Я собака». Так знающий тело отождествляет себя с телом, хотя на самом деле отличен от него. Мы пользуемся разными вещами, например одеждой и т. д., но при этом никогда не путаем себя с ними. По аналогии с этим, немного поразмыслив, мы сможем также увидеть разницу между собой и материальным телом. Я, вы и каждый, кто владеет телом, являются знающими поле деятельности *(кшетра-гья)*, а само тело — это *кшетра,* поле деятельности.

В первых шести главах «Бхагавад-гиты» рассказывалось о знающем тело (то есть о живом существе) и о том, как он может постичь Верховную Личность Бога. В последующих шести главах говорилось о Верховном Господе и о взаимоотношениях индивидуальной души и Сверхдуши в преданном служении. В этих главах очень ясно определено главенствующее положение Верховной Личности Бога и подчиненное положение индивидуальной души. Живые существа всегда, при любых обстоятельствах подвластны Верховному Господу, но, забывая об этом, они обрекают себя на мучения. Те из них, кто достаточно благочестив, обращаются к Верховному Господу из различных побуждений: когда попадают в беду, нуждаются в деньгах, стремятся удовлетворить свое любопытство или обрести знание. Обо всем этом уже шла речь в предыдущих главах. Из последующих глав, начиная с тринадцатой, мы узнаем о том, как живое существо попадает в царство материальной природы и как Верховный Господь дает ему возможность освободиться из материального плена с помощью таких методов, как кармические ритуалы, философские поиски истины и преданное служение. Хотя живое существо имеет принципиально иную, чем материальное тело, природу, между ними существует определенная связь, о чем также будет рассказано в последующих главах.

ТЕКСТ 3   क्षेत्रज्ञं चापि मां विद्धि सर्वक्षेत्रेषु भारत ।
क्षेत्रक्षेत्रज्ञयोर्ज्ञानं यत्तज्ज्ञानं मतं मम ॥ ३ ॥

> *кшетра-джн̃ам̇ ча̄пи ма̄м̇ виддхи*
> *сарва-кшетреш̣у бха̄рата*
> *кшетра-кшетраджн̃айор джн̃а̄нам*
> *йат тадж джн̃а̄нам̇ матам̇ мама*

кшетра-джн̃ам — знающего поле; *ча* — также; *апи* — безусловно; *ма̄м* — Меня; *виддхи* — знай; *сарва* — во всех; *кшетреш̣у* — телах, являющихся полем; *бха̄рата* — о потомок Бхараты; *кшетра* — поле деятельности (тело); *кшетра-джн̃айох̣* — и знающем поле; *джн̃а̄нам* — знание о; *йат* — то, которое; *тат* — то; *джн̃а̄нам* — знание; *матам* — мнение; *мама* — Мое.

Знай же, о потомок Бхараты, что, находясь в каждом из тел, Я также знаю их и что понимание природы тела и знающего тело называется знанием. Таково Мое мнение.

КОММЕНТАРИЙ: Приступая к изучению тела и знающего тело (души и Сверхдуши), мы обнаружим три объекта исследования: это Господь, живое существо и материя. На каждом поле деятельности, в каждом теле, находятся две души: индивидуальная душа и Сверхдуша. Поскольку Сверхдуша — это полная экспансия Кришны, Верховной Личности Бога, Кришна говорит: «Я также обладаю знанием, но не об одном, а обо всех телах. В каждом из них Я пребываю как Параматма (Сверхдуша)».

Тот, кто тщательно изучит природу поля деятельности и знающего поле так, как она описана в «Бхагавад-гите», обретет истинное знание.

Господь говорит: «Мне известно поле деятельности в каждом отдельном теле». Живое существо знает собственное тело, но его знание не распространяется на другие тела. Однако Верховная Личность Бога, которая в образе Сверхдуши находится в каждом теле, знает все обо всех телах. Господу известны все тела во всем многообразии их видов и форм. Так, подданный может досконально знать принадлежащий ему клочок земли, но царю известно все, что происходит не только у него во дворце, но и на земле каждого из его подданных. Подобно этому, живое существо владеет только одним телом, а Верховному Господу принадлежат все тела. Царь — главный собственник земли в государстве, а его подданные — всего лишь арендаторы. Точно так же и Верховный Господь является главным собственником всех тел.

Материальное тело состоит из органов чувств. Верховного же Господа называют Хришикешей, что значит «повелитель чувств». Он истинный хозяин наших органов чувств, так же как царь — истинный хозяин, распоряжающийся всем в государстве. Власть, которой наделены его подданные, вторична. «Я также знаю поле», — говорит Господь. Это значит, что Ему известны все тела, тогда как индивидуальная душа знает только свое тело. В Ведах сказано:

> *кшетра̄н̣и хи ш́арӣра̄н̣и*
> *бӣджам̇ ча̄пи ш́убха̄ш́убхе*
> *та̄ни ветти са йога̄тма̄*
> *татах̣ кшетра-джн̃а учйате*

Материальное тело называют *кшетрой*, а внутри тела находятся его владелец и Верховный Господь, который знает как само тело, так и его владельца. Поэтому Господа называют тем, кто знает каждое поле деятельности. Разница между полем деятельности, знающим это поле и тем, кто знает каждое поле деятельности, заключается в следующем. Совершенное понимание природы тела, индивидуальной души и Сверхдуши в Ведах называется *гьяной*. Таково мнение Кришны. Тот, кто постиг единую природу души и Сверхдуши и разницу между ними, обладает истинным знанием. Если же человек не понимает природы поля деятельности, знающего поле и верховного повелителя, его знание не является совершенным. Прежде всего необходимо понять положение *пракрити* (природы), *пуруши* (наслаждающегося природой) и *ишвары* (повелителя, знающего поле и управляющего как природой, так и индивидуальной душой). Мы не должны путать их между собой. Необходимо различать их функции, так же как мы различаем функции художника, холста и мольберта. Материальный мир, являющийся полем деятельности, — это природа; наслаждающийся природой — это живое существо, а над ними стоит верховный повелитель, Господь. В Ведах (Шветашватара-упанишад, 1.12) сказано: *бхоктā бхогйам̇ преритāрам̇ ча матвā / сарвам̇ проктам̇ три-видхам̇ брахмам этат.* Есть три проявления Брахмана: *пракрити* — это Брахман как поле деятельности; *джива* (индивидуальная душа), пытающаяся господствовать над материальной природой, также является Брахманом, и тот, кто повелевает ими, — тоже Брахман, но лишь Он является истинным повелителем.

Кроме того, в этой главе объясняется, что из двух знающих поле один склонен ошибаться, а другой непогрешим. Один — хозяин, а другой — подчиненный. Тот, кто считает двух знающих поле полностью тождественными друг другу, противоречит Верховному Господу, который ясно говорит в этом стихе: «Я *также* знаю поле деятельности». Только человек, лишенный знания, может принять веревку за змею. Тела разных видов принадлежат разным владельцам. Поскольку все души в разной степени способны властвовать над материальной природой, они имеют разные материальные тела, но в каждом из них пребывает Верховный Господь, руководящий действиями живого существа. Употребленное в этом стихе слово *ча* указывает на всю совокупность материальных тел. Таково мнение Шрилы Баладевы Видьябхушаны. Кришна — это Сверхдуша, которая находится в каждом теле вместе с индивидуальной душой. Истинное знание — это знание о том, что Сверхдуша повелевает и полем деятельности, и ограниченным живым существом, которое наслаждается этим полем.

ТЕКСТ 4   तत्क्षेत्रं यच्च यादृक्च यद्विकारि यतश्च यत् ।
स च यो यत्प्रभावश्च तत्समासेन मे शृणु ॥ ४ ॥

*тат кшетрам̇ йач ча йāдр̣к ча   йад-викāри йаташ́ ча йат
са ча йо йат-прабхāваш́ ча   тат самāсена ме ш́р̣н̣у*

тат — это; *кшетрам* — поле деятельности; *йат* — которое; *ча* — также; *йāдр̣к* — как оно выглядит; *ча* — также; *йат* — чего; *викāри* — изменение; *йатах̣* — из чего; *ча* — также; *йат* — что; *сах̣* —

он; *ча*—также; *йах*—кто; *йат*—обладая каким; *прабхāвах*—влиянием; *ча*—также; *тат*—то; *самāсена*—вкратце; *ме*—от Меня; *ш́р̣н̣у*—узнай.

Сейчас Я вкратце расскажу тебе о поле деятельности, о том, из чего оно состоит, каким изменениям подвергается, откуда возникает, кто является знающим поле и какое влияние он на него оказывает.

КОММЕНТАРИЙ: Господь собирается рассказать Арджуне о природе поля деятельности и знающего поле. Каждый должен знать, что представляет собой его тело, из каких элементов оно состоит, кто управляет его деятельностью, каким изменениям оно подвергается, что их вызывает и что лежит в их основе, какова конечная цель существования индивидуальной души и истинная форма души. Необходимо также понять разницу между индивидуальной душой и Сверхдушой, тем, как они влияют на поле деятельности, их возможностями и т.д. Все это станет ясно, если мы поймем «Бхагавад-гиту», слушая, что говорит Сам Верховный Господь. Но мы ни в коем случае не должны путать Верховного Господа, пребывающего в каждом теле, с индивидуальной душой, *дживой*. Это все равно что спутать всемогущего с немощным.

ТЕКСТ 5   ऋषिभिर्बहुधा गीतं छन्दोभिर्विविधैः पृथक् ।
ब्रह्मसूत्रपदैश्चैव हेतुमद्भिर्विनिश्चितैः ॥ ५ ॥

*р̣шибхир бахудхā гӣтам̇   чхандобхир вивидхаих̣ пр̣тхак
брахма-сӯтра-падаиш́ чаива   хетумадбхир виниш́читаих̣*

р̣шибхих̣—великими мудрецами; *бахудхā*—по-разному; *гӣтам*—описаны; *чхандобхих̣*—ведическими гимнами; *вивидхаих̣*—разными; *пр̣тхак*—по-разному; *брахма-сӯтра*—«Веданты»; *падаих̣*—афоризмами; *ча*—также; *эва*—безусловно; *хету-мадбхих̣*—причин и следствий; *виниш́читаих̣*—определены.

Многие мудрецы описали поле деятельности и знающего поле в разных ведических *шастрах*. Особенно подробно, с объяснением всех причин и следствий, об этом рассказывается в «Веданта-сутре».

КОММЕНТАРИЙ: Верховная Личность Бога, Кришна, является высшим авторитетом в этой науке. Однако мудрецы и признанные авторитеты, естественно, всегда ссылаются на авторитетных предшественников. Вопрос о тождестве и различии души и Сверхдуши, вызывающий так много споров, Кришна освещает, ссылаясь на «Веданту», которая является признанным священным писанием. Он начинает стих, говоря: «По словам многих мудрецов...» Что касается великих мудрецов, то, помимо Самого Господа, к их числу относится Вьясадева, автор «Веданта-сутры», в которой дано безукоризненное объяснение разницы между душой и Сверхдушой. Отец Вьясадевы, Парашара, тоже является великим мудрецом. Он пишет в своих религиозных трудах: *ахам твам ча татхāнйе...* «Все мы: ты, я и другие живые существа, — хотя и заключены в материальных телах, духовны по природе. Сейчас мы попали под влияние трех *гун* материальной природы, в соответствии со своей *кармой.* Поэтому одни живые существа принадлежат к высшим, а другие к низшим формам жизни. Причиной существования высших и низших форм жизни, проявленных в бесконечном многообразии живых существ, является невежество. Однако оскверняющее влияние трех *гун* природы не распространяется на Сверхдушу, которая непогрешима и трансцендентна». Аналогичным образом, в изначальных Ведах, и прежде всего в «Катха-упанишад», также проводится разграничение между душой, Сверхдушой и материальным телом. Об этом говорили многие великие мудрецы, среди которых самым авторитетным считается Парашара.

Слово *чхандобхих* относится к разным ведическим писаниям. Так, о природе, живом существе и Верховной Личности Бога рассказывается в «Тайттирия-упанишад», являющейся частью «Яджур-веды».

Как уже было сказано, *кшетра* — это поле деятельности, а две категории *кшетра-гьи* — это индивидуальное живое существо и верховное живое существо. В «Тайттирия-упанишад» (2.5) сказано: *брахма пуччхам пратиштхā.* Энергия Верховного Господа проявляется сначала как *анна-майя,* зависимость живого существа от пищи. Это сугубо материалистическая концепция Всевышнего. Далее следует *прана-майя:* осознав Высшую Абсолютную Истину как пищу, живое существо затем постигает Ее в признаках жизни, то есть в разных ее проявлениях. На уровне *гьяна-майи* живое существо не только осознаёт различные проявления жизни, но и начинает мыслить, чувствовать и желать. Затем оно постигает Брахман *(вигьяна-майю),* то есть перестает отождествлять себя с умом и признаками жизни в теле. Следующей, высшей, ступенью самопознания является *ананда-майя* — осознание живым существом исполненной блаженства природы Брахмана. Итак, существует пять ступеней постижения Брахмана, называемых *брахма пуччхам.* Из них первые три: *анна-майя, прана-майя* и *гьяна-майя* — относятся к полю деятельности живых существ. Верховный же Господь, которого называют *ананда-майей,* трансцендентен ко всем полям деятельности. «Веданта-сутра» также описывает Всевышнего словами: *ананда-майо 'бхйасат* — Бог, Верховная Личность, по природе исполнен блаженства. Чтобы изведать трансцендентное блаженство, Он проявляет Свою энергию как *вигьяна-майю, прана-майю, гьяна-майю* и *анна-майю.* Считается, что живое существо наслаждается полем деятельности, но *ананда-майя* отлична от живого существа. Это означает, что если живое существо захочет наслаждаться, соединив свои желания с желаниями *ананда-майи,* то достигнет совершенства. Таково истинное положение Верховного Господа, которому известны все поля деятельности, живого существа, знающего свое поле и подвластного Господу, и природы, представляющей собой поле деятельности. Все эти истины можно найти в «Веданта-сутре», которую еще называют «Брахма-сутрой».

Здесь сказано, что «Брахма-сутра» представляет собой логически стройную систему афоризмов, связанных по принципу причины и следствия. Например: *на вийад айрутех* (2.3.2), *натма йрутех* (2.3.18) и *парат ту тач-чхрутех* (2.3.40). В первом афоризме говорится о поле деятельности, во втором — о живом существе, а в третьем — о Верховном Господе, *суммум бонум* среди всего многообразия проявленных существ.

ТЕКСТЫ 6–7

महाभूतान्यहङ्कारो बुद्धिरव्यक्तमेव च ।
इन्द्रियाणि दशैकं च पञ्च चेन्द्रियगोचराः ॥ ६ ॥
इच्छा द्वेषः सुखं दुःखं सङ्घातश्चेतना धृतिः ।
एतत्क्षेत्रं समासेन सविकारमुदाहृतम् ॥ ७ ॥

*маха-бхутани аханкаро   буддхир авйактам эва ча
индрийани дайаикам ча   панча чендрийа-гочарах*

*иччха двешах сукхам духкхам   сангхатай четана дхртих
этат кшетрам самасена   са-викарам удахртам*

маха-бхутани — грубые стихии; *аханкарах* — ложное эго; *буддхих* — разум; *авйактам* — непроявленное; *эва* — безусловно; *ча* — и; *индрийани* — органов чувств; *дайа-экам* — одиннадцать; *ча* — также; *панча* — пять; *ча* — также; *индрийа-го-чарах* — объектов чувств; *иччха* — желание; *двешах* — ненависть; *сукхам* — счастье; *духкхам* — горе; *сангхатах* — совокупность материальных элементов; *четана* — признаки жизни; *дхртих* — решимость; *этат* — все это; *кшетрам* — поле деятельности; *самасена* — в совокупности; *са-викарам* — с взаимодействиями; *удахртам* — определяется как.

Пять грубых материальных стихий, ложное эго, разум, непроявленное, десять органов чувств и ум, пять объектов чувств, желание, ненависть, счастье и горе, совокупность всех матери-

альных элементов, признаки жизни и решимость — все это, вместе взятое, составляет поле деятельности и происходящие в нем изменения.

КОММЕНТАРИЙ: Все авторитетные источники: великие мудрецы, ведические гимны и афоризмы «Веданта-сутры» — гласят, что материальный мир построен из следующих компонентов. Это прежде всего земля, вода, огонь, воздух и эфир — пять грубых материальных стихий *(маха-бхута)*. Далее следуют ложное эго, разум и три *гуны* материальной природы в непроявленном состоянии. Есть также пять познающих органов чувств: глаза, уши, нос, язык и кожа — и пять органов действия: голосовой аппарат, ноги, руки, анус и половые органы. Над органами чувств стоит ум, который находится внутри тела и потому может быть назван внутренним чувством. Таким образом, вместе с умом всего насчитывается одиннадцать органов чувств. Затем следуют пять объектов чувств: запах, вкус, форма, касание и звук. Эти двадцать четыре материальных компонента в совокупности составляют то, что называют полем деятельности. Аналитически изучив эти двадцать четыре элемента, мы получим исчерпывающее представление о поле деятельности. За ними следуют желание, ненависть, счастье и страдание, возникающие в результате взаимодействий пяти грубых элементов и представляющие эти пять стихий в материальном теле. Признаки жизни, представленные сознанием и решимостью, — это проявления деятельности тонкого тела, состоящего из ума, эго и разума. Тонкие элементы также являются частью поля деятельности.

Пять стихий — это грубые проявления ложного эго *(аханкары),* которое, в свою очередь, представляет собой первичную стадию развития ложного эго, называемую материалистической концепцией, или *тамаса-буддхи,* разумом в *гуне* невежества. Оно же (ложное эго) олицетворяет непроявленное состояние трех *гун* материальной природы. Непроявленное состояние *гун* называется *прадханой.*

Тот, кто хочет более подробно узнать о двадцати четырех элементах и их взаимодействиях, должен глубже изучить философию Вед. В «Бхагавад-гите» приводятся только самые общие сведения.

Все эти элементы в совокупности образуют материальное тело, которое в своем развитии претерпевает шесть изменений: рождается, растет, некоторое время существует, производит побочные продукты жизнедеятельности, затем стареет и наконец погибает. Таким образом, поле деятельности материально по природе и невечно, в отличие от *кшетра-гьи,* того, кто знает поле и владеет им.

**ТЕКСТЫ
8–12**
अमानित्वमदम्भित्वमहिंसा क्षान्तिरार्जवम् ।
आचार्योपासनं शौचं स्थैर्यमात्मविनिग्रहः ॥ ८ ॥

इन्द्रियार्थेषु वैराग्यमनहङ्कार एव च ।
जन्ममृत्युजराव्याधिदुःखदोषानुदर्शनम् ॥ ९ ॥
असक्तिरनभिष्वङ्गः पुत्रदारगृहादिषु ।
नित्यं च समचित्तत्वमिष्टानिष्टोपपत्तिषु ॥ १० ॥
मयि चानन्ययोगेन भक्तिरव्यभिचारिणी ।
विविक्तदेशसेवित्वमरतिर्जनसंसदि ॥ ११ ॥
अध्यात्मज्ञाननित्यत्वं तत्त्वज्ञानार्थदर्शनम् ।
एतज्ज्ञानमिति प्रोक्तमज्ञानं यदतोऽन्यथा ॥ १२ ॥

аманитвам адамбхитвам   ахимса кшантир арджавам
ачарйопасанам шаучам   стхаирйам атма-виниграхах

индрийартхешу ваирагйам   анаханкара эва ча
джанма-мртйу-джара-вйадхи-духкха-дошанударшанам

асактир анабхишвангах   путра-дара-грхадишу
нитйам ча сама-читтатвам   иштаништопапаттишу

майи чананйа-йогена   бхактир авйабхичарини
вивикта-деша-севитвам   аратир джана-самсади

адхйатма-джнана-нитйатвам   таттва-джнанартха-даршанам
этадж джнанам ити проктам   аджнанам йад ато 'нйатха

аманитвам — смирение; *адамбхитвам* — отсутствие тщеславия; *ахимса* — отказ от насилия; *кшантих* — терпение; *арджавам* — простота; *ачарйа-упасанам* — обращение к истинному духовному учителю; *шаучам* — чистота; *стхаирйам* — постоянство; *атма-виниграхах* — самодисциплина; *индрийа-артхешу* — от объектов чувств; *ваирагйам* — отрешенность; *анаханкарах* — отсутствие ложного эго; *эва* — безусловно; *ча* — также; *джанма* — рождения; *мртйу* — смерти; *джара* — старости; *вйадхи* — и болезней; *духкха* — страдания; *доша* — зло; *анударшанам* — видя; *асактих* — отсутствие привязанности; *анабхишвангах* — прекращение общения; *путра* — к сыну; *дара* — жене; *грха-адишу* — дому и т.д.; *нитйам* — постоянный; *ча* — также; *сама-читтатвам* — невозмутимость; *ишта* — в желаемых; *аништа* — и нежелательных; *упапаттишу* — обстоятельствах; *майи* — Мне; *ча* — также; *ананйа-йогена* — безраздельным преданным служением; *бхактих* — преданность; *авйабхичарини* — непоколебимая; *вивикта* — в уединенные; *деша* — места; *севитвам* — стремление; *аратих* — и отсутствие привязанности; *джана-самсади* — к обыкновенным людям; *адхйатма* — о своем «Я»; *джнана* — в знании; *нитйатвам* — постоянство; *таттва-джнана* — познания истины; *артха* — к цели; *даршанам* — философия; *этат* — все это;

джн̃а̄нам — знанием; *ити* — таким образом; *проктам* — объявил; *аджн̃а̄нам* — невежеством; *йат* — все, что; *атах̣* — от этого; *анйа-тха̄* — отлично.

Смирение, отсутствие тщеславия, отказ от насилия, терпение, простота; обращение к истинному духовному учителю; чистота, постоянство, самодисциплина; отказ от того, что приносит чувственное наслаждение; отсутствие ложного эго; понимание того, что рождение, смерть, старость и болезни — это зло; самоотречение, отсутствие привязанности к детям, жене, дому и т.д.; невозмутимость в счастье и горе; непоколебимая, безраздельная преданность Мне; стремление жить в уединенном месте, отстраненность от мирских людей, признание важности самоосознания и склонность к философскому поиску Абсолютной Истины — это Я объявляю знанием, а все прочее называю невежеством.

КОММЕНТАРИЙ: Не слишком разумные люди порой ошибочно считают описанный здесь процесс познания порождением поля деятельности. Однако здесь описан истинный путь познания. Перед тем, кто встал на этот путь, открывается возможность постичь Абсолютную Истину. Этот процесс познания не является результатом взаимодействия двадцати четырех материальных элементов, перечисленных выше. Напротив, с его помощью живое существо может вырваться из их плена. Обусловленная душа томится в клетке материального тела, построенной из двадцати четырех элементов, а знание, описанное в этих стихах, открывает ей путь к свободе. Из всех составляющих процесса познания самый важный элемент назван в первой строке одиннадцатого стиха. *Майи ча̄нанйа-йогена бхактир авйабхича̄рин̣ӣ:* конечной целью познания является чистое преданное служение Господу. Поэтому, если человек не захотел или не сумел достичь уровня трансцендентного служения Господу, все остальные девятнадцать составляющих процесса познания практически обесцениваются. Но у того, кто преданно служит Господу в полном сознании Кришны, все остальные девятнадцать качеств развиваются сами собой. Как сказано в «Шримад-Бхагаватам» (5.18.12), *йасйа̄сти бхактир бхагаватй акин̃чана̄ сарваир гун̣аис татра сама̄сате сура̄х̣.* У того, кто достиг уровня преданного служения, развиваются все самые лучшие качества, свидетельствующие о том, что он обладает знанием. При этом особенно важную роль играет принцип обращения к духовному учителю, упомянутый в восьмом стихе. Обратиться к духовному учителю должен даже тот, кто уже преданно служит Господу. Трансцендентная жизнь начинается тогда, когда человек принимает руководство истинного духовного учителя. Шри Кришна, Верховная Личность Бога, говорит здесь со всей определенностью, что описанный Им процесс познания — единственно верный путь. Все прочие методы самоосознания являются бесполезной выдумкой досужего ума.

Что касается перечисленных здесь составляющих духовного знания, то их можно проанализировать следующим образом. Смиренным называют того, кто не стремится к славе и почестям. Материальные представления о жизни заставляют нас искать почета и уважения, но для того, кто обрел совершенное знание и осознал, что он отличен от материального тела, почет или бесчестье, относящиеся к телу, не имеют никакого значения. Человек не должен гоняться за призраком материального почета. Не имея никакого представления о законах религии, но желая прослыть религиозными, некоторые люди присоединяются к какому-нибудь культу, последователи которого не соблюдают заповедей религии, и затем объявляют себя духовными наставниками. Чтобы определить, насколько человек преуспел в духовной науке, необходимо руководствоваться определенным критерием. Таким критерием может служить наличие качеств, перечисленных в этих стихах.

Обычно люди считают, что отказаться от насилия — значит не покушаться на жизнь других и не наносить им телесных повреждений, но в действительности отказаться от насилия — значит не обрекать других на страдания. Большинство людей живет во тьме неведения, в плену материальных представлений о жизни и потому непрерывно испытывает материальные страдания. Поэтому тот, кто не помогает людям обрести духовное знание, совершает над ними насилие. Мы должны сделать все от нас зависящее, чтобы просветить людей, дав им истинное знание, и помочь им освободиться из материального плена. Вот что такое ненасилие.

Обладать терпением — значит безропотно сносить любые оскорбления и бесчестье. Тому, кто стремится обрести духовное знание, придется немало претерпеть от людей, ибо такова природа материального мира. Даже Прахлада, пятилетний мальчик, который стал заниматься духовной практикой, оказался в очень опасном положении, когда его собственный отец воспротивился тому, что он стал преданным. Отец даже неоднократно пытался убить ребенка, но Прахлада терпеливо выдерживал все испытания. Человек, стремящийся обрести духовное знание, столкнется на своем пути со множеством препятствий, но он должен терпеливо сносить все, что выпадает на его долю, и с решимостью продолжать свой путь.

Простота означает, что человек должен быть настолько открытым и прямолинейным, чтобы не бояться сказать правду даже своему врагу. Что касается обращения к духовному учителю, то это абсолютно необходимо, ибо, только следуя указаниям истинного духовного учителя, можно постичь духовную науку. К духовному учителю нужно обращаться со смирением и служить ему не жалея сил, чтобы, довольный нашим служением, он благословил нас. Духовный учитель является представителем Кришны, поэтому тот, кто получил его благословения, может, даже не выполняя все правила и предписания, сразу достичь духовного совершенства. В любом случае ученику, который с полной самоотдачей служит духовному учителю, будет легче следовать правилам и предписаниям.

Чистота — необходимое условие духовного прогресса. Различают внешнюю и внутреннюю чистоту. Чтобы быть чистым снаружи, нужно регулярно совершать омовения, а чтобы оставаться чистым внутри, необходимо всегда думать о Кришне и повторять *мантру* Харе Кришна, Харе Кришна, Кришна Кришна, Харе Харе / Харе Рама, Харе Рама, Рама Рама, Харе Харе. Это позволит человеку очистить ум от пыли накопленной им *кармы.*

Постоянством обладает тот, кто полон решимости достичь духовного совершенства. Без такой решимости невозможно добиться ощутимых результатов. Самодисциплина означает, что мы не должны делать того, что может помешать нашему духовному развитию. Постоянно помня об этом, нужно отвергать все, что препятствует духовному прогрессу. Это истинное самоотречение. Чувства сильны, ненасытны и всегда жаждут удовольствий. Но мы не должны идти у них на поводу и предаваться излишествам. Потребности чувств следует удовлетворять лишь в той мере, в какой это необходимо для того, чтобы оставаться здоровым и продолжать исполнять свои духовные обязанности. Самым важным и самым необузданным из всех органов чувств является язык. Тому, кто обуздал язык, нетрудно держать в повиновении и остальные органы чувств. Язык выполняет две функции: ощущает вкус и произносит звуки. Поэтому язык следует приучить к тому, чтобы он ел только остатки пищи, предложенной Господу, и повторял *мантру* Харе Кришна. Что касается глаз, то они должны созерцать только прекрасный облик Кришны. Это поможет нам научиться подчинять себе глаза. Подобно этому, уши должны слушать рассказы о Кришне, а нос — вдыхать аромат предложенных Кришне цветов. В этом суть метода *бхакти-йоги,* и, как следует из данных стихов, вся «Бхагавад-гита» учит только науке преданного служения. Преданное служение — главная и единственная тема «Бхагавад-гиты». Недалекие комментаторы пытаются отвлечь ум читателя, обсуждая другие темы, но в самой «Бхагавад-гите» не рассматриваются никакие другие предметы, кроме науки преданного служения.

Ложное эго — это отождествление себя с телом. Осознав себя душой, отличной от тела, человек обретает истинное эго. Эго существует всегда, и нам нужно избавиться от ложного, а не от истинного эго. В ведических писаниях (Брихад-араньяка-упанишад,

1.4.10) сказано: *ахам̇ брахмāсми* — «Я есть Брахман, я дух». Это «Я есть», ощущение своего «я», сохраняется и тогда, когда живое существо, осознав свою духовную природу, освобождается из материального плена. Ощущение своей индивидуальности есть эго, но, когда это ощущение проецируется на иллюзорное материальное тело, оно превращается в ложное эго. Когда же ощущение своей индивидуальности связывается с реальностью, эго становится истинным. Некоторые философы считают, что нужно полностью отказаться от эго, но это невозможно, так как эго — это наше «я». От чего следует отказаться, так это от ложного отождествления себя с материальным телом.

Необходимо также осознать, что рождение, смерть, старость и болезни являются источником страданий. О рождении живого существа говорится во многих ведических произведениях. Так, в «Шримад-Бхагаватам» очень ярко описано существование нерожденного младенца, его пребывание в утробе матери и муки, испытываемые им. Нужно уяснить, что рождение связано со множеством страданий. Из-за того что мы забываем о муках, перенесенных нами в утробе матери, мы не пытаемся вырваться из круговорота рождений и смертей. Смерть также сопряжена со множеством страданий, о которых повествуется в священных писаниях. Люди должны обсуждать эти темы. Что же касается болезней и старости, то каждый из нас на собственном опыте знает, что это такое. Никто не хочет болеть и стареть, но болезни и старость неизбежны. До тех пор пока мы не станем придерживаться пессимистического взгляда на материальную жизнь, помня о страданиях, которые несут человеку рождение, смерть, старость и болезни, у нас не будет стимула для духовного совершенствования.

Отсутствие привязанности к жене, детям и дому вовсе не означает, что мы не должны испытывать к ним никаких чувств. Наши близкие — естественные объекты нашей любви. Но, когда они становятся помехой для духовного развития, от привязанности к ним необходимо избавиться. Метод сознания Кришны — лучший способ создания в доме благоприятной атмосферы. Если человек обладает сознанием Кришны, он может сделать свою семейную жизнь очень счастливой, так как метод сознания Кришны очень прост. Достаточно повторять: Харе Кришна, Харе Кришна, Кришна Кришна, Харе Харе / Харе Рама, Харе Рама, Рама Рама, Харе Харе, — питаться остатками пищи, предложенной Кришне, читать и обсуждать такие книги, как «Бхагавад-гита» и «Шримад-Бхагаватам», и поклоняться Божеству. Эти четыре вида деятельности сделают нас счастливыми. Мы также должны приобщать к ним членов своей семьи. Утром и вечером все домашние, собравшись вместе, могут петь: Харе Кришна, Харе Кришна, Кришна Кришна, Харе Харе / Харе Рама, Харе Рама, Рама Рама, Харе Харе. Если человеку удается, следуя четырем названным выше принципам, создать в семье обстановку, способствующую развитию сознания Кришны, ему не нужно уходить из дома и отрекаться от мира. Если же обстановка в семье неблагоприятна для духовного развития, то от семейной жизни следует отказаться. Ради того, чтобы постичь Кришну и служить Кришне, нужно пожертвовать всем, как это сделал Арджуна. Арджуна не хотел убивать своих родственников, но, когда он понял, что они мешают ему постичь Кришну, он последовал наставлениям Господа и вступил в сражение с ними. В любом случае мы не должны слишком привязываться к радостям и горестям семейной жизни, ибо в материальном мире нельзя быть ни полностью счастливым, ни абсолютно несчастным.

Счастье и горе — неизбежные спутники материальной жизни, и нам, как сказано в «Бхагавад-гите», нужно научиться мириться с ними. Мы не в силах предотвратить ни того, ни другого, поэтому, отрешившись от счастья и горя мирской жизни, нужно одинаково невозмутимо встречать и радости, и невзгоды. Обычно, когда человек достигает желаемого, он очень радуется, а когда его постигают неприятности, он огорчается. Но тот, кто находится на духовном уровне, всегда остается невозмутимым. Чтобы достичь этого уровня, необходимо стать непреклонным в преданном служении. А это значит, что мы должны, как говорилось в последнем стихе девятой главы, постоянно заниматься девятью видами деятельности: слушать повествования о Господе и прославлять Его, поклоняться Господу, выражать Ему почтение и т.д.

У того, кто живет духовной жизнью, само собой пропадает желание общаться с мирскими людьми. Такое общение становится для него противоестественным. О своем духовном росте можно судить по тому, насколько в нас усиливается желание жить уединенно, избегая общения с мирскими людьми. У преданного естественным образом пропадает вкус к занятиям спортом, к кино и светским развлечениям, ибо для него это — пустая трата времени. Сейчас множество ученых и философов изучают проблему секса и другие проблемы, но, как говорится в «Бхагавад-гите», их исследования и философские труды не имеют ценности. Подобное времяпрепровождение, по сути дела, лишено смысла. Согласно «Бхагавад-гите», человек должен с помощью философского анализа изучать природу души. Наши усилия следует направить на постижение природы своего «я». Таков совет, который дает Кришна в этих стихах.

Что касается самоосознания, то здесь ясно сказано, что самым практичным методом самоосознания является *бхакти-йога*. Преданное служение подразумевает существование Сверхдуши и индивидуальной души, которые связаны определенными отношениями.

Душа и Сверхдуша не могут быть тождественны друг другу, по крайней мере с точки зрения философии *бхакти,* преданного служения. Как сказано в этих стихах, служение индивидуальной души Высшей Душе вечно *(нитйам)*. Таким образом, *бхакти,* преданное служение, вечно, и мы должны непоколебимо верить в эту философскую истину.

О том же самом говорится в «Шримад-Бхагаватам» (1.2.11): *ваданти тат таттва-видас таттвам йадж джнанам адвайам —* «Те, кто постиг Абсолютную Истину, знают, что существует три ступени постижения Всевышнего. Его постигают как Брахман, Параматму и Бхагавана». Постижение Бхагавана, Верховной Личности Бога, — высшая ступень познания Абсолютной Истины. Поэтому в конце концов человек должен подняться на этот уровень и с любовью и преданностью служить Господу. Тогда он сможет обрести совершенное знание.

Описанный здесь процесс познания подобен ведущей вверх лестнице, первой ступенью которой является развитие смирения, а последней — постижение Высшей Истины, Абсолютной Личности Бога. По этой лестнице поднимается очень много людей: одни из них достигли второго этажа, другие — третьего или четвертого, но до тех пор, пока человек не достигнет вершины и не познает Кришну, он будет оставаться на низших ступенях познания. Тот, кто стремится обрести духовное знание, но при этом не оставляет попыток сравняться с Богом, обречен на неудачу. Здесь ясно сказано, что получить истинное знание может только тот, кто обладает смирением. Считать себя Богом — высшее проявление гордыни. Связанное суровыми законами материальной природы, живое существо со всех сторон получает удары, но, несмотря на это, в невежестве своем продолжает мнить себя Богом. Поэтому процесс познания начинается со смирения *(аманитва)*. Нужно стать смиренным и понять, что мы подвластны Верховному Господу. Восстав против Господа, мы стали рабами материальной природы. Каждый должен знать эту истину и твердо верить в нее.

ТЕКСТ 13   ज्ञेयं यत्तत्प्रवक्ष्यामि यज्ज्ञात्वामृतमश्नुते ।
अनादिमत्परं ब्रह्म न सत्तन्नासदुच्यते ॥ १३ ॥

*джнейам йат тат правакшийами   йадж джнатвамртам айнуте
анади мат-парам брахма   на сат тан насад учйате*

джнейам — объект знания; *йат* — который; *тат* — тот; *правакшийами* — Я сейчас расскажу; *йат* — который; *джнатва* — зная; *амртам* — нектара; *айнуте* — ощущает вкус; *анади* — не имеющий начала; *мат-парам* — подвластный Мне; *брахма* — дух; *на* — ни;

сат — причиной; *тат* — тот; *на* — ни; *асат* — следствием; *учйа-те* — считается.

А сейчас Я расскажу тебе об объекте познания, постигнув который ты ощутишь вкус вечности. Брахман, дух, не имеющий начала и подвластный Мне, не подчиняется закону причин и следствий, который действует в материальном мире.

КОММЕНТАРИЙ: Господь рассказал Арджуне о поле деятельности и знающем поле. Он также описал метод, позволяющий постичь того, кто знает поле деятельности. Теперь Он собирается рассказать Арджуне об объекте познания: сначала о душе, а затем о Сверхдуше. Человек, познавший природу *кшетра-гьи* (души и Сверхдуши), наслаждается нектаром бессмертия. Как было сказано во второй главе, живое существо является вечным. О том же самом говорится и в этом стихе. Никто не может назвать ни день, когда *джива* появилась на свет, ни время, когда *дживатма* отделилась от Верховного Господа. Поэтому говорится, что у души нет начала. Подтверждение этому содержится в Ведах: *на джайате мрийате ва випашчит* (Катха-упанишад, 1.2.18). Знающий тело никогда не рождается и не умирает, и он исполнен знания.

В Ведах (Шветашватара-упанишад, 6.16) также сказано, что Верховный Господь в образе Сверхдуши знает все тела и является повелителем трех *гун* материальной природы (*прадхана-кшетраджна патир гунешах*). В *смрити* сказано: *даса-бхуто харер эва нанйа-сваива кадачана*. Живые существа вечно служат Верховному Господу. О том же говорил в Своих наставлениях Господь Чайтанья. Поэтому под Брахманом, описанным в данном стихе, подразумевается индивидуальная душа. Когда слово «Брахман» употребляется по отношению к живому существу, имеется в виду *вигьяна-брахма*, а не *ананда-брахма*. *Ананда-брахма* — это Верховный Брахман, Личность Бога.

ТЕКСТ 14   सर्वतः पाणिपादं तत्सर्वतोऽक्षिशिरोमुखम् ।
सर्वतः श्रुतिमल्लोके सर्वमावृत्य तिष्ठति ॥ १४ ॥

*сарватах пани-падам тат   сарвато 'кши-widро-мукхам
сарватах шрутимал локе   сарвам авртйа тишṭхати*

сарватах — повсюду; *пани* — руки; *падам* — ноги; *тат* — то; *сарватах* — повсюду; *акши* — глаза; *ширах* — головы; *мукхам* — лица; *сарватах* — повсюду; *шрути-мат* — имея уши; *локе* — в мире; *сарвам* — всё; *авртйа* — покрывший; *тишṭхати* — существует.

Повсюду Его руки и ноги, Его глаза, головы, лица и уши. Так Господь в образе Сверхдуши пронизывает Собой все сущее.

КОММЕНТАРИЙ: Сверхдуша, Верховная Личность Бога, подобна солнцу, от которого исходит бесчисленное количество лучей. В образе Сверхдуши Господь всепроникающ, и в Нем находятся все индивидуальные живые существа, начиная с самого первого, великого учителя, Брахмы, и кончая крошечным муравьем. У бесчисленного множества живых существ бесконечное количество голов, ног, рук, глаз. Все они пребывают в Сверхдуше и покоятся на Ней. Вот почему Сверхдушу называют всепроникающей. Но индивидуальное живое существо не может сказать, что его руки, ноги и глаза находятся повсюду. Это невозможно. Если же кто-то думает, будто он не сознает, что его руки и ноги находятся всюду, из-за своего невежества, но, обретя истинное знание, поймет это, то такой человек противоречит сам себе. На самом деле это означает, что индивидуальная душа не является верховным живым существом, ибо она может попасть под власть материальной природы. Всевышний отличен от индивидуальной души. Верховный Господь может простереть Свою руку бесконечно далеко, а индивидуальная душа — нет. В «Бхагавад-гите» Господь говорит, что, если человек предложит Ему цветок, плод или немного воды, Он примет его подношение. Как Господь, находящийся очень далеко от нас, может принимать наши подношения? Господь всемогущ: находясь в Своей обители, на огромном расстоянии от Земли, Он протягивает оттуда руку и принимает то, что мы подносим Ему. Таково Его могущество. В «Брахма-самхите» (5.37) сказано: *голока эва нивасатй акхилатма-бхутах.* Всегда наслаждаясь играми на Своей трансцендентной планете, Господь вместе с тем является вездесущим. Индивидуальная душа не может назвать себя вездесущей. Следовательно, в этом стихе речь идет о Сверхдуше, Личности Бога, а не об индивидуальной душе.

ТЕКСТ 15

सर्वेन्द्रियगुणाभासं सर्वेन्द्रियविवर्जितम् ।
असक्तं सर्वभृच्चैव निर्गुणं गुणभोक्तृ च ॥ १५ ॥

*сарвендрийа-гунабхасам   сарвендрийа-виварджитам
асактам сарва-бхрч чаива   ниргунам гуна-бхоктр ча*

сарва — всех; *индрийа* — органов чувств; *гуна* — качеств; *абхасам* — первоисточник; *сарва* — всеми; *индрийа* — чувствами; *вивар-джитам* — не обладающий; *асактам* — не испытывающий привязанности; *сарва-бхрт* — тот, кто обеспечивает потребности каждого; *ча* — также; *эва* — безусловно; *ниргунам* — лишенный материальных качеств; *гуна-бхоктр* — повелитель гун; *ча* — также.

Сверхдуша является первоисточником всех чувств, хотя Сама не обладает ими. Обеспечивая каждое живое существо всем не-

обходимым, Господь тем не менее ни к чему не привязан. Трансцендентный материальным *гунам*, Он вместе с тем является их повелителем.

КОММЕНТАРИЙ: Хотя Верховный Господь является источником всех чувств живых существ, Сам Он не обладает подобными материальными чувствами. На самом деле живые существа наделены духовными чувствами, но в материальном мире эти чувства покрывают материальные элементы, и потому их деятельность тоже становится материальной. Однако чувства Верховного Господа не имеют материального покрова. Его чувства трансцендентны, и потому их называют *ниргуна*. Слово *гуна* относится к качествам материальной природы, но чувства Господа не имеют материальной оболочки. Необходимо понять, что Его органы чувств отличаются от наших. Хотя причиной возникновения наших органов чувств является Господь, Сам Он обладает трансцендентными чувствами, не оскверненными материей. Это прекрасно объясняется в «Шветашватара-упанишад» (3.19): *апāни-пāдо джавано грахӣтā*. У Бога, Верховной Личности, нет материальных рук, но у Него есть Его руки, которыми Он принимает все наши подношения. Этим Сверхдуша отличается от обусловленной души. У Господа нет материальных глаз, но это не означает, что у Него вообще нет глаз, иначе как бы Он мог видеть? Его взору открыто все: прошлое, настоящее и будущее. Находясь в наших сердцах, Он знает, чем мы занимались в прошлом, что делаем сейчас и что ожидает нас в будущем. Это также подтверждается в «Бхагавад-гите»: Господь знает все, Его же не знает никто. Говорится, что у Господа нет материальных ног, и тем не менее Он передвигается в пространстве на духовных ногах. Иначе говоря, Господь не безличен. У Него есть глаза, ноги, руки и т.д., поэтому мы, будучи неотъемлемыми частицами Верховного Господа, также обладаем ими. Но Его глаза, руки, ноги и другие органы чувств не осквернены материальной природой.

В «Бхагавад-гите» тоже говорится, что, когда Господь приходит в материальный мир, Он приходит с помощью Своей внутренней энергии, являя людям Свою истинную форму. Материальная энергия не оскверняет Господа, ибо Он — ее повелитель. Из Вед мы узнаём, что тело Господа всецело духовно. Он имеет вечное тело, называемое *сач-чид-ананда-виграха*. Господь обладает всеми совершенствами. Он владелец всех богатств и всех энергий. Он самый умный, и Его познания всеобъемлющи. Таковы некоторые качества Верховной Личности Бога. Господь обеспечивает живые существа всем необходимым для жизни и является свидетелем всех их поступков. Из ведических писаний явствует, что Верховный Господь всегда трансцендентен. Сейчас мы не видим Его головы, лица, рук и ног, но они у Него есть, и, достигнув трансцендентного уровня, мы сможем увидеть Господа. Сейчас Господь недоступен нашему взору, так как наши органы чувств осквернены материей. По этой же причине имперсоналисты, находящиеся под влиянием материальной энергии, не способны постичь Верховную Личность Бога.

ТЕКСТ 16   बहिरन्तश्च भूतानामचरं चरमेव च ।
सूक्ष्मत्वात्तदविज्ञेयं दूरस्थं चान्तिके च तत् ॥ १६ ॥

*бахир антайш ча бхӯтāнāм   ачарам̇ чарам эва ча
сӯкшматвāт тад авиджн̃ейам̇   дӯра-стхам̇ чāнтике ча тат*

бахих̣ — вне; *антах̣* — внутри; *ча* — также; *бхӯтāнāм* — всех живых существ; *ачарам* — неподвижных; *чарам* — движущихся; *эва* — также; *ча* — и; *сӯкшматвāт* — поскольку является тонкой по природе; *тат* — то; *авиджн̃ейам* — непознаваема; *дӯра-стхам* — далеко; *ча* — также; *антике* — рядом; *ча* — также; *тат* — то.

Высшая Истина пребывает внутри и вне всех живых существ, как движущихся, так и неподвижных. Поскольку Она тонкая по природе, Ее невозможно постичь с помощью материальных чувств. Она бесконечно далеко и вместе с тем очень близко.

КОММЕНТАРИЙ: Из ведических писаний мы узнаём, что Господь Нараяна, Верховная Личность, пребывает внутри и вне каждого живого существа. Он одновременно находится в духовном и в материальном мире. Находясь бесконечно далеко от нас, Он в то же время всегда рядом с нами. Об этом сказано в Ведах: *āсӣно дӯрам̇ враджати ш́айāно йāти сарватах̣* (Катха-упанишад, 1.2.21). Он вечно испытывает трансцендентное блаженство, наслаждаясь Своими богатствами, но с помощью материальных чувств мы не в силах увидеть или понять это. В Ведах сказано, что материальные чувства и ум не могут постичь Господа. Однако тот, кто очистил свой ум и чувства, занимаясь преданным служением Господу в сознании Кришны, видит Господа постоянно. Об этом сказано в «Брахма-самхите»: преданный, развивший любовь ко Всевышнему, всегда, постоянно видит Его образ. О том же самом говорится в «Бхагавад-гите» (11.54): *бхактйā тв ананйайā ш́акйах̣* — постичь и увидеть Господа можно только с помощью преданного служения.

ТЕКСТ 17   अविभक्तं च भूतेषु विभक्तमिव च स्थितम् ।
भूतभर्तृ च तज्ज्ञेयं ग्रसिष्णु प्रभविष्णु च ॥ १७ ॥

авибхактам ча бхӯтешу   вибхактам ива ча стхитам
бхӯта-бхартр ча тадж джнейам   грасишну прабхавишну ча

авибхактам — неделим; *ча* — также; *бхӯтешу* — во всех живых существах; *вибхактам* — поделенная; *ива* — словно; *ча* — также; *стхитам* — находящийся; *бхӯта-бхартр* — хранитель всех живых существ; *ча* — также; *тат* — то; *джнейам* — следует знать; *грасишну* — поглощающий; *прабхавишну* — проявляющий; *ча* — также.

Хотя Сверхдуша кажется поделенной между живыми существами, Она едина и неделима. Она хранит всех живых существ, но следует знать, что Она также поглощает и проявляет их.

КОММЕНТАРИЙ: Господь в образе Сверхдуши пребывает в сердце каждого живого существа. Значит ли это, что Он разделился на части? Нет. Господь всегда остается единым. Он подобен солнцу. Когда солнце в зените, оно находится в одном месте, но, если спросить разных людей в радиусе пяти тысяч километров, где находится солнце, каждый скажет, что солнце светит у него над головой. Ведические писания приводят этот пример, чтобы показать, что, хотя Господь неделим, Он кажется поделенным на части. В ведических писаниях сказано, что один Вишну, будучи всемогущим, пребывает всюду, подобно тому как солнце одновременно светит над головой множества людей, находящихся в разных местах. Кроме того, хотя Верховный Господь — хранитель всего живого, Он поглощает все сущее во время разрушения вселенной. Об этом уже говорилось в одиннадцатой главе «Бхагавад-гиты», где Господь сказал, что Он явился для того, чтобы поглотить всех воинов, собравшихся на Курукшетре. И Господь добавил, что в образе времени Он тоже поглощает все. Он несет гибель и разрушение всему живому. Во время сотворения материального мира Господь помогает живым существам проявиться из их изначального состояния, а во время разрушения вселенной поглощает их. В ведических гимнах также говорится, что Господь — источник и место успокоения всего сущего. Сотворив материальный мир, Он поддерживает его Своим безграничным могуществом, а после гибели материальной вселенной все вновь погружается в Него. Об этом свидетельствуют ведические гимны: *йато вā имāни бхӯтāни джāйанте йена джāтāни дживанти йат прайантй абхисам̇вишанти тад брахма тад виджиджнāсасва* (Тайттирия-упанишад, 3.1).

ТЕКСТ 18   ज्योतिषामपि तज्ज्योतिस्तमसः परमुच्यते ।
ज्ञानं ज्ञेयं ज्ञानगम्यं हृदि सर्वस्य विष्ठितम् ॥ १८ ॥

джйотишāм апи тадж джйотис   тамасах парам учйате
джнāнам джнейам джнāна-гамйам   хр̣ди сарвасйа вишт̣хитам

джйотишам — во всем, что излучает свет; *апи* — также; *тат* — то; *джйотих* — источник света; *тамасах* — тьмы; *парам* — за пределами; *учйате* — сказано; *джнанам* — знание; *джнейам* — следует знать; *джнана-гамйам* — цель познания; *хрди* — в сердце; *сарва-сйа* — каждого; *виштхитам* — находящийся.

Она источник света во всех светилах. Непроявленная, Она находится за пределами тьмы материального мира. Она знание, объект познания и цель познания. Она пребывает в сердце каждого.

КОММЕНТАРИЙ: Сверхдуша, Верховная Личность Бога, является источником света во всех светящихся телах, таких как солнце, луна и звезды. В Ведах сказано, что в духовном царстве не нужно ни солнца, ни луны, ибо там все озарено сиянием Верховного Господа. В материальном мире духовное сияние Господа, *брахмаджьоти*, покрыто материальными элементами *(махат-таттвой)*, поэтому здесь нужны источники света — солнце, луна, электричество и т. д. Но в духовном мире в них нет необходимости. В Ведах ясно сказано, что там все озарено ярким сиянием, исходящим от Господа. Из этого следует, что Господь находится за пределами материального мира, в духовной обители, в бесконечно далеком от нас духовном небе. Это также подтверждается в ведических писаниях: *адитйа-варнам тамасах парастат* (Шветашватара-упанишад, 3.8). Господь, подобно солнцу, вечно излучает свет, но Он находится далеко за пределами покрытого тьмой материального мира.

Знание, которым обладает Господь, трансцендентно. В Ведах сказано, что Брахман представляет собой средоточие трансцендентного знания, и тот, кто очень хочет попасть в духовный мир, получает знание от Верховного Господа, находящегося в сердце каждого. В ведической *мантре* (Шветашватара-упанишад, 6.18) говорится: *там ха девам атма-буддхи-пракашам мумукшур ваи шаранам ахам прападйе*. Тот, кто стремится к освобождению, должен предаться Верховной Личности Бога. О высшей цели познания в ведических писаниях тоже сказано: *там эва видитватӣ мртйум эти* — «Только познав Его, можно вырваться из круговорота рождений и смертей» (Шветашватара-упанишад, 3.8).

Господь пребывает в сердце каждого как верховный повелитель. Его руки и ноги находятся всюду, чего нельзя сказать об индивидуальной душе. Поэтому необходимо признать существование двух знающих поле деятельности — индивидуальной души и Сверхдуши. Руки и ноги живого существа находятся в одном месте, тогда как руки и ноги Кришны есть всюду. В «Шветашватара-упанишад» (3.17) сказано: *сарвасйа прабхум ишанам сарвасйа шаранам брхат*. Верховный Господь, Сверхдуша — это *прабху*, владыка всех живых существ, и потому Он их последнее прибежище. Итак, не подлежит сомнению, что Сверхдуша и индивидуальная душа всегда отличны друг от друга.

ТЕКСТ 19 इति क्षेत्रं तथा ज्ञानं ज्ञेयं चोक्तं समासतः ।
मद्भक्त एतद्विज्ञाय मद्भावायोपपद्यते ॥ १९ ॥

*ити кшетрам татха̄ джн̃а̄нам   джн̃ейам чоктам сама̄сатах̣
мад-бхакта этад виджн̃а̄йа   мад-бха̄ва̄йопапа̄дйате*

ити — итак; *кшетрам* — поле деятельности (тело); *татха̄* — также; *джн̃а̄нам* — знание; *джн̃ейам* — познаваемое; *ча* — также; *ук-там* — описан; *сама̄сатах̣* — вкратце; *мат-бхактах̣* — Мой преданный; *этат* — все это; *виджн̃а̄йа* — понявший; *мат-бха̄ва̄йа* — Мою природу; *упапа̄дйате* — обретает.

Итак, Я вкратце рассказал тебе о поле деятельности [теле], о знании и объекте познания. Только Мои преданные могут до конца понять это и так обрести Мою природу.

КОММЕНТАРИЙ: Господь кратко рассказал Арджуне о материальном теле, о знании и объекте познания. Описанное Им знание включает в себя три аспекта: познающего, объект познания и процесс познания. Все это в совокупности именуют *вигьяной*, наукой познания. Только чистые преданные Господа могут непосредственно обрести совершенное знание. Другие на это не способны. Монисты утверждают, что в конечном счете три аспекта знания сливаются воедино, но преданные оспаривают это. Знание и процесс познания подразумевают постижение себя в сознании Кришны. Сейчас мы руководствуемся в своей деятельности материальным сознанием, но, когда мы сосредоточим его на деяниях Кришны и осознаем, что Кришна — это всё, мы обретем истинное знание. Иными словами, знание есть не что иное, как предварительная ступень овладения наукой преданного служения. Все это будет подробно объяснено в пятнадцатой главе «Бхагавад-гиты».

Подводя итог, можно сказать, что в шестом и седьмом стихах этой главы, начиная со слов *маха̄-бхӯта̄ни* и кончая словами *четана̄ дхр̣тих̣,* Кришна описывает материальные элементы и некоторые проявления жизни. Все вместе они составляют тело, или поле деятельности. В стихах с восьмого по двенадцатый, со слова *ама̄нитвам* и до *таттва-джн̃а̄на̄ртха-дарш́анам,* описан процесс познания, дающий возможность постичь двух знающих поле деятельности: душу и Сверхдушу. Затем в стихах с тринадцатого по восемнадцатый, начиная со слов *ана̄ди мат-парам* и кончая словами *хрди сарвасйа виштхитам,* описаны душа и Верховный Господь, или Сверхдуша.

Таким образом, Кришна дал описание поля деятельности (тела), процесса познания, а также души и Сверхдуши. Здесь особо подчеркивается, что правильно понять все это могут только чистые преданные Господа. Такие преданные извлекают максимальную пользу из «Бхагавад-гиты» и достигают высшей цели — обретают природу Верховного Господа, Кришны. Иначе говоря, только преданные, и никто другой, способны проникнуть в сокровенный смысл «Бхагавад-гиты» и добиться желаемого результата.

ТЕКСТ 20 प्रकृतिं पुरुषं चैव विद्ध्यनादी उभावपि ।
विकारांश्च गुणांश्चैव विद्धि प्रकृतिसम्भवान् ॥ २० ॥

пракртим пурушам чаива   виддхй анади убхав апи
викарамш ча гунамш чаива   виддхи пракрти-самбхаван

пракртим — материальная природа; *пурушам* — живые существа; *ча* — также; *эва* — безусловно; *виддхи* — знай же; *анади* — без начала; *убхау* — оба; *апи* — также; *викаран* — изменений; *ча* — также; *гунан* — трех *гун* природы; *ча* — также; *эва* — безусловно; *виддхи* — знай; *пракрти* — материальной природой; *самбхаван* — вызванных.

Знай же, что материальная природа и живые существа не имеют начала. Причиной всех происходящих здесь изменений и источником материальных *гун* является материальная природа.

КОММЕНТАРИЙ: Усвоив знание, изложенное в этой главе, мы поймем природу тела (поля деятельности) и знающих тело (индивидуальной души и Сверхдуши). Тело — это поле деятельности, состоящее из материальных элементов. Заключенная в теле и наслаждающаяся его деятельностью индивидуальная душа — это *пуруша,* живое существо, один из знающих поле деятельности. Другим знающим поле является Сверхдуша. Разумеется, нужно понимать, что и Сверхдуша, и индивидуальное живое существо — это, по сути дела, разные проявления Верховной Личности Бога. Живое существо является одной из энергий Господа, а Сверхдуша — Его личностной экспансией.

И материальная природа, и живое существо вечны. Это значит, что они существовали до сотворения материального мира. Материальный мир возникает из энергии Господа, так же как и живые существа, однако живые существа относятся к Его высшей энергии. И живые существа, и материальная природа существовали до того, как был проявлен материальный космос. Материальная природа покоилась в теле Верховной Личности Бога, Маха-Вишну, а когда возникла необходимость, она была проявлена с помощью *махаттаттвы*. Живые существа также покоились в теле Маха-Вишну. В силу своей обусловленности они не хотели служить Верховному Господу, тем самым закрывая себе доступ на планеты духовного неба. Но, когда материальная природа перешла в проявленное состояние, обусловленные живые существа вновь получили возможность действовать в материальном мире, чтобы подготовиться к вступлению в духовное царство. В этом тайна материального творения. Изначально живое существо является неотъемлемой духовной частицей Верховного Господа, но, восстав против Его власти, оно попадает в царство материальной природы, где ведет обусловленное существование. То, каким образом живые существа, частицы высшей энергии Господа, пришли в соприкосновение с материальной природой, не имеет особого значения. Однако Верховной Личности Бога известно, как и почему это произошло. В писаниях Господь говорит, что живые существа, зачарованные материальной природой, ведут отчаянную борьбу за существование. Мы должны уяснить из этих стихов «Бхагавад-гиты», что причиной всех изменений, происходящих в материальной природе под влиянием трех материальных *гун*, является сама материальная природа. Иначе говоря, все изменения, которые претерпевают живые существа, и все многообразие видов жизни вызваны материальным телом. Что же касается души, то все живые существа имеют одинаковую духовную природу.

ТЕКСТ 21   कार्यकारणकर्तृत्वे हेतुः प्रकृतिरुच्यते ।
पुरुषः सुखदुःखानां भोक्तृत्वे हेतुरुच्यते ॥ २१ ॥

*кāрйа-кāрана-картртве   хетух пракртир учйате
пурушах сукха-духкхāнāм   бхоктртве хетур учйате*

кāрйа — следствия; *кāрана* — и причины; *картртве* — в возникновении; *хетух* — орудием; *пракртих* — материальная природа; *учйате* — считается; *пурушах* — живое существо; *сукха* — радостей; *духкхāнāм* — и страданий; *бхоктртве* — в процессе наслаждения; *хетух* — орудием; *учйате* — считается.

Природа считается причиной всех материальных причин и следствий, а живое существо — причиной разнообразных страданий и радостей, которые оно испытывает в материальном мире.

КОММЕНТАРИЙ: Различными телами и органами чувств живые существа наделяет материальная природа. Существует 8 400 000 видов жизни, и все это многообразие является творением материальной природы. Живое существо хочет испытать те или иные формы наслаждения и потому выбирает соответствующие материальные тела. Находясь в разных телах, оно наслаждается и страдает по-разному. Источником материального счастья и страданий является тело, а не само живое существо. В своем изначальном состоянии живое существо абсолютно счастливо. Иначе говоря, состояние счастья является для живого существа естественным. Но желание господствовать над материальной природой приводит его в материальный мир. Это желание не может быть осуществлено в духовном мире. Духовный мир чист, тогда как в материальном мире каждый изо всех сил старается получить как можно больше плотских удовольствий. В качестве пояснения можно сказать, что тело порождено желанием испытывать чувственные наслаждения, а органы чувств — это инструменты для удовлетворения желаний живого существа. И то и другое — и тело, и инструменты-чувства — мы получаем от материальной природы. И как явствует из следующего стиха, мы оказываемся в хороших или плохих условиях в зависимости от того, что мы делали и желали в прошлом. В соответствии с желаниями и *кармой* живых существ, материальная природа наделяет их теми или иными материальными телами. Живое существо само повинно в том, что получило определенное тело и, находясь в нем, испытывает уготованные ему наслаждения и муки. Получив тело, живое существо оказывается во власти материальной природы, поскольку тело, будучи материальным, подчиняется законам природы. Само по себе живое существо бессильно изменить эти законы. Предположим, живое существо получило тело собаки. Оказавшись в нем, оно вынуждено вести себя как собака. Оно не может действовать иначе. Или, если живое существо попадает в тело свиньи, ему приходится питаться испражнениями и делать все, что делают свиньи. А если живое существо получает тело полубога, оно тоже ведет себя соответствующим образом. Таков закон природы. Однако при любых обстоятельствах Сверхдуша находится рядом с индивидуальной душой. В Ведах (Мундака-упанишад, 3.1.1) об этом сказано следующее: *два̄ супарн̣а̄ сайуджа̄ сакха̄йах̣.* Верховный Господь так добр к живому существу, что в образе Сверхдуши, Параматмы, всегда и всюду сопровождает индивидуальную душу.

ТЕКСТ 22   पुरुषः प्रकृतिस्थो हि भुङ्क्ते प्रकृतिजान्गुणान् ।
कारणं गुणसङ्गोऽस्य सदसद्योनिजन्मसु ॥ २२ ॥

*пурушах̣ пракр̣ти-стхо хи   бхун̇кте пракр̣ти-джа̄н гун̣а̄н
ка̄ран̣ам̇ гун̣а-сан̇го 'сйа   сад-асад-йони-джанмасу*

пурушах̣ — живое существо; *пракр̣ти-стхах̣* — находясь в материальной энергии; *хи* — безусловно; *бхун̇кте* — наслаждается;

пракрти-джан — созданными материальной природой; *гунан* — *гунами* природы; *каранам* — причина; *гуна-сангах* — связь с *гунами* природы; *асйа* — живого существа; *сат-асат* — в хороших и плохих; *йони* — видах жизни; *джанмасу* — в рождениях.

Так живое существо, оказавшееся в материальном мире, следует дорогами жизни и наслаждается тремя *гунами* природы. Оно соприкасается с материей и в результате встречается с добром и злом в разных формах жизни.

КОММЕНТАРИЙ: Этот важный стих помогает понять, каким образом живые существа переселяются из одного тела в другое. Во второй главе «Бхагавад-гиты» говорилось, что живое существо меняет тела, как одежду. Причиной тому его привязанность к материальному существованию. До тех пор пока живое существо не разочаруется в этом иллюзорном мире, оно будет вынуждено переселяться из одного тела в другое. Оно оказалось в столь плачевном положении из-за своего желания господствовать над материальной природой. Его материальные желания приводят к тому, что живое существо рождается то полубогом, то человеком, то зверем, то птицей, то червем, то рыбой, то праведником, то насекомым. Это повторяется снова и снова. И каждый раз живое существо считает себя творцом своей судьбы, хотя на самом деле всегда находится во власти материальной природы.

Здесь объясняется, каким образом живое существо попадает в разные материальные тела. Причиной тому — соприкосновение живого существа с разными *гунами* материальной природы. Отсюда следует, что человек должен подняться над материальными *гунами* и достичь трансцендентного уровня. Это называется сознанием Кришны. Пока человек не разовьет в себе сознание Кришны, материальное сознание будет заставлять его переселяться из тела в тело, идя на поводу у материальных желаний, которые живут в его сердце с незапамятных времен. Поэтому необходимо изменить свое сознание. Сделать это можно, только слушая тех, кто сведущ в духовной науке. Лучший пример тому — Арджуна, услышавший изложение науки о Боге от Самого Кришны. Тот, кто слушает авторитетных наставников, может постепенно избавиться от неотвязного желания господствовать над материальной природой, и, по мере того как это привычное желание будет ослабевать, он начнет все отчетливее ощущать вкус трансцендентного блаженства. В одной из ведических *мантр* говорится, что в общении с Верховной Личностью Бога живое существо постепенно обретает знание и одновременно с этим все больше и больше наслаждается вкусом вечного, исполненного блаженства бытия.

ТЕКСТ 23 उपद्रष्टानुमन्ता च भर्ता भोक्ता महेश्वरः ।
परमात्मेति चाप्युक्तो देहेऽस्मिन्पुरुषः परः ॥ २३ ॥

упадрашṭāнумантā ча   бхартā бхоктā махейварах̣
парамāтмети чāпй укто   дехе 'смин пурушах̣ парах̣

упадрашṭā — наблюдатель; *анумантā* — санкционирующий; *ча* — также; *бхартā* — владелец; *бхоктā* — верховный наслаждающийся; *махā-ӣйварах̣* — Верховный Господь; *парама-āтмā* — Сверхдуша; *ити* — также; *ча* — и; *апи* — воистину; *уктах̣* — сказано; *дехе* — в теле; *асмин* — этом; *пурушах̣* — наслаждающийся; *парах̣* — трансцендентный.

Есть в этом теле и другой, трансцендентный, наслаждающийся. Это Господь, верховный владыка, который наблюдает за живым существом и санкционирует все его действия и которого называют Сверхдушой.

КОММЕНТАРИЙ: Здесь сказано, что Сверхдуша, всегда сопровождающая индивидуальную душу, — это проявление Верховного Господа. Сверхдушу нельзя считать обыкновенным живым существом. Поскольку последователи философии монизма считают, что существует только один знающий тело, они отождествляют Сверхдушу с индивидуальной душой. Чтобы внести ясность, Господь говорит, что Он находится в теле каждого в образе Параматмы. Он *пара*, трансцендентный, и Он отличен от индивидуальной души. Индивидуальная душа наслаждается действиями своего «поля», тогда как Сверхдуша не является ограниченным наслаждающимся и не причастна к деятельности тела. Сверхдуша присутствует в теле в качестве свидетеля, который наблюдает за всеми действиями живого существа и санкционирует их, и верховного наслаждающегося. Ее называют Параматмой, а не *атмой*, и Она трансцендентна. Совершенно очевидно, что *атма* и Параматма отличны друг от друга. Руки и ноги Сверхдуши, Параматмы, находятся всюду, чего нельзя сказать о руках и ногах индивидуального существа. И поскольку Параматма — это Верховный Господь, Она находится в сердце индивидуальной души, жаждущей материальных наслаждений, чтобы санкционировать их исполнение. Без дозволения Сверхдуши индивидуальная душа ни на что не способна. Индивидуальное живое существо называют *бхуктой*, опекаемым, а Господа — *бхоктой*, опекающим. Живых существ бесконечно много, и Господь находится в сердце каждого из них как друг.

На самом деле каждое индивидуальное живое существо вечно является неотъемлемой частицей Верховного Господа, с которым его связывает близкая дружба. Но живое существо склонно пренебрегать волей Верховного Господа и действовать независимо, пытаясь утвердить свое господство над материальной природой. Поскольку живые существа имеют такую тенденцию, их называют пограничной энергией Господа. Живое существо может находиться в царстве либо материальной, либо духовной энергии. Пока оно обусловлено материальной энергией, Верховный Господь как его друг, Сверхдуша, находится рядом с ним, чтобы помочь ему вернуться в царство духовной энергии. Господь всегда стремится вернуть живое существо в духовный мир, но живое существо, наделенное некоторой долей независимости, упрямо отворачивается от духовного света. Именно это злоупотребление своей независимостью является причиной отчаянной борьбы, которую живое существо ведет в материальном мире. Поэтому Господь всегда старается дать ему наставления, действуя изнутри и извне. Извне Он дает указания, составившие «Бхагавад-гиту», а изнутри старается убедить живое существо в том, что деятельность в материальном мире не принесет ему настоящего счастья. «Откажись от всего, — говорит Господь, — и поверь в Меня. Тогда ты станешь счастливым». Поэтому разумные люди, которые обрели веру в Параматму, Верховную Личность Бога, вступают на путь, ведущий к вечной жизни в знании и блаженстве.

ТЕКСТ 24 य एवं वेत्ति पुरुषं प्रकृतिं च गुणैः सह ।
सर्वथा वर्तमानोऽपि न स भूयोऽभिजायते ॥ २४ ॥

*йа эвам ветти пурушам   пракртим ча гунаих саха
сарватха вартамано 'пи   на са бхуйо 'бхиджайате*

йах — тот, кто; *эвам* — таким образом; *ветти* — понял; *пурушам* — живое существо; *пракртим* — материальной природой; *ча* — и; *гунаих* — гуны материальной природы; *саха* — вместе; *сарватха* — во всех отношениях; *вартаманах* — находящийся; *апи* — несмотря на; *на* — никогда не; *сах* — он; *бхуйах* — вновь; *абхиджайате* — родится.

Тот, кто усвоил это знание о живом существе, о материальной природе и о взаимодействиях ее *гун*, непременно обретет освобождение. Он больше не родится в материальном мире, какое бы положение сейчас ни занимал.

КОММЕНТАРИЙ: Человек, познавший материальную природу, Сверхдушу, индивидуальную душу и их взаимоотношения, освобождается из материального плена. Он входит в духовный мир, откуда ему уже не придется возвращаться в царство материальной природы. Таковы плоды знания. Цель процесса познания — уяснить, что живое существо оказалось в материальном мире по ошибке. Поэтому человек должен приложить все усилия, чтобы в общении с авторитетными наставниками — святыми людьми и *гуру* — понять свое положение и развить в себе духовное сознание, или сознание Кришны, изучая «Бхагавад-гиту» в том виде, в каком ее поведал Верховный Господь. Тогда он больше никогда не попадет в материальный мир; он перенесется в духовное царство, где жизнь вечна, исполнена знания и блаженства.

ТЕКСТ 25   ध्यानेनात्मनि पश्यन्ति केचिदात्मानमात्मना ।
अन्ये सांख्येन योगेन कर्मयोगेन चापरे ॥ २५ ॥

*дхйа̄нена̄тмани паш́йанти   кечид а̄тма̄нам а̄тмана̄
анйе са̄н̇кхйена йогена   карма-йогена ча̄паре*

дхйа̄нена — медитацией; *а̄тмани* — в сердце; *паш́йанти* — видят; *кечит* — одни; *а̄тма̄нам* — Сверхдушу; *а̄тмана̄* — умом; *анйе* — другие; *са̄н̇кхйена* — философских рассуждений; *йогена* — занимаясь *йогой; карма-йогена* — действуя без привязанности к плодам своего труда; *ча* — также; *апаре* — другие.

Одни постигают Сверхдушу в сердце, занимаясь медитацией, другие — с помощью философских рассуждений, а третьи — действуя без привязанности к плодам своего труда.

КОММЕНТАРИЙ: Господь говорит Арджуне, что все обусловленные души можно разделить на две категории, в зависимости от их подхода к самоосознанию. Атеисты, агностики и скептики не имеют ясного представления о природе духа. Но есть и другие — люди, верящие в духовную практику. К ним относятся погруженные в медитацию преданные, философы и те, кто отрекся от плодов своего труда. Убежденные последователи философии монизма также относятся к категории атеистов и агностиков.

Преданные Верховной Личности Бога лучше всех понимают природу духа, поскольку знают, что, кроме материального мира, существует духовный мир и Бог, Верховная Личность, который в виде одной из Своих экспансий, Параматмы, вездесущей ипостаси Бога, пребывает в сердце каждого живого существа. Разумеется, некоторые люди пытаются постичь Высшую Абсолютную Истину с помощью философских рассуждений. Их также относят к числу верующих. Последователи философии *санкхьи*, анализируя материальный мир, раскладывают его на двадцать четыре элемента, а индивидуальная душа по их классификации является двадцать пятым элементом. Когда же они осознают, что индивидуальная душа трансцендентна материальным элементам, они также начинают понимать, что над ней стоит Бог, Верховная Личность, считающийся двадцать шестым элементом. Так постепенно они тоже достигают уровня преданного служения в сознании Кришны. Те, кто отказывается от плодов своего труда, также стоят на верном пути и со временем тоже получают возможность достичь уровня преданного служения в сознании Кришны.

Итак, здесь говорится о людях с чистым сознанием, которые пытаются обнаружить Сверхдушу в процессе медитации. Достигая этой цели, они поднимаются на трансцендентный уровень. Другие же пытаются постичь Высшую Душу с помощью философских рассуждений. Некоторые люди занимаются *хатха-йогой* и надеются своими ребяческими забавами удовлетворить Верховную Личность Бога.

ТЕКСТ 26 अन्ये त्वेवमजानन्तः श्रुत्वान्येभ्य उपासते ।
तेऽपि चातितरन्त्येव मृत्युं श्रुतिपरायणाः ॥ २६ ॥

*анйе тв эвам аджанантах шрутванйебхйа упасате
те 'пи чатитарантй эва мртйум шрути-парайанах*

анйе — другие; *ту* — но; *эвам* — так; *аджанантах* — не обладающие духовным знанием; *шрутва* — слушая; *анйебхйах* — других; *упасате* — начинают поклоняться; *те* — они; *апи* — также; *ча* — и; *атитаранти* — превозмогают; *эва* — безусловно; *мртйум* — смерть; *шрути-парайанах* — склонные слушать.

Некоторые же, не обладая духовным знанием, тем не менее начинают поклоняться Богу, Верховной Личности, услышав о Нем от других. Благодаря своей склонности слушать авторитетных наставников, они также разрывают круг рождений и смертей.

КОММЕНТАРИЙ: Сказанное в этом стихе в первую очередь относится к современному обществу, в котором люди практически лишены возможности получить духовное образование. Даже те, кто считают себя атеистами, агностиками или философами, по-настоящему не знают философии. Но обыкновенные люди, если они достаточно благочестивы, могут обрести духовное знание в процессе слушания. Этот метод очень важен. Господь Чайтанья, проповедовавший сознание Кришны в нашу эпоху, придавал ему огромное значение, ибо, просто внимая авторитетным наставникам, обыкновенный человек может духовно совершенствоваться, особенно если он, как учил Господь Чайтанья, слушает трансцендентные звуки *мантры* Харе Кришна, Харе Кришна, Кришна Кришна, Харе Харе / Харе Рама, Харе Рама, Рама Рама, Харе Харе. Поэтому говорится, что каждый человек должен слушать тех, кто осознал свою духовную природу, и с течением времени ему откроется все. Тогда он обязательно начнет поклоняться Верховному Господу. Господь

Чайтанья говорил, что в наш век человеку, стремящемуся осознать себя, не нужно менять свое положение, однако он должен отказаться от попыток постичь Абсолютную Истину с помощью философских рассуждений и научиться служить тем, кто уже постиг Верховного Господа. Если человеку посчастливится найти прибежище у чистого преданного и услышать от него о науке самоосознания, то, идя по стопам своего учителя, он сам со временем станет чистым преданным Господа. В этом стихе Кришна настоятельно рекомендует слушать авторитетных наставников, и это очень важно. Хотя обыкновенные люди зачастую не обладают способностями, которыми наделены те, кто мнит себя философами, с верой внимая авторитетному наставнику, даже такие люди могут освободиться из материального плена и вернуться домой, к Богу.

ТЕКСТ 27 यावत्सञ्जायते किञ्चित्सत्त्वं स्थावरजङ्गमम् ।
क्षेत्रक्षेत्रज्ञसंयोगात्तद्विद्धि भरतर्षभ ॥ २७ ॥

*йāват сан̃джāйате кин̃чит саттвам̇ стхāвара-джан̇гамам
кшетра-кшетраджн̃а-самйогāт тад виддхи бхаратаршабха*

йāват — все то, что; *сан̃джāйате* — возникает; *кин̃чит* — что бы то ни было; *саттвам* — существование; *стхāвара* — неподвижное; *джан̇гамам* — движущееся; *кшетра* — тéла; *кшетра-джн̃а* — и знающего тело; *самйогāт* — соединение; *тат виддхи* — знай же; *бхарата-ршабха* — о предводитель Бхарат.

О предводитель Бхарат, знай же, что все движущееся и неподвижное в этом мире есть не что иное, как соединение поля деятельности и знающего поле.

КОММЕНТАРИЙ: Этот стих описывает материальную природу и живое существо, которые существовали до сотворения мира. Все сотворенное представляет собой сочетание двух начал: живого существа и материальной природы. На свете много неподвижных объектов: деревья, холмы и горы — и не меньше движущихся живых существ, но все они не что иное, как соединение материальной природы и высшей природы (живого существа). Материя не может расти и развиваться, пока ее не коснется высшая энергия, то есть живое существо. Эта связь материальной и высшей природы существовала всегда, она создана Самим Верховным Господом, поэтому Господь является повелителем и высшей, и низшей энергии. Сотворив материальную природу, Он помещает в нее живых существ, принадлежащих к высшей природе, в результате чего возникают бесчисленные объекты материального мира и начинается его деятельность.

ТЕКСТ 28 समं सर्वेषु भूतेषु तिष्ठन्तं परमेश्वरम् ।
विनश्यत्स्वविनश्यन्तं यः पश्यति स पश्यति ॥ २८ ॥

*самам сарвешу бхӯтешу   тишт̣хантам̇ парамешварам
винашйатсв авинашйантам̇   йах̣ пашйати са пашйати*

самам — одинаково; *сарвешу* — во всех; *бхӯтешу* — живых существах; *тишт̣хантам* — пребывающую; *парама-ӣшварам* — Сверхдушу; *винашйатсу* — в бренном; *авинашйантам* — неразрушимую;
йах̣ — тот, кто; *пашйати* — видит; *сах̣* — он; *пашйати* — видит вещи такими, как они есть.

**Тот, кто видит, что во всех телах индивидуальную душу сопро-
вождает Сверхдуша, и понимает, что ни душа, ни Сверхдуша не
погибают, хотя и находятся в обреченном на гибель теле, видит
вещи такими, как они есть.**

КОММЕНТАРИЙ: Каждый, кто благодаря общению со святыми
людьми обретает способность видеть, что живые существа представляют собой сочетание тела, владельца тела (индивидуальной
души) и друга индивидуальной души, обладает истинным знанием.
Постичь это можно лишь в общении с теми, кто сведущ в духовной
науке. Люди, лишенные такого общения, пребывают в невежестве: они не видят ничего, кроме тела, и считают, что со смертью
тела всему приходит конец. Но на самом деле это не так. После
смерти тела вечная душа и Сверхдуша продолжают существовать,
переселяясь в другие тела, принадлежащие к разнообразным формам жизни, как движущимся, так и неподвижным. Санскритское
слово *парамешвара* иногда переводят как «индивидуальная душа»,
поскольку душа распоряжается своим телом, а после его разрушения переселяется в другое тело. В этом смысле она является
хозяином тела. Однако другие комментаторы считают, что слово
парамешвара относится к Сверхдуше. Но, как бы то ни было, после смерти тела и индивидуальная душа, и Сверхдуша продолжают
существовать. Они не погибают. Человек, понимающий это, видит
вещи такими, как они есть.

ТЕКСТ 29 समं पश्यन्हि सर्वत्र समवस्थितमीश्वरम् ।
न हिनस्त्यात्मनात्मानं ततो याति परां गतिम् ॥ २९ ॥

*самам пашйан хи сарватра   самавастхитам ӣшварам
на хинастй а̄тмана̄тма̄нам̇   тато йа̄ти пара̄м̇ гатим*

самам — одинаково; *пашйан* — видящий; *хи* — безусловно; *сарватра* — всюду; *самавастхитам* — равно пребывающую; *ӣшварам* —
Сверхдушу; *на* — не; *хинасти* — губит; *а̄тмана̄* — умом; *а̄тма̄-*

нам — душу; *татах* — тогда; *йати* — достигает; *парам* — трансцендентной; *гатим* — обители.

**Тот, кто видит, что Сверхдуша в равной степени пребывает
всюду, в каждом живом существе, не позволит уму погубить себя. В конце концов такой человек достигает трансцендентной
обители.**

КОММЕНТАРИЙ: Войдя в сферу материального бытия, живое существо заняло положение, отличающееся от его положения в сфере духовного бытия. Однако тот, кто понимает, что Верховный
Господь в образе Параматмы пребывает всюду, то есть видит Верховную Личность Бога в сердце каждого живого существа, не
поддастся разлагающему влиянию ума и со временем достигнет
духовного мира. Ум всегда жаждет чувственных удовольствий, но,
если нам удастся обратить его к Сверхдуше, мы будем духовно
развиваться.

ТЕКСТ 30 प्रकृत्यैव च कर्माणि क्रियमाणानि सर्वशः ।
यः पश्यति तथात्मानमकर्तारं स पश्यति ॥ ३० ॥

пракр̣тйаива ча карма̄н̣и   крийама̄н̣а̄ни сарваш́ах
йах паш́йати татха̄тма̄нам   акарта̄рам са паш́йати

пракр̣тйа̄ — материальной природой; *эва* — безусловно; *ча* — также; *карма̄н̣и* — действия; *крийама̄н̣а̄ни* — исполняемые; *сарваш́ах* —
во всех отношениях; *йах* — кто; *паш́йати* — видит; *татха̄* —
также; *а̄тма̄нам* — себя; *акарта̄рам* — бездействующим; *сах* — он;
паш́йати — обладает совершенным ви́дением.

**Тот, кто видит, что исполнителем всех действий является
созданное материальной природой тело, а душа бездействует,
обладает совершенным ви́дением.**

КОММЕНТАРИЙ: Наше тело создано материальной природой по
указанию Сверхдуши, и все наши действия совершает тело, а не
мы сами. К каким бы последствиям — хорошим или плохим — ни
приводили его поступки, человек вынужден действовать, как ему
определено, ибо так устроено его тело. Но душа не имеет отношения к действиям, которые совершает тело. Форма тела живого существа определяется его прошлыми желаниями. Чтобы живое существо могло исполнить свои желания, ему дается тело, в котором
оно действует соответствующим образом. В сущности, тело — это
механизм, сконструированный Верховным Господом для того, чтобы помочь нам исполнить свои желания. Обуреваемые желаниями,
мы оказываемся в неестественном для нас положении и страдаем

или наслаждаемся. Такое трансцендентное ви́дение помогает человеку отстраниться от деятельности тела и увидеть истинную природу вещей.

ТЕКСТ 31   यदा भूतपृथग्भावमेकस्थमनुपश्यति ।
तत एव च विस्तारं ब्रह्म सम्पद्यते तदा ॥ ३१ ॥

йада̄ бхӯта-пр̣тхаг-бха̄вам   эка-стхам анупаш́йати
тата эва ча виста̄рам   брахма сампадйате тада̄

йада̄ — когда; бхӯта — живые существа; пр̣тхак-бха̄вам — отдельно существующие; эка-стхам — пребывающие в едином; анупаш́йати — тот, кто смотрит на вещи глазами духовных авторитетов; татах̣ эва — тогда; ча — также; виста̄рам — экспансии; брахма — Абсолюта; сампадйате — достигает; тада̄ — тогда.

Когда разумный человек перестает видеть разницу между живыми существами, заключенными в разные материальные тела, и начинает понимать, что живые существа находятся всюду, он достигает Брахмана.

КОММЕНТАРИЙ: Тот, кто видит, что разнообразные тела, в которых находятся живые существа, порождены различными желаниями индивидуальной души, но не принадлежат ей самой, обладает совершенным видением. Материальные представления о жизни заставляют нас считать одно живое существо полубогом, другое — человеком, третье — собакой, кошкой и т. д. Это материальное видение, далекое от понимания истинной природы вещей. Оно порождено материальными представлениями о жизни. Все души качественно одинаковы, и это проявляется, когда материальное тело умирает. Душа облачается в разные материальные тела только из-за того, что соприкасается с материальной природой. Тот, кто видит это, обладает духовным видением. Перестав делить живые существа на людей и животных, на больших и маленьких и т. д., человек очищает свое сознание и обретает способность развить в себе сознание Кришны и постичь свою духовную природу. О том, как такой человек смотрит на мир, говорится в следующем стихе.

ТЕКСТ 32   अनादित्वान्निर्गुणत्वात्परमात्मायमव्ययः ।
शरीरस्थोऽपि कौन्तेय न करोति न लिप्यते ॥ ३२ ॥

ана̄дитва̄н ниргун̣атва̄т   парама̄тма̄йам авйайах̣
ш́арӣра-стхо ’пи каунтейа   на кароти на липйате

ана̄дитва̄т — поскольку вечна; ниргун̣атва̄т — поскольку трансцендентна; парама — неподвластна материальной природе; а̄т-

ма—душа; *айам*—эта; *авйайах*—неистощимая; *ш́арӣра-стхах*—находящаяся в теле; *апи*—хотя; *каунтейа*—о сын Кунти; *на кароти*—ничего не делает; *на липйате*—и не запутывается.

Прозревающие вечность видят, что бессмертная душа транс-цендентна, вечна и неподвластна *гунам* материальной природы. О Арджуна, даже помещенная в материальное тело, душа не совершает действий и не запутывается [в их последствиях].

КОММЕНТАРИЙ: Поскольку материальное тело рождается, кажется, что живое существо тоже появляется на свет. Но на самом деле живое существо вечно. Оно не рождается и, несмотря на свое пребывание в материальном теле, является трансцендентным и вечным. Поэтому его нельзя уничтожить. По своей природе живое существо исполнено блаженства. Оно никогда не занимается материальной деятельностью, поэтому действия, совершаемые из-за соприкосновения с материальными телами, в которые оно попадает, не связывают его.

ТЕКСТ 33 यथा सर्वगतं सौक्ष्म्यादाकाशं नोपलिप्यते ।
सर्वत्रावस्थितो देहे तथात्मा नोपलिप्यते ॥ ३३ ॥

йатха̄ сарва-гатам̇ саукшмйа̄д а̄ка̄ш́ам̇ нопалипйате
сарватра̄вастхито дехе татха̄тма̄ нопалипйате

йатха̄—как; *сарва-гатам*—вездесущее; *саукшмйа̄т*—являясь тонким элементом; *а̄ка̄ш́ам*—небо (эфир); *на*—никогда не; *упалипйате*—соединяется; *сарватра*—всюду; *авастхитах*—находящаяся; *дехе*—в теле; *татха̄*—так; *а̄тма̄*—душа; *на*—никогда не; *упалипйате*—соединяется.

Тонкий по природе эфир ни с чем не смешивается, хотя и проникает всюду. Подобно этому, душа не связана с материальным телом, хотя и находится в нем. [Те, кто постиг Брахман, способны видеть это.]

КОММЕНТАРИЙ: Эфир, проникая в воду, грязь, испражнения и т.д., тем не менее не смешивается с ними. Подобно этому, живое существо, хотя и попадает в разные тела, не связано с ними, ибо обладает более тонкой природой. Поэтому материальные глаза не могут увидеть живое существо, когда оно находится внутри тела и когда покидает его в момент смерти. Ни один ученый не может экспериментально установить это.

ТЕКСТ 34 यथा प्रकाशयत्येकः कृत्स्नं लोकमिमं रविः ।
क्षेत्रं क्षेत्री तथा कृत्स्नं प्रकाशयति भारत ॥ ३४ ॥

йатха пракашайати эках   кртснам локам имам равих
кшетрам кшетри татха кртснам   пракашайати бхарата

йатха — как; *пракашайати* — освещает; *эках* — одно; *кртснам* — всю; *локам* — вселенную; *имам* — это; *равих* — солнце; *кшетрам* — это тело; *кшетри* — душа; *татха* — подобно; *кртснам* — все; *пракашайати* — озаряет; *бхарата* — о потомок Бхараты.

О потомок Бхараты, как одно солнце освещает всю эту вселенную, так и воплощенное живое существо одно озаряет сознанием все тело.

КОММЕНТАРИЙ: Существует множество теорий, описывающих природу сознания. В этом стихе «Бхагавад-гиты» Кришна приводит пример солнца и солнечного света. Подобно тому как солнце, находясь в одном месте, освещает всю вселенную, крошечная духовная частица, пребывая в сердце, озаряет сознанием все тело. Таким образом, наличие сознания свидетельствует о присутствии души в теле, так же как солнечный свет свидетельствует о присутствии солнца. Пока душа находится в теле, все тело озарено сознанием, но стоит ей покинуть тело, как сознание исчезает. Любой разумный человек легко поймет это. Следовательно, сознание не является порождением материи. Оно неотъемлемое свойство живого существа. Неотличное от высшего сознания в качественном отношении, сознание живого существа тем не менее не тождественно ему, поскольку индивидуальное сознание распространяется только на одно тело и не в силах проникнуть в другие тела. Однако Сверхдуша, находящаяся в каждом теле как друг индивидуальной души, знает, что происходит во всех телах. Этим высшее сознание отличается от сознания индивидуального живого существа.

ТЕКСТ 35   क्षेत्रक्षेत्रज्ञयोरेवमन्तरं ज्ञानचक्षुषा ।
भूतप्रकृतिमोक्षं च ये विदुर्यान्ति ते परम् ॥ ३५ ॥

кшетра-кшетраджнайор эвам   антарам джнана-чакшуша
бхута-пракрти-мокшам ча   йе видур йанти те парам

кшетра — тела; *кшетра-джнайох* — владельца тела; *эвам* — так; *антарам* — отличие; *джнана-чакшуша* — глазами знания; *бхута* — живого существа; *пракрти* — из материальной природы; *мокшам* — освобождение; *ча* — также; *йе* — те, кто; *видух* — знает; *йанти* — обретают; *те* — они; *парам* — Всевышнего.

Те, кто смотрит на мир глазами знания, кто видит разницу между телом и знающим тело и может найти путь, ведущий к освобождению от рабства в материальном мире, достигают высшей цели.

КОММЕНТАРИЙ: Основная мысль тринадцатой главы заключается в том, что человек должен осознать разницу между телом, владельцем тела и Сверхдушой. Осознав эту разницу, необходимо вступить на путь, ведущий к освобождению, который описан в стихах с восьмого по двенадцатый. Тогда человек сможет достичь высшей цели.

Человек, верящий в Бога, должен прежде всего искать общества святых людей. Слушая, как они рассказывают о Боге, он постепенно обретет знание. Обратившись к духовному учителю, он научится отличать материю от духа, и это станет основой для его дальнейшего духовного развития. Давая ученикам наставления, духовный учитель помогает им избавиться от материальных представлений о жизни. Так, в «Бхагавад-гите» Кришна наставляет Арджуну, чтобы избавить его от материалистических взглядов.

Нетрудно понять, что тело состоит из материи. Посредством анализа в нем можно выделить двадцать четыре элемента. Помимо грубого тела, существует также тонкое: ум и психическая деятельность. Признаки жизни появляются в результате взаимодействия грубого и тонкого тел. Но над всем этим стоит индивидуальная душа, а над ней — Сверхдуша. Индивидуальная душа отлична от Сверхдуши. Материальный мир действует благодаря контакту души с двадцатью четырьмя материальными элементами. Тот, кто видит, что все материальное мироздание не что иное, как соединение души с материальными элементами, а также понимает, какое положение занимает Высшая Душа, становится достойным войти в духовный мир. Эта информация требует глубокого осмысления, и, чтобы убедиться в ее истинности, каждый должен как следует понять содержание этой главы, обратившись за помощью к духовному учителю.

Так заканчивается комментарий Бхактиведанты к тринадцатой главе «Шримад Бхагавад-гиты», которая называется «Природа, наслаждающийся и сознание».

ГЛАВА ЧЕТЫРНАДЦАТАЯ

Три гуны материальной природы

ТЕКСТ 1 श्रीभगवानुवाच
परं भूयः प्रवक्ष्यामि ज्ञानानां ज्ञानमुत्तमम् ।
यज्ज्ञात्वा मुनयः सर्वे परां सिद्धिमितो गताः ॥ १ ॥

*ш́рӣ-бхагава̄н ува̄ча
парам̇ бхӯйах̣ правакшйа̄ми джн̃а̄на̄на̄м̇ джн̃а̄нам уттамам
йадж джн̃а̄тва̄ мунайах̣ сарве парам̇ сиддхим ито гата̄х̣*

ш́рӣ-бхагава̄н ува̄ча — Верховный Господь сказал; *парам* — трансцендентное; *бхӯйах̣* — вновь; *правакшйа̄ми* — возвещу; *джн̃а̄на̄-нам* — знаний; *джн̃а̄нам* — знание; *уттамам* — высшее; *йат* — которое; *джн̃а̄тва̄* — познав; *мунайах̣* — мудрецы; *сарве* — все; *парам* — высшее; *сиддхим* — совершенство; *итах̣* — отсюда (из этого мира); *гата̄х̣* — достигшие.

Верховный Господь сказал: Я вновь возвещу тебе эту высшую мудрость, самое лучшее знание, обретя которое все мудрецы достигали наивысшего совершенства.

КОММЕНТАРИЙ: В главах с седьмой по двенадцатую Кришна открыл Арджуне знание об Абсолютной Истине, Верховной Личности Бога. Однако Господь продолжает просвещать Арджуну. Изучив и философски осмыслив содержание четырнадцатой главы, человек поймет суть преданного служения. В тринадцатой главе говорилось о том, что, развив в себе смирение и обретя знание, человек получает возможность освободиться из материального плена. Там также было сказано, что причиной материального рабства является соприкосновение живого существа с *гунами* материальной природы. В этой главе Верховный Господь расскажет Арджуне о том, что представляют собой *гуны* материальной природы, как они действуют, как порабощают живое существо и как помогают ему получить освобождение. Господь говорит здесь, что знание, изложенное в данной главе, выше того, которое Он уже открыл Арджуне. Овладев этим знанием, многие великие мудрецы достигли совершенства и перенеслись в духовную обитель. В этой главе Господь собирается изложить Арджуне, по сути дела, то же самое знание, что и раньше, но по-другому, лучше. Это знание значительно превосходит все то, о чем Кришна рассказывал до сих пор, и, обретя его, многие люди достигали духовного совершенства. Таким образом, любой, кто по-настоящему овладеет знанием, изложенным в четырнадцатой главе, сможет достичь совершенства.

ТЕКСТ 2   इदं ज्ञानमुपाश्रित्य मम साधर्म्यमागताः ।
सर्गेऽपि नोपजायन्ते प्रलये न व्यथन्ति च ॥ २ ॥

*идам̇ джн̃а̄нам упа̄ш́ритйа   мама са̄дхармйам а̄гата̄х̣
сарге 'пи нопаджа̄йанте   пралайе на вйатханти ча*

идам — этом; *джн̃а̄нам* — в знании; *упа̄ш́ритйа* — найдя прибежище; *мама* — Мою; *са̄дхармйам* — ту же самую природу; *а̄гата̄х̣* — обретшие; *сарге апи* — даже в период сотворения (материального мира); *на* — не; *упаджа̄йанте* — рождаются; *пралайе* — в период разрушения; *на* — не; *вйатханти* — страдают; *ча* — также.

Тот, кто непоколебимо утвердился в этом знании, обретает такую же духовную природу, как у Меня. Такой человек больше не родится во время сотворения этого мира и не будет страдать во время его уничтожения.

КОММЕНТАРИЙ: Тот, кто обрел совершенное духовное знание, разрывает круг рождения и смерти и становится качественно тождественным Верховной Личности Бога. При этом он, однако, сохраняет самостоятельное существование и остается индивидуальной душой. В Ведах говорится, что освобожденные души, достигшие трансцендентных планет духовного неба, всегда созерцают лотосные стопы Верховного Господа, служа Ему с любовью и преданностью. Таким образом, даже получив освобождение, преданные не утрачивают своей индивидуальности.

Любое знание, которое мы получаем в материальном мире, осквернено влиянием трех *гун* материальной природы. Знание, не оскверненное их влиянием, называют трансцендентным. Обретая такое знание, человек достигает уровня, на котором находится Сам Верховный Господь. Люди, не имеющие знания о духовном мире, считают, что, прекратив заниматься материальной деятельностью и освободившись от оков материального тела, вечная душа лишается своей формы и индивидуальности. Но в духовном царстве, как и в материальном мире, существует разнообразие, основанное на индивидуальности. Те, кто не знает об этом, думают, что духовное бытие является полной противоположностью материального многообразия. Однако на самом деле, попадая в духовный мир, живое существо обретает духовную форму. В духовном мире оно занимается духовной деятельностью, и эта деятельность называется жизнью в преданности. Атмосфера духовного мира не осквернена влиянием материальных *гун,* и живые существа там качественно неотличны от Верховной Личности Бога. Чтобы обрести это знание, необходимо развить в себе все духовные качества. Тот, кто обладает этими качествами, не рождается в материальном мире в период его сотворения и не погибает вместе с этим миром во время его уничтожения.

ТЕКСТ 3   मम योनिर्महद्ब्रह्म तस्मिन्गर्भं दधाम्यहम् ।
सम्भवः सर्वभूतानां ततो भवति भारत ॥ ३ ॥

*мама йонир махад брахма   тасмин гарбхам дадхами ахам
самбхавах сарва-бхутанам   тато бхавати бхарата*

мама — Мой; *йоних* — источник возникновения; *махат* — весь материальный космос; *брахма* — высший; *тасмин* — в том; *гарбхам* — оплодотворение; *дадхами* — даю; *ахам* — Я; *самбхавах* — возможность; *сарва-бхутанам* — всех живых существ; *татах* — затем; *бхавати* — становится; *бхарата* — о потомок Бхараты.

Совокупная материальная субстанция, которую называют Брахманом, является лоном, из которого рождаются все живые существа. И Я оплодотворяю этот Брахман, о потомок Бхараты, позволяя им появиться на свет.

КОММЕНТАРИЙ: Здесь объяснена природа материального мира: все, что в нем есть, является результатом соединения *кшетры* и *кшетра-гьи,* тела и вечной души. Материальную природу и живое существо соединяет вместе Сам Верховный Господь. *Махат-таттва* — это совокупная причина космического мироздания, и эту совокупную вещественную причину творения, содержащую в себе три *гуны* материальной природы, иногда называют

Брахманом. Оплодотворяя совокупную материальную энергию, Верховный Господь дает начало бесчисленным материальным вселенным. Эта совокупная энергия, *махат-таттва*, названа в Ведах Брахманом: *тасмад этад брахма намарупам аннам ча джайате* (Мундака-упанишад, 1.1.9). И Верховный Господь оплодотворяет этот Брахман семенами живых существ. Двадцать четыре элемента: земля, вода, огонь, воздух и т. д. — все это материальная энергия, называемая *махад брахмой*, великим Брахманом, то есть материальной природой. Над ней, как было сказано в седьмой главе, стоит другое, высшее начало, живое существо. Это высшее начало соединяется с материальной природой по воле Верховной Личности Бога, и впоследствии материальная природа порождает всех обусловленных живых существ.

Скорпионы откладывают яйца в рисе, поэтому иногда говорят, что скорпионы рождаются из риса. Но причиной их появления на свет является не рис. На самом деле яйца откладывает самка скорпиона. Аналогично этому, материальную природу нельзя считать причиной появления на свет живых существ. Семя жизни дает Верховный Господь, поэтому живые существа только кажутся порождением материальной природы. Таким образом каждое живое существо получает определенное тело, созданное материальной природой в соответствии с его *кармой*, чтобы наслаждаться или страдать, пожиная плоды своей прошлой деятельности. Но изначальной причиной появления на свет всех живых существ, населяющих материальный мир, является Господь.

ТЕКСТ 4   सर्वयोनिषु कौन्तेय मूर्तयः सम्भवन्ति याः ।
तासां ब्रह्म महद्योनिरहं बीजप्रदः पिता ॥ ४ ॥

сарва-йонишу каунтейа   муртайах самбхаванти йах
тасам брахма махад йонир   ахам бӣджа-прадах пита

сарва-йонишу — во всех видах жизни; *каунтейа* — о сын Кунти; *муртайах* — формы; *самбхаванти* — появляются; *йах* — которые; *тасам* — их; *брахма* — высшее; *махат йоних* — лоно материальной природы; *ахам* — Я; *бӣджа-прадах* — дающий семя; *пита* — отец.

Знай же, о сын Кунти, что все виды жизни порождены материальной природой, а Я отец, дающий семя.

КОММЕНТАРИЙ: В этом стихе ясно сказано, что Верховный Господь, Кришна, — изначальный отец всего живого. Живые существа соединяют в себе материальное и духовное начало. Они есть не только на Земле, но и на всех остальных планетах вселенной, вплоть до самой высшей из них, обители Господа Брахмы. Живые существа обитают всюду: в земле, в воде и даже в огне. И матерью всех живых существ является материальная природа, а Кришна оплодотворяет ее. Смысл данного стиха в том, что Господь помещает в лоно материальной природы семена живых существ, которые появляются на свет в период сотворения вселенной в различных видах жизни, согласно своей *карме*.

ТЕКСТ 5   सत्त्वं रजस्तम इति गुणाः प्रकृतिसम्भवाः ।
निबध्नन्ति महाबाहो देहे देहिनमव्ययम् ॥ ५ ॥

*саттвам раджас тама ити   гунах пракрти-самбхавах
нибадхнанти маха-бахо   дехе дехинам авйайам*

саттвам — *гуна* благости; *раджах* — *гуна* страсти; *тамах* — *гуна* невежества; *ити* — таким образом; *гунах* — качества; *пракрти* — из материальной природы; *самбхавах* — возникшие; *нибадхнанти* — обусловливают; *маха-бахо* — о могучерукий; *дехе* — в теле; *дехи-нам* — живое существо; *авйайам* — вечное.

Материальная природа состоит из трех *гун* — благости, страсти и невежества. Когда вечное живое существо входит в соприкосновение с материальной природой, эти *гуны*, о могучерукий Арджуна, обусловливают его.

КОММЕНТАРИЙ: Живое существо, будучи духовным, не имеет ничего общего с материальной природой. Но так как оно попало под влияние материальной энергии, оно действует под диктовку трех *гун* материальной природы. Наделенные различными телами с присущими им от природы качествами, живые существа вынуждены действовать так, как велит их природа. В этом причина многообразия счастья и страданий.

ТЕКСТ 6   तत्र सत्त्वं निर्मलत्वात्प्रकाशकमनामयम् ।
सुखसङ्गेन बध्नाति ज्ञानसङ्गेन चानघ ॥ ६ ॥

*татра саттвам нирмалатват   пракашакам анамайам
сукха-сангена бадхнати   джнана-сангена чанагха*

татра — там; *саттвам* — *гуна* благости; *нирмалатват* — благодаря тому, что она чистейшая в материальном мире; *пракашакам* — просветляющая; *анамайам* — свободная от последствий греховной деятельности; *сукха* — со счастьем; *сангена* — соприкосновением; *бадхнати* — связывает; *джнана* — со знанием; *сангена* — соприкосновением; *ча* — и; *анагха* — о безгрешный.

О безгрешный, *гуна* благости, которая чище других *гун*, просветляет живое существо и избавляет его от всех последствий

грехов. **Пребывающие под влиянием этой** *гуны* **привязываются к знанию и ощущению счастья.**

КОММЕНТАРИЙ: Обусловленные материальной природой живые существа делятся на несколько категорий. Их можно подразделить на счастливых, деятельных и беспомощных. Эти три психологических состояния определяют положение обусловленного живого существа в царстве материальной природы. Данный раздел «Бхагавад-гиты» повествует о различных видах материальной обусловленности. Кришна начинает с описания *гуны* благости. Благость наделяет человека мудростью, отличающей его от тех, кто обусловлен иначе. Человек в *гуне* благости гораздо меньше подвержен материальным желаниям, и ему свойственна привязанность к материальным знаниям. Примером таких людей являются *брахманы,* про которых говорят, что они находятся под влиянием *гуны* благости. Причина ощущения счастья, присущего таким людям, в том, что на уровне *гуны* благости человек понимает, что он более или менее освободился от бремени своих грехов. В Ведах говорится, что *гуна* благости, в отличие от других *гун,* приносит людям глубокие познания и делает их счастливыми.

Проблема в том, что, находясь в *гуне* благости, человек сознает свое преимущество в знании, чувствует свое превосходство над другими и этим обусловливается. Лучший пример тому — философы и ученые. Все они гордятся своими познаниями, и, поскольку большинство из них живет в достатке, они до определенной степени испытывают материальное счастье. Это ощущение счастья в рамках обусловленной жизни привязывает их к *гуне* благости. Поэтому они очень привязываются к деятельности в *гуне* благости, и, пока эта привязанность существует, они будут вынуждены менять тела, оставаясь во власти *гун* материальной природы. Это лишает их возможности получить освобождение и вернуться в духовный мир. Снова и снова рождаясь ученым, философом или поэтом, такой человек обрекает себя на череду страданий, которые всегда приносят рождение и смерть. Но, введенный в заблуждение материальной энергией, он, несмотря ни на что, считает себя счастливым.

ТЕКСТ 7   रजो रागात्मकं विद्धि तृष्णासङ्गसमुद्भवम् ।
तन्निबध्नाति कौन्तेय कर्मसङ्गेन देहिनम् ॥ ७ ॥

*раджо рāгāтмакам виддхи   тршнā-санга-самудбхавам
тан нибадхнāти каунтейа   карма-сангена дехинам*

раджах—*гуна* страсти; *рāга-āтмакам*—рожденная из желания, или вожделения; *виддхи*—знай; *тршнā*—с алчностью; *санга*—

от соприкосновения; *самудбхавам* — возникшая; *тат* — то; *нибадхнати* — связывает; *каунтея* — о сын Кунти; *карма-сангена* — во-
влеченностью в кармическую деятельность; *дехинам* — воплощенного.

**Гуна страсти порождена бесконечными желаниями и алчнос-
тью, поэтому она, о сын Кунти, связывает воплощенное живое
существо узами материальной корыстной деятельности.**

КОММЕНТАРИЙ: Главным признаком *гуны* страсти является вза-
имное влечение мужчин и женщин. Женщину влечет к мужчи-
не, а мужчину — к женщине. Это влечение называется страстью.
И когда ее влияние возрастает, у человека развивается жажда материальных наслаждений. У него появляется желание удовлетворять
свои чувства. Ради удовлетворения чувств человек в *гуне* страсти
жаждет всеобщего признания, мечтает о счастливой семейной жизни, о хорошей жене, послушных детях и собственном доме. Все
это — результат влияния *гуны* страсти. Чтобы исполнить все свои
желания, человеку приходится работать не покладая рук. Поэтому
здесь говорится, что привязанность к плодам своего труда связывает его узами материальной деятельности. Чтобы удовлетворить
жену, детей и общество и поддержать свой престиж, человек должен работать. Поэтому все в материальном мире в той или иной
степени находятся под влиянием *гуны* страсти. И современная цивилизация считается прогрессивной только потому, что критерием
прогресса служит степень влияния *гуны* страсти. В былые времена прогресс определялся степенью влияния *гуны* благости. Но если даже люди в *гуне* благости не могут освободиться из материального плена, то что тогда говорить о тех, кто запутался в сетях
гуны страсти?

ТЕКСТ 8   तमस्त्वज्ञानजं विद्धि मोहनं सर्वदेहिनाम् ।
प्रमादालस्यनिद्राभिस्तन्निबध्नाति भारत ॥ ८ ॥

*тамас тв аджнана-джам виддхи   моханам сарва-дехинам
прамадаласйа-нидрабхис   тан нибадхнати бхарата*

тамах — *гуна* невежества; *ту* — но; *аджнана-джам* — возникшая из невежества; *виддхи* — знай; *моханам* — иллюзия; *сарва-
дехинам* — воплощенных существ; *прамада* — безумием; *аласйа* —
ленью; *нидрабхих* — сном; *тат* — та; *нибадхнати* — опутывает;
бхарата — о потомок Бхараты.

**Знай же, о потомок Бхараты, что гуна тьмы, порожденная не-
вежеством, держит всех воплощенных живых существ в плену**

иллюзии. Ее влияние проявляется в виде безумия, лени и сна, которые опутывают обусловленную душу.

КОММЕНТАРИЙ: Особого внимания заслуживает употребленное в данном стихе слово *ту.* Оно указывает на то, что *гуна* невежества наделяет воплощенную душу очень своеобразными качествами. *Гуна* невежества является прямой противоположностью *гуны* благости. Человек в *гуне* благости обладает знанием и благодаря ему понимает природу вещей, в отличие от того, кто пребывает в невежестве. Каждый, кто оказывается во власти *гуны* невежества, теряет рассудок и вместе с ним способность отличать хорошее от дурного. Вместо того чтобы развиваться, такой человек деградирует. Веды характеризуют *гуну* невежества следующим образом: *васту-йатхатмйа-джнанаваракам випарйайа-джнана-джанакам тамах* — покрытые *гуной* невежества, люди лишаются способности понимать истинную природу вещей. Так, каждый знает, что все его предки умерли, и значит, он тоже умрет; человек смертен. Дети, которых он зачинает, тоже обречены на смерть. Смерть неотвратима. Тем не менее люди как одержимые копят деньги и работают день и ночь не покладая рук, и никому не приходит в голову позаботиться о вечной душе. Это называется безумием. В безумии своем люди не хотят понять природу духа. Такие люди очень ленивы. Когда им предлагают духовное знание, они не проявляют к нему никакого интереса. В них нет даже той жажды деятельности, которая владеет людьми в *гуне* страсти. Другой характерной чертой человека в *гуне* невежества является то, что он спит больше, чем необходимо. Шести часов сна вполне достаточно, однако человек в *гуне* невежества спит по десять, а то и по двенадцать часов в день. Такой человек всегда выглядит подавленным и угнетенным, он часто принимает одурманивающие средства и много спит. Таковы отличительные признаки людей, обусловленных *гуной* невежества.

ТЕКСТ 9   सत्त्वं सुखे सञ्जयति रजः कर्मणि भारत ।
          ज्ञानमावृत्य तु तमः प्रमादे सञ्जयत्युत ॥ ९ ॥

*саттвам сукхе санджайати   раджах кармани бхарата
джнанам авртйа ту тамах   прамаде санджайатй ута*

саттвам — *гуна* благости; *сукхе* — в счастье; *санджайати* — связывает; *раджах* — *гуна* страсти; *кармани* — в корыстной деятельности; *бхарата* — о потомок Бхараты; *джнанам* — знание; *авртйа* — покрыв; *ту* — же; *тамах* — *гуну* невежества; *прамаде* — в безумии; *санджайати* — связывает; *ута* — и.

О потомок Бхараты, *гуна* благости обусловливает живое существо ощущением счастья, *гуна* страсти — корыстной деятельностью, а *гуна* невежества, покрывая знание живого существа, связывает его путами безумия.

КОММЕНТАРИЙ: Человек в *гуне* благости находит удовлетворение в своей деятельности или своих интеллектуальных занятиях; так, философ, ученый или преподаватель, трудясь в той или иной отрасли науки, чувствует себя вполне довольным. Человек в *гуне* страсти, если к ней примешивается *гуна* благости, поглощен корыстной деятельностью; он старается заработать как можно больше денег и потратить их на благие дела. Такие люди иногда открывают больницы, жертвуют деньги благотворительным организациям и т.д. Таковы признаки человека в *гуне* страсти. А *гуна* невежества покрывает знание живого существа. Все, что делает человек, находящийся в *гуне* невежества, не приносит блага ни ему самому, ни кому бы то ни было еще.

ТЕКСТ 10   रजस्तमश्चाभिभूय सत्त्वं भवति भारत ।
रजः सत्त्वं तमश्चैव तमः सत्त्वं रजस्तथा ॥ १० ॥

раджас тамаш чабхибхуйа   саттвам бхавати бхарата
раджах саттвам тамаш чаива   тамах саттвам раджас татха

раджах — гуну страсти; *тамах* — гуну невежества; *ча* — также; *абхибхуйа* — превзойдя; *саттвам* — гуна благости; *бхавати* — становится (преобладающей); *бхарата* — о потомок Бхараты; *раджах* — гуну страсти; *саттвам* — гуну благости; *тамах* — гуна невежества; *ча* — также; *эва* — подобно этому; *тамах* — гуну невежества; *саттвам* — гуну благости; *раджах* — гуна страсти; *татха* — таким образом.

Иногда, о потомок Бхараты, в человеке начинает преобладать *гуна* благости, одолевая страсть и невежество. Иногда *гуна* страсти побеждает невежество и благость, а иногда берет верх *гуна* невежества. Так между *гунами* материальной природы идет непрерывная борьба за превосходство.

КОММЕНТАРИЙ: Когда возрастает влияние *гуны* страсти, благость и невежество отступают на второй план. *Гуна* благости, возобладав, побеждает страсть и невежество, а когда берет верх *гуна* невежества, терпят поражение страсть и благость. Борьба между *гунами* не утихает ни на минуту. Поэтому тот, кто действительно хочет развить в себе сознание Кришны, должен подняться над всеми *гунами*. Преобладающее влияние той или иной *гуны* отражается на деятельности человека, его отношениях с другими людьми, сказывается на его диете и т. д. Обо всем этом будет рассказано в последующих главах. Однако, если человек захочет, он сможет выработать в себе качества, присущие *гуне* благости, и таким образом одолеть страсть и невежество. Точно так же можно развить в себе *гуну* страсти, победив благость и невежество, или помочь невежеству взять верх над страстью и благостью. Несмотря на могущество всех трех материальных *гун*, тот, кто исполнен решимости, может получить благословение *гуны* благости, а затем, преодолев влияние материальной благости, достичь чистой благости, то есть состояния бытия, которое называют *васудева*. В этом состоянии душа становится способной постичь науку о Боге. Показателем того, под влиянием какой *гуны* находится живое существо, является характер его деятельности.

ТЕКСТ 11 सर्वद्वारेषु देहेऽस्मिन्प्रकाश उपजायते ।
ज्ञानं यदा तदा विद्याद्विवृद्धं सत्त्वमित्युत ॥ ११ ॥

*сарва-двārешу дехе 'смин   пракāша упаджāйате
джнāнам йадā тадā видйāд   виврддхам саттвам итй ута*

сарва-двāрешу — во всех вратах; *дехе асмин* — в этом теле; *пракāшах* — сияние; *упаджāйате* — появляется; *джнāнам* — знание; *йадā* — когда; *тадā* — тогда; *видйāт* — да будет известно; *виврддхам* — увеличивающая; *саттвам* — *гуна* благости; *ити ута* — так (сказано).

Когда начинает преобладать *гуна* благости, все врата тела озаряются знанием.

КОММЕНТАРИЙ: У материального тела девять врат: глаза, уши, ноздри, рот, гениталии и анус. Когда все девять врат освещены признаками благости, живое существо находится под влиянием *гуны* благости. В *гуне* благости зрение, слух и вкус не подводят человека и позволяют ему воспринимать мир таким, как он есть. Человек в *гуне* благости очищается изнутри и снаружи. Признаки счастья и умиротворения украшают все врата его тела, помогая понять, что он находится под влиянием *гуны* благости.

ТЕКСТ 12 लोभः प्रवृत्तिरारम्भः कर्मणामशमः स्पृहा ।
रजस्येतानि जायन्ते विवृद्धे भरतर्षभ ॥ १२ ॥

*лобхах праврттир āрамбхах   карманāм ашамах спрхā
раджаси этāни джāйанте   виврддхе бхаратаршабха*

лобхах — жадность; *праврттих* — деятельность; *āрамбхах* — попытка; *карманāм* — деяний; *ашамах* — неукротимая; *спрхā* — желание; *раджаси* — в *гуне* страсти; *этани* — эти; *джайанте* — развиваются; *вивриддхе* — в возросшей; *бхарата-ришабха* — о лучший из потомков Бхараты.

Когда возрастает влияние *гуны* страсти, о предводитель рода Бхараты, человек обнаруживает признаки сильной привязанности и погружается в зарабатывание денег, прилагает чрезмерные усилия для достижения своих целей и проявляет неуемное вожделение и ненасытную жажду наслаждений.

КОММЕНТАРИЙ: Человек в *гуне* страсти никогда не удовлетворен достигнутым, он всегда хочет большего. Если он задумал построить дом, то приложит все силы, чтобы построить его так, будто он сможет жить в нем вечно. В нем также развивается сильная жажда чувственных удовольствий. Его желаниям нет конца. Он хочет всегда оставаться со своей семьей в своем доме, чтобы и дальше удовлетворять свои чувства. Таковы отличительные признаки *гуны* страсти.

ТЕКСТ 13 अप्रकाशोऽप्रवृत्तिश्च प्रमादो मोह एव च ।
तमस्येतानि जायन्ते विवृद्धे कुरुनन्दन ॥ १३ ॥

*апракайшо 'правриттиш ча   прамадо моха эва ча
тамаси этани джайанте   вивриддхе куру-нандана*

апракайшах — тьма; *аправриттих* — бездействие; *ча* — и; *прамадах* — безумие; *мохах* — заблуждение; *эва* — конечно; *ча* — также; *тамаси* — *гуна* невежества; *этани* — эти; *джайанте* — появляются; *вивриддхе* — в возросшей; *куру-нандана* — о потомок Куру.

Оказавшись под преобладающим влиянием *гуны* невежества, о потомок Куру, человек погружается во тьму, делается сонным, утрачивает разум и становится жертвой иллюзии.

КОММЕНТАРИЙ: Покрываясь тьмой, человек лишается знания. Те, кто находится под влиянием *гуны* невежества, не следуют никаким регулирующим принципам; они все делают как им заблагорассудится, без ориентиров и цели. Хотя они способны трудиться, они не любят прилагать усилия. Это называется иллюзией. Их сознание продолжает работать, но сами они проводят время в бездействии. Таковы признаки *гуны* невежества.

ТЕКСТ 14 यदा सत्त्वे प्रवृद्धे तु प्रलयं याति देहभृत् ।
तदोत्तमविदां लोकानमलान्प्रतिपद्यते ॥ १४ ॥

*йада саттве правриддхе ту   пралайам йати деха-бхрт
тадоттама-видам локан   амалан пратипадйате*

йадā — когда; *саттве* — в *гуне* благости; *праврддхе* — в усилившейся; *ту* — но; *пралайам* — к уничтожению; *йāти* — идет; *деха-бхрт* — воплощенный; *тадā* — тогда; *уттама-видāм* — великих мудрецов; *локāн* — планеты; *амалāн* — чистые; *пратипадйате* — обретает.

Человек, находящийся под влиянием *гуны* благости, умирая, попадает на высшие, чистые планеты великих мудрецов.

КОММЕНТАРИЙ: Люди, поклоняющиеся Хираньягарбхе, достигают высших планет, таких как Брахмалока или Джаналока, где наслаждаются райским счастьем. Большое значение имеет употребленное в этом стихе слово *амалāн*, что значит «не подверженный влиянию *гун* страсти и невежества». Материальный мир полон скверны, но *гуна* благости является самой чистой формой материального бытия. Есть разные типы планет, населенные различными видами живых существ. Тот, кто умирает, находясь под влиянием *гуны* благости, поднимается на планеты, где живут великие мудрецы и великие преданные.

ТЕКСТ 15 रजसि प्रलयं गत्वा कर्मसङ्गिषु जायते ।
तथा प्रलीनस्तमसि मूढयोनिषु जायते ॥ १५ ॥

раджаси пралайам гатвā   карма-сангишу джāйате
татхā пралӣнас тамаси   мӯдха-йонишу джāйате

раджаси — в *гуне* страсти; *пралайам* — к уничтожению; *гатвā* — придя; *карма-сангишу* — среди тех, кто занят кармической деятельностью; *джāйате* — рождается; *татхā* — также; *пралӣнах* — умирающий; *тамаси* — в невежестве; *мӯдха-йонишу* — среди животных; *джāйате* — рождается.

Умирая в *гуне* страсти, человек рождается среди тех, кто занят корыстной деятельностью, а умирая в *гуне* невежества, попадает в царство животных.

КОММЕНТАРИЙ: Некоторые люди думают, что, однажды получив человеческое тело, душа больше никогда не воплощается в низших формах жизни. Это неверно. Как сказано в данном стихе, умирая в *гуне* невежества, человек рождается среди животных. После этого ему приходится снова подниматься по эволюционной лестнице до тех пор, пока он в очередной раз не получит тело человека. Поэтому тот, кто действительно осознал ценность человеческой жизни, должен подняться на уровень *гуны* благости, а затем благодаря хорошему общению возвыситься над всеми *гунами* материальной природы и обрести сознание Кришны. Таково предназначение человеческой формы жизни. Иначе никто не сможет дать нам гарантии, что в следующей жизни мы снова получим тело человека.

ТЕКСТ 16   कर्मणः सुकृतस्याहुः सात्त्विकं निर्मलं फलम् ।
रजसस्तु फलं दुःखमज्ञानं तमसः फलम् ॥ १६ ॥

*карманах сукртасйāхух   сāттвикам нирмалам пхалам
раджасас ту пхалам духкхам   аджнāнам тамасах пхалам*

карманах — деятельности; *су-кртасйа* — благочестивой; *āхух* — говорят; *сāттвикам* — относящийся к *гуне* благости; *нирмалам* — чистый; *пхалам* — результат; *раджасах* — *гуны* страсти; *ту* — же; *пхалам* — результат; *духкхам* — страдание; *аджнāнам* — отсутствие разума; *тамасах* — *гуны* невежества; *пхалам* — результат.

Плоды добродетельных поступков чисты и относятся к *гуне* благости. Действия в *гуне* страсти приносят человеку страдания, а деятельность в *гуне* невежества лишает его разума.

КОММЕНТАРИЙ: Праведная деятельность в *гуне* благости приносит чистые плоды. Поэтому мудрецы, свободные от влияния иллюзии, всегда счастливы. Но действия в *гуне* страсти несут с собой лишь страдания. Всякая попытка обрести счастье в материальном мире заранее обречена на неудачу. Так, если кто-то решит построить небоскреб, то он сможет сделать это, но ценою огромных людских страданий. Тому, кто финансирует строительство, придется приложить огромные усилия, чтобы собрать необходимые средства, а рабочие-строители будут по-рабски трудиться на стройке. Все это страдания от начала и до конца. Поэтому «Бхагавад-гита» утверждает, что любая деятельность в *гуне* страсти влечет за собой неисчислимые страдания. Человек может испытать некоторое удовлетворение от мысли «Это мой дом» или «Это мои деньги», однако все это далеко от настоящего счастья.

Что касается деятельности в *гуне* невежества, то человек, занятый ею, лишен знания, поэтому он страдает в настоящем, а в будущем получит тело животного. Жизнь животных полна невзгод и лишений, хотя сами животные не сознают этого, находясь во власти иллюзорной энергии, *майи*. Те, кто убивает несчастных животных, также находятся в *гуне* невежества. Такие люди не знают, что в следующей жизни их жертва получит тело, которое даст ей возможность убить их. Таков закон природы. В человеческом обществе убийцу приговаривают к смертной казни. Таковы законы государства. Пребывая в невежестве, люди не подозревают о том, что живут во вселенском государстве, которым управляет Верховный Господь. Все живые существа — дети Всевышнего, и Он не позволит безнаказанно убить даже муравья. Преступника ожидает неминуемая расплата. Поэтому тот, кто умерщвляет животных ради того, чтобы доставить наслаждение собственному языку, — самый невежественный из невежд. Человеку нет нужды убивать животных, поскольку Бог дал ему множество чудесных продуктов. Те, кто, несмотря на это, питаются мясом, очевидно, находятся в *гуне* невежества, и их будущее мрачно. Из всех видов убийства животных самым тяжким грехом является убийство коров, так как они заботятся о человеке, давая ему вкусное и полезное молоко. Убивать коров способны только самые невежественные люди. В Ведах (Риг-веда, 9.4.64) сказано: *гобхих прӣн̣ита-матсарам*. Тот, кто с удовольствием пьет коровье молоко и тем не менее намеревается убить корову, находится в глубочайшем невежестве. В *шастрах* есть молитва:

> *намо брахман̣йа-девāйа*
> *го-брāхман̣а-хитāйа ча*
> *джагад-дхитāйа кр̣шн̣āйа*
> *говиндāйа намо намах̣*

«О мой Господь, Ты заботишься о благополучии коров и *брахманов,* а также всего человечества и всего мира» (Вишну-пурана, 1.19.65). В этой молитве подчеркивается, что Господь в первую очередь оказывает покровительство коровам и *брахманам.* От *брахманов* люди получают духовное знание, а от коров — самый ценный продукт питания, поэтому всесторонняя защита *брахманов* и коров является необходимым условием истинного прогресса человеческой цивилизации. Современное общество пренебрегает духовным знанием и поощряет убийство коров. Это означает, что все общество движется в неверном направлении, обрекая себя на деградацию. Цивилизацию, которая ведет своих членов к деградации в животные формы жизни, нельзя назвать человеческой. Нет никаких сомнений в том, что люди современной цивилизации жестоко обмануты *гунами* страсти и невежества. Нынешний век таит в себе множество опасностей, поэтому все народы мира должны воспользоваться самым простым методом духовного самопознания, методом сознания Кришны, и спасти себя от величайшей катастрофы.

ТЕКСТ 17   सत्त्वात्सञ्जायते ज्ञानं रजसो लोभ एव च ।
           प्रमादमोहौ तमसो भवतोऽज्ञानमेव च ॥ १७ ॥

> *саттвāт сан̃джāйате джн̃āнам раджасо лобха эва ча*
> *прамāда-мохау тамасо бхавато 'джн̃āнам эва ча*

саттват — из *гуны* благости; *санджайате* — возникает; *джнã-
нам* — знание; *раджасах* — из *гуны* страсти; *лобхах* — алчность;
эва — безусловно; *ча* — также; *прамāда* — безумие; *мохау* — и иллюзия; *тамасах* — из *гуны* невежества; *бхаватах* — возникающие;
аджнāнам — глупость; *эва* — безусловно; *ча* — также.

**Гуна благости порождает истинное знание, *гуна* страсти разжи-
гает алчность, а *гуна* невежества приводит к глупости, безумию
и иллюзии.**

КОММЕНТАРИЙ: Поскольку современное общество не заботится
об истинном благе живых существ ни в этой жизни, ни в следующей, в этот век людям рекомендован метод сознания Кришны.
Встав на путь сознания Кришны, человеческое общество достигнет уровня *гуны* благости, и люди смогут видеть вещи такими, как
они есть. *Гуна* невежества низводит людей до уровня животных
и лишает их способности видеть вещи в истинном свете. Невежественные люди, например, не понимают, что если в этой жизни они
убивают животных, то в следующей сами будут убиты ими. Не получив должного образования, люди, лишенные истинного знания,
становятся безответственными. Чтобы положить конец этой без-
ответственности, необходимо дать людям знание, которое поможет
им подняться до уровня *гуны* благости. Образование в *гуне* благости даст им трезвый разум и способность видеть вещи в истинном свете. Тогда к ним придут счастье и благополучие. Даже если
большинство людей будет продолжать страдать и бедствовать, но
какая-то часть общества разовьет в себе сознание Кришны и поднимется до уровня *гуны* благости, на землю со временем придут
мир и процветание. В противном случае, оставаясь в плену страсти и невежества, люди никогда не узнают ни счастья, ни достатка.
Гуна страсти разжигает в них алчность и неутолимое желание чувственных удовольствий. Мы видим, что даже те, у кого много денег
и возможностей для удовлетворения чувств, не знают ни счастья,
ни покоя. Так как они находятся в плену *гуны* страсти, для них
это недостижимо. Не деньги делают человека счастливым; чтобы
обрести счастье, необходимо подняться на уровень *гуны* благости,
встав на путь сознания Кришны. Действуя в *гуне* страсти, человек
не чувствует себя счастливым; его работа и прочие занятия приносят ему множество тревог. Ему все время приходится ломать голову над тем, как заработать достаточно денег, чтобы сохранить
свое положение в обществе. Все это является источником постоянных страданий. А *гуна* невежества сводит людей с ума. Вла-
ча жалкое существование, такие люди начинают искать утешение
в вине и наркотиках, которые еще глубже затягивают их в трясину
невежества. Будущее, уготованное им, темно и беспросветно.

ТЕКСТ 18 ऊर्ध्वं गच्छन्ति सत्त्वस्था मध्ये तिष्ठन्ति राजसाः ।
जघन्यगुणवृत्तिस्था अधो गच्छन्ति तामसाः ॥ १८ ॥

*ӯрдхвам гаччханти саттва-стха̄   мадхйе тишт̣ханти ра̄джаса̄х̣
джагханйа-гун̣а-вр̣тти-стха̄   адхо гаччханти та̄маса̄х̣*

ӯрдхвам — вверх; *гаччханти* — идут; *саттва-стха̄х̣* — те, кто находится в *гуне* благости; *мадхйе* — в середине; *тишт̣ханти* — находятся; *ра̄джаса̄х̣* — те, кто находится в *гуне* страсти; *джагханйа* — низшего, отвратительного; *гун̣а* — качества; *вр̣тти-стха̄х̣* — занимающиеся деятельностью; *адхах̣* — вниз; *гаччханти* — идут; *та̄маса̄х̣* — люди в *гуне* невежества.

Те, кто пребывает в *гуне* благости, после смерти поднимаются на высшие планеты; люди в *гуне* страсти остаются на земных планетах, а те, кто находится под влиянием низшей из *гун*, отвратительной *гуны* невежества, попадают в адские миры.

КОММЕНТАРИЙ: В этом стихе более подробно рассказывается о результатах деятельности в трех *гунах* материальной природы. Во вселенной есть высшая планетная система, которая состоит из райских планет, населенных очень возвышенными живыми существами. В зависимости от степени развития *гуны* благости, живое существо попадает на ту или иную планету этой системы. Высшей среди них является Сатьялока, или Брахмалока, где живет повелитель вселенной, Господь Брахма. Как уже было сказано, мы не в состоянии даже представить себе, насколько чудесны условия жизни на Брахмалоке, но высшая форма материального существования, *гуна* благости, способна помочь нам попасть в эти условия.

Гуна страсти занимает промежуточное положение, находясь между *гунами* благости и невежества. Человек никогда не находится под влиянием одной-единственной *гуны*, но даже если бы он и находился в чистой *гуне* страсти, то все равно остался бы на Земле, став царем или миллионером. Однако поскольку *гуны* всегда смешаны, то всегда остается риск деградировать и родиться среди низших форм жизни. Жители Земли, находящиеся под влиянием *гун* страсти и невежества, никогда не смогут штурмом взять высшие планеты с помощью механических летательных аппаратов. Более того, тот, кто находится в *гуне* страсти, может в следующей жизни сойти с ума.

Низшее качество материальной природы, *гуна* невежества, названа здесь отвратительной. Тот, кто культивирует в себе *гуну* невежества, идет на большой риск. Существует восемь миллионов низших по отношению к человеческой форм жизни — птицы, звери, пресмыкающиеся, деревья и т.д., — и в зависимости от степени развития *гуны* невежества люди деградируют до одной из этих ужасных форм жизни. Особого внимания заслуживает употребленное здесь слово *тāмасāх*. Так называют тех, кто вечно остается в *гуне* невежества и никогда не поднимается на более высокий уровень. Их будущее беспросветно.

Люди в *гунах* страсти и невежества могут подняться на уровень *гуны* благости, воспользовавшись методом сознания Кришны. Однако тот, кто упускает эту возможность, так и останется под влиянием низших материальных *гун*.

ТЕКСТ 19   नान्यं गुणेभ्यः कर्तारं यदा द्रष्टानुपश्यति ।
गुणेभ्यश्च परं वेत्ति मद्भावं सोऽधिगच्छति ॥ १९ ॥

*нāнйам гунебхйах картāрам   йадā драштāнупашйати
гунебхйаш ча парам ветти   мад-бхāвам со 'дхигаччхати*

на — нет; *анйам* — другого; *гунебхйах* — кроме материальных гун; *картāрам* — исполнителя; *йадā* — когда; *драштā* — наблюдатель; *анупашйати* — видит как оно есть; *гунебхйах* — гун природы; *ча* — и; *парам* — трансцендентного; *ветти* — знает; *мат-бхāвам* — Моей духовной природы; *сах* — он; *адхигаччхати* — достигает.

Тот, кто видит, что всё в материальном мире совершается *гунами* материальной природы, и кто знает Верховного Господа, запредельного этим *гунам*, достигает Моей духовной природы.

КОММЕНТАРИЙ: Человек может выйти из сферы действия всех *гун* материальной природы, получив авторитетное знание о них от осознавших себя душ. Изначальный духовный учитель — это Кришна, который сейчас открывает духовное знание Арджуне. Точно так же и мы должны получить знание о деятельности *гун* материальной природы от тех, кто обладает совершенным сознанием Кришны. Иначе мы никогда не достигнем цели жизни. Внимая наставлениям истинного духовного учителя, человек получает знание о своей духовной природе, о материальном теле и чувствах, о том как он попал в ловушку материальной энергии и был загипнотизирован *гунами* материальной природы. Пока человек находится в объятиях материальных *гун*, он беспомощен, но, осознав свое истинное положение в процессе духовной практики, он получает возможность достичь духовного уровня. Само живое существо не является исполнителем действий. Оно вынуждено действовать, потому что находится в материальном теле, которым управляет та или иная *гуна* материальной природы. Но без помощи тех, кто хорошо знает духовную науку, мы не в состоянии понять наше реальное положение. Только обратившись к истинному духовному учителю, мы сможем осознать настоящее положение дел, и это понимание даст нам возможность укрепиться в сознании Кришны. Человек, сознающий Кришну, неподвластен чарам материальных *гун.* Как было сказано в седьмой главе, тот, кто предался Кришне, выходит из-под влияния материальной природы. Человек, способный видеть истинную природу вещей, постепенно преодолевает влияние материальных *гун.*

ТЕКСТ 20 गुणानेतानतीत्य त्रीन्देही देहसमुद्भवान् ।
जन्ममृत्युजरादुःखैर्विमुक्तोऽमृतमश्नुते ॥ २० ॥

*гунан этан атӣтйа трӣн   дехӣ деха-самудбхаван
джанма-мртйу-джара-духкхаир   вимукто 'мртам ашнуте*

гунан — гуны; *этан* — эти; *атӣтйа* — превзойдя; *трӣн* — три; *дехӣ* — воплощенное живое существо; *деха* — из тела; *самудбхаван* — возникшие; *джанма* — рождения; *мртйу* — смерти; *джара* — старости; *духкхаих* — от страданий; *вимуктах* — освобожденное; *амртам* — нектар; *ашнуте* — вкушает.

Преодолев влияние этих трех *гун,* которые связаны с материальным телом, воплощенное живое существо перестает испытывать страдания, сопряженные с рождением, старостью и смертью, и вкушает нектар уже в этой жизни.

КОММЕНТАРИЙ: Этот стих объясняет, как, даже оставаясь в материальном теле, можно развить в себе сознание Кришны и преодолеть влияние *гун.* На санскрите *дехӣ* значит «воплощенный в теле». Тот, кто обрел духовное знание, может выйти из-под влияния *гун* природы, даже находясь в материальном теле. В этом теле он может познать вкус духовного бытия, а оставив тело, непременно попадет в духовное царство. Но, даже оставаясь в материальном теле, такой человек испытывает подлинное духовное счастье. Иными словами, преданное служение в сознании Кришны свидетельствует об освобождении из материального плена, о чем будет говориться в восемнадцатой главе. Когда человек выходит из-под власти материальных *гун,* он приступает к преданному служению.

ТЕКСТ 21 अर्जुन उवाच
कैर्लिङ्गैस्त्रीन्गुणानेतानतीतो भवति प्रभो ।
किमाचारः कथं चैतांस्त्रीन्गुणानतिवर्तते ॥ २१ ॥

*арджуна увача
каир лингаис трӣн гунан этан   атӣто бхавати прабхо
ким ачарах катхам чаитамс   трӣн гунан ативартате*

арджунах увача — Арджуна сказал; *каих* — какими; *лингаих* — признаками; *трин* — три; *гунан* — качества; *этан* — эти; *атитах* — превзошедший; *бхавати* — становится; *прабхо* — о мой Господь; *ким* — каково; *ачарах* — поведение; *катхам* — как; *ча* — и; *этан* — эти; *трин* — три; *гунан* — гуны; *ативартате* — превосходит.

Арджуна спросил: О мой Господь, по каким признакам можно узнать того, кто вышел из-под влияния этих трех *гун*? Как он ведет себя? И каким образом освобождается от их власти?

КОММЕНТАРИЙ: В этом стихе Арджуна задает очень важные вопросы. Он хочет знать, каковы отличительные качества человека, преодолевшего влияние трех материальных *гун*. Как определить, что этот человек преодолел влияние материальных *гун*? Второй вопрос Арджуны касается того, как живет такой человек и как он действует. Следует ли он принципам писаний или нет? И далее он спрашивает, как достичь трансцендентного уровня. Это очень важный вопрос. Пока человек не знает о том, каким образом можно раз и навсегда выйти из-под влияния *гун*, он не обнаружит признаков духовной личности. Поэтому вопросы, заданные Арджуной, исключительно важны, и сейчас Господь ответит на них.

**ТЕКСТЫ
22–25**

श्रीभगवानुवाच
प्रकाशं च प्रवृत्तिं च मोहमेव च पाण्डव ।
न द्वेष्टि सम्प्रवृत्तानि न निवृत्तानि काङ्क्षति ॥ २२ ॥

उदासीनवदासीनो गुणैर्यो न विचाल्यते ।
गुणा वर्तन्त इत्येवं योऽवतिष्ठति नेङ्गते ॥ २३ ॥

समदुःखसुखः स्वस्थः समलोष्टाश्मकाञ्चनः ।
तुल्यप्रियाप्रियो धीरस्तुल्यनिन्दात्मसंस्तुतिः ॥ २४ ॥

मानापमानयोस्तुल्यस्तुल्यो मित्रारिपक्षयोः ।
सर्वारम्भपरित्यागी गुणातीतः स उच्यते ॥ २५ ॥

шри-бхагаван увача
пракашам ча правриттим ча   мохам эва ча пандава
на двешти самправриттани   на нивриттани канкшати

удасина-вад асино   гунаир йо на вичалйате
гуна вартанта итй эвам   йо 'ватиштхати ненгате

сама-духкха-сукхах сва-стхах   сама-лоштайма-канчанах
тулйа-прийаприйо дхирас   тулйа-ниндатма-самстутих

манапаманайас тулйас   тулйо митрари-пакшайох
сарварамбха-паритйаги   гунатитах са учйате

ш́рӣ-бхагава̄н ува̄ча — Верховный Господь сказал; *прака̄ш́ам* — просветление; *ча* — и; *правр̣ттим* — привязанность; *ча* — и; *мо-хам* — иллюзия; *эва ча* — также; *па̄н̣д̣ава* — о сын Панду; *на двешт̣и* — не ненавидит; *самправр̣тта̄ни* — присутствующие; *на нивр̣тта̄ни* — ни отсутствующие; *ка̄н̇кшати* — желает; *уда̄сӣна-ват* — как безучастный; *а̄сӣнах̣* — остающийся; *гун̣аих̣* — гунами; *йах̣* — который; *на* — не; *вича̄лйате* — выводится из равновесия; *гун̣а̄х̣* — гуны; *вартанте* — действуют; *ити эвам* — таким образом; *йах̣* — который; *аватишт̣хати* — пребывает; *на* — не; *ин̇гате* — колеблется; *сама* — одинаков; *дух̣кха* — и в горе; *сукхах̣* — тот, кто в счастье; *сва-стхах̣* — утвердившийся в себе; *сама* — одинаково; *лошт̣а* — к комку земли; *аш́ма* — к камню; *ка̄н̃чанах̣* — к золоту (относящийся); *тулйа* — одинаково; *прийа* — и приятное; *априйах̣* — тот, для кого неприятное; *дхӣрах̣* — стойкий; *тулйа* — равны; *нинда̄* — и хула; *а̄тма-сам̇стутих̣* — тот, для кого похвала; *ма̄на* — в чести; *апама̄найох̣* — и в бесчестье; *тулйах̣* — одинаковый; *тулйах̣* — одинаково; *митра* — к друзьям; *ари* — и врагам; *пакшайох̣* — к партиям; *сарва* — всех; *а̄рамбха* — от попыток; *паритйа̄гӣ* — тот, кто отрекся; *гун̣а-атӣтах̣* — трансцендентный к *гунам* материальной природы; *сах̣* — он; *учйате* — называется.

Верховный Господь сказал: О сын Панду, про того, в ком про-светление, привязанность и иллюзия не вызывают ненависти, ког-да они появляются, и кто не жаждет обрести их, когда они исчезают; кого не выводит из равновесия воздействие материаль-ных *гун*, кто остается безучастным и трансцендентным, ибо зна-ет, что все совершается этими *гунами;* кто всегда погружен в себя и одинаково относится к счастью и горю; кто не видит разницы между горстью земли, камнем и слитком золота; кто одинаково встречает желанное и нежеланное; кто остается непоколебимым, одинаково принимая осуждение и похвалы, бесчестье и почет; кто одинаково относится к друзьям и врагам; кто отрекся от всей ма-териальной деятельности, — про такого человека говорят, что он поднялся над *гунами* материальной природы.

КОММЕНТАРИЙ: Арджуна задал Кришне три вопроса, и Криш-на отвечает на эти вопросы один за другим. Здесь Он прежде все-го говорит, что человек, вышедший из-под влияния *гун*, никому не завидует и ничего не жаждет. В материальном мире воплощен-ное живое существо всегда находится под преобладающим влияни-ем одной из материальных *гун*. Когда оно освобождается от ма-териального тела, оно сбрасывает с себя оковы *гун* материальной природы. Но до тех пор, пока живое существо находится в теле, ему следует всегда стараться сохранять уравновешенность. Человек должен начать преданно служить Господу, и тогда он постепенно перестанет отождествлять себя с материальным телом. Пока человек считает себя телом, целью всех его действий будет удовлетворение собственных чувств, но, развив в себе сознание Кришны, он естественным образом перестает удовлетворять свои чувства. Душе не нужно материальное тело, и у нее нет никакой необходимости удовлетворять его прихоти. *Гуны* материальной природы будут продолжать действовать в теле, но человек, осознавший себя вечной душой, остается к этому безучастным. Как развить в себе такую безучастность? Для этого нужно освободиться от желания наслаждаться *гунами*, равно как и от желания избавиться от тела. Так, поднявшись на духовный уровень, преданный естественным образом обретает освобождение. Ему нет нужды прилагать особые усилия, чтобы выйти из под влияния материальных *гун*.

Следующий вопрос Арджуны касался поведения человека, свободного от влияния *гун*. В материальном мире люди стремятся к почестям, оказываемым материальному телу, и болезненно реагируют на унижения, однако человек, достигший трансцендентного уровня, одинаково безучастно относится и к преходящей славе, и к позору. Он выполняет свои обязанности в сознании Кришны, и ему все равно, почитают его люди или хулят. Он принимает только то, что помогает его деятельности в сознании Кришны, помимо этого у него нет никаких материальных потребностей: ему не нужны ни камень, ни золото. В каждом человеке он видит своего друга, который помогает ему выполнять обязанности в сознании Кришны, и не испытывает ни малейшей неприязни к своим так называемым врагам. Он одинаково отстраненно относится ко всему, что его окружает, ибо прекрасно знает, что сам он не имеет никакого отношения к материальной действительности. События политической и социальной жизни никак не отражаются на нем, поскольку он знает истинную цену всем скоротечным политическим переворотам и потрясениям. Он ничего не предпринимает для себя лично. Ради Кришны он готов сделать все, но для себя самого не делает ничего. Так ведет себя тот, кто действительно преодолел влияние *гун* природы.

ТЕКСТ 26 मां च योऽव्यभिचारेण भक्तियोगेन सेवते ।
स गुणान्समतीत्यैतान्ब्रह्मभूयाय कल्पते ॥ २६ ॥

*мам ча йо 'вйабхичарена   бхакти-йогена севате
са гунан саматӣтйаитан   брахма-бхӯйайа калпате*

мам — Мне; *ча* — также; *йах* — который; *авйабхичарена* — неуклонным; *бхакти-йогена* — преданным служением; *севате* — служит; *сах* — он; *гунан* — гуны материальной природы; *саматӣтйа* —

превзойдя; *этан* — эти; *брахма-бхӯйа̄йа* — для достижения уровня Брахмана; *калпате* — годится.

Тот, кто целиком посвящает себя преданному служению, ни при каких обстоятельствах не отклоняясь от этого пути, преодолевает влияние *гун* материальной природы и достигает уровня Брахмана.

КОММЕНТАРИЙ: Этот стих отвечает на третий вопрос Арджуны: «Какими средствами можно достичь трансцендентного уровня?» Как уже говорилось, весь материальный мир действует, подчиняясь власти *гун* материальной природы. Деятельность материальных *гун* не должна беспокоить нас; чтобы не дать ей поглотить наше сознание, нужно сосредоточить его на деятельности в сознании Кришны. Такую деятельность называют *бхакти-йогой*, деятельностью во имя Кришны. При этом подразумевается не только Сам Кришна, но и Его полные экспансии, такие как Рама и Нараяна. Проявлениям Кришны нет числа. Каждый, кто служит любому из образов Кришны, находится на трансцендентном уровне. Необходимо также помнить о том, что все образы Кришны полностью духовны, вечны и исполнены знания и блаженства. Все личностные проявления Бога всемогущи, всеведущи и наделены всеми трансцендентными качествами. Поэтому тот, кто служит Кришне или Его полной экспансии с непоколебимой решимостью, легко преодолевает влияние *гун* материальной природы, которое обычно очень трудно преодолеть. Об этом уже шла речь в седьмой главе «Бхагавад-гиты». Предавшись Кришне, человек тотчас выходит из-под власти материальных *гун*. Быть в сознании Кришны, или заниматься преданным служением, — значит достичь равенства с Кришной. Господь говорит, что по природе Своей Он вечен, исполнен знания и блаженства, а живые существа являются частицами Всевышнего, как крупинки золота — частью золотоносной жилы. Поэтому в своем чистом духовном состоянии живое существо качественно неотлично от золота, то есть от Кришны. При этом оно сохраняет свою индивидуальность, иначе о *бхакти-йоге* не могло быть и речи. *Бхакти-йога* предполагает существование Господа, Его *бхакты* и связующей их деятельности, основанной на взаимной любви. Таким образом, Верховная Личность Бога и живое существо сохраняют свою индивидуальность, иначе понятие *бхакти-йоги* было бы лишено смысла. Служить Верховному Господу может только тот, кто находится на одном с Ним, трансцендентном уровне. Чтобы попасть в царскую свиту, человек должен обладать определенной квалификацией. В данном случае такой квалификацией является достижение уровня Брахмана, то есть свобода от материальной скверны. В Ведах сказано: *брахмаива сан брахма̄пи эти*. Достичь Верховного Брахмана может лишь тот, кто сам стал Брахманом. Это значит, что человек должен стать качественно неотличным от Брахмана. Однако, поднимаясь на уровень Брахмана, живое существо не утрачивает свою вечную духовную природу — природу индивидуальной души.

ТЕКСТ 27　ब्रह्मणो हि प्रतिष्ठाहममृतस्याव्ययस्य च ।
शाश्वतस्य च धर्मस्य सुखस्यैकान्तिकस्य च ॥ २७ ॥

*брахмано хи пратиштхāхам　амртасйāвйайасйа ча
йāйватасйа ча дхармасйа　сукхасйаикāнтикасйа ча*

брахманах — безличного *брахмаджьоти; хи* — безусловно; *пратиштхā* — основа; *ахам* — Я; *амртасйа* — нетленного; *авйайасйа* — неуничтожимого; *ча* — и; *йāйватасйа* — вечного; *ча* — и; *дхармасйа* — изначального положения; *сукхасйа* — счастья; *аикāнтикасйа* — высшего; *ча* — также.

Я основа безличного Брахмана, бессмертного, неуничтожимого и вечного, который есть средоточие высшего, изначального блаженства.

КОММЕНТАРИЙ: По природе Брахман бессмертен, неуничтожим, вечен и исполнен блаженства. Осознание Брахмана является первой ступенью духовного самопознания. Вторая, промежуточная, ступень — осознание Параматмы, Сверхдуши, а высшей ступенью в постижении Абсолютной Истины является постижение Верховной Личности Бога. Таким образом, и Параматма, и безличный Брахман пребывают в Верховной Личности Бога. В седьмой главе «Бхагавад-гиты» было сказано, что материальная природа — это проявление низшей энергии Верховного Господа. Господь оплодотворяет низшую, материальную природу частицами Своей высшей энергии — так материальная природа одухотворяется. Начиная культивировать духовное знание, обусловленное живое существо постепенно поднимается с уровня материального бытия на уровень осознания Всевышнего в аспекте безличного Брахмана. Это первая ступень самоосознания. Достигнув этой ступени, то есть осознав Брахман, человек поднимается над материальным существованием, но еще не достигает ступени высшего совершенства в познании духа. При желании он может постепенно подняться на ступень осознания Параматмы, а затем — Верховной Личности Бога. В Ведах содержится много подобных примеров. Так, четверо Кумаров находились на уровне осознания безличного аспекта Абсолютной Истины, но затем постепенно достигли уровня преданного служения. Тот, кто не может подняться выше ступени осознания безличного Брахмана, рискует снова пасть в материальный мир. В «Шримад-Бхагаватам» говорится, что, если человек, достигнув безличного Брахмана, не идет дальше и не приходит к осознанию Высшей Личности, это признак того, что его разум не совсем чист. Поэтому, даже поднявшись на уровень Брахмана, живое существо может снова пасть в материальный мир, если не будет заниматься преданным служением Господу. В Ведах также сказано: *расо ваи сах, расам хй эвайам лабдхванандӣ бхавати* — «Когда человек постигает Личность Бога — источник вечного блаженства, Кришну, он исполняется трансцендентного блаженства» (Тайттирия-упанишад, 2.7.1). Верховный Господь исполнен шести достояний, и, когда преданный приближается к Господу, он обретает часть этих достояний. Царский слуга наслаждается практически так же, как сам царь. Подобно этому, вечное, неиссякающее счастье и вечное бытие являются неизменными спутниками преданного служения. Стало быть, преданное служение включает в себя осознание Брахмана, то есть приобщение к вечности и бессмертию.

Хотя живое существо и обладает природой Брахмана, у него есть желание господствовать над материальным миром, и из-за этого оно падает. В своем естественном положении живое существо находится над тремя материальными *гунами*, но, соприкоснувшись с материальной природой, оно оказывается во власти ее *гун*: благости, страсти и невежества. Соприкосновение с этими тремя *гунами* усиливает в нем желание властвовать над материальным миром. Однако, занимаясь преданным служением в сознании Кришны, душа сразу же поднимается на трансцендентный уровень и избавляется от запретного желания господствовать над материальной природой. Поэтому так важно заниматься преданным служением (которое начинается со слушания, повторения и памятования и включает в себя девять видов деятельности) именно в обществе преданных. Постепенно в результате общения с преданными Господа человек с помощью духовного учителя избавится от желания властвовать над материей и укрепится в трансцендентном любовном служении Господу. Именно этот путь описан в заключительных стихах данной главы, начиная с двадцать второго. Преданное служение — очень простой метод. Нужно постоянно так или иначе служить Господу, есть предложенную Господу пищу, вдыхать аромат цветов, предложенных Его лотосным стопам, посещать места, где Господь проводил Свои трансцендентные *лилы*, читать повествования о деяниях Господа и Его любовных отношениях с преданными, всегда повторять трансцендентные звуки святого имени — Харе Кришна, Харе Кришна, Кришна Кришна, Харе Харе / Харе Рама, Харе Рама, Рама Рама, Харе Харе — и держать пост в дни явления и ухода Господа и Его преданных. Действуя таким образом, можно полностью отстраниться от материальной деятельности. Тот, кто, следуя этим путем, достигает *брахмаджьоти* или постигает другие аспекты Брахмана, качественно уподобляется Верховной Личности Бога.

Так заканчивается комментарий Бхактиведанты к четырнадцатой главе «Шримад Бхагавад-гиты», которая называется «Три гуны материальной природы».

Пурушоттама-йога, йога Верховной Личности

ТЕКСТ 1

श्रीभगवानुवाच
ऊर्ध्वमूलमधःशाखमश्वत्थं प्राहुरव्ययम् ।
छन्दांसि यस्य पर्णानि यस्तं वेद स वेदवित् ॥ १ ॥

ш́рӣ-бхагава̄н ува̄ча
ӯрдхва-мӯлам адхах̣-ш́а̄кхам аш́ваттхам̇ пра̄хур авйайам
чханда̄м̇си йасйа парна̄ни йас там̇ веда са веда-вит

ш́рӣ-бхагава̄н ува̄ча — Верховный Господь сказал; *ӯрдхва-мӯ-лам* — то, корни которого устремлены вверх; *адхах̣* — вниз; *ш́а̄-кхам* — то, ветви которого; *аш́ваттхам* — дерево баньян; *пра̄хух̣* — говорят; *авйайам* — вечное; *чханда̄м̇си* — ведические гимны; *йа-сйа* — которого; *парна̄ни* — листья; *йах̣* — который; *там* — то; *ве-да* — знает; *сах̣* — тот; *веда-вит* — знающий Веды.

Верховный Господь сказал: Писания говорят о вечном дереве баньян, корни которого устремлены вверх, а ветви вниз, листья которого — ведические гимны. Знающий это дерево знает Веды.

КОММЕНТАРИЙ: Услышав о важности *бхакти-йоги*, человек может спросить: «А как же Веды?» В этой главе объясняется, что цель изучения Вед — постичь Кришну. Поэтому тот, кто обладает сознанием Кришны и занимается преданным служением, уже знает Веды.

Лабиринт материального мира сравнивается здесь с баньяновым деревом. Тот, кто поглощен кармической деятельностью, может вечно странствовать по его ветвям, перебираясь с одной на другую, затем на третью и т. д. Дерево материального мира поистине бесконечно, и тот, кто привязан к нему, лишен возможности обрести освобождение. Ведические гимны, помогающие живому существу возвыситься, называют листьями этого дерева. Корни этого дерева растут вверх, ибо их начало на планете Брахмы, высшей планете материальной вселенной. Тот, кто постиг это вечное дерево иллюзии, получает возможность покинуть его.

Этот метод, который поможет нам выбраться из лабиринта материальной жизни, нужно хорошо понять. В предшествующих главах говорилось, что есть много путей, ведущих к освобождению. Но все главы вплоть до тринадцатой убеждали нас в том, что самым лучшим из них является преданное служение Верховному Господу. В основе преданного служения лежат отрешенность от материальной деятельности и привязанность к трансцендентному служению Господу. Процесс избавления от привязанности к материальному миру описан в начале данной главы. Корень дерева материальной жизни находится наверху. Это значит, что он берет начало в совокупной материальной энергии (*прадхане*) и оттуда спускается на высшую планету материальной вселенной. С этой планеты начинается вся вселенная с ее многочисленными ответвлениями, какими являются различные планетные системы. Плоды, растущие на дереве материальной жизни, — это результаты деятельности живых существ, а именно религиозность, экономическое процветание, чувственные наслаждения и освобождение.

В материальном мире мы не видели дерева, растущего корнями вверх, а ветвями вниз, и тем не менее такие деревья существуют. Их можно увидеть на берегу водоема. Растущие там деревья отражаются в воде, и ветви их кажутся устремленными вниз, а корни — вверх. Иными словами, дерево материального мира — это не более чем отражение настоящего дерева, дерева духовного мира. Дерево духовного мира отражается в воде желания так же, как дерево на берегу водоема отражается на поверхности воды. Желание — это изначальная причина всего, что мы видим здесь в свете материального бытия, который отражает духовный свет. Тот, кто хочет вырваться из плена материального существования, должен очень тщательно, систематически изучить природу дерева этого мира. Только тогда ему удастся порвать с ним все связи.

Это дерево, будучи отражением настоящего дерева, является его точной копией. Все, что мы видим в материальном мире, существует и в мире духовном. Имперсоналисты считают корнем дерева материальной жизни Брахман, а из него, согласно философии *санкхьи*, вырастают *пракрити*, *пуруша*, затем три *гуны*, после чего появляются пять грубых элементов *(панча-маха-бхута)*, десять чувств *(дашендрия)*, ум и т.д. Таким образом весь материальный мир раскладывают на двадцать четыре элемента. Но если центром всех проявленных миров является Брахман, то образованную ими сферу можно разделить на две половины. Первая — это материальный мир, а вторая — духовный. Материальный мир является искаженным отражением духовной реальности, следовательно, духовный мир тоже должен быть исполнен многообразия, но реального, а не иллюзорного. *Пракрити* — это внешняя энергия Верховного Господа, а *пуруша* — Сам Верховный Господь, о чем говорится в «Бхагавад-гите». Будучи материальным, этот мир не вечен. Всякое отражение то появляется, то исчезает вновь. Однако источник отражения существует вечно. Материальное отражение настоящего дерева должно быть срублено. Когда про человека говорят, что он знает Веды, подразумевается, что он знает, как разрубить узел материальных привязанностей. Тот, кто знает, как это сделать, постиг суть Вед. А люди, привлеченные описанными в Ведах жертвенными обрядами, любуются красотой зеленых листьев на дереве материальной жизни. Они не знают, какова истинная цель Вед. Цель Вед, как о ней говорит Сам Господь, — срубить отраженное дерево материальной жизни и достичь истинного дерева духовного мира.

ТЕКСТ 2   अधश्चोर्ध्वं प्रसृतास्तस्य शाखा
गुणप्रवृद्धा विषयप्रवालाः ।
अधश्च मूलान्यनुसन्ततानि
कर्मानुबन्धीनि मनुष्यलोके ॥ २ ॥

адхаш чордхвам прасртас тасйа шакха
гуна-праврддха вишайа-правалах
адхаш ча муланй анусантатани
карманубандхини манушйа-локе

адхах — вниз; *ча* — и; *урдхвам* — вверх; *прасртах* — простирающиеся; *тасйа* — его; *шакхах* — ветви; *гуна* — гунами материальной природы; *праврддхах* — питаемые; *вишайа* — объекты чувств; *правалах* — побеги; *адхах* — вниз; *ча* — и; *мулани* — корни; *анусантатани* — распространяющиеся; *карма* — с деятельностью); *анубандхини* — связанные; *манушйа-локе* — в мире людей.

Ветви этого дерева растут вверх и вниз, питаемые тремя *гунами* материальной природы. Его побеги — это объекты чувств.

У этого дерева есть также корни, растущие вниз и связанные с кармической деятельностью в мире людей.

КОММЕНТАРИЙ: В данном стихе Кришна продолжает описывать баньяновое дерево. В его нижней части находятся все живые существа разнообразных видов и форм: люди, животные, лошади, коровы, собаки, кошки и т. д. Все они занимают нижние ветви баньянового дерева, а на его верхних ветвях располагаются живые существа более высокого уровня: полубоги, гандхарвы и многие другие. Как обыкновенное дерево питается водой, так и дерево материальной жизни питают три *гуны* материальной природы. Можно видеть, как земля из-за недостатка воды превращается в пустыню, и наоборот, напоенная водой, покрывается пышной растительностью. Аналогичным образом, в тех местах, где преобладают определенные *гуны* природы, появляются соответствующие им виды жизни.

Побеги этого дерева — объекты чувств. В зависимости от влияния материальных *гун* живые существа получают различные органы чувств, с помощью которых они могут наслаждаться разнообразными объектами чувств. Концы ветвей баньянового дерева — это органы чувств: уши, нос, глаза и т. д., которые хотят наслаждаться различными объектами чувств. А его побеги — объекты чувств: звук, форма, касание и т. д. Его воздушные корни — это различные проявления привязанности и неприязни, порожденные страданиями и наслаждениями, которые нам довелось испытать. Склонности к благочестивой и греховной деятельности — это вторичные корни, растущие во всех направлениях. Главный корень этого дерева находится на Брахмалоке, а все прочие корни — на планетах, населенных людьми. Насладившись результатами благочестивой деятельности на высших планетах материальной вселенной, живое существо возвращается на Землю и начинает вновь заниматься кармической деятельностью, чтобы снова подняться на высшие планеты. Нашу планету, населенную людьми, называют поэтому полем деятельности.

ТЕКСТЫ
3–4

न रूपमस्येह तथोपलभ्यते
नान्तो न चादिर्न च सम्प्रतिष्ठा ।
अश्वत्थमेनं सुविरूढमूल-
मसङ्गशस्त्रेण दृढेन छित्त्वा ॥ ३ ॥
ततः पदं तत्परिमार्गितव्यं
यस्मिन्गता न निवर्तन्ति भूयः ।

तमेव चाद्यं पुरुषं प्रपद्ये
यतः प्रवृत्तिः प्रसृता पुराणी ॥ ४ ॥

*на рӯпам асйеха татхопалабхйате
нāнто на чāдир на ча сампратиштхā
аш́ваттхам энам су-вирӯд̣ха-мӯлам
асан̇га-ш́астрен̣а др̣д̣хена чхиттвā*

*татах̣ падам̇ тат парймāргитавйам
йасмин гатā на нивартанти бхӯйах̣
там эва чāдйам̇ пурушам̇ прападйе
йатах̣ правр̣ттих̣ праср̣тā пурāн̣ӣ*

на — не; *рӯпам* — форма; *асйа* — этого (дерева); *иха* — здесь (в этом мире); *татхā* — также; *упалабхйате* — воспринимается; *на* — ни; *антах̣* — конец; *на* — ни; *ча* — также; *āдих̣* — начало; *на* — ни; *ча* — и; *сампратиштхā* — основание; *аш́ваттхам* — дерево баньян; *энам* — это; *су-вирӯд̣ха* — крепко удерживаемые; *мӯлам* — то, корни которого; *асан̇га-ш́астрен̣а* — топором отрешенности; *др̣д̣хена* — прочным; *чхиттвā* — срубив; *татах̣* — потом; *падам* — место; *тат* — то; *парймāргитавйам* — которое следует найти; *йасмин* — в которое; *гатāх̣* — ушедшие; *на* — не; *нивартанти* — возвращаются; *бхӯйах̣* — вновь; *там* — к Нему; *эва* — непременно; *ча* — также; *āдйам* — изначальному; *пурушам* — Личности Бога; *прападйе* — предаюсь; *йатах̣* — от которого; *правр̣ттих̣* — начало; *праср̣тā* — простирающееся; *пурāн̣ӣ* — древнее.

Истинную форму этого дерева невозможно увидеть в материальном мире. Никто не знает, где его конец, где начало и где основание. Но, вооружившись топором отрешенности, надо срубить это дерево, пустившее глубокие корни. Затем нужно найти то место, достигнув которого уже не возвращаются, и вручить себя Верховной Личности Бога, стоящей у истоков всего сущего с незапамятных времен.

КОММЕНТАРИЙ: Здесь ясно сказано, что истинную форму баньянового дерева нельзя увидеть в материальном мире. Как отражение, оно растет корнями вверх, поэтому настоящее дерево начинается за пределами этого мира. Блуждая по кроне материального дерева, мы не видим, как далеко оно простирается и где берет начало. И все же мы должны отыскать его основание. «Я сын моего отца, мой отец сын такого-то и так далее», — эта цепочка приведет нас к Брахме, которого породил Гарбходакашайи Вишну. Наши поиски закончатся только тогда, когда мы достигнем Верховной

Личности Бога. Искать начало этого дерева, Верховную Личность Бога, следует, общаясь с теми, кто уже знает эту Верховную Личность. Обретя от них знание о Боге, человек постепенно сможет отказаться от привязанности к иллюзорному отражению реальности. Знание помогает человеку разорвать свои связи с этим миром и достичь истинного дерева.

В связи с этим особенно важным является употребленное здесь слово *асанга*, ибо привязанность к чувственным наслаждениям и господству над материальной природой очень сильна. Поэтому мы должны учиться отрешенности, слушая тех, кто обладает подлинным знанием, и обсуждая с ними духовную науку, изложенную в священных писаниях. В результате общения с преданными и обсуждения с ними духовных тем мы сможем достичь Верховной Личности Бога. Тогда первое, что мы должны будем сделать, — это предаться Господу. Здесь описано место, откуда живое существо больше уже не возвращается к иллюзорному отражению — дереву материальной жизни. Верховная Личность Бога, Кришна, — изначальный источник всего сущего. Чтобы снискать милость Господа, нужно лишь покориться Его воле. И это происходит, когда мы занимаемся преданным служением, которое начинается со слушания, повторения и т.д. Господь — причина появления материального мира. Он Сам уже сказал об этом. *Ахам сарвасйа прабхавах:* «Я источник всего сущего». Таким образом, чтобы перестать блуждать по ветвям могучего баньянового дерева материальной жизни, нужно предаться Кришне, а как только человек предается Кришне, он естественным образом избавляется от привязанности к этому широко распростершемуся материальному миру.

ТЕКСТ 5   निर्मानमोहा जितसङ्गदोषा
अध्यात्मनित्या विनिवृत्तकामाः ।
द्वन्द्वैर्विमुक्ताः सुखदुःखसंज्ञै-
र्गच्छन्त्यमूढाः पदमव्ययं तत् ॥ ५ ॥

*нирмāна-мохā джита-саṅга-дошā
адхйāтма-нитйā винивṛтта-кāмāх
двандваир вимуктāх сукха-дукхха-самджñаир
гаччхантӣ амӯдхāх падам авйайам тат*

них — без; *мāна* — гордыни; *мохāх* — те, чьи иллюзии; *джита* — побеждены; *саṅга* — общения; *дошāх* — в ком изъяны; *адхйāтма* — в духовном знании; *нитйāх* — те, кто вечно; *винивṛтта* — не связаны; *кāмāх* — те, кто вожделением; *двандваих* — противоположностями; *вимуктāх* — освобожденные; *сукха-дукхха* — счастьем и горем; *самджñаих* — теми, что называют; *гаччханти* — приходит;

амӯд̣хāх̣ — тот, кого нельзя ввести в заблуждение; *падам* — в обитель; *авйайам* — вечную; *тат* — ту.

Тот, кто избавился от гордыни, освободился от иллюзии и порвал все ложные связи, кто познал вечность, покончил с материальным вожделением, кто, свободный от влияния двойственности, остается невозмутимым и в счастье, и в горе и кто знает, как предаться Верховной Личности, достигает этого вечного царства.

КОММЕНТАРИЙ: Здесь очень хорошо описано, как человек постепенно предается Господу. Прежде всего необходимо избавиться от опьяняющего воздействия гордыни. Обусловленная душа, возомнившая себя повелителем материальной природы, гордится собой, поэтому ей очень трудно предаться Верховной Личности Бога. Постигая истинное знание, человек должен понять, что властелином материальной природы является не он, а Верховный Господь. Свобода от иллюзий, порожденных гордыней, — это первое условие, которое необходимо выполнить, чтобы предаться Господу. Тот, кто всегда ожидает почестей в материальном мире, никогда не сможет покориться Верховной Личности. Гордость порождена иллюзией: человек приходит сюда на короткий срок, а затем уходит, но тем не менее по глупости своей считает себя хозяином мира. Тем самым он только создает ненужные сложности и навлекает на себя бесчисленные беды. Весь мир пребывает в этой иллюзии. Люди считают землю, на которой живут, своей собственностью и, пребывая в этом заблуждении, делят ее между собой. Прежде всего необходимо избавиться от ошибочного представления о том, что этот мир принадлежит людям. Когда человек перестает мнить себя собственником, он разрывает все иллюзорные связи, порожденные привязанностью к семье, окружению и своей стране. Все эти ложные формы общения только привязывают его к материальному миру. Миновав этот этап, человек должен усвоить духовное знание. Ему надлежит понять, что́ действительно принадлежит ему, а что́ нет. А научившись видеть вещи в истинном свете, он освобождается от влияния материальной двойственности и перестает различать счастье и горе, удовольствие и боль. Так постепенно он обретает совершенное знание и вместе с ним способность предаться Верховной Личности Бога.

ТЕКСТ 6   न तद्भासयते सूर्यो न शशाङ्को न पावकः ।
यद्गत्वा न निवर्तन्ते तद्धाम परमं मम ॥ ६ ॥

*на тад бхāсайате сӯрйо   на ш́аш́āн̇ко на пāваках̣
йад гатвā на нивартанте   тад дхāма парамам̇ мама*

на — не; *тат* — ту; *бхāсайате* — освещает; *сӯрйаx* — солнце; *на* — не; *йаш́āӈках* — луна; *на* — не; *пāваках* — огонь (электричество); *йат* — в которую; *гатвā* — придя; *на* — не; *нивартанте* — возвращаются; *тат дхāма* — та обитель; *парамам* — высшая; *мама* — Моя.

Эта Моя высшая обитель не освещена ни солнцем, ни луной, ни огнем, ни электрическим светом. Те, кто достигает ее, уже не возвращаются в материальный мир.

КОММЕНТАРИЙ: Здесь описан духовный мир, обитель Верховной Личности Бога, Кришны, которую называют Кришналокой, или Голокой Вриндаваной. В духовном мире не нужно ни солнца, ни луны, ни электричества, ибо все планеты там сами излучают свет. В этой вселенной есть только одна такая планета, Солнце, а в духовном небе все планеты излучают сияние. Сиянием этих планет (Вайкунтх) залито все духовное небо, и это сияние называют *брахмаджьоти*. Изначальным источником этого сияния является планета Кришны, Голока Вриндавана. Часть *брахмаджьоти* покрыта *махат-таттвой*, она образует материальный мир. Однако большую часть духовного неба занимают духовные планеты, Вайкунтхи, главной среди которых является Голока Вриндавана.

Пока живое существо пребывает во тьме материального мира, оно будет оставаться в обусловленном состоянии. Однако стоит ему порвать все связи с иллюзорным деревом материальной жизни, которое является искаженным отражением духовной реальности, как оно достигнет духовного неба и обретет свободу. После этого оно уже не вернется в материальный мир. В обусловленном состоянии живое существо считает себя властелином материального мира, но, обретя освобождение, оно вступает в пределы духовного царства и получает возможность общаться с Верховной Личностью Бога. Там оно наслаждается вечным блаженством, вечной жизнью и совершенным знанием.

Эти сведения должны возбудить в нас желание попасть в вечную обитель Господа, вырвавшись из ловушки этого ложного мира, являющегося лишь отражением реальности. Тому, кто слишком привязан к материальному миру, очень трудно разорвать эти узы, однако, встав на путь сознания Кришны, человек может постепенно сделать это. Для этого ему необходимо общаться с преданными, теми, кто обладает сознанием Кришны. Нужно найти общество сознающих Кришну людей и научиться у них тому, как можно служить Богу. Только тогда можно освободиться от привязанности к материальному миру. Чтобы избавиться от тяготения к материи, мало облачиться в шафрановые одежды. Необходимо прежде всего привязаться к преданному служению Господу. Поэтому нужно со всей серьезностью отнестись к тому факту, что путь преданного служения, которому посвящена двенадцатая глава «Бхагавад-гиты», — единственный способ выбраться из этого иллюзорного мира, отражения реального дерева. В четырнадцатой главе рассказывалось об оскверняющем влиянии материальной природы на различные виды и формы деятельности. И только про преданное служение говорилось, что оно полностью духовно.

Особое значение имеют употребленные здесь слова *парамам мама*. Каждый уголок творения принадлежит Верховному Господу, но духовный мир называют *парамам*, то есть исполненным шести совершенств. В «Катха-упанишад» (2.2.15) также сказано, что в духовном мире не нужен ни солнечный, ни лунный, ни звездный свет *(на татра сӯрйо бхāти на чандра-тāракам),* ибо все в том мире озарено светом внутренней энергии Верховного Господа. Достичь этой вечной обители можно, только предавшись Господу, и никак иначе.

ТЕКСТ 7 ममैवांशो जीवलोके जीवभूतः सनातनः ।
मनःषष्ठानीन्द्रियाणि प्रकृतिस्थानि कर्षति ॥ ७ ॥

*мамаивāмÃо джӣва-локе   джӣва-бхӯтах санāтанах
манах-шаштхāнӣндрийāни   пракрти-стхāни каршати*

мама — Моя; *эва* — безусловно; *амÃах* — фрагментарная частица; *джӣва-локе* — в мире обусловленного бытия; *джӣва-бхӯтах* — обусловленное живое существо; *санāтанах* — вечное; *манах* — ум; *шаштхāни* — (числом) шесть; *индрийāни* — и чувства; *пракрти* — в царстве материальной природы; *стхāни* — находящиеся; *каршати* — пытается одолеть.

Живые существа в материальном мире — Мои вечные отделенные частицы. Оказавшись в обусловленном состоянии, они вынуждены вести суровую борьбу с шестью чувствами, к числу которых относится ум.

КОММЕНТАРИЙ: В этом стихе ясно описана природа живого существа. Живое существо вечно остается отделенной частицей Верховного Господа. Не следует думать, будто оно обладает индивидуальностью только в обусловленной жизни, а получив освобождение, сливается с Верховным Господом. Оно вечно остается отделенной частицей Всевышнего. Здесь ясно сказано: *санāтанах*. Согласно Ведам, Верховный Господь проявляет Себя в Своих бесчисленных экспансиях. Его первичные экспансии называют *вишну-таттвой*, а вторичные — живыми существами. Иначе говоря, *вишну-таттва* — это личностные экспансии Господа, а живые существа — Его отделенные экспансии. К числу личностных экспансий Господа относятся Его разнообразные формы: Господь Рама, Нрисимхадева, Вишнумурти и все повелители планет Вайкунтхи. Отделенные экспансии Господа, живые существа, являются Его вечными слугами. Личностные экспансии Верховного Господа, Его индивидуальные проявления, существуют вечно. И точно так же отделенные экспансии Всевышнего, живые существа, всегда сохраняют свою индивидуальность. Будучи частицами Верховного Господа, живые существа наделены частью Его качеств, одним из которых является независимость. Каждая духовная искра — живое существо — является индивидуальной личностью и обладает крупицей независимости. Злоупотребив своей независимостью, вечная душа становится обусловленной, а распорядившись ею должным образом, остается в освобожденном состоянии. В любом случае живое существо является вечным, так же как и Сам Верховный Господь. В освобожденном состоянии живое существо, не обусловленное материальной природой, служит Господу в трансцендентном сознании, а обусловливаясь, попадает под влияние материальных *гун* и забывает о трансцендентном любовном служении. Вследствие этого ему приходится вести суровую борьбу за существование в материальном мире.

Все живые существа, не только люди, кошки или собаки, но и великие властители материального мира — Брахма, Господь Шива и даже Вишну — являются неотъемлемыми частицами Верховного Господа. Все они существуют не какой-то отведенный им срок, а вечно. Большое значение имеет употребленное в данном стихе слово *каршати* («суровая борьба, схватка»). Обусловленная душа словно закована в железные кандалы. Она закована в кандалы ложного эго, и главной силой, направляющей ее действия в материальном мире, является ум. Когда ум находится в *гуне* благости, действия живого существа благотворны для него, ум в *гуне* страсти заставляет его действовать, навлекая на себя беспокойства, а ум в *гуне* невежества приводит к деградации в низшие формы жизни. Однако из данного стиха явствует, что материальное тело, а также ум и чувства — это всего лишь оболочки обусловленной души; когда она обретает освобождение, материальные оболочки спадают, но ее духовное тело по-прежнему сохраняет индивидуальность. В «Мадхьяндинаяна-шрути» говорится: *са ва̄ эша брахма-ништха идам ш́арӣрам̇ мартйам атисрджйа брахма̄бхисампадйа брахман̣а̄ паш́йати брахман̣а̄ ш́р̣н̣оти брахман̣аиведхам̇ сарвам анубхавати.* Здесь сказано, что, освободившись из материального плена, живое существо вступает в духовный мир, где возрождается его духовное тело, которое дает ему возможность созерцать Верховную Личность Бога. Там мы можем слышать Господа, говорить с Ним и постичь Его таким, какой Он есть. Из *смрити* мы также узнаём: *васанти йатра пурушāх сарве ваикунтха-мӯртайах* — все обитатели духовных планет обладают такой же внешностью, как и Верховная Личность Бога, то есть строение тела отделенных частиц Господа, живых существ, и экспансий *вишну-мурти* на духовных планетах одинаково. Иными словами, освободившись из материального плена, живое существо по милости Верховной Личности Бога получает духовное тело.

Особого внимания заслуживают также употребленные здесь слова *мамаивāмйах* («фрагментарные неотъемлемые частицы Верховного Господа»). Когда говорится о частице Верховного Господа, не имеется в виду, что она откололась от Него, как откалываются части материального предмета. Мы уже узнали из второй главы о том, что душу нельзя разрезать на части. Духовная частица не имеет аналогов в материальном мире. Дух отличен от материи, которую можно разделить на части, а затем соединить вновь. К данному случаю подобные представления неприложимы, на что указывает употребленное здесь санскритское слово *санāтана* («вечный»). Частица Верховного Господа вечно остается частицей. В начале второй главы также сказано, что в каждом материальном теле находится отделенная частица Верховного Господа *(дехино 'смин йатхā дехе)*. Когда эта отделенная частица освобождается из материального плена, ее изначальное духовное тело возрождается и она попадает на одну из планет духовного мира, где может наслаждаться общением со Всевышним. Однако из данного стиха также следует, что живое существо, являясь отделенной частицей Верховного Господа, качественно неотлично от Него, так же как крупинка золота — от золотого слитка.

ТЕКСТ 8   शरीरं यदवाप्नोति यच्चाप्युत्क्रामतीश्वरः ।
गृहीत्वैतानि संयाति वायुर्गन्धानिवाशयात् ॥ ८ ॥

ш́арӣрам̇ йад авāпноти   йач чāпй уткрāматӣш́варах̣
гр̣хӣтваитāни сам̇йāти   вāйур гандхāн ивāш́айāт

ш́арӣрам — тело; *йат* — которое; *авāпноти* — получает; *йат* — которое; *ча апи* — также; *уткрāмати* — оставляет; *ӣш́варах̣* — владелец тела; *гр̣хӣтвā* — забрав; *этāни* — эти; *сам̇йāти* — уходит; *вāйух̣* — воздух; *гандхāн* — запахи; *ива* — как; *āш́айāт* — от источника.

В материальном мире живое существо переносит свои представления о жизни, подобно тому как воздух переносит запахи. Так, получив одно материальное тело, оно затем оставляет его, чтобы получить другое.

КОММЕНТАРИЙ: Живое существо названо здесь *ишварой,* хозяином собственного тела. По своему желанию оно может получить более совершенное тело или отправиться в низшие формы жизни. Так проявляется дарованная ему частичная независимость. То, каким будет его следующее тело, зависит от него самого. Сознание, которое человек сформировал в этой жизни, в момент смерти перенесет его в новое тело. Если его сознание мало чем отличается от сознания кошек и собак, в своей следующей жизни он получит тело кошки или собаки. Тот, кому удалось развить в себе божественные качества, в следующей жизни станет полубогом. Если же он обладает сознанием Кришны, то отправится на Кришналоку, в духовный мир, где будет общаться с Кришной. Представления о том, что со смертью нашего тела всему приходит конец, не соответствуют действительности. Индивидуальная душа переходит из одного материального тела в другое, и ее нынешнее тело, так же как и деятельность в этой жизни, определяет то, каким будет ее следующее тело. Живое существо получает материальное тело определенного вида в зависимости от своей *кармы,* но в назначенный срок ему придется покинуть это тело. Здесь сказано, что тонкое тело живого существа, в котором заложена концепция его будущего тела, формирует это новое тело в его следующей жизни. Переселение души из одного материального тела в другое и та борьба, которую она ведет здесь, — все это вместе называется *каршати,* борьбой за существование.

ТЕКСТ 9 श्रोत्रं चक्षुः स्पर्शनं च रसनं घ्राणमेव च ।
अधिष्ठाय मनश्चायं विषयानुपसेवते ॥ ९ ॥

*ш́ротрам̇ чакшух̣ спарш́анам̇ ча   расанам̇ гхра̄н̣ам эва ча
адхишт̣ха̄йа манаш́ чаийам̇   вишайа̄н упасевате*

ш́ротрам — в уши; *чакшух̣* — в глаза; *спарш́анам* — в орган осязания; *ча* — также; *расанам* — в язык; *гхра̄н̣ам* — в орган обоняния; *эва* — также; *ча* — и; *адхишт̣ха̄йа* — войдя; *манах̣* — в ум; *ча* — также; *аийам* — он; *вишайа̄н* — объекты чувств; *упасевате* — использует для наслаждения.

Войдя в новое грубое тело, живое существо получает новые уши, глаза, язык, нос и кожу (орган осязания). Все эти органы чувств расположены вокруг ума, и с их помощью живое существо наслаждается доступными им объектами чувств.

КОММЕНТАРИЙ: Иначе говоря, когда живое существо оскверняет свое сознание так, что оно приобретает качества сознания кошек и собак, в следующей жизни это существо получает тело кошки или собаки и наслаждается в нем. Изначальное сознание живого существа прозрачно, как вода. Но если добавить в воду какую-нибудь краску, она изменит свой цвет. Аналогичным образом, соприкасаясь с различными *гунами* материальной природы, сознание живого существа приобретает присущие им качества. Подлинное сознание каждого живого существа — это сознание Кришны. Поэтому, развив в себе сознание Кришны, мы возвращаемся к чистой жизни. Но если наше сознание так или иначе осквернено влиянием материи, в своей следующей жизни мы получим соответствующее материальное тело. И это не обязательно будет тело человека, это может быть тело кошки, собаки, свиньи, полубога — или тело любого другого типа из числа 8 400 000 видов жизни.

ТЕКСТ 10 उत्क्रामन्तं स्थितं वापि भुञ्जानं वा गुणान्वितम् ।
विमूढा नानुपश्यन्ति पश्यन्ति ज्ञानचक्षुषः ॥ १० ॥

*уткра̄мантам̇ стхитам̇ ва̄пи   бхун̃джа̄нам̇ ва̄ гун̣а̄нвитам
вимӯд̣ха̄ на̄нупаш́йанти   паш́йанти джн̃а̄на-чакшушах̣*

уткра̄мантам — покидающего (тело); *стхитам* — находящегося (в теле); *ва̄ апи* — либо; *бхун̃джа̄нам* — наслаждающегося; *ва̄* — или; *гун̣а-анвитам* — находящегося под влиянием *гун* материальной природы; *вимӯд̣ха̄х̣* — глупцы; *на* — не; *анупаш́йанти* — способны видеть; *паш́йанти* — видят; *джн̃а̄на-чакшушах̣* — те, чьи глаза — знание.

Глупцы не понимают, каким образом душа уходит из своего тела и как она, очарованная *гунами* материальной природы, наслаждается телом. Но тот, кто, обретя знание, прозрел, ясно видит все это.

КОММЕНТАРИЙ: Очень важным в данном стихе является слово *джн̃а̄на-чакшушах̣*. Люди, лишенные знания, не могут понять ни того, как живое существо оставляет свое нынешнее тело, ни того, какое тело оно получит в следующей жизни, ни даже того, как сейчас оно живет в своем материальном теле. Чтобы понять все это, необходимо получить знание, которое содержится в «Бхагавад-гите» и других писаниях, услышав их из уст истинного духовного учителя. Тот, кто научился видеть мир сквозь призму этого знания, может считать, что ему повезло. Каждое живое существо, попавшее под влияние чар материальной природы, оставляет материальное тело в определенных условиях, живет в определенных условиях и в определенных условиях получает удовольствие, и при этом ему кажется, что оно наслаждается жизнью. Люди, которых постоянно одурачивают вожделение и желания, теряют всякую способность понять, как они меняют тела и почему сейчас находятся именно в таком теле. Это недоступно их пониманию. Однако те, кто обрел духовное знание, видят, что душа отлична от тела и, меняя тела, по-разному наслаждается в каждом из них. Человек, обладающий знанием, понимает также, почему и как живое существо страдает, находясь в материальном мире. Поэтому те, кто достиг высоких ступеней сознания Кришны, не жалея сил стараются передать это знание обыкновенным людям, которые мучатся, ведя обусловленное существование. Они должны покончить со своим обусловленным существованием, обрести сознание Кришны и освободиться из материального плена, чтобы перенестись в духовный мир.

ТЕКСТ 11 यतन्तो योगिनश्चैनं पश्यन्त्यात्मन्यवस्थितम् ।
यतन्तोऽप्यकृतात्मानो नैनं पश्यन्त्यचेतसः ॥ ११ ॥

*йатанто йогинаш чаинам паш́йантӣ а̄тманӣ авастхитам
йатанто 'пӣ акр̣та̄тма̄но наинам паш́йантӣ ачетасах̣*

йатантах̣ — прилагающие усилия; *йогинах̣* — трансценденталисты; *ча* — также; *энам* — его; *паш́йанти* — видя; *а̄тмани* — в себе; *авастхитам* — находящегося; *йатантах̣* — пытающиеся; *апи* — хотя; *акр̣та-а̄тма̄нах̣* — те, кто еще не постиг себя; *на* — не; *энам* — его; *паш́йанти* — видят; *ачетасах̣* — те, чей разум не развит.

Трансценденталисты, неуклонно стремящиеся к цели и осознавшие свою духовную сущность, обладают таким видением. Но те, чей ум не развит, кто еще не постиг свою духовную природу, не могут разобраться в происходящем, даже если пытаются сделать это.

КОММЕНТАРИЙ: Среди множества трансценденталистов, стремящихся осознать свою духовную природу, только те, кто уже достиг самоосознания, видят, как живое существо меняет свои тела. В связи с этим особенно примечательно слово *йогинах̣*. Сегодня многие пытаются заниматься *йогой*, объединяясь в так называемые общества *йоги*, но все они мало что понимают в науке самоосознания. Обычно они ограничиваются выполнением различных физических упражнений только для того, чтобы сделать свое тело красивым и здоровым. Это все, что они знают о *йоге*. Таких людей называют *йатанто 'пӣ акр̣та̄тма̄нах̣*. С великим усердием занимаясь такой, с позволения сказать, *йогой*, они тем не менее не достигают самоосознания и не понимают, каким образом душа переселяется из одного тела в другое. Понять, как это происходит, могут только те, кто, занимаясь истинной *йогой*, осознал свою духовную природу, познал окружающий мир и Верховного Господа — одним словом, *бхакти-йоги,* поглощенные чистым преданным служением в сознании Кришны.

ТЕКСТ 12 यदादित्यगतं तेजो जगद्भासयतेऽखिलम् ।
यच्चन्द्रमसि यच्चाग्नौ तत्तेजो विद्धि मामकम् ॥ १२ ॥

*йад āдитйа-гатам̇ теджо джагад бхāсайате 'кхилам
йач чандрамаси йач чāгнау тат теджо виддхи мāмакам*

йат — которое; *āдитйа-гатам* — исходящее от солнца; *теджах* — сияние; *джагат* — мир; *бхāсайате* — освещает; *акхилам* — весь; *йат* — которое; *чандрамаси* — на луне; *йат* — которое; *ча* — также; *агнау* — в огне; *тат* — то; *теджах* — сияние; *виддхи* — знай; *мāмакам* — Мое.

Сияние солнца, рассеивающее царящую в этом мире тьму, исходит от Меня, и от Меня же исходит свет луны и огня.

КОММЕНТАРИЙ: Глупцы и невежды не могут понять причину явлений этого мира. Но, поняв то, о чем Господь говорит в данном стихе, мы начнем приобщаться к знанию. Каждый из нас видит солнце, луну, огонь и электрический свет. Нам остается понять, что источником солнечного света и света луны, света огня и электричества является Верховная Личность Бога. Такие представления о жизни стоят у истоков сознания Кришны и дают обусловленной душе прекрасную возможность для духовного развития в материальном мире. Живые существа по своей природе являются частицами Верховного Господа, и в данном стихе Он указывает им путь, который приведет их домой, к Богу.

Из этого стиха также явствует, что солнце освещает всю вселенную. Есть много вселенных, много солнц и лун, но, как следует из этого стиха, в каждой вселенной есть только одно солнце. В «Бхагавад-гите» (10.21) сказано, что луна относится к категории звезд (*накшатрāн̣āм ахам̇ ш́аш́ӣ*). Источником солнечного света является сияние, разлитое в духовном небе, сияние Верховного Господа. С восходом солнца начинается деятельность людей. Они разводят огонь, чтобы готовить на нем пищу, они зажигают огонь, чтобы запустить заводы и фабрики. Практически ни в одной сфере деятельности невозможно обойтись без огня. От лунного света наливаются соком растения. Поэтому свет солнца, огня и луны так дороги людям. Без них невозможно жить. И когда мы поймем, что свет и сияние солнца, луны и огня исходят от Верховной Личности Бога, Кришны, с этого момента в нас начнет развиваться сознание Кришны. Таким образом мы сможем понять, что живем милостью Верховной Личности Бога, Кришны: без Его милости не было бы солнца, без Его милости не было бы луны и без Его милости у нас не было бы огня, а без помощи солнца, луны и огня никто не сможет жить. Такие размышления способны пробудить в обусловленной душе сознание Кришны.

ТЕКСТ 13 गामाविश्य च भूतानि धारयाम्यहमोजसा ।
पुष्णामि चौषधीः सर्वाः सोमो भूत्वा रसात्मकः ॥ १३ ॥

*гам авишйа ча бхутани   дхарайамй ахам оджаса
пушнами чаушадхих сарвах   сомо бхутва расатмаках*

гам — в планеты; *авишйа* — войдя; *ча* — также; *бхутани* — живые существа; *дхарайами* — поддерживаю; *ахам* — Я; *оджаса* — (Своей) энергией; *пушнами* — питаю; *ча* — также; *аушадхих* — растения; *сарвах* — все; *сомах* — луна; *бхутва* — став; *раса-атмаках* — дающая сок.

Я вхожу в каждую из планет, и, удерживаемые Моей энергией, они остаются на своих орбитах. Я становлюсь Луной и питаю жизненными соками все растения.

КОММЕНТАРИЙ: Из данного стиха явствует, что все планеты держатся в воздухе только благодаря энергии Господа, который входит в каждый атом, каждую планету и каждое живое существо. Об этом рассказывает «Брахма-самхита», где, в частности, говорится, что в виде одной из Своих полных экспансий, Параматмы, Верховная Личность Бога входит во все планеты, вселенные, живые существа и даже атомы. Именно Параматма, входя во все сущее, поддерживает существование всего мироздания. Пока душа находится в теле, человек может, например, свободно держаться на поверхности воды, но стоит ей покинуть тело, как оно становится мертвой материей и тотчас тонет. Безусловно, разложившееся тело плавает на поверхности воды, словно солома, но сразу после смерти человек идет ко дну. Аналогичным образом, планеты держатся в воздухе благодаря присутствию в них высшей энергии Верховной Личности Бога. Своей энергией Господь держит каждую из планет, как пригоршню пыли. Пока мы держим в руке пригоршню пыли, она не падает на землю, но стоит нам бросить ее в воздух, как она упадет вниз. Точно так же все эти планеты, которые плавают в космосе, держит в Своей руке вселенская форма Верховного Господа. Своим могуществом и энергией Он удерживает на своих местах всё движущееся и неподвижное. В ведических гимнах говорится, что благодаря Верховной Личности Бога светит солнце и движутся по своим орбитам планеты. Если бы не Он, все планеты разлетелись бы по вселенной, как пылинки в воздухе, и погибли. Точно так же благодаря Верховной Личности Бога Луна питает соками все растения и придает фруктам и овощам их вкус. Без лунного света овощи не смогли бы ни расти, ни наливаться соком. Очень важным в данном стихе является слово *расатмаках*. Все плоды приобретают свой вкус благодаря Верховному Господу, проявляющему Себя в виде лунного света. Люди работают, получают все необходимое для жизни и наслаждаются пищей только благодаря Верховному Господу. Иначе никто не выжил бы.

ТЕКСТ 14   अहं वैश्वानरो भूत्वा प्राणिनां देहमाश्रितः ।
प्राणापानसमायुक्तः पचाम्यन्नं चतुर्विधम् ॥ १४ ॥

*ахам ваишванаро бхӯтва̄   пра̄н̣ина̄м дехам а̄йритах̣
пра̄н̣а̄па̄на-сама̄йуктах̣   пача̄ми аннам чатур-видхам*

ахам — Я; *ваишванарах̣* — Мое полное проявление в виде огня пищеварения; *бхӯтва̄* — став; *пра̄н̣ина̄м* — живых существ; *дехам* — в тело; *а̄йритах̣* — вошедший; *пра̄н̣а* — вдыхаемый воздух; *апа̄на* — и воздух, идущий вниз; *сама̄йуктах̣* — регулирующий; *пача̄ми* — перевариваю; *аннам* — пищу; *чатух̣-видхам* — четырех видов.

Я огонь пищеварения в телах всех живых существ, и вместе с входящим в тело и выходящим из него воздухом Я помогаю живым существам переваривать пищу четырех видов.

КОММЕНТАРИЙ: Согласно «Аюр-веде», в желудке находится огонь пищеварения, который переваривает всю попадающую туда пищу. Когда огонь пищеварения затухает, человек перестает испытывать голод, а когда огонь разгорается вновь, он снова ощущает голод. В тех случаях, когда огонь пищеварения в желудке не горит, человеку необходимо лечиться. Этот огонь является представителем Верховной Личности Бога. Ведические *мантры* (Брихад-араньяка-упанишад, 5.9.1) также подтверждают, что Верховный Господь, или Брахман, в форме огня пищеварения находится в желудке и переваривает всю попадающую туда пищу *(айам агнир ваишванаро йо 'йам антах̣ пуруше йенедам аннам пачйате).* Поскольку Господь помогает живым существам переваривать пищу, это значит, что они зависят от Него в том, что касается питания. Без Его помощи они просто не смогут есть. Таким образом, Господь производит пищу, и Он же переваривает ее, и по Его милости мы наслаждаемся жизнью. Это подтверждает также «Веданта-сутра» (1.2.27). *Шабдадибхйо 'нтах̣ пратиштха̄на̄ч ча* — Господь пребывает в звуке, в теле живого существа, в воздухе и даже в желудке в виде огня пищеварения. Есть четыре вида пищи: та, которую глотают, та, которую жуют, та, которую нужно лизать, и та, которую сосут, и Господь — это огонь пищеварения, переваривающий пищу всех видов.

ТЕКСТ 15   सर्वस्य चाहं हृदि सन्निविष्टो
मत्तः स्मृतिर्ज्ञानमपोहनं च ।
वेदैश्च सर्वैरहमेव वेद्यो
वेदान्तकृद्वेदविदेव चाहम् ॥ १५ ॥

*сарвасйа чāхам хрди саннивишто
маттах смртир джнāнам апоханам ча
ведаиш́ ча сарваир ахам эва ведйо
ведāнта-крд веда-вид эва чāхам*

сарвасйа — каждого (живого существа); *ча* — также; *ахам* — Я; *хрди* — в сердце; *саннивиштах* — вошедший; *маттах* — от Меня; *смртих* — память; *джнāнам* — знание; *апоханам* — забвение; *ча* — и; *ведаих* — Ведами; *ча* — также; *сарваих* — всеми; *ахам* — Я; *эва* — безусловно; *ведйах* — то, что следует познавать; *ведāнта-крт* — составитель «Веданты»; *веда-вит* — знаток Вед; *эва* — безусловно; *ча* — и; *ахам* — Я.

Я пребываю в сердце каждого, и от Меня исходят память, знание и забвение. Цель изучения всех Вед — постичь Меня. Я истинный составитель «Веданты» и знаток Вед.

КОММЕНТАРИЙ: Верховный Господь в образе Параматмы пребывает в сердце каждого живого существа, и именно Он побуждает каждого к деятельности. Живое существо полностью забывает свою прошлую жизнь, но благодаря указаниям Верховного Господа, свидетеля всех его поступков, оно получает возможность снова начать действовать в этой жизни, как бы продолжая делать то, что делало в прошлом. Вот почему в следующей жизни оно начинает действовать в соответствии со своей прошлой *кармой*. Господь дает ему необходимые для этого знание и память и позволяет забыть прошлую жизнь. Таким образом, Господь является не только вездесущим, Он также Сам находится в сердце каждого живого существа, заставляя его пожинать плоды своей прошлой деятельности. Ему поклоняются не только как безличному Брахману, Верховной Личности Бога и Параматме в сердце каждого, но и в образе Вед. Веды дают людям наставления, помогая им правильно построить свою жизнь и вернуться домой, к Богу. Веды дают нам знание о Верховной Личности Бога, Кришне, и Сам Кришна, воплотившийся в образе Вьясадевы, является составителем «Веданта-сутры». Прокомментировав «Веданта-сутру» в «Шримад-Бхагаватам», Вьясадева раскрыл ее истинный смысл. Верховный Господь настолько всеобъемлющ, что ради освобождения обусловленных душ Он обеспечивает их пищей и Сам же переваривает ее, наблюдает за их деятельностью, дает им знание в форме Вед, а также приходит как Верховная Личность Бога, Кришна, чтобы поведать «Бхагавад-гиту». Все это делает Господа всеблагим и всемилостивым, поэтому все обусловленные души должны поклоняться Ему.

Антах-правиштах шаста джананам. Оставляя прежнее тело, живое существо сразу же забывает о прошлом и начинает действовать снова, побуждаемое Верховным Господом. Хотя само живое существо ничего не помнит о своей прошлой жизни, Господь дает ему разум, необходимый для того, чтобы оно могло возобновить свою деятельность с того момента, где она была прервана в прошлом. Более того, ведомое Верховным Господом, находящимся в его сердце, живое существо не только наслаждается или страдает в материальном мире, но и получает возможность постичь Веды, которые дает Сам Господь. Того, кто действительно стремится овладеть знанием Вед, Кришна наделяет необходимым для этого разумом. Почему Он дает живым существам ведическое знание? Потому что каждому живому существу нужно постичь Кришну. Это подтверждают сами Веды: *йо 'сау сарваир ведаир гийате.* Все ведические писания, начиная с четырех Вед и кончая «Веданта-сутрой», Упанишадами и Пуранами, прославляют величие Верховного Господа. Исполняя ведические обряды, обсуждая философию Вед и поклоняясь Господу в процессе преданного служения, душа сможет вернуться к Нему. Таким образом, цель Вед — постичь Кришну. Веды дают нам указания, следуя которым мы сможем понять Кришну и увидеть путь, ведущий к Нему. Конечной целью является постижение Верховной Личности Бога. «Веданта-сутра» (1.1.4) подтверждает это в следующем афоризме: *тат ту саманвайат.* На пути к совершенству человек проходит три этапа. Изучая Веды, человек узнает о своих взаимоотношениях с Верховной Личностью Бога; занимаясь различными видами духовной практики, он приближается к Господу, и в конце концов он достигает высшей цели — Верховной Личности Бога. В этом стихе ясно определены предназначение Вед, метод постижения ведического знания и конечная цель Вед.

ТЕКСТ 16 द्वाविमौ पुरुषौ लोके क्षरश्चाक्षर एव च ।
क्षरः सर्वाणि भूतानि कूटस्थोऽक्षर उच्यते ॥ १६ ॥

*двав имау пурушау локе   кшараш чакшара эва ча
кшарах сарвани бхутани   кута-стхо 'кшара учйате*

двау — два; *имау* — эти; *пурушау* — живые существа; *локе* — в мире; *кшарах* — подверженное изменениям; *ча* — и; *акшарах* —

неизменное; *эва* — безусловно; *ча* — и; *кшарах* — подверженное изменениям; *сарвани* — все; *бхутани* — живые существа; *кута-стхах* — сохраняющее единство; *акшарах* — неизменное; *учйате* — называется.

Есть два типа живых существ: подверженные изменениям и неизменные. В материальном мире каждое живое существо подвержено изменениям, а всех жителей духовного мира называют неизменными.

КОММЕНТАРИЙ: Как уже говорилось, Господь, воплотившись в образе Вьясадевы, составил «Веданта-сутру». Здесь Господь кратко излагает содержание «Веданты». Он говорит, что живых существ, которым нет числа, можно разделить на два типа: подверженных изменениям и неизменных. Живые существа вечно являются отделенными частицами Верховной Личности Бога. Тех из них, которые попали в материальный мир, называют *джива-бхута*, и употребленные в данном стихе слова *кшарах сарвани бхутани* указывают на то, что эти существа подвержены изменениям. А тех живых существ, которые пребывают в единстве с Верховной Личностью Бога, называют неизменными. Единство означает не отсутствие индивидуальности, а отсутствие разъединенности. Все они разделяют цели творения. Разумеется, в духовном мире нет творения как такового, но, поскольку Верховная Личность Бога, как сказано в «Веданта-сутре», является источником всего сущего, мы употребляем здесь этот термин.

Как утверждает Верховная Личность Бога, Господь Кришна, живые существа делятся на две категории. Подтверждение этому можно найти в Ведах, значит, эта истина не вызывает сомнений. Живые существа, ведущие борьбу с умом и пятью чувствами в материальном мире, беспрестанно меняют свои материальные тела. Пока живое существо находится в обусловленном состоянии, его тело постоянно претерпевает различные изменения, поскольку является материальным. Материя непрерывно меняется, поэтому кажется, что живое существо тоже меняется. Однако тела обитателей духовного мира нематериальны и, стало быть, неизменны. В материальном мире тело живого существа претерпевает шесть изменений: оно рождается, растет, некоторое время существует, производит потомство, а затем стареет и умирает. Однако в духовном мире тело живого существа остается неизменным; там нет старости, рождения и смерти. Там все обладает единой природой. *Кшарах сарвани бхутани:* все живые существа, соприкоснувшиеся с материей, начиная с первого из сотворенных живых существ, Господа Брахмы, и кончая крошечным муравьем, меняют тела, поэтому говорится, что все они подвержены изменениям. В духовном же мире все живые существа являются освобожденными душами, вечно пребывающими в духовном единстве.

ТЕКСТ 17 उत्तमः पुरुषस्त्वन्यः परमात्मेत्युदाहृतः ।
यो लोकत्रयमाविश्य बिभर्त्यव्यय ईश्वरः ॥ १७ ॥

*уттамах пурушас тв анйах   парамāтметй удāхритах
йо лока-трайам āвишйа   бибхартй авйайа ӣшварах*

уттамах — величайшая; *пурушах* — личность; *ту* — но; *анйах* — другая; *парама* — высшая; *āтмā* — душа; *ити* — так; *удāхритах* — сказано; *йах* — который; *лока* — вселенной; *трайам* — в три мира; *āвишйа* — войдя; *бибхарти* — поддерживает; *авйайах* — неисчерпаемый; *ӣшварах* — Господь.

Помимо этих двух, существует также величайшая личность, Высшая Душа, Сам вечный Господь, который вошел во все три мира и поддерживает их.

КОММЕНТАРИЙ: Смысл этого стиха прекрасно объясняется в «Катха-упанишад» (2.2.13) и «Шветашватара-упанишад» (6.13). Там ясно сказано, что над неисчислимыми живыми существами, одни из которых находятся в обусловленном, а другие в освобожденном состоянии, стоит Верховная Личность, Параматма. В этом стихе из Упанишад сказано: *нитйо нитйāнāм четанаш четанāнāм.* Его смысл в том, что над всеми живыми существами, как обусловленными, так и освобожденными, находится одно высшее живое существо, Верховная Личность Бога, которое заботится обо всех остальных, давая им возможность наслаждаться так, как они того заслужили своими делами. Эта Верховная Личность Бога в образе Параматмы пребывает в сердце каждого. И только мудрец, постигший в своем сердце Бога, может обрести полное умиротворение.

ТЕКСТ 18 यस्मात्क्षरमतीतोऽहमक्षरादपि चोत्तमः ।
अतोऽस्मि लोके वेदे च प्रथितः पुरुषोत्तमः ॥ १८ ॥

*йасмāт кшарам атӣто 'хам   акшарāд апи чоттамах
ато 'сми локе веде ча   пратхитах пурушоттамах*

йасмāт — поскольку; *кшарам* — подверженное изменениям; *атӣтах* — превосходящий; *ахам* — Я; *акшарāт* — неизменное; *апи* — также; *ча* — и; *уттамах* — лучший; *атах* — поэтому; *асми* — являюсь; *локе* — в мире; *веде* — в Ведах; *ча* — и; *пратхитах* — прославленный; *пуруша-уттамах* — Верховная Личность Бога.

Будучи трансцендентным и величайшим, Я выше и тех, кто подвержен изменениям, и неизменных. Поэтому и в мире, и в Ведах Меня славят как Верховную Личность.

КОММЕНТАРИЙ: Превзойти Верховную Личность Бога, Кришну, не может никто — ни освобожденные души, ни обусловленные. Поэтому Его называют величайшей личностью. Из данного стиха также явствует, что и живые существа, и Верховный Господь являются индивидуальными личностями. Разница между ними в том, что никакие живые существа, ни обусловленные, ни освобожденные, не могут в количественном отношении превзойти непостижимые энергии Верховной Личности Бога. Было бы ошибкой думать, будто Верховный Господь и живые существа находятся на одном уровне или во всех отношениях равны друг другу. Живые существа всегда остаются подчиненными, а Господь — повелителем. Особого внимания заслуживает употребленное в данном стихе слово *уттама:* превзойти Верховную Личность Бога не может никто.

Слово *локе* значит «в *пауруша агамах*» (священных писаниях *смрити*). Согласно словарю «Нирукти», *локйате ведартхо 'нена* — «Цель Вед разъяснена в *смрити-шастрах*».

Верховный Господь, принимающий образ Параматмы в сердце каждого, также описан в Ведах. В одном из стихов Вед (Чхандогья-упанишад, 8.12.3) сказано: *тавад эша сампрасадо 'смач чхарират самуттхайа парам джйоти-рупам сампаджйа свена рупенабхинишпадйате са уттамах пурушах* — «Отделяясь от тела, Сверхдуша входит в безличное *брахмаджьоти* и остается в нем в Своей чисто духовной форме. Этот Высший Дух называют Верховной Личностью». Это значит, что Верховная Личность проявляет и распространяет Свое духовное сияние, которое представляет собой изначальный источник света. У Верховной Личности есть также другая ипостась — Параматма в сердце каждого живого существа. Воплощаясь на Земле в образе Вьясадевы, сына Сатьявати и Парашары, та же Верховная Личность дает людям знание Вед.

ТЕКСТ 19 यो मामेवमसम्मूढो जानाति पुरुषोत्तमम् ।
स सर्वविद्भजति मां सर्वभावेन भारत ॥ १९ ॥

*йо мам эвам асаммудхо   джанати пурушоттамам
са сарва-вид бхаджати мам   сарва-бхавена бхарата*

йах — который; *мам* — Меня; *эвам* — так; *асаммудхах* — не имеющий сомнений; *джанати* — знает; *пуруша-уттамам* — Верховную Личность Бога; *сах* — тот; *сарва-вит* — знающий всё; *бхаджати* — преданно служит; *мам* — Мне; *сарва-бхавена* — всем существом; *бхарата* — о потомок Бхараты.

Тот, кто непоколебимо уверен в том, что Я Верховная Личность Бога, познал все. Такой человек, о потомок Бхараты, целиком посвящает себя преданному служению Мне.

КОММЕНТАРИЙ: Существует много разных философских представлений о природе живых существ и Высшей Абсолютной Истины. В данном стихе Сам Верховный Господь говорит очень ясно: тот, кто постиг, что Господь Кришна — это Верховная Личность, постиг и все остальное. Люди, чье знание несовершенно, просто строят догадки о том, что такое Абсолютная Истина, но человек, обладающий совершенным знанием, не теряя зря драгоценного времени, действует в сознании Кришны, то есть служит Верховному Господу. Эта мысль красной нитью проходит через всю «Бхагавад-гиту». И тем не менее многие комментаторы «Бхагавад-гиты» продолжают упрямо приравнивать живые существа к Высшей Абсолютной Истине.

Ведическое знание называют *шрути* — оно должно быть воспринято на слух. Мудрость Вед можно получить только от авторитетов, таких как Кришна и Его представители. Здесь Кришна подробно излагает духовное знание, и мы должны усвоить его, слушая Кришну. Однако мало просто слушать. Свиньи тоже обладают слухом. Нужно понять суть «Бхагавад-гиты», слушая, как ее объясняют знающие люди, а не просто полагаясь на свою способность к отвлеченному философствованию. Нужно смиренно слушать «Бхагавад-гиту» и признать тот факт, что живые существа всегда подвластны Верховной Личности Бога. Тот, кто понял это, по мнению Верховной Личности Бога, Шри Кришны, постиг суть Вед. Всем остальным она недоступна.

Особенно важным в данном стихе является слово *бхаджати*. Его часто употребляют в связи с преданным служением Верховному Господу. Если человек целиком посвящает себя служению Господу в сознании Кришны, значит, он уже постиг все Веды. *Ачарьи*-вайшнавы говорят, что тому, кто преданно служит Кришне, нет необходимости прибегать ни к каким другим методам постижения Высшей Абсолютной Истины. Такой человек уже осознал Ее, ибо преданно служит Господу. Он уже прошел все предварительные этапы духовного самопознания. Если же человек, проведя сотни тысяч жизней в философских размышлениях, так и не понял, что Кришна — это Верховный Господь, которому он должен покориться, то все его философские поиски, занявшие столько лет и жизней, были напрасной тратой времени.

ТЕКСТ 20 इति गुह्यतमं शास्त्रमिदमुक्तं मयानघ ।
एतद्बुद्ध्वा बुद्धिमान्स्यात्कृतकृत्यश्च भारत ॥ २० ॥

ити гухйатамам шастрам   идам уктам майанагха
этад буддхва буддхиман сйат   крта-кртйаш ча бхарата

ити — так; *гухйа-тамам* — самое сокровенное; *шастрам* — богооткровенное писание; *идам* — это; *уктам* — поведано; *майа* — Мной; *анагха* — о безгрешный; *этат* — это; *буддхва* — поняв; *буддхи-ман* — разумный; *сйат* — станет; *крта-кртйах* — тот, кто достигает успеха в своих попытках; *ча* — и; *бхарата* — о потомок Бхараты.

О безгрешный, Я открыл тебе самую сокровенную часть Вед. Тот, кто сумеет постичь ее смысл, обретет мудрость, и его труды приведут его к совершенству.

КОММЕНТАРИЙ: Здесь Господь говорит, что поведанное Им знание составляет суть всех богооткровенных писаний. И принять его нужно в том виде, в каком его открывает нам Верховная Личность Бога. Тогда человек обретет разум и совершенное духовное знание. Иными словами, постигнув эту философию — философию Верховной Личности Бога — и служа Господу с любовью, человек выйдет из-под оскверняющего влияния материальных *гун* природы. Преданное служение — это путь обретения духовного знания. Материальная скверна несовместима с преданным служением. Преданное служение Господу и Сам Господь неотличны друг от друга, ибо и Господь, и служение Ему одинаково духовны; преданное служение протекает в сфере действия внутренней энергии Верховного Господа. Господа называют солнцем, а неведение — тьмой. Там, где светит солнце, нет места тьме. Поэтому преданное служение под руководством истинного духовного учителя рассеивает тьму невежества.

Каждый человек должен воспользоваться методом сознания Кришны и встать на путь преданного служения, чтобы полностью очиститься и обрести мудрость. Разум того, кто не понимает природы Кришны и не служит Ему, остается несовершенным, каким бы умным, с точки зрения обычных людей, он ни был.

Кришна не случайно называет здесь Арджуну *анагха*. Слово *анагха* означает «безгрешный» и указывает, что, пока человек не очистится от всех последствий своих грехов, ему будет очень трудно постичь Кришну. Осознать Его может только тот, кто избавился от всей материальной скверны, от всех своих греховных привычек. Однако преданное служение столь чисто и могущественно, что само делает человека безгрешным.

Тот, кто занимается преданным служением в обществе чистых преданных Господа, сознающих Кришну, должен полностью избавиться от некоторых нежелательных вещей. Самое главное из того, что ему нужно преодолеть, — это слабость сердца. Первое падение живого существа вызвано желанием господствовать над материальной природой. В результате оно перестает с любовью служить Верховному Господу. Второе проявление слабости сердца заключается в том, что, по мере усиления желания господствовать над материальной природой, живое существо привязывается к материи и обладанию ей. Эти две слабости сердца являются источником всех проблем материальной жизни. В первых пяти стихах этой главы описан путь освобождения от слабости сердца, а остальная ее часть, с шестого стиха и до конца, посвящена *пурушоттама-йоге*.

Так заканчивается комментарий Бхактиведанты к пятнадцатой главе «Шримад Бхагавад-гиты», которая называется «Пурушоттама-йога, йога Верховной Личности».

ГЛАВА ШЕСТНАДЦАТАЯ

Божественные
и демонические натуры

श्रीभगवानुवाच
अभयं सत्त्वसंशुद्धिर्ज्ञानयोगव्यवस्थितिः ।
दानं दमश्च यज्ञश्च स्वाध्यायस्तप आर्जवम् ॥ १ ॥
अहिंसा सत्यमक्रोधस्त्यागः शान्तिरपैशुनम् ।
दया भूतेष्वलोलुप्त्वं मार्दवं ह्रीरचापलम् ॥ २ ॥
तेजः क्षमा धृतिः शौचमद्रोहो नातिमानिता ।
भवन्ति सम्पदं दैवीमभिजातस्य भारत ॥ ३ ॥

шри-бхагаван увача
абхайам саттва-самшуддхир   джнана-йога-вйавастхитих
данам дамаш ча йаджнаиш ча   свадхйайас тапа арджавам

ахимса сатйам акродхас   тйагах шантир апаишунам
дайа бхутешв алолуптвам   мардавам хрир ачапалам

теджах кшама дхртих шаучам   адрохо нати-манита
бхаванти сампадам даивим   абхиджатасйа бхарата

657

ш́рӣ-бхагава̄н ува̄ча — Верховный Господь сказал; *абхайам* — бесстрашие; *саттва-сам̇ш́уддхих̣* — очищение своего бытия; *джн̃а̄на* — в знании; *йога* — связи; *вйавастхитих̣* — нахождение; *да̄нам* — благотворительность; *дамах̣* — владение умом; *ча* — и; *йаджн̃ах̣* — жертвоприношение; *ча* — и; *сва̄дхйа̄йах̣* — изучение ведических писаний; *тапах̣* — аскетизм; *а̄рджавам* — простота; *ахим̇са̄* — неприменение насилия; *сатйам* — правдивость; *акродхах̣* — свобода от гнева; *тйа̄гах̣* — отрешенность от всего мирского; *ш́а̄нтих̣* — спокойствие; *апаиш́унам* — нежелание искать недостатки; *дайа̄* — милосердие; *бхӯтешу* — во всех живых существах; *алолуптвам* — свобода от жадности; *ма̄рдавам* — мягкость; *хрӣх̣* — скромность; *ача̄палам* — решимость; *теджах̣* — энергичность; *кшама̄* — способность прощать; *дхр̣тих̣* — стойкость; *ш́аучам* — чистота; *адрохах̣* — беззлобность; *на* — не; *ати-ма̄нита̄* — ожидание почестей; *бхаванти* — являются; *сампадам* — качества; *даивӣм* — божественной природы; *абхиджа̄тасйа* — рожденного; *бха̄рата* — о потомок Бхараты.

Верховный Господь сказал: Бесстрашие, очищение своего бытия, совершенствование в духовном знании, благотворительность, владение чувствами, совершение жертвоприношений, изучение Вед, аскетизм, простота, отказ от насилия, правдивость, негневливость, отрешенность от всего мирского, спокойствие, отсутствие стремления злословить, сострадание ко всем живым существам, отсутствие алчности, мягкость, скромность, решимость, целеустремленность, способность прощать, стойкость, чистота, отсутствие зависти и стремления к почестям — таковы, о потомок Бхараты, трансцендентные качества праведных людей, наделенных божественной природой.

КОММЕНТАРИЙ: В начале пятнадцатой главы Господь рассказал Арджуне о баньяновом дереве материального мира. Воздушные корни этого дерева символизируют деятельность живых существ, благочестивую и греховную. В девятой главе также рассказывалось о *девах* (полубогах) и *асурах* (демонах-безбожниках). Согласно Ведам, деятельность в *гуне* благости помогает человеку обрести освобождение, и такую деятельность называют *даивӣ пракрти*, божественной по природе. Те, кто обладает божественной природой, продвигаются по пути, ведущему к освобождению. С другой стороны, люди, действующие под влиянием *гун* страсти и невежества, лишены возможности освободиться из материального плена. Им придется оставаться в материальном мире, рождаясь здесь снова либо в образе людей, либо в образе животных или еще менее развитых существ. В шестнадцатой главе Господь рассказывает о божественной и демонической природе и качествах тех, кто обладает той или иной природой. Он также расскажет, к каким — хорошим и плохим — последствиям приводит обладание этими качествами.

Особого внимания заслуживает употребленное в данном стихе слово *абхиджатасйа*, относящееся к тем, кто от рождения наделен трансцендентной, или божественной, природой. Чтобы зачать ребенка, обладающего божественными качествами, необходимо провести ведический обряд *гарбхадхана-самскара*. Если родители хотят, чтобы у них родился ребенок, наделенный божественными качествами, они должны проводить десять очистительных обрядов, рекомендованных для людей. Ранее в «Бхагавад-гите» уже говорилось, что половые отношения с целью зачатия хорошего ребенка — это Сам Кришна. Половые отношения не предосудительны, если их цель — служение Кришне. Люди, практикующие сознание Кришны, по меньшей мере, не должны зачинать детей, как кошки и собаки. Их долг — сделать все необходимое для того, чтобы, появившись на свет, их ребенок помнил о Кришне. Таким преимуществом должны обладать дети, чьи родители обладают сознанием Кришны.

Институт *варнашрама-дхармы,* делящий всех людей в обществе по роду их занятий и социальному статусу на четыре касты и четыре уклада жизни, предназначен для того, чтобы разделить людей не по происхождению, а в соответствии с их качествами и уровнем образования. Это нужно для того, чтобы обеспечить в обществе мир и процветание. Перечисленные в данном стихе качества названы божественными; человек, обладающий ими, сможет развиваться духовно и в конце концов покинуть материальный мир.

В системе *варнашрамы санньяси,* то есть человек, отрекшийся от мира, считается головой, или духовным учителем всех остальных каст и укладов. *Брахманы* являются духовными учителями для трех других каст: *кшатриев, вайшьев* и *шудр,* однако *санньяси,* стоящие на самой верхней ступени общественной лестницы, являются духовными учителями даже для *брахманов.* Главным качеством, которым должен обладать *санньяси,* является бесстрашие. Поскольку *санньяси* живет один, без всякой поддержки или ее гарантии, он должен полагаться только на милость Верховной Личности Бога. Если человек думает: «Кто защитит меня после того, как я порву все связи с семьей и обществом?» — ему не следует давать обет отречения. Он должен быть твердо убежден в том, что Кришна, Верховная Личность Бога, в образе Параматмы всегда пребывает в его сердце и что Он все видит и знает все наши намерения. Необходимо твердо верить в то, что Кришна в образе Параматмы позаботится о предавшейся Ему душе. «Я никогда не останусь один, — должен думать *санньяси.* — Даже в самых непроходимых джунглях Кришна всегда будет рядом со мной и не оставит меня без защиты и покровительства». Такую убежденность называют *абхайам*, бесстрашием, и она должна определять состояние ума человека, отрекшегося от мира.

Помимо этого, *санньяси* должен всегда жить в чистоте. Жизнь людей, отрекшихся от мира, регламентирована множеством правил и предписаний. Самым важным из них является строгий запрет на близкие отношения с женщинами. *Санньяси* не имеет права даже разговаривать с женщиной наедине. Когда Господь Чайтанья, который был идеальным *санньяси*, жил в Пури, женщинам из числа преданных не позволялось даже приблизиться к Нему, чтобы выразить почтение. Им приходилось кланяться Ему на расстоянии. С Его стороны это было не проявлением женоненавистничества, а строгим выполнением категорического запрета, не позволяющего *санньяси* близко общаться с женщинами. Чтобы вести чистый образ жизни, человек должен следовать правилам, регламентирующим жизнь того социального уклада, к которому он относится. *Санньяси* строго запрещено вступать в близкие отношения с женщинами и наслаждаться роскошью и богатством. Идеальным *санньяси* был Сам Господь Чайтанья, и из Его жизнеописаний мы узнаём, что Он был всегда предельно строг к Себе в том, что касалось отношений с женщинами. Хотя Его считают самым великодушным воплощением Господа, допускавшим к Себе самых падших, Он тем не менее строго придерживался правил *санньясы* в отношении общения с женщинами. В ближайшем окружении Господа Чайтаньи был *санньяси* по имени Чхота Харидас. Он был одним из доверенных лиц Господа и имел возможность непосредственно общаться с Ним. Так уж случилось, что однажды он с вожделением посмотрел на молодую женщину. Этого было достаточно, чтобы неумолимый Господь Чайтанья тотчас исключил его из числа Своих приближенных. «Для *санньяси*, — сказал Господь Чайтанья, — или любого, кто хочет выпутаться из сетей материальной природы, кто стремится достичь духовного мира и вернуться домой, к Богу, смотреть на женщин или какие-то материальные богатства с мыслью о наслаждении — даже не наслаждаться ими, а просто смотреть на них с вожделением — столь тяжкий проступок, что ему лучше покончить жизнь самоубийством, чем допустить в свое сердце эти греховные желания». Такова цена очищения своего существования.

Следующим качеством является *джнана-йога-вйавастхити* — сосредоточенность на познании истины. *Санньяси* должен посвятить свою жизнь распространению знания среди семейных людей и всех тех, кто забыл, что истинной целью жизни является достижение духовного совершенства. *Санньяси* должен стучаться в каждую дверь и просить подаяние, но это вовсе не значит, что он попрошайка. Одно из качеств по-настоящему духовного человека — это смирение, и только поэтому *санньяси* стучится в каждую дверь, не столько для того, чтобы попросить милостыню, сколько для того, чтобы встретиться с домохозяевами и пробудить в них сознание Кришны. Таков долг *санньяси*. Тот, кто достиг высокого уровня духовного развития и получил соответствующее указание от своего духовного учителя, должен проповедовать сознание Кришны, опираясь на логику и понимание философии, а если человек не достиг такого уровня духовного развития, ему не следует давать обет отречения от мира. Если же человек, не обладающий достаточным запасом знаний, все-таки дал обет отречения, он должен приложить все усилия к тому, чтобы овладеть знанием, постоянно слушая истинного духовного учителя. Итак, *санньяси*, человек, отрекшийся от мира, должен обладать бесстрашием, *саттва-самйуддхи* (чистотой) и заниматься *гьяна-йогой* (познанием истины).

Следующей в списке стоит благотворительность. Это обязанность семейных людей. Семейные люди должны зарабатывать на жизнь честным трудом и половину своего дохода отдавать на распространение сознания Кришны по всему миру. Для этого необходимо жертвовать тем организациям, которые занимаются проповеднической деятельностью, а не отдавать деньги случайным людям. Есть разные виды благотворительности, о которых будет рассказано ниже: благотворительность может относиться к *гунам* благости, страсти и невежества. Священные писания рекомендуют заниматься благотворительной деятельностью в *гуне* благости, а благотворительности в *гунах* страсти и невежества следует избегать, поскольку такая благотворительность — напрасная трата денег. Отдавать деньги и средства необходимо только на проповедь сознания Кришны по всему миру. Это благотворительность в *гуне* благости.

Что касается владения чувствами *(дама)*, то оно необходимо представителям всех укладов общества и в первую очередь семейным людям. Живя с женой, семейный человек тем не менее не должен без необходимости заниматься сексом. Его половая жизнь должна быть ограничена и преследовать только одну цель — зачатие детей. Тот, кому не нужны дети, не должен вступать в половые отношения с женой. В современном обществе люди, чтобы избежать ответственности, связанной с рождением ребенка, используют противозачаточные средства и другие, еще более варварские, способы. Это проявление демонических наклонностей, а никак не духовных. Если человек, даже домохозяин, хочет развиваться духовно, он должен ограничить половую жизнь и зачинать детей только для того, чтобы служить Кришне. Тот, кто способен зачать ребенка, который разовьет в себе сознание Кришны, может иметь сотни детей, но тот, кто не способен на это, не должен заниматься сексом, идя на поводу у собственных чувств.

Совершать жертвоприношения также обязаны домохозяева, так как обычно это требует больших затрат. Представители других укладов — *брахмачари, ванапрастхи* и *санньяси* — живут на подаяние, и у них нет денег. Поэтому совершать различные жертвоприношения — обязанность домохозяев. Согласно предписаниям Вед, семейные люди должны проводить *агни-хотру,* но такие жертвоприношения очень дороги, поэтому нынешним домохозяевам они часто не по карману. Самым лучшим жертвоприношением, рекомендованным для нашего века, является *санкиртана-ягья. Санкиртана-ягья,* то есть совместное пение Харе Кришна, Харе Кришна, Кришна Кришна, Харе Харе / Харе Рама, Харе Рама, Рама Рама, Харе Харе — самое лучшее и самое дешевое жертвоприношение; совершать его может каждый, и каждый получит от этого благо. Таким образом, благотворительность, владение чувствами и совершение жертвоприношений предназначены для семейных людей.

Затем следует *свадхйайа,* изучение Вед. Веды изучают в период *брахмачарьи,* ученичества. *Брахмачари* не должны общаться с женщинами; они должны хранить целомудрие и сосредоточивать ум на изучении Вед, что поможет им обрести духовное знание. Это называется *свадхьяей.*

Тапас, аскетизм, особо предписывается тем, кто отошел от семейной жизни. Человек не должен до конца своих дней жить с семьей, необходимо помнить о том, что существует четыре периода жизни: *брахмачарья, грихастха, ванапрастха* и *санньяса.* Завершив период семейной жизни, человек должен удалиться от дел. Если продолжительность человеческой жизни составляет сто лет, то первые двадцать пять лет необходимо посвятить изучению Вед, следующие двадцать пять лет провести в семье, затем в течение двадцати пяти лет вести жизнь *ванапрастхи,* удалившись от дел, после чего принять *санньясу* (отречься от мира). Таковы правила, регламентирующие духовную жизнь человека в ведическом обществе. Человек, отошедший от семейной жизни, должен совершать аскезу, чтобы обуздать тело, ум и язык. В этом суть *тапасьи.* Вся система *варнашрама-дхармы* предназначена для *тапасьи.* Без нее никто не способен получить освобождение. Теория, утверждающая, что человеку не нужно ни в чем себя ограничивать, что можно продолжать делать все, что угодно, и все будет в порядке, не находит поддержки ни в Ведах, ни в «Бхагавад-гите». Подобные теории придумывают корыстолюбивые проповедники, желающие умножить число своих последователей. Ограничения и правила отпугивают людей. Поэтому те, кто хочет вести за собой людей, на словах прикрываясь религией, не требуют от своих учеников соблюдения каких-либо правил и не следуют им сами. Однако Веды не одобряют этого.

Что касается такого качества *брахманов,* как простота, то им должны обладать не только представители какого-то одного уклада, но каждый человек, будь он *брахмачари, грихастха, ванапрастха* или *санньяси.* Человек должен быть простым и прямолинейным.

Следовать принципу *ахимсы* — значит не мешать ни одному живому существу в его развитии. Никто не должен думать, что, поскольку духовную искру нельзя убить, даже если убить тело, то это дает нам право убивать животных и наслаждаться их плотью. Сейчас люди пристрастились есть мясо животных, несмотря на то что у них вполне достаточно зерна, фруктов и молока. У людей нет никакой необходимости убивать животных. Это касается каждого. Если нет другого выхода, то человеку дозволяется убить животное, но совершив обряд жертвоприношения. В любом случае, когда пищи вдоволь, люди, желающие достичь духовного совершенства, ни в коем случае не должны совершать насилие над животными. Истинная *ахимса* обязывает человека не препятствовать эволюции других живых существ. Животные также поднимаются по эволюционной лестнице, переходя из одной формы животной жизни в другую, и, убивая животное, мы мешаем его развитию. Если животное находилось в своем теле какое-то количество дней или лет, но затем было убито, ему придется снова получить то же самое тело, чтобы закончить положенный срок пребывания в нем и лишь затем перейти в другую форму жизни. Поэтому мы не должны мешать развитию животных только ради удовлетворения прихотей собственного языка. Это называется *ахимсой.*

Сатйам. Это слово значит, что истину нельзя искажать ради достижения корыстных целей. В ведических писаниях иногда встречаются трудные для понимания места. В этом случае их смысл должен разъяснить опытный духовный учитель. Таков путь постижения Вед. Слово *шрути* значит «слушать сведущих людей». Мы не должны интерпретировать писания так, как это выгодно нам. Существует множество комментариев к «Бхагавад-гите», искажающих оригинальный текст. Мы должны объяснять людям истинный смысл писания, и сделать это можно, только слушая истинного духовного учителя.

Акродхой называют умение подавлять гнев. Даже если что-то раздражает нас, мы должны сдерживать себя, ибо, когда человек гневается, все его тело оскверняется. Гнев и вожделение являются порождением *гуны* страсти, поэтому тот, кто идет по духовному пути, должен уметь подавлять в себе гнев. Слово *апаишунам* значит, что человек не должен искать недостатки в других или без нужды делать людям замечания. Разумеется, назвать вора вором —

не значит искать у него недостатки, но, назвав вором честного человека, мы нанесем ему тяжелое оскорбление, которое станет помехой для нашего духовного развития. *Хри* значит, что человек должен быть очень скромным и не делать ничего предосудительного. *Ачапалам*, решимость, проявляется в способности человека не огорчаться и не отчаиваться, когда его постигает неудача. Какие-то наши попытки могут закончиться поражением, но это еще не повод для того, чтобы расстраиваться. Невзирая на неудачи, нужно терпеливо и настойчиво двигаться по избранному пути.

Употребленное здесь слово *теджас* относится к *кшатриям*, которые должны быть физически сильными для того, чтобы уметь защищать слабых. Они не должны полностью отказываться от насилия. Там, где насилие уместно, к нему следует прибегать. Однако человек, способный обуздать своего врага, при определенных обстоятельствах может прощать людям незначительные провинности.

Шаучам — это чистота. Чистыми должны быть не только наши ум и тело, но и поступки. Это требование прежде всего относится к людям, занимающимся коммерцией, которые не должны участвовать в махинациях на черном рынке. *Нати-манита*, отсутствие стремления к почестям, — качество, которым должны обладать *шудры*, рабочие (представители низшего сословия в ведической социальной системе). Они не должны стремиться занять более высокое положение и добиваться почета. Им следует довольствоваться своим местом в обществе. Долг *шудр* — почитать представителей высших сословий, поддерживая таким образом в обществе порядок.

Все эти двадцать шесть качеств являются трансцендентными. Их следует развивать в себе в зависимости от того, какое место мы занимаем в обществе и каким делом занимаемся. Если все люди будут сознательно развивать в себе эти качества, то, несмотря на неизбежные материальные страдания, со временем они смогут подняться на высшую ступень духовного самопознания.

ТЕКСТ 4   दम्भो दर्पोऽभिमानश्च क्रोधः पारुष्यमेव च ।
अज्ञानं चाभिजातस्य पार्थ सम्पदमासुरीम् ॥ ४ ॥

дамбхо дарпо 'бхиманаш ча   кродхах парушйам эва ча
аджнанам чабхиджатасйа   партха сампадам асурим

дамбхах — гордость; *дарпах* — высокомерие; *абхиманах* — тщеславие; *ча* — и; *кродхах* — гневливость; *парушйам* — грубость; *эва* — безусловно; *ча* — и; *аджнанам* — невежество; *ча* — и; *абхиджата-сйа* — рожденного; *партха* — о сын Притхи; *сампадам* — для судьбы; *асурим* — демонической.

Гордость, высокомерие, тщеславие, гневливость, грубость и невежество — таковы качества людей, обладающих демонической природой, о сын Притхи.

КОММЕНТАРИЙ: В этом стихе описан прямой путь в ад. Демонические люди часто выставляют себя поборниками религии и защитниками духовного прогресса, хотя сами не следуют никаким принципам. Они всегда высокомерны и горды своей образованностью и богатством. Желая, чтобы перед ними преклонялись, они требуют уважения и почета, хотя и не заслуживают его. Они раздражаются из-за пустяков и говорят грубо и неучтиво. Они не знают, что можно делать, а чего нельзя. Они всегда поступают как им заблагорассудится, потакая собственным прихотям, и не признают никаких авторитетов. Эти демонические качества присущи им от природы — они получают их еще в утробе матери и, вырастая, проявляют их в полной мере.

ТЕКСТ 5 दैवी सम्पद्विमोक्षाय निबन्धायासुरी मता ।
मा शुचः सम्पदं दैवीमभिजातोऽसि पाण्डव ॥ ५ ॥

*даивӣ сампад вимокшāйа   нибандхāйāсурӣ матā
мā ш́учах̣ сампадам̇ даивӣм   абхиджāто 'си пāн̣д̣ава*

даивӣ — божественная; *сампат* — природа; *вимокшāйа* — для спасения; *нибандхāйа* — для рабства; *āсурӣ* — демоническая; *матā* — считающаяся; *мā* — не; *ш́учах̣* — беспокойся; *сампадам* — для судьбы; *даивӣм* — трансцендентной; *абхиджāтах̣* — рожденный; *аси* — являешься; *пāн̣д̣ава* — о сын Панду.

Божественные качества ведут человека к освобождению, а демонические обрекают на рабство. Тебе, о сын Панду, не о чем беспокоиться, ибо ты от рождения наделен божественными качествами.

КОММЕНТАРИЙ: Господь Кришна ободрил Арджуну, сказав, что ему от природы не присущи демонические качества. Его участие в битве не было проявлением демонических наклонностей, поскольку он тщательно взвешивал все «за» и «против». Он размышлял над тем, можно ли убивать столь почтенных людей, как Бхишма и Дрона, следовательно, его действия не были продиктованы гневом, желанием дешевой славы или грубостью. Поэтому Арджуну никак нельзя отнести к категории демонов. Для *кшатрия*, воина, поражать врага стрелами — духовное занятие, а избегать исполнения долга — проявление демонических наклонностей. Поэтому у Арджуны не было причин для скорби. Каждый, кто следует правилам, регламентирующим жизнь своего сословия, находится на трансцендентном уровне.

ТЕКСТ 6   द्रौ भूतसर्गौ लोकेऽस्मिन्दैव आसुर एव च ।
                दैवो विस्तरशः प्रोक्त आसुरं पार्थ मे शृणु ॥ ६ ॥

*двау бхӯта-саргау локе 'смин   даива а̄сура эва ча
даиво вистараш́ах̣ прокта   а̄сурам̇ па̄ртха ме ш́р̣ну*

двау — два; *бхӯта-саргау* — (вида) сотворенных живых существ; *локе* — в мире; *асмин* — этом; *даивах̣* — праведный; *а̄сурах̣* — демонический; *эва* — несомненно; *ча* — и; *даивах̣* — божественный; *вистараш́ах̣* — обстоятельно; *проктах̣* — описан; *а̄сурам* — демона; *па̄ртха* — о сын Притхи; *ме* — от Меня; *ш́р̣ну* — послушай.

О сын Притхи, сотворенные живые существа в этом мире бывают двух типов: одних называют праведниками, а других демонами. Я уже подробно рассказал тебе о божественных качествах, а теперь послушай о демонических.

КОММЕНТАРИЙ: Уверив Арджуну в том, что он от рождения наделен божественными качествами, Господь Кришна собирается рассказать ему о качествах, присущих демонам. Обусловленные живые существа, населяющие материальный мир, делятся на две категории. Люди, наделенные божественной природой, ведут упорядоченный образ жизни, то есть следуют предписаниям *шастр* и указаниям авторитетных наставников. Человек должен исполнять обязанности, предписанные авторитетными *шастрами*. Такой образ мыслей называют божественным. Тех же, кто не следует заповедям священных писаний и действует по собственной прихоти, называют демонами, или *асурами*. Критерий только один — выполнение указаний священных писаний. В Ведах сказано, что как полубоги, так и демоны появились на свет от Праджапати; единственная разница в том, что одни следуют предписаниям Вед, а другие нет.

ТЕКСТ 7   प्रवृत्तिं च निवृत्तिं च जना न विदुरासुराः ।
                न शौचं नापि चाचारो न सत्यं तेषु विद्यते ॥ ७ ॥

*правр̣ттим ча нивр̣ттим ча   джана̄ на видур а̄сура̄х̣
на ш́аучам̇ на̄пи ча̄ча̄ро   на сатйам̇ тешу видйате*

правр̣ттим — правильный поступок; *ча* — также; *нивр̣ттим* — неправильный поступок; *ча* — и; *джана̄х̣* — люди; *на* — не; *видух̣* — знают; *а̄сура̄х̣* — те, чья природа демоническая; *на* — не; *ш́аучам* — чистота; *на* — не; *апи* — конечно; *ча* — и; *а̄ча̄рах̣* — поведение; *на* — не; *сатйам* — правда; *тешу* — в них; *видйате* — существует.

Люди демонической природы не знают, что можно делать, а чего нельзя. Им не свойственны ни чистота, ни благонравие, ни правдивость.

КОММЕНТАРИЙ: В каждом цивилизованном человеческом обществе изначально существует свод религиозных правил и предписаний. В обществе *ариев,* последователей Вед, представителей самой развитой цивилизации, правила так строги, что демонами считаются все, кто пренебрегает заповедями религии. Поэтому в данном стихе говорится, что демоны не знают предписаний *шастр* и не имеют ни малейшего желания следовать им. Большинству из них неизвестны заповеди писаний, но даже те, кто знает о них, не склонны их выполнять. У них нет ни веры, ни желания действовать в соответствии с предписаниями Вед. Как внутренняя, так и внешняя чистота тоже не свойственна демонам. Тело нужно всегда поддерживать в чистоте: каждый день совершать омовение, чистить зубы, бриться, менять одежду и т. д. Что же касается внутренней чистоты, то для ее поддержания необходимо всегда помнить святые имена Бога и повторять Харе Кришна, Харе Кришна, Кришна Кришна, Харе Харе / Харе Рама, Харе Рама, Рама Рама, Харе Харе. Все эти правила не нравятся демонам, и они никогда не следуют им.

Что касается поведения человека, то его тоже регламентирует множество правил и предписаний. Они изложены в таких книгах, как «Ману-самхита», представляющая собой свод законов для человечества. Индусы следуют этим правилам даже сегодня. На основе «Ману-самхиты» составлены законы о наследстве и многие другие. В той же «Ману-самхите» ясно сказано, что женщинам не следует давать свободу. Это не значит, что их нужно превращать в рабынь; нет, к ним следует относиться, как к детям. Детям не дают воли, но это вовсе не означает, что из них делают рабов. Нынешние демоны пренебрегают этими указаниями и заявляют, что надо предоставить женщинам такую же свободу, какой обладают мужчины. Однако это нисколько не улучшило состояния дел в современном обществе. Фактически, женщина на каждом этапе жизни должна находиться под защитой. В детстве о ней должен заботиться отец, в молодости — муж, а в старости — взрослые сыновья. «Ману-самхита» предписывает именно такой уклад общества. Однако современная система образования навязывает людям противоестественные представления об идеале женщины, гордой и независимой, поэтому брак в современном обществе практически отошел в область мечтаний. Моральное состояние женщин тоже оставляет желать лучшего, хотя замужние женщины и находятся в несколько лучшем положении, чем сторонницы женской эмансипации. Таким образом, демоны не признают никаких указаний, на основании которых можно построить здоровое общество. Отвергая опыт великих мудрецов и не следуя установленным ими правилам, демоны довели человеческое общество до того жалкого состояния, в котором оно находится сейчас.

ТЕКСТ 8   असत्यमप्रतिष्ठं ते जगदाहुरनीश्वरम् ।
अपरस्परसम्भूतं किमन्यत्कामहैतुकम् ॥ ८ ॥

*асатйам апратиштхам те   джагад āхур анӣшварам
апараспара-самбхӯтам   ким анйат кāма-хаитукам*

асатйам — нереальный; *апратиштхам* — не имеющий основания; *те* — они; *джагат* — проявленный космос; *āхух* — говорят; *анӣшварам* — тот, которым никто не управляет; *апараспара* — без причины; *самбхӯтам* — возникший; *ким анйат* — что, кроме; *кāма-хаитукам* — по причине вожделения.

Они говорят, что этот мир нереален, что у него нет основы, что нет Бога, который им управляет. Они заявляют, что мир возник из полового влечения и что у него нет иной причины, кроме вожделения.

КОММЕНТАРИЙ: Демоны приходят к выводу, что весь мир — фантасмагория. Он существует, не имея ни причин, ни следствий, ни правителя, ни цели: все здесь нереально. Они утверждают, что мироздание возникает в результате случайного соединения материальных элементов. Им не приходит в голову, что мир был создан Богом с определенной целью. Согласно их концепции, мироздание возникло само по себе и нет никаких оснований верить в то, что за ним стоит Бог. Дух не отличен от материи и нет никакого Высшего Духа. Ничего, кроме материи, не существует, и все мироздание представляет собой комок неразумной материи. Согласно их взглядам, мир пуст, а все материальные проявления существуют только в нашем невежественном восприятии. Они исходят из того, что любые проявления разнообразия — лишь следствие нашего невежества, наподобие тех образов, которые мы создаем во сне и которых в действительности не существует. Проснувшись, мы убеждаемся, что все это было лишь сном. Однако, провозглашая мир сном и иллюзией, демоны, тем не менее, с большим искусством наслаждаются этой иллюзией. Поэтому, вместо того чтобы обрести знание, они только еще больше запутываются в этом мире грез. Они заключают, что этот мир возник без вмешательства ду-

ха, точно так же, как, по их мнению, появляется ребенок: просто
в результате полового контакта между мужчиной и женщиной. Они
убеждены, что все живые организмы появились на свет исключительно в результате соединения материальных элементов, а о существовании души не может быть и речи. Все живое, говорят они,
возникло просто в результате соединения материальных элементов
мироздания, подобно тому как в капельках пота или трупах без
всякой на то причины заводятся живые существа. Поэтому у мироздания нет и не может быть иной причины, кроме материальной
природы. Они не верят тому, что Кришна говорит в «Бхагавад-
гите»: *майадхйакшена пракртих суйате са-чарачарам* — «Весь материальный мир движется, повинуясь Моей воле». Иными словами,
у демонов нет верного представления о том, как возник материальный мир; каждый из них придумывает собственную теорию. Для
них любые толкования богооткровенных писаний одинаково хоро-
ши, ибо они не верят в возможность единого понимания наставлений священных писаний.

ТЕКСТ 9   एतां दृष्टिमवष्टभ्य नष्टात्मानोऽल्पबुद्धयः ।
प्रभवन्त्युग्रकर्माणः क्षयाय जगतोऽहिताः ॥ ९ ॥

этам дриштим аваштабхйа   наштатмано 'лпа-буддхайах
прабхаванти угра-карманах   кшайайа джагато 'хитах

этам — этот; *дриштим* — взгляд; *аваштабхйа* — приняв; *нашта* —
потерявшие; *атманах* — самих себя; *алпа-буддхайах* — недалекие;
прабхаванти — процветают; *угра-карманах* — поглощенные пагубной деятельностью; *кшайайа* — во имя разрушения; *джагатах* —
мира; *ахитах* — сеющие зло.

**Придерживаясь таких взглядов, демонические люди, лишен-
ные разума и потерянные для самих себя, поглощены пагубной,
греховной деятельностью, ведущей к разрушению мира.**

КОММЕНТАРИЙ: Демонические люди занимаются деятельностью, несущей миру гибель. Поэтому Господь называет их здесь
лишенными разума. Не имеющие ни малейшего представления
о Боге материалисты считают себя очень прогрессивными. Однако
«Бхагавад-гита» называет их недалекими и лишенными рассудка.
Пытаясь выжать из материального мира максимум удовольствий,
они постоянно изобретают что-то, что принесет им наслаждение.
Такие изобретения являются для них мерилом прогресса человеческой цивилизации, однако в результате в обществе только утверждается культ насилия и люди становятся все более бессердечными
и жестокими по отношению к животным и к другим людям. Они

больше не знают, как нужно обращаться с ближними. В демоническом обществе процветает убийство животных. Таких людей называют врагами мира, потому что в конце концов они изобретут или создадут нечто такое, что принесет гибель всему живому. Данный стих, в сущности, предсказывает создание ядерного оружия, которым так гордится современный мир. В любую минуту может начаться война, и атомное оружие будет сеять разрушение и смерть. Подобное оружие создается только для того, чтобы уничтожить мир, как утверждает данный стих. Оно появляется только из-за безбожия людей и никогда не принесет на землю ни мира, ни процветания.

ТЕКСТ 10 काममाश्रित्य दुष्पूरं दम्भमानमदान्विताः ।
मोहाद्गृहीत्वासद्ग्राहान्प्रवर्तन्तेऽशुचिव्रताः ॥ १० ॥

кāмам āш́ритйа душпӯрам̇ дамбха-мāна-мадāнвитāх̣
мохāд грхӣтвāсад-грāхāн правартанте 'ш́учи-вратāх̣

кāмам — вожделению; *āш́ритйа* — предавшись; *душпӯрам* — ненасытному; *дамбха* — высокомерию; *мāна* — гордыней; *мада-анвитāх̣* — опьяненные тщеславием; *мохāт* — из-за иллюзии; *грхӣтвā* — приняв; *асат* — преходящие; *грāхāн* — вещи; *правартанте* — процветают; *аш́учи* — нечистое; *вратāх̣* — те, кто избрал.

Потакая ненасытному вожделению, опьяненные гордыней, тщеславием и самомнением, демоны пребывают в плену иллюзии и, очарованные преходящим, вершат свои грязные дела.

КОММЕНТАРИЙ: Здесь описан демонический склад ума. Вожделение демонов ненасытно. Их неутолимое желание наслаждаться материальным миром с каждой минутой становится все сильнее и сильнее. Несмотря на то что привязанность к призрачным, преходящим вещам является для них причиной постоянных беспокойств, они в иллюзии своей упрямо продолжают заниматься материальной деятельностью. Лишенные знания, они не понимают, что идут по ложному пути. Очарованные преходящим, демонические люди создают собственного Бога и прославляют его в гимнах собственного сочинения. В результате они лишь сильнее привязываются к двум вещам: сексуальным наслаждениям и накоплению материальных богатств. В связи с этим особое значение имеет употребленное здесь слово *аш́учи-вратāх̣*, «нечистые обеты». Таких людей привлекают лишь вино, женщины, азартные игры и мясо; все это относится к категории *аш́учи*, нечистых привычек. Движимые гордостью и самомнением, они создают собственные религиозные системы, противоречащие принципам Вед. Хотя демоны являются самыми отвратительными существами на свете, они устраивают все так, что другие поклоняются им и окружают их незаслуженными почестями. Они идут прямиком в ад, а им кажется, что они движутся по пути прогресса.

ТЕКСТЫ चिन्तामपरिमेयां च प्रलयान्तामुपाश्रिताः ।
11–12 कामोपभोगपरमा एतावदिति निश्चिताः ॥ ११ ॥
आशापाशशतैर्बद्धाः कामक्रोधपरायणाः ।
ईहन्ते कामभोगार्थमन्यायेनार्थसञ्चयान् ॥ १२ ॥

*чинтам апаримейам ча   пралайантам упашритах
камопабхога-парама   этавад ити нишчитах*

*аша-паша-шатаир баддхах   кама-кродха-парайанах
иханте кама-бхогартхам   анйайенартха-санчайан*

чинтам — страхи и тревоги; *апаримейам* — безмерные; *ча* — и; *пралайа-антам* — до самой смерти; *упашритах* — сделавшие своим прибежищем; *кама-упабхога* — чувственные наслаждения; *парамах* — те, главная цель жизни которых; *этават* — поэтому; *ити* — так; *нишчитах* — убежденные; *аша-паша* — сетей надежды; *шатаих* — сотнями; *баддхах* — связанные; *кама* — от вожделения; *кродха* — от гнева; *парайанах* — те, чье настроение всегда зависит; *иханте* — желают; *кама* — вожделения; *бхога* — и чувственных удовольствий; *артхам* — для; *анйайена* — незаконным (способом); *артха* — богатств; *санчайан* — накопление.

Они убеждены, что главное для человека — услаждать свои чувства. Поэтому их до конца дней преследуют бесчисленные тревоги. Связанные путами сотен желаний, снедаемые вожделением и гневом, они неправедными путями добывают деньги на чувственные наслаждения.

КОММЕНТАРИЙ: Демонические люди считают, что высшей целью человеческой жизни являются наслаждения, и до самой смерти не расстаются с этими убеждениями. Они не верят в жизнь после смерти и в то, что в соответствии со своей *кармой*, деятельностью в этом мире, живое существо постоянно меняет тела. Они строят нескончаемые планы, которые им никогда не удается осуществить полностью. Я был знаком с человеком демонического склада ума, который, лежа на смертном ложе, умолял врача продлить ему жизнь еще на четыре года, чтобы он успел исполнить все задуманное. Эти глупцы не понимают, что врач не может продлить им жизнь даже на мгновение. Когда приходит наш черед, наши желания не принимаются в расчет. Законы природы никому не позволят прожить даже на секунду больше, чем отведено судьбой.

Демоны, не верящие в Бога и отрицающие существование Сверх-души в сердце, безудержно грешат только для того, чтобы удовлетворить свои чувства. Они не знают, что у них в сердце находится свидетель всех их поступков. Сверхдуша постоянно наблюдает за деятельностью индивидуальной души. В «Упанишадах» говорится о двух птицах, сидящих на ветвях одного дерева. Одна из них действует и поедает сладкие и горькие плоды этого дерева, а другая наблюдает за ней. Однако демоны не знают Вед и не верят в них, поэтому они считают себя вправе делать все, что угодно, лишь бы наслаждаться, и не думают о последствиях.

ТЕКСТЫ 13–15

इदमद्य मया लब्धमिमं प्राप्स्ये मनोरथम् ।
इदमस्तीदमपि मे भविष्यति पुनर्धनम् ॥ १३ ॥
असौ मया हतः शत्रुर्हनिष्ये चापरानपि ।
ईश्वरोऽहमहं भोगी सिद्धोऽहं बलवान्सुखी ॥ १४ ॥
आढ्योऽभिजनवानस्मि कोऽन्योऽस्ति सदृशो मया ।
यक्ष्ये दास्यामि मोदिष्य इत्यज्ञानविमोहिताः ॥ १५ ॥

идам адйа майа лабдхам   имам прапсйе маноратхам
идам астидам апи ме   бхавишйати пунар дханам

асау майа хатах шатрур   ханишйе чапаран апи
ишваро 'хам ахам бхоги   сиддхо 'хам балаван сукхи

адхйо 'бхиджанаван асми   ко 'нйо 'сти садришо майа
йакшйе дасйами модишйа   ити аджнана-вимохитах

идам — это; *адйа* — сегодня; *майа* — мной; *лабдхам* — получено; *имам* — это; *прапсйе* — получу; *манах-ратхам* — желаемое; *идам* — это; *асти* — является; *идам* — это; *апи* — также; *ме* — мое; *бхавишйати* — станет (больше); *пунах* — вновь; *дханам* — богатство; *асау* — тот; *майа* — мной; *хатах* — убит; *шатрух* — враг; *ханишйе* — убью; *ча* — также; *апаран* — других; *апи* — непременно; *ишварах* — хозяин; *ахам* — я; *ахам* — я; *бхоги* — наслаждающийся; *сиддхах* — совершенный; *ахам* — я; *бала-ван* — могущественный; *сукхи* — счастливый; *адхйах* — богатый; *абхиджана-ван* — в окружении знатных родственников; *асми* — являюсь; *ках* — кто; *анйах* — другой; *асти* — есть; *садришах* — сравнимый; *майа* — со мной; *йакшйе* — буду приносить жертвы; *дасйами* — буду раздавать пожертвования; *модишйе* — буду радоваться и наслаждаться; *ити* — так; *аджнана* — невежеством; *вимохитах* — обманутые.

«Сегодня, — думает демонический человек, — я получил хорошую прибыль, когда же мои планы осуществятся, я получу еще больше. Сейчас я владею неплохим состоянием, и оно будет только расти. Этого моего врага я убил, и та же участь ожидает остальных. Я хозяин всего. Я наслаждаюсь жизнью. Я достиг совершенства, обрел могущество и счастье. Я богаче всех, и меня окружают знатные родственники. В мире нет никого могущественнее и счастливее меня. Я буду совершать жертвоприношения, заниматься кое-какой благотворительностью и радоваться жизни». Так эти люди становятся жертвами собственного невежества.

ТЕКСТ 16   अनेकचित्तविभ्रान्ता मोहजालसमावृताः ।
प्रसक्ताः कामभोगेषु पतन्ति नरकेऽशुचौ ॥ १६ ॥

анека-читта-вибхранта   моха-джала-самавртах
прасактах кама-бхогешу   патанти нараке 'шучау

анека — многочисленными; *читта* — тревогами; *вибхрантах* — обеспокоенные; *моха* — заблуждений; *джала* — сетью; *самавртах* — опутанные; *прасактах* — привязанные; *кама-бхогешу* — в чувственных удовольствиях; *патанти* — падают; *нараке* — в ад; *ӓшучау* — нечистый.

Охваченные беспокойством от всех этих мыслей и опутанные сетью заблуждений, они чрезмерно привязываются к чувственным удовольствиям и в конце концов попадают в ад.

КОММЕНТАРИЙ: Жажда демонического человека к наживе не знает пределов. Она неутолима. Он думает только о том, сколько у него богатств сейчас и как приумножить их в будущем. Для этого он готов совершить любой грех и, стремясь к запретным наслаждениям, занимается незаконными махинациями. Гордясь тем, что у него уже есть: своей землей, семьей, домом и счетом в банке, — он все время думает о том, как стать еще богаче. Он верит только в собственные силы и не знает, что все его богатства пришли к нему в результате его прошлых благочестивых поступков. Он получил возможность обрести эти богатства, но ему ничего не известно о причинах этого, связанных с его прошлым. Он думает, что богатство пришло к нему благодаря его усилиям. Демон верит только в собственные силы, а не в закон *кармы,* в соответствии с которым знатное происхождение, богатство, хорошее образование или красота являются результатом наших прошлых благочестивых поступков. Демоны считают, что обязаны этим своей удаче и способностям. Они не чувствуют, что за всем многообразием в общественном положении, внешности и образовании людей стоит промысел Бога. Всякий, кто осмеливается соперничать с такими людьми, тотчас становится их врагом. На свете много демонических людей, и все они враждуют между собой. Эта вражда постоянно расширяется и углубляется, переходя за рамки личных отношений и перекидываясь на семьи, кланы и целые народы. Поэтому повсюду в мире не утихают вражда, соперничество и войны.

Каждый демонический человек считает, что ради себя можно пожертвовать всеми остальными. Как правило, все демоны считают себя Богом. Поэтому, когда демон становится проповедником, он убеждает своих последователей: «Зачем вам где-то искать Бога? Каждый из вас сам Бог! Можете делать все, что хотите. Не верьте в Бога. Выбросьте Бога. Бог мертв». Так проповедуют демоны.

Хотя демонам известно о существовании людей столь же богатых и влиятельных, как они, тем не менее каждый из них считает себя самым богатым и самым могущественным человеком на свете. Что касается доступа на райские планеты, то демоны не считают нужным совершать для этого *ягьи,* жертвоприношения. Они думают, что можно изобрести свою *ягью* или создать механическое устройство, которое позволит им достичь высших планет вселенной. Лучшим примером тому является Равана. Он объявил своим подданным, что построит лестницу, по которой все смогут подняться в райское царство, не совершая предписанных Ведами жертвоприношений. Точно так же нынешние демоны пытаются достичь высших планетных систем на механических средствах передвижения. Все это примеры демонических заблуждений. В результате, сами того не ведая, они готовят себе место в аду. В связи с этим особенно важным в данном стихе является слово *моха-джала. Джала* на санскрите значит «сеть»; словно рыбы, пойманные в сеть, они не могут выпутаться из сетей собственных заблуждений.

ТЕКСТ 17   आत्मसम्भाविताः स्तब्धा धनमानमदान्विताः ।
यजन्ते नामयज्ञैस्ते दम्भेनाविधिपूर्वकम् ॥ १७ ॥

*āтма-самбхāвитāх̣ стабдхā   дхана-мāна-мадāнвитāх̣
йаджанте нāма-йаджн̃аис те   дамбхенāвидхи-пӯрвакам*

āтма-самбхāвитāх̣ — самодовольные; *стабдхāх̣* — наглые; *дхана-мāна* — богатством и почетом; *мада* — в заблуждении; *анвитāх̣* — охваченные; *йаджанте* — совершают жертвоприношения; *нāма* — только по названию; *йаджн̃аих̣* — жертвоприношениями; *те* — они; *дамбхена* — гордостью; *авидхи-пӯрвакам* — без всяких правил и предписаний.

Самодовольные и дерзкие, ослепленные богатством и гордыней, иногда они, кичась собою, совершают жертвоприношения, но делают это лишь для вида, не следуя никаким правилам.

КОММЕНТАРИЙ: Считая себя центром вселенной и не признавая над собой никаких авторитетов и власти священных писаний, демонические люди иногда совершают так называемые религиозные обряды и жертвоприношения. И поскольку для них не существует авторитетов, они ведут себя очень дерзко. Все это является результатом иллюзии, порожденной богатством и гордыней. Иногда такие демоны рядятся в одежды проповедников и сбивают с толку неискушенных людей, выдавая себя за религиозных реформаторов или воплощения Бога. Они либо устраивают показные жертвоприношения, либо поклоняются полубогам, либо придумывают собственного Бога. Обыкновенные люди начинают почитать их за Бога и поклоняться им, а глупцы считают их великими знатоками духовной науки. Они облачаются в одежды монахов и в этом платье занимаются всевозможными глупостями. На самом деле тот, кто дал обет отречения от мира, должен придерживаться очень строгих правил. Однако демоны не обращают на них никакого внимания. Они считают, что каждый человек может проложить свой путь духовного развития и что единого пути просто не существует. В связи с этим особую роль играет слово *авидхи-пурвакам,* указывающее на то, что демоны пренебрегают правилами и предписаниями. Такой образ действий всегда является следствием невежества и заблуждений.

ТЕКСТ 18 अहङ्कारं बलं दर्पं कामं क्रोधं च संश्रिताः ।
मामात्मपरदेहेषु प्रद्विषन्तोऽभ्यसूयकाः ॥ १८ ॥

*аханкарам балам дарпам   камам кродхам ча самшритах
мам атма-пара-дехешу   прадвишанто 'бхйасуйаках*

аханкарам — ложному эго; *балам* — силе; *дарпам* — гордыне; *камам* — вожделению; *кродхам* — гневу; *ча* — также; *самшритах* — предавшиеся; *мам* — ко Мне; *атма* — в их собственном; *пара* — и в других; *дехешу* — в телах; *прадвишантах* — поносящие; *абхйасуйаках* — завистливые.

Введенные в заблуждение ложным эго, силой, гордыней, вожделением и гневом, демоны ненавидят Бога, который пребывает в их телах и в телах всех остальных живых существ, и поносят истинную религию.

КОММЕНТАРИЙ: Демоны, всегда противящиеся верховной власти Бога, не верят словам священных писаний. Священные писания и сам факт существования Верховной Личности Бога вызывают у них чувство ревности. Причиной тому их гордыня, а также накопленные ими богатства и сила. Им неведомо, что их нынешняя жизнь является подготовкой к следующей. Не зная об этом, они, по сути дела, ненавидят самих себя, так же как и других живых существ. Они совершают насилие над телами других людей и над собственным телом. Лишенные знания, демоны не хотят считаться с верховной властью Личности Бога. Их неприязнь к священным писаниям и Верховной Личности Бога проявляется в том, что они выдвигают ложные аргументы против существования Бога и отрицают авторитет богооткровенных писаний. Они считают себя независимыми и думают, что вправе делать все, что хотят. Убежденный, что в мире нет никого сильнее, могущественнее и богаче его, демон уверен, что может действовать, как ему заблагорассудится, и что никто не сможет его остановить. Если у него есть враг, грозящий помешать его наслаждениям, он все время думает о том, как расправиться с ним.

ТЕКСТ 19 तानहं द्विषतः क्रूरान्संसारेषु नराधमान् ।
क्षिपाम्यजस्रमशुभानासुरीष्वेव योनिषु ॥ १९ ॥

तान् अहं द्विषतः क्रूरान्   संसारेषु नराधमान्
क्षिपाम्यजस्रमशुभान्   आसुरीष्व् एव योनिषु

тан — тех; *ахам* — Я; *двишатах* — ненавидящих; *крӯрāн* — злонравных; *самсāрешу* — в океан материальной жизни; *нара-адхамāн* — низших из людей; *кшипāми* — бросаю; *аджасрам* — всегда; *аш́убхāн* — лишенных блага; *āсурӣшу* — в демонические; *эва* — непременно; *йонишу* — в утробы.

Их, исполненных ненависти и злонравных, самых низких среди людей, Я всегда низвергаю в океан материального существования, в разные демонические формы жизни.

КОММЕНТАРИЙ: Здесь ясно сказано, что индивидуальная душа попадает в то или иное материальное тело по воле Всевышнего. Демонические существа могут отрицать высшую власть Господа и действовать по своему усмотрению, однако их следующая жизнь целиком и полностью зависит от воли Верховной Личности Бога, а не от их собственной. В Третьей песни «Шримад Бхагаватам» говорится, что после смерти материального тела индивидуальная душа попадает во чрево новой матери, где получает новое тело, определенное ей свыше. В этом причина разнообразия форм и видов жизни в материальном мире, населенном животными, насекомыми, людьми и т. д. Все это разнообразие возникло не случайно, а было создано волей Всевышнего. И здесь ясно сказано, что демонов снова и снова помещают в утробы демонических женщин и они остаются злобными, самыми презренными людьми. Люди демонической породы постоянно обуреваемы вожделением, всегда готовы применить насилие, они ненавидят других и имеют нечистые привычки. К числу демонических форм жизни относятся, например, многочисленные племена охотников, живущие в джунглях.

ТЕКСТ 20   आसुरीं योनिमापन्ना मूढा जन्मनिजन्मनि ।
मामप्राप्यैव कौन्तेय ततो यान्त्यधमां गतिम् ॥ २० ॥

а̄сурӣм̇ йоним а̄панна̄   мӯд̣ха̄ джанмани джанмани
ма̄м апра̄пйаива каунтейа   тато йа̄нтй адхама̄м̇ гатим

а̄сурӣм — в демоническое; *йоним* — лоно; *а̄панна̄х̣* — попавшие; *мӯд̣ха̄х̣* — глупцы; *джанмани джанмани* — жизнь за жизнью; *ма̄м* — Меня; *апра̄пйа* — не достигнув; *эва* — безусловно; *каунтейа* — о сын Кунти; *татах̣* — оттуда; *йа̄нти* — идут; *адхама̄м* — к низшей; *гатим* — к цели.

Снова и снова рождаясь среди демонов, о сын Кунти, такие люди не могут приблизиться ко Мне. Постепенно они опускаются в самые отвратительные формы жизни.

КОММЕНТАРИЙ: Господа называют всемилостивым, однако из этого стиха мы узнаём, что Он никогда не являет Своей милости демонам. Здесь ясно сказано, что демоны снова и снова попадают в утробы демонических женщин и, лишенные милости Верховного Господа, опускаются все ниже и ниже, пока в конце концов не оказываются в телах кошек, собак и свиней. Демоны практически лишены возможности получить милость Господа даже в будущем. В Ведах говорится, что, деградируя, такие души со временем оказываются в телах собак и свиней. Кто-то может сказать, что если Бог не оказывает милости демонам, то не следует называть Его всемилостивым. В ответ на это в «Веданта-сутре» говорится, что Верховный Господь ни к кому не испытывает ненависти. То, что Он помещает *асуров*, демонов, в низшие формы жизни, — тоже проявление Его милости. Иногда Он Сам убивает *асуров*, но и это для них благо, ибо в Ведах сказано, что каждый, кто погибает от руки Всевышнего, получает освобождение. В истории было немало *асуров*: Равана, Камса, Хираньякашипу, которых убил Сам Господь, приходивший на Землю в образе различных воплощений. Таким образом, *асуры* тоже могут получить милость Господа, если им посчастливится погибнуть от Его руки.

ТЕКСТ 21   त्रिविधं नरकस्येदं द्वारं नाशनमात्मनः ।
कामः क्रोधस्तथा लोभस्तस्मादेतत्त्रयं त्यजेत् ॥ २१ ॥

три-видхам̇ наракасйедам   два̄рам̇ на̄ш́анам а̄тманах̣
ка̄мах̣ кродхас татха̄ лобхас   тасма̄д этат трайам̇ тйаджет

три-видхам — включающие три вида; *наракасйа* — ада; *идам* — эти; *дварам* — врата; *нашанам* — гибель; *атманах* — души; *камах* — вожделение; *кродхах* — гнев; *татха* — а также; *лобхах* — жадность; *тасмат* — поэтому; *этат* — эти; *трайам* — три; *тйаджет* — да оставит.

В этот ад ведут трое ворот: вожделение, гнев и жадность. Каждый здравомыслящий человек должен отречься от этих пороков, ибо они губят душу.

КОММЕНТАРИЙ: Здесь описаны истоки демонической жизни. Человек пытается удовлетворить свое вожделение, а когда ему это не удается, в его сердце возникают гнев и жадность. Здравомыслящий человек, который не хочет попасть в демонические формы жизни, должен постараться избавиться от этих трех врагов, способных настолько погубить его душу, что он уже не сможет освободиться из материального плена.

ТЕКСТ 22 एतैर्विमुक्तः कौन्तेय तमोद्वारैस्त्रिभिर्नरः ।
आचरत्यात्मनः श्रेयस्ततो याति परां गतिम् ॥ २२ ॥

этаир вимуктах каунтейа   тамо-двараис трибхир нарах
ачаратй атманах ш́рейас   тато йати парам̇ гатим

этаих — этими; *вимуктах* — освобожденный; *каунтейа* — о сын Кунти; *тамах-двараих* — вратами невежества; *трибхих* — тройственными; *нарах* — человек; *ачарати* — совершает; *атманах* — души; *ш́рейах* — благословение; *татах* — затем; *йати* — идет; *парам* — к высшей; *гатим* — цели.

Тот, кому удалось миновать трое врат ада, о сын Кунти, посвящает себя делам, помогающим ему осознать свою духовную природу, и так со временем достигает высшей цели.

КОММЕНТАРИЙ: Человек должен быть очень осторожным и всегда остерегаться трех врагов: вожделения, гнева и жадности. Чем меньше он подвержен вожделению, гневу и жадности, тем чище его сознание. А чистое сознание дает ему возможность выполнять правила и предписания Вед. Следуя принципам, регулирующим человеческую жизнь, он постепенно осознает свою духовную природу. Если ему посчастливится, то, идя этим путем, он сможет обрести сознание Кришны и тогда непременно достигнет цели жизни. В Ведах говорится, как нужно действовать, чтобы очиститься от материальной скверны. В основе этого метода лежит освобождение от вожделения, жадности и гнева. Благодаря этому человек может подняться на высшую ступень самоосознания, кульминацией которого является преданное служение Господу. А тому, кто занимается преданным служением, обеспечено освобождение от материальной обусловленности. Поэтому в ведическом обществе существуют четыре сословия (касты) и четыре ступени духовного развития (уклада жизни). Жизнь каждого сословия и каждого духовного уклада регламентирована определенными правилами, и тот, кто следует им, непременно достигнет высшей ступени духовного развития. Такому человеку освобождение гарантировано.

ТЕКСТ 23   यः शास्त्रविधिमुत्सृज्य वर्तते कामकारतः ।
न स सिद्धिमवाप्नोति न सुखं न परां गतिम् ॥ २३ ॥

*йах ш́а̄стра-видхим утсрджйа   вартате ка̄ма-ка̄ратах̣
на са сиддхим ава̄пноти   на сукхам̇ на пара̄м̇ гатим*

йах — который; *ш́а̄стра-видхим* — указания *шастр; утсрджйа* — отвергнув; *вартате* — существует; *ка̄ма-ка̄ратах̣* — действующий по собственному усмотрению, побуждаемый вожделением; *на* — не; *сах* — тот; *сиддхим* — совершенство; *ава̄пноти* — достигает; *на* — не; *сукхам* — счастье; *на* — не; *пара̄м* — высшую; *гатим* — ступень совершенства.

Тот же, кто пренебрегает указаниями священных писаний и действует по собственной прихоти, не достигает ни совершенства, ни счастья, ни высшей цели.

КОММЕНТАРИЙ: Как уже говорилось, *ш́а̄стра-видхи*, предписания *шастр*, регламентируют жизнь всех сословий и укладов общества. Следовать им должен каждый. Тот, кто пренебрегает ими и действует по собственной прихоти, движимый вожделением, жадностью и желаниями, никогда не достигнет совершенства жизни. Иными словами, тот, кто знает об этих предписаниях теоретически, но не следует им на деле, является низшим из людей. Душа, получившая возможность родиться человеком, должна действовать разумно и следовать предписаниям *шастр*, которые призваны помочь ей достичь высшей ступени совершенства; в противном случае она деградирует. Однако если, следуя всем правилам и законам нравственности, человек все же не приходит к пониманию Верховного Господа, то все его знание обесценивается. И даже если он признает существование Бога, но не служит Ему, он лишь напрасно тратит время. Поэтому человек постепенно должен развить в себе сознание Кришны и подняться на уровень преданного служения; только так, и никак иначе, он сможет достичь высшей ступени совершенства.

Особого внимания заслуживает употребленное здесь слово *ка̄ма-ка̄ратах̣*. Человек, сознательно нарушающий правила и предписания, движим вожделением. Зная о запретах, он тем не менее нарушает их. Вот что значит действовать по собственной прихоти. Верховный Господь неминуемо покарает таких людей. Они лишены возможности достичь совершенства, доступного человеку. Человеческая жизнь предназначена прежде всего для очищения, но тот, кто не следует предписаниям *шастр*, никогда не сможет очиститься от материальной скверны и обрести истинное счастье.

ТЕКСТ 24 तस्माच्छास्त्रं प्रमाणं ते कार्याकार्यव्यवस्थितौ ।
ज्ञात्वा शास्त्रविधानोक्तं कर्म कर्तुमिहार्हसि ॥ २४ ॥

*тасма̄ч чха̄страм̇ прама̄н̣ам те   ка̄рйа̄ка̄рйа-вйавастхитау
джн̃а̄тва̄ ш́а̄стра-видха̄ноктам̇   карма картум иха̄рхаси*

тасма̄т — поэтому; *ш́а̄страм* — священные писания; *прама̄н̣ам* — свидетельство; *те* — твоих; *ка̄рйа* — долга; *ака̄рйа* — и запрещенных действий; *вйавастхитау* — в определении; *джн̃а̄тва̄* — постигнув; *ш́а̄стра* — писаний; *видха̄на* — соответствующую правилам; *уктам* — описанную; *карма* — деятельность; *картум* — выполнять; *иха* — здесь (в этом мире); *архаси* — заслуживаешь.

Поэтому именно на основе священных писаний определи, что следует делать, а чего делать не следует. Изучив содержащиеся в них указания и правила, действуй так, чтобы постепенно достичь духовных высот.

КОММЕНТАРИЙ: Как было сказано в пятнадцатой главе, все предписания Вед предназначены для того, чтобы помочь человеку постичь Кришну. Если человек, изучив «Бхагавад-гиту» и обретя сознание Кришны, начинает заниматься преданным служением, это значит, что он обрел самое совершенное знание, которое можно получить из Вед. Господь Чайтанья Махапрабху значительно облегчил для нас этот путь. Он призывал людей просто повторять Харе Кришна, Харе Кришна, Кришна Кришна, Харе Харе / Харе Рама, Харе Рама, Рама Рама, Харе Харе, служить Господу и питаться остатками пищи, которая была предложена Божествам. Говорится, что тот, кто делает это, уже изучил все ведические писания и понял их суть. Разумеется, обыкновенному человеку, не обладающему сознанием Кришны и не занимающемуся преданным служением, нужно следовать указаниям Вед, чтобы понять, что можно делать, а чего делать нельзя. И выполнять эти предписания нужно беспрекословно. Следовать указаниям *шастр*, священных писаний — значит не пытаться оспаривать их. *Шастры* свободны от четырех недостатков, присущих обусловленным душам, которые обладают несовершенными чувствами, склонны к обману, неизбежно совершают ошибки и находятся во власти иллюзии. Эти четыре главных недостатка лишают обусловленную душу возможности самой устанавливать правила жизни. Поэтому все великие мудрецы, *ачарьи* и великие души неукоснительно следуют предписаниям *шастр*, свободных от этих четырех недостатков.

В Индии есть много школ духовной философии, которые можно разделить на две большие группы: последователей имперсонализма и персонализма. Однако и те, и другие строят свою деятельность на принципах Вед. Не следуя предписаниям *шастр*, невозможно достичь совершенства. Поэтому только того, кто смог постичь истинный смысл священных писаний, можно считать удачливым человеком.

Неприятие принципов, лежащих в основе постижения Верховной Личности Бога, является единственной причиной деградации людей. Это тягчайший грех, на который способен человек. Поэтому *майя*, материальная энергия, постоянно причиняет нам страдания трех видов. Материальная энергия состоит из трех *гун*. Человек должен подняться по крайней мере на уровень *гуны* благости, прежде чем перед ним откроется путь к постижению Верховного Господа. Иначе он останется во власти страсти и невежества, составляющих основу демонического образа жизни. Люди, находящиеся под влиянием *гун* страсти и невежества, смеются над священными писаниями, святыми людьми и философскими представлениями о Верховной Личности Бога. Они нарушают указания духовного учителя и не обращают внимания на предписания *шастр*. Даже услышав о величии преданного служения, они не проявляют к нему никакого интереса. Поэтому они изобретают собственные пути духовного развития. Таковы некоторые изъяны людей, приводящие к усилению в человеке демонического начала. Однако тот, кто сможет действовать под руководством истинного духовного учителя, способного указать путь к духовному возвышению, достигнет в жизни успеха.

Так заканчивается комментарий Бхактиведанты к шестнадцатой главе «Шримад Бхагавад-гиты», которая называется «Божественные и демонические натуры».

ГЛАВА СЕМНАДЦАТАЯ

Разновидности веры

ТЕКСТ 1

अर्जुन उवाच
ये शास्त्रविधिमुत्सृज्य यजन्ते श्रद्धयान्विताः ।
तेषां निष्ठा तु का कृष्ण सत्त्वमाहो रजस्तमः ॥ १ ॥

арджуна увача
йе ш́а̄стра-видхим утср̣джйа   йаджанте ш́раддхайа̄нвита̄х̣
теша̄м̇ ништха̄ ту ка̄ кр̣шн̣а   саттвам а̄хо раджас тамах̣

арджунах̣ увача — Арджуна сказал; *йе* — которые; *ш́а̄стра-ви-
дхим* — предписания *шастр; утср̣джйа* — отбросив; *йаджанте* —
поклоняются; *ш́раддхайа̄* — твердой верой; *анвита̄х̣* — наделенные;
теша̄м — их; *ништха̄* — вера; *ту* — но; *ка̄* — какова; *кр̣шн̣а* —
о Кришна; *саттвам* — благость; *а̄хо* — или же; *раджах̣* — страсть;
тамах̣ — невежество.

**Арджуна спросил: О Кришна, каково положение тех, кто не сле-
дует предписаниям** *шастр,* **но выдумывает собственные способы
поклонения? Под влиянием какой** *гуны* **— благости, страсти или
невежества — они находятся?**

КОММЕНТАРИЙ: В тридцать девятом стихе четвертой главы говорилось, что человек, обладающий верой, постепенно обретает
знание, мир в сердце и процветание. В шестнадцатой главе был
сделан вывод, что человек, не следующий предписаниям *шастр,*

является *асуром*, демоном, а тех, кто неукоснительно выполняет указания священных писаний, называют *девами*, или праведными людьми. Резонно спросить: каково положение того, кто с верой следует правилам, не установленным в *шастрах*? Арджуна просит Кришну развеять его сомнения. Если люди возносят до уровня Бога одного из себе подобных и поклоняются ему с верой и преданностью, к какой *гуне* — благости, страсти или невежества — относится это поклонение? Смогут ли они таким образом достичь совершенства? Смогут ли они обрести истинное знание и подняться на высшую ступень совершенства? Увенчаются ли успехом усилия тех, кто не следует правилам и предписаниям *шастр*, но в то же время верит во что-то и поклоняется богам, полубогам или людям? Это вопросы, которые Арджуна задает здесь Кришне.

ТЕКСТ 2 श्रीभगवानुवाच
त्रिविधा भवति श्रद्धा देहिनां सा स्वभावजा ।
सात्त्विकी राजसी चैव तामसी चेति तां शृणु ॥ २ ॥

шрӣ-бхагавāн увāча
три-видхā бхавати ш́раддхā   дехинāм̇ сā свабхāва-джā
сāттвикӣ рāджасӣ чаива   тāмасӣ чети тāм̇ ш́р̣н̣у

шрӣ-бхагавāн увāча — Верховный Господь сказал; *три-видхā* — включающая три вида; *бхавати* — становится; *ш́раддхā* — вера; *дехинāм* — воплощенных душ; *сā* — она; *сва-бхāва-джā* — соответствующая той *гуне* материальной природы, под влиянием которой они находятся; *сāттвикӣ* — относящаяся к *гуне* благости; *рāджасӣ* — относящаяся к *гуне* страсти; *ча* — также; *эва* — безусловно; *тāмасӣ* — относящаяся к *гуне* невежества; *ча* — и; *ити* — таким образом; *тāм* — ее; *ш́р̣н̣у* — услышь от Меня.

Верховный Господь сказал: В зависимости от *гун* материальной природы, под влиянием которых оказалась воплощенная душа, ее вера может быть трех видов — в благости, страсти или невежестве. Услышь же от Меня об этом.

КОММЕНТАРИЙ: Те, кто знаком с предписаниями *шастр*, но из-за лени прекращает следовать им, находятся под влиянием *гун* материальной природы. В соответствии со своей прошлой деятельностью в *гунах* благости, страсти или невежества, они приобрели определенные качества. Живое существо с незапамятных времен взаимодействует с различными *гунами* материальной природы; в материальном мире оно приобретает тот или иной склад ума, который определяется влиянием на него материальных *гун*. Однако человек может изменить свою природу, общаясь с истинным духовным учителем и следуя предписаниям *шастр*. Постепенно он может подняться с уровня *гуны* невежества или страсти до уровня *гуны* благости. Таким образом, слепая вера в той или иной *гуне* материальной природы не поможет человеку достичь совершенства. Прежде всего нужно проанализировать свое положение, опираясь на разум и общаясь с истинным духовным учителем. Тогда мы сможем занять более высокое положение и постепенно выйти из-под влияния низших *гун*.

ТЕКСТ 3   सत्त्वानुरूपा सर्वस्य श्रद्धा भवति भारत ।
श्रद्धामयोऽयं पुरुषो यो यच्छ्रद्धः स एव सः ॥ ३ ॥

*саттванурупа сарвасйа   шраддха бхавати бхарата
шраддха-майо 'йам пурушо   йо йач-чхраддхах са эва сах*

саттва-анурупа — соответствующая сущности; *сарвасйа* — всего; *шраддха* — вера; *бхавати* — является; *бхарата* — о потомок Бхараты; *шраддха* — веры; *майах* — полное; *айам* — это; *пурушах* — живое существо; *йах* — которое; *йат* — какой; *шраддхах* — (обладающий) верой; *сах* — то; *эва* — безусловно; *сах* — оно.

О потомок Бхараты, находясь под преобладающим влиянием одной из материальных *гун*, живое существо приобретает соответствующий тип веры. Говорится, что характер его веры определяется тем, какие *гуны* на него влияют.

КОММЕНТАРИЙ: Каждый человек, кем бы он ни был, во что-то верит. Но в зависимости от природы человека его вера может относиться к *гуне* благости, страсти или невежества. И вера, в свою очередь, определяет круг его общения. На самом деле каждое живое существо, как было сказано в пятнадцатой главе, по природе своей является крошечной частицей Верховного Господа. Поэтому изначально все души находятся вне влияния *гун* материальной природы. Однако, когда живое существо забывает о своих взаимоотношениях с Верховной Личностью Бога и, приходя в соприкосновение с материальной природой, начинает обусловленное существование, оно само определяет свое положение в этом мире, отдавая предпочтение тому или иному сочетанию материальных *гун*. В результате у него формируется искусственная, материальная вера и начинается его искусственная, материальная жизнь. При этом живое существо руководствуется какими-то представлениями и у него возникает некая концепция жизни, но изначально оно является *ниргуной*, то есть трансцендентным. Поэтому ему необходимо очиститься от приобретенной материальной скверны — только в этом случае оно сможет восстановить взаимоотношения со Всевышним. Это единственная дорога назад, по которой можно идти, не ведая страха: сознание Кришны. Тот, кто развил в себе сознание Кришны, обязательно достигнет совершенства. Если же человек отказывается вступить на этот путь самоосознания, он так и останется во власти трех *гун* материальной природы.

Очень важным в данном стихе является слово *шраддха* («вера»). *Шраддха*, вера, всегда возникает из *гуны* благости. Человек может верить в какого-то полубога, в придуманного Бога или в собственные выдумки. Однако в любом случае сильная вера должна приводить его к деятельности в материальной *гуне* благости. Но в материальной, обусловленной жизни ни одно действие не может быть абсолютно чистым, в нем всегда есть какие-то примеси. В материальном мире нет благости в чистом виде. Чистая благость трансцендентна, и только на этом уровне душа способна постичь истинную природу Верховной Личности Бога. Пока наша вера не находится полностью в чистой благости, она всегда будет осквернена влиянием материальных *гун*. Оскверняющее влияние *гун* природы затрагивает сердце живого существа. Поэтому вера живого существа зависит от того, под влиянием какой из *гун* находится его сердце. Тот, чье сердце находится в *гуне* благости, обладает верой в *гуне* благости. Если сердце человека осквернено влиянием *гуны* страсти, его вера приобретает качества страсти. А тот, чье сердце заполонили тьма и невежество, обладает верой, оскверненной невежеством. Таким образом в материальном мире возникают различные виды веры, которые лежат в основе различных религиозных систем. Истинная религия и вера находятся в *гуне* чистой благости, но, поскольку сердца людей затронуты оскверняющим влиянием материальных *гун*, они исповедуют разные религии. Так различные типы веры приводят к возникновению разных форм поклонения.

ТЕКСТ 4   यजन्ते सात्त्विका देवान्यक्षरक्षांसि राजसाः ।
प्रेतान्भूतगणांश्चान्ये यजन्ते तामसा जनाः ॥ ४ ॥

йаджанте саттвика деван   йакша-ракшамси раджасах
претан бхута-ганамш чанйе   йаджанте тамаса джанах

йаджанте — поклоняются; *саттвиках* — те, кто в *гуне* благости; *деван* — полубогам; *йакша-ракшамси* — демонам; *раджасах* — те, кто находится в *гуне* страсти; *претан* — духам умерших; *бхута-ганан* — привидениям; *ча* — и; *анйе* — другие; *йаджанте* — поклоняются; *тамасах* — те, кто в *гуне* невежества; *джанах* — люди.

Люди в *гуне* благости поклоняются полубогам, те, кто находится в *гуне* страсти, поклоняются демонам, а люди в *гуне* невежества поклоняются духам усопших.

КОММЕНТАРИЙ: В этом стихе Верховный Господь говорит о разных формах поклонения в их внешнем проявлении. В писаниях сказано, что единственным объектом поклонения является Верховная Личность Бога, но те, кто не знает предписаний *шастр* или не следует им, избирают другие объекты поклонения, в зависимости от того, под влиянием каких *гун* они находятся. Люди в *гуне* благости, как правило, почитают полубогов: Брахму, Шиву и других, таких как Индра, Чандра или бог Солнца. Люди в *гуне* благости поклоняются какому-либо полубогу, преследуя определенную цель. Подобно этому, те, кто находится под влиянием *гуны* страсти, поклоняются демонам. Я помню, как во время второй мировой войны один человек в Калькутте поклонялся Гитлеру, потому что нажил благодаря войне огромное состояние, занимаясь махинациями на черном рынке. Люди в *гунах* страсти и невежества обычно боготворят какую-нибудь великую личность. Они считают, что любому человеку можно поклоняться как Богу и достичь тех же результатов.

В этом стихе ясно сказано, что люди в *гуне* страсти сами создают себе богов и поклоняются им, а те, кто находится в *гуне* невежества, или тьмы, поклоняются духам умерших. Некоторые из них проводят свои обряды у каких-нибудь могил. Всевозможные обряды, связанные с сексом, также относятся к *гуне* невежества. В глухих индийских деревнях можно найти людей, которые поклоняются привидениям. Мы видели, как в Индии невежественные люди иногда отправляются в лес, чтобы поклониться и принести жертвы какому-то дереву, про которое идет молва, что в нем живет дух. Все эти люди на самом деле поклоняются не Богу. Поклоняться Богу могут только те, кто находится на духовном уровне, уровне чистой благости вне влияния материальных *гун*. В «Шримад-Бхагаватам» (4.3.23) сказано: *саттвам вишуддхам васудева-шабдитам* — «На уровне чистой благости человек поклоняется Ва̄судеве». Иными словами, только тот, кто полностью очистился и, выйдя из-под влияния материальных *гун,* достиг трансцендентного уровня, может поклоняться Верховной Личности Бога.

Имперсоналисты, которые, как принято считать, находятся в *гуне* благости, поклоняются пяти богам. Они поклоняются безличной форме Вишну в материальном мире, которую называют философской концепцией Вишну. Вишну — это воплощение Верховной Личности Бога, но, так как имперсоналисты на самом деле не верят в Верховную Личность Бога, они считают Вишну одним из аспектов безличного Брахмана, а Господа Брахму — проявлением безличного Брахмана в материальной *гуне* страсти. Поэтому иногда имперсоналисты поклоняются пяти богам, но, поскольку они думают, что высшим аспектом Абсолютной Истины является безличный Брахман, в конечном счете они отказываются от поклонения кому бы то ни было. В заключение остается сказать, что очиститься от оскверняющего влияния *гун* материальной природы можно только благодаря общению с людьми, находящимися вне сферы их действия.

**ТЕКСТЫ
5–6**

अशास्त्रविहितं घोरं तप्यन्ते ये तपो जनाः ।
दम्भाहङ्कारसंयुक्ताः कामरागबलान्विताः ॥ ५ ॥

कर्षयन्तः शरीरस्थं भूतग्राममचेतसः ।
मां चैवान्तः शरीरस्थं तान्विद्ध्यासुरनिश्चयान् ॥ ६ ॥

*аш́а̄стра-вихитам̇ гхорам̇   тапйанте йе тапо джана̄х̣
дамбха̄ханка̄ра-сам̇йукта̄х̣   ка̄ма-ра̄га-бала̄нвита̄х̣*

*каршайантах̣ ш́арӣра-стхам̇   бхӯта-гра̄мам ачетасах̣
ма̄м̇ чаива̄нтах̣ ш́арӣра-стхам̇   та̄н виддхй а̄сура-ниш́чайа̄н*

аш́а̄стра — тем, о чем не сказано в писаниях; *вихитам* — установленную; *гхорам* — вредную для других; *тапйанте* — совершают; *йе* — которые; *тапах̣* — аскезу; *джана̄х̣* — люди; *дамбха* — из гордости; *аханка̄ра* — и эгоизма; *сам̇йукта̄х̣* — вовлеченные; *ка̄ма* — вожделением; *ра̄га* — и привязанностью; *бала* — силой; *анвита̄х̣* — наделенные; *каршайантах̣* — истязающие; *ш́арӣра-стхам* — находящихся в теле; *бхӯта-гра̄мам* — совокупность материальных элементов; *ачетасах̣* — обладающие ущербным разумом; *ма̄м* — Меня; *ча* — также; *эва* — безусловно; *антах̣* — внутри; *ш́арӣра-стхам* — находящегося в теле; *та̄н* — тех; *виддхи* — знай; *а̄сура-ниш́чайа̄н* — демонов.

Тех, кто совершает суровую аскезу, не рекомендованную в священных писаниях, делая это из гордости или эгоизма, тех, кем движут вожделение и привязанность, кто по глупости истязает свое материальное тело и находящуюся в нем Сверхдушу, называют демонами.

КОММЕНТАРИЙ: Есть люди, которые совершают аскезу, не рекомендованную в священных писаниях. Например, писания не призывают отказываться от пищи ради достижения политических или других внешних целей. Писания рекомендуют поститься во имя духовного совершенствования, а не для достижения политических или социальных целей. Согласно «Бхагавад-гите», те, кто совершает подобную аскезу, относятся к категории демонических людей. Их действия противоречат предписаниям *шастр* и никому не приносят блага. В действительности такими людьми движет гордость, ложный эгоизм, вожделение и привязанность к материальным удовольствиям. Такое самоистязание не только причиняет вред телу, состоящему из материальных элементов, но и доставляет беспокойство находящейся в нем Верховной Личности Бога. Политические голодовки, безусловно, причиняют много беспокойств окружающим. В Ведах ничего не говорится о таких методах. Люди с демоническим складом ума думают, что подобными методами они вынудят противника уступить их требованиям, но порой такие голодовки заканчиваются смертельным исходом. Господь не одобряет подобные действия и называет тех, кто прибегает к таким методам, демонами. Действуя таким образом, они оскорбляют Верховную Личность Бога, ибо нарушают указания ведических писаний. Людей, действующих таким образом, нельзя назвать вполне нормальными. В связи с этим особого внимания заслуживает слово *ачетасах*. Здравомыслящие люди должны следовать предписаниям Вед. Но люди не вполне здравомыслящие пренебрегают ими и сами придумывают для себя обеты и покаяния. Необходимо всегда помнить об участи людей с демоническим складом ума, описанной в предыдущей главе. Господь помещает их в утробы демонических женщин. В результате они жизнь за жизнью вынуждены оставаться демонами, лишенными знания о своих отношениях с Верховной Личностью Бога. Однако, если таким людям посчастливится встретить на своем пути духовного учителя, который поведет их дорогой ведической мудрости, они смогут избавиться от своих заблуждений и в конце концов достичь высшей цели.

ТЕКСТ 7　　आहारस्त्वपि सर्वस्य त्रिविधो भवति प्रियः ।
यज्ञस्तपस्तथा दानं तेषां भेदमिमं शृणु ॥ ७ ॥

*āхāрас тв апи сарвасйа　три-видхо бхавати прийах
йаджнас тапас татхā дāнам　тешāм бхедам имам ш́р̣н̣у*

āхāрах — пища; *ту* — же; *апи* — также; *сарвасйа* — каждого; *три-видхах* — включающая три вида; *бхавати* — является; *прийах* — приятная; *йаджнах* — жертвоприношение; *тапах* — аскеза; *татхā* — также; *дāнам* — благотворительная деятельность; *тешāм* — их; *бхедам* — различие; *имам* — то; *ш́р̣н̣у* — слушай.

Даже пища, которую предпочитают разные люди, делится на три вида в соответствии с тремя *гунами* материальной природы. То же самое относится к жертвоприношениям, аскезе и благотворительной деятельности. Сейчас услышь от Меня о различиях между ними.

КОММЕНТАРИЙ: Гуны материальной природы определяют различия в пище людей, в их жертвоприношениях, аскезе, которую они совершают, и благотворительной деятельности. Далеко не все формы жертвоприношений, аскезы и т.д. равноценны. Тот, кто способен анализировать и определять, к каким *гунам* природы относятся различные поступки, является мудрым человеком. Те же, для кого все жертвоприношения, любая пища и благотворительность едины, лишены способности различать, и потому их называют глупцами. Есть проповедники, которые заявляют, что человек может делать все, что угодно, и при этом достичь совершенства. Однако эти глупые пастыри действуют вопреки указаниям священных писаний. Они придумывают собственные пути духовного развития и вводят в заблуждение простых людей.

ТЕКСТ 8   आयुःसत्त्वबलारोग्यसुखप्रीतिविवर्धनाः ।
               रस्याः स्निग्धाः स्थिरा हृद्या आहाराः सात्त्विकप्रियाः ॥ ८ ॥

*āйух-саттва-балāрогйа   сукха-прӣти-вивардханāх
расāх снигдхāх стхирā хрдйā   āхāрāх сāттвика-прийāх*

āйух — продолжительность жизни; *саттва* — существование; *бала* — силу; *āрогйа* — здоровье; *сукха* — счастье; *прӣти* — удовлетворение; *вивардханāх* — увеличивающие; *расāх* — сочные; *снигдхāх* — богатые жирами; *стхирāх* — полезные; *хрдйāх* — приятные сердцу; *āхāрāх* — виды пищи; *сāттвика* — человеку в благости; *прийāх* — те, что нравятся.

Пища, которую предпочитают люди, находящиеся в *гуне* благости, увеличивает продолжительность жизни, очищает сознание, прибавляет сил, здоровья, приносит счастье и удовлетворение. Это сочная, маслянистая, здоровая, приятная сердцу пища.

ТЕКСТ 9   कट्वम्ललवणात्युष्णतीक्ष्णरूक्षविदाहिनः ।
               आहारा राजसस्येष्टा दुःखशोकामयप्रदाः ॥ ९ ॥

*катв-амла-лаванāтй-ушна-тӣкшна-рӯкша-видāхинах
āхāрā рāджасасйешṭā   духкха-ш́окāмайа-прадāх*

кату — горькие; *амла* — кислые; *лавана* — соленые; *ати-ушна* — очень пряные; *тӣкшна* — острые; *рӯкша* — сухие; *видāхинах* — горячие; *āхāрāх* — виды пищи; *рāджасасйа* — того, кто находится в *гуне* страсти; *ишṭāх* — нравящиеся; *духкха* — горе; *ш́ока* — страдания; *āмайа* — болезни; *прадāх* — причиняющие.

Чрезмерно горькая, кислая, соленая, пряная, острая, сухая и очень горячая пища нравится людям, находящимся в *гуне* страсти. Такая пища является источником горя, страданий и болезней.

ТЕКСТ 10 यातयामं गतरसं पूति पर्युषितं च यत् ।
उच्छिष्टमपि चामेध्यं भोजनं तामसप्रियम् ॥ १० ॥

*йа̄та-йа̄мам̇ гата-расам̇   пӯти парйушитам̇ ча йат
уччхишт̣ам апи ча̄медхйам̇   бходжанам̇ та̄маса-прийам*

йа̄та-йа̄мам — приготовленная за три часа до еды; *гата-расам* — безвкусная; *пӯти* — дурно пахнущая; *парйушитам* — старая; *ча* — также; *йат* — которая; *уччхишт̣ам* — оставшаяся после других; *апи* — также; *ча* — и; *амедхйам* — нечистая; *бходжанам* — еда; *та̄маса* — тому, кто находится в *гуне* тьмы; *прийам* — нравящаяся.

Пища, приготовленная более чем за три часа до еды, безвкусная, несвежая, протухшая, нечистая и состоящая из чужих объедков, нравится тем, кто находится в *гуне* тьмы.

КОММЕНТАРИЙ: Пища должна увеличивать продолжительность жизни, очищать ум и прибавлять сил. Это ее единственное предназначение. В прошлом великие мудрецы определили те продукты, которые больше всего укрепляют здоровье и увеличивают продолжительность жизни: это молоко и молочные продукты, сахар, рис, пшеница, фрукты и овощи. Все это нравится тем, кто находится в благости. Некоторые продукты, например печеная кукуруза или черная патока, не очень вкусны сами по себе, но становятся вкусными, если их есть с молоком и другой пищей. В этом случае они тоже относятся к пище в *гуне* благости. Все эти продукты чисты по природе. Они разительно отличаются от оскверненной пищи, такой как вино и мясо. Маслянистая пища, о которой говорится в восьмом стихе, не имеет отношения к жирной пище, полученной в результате убийства животных. Жиры животного происхождения содержатся в молоке, самом чудесном из всех продуктов. Получая животные жиры из молока, сливочного масла, творога и других молочных продуктов, мы избавляемся от необходимости убивать невинных животных. Убивать их могут только очень жестокие люди. Цивилизованные люди получают необходимые жиры из молока, а убийство животных может быть нормой только среди нелюдей. Белки в изобилии содержатся в горохе, *дале,* цельной пшенице и других продуктах.

Пища в *гуне* страсти, горькая, пересоленная, слишком горячая или сильно сдобренная красным перцем, уменьшает количество слизи в желудке, что причиняет страдания и ведет к развитию различных заболеваний. К *гуне* невежества, или тьмы, относятся прежде всего несвежие продукты. Любая пища, приготовленная более чем за три часа до еды (за исключением *прасада* — пищи, предложенной Господу), является пищей в *гуне* тьмы. Разлагаясь, такая пища начинает издавать неприятный запах, который привлекает людей в *гуне* невежества, но вызывает отвращение у людей благостных.

Доедать за кем-то можно, только если это Сам Верховный Господь, которому мы предложили приготовленные блюда, или святой человек, в особенности духовный учитель. В противном случае остатки чужой пищи относятся к *гуне* тьмы и являются причиной инфекционных и других заболеваний. Такая пища привлекает людей в *гуне* тьмы, но люди в *гуне* благости никогда не притронутся к ней. Самой лучшей пищей являются остатки блюд, предложенных Верховной Личности Бога. В «Бхагавад-гите» Верховный Господь говорит, что Он принимает кушанья, приготовленные из овощей, молока и муки, если они предложены Ему с любовью и преданностью. *Патрам пушпам пхалам тойам.* Разумеется, Господь принимает прежде всего нашу преданность. Однако говорится также, что *прасад* должен быть приготовлен по определенным правилам. Любая пища, приготовленная согласно указаниям *шастр* и предложенная Верховной Личности Бога, годится для употребления, даже если она была приготовлена очень давно, ибо такая пища становится духовной. Следовательно, для того чтобы сделать пищу очищающей, съедобной и удовлетворяющей вкусы всех людей, ее необходимо предложить Верховной Личности Бога.

ТЕКСТ 11   अफलाकाङ्क्षिभिर्यज्ञो विधिदृष्टो य इज्यते ।
यष्टव्यमेवेति मनः समाधाय स सात्त्विकः ॥ ११ ॥

*апхалākāṅкшибхир йаджño   видхи-дишṭо йа иджйате
йашṭавйам эвети манах̣   самāдхāйа са сāттвиках̣*

апхала-āкāṅкшибхих̣ — теми, кто не стремится к результатам; *йаджñах̣* — жертвоприношение; *видхи-дишṭах̣* — следующими указаниям священных писаний; *йах̣* — которое; *иджйате* — выполняется; *йашṭавйам* — предназначенный для жертвоприношения; *эва* — безусловно; *ити* — так; *манах̣* — ум; *самāдхāйа* — сосредоточив; *сах̣* — тот; *сāттвиках̣* — находящийся в *гуне* благости.

Из всех видов жертвоприношений то, которое человек совершает в соответствии с указаниями священных писаний, из чувства долга и без желания получить что-либо взамен, называют жертвоприношением в благости.

КОММЕНТАРИЙ: Обычно жертвоприношения совершают для того, чтобы достичь какой-то цели, однако здесь сказано, что жертвоприношения нужно совершать, не имея корыстных желаний, из чувства долга. Возьмем, к примеру, религиозные обряды, проводимые в церквях и храмах. Обычно люди совершают их ради достижения каких-то материальных благ, но такое отношение к обрядам не позволяет называть их действиями в *гуне* благости. Человек должен приходить в церковь или храм из чувства долга, чтобы выразить почтение Верховной Личности Бога и преподнести Господу цветы и фрукты, не ожидая какой-то материальной выгоды. Сегодня каждый думает, что ходить в храм только для того, чтобы поклониться Богу, не имеет никакого смысла. Однако писания не рекомендуют поклоняться Господу для того, чтобы поправить свое экономическое положение. В храм нужно приходить, чтобы выразить почтение Божеству. Это поможет нам подняться на уровень благости. Долг каждого цивилизованного человека — выполнять указания священных писаний и выражать почтение Верховной Личности Бога.

ТЕКСТ 12 अभिसन्धाय तु फलं दम्भार्थमपि चैव यत् ।
इज्यते भरतश्रेष्ठ तं यज्ञं विद्धि राजसम् ॥ १२ ॥

*абхисандхайа ту пхалам дамбхартхам апи чаива йат
иджйате бхарата-шрештха там йаджнам виддхи раджасам*

абхисандхайа — желая; *ту* — но; *пхалам* — результат; *дамбха* — (для удовлетворения) гордыни; *артхам* — предназначенное; *апи* — также; *ча* — и; *эва* — безусловно; *йат* — которое; *иджйате* — совершается; *бхарата-шрештха* — о лучший из Бхарат; *там* — то; *йаджнам* — жертвоприношение; *виддхи* — знай; *раджасам* — относящееся к *гуне* страсти.

Но жертвоприношение, совершаемое ради достижения материальных целей или из гордости, о предводитель рода Бхараты, является жертвоприношением в *гуне* страсти.

КОММЕНТАРИЙ: Некоторые люди совершают жертвоприношения для того, чтобы вознестись на райские планеты или получить материальные блага и преуспеть в этом мире. Подобные обряды и жертвоприношения относятся к деятельности в *гуне* страсти.

ТЕКСТ 13 विधिहीनमसृष्टान्नं मन्त्रहीनमदक्षिणम् ।
श्रद्धाविरहितं यज्ञं तामसं परिचक्षते ॥ १३ ॥

*видхи-хинам асританнам мантра-хинам адакшинам
шраддха-вирахитам йаджнам тамасам паричакшате*

видхи-хинам — совершаемое вопреки указаниям священных писаний; *асрита-аннам* — не сопровождаемое раздачей *прасада*; *мантра-хинам* — то, при котором не исполняют ведические гимны; *адакшинам* — без вознаграждения священнослужителей; *шрад-*

дха̄ — веры; *вирахитам* — лишенное; *йаджн̃ам* — жертвоприношение; *та̄масам* — относящимся к *гуне* невежества; *паричакшате* —
считается.

**Любое жертвоприношение, совершаемое вопреки правилам свя-
щенных писаний, без раздачи *прасада* [духовной пищи] и без
декламации ведических гимнов, без вознаграждения священнослужителей и без веры, считается жертвоприношением в *гуне*
невежества.**

КОММЕНТАРИЙ: Вера людей, находящихся в *гуне* тьмы, по сути дела, является безверием. Иногда люди поклоняются какому-
нибудь полубогу только для того, чтобы разбогатеть, а затем тра-
тят эти деньги на развлечения, пренебрегая указаниями писаний.
Такие показные обряды и ритуалы нельзя считать проявлением
подлинной религиозности. Все они совершаются в *гуне* тьмы, уси-
ливают демонические наклонности и никому не приносят блага.

ТЕКСТ 14 देवद्विजगुरुप्राज्ञपूजनं शौचमार्जवम् ।
ब्रह्मचर्यमहिंसा च शारीरं तप उच्यते ॥ १४ ॥

*дева-двиджа-гуру-пра̄джн̃а-пӯджанам ш́аучам а̄рджавам
брахмачарийам ахим̇са̄ ча   ш́а̄рӣрам тапа учйате*

дева — Верховному Господу; *двиджа* — *брахманам; гуру* — духовному учителю; *пра̄джн̃а* — личности, достойной поклонения; *пӯ-
джанам* — поклонение; *ш́аучам* — чистота; *а̄рджавам* — прямота;
брахмачарийам — целомудрие; *ахим̇са̄* — ненасилие; *ча* — также; *ш́а̄-
рӣрам* — имеющий отношение к телу; *тапах̣* — аскетизм; *учйате* —
называется.

**Аскезой для тела является поклонение Верховному Госпо-
ду, *брахманам,* духовному учителю и старшим, например отцу
и матери, а также чистота, прямота, целомудрие и ненасилие.**

КОММЕНТАРИЙ: Здесь Верховный Господь начинает описывать
различные виды *тапасьи,* аскезы. Сначала Он говорит об аскезе для тела. Человек должен выражать или учиться выражать
почтение Богу и различным полубогам, настоящим, идеальным
брахманам, духовному учителю и старшим, например отцу, матери или любому, кто обладает ведическим знанием. Всех их следует
почитать. Необходимо также всегда заботиться о внешней и внутренней чистоте. Нужно также научиться прямоте в отношениях
с людьми. Ни в коем случае нельзя делать того, что противоречит указаниям священных писаний. Половые отношения допусти-
мы только в браке, ибо таково предписание *шастр.* Это называется целомудрием. Все это аскеза для тела.

ТЕКСТ 15 अनुद्वेगकरं वाक्यं सत्यं प्रियहितं च यत् ।
स्वाध्यायाभ्यसनं चैव वाङ्मयं तप उच्यते ॥ १५ ॥

*анудвега-карам вакйам   сатйам прийа-хитам ча йат
свадхйайабхйасанам чаива   вак-майам тапа учйате*

анудвега-карам — не вызывающая беспокойства; *вакйам* — речь;
сатйам — правдивая; *прийа* — для радости; *хитам* — благоприят-
ная; *ча* — также; *йат* — которая; *свадхйайа* — изучением Вед; *абхйа-
санам* — занятия; *ча* — также; *эва* — непременно; *вак-майам* — относящаяся к речи; *тапах* — аскеза; *учйате* — называется.

**Аскеза речи состоит в том, чтобы говорить слова правди-
вые, приятные, направленные на благо других и не вызывающие
беспокойств, а также регулярно изучать ведические писания.**

КОММЕНТАРИЙ: Своими словами нельзя причинять беспокойства другим. Разумеется, учитель, разговаривая с учениками и обу-
чая их, должен говорить правду, но, обращаясь к другим, тем, кто
не являются его учениками, он должен говорить так, чтобы своими словами не вызывать в их умах беспокойство. В этом состоит
аскеза речи. Кроме того, мы не должны говорить о пустяках. Те,
кто занимается духовной практикой, говорят лишь то, что подкреп-
лено авторитетом священных писаний. Чтобы подтвердить сказанное, нужно всегда цитировать писания. Вместе с тем наша речь
должна ласкать слух. Используя таким образом свою речь, человек
сам получает высшее благо и возвышает других. В нашем распоря-
жении огромное количество ведических произведений, и их нужно
изучать. Все это составляет аскезу для речи.

ТЕКСТ 16 मनःप्रसादः सौम्यत्वं मौनमात्मविनिग्रहः ।
भावसंशुद्धिरित्येतत्तपो मानसमुच्यते ॥ १६ ॥

*манах-прасадах саумйатвам   маунам атма-виниграхах
бхава-самшуддхир ити этат   тапо манасам учйате*

манах-прасадах — удовлетворенность на уровне ума; *саумйатвам* — отсутствие двуличности; *маунам* — сдержанность; *атма* —
себя; *виниграхах* — контроль; *бхава* — своей природы; *самшуд-
дхих* — очищение; *ити* — таким образом; *этат* — эта; *тапах* —
аскеза; *манасам* — ума; *учйате* — называется.

**Удовлетворенность, простота, сдержанность, самообладание
и очищение сознания называются аскезой ума.**

КОММЕНТАРИЙ: Чтобы сделать ум аскетичным, необходимо воздерживаться от чувственных удовольствий. Ум следует приучить
всегда думать о том, как сделать добро другим. Лучший способ

обуздать ум — быть сдержанным в мыслях. Человек должен всегда помнить о Кришне и избегать чувственных удовольствий. Очистить свою природу — значит развить в себе сознание Кришны. Обрести удовлетворенность можно только тогда, когда мы отучим свой ум думать о чувственных наслаждениях. Чем больше мы о них думаем, тем менее удовлетворен наш ум. В наше время люди без всякой необходимости постоянно возбуждают свой ум мыслями о всевозможных наслаждениях, тем самым лишая его возможности обрести удовлетворение. Самое лучшее — занять ум изучением ведических писаний, в которых есть множество интересных и увлекательных историй. Особенно это касается Пуран и «Махабхараты». Знание, содержащееся в них, очистит наш ум от материальной скверны. Кроме того, необходимо отучить ум от лицемерия и научиться заботиться о людях. Хранить молчание — значит всегда думать о природе духа. В этом смысле человек в сознании Кришны всегда хранит молчание. Обуздать ум — значит оторвать его от мыслей о чувственных удовольствиях. Нужно быть прямодушным в отношениях с людьми, и тогда наше сознание очистится. Все это, вместе взятое, составляет аскезу для ума.

ТЕКСТ 17   श्रद्धया परया तप्तं तपस्तत्त्रिविधं नरैः ।
अफलाकाङ्क्षिभिर्युक्तैः सात्त्विकं परिचक्षते ॥ १७ ॥

*шраддхайа парайа таптам   тапас тат три-видхам нараих
апхалакан̇кшибхир йуктаих   саттвикам паричакшате*

шраддхайа — с верой; *парайа* — трансцендентной; *таптам* — совершаемая; *тапах* — аскеза; *тат* — та; *три-видхам* — включающая три вида; *нараих* — людьми; *апхала-акан̇кшибхих* — которые не стремятся к плодам своего труда; *йуктаих* — практикующими; *саттвикам* — относящаяся к *гуне* благости; *паричакшате* — называют.

Эти три вида аскезы, совершаемые человеком, который обладает трансцендентной верой, не стремится к материальным благам и действует ради удовлетворения Всевышнего, называют *тапасьей* в *гуне* благости.

ТЕКСТ 18   सत्कारमानपूजार्थं तपो दम्भेन चैव यत् ।
क्रियते तदिह प्रोक्तं राजसं चलमध्रुवम् ॥ १८ ॥

*саткара-мана-пуджартхам   тапо дамбхена чаива йат
крийате тад иха проктам   раджасам чалам адхрувам*

сат-кара — уважение; *мана* — почет; *пуджа* — и поклонение; *артхам* — та, цель которой; *тапах* — аскеза; *дамбхена* — гордостью;

ча — также; *эва* — безусловно; *йат* — которая; *крийате* — совершается; *тат* — та; *иха* — здесь (в этом мире); *проктам* — называемая; *раджасам* — относящаяся к *гуне* страсти; *чалам* — неустойчивая; *адхрувам* — непостоянная.

Аскеза, совершаемая из гордости, ради того, чтобы заслужить почет, уважение и стать для окружающих объектом поклонения, является *тапасьей* в *гуне* страсти. Такая аскеза не может быть постоянной и длиться долго.

КОММЕНТАРИЙ: Иногда аскезу совершают для того, чтобы привлечь к себе внимание людей, заслужить почет, уважение и заставить других поклоняться себе. Люди в *гуне* страсти побуждают своих последователей поклоняться им, омывать их стопы и делать дорогие подношения. Такая показная аскеза называется аскезой в *гуне* страсти. Она не может быть постоянной. В течение какого-то времени человек совершает такие аскетические подвиги, но рано или поздно этому приходит конец.

ТЕКСТ 19 मूढग्राहेणात्मनो यत्पीडया क्रियते तपः ।
परस्योत्सादनार्थं वा तत्तामसमुदाहृतम् ॥ १९ ॥

*мудха-грахенатмано йат   пидайа крийате тапах
парасйотсаданартхам ва   тат тамасам удахртам*

мудха — в глупости; *грахена* — с упорством; *атманах* — себя; *йат* — которая; *пидайа* — с истязанием; *крийате* — делается; *тапах* — аскеза; *парасйа* — другого; *утсадана-артхам* — для того, чтобы погубить; *ва* — или; *тат* — та; *тамасам* — относящаяся к *гуне* тьмы; *удахртам* — считающаяся.

Аскеза, совершаемая по глупости, сопровождаемая самоистязанием либо направленная на то, чтобы принести страдания или гибель другим, является *тапасьей* в *гуне* невежества.

КОММЕНТАРИЙ: Есть немало примеров глупой и бессмысленной *тапасьи*. Например, демон Хираньякашипу наложил на себя суровую аскезу для того, чтобы обрести бессмертие и уничтожить полубогов. Он просил об этом Господа Брахму, но в конечном счете сам был убит Верховной Личностью Бога. Совершать аскетические подвиги ради достижения недостижимых целей — значит действовать в *гуне* невежества.

ТЕКСТ 20 दातव्यमिति यद्दानं दीयतेऽनुपकारिणे ।
देशे काले च पात्रे च तद्दानं सात्त्विकं स्मृतम् ॥ २० ॥

дāтавйам ити йад дāнам   дӣйате 'нупакāриṇе
деше кāле ча пāтре ча   тад дāнам сāттвикаṁ смṛтам

дāтавйам — достойное того, чтобы дать; *ити* — так; *йат* — которое; *дāнам* — пожертвование; *дӣйате* — дается; *анупакāриṇе* — без желания получить что-либо взамен; *деше* — в надлежащем месте; *кāле* — в надлежащее время; *ча* — также; *пāтре* — когда есть достойный человек; *ча* — и; *тат* — то; *дāнам* — пожертвование; *сāттвикам* — относящееся к *гуне* благости; *смṛтам* — считающееся.

Пожертвования, которые делаются из чувства долга, а не в расчете на вознаграждение, в надлежащее время, в надлежащем месте и достойным людям, считаются пожертвованиями в *гуне* благости.

КОММЕНТАРИЙ: Ведические писания рекомендуют давать пожертвования тому, кто занимается духовной деятельностью. В писаниях не сказано, что пожертвования следует давать всем и каждому. Давая пожертвование, нужно думать о том, поможет ли это нам достичь духовного совершенства. Поэтому их рекомендуется давать в местах паломничества, в период лунного или солнечного затмения или в конце месяца, достойному *брахману* или вайшнаву (преданному) либо жертвовать в храм. Такие пожертвования следует делать, не рассчитывая получить что-то взамен. Иногда, движимые состраданием, люди дают милостыню нищим, но если такой человек не достоин этого, то, подавая ему, мы не приближаемся к духовному совершенству. Иначе говоря, ведические писания не рекомендуют давать пожертвования кому попало.

ТЕКСТ 21   यत्तु प्रत्युपकारार्थं फलमुद्दिश्य वा पुनः ।
दीयते च परिक्लिष्टं तद्दानं राजसं स्मृतम् ॥ २१ ॥

йат ту пратйупакāрāртхам   пхалам уддишйа вā пунаḥ
дӣйате ча париклишṭам   тад дāнам рāджасам смṛтам

йат — которое; *ту* — но; *прати-упакāра-артхам* — для того, чтобы получить что-либо взамен; *пхалам* — результат; *уддишйа* — пожелав; *вā* — или; *пунаḥ* — вновь; *дӣйате* — дается; *ча* — также; *париклишṭам* — неохотно; *тат* — то; *дāнам* — пожертвование; *рāджасам* — относящееся к *гуне* страсти; *смṛтам* — считающееся.

Но пожертвование, сделанное в расчете на вознаграждение, с желанием в будущем насладиться его плодами или же сделанное неохотно, считается пожертвованием в *гуне* страсти.

КОММЕНТАРИЙ: Иногда люди дают пожертвования, надеясь попасть в рай, или делают их с большой неохотой и потом жалеют: «Зачем я отдал так много денег?» Бывает так, что человек делает вынужденное пожертвование, подчиняясь требованию вышестоящего. Такие пожертвования относятся к *гуне* страсти.

Есть также много благотворительных фондов, которые выделяют средства организациям, ставящим своей целью чувственные наслаждения. Ведические писания не рекомендуют совершать подобные пожертвования. Они призывают людей заниматься исключительно благотворительностью в *гуне* благости.

ТЕКСТ 22   अदेशकाले यद्दानमपात्रेभ्यश्च दीयते ।
        असत्कृतमवज्ञातं तत्तामसमुदाहृतम् ॥ २२ ॥

адеша-кāле йад дāнам   апāтребхйаш ча дӣйате
асат-кртам аваджн̄āтам   тат тāмасам удāхртам

адеша — в оскверненном месте; *кāле* — и в неблагоприятное время; *йат* — которое; *дāнам* — пожертвование; *апāтребхйах* — недостойным людям; *ча* — также; *дӣйате* — дается; *асат-кртам* — непочтительно; *аваджн̄āтам* — без должного внимания; *тат* — то; *тāмасам* — относящееся к *гуне* тьмы; *удāхртам* — считающееся.

А пожертвование, совершаемое в нечистом месте, в неурочное время, недостойному человеку или без должного внимания и уважения, считается пожертвованием в *гуне* невежества.

КОММЕНТАРИЙ: Этот стих осуждает пожертвования, которые будут использованы на приобретение одурманивающих средств и на азартные игры. Такого рода пожертвования относятся к *гуне* невежества. Они никому не приносят блага, а только поощряют падших людей и дальше совершать грехи. Точно так же, если мы даем пожертвование достойному человеку, но при этом не проявляем к нему должного уважения и внимания, наше пожертвование тоже относится к *гуне* невежества.

ТЕКСТ 23   ॐ तत्सदिति निर्देशो ब्रह्मणस्त्रिविधः स्मृतः ।
        ब्राह्मणास्तेन वेदाश्च यज्ञाश्च विहिताः पुरा ॥ २३ ॥

ом̐ тат сад ити нирдешо   брахмаṇас три-видхах смртах
брāхмаṇāс тена ведāиш ча   йаджн̄āиш ча вихитāх пурā

ом̐ — символ Всевышнего; *тат* — то; *сат* — вечное; *ити* — так; *нирдешах* — обозначение; *брахманах* — Всевышнего; *три-видхах* — состоящее из трех; *смртах* — считающееся; *брāхмаṇāх* — брахманы; *тена* — с тем; *ведāх* — ведические писания; *ча* — также; *йаджн̄āх* —

жертвоприношения; *ча* — также; *вихитāх* — использовавшиеся; *пу-рā* — раньше.

С начала творения три слова — *ом̇ тат сат* — использовались для обозначения Высшей Абсолютной Истины. Эти три слова-символа произносили *брахманы*, когда исполняли ведические гимны и совершали жертвоприношения во имя Всевышнего.

КОММЕНТАРИЙ: Как уже говорилось, аскезу, жертвоприношения, пожертвования и пищу можно разделить на три категории по *гунам* благости, страсти и невежества. Но, к какой бы категории — первой, второй или третьей — они ни относились, все они обусловлены, осквернены качествами материальной природы. Однако, когда их целью становится Всевышний — *ом̇ тат сат*, Верховная Личность Бога, предвечный Господь, — они становятся средством духовного самосовершенствования, как утверждают все священные писания. И три слова: *ом̇ тат сат* — прямо указывают на Абсолютную Истину, Верховную Личность Бога. Любые ведические гимны содержат слог *ом̇*.

Тот, кто действует вопреки указаниям священных писаний, никогда не познает Абсолютную Истину. Он получит лишь временный результат, но не достигнет высшей цели жизни. Отсюда следует, что наши пожертвования, жертвоприношения и аскеза должны относиться к *гуне* благости. Влияние страсти и невежества сильно понижает их ценность. Три слова — *ом̇ тат сат* — связаны со святым именем Верховного Господа: *ом̇ тад вишн̣ох̣*. Когда мы декламируем ведические гимны или произносим святое имя Господа, всегда нужно добавлять *ом̇*. Так предписывают Веды. Эти три слова взяты из ведических *мантр*. *Ом̇ итй этад брахман̣о недишт̣хам̇ нāма* (Риг-веда) указывает на первую цель; *тат твам аси* (Чхандогья-упанишад, 6.8.7) обозначают вторую, а *сад эва саумйа* (Чхандогья-упанишад, 6.2.1) определяют третью цель. Соединяясь вместе, они образуют *ом̇ тат сат*. На заре творения, когда Брахма, первое живое существо, совершал аскезу, он произносил эти три слова, имея в виду Верховную Личность Бога. Соответственно, того же принципа придерживаются все последователи Брахмы в цепи ученической преемственности. Таким образом, эта *мантра* имеет очень глубокий смысл. Поэтому «Бхагавад-гита» утверждает, что всякая деятельность должна быть направлена на удовлетворение *ом̇ тат сат*, Верховной Личности Бога. Тот, кто, совершая аскезу, занимаясь благотворительной деятельностью или принося жертвы, произносит эти три слова, действует в сознании Кришны. Сознание Кришны — это духовная деятельность, имеющая под собой научную основу и дающая человеку возможность вернуться домой, к Богу. Когда человек действует таким трансцендентным образом, он не теряет напрасно ни капли своей энергии.

ТЕКСТ 24 तस्माद् ॐ इत्युदाहृत्य यज्ञदानतपःक्रियाः ।
प्रवर्तन्ते विधानोक्ताः सततं ब्रह्मवादिनाम् ॥ २४ ॥

*тасмад ом ити удахртйа　йаджña-дана-тапах-крийах
правартанте видханоктах　сатайам брахма-ванинам*

тасмат — поэтому; *ом* — (начиная с) *ом; ити* — таким образом; *удахртйа* — обозначив; *йаджña* — жертвоприношений; *дана* — пожертвований; *тапах* — и аскезы; *крийах* — деяния; *правартанте* — начинаются; *видхана-уктах* — соответствующие указаниям священных писаний; *сатайам* — всегда; *брахма-ванинам* — людей, постигших природу духа.

Поэтому, совершая жертвоприношения, аскезу и раздавая пожертвования в соответствии с указаниями священных писаний, люди, постигшие природу духа, всегда начинают их со слова *ом*, чтобы достичь Всевышнего.

КОММЕНТАРИЙ: В «Риг-веде» (1.22.20) сказано: *ом тад вишнох парамам падам.* Поклонение лотосным стопам Вишну является высшей целью преданного служения. Когда все наши действия посвящены Верховной Личности Бога, наша деятельность становится безукоризненной и совершенной.

ТЕКСТ 25 तदित्यनभिसन्धाय फलं यज्ञतपःक्रियाः ।
दानक्रियाश्च विविधाः क्रियन्ते मोक्षकाङ्क्षिभिः ॥ २५ ॥

*тад ити анабхисандхайа　пхалам йаджña-тапах-крийах
дана-крийам ча вивидхах　крийанте мокша-канкшибхих*

тат — то; *ити* — так; *анабхисандхайа* — не стремясь; *пхалам* — плод; *йаджña* — жертвоприношений; *тапах* — и аскезы; *крийах* — деяния; *дана* — связанные с пожертвованиями; *крийах* — деяния; *ча* — также; *вивидхах* — разнообразные; *крийанте* — совершаются; *мокша-канкшибхих* — теми, кто действительно стремится к освобождению.

Не стремясь насладиться плодами своего труда, человек должен совершать различные виды жертвоприношений и аскезы, давать пожертвования, произнося слово *тат*. Цель такой духовной деятельности — освобождение из материального плена.

КОММЕНТАРИЙ: Чтобы подняться на духовный уровень, необходимо отказаться от стремления к любым материальным целям и действовать только ради достижения высшей цели — возвращения в духовное царство, домой, к Богу.

ТЕКСТЫ　सद्भावे साधुभावे च सदित्येतत्प्रयुज्यते ।
26–27　प्रशस्ते कर्मणि तथा सच्छब्दः पार्थ युज्यते ॥ २६ ॥
　　　　यज्ञे तपसि दाने च स्थितिः सदिति चोच्यते ।
　　　　कर्म चैव तदर्थीयं सदित्येवाभिधीयते ॥ २७ ॥

*сад-бхāве сāдху-бхāве ча　сад итй этат прайуджйате
прайасте кармани татхā　сач-чхабдах̣ пāртха йуджйате*

*йаджн̃е тапаси дāне ча　стхитих̣ сад ити чочйате
карма чаива тад-артхӣйам　сад итй эвāбхидхӣйате*

сат-бхāве — (когда имеется в виду) природа Всевышнего; *сāдху-бхāве* — (когда имеется в виду) природа преданного; *ча* — также; *сат* — слово *сат*; *ити* — таким образом; *этат* — это; *прайуджйате* — используется; *прайасте* — в авторитетной; *кармани* — деятельности; *татхā* — также; *сат-йабдах̣* — звук *сат*; *пāртха* — о сын Притхи; *йуджйате* — используется; *йаджн̃е* — при совершении жертвоприношения; *тапаси* — при совершении аскезы; *дāне* — в благотворительной деятельности; *ча* — также; *стхитих̣* — положение; *сат* — Всевышний; *ити* — таким образом; *ча* — и; *учйате* — произносится; *карма* — деятельность; *ча* — также; *эва* — безусловно; *тат* — для того; *артхӣйам* — предназначенная; *сат* — Всевышний; *ити* — таким образом; *эва* — безусловно; *абхидхӣйате* — называется.

О сын Притхи, Абсолютная Истина является целью жертвенной деятельности в преданном служении, и на Нее указывает слово *сат*. Того, кто совершает такие жертвоприношения, тоже называют *сат*, равно как и сами жертвоприношения, аскезу и пожертвования, которые, в соответствии с их абсолютной природой, предназначены для того, чтобы доставить удовольствие Верховной Личности.

КОММЕНТАРИЙ: Слова *прайасте кармани* («предписанные обязанности») указывают на то, что в Ведах перечислены различные очистительные обряды, которые надлежит совершать с момента зачатия и до конца жизни человека. Они призваны помочь живому существу в конце концов обрести освобождение. Совершая их, нужно произносить *ом̇ тат сат*. Слова *сад-бхāве* и *сāдху-бхāве* относятся к трансцендентной природе. Деятельность в сознании Кришны называют *саттвой*, а того, кто в совершенстве постиг, что значит действовать в сознании Кришны, называют *садху*. В «Шримад-

Бхагаватам» (3.25.25) сказано, что постичь природу этой деятельности можно только в обществе преданных. На это указывают слова *сатам прасангат*. Тот, кто лишен возможности общаться со святыми людьми, никогда не овладеет трансцендентным знанием. Когда учитель дает ученику духовное посвящение или надевает на него брахманский шнур, он произносит слова *ом тат сат*. Подобно этому, целью всех жертвоприношений является Всевышний, *ом тат сат*. Более того, слово *тад-артхийам* подразумевает служение всему, что представляет Всевышнего; сюда относятся такие виды служения, как приготовление пищи, работы в храме, а также любая деятельность, связанная с проповедью славы Господа. Таким образом, эти трансцендентные звуки *ом тат сат* произносят в самых разных ситуациях, чтобы сделать любую деятельность совершенной и законченной.

ТЕКСТ 28   अश्रद्धया हुतं दत्तं तपस्तप्तं कृतं च यत् ।
असदित्युच्यते पार्थ न च तत्प्रेत्य नो इह ॥ २८ ॥

*аш́раддхайа̄ хутам̇ даттам̇   тапас таптам̇ кр̣там̇ ча йат
асад итй учйате па̄ртха   на ча тат претйа но иха*

аш́раддхайа̄ — с неверием; *хутам* — принесение в жертву; *даттам* — отданное; *тапах* — аскеза; *таптам* — исполненное; *кр̣там* — совершённое; *ча* — также; *йат* — которое; *асат* — ложное; *ити* — так; *учйате* — называется; *па̄ртха* — о сын Притхи; *на* — не; *ча* — также; *тат* — то; *претйа* — умерев; *на у* — не; *иха* — здесь (в этой жизни).

Любые жертвоприношения, пожертвования или аскеза, совершаемые без веры во Всевышнего, о сын Притхи, преходящи. Их называют *асат*, и они не приносят блага ни в этой жизни, ни в следующей.

КОММЕНТАРИЙ: Любая деятельность, не имеющая трансцендентной цели, будь то жертвоприношения, благотворительность или аскеза, бесполезна. Поэтому данный стих сурово осуждает ее. Все свои действия нужно посвящать Всевышнему и совершать в сознании Кришны. Не обладая такой верой и не имея надлежащего руководства, невозможно получить хороший результат. Все ведические писания говорят о необходимости веры во Всевышнего. Все наставления Вед в конечном счете направлены на то, чтобы помочь человеку постичь Кришну. Не следуя этому принципу, никто не достигнет успеха. Поэтому лучше всего с самого начала действовать в сознании Кришны под руководством истинного духовного учителя. Так можно добиться успеха во всем.

Обусловленные души привлекает поклонение полубогам, духам или якшам, таким как Кувера. *Гуна* благости лучше *гун* страсти и невежества, однако тот, кто сразу принимает сознание Кришны, выходит из-под влияния всех трех *гун* материальной природы. Хотя существует путь постепенного духовного развития, если человек, благодаря общению с чистыми преданными, сразу принимает сознание Кришны, он выбирает самый лучший путь. Именно этот путь рекомендует Кришна в данной главе. Чтобы достичь успеха на этом пути, нужно прежде всего найти истинного духовного учителя и под его руководством пройти необходимую подготовку. В результате человек обретает веру во Всевышнего. Когда со временем его вера созревает, она называется любовью к Богу. Эта любовь является высшей целью живого существа. Поэтому нужно с самого начала встать на путь сознания Кришны. Такова суть наставлений семнадцатой главы.

Так заканчивается комментарий Бхактиведанты к семнадцатой главе «Шримад Бхагавад-гиты», которая называется «Разновидности веры».

ГЛАВА ВОСЕМНАДЦАТАЯ

Совершенство отречения

ТЕКСТ 1

अर्जुन उवाच
सन्न्यासस्य महाबाहो तत्त्वमिच्छामि वेदितुम् ।
त्यागस्य च हृषीकेश पृथक्केशिनिषूदन ॥ १ ॥

арджуна увāча
саннйāсасйа махā-бāхо   таттвам иччхāми ведитум
тйāгасйа ча хршӣкеша   пртхак кеши-нишӯдана

арджунах увāча — Арджуна сказал; *саннйāсасйа* — отречения от мира; *махā-бāхо* — о могучерукий; *таттвам* — истину; *иччхāми* — я хочу; *ведитум* — знать; *тйāгасйа* — отрешенности; *ча* — также; *хршӣкеша* — о повелитель чувств; *пртхак* — отдельно; *кеши-нишӯдана* — о победитель демона Кеши.

Арджуна сказал: О могучерукий, я хочу знать, каков истинный смысл отрешенности [*тьяги*] и отречения от мира [*санньясы*], о победитель демона Кеши и повелитель чувств.

КОММЕНТАРИЙ: На самом деле «Бхагавад-гита» заканчивается на семнадцатой главе. В дополнительной, восемнадцатой главе подводится итог всем обсуждавшимся до этого темам. В каждой главе «Бхагавад-гиты» Господь Кришна подчеркивает, что преданное служение Верховной Личности Бога является высшей целью жизни. Тот же вывод делается и в конце восемнадцатой главы, где говорится о самом сокровенном пути постижения истины. В первых шести главах подчеркивалось преимущество преданного служения: *йогинам апи сарвешам*... «Из всех *йогов*, или трансценденталистов, самым лучшим является тот, кто беспрестанно думает обо Мне в своем сердце». В последующих шести главах речь шла о чистом преданном служении, его природе и о деятельности, связанной с ним. А в заключительных шести главах рассказывалось о знании, самоотречении, деятельности материальной природы, о духовной природе и преданном служении. Был сделан вывод, что всякая деятельность должна быть посвящена Верховному Господу, Вишну, воплощенному в словах *ом тат сат*. Третья часть «Бхагавад-гиты» доказывает, что высшей целью жизни является только преданное служение и ничто другое. В подтверждение тому Кришна ссылается на великих *ачарьев* прошлого и «Брахма-сутру» («Веданта-сутру»). Некоторые имперсоналисты считают, что монополия на знание, изложенное в «Веданта-сутре», принадлежит им, но на самом деле «Веданта-сутра» написана для того, чтобы помочь людям понять суть преданного служения, ибо составителем «Веданта-сутры» и ее лучшим знатоком является Сам Господь. Об этом шла речь в пятнадцатой главе. Целью каждого священного писания, каждой Веды является преданное служение. Все это объясняется в «Бхагавад-гите».

Подобно тому как во второй главе делался краткий обзор основных тем «Бхагавад-гиты», восемнадцатая глава подводит итог всему сказанному в предыдущих главах. Цель жизни, как говорилось, состоит в том, чтобы, отрекшись от мира материи, подняться на духовный уровень и выйти из-под влияния *гун* материальной природы. Арджуна хочет прояснить для себя смысл двух понятий, обсуждавшихся в «Бхагавад-гите»: отрешенности *(тьяги)* и отречения от мира *(санньясы)*. Поэтому он просит Кришну объяснить ему смысл этих двух слов.

Арджуна не случайно обращается здесь к Кришне, употребляя два имени Верховного Господа: Хришикеша и Кеши-нишудана. Кришну называют Хришикешей, ибо Он является повелителем всех чувств и всегда готов помочь нам обрести душевное равновесие. Арджуна просит Кришну подвести итог всему сказанному, чтобы он мог вернуть свою невозмутимость. Тем не менее у него все еще остаются сомнения, а сомнения обычно сравнивают с демонами. Поэтому Арджуна называет Кришну Кеши-нишуданой. Кеши — это могущественный демон, некогда убитый Господом, и сейчас

Арджуна надеется, что Кришна точно так же уничтожит демона его сомнений.

ТЕКСТ 2   श्रीभगवानुवाच
काम्यानां कर्मणां न्यासं सन्न्यासं कवयो विदुः ।
सर्वकर्मफलत्यागं प्राहुस्त्यागं विचक्षणाः ॥ २ ॥

*шрӣ-бхагавāн увāча
кāмйāнāм карманāм нйāсам   саннйāсам кавайо видух
сарва-карма-пхала-тйāгам   прāхус тйāгам вичакшанāх*

шрӣ-бхагавāн увāча — Верховный Господь сказал; *кāмйāнāм* — продиктованных желанием; *карманāм* — деяний; *нйāсам* — отвержение; *саннйāсам* — отречение от мира; *кавайах* — ученые мудрецы; *видух* — знают; *сарва* — всякой; *карма* — деятельности; *пхала* — от результатов; *тйāгам* — отказ; *прāхух* — называют; *тйāгам* — отрешенностью; *вичакшанāх* — сведущие люди.

Верховный Господь сказал: Отказ от деятельности ради удовлетворения материальных желаний великие мудрецы называют отречением от мира [*санньясой*]. А отказ от плодов всякой деятельности они именуют отрешенностью [*тьягой*].

КОММЕНТАРИЙ: Человек должен отказаться от деятельности, основанной на желании наслаждаться ее плодами. Так предписывает «Бхагавад-гита». Вместе с тем следует продолжать заниматься деятельностью, которая помогает обрести духовное знание. Это станет ясно из последующих стихов. Веды рекомендуют множество жертвоприношений, совершаемых для достижения той или иной цели. Есть жертвоприношения, помогающие человеку зачать хорошего сына или попасть на райские планеты, но на самом деле от любых жертвоприношений, целью которых является исполнение материальных желаний, нужно отказаться. В то же время от жертвоприношений во имя очищения сердца и овладения духовным знанием отказываться нельзя.

ТЕКСТ 3   त्याज्यं दोषवदित्येके कर्म प्राहुर्मनीषिणः ।
यज्ञदानतपःकर्म न त्याज्यमिति चापरे ॥ ३ ॥

*тйāджйам доша-вад итй эке   карма прāхур манӣшинах
йаджña-дāна-тапах-карма   на тйāджйам ити чāпаре*

тйāджйам — ту, которую следует отвергнуть; *доша-ват* — как зло; *ити* — так; *эке* — одни; *карма* — деятельность; *прāхух* — говорят; *манӣшинах* — великие мудрецы; *йаджña* — жертвоприношениями; *да̄на* — с благотворительностью; *тапах̣* — с аскезой; *карма* — деятельность (связанная); *на* — не; *тйа̄джйам* — то, от чего следует отказываться; *ити* — так; *ча* — и; *апаре* — другие.

Одни мудрецы говорят, что нужно отказаться от любой кармической деятельности как от порочной, а другие утверждают, что человек никогда не должен отказываться от жертвоприношений, благотворительности и аскезы.

КОММЕНТАРИЙ: В Ведах есть много утверждений, нуждающихся в толкованиях. Например, в них говорится, что животных можно убивать во время жертвоприношений; тем не менее некоторые считают убийство животных абсолютно недопустимым. Хотя Веды позволяют убивать приносимое в жертву животное, на самом деле его нельзя считать убитым. Жертвоприношение дает животному новую жизнь. Иногда принесенное в жертву животное получает новое тело животного, а иногда — сразу тело человека. Однако среди мудрецов нет единого мнения по этому поводу. Одни из них говорят, что животных не следует убивать вообще, а другие настаивают на том, что убийство животного во время некоторых жертвоприношений приемлемо. И сейчас Господь собирается Сам прояснить этот спорный вопрос, касающийся жертвоприношений.

ТЕКСТ 4 निश्चयं श्रृणु मे तत्र त्यागे भरतसत्तम ।
त्यागो हि पुरुषव्याघ्र त्रिविधः सम्प्रकीर्तितः ॥ ४ ॥

ниш́чайам̇ ш́р̣н̣у ме татра   тйа̄ге бхарата-саттама
тйа̄го хи пуруша-вйа̄гхра   три-видхах̣ сампракӣртитах̣

ниш́чайам — несомненно; *ш́р̣н̣у* — услышь; *ме* — от Меня; *татра* — там; *тйа̄ге* — в том, что касается отрешенности; *бхарата-сат-тама* — о лучший из Бхарат; *тйа̄гах̣* — отрешенность; *хи* — ведь; *пуруша-вйа̄гхра* — о тигр среди людей; *три-видхах̣* — (включающее) три вида; *сампракӣртитах̣* — провозглашаемое.

О лучший из рода Бхараты, теперь выслушай Мое мнение о том, что такое отрешенность. О тигр среди людей, в писаниях говорится о трех видах отрешенности.

КОММЕНТАРИЙ: Хотя существует множество различных мнений по поводу того, что такое отрешенность, Верховный Господь, Шри Кришна, дает здесь Свое определение, которое следует считать окончательным. В конце концов, Веды — это своды законов, установленных Господом. Сам Господь объясняет Арджуне, что такое отрешенность, и Его мнение надо считать окончательным. Господь говорит, что формы проявления отрешенности следует рассматривать с точки зрения влияния на них *гун* материальной природы.

ТЕКСТ 5   यज्ञदानतपःकर्म न त्याज्यं कार्यमेव तत् ।
यज्ञो दानं तपश्चैव पावनानि मनीषिणाम् ॥ ५ ॥

йаджн̃а-да̄на-тапах̣-карма   на тйа̄джйам̇ ка̄рйам эва тат
йаджн̃о да̄нам̇ тапаш́ чаива   па̄вана̄ни манӣшин̣а̄м

йаджн̃а — с жертвоприношениями; *да̄на* — с благотворительностью; *тапах̣* — с аскезой; *карма* — деятельность (связанную); *на* — не; *тйа̄джйам̇* — то, от чего следует отказываться; *ка̄рйам* — то, что следует выполнять; *эва* — обязательно; *тат* — то; *йаджн̃ах̣* — жертвоприношение; *да̄нам* — благотворительная деятельность; *тапах̣* — подвижничество; *ча* — также; *эва* — конечно; *па̄вана̄ни* — (способы) очищения; *манӣшин̣а̄м* — великих душ.

От жертвоприношений, благотворительности и аскезы нельзя отказываться, ибо они очищают даже великие души.

КОММЕНТАРИЙ: Йоги должны заботиться о духовном развитии общества. Есть множество очистительных ритуалов, помогающих человеку возвыситься духовно. Одним из таких жертвенных обрядов считается свадебная церемония, которую называют *виваха-ягьей*. Должен ли *санньяси*, разорвавший семейные узы и отрекшийся от мира, поощрять подобные церемонии? Господь говорит здесь, что от жертвоприношений, несущих людям благо, никогда не следует отказываться. *Виваха-ягья*, свадебная церемония, предназначена для того, чтобы успокоить ум человека и дать ему возможность мирно заниматься духовной практикой. Поэтому даже те, кто отрекся от мира, должны советовать людям проводить *виваха-ягью*, ибо для большинства людей она необходима. *Санньяси* категорически запрещено общаться с женщинами, но это еще не значит, что молодой человек, находящийся на более низкой ступени духовного развития, не должен вступать в семейную жизнь, проведя соответствующий обряд. Все предписанные Ведами жертвоприношения призваны помочь людям достичь Верховного Господа. Поэтому на начальных этапах духовного развития от них не следует отказываться. Точно так же, давая пожертвования, мы очищаем сердце. Как уже говорилось, когда мы даем пожертвования достойным людям, это помогает нам духовно развиваться.

ТЕКСТ 6   एतान्यपि तु कर्माणि सङ्गं त्यक्त्वा फलानि च ।
कर्तव्यानीति मे पार्थ निश्चितं मतमुत्तमम् ॥ ६ ॥

этāни апи ту карма̄н̣и   сан̇гам̇ тйактва̄ пхала̄ни ча
картавйа̄нӣти ме па̄ртха   ниш́читам̇ матам уттамам

этāни — эти; *апи* — безусловно; *ту* — но; *карма̄н̣и* — виды деятельности; *сан̇гам* — от общения; *тйактва̄* — отвергнув; *пхала̄ни* — результаты; *ча* — также; *картавйа̄ни* — те, которые следует выполнять из чувства долга; *ити* — так; *ме* — Мое; *па̄ртха* — о сын Притхи; *ниш́читам* — определенное; *матам* — мнение; *уттамам* — лучшее.

Все это нужно делать без привязанности и без ожидания плодов, просто из чувства долга, о сын Притхи. Таково Мое окончательное суждение.

КОММЕНТАРИЙ: Хотя все жертвоприношения очищают, человек не должен стремиться получить плоды жертвоприношений. Иными словами, от всех жертвоприношений, предназначенных для достижения материального успеха, необходимо отказаться, но от жертвоприношений, очищающих сознание и возвышающих духовно, отказываться нельзя. Нужно делать все, что помогает нам развить в себе сознание Кришны. В «Шримад-Бхагаватам» также сказано, что любое действие приемлемо, если оно ведет к преданному служению Господу. Таков высший критерий религии. Преданный должен заниматься любой деятельностью, совершать жертвоприношения и делать пожертвования, если это помогает ему служить Богу.

ТЕКСТ 7   नियतस्य तु सन्न्यासः कर्मणो नोपपद्यते ।
मोहात्तस्य परित्यागस्तामसः परिकीर्तितः ॥ ७ ॥

нийатасйа ту саннйа̄сах̣   карман̣о нопападйате
моха̄т тасйа паритйа̄гас   та̄масах̣ парикӣртитах̣

нийатасйа — предписанного; *ту* — но; *саннйа̄сах̣* — отвержение; *карман̣ах̣* — деяния; *на* — не; *упападйате* — является достойным; *моха̄т* — из-за иллюзии; *тасйа* — того; *паритйа̄гах̣* — отрешенность; *та̄масах̣* — относящаяся к *гуне* невежества; *парикӣртитах̣* — провозглашаемое.

Человек никогда не должен отказываться от выполнения предписанных обязанностей. Если он, впав в заблуждение, перестает выполнять их, то это называется отрешенностью в *гуне* невежества.

КОММЕНТАРИЙ: Нужно отказаться от деятельности, направленной на удовлетворение материальных чувств, но продолжать деятельность, помогающую духовному развитию: готовить для Верховного Господа, предлагать Ему пищу, а затем принимать ее и так далее. Говорится, что человек, отрекшийся от мира *(санньяси)*, не должен готовить для самого себя. Готовить для себя ему нельзя, но для Верховного Господа можно и нужно. Подобно этому, *санньяси* может провести свадебную церемонию, если это поможет его ученику укрепиться в сознании Кришны. Тот, кто отказывается от такой деятельности, находится под влиянием *гуны* невежества.

ТЕКСТ 8   दुःखमित्येव यत्कर्म कायक्लेशभयात्त्यजेत् ।
स कृत्वा राजसं त्यागं नैव त्यागफलं लभेत् ॥ ८ ॥

*духкхам ити эва йат карма   кайа-клеша-бхайат тйаджет
са кртва раджасам тйагам   наива тйага-пхалам лабхет*

духкхам — несчастную; *ити* — так; *эва* — конечно; *йат* — которую; *карма* — деятельность; *кайа* — для тела; *клеша* — беспокойства; *бхайат* — из страха; *тйаджет* — (если) отвергнет; *сах* — тот; *кртва* — сделав; *раджасам* — относящееся к *гуне* страсти; *тйагам* — отрешенность; *на* — не; *эва* — безусловно; *тйага* — отрешенности; *пхалам* — результат; *лабхет* — обретет.

Тот, кто отказывается выполнять свой долг из-за того, что это слишком обременительно, или из страха, отрекается от него под влиянием *гуны* страсти. Поступая так, он никогда не обретет подлинного плода отрешенности.

КОММЕНТАРИЙ: Человек, сознающий Кришну, не должен бросать работу из страха запутаться в материальной деятельности. Если, работая, человек использует заработанные деньги для распространения сознания Кришны или, вставая рано утром, развивает в себе трансцендентное сознание Кришны, он не должен прекращать свои занятия из страха или потому, что такая деятельность слишком обременительна. Подобная отрешенность является отрешенностью в *гуне* страсти. А всякий поступок, совершенный под влиянием страсти, не принесет ничего, кроме страданий. Тот, кто прекращает трудиться, руководствуясь подобными побуждениями, никогда не получит плодов своего отречения от деятельности.

ТЕКСТ 9   कार्यमित्येव यत्कर्म नियतं क्रियतेऽर्जुन ।
सङ्गं त्यक्त्वा फलं चैव स त्यागः सात्त्विको मतः ॥ ९ ॥

*карйам ити эва йат карма   нийатам крийате 'рджуна
сангам тйактва пхалам чаива   са тйагах саттвико матах*

кāрйам — та, которую следует исполнять; *ити* — таким образом; *эва* — действительно; *йат* — которая; *карма* — деятельность; *нийатам* — как положено; *крийате* — выполняется; *арджуна* — о Арджуна; *сан̇гам* — общение; *тйактвā* — отвергнув; *пхалам* — результат; *ча* — также; *эва* — безусловно; *сах̣* — это; *тйāгах̣* — отрешенность; *сāттвиках̣* — относящееся к *гуне* благости; *матах̣* — по Моему мнению.

О Арджуна, когда же человек выполняет предписанные обязанности из чувства долга и освобождается от привязанности к плодам своего труда, его отрешенность относится к *гуне* благости.

КОММЕНТАРИЙ: Свои обязанности нужно выполнять так, как говорит здесь Шри Кришна. Нужно действовать без привязанности к результатам своего труда и не попадать под влияние *гун* природы. Человек, сознающий Кришну, работая на заводе, не считает себя рабочим этого завода и не думает, что работает для завода. Он просто работает для Кришны и, отдавая Кришне результаты своего труда, действует на духовном уровне, то есть в *гуне* чистой благости.

ТЕКСТ 10 न द्वेष्ट्यकुशलं कर्म कुशले नानुषज्जते ।
त्यागी सत्त्वसमाविष्टो मेधावी छिन्नसंशयः ॥ १० ॥

на двешт̣й акуш́алам̇ карма   куш́але нāнушаджджате
тйāгӣ саттва-самāвишт̣о   медхāвӣ чхинна-сам̇ш́айах̣

на — не; *двешт̣и* — ненавидит; *акуш́алам* — неблагоприятную; *карма* — деятельность; *куш́але* — в благоприятной; *на* — не; *анушаджджате* — привязывается; *тйāгӣ* — тот, кто отрекся; *саттва* — гуной благости; *самāвишт̣ах̣* — поглощенный; *медхāвӣ* — разумный; *чхинна* — отсечены; *сам̇ш́айах̣* — тот, все сомнения которого.

Мудрый и отрешенный человек, находящийся в *гуне* благости, действует не ведая сомнений, без неприязни к неблагоприятной и привязанности к благоприятной деятельности.

КОММЕНТАРИЙ: Человек в сознании Кришны, так же как и тот, кто действует в *гуне* благости, никогда не испытывает неприязни к тому, что доставляет беспокойство его телу, будь то человек или обстоятельства. Он выполняет свой долг в надлежащем месте и в надлежащее время, с какими бы неудобствами это ни было связано. Такой человек всегда находится на духовном уровне. Будучи самым разумным из людей, он действует не ведая сомнений.

ТЕКСТ 11 न हि देहभृता शक्यं त्यक्तुं कर्माण्यशेषतः ।
			यस्तु कर्मफलत्यागी स त्यागीत्यभिधीयते ॥ ११ ॥

*на хи деха-бхр̣та̄ ш́акйам̇	тйактум̇ карма̄н̣й аш́ешатах̣
йас ту карма-пхала-тйа̄гӣ	са тйа̄гӣти абхидхӣйате*

на — никогда не; *хи* — безусловно; *деха-бхр̣та̄* — воплощенным живым существом; *ш́акйам* — способность; *тйактум* — отвергнуть; *карма̄н̣и* — действия; *аш́ешатах̣* — полностью; *йах̣* — который; *ту* — но; *карма* — труда; *пхала* — от плодов; *тйа̄гӣ* — отрекшийся; *сах̣* — он; *тйа̄гӣ* — отрекшийся; *ити* — так; *абхидхӣйате* — говорится.

Воистину, воплощенное живое существо никогда не сможет совсем отказаться от деятельности. Однако того, кто отрекся от плодов своего труда, называют по-настоящему отрешенным.

КОММЕНТАРИЙ: В «Бхагавад-гите» сказано, что никто не может постоянно находиться в бездействии. Поэтому истинно отрешенным называют того, кто работает для Кришны и не наслаждается плодами своего труда, а все отдает Господу. Многие члены Международного общества сознания Кришны не жалея сил трудятся в учреждениях, на фабриках или других предприятиях и отдают заработанные деньги на нужды Общества. Эти возвышенные души являются истинными *санньяси* и отреклись от мира. Здесь ясно сказано, как и ради чего следует отказываться от плодов своего труда.

ТЕКСТ 12 अनिष्टमिष्टं मिश्रं च त्रिविधं कर्मणः फलम् ।
			भवत्यत्यागिनां प्रेत्य न तु सन्न्यासिनां क्वचित् ॥ १२ ॥

*аништам иштам̇ миш́рам̇ ча	три-видхам̇ карман̣ах̣ пхалам
бхаватй атйа̄гина̄м̇ претйа	на ту саннйа̄сина̄м̇ квачит*

аништам — ведущий в ад; *иштам* — ведущий на райские планеты; *миш́рам* — смешанный; *ча* — и; *три-видхам* — (включающий) три вида; *карман̣ах̣* — деятельности; *пхалам* — результат; *бхавати* — появляется; *атйа̄гина̄м* — тех, кто не отрекся; *претйа* — после смерти; *на* — не; *ту* — но; *саннйа̄сина̄м* — тех, кто отрекся от мира; *квачит* — когда бы то ни было.

Тому, кто не развил в себе отрешенность от всего мирского, после смерти приходится пожинать плоды своей деятельности: желанные, нежелательные и смешанные. Тем же, кто отрекся от мира, не нужно ни наслаждаться результатами своих действий, ни страдать из-за них.

КОММЕНТАРИЙ: Человек, который сознает Кришну и действует, памятуя о своих взаимоотношениях с Кришной, всегда находится в освобожденном состоянии. Поэтому после смерти ему не придется наслаждаться результатами своей деятельности или страдать из-за них.

ТЕКСТ 13 पञ्चैतानि महाबाहो कारणानि निबोध मे ।
सांख्ये कृतान्ते प्रोक्तानि सिद्धये सर्वकर्मणाम् ॥ १३ ॥

пайчаитāни махā-бāхо   кāранӣани нибодха ме
сā̐кхйе кр̣тāнте проктāни   сиддхайе сарва-карманāм

пайча — пять; *этāни* — эти; *махā-бāхо* — о могучерукий; *кāранӣа-
ни* — причины; *нибодха* — узнай; *ме* — от Меня; *сā̐кхйе* — в «Веданте»; *кр̣та-анте* — в заключение; *проктāни* — сказаны; *сиддхайе* — для совершенства; *сарва* — всех; *карманāм* — деяний.

О могучерукий Арджуна, согласно «Веданте», за любым действием стоит пять причин. Услышь же о них от Меня.

КОММЕНТАРИЙ: Резонно спросить: Если всякое действие должно иметь какие-то последствия, то что имеется в виду, когда говорится, что человек, сознающий Кришну, не наслаждается и не страдает, пожиная плоды своего труда? Отвечая на этот вопрос, Господь ссылается на философию «Веданты». Он говорит, что всякая деятельность определяется пятью факторами, которые необходимо учитывать, чтобы достичь в ней успеха. *Сāнкхйа* — это древо знания, а «Веданта» — его вершина, что признают все великие *ачарьи.* Даже Шанкара толкует слово *сāнкхйа* как *ведāнта.* Поэтому так важно обращаться к этому авторитетному источнику.

Высшая власть принадлежит Сверхдуше, о чем говорится в «Бхагавад-гите»: *сарвасйа чāхам хр̣ди саннивиштах.* Сверхдуша занимает каждое живое существо деятельностью, напоминая ему о его действиях в прошлом. И действия, совершаемые в сознании Кришны, по указанию Сверхдуши, не имеют никаких последствий ни в этой жизни, ни в будущей.

ТЕКСТ 14 अधिष्ठानं तथा कर्ता करणं च पृथग्विधम् ।
विविधाश्च पृथक्चेष्टा दैवं चैवात्र पञ्चमम् ॥ १४ ॥

адхишт̣хāнам татхā картā   каранӣам ча пр̣тхаг-видхам
вивидхāи ча пр̣тхак чешт̣ā   даивам чаивāтра пайчамам

адхишт̣хāнам — место; *татхā* — также; *картā* — исполнитель действия; *каранӣам* — орудие; *ча* — и; *пр̣тхак-видхам* — бывающее различных видов; *вивидхāх̣* — разнообразные; *ча* — и; *пр̣тхак* — отдельно; *чештāх* — усилия; *даивам* — Всевышний; *ча* — также; *эва* — безусловно; *атра* — здесь; *пан̃чамам* — пятый.

Место действия [тело], исполнитель, органы чувств, разнообразные усилия и, наконец, Сверхдуша — все это пять составляющих любого поступка.

КОММЕНТАРИЙ: Слово *адхишт̣хāнам* относится к телу. Душа, находящаяся в теле, действует, поэтому ее называют *картā* («совершающая действия»). О том, что душа обладает знанием и действует, сказано в *шрути: эша хи драшт̣ā спрашт̣ā* (Прашна-упанишад, 4.9). Это подтверждается в «Веданта-сутре»: *джн̃о 'та эва* (2.3.18) и *картā йāстрāртхаваттвāт* (2.3.33). Орудиями действия являются органы чувств. С их помощью душа действует. Каждое действие требует определенных усилий. Однако в конечном счете все действия человека зависят от воли Сверхдуши, которая пребывает в сердце каждого живого существа как его друг. Верховный Господь — высшая причина. Поэтому тот, кто действует в сознании Кришны под руководством Сверхдуши, естественно, не запутывается в последствиях своих поступков. Человек, полностью сознающий Кришну, в конечном счете не отвечает за совершенные им действия. Все зависит от высшей воли — Сверхдуши, Верховной Личности Бога.

ТЕКСТ 15   शरीरवाङ्मनोभिर्यत्कर्म प्रारभते नरः ।
   न्याय्यं वा विपरीतं वा पञ्चैते तस्य हेतवः ॥ १५ ॥

*ш́арӣра-вāн̇-манобхир йат   карма прāрабхате нарах̣
нйāййам̇ вā випарӣтам̇ вā   пан̃чаите тасйа хетавах̣*

ш́арӣра — телом; *вāк* — речью; *манобхих̣* — и умом; *йат* — которое; *карма* — действие; *прāрабхате* — начинает; *нарах̣* — человек; *нйāййам* — правильное; *вā* — или; *випарӣтам* — противоположное; *вā* — или; *пан̃ча* — пять; *эте* — эти; *тасйа* — его; *хетавах̣* — причины.

Всякое действие, правильное или неправильное, которое человек совершает телом, умом или речью, определяется этими пятью причинами.

КОММЕНТАРИЙ: Очень важными в данном стихе являются слова «правильное» и «неправильное». Правильной называют деятельность, согласованную с указаниями священных писаний, а неправильной — ту, что противоречит им. Однако любое действие может быть доведено до конца только при наличии названных выше пяти факторов.

ТЕКСТ 16 तत्रैवं सति कर्तारमात्मानं केवलं तु यः ।
पश्यत्यकृतबुद्धित्वान्न स पश्यति दुर्मतिः ॥ १६ ॥

*татраивам сати картāрам āтмāнам кевалам ту йах
пашйати акрта-буддхитвāн на са пашйати дурматих*

татра — там; *эвам* — так; *сати* — будучи; *картāрам* — исполнителя; *āтмāнам* — себя; *кевалам* — единственного; *ту* — но; *йах* —
который; *пашйати* — видит; *акрта-буддхитвāт* — из-за недостатка разума; *на* — не; *сах* — он; *пашйати* — видит; *дурматих* —
глупый.

**Поэтому того, кто считает себя единственным исполнителем
действий и не учитывает эти пять факторов, нельзя назвать
разумным человеком, способным видеть вещи такими, как они
есть.**

КОММЕНТАРИЙ: Глупый человек не понимает, что Сверхдуша,
находясь в его сердце, направляет все его действия. Хотя место, деятель, усилия и органы чувств являются вещественными
причинами всякого действия, его высшая причина — это Сверхдуша, Личность Бога. Поэтому мы должны видеть не только
четыре вещественные причины, но и высшую действенную причину всего происходящего. Тот, кто не видит Всевышнего, считает себя единственным исполнителем всех действий. Такой человек
неразумен.

ТЕКСТ 17 यस्य नाहंकृतो भावो बुद्धिर्यस्य न लिप्यते ।
हत्वापि स इमाँल्लोकान्न हन्ति न निबध्यते ॥ १७ ॥

*йасйа нāханкрто бхāво буддхир йасйа на липйате
хатвāпи са имāл локāн на ханти на нибадхйате*

йасйа — которого; *на* — не; *аханкртах* — ложного эго; *бхāвах* —
природа; *буддхих* — разум; *йасйа* — которого; *на* — не; *липйате* —
привязан; *хатвā* — убив; *апи* — даже; *сах* — он; *имāн* — эти; *локāн* — миры; *на* — не; *ханти* — убивает; *на* — не; *нибадхйате* — запутывается.

**Тот, кто в своих поступках не руководствуется ложным эго, чей
разум чист и свободен, даже убивая, не совершает убийства и никогда не запутывается в последствиях своей деятельности.**

КОММЕНТАРИЙ: В этом стихе Господь объясняет Арджуне, что
его отказ от участия в битве продиктован ложным эго. Считая себя исполнителем действий, Арджуна не учитывал высшую волю,

исходящую изнутри и проявленную снаружи. Если такой человек, как Арджуна, не знает, что действие санкционировано свыше, то чего ради он станет действовать? Однако тот, кому известны различные факторы деятельности: орудия, исполнитель (он сам) и Верховный Господь, санкционирующий любое действие, — в совершенстве справляется с любой деятельностью. Такой человек никогда не заблуждается. Желание действовать независимо, на свой страх и риск, является результатом влияния ложного эго и атеистических убеждений, то есть отсутствия сознания Кришны. Каждый, кто действует в сознании Кришны под руководством Сверхдуши, или Верховной Личности Бога, даже убивая, не совершает убийства и никогда не страдает из-за последствий своего поступка. Когда солдат убивает по приказу офицера, он не несет за это ответственности. Однако если он убьет кого-нибудь по собственной прихоти, то подлежит суду военного трибунала.

ТЕКСТ 18 ज्ञानं ज्ञेयं परिज्ञाता त्रिविधा कर्मचोदना ।
करणं कर्म कर्तेति त्रिविधः कर्मसङ्ग्रहः ॥ १८ ॥

*джн̃а̄нам джн̃ейам̇ париджн̃а̄та̄   три-видха̄ карма-чодана̄
каран̣ам̇ карма картети   три-видхах̣ карма-сан̇грахах̣*

джн̃а̄нам — знание; *джн̃ейам* — цель познания; *париджн̃а̄та̄* — познающий; *три-видха̄* — (включающее) три вида; *карма* — к деятельности; *чодана̄* — побуждение; *каран̣ам* — органы чувств; *карма* — деятельность; *карта̄* — исполнитель; *ити* — так; *три-видхах̣* — (включающая) три вида; *карма* — деятельности; *сан̇грахах̣* — совокупность.

Знание, объект познания и познающий — таковы три фактора, побуждающие к деятельности, а органы чувств, сами действия и их исполнитель являются ее составляющими.

КОММЕНТАРИЙ: У всякой деятельности есть три стимула: знание, объект познания и познающий. Орудия деятельности, сами действия и их исполнитель являются составляющими деятельности. Любая деятельность, которой занимаются люди, состоит из этих элементов. Прежде чем человек начнет действовать, у него должен появиться стимул, который называют побуждением к деятельности. Всякое решение, принятое до начала действий, является тонкой формой деятельности. Затем уже она облекается в конкретные действия. Их предваряют процессы, происходящие в уме: человек размышляет, переживает и ощущает какое-то желание. В совокупности они составляют побуждение к деятельности. Точно такой же импульс к деятельности можно получить из священных писаний или из указаний духовного учителя. При наличии побуждения и исполнителя действий начинается само действие, осуществляемое посредством органов чувств и ума, который стоит в центре всех чувств. Все эти элементы, вместе взятые, составляют совокупную картину действия.

ТЕКСТ 19 ज्ञानं कर्म च कर्ता च त्रिधैव गुणभेदतः ।
प्रोच्यते गुणसंख्याने यथावच्छृणु तान्यपि ॥ १९ ॥

джнанам карма ча карта ча   тридхаива гуна-бхедатах
прочйате гуна-санкхйане   йатхавач чхрну тани апи

джнанам — знание; *карма* — деятельность; *ча* — также; *карта* — исполнитель; *ча* — также; *тридха* — натрое; *эва* — безусловно; *гуна-бхедатах* — в соответствии с разными *гунами* материальной природы; *прочйате* — говорится; *гуна-санкхйане* — в связи с различными *гунами*; *йатха-ват* — как есть; *йрну* — выслушай; *тани* — их; *апи* — также.

Три *гуны* материальной природы определяют три вида знания, три вида действий и три вида исполнителей. Сейчас Я расскажу тебе о них.

КОММЕНТАРИЙ: В четырнадцатой главе было подробно рассказано о трех *гунах* материальной природы. Там говорилось, что *гуна* благости озаряет человека светом знания, *гуна* страсти усиливает в нем материалистические тенденции, а *гуна* невежества делает его вялым и ленивым. Все *гуны* привязывают нас к материальному миру, и ни одна из них не может стать причиной освобождения. Даже *гуна* благости связывает человека. В семнадцатой главе шла речь о различных видах поклонения, к которым прибегают люди, находящиеся под влиянием разных *гун* материальной природы. А в этом стихе Господь говорит, что теперь Он хочет рассказать Арджуне о трех видах знания, трех типах деятельности и ее исполнителях в соответствии с тремя *гунами* природы.

ТЕКСТ 20 सर्वभूतेषु येनैकं भावमव्ययमीक्षते ।
अविभक्तं विभक्तेषु तज्ज्ञानं विद्धि सात्त्विकम् ॥ २० ॥

сарва-бхутешу йенаикам   бхавам авйайам икшате
авибхактам вибхактешу   тадж джнанам виддхи саттвикам

сарва-бхутешу — во всех живых существах; *йена* — которым; *экам* — одну; *бхавам* — природу; *авйайам* — вечную; *икшате* — видит; *авибхактам* — неделимую; *вибхактешу* — в бесчисленных ин-

дивидуальных; *тат* — то; *джн̃а̄нам* — знание; *виддхи* — знай; *са̄т-
твикам* — относящееся к *гуне* благости.

**Знание, позволяющее человеку, несмотря на многообразие ви-
дов и форм живых существ, видеть их единую духовную природу,
следует считать знанием в *гуне* благости.**

КОММЕНТАРИЙ: Тот, кто видит вечную душу в каждом живом
существе, будь то полубог, человек, животное, птица, рыба или
растение, обладает знанием в *гуне* благости. Хотя живые существа имеют разные типы материальных тел, которые они получили
в зависимости от их прошлой деятельности, в каждом из них находится одна и та же вечная душа. Как сказано в седьмой главе, все
материальные тела оживляет сила, относящаяся к высшей природе Верховного Господа. Поэтому тот, кто видит эту единую высшую природу, единую жизненную силу во всех материальных телах, обладает видением в *гуне* благости. Эта энергия жизни вечна,
тогда как материальные тела обречены на смерть. Разница между
живыми существами определяется материальным телом, поэтому
жизненная энергия тоже кажется поделенной в силу многообразия
форм обусловленного существования. Такое безличное видение мира является определенной гранью самоосознания.

ТЕКСТ 21 पृथक्त्वेन तु यज्ज्ञानं नानाभावान्पृथग्विधान् ।
वेत्ति सर्वेषु भूतेषु तज्ज्ञानं विद्धि राजसम् ॥ २१ ॥

*пр̣тхактвена ту йадж джн̃а̄нам на̄на̄-бха̄ва̄н пр̣тхаг-видха̄н
ветти сарвешу бхӯтешу тадж джн̃а̄нам виддхи ра̄джасам*

пр̣тхактвена — отдельностью; *ту* — но; *йат* — которое; *джн̃а̄-
нам* — знание; *на̄на̄-бха̄ва̄н* — разнообразные состояния; *пр̣тхак-ви-
дха̄н* — различные; *ветти* — знает; *сарвешу* — во всех; *бхӯтешу* —
живых существах; *тат* — то; *джн̃а̄нам* — знание; *виддхи* — знай;
ра̄джасам — относящееся к *гуне* страсти.

**Знание, обладая которым человек считает, что в разных те-
лах находятся разные по природе живые существа, называется
знанием в *гуне* страсти.**

КОММЕНТАРИЙ: Представления, согласно которым живое существо есть материальное тело и с гибелью тела уничтожается
и сознание, называют знанием в *гуне* страсти. Тот, кто обладает
таким знанием, считает, что материальные тела отличаются друг
от друга по уровню развития сознания, и не признаёт существования души как источника сознания. Такие люди отождествляют
тело с душой и отрицают существование души независимо от те-

ла. Они утверждают, что сознание является временным, или же, отрицая существование индивидуальных душ, признают существование всепроникающей, исполненной знания души, а тело считают временным проявлением невежества. Другие считают, что вне тела не существует ни индивидуальной, ни высшей души. Все эти представления порождены *гуной* страсти.

ТЕКСТ 22 यत्तु कृत्स्नवदेकस्मिन्कार्ये सक्तमहैतुकम् ।
अतत्त्वार्थवदल्पं च तत्तामसमुदाहृतम् ॥ २२ ॥

*йат ту кртсна-вад экасмин   карйе сактам ахаитукам
ататтвартха-вад алпам ча   тат тамасам удахртам*

йат — которое; *ту* — но; *кртсна-ват* — как бы полном; *эка-смин* — в одном; *карйе* — виде деятельности; *сактам* — связанное; *ахаитукам* — беспричинное; *ататтва-артха-ват* — как бы без знания о реальности; *алпам* — очень скудное; *ча* — и; *тат* — то; *тамасам* — относящееся к *гуне* тьмы; *удахртам* — называемое.

А знание, привязывающее человека к одному виду деятельности как к единственно важному, не дающее представления об истине и отличающееся узостью и скудостью, называют знанием в *гуне* невежества.

КОММЕНТАРИЙ: «Знание», которым обладают обыкновенные люди, — это всегда знание в *гуне* тьмы, или невежества, ибо каждое обусловленное живое существо рождается в этой *гуне*. Тот, кто не обрел знания, изучая священные писания или слушая сведущих людей, обладает знанием лишь о том, что связано с телом. Он и не думает о том, чтобы действовать в соответствии с писаниями. Его Богом являются деньги, а знание для него сводится к удовлетворению потребностей тела. Такое знание никак не связано с Абсолютной Истиной. Оно мало чем отличается от знания, которым обладают обычные животные: это знание о том, как есть, спать, защищаться и совокупляться. Подобное знание здесь названо порождением *гуны* тьмы. Иными словами, знание о вечной душе, существующей вне и помимо материального тела, называют знанием в *гуне* благости, знание, порождающее множество разнообразных теорий и доктрин, основанных на логике и сомнительных гипотезах, является знанием в *гуне* страсти, а знание, служащее единственной цели — окружить комфортом материальное тело, — это знание в *гуне* невежества.

ТЕКСТ 23 नियतं सङ्गरहितमरागद्वेषतः कृतम् ।
अफलप्रेप्सुना कर्म यत्तत्सात्त्विकमुच्यते ॥ २३ ॥

нийатам санга-рахитам　арāга-двешатах кртам
апхала-препсунā карма　йат тат сāттвикам учйате

нийатам—упорядоченная; *санга-рахитам*—без привязанности; *арāга-двешатах*—без любви или ненависти; *кртам*—выполняемая; *апхала-препсунā*—человеком, который не стремится насладиться ее плодами; *карма*—деятельность; *йат*—которая; *тат*—та; *сāттвикам*—относящаяся к *гуне* благости; *учйате*—называется.

Упорядоченную деятельность, которой занимаются без привязанности, любви и ненависти или желания насладиться ее плодами, называют деятельностью в *гуне* благости.

КОММЕНТАРИЙ: Деятельность, связанная с выполнением обязанностей, которые *шастры* предписывают различным социальным группам, деятельность без привязанности, без претензий на обладание ее результатами, то есть деятельность, которой занимаются без любви и ненависти, в сознании Кришны, ради удовлетворения Всевышнего, а не собственных чувств, является деятельностью в *гуне* благости.

ТЕКСТ 24 यत्तु कामेप्सुना कर्म साहङ्कारेण वा पुनः ।
क्रियते बहुलायासं तद्राजसमुदाहृतम् ॥ २४ ॥

йат ту кāмепсунā карма　сāханкāрена вā пунах
крийате бахулāйāсам　тад рāджасам удāхртам

йат—которая; *ту*—но; *кāма-ӣпсунā*—тем, кто стремится к результатам; *карма*—деятельность; *са-аханкāрена*—с ложным эго; *вā*—или; *пунах*—вновь; *крийате*—совершается; *бахула-āйāсам*—(совершаемая) с великим трудом; *тат*—та; *рāджасам*—относящаяся к *гуне* страсти; *удāхртам*—называемая.

А деятельность, требующую огромных усилий, направленную на исполнение собственных желаний и продиктованную ложным эго, называют деятельностью в *гуне* страсти.

ТЕКСТ 25 अनुबन्धं क्षयं हिंसामनपेक्ष्य च पौरुषम् ।
मोहादारभ्यते कर्म यत्तत्तामसमुच्यते ॥ २५ ॥

анубандхам кшайам химсāм　анапекшйа ча паурушам
мохāд āрабхйате карма　йат тат тāмасам учйате

анубандхам—рабство в будущем; *кшайам*—разрушительная; *химсāм*—страдание, причиненное другим; *анапекшйа*—без учета (ее последствий); *ча*—также; *паурушам*—по собственному усмотрению; *мохāт* — из-за заблуждений; *āрабхйате* — начинается; *карма* — деятельность; *йат* — которая; *тат* — та; *тāмасам* — относящаяся к *гуне* невежества; *учйате* — называется.

Деятельность, вызванная заблуждениями, противоречащая указаниям священных писаний, связанная с насилием, деятельность, в которой не учитываются ее порабощающие последствия, а также причиняемые другим страдания, относится к *гуне* невежества.

КОММЕНТАРИЙ: Каждому из нас придется отвечать за совершенные нами поступки перед государством или перед посланцами Верховного Господа, которых называют ямадутами. Безответственные действия обладают разрушительной силой, ибо совершаются вопреки предписаниям *шастр*. Такая деятельность часто связана с применением насилия и приносит страдания другим живым существам. Совершая такие безответственные действия, человек принимает в расчет только собственный опыт. Это называют иллюзией. Подобного рода иллюзорная деятельность порождена *гуной* невежества.

ТЕКСТ 26   मुक्तसङ्गोऽनहंवादी धृत्युत्साहसमन्वितः ।
सिद्ध्यसिद्ध्योर्निर्विकारः कर्ता सात्त्विक उच्यते ॥ २६ ॥

мукта-саṅго 'нахам-вāдӣ дхр̣ти-утсāха-саманвитах̣
сиддхй-асиддхйор нирвикāрах̣ картā сāттвика учйате

мукта-саṅгах̣ — освобожденный от связи с материей; *анахам-вāдӣ* — не имеющий ложного эго; *дхр̣ти* — решимостью; *утсāха* — и огромным энтузиазмом; *саманвитах̣* — наделенный; *сиддхи* — в успехе; *асиддхйох̣* — и неудаче; *нирвикāрах̣* — неизменный; *картā* — совершающий действия; *сāттвиках̣* — относящийся к *гуне* благости; *учйате* — считается.

Тот, кто исполняет свой долг с великой решимостью и энтузиазмом, без соприкосновения с *гунами* материальной природы и без ложного эго, кто остается невозмутимым в успехе и неудаче, действует в *гуне* благости.

КОММЕНТАРИЙ: Человек, обладающий сознанием Кришны, находится вне сферы влияния *гун* материальной природы. Свободный от ложного эго и гордости, он не привязан к результатам своего труда. Однако это не мешает ему работать с неослабевающим энтузиазмом до тех пор, пока порученное ему дело не будет завершено. Трудности, которые ему приходится преодолевать, не уменьшают его энтузиазма. Ему все равно, что его ожидает: успех или неудача; он одинаково невозмутим и в радости, и в горе. Такой человек утвердился в *гуне* благости.

ТЕКСТ 27 रागी कर्मफलप्रेप्सुर्लुब्धो हिंसात्मकोऽशुचिः ।
हर्षशोकान्वितः कर्ता राजसः परिकीर्तितः ॥ २७ ॥

*рāгӣ карма-пхала-препсур   лубдхо хим̇сāтмако 'ш́учих̣
харша-ш́окāнвитах̣ картā   рāджасах̣ парикӣртитах̣*

рāгӣ — сильно привязанный; *карма-пхала* — результатов своего труда; *препсух̣* — желающий; *лубдхах̣* — жадный; *хим̇сā-āтмаках̣* — злобный; *аш́учих̣* — нечистый; *харша-ш́ока-анвитах̣* — подверженный радостям и печалям; *картā* — совершающий действия; *рāджасах̣* — относящийся к *гуне* страсти; *парикӣртитах̣* — провозглашаемый.

Если человек привязан к деятельности и к ее результатам, если он движим желанием насладиться плодами своего труда, если он жаден, злобен, нечист, подвержен радостям и печалям, о таком человеке говорят, что он находится под влиянием *гуны* страсти.

КОММЕНТАРИЙ: Очень сильная привязанность к определенному виду деятельности, вернее к ее результатам, вызвана привязанностью человека к материалистическому образу жизни: к семейному очагу, жене и детям. Такой человек никогда не стремится к совершенству и возвышенным идеалам. Он желает только одного: окружить себя материальным комфортом. Такие люди, как правило, очень жадны, они думают, что все их приобретения останутся с ними навеки и никогда не будут потеряны. Враждебные к другим, они готовы на все ради наслаждений. Поэтому обычно такие люди нечисты и неразборчивы в средствах: им все равно, каким путем к ним приходят деньги. Они безудержно радуются успеху и сильно страдают, сталкиваясь с неудачами. Так действуют те, кто находится под влиянием *гуны* страсти.

ТЕКСТ 28 अयुक्तः प्राकृतः स्तब्धः शठो नैष्कृतिकोऽलसः ।
विषादी दीर्घसूत्री च कर्ता तामस उच्यते ॥ २८ ॥

*айуктах̣ прāкр̣тах̣ стабдхах̣   ш́атхо наишкр̣тико 'ласах̣
вишāдӣ дӣргха-сӯтрӣ ча   картā тāмаса учйате*

айуктах̣ — игнорирующий предписания *шастр; прāкр̣тах̣* — материалистичный; *стабдхах̣* — упрямый; *ш́атхах̣* — лживый; *наишкр̣тиках̣* — оскорбляющий других; *аласах̣* — ленивый; *вишāдӣ* — угрюмый; *дӣргха-сӯтрӣ* — откладывающий все на потом; *ча* — также; *картā* — действующим; *тāмасах̣* — в *гуне* невежества; *учйате* — считается.

Человек, постоянно действующий наперекор указаниям священных писаний, материалистичный и упрямый, обманыва-

щий и нередко оскорбляющий других, ленивый, всегда угрюмый, откладывающий все на потом, — такой человек находится под влиянием *гуны* невежества.

КОММЕНТАРИЙ: Священные писания дают нам возможность узнать, какой деятельностью можно заниматься, а какой нет. Те, кто игнорирует эти предписания, как правило, занимаются недозволенной деятельностью. Обычно такие люди придерживаются материалистических воззрений. Они действуют, побуждаемые *гунами* материальной природы, а не в соответствии с указаниями писаний. Такие люди часто отличаются упрямством и жестокостью, склонны к обману и любят оскорблять других. Они очень ленивы; обычно они не выполняют как следует своих обязанностей, а откладывают все дела на потом. Поэтому они всегда выглядят угрюмыми. Они постоянно все тянут: то, что можно сделать за час, они растягивают на годы. Так действуют люди, находящиеся под влиянием *гуны* невежества.

ТЕКСТ 29 बुद्धेर्भेदं धृतेश्चैव गुणतस्त्रिविधं शृणु ।
प्रोच्यमानमशेषेण पृथक्त्वेन धनञ्जय ॥ २९ ॥

*буддхер бхедам дхртеш чаива   гунатас три-видхам шрну
прочйаманам ашешена   пртхактвена дхананджайа*

буддхех — разума; *бхедам* — различие; *дхртех* — решимости; *ча* — также; *эва* — безусловно; *гунатах* — в соответствии с *гунами* материальной природы; *три-видхам* — включающее три вида; *шрну* — послушай; *прочйаманам* — описываемое Мной; *ашешена* — целиком; *пртхактвена* — отдельно; *дхананджайа* — о завоеватель богатств.

А сейчас, о завоеватель богатств, услышь от Меня подробное описание различных видов разума и решимости, соответствующих трем *гунам* материальной природы.

КОММЕНТАРИЙ: Рассказав Арджуне о знании, объекте познания и познающем в разных *гунах* материальной природы, Господь собирается рассказать ему о трех видах разума и решимости, присущих разным исполнителям деятельности.

ТЕКСТ 30 प्रवृत्तिं च निवृत्तिं च कार्याकार्ये भयाभये ।
बन्धं मोक्षं च या वेत्ति बुद्धिः सा पार्थ सात्त्विकी ॥ ३० ॥

*правртим ча нивртим ча   карйакарйе бхайабхайе
бандхам мокшам ча йа ветти   буддхих са партха саттвики*

правртти м — действие; *ча* — также; *нивртти м* — бездействие; *ча* — и; *ка́рйа* — то, что следует делать; *ака́рйе* — и то, чего не следует делать; *бхайа* — страх; *абхайе* — и бесстрашие; *бандхам* — рабство; *мокшам* — освобождение; *ча* — и; *йа̄* — который; *ветти* — знает; *буддхих* — разум; *са̄* — тот; *па́ртха* — о сын Притхи; *са̄ттвикӣ* — относящийся к *гуне* благости.

О сын Притхи, разум, способный определить, что следует и чего не следует делать, чего следует и чего не следует бояться, что порабощает и что ведет к освобождению, является разумом в *гуне* благости.

КОММЕНТАРИЙ: Деятельность, соответствующую указаниям писаний, называют *правритти* — деятельностью, которой следует заниматься. Действия, противоречащие указаниям писаний, совершать не следует. Человек, не знающий предписаний *шастр*, запутывается в последствиях своей деятельности. Разум, способный отличить хорошее от дурного, находится в *гуне* благости.

ТЕКСТ 31　यया धर्ममधर्मं च कार्यं चाकार्यमेव च ।
अयथावत्प्रजानाति बुद्धिः सा पार्थ राजसी ॥ ३१ ॥

йайа̄ дхармам адхармам ча   ка̄рйам ча̄ка̄рйам эва ча
айатха̄ват праджа̄на̄ти   буддхих са̄ па̄ртха ра̄джасӣ

йайа̄ — которым; *дхармам* — принципы религии; *адхармам* — безбожие; *ча* — и; *ка̄рйам* — что следует делать; *ча* — также; *ака̄рйам* — чего не следует делать; *эва* — безусловно; *ча* — также; *айатха̄ват* — как бы недостаточно хорошо; *праджа̄на̄ти* — знает; *буддхих* — разум; *са̄* — этот; *па̄ртха* — о сын Притхи; *ра̄джасӣ* — относящийся к *гуне* страсти.

О сын Притхи, разум, не способный отличить религию от безбожия, действие дозволенное от действия запрещенного, находится в *гуне* страсти.

ТЕКСТ 32　अधर्मं धर्ममिति या मन्यते तमसावृता ।
सर्वार्थान्विपरीतांश्च बुद्धिः सा पार्थ तामसी ॥ ३२ ॥

адхармам дхармам ити йа̄   манйате тамаса̄вр̣та̄
сарва̄ртха̄н випарӣта̄м̐ш ча   буддхих са̄ па̄ртха та̄масӣ

адхармам — безбожие; *дхармам* — религию; *ити* — так; *йа̄* — который; *манйате* — считает; *тамаса̄* — иллюзией; *а̄вр̣та̄* — покрытый; *сарва-артха̄н* — все вещи; *випарӣта̄н* — извращенные; *ча* — также; *буддхих* — разум; *са̄* — этот; *па̄ртха* — о сын Притхи; *та̄масӣ* — относящийся к *гуне* невежества.

Разум, принимающий безбожие за религию, а религию за безбожие, запутавшийся, погруженный во тьму и постоянно сбивающий человека с истинного пути, о Партха, является разумом в *гуне* невежества.

КОММЕНТАРИЙ: Разум в *гуне* невежества всегда действует не так, как надо. Он принимает за религию то, что не имеет к ней никакого отношения, а истинную религию отвергает. Люди в *гуне* невежества принимают великую душу за обыкновенного человека, а обыкновенного человека — за великую душу. Они называют истину ложью, а ложь — истиной. Что бы они ни делали, они всегда избирают неверный путь, поэтому говорится, что их разум находится в *гуне* невежества.

ТЕКСТ 33   धृत्या यया धारयते मनःप्राणेन्द्रियक्रियाः ।
योगेनाव्यभिचारिण्या धृतिः सा पार्थ सात्त्विकी ॥ ३३ ॥

дхр̣тйа̄ йайа̄ дха̄райате   манах̣-пра̄н̣ендрийа-крийа̄х̣
йогена̄вйабхича̄рин̣йа̄   дхр̣тих̣ са̄ па̄ртха са̄ттвикӣ

дхр̣тйа̄ — решимостью; *йайа̄* — той, которая позволяет; *дха̄райа-те* — поддерживает; *манах̣* — ума; *пра̄н̣а* — потоков жизненного воздуха; *индрийа* — чувств; *крийа̄х̣* — действия; *йогена* — йогой; *авйа-бхича̄рин̣йа̄* — неуклонной; *дхр̣тих̣* — решимость; *са̄* — эта; *па̄р-тха* — о сын Притхи; *са̄ттвикӣ* — относящаяся к *гуне* благости.

О сын Притхи, твердая, непоколебимая решимость, поддерживаемая практикой *йоги* и позволяющая человеку овладеть своим умом, потоками жизненного воздуха и чувствами, называется решимостью в *гуне* благости.

КОММЕНТАРИЙ: Йога — это метод, позволяющий постичь Высшую Душу. Тот, кто неуклонно, с решимостью движется к данной цели, сосредоточив на Высшей Душе свой ум, чувства и жизненную энергию, погружен в сознание Кришны. Такая решимость является решимостью в *гуне* благости. Особого внимания заслуживает слово *авйабхича̄рин̣йа̄*, которое указывает на то, что люди, погруженные в сознание Кришны, никогда не отвлекаются ни на какую другую деятельность.

ТЕКСТ 34   यया तु धर्मकामार्थान्धृत्या धारयतेऽर्जुन ।
प्रसङ्गेन फलाकाङ्क्षी धृतिः सा पार्थ राजसी ॥ ३४ ॥

йайа̄ ту дхарма-ка̄ма̄ртха̄н   дхр̣тйа̄ дха̄райате 'рджуна
прасан̇гена пхала̄ка̄н̇кшӣ   дхр̣тих̣ са̄ па̄ртха ра̄джасӣ

йайā — которой; *ту* — но; *дхарма* — религиозная деятельность; *кāма* — удовлетворение чувств; *артхāн* — и материальное благополучие; *дхртйā* — решимостью; *дхāрайате* — поддерживает; *арджуна* — о Арджуна; *прасангена* — привязанностью; *пхала-āкāнкшӣ* — тот, кто стремится насладиться плодами своего труда; *дхртих* — решимость; *сā* — эта; *пāртха* — о сын Притхи; *рāджасӣ* — относящаяся к *гуне* страсти.

Решимость, побуждающая человека стремиться к плодам религии, материального благополучия и чувственных наслаждений, имеет природу *гуны* страсти, о Арджуна.

КОММЕНТАРИЙ: Человек, который стремится только к тому, чтобы наслаждаться результатами своей религиозной или экономической деятельности, человек, единственное желание которого заключается в удовлетворении собственных чувств и который подчинил этому желанию свой ум, жизненную энергию и органы чувств, находится в *гуне* страсти.

ТЕКСТ 35 यया स्वप्नं भयं शोकं विषादं मदमेव च ।
न विमुञ्चति दुर्मेधा धृतिः सा पार्थ तामसी ॥ ३५ ॥

*йайā сванам бхайам шокам	вишāдам мадам эва ча
на вимуñчати дурмедхā	дхртих сā пāртха тāмасӣ*

йайā — которой; *сванам* — сон; *бхайам* — страх; *шокам* — скорбь; *вишāдам* — печаль; *мадам* — иллюзия; *эва* — безусловно; *ча* — также; *на* — не; *вимуñчати* — отказывается; *дурмедхā* — глупый; *дхртих* — решимость; *сā* — эта; *пāртха* — о сын Притхи; *тāмасӣ* — относящаяся к *гуне* невежества.

А решимость, которая не может избавить человека от сновидений, страха, скорби, подавленности и иллюзии, — такая решимость, лишенная рассудительности, о сын Притхи, относится к *гуне* тьмы.

КОММЕНТАРИЙ: Из этого стиха не следует, что человек в *гуне* благости не видит снов. Слово *сванам* в данном контексте значит чрезмерный сон. Человек всегда видит сны, в какой бы *гуне* — благости, страсти или невежества — он ни находился; сны — это естественное явление. Но тот, кто не может избавиться от привычки спать слишком много, а также гордиться своими возможностями для материальных наслаждений, кто всегда мечтает добиться власти над материальным миром и подчиняет этой цели всю свою жизненную энергию, деятельность своего ума и чувств, — тот обладает решимостью в *гуне* невежества.

ТЕКСТ 36 सुखं त्विदानीं त्रिविधं शृणु मे भरतर्षभ ।
अभ्यासाद्रमते यत्र दुःखान्तं च निगच्छति ॥ ३६ ॥

*сукхам̇ тв ида̄нӣм̇ три-видхам̇ ш́р̣н̣у ме бхаратаршабха
абхйа̄са̄д рамате йатра дух̣кха̄нтам̇ ча нигаччхати*

сукхам—счастье; *ту*—но; *ида̄нӣм*—сейчас; *три-видхам*—включающее три вида; *ш́р̣н̣у*—услышь; *ме*—от Меня; *бхарата-ршабха*—о лучший из Бхарат; *абхйа̄са̄т*—благодаря практике; *рамате*—наслаждается; *йатра*—где; *дух̣кха*—страданиям; *антам*—конец; *ча*—также; *нигаччхати*—наступает.

О лучший из рода Бхараты, теперь услышь от Меня о трех видах счастья, которым наслаждается обусловленная душа и которое иногда позволяет ей покончить со всеми страданиями.

КОММЕНТАРИЙ: Обусловленная душа никогда не прекращает попыток обрести счастье в материальном мире. Ради этого ей приходится снова и снова жевать пережеванное. Но бывает, что, наслаждаясь в материальном мире, она освобождается от материального рабства в результате общения с великой душой. Иными словами, обусловленная душа всегда ищет наслаждений, но, когда под влиянием благотворного общения она понимает, что все это уже много раз было, в ней просыпается истинное сознание Кришны и она избавляется от стремления к однообразному материальному «счастью».

ТЕКСТ 37 यत्तदग्रे विषमिव परिणामेऽमृतोपमम् ।
तत्सुखं सात्त्विकं प्रोक्तमात्मबुद्धिप्रसादजम् ॥ ३७ ॥

*йат тад агре вишам ива парин̣а̄ме 'мр̣топамам
тат сукхам̇ са̄ттвикам̇ проктам а̄тма-буддхи-праса̄да-джам*

йат—которое; *тат*—то; *агре*—в начале; *вишам ива*—как яд; *парин̣а̄ме*—в конце; *амр̣та*—с нектаром; *упамам*—сравнимо; *тат*—то; *сукхам*—счастье; *са̄ттвикам*—относящееся к *гуне* благости; *проктам*—называемое; *а̄тма*—в душе; *буддхи*—разума; *праса̄да-джам*—рожденное из удовлетворения.

То, что в начале кажется ядом, а в конце становится подобным нектару, состояние, в котором человек пробуждается к самоосознанию, называют счастьем в *гуне* благости.

КОММЕНТАРИЙ: Человек, стремящийся постичь природу души, должен следовать многочисленным правилам, чтобы обуздать чувства и ум и сосредоточиться на душе. Все это нелегко и может показаться ядом, но, если человеку удастся следовать всем предписаниям, он благодаря этому поднимется на трансцендентный уровень и сможет вкусить нектар бессмертия. Это даст ему возможность по-настоящему наслаждаться жизнью.

ТЕКСТ 38 विषयेन्द्रियसंयोगाद्यत्तदग्रेऽमृतोपमम् ।
परिणामे विषमिव तत्सुखं राजसं स्मृतम् ॥ ३८ ॥

*вишайендрийа-самйогад   йат тад агре 'мртопамам
париндме вишам ива   тат сукхам раджасам смртам*

вишайа — с объектами чувств; *индрийа* — чувств; *самйогат* — от соприкосновения; *йат* — которое; *тат* — то; *агре* — в начале; *амрта-упамам* — подобно нектару; *париндме* — в конце; *вишам ива* — как яд; *тат* — то; *сукхам* — счастье; *раджасам* — относящееся к *гуне* страсти; *смртам* — понимаемое.

Счастье, которое человек испытывает от соприкосновения чувств с их объектами, которое в начале кажется нектаром, а в конце становится подобным яду, именуют счастьем в *гуне* страсти.

КОММЕНТАРИЙ: Когда юноша знакомится с девушкой, чувства вызывают в нем страстное желание видеть ее, касаться ее и наслаждаться близостью с ней. Вначале все это доставляет чувствам огромное удовольствие, но рано или поздно становится подобным яду. Они расстаются или разводятся, испытывая боль и жестокие страдания. Такое счастье относится к *гуне* страсти. Счастье, которое человек испытывает, когда его чувства соприкасаются с объектами чувств, всегда влечет за собой страдания, и его следует всячески избегать.

ТЕКСТ 39 यदग्रे चानुबन्धे च सुखं मोहनमात्मनः ।
निद्रालस्यप्रमादोत्थं तत्तामसमुदाहृतम् ॥ ३९ ॥

*йад агре чанубандхе ча   сукхам моханам атманах
нидраласйа-прамадоттхам   тат тамасам удахртам*

йат — которое; *агре* — в начале; *ча* — также; *анубандхе* — в конце; *ча* — также; *сукхам* — счастье; *моханам* — призрачное; *атманах* — души; *нидра* — из сна; *аласйа* — лени; *прамада* — иллюзии; *уттхам* — возникшее; *тат* — то; *тамасам* — относящееся к *гуне* невежества; *удахртам* — называемое.

А счастье, которое ослепляет человека, лишая его возможности постичь природу души, обманчивое в начале и в конце, порожден-

ное сном, ленью и иллюзией, — такое счастье называют счастьем в *гуне* невежества.

КОММЕНТАРИЙ: Тот, кто находит удовольствие в праздности и сне, находится под влиянием *гуны* тьмы, невежества. То же самое можно сказать и о человеке, который не знает, что можно делать, а чего нельзя. Для человека в *гуне* невежества все является иллюзией. Он не испытывает счастья ни в начале, ни в конце. Человек, находящийся под влиянием *гуны* страсти, может ощущать некое мимолетное счастье в начале, которое оборачивается муками в конце, но человек в *гуне* невежества испытывает одни страдания от начала и до конца.

ТЕКСТ 40   न तदस्ति पृथिव्यां वा दिवि देवेषु वा पुनः ।

सत्त्वं प्रकृतिजैर्मुक्तं यदेभिः स्यात्त्रिभिर्गुणैः ॥ ४० ॥

на тад асти пртхивйам ва
диви девешу ва пунах
саттвам пракрти-джаир муктам
йад эбхих сйат трибхир гунаих

на — не; *тат* — то; *асти* — существует; *пртхивйам* — на Земле; *ва* — или; *диви* — на высших планетах; *девешу* — среди полубогов; *ва* — или; *пунах* — вновь; *саттвам* — существование; *пракрти-джаих* — порожденными материальной природой; *муктам* — свободное; *йат* — которое; *эбхих* — этими (от их влияния); *сйат* — было бы; *трибхих* — тремя; *гунаих* — гунами материальной природы.

Ни здесь, ни среди полубогов, на высших планетах, нет ни одного существа, которое не испытывало бы на себе влияния этих трех *гун*, порожденных материальной природой.

КОММЕНТАРИЙ: Подводя итог всему сказанному, Господь говорит, что три *гуны* материальной природы распространяют свое влияние на всю вселенную.

ТЕКСТ 41   ब्राह्मणक्षत्रियविशां शूद्राणां च परन्तप ।

कर्माणि प्रविभक्तानि स्वभावप्रभवैर्गुणैः ॥ ४१ ॥

брахмана-кшатрийа-вишам шудранам ча парантапа
кармани правибхактани свабхава-прабхаваир гунаих

брахмана — брахманов; *кшатрийа* — кшатриев; *вишам* — и вайшьев; *шудранам* — шудр; *ча* — и; *парантапа* — о покоритель врагов; *кармани* — деяния; *правибхактани* — разделены; *свабхава* — собственной природой; *прабхаваих* — порожденными; *гунаих* — гунами материальной природы.

Брахманов, кшатриев, вайшьев и *шудр* можно узнать по их качествам, проявляющимся в деятельности, которая соответствует трем *гунам* материальной природы, о покоритель врагов.

ТЕКСТ 42   शमो दमस्तपः शौचं क्षान्तिरार्जवमेव च ।
ज्ञानं विज्ञानमास्तिक्यं ब्रह्मकर्म स्वभावजम् ॥ ४२ ॥

*шамо дамас тапах шаучам   кшантир арджавам эва ча
джнянам виджнянам астикйам   брахма-карма свабхава-джам*

шамах — умиротворенность; *дамах* — самообладание; *тапах* — аскетизм; *шаучам* — чистота; *кшантих* — терпение; *арджавам* — честность; *эва* — конечно; *ча* — и; *джнянам* — знание; *виджнянам* — мудрость; *астикйам* — религиозность; *брахма* — брахмана; *карма* — долг; *свабхава-джам* — порожденный (его) природой.

Умиротворенность, самообладание, аскетичность, чистота, терпение, честность, знание, мудрость и религиозность — таковы природные качества *брахманов*, проявляющиеся в их деятельности.

ТЕКСТ 43   शौर्यं तेजो धृतिर्दाक्ष्यं युद्धे चाप्यपलायनम् ।
दानमीश्वरभावश्च क्षात्रं कर्म स्वभावजम् ॥ ४३ ॥

*шаурйам теджо дхртир дакшйам   йуддхе чапй апалайанам
данам ишвара-бхаваш ча   кшатрам карма свабхава-джам*

шаурйам — героизм; *теджах* — сила; *дхртих* — решимость; *дакшйам* — находчивость; *йуддхе* — в битве; *ча* — и; *апи* — также; *апалайанам* — стойкость; *данам* — щедрость; *ишвара* — руководителя; *бхавах* — природа; *ча* — и; *кшатрам* — присущий *кшатрию*; *карма* — долг; *свабхава-джам* — порожденный (его) природой.

Героизм, сила, решимость, находчивость, отвага, щедрость и умение вести за собой — все это природные качества *кшатриев*, необходимые им для исполнения своего долга.

ТЕКСТ 44   कृषिगोरक्ष्यवाणिज्यं वैश्यकर्म स्वभावजम् ।
परिचर्यात्मकं कर्म शूद्रस्यापि स्वभावजम् ॥ ४४ ॥

*крши-го-ракшйа-ваниджйам   ваишйа-карма свабхава-джам
паричарйатмакам карма   шудрасйапи свабхава-джам*

крши — земледелие; *го* — коров; *ракшйа* — защита; *ваниджйам* — и торговля; *ваишйа* — вайшьи; *карма* — долг; *свабхава-джам* — порожденный (его) природой; *паричарйа* — служение; *атмакам* — то, суть которого; *карма* — долг; *ш́ӯдрасйа* — шудры; *апи* — также; *сва-бхāва-джам* — порожденный (его) природой.

Земледелие, защита коров и торговля — таковы занятия, соответствующие природе *вайшьев*, а предназначение *шудр* — заниматься физическим трудом и служить другим.

ТЕКСТ 45 स्वे स्वे कर्मण्यभिरतः संसिद्धिं लभते नरः ।
स्वकर्मनिरतः सिद्धिं यथा विन्दति तच्छृणु ॥ ४५ ॥

све све карман̣й абхиратах̣   сам̇сиддхим̇ лабхате нарах̣
сва-карма-ниратах̣ сиддхим̇   йатхā виндати тач чхр̣ну

све све — в своих; *карман̣и* — делах; *абхиратах̣* — занятый; *сам̇сиддхим* — совершенство; *лабхате* — получает; *нарах̣* — человек; *сва-карма* — своими обязанностями; *ниратах̣* — занятый; *сиддхим* — совершенства; *йатхā* — каким образом; *виндати* — достигает; *тат* — то; *ш́р̣ну* — послушай.

Занимаясь деятельностью, соответствующей его природе, каждый человек может достичь совершенства. Пожалуйста, выслушай Меня: сейчас Я расскажу тебе, как это сделать.

ТЕКСТ 46 यतः प्रवृत्तिर्भूतानां येन सर्वमिदं ततम् ।
स्वकर्मणा तमभ्यर्च्य सिद्धिं विन्दति मानवः ॥ ४६ ॥

йатах̣ правр̣ттир бхӯтāнāм̇   йена сарвам идам̇ татам
сва-карман̣ā там абхйарчйа   сиддхим̇ виндати мāнавах̣

йатах̣ — откуда; *правр̣ттих̣* — эманация; *бхӯтāнāм* — живых существ; *йена* — которым; *сарвам* — все; *идам* — это; *татам* — пронизано; *сва-карман̣ā* — предписанными ему обязанностями; *там* — Ему; *абхйарчйа* — поклоняясь; *сиддхим* — совершенства; *виндати* — достигает; *мāнавах̣* — человек.

Исполняя предписанные ему обязанности, любой человек может достичь совершенства, если поклоняется всепроникающему Господу — источнику всех живых существ.

КОММЕНТАРИЙ: Как было сказано в пятнадцатой главе, живые существа — это отделенные частицы Верховного Господа, который является их источником. Это подтверждает и «Веданта-сутра»: *джанмāдй асйа йатах̣*. Таким образом, Верховный Господь — прародитель всех живых существ. В седьмой главе «Бхагавад-гиты» говорилось, что Своими двумя энергиями, внешней и внутренней, Верховный Господь пронизывает все сущее. Поэтому все должны поклоняться Господу и одновременно Его энергиям. Преданные-вайшнавы обычно поклоняются Верховному Господу и Его внутренней энергии. Внешняя энергия Всевышнего является искаженным отражением Его внутренней энергии. Внешняя энергия — это фон, но Сам Верховный Господь в образе Параматмы, полной экспансии Господа, пронизывает Собой все сущее. Он вездесущая Сверхдуша всех полубогов, всех людей и животных. Человек должен знать, что, являясь неотъемлемой частицей Верховного Господа, он обязан служить Ему. Каждое живое существо должно служить Господу с любовью и преданностью, в совершенном сознании Кришны. В этом смысл данного стиха.

Каждый из нас должен считать, что он занимается своей деятельностью по указанию Хришикеши, повелителя чувств. И все плоды нашей деятельности нужно посвящать Верховной Личности Бога, Шри Кришне, таким образом поклоняясь Ему. Тот, кто постоянно помнит об этом, всегда находясь в сознании Кришны, по милости Господа познает все сущее. В этом заключается совершенство жизни. В «Бхагавад-гите» (12.7) Господь говорит: *тешам ахам самуддхарта*. Верховный Господь Сам заботится о том, чтобы такой преданный освободился от материального рабства. Это высшее совершенство жизни. Чем бы ни занимался человек, если он служит Верховному Господу, то непременно достигнет высшей ступени совершенства.

ТЕКСТ 47

श्रेयान्स्वधर्मो विगुणः परधर्मात्स्वनुष्ठितात् ।
स्वभावनियतं कर्म कुर्वन्नाप्रोति किल्बिषम् ॥ ४७ ॥

*ш́рейа̄н сва-дхармо вигун̣ах̣ пара-дхарма̄т св-анушт̣хита̄т
свабха̄ва-нийатам̇ карма курван на̄пноти килбишам*

ш́рейа̄н — лучше; *сва-дхармах̣* — свой долг; *вигун̣ах̣* — выполненный несовершенным образом; *пара-дхарма̄т* — чужих обязанностей; *су-анушт̣хита̄т* — выполненных безукоризненно; *свабха̄ва-нийатам* — предписанную в соответствии с его природой; *карма* — деятельность; *курван* — совершающий; *на* — не; *а̄пноти* — получает; *килбишам* — результат греха.

Лучше исполнять свои обязанности, пусть несовершенным образом, чем безукоризненно исполнять чужие. Выполняя предписанные обязанности, отвечающие его природе, человек никогда не навлекает на себя греха.

КОММЕНТАРИЙ: Обязанности, предписанные представителям различных сословий, перечислены в «Бхагавад-гите». Как было сказано в предыдущих стихах, обязанности *брахманов, кшатриев, ваишьев* и *шудр* соответствуют *гунам* материальной природы, под влиянием которых они находятся. Человек никогда не должен пытаться подражать другим, исполняя их обязанности. Тот, кто от природы склонен к деятельности *шудр*, не должен претендовать на звание *брахмана*, даже если родился в семье *брахманов*. Каждый должен заниматься деятельностью, соответствующей его природе; никакая работа не позорна, если она связана со служением Верховному Господу. *Брахманы*, безусловно, занимаются деятельностью в *гуне* благости, однако, если человек от природы находится под влиянием других *гун*, он не должен, подражая *брахманам*, пытаться исполнять их обязанности. *Кшатрию*, правителю, приходится совершать неприглядные поступки: применять насилие и убивать врагов или лгать, руководствуясь политическими соображениями. Никакая политика не обходится без насилия и дипломатической лжи, но для *кшатрия* это еще не повод отказываться от выполнения своего долга и пытаться жить по законам *брахманов*.

Своей деятельностью человек должен стараться доставить удовольствие Верховному Господу. К примеру, Арджуна был *кшатрием*, и он колебался, не решаясь вступить в сражение с противником. Но если сражаться ради Кришны, Верховной Личности Бога, то не нужно бояться, что участие в битве осквернит нас. Тому, кто занимается коммерцией, иногда приходится лгать и хитрить, чтобы получить прибыль. В некоторых случаях без этого не обойтись. Иногда продавец говорит покупателю: «Поверьте мне, я на вас нисколько не наживаюсь», хотя всем известно, что торговец не сможет жить, если будет торговать без выгоды. Поэтому, слыша от коммерсанта такие слова, нужно понимать, что он обманывает нас. Однако сам коммерсант не должен думать, что поскольку в его деле не обойтись без лжи, то он должен бросить торговлю и заниматься тем, что делают *брахманы*. Это противоречит *шастрам*. Если человек, будь он *кшатрием*, *вайшьей* или *шудрой*, исполняя свои обязанности, тем самым служит Верховной Личности Бога, его социальное положение перестает иметь значение. Даже *брахманам*, совершающим различные жертвоприношения, иногда приходится убивать животных, чтобы принести их в жертву. Точно так же, если *кшатрий*, выполняя свой долг, убивает врага, его поступок не является греховным. Все это было подробно разъяснено в третьей главе «Бхагавад-гиты». Каждый человек должен посвящать свою деятельность Ягье, или Вишну, Верховной Личности Бога. Все, что мы делаем ради удовлетворения собственных чувств, только порабощает нас. Поэтому каждый должен заниматься деятельностью в соответствии с *гунами* материальной природы, под влиянием которых находится полученное им тело, преследуя при этом единственную и высшую цель — служить Верховному Господу.

ТЕКСТ 48 सहजं कर्म कौन्तेय सदोषमपि न त्यजेत् ।
सर्वारम्भा हि दोषेण धूमेनाग्निरिवावृताः ॥ ४८ ॥

*саха-джам карма каунтейа са-дошам апи на тйаджет
сарварамбха хи дошена дхуменагнир ивавртах*

саха-джам — рожденную вместе; *карма* — деятельность; *каунтейа* — о сын Кунти; *са-дошам* — имеющую изъян; *апи* — хотя;
на — не; *тйаджет* — пусть отвергнет; *сарва-арамбхах* — все начинания; *хи* — ведь; *дошена* — изъяном; *дхумена* — дымом; *агних* —
огонь; *ива* — как; *авртах* — покрыты.

**Всякое действие несет в себе изъян, подобно огню, который все-
гда покрыт дымом. Поэтому, о сын Кунти, никто не должен отказываться от обязанностей, порожденных его природой, сколько
бы изъянов они в себе ни несли.**

КОММЕНТАРИЙ: Все действия обусловленного живого существа
осквернены влиянием *гун* материальной природы. *Брахманам* приходится совершать жертвоприношения, связанные с умерщвлени-
ем животных. Подобно этому, *кшатрий,* каким бы благочестивым
он ни был, вынужден сражаться с врагами. Это неизбежно. Аналогично, коммерсант, даже самый порядочный, иногда должен скры-
вать свои доходы, чтобы не разориться, или проводить операции
на черном рынке. Все это необходимо, и избежать этого полностью
невозможно. *Шудра,* который служит плохому хозяину, вынужден
выполнять его приказы и иногда делать то, чего делать не следует.
Но, несмотря на все изъяны, человек должен продолжать выполнять предписанные ему обязанности, ибо они соответствуют его
природе.

Здесь Кришна делает очень хорошее сравнение. Хотя огонь сам
по себе чист, он покрыт клубами дыма. Однако дым не оскверняет огонь. Даже покрытый дымом, огонь остается самым чистым
из всех материальных элементов. *Кшатрий,* отказывающийся от
выполнения своего долга, не может быть уверен в том, что, приняв на себя обязанности *брахмана,* он будет полностью избавлен
от малоприятных занятий. Отсюда следует, что в материальном
мире нет существа, абсолютно свободного от материальной скверны. В этом смысле пример с огнем и дымом весьма показателен.
Когда зимой мы вынимаем из огня раскаленный камень, дым ест
нам глаза и нос, но это вовсе не значит, что нужно прекратить
пользоваться огнем. Точно так же мы не должны отказываться от
выполнения своих обязанностей только потому, что это не всегда
приятно. Напротив, исполнившись решимости, мы должны продолжать служить Верховному Господу, выполняя свои обязанности

в сознании Кришны. Это совершенство деятельности. Когда человек исполняет свои обязанности для того, чтобы удовлетворить Верховного Господа, его деятельность освобождается от изъянов. Когда, соединенные с преданным служением, результаты нашего труда очищаются, мы обретаем способность увидеть свое духовное «я», то есть достигаем самоосознания.

ТЕКСТ 49 असक्तबुद्धिः सर्वत्र जितात्मा विगतस्पृहः ।
नैष्कर्म्यसिद्धिं परमां सन्न्यासेनाधिगच्छति ॥ ४९ ॥

*асакта-буддхих сарватра   джитāтмā вигата-спрхах
наишкармйа-сиддхим парамāм   саннйāсенāдхигаччхати*

асакта-буддхих — тот, чей разум свободен от привязанностей; *сарватра* — везде; *джита-āтмā* — тот, чей ум побежден; *вигата-спрхах* — не имеющий материальных желаний; *наишкармйа-сиддхим* — совершенство, состоящее в отсутствии последствий деятельности; *парамāм* — высшее; *саннйāсена* — отречением от мира; *адхигаччхати* — обретает.

Тот, кто обуздал ум и чувства, кто избавился от привязанностей и стремления к материальным удовольствиям, может, отрекшись от мира, достичь высшей ступени совершенства — свободы от *кармы*.

КОММЕНТАРИЙ: Поистине отречься от мира — значит всегда помнить о том, что мы являемся частицами Верховного Господа и потому не имеем права наслаждаться результатами своего труда. Поскольку мы частицы Всевышнего, плоды нашей деятельности предназначены для того, чтобы доставлять наслаждение Господу. Это настоящее сознание Кришны. Человек, действующий в сознании Кришны, — истинный *санньяси*, отрекшийся от мира. Действуя в подобном умонастроении, он обретает удовлетворение, ибо все, что он делает, он делает ради Верховного Господа. Поэтому такой человек не привязан ни к чему материальному; он не ищет других удовольствий, помимо духовного блаженства, которое приносит ему служение Господу. Считается, что *санньяси* свободен от всех последствий своей прошлой деятельности, однако тот, кто действует в сознании Кришны, естественным образом достигает этого совершенства, даже не давая так называемого обета отречения. Такое состояние ума называют *йогāрӯдха*, совершенством *йоги*. Аналогичное утверждение есть в третьей главе: *йас тв āтма-ратир эва сйāт*. Тому, кто черпает удовлетворение в самом себе, не нужно бояться никаких последствий своих поступков.

ТЕКСТ 50 सिद्धिं प्राप्तो यथा ब्रह्म तथाप्नोति निबोध मे ।
समासेनैव कौन्तेय निष्ठा ज्ञानस्य या परा ॥ ५० ॥

*сиддхим прапто йатха брахма   татхапноти нибодха ме
самасенаива каунтейа   ништха джнанасйа йа пара*

сиддхим — совершенство; *праптах* — тот, кто обрел; *йатха* —
как; *брахма* — Всевышнего; *татха* — так; *апноти* — достигает;
нибодха — пойми; *ме* — Меня; *самасена* — в кратком изложении;
эва — непременно; *каунтейа* — о сын Кунти; *ништха* — ступень;
джнанасйа — знания; *йа* — которая; *пара* — трансцендентна.

**О сын Кунти, сейчас Я вкратце объясню тебе, как должен дей-
ствовать человек, достигший этого совершенства, чтобы подняться на уровень Брахмана и таким образом обрести высшее знание.**

КОММЕНТАРИЙ: Господь рассказывает Арджуне о том, как человек может достичь высшей ступени совершенства, просто выполняя предписанные ему обязанности и посвящая свои действия
Верховной Личности Бога. Трансцендентного уровня, осознания
Брахмана, достигает тот, кто ради удовлетворения Верховного
Господа отказывается от плодов своего труда. Таков путь самоосознания. По-настоящему совершенным знанием является чистое
сознание Кришны, о чем говорится в следующих стихах.

**ТЕКСТЫ
51–53** बुद्ध्या विशुद्धया युक्तो धृत्यात्मानं नियम्य च ।
शब्दादीन्विषयांस्त्यक्ता रागद्वेषौ व्युदस्य च ॥ ५१ ॥
विविक्तसेवी लघ्वाशी यतवाक्कायमानसः ।
ध्यानयोगपरो नित्यं वैराग्यं समुपाश्रितः ॥ ५२ ॥
अहङ्कारं बलं दर्पं कामं क्रोधं परिग्रहम् ।
विमुच्य निर्ममः शान्तो ब्रह्मभूयाय कल्पते ॥ ५३ ॥

*буддхйа вишуддхайа йукто   дхртйатманам нийамйа ча
йабдадин вишайамс тйактва   рага-двешау вйудасйа ча*

*вивикта-севи лагхв-айи   йата-вак-кайа-манасах
дхйана-йога-паро нитйам   ваирагйам самупайритах*

*аханкарам балам дарпам   камам кродхам париграхам
вимучйа нирмамах йанто   брахма-бхуйайа калпате*

буддхйа — разумом; *вишуддхайа* — полностью очищенным; *йуктах* — занятый; *дхртйа* — с решимостью; *атманам* — ум; *нийамйа* — подчинив; *ча* — также; *йабда-адин* — звук и прочее; *вишайан* — объекты чувств; *тйактва* — отвергнув; *рага* — любовь;

двешау — и ненависть; *вйудасйа* — отбросив; *ча* — также; *вивикта-севӣ* — живущий в уединенном месте; *лагху-ашӣ* — мало едящий; *йата* — обузданы; *вāк* — речь; *кāйа* — тело; *мāнасах* — тот, чей ум; *дхйāна-йога-парах* — погруженный в транс; *нитйам* — постоянно; *ваирāгйам* — к отрешенности; *самупāшритах* — прибегнувший; *ахан̇кāрам* — ложного эго; *балам* — ложную силу; *дарпам* — ложную гордость; *кāмам* — вожделение; *кродхам* — гнев; *париграхам* — стяжательство; *вимучйа* — оставив; *нирмамах* — лишенный чувства собственности; *шāнтах* — умиротворенный; *брахма-бхӯйāйа* — для самоосознания; *калпате* — годится.

Тот, кто, опираясь на разум, очистил свое сознание и исполнен решимости держать ум в узде; кто отказался от объектов чувственных наслаждений; кто свободен от привязанностей и неприязни; кто живет в уединенном месте, мало ест, владеет своими телом, умом и речью; кто всегда пребывает в состоянии транса; кто отрешен и свободен от ложного эго, ложной силы, от гордыни, вожделения, гнева, стремления обладать материальными вещами и ложного чувства собственности, кто всегда умиротворен, — тот осознал свою духовную природу.

КОММЕНТАРИЙ: Тот, кто очистил свой разум, находится под влиянием *гуны* благости. Такой человек способен владеть своим умом и всегда пребывает в состоянии транса. Он не питает привязанности к объектам чувств и перестает действовать, движимый привязанностью или неприязнью. Человек, достигший такого уровня отрешенности, естественно, стремится жить в уединенном месте, он ест ровно столько, сколько необходимо, и полностью владеет телом и умом. У него нет ложного эго, ибо он не отождествляет себя с материальным телом и умом. У него также нет желания сделать свое тело крепким и сильным с помощью материальных ухищрений. Выйдя из-под влияния телесных представлений о жизни, он полностью освобождается от гордыни. Он довольствуется тем, что приходит к нему по милости Господа, и никогда не гневается, если ему не удается удовлетворить свои чувства. Он также не стремится завладеть объектами чувств. Таким образом, когда человек полностью избавляется от ложного эго, он перестает испытывать привязанность к материальным вещам и достигает ступени осознания Брахмана. Эта ступень называется *брахма-бхӯта*. Освободившись от материальных представлений о жизни, человек становится умиротворенным и невозмутимым. Это состояние описано в «Бхагавад-гите» (2.70):

> *āпӯрйамāн̣ам ачала-пратишт̣хам*
> *самудрам āпах правишанти йадват*

тадват кāмā йам правиишанти сарве
са шāнтим āпноти на кāма-кāмī

«Тот, кого не беспокоит непрерывный поток желаний, подобен океану, который никогда не выходит из берегов, хотя в него впадает множество рек. Только такой человек способен обрести умиротворение, а не тот, кто стремится удовлетворить свои желания».

ТЕКСТ 54 ब्रह्मभूतः प्रसन्नात्मा न शोचति न काङ्क्षति ।
समः सर्वेषु भूतेषु मद्भक्तिं लभते पराम् ॥ ५४ ॥

брахма-бхӯтах прасаннāтмā   на шочати на кāнкшати
самах сарвешу бхӯтешу   мад-бхактим лабхате парāм

брахма-бхӯтах — единый с Абсолютом; *прасанна-āтмā* — исполненный ликования; *на* — не; *шочати* — скорбит; *на* — не; *кāнкшати* — желает; *самах* — равный; *сарвешу* — во всех; *бхӯтешу* — живых существах; *мат-бхактим* — преданное служение Мне; *лабхате* — обретает; *парāм* — трансцендентное.

Тот, кто находится в этом трансцендентном состоянии, сразу постигает Верховного Брахмана и исполняется радости. Он никогда не скорбит и ничего не желает. Он одинаково расположен ко всем живым существам. Достигнув этого состояния, человек обретает чистое преданное служение Мне.

КОММЕНТАРИЙ: Для имперсоналиста достижение уровня *брахма-бхуты*, слияния с Абсолютом, является высшей ступенью совершенства. Однако чистый преданный, не останавливаясь на этом, начинает заниматься чистым преданным служением. Это значит, что чистый преданный, который служит Верховному Господу, уже получил освобождение, то есть достиг уровня *брахма-бхуты* и стал единым с Абсолютом. Без единства со Всевышним, то есть с Абсолютом, невозможно служить Ему. На абсолютном уровне стирается грань между слугой и господином, хотя в высшем, духовном смысле различие между ними остается всегда.

В материальном мире, где люди трудятся ради того, чтобы наслаждаться, страдания неизбежны, но в абсолютном мире, где живые существа занимаются чистым преданным служением, страданий не существует. Преданный, обладающий сознанием Кришны, ни о чем не скорбит и ничего не желает. Поскольку Бог является полным самодостаточным целым, душа, которая служит Богу в сознании Кришны, тоже обретает самодостаточность и полноту. Она уподобляется реке, которая полностью очистилась от мути. Поскольку преданный не думает ни о чем, кроме Кришны, он всегда ощущает радость. Он не скорбит о материальных потерях и не стремится к материальным приобретениям, поскольку служение Господу сделало его самодостаточным. Он не желает материальных наслаждений, ибо знает, что каждое живое существо, будучи отделенной частицей Верховного Господа, всегда остается Его слугой. Живя в материальном мире, он не видит различий между людьми, занимающими высокое или низкое положение в обществе. Любое положение в материальном мире зыбко, а преданный не имеет ничего общего с призрачной, зыбкой реальностью. Для него камень и слиток золота имеют одинаковую ценность. Таков уровень *брахма-бхуты*, и чистому преданному достичь его не составляет никакого труда. Тому, кто находится на этом уровне, состояние слияния с Верховным Брахманом и утраты своей индивидуальности представляется адом, райские планеты привлекают его не больше, чем мираж, а его чувства уподобляются змеям, лишившимся ядовитых зубов. Как змея, у которой нет ядовитых зубов, ни у кого не вызывает страха, так и чувства, послушные голосу разума, перестают быть опасными. Мир причиняет страдания только тому, кто заражен материальной скверной, но для преданного весь мир становится Вайкунтхой, или духовным царством. Самая великая личность в материальной Вселенной кажется ему ничтожнее муравья. Достичь этого уровня можно по милости Господа Чайтаньи, который в нынешнюю эпоху проповедовал чистое преданное служение.

ТЕКСТ 55 भक्त्या मामभिजानाति यावान्यश्चास्मि तत्त्वतः ।
ततो मां तत्त्वतो ज्ञात्वा विशते तदनन्तरम् ॥ ५५ ॥

*бхактйā мāм абхиджāнāти   йāвāн йаш чāсми таттватах
тато мāм таттвато джнāтвā   вишате тад-анантарам*

бхактйā — чистым преданным служением; *мāм* — Меня; *абхиджāнāти* — познаёт; *йāвāн* — насколько; *йах ча асми* — как Я есть; *таттватах* — воистину; *татах* — потому; *мāм* — Меня; *таттватах* — воистину; *джнāтвā* — познав; *вишате* — входит; *тат-анантарам* — сразу после того.

Постичь Меня, Верховную Личность Бога, таким, какой Я есть, можно только с помощью преданного служения. И когда благодаря преданному служению все сознание человека сосредоточивается на Мне, он вступает в царство Бога.

КОММЕНТАРИЙ: Умозрительные рассуждения непреданных не дают им возможности постичь Верховную Личность Бога, Кришну, и Его полные экспансии. Тот, кто хочет постичь Верховного Господа, должен заниматься чистым преданным служением под руководством чистого преданного. В противном случае истинная природа Верховной Личности Бога ему никогда не откроется. Как уже говорилось, *нāхам̇ пракāш́ах̣ сарвасйа* (Б.-г., 7.25). Господь не открывает Себя всем и каждому. Его нельзя постичь, опираясь только на обширные познания или философские рассуждения. По-настоящему постичь Кришну может только тот, кто обладает сознанием Кришны и занимается преданным служением. Ученые степени тут не помогут.

Тот, кто в совершенстве знает науку о Кришне, получает право войти в духовное царство, обитель Кришны. Стать Брахманом — не значит утратить свою индивидуальность. На уровне *брахма-бхуты* остается преданное служение, а там, где есть преданное служение, должны быть Бог, преданный и служение Богу. Такое знание неуничтожимо и продолжает существовать даже после того, как человек получает освобождение. Обрести освобождение — значит освободиться от материальной концепции жизни; в духовной жизни продолжают существовать различия, продолжает существовать индивидуальность, но в чистом сознании Кришны. Не следует заблуждаться, думая, что слово *виш́ате* («входит в Меня») подтверждает теорию монистов о полном слиянии живого существа с безличным Брахманом. Нет. *Виш́ате* значит, что живое существо входит в обитель Верховного Господа, сохраняя индивидуальность, что оно вступает в общение с Ним и служит Ему. Когда зеленый попугай скрывается в зеленой кроне дерева, он делает это не для того, чтобы стать деревом, а для того, чтобы насладиться его плодами. Имперсоналисты часто приводят пример реки, впадающей в океан и сливающейся с ним. Эта перспектива может тешить сердце имперсоналиста, но персоналисты всегда сохраняют свою индивидуальность, подобно рыбам, живущим в океане. Опустившись в океанские глубины, мы обнаружим, что его населяет множество живых существ. Поверхностного знакомства с океаном еще не достаточно, чтобы составить полное представление о нем. По-настоящему знает океан только тот, кто знает все об обитателях его глубин.

Тому, кто занимается чистым преданным служением, открываются подлинные духовные качества и совершенства Верховного Господа. В одиннадцатой главе уже говорилось, что обрести знание можно только в процессе преданного служения. То же самое подтверждает данный стих: занимаясь преданным служением, человек постигает Верховного Господа и входит в Его царство.

Поднявшись на уровень *брахма-бхуты* и освободившись от материальных представлений о жизни, человек начинает заниматься преданным служением Господу, слушая рассказы о Нем. Но тот, кто уже слушает о Верховном Господе, не прилагая особых усилий, достигает уровня *брахма-бхуты* и очищается от материальной скверны: алчности и желания чувственных удовольствий. По мере того как сердце преданного освобождается от алчности и вожделения, его привязанность к служению Господу еще больше усиливается, помогая ему полностью очиститься от материальной скверны. На этом уровне он получает возможность постичь Верховного Господа. Об этом говорится также в «Шримад-Бхагаватам». Процесс *бхакти,* трансцендентного служения, продолжается и после освобождения. «Веданта-сутра» (4.1.12) подтверждает это: *а-прайанат татрапи хи дриштам.* «Шримад-Бхагаватам» определяет истинное освобождение в преданном служении как обретение живым существом своей истинной природы, его возвращение в свое естественное состояние. Мы уже говорили, что по природе каждое живое существо является неотъемлемой частицей Верховного Господа. Поэтому его предназначение — служить Всевышнему, даже после освобождения от материального рабства. Обрести истинное освобождение — значит избавиться от ложных представлений о жизни. Когда человек, страдающий от желтухи, излечивается от нее с помощью сахарных леденцов, к нему возвращается способность наслаждаться вкусом сахара. Таким образом, преданное служение — это одновременно путь к совершенству и само совершенство.

ТЕКСТ 56   सर्वकर्माण्यपि सदा कुर्वाणो मद्व्यपाश्रयः ।
                 मत्प्रसादादवाप्नोति शाश्वतं पदमव्ययम् ॥ ५६ ॥

*сарва-кармани апи сада   курвано мад-вйапашрайах
мат-прасадад авапноти   шашватам падам авйайам*

сарва — все; *кармани* — виды деятельности; *апи* — хотя; *сада* — всегда; *курванах* — делающий; *мат-вйапашрайах* — защищенный Мною; *мат-прасадат* — благодаря Моей милости; *авапноти* — обретает; *шашватам* — вечную; *падам* — обитель; *авйайам* — неразрушимую.

Даже занимаясь разнообразной деятельностью, Мой чистый преданный, находящийся под Моей защитой, по Моей милости достигает вечной и нетленной обители.

КОММЕНТАРИЙ: Мад-вйапашрайах значит «под защитой Верховного Господа». Чтобы полностью избавиться от материальной скверны, чистый преданный действует под руководством Верховного Господа или Его представителя, духовного учителя. Для чистого преданного не существует ограничений по времени. Он постоянно, круглые сутки, погружен в деятельность, связанную с выполнением указаний Верховного Господа. К такому преданному, поглощенному деятельностью в сознании Кришны, Господь всегда очень добр. Преодолев все трудности, он в конце концов достигает трансцендентной обители, Кришналоки. Место в этой обители ему обеспечено — в этом не может быть никаких сомнений. Эта вечная обитель не подвержена изменениям; все существующее там вечно, нетленно и исполнено знания.

ТЕКСТ 57 चेतसा सर्वकर्माणि मयि सन्न्यस्य मत्परः ।
बुद्धियोगमुपाश्रित्य मच्चित्तः सततं भव ॥ ५७ ॥

*четаса̄ сарва-карма̄н̣и   майи саннйасйа мат-парах̣
буддхи-йогам упа̄ш́ритйа   мач-читтах̣ сататам̇ бхава*

четаса̄ — разумом; *сарва-карма̄н̣и* — все формы деятельности; *майи* — во Мне; *саннйасйа* — оставив; *мат-парах̣* — находящийся под Моей защитой; *буддхи-йогам* — деятельность в преданном служении; *упа̄ш́ритйа* — обретя как прибежище; *мач-читтах̣* — думающий обо Мне; *сататам* — всегда (круглые сутки); *бхава* — будь.

Во всех делах и начинаниях всегда полагайся на Меня и помни, что ты находишься под Моей защитой. Таким образом занимаясь преданным служением, всегда думай обо Мне.

КОММЕНТАРИЙ: Тот, кто действует в сознании Кришны, никогда не ведет себя так, словно является хозяином мира. Подобно слуге, преданный должен всегда действовать, исполняя волю Верховного Господа. Слуга никогда не действует по собственному усмотрению. Он делает только то, что велит ему господин. Слуга, исполняющий приказы высшего господина, не радуется приобретениям и не скорбит о потерях. Он просто честно исполняет свой долг, действуя по воле Верховного Господа. Нам могут возразить: Арджуна действовал под личным руководством Кришны, но что делать тому, у кого нет возможности общаться с Кришной? Если человек действует в соответствии с указаниями, которые Кришна дал в «Бхагавадгите», и под руководством Его представителя, он достигнет того же самого результата. Особое значение имеет употребленное в данном стихе слово *мат-парах̣*. Это значит, что у преданного нет другой цели, кроме того, чтобы действовать в сознании Кришны ради удовлетворения Господа. При этом, занимаясь чем-либо, преданный должен думать только о Кришне: «Кришна велел мне сделать это дело». Тогда он, естественно, будет думать о Кришне и таким образом достигнет совершенства в сознании Кришны. Необходимо, однако, отметить, что человек, сделав что-то по собственному усмотрению, не должен предлагать Господу результаты такого поступка. Такая деятельность не относится к преданному служению в сознании Кришны. Преданный должен действовать строго в соответствии с указаниями Кришны. Это очень важно. Мы получаем указания Господа по цепи ученической преемственности, от истинного духовного учителя. Поэтому исполнение указаний духовного учителя должно стать для преданного главной обязанностью в жизни. Если человек принимает истинного духовного учителя и действует в соответствии с его указаниями, он непременно достигнет совершенства жизни в сознании Кришны.

ТЕКСТ 58 मच्चित्तः सर्वदुर्गाणि मत्प्रसादात्तरिष्यसि ।
अथ चेत्त्वमहङ्कारान्न श्रोष्यसि विनङ्क्ष्यसि ॥ ५८ ॥

мач-читтах сарва-дургани   мат-прасадат таришйаси
атха чет твам аханкаран   на шрошйаси винанкшйаси

мат — Меня; *читтах* — сознающий; *сарва* — все; *дургани* — препятствия; *мат-прасадат* — благодаря Моей милости; *таришйаси* — преодолеешь; *атха* — но; *чет* — если; *твам* — ты; *аханкарат* — из-за ложного эго; *на шрошйаси* — не услышишь; *винанкшйаси* — потеряешься.

Всегда думая обо Мне, ты Моей милостью преодолеешь все препятствия обусловленной жизни. Если же ты будешь действовать, побуждаемый ложным эго, не слушая Моих указаний и не памятуя обо Мне, то потеряешь себя.

КОММЕНТАРИЙ: Человек, обладающий сознанием Кришны, не беспокоится об удовлетворении своих физических потребностей. Глупцам никогда не понять того, как можно быть свободным от всех треволнений. Для того, кто действует в сознании Кришны, Господь Кришна становится самым близким другом. Господь Сам заботится о благополучии Своего друга и отдает Себя ему, видя, как преданный без устали служит Ему, стараясь доставить Ему удовольствие. Поэтому мы не должны идти на поводу у ложного эго, вырастающего из материальных представлений о жизни. Никто не должен воображать себя независимым от законов материальной природы и думать, что обладает полной свободой действий. Каждый человек находится под властью неумолимых законов природы. Но стоит человеку начать действовать в сознании Кришны, как он сразу же обретает свободу и избавляется от материальных затруднений. Необходимо обратить внимание на слова Кришны: тот, кто не действует в сознании Кришны, теряется в водовороте материального мира, в океане рождений и смертей. Ни одна обусловленная душа в действительности не знает, что можно делать и чего делать нельзя, однако человек, обладающий сознанием Кришны, может не бояться действовать, ибо Сам Кришна, находящийся в его сердце, подсказывает ему изнутри, что делать, а духовный учитель подтверждает указания Кришны.

ТЕКСТ 59   यदहङ्कारमाश्रित्य न योत्स्य इति मन्यसे ।
मिथ्यैष व्यवसायस्ते प्रकृतिस्त्वां नियोक्ष्यति ॥ ५९ ॥

йад аханкāрам āшритйа   на йотсйа ити манйасе
митхйаиша вйавасāйас те   пракртис твāм нийокшйати

йат — если; *аханкāрам* — ложное эго; *āшритйа* — обретя как
прибежище; *на йотсйе* — не буду сражаться; *ити* — так; *манйасе* —
думаешь; *митхйā эшах* — эта ложная; *вйавасāйах* — решимость;
те — твоя; *пракртих* — природа; *твāм* — тебя; *нийокшйати* — будет использовать.

**Если же ты не выполнишь Мою волю и не вступишь в сраже-
ние, то выберешь неверный путь. Твоя природа все равно заставит
тебя сражаться.**

КОММЕНТАРИЙ: Арджуна был воином, от природы наделенным
темпераментом *кшатрия*. Поэтому сражаться было для него естественно. Но под влиянием ложного эго он боялся, что, убив своего учителя, деда и друзей, совершит грех. По сути дела, он считал
себя хозяином своих поступков, как будто он сам определял, какими — плохими или хорошими — будут последствия его деятельности. Он забыл, что рядом с ним находился Господь, Верховная
Личность Бога, который приказывал ему вступить в бой. Такая забывчивость присуща обусловленной душе. Верховный повелитель
говорит нам, что хорошо, а что плохо, и, просто действуя в сознании Кришны, мы можем достичь совершенства жизни. Никто не
может предвидеть, что уготовала ему судьба, так же хорошо, как
Верховный Господь, поэтому самое лучшее, что мы можем сделать, — это поступать в соответствии с волей Верховного Господа. Никто не должен пренебрегать указаниями Верховной Личности Бога или действовать вопреки воле духовного учителя, который
является представителем Господа. Волю Верховной Личности Бога
нужно выполнять беспрекословно — тогда мы всегда будем в полной безопасности.

ТЕКСТ 60   स्वभावजेन कौन्तेय निबद्धः स्वेन कर्मणा ।
कर्तुं नेच्छसि यन्मोहात्करिष्यस्यवशोऽपि तत् ॥ ६० ॥

свабхāва-джена каунтейа   нибаддхах свена кармана
картум неччхаси йан мохāт   каришйаси авашо 'пи тат

свабхāва-джена — соответствующей твоей природе; *каунтейа* —
о сын Кунти; *нибаддхах* — обусловленный; *свена* — своей; *карма-
нā* — деятельностью; *картум* — делать; *на* — не; *иччхаси* — желаешь; *йат* — которое; *мохāт* — из-за иллюзии; *каришйаси* — будешь
исполнять; *авашах* — против воли; *апи* — даже; *тат* — то.

Под влиянием иллюзии ты отказываешься сейчас действовать согласно Моему повелению. Но твоя собственная природа все равно заставит тебя действовать точно так же, о сын Кунти.

КОММЕНТАРИЙ: Тот, кто отказывается выполнять волю Верховного Господа, будет вынужден действовать в соответствии с *гунами* материальной природы, под влиянием которых он находится. Каждый из нас испытывает на себе влияние определенного сочетания материальных *гун* и действует в соответствии с этим. Но тот, кто добровольно следует указаниям Верховного Господа, воистину, достоин славы.

ТЕКСТ 61   ईश्वरः सर्वभूतानां हृद्देशेऽर्जुन तिष्ठति ।
                   भ्रामयन्सर्वभूतानि यन्त्रारूढानि मायया ॥ ६१ ॥

*йишварах сарва-бхӯтāнāм   хрд-деше 'рджуна тишт̣хати
бхрāмайан сарва-бхӯтāни   йантрāрӯд̣хāни мāйайā*

йишварах — Верховный Господь; *сарва-бхӯтāнāм* — всех живых существ; *хрт-деше* — в сердце; *арджуна* — о Арджуна; *тишт̣хати* — пребывает; *бхрāмайан* — заставляющий перемещаться; *сарва-бхӯтāни* — все живые существа; *йантра* — в машину; *āрӯд̣хāни* — помещенные; *мāйайā* — материальной энергией.

Верховный Господь, о Арджуна, пребывает в сердце каждого и направляет скитания всех живых существ, которые словно находятся в машине, созданной материальной энергией.

КОММЕНТАРИЙ: Арджуна не обладал совершенным знанием, и его решение сражаться или не сражаться было сделано на основе его ограниченного видения мира. Господь Кришна объяснил ему, что индивидуальное живое существо не является самостоятельным и независимым. Верховная Личность Бога, то есть Он Сам, Кришна, в образе Сверхдуши пребывает в сердце каждого живого существа, направляя его действия. Поменяв тело, живое существо забывает о совершенных в прошлом поступках, но Сверхдуша, которой известно прошлое, настоящее и будущее, остается свидетелем всего, что делает душа. Таким образом Сверхдуша руководит всеми действиями живого существа. Восседая на колеснице материального тела, созданного материальной энергией по указанию Сверхдуши, живое существо пожинает плоды своих прошлых поступков, получая все, что заслужило. Как только живое существо переселяется в тело определенного вида, это тело начинает определять характер его деятельности. Один и тот же водитель в скоростном автомобиле едет гораздо быстрее, чем в обыкновенной машине. Точно так же, в соответствии с указанием Сверхдуши, материальная природа создает для каждого живого существа тело определенного вида, чтобы, действуя в соответствии с возможностями своего тела, оно могло осуществить желания, которые не успело исполнить в прошлой жизни. Никто не должен считать себя независимым от Верховной Личности Бога. Индивидуальная душа всегда находится под властью Верховного Господа. Поэтому ее долг — предаться Ему, как гласит следующий стих.

ТЕКСТ 62　तमेव शरणं गच्छ सर्वभावेन भारत ।
तत्प्रसादात्परां शान्तिं स्थानं प्राप्स्यसि शाश्वतम् ॥ ६२ ॥

там эва ш́аран̣ам̇ гаччха сарва-бха̄вена бха̄рата
тат-праса̄да̄т парам̇ ш́а̄нтим стха̄нам̇ пра̄псйаси ш́а̄ш́ватам

там — Ему; *эва* — непременно; *ш́аран̣ам̇ гаччха* — предайся; *сарва-бха̄вена* — всем существом; *бха̄рата* — о потомок Бхараты; *тат-праса̄да̄т* — благодаря Его милости; *парам̇* — трансцендентный; *ш́а̄нтим* — покой; *стха̄нам* — обитель; *пра̄псйаси* — получишь; *ш́а̄ш́ватам* — вечную.

Полностью предайся Ему, о потомок Бхараты. По Его милости ты обретешь трансцендентный покой и достигнешь высочайшей вечной обители.

КОММЕНТАРИЙ: Итак, живое существо должно предаться Верховной Личности Бога, Господу, который пребывает в сердце каждого живого существа. Только тогда оно избавится от всех материальных страданий. Предавшись Господу, человек не только освободится от страданий материальной жизни, но и в конечном счете достигнет обители Всевышнего. В Ведах духовный мир описан следующим образом: *тад вишн̣ох̣ парамам̇ падам* (Риг-веда, 1.22.20). Все материальное в действительности имеет духовную природу, однако слова *парамам̇ падам* относятся непосредственно к вечной обители, которую называют духовным небом, или Вайкунтхой.

В пятнадцатой главе «Бхагавад-гиты» сказано: *сарвасйа ча̄хам̇ хр̣ди саннивишт̣ах̣.* Господь пребывает в сердце каждого живого существа. Поэтому предаться Сверхдуше, находящейся в сердце, — значит предаться Верховной Личности Бога, Кришне. Арджуна уже признал Кришну Верховной Личностью Бога. В десятой главе он назвал Его *парам̇ брахма парам̇ дха̄ма.* Арджуна признал Кришну Верховной Личностью Бога и высшей обителью всех живых существ, опираясь не только на собственный опыт, но и на мнение таких великих мудрецов, как Нарада, Асита, Девала и Вьяса.

ТЕКСТ 63 इति ते ज्ञानमाख्यातं गुह्याद्गुह्यतरं मया ।
विमृश्यैतदशेषेण यथेच्छसि तथा कुरु ॥ ६३ ॥

*ити те джн̃а̄нам а̄кхйа̄там̇   гухйа̄д гухйатарам̇ майа̄
вимр̣ш́йаитад аш́ешен̣а   йатхеччхаси татха̄ куру*

ити — так; *те* — тебе; *джн̃а̄нам* — знание; *а̄кхйа̄там* — открытое; *гухйа̄т* — сокровенного; *гухйа-тарам* — сокровеннее; *майа̄* — Мной; *вимр̣ш́йа* — обдумав; *этат* — это; *аш́ешен̣а* — полностью; *йатха̄* — как; *иччхаси* — желаешь; *татха̄* — так; *куру* — поступай.

Итак, Я открыл тебе знание сокровеннее сокровенного. Обдумай все как следует, а затем поступай как пожелаешь.

КОММЕНТАРИЙ: Господь уже поведал Арджуне знание о *брахмабхуте*. Человек, достигший уровня *брахма-бхуты*, исполняется радости, он ни о чем не скорбит и ничего не желает — таков результат обладания сокровенным знанием. Затем Кришна открыл Арджуне знание о Сверхдуше. Это также знание о Брахмане, только более высокого порядка.

Употребленные здесь слова *йатхеччхаси татха̄ куру* («поступай как знаешь») свидетельствуют о том, что Бог не посягает на малую толику независимости, которой наделено живое существо. В «Бхагавад-гите» Господь подробнейшим образом объяснил, как можно достичь более высокого уровня бытия. Самый лучший совет, который получил Арджуна, — это совет покориться Сверхдуше, пребывающей в сердце каждого живого существа. Обдумав все как следует, человек должен согласиться действовать по указанию Сверхдуши. Это поможет ему всегда находиться в сознании Кришны, то есть на высшей ступени совершенства, доступного людям. Верховный Господь лично велел Арджуне вступить в сражение. Покориться Верховной Личности Бога — значит поступить прежде всего в собственных интересах. Мы делаем это не ради Всевышнего, а ради себя. Прежде чем сделать это, человек волен все как следует обдумать, опираясь на данный ему разум. Именно так лучше всего принимать указания Верховной Личности Бога. Эти указания мы можем получить и от духовного учителя — истинного представителя Кришны.

ТЕКСТ 64 सर्वगुह्यतमं भूयः शृणु मे परमं वचः ।
इष्टोऽसि मे दृढमिति ततो वक्ष्यामि ते हितम् ॥ ६४ ॥

*сарва-гухйатамам̇ бхӯйах̣   ш́р̣н̣у ме парамам̇ вачах̣
ишт̣о 'си ме др̣дхам ити   тато вакшйа̄ми те хитам*

сарва-гухйа-тамам — самое сокровенное из всех; *бхӯйах̣* — вновь; *ш́р̣н̣у* — слушай же; *ме* — Мое; *парамам* — высшее; *вачах̣* — наставление; *иштах аси* — дорогой; *ме* — Мой; *дрдхам* — очень; *ити* — так; *татах* — потому; *вакшийами* — скажу; *те* — твое; *хитам* — благо.

Поскольку ты Мой очень близкий друг, Я открою тебе высшее и самое сокровенное знание. Слушай же Меня внимательно, Я даю это наставление ради твоего блага.

КОММЕНТАРИЙ: Господь открыл Арджуне сокровенное, а затем еще более сокровенное знание (знание о Брахмане и знание о Сверхдуше в сердце каждого живого существа). Теперь же, открывая ему самую сокровенную мудрость, Он говорит: просто предайся Верховной Личности Бога. В конце девятой главы Господь сказал: *ман-манах* — «Всегда думай обо Мне». То же самое наставление Он повторяет здесь, чтобы подчеркнуть суть учения «Бхагавад-гиты». Постичь ее может лишь тот, кто по-настоящему дорог Кришне, Его чистый преданный. Для обыкновенного человека она так и останется тайной. Это самое важное из всех содержащихся в Ведах наставлений. То, что говорит в связи с этим Кришна, является квинтэссенцией ведического знания, и слова Господа обращены не только к Арджуне, но и ко всем остальным живым существам.

ТЕКСТ 65 मन्मना भव मद्भक्तो मद्याजी मां नमस्कुरु ।
मामेवैष्यसि सत्यं ते प्रतिजाने प्रियोऽसि मे ॥ ६५ ॥

ман-мана бхава мад-бхакто   мад-йаджи мам намаскуру
мам эвайшйаси сатйам те   пратиджане прийо 'си ме

мат-манах — думающий обо Мне; *бхава* — будь; *мат-бхактах* — Мой преданный; *мат-йаджи* — поклоняющийся Мне; *мам* — Мне; *намаскуру* — кланяйся; *мам* — ко Мне; *эва* — непременно; *эшйаси* — придешь; *сатйам* — истинно; *те* — тебе; *пратиджане* — обещаю; *прийах* — дорогой; *аси* — являешься; *ме* — Мой.

Всегда думай обо Мне, стань Моим преданным, поклоняйся Мне и почитай Меня. Так ты непременно придешь ко Мне. Я обещаю тебе это, ибо ты Мой дорогой друг.

КОММЕНТАРИЙ: Суть самого сокровенного знания в том, что каждый должен стать чистым преданным Кришны, всегда думать о Нем и посвящать Ему все, что делает. Нет смысла тратить время на формальную медитацию. Вся наша жизнь должна быть построена таким образом, чтобы у нас была возможность всегда думать о Кришне. Все наши повседневные занятия должны быть так или иначе связаны с Кришной, чтобы круглые сутки мы не думали ни о чем другом, кроме Кришны. И Господь обещает, что каждый, кто достиг такого уровня, уровня чистого сознания Кришны, непременно вернется в Его обитель, где сможет непосредственно общаться с Кришной. Господь открыл Арджуне самое сокровенное знание потому, что Арджуна был Его близким другом. И каждый, кто идет по стопам Арджуны, сможет стать другом Кришны и достичь того же совершенства, что и Арджуна.

Здесь особо подчеркнуто, что человек должен сосредоточить свой ум на Кришне в образе прекрасного юноши с двумя руками, держащими флейту, с кожей темно-синего цвета и с павлиньим пером в волосах. Описания облика Кришны приводятся в «Брахма-самхите» и других ведических произведениях. Нужно сосредоточить ум на изначальном образе Личности Бога, Кришне, и не отвлекаться даже на другие формы Господа. Господь принимает бесконечное множество разнообразных образов: Вишну, Нараяны, Рамы, Варахи и т. д., но преданный должен сосредоточить свой ум на том образе, который лицезрел Арджуна. Сосредоточение ума на образе Кришны составляет самую сокровенную часть знания, и Кришна сейчас открывает ее Арджуне как Своему самому близкому другу.

ТЕКСТ 66 सर्वधर्मान्परित्यज्य मामेकं शरणं व्रज ।
अहं त्वां सर्वपापेभ्यो मोक्षयिष्यामि मा शुचः ॥ ६६ ॥

сарва-дхармāн паритйаджйа   мāм экам̇ ш́аран̣ам̇ враджа
ахам̇ твāм̇ сарва-пāпебхйо   мокшайишйāми мā ш́учах

сарва-дхармāн — все религии; *паритйаджйа* — оставив; *мāм* — ко Мне; *экам* — одному; *ш́аран̣ам* — под защиту; *враджа* — приди; *ахам* — Я; *твāм* — тебя; *сарва* — от всех; *пāпебхйах* — от последствий грехов; *мокшайишйāми* — избавлю; *мā* — не; *ш́учах* — беспокойся.

Оставь все религии и просто предайся Мне. Я избавлю тебя от всех последствий твоих грехов. Не бойся ничего.

КОММЕНТАРИЙ: Господь рассказал Арджуне о разных формах знания и религии: Он открыл ему знание о Верховном Брахмане, знание о Сверхдуше, рассказал о различных сословиях общества и ступенях духовного развития, об отречении от мира, объяснил, как освободиться от материальных привязанностей, обуздать чувства и ум, рассказал о медитации и т. д. Иначе говоря, Он поведал ему об очень многих формах религиозной практики. Теперь же, подводя итог всему сказанному в «Бхагавад-гите», Господь говорит, что Арджуна должен отказаться от всего этого и просто предаться

Кришне. Предавшись Господу, он освободится от всех последствий своих грехов, ибо Господь Сам обещает ему защиту.

В седьмой главе было сказано, что поклоняться Господу Кришне может лишь тот, кто освободился от всех последствий своих грехов. Услышав это, кто-то, вероятно, решит, что не сможет предаться Кришне до тех пор, пока не избавится от всех грехов. Чтобы рассеять подобного рода сомнения, в данном стихе Кришна говорит, что даже тот, кто еще не избавился от грехов, сможет это сделать, предавшись Господу Шри Кришне. Не нужно специально прилагать никаких усилий, чтобы освободиться от последствий своих грехов. Достаточно безоговорочно признать Кришну высшим спасителем всех живых существ и с любовью и верой предаться Ему.

О том, что значит предаться Кришне, говорится в «Хари-бхакти-виласе» (11.676):

> *āнукӯлйасйа санкалпах̣*
> *пра̄тикӯлйасйа варджанам*
> *ракшишйатӣти виш́ва̄со*
> *гоптр̣тве варан̣ам̇ татха̄*
> *а̄тма-никшепа-ка̄рпан̣йе*
> *шад̣-видха̄ ш́аран̣а̄гатих̣*

Путь преданного служения подразумевает, что человек должен следовать тем религиозным принципам, которые в конечном счете приведут его к преданному служению Господу. Человек может исполнять предписанные обязанности в соответствии со своим положением в обществе, но, если, выполняя эти обязанности, он так и не разовьет в себе сознания Кришны, все его усилия окажутся напрасными. Следует избегать всего, что не ведет к совершенству в сознании Кришны. Нужно быть уверенным в том, что Кришна защитит нас от любой опасности. Нам не нужно беспокоиться о том, как поддержать душу в теле. Об этом позаботится Кришна. Мы должны всегда ощущать себя беспомощными и считать, что только Кришна поможет нам достичь духовного совершенства. Тот, кто со всей серьезностью занимается преданным служением Господу в полном сознании Кришны, сразу же очищается от всей материальной скверны. Существует много религиозных систем и методов очищения сознания: можно заниматься философским поиском истины, медитацией и мистической *йогой* и т. д., но тому, кто предался Кришне, нет нужды прибегать ко всем этим методам. Просто предавшись Кришне, он сможет избежать напрасной траты времени. Действуя таким образом, он быстро достигнет совершенства и освободится от всех последствий своих грехов.

В конце концов нужно развить в себе привязанность к прекрасному образу Кришны. Его зовут Кришной, потому что Он неотразимо привлекателен. Тот, кого пленил облик прекрасного и всемогущего Кришны, может считать, что ему очень повезло. Есть разные типы трансценденталистов: одних привлекает безличный Брахман, других — Господь в образе Сверхдуши и т.д., однако самым лучшим является тот, кого привлекает Верховная Личность Бога, в особенности Сам Кришна. Иными словами, преданное служение Кришне, подразумевающее полную сосредоточенность сознания на Нем, является самой сокровенной частью духовного знания и сутью учения «Бхагавад-гиты». И *карма-йогов*, и философов-эмпириков, и мистиков, и преданных относят к категории трансценденталистов, но самый лучший из всех — это чистый преданный Господа. Кришна говорит: *ма ш́учах̣* — «Ничего не бойся, отбрось все сомнения и ни о чем не беспокойся». Эти слова очень важны. Кто-то может недоумевать: «Как это — отказаться от всех форм духовной практики и просто предаться Кришне?» Однако подобные беспокойства напрасны.

ТЕКСТ 67

इदं ते नातपस्काय नाभक्ताय कदाचन ।
न चाशुश्रूषवे वाच्यं न च मां योऽभ्यसूयति ॥ ६७ ॥

идам̇ те на̄тапаска̄йа на̄бхакта̄йа када̄чана
на ча̄ш́уш́рӯш̣аве ва̄чйам̇ на ча ма̄м̇ йо 'бхйасӯйати

идам — это; *те* — твое; *на* — ни; *атапаска̄йа* — тому, кто не совершает аскезу; *на* — ни; *абхакта̄йа* — тому, кто не является преданным; *када̄чана* — когда бы то ни было; *на* — ни; *ча* — также; *аш́уш́рӯш̣аве* — тому, кто не занимается преданным служением; *ва̄чйам* — то, что следует говорить; *на* — ни; *ча* — также; *ма̄м* — Мне; *йах̣* — который; *абхйасӯйати* — завидует.

Никогда не открывай этого сокровенного знания тому, кто не воздержан, не предан Мне, кто не хочет служить и завидует Мне.

КОММЕНТАРИЙ: Это самое сокровенное знание не следует поверять тому, кто никогда не ограничивал себя, стараясь исполнить заповеди религии, не пытался заниматься преданным служением в сознании Кришны и не служил чистому преданному, но прежде всего нельзя открывать его тем, кто считает Кришну просто исторической личностью или завидует Его величию. Люди с демоническим складом ума, которые завидуют Кришне, иногда поклоняются Ему на свой лад, принимаясь писать собственные комментарии к «Бхагавад-гите», чтобы заработать на этом деньги. Однако тот, кто действительно хочет постичь Кришну, не должен читать их сочинения. Людям распущенным и невоздержанным никогда не постичь смысла «Бхагавад-гиты». Даже если человек обуздал чувства и строго следует предписаниям Вед, но при этом не является преданным Господа, он никогда не сможет понять Кришну. Более того, даже человек, выдающий себя за преданного, но не занимающийся служением в сознании Кришны, лишен этой возможности. Есть много людей, которые завидуют Кришне только потому, что в «Бхагавад-гите» Он провозгласил Себя Всевышним и заявил, что на свете нет никого равного Ему или более великого, чем Он. Таким людям не следует рассказывать «Бхагавад-гиту», ибо они все равно ее не поймут. Неверующие люди никогда не смогут понять «Бхагавад-гиту» и Самого Кришну. Тот, кто не постиг Кришну под руководством чистого преданного, не должен даже пытаться комментировать «Бхагавад-гиту».

ТЕКСТ 68 य इदं परमं गुह्यं मद्भक्तेष्वभिधास्यति ।
भक्तिं मयि परां कृत्वा मामेवैष्यत्यसंशयः ॥ ६८ ॥

йа идам парамам гухйам мад-бхактешв абхидхāсйати
бхактим майи парам кртвā мāм эваишйати асамшайах

йах — который; *идам* — эту; *парамам* — самую; *гухйам* — сокровенную тайну; *мат* — Моих; *бхактешу* — среди преданных; *абхидхāсйати* — объясняет; *бхактим* — преданное служение; *майи* — Мне; *парāм* — трансцендентное; *кртвā* — исполнив; *мāм* — ко Мне; *эва* — непременно; *эшйати* — придет; *асамшайах* — без сомнения.

Тот, кто открывает эту высшую тайну Моим преданным, непременно обретет дар чистого преданного служения и в конце жизни вернется ко Мне.

КОММЕНТАРИЙ: Обычно «Бхагавад-гиту» рекомендуют обсуждать только в кругу преданных, ибо непреданные не способны постичь Кришну и «Бхагавад-гиту». Те, кто отказывается принять Кришну таким, как Он есть, и «Бхагавад-гиту» такой, как она есть, не должны комментировать ее на свой лад, чтобы не попасть в разряд богохульников. «Бхагавад-гиту» нужно объяснять людям, которые готовы признать Кришну Верховной Личностью Бога. Это писание предназначено только для преданных, а не для философов-эмпириков. Однако тот, кто искренне старается объяснить суть «Бхагавад-гиты», не искажая смысла, будет прогрессировать в преданном служении и в конце концов станет чистым преданным Господа. А чистое преданное служение наверняка приведет его домой, к Богу.

ТЕКСТ 69   न च तस्मान्मनुष्येषु कश्चिन्मे प्रियकृत्तमः ।
भविता न च मे तस्मादन्यः प्रियतरो भुवि ॥ ६९ ॥

на ча тасма̄н манушйешу каш́чин ме прийа-кр̣ттамах̣
бхавита̄ на ча ме тасма̄д анйах̣ прийатаро бхуви

на — не; *ча* — и; *тасма̄т* — его; *манушйешу* — среди людей; *каш́-чит* — никто; *ме* — Мне; *прийа-кр̣т-тамах̣* — дороже; *бхавита̄* — станет; *на* — не; *ча* — и; *ме* — Мне; *тасма̄т* — его; *анйах̣* — другой; *прийа-тарах̣* — дороже; *бхуви* — в этом мире.

В этом мире для Меня нет и никогда не будет слуги дороже, чем он.

ТЕКСТ 70 अध्येष्यते च य इमं धर्म्यं संवादमावयोः ।
ज्ञानयज्ञेन तेनाहमिष्टः स्यामिति मे मतिः ॥ ७० ॥

адхйешйате ча йа имам̇ дхармйам̇ сам̇ва̄дам а̄вайох̣
джн̃а̄на-йаджн̃ена тена̄хам ишт̣ах̣ сйа̄м ити ме матих̣

адхйешйате — изучит; *ча* — также; *йах̣* — который; *имам* — эту; *дхармйам* — священную; *сам̇ва̄дам* — беседу; *а̄вайох̣* — нашу; *джн̃а̄-на* — знания; *йаджн̃ена* — жертвоприношением; *тена* — тем; *ахам* — Я; *ишт̣ах̣* — почитаем; *сйа̄м* — буду; *ити* — так; *ме* — Мое; *ма-тих̣* — мнение.

В Моих глазах любой, кто изучает эту священную беседу, по-клоняется Мне своим разумом.

ТЕКСТ 71 श्रद्धावाननसूयश्च शृणुयादपि यो नरः ।
सोऽपि मुक्तः शुभाँल्लोकान्प्राप्नुयात्पुण्यकर्मणाम् ॥ ७१ ॥

ш́раддха̄ва̄н анасӯйаш́ ча ш́р̣н̣уйа̄д апи йо нарах̣
со 'пи муктах̣ ш́убха̄л лока̄н пра̄пнуйа̄т пун̣йа-карман̣а̄м

ш́раддха̄-ва̄н — обладающий верой; *анасӯйах̣* — независтливый; *ча* — и; *ш́р̣нуйа̄т* — слушает; *апи* — если; *йах̣* — который; *нарах̣* — человек; *сах̣* — тот; *апи* — также; *муктах̣* — получивший освобож-дение; *ш́убха̄н* — благочестивые; *лока̄н* — планеты; *пра̄пнуйа̄т* — обретает; *пун̣йа-карман̣а̄м* — праведников.

Тот, кто внимает нашей беседе с верой и без зависти, освобож-дается от последствий своих грехов и достигает благих планет, на которых живут праведники.

КОММЕНТАРИЙ: В шестьдесят седьмом стихе этой главы Господь категорически запретил рассказывать «Гиту» тем, кто завидует Гос-поду. Иными словами, «Бхагавад-гита» предназначена только для преданных. Однако иногда случается так, что преданный Господа читает публичную лекцию и далеко не все из его слушателей явля-ются преданными. Почему же он выступает перед такой аудиторией? В данном стихе объясняется, что, хотя далеко не каждый человек является преданным, есть много людей, которые не питают вражды к Кришне. Они верят, что Кришна — Верховная Личность Бога. Слушая, как о Господе рассказывает Его чистый преданный, такие люди очищаются от грехов и после смерти попадают на планеты праведников. Поэтому даже тот, кто не стремится стать чистым преданным Господа, просто слушая «Бхагавад-гиту», получает великое благо. Так чистый преданный дает каждому возможность очиститься от грехов и стать преданным Господа.

Обычно те, кто свободен от грехов, люди праведные, с легкостью принимают сознание Кришны. Следует обратить внимание на употребленное здесь слово *пунйа-карманам*. К категории *пунйа-карманам* относятся великие жертвоприношения, такие как *ашвамедха-ягья*, упомянутая в Ведах. Благочестивые люди, которые занимаются преданным служением, но не являются чистыми преданными, попадают на Полярную звезду, Дхрувалоку — планету, которой правит Махараджа Дхрува. Это великий преданный Господа, и у него есть своя планета, называемая Полярной звездой.

ТЕКСТ 72 कच्चिदेतच्छ्रुतं पार्थ त्वयैकाग्रेण चेतसा ।
कच्चिदज्ञानसम्मोहः प्रनष्टस्ते धनञ्जय ॥ ७२ ॥

*каччид этач чхрутам партха   твайаикагрена четаса
каччид аджнана-саммохах   пранаштас те дхананджайа*

каччит — ли; *этат* — это; *шрутам* — услышанное; *партха* — о сын Притхи; *твайа* — тобой; *эка-агрена* — сосредоточенным; *четаса* — умом; *каччит* — ли; *аджнана* — невежества; *саммохах* — иллюзия; *пранаштах* — рассеяна; *те* — твоя; *дхананджайа* — о завоеватель богатств (Арджуна).

О сын Притхи, о завоеватель богатств, достаточно ли внимательно ты слушал Меня? Рассеялась ли окутавшая тебя пелена невежества и иллюзии?

КОММЕНТАРИЙ: Господь выступал в роли духовного учителя Арджуны и потому должен был спросить его, верно ли он понял «Бхагавад-гиту». В противном случае Господь был готов объяснить ему любое положение «Бхагавад-гиты» с самого начала. Каждый, кто услышит «Бхагавад-гиту» в изложении истинного духовного учителя, такого как Кришна или Его представитель, ощутит, что он полностью освободился от невежества. «Бхагавад-гита» — это не обыкновенная книга, написанная каким-нибудь поэтом или писателем; она поведана Самим Верховным Господом. Каждый, кому посчастливится услышать эти наставления от Кришны или Его ис-

тинного представителя, непременно обретет освобождение и выйдет из тьмы неведения.

ТЕКСТ 73   अर्जुन उवाच

नष्टो मोहः स्मृतिर्लब्धा त्वत्प्रसादान्मयाच्युत ।
स्थितोऽस्मि गतसन्देहः करिष्ये वचनं तव ॥ ७३ ॥

арджуна увāча
нашто мохах смритир лабдхā   тват-прасāдāн майāчйута
стхито 'сми гата-сандехах   каришйе вачанам тава

арджунах увāча — Арджуна сказал; *наштах* — рассеяна; *мохах* —
иллюзия; *смритих* — память; *лабдхā* — обретена; *тват-прасāдāт* —
благодаря Твоей милости; *майā* — мной; *ачйута* — о непогрешимый
Кришна; *стхитах* — устойчив; *асми* — являюсь; *гата* — ушедшие;
сандехах — тот, чьи сомнения; *каришйе* — исполню; *вачанам* — приказ; *тава* — Твой.

**Арджуна сказал: Дорогой Кришна, о непогрешимый, все мои
заблуждения теперь рассеялись, и Твоей милостью ко мне верну-
лась память. Сомнения покинули меня, и я преисполнен решимости действовать так, как Ты велишь.**

КОММЕНТАРИЙ: Предназначение живых существ, которых олицетворяет Арджуна, состоит в том, чтобы выполнять волю Верховного Господа. Живые существа созданы для служения. Шри
Чайтанья Махапрабху говорит, что по своей природе живое существо является вечным слугой Верховного Господа. Забывая об
этом, живое существо попадает под власть материальной природы, но служение Господу помогает ему выйти из-под ее власти
и стать свободным слугой Бога. Живое существо создано для того, чтобы служить, поэтому оно служит либо иллюзорной энергии,
майе, либо Верховному Господу. Служа Всевышнему, оно находится
в естественном для себя состоянии, но если оно предпочитает служить внешней, иллюзорной энергии Господа, то неминуемо попадает в рабство. Заблудшее, запутавшееся живое существо служит
в материальном мире. Связанное путами плотских желаний, оно
тем не менее мнит себя владыкой мира. Это называется иллюзией. Обретая освобождение, человек вырывается из плена иллюзии
и добровольно подчиняется Верховному Господу, чтобы исполнять
Его волю. Последней иллюзией, последней ловушкой, которую рас-
ставляет на пути человека *майя,* является представление о том, что
он Бог. Попавший в эту ловушку считает, что он уже не обусловленная душа, а Сам Господь Бог. Ему не хватает разума даже на
то, чтобы задаться вопросом: «Если я Бог, то почему я оказался

в плену сомнений?» Это не приходит ему в голову. Итак, это последняя ловушка, приготовленная для него иллюзорной энергией. Чтобы по-настоящему освободиться от влияния иллюзии, необходимо постичь Кришну, Верховную Личность Бога, и согласиться исполнять Его волю.

Очень важным является употребленное в данном стихе слово *моха*. *Моха* — это антоним слова «знание». Обрести истинное знание — значит понять, что каждое живое существо является вечным слугой Господа, но, вместо того чтобы считать себя слугой, все в материальном мире мнят себя его хозяевами, потому что хотят господствовать над материальной природой. В этом заключается наша иллюзия. Рассеять эту иллюзию можно только по милости Господа или по милости Его чистого преданного. И когда человек выходит из-под ее власти, он соглашается действовать ради Кришны.

Находиться в сознании Кришны — значит действовать по воле Кришны. Введенная в заблуждение внешней материальной энергией, обусловленная душа не понимает, что Верховный Господь — исполненный знания повелитель всех живых существ и владыка всего сущего. Он может одарить Своих преданных всем, чем пожелает; Он друг каждого живого существа, но особенно Он благоволит к Своим преданным. Он повелитель материальной природы и всех живых существ. Ему подвластно неистощимое время, все богатства и энергии. Верховный Господь может отдать преданному даже Самого Себя. Тот, кто не знает Его, находится в плену иллюзии; вместо того чтобы заниматься преданным служением, он служит *майе*. Однако Арджуна, выслушав «Бхагавад-гиту», которую поведал ему Сам Господь, полностью освободился от иллюзии. Он понял, что Кришна не просто его друг, Он — Верховная Личность Бога. Арджуна постиг Кришну таким, как Он есть. Когда это знание полностью открывается человеку, он не может не покориться Кришне. Когда Арджуна понял замысел Кришны, который хотел сократить непомерно возросшее население Земли, он согласился участвовать в битве, исполняя волю Кришны. Он снова взял в руки оружие — свой лук и стрелы, — чтобы сражаться, исполняя волю Верховной Личности Бога.

ТЕКСТ 74   सञ्जय उवाच

इत्यहं वासुदेवस्य पार्थस्य च महात्मनः ।
संवादमिममश्रौषमद्भुतं रोमहर्षणम् ॥ ७४ ॥

санджайа увача
итй ахам васудевасйа   партхасйа ча махатманах
самвадам имам ашраушам   адбхутам рома-харшанам

сан̃джайах̣ ува̄ча — Санджая сказал; *ити* — так; *ахам* — я; *ва̄су-девасйа* — Кришны; *па̄ртхасйа* — Арджуны; *ча* — и; *маха̄-а̄тма-нах̣* — великой души; *сам̇ва̄дам* — беседу; *имам* — эту; *аш́раушам* — слушал; *адбхутам* — чудесную; *рома-харшан̣ам* — заставляющую волосы на теле подниматься.

Санджая сказал: Так я внимал беседе двух великих душ, Кришны и Арджуны. И столь чудесно было все услышанное мною, что волосы на моем теле поднялись.

КОММЕНТАРИЙ: В самом начале «Бхагавад-гиты» Дхритараштра спросил своего секретаря Санджаю: «Что произошло на поле битвы Курукшетра?» Вся «Бхагавад-гита» открылась Санджае в сердце по милости его духовного учителя, Вьясы, и благодаря этому он смог объяснить Дхритараштре, что происходило на поле битвы. То была поистине чудесная беседа двух великих душ, ибо ни до нее, ни после на Земле не происходило ничего более важного. Эта беседа чудесна потому, что Верховный Господь рассказывал о Себе и Своих энергиях человеку, Арджуне, великому преданному Господа. Если мы попытаемся постичь Кришну, идя по стопам Арджуны, то обретем счастье и достигнем успеха в жизни. Санджая осознал это и потому пересказал их беседу Дхритараштре. Вывод, к которому он пришел, прост: там, где Кришна и Арджуна, там всегда будет победа.

ТЕКСТ 75 व्यासप्रसादाच्छ्रुतवानेतद्गुह्यमहं परम् ।
योगं योगेश्वरात्कृष्णात्साक्षात्कथयतः स्वयम् ॥ ७५ ॥

вйа̄са-праса̄да̄ч чхрутава̄н   этад гухйам ахам̇ парам
йогам̇ йогеш́вара̄т кр̣шн̣а̄т   са̄кша̄т катхайатах̣ свайам

вйа̄са-праса̄да̄т — благодаря милости Вьясадевы; *ш́рутава̄н* — услышавший; *этат* — это; *гухйам* — сокровенное; *ахам* — я; *па̄-рам* — высшее; *йогам* — мистическое; *йога-ӣш́вара̄т* — от повелителя всех мистических сил; *кр̣шн̣а̄т* — от Кришны; *са̄кша̄т* — непосредственно; *катхайатах̣* — рассказанное; *свайам* — сам.

По милости Вьясы я услышал эти сокровенные речи, обращенные к Арджуне, которые изошли из уст повелителя всех мистических сил, Кришны.

КОММЕНТАРИЙ: Вьяса был духовным учителем Санджаи, и Санджая признает, что только по милости Вьясы он смог постичь Верховную Личность Бога. Это значит, что никто не может приблизиться к Кришне сам; сделать это можно только при посредничестве духовного учителя. Духовный учитель играет роль прозрачной среды между Богом и учеником, хотя опыт, который получает при этом ученик, — это опыт непосредственного общения с Богом. В этом кроется великая тайна ученической преемственности. Истинный духовной учитель может помочь нам услышать «Бхагавад-гиту» непосредственно, как услышал ее Арджуна. В мире много мистиков и *йогов*, но повелителем всех форм *йоги* является Кришна. В «Бхагавад-гите» воля Кришны выражена предельно ясно: «Предайся Мне». Тот, кто предался Кришне, становится совершенным *йогом*, что подтверждает последний стих шестой главы: *йогинāм апи сарвешāм.*

Нарада является учеником Самого Кришны и духовным учителем Вьясы. Поэтому авторитет Вьясы, принадлежащего к цепи духовных учителей, ничуть не меньше, чем авторитет Арджуны, а Санджая является непосредственным учеником Вьясы. Таким образом, по милости Вьясы Санджая смог, очистив свои чувства, увидеть Кришну и услышать Его речи. Тот, кто слушает Самого Кришну, обретает способность постичь это сокровенное знание. Но услышать Кришну можно, только принадлежа к ученической преемственности. Поэтому знание любого человека, полученное не по цепи ученической преемственности, останется несовершенным, по крайней мере это относится к пониманию «Бхагавад-гиты». Такой человек не вправе высказывать какие-либо суждения о «Бхагавад-гите».

В «Бхагавад-гите» описаны все системы *йоги: карма-йога, гьяна-йога* и *бхакти-йога*, — и всеми ими повелевает Кришна. Однако необходимо понять, что, хотя Арджуне посчастливилось постичь Кришну непосредственно, Санджая по милости Вьясы смог точно так же услышать слова Самого Кришны. На самом деле слушать послание Кришны в изложении истинного духовного учителя, такого как Вьяса, — все равно что услышать его от Самого Кришны. Духовный учитель также является представителем Вьясадевы. Поэтому, согласно ведической традиции, в день рождения духовного учителя ученики проводят церемонию, которая называется Вьяса-пуджей.

ТЕКСТ 76 राजन्संस्मृत्य संस्मृत्य संवादमिममद्भुतम् ।
केशवार्जुनयोः पुण्यं हृष्यामि च मुहुर्मुहुः ॥ ७६ ॥

*рāджан самсмритйа самсмритйа   самвāдам имам адбхутам
кешавāрджунайох пунйам   хршйāми ча мухур мухух*

рāджан — о царь; *самсмритйа* — вспомнив; *самсмритйа* — вспомнив; *самвāдам* — учение; *имам* — это; *адбхутам* — удивительное; *ке-шава* — Господа Кришны; *арджунайох* — и Арджуны; *пунйам* — священному; *хришйами* — радуюсь; *ча* — также; *мухух мухух* — снова и снова.

О царь, снова и снова я вспоминаю эту удивительную священную беседу Кришны и Арджуны и всякий раз испытываю бесконечное наслаждение.

КОММЕНТАРИЙ: Знание, содержащееся в «Бхагавад-гите», столь возвышенно, что каждый, кто поймет, о чем говорили Кришна и Арджуна, станет добродетельным человеком и уже никогда не забудет этот диалог. Такова трансцендентная природа духовной жизни. Иными словами, тот, кто услышит «Бхагавад-гиту» от Самого Кришны, достигнет совершенства в сознании Кришны. В результате он обретет духовное знание и будет каждое мгновение наслаждаться непреходящим блаженством.

ТЕКСТ 77 तच्च संस्मृत्य संस्मृत्य रूपमत्यद्भुतं हरेः ।
विस्मयो मे महाराजन्हृष्यामि च पुनः पुनः ॥ ७७ ॥

*тач ча самсмртйа самсмртйа   рӯпам атй-адбхутам харех
висмайо ме махан раджан   хршйами ча пунах пунах*

тат — тот; *ча* — также; *самсмртйа* — вспомнив; *самсмртйа* — вспомнив; *рӯпам* — образ; *ати* — в высшей степени; *адбхутам* — удивительный; *харех* — Господа Кришны; *висмайах* — удивление; *ме* — мое; *махан* — велико; *раджан* — о царь; *хршйами* — испытываю блаженство; *ча* — также; *пунах пунах* — снова и снова.

О царь, всякий раз, когда в памяти моей встает тот дивный облик Господа Кришны, я поражаюсь этому чуду и моей радости нет конца.

КОММЕНТАРИЙ: Из данного стиха явствует, что по милости Вьясы Санджая смог увидеть вселенскую форму, которую Кришна явил Арджуне. Известно, что Господь Кришна никогда ранее ни перед кем не представал в этом облике. Он явил его только Арджуне, и все же некоторые великие преданные также смогли увидеть в это время вселенскую форму Кришны. Одним из таких преданных был Вьяса, которого считают могущественным воплощением Кришны. Вьяса дал увидеть эту чудесную форму Кришны своему ученику Санджае, который, вспоминая ее, всякий раз испытывал великое блаженство.

ТЕКСТ 78 यत्र योगेश्वरः कृष्णो यत्र पार्थो धनुर्धरः ।
तत्र श्रीर्विजयो भूतिर्ध्रुवा नीतिर्मतिर्मम ॥ ७८ ॥

йатра йогешварах кришно   йатра партхо дханур-дхарах
татра шрир виджайо бхутир   дхрува нитир матир мама

йатра — где; *йога-ишварах* — повелитель всех *йогов*-мистиков; *кришнах* — Господь Кришна; *йатра* — где; *партхах* — сын Притхи; *дханух-дхарах* — носящий лук и стрелы; *татра* — там; *шрих* — изобилие; *виджайах* — победа; *бхутих* — исключительная сила; *дхрува* — твердая; *нитих* — мораль; *матих мама* — мое мнение.

Где бы ни находился Кришна, повелитель всех мистиков, и где бы ни находился Арджуна, непревзойденный лучник, там всегда будет изобилие, победа, необычайная сила и нравственная чистота. Таково мое мнение.

КОММЕНТАРИЙ: «Бхагавад-гита» началась с вопроса Дхритараштры. Он надеялся, что в этой битве победу одержат его сыновья, на стороне которых сражались такие великие воины, как Бхишма, Дрона и Карна. Но, рассказав царю о том, что происходило на поле битвы Курукшетра, Санджая сказал: «Ты надеешься на победу, но я считаю, что удача всегда будет на той стороне, где находятся Кришна и Арджуна». Он прямо говорит, что у Дхритараштры нет оснований рассчитывать на победу своих сыновей. Победа будет на стороне Арджуны, ибо рядом с ним находится Кришна. Согласившись стать колесничим Арджуны, Кришна продемонстрировал еще одно из Своих совершенств. Кришна обладает всеми совершенствами, и одним из них является самоотречение. Это Свое качество Он проявлял множество раз, ибо в мире нет никого более способного к самоотречению, чем Кришна.

Битва на Курукшетре происходила между Дурьйодханой и Юдхиштхирой. Арджуна сражался на стороне своего старшего брата, Юдхиштхиры. Поскольку Кришна и Арджуна выступали на стороне Юдхиштхиры, его победа была предопределена. Исход сражения должен был решить, кто будет править миром, и Санджая предсказал, что власть перейдет к Юдхиштхире. Он также предсказал, что, одержав победу, Юдхиштхира приведет страну к процветанию, ибо он был не только праведным и благочестивым царем, но и человеком высоких нравственных принципов. За всю свою жизнь он ни разу не солгал.

Многие недалекие люди воспринимают «Бхагавад-гиту» как изложение беседы двух друзей на поле битвы. Но такая книга не может быть священным писанием. Некоторых возмущает то, что Кришна заставил Арджуну вступить в сражение, что, по их мнению, безнравственно, но здесь сказано ясно: «Бхагавад-гита» — это свод принципов высшей нравственности. Высшая из всех нравственных заповедей провозглашена в тридцать четвертом стихе девятой главы: *ман-манā бхава мад-бхактах*. Человек обязан стать преданным Кришны, и высшая суть религии в том, чтобы предаться Кришне *(сарва-дхармāн паритйаджйа мāм экам ш́аранам враджа)*. Наставления, изложенные в «Бхагавад-гите», составляют свод высших религиозных и моральных принципов. Все остальные методы духовного самосовершенствования могут помочь нам очистить сознание и подняться на более высокий уровень, но последнее наставление «Бхагавад-гиты» является последним словом морали и религии: предайся Кришне. Таков смысл восемнадцатой главы.

Из «Бхагавад-гиты» мы узнаём, что в процессе философских поисков истины или с помощью метода мистической *йоги* можно постичь себя, но высшей ступени совершенства достигает лишь тот, кто полностью покорился Кришне. Такова суть учения «Бхагавадгиты». Исполнение различных религиозных обрядов и своих обязанностей в обществе *варнашрамы* является сокровенным путем познания истины. Еще более сокровенными, чем путь *дхармы* — ритуальной религиозности, являются пути медитации и философского познания истины. Однако самым сокровенным наставлением является повеление Кришны предаться Ему, всегда памятуя о Нем и служа Ему. В этом суть восемнадцатой главы.

«Бхагавад-гита» провозглашает также, что Высшей Истиной является Верховная Личность Бога, Кришна. Абсолютную Истину постигают в трех аспектах: безличного Брахмана, Параматмы в сердце каждого живого существа и наконец Верховной Личности Бога, Кришны. Полное понимание Абсолютной Истины приходит к тому, кто в совершенстве постиг Кришну. Знание о Кришне включает в себя все остальные виды знания. Кришна трансцендентен этому миру, ибо всегда пребывает в Своей вечной внутренней энергии. Живые существа, порожденные Его энергией, делятся на две категории: вечно обусловленных и вечно освобожденных. Им нет числа, и все они являются неотъемлемыми частицами Кришны. Материальная энергия состоит из двадцати четырех начал. Побуждаемая вечным временем, внешняя энергия Господа творит и разрушает все мироздание. Материальный мир то проявляется, то вновь переходит в непроявленное состояние.

В «Бхагавад-гите» были затронуты пять основных тем: Верховная Личность Бога, материальная природа, живые существа, вечное время и различные виды деятельности. Основой и источником всего сущего является Верховная Личность Бога, Кришна. Тот, кто постиг Верховную Личность Бога, постигает все остальные аспекты Абсолютной Истины — безличный Брахман, Параматму в сердце живого существа и любой другой трансцендентный аспект Абсолюта. Хотя, на первый взгляд, Верховная Личность Бога, живое существо, материальная природа и время кажутся отличными друг от друга, все сущее тождественно Всевышнему. Однако Сам Господь всегда отличен от всего остального. Господь Чайтанья дал нам эту философию «непостижимого тождества и различия», которая является совершенной формой понимания Абсолютной Истины.

По своей природе живое существо является чистым духом. Оно бесконечно малая частица Высшего Духа. Поэтому Господа Кришну сравнивают с солнцем, а живых существ — с солнечным светом. Будучи пограничной энергией Кришны, живые существа склонны попадать под влияние либо материальной, либо духовной энергии. Иными словами, живое существо занимает пограничное положение между двумя энергиями Господа, но, относясь к Его высшей энергии, обладает некоторой долей независимости. Правильно используя предоставленную ему независимость, живое существо соглашается действовать под непосредственным руководством Кришны. Так оно достигает естественного для него состояния, попадая в сферу энергии, дарующей наслаждение.

Так заканчивается комментарий Бхактиведанты к восемнадцатой, заключительной главе «Шримад Бхагавад-гиты», которая называется «Совершенство отречения».

Приложения

Об авторе

Его Божественная Милость А.Ч. Бхактиведанта Свами Прабхупада явился в этот мир в 1896 г. в Калькутте (Индия). Там же, в Калькутте, в 1922 г. он впервые встретился со своим духовным учителем, Шрилой Бхактисиддхантой Сарасвати Госвами. Бхактисиддханте Сарасвати, выдающемуся религиозному философу и основателю шестидесяти четырех Гаудия-матхов (вайшнавских храмов, монастырей и проповеднических центров), понравился образованный молодой человек, и он убедил его посвятить свою жизнь распространению ведического знания. Так он стал духовным учителем Шрилы Прабхупады, который одиннадцать лет спустя получил от него официальное посвящение в ученики.

При первой же их встрече Шрила Бхактисиддханта Сарасвати Тхакур попросил Шрилу Прабхупаду распространять ведическое знание на английском языке. В последующие годы Шрила Прабхупада участвовал в деятельности Гаудия-матхов, написал комментарий к «Бхагавад-гите», а в 1944 г. в одиночку начал выпускать журнал на английском языке под названием «Бэк ту Годхед» («Обратно к Богу»), выходивший два раза в месяц. В настоящее время журнал «Бэк ту Годхед» продолжают выпускать последователи Шрилы Прабхупады.

В 1950 г. Шрила Прабхупада отошел от семейной жизни, приняв *ванапрастху,* чтобы отдавать еще больше времени изучению и написанию духовной литературы. Он поселился в священном городе Вриндаване, где жил в очень скромной обстановке в знаменитом храме Радхи-Дамодары. В течение ряда лет Шрила Прабхупада был полностью поглощен литературными занятиями. В 1959 г. он отрекся от мира, приняв *санньясу.* Именно в храме Радхи-Дамодары Шрила Прабхупада начал работу над своим шедевром — многотомным, с подробным комментарием, переводом «Шримад-Бхагаватам» («Бхагавата-пураны»), классического произведения на санскрите, состоящего из восемнадцати тысяч стихов. Там же он написал небольшую книгу «Легкое путешествие на другие планеты».

Опубликовав первые три тома «Шримад-Бхагаватам», Шрила Прабхупада в 1965 г. отправился в США, чтобы исполнить миссию, возложенную на него духовным учителем. В последующие годы он выпустил более пятидесяти томов переводов с комментариями и авторитетных изложений индийских классических трудов по философии и религии.

В сентябре 1965 г., когда Шрила Прабхупада на грузовом судне прибыл в Нью-Йорк, он не имел практически никаких средств. Прожив в США почти год и преодолев немало препятствий, он в июле 1966 г. основал Международное общество сознания Кришны (ИСККОН). Когда он покинул этот мир (14 ноября 1977 г.), общество, основанное им, представляло собой всемирную конфедерацию, состоящую из более чем ста храмов, *ашрамов*, школ, институтов и сельскохозяйственных общин.

В 1972 г. он ввел на Западе ведическую систему начального и среднего образования, основав в Далласе *гурукулу*. Впоследствии подобные школы были открыты не только в США, но и в других странах.

Кроме того, Шрила Прабхупада был вдохновителем строительства нескольких больших международных культурных центров в Индии. В Шридхаме Майяпуре (Западная Бенгалия) его последователи возводят духовный город, в центре которого будет возвышаться величественный храм. Осуществление этого грандиозного проекта займет десятки лет. Во Вриндаване построены храм Кришны-Баларамы, гостиница для паломников со всего мира, школа *(гурукула);* там же находится мемориальный комплекс Шрилы Прабхупады *(самадхи* и музей). Крупные храмы и культурные центры ИСККОН есть также в Дели, Мумбаи (Бомбее) и многих других городах Индии.

Однако самое важное из того, что Шрила Прабхупада оставил людям, — это его книги. Высоко ценимые учеными за их авторитетность, глубину и ясность изложения, они служат учебниками во многих колледжах и университетах. Его труды переведены более чем на восемьдесят языков. «Бхактиведанта бук траст» (издательство, основанное им в 1972 г.) является самым большим издательством в мире, публикующим книги по индийской философии и религии.

Всего за двенадцать лет, невзирая на свой преклонный возраст, Шрила Прабхупада объехал вокруг света четырнадцать раз, читая лекции на пяти континентах. Но, несмотря на предельную занятость, он никогда не прекращал писать книги. Произведения Шрилы Прабхупады составляют подлинную энциклопедию ведической философии, религии, литературы и культуры.

Словарь имен и терминов

А

Аватара *(аватāра*)* — воплощение Верховного Господа на какой-либо планете материального мира.

Авидья *(авидйā)* — невежество; иллюзорная энергия Верховного Господа.

Агни — полубог** огня.

Агнихотра — огненное жертвоприношение, рекомендованное в **Ведах.**

Акарма — «бездействие», или деятельность **преданного,** который занят служением Господу, не влекущая за собой кармических последствий.

Амбариша Махараджа *(Амбарūша Махāрāджа)* — великий царь и великий **преданный** Господа, который практиковал все девять форм **преданного служения.** История жизни Махараджи Амбариши рассказана в Девятой песни «Шримад-Бхагаватам».

Ананда — духовное блаженство.

Арчана *(арчанā)* — один из видов **преданного служения,** поклонение **Божеству** в храме.

Арча-виграха — образ Бога, проявленный через посредство материальных элементов, как например на картине или в изваянии в храме. В этом образе Господь принимает служение от Своих **преданных.**

Арий *(āрйан)* — последователь ведической культуры; тот, целью жизни которого является духовное совершенствование.

Асана — поза в практике *йоги;* положение сидя.

Асур *(асура)* — демон-атеист; закоренелый **материалист.**

Атма *(āтмā)* — в зависимости от контекста, тело, ум или душа.

Ахам брахмасми *(ахам брахмāсми)* — ведический афоризм, означающий «Я — чистая вечная душа».

Ахимса *(ахимсā)* — непричинение вреда живому.

Ачарья *(āчāрйа)* — совершенный духовный учитель, который учит своим примером.

Ачинтья-бхедабхеда-таттва *(ачинтйа-бхедābхеда-таттва)* — доктрина «непостижимого тождества и отличия» Бога и живых существ (Его энергий).

Ашвамедха-ягья *(айвамедха-йаджña)* — жертвоприношение коня, описанное в **Ведах.**

Ашрамы (в ед. ч. *āйрама*) — этапы духовной жизни *(см. также* Брахмачарья, Ванапрастха, Грихастха, Санньяса); *ашрамом* также называется место, где занимаются духовной практикой, или обитель, в которой живет **гуру** со своими учениками.

Аштанга-йога *(аштānга-йога)* — восьмиступенчатая *йога,* основы которой заложены **Патанджали.** Синоним мистической и медитационной *йоги.*

Б

Божество *(мурти)* — воплощение Господа в виде изваяния, установленного на алтаре.

Брахма *(Брахма̄)* — первое сотворенное существо во вселенной, **полубог,** управляющий **гуной** страсти; вторичный творец вселенной.

Брахмаджьоти *(брахмаджйоти)* — духовное сияние, исходящее от тела Верховной Личности Бога.

Брахмалока — высшая планета вселенной, на которой обитает **полубог Брахма.**

Брахман — Абсолютная Истина; как правило, под Брахманом подразумевается безличный аспект Абсолютной Истины.

Брахмананда *(брахмāнанда)* — духовное блаженство, которое испытывает человек, осознавший безличный **Брахман.**

Брахманы (в ед. ч. *брāхмана*) — сословие людей интеллектуального труда и жрецов, первое сословие в ведической системе деления общества.

«Брахма-самхита» *(Брахма-самхитā)* — молитвы **Брахмы,** обращенные к Верховной Личности Бога, **Говинде,** в которых описывается духовный мир и процесс сотворения материальной вселенной.

«Брахма-сутры» (в ед. ч. *Брахма-сӯтра*) — см. **«Веданта-сутра».**

Брахмачари *(брахмачāрӣ)* — ученик, изучающий духовную науку под руководством духовного учителя и хранящий безбрачие **(брахмачарью).**

Брахмачарья *(брахмачāрйа)* — образ жизни неженатого ученика; согласно **Ведам,** первый этап духовной жизни; обет безбрачия.

Буддхи-йога — синоним **бхакти-йоги (преданного служения** Кришне), указывающий на то, что *бхакти-йога* подразумевает полное подчинение разума *(буддхи)* воле Всевышнего.

Приложения

Бхава *(бхāва)* — начальная ступень любви к Богу, на которой у **преданного** проявляются признаки экстаза.

Бхакта — преданный слуга Верховного Господа.

Бхакти-йога — метод восстановления отношений с Верховным Господом посредством **преданного служения** Ему.

«Бхакти-расамрита-синдху» *(Бхакти-расāмрта-синдху)* — произведение **Шрилы Рупы Госвами,** содержащее подробное описание всех аспектов **бхакти-йоги.**

Бхарата — знаменитый древний правитель, потомками которого были Пандавы.

Бхишма *(Бхӣшма)* — самый старый и могущественный воин в битве на Курукшетре. Признается одним из двенадцати авторитетов в науке **преданного служения** Господу.

В

Вайкунтха *(Ваикунṭха)* — духовный мир, буквально «место, где нет тревог».

Вайшнав *(ваишṇава)* — **преданный** Верховного Господа, **Вишну** или Кришны.

Вайшьи (в ед. ч. *ваишйа*) — фермеры и торговцы; третье сословие в ведической системе деления общества.

Ванапрастха *(вāнапрастха)* — тот, кто отказался от семейной жизни; согласно **Ведам,** третий этап духовной жизни.

Варнашрама-дхарма *(варнāшрама-дхарма)* — ведическая система деления общества на четыре сословия и четыре этапа духовной жизни. *См. также* Ашрамы, Варны.

Варны (в ед. ч. *варṇа*) — четыре сословия ведического общества. *См. также* Брахманы, Вайшьи, Кшатрии, Шудры.

Васудева — отец Кришны, один из царей рода **Яду.**

Веданта *(Ведāнта)* — философия **«Веданта-сутры»** Шрилы **Вьясадевы,** обобщающая философское учение **Вед** и провозглашающая Кришну его целью.

«Веданта-сутра» *(Ведāнта-сӯтра)* или **«Брахма-сутры»** — произведение Шрилы **Вьясадевы,** в котором в предельно сжатой форме изложена философия **Вед.**

Веды — изначальные священные писания, которые поведал людям Сам Господь Кришна.

Вибхиннамша *(вибхиннāмша)* — отделенные **экспансии** Верховного Господа, живые существа.

Вибхути *(вибхӯти)* — богатства и сила Верховного Господа.

Вират-рупа *(вирāṭ-рӯпа),* или *вират-пуруша* — концепция, согласно которой вся материальная вселенная представляет собой тело Господа; вселенская форма Господа.

Вишну (*Вишну*) — Верховный Господь; **экспансии** Господа Кришны на Вайкунтхалоках, а также экспансии Господа, которые отвечают за сотворение и поддержание материальных вселенных **(пуруша-аватары).** В материальной вселенной Вишну управляет **гуной** благости.

«Вишну-пурана» (*Вишну-пурāна*) — одна из восемнадцати основных **Пуран.**

Вишну-таттва (*вишну-таттва*) — категория Бога; термин относится только к непосредственным **экспансиям** Верховного Господа.

Вишуддха-саттва (*вишуддха-саттва*) — уровень духовного бытия, чистой благости.

Вриндаван (*Вр̣ндāвана*) — вечная обитель Господа Кришны, где Он в полной мере проявляет Свою привлекательность; деревня на Земле, в которой Он пять тысяч лет назад проводил Свои детские игры.

Вьясадева (*Вйāсадева*) — воплощение Господа Кришны, великий мудрец. В начале **Кали-юги** записал **Веды** и составил большинство **Пуран, «Веданта-сутру»** и **«Махабхарату».**

Г

Ганджа (*гāнджā*) — марихуана.

Гандхарвы — **полубоги,** певцы и музыканты на райских планетах.

Гарбхадхана-самскара (*гарбхāдхāна-самскāра*) — ведический очистительный обряд, совершаемый родителями перед зачатием ребенка.

Гарбходакашайи Вишну (*Гарбходакашāйи Вишну*) — вторая **пуруша-аватара,** возлежащая на водах океана Гарбходака и порождающая **Брахму.**

Гаруда (*Гаруда*) — гигантский орел, один из сыновей Кашьяпы Муни, носящий на плечах Господа **Вишну.**

Говинда — одно из имен Верховного Господа Кришны, которое означает «тот, кто доставляет наслаждение земле, коровам и чувствам».

Голока Вриндавана (*Голока Вр̣ндāвана*) — высшая духовная планета, обитель Господа Кришны.

Гопала Бхатта Госвами (*Гопāла Бхат̣т̣а Госвāмӣ*) — один из шести духовных учителей **вайшнавов,** непосредственных учеников и преемников Господа Шри **Чайтаньи Махапрабху,** систематизировавших Его учение.

Гопи (*гопӣ* — девушки-пастушки) — подруги Кришны, Его самые верные и преданные слуги.

Госвами (*госвāмӣ*) — тот, кто владеет своим умом и чувствами; титул **санньяси.**

Грихастха *(грхастха)* — семейная жизнь, которая строится в соответствии с правилами и предписаниями **Вед**; второй этап духовной жизни.

Гуны (в ед. ч. *гуна*) — в буквальном переводе с санскрита «веревка», а также «качество, свойство». *Саттва-гуна* (*гуна* благости), *раджо-гуна* (*гуна* страсти) и *тамо-гуна* (*гуна* невежества). Категория философии **санкхьи**. Под *гунами* понимают три основные начала материальной природы, три «режима деятельности» иллюзорной материальной энергии, обусловливающей живые существа. *Гуны* определяют образ жизни, мышление и деятельность души, на которую они влияют.

Гуру — духовный учитель.

Гьяна *(джнāна)* — знание, в первую очередь, духовное знание.

Гьяна-йога *(джнāна-йога)* — путь познания Абсолютной Истины с помощью размышлений и изучения философии.

Гьяни *(джнāнū)* — человек, пытающийся постичь Абсолютную Истину, полагаясь только на силу своего ума.

Д

Двапара-юга *(Двāпара-йуга)* — третья **юга** в цикле из четырех *юг*, длится 2 400 лет **полубогов,** или 864 000 солнечных лет.

Двойственность — характерная черта материального мира, выражающаяся в том, что любое явление, свойство, действие и т. д. здесь имеет свою противоположность (например: тепло — холод, счастье — горе, добро — зло).

Джива *(джūва)* — живое существо, крошечная частица Верховного Господа, индивидуальная душа.

Джива Госвами *(Джūва Госвāмū)* — один из шести **Госвами Вриндавана,** непосредственных учеников и преемников Господа **Чайтаньи.** Автор многих философских произведений.

Дроначарья *(Дронāчāриа)* — военный наставник **Пандавов.** Сражался против них в битве на Курукшетре.

Дурваса Муни *(Дурвāса Муни)* — **йог**-мистик, сын Атри Муни. Частичное воплощение Господа **Шивы.**

Душкрити *(душкртū)* — «тот, кто поступает дурно», нечестивец.

Дхама *(дхāма)* — обитель Верховного Господа.

Дхарма — мирская религиозность; долг, обязанности человека.

Дхрува Махараджа *(Дхрува Махāрāджа)* — великий преданный, сын Махараджи Уттанапады. Совершив суровую аскезу, он получил от Господа власть над целой планетой.

Дхьяна-йога *(дхйāна-йога)* — медитационная *йога.*

И

Игры (Господа и Его преданных) — приносящая блаженство трансцендентная деятельность, которой занят Господь и Его **преданные.**

Икшваку *(Икшвāку)* — сын **Ману,** некогда правивший Землей.

Имперсоналисты — *см.* Майявади.

Индра — царь **полубогов,** правит райскими планетами и повелевает дождем.

«Ишопанишад» *(Йшопанишад)* — одна из 108 **Упанишад,** входящая в состав «Яджур-веды».

Й

Йог *(йогӣ)* — трансценденталист, стремящийся к воссоединению со Всевышним.

Йога-майя *(йога-мāйā)* — внутренняя энергия Господа, царящая в духовном мире.

Йогешвара *(Йогеӣвара)* — Верховный Господь Кришна, повелитель всех мистических сил.

К

Кали-юга *(Кали-йуга)* — текущая эпоха, эпоха вражды и лицемерия; последняя в цикле четырех **юг,** периодически сменяющих друг друга. Кали-юга длится 1 200 лет **полубогов,** или 432 000 солнечных лет, и началась она около пяти тысяч лет назад.

Калпа — день **Брахмы,** составляющий 4 320 000 000 лет, или тысячу циклов из четырех **юг.**

Камса *(Камса)* — демоничный царь из рода Бходжей, дядя Кришны по материнской линии.

Капила — воплощение Верховного Господа; явился на земле как сын Кардамы Муни и Девахути и открыл людям теистическую философию **санкхьи.**

Каранодакашайи Вишну *(Кāранодакаӣāйӣ Вишну)* — Маха-Вишну, первая **пуруша-аватара;** возлежит на водах Причинного океана и Своим дыханием порождает вселенные.

Карма — материальная деятельность ради наслаждения ее плодами, а также последствия этой деятельности.

Карма-йога — деятельность в **преданном служении;** деятельность в соответствии с правилами и предписаниями **Вед.**

Карми *(кармӣ)* — тот, кто действует ради наслаждения плодами своего труда; **материалист.**

Кармическая деятельность — *см.* Карма.

Карттикея *(Кāрттикейа)* — младший сын Господа **Шивы** и **Парвати,** бог войны.

Кеши *(Кешū)* — демон-оборотень, который, приняв образ дикой лошади, нападал на жителей **Вриндавана.** Убит Господом Кришной.

Киртан *(кūртана)* — один из методов преданного служения, заключающийся в пении святых имен Верховного Господа и прославлении Его.

Кришналока *(Кршṇалока)* — *см.* Голока Вриндавана.

Кувера — казначей полубогов.

Кулашекхара *(Кулашекхара)* — великий преданный-царь, автор «Мукунда-мала-стотры», молитв, обращенных к Господу Кришне.

Кумары (в ед.ч. *Кумāра*) — четверо мудрецов, сыновья **Брахмы,** вечно сохраняющие облик пятилетних детей.

Кунти *(Кунтū)* — тетка Господа Кришны и мать **Пандавов.**

Куру — основатель династии, к которой относились **Пандавы** и их соперники, сыновья Дхритараштры.

Кшатрии (в ед. ч. *кшатрийа*) — воины или правители; второе сословие в ведической системе деления общества.

Кширодакашайи Вишну *(Кшūродакашāйū Вишṇу)* — третья **пуруша-аватара.** Возлежит в молочном океане и входит в сердце каждого живого существа как **Параматма.**

Л

Лилы (в ед. ч. *лūла*) — *см.* Игры (Господа и Его преданных).

Ложное эго — представление о себе как о теле; самый тонкий элемент материальной природы.

Лока — планета.

М

Мадхвачарья *(Мадхвāчāрйа)* — великий духовный учитель-**вайшнав,** проповедовавший теистическую философию дуализма в XIII веке.

Майя *(мāйā)* — низшая, иллюзорная энергия Верховного Господа, которая правит материальным миром; забвение своих вечных отношений с Кришной.

Майявади *(мāйāвāдū)* — философы-имперсоналисты, полагающие, что Абсолют в своем высшем проявлении безличен и не имеет формы, а живое существо тождественно Богу.

Манвантара-аватары (в ед.ч. *манвантара-аватāра*) — воплощения Верховного Господа, приходящие в период правления каждого **Ману.**

Манвантара — период правления одного **Ману,** длится около семидесяти двух циклов из четырех **юг.**

Мантра — трансцендентный звук, который освобождает ум от влияния иллюзии.

Ману — прародители человечества. За один день **Брахмы** во вселенной сменяется четырнадцать Ману.

«Ману-самхита» *(Ману-самхита̄)* — свод законов, по которым должны строить свою жизнь цивилизованные люди. Составлен **Ману,** родоначальником человечества.

Материалист — тот, чьи интересы целиком сосредоточены на удовлетворении своих материальных потребностей.

Матхура *(Матхура̄)* — обитель Господа Кришны, окружающая **Вриндаван.** В Матхуре Он родился и вернулся туда, закончив Свои детские игры во Вриндаване.

«Махабхарата» *(Маха̄бха̄рата)* — эпическое произведение, написанное Шрилой **Вьясадевой.** 100 000 строф «Махабхараты» описывают историю вражды между **Пандавами** и Кауравами, которая завершилась битвой на Курукшетре. В состав «Махабхараты» входит «Бхагавад-гита».

Маха-Вишну *(Маха̄-Вишну)* — *см.* Каранодакашайи Вишну.

Маха-мантра *(маха̄-мантра)* — великая песнь освобождения: Харе Кришна, Харе Кришна, Кришна Кришна, Харе Харе / Харе Рама, Харе Рама, Рама Рама, Харе Харе.

Махатма *(маха̄тма̄)* — «великая душа», возвышенный **преданный** Господа.

Махат-таттва — изначальное, недифференцированное состояние совокупной материальной энергии, из которой формируется материальный мир.

Менака *(Менака̄)* — знаменитая куртизанка с райских планет, соблазнившая мудреца Вишвамитру.

Млеччхи — нецивилизованные люди, которые обычно употребляют в пищу мясо. Не входят в ведическую систему общественного устройства.

Мудха *(мӯдха)* — человек, подобный ослу.

Мукти — освобождение от материального рабства. Под *мукти,* как правило, понимают растворение в безличном **Брахмане.**

Мукунда — Верховный Господь, дарующий **мукти.**

Муни — мудрец.

Н

Наймишаранья *(Наимиша̄ранйа)* — священный лес в Центральной Индии.

Нарада Муни *(На̄рада Муни)* — великий преданный, один из сыновей **Брахмы.** История его жизни описана в Первой песни «Шримад-Бхагаватам».

«Нарада-панчаратра» *(Нāрада-пāйчарāтра)* — книга, написанная **Нарадой Муни** и излагающая правила поклонения **Божеству** и **мантра-**медитации.

Нараяна *(Нāрāйана)* — **экспансия** Господа Кришны, Господь на планетах **Вайкунтхи** в Своем четырехруком образе.

Нирвана *(нирвāна)* — прекращение материальной деятельности и существования, в философии **вайшнавов** не предполагающее отказа от духовной деятельности.

Ниргуна *(ниргуна)* — не имеющий материальных качеств.

Нрисимхадева *(Нрсимхадева)* — воплощение Верховного Господа в образе человекольва. Пришел на землю, чтобы защитить Своего **преданного Прахладу** и убить его отца, демона **Хираньякашипу.**

О

Обусловленность — состояние зависимости от законов материальной природы, в котором находятся все живые существа в материальном мире.

Омкара *(омкāра)* — священный звук *ом,* которым начинаются многие ведические **мантры** и который является воплощением Верховного Господа в звуке.

П

Пандавы *(Пāндавы)* — **Юдхиштхира,** Бхима, Арджуна, Накула и Сахадева, пять братьев, царей династии **Куру,** великие **преданные** и друзья Господа Кришны.

Пандит *(пандита)* — ученый, знаток **Вед.**

Панду *(Пāнду)* — царь династии **Куру,** чьи пятеро сыновей сражались с сыновьями Дхритараштры в битве на Курукшетре.

Панча-махаягья *(пайча-махāйаджña)* — пять ежедневных жертвоприношений, которые **грихастхи** совершают, чтобы избавиться от последствий ненамеренных грехов.

Параматма *(Парамāтмā)* — Сверхдуша, форма Верховного Господа **Вишну,** в которой Он находится в сердце каждого живого существа.

Парампара *(парампарā)* — цепь духовных учителей. *См. также* Сампрадая.

Парвати *(Пāрватӣ)* — супруга Господа **Шивы,** дочь царя Гималаев.

Патанджали *(Патайджали)* — автор «Йога-сутр», в которых изложена система мистической *йоги.*

Питрилока *(Питрлока)* — планета предков, относящаяся к райским планетам.

Питы (в ед. ч. *питā*) — души умерших предков, обитающие на высших планетах вселенной.

Полубоги — правители вселенной и обитатели райских планет.

Прабху — господин.

Праджапати (*праджа̄пати*) — **полубоги,** которым поручено увеличивать число обитателей вселенной, прародители всех живых существ.

Пракрити (*пракрти*) — природа, материальная энергия Господа.

Прана (*пра̄н̣а*) — жизненная энергия; один из воздушных потоков.

Пранаяма (*пра̄н̣а̄йа̄ма*) — управление дыханием в практике мистической *йоги.*

Прасад (*праса̄да*) — милость Господа; освященная пища или какие-либо предметы, которые были поднесены Господу.

Пратьяхара (*пратйа̄ха̄ра*) — отвлечение чувств от нежелательной деятельности.

Прахлада Махараджа (*Прахла̄да Маха̄ра̄джа*) — великий **преданный** Господа, сын демона **Хираньякашипу.** История жизни Махараджи Прахлады описана в Седьмой песни «Шримад-Бхагаватам».

Прояг (*Прайа̄га*) — священный город в Северной Индии у слияния рек Ганги и Ямуны.

Праяшчитта (*пра̄йа̄ш́читта*) — искупление грехов.

Преданное служение — служение Верховному Господу с любовью и преданностью.

Преданный (*бхакта*) — преданный слуга Верховного Господа.

Притха (*Пртха̄*) — **Кунти,** тетка Господа Кришны, мать **Пандавов.**

Пураны (в ед. ч. *Пура̄н̣а*) — восемнадцать священных писаний, дополняющих **Веды.** В Пуранах описаны деяния воплощений Господа Кришны и Его **преданных.** Относятся к **смрити-шастрам.**

Пуруша-аватары (в ед. ч. *пуруша-авата̄ра*) — три всемогущих воплощения Верховного Господа, ответственные за сотворение материального мира (**Гарбходакашайи Вишну, Каранодакашайи Вишну** и **Кширодакашайи Вишну**).

Пуруша — наслаждающийся, или носитель мужского начала; живое существо или Верховный Господь.

Р

Равана (*Ра̄ван̣а*) — могущественный демон, убитый Господом **Рамачандрой.**

Рагхунатха Бхатта Госвами (*Рагхуна̄тха Бхат̣т̣а Госва̄мӣ*) — один из шести **Госвами Вриндавана,** непосредственных учеников и преемников Господа Шри **Чайтаньи Махапрабху,** систематизировавших Его учение.

Рагхунатха дас Госвами (*Рагхуна̄тха да̄са Госва̄мӣ*) — один из шести **Госвами Вриндавана,** непосредственных учеников и преемников Господа Шри **Чайтаньи Махапрабху,** систематизировавших Его учение.

Раджо-гуна *(раджо-гуна)* — страсть, одна из трех **гун** материальной природы.

Радхарани (Радха) *(Рāдхāрāṇӣ)* — вечная супруга Господа Кришны, олицетворение внутренней энергии наслаждения Господа.

Ракшасы (в ед. ч. *рāкшаса*) — демоны-людоеды.

Рамануджа *(Рāмāнуджа)* (1017–1137) — великий **ачарья,** принадлежащий к Шри-**сампрадае.**

Рама-раджья *(рāма-рāджйа)* — идеальная ведическая монархия, глава которой следует примеру Господа **Рамачандры.**

Рамачандра *(Рāмачандра)* — воплощение Верховного Господа в образе идеального царя. Приходил на землю в **Трета-югу.**

Раса-лила *(рāса-лӣлā)* — чистое духовное проявление любовных отношений Кришны с Его самыми возвышенными и близкими слугами, девушками-пастушками Вриндавана.

Раса — определенный вид отношений между **преданным** и Кришной; блаженство, которое преданный испытывает, служа Кришне.

Рудра — *см.* Шива.

Рупа Госвами *(Рӯпа Госвāмӣ)* — один из шести **Госвами Вриндавана,** непосредственных учеников и преемников Господа **Чайтаньи,** систематизировавших Его учение. Автор «**Бхакти-расамрита-синдху**» и многих других философских и поэтических произведений.

С

Садху *(сāдху)* — святой.

«**Сама-веда**» *(Сāма-веда)* — одна из четырех изначальных **Вед.** В ней собраны гимны в честь **полубогов** и Верховного Господа, исполняющиеся при совершении жертвоприношений.

Самадхи *(самāдхи)* — состояние транса, когда **йог** полностью погружается в духовное бытие, разрывая все связи с материальным миром.

Сампрадая *(сампрадāйа)* — цепь духовных учителей, по которой передается ведическое знание.

Самсара *(самсāра)* — цикл повторяющихся рождений и смертей, через который проходит живое существо в материальном мире.

Санатана *(санāтана)* — вечный.

Санатана Госвами *(Санāтана Госвāмӣ)* — один из шести духовных учителей **вайшнавов,** непосредственных учеников и преемников Господа Шри **Чайтаньи Махапрабху,** систематизировавших Его учение.

Санатана-дхарма (*санāтана-дхарма*) — предназначение всех живых существ, вечная религия, соответствующая их изначальному положению, **преданное служение** Верховному Господу.

Санкиртана (*санкӣртана*) — совместное пение святых имен Господа.

Санкхья (*сāнкхйа*) — философская система, анализирующая материальные элементы, из которых построен материальный мир, и объясняющая разницу между материей и духом. Основы этой системы изложены Господом **Капилой** Своей матери Девахути.

Санньяса (*саннйāса*) — отречение от мира; согласно **Ведам**, четвертый этап духовной жизни.

Санньяси (*саннйāсӣ*) — человек, принявший **санньясу,** то есть отрекшийся от мира.

Сарасвати (*Сарасватӣ*) — богиня учености, жена Господа **Брахмы.**

Саттва-гуна (*саттва-гуна*) — благость, одна из трех гун материальной природы.

Сатьялока (*Сатйалока*), или Брахма-лока — высшая планетная система вселенной, на которой обитает **Брахма.**

Сатья-юга (*Сатйа-йуга*) — первая **юга** в цикле из четырех *юг,* длится 4 800 лет полубогов, или 1 728 000 солнечных лет.

Сач-чид-ананда-виграха (*сач-чид-āнанда-виграхах*) — вечное, трансцендентное тело Господа, исполненное знания и блаженства.

Свами (*свāмӣ*) — тот, кто обуздал свой ум и чувства; титул **санньяси.**

Свамша (*свāмша*) — полная **экспансия** Господа.

Сваргалока — райские планеты.

Сварупа (*сварӯпа*) — изначальная, духовная форма живого существа.

Сиддхи — мистические способности, обретаемые в процессе занятий **аштанга-йогой;** обитатели одной из высших планет вселенной, Сиддхалоки, которые от рождения обладают мистическими способностями.

Смаранам (*смаранам*) — памятование о Кришне, один из девяти основных методов преданного служения.

Смрити (*смрти*) — богооткровенные писания, дополняющие **шрути** — изначальные ведические писания (**Веды** и **Упанишады**).

Сома-раса — напиток, продлевающий жизнь, которым наслаждаются **полубоги** на райских планетах.

Сурабхи — коровы, живущие в духовном мире и дающие неограниченное количество молока.

Сута Госвами (*Сӯта Госвāмӣ*) — великий мудрец-преданный, пересказавший беседу Махараджи Парикшита и **Шукадевы Госвами** мудрецам, собравшимся в лесу **Наймишаранья.**

Т

Тамо-гуна *(тамо-гуна)* — невежество, одна из трех **гун** материальной природы.

Тапасья *(тапасйа, или тапа)* — аскеза, добровольное наложение на себя тех или иных ограничений ради достижения высшей цели.

Тонкое тело — тонко-материальная оболочка души, состоящая из ума *(манаса)*, разума *(буддхи)* и *ложного эго (аханкары)*.

Трансцендентное — то, что невозможно воспринять материальными органами чувств.

Трета-юга *(Трета-йуга)* — вторая из **юг** в цикле из четырех *юг*, длящаяся 3 600 лет полубогов, или 1 296 000 солнечных лет.

Туласи *(туласӣ)* — священное растение (Ocimum sanctum) воплощение одной из **гопи**. *Туласи* очень дорога Господу Кришне, поэтому Его преданные поклоняются ей.

У

Ума *(Умā)* — одно из имен богини **Парвати**.

Упанишады — философские тексты, описывающие главным образом безличный аспект Абсолютной Истины (**Брахман**). Причисляются к **шрути**. В канонический список входит 108 Упанишад.

Х

Хануман *(Ханумāн)* — слуга Господа **Рамачандры**, один из предводителей войска обезьян, участвовавших в освобождении супруги Господа, Ситы.

Харе Кришна мантра — *см.* Маха-мантра.

Харе — форма обращения к энергии Господа.

«Хари-бхакти-виласа» *(Хари-бхакти-вилāса)* — книга, написанная **Санатаной Госвами** и посвященная правилам жизни **вайшнавов.**

Хари — Верховный Господь, устраняющий все препятствия с пути духовного развития человека.

Харидас Тхакур *(Харидāса Тхāкура)* — великий преданный и близкий сподвижник Господа Шри **Чайтаньи Махапрабху,** который ежедневно повторял триста тысяч имен Бога.

Хатха-йога *(хатха-йога)* — физические и дыхательные упражнения для очищения и обуздания ума и чувств.

Хираньякашипу *(Хиранйакашипу)* — демоничный царь, убитый Господом, воплотившимся в образе **Нрисимхадевы.**

Ч

Чайтанья Махапрабху *(Чаитанйа Махāпрабху)* (1486 – 1534) — **аватара** Господа Кришны. Он приходил в образе **преданного,** чтобы учить людей любви к Богу — **бхакти-йоге.**

«Чайтанья-чаритамрита» *(Чаитанйа-чаритāмр̣та)* — поэтическое произведение Кришнадаса Кавираджи Госвами на бенгали, описывающее жизнь и учение Господа **Чайтаньи.** Завершено в 1616 г.

Чанакья Пандит *(Чāн̣акйа Пан̣д̣ита)* — **брахман,** советник Махараджи Чандрагупты, одного из царей династии Маурьев.

Чандал *(чан̣д̣āла)* — неприкасаемый, собакоед.

Чандра — бог Луны.

Чатурмасья *(чāтурмāсйа)* — четыре месяца сезона дождей в Индии. В этот период преданные дают особые обеты.

Чинтамани *(чинтāман̣и)* — философский камень.

Ш

Шактьявеша-аватара *(ш́актй-āвеш́а-аватара)* — живое существо, которое Господь наделил особым могуществом.

Шанкара *(Ш́ан̇кара)* — *см.* Шива.

Шанкарачарья *(Ш́ан̇карāчāрйа)* — великий духовный наставник, основоположник философии имперсонализма. Считается воплощением Господа **Шивы.**

Шастры (в ед. ч. *ш́āстра*) — богооткровенные писания; ведические писания.

Шаунака Риши *(Ш́аунака Р̣ш́и)* — мудрец, возглавлявший отшельников, которые собрались в лесу **Наймишаранья,** когда **Сута Госвами** рассказывал «Шримад-Бхагаватам».

«Шветашватара-упанишад» *(Ш́ветāш́ватара Упанишад)* — одна из 108 **Упанишад.**

Шива *(Ш́ива)* — **полубог,** управляющий **гуной** невежества в материальном мире.

Шравана *(ш́раван̣а)* — слушание повествований о Верховном Господе или святого имени Бога, один из методов **преданного служения.**

Шраванам киртанам вишнох *(ш́раван̣ам̇ к̣иртанам̇ вишн̣ох)* — метод **преданного служения:** слушание повествований о Господе **Вишну** или Кришне и прославление Его.

Шрути *(ш́рути)* — знания, приобретаемые в процессе слушания духовного учителя; изначальные ведические писания (**Веды** и **Упанишады**), данные человечеству Самим Верховным Господом.

Шудры (в ед. ч. *ш́у́дра*) — рабочие; четвертое сословие в ведической системе деления общества.

Шукадева Госвами (*Ш́укадева Госва̄мӣ*) — великий мудрец-преданный, сын Шрилы **Вьясадевы,** рассказавший «Шримад-Бхагаватам» Махарадже Парикшиту.

Э

Экадаши (*эка̄даш́ӣ*) — одиннадцатый день после полнолуния и новолуния, который особенно благоприятен для духовной деятельности. В этот день рекомендуется воздерживаться от употребления в пищу зерна и бобовых.

Экспансия Господа — воплощение, проявление Верховного Господа.

Эмпирическая философия — философия, основанная на представлении о том, что Абсолютную Истину можно постичь в процессе размышлений над ее природой.

Ю

Юги (в ед. ч. *йуга*) — четыре циклически повторяющихся периода, через которые проходит в своем развитии вселенная. Полный цикл из четырех *юг* называют *дивья-югой.*

Юдхиштхира Махараджа (*Йудхиштхира Маха̄ра̄джа*) — старший из братьев **Пандавов,** законный наследник престола **Куру.**

Я

Ягья (*йаджн̃а*) — жертвоприношение, а также одно из имен Верховного Господа («тот, кто наслаждается всем, что приносится в жертву»).

Ягья-пуруша (*йаджн̃а-пуруша*) — верховный наслаждающийся всеми жертвоприношениями.

Яду (*Йаду*) — царский род, принадлежащий к Лунной династии, в котором явился Кришна.

Якши (в ед. ч. *йакша*) — подданные полубога **Куверы.**

Ямараджа (*Йамара̄джа*) — повелитель адских планет, бог смерти, назначающий наказания грешникам.

Ямуначарья (*Йа̄муна̄ча̄рйа*) — великий духовный учитель в вайшнавской цепи ученической преемственности, положивший начало Шри-**сампрадае.**

Яшода (*Йаш́ода̄*) — приемная мать Кришны, царица Враджа и жена Махараджи Нанды.

Яшода-нандана (*Йаш́ода̄-нандана*) — эпитет Верховного Господа Кришны, «возлюбленный сын **Яшоды**».

Руководство
по чтению санскрита

В разные исторические периоды для записи санскрита применялись разные алфавиты, однако наиболее часто применяемым алфавитом был и остается *деванāгарӣ*. Слово *деванāгарӣ* означает письменность, используемую в «городах полубогов». Алфавит *деванāгарӣ* состоит из сорока восьми букв: тринадцати гласных и тридцати пяти согласных. Грамматисты древности организовали этот алфавит в соответствии с практическими нуждами языка, и эта структура признана всеми западными учеными.

Система транслитерации, используемая в данной книге, является калькой системы латинской транслитерации *деванāгарӣ* Юдит Тиберг. При этом латинские буквы заменены на соответствующие им буквы кириллицы с сохранением системы диакритических знаков. Передача некоторых санскритских звуков при этом вынужденно отличается от традиционно принятой в русском языке. Например, сочетания **«йа»** и **«йу»** передают звуки, для которых в русском языке обычно применяются буквы **«я»** и **«ю»**. Следует иметь в виду, что используемая система является системой *транслитерации* (а не транскрипции) санскритских слов, и потому легкость произнесения принесена в жертву более точному написанию, передающему особенности алфавита *деванāгарӣ*.

Транслитерированные санскритские слова и цитаты выделены курсивом. Все слова, склоняемые в тексте — имена, географические названия, названия книг и философских систем, а также термины, — даются в транскрипции, как это принято в русской индологической традиции. Санскритская транслитерация этих слов приведена в «Предметном указателе» и «Словаре имен и терминов». В тех редких случаях, когда транскрипционное написание вносит двусмысленность, знаки долготы звуков сохраняются (например, чтобы отличить Вāсудеву [Кришну] от Васудевы [отца Кришны]).

ГРАФИКА

Гласные

अ а आ ā इ и ई ӣ उ у ऊ ӯ ऋ р̣ ॠ р̣̄
ऌ л̣ ए е ऐ аи ओ о औ ау

785

Гласный उ в начале слова передается буквой **э**, а после согласной — буквой **е** (см. ниже написание гласных после согласного).

Согласные
(в сочетании с **а**)

Заднеязычные:	क	ка	ख	кха	ग	га	घ	гха	ङ	ṅа
Палатальные:	च	ча	छ	чха	ज	джа	झ	джха	ञ	ña
Церебральные:	ट	ṭа	ठ	ṭха	ड	ḍа	ढ	ḍха	ण	ṇа
Зубные:	त	та	थ	тха	द	да	ध	дха	न	на
Губные:	प	па	फ	пха	ब	ба	भ	бха	म	ма
Полугласные:	य	йа	र	ра	ल	ла	व	ва		
Шумные:	श	ш́а	ष	ша	स	са				

Гортанная: ह **ха**   Анусва̄ра: ं м̇   Висарга: ः х̣

Придыхательные в транслитерации графически изображаются двумя буквами, например **кха, бха**.

Цифры

० -0   १ -1   २ -2   ३ -3   ४ -4   ५ -5   ६ -6   ७ -7   ८ -8   ९ -9

Гласные, следующие за согласными, изображаются следующим образом:

ा а̄   ि и   ी ӣ   ु у   ू ӯ   ृ р̣   ॄ р̣̄   े е   ै аи   ो о   ौ ау

Например: क **ка**   का **ка̄**   कि **ки**   की **кӣ**   कु **ку**   कू **кӯ**

कृ **кр̣**   कॄ **кр̣̄**   के **ке**   कै **каи**   को **ко**   कौ **кау**

Обычно две и больше согласные, следующие одна за другой, сливаются вместе, образуя новый знак (так наз. лигатуру), например:
क्ष **кша**   त्र **тра**

Если после согласной не стоит знака гласной, подразумевается, что за ней стоит гласная **а**.

Символ *вирāма* (◌꠆) указывает на то, что слово оканчивается на согласную: **क्**

ऽ' (*аваграха*) – апостроф.

ФОНЕТИКА

Так же как в случае с латынью и другими древними языками, при устном воспроизведении санскрита допускается ряд фонетических условностей, приближающих произношение санскритских звуков к звукам родного языка читателя.

Гласные произносятся следующим образом:

а	— как в слове «пар»	**р̣**	— слогообразующее **р** как в слове «бод**р**ствуй»
ā	— вдвое более долгий		
и	— как в слове «пир»	**р̣̄**	— вдвое более долгий
ӣ	— вдвое более долгий	**е (э)**	— как в слове «это»
у	— как в слове «гул»	**аи**	— как в слове «май»
ӯ	— вдвое более долгий	**о**	— как в слове «дом»
		ау	— как в слове «**ау**дитория»

В большинстве индийских школ санскрита **р̣**, **р̣̄**, **л̣** принято читать как **ри**, **рӣ**, **лри** соответственно.

Согласные произносятся следующим образом:

Заднеязычные
(произносятся горлом)

к	— как в слове «кит»
г	— как в слове «гиря»
н̇	— как в слове «Конго»

Губные

п	— как в слове «пир»
б	— как в слове «бор»
м	— как в слове «мама»

Зубные
(произносятся как церебральные, но с кончиком языка, прижатым к основанию зубов)

т	— как в слове «тир»
д	— как в слове «дом»
н	— как в слове «ночь»

Палатальные
(произносятся с прижатием средней части языка к небу)

ч	— как в слове «речь»
дж	— как в слове «Джон»
н̃	— как в слове «конь»

Церебральные (т, тх, д, дх, н) произносятся с кончиком языка, нижней стороной прижатым к переднему небу. По звучанию напоминают соответствующие английские альвеолярные звуки.

Придыхательные (кх, гх, чх, джх, тх, дх, тх, дх, пх, бх) отличаются от соответствующих непридыхательных тем, что основной элемент сопровождается слабым призвуком типа английского h, звонкого или глухого в зависимости от основного элемента.

Полугласные

й — как в слове «иена»

р — церебральное р

л — зубное английское l

в — как русское в, а после согласной как английское w

Шумные

ш́ — как мягкое ш в слове «общность»

ш — русское ш

с — русское с

Висарга

х̣ — глухой звук, в конце строфы произносится с призвуком предшествующего гласного: ах̣ произносится как аха; их̣ — как ихи

Анусвара

м̇ — носовой призвук после гласной, как во французском bon

Гортанная

х — как звонкое английское h

В санскрите не существует фиксированного тонического ударения. В стихотворных текстах ударными считаются слоги, стоящие в сильных местах стихотворных стоп. В словах слоги различаются по долготе. Долгими являются слоги с долгими гласными (а̄, аи, ау, е, й, о, р̣, ӯ) или слоги с краткими гласными, стоящими перед более чем одной согласной (включая х̣ и м̇).

Содержание

ГЛАВА ПЕРВАЯ
Обзор армий на поле битвы Курукшетра   51

Когда армии противников построились в боевые порядки, Арджуна, могучий воин, увидел своих близких родственников, учителей и друзей, стоящих по разные стороны поля, готовых сражаться и пожертвовать своей жизнью. Арджуну охватывает печаль и сострадание, ум его смущен и решимость сражаться покидает его.

ГЛАВА ВТОРАЯ
Краткое изложение «Бхагавад-гиты»   81

Арджуна принимает Господа Кришну своим духовным учителем, и Кришна начинает наставлять его, объясняя разницу между бренным материальным телом и вечной душой. Господь описывает процесс переселения души, природу бескорыстного служения Всевышнему и признаки человека, постигшего свою духовную сущность.

ГЛАВА ТРЕТЬЯ
Карма-йога   159

Каждый в этом мире должен заниматься какой-нибудь деятельностью. Однако деятельность может либо привязывать человека к этому миру, либо освобождать его. Действуя ради удовлетворения Всевышнего, без эгоистических побуждений, человек может освободиться от действия закона *кармы* и обрести трансцендентное знание о душе и Всевышнем.

ГЛАВА ЧЕТВЕРТАЯ
Божественное знание   203

Божественное знание — знание о душе, о Господе и об их взаимоотношениях — очищает и освобождает. Это знание человек обретает в процессе бескорыстного преданного служения Всевышнему *(карма-йоги)*. Господь излагает историю «Гиты», объясняет цель и значение Своих пришествий в материальный мир, а также говорит о необходимости обращения к *гуру*, духовному наставнику, который постиг свою духовную природу.

ГЛАВА ПЯТАЯ
Карма-йога — деятельность в сознании Кришны

Мудрый человек внешне выполняет самые разные действия, но в душе отказывается от их плодов и так, очищенный огнем духовного знания, обретает мир, развивает отрешенность, терпение, духовное видение и наслаждается подлинным блаженством.

ГЛАВА ШЕСТАЯ
Дхьяна-йога

Аштанга-йога, метод механической медитации, помогает обуздать ум и чувства и направить все внимание на Параматму (Сверхдушу, Господа, пребывающего в сердце каждого живого существа). Кульминацией этого процесса является *самадхи*, полное осознание Всевышнего.

ГЛАВА СЕДЬМАЯ
Познание Абсолюта

Господь Кришна — Высшая Истина, высшая причина и сила, поддерживающая все сущее, духовное и материальное. Добродетельные души вручают себя Ему, грешники же находят другие объекты поклонения.

ГЛАВА ВОСЬМАЯ
Достижение обители Всевышнего

С любовью и преданностью памятуя о Кришне всю жизнь, и особенно в момент смерти, человек получает возможность достичь Его высшей обители, находящейся за пределами материального мира.

ГЛАВА ВОСЕМНАДЦАТАЯ
Совершенство отречения

Кришна объясняет значение отрешенности и отречения от мира, а также воздействие *гун* природы на сознание и деятельность человека. Он описывает осознание Брахмана, величие «Бхагавад-гиты» и делает заключение: высший путь религии — это путь абсолютного, безусловного вручения себя Кришне, основанного на трансцендентной любви к Нему. Так человек освобождается от всех грехов, обретает просветление и получает возможность вернуться в вечное духовное царство Кришны.

Приложения

УДК 1/14
ББК 87
Б94

Бхактиведанта Свами Прабхупада, А.Ч.

Б94   Бхагавад-гита как она есть / А.Ч. Бхактиведанта Свами Прабхупада ; пер. с англ. — изд. 4-е. — М. : The Bhaktivedanta Book Trust, 2014. — 800 с.

ISBN 978-5-906504-50-0

«Бхагавад-гита» является квинтэссенцией ведической мудрости. В этом произведении в сжатом виде изложены основные идеи древнеиндийской философии, в том числе закон кармы и концепция перевоплощения души. Адресована широкому кругу читателей.

УДК 1/14
ББК 87

Духовно-просветительное издание

А.Ч. **Бхактиведанта** Свами Прабхупада

БХАГАВАД-ГИТА КАК ОНА ЕСТЬ

Подписано в печать   06.10.14. Формат 84х108/32.
Гарнитура «Таймс». Печать офсетная
Тираж 50000 экз. Заказ 7018.

Отпечатано в ОАО «Можайский полиграфический комбинат».
143200, г. Можайск, ул. Мира, 93.
www.oaompk.ru, www.оаомпк.рф тел.: (495) 745-84-28, (49638) 20-685